lonely planet

Südafrika, Lesotho & Swasiland

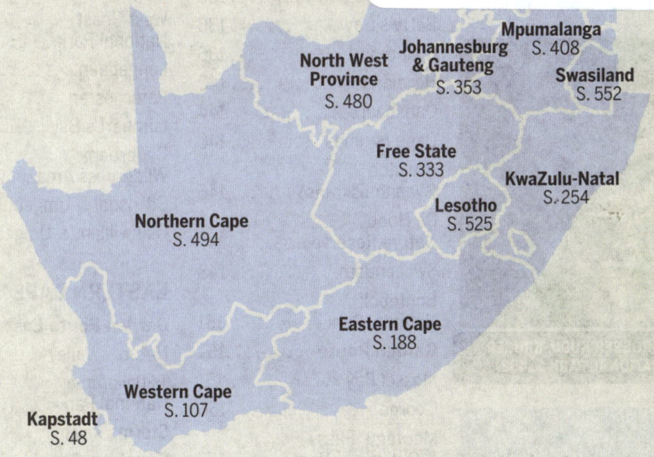

James Bainbridge
Jean-Bernard Carillet, Lucy Corne, Alan Murphy
Matt Phillips, Simon Richmond

REISEPLANUNG

GROSSER KUDU, KRUGER NATIONAL PARK S. 432

PETE OXFORD/GETTY IMAGES ©

KAPSTADT S. 48

LITTLEWORMY/SHUTTERSTOCK ©

REISEZIELE

Inhalt

Inhalt

REISEZIELE

MICHAEL HEFFERNAN/LONELY PLANET ©

EASTERN CAPE S. 188

Inhalt

VERSTEHEN

PRAKTISCHE INFORMATIONEN

SPECIALS

Willkommen in Südafrika, Lesotho & Swasiland

Löwen, Township-Kunst, Wolken über dem Tafelberg, die Dünen der Kalahari, Zeremonien der Swazi und Zulu: Der Länder-Dreiklang im südlichen Afrika bietet reichlich Abenteuer und neue Erfahrungen, Kultur und Landschaft.

Regenbogennation

Mit seinen elf Amtssprachen zählt Südafrika zweifellos zu den buntesten Ländern der Welt. Pastellfarbene *rondavels* (Rundhütten) schmücken die grünen Höhen der Drakensberge und die Wild Coast. Basotho-Schäfer mit ihren charakteristischen Hüten und Decken führen ihre kräftigen Pferde durch die Malutiberge von Lesotho, und beim traditionellen Schilfrohrtanz in Swasiland und Zululand schwenken junge Frauen lange Schilfrohre vor den Häuptlingen. Wer diese Menschen trifft und ihre vielfältigen Kulturen erlebt, trägt unvergessliche Erinnerungen nach Hause.

Die Tierwelt

Südafrika ist eines der besten Safariländer des Kontinents; hier leben die „Big Five", also Löwe, Leopard, Büffel, Elefant und Nashorn und viele weitere Arten in gut zugänglichen Parks und Schutzgebieten. Im Krüger-Nationalpark, im Kgalagadi und anderen Parks fährt man mit dem eigenen Auto durch grandiose Landschaften, oder man vertraut sich erfahrenen Rangern an. Einige Küstenparks präsentieren sogar die „Big Seven" – hier kann man zusätzlich Südliche Glattwale und Weiße Haie beobachten. In Swasiland findet man besonders viele Breitmaul- und Spitzmaulnashörner.

Einzigartige Landschaft

Südafrikas Landschaften sind überwältigend: von der Hitze in den Halbwüsten der Karoo und der Kalahari bis zu den nebelverhangenen Höhen der Drakensberge und dem gewaltigen Blyde River Canyon. Selbst in Kapstadt braucht man nur zum Tafelberg hinüberzuschauen, und in der Nähe führen zwei tolle Küstenstraßen nach Cape Point und Hermanus. Weingärten bedecken die Winelands, uralte Wälder wachsen in Garden Route und Tsitsikamma, und schließlich gibt es noch die Strände des Indischen Ozeans und die Berge von Lesotho.

Abenteuer & Aktivitäten

Die landschaftliche und kulturelle Vielfalt von Südafrika, Lesotho und Swasiland ermöglicht viele Aktivitäten: zum Beispiel das Abseilen vom Tafelberg, Tauchen im Haikäfig, Surfen oder Safariwanderungen. Von der Bloukrans Bridge kann man den weltweit tiefsten Bungee-Sprung von einer Brücke wagen (216 m), an den Maletsunyane Falls in Lesotho die längste Abseiling-Strecke (204 m) hinter sich bringen. Oder man wandert entlang der Wild Coast oder überquert die Bergpässe von Lesotho auf einem Basotho-Pferd. Und man kann hier an Weinproben teilnehmen oder Livemusik in einer Township genießen.

Warum ich Südafrika, Lesotho & Swasiland liebe

Von James Bainbridge, Autor

Ich lebe schon seit fünf Jahren in Südafrika, und ich würde nur sehr ungern wieder wegziehen. Mich begeistert das Gefühl der Weite und Freiheit, etwa unter dem kobaltblauen Himmel der Karoo oder in den Bergen von Lesotho – und die gute Erreichbarkeit dieser Landschaften. Nur eine Autostunde von Kapstadt entfernt hat man bereits Hunderte von Weingütern gesehen; nach drei Stunden ist man tief in den Zederbergen. In Sachen Wildnis, Tierwelt und afrikanischer Kultur, kombiniert mit hervorragenden Unterkünften und *lekker* Essen sind Südafrika, Lesotho und Swasiland einfach unübertroffen.

Mehr Informationen über die Autoren gibt es auf Seite 734

Oben: Sandsteinformation in der Cederberg Wilderness Area (S. 183)

Südafrika, Lesotho & Swasiland

0 200 km
apungubwe National Park
schland, Baobabs und ein
oldenes Nashorn (S. 467)
Krüger-Nationalpark
In diesem legendären Park leben unzählige Tiere (S. 432)
Blyde River Canyon
Überall im Canyon findet man Aussichtspunkte (S. 419)
iSimangaliso Wetland Park
Fünf Ökosysteme mit vielfältiger Tierwelt (S. 296)
Golden Gate Highlands NP
Sandsteinfelsen und ein Meer aus Gras (S. 345)
Clarens
Entspannter Rückzugsort für Freunde der Kunst (S. 348)
Drakensberg
Grüne Hänge und nebelverhangene Gipfel (S. 311)
Lesotho
Abenteuer in abgelegenen Bergdörfern (S. 525)
Wild Coast
Leere Strände und Xhosa-Dörfer (S. 229)
Addo Elephant National Park
Mehr als 600 Afrikanische Elefanten (S. 210)
HÖHE
2400 m
1800 m
1200 m
600 m
0
SIMBABWE
MOSAMBIK
Gonarezhou National Park
Banhine National Park
Mapungubwe NP
Musina
Louis Trichardt (Makhado)
Thohoyandou
Limpopo River
Südlicher Wendekreis
Polokwane (Pietersburg)
Great Limpopo Transfrontier Park
Limpopo National Park
Ellisras
LIMPOPO
Phalaborwa
Massingir
Inhambane
ORONE
Marakele National Park
Blyde River Canyon Nature Reserve
Kruger National Park
Pilanesberg National Park
Olifants River
Sabie
batse
Sun City
Nelspruit
Macia
Xai-Xai
Komatipoort
Zeerust
Rustenburg
PRETORIA
Middelburg
afikeng
MAPUTO
Pigg's Peak
Soweto
Johannesburg
Lichtenburg
GAUTENG
MPUMALANGA
MBABANE
Potchefstroom
Ermelo
Manzini
Vereeniging
SWASILAND
rksdorp
Standerton
Piet Retief
Hlathikulu
Kosi Bay Nature Reserve
Volksrust
Golela
Kroonstad
Golden Gate Highlands National Park
Sodwana Bay National Park
mhof
Vryheid
iSimangaliso Wetland Park
Welkom
Bohlakong
EE STATE
Hluhluwe-iMfolozi Park
Harrismith
Dundee
Senekal
Clarens
Ladysmith
Mtubatuba
Zululand
Empangeni
Richards Bay
Drakensberg
OEMFONTEIN
Estcourt
KWAZULU-NATAL
Caledon River
Thaba 'Nchu
MASERU
uKhahlamba-Drakensberg Park
LESOTHO
Pietermaritzburg
Mafeteng
Durban
Mohokare
Amanzimtoti
Mohale's Hoek
Kokstad
Aliwal North
Port Shepstone
Mkambati Nature Reserve
EASTERN CAPE
Mthatha
Port St Johns
Queenstown
Hluleka Nature Reserve
Cradock
Great Kei River
Mountain Zebra National Park
Dwesa Nature Reserve
Bhisho
East London
Addo Elephant National Park
Grahamstown
Port Alfred
Port Elizabeth
INDISCHER OZEAN
26°E
28°E
30°E
32°E
34°E
36°E

Südafrikas, Lesothos & Swasilands Top 25

1

Kapstadt

1 Über Kapstadt (S. 48) thront der abgeflachte Tafelberg mit Seilbahn, Wanderwegen und Möglichkeiten zum Abseilen. Hier lässt es sich aushalten: Strände, die Weingüter von Constantia, die Victoria & Albert Waterfront, die Fähre nach Robben Island und vor allem der Kontakt zu den unkomplizierten Einheimischen. Zusätzlich zu ihrem von den natürlichen Gegebenheiten ausgehenden Charme profitiert die Stadt von den ständigen Erneuerungen, wie etwa den Feinschmeckerrestaurants, Lebensmittelmärkten und klug angelegten Arkaden in verschiedenen Stadtvierteln wie Woodstock und East City. Unten links: Die Seilbahn auf den Tafelberg (S. 70)

Krüger-Nationalpark

2 Der größte Nationalpark Südafrikas (S. 432) steht für eines der großartigsten Naturerlebnisse des Landes. Ein Trip hierher wird sich bestimmt tief ins Gedächtnis einbrennen: Erreichbarkeit, Artenvielfalt, Aktivitätenauswahl und die riesigen Dimensionen machen den Krüger-Nationalpark so faszinierend wie einzigartig. Vom Wildnis- und Buschwandern bis hin zu Mountainbike-Touren oder einsamen Allradtrails kann man sich hier auf vielerlei Art an der Natur bzw. deren Bewohnern erfreuen. Der Krüger-Nationalpark ist weltweit einer der besten Orte zum Beobachten von Groß- und Kleintieren. Unten rechts: Impala (S. 649)

NEIL AUSTEN / GETTY IMAGES ©

2

MICHAEL HEFFERNAN / LONELY PLANET ©

Drakensberge

3 Majestisch und geheimnisvoll – die Berge und Gebirgsausläufer des uKhahlamba-Drakensberg Park (S. 311) gehören zu den beeindruckendsten Landschaften des Landes. „Drakensberg" ist Afrikaans und bedeutet „Drachenberg"; die Zulus nannten den Gebirgszug Quathlamba („Festungsmauer der Speere"). Die Drakensberg-Gegend mit ihren Zulu-Dörfern, ihrer Wildheit und den vielen Blumen, guten Übernachtungsmöglichkeiten und Esslokalen ist perfekt für Fotografen, Wanderer und abenteuerlustige Urlauber.

Die Winelands

4 Die fotogene Landschaft mit sanften Hügeln und Weinstöcken wird hier un da durch holländische Architektur unterbrochen. Die Winelands (S. 110) gehören einfach zum Kap. Stellenbosch, Franschhoek und Paarl bilden das Dreigestirn unter den Weinstädten und beherbergen einige der besten Weingüter der südlicher Hemisphäre. Dies ist jedoch nicht die einzige Weinregion – Richtung Tulbagh gibt e Sekt, auf den Höhen des Zederbergs warten süffige Sauvignon blancs und an der Route 62 robuste Rot- und Portweine.

JAMES HAGER / GETTY IMAGES ©

TIER UND NATURFOTOGRAFIE J UND C SOHNS / GETTY IMAGES ©

Wanderungen an der Wild Coast

5 Die Wild Coast (S. 229) mit ihren zerklüfteten Klippen, entlegenen Sandstränden, Xhosa-Dörfern und den Geschichten von Schiffswracks und gestrandeten Seeleuten lässt sich am besten zu Fuß erkunden. An der Küste verlaufen vom Great Kei River bis nach Port St Johns Wanderwege, die die dichte Vegetation durchschneiden oder sich an nackten Hügeln und Schluchten entlangschlängeln. In einer rustikalen Unterkunft kommt man schließlich wunderbar zur Ruhe. Oben links: Coffee Bay (S. 234)

Kgalagadi Transfrontier Park

6 Der Kgalagadi (S. 509) umfasst knapp 40 000 km^2 der Kalahari in Northern Cape und Botsuana, ein Gebiet, das von etwa 2000 Raubtieren durchstreift wird. Diese Zahlen sagen aber nur wenig über dieses immens große Land mit seinen flimmernd heißen Sonnenuntergängen, den samtigen Nachthimmeln und den sanften roten Dünen. Der Park bietet die weltweit besten Beobachtungsmöglichkeiten für große Raubkatzen; wenn man Glück hat, erspäht man sogar Schwarzmähnenlöwen oder Geparden und Leoparden. Oben rechts: Löwin (S. 644)

iSimangaliso Wetland Park

7 Der iSimangaliso Wetland Park (S. 296) gehört zum Unesco-Welterbe und erstreckt sich wunderbare 220 km von der Grenze zu Mosambik bis nach Maphelane am südlichen Ende des St-Lucia-Sees. Der 3280 km^2 große Park bietet fünf verschiedenen Ökosystemen Schutz, angefangen bei Riffen und Stränden, über Seen, Feucht- und Waldgebiete bis hin zu Küstenwäldern. Man kann das Areal auf Safaris mit dem Rad oder per Boot durchkämmen und auf außergewöhnliche Tiere treffen. Unten rechts: Flusspferd (S. 650)

8

AFRIPICS.COM / ALAMY ©

9

Clarens

8 Die internationalen Stars, die hier wegen der frischen Bergluft vorbeischauen, verleihen der wohlhabenden Stadt ein besonderes Flair. Dank der Galerien, Antiquitätenläden, gehobenen Restaurants und einer Kleinbrauerei kommen auch viele andere Besucher hierher. Die locker-lässige Stadt ist ideal für einen abendlichen Bummel nach einer anstrengenden Erkundungstour im nahe gelegenen Golden Gate Highlands National Park. Mit den vielen Pubs und Buchläden ist Clarens (S. 348) der beste Ort im Östlichen Hochland des Vrystaats, um sich einfach nur zu entspannen.

Nationalpark Mapungubwe

9 Dieses grenzüberschreitende Naturschutzgebiet (S. 467) ist noch im Entstehen begriffen und unter den südafrikanischen Nationalparks wirklich herausragend. Der Park zählt sogar zum Weltkulturerbe. Die Landschaft ist ebenfalls fesselnd: ein altes Terrain mit felsigen Vorsprüngen, die majestätische Ausblicke bieten. Das Klima ist eher rau, aber Löwen, Leoparden, Geparden, Elefanten und Nashörner finden sich hier ebenso wie Karakale. Die Reisen sind hier beschwerlich, aber die Mühe unbedingt wert.

Blyde River Canyon

10 Der Canyon (S. 419) ist der drittgrößte der Welt. Er gehört zu den schönsten Sehenswürdigkeiten Südafrikas. Es ist wirklich erstaunlich, dass so wenige Besucher kommen – hierher, wo sich der Blyde aus dem Drakensberg Escarpment ins Lowveld (Tiefland) hinunterschlängelt. An einem klaren Tag steht man einfach überwältigt an den Aussichtspunkten. Zu diesem Naturdenkmal, das eine tiefe Narbe in der nördlichen Mpumalanga hinterlässt, kann man entweder zu Fuß oder mit dem Auto vordringen.

Addo Elephant National Park

11 Im Addo (S. 210) streifen mehr als 600 Elefanten durch Büsche und hohes Gras. Das Land und der Park stehen für erfolgreichen Naturschutz. Hyänen und Löwen wurden 2003 angesiedelt, um die hohen Populationen von Kudus, Straußen und Warzenschweinen zu verringern. Aber wie der Name schon sagt, die Elefanten sind die wahren Stars, besonders, wenn sie durchs Unterholz brechen, mit ihren Ohren wedeln und alles in ihrer Umgebung zwergenhaft erscheinen lassen. Rechts: Elefanten (S. 650)

GARY LATHAM / LONELY PLANET ©

Golden Gate Highlands National Park

12 In diesem Park (S. 345) im östlichen Hochland von Vrystaat können die Besucher außergewöhnliche Sonnenuntergänge erleben. In der Savanne und den Sandsteinfelsen verstecken sich Antilopen, Zebras, Schakale und Vögel. Die Drakens- und Malutiberge ragen hoch empor, und es liegt etwas fast Märchenhaftes über dem sich im Winde wiegenden Gras. Wer keine Möglichkeit hat, Lesotho zu erkunden, sollte hier wenigstens das Basotho Cultural Village aufsuchen.

Handelsposten in Lesotho

13 Das Reisen im hoch gelegenen Lesotho ist immer schon mühsam gewesen. Die Briten haben hier Handelsposten errichtet, um die wirtschaftlichen Beziehungen mit den Basotho aufrechterhalten zu können. Heute profitieren die Reisenden von diesem Unternehmergeist. In Malealea (S. 548; oben), Semonkong (S. 547), Ramabanta (S. 537) und Roma (S. 537) treffen sich Wanderer, Trekker, Reiter, Motorradfahrer und jene, die einfach nur Ruhe suchen, zu den Mahlzeiten und genießen gemeinsam das Lagerfeuer.

Wildblumen von Namaqua

14 Namaqua ist einer der vergessenen Winkel Südafrikas an der Westküste Richtung Namibia gelegen. Das ganze Jahr über ist es wundervoll, durch diese entlegene Region zu reisen, um dann Port Nolloth mit dem Ausblick auf den Atlantik zu erreichen. Im Frühling stehen die Wildblumen in voller Blüte und verwandeln die Felsen von Namaqua in einen farbenfrohen Teppich. Besonders schön sind die Blumen im Nationalpark Namaqua (S. 522) und im Naturreservat Goegap (S. 517).

Sternenhimmel auf dem Zederberg

15 Tagsüber stellt der klare blaue Himmel einen fesselnden Kontrast zu den zerklüfteten, orangefarbenen Gipfeln des Zederbergs (S. 183) dar; nachts erstrahlt die Milchstraße so hell, dass man fast dabei lesen kann. Aber der Zederberg ist das gelobte Land nicht nur für Sternengucker – es ist eine jenseitig anmutende Landschaft, die ideal zum Wandern und Klettern ist. Hier locken anspruchsvolle Wanderungen und der Besuch von entlegenen, verlassenen Missionsdörfern.

DORI MORENO / GETTY IMAGES ©

Hluhluwe-iMfolozi-Park

16 Manchmal wird er vom Krüger-Nationalpark ausgestochen, aber der Hluhluwe-iMfolozi (S. 294) im nördlichen KwaZulu-Natal ist dennoch einer der bekanntesten Parks des Landes. Er ist wunderschön und zeichnet sich durch viele Landschaften aus, von der offenen Savanne bis zu Bergen voller Wildblumen. Außerdem wimmelt es hier vor Tieren, darunter die „Big Five". Den Hluhluwe-iMfolozi kann man eigentlich zu jeder Zeit besuchen. Safaris, Unterkünfte und Wanderwege garantieren ein unvergessliches Erlebnis. Oben links: Impala (S. 649)

Gebiet der Venda

17 Eine üppig bewachsene Region (S. 468) voller Mystik und alter Bräuche – dies ist das Afrika der nebelverhangenen Berge, der staubigen roten Straßen und der Lehmhütten. Das ehemalige Homeland in der Provinz Limpopo ist von Seen und Wäldern voller spiritueller Bedeutung durchzogen. Hier lohnt sich eine Erkundung mit einem einheimischen Führer. Man übernachtet in Elim oder Louis Trichardt (Makhado) und beginnt mit dem Kunst- und Kunsthandwerksrundgang in Venda; das Gebiet ist für seine originelle Kunst bekannt. Oben rechts: Thohoyandou (S. 468)

Garden Route

18 Die Beliebtheit dieses grünen Küstenstreifens, wo Holzfäller einst den Elefanten in den urzeitlichen Wäldern aus dem Wege gingen, liegt nicht in der malerischen Schönheit begründet. Die Garden Route (S. 151) zieht auch Leute an, die auf ein Abenteuer aus sind. Ob man nun in den Knysna Forests wandert, in der Victoria Bay surft, auf der Wilderness Lagoon Kanu fährt oder dem großen Weißen Hai in einem Käfig in den Gewässern der Mossel Bay ganz nahe kommt, die Garden Route hält Abenteuer für jeden Geschmack und Geldbeutel bereit. Unten rechts: Surfer, Victoria Bay (S. 158)

Wildreservat Madikwe

19 Madikwe (S. 488) umfasst eine Fläche von 760 km² voller Buschveld, Savannengras und Flusswäldern und ist eins der wenigen Reservate in dieser Größenordnung. Hier trifft man ziemlich sicher auf die typisch afrikanische Tierwelt, und die Lodges sind ein Erlebnis für sich. Da gibt es Öko-Lodges, aber auch 5-Sterne-Lodges, die bequemen Komfort in der Wildnis bieten. Ein Besuch im Madikwe hat alles inklusive: Einmal durchs Tor hindurch und schon beginnt die Erholung. Unten: Jaci's Lodges (S. 490), Madikwe

Schilfrohrtanz

20 In Afrika gibt es viele Feste, die für Außenstehende eher bizarr wirken, aber nichts ist seltsamer als der swasiländische Umhlanga-Tanz (S. 555), der Ende August/Anfang September stattfindet. Das einwöchige Ereignis ist eine Art Ball für junge swasiländische Mädchen, die Schilf sammeln, um damit bei der Reparatur des Hauses der Königinnenmutter zu helfen. Der Höhepunkt ist erreicht, wenn die Mädchen mit ihren langen Schilfrohren tanzen in der Hoffnung, die Aufmerksamkeit des Königs zu erregen.

19

20

Johannesburg

21 Die Stadt des Goldes (S. 356) hat zwar einen schlechten Ruf, ist aber dank der Erneuerungen in der Innenstadt ein erstaunlich stimmungsvoller Ort. Die Kultur-Enklaven Braamfontein, Newtown, 44 Stanley Avenue und der Maboneng Precinct sind Viertel voller Galerien, Restaurants, Bars und Boutiquen. Um den urbanen Wandel zu verstehen, sollte man einen Spaziergang durch die Stadt unternehmen, wenn gerade der Wochenmarkt in Braamfontein und Maboneng stattfindet. Unten: Markt in Maboneng (S. 363)

Auf dem Sanipass

22 Der Weg zum höchstgelegenen Pub in Afrika ist ein Höllenritt. Von Westen her ist es eine Fahrt über das Hochland von Lesotho und die Staudämme, die Gauteng mit Wasser versorgen. Von KwaZulu-Natal ist es eine Fahrt über den Sani Pass (2876 m), in deren Verlauf man sich über Haarnadelkurven 1300 m in die Höhe schraubt. Oben angekommen, stößt man in der Bar der Sani Mountain Lodge (S. 544) darauf an, dass man im höchsten Land der Welt (mit dem höchsten Tiefpunkt) angekommen ist. Prost!

CAY-UWE KULZER / GETTY IMAGES ©

ANDY NIXON / GETTY IMAGES ©

Wildreservat Mkhaya

23 Hier trifft man dank des Nashornschutzprogramms eher auf Nashörner als auf sonst irgendein Tier. Dieses Privatreservat (S. 573) im östlichen Swasiland verdankt seinen Namen den *mkhaya*-Bäumen (Krokodilbäumen). Im Übernachtungspreis sind Safaris per Auto oder zu Fuß inbegriffen, aber auch der Eintritt in den Park und die Mahlzeiten. Und die Unterkünfte! Wo sonst kann man in luxuriösen halboffenen Stein- und Strohhütten in einem abgetrennten Areal im Busch schlafen? All das plus WC mit Buschblick. Oben links: Nashorn

Pilanesberg National Park

24 In dem weiten, erloschenen Vulkan bei Sun City streifen die Big Five und Tagesausflügler aus Johannesburg umher. Trotz der Nashörner an den Wasserlöchern wird der unterschätzte Park (S. 485) mit seinen Teerstraßen mitunter wegen „Zahmheit" ignoriert. Für Nahbeobachtungen abseits anderer Autos nimmt man am besten die geschotterten Buschpisten und behält die Wasserlöcher im Blick. Auch geführte Autosafaris und diverse Unterkünfte machen dies zum Hit für Familien oder Reisende mit wenig Zeit.

Wiege der Menschheit

25 Wie die Chemical Brothers sangen: „It began in Africa". Die Cradle of Humankind (S. 392) bedeckt heute Hunderte Quadratkilometer herrlichen, grün-braunen Velds. Tief darunter besuchen immer mehr Touristen die versteinerten Überreste ihrer urzeitlichen Vorfahren. Danach kehren sie in Spitzenrestaurants und Day Spas zur Zivilisation zurück. Nur 50 km nordwestlich von Johannesburg kann man auch Wildnis in Form frei laufender Elenantilopen, Giraffen und Gazellen bewundern. Unten rechts: Maropeng (S. 392)

Gut zu wissen

Weitere Hinweise im Kapitel „Praktische Informationen“ (S. 659)

Währungen
Südafrikanischer Rand (R), lesothischer Loti (M), swasiländischer Lilangeni (E)

Sprachen
Zulu, Xhosa, Afrikaans, Englisch, Sesotho (Südliches Sotho in Lesotho), siSwati (Swasiland)

Visa
Für viele westliche Länder ist für Aufenthalte bis zu 90 Tagen in Südafrika kein Visum erforderlich; in Lesotho und Swasiland gilt dies bis zu 30 Tagen.

Geld
Geldautomaten und Kreditkarten sind in Südafrika weit verbreitet. In Lesotho und Swasiland sind Geldautomaten zwar verbreitet, aber Kreditkarten werden nur in den Hauptstädten akzeptiert.

Mobiltelefone
Handys können per Roaming genutzt werden. Lokale SIM-Karten funktionieren oft in entsperrten ausländischen Handys.

Zeit
South Africa Standard Time (im Winter MEZ plus eine Stunde)

Reisezeit

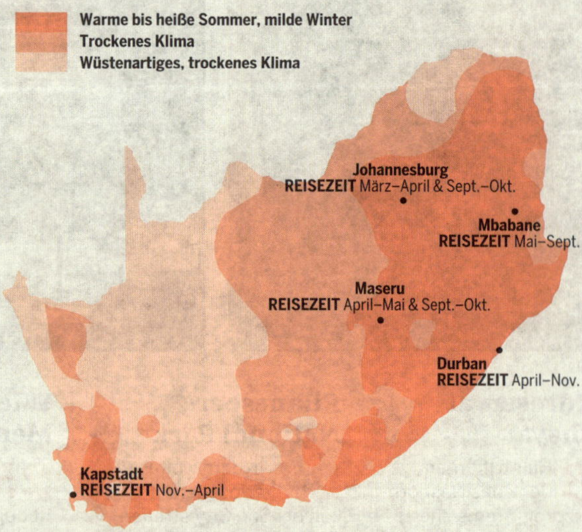

Hauptsaison (Nov.–März)

- Die Hochsaison geht von Anfang Dezember bis Mitte Januar. Zudem gilt sie um Ostern herum.
- In der Hochsaison sind die Unterkünfte in den Nationalparks und an der Küste schon monatelang im Voraus ausgebucht.

Zwischensaison (April–Mai, Sept., Okt.)

- Sonniger Frühling und Herbst.
- Ende August bis Anfang September Wildblumen.
- Ende September bis Anfang Oktober sind Schulferien.
- Ab Herbst beste Bedingungen zur Tierbeobachtung.

Nachsaison (Juni–Aug.)

- Der Winter ist optimal zum Beobachten von Tieren.
- Die Preise steigen manchmal in den Schulferien von Ende Juni bis Mitte Juli; ansonsten sind sie eher niedrig mit vielen Ermäßigungen und Reisepaketen im Angebot.

Websites

BBC (www.bbc.com/africa) Am Ende der Seite Länderprofile.

Fair Trade Tourism (www.fairtrade.travel) Unterkünfte, Touren und Rundreisen.

Lonely Planet (www.lonelyplanet.com/south-africa) Informationen, Buchungen und Foren.

South African National Parks (www.sanparks.org) Informationen, Buchungen und Foren.

SouthAfrica.info (www.southafrica.info) Aktuelle Nachrichten und Informationen.

Travel Now Now (www.travelnownow.co.za) Hinweise für Rucksackreisende und Übersichten über Unterkünfte, Touren, Verkehrsmittel etc.

Wichtige Telefonnummern

Auch wenn man innerhalb derselben Stadt oder Region anruft, muss immer auch die Vorwahl gewählt werden.

Landesvorwahl Südafrika	☎27
Landesvorwahl Lesotho	☎266
Landesvorwahl Swasiland	☎268
Internationaler Zugangscode (für alle drei Länder)	☎00
Polizei Südafrika	☎10111

Wechselkurse

Europa	1 €	13,89 R
Lesotho	1 M	1 R
Schweiz	1 sFr	13,07 R
Swasiland	1 E	1 R
USA	1 US$	12,65 R

Aktuelle Wechselkurse unter www.xe.com

Tagesbudget

Preiswert: Unter 1000 R

- Schlafsaalbett ab 120 R
- Preiswertes Hauptgericht unter 75 R
- Zwei Wochen gültiges Baz-Bus-Ticket 3480 R
- Freier Eintritt in einigen Museen

Mittelteuer: 1000–1800 R

- Doppelzimmer 600–2500 R
- Mittelteures Hauptgericht 75–150 R
- Zugfahrt in der Touristenklasse Johannesburg–Kapstadt 630 R
- Einzelzimmerzuschläge sind üblich

Teuer: Über 1800 R

- Doppelzimmer über 1500 R
- Teures Hauptgericht über 150 R
- Flug Kapstadt–Johannesburg ab 750 R
- Wildsafari ab 300 R

Öffnungszeiten

Banken Mo–Fr 9–15.30 Uhr, Sa 9–11 Uhr

Postämter Mo–Fr 8.30–16.30 Uhr, Sa 8.30–12 Uhr

Behörden Mo–Fr 8–15 Uhr, Sa 8–12 Uhr (Lesotho Mo–Fr 8–12.45 & 14–16.30 Uhr; Swasiland Mo–Fr 8–16 Uhr)

Cafés 7–17 Uhr

Restaurants 11.30–15 Uhr & 19–22 Uhr (letzte Bestellung); viele haben zusätzlich auch 15–19 Uhr geöffnet

Bars 16–2 Uhr nachts

Geschäfte Mo–Fr 8.30–17 Uhr, Sa 8.30–13 Uhr; viele Supermärkte auch So 9–12 Uhr; große Einkaufszentren täglich bis 21 Uhr

Ankunft in Südafrika

OR Tambo International Airport (S. 387) Der Gautrain fährt alle 12 bis 30 Minuten ins Zentrum von Johannesburg (145 R, 20 Min.) und Pretoria (155 R, 45 Min.); Shuttlebusse und Taxis fahren rund eine Stunde bis Johannesburg (400 R) und Pretoria (450 R). Am Flughafen gibt es Autoverleihfirmen; die Hauptstraßen führen nach Johannesburg und Pretoria.

Cape Town International Airport (S. 682) Shuttlebus (ab 180 R), Taxi (ab 200 R) und MyCi-Ti-Bus (70 R, alle 30 Min.) fahren etwa 30 Minuten ins Zentrum von Kapstadt. Am Flughafen gibt es Autoverleihfirmen; Kapstadt liegt direkt am Highway N2. Nach Stellenbosch fahren Shuttlebusse (ab 200 R, 45 Min.).

Unterwegs vor Ort

Auto Gut in einem mit Autos vertrauten Land, erschwingliche Preise und gutes Straßennetz; Nachteil sind die gefährlichen Fahrer.

Baz-Bus Der Shuttle zwischen Kapstadt, Durban und Johannesburg/Pretoria ist für Backpacker eine gut Fortbewegungsart.

Zug Die Touristenklasse mit Schlafwagen und Zugrestaurant ist ein gehütetes Geheimnis; der Zug verbindet Johannesburg mit Kapstadt und der Küste. Die Economy-Klasse und die Pendlerzüge sind nicht so sicher.

Bus Unter den Buslinien sind Greyhound, Intercape und Translux zu empfehlen, die das ganze Land mit bequemen Fahrzeugen und zu guten Preisen versorgen.

Großraum-Minibus-Taxi Ganz in Ordnung für kurze Wege, aber weniger praktisch für längere Reisen; immer mal wieder Sicherheitsprobleme.

Mehr zum Thema **Unterwegs vor Ort** auf S. 688

Wie wär's mit …

Dramatische Landschaften

Von der bunten Mischung aus Küsten und Bergen des Kaps bis zu den weiten Ebenen wie Namaqua, der Kalahari und Karoo gibt es in Südafrika und dem bergigen Lesotho einige der beeindruckendsten Landschaftsformen des Kontinents.

Drakensberge Die Drachenberge strotzen vor eindrucksvollen Gipfeln und Formationen wie dem sogenannten Amphitheater. (S. 311)

Kap-Halbinsel Vom Tafelberg (mit einem tollen Ausblick über Kapstadt) verläuft ein Bergrücken hinunter bis zum Cape Point. (S. 61)

Wild Coast Grüne Hügel sind mit pastellfarbenen *rondavels* (runde, zum Dach hin konisch zulaufende Hütten), zerklüfteten Klippen und menschenleeren Stränden gespickt. (S. 229)

Hochland von Lesotho Im bergigen Königreich Lesotho ragen die Gipfel in den rauen Abschnitten der Drakensberge über 3000 m hoch auf. (S. 541)

Augrabies Falls National Park Der sechstgrößte faszinierende Wasserfall der Welt wird vom tief in eine Schlucht hinunterdonnernden Fluss Oranje gebildet. (S. 514)

Wilde Tiere

Die folgenden Parks und Reservate sind sehr abwechslungsreich, leicht zugänglich und voller wilder Tiere. Sie gehören zu den Orten, an denen man weltweit am besten den „Big Five" (Löwe, Leopard, Büffel, Elefant und Nashorn) begegnen kann.

Krüger-Nationalpark(Kruger National Pak) In Südafrikas berühmtem Park gibt es alleine 12 000 Elefanten, die sich in Waldgebieten und der Savanne aufhalten. (S. 432)

Kgalagadi Transfrontier Park Tief im Herzen der Kalahari kann man wunderbar Großkatzen, darunter auch den Schwarzmähnenlöwen, beobachten. (S. 509)

Mkhaya Game Reserve In diesem atemberaubenden Reservat in Swasiland leben bedrohte Arten sowie Büffel, Elefanten und eine erstaunlich große Population Nashörner. (S. 573)

Elefantenküste KwaZulu-Natals Hochburg des Ökotourismus bietet eine tropische Umgebung. Zu den Highlights zählt der Hluhluwe-iMfolozi Park. (S. 294)

Madikwe Game Reserve In diesem exklusiven Reservat leben die „Big Five" im Bushveld, in der Savanne und im urzeitlichen Regenwald. (S. 488)

Addo Elephant National Park Südafrikas drittgrößter Nationalpark bietet die weltweit besten Möglichkeiten zur Beobachtung der Dickhäuter. (S. 210)

Kulturerlebnisse

Es lohnt sich für Reisende wirklich sehr, der komfortablen, westlich angehauchten Tourismusindustrie Südafrikas zu entfliehen und die vielen verschiedenen Traditionen und Glaubensvorstellungen der Region hautnah mitzuerleben.

Townships Von Soweto bis Khayelitsha wird eine interaktive, themenorientierte Führung angeboten; man kann auch in einer privaten Unterkunft mit Familienanschluss übernachten. (S. 387)

Umhlanga-Tanz Bei diesem alljährlich stattfindenden Fest versammeln sich Jungfrauen in Swasiland und tanzen mit einem langen Schilfrohr in der Hand. (S. 555)

Wild Coast Im ehemaligen Homeland der Xhosa bieten die Einheimischen in Bulungula Rucksacktouren und andere Aktivitäten sowie Möglichkeiten zur Freiwilligenarbeit an. (S. 236)

!Xaus Lodge Dies ist einer von nur wenigen Orten, an denen außer Wildsafaris auch kulturel-

Oben: Zulufrau in traditioneller Kleidung, Zululand (S. 283)

Unten: Augrabies Falls (S. 514)

le Dinge angeboten werden. So kann man etwa von den Khomani San die Kunst des Spurenlesens lernen. (S. 513)

Venda-Gebiet Hier kann man die ehemaligen Künstler des Homeland und einen heiligen Wald oberhalb des Lake Fundudzi kennenlernen. (S. 468)

Handelsposten In der überwältigenden Malealea Lodge in Lesotho oder im ebenso schönen Semonkong, Ramabanta oder Roma trifft man das freundliche Volk der Basotho. (S. 548)

Zululand Wenn man ihre Dörfer und Zeremonien besucht, erfährt man viel über die größte ethnische Gruppe Südafrikas. (S. 283)

Aktivitäten & Abenteuer

Ob man nun die ausgedehnte Wildnis erkunden, im Bushveld Raubtiere aufspüren oder einfach nur faul am Strand liegen will, in den drei südlichsten Ländern Afrikas kann man all dies ausführlich tun.

Garden Route Diese Urlaubsgegend bietet Möglichkeiten zum Surfen, Kanufahren, Tauchen, Kloofing (Canyoning), Reiten, Wandern und zu vielem mehr. (S. 151)

Pony-Trekking Lesothos zerklüftetes Hochland lässt sich gut auf ganz traditionelle Weise, auf dem Rücken eines Basuto-Ponys, erkunden. (S. 661)

Bungee-Springen von der Bloukrans Bridge Der dritthöchste Bungee-Sprung der Welt ist einer der vielen Nervenkitzel in den Wäldern des Tsitsikamma National Park. (S. 192)

Mehrtägige Wanderungen Entweder man trägt seine Ausrüstung selbst oder wählt die einfachere Variante, bei der das Gepäck transportiert wird

(Slackpacking – Wandern mit Gepäckservice). (S. 193)

Kalahari In der Halbwüste kann man auf dem Fluss Oranje raften, Kanu fahren, aber auch Weine verkosten. (S. 505)

Baumwipfeltouren Auf dem Baumwipfelpfad Kirstenbosch Boomslang lässt sich wunderbar entlanglaufen oder man seilt sich in den Drakensbergen, Swasiland und sonst wo von Baum zu Baum weiter. (S. 61)

Gleitschirmfliegen am Lion's Head Tandemflüge vom sphinxähnlichen Berg in Kapstadt runter zum Strand. (S. 64)

Abseiling An der weltweit längsten Abseilstrecke flattert man den Tafelberg hinunter (204 m) und zwar an den Maletsunyane Falls in Lesotho. (S. 547)

Geparden aufspüren Nach nur 15 m im Mountain Zebra National Park trifft man schon auf die großen Wildkatzen. (S. 251)

Geschichte

Zahllose Sehenswürdigkeiten erinnern an Südafrikas bewegte Geschichte und in ländlichen Gebieten wie den Winelands und Karoo ist die Vergangenheit oft noch förmlich zu greifen.

Kapstadt Sehenswürdigkeiten wie das Castle of Good Hope und Robben Island sowie geschichtlich orientierte Rundgänge. (S. 58)

Kimberley Eine viktorianische Siedlung aus der Zeit des Diamantenbergbaus, historische Pubs, Geistertouren und Cecil Rhodes Club. (S. 495)

Liberation Trail Orte wie Constitution Hill in Johannesburg oder das Nelson Mandela Museum in Qunu werfen Licht auf den langen Kampf gegen die Apartheid. (S. 363)

Apartheid Museum Das Museum Johannesburg beschwört mit seinen nach Hautfarbe getrennten Eingängen die Zeit der Rassentrennung wieder herauf. (S. 365)

Mapungubwe National Park Hier war einst eine wichtige Siedlung aus der Eisenzeit beheimatet. Der Park gehört nun zum Welterbe der Unesco. (S. 467)

Oudtshoorn Herrenhäuser, die einst von den Straußenfarmern, den sogenannten „Straußenbaronen", erbaut wurden. Unterstützt wurden sie dabei vom Pionier der Straßenbauingenieure Thomas Bain, der die Häuser durch den Bau des Swartberg Passes erschlossen hat. (S. 171)

Kapholländisch Museumsgiebelhäuser in den ältesten Siedlungen Südafrikas: Kapstadt (S. 48), Stellenbosch (S. 111), Swellendam (S. 148) und Graaff-Reinet (S. 245).

Essen & Trinken

Von einladenden kapholländischen Weingütern bis zu einfachen Grillständen in Townships: Die *lekker* Erzeugnisse Südafrikas selbst zu probieren, ist die beste Art, ins Herz dieses agrarorientierten Landes vorzudringen.

Kochsafari In Kapstadts Bo-Kaap lernt man kap-malaiische Currys zu zaubern und in den Townships Gerichte der Xhosa zuzubereiten. (S. 617)

Märkte Auf dem Neighbourgoods Market in Kapstadt und Johannesburg, aber auch bei vielen ländlichen Veranstaltungen gibt es köstliche erntefrische Produkte zu kaufen. (S. 100)

Weintour Ein Prosit auf drei Jahrhunderte heimischen Weinanbau auf fantastischen Weingütern in Stellenbosch, Franschhoek und darüber hinaus. (S. 113)

Biertour In Südafrika floriert die Bierszene: In Kleinbrauereien und Bars, wie dem Long Street's Beerhouse, kann man verschiedene Biersorten probieren. (S. 91)

Essen in schwindelnden Höhen Vom höchsten Restaurant und Pub Afrikas, beide in Lesotho, hat man einen sensationellen Bergblick. Hier kann man neue und gute Gerichte und Getränke genießen. (S. 542)

Bunny Chow Zu den regionalen Spezialitäten zählt diese lukullische Erfindung aus Durban: ein ausgehöhlter Brotlaib mit einem leckeren Curry gefüllt. (S. 269)

Wine on the River Bei diesem Weinfest, einem der vielen in Westkap, lässt sich im Weintal Robertson am Breede River wunderbar Wein verkosten. (S. 132)

In der Wildnis kochen Der neueste Schrei bei Buschgrillfesten: Im Shamwari Game Reserve werden bei Safaris zusätzlich noch Kochkurse angeboten. (S. 212)

Kunst & Kultur

In der lebendigen Kulturszene von Johannesburg und Kapstadt trifft man in alten und neuen Galerien auf Kunstwerke, die die aufregenden Landschaften und sozialen Themen Südafrikas aufgreifen.

Kapstadt In der World Design Capital 2014 gibt es massig private Galerien, besonders an der Church Street und in Woodstock. (S. 101)

Ost-Karoo Im kultivierten Graaff-Reinet trifft man auf eine gut erhaltene Architektur, und im Nieu Bethesda's Owl House wimmelt es von Skulpturen aus Zement. (S. 250)

Clarens In diesem Juwel des Vrystaat gibt es ein Dutzend Galerien. Clarens ist die führende Kunststadt Südafrikas. (S. 348)

Ecoshrine Dieser Skulpurengarten erinnert an Stonehenge in England und liegt in den Amathole-Bergen im ökologisch interessanten Hogsback. (S. 226)

Johannesburg In den kulturreichen Vierteln, wie etwa dem Maboneng Precinct, gibt es Galerien, Straßenkunst und Wandertouren. (S. 363)

Handarbeit und Kunsthandwerk In Teyateyaneng, Lesotho, sind Bildteppiche und in den Tälern von Ezulwini und Malkerns in Swasiland Kunsthandwerk zu kaufen. (S. 538)

Venda-Gebiet In Studios an den staubigen roten Straßen im ehemaligen Homeland von Limpopo werden schöne Holzschnitzereien, Töpferwaren, Batiken und Textilien hergestellt. (S. 448)

William Humphreys Art Gallery Zu den Künstlern, deren Werke in der Kunstgalerie von Kimberley ausgestellt sind, zählen unter anderem Gefängnisinsassen, aber auch holländische und flämische Altmeister. (S. 498)

Offene Weiten

Ganz egal, ob es einen ins Landesinnere oder an die Küste zieht, die weitgehend ländlichen Gegenden vermitteln jedem Reisenden ein erfrischendes Gefühl von Freiheit.

Namaqua Die felsigen Hügel und Ebenen im westlichen Viertel des Landes sind im Frühling mit Wildblumen übersät. (S. 515)

Vrystaat Hier kann man goldene Sonnenblumen und weite Maisfelder sowie das sengende Grasland im Naturpark Golden Gate Highlands entdecken. (S. 345)

Süd-Lesotho Diese bergige Gegend besticht durch ihre orangefarbenen Täler, Flüsse und abgelegenen Dörfer. (S. 548)

Karoo Dieses halbtrockene Plateau erlebt gleißende Sommer und eisige Winter, atemberaubende Sonnenuntergänge und tolle Sternennächte. (S. 175)

Strände An Afrikas mehr als 2500 km langer Küste vom Cape Point aufwärts sind ruhige Strände sehr verbreitet. (S. 631)

Kalahari Rote Dünen, so weit das Auge reicht; dazu noch das den Oranje umgebende Grün. (S. 505)

Monat für Monat

TOP-EVENTS

Wildsafaris, Juli

Traditionelle Feste, September

Kirstenbosch Summer Sunset Concerts, November

Walbeobachtung, September

Cape Town Cycle Tour, März

Januar

Während der Sommerferien (Dezember bis Mitte Januar) bevölkern Südafrikaner die touristischen Gegenden, darunter vor allem die Küstenregion und die Parks. Unterkünfte und Transportmittel sollte man jetzt unbedingt lange im Voraus buchen! Die Hochsaison reicht von November bis März.

Cape Town Minstrel Carnival (Kaapse Klopse)

Das bunte Neujahrstreiben in der „Mutterstadt" beginnt mit dem Karneval am 2. Januar und dauert einen Monat lang. Mit Musikgruppen in Satin und Paillettenkleidung, frechen Liedern und Tanznummern, Umzugswagen und allgemeiner Feierei ist es der Mardi Gras des Kaps. (S. 72)

Februar

Der Sommer geht weiter: Gute Laune an den Stränden, die Seilbahnfahrt auf den Tafelberg zum Sonnenuntergang kostet nur die Hälfte und im Norden regnet es. Elefanten knabbern an Marulabäumen und in den Parks tummeln sich junge Antilopen, Zebras und Giraffen.

Buganu (Marula) Festival

Eines der beliebtesten Erntefeste feiert den prächtigen Marulabaum. Zwischen Februar und März machen die Frauen *uganu* (Marulawein), die Männer trinken ihn, und alle feiern. Auch Swasilands königliche Familie nimmt an der dreitägigen Zeremonie teil (S. 555).

Erntehelfer

Beim ersten der vier jährlichen Weinfestivals in Robertson können angehende Winzer bei der Ernte helfen und die Produkte verkosten. Mitmachen können Besucher z. B. beim Traubenpflücken, Sortieren, Traubentreten, Weinmischen und bei Traktorfahrten in den Weingärten (S. 132).

März

Der Sommer geht allmählich in den Herbst über, doch noch sind die Tage sonnig, das Lowfeld schwül und die Landschaft grün. Eine schöne Zeit zum Wandern und um im Westkap am Strand zu relaxen; in Kapstadt und Johannesburg finden Kultur- und Musikfestivals statt.

Cape Town Cycle Tour

Die 109 km lange Fahrradfahrt rund um die Kaphalbinsel am zweiten Sonntag im März ist das größte Radrennen der Welt mit Zeitmessung. Über 30 000 Teilnehmer, von Rennradsportlern bis zu kostümierten Kapstädtern, nehmen den Tafelberg und den Champman's Peak Drive in Angriff (S. 64).

April

Um Ostern herum sind zwei Wochen Schulferien. Diese Zeit gilt schon als Herbstbeginn. Es wird langsam kälter, und die Wildsafaris im Bushveld werden

interessanter als das Herumlungern am Strand. Bis Mai ist Brunftzeit.

AfrikaBurn

Das afrikanische Event, mittlerweile mit festem Platz im internationalen Festkalender, wurde vom amerikanischen Burning Man inspiriert und ist ein Ausbruch der Gegenkultur und eine Herausforderung für Überlebenskünstler. Künstlerische Installationen und Themen-Camps verwandeln eine Ecke der Tankwa Karoo in ein surreales Paradies (S. 523).

Juli

Der Winter bringt Regen ans Kap und Wolken an den Tafelberg. Die nördlichen Regionen erleben frische Sonnentage und klare Nächte. Die Nebensaison geht von Juni bis September. Sie wird von Mitte Juni bis Mitte Juli von den Schulferien unterbrochen.

Austernfestival

Die zehntägige Austernorgie in Knysna ist eines von mehreren Events an der südafrikanischen Küste, die den Meeresfrüchten gewidmet sind. Zum Festival gehören Wettbewerbe im Austernessen und Austernlösen, Weinverkostung, Radrennen und der Kynsna Forest Marathon (S. 162).

Ski-Saison in Lesotho

Ganz recht – Skifahren in Südafrika! Die Gipfel und Pässe in Lesotho kriegen im Winter Schnee ab – besonders in der Gegend von Oxbow. In diesem modernen und gut ausgestatteten Afriski-Ort geht die Saison von Juni bis August. (S. 542)

Tierbeobachtung

Das kühlere, trockenere Wetter ist perfekt, um Tiere in freier Wildbahn zu beobachten. Durstige Tiere versammeln sich an Wasserlöchern, und weil das Laub nicht mehr so dicht ist, sind sie leichter zu sehen. Mit den niedrigeren Temperaturen werden warme Gegenden wie das Bushveld und die Kalahari wieder attraktiver (S. 633).

Open of Surfing

In den Wintermonaten gibt es hohe Wellen am östlichen Kap, und in Jeffrey's Bay finden die internationalen Open of Surfing statt. Der Wettkampf ist Teil des in dieser Hochburg des Surfsports Mitte Juli stattfindenden zehntägigen Winterfestes, und es kommen mehr als 10 000 Zuschauer; die Unterkünfte füllen sich und die Preise steigen. (S. 198)

National Arts Festival

Bei dem größten Kulturfestival des Kontinents, das Anfang Juli zehn Tage lang im studentischen Grahamstown stattfindet, kann man Afrikas kreative Ader fühlen. In die gebildete Stadt fallen Darsteller aus jeglichen erdenklichen Disziplinen ein, und im Township Fingo Village findet ein entsprechend dazugehöriges Festival statt. (S. 218)

September

Der Winter macht langsam dem Frühling Platz. Im September und Oktober blühen im östlichen Hochland des Free State die Kirschbäume. Dies sind die trockensten Monate, um Tiere zu beobachten. Von Ende September bis Anfang Oktober sind Schulferien.

Wildblumen in Namaqua

Ende August und Anfang September legt die Natur ein Zauberkunststück hin und breitet einen Teppich von Wildblumen über das karge Gebiet aus. In der verdörrten Landschaft von Namaqua entstehen unglaubliche Blumenwiesen in allen Regenbogenfarben. Auch in anderen Gegenden in Northern Cape und Western Cape kommt es zu diesem faszinierenden Schauspiel (S. 517).

Whale-Watching (Walbeobachtung)

In der gesamten zweiten Jahreshälfte kann man an der Walker Bay Südkaper beobachten, am besten aber in den Monaten rund um das Hermanus Whale Festival (Sept./Okt.). Dann ist Hermanus weltweit der beste Ort an Land, um Wale gut beobachten zu können (S. 140).

Traditionelle Feste

In Swasiland wird Ende August/Anfang September der *umhlanga*-Tanz aufgeführt, bei dem swasiländische Jungfrauen mit Schilfrohrhalmen in der Hand tanzen. Eine ähnliche Veranstaltung findet ungefähr zur gleichen Zeit bei den Zulu (eshowe.com) statt, die dann in den King Shaka Day, an dem dieser Held der Zulu gefeiert wird, übergeht. Beim Morija Festival in Lesotho (www.morija.co.ls) wird die Kultur der Basotho in den Mittelpunkt gerückt. (S. 555)

Festivals in Johannesburg

Die Festivalsaison von Jozi (S. 356) fängt zwischen Ende August und Ende September mit dem vielseitigen Arts Alive (S. 362) an und geht dann mit Joy of Jazz (S. 362) weiter. Das Soweto Festival (S. 390) und Soweto Wine Festival findet auf dem Campus der University of Johannesburg in der Township statt.

November

Es wird Sommer: Wildblumen blühen in den Drakensbergen, und in KwaZulu-Natal lockt der Strand, ehe die schlimmste Luftfeuchtigkeit einsetzt. Beides gibt es in Kapstadt und in Western Cape. Im Lowveld regnet es. Die Hauptsaison beginnt.

Sommerliche Musikfestivals in Kirstenbosch

Im ganzen Land finden Musikfestivals statt. Allein in Western Cape gibt es die Kirstenbosch Summer Sunset Concerts im Botanischen Garten von Kapstadt (Nov.–April), Rocking the Daisies (rockingthedaisies.com) und Up the Creek (www.upthecreek.co.za; S. 73).

Reiserouten

2 WOCHEN Vom Krüger-Nationalpark nach Kapstadt

Auf dieser Reise kann man Wildsafaris, Landschaft und Kultur des Kaps erleben. Von Johannesburgs OR Tambo International Airport geht es Richtung Osten in den **Krüger-Nationalpark**, in dem mehr als 20 000 Exemplare der „Big Five" (Löwe, Leopard, Büffel, Elefant und Nashorn) durch das Bushveld streifen. Wer in einem Buschcamp oder in einem luxuriösen privaten Reservat übernachtet und im eigenen Auto auf Safari geht oder an geführten Fahrten und Wanderungen teilnimmt, hält sich und sein Fernglas fit. Vom Krügerpark geht es zurück zu den Lichtern von **Jo'burg**. Hier verbringt man eine Nacht in einem Kunsthotel oder einer Unterkunft für Rucksackreisende im Viertel Maboneng, erlebt die Afro-Globalisierung und trifft in Galerien und Bars auf einheimische Hipster.

Als Nächstes nimmt man einen Flieger nach **Kapstadt** oder macht eine Zugfahrt in der Touristenklasse des Trans-Karoo Express (oder des Blue Train oder Rovos Rail ab Pretoria). In einer der schönsten Städte der Welt kann man die Tage genießen, indem man den Tafelberg und den Kirstenbosch Botanical Garden erkundet und abends in den Weltklasse-Restaurants isst oder in der „Tavern of the Seven Seas" ein Gläschen trinkt. Die „Mutterstadt" ist von Stränden und Weinbergen umgeben; im Weinanbaugebiet **Stellenbosch** kann man Mittag essen und Sträßchen der Kapholländer durchwandern.

2½ WOCHEN

Rund ums Kap

Schöne Landschaften, gute Infrastruktur und eine ganze Palette toller Attraktionen machen das Land zu dem Südafrika, das in den glanzvollen Reisekatalogen präsentiert wird. Die Reise kann mit öffentlichen Verkehrsmitteln angegangen werden, ist aber auch ideal für eine Fahrt im eigenen Auto. Nach einigen Tagen in **Kapstadt** mit den historischen Sehenswürdigkeiten, wie dem District Six Museum und dem Viertel Bo-Kaap an der Kap-Halbinsel, folgt der Abschied, um dann in die Winelands aufzubrechen. In den Weinbergen von **Stellenbosch** und **Franschhoek** verbringt man ein oder zwei Abende mit Weinverkostungen. Von Stellenbosch führt die Route 44, eine der schönsten Küstenstraßen der Welt, nach **Hermanus**, wo man (Juni bis Dezember) Südliche Glattwale beobachten kann. Zur Übernachtung bietet sich **Stanford**, ein Dorf aus dem 19. Jahrhundert, an, oder man isst hier in einem der Gourmet-Restaurants zumindest zu Mittag, bevor es dann zum **Kap Agulhas**, dem südlichsten Punkt Afrikas weitergeht. Die kulinarische Reise setzt sich durch die Winelands, die grünen Hügel des Overberg-Distrikts und über den **Cogmanskloof Pass** in die Gebirgskette des Langebergs ins ländliche **Montagu** fort. Dieses malerische Städtchen mit seinen weiß getünchten Häusern und guten Restaurants ist ein idealer Ausgangspunkt für Felskletterer und Ausflüge ins Robertson Wine Valley. Montagu gilt als Anfang der Little Karoo: Man fährt die Route 62, die zwischen sanften Bergen mit vereinzelten Farmen und kleinen Städtchen wie der Portweinstadt **Calitzdorp** herführt. Am Ende von Little Karoo führt der **Meiringspoort Pass** von Oudtshoorn über den Swartberg-Gebirgszug in die Great Karoo und nach **Prince Albert**. Dieses Dorf aus dem 18. Jh. ist fruchtbar und hat Bewässerungskanäle in den Straßen. Der Highway N1 führt nach Kapstadt zurück; alternativ kann man südlich über den ungeteerten **Swartberg Pass** zur Garden Route fahren, wo die Strände und Lagunen der **Wilderness** noch unerschlossen sind. Im Osten am Indischen Ozean erheben sich urzeitliche Wälder gegen die Berge, die oberhalb der Urlaubsorte **Knysna** und **Plettenberg Bay** liegen; in beiden Orten locken Wassersport und andere Aktivitäten. Kurz vor der Grenze nach Eastern Cape geht es hinunter ins **Nature's Valley**, ein Stranddorf mit passendem Namen. Hier beenden Wanderer den fünftägigen Otter Trail. Kürzere Wanderungen führen auch in die Regenwaldtäler des **Tsitsikamma National Park**.

4 WOCHEN Die große Runde

Diese abenteuerliche Reiseroute führt durch die untere Hälfte Südafrikas. Von **Kapstadt** aus geht es über die Route 62 und über den **Swartberg** nach **Prince Albert**. Ab hier wagt man sich weiter in die Weiten der Great Karoo, um dann die gastronomische Oase **Graaff-Reinet** zu erreichen, die „Juwel der Karoo“ genannt wird, weil sie von mehr als 220 nationalen Monumenten und einer Geschichte, die bis 1786 zurückreicht, geprägt ist. In dieser Gegend der Karoo liegt auch der **Nationalpark Camdeboo** mit seinen Kaffernbüffeln und den Ausblicken vom Valley of Desolation über die Ebenen der Gegend, sowie das Künstlerstädtchen **Nieu Bethesda**, Standort des Owl House. Im **Mountain Zebra National Park** folgt man den Spuren der Geparden oder fährt in den **Addo Elephant National Park** weiter, wo Weiße Haie und Südliche Glattwale die „Big Five“ zu den „Big Seven“ wandeln. Richtung Osten locken die Amathole-Berge, wo Öko-Rucksackreisende in **Elundini** und **Hogsback** absteigen können. In einem *rondavel* (Rundhütte mit konisch zulaufendem Dach) an einem Strand an der **Wild Coast** zu übernachten, gehört zu einem der Highlights dieser Tour, wenn man dieses Erlebnis mit den von den Einheimischen organisierten Aktivitäten kombiniert. Als Nächstes geht es von Eastern Cape nach Kwa-Zulu-Natal und Richtung Norden in die **Drakensberge**. Südafrikas höchster Pass ist der **Sani Pass** (2876 m), der über 1300 m nach Lesotho ansteigt. Hier wartet Afrikas höchster Pub. Beim Wandern und Pony-Trekking in Lesotho trifft man die Basotho in ihren *rondavels*. Man sollte einige Tage für die Durchquerung dieses Bergreichs einplanen und in den Lodges von Maliba, im **Ts’ehlanyane National Park** und in **Malealea** übernachten. Für die letzte Nacht in Lesotho bietet sich das in Sandsteinklippen gelegene **Roma**, eine Missionsstation aus dem 19. Jahrhundert und heute Stätte der Gelehrsamkeit des Landes, an. Jenseits der internationalen Grenze, schwirrt man durch die Felder des Vrystaats und überquert die nächste Grenze in die Hauptstadt von Northern Cape, **Kimberley**. Die Stadt, die den weltweit größten Diamantenrausch erlebt hat, ist ideal, um ein Gefühl für die südafrikanische Geschichte zu bekommen, denn hier warten die englisch-burischen Schlachtfelder, Geistertouren, 150 Jahre alte Pubs und das weltweit größte, je von Menschenhand gegrabene Loch. Von hier aus bringt der **Trans-Karoo Express** die Reisenden zurück nach Kapstadt (oder nach Johannesburg).

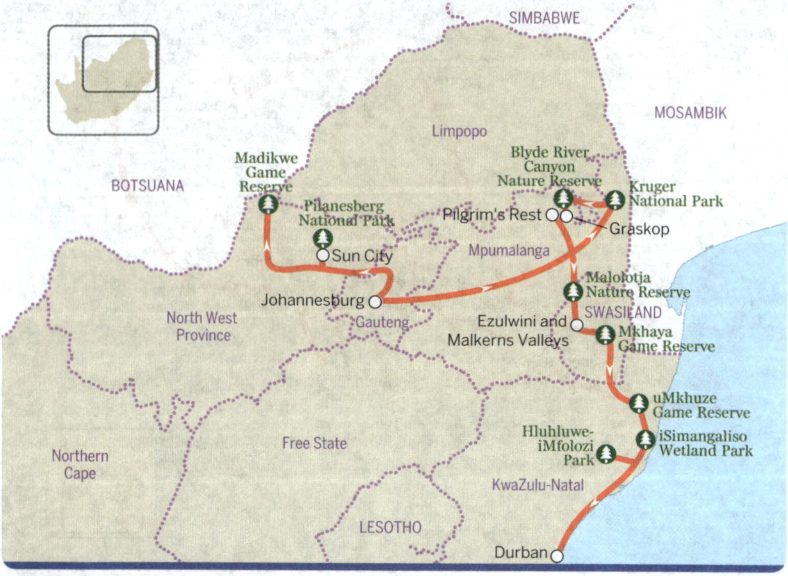

2 WOCHEN

Safaris

Vom OR Tambo International Airport in Jo'burg geht es gen Osten in den 20 000 km² großen Vorzeigepark, den **Krüger-Nationalpark**. Das Tierreich zieht die Besucher hier und in den angrenzenden privaten Wildreservaten auf Safaritouren bei Sonnenaufgang und -untergang in seinen Bann. Das **Naturreservat Blyde River Canyon** ist eine malerische Station im südlichen und zentralen Teil des Krüger-Nationalparks; von hier hat man eine gute Aussicht auf den Fluss, wie er sich vom Drakensberg Escarpment ins Lowveld schlängelt. Im nahen **Graskop** mit den Hügeln, den Seitensträßchen sowie Kunsthandwerksgeschäften wird übernachtet. Die Stadt ist ein guter Ausgangspunkt für **Pilgrim's Rest**, ein erhaltenes Dorf aus dem 19. Jahrhundert, der Zeit des Goldrausches. Wenn die Zeit knapp wird, fährt man die N4 Richtung Westen, um dort auf geteerten Straßen Zugang zur Tierwelt des **Pilanesberg National Park** zu haben, der vier Autostunden vom OR Tambo International Airport liegt. In einer Lodge im Park kann man übernachten. Hier streifen die „Big Five" um einen erloschenen Vulkankrater. Alternativ gibt es Übernachtungsmöglichkeiten in der glamourösen Umgebung des Kasino-Komplexes des angrenzenden **Sun City**. Etwas weiter, nahe der Grenze zu Botsuana, stellt das 760 km² große **Madikwe Game Reserve** ein exklusives Reiseziel dar. Hier stehen 5-Sterne-Lodges (und eine Öko-Lodge) zur Verfügung. Wer volle zwei Wochen Zeit hat, begibt sich vom Krüger ins Naturreservat **Malolotja** in Swasiland, wo 200 km Wanderwege durch Grasland und Wälder, aber auch durch das **Ezulwini und Malkerns Valley** führen – dabei kann man auch heimisches Kunsthandwerk kaufen. Das Highlight von Swasiland ist das wildreiche **Mkhaya Game Reserve**, das für seine unübertroffenen Populationen schwarzer und weißer Nashörner bekannt ist. Auf einer geführten Wandersafari gilt es, das Dickicht des Bushvelds und das offene Veld zu erkunden, um dann zum Camp in einem vogelreichen Flusswald zurückzukehren. Die Fahrt aus Swasiland hinaus führt über die N2 zum **uMkhuze Game Reserve** in KwaZulu-Natal, wo die Tiere an Wasserlöchern schlecken, die von Fieberbäumen umgeben sind. In der Nähe liegen die Wasserläufe und Ökosysteme des 200 km langen **iSimangaliso Wetland Park** und des **Hluhluwe-iMfolozi Park**. Von hier aus geht es südwärts am Indischen Ozean entlang weiter zum Flughafen oder zu den Stränden, Restaurants und Bars von **Durban**.

3 WOCHEN Wanderungen im Osten

Auf diesem Trip durch den Osten trifft man auf tolle Berglandschaften, aber auch auf die Kultur der Xhosa und Zulu. Nach der Landung am OR Tambo International Airport hält man sich einige Tage in der **Jo'burg** auf. In der sich wandelnden Innenstadt bilden sich hippe Enklaven mit Restaurants und Bars. Hier lohnt ein Stadtrundgang oder der Besuch in Südafrikas berühmtester Township **Soweto**. Ein Besuch in einem *shebeen* und in der Straße, in der die Friedensnobelpreisträger Nelson Mandela und Erzbischof Desmond Tutu einst lebten, ist zu empfehlen. Von Jo'burg geht es durch den Vrystaat, um dann die N3 bei Harrismith zu verlassen und die Route 712 am Sterkfontein Dam vorbei nach **Clarens** zu nehmen. Das Künstlerstädtchen liegt inmitten einer impressionistisch anmutenden Landschaft. Im **Golden Gate Highlands National Park** kann in einem *rondavel* am Fluss übernachtet werden, und es locken Wanderungen durch Sandsteinaufschlüsse am Fuße der Malutiberge an der Grenze zu Lesotho; hier sind auch längere Touren wie der Rhebok Hiking Trail möglich. Vor den Toren des Parks hinter Phuthaditjhaba führt der **Sentinel Hiking Trail** in einer Tageswanderung auf das Amphitheater am Gipfel des Drakensberg Escarpment. Durch die nördlichen Drakensberge ist man gut eingestimmt, um einige Tageswanderungen zu unternehmen, wie etwa durch die Tugela Gorge im **Royal Natal National Park**. Weiter geht es durch KwaZulu-Natal, wo man sich auf der Ferienstraße **Midlands Meander** von den Strapazen der „Draks" erholen kann. Hier warten Gästehäuser und Keramikläden. Danach kommt **Durban**, eine Stadt mit Stränden und indischer Küche, die durch die Stadtentwicklung langsam zu neuem Leben erwacht. Nicht weit von der Grenze zu Eastern Cape liegt das **Oribi Gorge Nature Reserve** mit seinen Klippen und Wäldern oberhalb des Umzilkulwana River. Von hier aus sollte man statt die N2 nach Mthatha zu nehmen einen Umweg an der Küste entlang durch Pondoland nach **Port St Johns** fahren – eine Einstimmung auf die Mitglieder des Xhosa-Volkes. Pastellfarbene *rondavels* liegen in den Hügeln und blicken auf die Schotterstraßen dieser Region, von denen einige zu von Einheimischen geführten Unterkünften für Rucksackreisende in der Gegend von **Coffee Bay** führen. Am Südzipfel der Wild Coast verbringt man die Nacht in **Chintsa** am Indischen Ozean und nimmt dann vom **East London** einen Flieger, Zug oder Bus nach Jo'burg oder Kapstadt.

2½ WOCHEN Der wilde Nordwesten

Von Kapstadt aus geht es nördlich in die bergige **Cederberg Wilderness Area** mit ihren Sandsteinformationen, Lodges und Campingplätzen. Weiter geht es über den Pakhuis oder Vanrhyns Pass nach **Calvinia**, einer Siedlung in der Hantam Karoo, bevor es auf die N7 nach Namaqua geht. Im Frühling sind die felsigen Weiten mit einem Wildblütenteppich bedeckt. Fast am Ende der geraden Straßen dieser Gegend zwischen Atlantik und Nirgendwo liegt **Port Nolloth**. Wer mit einem Allradwagen unterwegs ist, fährt in die Bergwüste des **|Ai-|Ais/Richtersveld Transfrontier Park** weiter. Im weiter östlich gelegenen **Augrabies Falls National Park** kann man Wandern, Raften und Kanufahren. In **Upington** lässt sich der Fluss Oranje auf einer Kreuzfahrt bei Sonnenuntergang von seiner sanften Seite kennenlernen. Es geht dann mutig weiter Richtung Norden durch die Kalahari zum **Kgalagadi Transfrontier Park**, um Großkatzen zu erspähen. Nun geht es wieder zurück, um im **Witsand Nature Reserve** noch mehr in der Halbwüste zu erleben. Die Strecke zurück nach Kapstadt geht quer durch die Great Karoo mit Stopps im **Karoo National Park** und dem historischen **Matjiesfontein**.

1 WOCHE Abseits der Touristenpfade

Von Kapstadt geht es nördlich in den **West Coast National Park**, in dem an den Ufern der Langebaan-Lagune die Frühlingsblumen locken. Die Nacht verbringt man in **Paternoster**. Nun dreht man ins Inland nach **Tulbagh** ab, wo es einige gute Weingüter am Fuße des Witzenberg-Gebirges gibt. Tiefer in den Winelands versprüht **Franschhoek** mit seinem französisch-hugenottischem Erbe, den Weingütern und Restaurants kultivierten europäischen Charme. Hinter dem Franschhoek Pass stößt man auf die N2 und fährt durch den Overberg-Distrikt zum Dorf **Greyton** mit seinen strohgedeckten Häusern, Restaurants, Bergblicken und der Missionsstation aus dem 18. Jahrhundert. Der 14 km lange **Boesmanskloof Trail** führt durch die Riviersonderendberge nach **McGregor**, einem New-Age-Dorf im Breede River Valley. Von Greyton geht es über **Hermanus** – den weltweit besten an Land gelegenen Aussichtspunkt für die Walbeobachtung (Juni–Dez.) – zurück nach Kapstadt. Letzte Station ist die atemberaubende R44, eine Küstenstraße, die am **Cape Hangklip** entlang verläuft und am **Kogelberg Biosphere Reserve** vorbeiführt.

Reiseplanung

Reisen mit Kindern

Südafrika ist vermutlich das für Familien mit Kindern beste Reiseziel des gesamten Kontinents, denn es gibt gute Einrichtungen und familienfreundliche Attraktionen. Swasiland ist ebenfalls ein Hit (allerdings gibt es in den tiefer liegenden Regionen Malaria), und das bergige Lesotho ist ein unvergessliches Erlebnis für abenteuerlustige ältere Kinder.

Südafrika

Mit seiner Fülle von Nationalparks, Stränden, Schwimmbädern und Wanderwegen, die von einfach bis schwierig reichen, und mit einer guten Auswahl von Museen und einer Handvoll Vergnügungsparks gibt es in Südafrika in sicherer Umgebung für Kinder jeden Alters zahllose geeignete Optionen.

Die meisten Südafrikaner sind Kindern gegenüber sehr offen, und es ist auch sehr wahrscheinlich, dass einem überall Hilfe angeboten wird. Man sollte sich auch mit dem Gedanken anfreunden, dass die Kleinen von einem zum anderen gereicht werden und dabei eine echte Kuriosität sind. Sie werden viel Interesse und Aufmerksamkeit erregen, besonders in den ländlichen und traditionsverhafteten Teilen des Landes.

Lesotho

Lesotho ist ein sehr kinderfreundliches Urlaubsziel. Durch die raue Landschaft und die erschwerten Bedingungen ist es allerdings besser für ältere Kinder geeignet, die gerne wandern und reiten. Die meisten Anbieter von Ponyreiten bieten Ausritte erst ab zwölf Jahren an.

Malaria gibt es nicht, es geht hier allerdings allgemein etwas rauer zu als in vielen Teilen Südafrikas. Wer (und wessen Kind) das Abenteuer nicht scheut, der

Ideal für Kinder

Kapstadt

Der Botanische Garten, ein Aquarium, die Seilbahn hinauf auf den Tafelberg, Strände, der Markt auf dem Greenmarket Square, Hafenrundfahrten, verschiedene Aktivitäten, gute Einrichtungen und eine entspannte Atmosphäre – all das macht die lebhafte Mutterstadt zu einem hervorragenden Ziel für Familien.

Western Cape

Rund um Kapstadt liegt Western Cape mit einer guten Infrastruktur und einer atemberaubenden Landschaft. Entlang der Garden Route sind Orte wie Mossel Bay und Nature's Valley besonders gut auf Familien eingestellt und bieten Strände sowie zahllose Aktivitäten.

KwaZulu-Natal

Durban wartet mit Stränden, einem der größten Aquarien der Welt und einem milden Klima auf. Strandspaß gibt es aber auch an der Küste des Indischen Ozeans, mit Aktivitäten von Walbeobachtung bis hin zu Kajaksafaris im iSimangaliso Wetland Park. Im Hinterland locken die atemberaubenden Drakensberge mit Wander- und Campingmöglichkeiten.

wird das Reisen hier jedoch ziemlich sicher als angenehm empfinden. Etwas Vorausplanung ist allerdings empfehlenswert, weil einige Unterkünfte, wie etwa die Handelsposten-Lodges, familienfreundlich, aber andere weniger gut und durchaus unkomfortabel sind. Für Kinder sind reduzierte Übernachtungspreise üblich.

Swasiland

Swasiland ist sehr kinderfreundlich und entspannt, wodurch es ein besonders gutes Reiseziel für Familien ist. Der größte Vorbehalt ist allerdings der, dass Malaria hier in niederen Lagen ein echtes Risiko darstellt.

Viele Hotels in Swasiland bieten eine kinderfreundliche Unterbringung, und es gibt einige Aktivitäten wie beispielsweise Minigolf, um die Kleinen bei Laune zu halten.

Highlights für Kids

Wildtiere

- Geführte Safaris in großen Fahrzeugen sind für familienausflüge sehr empfehlenswert. Die Chancen, Tiere zu sehen, sind größer, und es ist immer ein fachkundiger Guide dabei, der Fragen beantworten kann und sich um die Sicherheit kümmert.
- Der Kruger National Park mit den Big Five ist gut zugänglich und hat familienfreundliche Camps.
- Ebenso in der Nähe von Johannesburg liegt der malariafreie Pilanesberg National Park, der speziell auf Familien auf Wochenendausflug ausgerichtet ist. Die Straßen sind hier gut befahrbar und geteert.
- Aktivitäten für Kinder werden im Kruger und im Pilanesberg National Park und auch in anderen Parks angeboten.
- Im malariafreien Addo Elephant National Park stehen die Chancen recht gut, einen der faszinierenden grauen Dickhäuter zu Gesicht zu bekommen.
- Oudtshoorn hat Straußenfarmen, ein Erdmännchen-Schutzprojekt und eine Geparden-Ranch.
- Pinguinkolonien und Rehabilitationszentren für verletzte Tiere finden sich am Boulders Beach (Kap-Halbinsel), in Cape St. Francis und Port Elizabeth.

Wandern

- Den Tafelberg zu erklimmen, gibt älteren Kindern das wahnsinnige Gefühl, etwas Großes geschafft zu haben.
- Wandern und Campen in den Drakensbergen (einschließlich Lesotho) ist ebenfalls ein unvergessliches Erlebnis für ältere Kinder und Jugendliche.
- Hogsback ist mit den verwunschenen Pfaden und einfachen Wanderwegen durch Gärten und Wälder für naturverbundene Eltern mit kleinen Kindern bestens geeignet.

Strände

- An einem von Kapstadts Stränden, z. B. dem Clifton No. 4, inmitten von multikulturellen Kapstädtern zu sitzen, ist für die ganze Familie eine interessante Erfahrung.
- In Arniston nahe dem südlichsten Punkt Afrikas gibt es einen geschützten Strand mit Höhlen und Felsenbecken.
- Südafrika bietet für ältere Kinder jede Menge Wassersportmöglichkeiten, bei denen sie sich mal so richtig austoben können, darunter Surfen, Tauchen, Tubing, Kanu- und Kajakfahrten sowie Raften.
- Jeffrey's Bay gehört zu den besten Surfspots der Welt.

Reiten

- Reiten am Strand von Noordhoek ist von Kapstadt aus ein erfrischender Tagesausflug.
- Viele Veranstalter bieten Safaris auf dem Rücken der Pferde, aber auch ganz normale Ausritte an, und das in Gegenden vom Bergmassiv Waterberg in der Provinz Limpopo bis zur Wild Coast.
- Für ältere Kinder bietet sich Pony-Trekking in Lesotho an; das ist zudem eine wunderbare Möglichkeit, dieses bergige Land zu erkunden.

Afrikanische Kultur

- Jugendliche werden die themenorientierten Führungen lieben, die auf ihre Interessen zugeschnitten sind, wie etwa das kap-malaiische Kochen, Jazz in den Townships, Kunst der Venda oder Wandmalereien in der Stadt.
- An der Wild Coast bekommen abenteuerlustige Jugendliche Einblicke in die Kultur der Xhosa, auf die sie in den von den Einheimischen geführten Unterkünften für Rucksackreisende treffen, wie etwa in der Bulungula Lodge, die Aktivitäten und Kulturerlebnisse bietet.

EINREISEBESTIMMUNGEN

Seit dem 1. Juni 2015 müssen alle Kinder unter 18 Jahren bei der Einreise zusätzlich zu ihrem Pass eine ungekürzte Geburtsurkunde vorlegen. Wer keine parat hat, dürfte diese in den meisten westlichen Ländern ganz einfach bekommen; im Unterschied zu gekürzten Geburtsurkunden finden sich auf ungekürzten Exemplaren auch Angaben zu den Eltern.

Wenn beide Eltern das Kind begleiten, gibt es keine Probleme. Wenn nur ein oder gar kein Elternteil mitreist, fordern die neuen Einreisebestimmungen weitere Papiere, wie z. B. eine eidesstattliche Erklärung, dass das Kind reisen darf, oder in einigen Fällen auch einen Gerichtsbeschluss oder eine Sterbeurkunde, falls ein Elternteil verstorben ist. Diese kontrovers diskutierten neuen Bestimmungen, die nach Aussagen des Innenministeriums eine Maßnahme gegen Kinderhandel sein sollen, sind auf heftigen Widerstand gestoßen und werden möglicherweise wieder gelockert. Weitere Informationen und Neuerungen findet man auf www.southafrica.info, www.home-affairs.gov.za, unter den Reisehinweisen der eigenen Regierung oder bei den diversen Fluglinien.

Reiseplanung

Bedarf für Babys & Kinder

Südafrika

➡ Windeln, Milchpulver und Babynahrung gibt es außer in sehr ländlichen Gebieten fast überall.

➡ Außerhalb von Supermärkten in größeren Städten dürfte es schwierig werden, aufbereitete Babynahrung ohne Zuckerzusatz zu finden.

➡ Merry Pop Ins (www.merrypopins.co.za) im Zentrum von Kapstadt verkauft gebrauchte Kleidung, Möbel und Ausstattung für Kinder von 0 bis 12 Jahren.

Lesotho & Swasiland

➡ Windeln, Milchpulver und Babynahrung gibt es in Mbabane, Manzini und Maseru; in kleineren Städten ist das Angebot sehr begrenzt.

Ermäßigungen

➡ Kinder genießen in Nationalparks, Museen und anderen Sehenswürdigkeiten meist Ermäßigungen (für Babys und Kleinkinder muss oft nichts bezahlt werden, für ältere Kinder und Teenager muss meist ein ermäßigter Eintritt gezahlt werden).

➡ In vielen Hotels gibt es Rabatt für Kinder.

➡ Restaurants bieten oft Kindermenüs zu guten Preisen oder billigere kleine Portionen.

Gesundheit

Südafrika

➡ Siehe auch das Kapitel „Gesundheit" (S. 701).

➡ Das Stillen in der Öffentlichkeit dürfte bei den meisten Afrikanern keinen Anstoß erregen, aber in anderen Kreisen sollte man damit zurückhaltend sein.

➡ Insgesamt gesehen gibt es nur wenige gesundheitliche Risiken. Sollte das Kind krank werden, findet man in den Städten ein gutes medizinisches Versorgungsangebot.

➡ Staatliche Krankenhäuser sollte man möglichst meiden und stattdessen private vorziehen.

➡ Mediclinic (www.mediclinic.co.za) betreibt zwischen Kapstadt und Limpopo Privatkliniken.

➡ Schon Monate vor der Reise sollte man sich beim Arzt über Impfungen informieren. Nicht alle Impfungen sind auch für Kinder oder Schwangere geeignet.

➡ Wer in ein Malariagebiet reist (z. B. in den Kruger National Park oder das Lowveld), sollte sich unbedingt gezielt über eine Malariaprophylaxe für Kinder informieren.

➡ Man sollte zweimal überlegen, bevor man mit kleinen Kindern in Malariagebiete reist und in solch einem Fall die Reise am besten im Winter unternehmen, wenn die Gefahr von Mückenstichen geringer ist.

➡ Unabhängig von Malaria können Insektenstiche oft schmerzhaft sein. Deshalb ist es empfehlenswert, ein Moskitonetz, Insektenschutzmittel und geeignete Kleidung dabeizuhaben.

➡ In Bächen sollte generell nicht gebadet werden, da das Risiko einer Bilharziose- (Schistosomiasis-) Infektion besteht.

- **Lesotho & Swasiland** In Mbabane und Maseru gibt es angemessene medizinische Einrichtungen, bei ernsthaften Erkrankungen muss man allerdings rüber nach Südafrika. Malaria tritt in den tiefer gelegenen Regionen Swasilands auf.

Informationsquellen

- Das monatlich erscheinende Magazin *Child* (www.childmag.co.za) hat eigene Ausgaben für Kapstadt, Durban, Johannesburg und Pretoria; zusätzlich ist seine Website ganz nützlich.
- *Travel with Children* von Lonely Planet gibt Tipps, wie Eltern und Kinder zufrieden unterwegs sein können.

Kinderbetreuung

- Viele teurere Hotels und Resorts in den Touristenregionen Südafrikas können einen Kinderbetreuungsdienst für abends, aber auch für tagsüber organisieren.
- Besonders in der Hochsaison bieten viele südafrikanische Resorts an der Küste Kinderclub-Programme mit besonderen Aktivitäten für Kinder.
- In Lesotho und Swasiland kann auch ganz spontan und inoffiziell eine Kinderbetreuung arrangiert werden; wer in einer guten Lodge oder in einem guten Hotel wohnt, kann mit Hilfe durch das Personal rechnen.

Sanitäre Einrichtungen

- Wickelräume sind in Afrika nicht üblich, aber die Toiletten sind in der Regel sauber; in den meisten findet man auch eine Möglichkeit für das Wechseln der Windeln.
- In Lesotho und Swasiland haben die meisten Hotels und Lodges Toiletten im westlichen Stil, aber wenn man auf dem Lande unterwegs ist, findet man oft nur ein einfaches Plumpsklo.

Unterkunft

- Familiengerechte Unterkunftsangebote, beispielsweise Drei- oder Vierbettzimmer in Hotels oder Ferienhäusern für vier bis sechs Personen, sind in ganz Südafrika völlig normal.
- Gute Campingplätze und gut ausgestattete Hütten, Ferienhäuser und Chalets sind für Familien, die ihre Privatsphäre schätzen, eine gute und preislich erschwingliche Unterkunftsmöglichkeit.
- In KwaZulu-Natal bietet Ezemvelo KZN Wildlife gute und dennoch preiswerte Unterkünfte für Gruppen und Familien – allerdings laufen in vielen Parks Tiere frei herum.
- Die Unterkünfte von SAN (South Africa National) Parks sind in der Regel hervorragend, aber auch recht teuer; oft kommt es billiger, wenn man außerhalb der Parks übernachtet.
- Viele Wildlife-Lodges nehmen keine Kinder unter zwölf Jahren. Daher stehen solchen Familien in Parks und Reservaten oft nur Campingplätze und Ferienhäuser zur Verfügung.
- Viele Hotels und Ferienhäuser können auch Kinderbettchen stellen.

Verkehrssicherheit

- Die meisten Autoverleihfirmen halten Kindersitze bereit, aber diese müssen im Voraus reserviert werden und kosten extra.

Südafrika, Lesotho & Swasiland im Überblick

Kapstadt und Western Cape sind kultivierte, gut entwickelte Orte, wo Besucher Wein genießen können und deren Strände und Berge verschiedene Aktivitäten zu bieten haben. Wer das etwas rauere Südafrika, die Wildnis und die Naturparks erleben möchte, der ist in Northern Cape und in der North-West Province gut aufgehoben.

Surfer, Wanderer und Liebhaber afrikanischer Kultur werden sich in Eastern Cape wohlfühlen, das an das bergige Königreich Lesotho und den Free State angrenzt. Die weite Landschaft und die goldenen Felder des Letzteren führen zu den Drakensbergen, die sich bis nach KwaZulu-Natal erstrecken, wo nördlich von Durban Strände, Naturparks und Zululand liegen.

Im Nordwesten der Region wartet Swasiland mit hervorragenden Naturschutzgebieten auf, Mpumalanga punktet mit dem Lowveld, den Drakensbergen und verschiedenen Aktivitäten, und in Gauteng schlägt das urbane Herz Südafrikas. Neben der vielfältigen Landschaft und der Venda-Kultur Limpopos im Norden ist der Kruger National Park – der Lebensraum der Big Five – das Highlight Südafrikas.

Kapstadt

Outdoor-Aktivitäten
Essen
Shoppen

Bergwandern

Kapstadt ist mit dem gebirgigen Nationalpark, den Stränden und dem Meer ein schönes Wandergebiet. Dabei hat die Erwanderung des Tafelsbergs oberste Priorität. Selbst, wenn man nur die Sea Point Promenade entlang bummelt, ist der über der „Mutterstadt" thronende Gipfel ein Vergnügen. Außerdem sind Kite-Surfen, Felsklettern und Gleitschirmfliegen möglich.

Geschmacksvielfalt

Die multiethnische Bevölkerung hat Kapstadt eine Vielfalt diverser Geschmacksrichtungen beschert. So kann man kap-malaiische Currys, Gerichte der Xhosa und in Weltklasse-Restaurants Fleisch- und Fischsorten vom *braai* (Grill) probieren.

Zeitgenössisches Kunsthandwerk

Die World Design Capital 2014 platzt vor Kreativität: Puppen mit Perlenbesatz, Zubehör aus recyceltem Plastik, Wildleder- und Lederkissen – die Handelszentren und Kunsthandwerksmärkte haben alles.

S. 48

Western Cape

Essen & Trinken
Outdoor-Aktivitäten
Abenteuersport

Weinverkostungen

Die Winelands bei Stellenbosch, Franschhoek und Paarl sind berühmt für ihre schönen Weingüter. Weingenießer sollten auch andere Gegenden wie Wellington, Stanford, Tulbagh and Robertson ausprobieren. Den Wein mit Schokolade oder Käse zu probieren, gibt den Verkostungen eine weitere Genussdimension.

Wandern

Zu den längeren Wanderungen zählen der viertägige Oystercatcher Trail, der fünftägige Whale Trail im De Hoop Nature Reserve und der Greyton McGregor Trail. Die Dauer der Wanderungen reicht von einigen Stunden bis zu Tagen; sie führen in den Busch bei Städten wie Swellendam und in die Wildnis am Zederberg.

Wassersport

Zu den vielen Wassersportaktivitäten, die die Vorteile der Strände und Lagunen der Garden Route nutzen, gehören Surfen, Kanufahren und Tauchen. In Gansbaai können die ganz Mutigen in Käfigen zu den Haien tauchen.

S. 107

Eastern Cape

Wandern
Natur & Landschaft
Tierwelt

Mehrtages-Wanderungen

Im Tsitsikamma National Park befinden sich der Otter, Dolphin und Tsitsikamma Mountain Trail; Touren mit Übernachtungen gehen an der Wild Coast entlang; auf dem Amathole-Trail geht es hoch hinauf.

Strände

An der Wild Coast liegen menschenleere Strände aufgereiht, aber geprägt ist diese Gegend auch von der Kultur der Xhosa, die in den Lodges für Rucksackreisende wie Bulungula, Mdumbi und Buccaneers zum Ausdruck kommt. Der Strand in der Jeffrey's Bay ist zum Surfen geeignet, und an den Dünen von Nature's Valley liegen Waldgebiete.

Vielfältige Tierwelt

Im Addo Elephant National Park gibt es die Big Seven (die „Big Five" plus Weiße Haie und Südliche Glattwale). Die privaten Wildreservate nutzen das Vorkommen der „Big Five" zu Aktionsprogrammen; und der Mountain Zebra National Park bietet Ausblicke auf die Karoo, Kap-Bergzebras und Fährtensuche nach Geparden.

S. 188

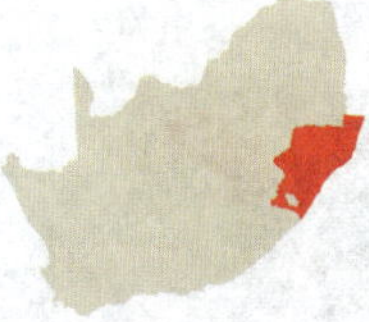

KwaZulu-Natal

Tierwelt
Kultur
Aktivitäten

Tropische Tierwelt

Die tropische Elefantenküste im nördlichen KwaZulu-Natal besitzt drei tolle Wildparks: den iSimangaliso Wetland Park, das Mkhuze Game Reserve und den Hluhluwe-iMfolozi Park. Hier kann man in schöner Kulisse die „Big Five" erspähen.

Kultur der Zulu

Eshowe und Ulundi sind Hauptstädte der Zulu-Kultur, Shakalnad vermittelt einen disneyworldartigen Blick auf diese Volksgruppe. Im September und Oktober finden drei große Events in Zululand statt, darunter der „Schilfrohrtanz", der Bestandteil des swasiländischen Umhlanga-Festes ist. In den Campbell Collections von Durban befinden sich Dokumente und Kunstwerke aus der frühen Zulu-Kultur.

Wassersport

Umkomaas und Scottburgh sind mit den Tauchgründen Aliwal Shoal und Protea Banks Zentren des Tauchsports. Zu den Wasseraktivitäten am Strand von Durban gehören Surfen, Tauchen, Angeln und Meeressafaris.

S. 254

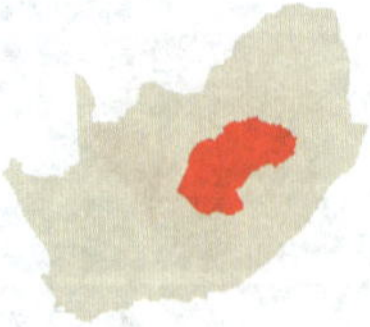

Free State

Landschaft
Entspanntes Reisen
Wandern

Berge & ihre Ausläufer

Die zerklüfteten Eastern Highlands bieten Ausblicke auf die Drakens- und Malutiberge. Durch diese Region im Grenzgebiet zum bergigen Lesotho verläuft eine der schönsten Strecken Südafrikas, die durch Clarens und den Golden Gate Highlands National Park führt.

Erlebnisse auf dem Lande

Kleine Städte wie Clarens preisen ihre Straßen als Tag und Nacht sicher an; wenn man auf den staubigen Straßen zwischen den goldenen Feldern und dem weiten Himmelszelt unterwegs ist, kommt man an alten *bakkies* (Pick-up-Lastern) und verfallenden Sotho-Häusern vorbei.

Bergwanderwege

Der Rhebok Hiking Trail und andere führen durch den Golden Gate Highlands National Park und geben Blicke auf die Drakens- und Malutiberge frei. Der nahe gelegene Sentinel Trail, eine der eindrucksvollsten Tageswanderungen Südafrikas, schlängelt sich die Drakensberge empor.

S. 333

Johannesburg & Gauteng

Geschichte
Geführte Touren
Kultur

Mandela Trail

Das Apartheid Museum erweckt die düstere Zeit vor Nelson Mandela zum Leben. Auch Constitution Hill in Jo'burg deckt sowohl die Zeit der Apartheid als auch der heutigen Demokratie ab. Soweto ist eine Goldgrube für Sozialgeschichte, und der Freedom Park in Pretoria liegt gegenüber dem Voortrekkerdenkmal.

Stadtführungen

Die Führungen in Jo'burg kratzen an der Betonoberfläche dessen, was in Wahrheit düsteres Afro-Gotham sein kann. Innenstadtführungen zeigen die Stadterneuerung, im Zuge derer die ehemaligen Sperrgebiete umgestaltet wurden; in Soweto können Besucher die Einheimischen der Township treffen.

Kunst & Design

In den Galerien und Geschäften im Maboneng Precinct, in Braamfontein und Newtown von Jo'burg kann man heimisches Kunsthandwerk kaufen. Auf dem Market on Main in Maboneng gibt es Design und Dekor und in der Stanley Avenue Nr. 44 heimische Mode.

S. 353

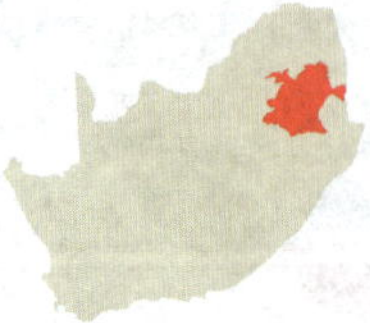

Mpumalanga

Landschaft
Aktivitäten
Urlaub auf dem Land

Naturwunder

In dieser Provinz zwischen Jo'burg and Mosambik gibt es sowohl das Lowveld als auch den Drakensberg Escarpment. Wo diese beiden Regionen zusammenkommen, liegt der Blyde River Canyon, Mpumalangas schönste Gegend und mit ihren Felsformationen und Aussichtspunkten eine der herausragenden Naturschönheiten Südafrikas.

Abenteuersport

In Graskop gibt es die höchsten Schlucht-Schaukeln der Welt. In Sabie finden sich Mountainbike-Trails, Möglichkeiten zum Kloofing, zu Höhlenbesichtigungen im Kerzenschein, zum Rafting und Schwimmlöcher. In Hazyview warten Heißluftballonfahrten, Rafting, Quadfahrten und Seilrutschen.

Historische Städte

Pilgrim's Rest ist ein gut erhaltenes Goldgräberstädtchen in den Drakensbergen. Lydenburg trumpft mit historischen Gebäuden auf. In Barberton hatte die erste südafrikanische Börse ihren Sitz.

S. 408

Kruger National Park

Tierwelt
Landschaft
Aktivitäten

Big Five

Mit 145 Säugetierarten, darunter 1500 Löwen, 12 000 Elefanten, 2500 Büffel, 1000 Leoparden und 5000 Nashörner (Spitz- und Breitmaul), ist der Krüger Nationalpark einer der fantastischsten Orte auf der Welt, um die „Big Five" in aller Ruhe dabei zu beobachten, wie sie jeden Tag aufs Neue das Schauspiel von Leben und Tod aufführen.

Wildnis

Der Park ist etwa so groß wie Belgien, und das Landschaftsbild reicht von tropischem Regenwald bis zu Mopaneveld. Wer zu ruhigeren Zeiten (z. B. Ende Jan.–März) anreist, ist bei Buschwanderungen allein mit der Natur.

Wanderungen

Um ohne Fahrzeug in Teile des Busches vordringen zu können, bricht man mit bewaffneten Rangern auf eine dreistündige Buschwanderung auf oder taucht auf einer viertägigen Wanderung in der Wildnis ab.

S. 432

Limpopo

Kunst & Handwerk
Vielfalt der Natur
Afrikanische Kultur

Kunsthandwerk

Die Künstler der Venda-Region sind bekannt für ihre Arbeiten. Bei einem Besuch der Werkstätten kann man eines ihrer Kunstwerke erstehen. Weiter im Süden liegen Kaross, wo Shangaan-Stickereien hergestellt werden, und die Mapusha Weavers Cooperative, wo Frauen in der Township Acornhoek Teppiche knüpfen.

Kühle Bergluft

In Haenertsburg und auf dem Magoebaskloof Pass kann man der Hitze entkommen. Dort bieten Pinienplantagen und Wasserfälle eine Abkühlung. Im Modjadji Nature Reserve werden die Bolobedu Mountains vom Sommernebel eingehüllt.

Sehenswürdigkeiten

Der Mapungubwe National Park gehört wegen seiner kulturellen Bedeutung zum Unesco-Welterbe, denn hier befindet sich eine wichtige Stätte aus der Eisenzeit. Zudem lebt die afrikanische Kultur nach wie vor im Gebiet der Modjadji, der mystischen Heimat der Regenköniginnen, aber auch im Gebiet der Venda.

S. 453

North West Province

Tierwelt
Luxus
Aktivitäten

Wildsafaris

Der Pilanesberg National Park erstreckt sich über 1000 km² Bushveld, in dem die „Big Five" zu Hause sind. In der Nähe des Kasinokomplexes von Sun City gibt es geteerte Straßen und die Lodges im Madikwe Game Reserve bieten geführte Jeep-Safaris.

Unterkunft

Die Hotels von Sun City sind die letzten in Südafrika, die noch im glamourösen Stil von Las Vegas erstrahlen. Die 5-Sterne-Lodges von Madikwe bieten Wildsafaris mit vollem Luxus.

Familienspaß

Die Pools, Wellenbäder, Rutschen und Wildwasserrinnen von Sun City erfreuen Kinder. Das befremdliche Thema einer verlorenen afrikanischen Zivilisation mit simulierten Vulkanausbrüchen und Nachbildungen von Elefanten ist für alle unterhaltsam, und die Aktiveren können den Pilanesberg erkunden. Auf den Magaliesbergen gibt es eine Luftseilbahn und Baumwipfeltouren mit Seilrutschen.

S. 480

Northern Cape

Wildnis
Tierwelt
Aktivitäten

Halbwüsten

Die monumentalste Provinz Südafrikas besteht aus einer trockenen Wildnis mit rissigen Böden. Wie sich ein Weißer Amarant entlang einer Seitenstraße ausdehnt, so erstreckt sich die Karoo durch attraktive Städte wie etwa Sutherland; weiter nördlich in der sandigen Kalahari und der felsigen Namaqua zeigt die Natur ihre ungehinderte Kraft.

Großkatzen

Der Kgalagadi Transfrontier Park ist der weltweite beste Ort zur Beobachtung von Großkatzen, darunter Geparden, Löwen und Leoparden. Man kann mit Glück sogar einen Schwarzmähnenlöwen unter einem Kameldornbaum dösen sehen.

Abenteuersport

Man kann den Oranje-Fluss runter raften oder mit dem Kanu befahren, Geländewagentouren bei Riemvasmaak und durch die grenzüberschreitenden Parks unternehmen, auf Jeep- oder Wandersafaris gehen, im Witsand Nature Reserve sandboarden und mountainbiken.

S. 494

Lesotho

Abenteuer
Kunsthandwerk
Wildnis

Handelsposten

Die Lodges von Malealea, Semonkong, Ramabanta und Roma sind ehemalige Handelsposten und Durchgangsstationen an den Berghängen. Hier lässt es sich gut wandern und auf den stämmigen Basuto-Ponys die Kultur der Basotho an den Trekkingpfaden kennenlernen. In Semonkong kann man sich die Maletsunyane Falls hinabseilen.

Bildteppiche

Das Volk der Basotho hat sich durch die Jahrhunderte seine kulturelle Autonomie bewahrt. Das spiegelt sich in seinem Kunsthandwerk wider. In den im Tiefland gelegenen Dörfern Teyateyaneng (TY), Leribe (Hlotse), Thaba-Bosiu und Morija kann man beispielsweise Bildteppiche kaufen.

Nationalparks

Die Nationalparks von Lesotho sind wenig besuchte Schmuckkästchen: Der Sehlathebethebe ist eine gespenstische grün-graue Mondlandschaft, der üppig bewachsene und zerklüftete Ts'ehlanyane National Park wird zum Aushängeschild der Nation.

S. 525

Swasiland

Kunsthandwerksmärkte
Parks & Reservate
Kultur der Swasi

Märkte

Auf dem Manzini Market werden Kunsthandwerk und Textilien angeboten. Es gibt Verkäufer vom Lande bis zu Händlern aus Mosambik. Die Täler Ezulwini und Malkerns haben sich wegen ihrer Kunsthandwerksmärkte einen guten Ruf erarbeitet. Hier gibt es Kerzen in Tierform und zeitgenössische Batik.

Aktivitäten

Zusätzlich zum afrikanischen Busch und der dazugehörigen Tierwelt bieten die Parks und Reservate in Swasiland verschiedenste Aktivitäten. Dazu gehören Wandern und Baumwipfeltouren im Malolotja Nature Reserve sowie Wandern, Mountainbikefahren und Reiten im Mlilwane Wildlife Sanctuary.

Feste & Festivals

Die traditionellen Zeremonien in Swasiland sind berühmte afrikanische Feste, darunter der *umhlanga*-Tanz (Schilfrohrtanz), im Wesentlichen ein Debütantinnenball für swasiländische Jungfrauen, sowie das Buganu (Marula) Festival.

S. 552

Reiseziele in Südafrika, Lesotho & Swasiland

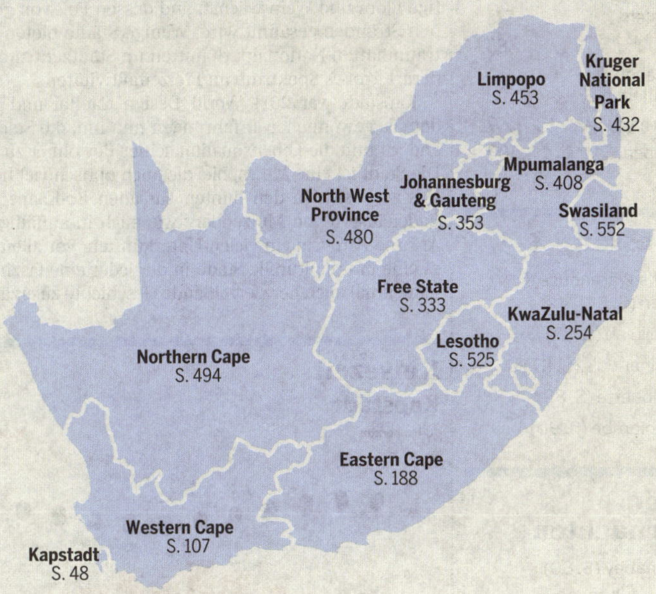

Kapstadt

3,74 MIO. EW.

➡ Inhalt

Gut essen

- Chef's Warehouse & Canteen (S. 84)
- Hallellujah (S. 87)
- Ferdinando's (S. 87)
- La Mouette (S. 89)
- La Colombe (S. 90)

Schön übernachten

- Mannabay (S. 80)
- Backpack (S. 80)
- La Grenadine (S. 80)
- Villa Zest (S. 81)
- Atlantic Point Backpackers (S. 81)

Auf nach Kapstadt!

Das wegen seiner historischen Rolle in der Entwicklung des modernen Südafrikas als „Mutter aller Städte" bezeichnete Kapstadt wird vom Tafelberg beherrscht, dessen Gipfel in den Wolken verschwindet, an dessen Hängen eine einzigartige Flora und Wein wächst, und dessen Fuß von goldfarbenen Stränden gesäumt wird. Wenige Städte bieten einen so traumhaften Nationalpark mitten im Stadtzentrum und ein derart großes Spektrum an Freizeitaktivitäten.

Kapstadt war 2014 World Design Capital und setzt die damals gewonnenen Erfahrungen nun um, die Stadt zu verändern und die Lebensqualität seiner Bewohner zu steigern. Die Stadt ist eine Metropole, die auch optisch viel hermacht: Das zeigt sich in den bunten Fassaden Bo-Kaaps und den Badehäusern von Muizenberg wie auch in auffälliger Street Art und Afro-Chic in vielen Unterkünften. Vor allem aber ist es eine multikulturelle Stadt, in der jeder eine faszinierende, manchmal auch herzzerreißende Geschichte zu erzählen hat.

Reisezeit

Kapstadt

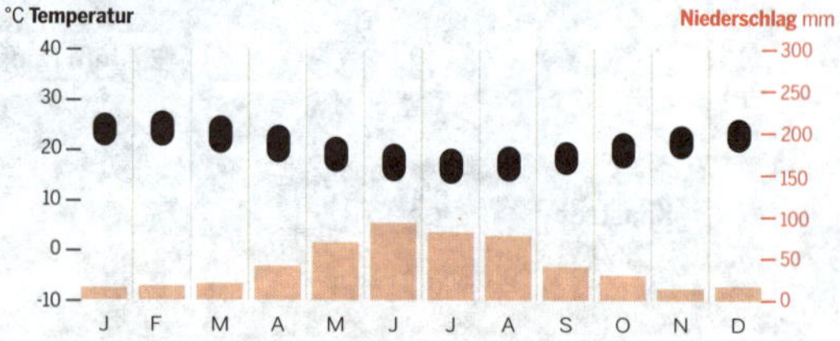

Jan. In der Hauptsaison findet hier der Minstrel Carnival statt.

März Jetzt locken Kulturevents wie Infecting the City und das International Jazz Festival.

Nov. Im Frühling beginnt die Blütezeit, und im Botanischen Garten Kirstenbosch starten die sonntäglichen Konzerte.

Geschichte

1652 richtete die Niederländische Ostindien-Kompanie (niederländisch: Vereenigde Oost-Indische Compagnie: VOC) in der Kapstädter Bucht einen Handelsstützpunkt ein. Doch schon lange vorher wurde die Gegend von den Nomadenstämmen der San und Khoi Khoi besiedelt (die zusammengefasst auch als Khoisan bezeichnet werden).

Um des chronischen Arbeitskräftemangels Herr zu werden, verschleppten die Niederländer Sklaven aus Madagaskar, Indien, Sri Lanka, Malaysien und Indonesien ans Kap. Absolute Mangelware waren Frauen, deshalb wurden häufig Sklavinnen und Khoi-Khoi-Frauen sexuell missbraucht. Mit der Zeit vermischten sich die Sklaven mit den Khoi Khoi. Die Nachfahren dieser Verbindungen sind heute ein Teil der farbigen Bevölkerung am Kap. So erklärt sich auch der einmalige Charakter der muslimischen Stadtbevölkerung.

Während der 150-jährigen niederländischen Herrschaft boomte Kaapstad, so die niederländische Bezeichnung, als „Taverne der Meere". Der raue Hafen wurde von jedem Schiff angelaufen, das auf der Route zwischen Europa und Asien unterwegs war. Nach dem britischen Sieg gegen die Niederländer 1806 bei Bloubergstrand (25 km nördlich von Kapstadt) wurde die Kolonie am 13. August 1814 an die britische Krone abgetreten. Der Sklavenhandel wurde 1808, die Sklaverei 1833 abgeschafft, ohne dass Kapstadt deshalb großen wirtschaftlichen Schaden nahm.

Die Entdeckung und der Abbau von Diamanten und Gold im Herzen Südafrikas veränderten auch Kapstadt nach den 1870er-Jahren grundlegend. So dominierte die Hafenstadt nicht länger das ganze Land, profitierte aber als wichtiger Hafen vom Mineralienreichtum Südafrikas, der die Grundlage für die spätere Industriegesellschaft legte. Derselbe Reichtum inspirierte auch die imperialen Großmachtsträume des englischen Kolonialpolitikers Cecil John Rhodes. Er hatte Millionen als Chef der De Beers Consolidated Mines verdient und wurde 1890 Premierminister der Kapkolonie.

Ein Ausbruch der Beulenpest 1901 wurde den schwarzen afrikanischen Arbeitern angelastet, obwohl die Krankheit in Wirklichkeit aus Argentinien eingeschleppt worden war. Der Vorwurf lieferte der Regierung das Hauptargument zur Einführung der Rassentrennung. Die schwarze Bevölkerung wurde auf zwei Stadtteile abgedrängt: Ein Stadtteil lag am Hafen, der andere bei Ndabeni an der Ostseite des Tafelbergs – beide waren die Keimzellen der späteren Townships der Cape Flats.

Sehenswertes

Kapstadts Geschäftszentrum, die City Bowl, liegt zwischen dem Tafelberg und den Vierteln Bo-Kaap im Westen, Gardens im Süden und East City, District Six und Woodstock im Osten.

Bei einer Fahrt entlang der Atlantikküste Richtung Westen kommt man zunächst nach Waterfront und Green Point. Von Sea Point, wo es einen ausgezeichneten Badepavillon im Freien gibt, geht es hinunter nach Clifton und Camps Bay. Anschließend führt die Straße in einer aufregenden Fahrt die Küste entlang zum Fischerort Hout Bay. Dieser besitzt einen schönen Strand und einen Hafen, von dem aus verschiedene Bootsausflüge möglich sind.

Die Stadt dehnt sich weiträumig nach Norden und nach Osten über die Cape Flats aus. Im Süden erstrecken sich rund um die östliche Flanke der Berge die grünen, wohlhabenden südlichen Vororte. Neben dem großen Teil des Table Mountain National Park, der das Kap der guten Hoffnung einnimmt, liegen an der Südspitze der Halbinsel außerdem die kleinen Küstengemeinden Muizenberg, Kalk Bay und Simon's Town. Der Hafen von Simon's Town ist der wichtigste der südafrikanischen Marine.

City Bowl & Umgebung

★ Castle of Good Hope MUSEUM

(Karte S. 54; www.castleofgoodhope.co.za; Ecke Castle & Darling St, City Bowl, Eingang an der Buitenkant St; Mo–Sa Erw./Kind 30/15 R, So Erw./Kind 25/10 R; 9–16 Uhr; P; Castle) Die fünfeckige Festung mit Steinwänden wurde 1666 bis 1679 von den Holländern zum Schutz der Stadt errichtet. Heute beherbergt sie das Hauptquartier des Militärkommandos Western Cape. Es gibt kostenlose **Führungen** durch die Anlage (Mo–Sa 11, 12 & 14 Uhr); außerdem sollte man die Bastionen erklimmen, um sich einen Überblick über die Festungsanlage zu verschaffen und die Aussicht hinüber zur Grand Parade zu genießen. Das **Militärmuseum** ist ebenso interessant wie die gezeigten Antiquitäten und dekorativen Kunstwerke in der **William**

Highlights

1. Eine Seilbahnfahrt auf den Gipfel des einzigartigen **Tafelbergs** (S. 70): Der Blick auf die Stadt ist grandios
2. Mit dem Boot hinaus zur berüchtigten Gefängnisinsel **Robben Island** (S. 58). Dor erfährt man viel über Geschichte und Gegenwart des Landes
3. Die **City Bowl** (S. 49) mit ihren Museen, den Company's Gardens und der wunderbaren Architektur im Art-Déco- und viktorianischen Stil
4. Das **Kap der Guten Hoffnung** (S. 61) mit seinen weiten Räumen, der Tierwelt, den leeren Stränden und der dramatischen Landschaft an der zerklüfteten Spitze der Halbinsel

5 Ein Streifzug durch die wunderschönen **Kirstenbosch Botanical Gardens** (S. 61): Hier lernt man viel über die prächtige Pflanzenwelt des Kaps

6 Ein Tag an der **V&A Waterfront** (S. 58) mit ihren Geschäften, Restaurants, den Hafenrundfahrten und einer quirligen Karnevalsatmosphäre

7 Ein Fotoshooting mit den Brillenpinguinen, die am Strand in **Boulders** (S. 61) herumwatscheln

Fehr Collection (Karte S. 54; www.iziko.org.za; ⌚9–16 Uhr; 🚌Castle).

★Company's Gardens GARTEN

(Karte S. 54; www.capetown.gov.za; City Bowl; ⌚7–19 Uhr; 🚌Dorp/Leeuwen) Die schattigen grünen Gärten, die anfänglich der Niederländischen Ostindien-Kompanie (VOC) als Anbaufläche für Gemüse dienten, sind heute ein hübscher Platz zum Entspannen. Sie beherbergen eine schöne Sammlung von Pflanzenarten aus Südafrika und der übrigen Welt, darunter Frangipani, Gelber Flammenbaum, Aloe und verschiedene Rosensorten. Cecil Rhodes' **Statue** steht im Zentrum der Gärten.

Seit Kurzem ist auch der VOC-Gemüsegarten wieder bepflanzt. Der ursprüngliche Garten war 1652 angelegt worden, um die Schiffsbesatzungen der den Hafen anlaufenden Segelschiffe mit frischem Gemüse zu versorgen. Bei der Anlage des Gartens orientierte man sich an historischen Zeichnungen und anderen Aufzeichnungen.

★District Six Museum MUSEUM

(Karte S. 54; ☎021-466 7200; www.districtsix.co.za; 25A Buitenkant St, East City; Erw./Kind 30/15 R, geführte Spaziergänge pro Pers. 60 R; ⌚Mo–Sa 9–16 Uhr; 🚌Lower Buitenkant) Es ist unmöglich, von diesem Museum nicht emotional berührt zu sein: Es ist dem einst sehr lebendigen multiethnischen Viertel gewidmet, das während der Apartheid in den 1960er- und 1970er-Jahren zerstört wurde. Damals wurden die 60 000 Einwohner gewaltsam aus ihren Häusern vertrieben. Im Inneren der ehemaligen Missionskirche der Methodisten hat man Wohnungseinrichtungen rekonstruiert, ergänzt um Fotos, Tonaufnahmen und sonstige Zeugnisse. Alles zusammen ergibt ein bewegendes Bild einer zertrümmerten, aber nicht gänzlich gebrochenen Gemeinschaft.

Viele Township-Führungen machen hier als Erstes Station, um die Geschichte der Passgesetze zu erläutern.

★Bo-Kaap STADTVIERTEL

(Karte S. 54; 🚌Dorp/Leeuwen) Mit seinen farbenfroh bemalten Häusern mit niedrigen Dächern – viele davon sind historische Bauwerke an engen kopfsteingepflasterten Gassen – ist Bo-Kaap („Oberes Kap") eines der beliebtesten Fotomotive der Stadt. Mitte des 18. Jhs. diente es ursprünglich als Gar-

KAPSTADT IN ...

... zwei Tagen

Mit der Seilbahn geht's hinauf zum **Tafelberg** (S. 70). Nach der Rückkehr in die Stadt schließt sich ein Bummel durch die **Company's Gardens** (s. oben) an. Unterwegs lohnt ein Abstecher in die **South African National Gallery** (S. 57), um die neueste Ausstellung anzusehen. Danach geht es zum Souvenirkauf ins **Watershed** (S. 101) und zum Abschluss auf einen Schlummertrunk in die **Long Street** oder **Bree Street**.

Am zweiten Tag erkundet man das südliche Ende der Kap-Halbinsel. Startpunkt ist das großartige **Kap der Guten Hoffnung** (S. 61). Die nächsten Stationen sind die entzückende Pinguinkolonie in **Boulders** (S. 61), das bezaubernde Örtchen **Simon's Town** und die Läden und der malerische Fischereihafen von **Kalk Bay**. Zwei gute Adressen fürs Mittagessen sind das **Olympia Café & Deli** (S. 90) in Kalk Bay und das **Live Bait** (S. 90) am Hafen. Entlang der Atlantikküste und über den spektakulären **Chapman's Peak Drive** (S. 64) gelangt man schließlich zurück in die Stadt.

... vier Tagen

Am dritten Tag steht zunächst ein Besuch im **District Six Museum** (s. oben) an, eine halbtägige **Township-Führung** (S. 71) schließt sich an. Nachmittags geht es mit dem Boot hinaus nach **Robben Island** (S. 58), hinterher lockt zum Entspannen ein Dämmerschoppen an der **V&A Waterfront** (S. 58).

Am vierten Tag steht ein Ausflug nach **Groot Constantia** (S. 92) für eine Weinprobe an, danach stattet man dem prachtvollen Gelände der **Kirstenbosch Botanical Gardens** (S. 61) einen Besuch ab. Den Nachmittagstee kann man hier oder im Tearoom neben dem **Rhodes Memorial** (S. 61) mit seinem weiten Blick über die Cape Flats trinken. Abgerundet wird der Ausflug mit einem erinnerungswürdigen Abendessen im **La Colombe** (S. 89) oder dem **La Mouette** (S. 90).

nison für Soldaten, nach der Abschaffung des Sklavenhandels ließen sich hier in den 1830er-Jahren in die Freiheit entlassene Sklaven nieder. Die schönsten Straßen sind Chiappini, Rose und Wale.

Bo-Kaap Museum MUSEUM
(Karte S. 54; www.iziko.org.za; 71 Wale St, Bo-Kaap; Erw./Kind 20/10 R; Mo–Sa 10–17 Uhr; Leeuwen) Das kleine Museum vermittelt einen interessanten Eindruck vom Lebensstil einer wohlhabenden muslimischen Familie am Kap im 19. Jh. und wirft dabei einen etwas idealisierenden Blick auf die islamische Tradition in Kapstadt. Die interessantesten Exponate sind eine Sammlung von Schwarzweißfotos, die Szenen aus dem Alltagsleben zeigen. Sie sind in einem Raum im Obergeschoss auf der anderen Seite des Innenhofs zu sehen. Das Haus selbst wurde zwischen 1763 und 1768 gebaut und ist damit das älteste der Gegend.

Greenmarket Square ARCHITEKTUR, MARKT
(Karte S. 54; Greenmarket Sq, City Bowl; Church/Longmarket) Der Platz mit Kopfsteinpflaster ist der zweitälteste öffentliche Raum in Kapstadt nach der Grand Parade. Hier findet täglich ein lebhafter, farbenfroher Markt für Kunsthandwerk und Souvenirs statt. Das bekannteste Gebäude am Platz ist das Old Town House, außerdem rahmen einige ausgesuchte Beispiele für Art-déco-Architektur den Platz ein. Dazu zählt auch das **Market House** (Karte S. 54; Greenmarket Sq, City Bowl; Groote Kerk). Der kunstvoll ausgeschmückte Bau begeistert mit seinen Balkonen und den steinernen Adler- und Blumenreliefs an der Fassade.

Michaelis Collection at the Old Town House MUSEUM
(Karte S. 54; www.iziko.org.za; Greenmarket Sq, City Bowl; Eintritt 20/10 R; Mo–Sa 10–17 Uhr; Church/Longmarket) An der Südseite des Greenmarket Square liegt das schön restaurierte Old Town House, ein Kapstädter Rokokogebäude von 1755, das früher als Rathaus diente. 1914 wurde es zum ersten Kunstmuseum der Stadt erklärt, heute beherbergt es die beeindruckende Kunstsammlung von Sir Max Michaelis. Viele Werke des aus Deutschland stammenden Finanziers, Bergbaumagnaten, Mäzens und Kunstliebhabers werden hier gezeigt: Niederländische und flämische Malereien und Radierungen aus dem 16. und 17. Jh. (darunter Arbeiten von Rembrandt, Frans Hals und Anthony van Dyck) hängen neben zeitgenössischen Gemälden – der Kontrast zwischen Alt und Neu ist faszinierend.

Regelmäßig finden hier Kammermusikkonzerte und Kulturveranstaltungen statt.

Long Street ARCHITEKTUR
(Karte S. 54; Long St, City Bowl; Dorp/Leeuwen) Ein Bummel durch die Long Street ist ein unverzichtbarer Bestandteil eines Kapstadt-Besuchs. Die belebte Geschäftsstraße mit dem intensiven Nachtleben wird teilweise von Gebäuden aus viktorianischer Zeit gesäumt. So gibt es hier viele hübsche schmiedeeiserne Balkons zu bewundern.

Früher bildete die Straße die Grenze zum muslimischen Bo-Kaap. Hier trifft man auf die **Palm Tree Moschee** (Karte S. 54; 185 Long St, City Bowl; nicht öffentlich zugänglich; Dorp) von 1780, das **SA Mission Museum** (Karte S. 54; 021-423 6755; 40 Long St, City Bowl; Mo–Fr 9–18 Uhr; Mid-Long) GRATIS, die älteste Missionskirche Südafrikas, und die jüngste öffentliche Kunstinstallation der Stadt, das Open House Cape Town.

Noon Gun AUSSICHTSPUNKT
(Military Rd, Bo-Kaap) GRATIS Von Montag bis Samstag wird täglich um 12 Uhr mittags eine Kanone von den unteren Hängen des 350 m hohen Signal Hill abgefeuert, der Sea Point von der City Bowl trennt. Den Schuss hört man in der ganzen Stadt – was auch gewollt ist. Früher konnten die Bürger in der Stadt anhand dieses Schusses kontrollieren, ob ihre Uhren richtig gingen. Der Spaziergang durch Bo-Kaap zur Kanone ist anstrengend: Man folgt der Longmarket Street bis zu ihrem Ende und landet direkt unterhalb des Kanonenstandorts (der nicht zugänglich ist) – der Blick ist phänomenal.

Iziko Slave Lodge MUSEUM
(Karte S. 54; 021-467 7229; www.iziko.org.za; 49 Adderley St, City Bowl; Erw./Kind 30/15 R; Mo–Sa 10–17 Uhr; Groote Kerk) Die Slave Lodge aus dem Jahr 1660 zählt zu den ältesten Gebäuden Südafrikas. Das Gebäude, in dem einst 1000 Sklaven hausten, hat eine faszinierende Geschichte: So diente es schon als Bordell, Gefängnis, Irrenanstalt, Postamt, Bücherei und war eine Zeitlang Sitz des Cape Supreme Court. Das heutige Museum widmet sich vorrangig der Geschichte und den Erfahrungen von Sklaven und ihren Nachkommen am Kap.

Prestwich Memorial GEDENKSTÄTTE
(Karte S. 54; Ecke Somerset & Buitengracht St, De Waterkant; Mo–Fr 8–18, Sa & So 8–14 Uhr;

City Bowl & Umgebung

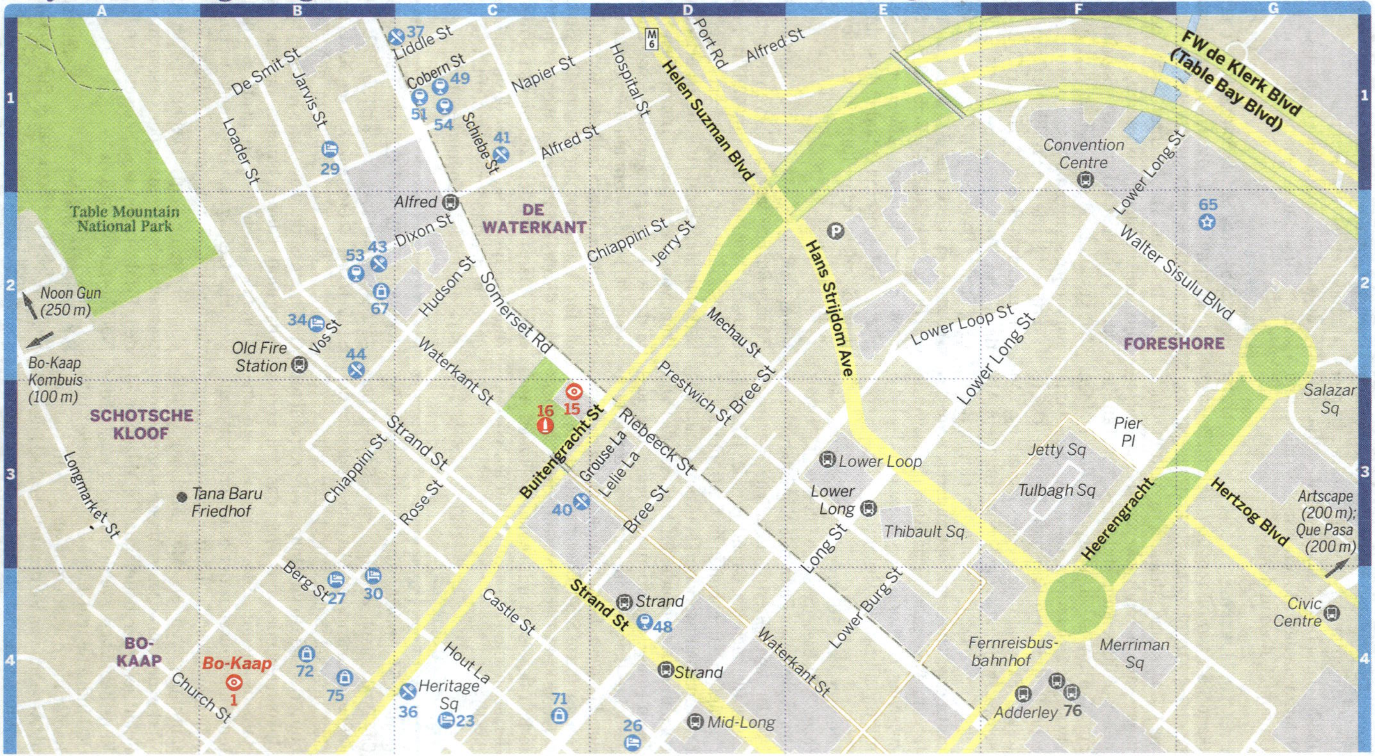

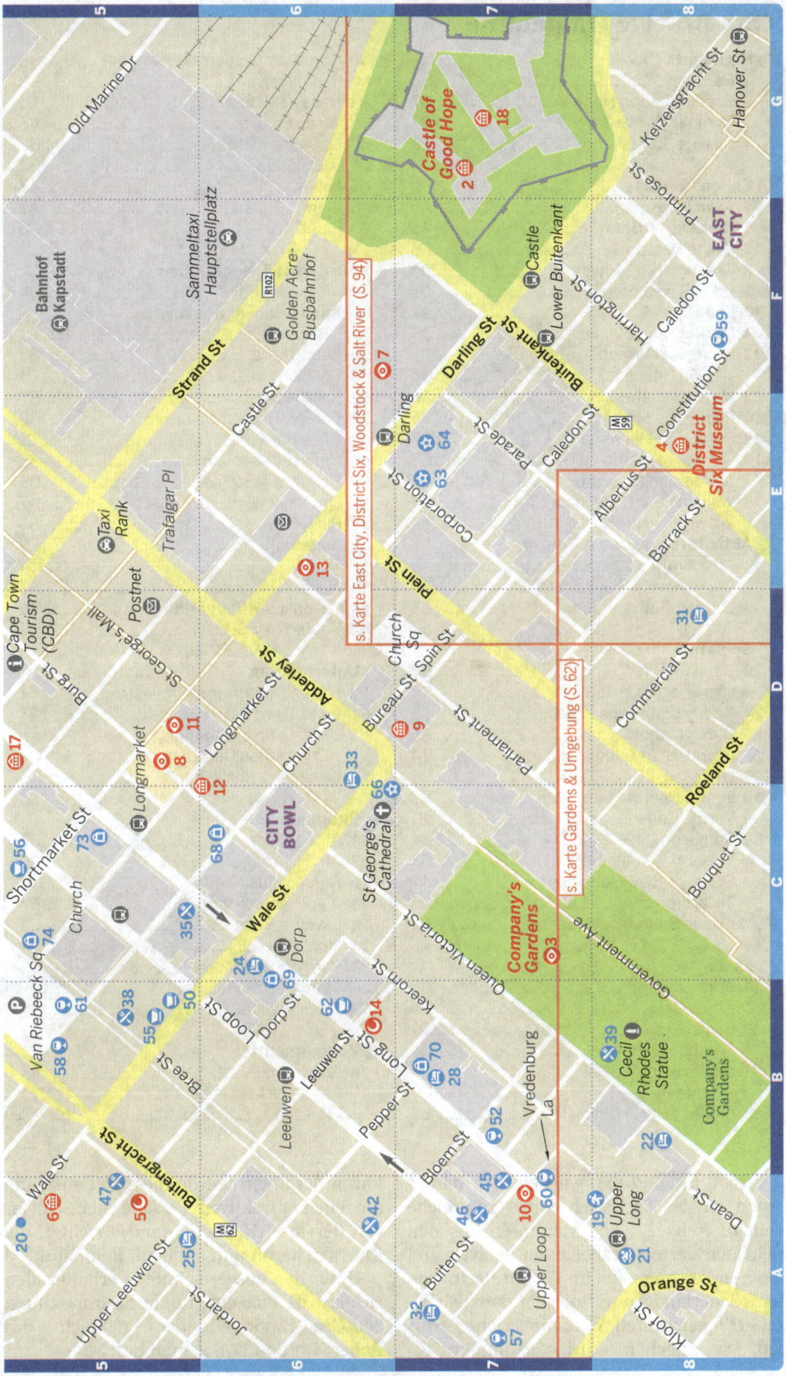
Old Marine Dr
Bahnhof Kapstadt
Sammeltaxi Hauptstellplatz
Strand St
R102
Golden Acre-Busbahnhof
Castle of Good Hope
2
18
s. Karte East City, District Six, Woodstock & Salt River (S. 94)
7
Castle
Lower Buitenkant
Buitenkant St
Darling St
Darling
Keizersgracht St
Hanover St
Primrose St
Harrington St
Caledon St
EAST CITY
59
Constitution St
4
District Six Museum
Caledon St
Parade St
Albertus St
Barrack St
Corporation St
63
64
Castle St
Trafalgar Pl
Taxi Rank
13
Plein St
Cape Town Tourism (CBD)
Postnet
Burg St
St George's Mall
Church Sq
Spin St
31
Commercial St
Roeland St
Parliament St
Bureau St
9
Adderley St
Longmarket St
11
8
12
17
Longmarket
Church St
33
66
St George's Cathedral
CITY BOWL
68
73
Shortmarket St
56
Church
Wale St
35
Bouquet St
s. Karte Gardens & Umgebung (S. 62)
Company's Gardens
3
Government Ave
Queen Victoria St
Keerom St
Dorp
24
69
Dorp St
Loop St
50
55
38
61
74
Van Riebeeck Sq
58
Bree St
62
14
Long St
Leeuwen St
Leeuwen
70
28
39
Cecil Rhodes Statue
Company's Gardens
Vredenburg La
52
Pepper St
22
Bloem St
45
10
60
Dean St
19
Upper Long
21
46
42
Buiten St
Upper Loop
Orange St
Kloof St
32
57
Buitengracht St
Wale St
20
6
47
5
25
Upper Leeuwen St
Jordan St
A
B
C
D
E
F
G
5
6
7
8

City Bowl & Umgebung

Highlights
1 Bo-Kaap B4
2 Castle of Good Hope G7
3 Company's Gardens C7
4 District Six Museum E8

Sehenswertes
5 Auwal Mosque A5
6 Bo-Kaap Museum A5
7 Grand Parade F6
8 Greenmarket Square D5
9 Iziko Slave Lodge D7
10 Long Street A7
11 Market House D5
12 Michaelis Collection at the Old Town House C6
13 Mutual Heights E6
14 Palm Tree Mosque B6
15 Prestwich Memorial C3
16 Prestwich Memorial Garden C3
17 SA Mission Museum D5
18 William Fehr Collection G7

Aktivitäten, Kurse & Touren
19 Abseil Africa A8
20 Lekka Kombuis A5
21 Long St Baths A8

Schlafen
22 Cape Breaks B8
23 Cape Heritage Hotel C4
24 Daddy Long Legs Hotel C6
25 Dutch Manor A5
26 Grand Daddy Hotel D4
27 La Rose B&B B4
28 Long Street Backpackers B7
29 Purple House B1
30 Rouge on Rose B4
31 Scalabrini Guest House D8
32 St Paul's B&B Guesthouse A7
33 Taj Cape Town D6
34 Village & Life B2

Essen
35 Addis in Cape C5
36 Africa Café C4
37 Beefcakes C1
Bombay Brasserie .... (s. 33)
Chef's Warehouse & Canteen .... (s. 23)
38 Clarke's Bar & Dining Room B5
39 Company Garden's Restaurant B8
40 Hemelhuijs C3
41 Izakaya Matsuri C1
42 Jason Bakery A6
43 La Petite Tarte B2
44 Loading Bay B2
45 Lola's A7
46 Plant A7
47 Plant A5

Ausgehen & Nachtleben
48 Alexander Bar & Café D4
49 Amsterdam Action Bar & Backstage C1
50 Bean There B5
51 Beaulah C1
52 Beerhouse B7
53 Cafe Manhattan B2
54 Crew Bar C1
55 Honest Chocolate Cafe B5
56 House of Machines C5
57 Orphanage A7
58 Publik B5
59 Sugarhut F8
Truth .... (s. 15)
60 Waiting Room A7
61 Weinhaus + Biergarten B5
62 Yours Truly B6

Unterhaltung
63 Cape Philharmonic Orchestra E7
64 Cape Town City Hall E7
65 Cape Town International Convention Centre G2
66 Crypt Jazz Restaurant C6

Shoppen
67 Africa Nova B2
68 African Image C6
69 African Music Store C6
70 Clarke's Bookshop B7
71 Luvey 'n Rose C4
72 Monkeybiz B4
73 Pan African Market C5
74 South African Market C5
75 Streetwires B4

Verkehrsmittel
76 Greyhound F4
Intercape Mainliner .... (s. 76)
Translux .... (s. 76)

Strand) GRATIS 2003 wurden bei Bauarbeiten an der Prestwich Street zahlreiche Skelette freigelegt. Sie stammten aus den nicht markierten Gräbern von Sklaven und anderen Personen, die im 17. und 18. Jh. von den Niederländern auf diesem damals Gallows Hill genannten Areal hingerichtet wurden. Die Knochen wurden exhumiert. Zu Ehren der Toten wurde diese Gedenkstätte mit einer attraktiven Fassade aus Schiefer von der Insel Robben Island errichtet; die Knochen liegen nun in einem Beinhaus.

Unter den ausgezeichneten erläuternden Displays ist auch eine Kopie des imposanten 360-Grad-Panoramas der Tafelbucht, das Robert Gordon 1778 gemalt hat.

Prestwich Memorial Garden SKULPTUR
(Karte S. 54; Ecke Somerset & Buitengracht St, De Waterkant; Strand) Am Walk of Remembrance (der früher 2010 World Cup's Fan Walk hieß) lockt dieser attraktive öffentliche Ort mit einer Sammlung ungewöhnlicher Skulpturen und verschiedenen Installationen von Künstlern vom Kap. Zu sehen sind u. a. die Regenbogen-Skulptur *It's Beautiful Here* von Heath Nash, der *Full Cycle Tree* von KEAG und mehrere Rock-Girl-Bänke (s. S. 78).

Mutual Heights ARCHITEKTUR
(Karte S. 54; Ecke Parliament & Darling St, City Bowl; Darling) Das mit rosafarbenem und golddurchzogenem schwarzem Marmor verkleidete Gebäude ist das eindrucksvollste unter den Art-déco-Häusern der City Bowl. Seine Besonderheit ist einer der längsten durchgehenden Steinfriese der Welt, ein Entwurf des südafrikanIschen Bildhauers Ivan Mitford-Barberton (1896–1976). Gefertigt wurde er von den Meistersteinmetzen der Brüder Lorenzi.

Viele der originalen Merkmale und Schmuckelemente sind erhalten geblieben, darunter die eindrucksvolle zentrale Bankschalterhalle, die leider nicht zur allgemeinen Besichtigung freigegeben ist.

Grand Parade ARCHITEKTUR
(Karte S. 54; Darling St, City Bowl; Darling) Die Grand Parade, Kapstadts größter öffentlicher Platz, spielt eine zentrale Rolle in der Geschichte der Stadt: Hier bauten die Niederländer 1652 ihre erste Festung, hier wurden Sklaven verkauft und gezüchtigt und eben hier versammelten sich 1990 begeisterte Menschen, um Nelson Mandelas erster Rede an die Nation als freier Mann nach 27 Jahren Haft zu lauschen. Hier wurde außerdem der offizielle FIFA-Fanpark für die Weltmeisterschaft 2010 eingerichtet.

Auf einem Teil des Platzes, der auch als Parkplatz genutzt wird, findet regelmäßig ein Markt statt. Für die Renovierung der prächtigen **Cape Town City Hall** aus der Zeit Eduards VII. hat die Stadt 7 Mio. Rand aufgewendet. Sie steht an der Parade und wird heute gelegentlich für Musik- und Kulturveranstaltungen genutzt.

Gardens & Umgebung

South African Jewish Museum MUSEUM
(Karte S. 62; www.sajewishmuseum.co.za; 88 Hatfield St., Gardens; Erw./Kind 40 R/frei; So–Do 10–17, Fr 10–14 Uhr; P; Annandale) Besucher brauchen einen Lichtbildausweis, um das abgesicherte Gelände zu betreten, auf dem nicht nur das fantasievoll gestaltete Museum, sondern auch die schön dekorierte **Great Synagogue** steht, ein Bau von 1905 im pseudo-ägyptischen Stil. Das Museum nimmt einen Teil der wunderschön restaurierten **Old Synagogue** (1863) ein. Die ausgezeichnete Dauerausstellung *Hidden Treasures of Japanese Art* präsentiert eine Sammlung exquisiter *netsuke* – Schnitzereien aus Elfenbein und Holz. Auch die Wechselausstellungen sind meist recht sehenswert.

South African National Gallery GALERIE
(Karte S. 62; 021-481 3970; www.iziko.org.za/museums/south-african-national-gallery; Government Ave, Gardens; Erw./Kind 30/15 R; 10–17 Uhr; Annandale) Die eindrucksvolle Dauersammlung der führenden Kunstgalerie der Nation greift auf die Zeiten der Niederländer zurück und umfasst einige außerordentliche Stücke. Oft sind es aber aktuelle Arbeiten wie die Skulptur *Butcher Boys* von Jane Alexander, die besonders hervorstechen. Die *Butcher Boys* sehen übrigens aus wie ein Trio aus tolkienesken Orks, die in die Galerie gestolpert sind ...

Signal Hill AUSSICHTSPUNKT
(Karte S. 76; Kloof Nek) Der Ausguck der frühen Siedlung trägt seinen Namen, weil man hier Flaggen aufzog, sobald ein Schiff gesichtet wurde. Das verschaffte den Menschen weiter unten genügend Zeit, um Waren für den Verkauf vorzubereiten und die Bierkrüge abzustauben. Der zum Table Mountain National Park gehörende Gipfel ist zu Fuß, per Fahrrad oder Auto über den ersten Abzweig nach rechts von der Kloof Nek Road in die Military Road erreichbar.

South African Museum MUSEUM
(Karte S.62 56; 021-481 3805; www.iziko.org.za/museums/south-african-museum; 25 Queen Victoria St, Gardens; Erw./Kind 30/15 R; 10–17 Uhr; Michaelis) Auch wenn Südafrikas ältestes Museum sichtlich in die Jahre kommt, präsentiert es viele, oft fesselnde Ausstellungen, u. a. zur Naturgeschichte des Landes.

Die schönsten Galerien sind die neuen, in denen Kunst und Kultur der ersten Bewohner der Region, der Khoekhoen (Khoi Khoi) und der San, gezeigt werden. Hier ist u. a. der berühmte Linton Panel zu bestaunen, ein faszinierendes Beispiel für die Felsritzkunst der San. Die Zeichnungen besitzen eine außergewöhnliche Feinheit, besonders diejenigen von anmutigen Elenantilopen.

Oranjezicht City Farm FARM

(Karte S. 62; www.ozcf.co.za; Upper Orange St, Oranjezicht; Farm Mo–Sa 8–16 Uhr, Markt Sa 9–14 Uhr; Upper Orange) GRATIS Einheimische und Freiwillige haben dieses fantastische gemeinnützige Unternehmen geschaffen. Es befindet sich auf dem Stückchen Erde, auf dem 1709 „Oranje Zigt", die ursprüngliche Farm im Upper Table Valley, gegründet wurde. Das Gelände neben dem Homestead Park, das bis vor Kurzem von einem stillgelegten Bowlingfeld besetzt war, ist in einen wunderschönen nachbarschaftlich genutzten Gemüsegarten umgestaltet worden. Besucher können ihn auf eigene Faust durchstreifen, auf Wunsch werden aber auch Führungen arrangiert. Einzelheiten dazu findet man auf der Website.

Green Point & Waterfront

V&A Waterfront STADTVIERTEL

(Karte S. 66; www.waterfront.co.za; P; Nobel Square) Kapstadts historischer, aber nach wie vor genutzter Hafen besticht vor allem durch seine spektakuläre Lage. Hier findet man viele touristische Sehenswürdigkeiten sowie Unmengen von Läden, Restaurants, Bars und Kinos. Wer will, kann hier zu einer Hafenrundfahrt starten. Die Alfred and Victoria Basins, benannt nach Königin Victoria und ihrem Sohn Alfred, wurden 1860 angelegt. Für moderne Containerschiffe und Tanker sind sie zu klein, aber das Victoria Basin wird noch immer von Schleppern, Fischerbooten und verschiedenen anderen Wasserfahrzeugen genutzt. Im Alfred Basin werden Schiffe repariert.

★ **Robben Island** LANDMARKE

(021-413 4220; www.robben-island.org.za; Erw./Kind 280/150 R; Fähren: 9, 11, 13 & 15 Uhr, abhängig vom Wetter; Nobel Square) Von den Anfangstagen der Niederländischen Ostindienkompagnie bis 1996 wurde die Insel in der Tafelbucht als Gefängnis genutzt. Heute ist die Unesco-Welterbestätte eine Gedenkstätte für all jene politischen Gefangenen, die – wie Nelson Mandela – viele Jahre hier eingekerkert waren.

Ein Besuch der Gefängnisinsel ist nur im Rahmen einer Führung möglich; sie dauert einschließlich der Überfahrt ungefähr vier Stunden und startet am **Nelson Mandela Gateway** (Karte S. 66; Clock Tower Precinct, V&A Waterfront; 9–20.30 Uhr; Nobel Square) GRATIS neben dem Clock Tower an der Waterfront. Interessenten sollten sich unbedingt weit im Voraus online anmelden, denn die Touren sind häufig ausgebucht.

Two Oceans Aquarium AQUARIUM

(Karte S. 66; www.aquarium.co.za; Dock Rd, V&A Waterfront; Erw./Kind 125/60 R; 9.30–18 Uhr; Aquarium) In dem ausgezeichneten Aquarium leben Meeresbewohner aus dem kalten Atlantik und dem warmen Indischen Ozean, die ja bekanntermaßen am Kap aufeinandertreffen. Zu sehen gibt es Schildzahnhaie, Pinguine, Schildkröten und einen faszinierenden Kelpwald, der unter freiem Himmel wächst. Becken, in denen Meeresbewohner berührt werden dürfen, sind ebenfalls vorhanden und natürlich besonders bei den jungen Besuchern beliebt.

Taucher mit einem Open-water-Tauchschein können mit den Haien schwimmen (700 R inkl. Tauchausrüstung). Alle anderen dürfen die Tiere durch eine 11 m lange und 4 m hohe Acrylscheibe beobachten. Erfahrene Taucher haben die Möglichkeit, durch den Kelpwald zu tauchen. Der wächst in einem 12 x 12 m großen und 6 m tiefen Becken, dass 800 000 l Wasser fasst.

Chavonnes Battery Museum MUSEUM

(Karte S. 66; 021-416 6230; www.chavonnesmuseum.co.za; Clock Tower Precinct, V&A Waterfront; Eintritt 35 R; 9–16 Uhr) Das Museum beherbergt die Überreste einer Geschützbatterie aus dem frühen 18. Jh., eine von mehreren Befestigungen, die die Holländer rund um die Tafelbucht bauten. Obwohl sie während der Errichtung der Hafenanlagen 1860 teilweise abgerissen und überbaut wurde, hat eine Ausgrabung der Stätte 1999 noch erhaltenswerte Reste freigelegt. Besucher können sich frei in der ganzen Anlage bewegen und sich so einen persönlichen Eindruck davon machen, wie diese ursprünglich ausgesehen hat.

Zeitz MOCAA Pavilion MUSEUM

(Karte S. 66; www.waterfront.co.za/activities/land-operators/zeitz-mocca-pavilion; North Wharf, V&A Waterfront; Mi–So 12–20 Uhr; Nobel Square) GRATIS Bis 2017 das neue, von Thomas Heatherwick gestaltete Zeitz Museum of Contemporary Art Africa (Zeitz MOCAA) im alten Getreidesilo der Waterfront eröffnet wird, ist eine Kostprobe der Sammlung afrikanischer Kunst in diesem kleinen Pavillion neben der Bascule Bridge zu sehen. Die Ausstellungen wechseln regelmäßig, etliche werden in Zusammenarbeit mit dem Chavonnes Battery Museum erarbeitet.

Die eindrucksvolle Kunstsammlung des deutschen Unternehmers Jochen Zeitz wird als Dauerausstellung in dem fertiggestellten Museum mit geplanten 80 Ausstellungsräumen zu sehen sein.

Nobel Square PLATZ

(Karte S. 66; V&A Waterfront; Nobel Square) Hier besteht die einmalige Chance, sich mit Desmond Tutu und Nelson Mandela fotografieren zu lassen! Überlebensgroße Statuen der beiden Männer, entworfen von Claudette Schreuders, stehen neben denen der beiden anderen südafrikanischen Nobelpreisträger: Nkosi Albert Luthuli und Frederik Willem de Klerk.

Green Point Urban Park PARK

(Karte S. 66; www.gprra.co.za/green-point-urban-park.html; Bay Rd, Green Point; 7–19 Uhr; P; Stadium) Zu den schönsten Ergebnisse der Neugestaltung des Green Point Common für die Fußball-Weltmeisterschaft 2010 zählen dieser Park und der Biodiversitätsgarten. Bäche, die von den Quellen des Tafelbergs gespeist werden, und Wasserläufe bewässern den Park.

Dieser ist in drei fantasievoll gestaltete Bereiche gegliedert – „People & Plants", „Wetlands" und „Discovering Biodiversity". Zusammen mit den Infotafeln entstand so ein tolles Freiluftmuseum. Führungen (Erw./Kind 35/11 R) können über das Cape Town Stadium arrangiert werden.

Cape Town Stadium STADION

(Karte S66. 60; 021-417 0101; Granger Bay Blvd, Green Point; Führung Erw./Kind 45/17 R; Führung Di–Sa 10, 12 & 14 Uhr; P; Stadium) Das 4,5 Mrd. Rand teure Stadion, das für die Weltmeisterschaft 2010 errichtet wurde, ist das augenfälligste Beispiel moderner Architektur in Kapstadt. Geformt ist es wie ein traditioneller afrikanischer Hut. Die Hülle besteht aus einer Teflonnetz-Membran, die das natürliche Licht einfängt und reflektiert. Die einstündige Führung ermöglicht einen Blick hinter die Kulissen in die VIP- und Presse-Logen sowie in die Umkleidekabinen der Mannschaften.

Atlantikküste

Sea Point Promenade PROMENADE

(Karte S. 76; Beach Rd, Sea Point; Promenade) Das Flanieren auf der breiten gepflasterten und von einem Grasstreifen gesäumten Promenade ist ein Vergnügen, das die Kapstädter aller sozialen Schichten miteinander teilen. Für auswärtige Besucher ist es damit ein toller Ort, um das multikulturelle Leben der Stadt zu beobachten. Es gibt Kinderspielplätze, eine gepflegte Fitnessanlage unter freiem Himmel und mehrere Kunstwerke im öffentlichen Raum, für deren Betrachtung man sich ruhig Zeit nehmen sollte.

DAS MUSLIMISCHE KAPSTADT

Der Islam gelangte mit den Sklaven der Niederländer ans Kap, die sie vom indischen Subkontinent und aus Indonesien mitgebracht hatten (daher die Bezeichnung Kapmalaien, obwohl nur wenige tatsächlich aus dem heutigen Malaysien stammten). Unter ihnen waren gebildete politische Dissidenten wie der ins Exil verbannte Islamführer Tuan Guru aus Tidore (Indonesien), der 1780 hier eintraf. Während seiner 13 Haftjahre auf Robben Island schrieb er den Koran fehlerfrei aus dem Gedächtnis nieder. 1789 wirkte er bei der Gründung der **Auwal Mosque** (Karte S. 54; 34 Dorp St, Bo-Kaap; Leeuwen) mit, der ersten Moschee der Stadt in Bo-Kaap. Durch sie entwickelte sich der Stadtteil zum Zentrum der islamischen Gemeinde Kapstadts.

Tuan Guru ist auf dem **TanaBaru Cemetery** in Bo-Kaap am westlichen Ende der Longmarket Street beerdigt. Sein Grab ist eines von etwa 20 *karamats* (Gräber muslimischer Heiliger) rund um Kapstadt, die Gläubige in einer Art Mini-Wallfahrt besuchen. Der Islam ist in der Hafenstadt nach wie vor weit verbreitet, vor allem unter der farbigen Bevölkerung.

Gamidah Jacobs ist in Bo-Kaap aufgewachsen und lebt in einem der ältesten Häuser des Viertels, **Lekka Kombuis** (Karte S. 54; 079-957 0226; lekkakombuis@mweb.co.za; 81 Wale St, Bo-Kaap; Kochkurs ab 400 R, Kochkurs & Führung ab 600 R; Dorp/Leeuwen). Gamidah Jacobs ist eine wunderbare Führerin durch das Gebiet und leitet kapmalaiische Kochkurse in ihrem Haus.

KAPSTADT FÜR KINDER

Mit seinen Stränden und tollen Sehenswürdigkeiten wie dem **Two Oceans Aquarium** (S. 58) eignet sich Kapstadt hervorragend für einen Familienurlaub. Tiere gibt es in der Stadt reichlich zu sehen, u. a. Seehunde auf **Duiker Island,** Pinguine, die Publikumslieblinge von **Boulders** (S. 61), sowie Tausende Vögel und Affen in der **World of Birds**.

Kamelritte bietet die **Imhoff Farm** an (☎021-783 4545, Kamelritte 082 344 3163; www.imhofffarm.co.za; Kommetjie Rd, Kommetjie; Eintritt frei, Schlangen- & Reptilienpark Erw./Kind 35/30 R, Kamelritte Erw./Kind 50/30 R; ⏲Farm 9–17 Uhr, Laden 8–17 Uhr, Schlangen- & Reptilienpark Mo–Fr 9–17 Uhr, Kamelritte Di–So 12–16 Uhr; P 👪). Dort gibt es auch einen Schlangen- und Reptilienpark.

Das **Planetarium** (Karte S. 60; www.iziko.org.za/museums/planetarium; 25 Queen Victoria St, Gardens; Erw./Kind 40/20 R; ⏲10–17 Uhr; 🚌Michaelis) zeigt täglich eine Sternenschau für Kinder. Lohnenswert ist auch der Besuch des angeschlossenen **South African Museum** (S. 57), wo es für aufgeweckte Kids viel Interessantes zu sehen gibt. Unterhaltsam und informativ zugleich ist das Wissenschaftszentrum **Cape Town Science Centre** (☎021-300 3200; www.ctsc.org.za; 370B Main Rd, Observatory; Eintritt 40 R; ⏲Mo–Sa 9–16.30, So 10–16.30 Uhr; P; 🚆Observatory).

Am Strand sollten Eltern sich der Gefahren durch die Brandung bewusst sein und immer ein Auge auf den Nachwuchs haben. Die Brandung kann sehr rau sein – gar nicht zu reden von den Wassertemperaturen, die zu Unterkühlung führen können! **Muizenberg Beach** (S. 63) ist an einem warmen, ruhigen Tag die beste Option, ebenso wie der Felsenpool im benachbarten **St James** (unweit der Main Rd, St James; 🚆St James). Der **Sea Point Pavilion** (S. 68) bietet ein tolles Familienschwimmbad, dessen Wasser erheblich wärmer ist als der Ozean.

Es gibt zwei fantasievoll gestaltete Spielplätze im **Green Point Urban Park**, dazu Lehrgärten mit einheimischen Pflanzen. Der nahe gelegene **Moullie Point** bietet einen großen Spielbereich, eine Mini-Eisenbahn, ein Labyrinth und einen Golf-Putting-Kurs.

Weitere Anregungen und Infos, wo man zum Beispiel kinderfreundliche Cafés, Restaurants und Geschäfte in der Stadt finden kann, bietet die informative Website **Cape Town Kids** (www.capetownkids.co.za).

Strände in Clifton — STRAND

(Karte S. 76; Victoria Rd., Clifton; 🚌Clifton, Clifton 2nd, Clifton 3rd, Clifton 4th) Riesige Granitblöcke unterteilen die vier Strände in Clifton, die alle über eine Treppe von der Victoria Road aus zu erreichen sind. Da sie fast durchgehend windgeschützt sind, eignen sie sich hervorragend zum Sonnenbaden. Fliegende Händler verkaufen Getränke und Eis, Sonnenliegen und Schatten findet man hier ebenfalls. Was leider fehlt, sind öffentliche Toiletten.

Camps Bay Beach — STRAND

(Karte S. 76; Victoria Rd, Camps Bay; 🚌Camps Bay) Mit seinem weißen, weichen Sand und den eindrucksvollen „Twelve Apostles" des Tafelbergs als Kulisse zählt Camps Bay zu den beliebtesten Stränden der Stadt. Aber er hat auch Nachteile: Hier ist es oft sehr windig, besonders an den Wochenenden wird es sehr voll und es gibt keine Strandwache (obwohl die Brandung hier sehr stark ist). Wer baden geht, sollte daher sehr vorsichtig sein.

World of Birds — VOGELPARK

(www.worldofbirds.org.za; Valley Rd, Hout Bay; Erw./Kind 85/40 R; ⏲9–17 Uhr, Affenwald 11.30–13 & 14–15.30 Uhr; P; 🚌Valley) Bart- und Webervögel und Flamingos sind nur einige der 3000 verschiedenen Vögel (und kleinen Säugetieren), die in diesem Vogelpark leben. Alles in allem sind es 400 verschiedene Arten. Bei der Konzeption der Anlage wurde viel Wert darauf gelegt, die Volieren (die größten Südafrikas) durch tropische Bepflanzung so natürlich wie möglich zu gestalten.

Im **Affendschungel** kann man sogar mit frechen Totenkopfäffchen spielen.

Hout Bay Harbour — HAFEN

(Harbour Rd, Hout Bay) Auch wenn er inzwischen in Teilen touristisch genutzt wird, z. B. mit der **Mariner's Wharf** (www.marinerswharf.co.za; Harbour Rd, Hout Bay; 🚌Northshore), ist der Hafen von Hout Bay auch heute noch in Funktion – der südliche Teil der Bucht ist Fischereihafen, hier wird der Fang auch gleich weiterverarbeitet.

Hier starten auch die Bootsausflüge und Schnorchel- bzw. Tauchfahrten nach **Duiker Island** (Fishmarket).

Südliche Vororte

Kirstenbosch Botanical Gardens GÄRTEN
(021-799 8782; www.sanbi.org/gardens/kirstenbosch; Rhodes Dr, Newlands; Erw./Kind 55/15 R; Sept.–März 8–19 Uhr, April–Aug. 8–18 Uhr, Gewächshaus ganzjährig 9–17 Uhr) Dank seiner Lage und der einzigartigen hier heimischen Flora zählt der 52 800 km^2 große Botanische Garten zu den schönsten seiner Art weltweit. Am Haupteingang auf der Newland-Seite befinden sich ein Informationszentrum, ein ausgezeichneter Souvenirshop und das **Gewächshaus (Conservatory)**.

Zum 100-jährigen Bestehen 2013 erhielt der botanische Garten einen **Baumwipfelpfad** (Tree Canopy Walkway, inoffiziell auch Boomslang, Baumschlange, genannt). Dabei handelt es sich um eine 130 m lange kurvenreiche Brücke aus Holz und Stahl, die durch die Bäume führt und eine ganz neue Perspektive auf die Anlage bietet.

Rhodes Memorial DENKMAL
(www.rhodesmemorial.co.za; nahe M3, Groote Schuur Estate, Rondebosch; 7–19 Uhr; P) GRATIS Die monumentale Gedenkstätte aus Granit, die teilweise in Anlehnung an den Triumphbogen an der Londoner Hyde Park Corner gestaltet wurde, steht am Osthang des Tafelbergs. Von dieser Stelle aus bewunderte der Bergbaumagnat und frühere Premierminister einst die Aussicht. Die 49 Stufen, eine für jedes Lebensjahr von Rhodes, werden von einem stolzen Löwenpaar flankiert. Von oben hat man einen weiten Blick auf die Cape Flats und die Gebirgsketten dahinter.

Irma Stern Museum MUSEUM
(021-685 5686; www.irmastern.co.za; Cecil Rd, Rosebank; Erw./Kind 10/5 R; Di–Sa 10–17 Uhr; Rosebank) Irma Stern (1894–1966), eine bahnbrechende Künstlerin des 20. Jhs., deren Werke zu den gefragtesten unter den modernen südafrikanischen Malern zählt, lebte hier fast 40 Jahre. Ihr Atelier ist praktisch unverändert erhalten geblieben – so, als sei sie nur eben in den Garten hinausgetreten, um frische Luft zu schnappen.

Ihre ethnografische Kunst- und Kunsthandwerkssammlung aus der ganzen Welt ist ebenso faszinierend wie ihre Kunst, die vom deutschen Expressionismus beeinflusst ist und traditionelle afrikanische Elemente aufgreift.

Südliche Halbinsel

Kap der Guten Hoffnung OUTDOOR
(www.tmnp.co.za; Eintritt Erw./Kind 110/55 R; Okt.–März 6–18 Uhr, April–Sept. 7–17 Uhr; P) Das allgemein Cape Point genannte, 77,5 km^2 große Gebiet des Table Mountain National Park bietet eine atemberaubende Landschaft, fantastische Spazierwege, tolle Gelegenheiten zur Vogelbeobachtung und oft menschenleere Strände.

Im Voraus buchen muss man die zweitägige Wanderung auf dem **Cape of Good Hope Trail** (www.sanparks.org/parks/table_mountain/tourism/overnight_hikes.php; Sept.–April 180 R, Mai–Aug. 150 R, die Park-Eintrittsgebühr muss separat bezahlt werden): Der insg. 33,8 km lange Rundweg mit einer Übernachtung in den einfachen Protea- und Restio-Hütten ist spektakulär. Weitere Infos erteilt das **Buffelsfontein Visitor Centre** (021-780 9204; Cape of Good Hope; Mo–Do 9–16, Fr 9–15 Uhr).

Boulders Penguin Colony VOGELSCHUTZGEBIET
(www.tmnp.co.za; Simon's Town; Erw./Kind 60/30 R; April–Sept. 8–17 Uhr, Feb.–März & Okt.–Nov. 8–18.30 Uhr, Dez. & Jan. 7–19.30 Uhr; P; Simon's Town) Das malerische Gebiet etwa 3 km südöstlich von Simon's Town ist die Heimat einer Kolonie von 2100 entzückenden Brillenpinguinen. Gewaltige Felsbrocken teilen hier kleine, sandige Buchten ab. Ein Holzsteg führt vom Boulders Visitor Centre am Foxy Beach (einem Ende des Schutzgebietes, das ebenfalls zum Table Mountain National Park gehört) zum Boulders Beach. Dort kann man zum Sandstrand hinuntersteigen und sich unter die watschelnden Pinguine mischen. Streicheln sollte man die Vögel allerdings nicht: Sie haben scharfe Schnäbel, die ernsthafte Verletzungen hervorrufen können.

Silvermine Nature Reserve NATURPARK
(021-715 0011; www.tmnp.co.za; Ou Kaapse Weg; Erw./Kind 10/5 R; Okt.–März 7–18 Uhr, April–Sept. 8–17 Uhr) Dieser Teil des Table Mountain National Park ist nach den vergeblichen Versuchen der Niederländer benannt, von 1675 bis 1685 in dieser Gegend nach Silber zu schürfen. Heute kommen die Besucher vor allem wegen des Silvermine Reservoir (erbaut 1898), eines schönen Fleckchens für ein Picknick oder einen gemütlichen

Gardens & Umgebung

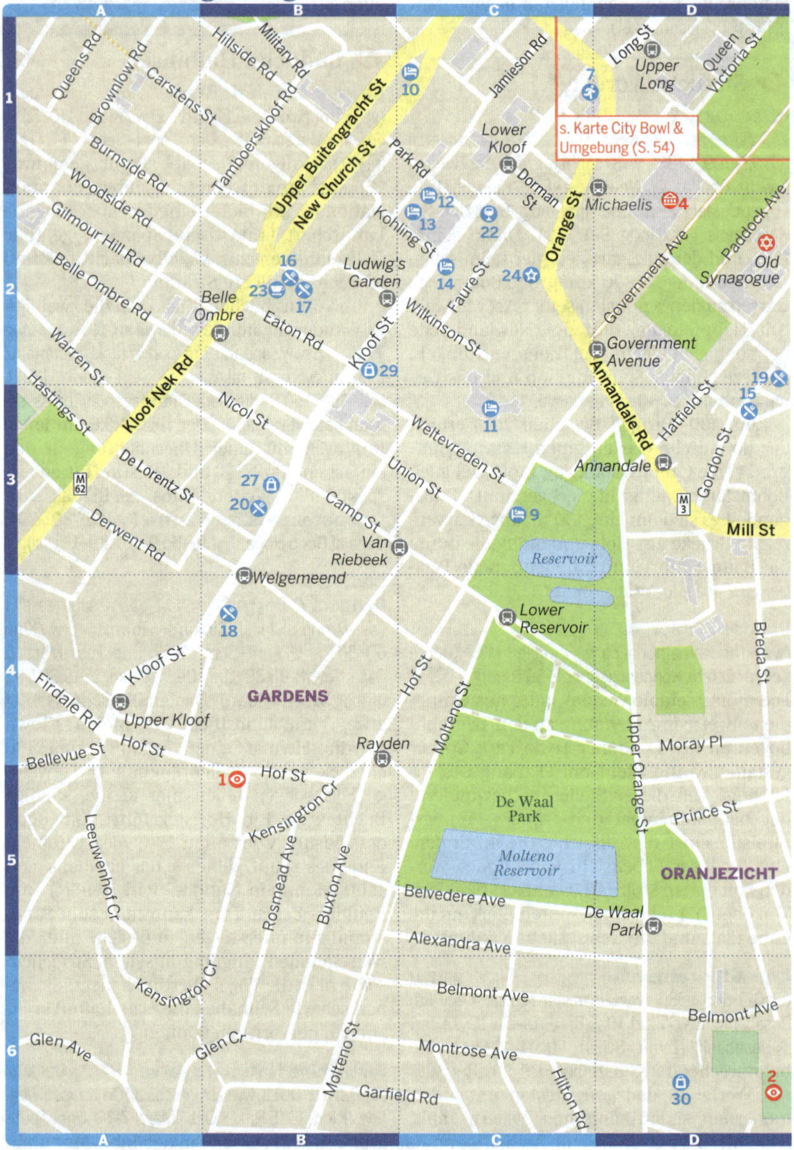

Spaziergang auf einem auch für Rollstühle geeigneten Holzsteg. Das Wasser im Staubecken ist leider von Tannin verschmutzt. Doch obwohl Schilder auf ein Badeverbot hinweisen, sieht man immer wieder Einheimische, die hier Abkühlung suchen.

Casa Labia Cultural Centre KUNSTZENTRUM
(☎ 021-788 6068; www.casalabia.co.za; 192 Main Rd., Muizenberg; ⌚ Di–So 10–16 Uhr; 🚉 Muizenberg) GRATIS Die grandiose Villa am Meer wurde 1930 gebaut und war einst das pa-

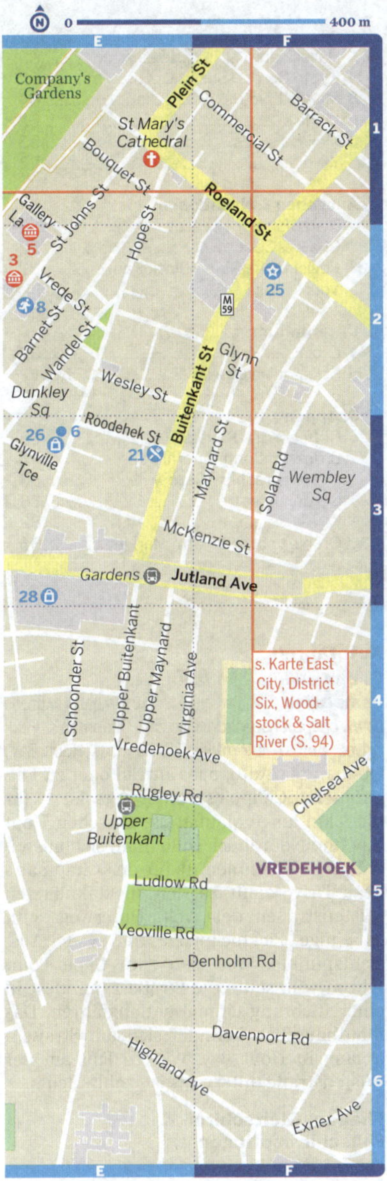

lastartige Wohnhaus des italienischen Botschafters Conte Natale Labia und seiner südafrikanischen Ehefrau.

Heute werden in den prachtvollen Räumlichkeiten Konzerte, Lesungen und andere Kulturevents veranstaltet; außerdem sind Arbeiten aus der Kunstsammlung der Familie Labia (darunter Gemälde von Irma Stern und Gerald Sekoto) und regelmäßig wechselnde Ausstellungen moderner Kunst zu sehen.

Das Gebäude beherbergt auch ein ausgezeichnetes Café und den erstklassigen Kunsthandwerksladen **CasBah**.

Muizenberg Beach STRAND

(Beach Rd, Muizenberg; P; Muizenberg) Der vor allem bei Familien beliebte Brandungsstrand ist für seine Reihe bunt angemalter viktorianischer Badehäuschen berühmt, die man von unzähligen Urlaubsprospekten und Bildbänden her kennt.

In mehreren Läden an der Beach Road werden Surfboards vermietet, dort lassen sich auch Surfkurse buchen. Schließfächer gibt es in den Pavillons an der Promenade. Der Strand fällt sanft ins Wasser ab, und das Meer ist hier allgemein sicherer als an vielen anderen Stellen der Halbinsel.

Kalk Bay Harbour HAFEN

(Essex Rd, Kalk Bay; Fischmarkt 9–17 Uhr; P; Kalk Bay) Den malerischen Hafen besucht man am besten vormittags, wenn die farbenfrohen Fischerboote mit ihrem Tagesfang einlaufen und am Kai ein lebhafter Markt entsteht. Hier kann man ausgezeichnet frischen Fisch für ein *braai* (Barbecue) kaufen oder während der Walsaison die Meeressäuger vom Ufer aus beobachten.

In der Nähe, neben der Bahnstation Kalk Bay und der Kneipe Brass Bell, gibt es mehrere Gezeitenbecken, in denen man sicher schwimmen kann.

Simon's Town Museum MUSEUM

(021-786 3046; www.simonstown.com/museum/stm_main.htm; Court Rd, Simon's Town; Erw./Kind 10/5 R; Mo–Fr 10–16, Sa 10–13 Uhr; P; Simon's Town) Die Exponate des weitläufigen Museums in der ehemaligen Residenz des Gouverneurs (1777) illustrieren die Geschichte von Simon's Town.

So wird hier unter anderem an Just Nuisance erinnert, eine Deutsche Dogge, die im Zweiten Weltkrieg von der Marine als Maskottchen adoptiert wurde. Ihr Grab liegt oberhalb des Ortes unweit der Red Hill Road. Ein langer, wenn auch bergauf führender Spaziergang dorthin beginnt im Hafen und bietet schöne Ausblicke.

Heritage Museum MUSEUM

(www.simonstown.com/museum/sthm.htm; Almay House, King George Way, Simon's Town; Ein-

Gardens & Umgebung

tritt 10 R; Di–Do & So 11–16 Uhr; P; Simon's Town) In Simon's Town lebte eine 7000 Köpfe zählende Gemeinde von Farbigen, bevor die Apartheid einen Großteil von ihnen gewaltsam umsiedelte, die meisten in den Vorort Ocean's View auf der Atlantikseite der Halbinsel. Das kleine, aber interessante Museum im Almay House (1858) mit einem hübschen Garten ist diesen Vertriebenen gewidmet. Sein Kurator ist Zainab Davidson, dessen Familie 1975 zwangsumgesiedelt wurde.

Aktivitäten

Abseilen & Kloofing

Abseil Africa EXTREMSPORT

(Karte S. 54; 021-424 4760; www.abseilafrica.co.za; 297 Long Street; Abseilen 650 R) Der 112 m hohe senkrechte Abstieg vom Gipfel des Tafelbergs mit diesem alteingesessenen Veranstalter garantiert einen Adrenalinrausch. Wer nicht absolut schwindelfrei ist, braucht gar nicht erst darüber nachzudenken. Eine geführte Wanderung durch die Platteklip Gorge hinauf kostet 250 R.

Abseil Africa bietet auch Kloofing (Canyoning) rund um Kapstadt an. Bei dieser Sportart geht's mit dem Seil kletternd, wandernd, schwimmend oder springend in sogenannte Kloofs (Klippen oder Schluchten) hinein und hinaus.

Autofahren

Chapman's Peak Drive AUTOFAHREN, RADTOUR

(www.chapmanspeakdrive.co.za; Chapman's Peak Drive; Autos/Motorräder 38/25 R; Hout Bay) Ob man per Auto, per Fahrrad oder zu Fuß auf dem „Chappies" unterwegs ist – für die 5 km lange Mautstraße zwischen Hout Bay und Noordhoek sollte man sich ausreichend Zeit nehmen, denn der Chapman's Peak Drive zählt zu den spektakulärsten Küstenstraßen der Welt. Unterwegs gibt es einige Picknickplätze und viele Aussichtspunkte. Wer also zum Cape Point fahren will, sollte die Straße zumindest in einer Richtung einmal entlangfahren. Das Mauthäuschen befindet sich am Straßenanfang in Hout Bay. Wer zu Fuß auf der Küstenstraße unterwegs ist, zahlt nichts.

Fliegen, Gleitschirm- & Fallschirmspringen

Cape Town Tandem Paragliding GLEITSCHIRMFLIEGEN

(076 892 2283; www.paraglide.co.za; Flug 1150 R) Wer mit dem Gleitschirm vom Lion's Head abhebt, in der Nähe des Glen Country Club landet und sich dann in Camps Bay einen Cocktail genehmigt, fühlt sich wie James Bond. Anfänger können einen Tandemflug vereinbaren und werden dafür

ABSTECHER

VON EAST CITY BIS SALT RIVER

Östlich der City Bowl liegen mehrere Arbeiter- und Industrievororte, die umgestaltet und teilweise gentrifiziert werden. Dieser Prozess ist schwierig und umstritten, und das schon seit längerer Zeit – hier stößt man auch auf die leeren Parzellen des District Six, eines multikulturellen Viertels, das während der Apartheid zerstört wurde.

Am nächsten an zur Stadt liegen mehrere Kreativfirmen, Cafés und Restaurants in East City, wo man auch das Wandbild von Mandela auf der **Substation 13** (Karte S. 94; Canterbury St, District Six; Lower Buitenkant) GRATIS, die farbenfroh angemalte **Charly's Bakery** (S. 86) und **Land & Liberty** (Karte S. 94; Keizersgracht, District Six; Hanover St), ein acht Stockwerke hohes Gemälde des sehr produktiven Street-Art-Künstlers Faith47 (www.faith47.com) bestaunen kann. Es zeigt eine Mutter, die ein Baby auf dem Rücken trägt.

Weiter Richtung Osten liegen die aufstrebenden Viertel Woodstock und Salt River. Zur phänomenalen Old Biscuit Mill an der Albert Road hat sich die **Woodstock Exchange** (S. 101) hinzugesellt. Unbedingt dazu gehört ein Besuch in den örtlichen Kunstgalerien, darunter **Stevenson** (Karte S. 94; www.stevenson.info; 160 Sir Lowry Rd, Woodstock; Mo–Fr 9–17, Sa 10–13 Uhr; District Six), **Goodman Gallery Cape** (Karte S. 94; 021-462 7573; www.goodman-gallery.com; 3. Etage, Fairweather House, 176 Sir Lowry Rd, Woodstock; Di–Fr 9.30–17.30, Sa 10–16 Uhr; District Six), **Southern Guild** (Karte S. 94; 021-461 2856; www.southernguild.co.za; Unit 1, 10–16 Lewin St, Woodstock; Di–Fr 10–17, Sa bis 13 Uhr; District Six) und **What If the World** (Karte S. 94; www.whatiftheworld.com; 1 Argyle St, Woodstock; Di–Fr 10–16.30, Sa 10–15 Uhr; Kent).

Zu den Straßenkünstlern, die Führungen durch Woodstock leiten, zählt **Juma Mkwela** (073 400 4064; juma.mkwela@gmail.com; Woodstock/Khayelitsha Tour 200/500 R), ein freundlicher Künstler aus Simbabwe und ehemaliger Bewohner des Viertels. Er veranstaltet auch geführte Touren zum Thema Street Art in Khayelitsha, wo er inzwischen lebt.

mit einem erfahrenen Gleiter zusammengespannt, der sich um die technischen Aspekte kümmert. Am besten erkundigt man sich gleich nach der Ankunft in Kapstadt, denn die Tandemsprünge sind nur bei passenden Wetterbedingungen möglich.

Cape Town Helicopters PANORAMAFLUG
(Karte S. 66; 021-418 9462; www.helicopters-capetown.co.za; 220 East Pier, Breakwater Edge, V&A Waterfront; pro Pers. ab 1300 R; Waterfront) Unvergessliche Ausblicke auf die Kap-Halbinsel sind bei diesen Panoramaflügen garantiert. Verschiedene Pakete werden angeboten und reichen vom 30-Minuten-Flug hinaus nach Robben Island und zurück bis zum einstündigen Ausflug zum Cape Point (3500 R).

Sports Helicopters PANORAMAFLUG
(Karte S. 66; 021-419 5907; www.sport-helicopters.co.za/huey-combat-mission; East Pier Rd., V&A Waterfront; Flüge ab 2700 R; Waterfront) Zur Flotte dieses Anbieters gehört ein Huey-Helikopter aus der Zeit des Vietnamkriegs, der einst dem US Marine Corps gehörte. Er fliegt mit offenen Türen und vermittelt das authentische *Apocalypse-Now*-Erlebnis. Die Standardflüge dauern 30 Minuten, geflogen wird Richtung Hout Bay und zurück. Der einstündige Flug geht von der Waterfront zum Cape Point.

Skydive Cape Town EXTREMSPORT
(082 800 6290; www.skydivecapetown.za.net; 1900 R) An seinem Standort etwa 20 km nördlich des Stadtzentrums in Melkbosstrand bietet dieser erfahrene Veranstalter Tandem-Fallschirmsprünge. Es ist überflüssig zu erwähnen, dass der Blick – nachdem man aufgehört hat zu schreien – spektakulär ist. Die Flüge starten vom Delta 200 Airfield in Melkbosstrand.

Ein Abholservice von Kapstadt wird nicht angeboten, die Anbieter geben aber allen Kunden ohne eigenes Fahrzeug Tipps, wie sie am besten zum Flugplatz kommen.

Golf

Am Kap und rund um dieses gibt es zahlreiche ausgezeichnete Golfplätze. Viele stehen auch auswärtigen Golfern offen, eine Reservierung im Voraus empfiehlt sich generell. Weitere Informationen erhält man beim

Green Point & Waterfront

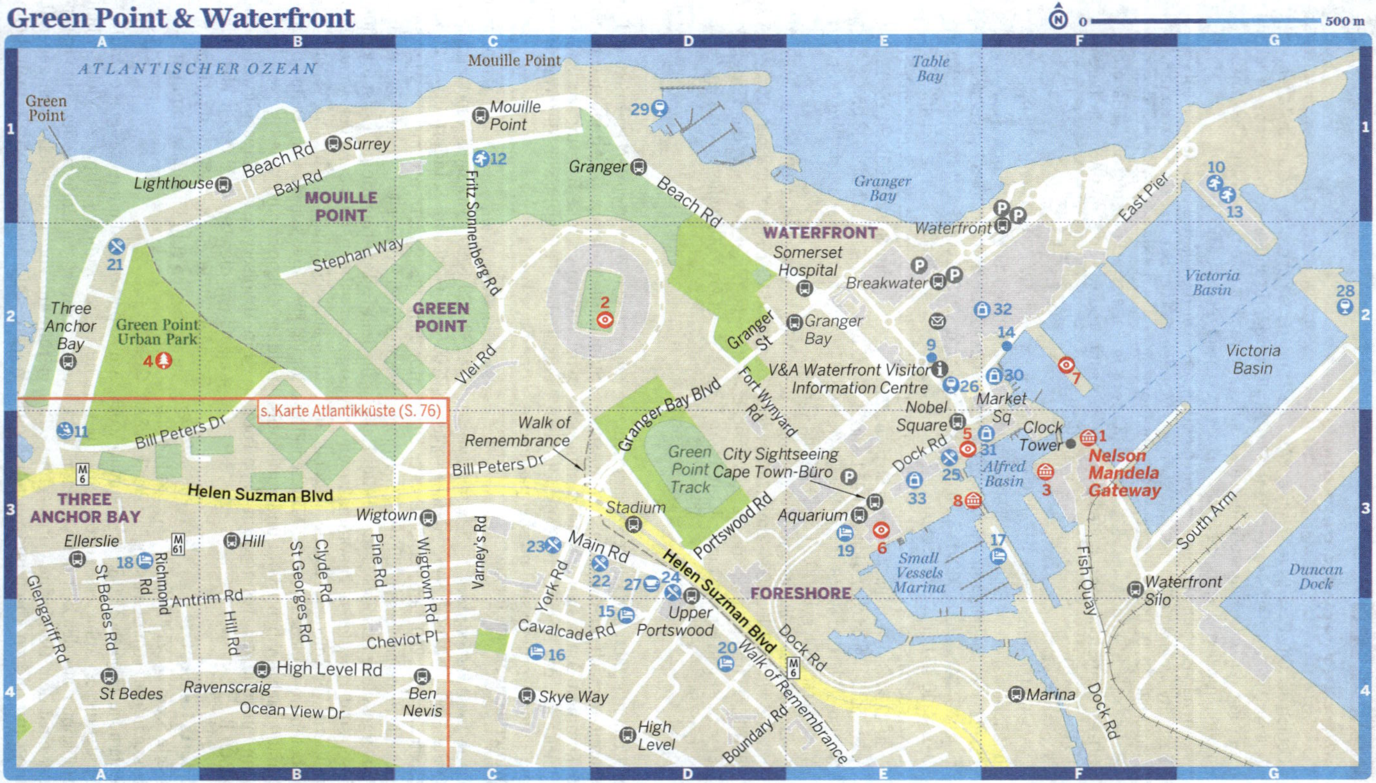

Green Point & Waterfront

Highlights
1 Nelson Mandela Gateway ... F3

Sehenswertes
2 Cape Town Stadium ... D2
3 Chavonnes Battery Museum ... F3
4 Green Point Urban Park ... A2
5 Nobel Square ... E3
6 Two Oceans Aquarium ... E3
7 V&A Waterfront ... F2
8 Zeitz MOCAA Pavilion ... E3

Aktivitäten, Kurse & Touren
9 Awol Tours ... E2
10 Cape Town Helicopters ... G1
11 Kaskazi Kayaks ... A3
12 Metropolitan Golf Club ... C1
13 Sports Helicopters ... G1
Table Bay Diving ... (s. 14)
14 Waterfront Charters ... F2
Yacoob Tourism ... (s. 14)

Schlafen
15 Atlantic Point Backpackers ... D4
16 B.I.G. Backpackers ... C4
17 Cape Grace ... F3
18 Head South Lodge ... A3
19 One & Only Cape Town ... E3
20 Villa Zest ... D4

Essen
21 Café Neo ... A2
22 El Burro ... D3
23 Giovanni's Deli World ... C3
Harbour House ... (s. 30)
24 Nü ... D3
25 V&A Market on the Wharf ... E3

Ausgehen & Nachtleben
Bascule ... (s.17)
26 Mitchell's Scottish Ale House & Brewery ... E2
27 Shift ... D3
28 Shimmy Beach Club ... G2
29 Tobago's Bar & Terrace ... D1

Unterhaltung
Jou Ma Se Comedy Club ... (s. 25)

Shoppen
30 Cape Union Mart Adventure Centre ... F2
31 KIN ... F3
32 Victoria Wharf ... F2
33 Watershed ... E3

offiziellen Golfverband **Western Province Golf Union** (www.wpgu.co.za).

Metropolitan Golf Club GOLF
(Karte S. 66; ☎021-430 6012; www.metropolitangolfclub.co.za; Fritz Sonnenberg Rd, Mouille Point; Caddygebühr 9/18 Loch 100/185 R, Ausrüstung Miete 9/18 Loch 200/300 R; Mouille Point) Im Zuge der Umgestaltung der Sportanlagen im Green Point Common ist auch dieser Platz aufgewertet worden. Vier lokale Grassorten wurden gepflanzt, um ihm ein natürlicheres Aussehen zu verleihen. Die windgeschützte Lage – zwischen Cape Town Stadium und Green Point Park mit Signal Hill im Hintergrund – ist einmalig.

Mowbray Golf Club GOLF
(☎021-685 3018; www.mowbraygolfclub.co.za; 1 Raapenberg Rd, Mowbray; 18 Loch 350 R; ⌚7–18 Uhr; Pinelands) Wegen seiner ländlichen Lage und der großen Vogelvielfalt gilt der 1910 gegründete Club manchem als der beste innerstädtische Golfplatz. Er bietet einen schönen Blick auf den Devil's Peak.

Kajakfahren

Kaskazi Kayaks KAJAKFAHREN, TOUREN
(Karte S. 66; ☎083 346 1146, 083 230 2726; www.kayak.co.za; Shell-Tankstelle, 179 Beach Rd, Three Anchor Bay; pro Pers. 300 R; ⌚Di–Fr 13–17.30, Sa 9–13 Uhr; Three Anchor Bay) Der Veranstalter bietet zweistündige geführte Kajakausflüge (wetterabhängig) von der Three Anchor Bay nach Granger Bay oder Clifton an. Es gibt erstaunliche Ausblicke auf Berge und Küstenlinie, außerdem kommt man oft Delfinen, Robben und Pinguinen sehr nah. In

TABLE MOUNTAIN FRAMES

Diese riesigen, leuchtend gelben Metallrahmen, die an verschiedenen Stellen in der Stadt stehen und alle auf den Tafelberg ausgerichtet sind, sind ein Überbleibsel des Programms World Design Capital. Zu finden sind sie u. a. auf dem Signal Hill, an der V&A Waterfront, neben Charly's Bakery in District Six, neben dem Kapstädter Bahnhof und auf dem Lookout Hill in Khayelitsha. Die von Table Mountain Aerial Cableway gesponserten Rahmen erfreuen sich großer Beliebtheit; in einer Online-Galerie kann man sich die Fotos ansehen, die begeisterte Fans hochgeladen haben (www.tablemountain.net/galleries).

der Saison stehen auch Walsichtungen auf dem Programm. Arrangiert werden außerdem Fahrradtouren und Tandemflüge mit dem Gleitschirm.

Sea Kayak Trips KAJAKFAHREN
(☎082 501 8930; www.kayakcapetown.co.za; Simon's Town Jetty, Simon's Town; geführte Touren ab 250 R; Simon's Town) Mit diesem Anbieter in Simon's Town paddelt man zur Kolonie der Brillenpinguinen in Boulders (250 R).

Radfahren & Mountainbiken

Die Citytour-Veranstalter Awol (S. 71) und **Day Trippers** (☎021-511 4766; www.daytrippers.co.za) haben auch Fahrradausflüge im Programm.

Downhill Adventures RADFAHREN
(Karte S. 63; ☎021-422 0388; www.downhilladventures.com; Ecke Orange & Kloof St, Gardens; Aktivitäten ab 750 R; Upper Loop/Upper Long) Die Radtouren dieses Anbieters sind etwas für Adrenalinjunkies! Wie wär's mit einer aufregenden Talfahrt von der unteren Seilbahnstation am Tafelberg? Gemütlicher geht es beim Ausflug in den Tokai Forest oder durch die Weinberge von Constantia Winelands und das Kap der Guten Hoffnung zu. Die Firma verleiht auch Fahrräder (Tag 300 R) und organisiert Surf- oder Sandboardkurse.

Reiten

Sleepy Hollow Horse Riding REITEN
(☎021-789 2341, 083 261 0104; www.sleepyhollowhorseriding.com; Sleepy Hollow Lane, Noordhoek; pro Pers. 460 R) Dieser zuverlässige Anbieter arrangiert Ausritte über den breiten Sandstrand in Noordhoek oder ins bergige Hinterland. Zweistündige Ausritte starten um 9, 13 und 16.30 Uhr.

Surfen, Kitesurfen & Stehpaddeln

Den täglichen Brandungsbericht gibt's auf der Website www.wavescape.co.za. Wer nicht nass werden möchte, kann es mit Sandboarden versuchen. Das ist wie Snowboardfahren, nur eben auf einer Sanddüne.

Surfstore Africa WASSERSPORT
(☎076 202 3703, 021-788 5055; www.surfstore.co.za; 48-50 Beach Rd, Muizenberg; Kitesurfen/SUP/Surfunterricht ab 690/490/280 R; Muizenberg) Bei diesem Veranstalter kann man Kitesurfen und Stehpaddeln (Stand Up Paddle, SUP), aber auch ganz normales Surfen lernen. Vor Ort gibt es einen Laden mit einem breiten Angebot an Surfausrüstung sowie ein Café.

Gary's Surf School SURFEN
(☎021-788 9839; www.garysurf.co.za; 34 Balmoral Bldg, Beach Rd, Muizenberg; Unterricht 2 Std. 380 R; ⏲8.30–17 Uhr; Muizenberg) Interessenten müssen nichts bezahlen, wenn sie es nach dem Unterricht beim genialen Surflehrer Gary Kleynhans nicht schaffen, auf dem Surfboard zu stehen.

Garys Laden ist der Treffpunkt der Muizenberger Surfszene. Verliehen werden Boards und Neoprenanzüge (Std./Tag 100/300 R). Ebenfalls ein großer Spaß ist das Sandboarden in den Dünen von Kommetjie (300 R).

Windswept WASSERSPORT
(☎082 961 3070; www.windswept.co.za; Bloubergstrand; 2 Std. Gruppen-/Individualunterricht 495/990 R) Philip Baker veranstaltet Camps für Windsurfer und Kitesurfer von seinem Standort in Bloubergstrand aus. Für Gruppen wie auch Einzelpersonen bietet er zweistündige Kurse an. Wer schon Erfahrung hat, kann sich einen Drachen und ein Board für 395 R mieten. Es gibt auch Kombipakete mit Unterricht und Unterkunft.

Schwimmen & Saunen

Wer sicher im Meer baden möchte, ist auf der False-Bay-Seite der Halbinsel besser aufgehoben. Dort ist das Wasser normalerweise etwas wärmer als auf der (eiskalten) Atlantikseite. Empfehlenswert sind auch die Strände und Gezeitenbecken (*tidal pools*) in Muizenberg, St James, Kalk Bay oder Buffels Bay am Cape Point.

Sea Point Pavilion SCHWIMMEN
(Karte S. 76; Beach Rd., Sea Point; Erw./Kind 20/10 R; ⏲Okt.–April 7–19 Uhr, Mai–Sept. 9–17 Uhr; Sea Point Pool) Der riesige Freibadkomplex mit schönen Art-Déco-Elementen ist in Sea Point eine Institution. An heißen Sommertagen wird es hier entsprechend voll – kein Wunder, denn das Wasser in den Becken ist immer mindestens 10 Grad wärmer als im dauerkalten Ozean.

Long Street Baths SCHWIMMEN
(Karte S. 54; www.capetown.gov.za/en/SportRecreation/Pages/LongStreetBaths.aspx; Ecke Long & Buitensingel St, City Bowl; Erw./Kind 5,50/1,50 R; ⏲7–19 Uhr; Upper Loop/Upper Long) Die hübsch restaurierten Bäder stammen aus dem Jahr 1906 und präsentieren sich mit

Wandbildern, die das Leben im Stadtzentrum darstellen. Sie sind beheizt und bei den Einheimischen sehr beliebt. Das türkische Dampfbad (48 R) ist vor allem in den kühleren Monaten ideal, um ins Schwitzen zu geraten. Die Dampfbäder sind montags, donnerstags und samstags von 9 bis 18 Uhr sowie dienstags von 9 bis 13 Uhr ausschließlich für Frauen geöffnet; Männer baden dienstags von 13 bis 19 Uhr, am Mittwoch und Freitag von 8 bis 19 Uhr und am Sonntag von 8 bis 12 Uhr.

Tauchen & Schnorcheln

Die Tauchfirmen **Into the Blue** (Karte S. 76; ☎ 021-434 3358; www.diveschoolcapetown.co.za; 88B Main Rd, Sea Point; Open-water-PADI-Kurse ab 4650 R, Tauchgänge vom Ufer/Boot 275/420 R, Ausrüstung pro Tag 520 R; Sea Point High) und **Table Bay Diving** (Karte S. 66; ☎ 021-419 8822; www.tablebaydiving.com; Quay 5, Shop 7, V&A Waterfront; Breakwater) bieten eine Anzahl ausgezeichneter Tauchgänge vom Ufer und vom Boot aus an.

★ **Animal Ocean** SCHNORCHELN, TAUCHEN
(☎ 079 488 5053; www.animalocean.co.za; Hout Bay Harbour, Hout Bay; Schnorcheln/Tauchen pro Pers. 650/850 R; ; Fishmarket) Hier hat man die Möglichkeit, mit einigen von mehreren Tausend verspielten, neugierigen Südafrikanischen Seebären, die auf Duiker Island leben, zu schnorcheln oder zu tauchen und in den haifreien Gewässern rundum zu baden. Der Ausflug ist naturgemäß vom Wetter abhängig und nichts für Leute, die schnell seekrank werden. Die notwendige Ausrüstung (einschließlich dicker Neoprenanzüge) stellt der Veranstalter zur Verfügung. Die Fahrten werden nur von September bis April durchgeführt.

Wandern & Klettern

Das bergige Rückgrat der Kap-Halbinsel ist ein Paradies für Wanderer und Kletterer. Wegen des wechselhaften Wetters ist das Wandern hier allerdings nicht ganz gefahrenfrei. In zahlreichen Büchern und Karten findet man Tourvorschläge. Empfehlenswert ist Mike Lundys Buch *Best Walks in the Cape Peninsula* (www.hikecapetown.co.za). Am meisten hat man jedoch von den Bergen, wenn man einen ortskundigen Wanderführer anheuert.

Mountain Club of South Africa KLETTERN
(Karte S. 62; ☎ 021-465 3412; www.mcsacapetown.co.za; 97 Hatfield St; Government Avenue) Passionierte Wanderer können sich beim Wanderverein melden, wenn sie auf der Suche nach einem erfahrenen Wanderführer sind. Der Club hat eine eigene Kletterwand (5 R; Öffnungszeiten telefonisch erfragen).

Venture Forth WANDERN
(☎ 086 617 3449, 021-510 3137; www.ventureforth.co.za; pro Pers. ab 570 R) Die Firma bietet aus-

TIPPS ZUM SICHEREN WANDERN

- Generell mit langen Hosen wandern. Ein Großteil des südafrikanischen *fynbos* („feines" Gebüsch, z.B. Zuckerbüsche, Heide und Erika) ist hart und kratzig. Wirklich unangenehm ist der sogenannte „Blasenbusch" (Blister Bush; *Notobubon galbanum*), dessen Blätter aussehen wie Petersilie und der aus der Familie der Karottengewächse stammt. Wer die Pflanze berührt, sollte die Stelle sofort abdecken, denn wird sie dem Sonnenlicht ausgesetzt, werden die Gifte der Pflanze aktiviert und es bilden sich Blasen auf der Haut, die eventuell über Jahre nicht komplett abheilen.
- Unbedingt jemanden in Vorfeld informieren, auf welcher Route man unterwegs ist, und eine Karte mitnehmen (oder noch besser einen lokalen Führer).
- Immer auf den stark genutzten Wegen bleiben und sich nicht zu Abkürzungen verleiten lassen.
- Immer ausreichend Wasser und Proviant einpacken.
- Auch Regenkleidung ist unerlässlich, denn das Wetter kann blitzschnell umschlagen.
- Feste Wanderstiefel oder -schuhe und ein Sonnenhut sind ebenfalls notwendig.
- Darauf achten, dass für den Notfall das Handy aufgeladen ist.
- Nicht alleine klettern – die Parkleitung empfiehlt Aufstiege in Vierergruppen.
- Keinen Müll auf dem Berg zurücklassen.
- Feuermachen ist strengstens verboten – die Waldbrandgefahr ist sehr hoch.

NICHT VERSÄUMEN

DER TAFELBERG-NATIONALPARK

Vom Signal Hill bis Cape Point erstreckt sich der 220 km² große **Nationalpark** (☎ 021-712 2337; www.sanparks.org/parks/table_mountain), der zu den Naturwundern des Landes zählt. Die Landschaft ist abwechslungsreich, es gibt Granit- und Sandsteingebirge, mit riesigen Felsbrocken übersäte Strände und schattige Wälder.

Für die meisten Besucher ist die Hauptattraktion natürlich der 1086 m hohe Tafelberg, dessen Gipfel mit der **Seilbahn** (☎ 021-424 0015; www.tablemountain.net; Tafelberg Rd, Table Mountain; Erw. einfache Fahrt/hin & zurück ab 115/225 R, Kind 58/110 R; ⏲ Feb.–Nov. 8.30–18 Uhr, Dez. & Jan. 8–21.30 Uhr; 🚌 Lower Cable Car) leicht zu erreichen ist. Die Seilbahn fährt in der Hauptsaison alle zehn Minuten, in der Nebensaison alle 20 Minuten.

Betonwege führen von der oberen Seilbahnstation zum Restaurant, dem Laden und verschiedenen Aussichtsterrassen. Kostenlose, von Freiwilligen geführte Spaziergänge über das Plateau des Tafelbergs starten täglich um 10 und 12 Uhr neben der oberen Seilbahnstation.

Um den eigentlichen 1088 m hohen Gipfel des Berges zu erreichen, folgt man dem Weg zum **Maclear's Beacon**, für den etwa 5 km langen Rundweg braucht man rund eine Stunde. Bei tief hängenden Wolken oder Nebel auf dem Berg sollte man auf die Route verzichten, weil man sich hier sehr schnell verläuft.

Der Park ist von unzähligen Wanderwegen durchzogen, es gibt sowohl einfache Spaziergänge als auch extreme Klettertouren. Für einige Teile des Parks wird eine Eintrittsgebühr verlangt, nämlich für Boulders, das Kap der Guten Hoffnung, Oudekraal, Silvermine und Tokai. Auf allen anderen Wegen darf man kostenlos wandern. Die Beschilderung ist alles andere als verständlich, und selbst mit einer Wanderkarte kann man sich leicht verlaufen. Daher unbedingt die einschlägigen Sicherheitstipps (siehe Kasten S. 69) beachten und bei Unsicherheit lieber einen lokalen Wanderführer anheuern.

Platteklip Gorge, die direkteste Route auf den Berg, führt zwei Stunden lang steil bergan und ist auf der ganzen Strecke schattenlos. Weniger anstrengend ist der **Pipe Track**, allerdings dauert der Aufstieg auf dieser Route ungefähr doppelt so lange, also rund vier Stunden. Die Wanderung zum **Lion's Head** (Karte S. 76; Signal Hill Rd, Tamboerskloof; 🅿; 🚌 Kloof Nek), dem riesigen, kegelförmigen Aufschluss mit Aussicht auf Sea Point und Camps Bay, dauert etwa 45 Minuten.

Von den Kirstenbosch Botanical Gardens führen zwei beliebte Wanderwege den Berg hinauf: der eine führt durch die **Skeleton Gorge** (hier sind einige kritische Stellen mit Seilengesichert), der andere durch die **Nursery Ravine**. Beide Strecken schaffen mittelmäßig trainierte Wanderer in drei Stunden. Die teilweise steilen Wege sind gut gekennzeichnet, allerdings ist die Strecke von der Seilbahn zum botanischen Garten und umgekehrt nicht beschildert.

Auch mehrtägige Wanderungen sind möglich, z. B. auf dem 33,8 km langen **Cape of Good Hope Trail** (S. 61; 2 Tage/1 Übernachtung) und dem 80 km langen **Hoerikwaggo Trail** (☎ 021-465 8515) mit fünf Wandertagen und vier Übernachtungen. Letzterer führt über die gesamte Länge der Halbinsel von Cape Point bis zur oberen Seilbahnstation. Die kürzere Wanderung muss gebucht werden und schließt die Unterkunft im Preis ein; die längere kann jeder auf eigene Faust in Angriff nehmen. Reservierungen für die schön gestalteten Zeltcamps am Weg kann man online (www.sanparks.org/parks/table_mountain/tourism/accommodation.php#tented) oder telefonisch (☎ 021-712 7471) montags bis freitags von 8 bis 16 Uhr vornehmen.

gezeichnete Wanderungen und Klettertouren mit engagierten, kenntnisreichen Führern an.

Walk in Africa WANDERN
(☎ 021-785 2264; www.walkinafrica.com) Steve Bolnick, ein erfahrener und leidenschaftlicher einheimischer Safari- und Bergführer, betreibt diese Firma.

Die spannende fünftägige Wanderung „Mountains in the Sea" mit vier Übernachtungen führt von der Platteklip-Schlucht zum Cape Point und folgt dabei teilweise dem Hoerikwaggo-Trail.

Geführte Touren

City Sightseeing Cape Town BUSTOUR
(☎021-511 6000; www.citysightseeing.co.za; Erw./Kind 1 Tag 170/80 R, 2 Tage 270/170 R) Die Busse, bei denen man beliebig oft ein- und aussteigen kann, sind auf zwei Hauptrouten unterwegs und eignen sich hervorragend für einen schnellen Überblick über die Stadt. Die Erläuterungen können in 16 Sprachen abgerufen werden. Die oben offenen Doppeldeckerbusse haben erhöhte Plattformen zum Fotografieren. Von 9 bis 16.30 Uhr starten die Busse etwa alle 30 Minuten, in der Hauptsaison werden zusätzliche Fahrzeuge eingesetzt.

Coffeebeans Routes KULTUREXKURSION
(Karte S. 62; ☎021-461 3572; www.coffeebeansroutes.com; 22 Hope St, Gardens; Touren ab 800 R; 🚌Roodehek) Das Konzept, Besucher mit interessanten lokalen Persönlichkeiten, z. B. Musikern, Künstlern, Bierbrauern und Designern zusammenzubringen, klappt hervorragend. Themen der innovativen Touren sind u. a. die jüngste revolutionäre Geschichte Südafrikas, Kreativunternehmen oder Bio- und Naturweine.

Awol Tours FAHRRADTOUR
(Karte S. 66; ☎021-418 3803; www.awoltours.co.za; Information Centre, Dock Rd., V&A Waterfront; 🚌Nobel Square) Im Rahmen dieser hervorragenden, täglich angebotenen Fahrradtour durch die Stadt (3 Std, 500 R) kann man Kapstadts zahlreiche Radwege entdecken. Gestartet wird am Hauptsitz von Awol an der Waterfront. Weitere Radtouren führen in die Weinanbaugebiete, zum Cape Point und zur Township Masiphumelele – eine tolle Alternative zu den konventionellen Township-Führungen. Auch geführte Wanderungen auf den Tafelberg (1000 R) bietet die Firma an.

Uthando KULTURFÜHRUNG
(☎021-683 8523; www.uthandosa.org; 9 Princes Rd, Harfield Village; 650 R) Diese Township-Tour ist teurer als andere, weil die Hälfte des Geldes in die sozialen Aufbauprojekte fließt, die im Rahmen der Führung besucht werden. Normalerweise bekommt man etwa drei dieser Projekte zu sehen; die Bandbreite reicht von der Bio-Landwirtschaft bis zum Altenzentrum.

Run Cape Town FÜHRUNG
(☎072 920 7028; www.runcapetown.co.za; 450 R) Sightseeing und Fitnesstraining in einem: Die innovative Firma bietet dafür vielfältige Laufrouten durch die Stadt, im Table Mountain National Park und weiter draußen in Gugulethu und Darling (550 R mit eigener Anfahrt nach Darling) an.

Good Hope Adventures STADTSPAZIERGANG
(☎021-510 7517; www.goodhopeadventures.com; 3–5 Std. Führung ab 250–500 R) Die faszinierenden Stadtspaziergänge führen in diesem Fall unter die Erde: Die Teilnehmer erkunden historische Tunnel und Kanäle unterhalb des Stadtgebietes. Am besten zieht man alte Schuhe und Klamotten an und nimmt eine Taschenlampe mit. Und: Die Tour ist nichts für Leute mit Platzangst!

VoiceMaps STADTSPAZIERGANG
(www.voicemap.me) Die vor Ort entwickelte Website und App liefert qualitativ sehr gute Spaziergänge, die man auf sein Smartphone herunterladen oder auf dem Computer anhören kann. Erzählt von lokalen Experten, geben sie Einblick in Ecken der Stadt, die von regulären Führungen häufig nicht besucht werden.

Simon's Town Boat Company BOOTSAUSFLUG
(☎083 257 7760; www.boatcompany.co.za; Town Pier, Simon's Town; Hafenrundfahrt Erw./Kind 50/30 R; 🚆Simon's Town) Mit der beliebten Rundfahrt auf der *Spirit of Just Nuisance* schippern Besucher durch den Hafen; länge-

UNTERWEGS AUF DER SÜDLICHEN HALBINSEL

Wer möglichst viele der verstreut liegenden Sehenswürdigkeiten auf der südlichen Halbinsel besuchen möchte, braucht unbedingt einen Mietwagen. Viele Orte in der False Bay wie Muizenberg, Kalk Bay und Simon's Town sind aber auch mit dem Zug erreichbar. Mit einem Tagesticket (30 R) kann man zwischen 8 und 16.30 Uhr unbegrenzt zwischen Kapstadt und Simon's Town reisen und unterwegs nach Belieben ein- und aussteigen.

Das **Mellow Yellow Water Taxi** (☎073-473 7684; www.watertaxi.co.za; einfach/hin und zurück 100/150 R) pendelt zwischen Kalk Bay und Simon's Town. Es empfiehlt sich, auf dem Hinweg mit dem Zug nach Simon's Town zu fahren und auf dem Rückweg das Wassertaxi nach Kalk Bay zu benutzen (nicht umgekehrt).

DIE MERRY MINSTRELS

Das südafrikanische Pendant zu den Karnevalsumzügen von Rio heißt Kaapse Klopse oder Cape Town Minstrel Carnival und ist eine laute, ausgelassene und chaotische Veranstaltung. Am Umzug beteiligen sich Gruppen mit zum Teil über 1000 Teilnehmern – die regenbogenbunten Kostüme aus Satin, Pailletten und Glitzer schimmern in allen erdenklichen Farben.

Die Wurzeln des Karnevals reichen zurück ins frühe 19. Jh., als die Sklaven zu Neujahr einen Tag freibekamen. Die eigentliche Inspirationsquelle des heutigen Karnevals waren dann Ende des 19. Jhs. reisende amerikanische Balladensänger – daher auch die geschminkten Gesichter, die farbenfrohen Kostüme und die derben Gesangs- und Tanzeinlagen. Die meisten Teilnehmer stammen aus den farbigen Gemeinden am Kap.

Zwar ist der Karneval eine feste Institution in Kapstadt, er hat jedoch eine strittige Vergangenheit mit Finanzierungsproblemen und Auseinandersetzungen zwischen rivalisierenden Karnevalsvereinen. Außerdem war er immer eine Art Zurschaustellung der Kraft der schwarzen Gemeinde, daran hat sich bis heute wenig geändert.

re Ausfahrten führen zum Cape Point (Erw./Kind 550/400 R) und zur Insel Seal Island (Erw./Kind 400/300 R).

Während der Walsaison bietet der Veranstalter auch Bootstouren an, die in die Nähe dieser faszinierenden Meerestiere führen.

Feste & Events

Ein Gesamtüberblick über Feste und Veranstaltungen findet sich auf der Homepage von Cape Town Tourism (S. 104).

Januar

Cape Town Minstrel Carnival KULTUR
(www.capetown-minstrels.co.za) Am *Tweede Nuwe Jaar* (2. Jan.) ziehen traditionell in Satin und Pailletten gekleidete Marschgruppen beim Kaapse Klopse (auch Cape Minstrel Festival genannt) von der Keizergracht Street über die Adderley Street und Wale Street Richtung Bo-Kaap.

Den ganzen Januar bis in den frühen Februar hinein finden samstags Wettkämpfe zwischen den Gruppen im Athlone Stadium statt. Siehe auch oben.

J&B Met SPORT
(www.jbscotch.co.za/home) Beim höchstdotierten Pferderennen Südafrikas auf dem Kenilworth Race Course liegt der Jackpot bei 1,5 Mio. Rand. Nur die Hüte der Damen sind noch größer als die Wetteinsätze. Das Rennen findet normalerweise am letzten Samstag des Monats statt.

Februar & März

Design Indaba DESIGN
(www.designindaba.com) Bei dieser kreativen Designmesse stoßen Mode, Architektur, Bildende Kunst, Handwerk und Medien aufeinander. Die Messe findet zwischen Ende Februar und Anfang März statt, in der Regel im Cape Town International Convention Centre.

Infecting the City KUNST
(http://infectingthecity.com) Kapstadts wunderbare Plätze, Brunnen, Museen und Theater werden Ende Februar zur Bühne dieses innovativen Festivals der Darstellenden Künste, das von Künstlern des ganzen Kontinents besucht wird.

Cape Town Cycle Tour SPORT
(www.cycletour.co.za) Eines der weltgrößten und für viele Radfahrer schönsten Radrennen findet an einem Samstag Mitte März statt und lockt über 30 000 Wettkämpfer an. Die Route führt um den Tafelberg herum, dann an der Atlantikküste entlang und über den Chapman's Peak Drive zum Ziel.

Cape Town Carnival KULTUR
(http://capetowncarnival.com) Die von der Stadt gesponserte Parade mit Straßenfest steigt Mitte April am Walk of Remembrance (dem früheren Fan Walk) in Green Point und feiert die vielfältigen Facetten der südafrikanischen Identität.

Cape Town International Jazz Festival MUSIK
(www.capetownjazzfest.com) Kapstadts größte Jazzveranstaltung zieht Ende März die Stars der Szene aus Südafrika und dem Ausland an. Veranstaltungsort ist normalerweise das Cape Town International Convention Centre. Auf dem Greenmarket Square wird ein kostenloses Konzert gegeben.

HAFENRUNDFAHRTEN

Auf einer Bootsfahrt in der Tafelbucht bekommt man den Tafelberg so zu sehen, wie ihn die Seeleute in alten Zeiten sahen. An der Waterfront finden sich zahllose Anbieter.

Waterfront Charters (Karte S. 66; ☎021-418 3168; www.waterfrontcharters.co.za; Shop 5, Quay 5, V&A Waterfront; 🚌Breakwater) Bietet verschiedene Rundfahrten auf dem schönen, mit Holz und Messing ausgestatteten Schoner *Esperance* an, darunter die sehr empfehlenswerten 1½-stündigen Dämmerfahrten (220 R). Für eine 30-minütige Fahrt mit dem Jetboot werden 330 R verlangt.

Yacoob Tourism (Karte S. 66; ☎021-421 0909; www.ytourism.co.za; Shop 8, Quay 5, V&A Waterfront; 👪; 🚌Breakwater) Dieser Veranstalter bietet diverse Bootsausflüge an, darunter einen auf dem *Jolly Roger Pirate Boat* (Erw./Kind ab 120/60 R) und einem auf *Tommy the Tugboat* (Erw./Kind 50/25 R), beide sind optimal für Familien. Erwachsene ziehen vielleicht die Speedboottouren namens *Adrenalin* oder eine Rundfahrt auf den Katamaranen *Ameera* und *Tigress* vor.

April & Mai

Old Mutual Two Oceans Marathon SPORT
(www.twooceansmarathon.org.za) Der 56 km lange Marathon folgt der gleichen Route wie die Radrundfahrt Pick 'n' Pay Cycle Tour rund um den Tafelberg. Normalerweise nehmen etwa 9000 Läufer teil.

Good Food & Wine Show ESSEN, WEIN
(www.goodfoodandwineshow.co.za) Kapstadt wird vier Tage lang zum Mekka der Feinschmecker, die Veranstaltung findet im Cape Town International Convention Centre statt.

Juli

Cape Town World Music Festival MUSIK
(http://capetownworldmusicfestival.com) Am Mandela-Day-Wochenende (um den 18. Juli) erobern globale Beats und Rhythmen die alte City Hall und Teile der Grand Parade.

September & Oktober

Cape Town Fringe THEATER
(www.capetownfringe.co.za) Ein Fest der Darstellenden Künste, organisiert in Zusammenarbeit mit dem angesehenen Grahamstown Festival. Elf Tage lang bietet das Festival, das immer zwischen Ende September und Anfang Oktober stattfindet, interessante Events in der Hafenstadt.

Outsurance Gun Run SPORT
(thegunrun.co.za) Der beliebte Halbmarathon (21 km) ist der einzige Anlass, zu dem die Noon Gun auf dem Signal Hill an einem Sonntag abgefeuert wird: Die Teilnehmer versuchen, die Strecke zurückzulegen, bevor der Kanonenschuss erfolgt. Gestartet wird um 6.30, 7.30 und 8.30 Uhr, der Kanonenschuss erfolgt um 10.30 Uhr.

November & Dezember

Kirstenbosch Summer Sunset Concerts MUSIK
(www.sanbi.org/gardens/kirstenbosch/summerconcerts) Zu dieser Zeit beginnt die Reihe der Freiluftkonzerte in den Kirstenbosch Botanical Gardens, die bis April andauert. Mit Decken und Picknickkörben ausgerüstet, genießen die Zuschauer jeden Sonntagnachmittag einen bunten Reigen an Opernarien lokaler Diven bis hin zu funkigen Jazz-Combos. Zu Silvester findet immer ein besonderes Konzert statt.

Adderley Street Christmas Lights MUSIK
Zehntausende versammeln sich beim Konzert vor dem Bahnhof von Kapstadt, dem ein Umzug durch die festlich beleuchtete Adderley Street folgt. Dieselbe Straße wird ca. vom 17. bis 30. Dezember für den Autoverkehr gesperrt und jeden Abend findet ein Nachtmarkt statt, bei dem es ebenfalls Livemusik gibt.

Schlafen

Lebendige und nette Hostels für Rucksackreisende, gemütliche Pensionen mit viel Charme und Charakter und unbegrenzter Luxus: Kapstadt bietet seinen Gästen einfach alles an Unterkünften.

Strandliebhaber sollten sich nach einer Unterkunft an der Atlantik- oder der False-Bay-Küste umsehen. Wer ein eigenes Fahrzeug hat, kann sich überall einquartieren, sollte sich aber vorab beim Buchen nach den Parkmöglichkeiten erkundigen. Eventuell sind diese kostenpflichtig (bei Hotels in der Innenstadt können Parkgebühren von bis zu 100 R pro Tag anfallen).

MICHAL KRAKOWIAK / GETTY IMAGES ©

PAUL THOMPSON / GETTY IMAGES ©

1. V&A Waterfront (S. 58)
Das traditionsreiche Hafenareal von Kapstadt mit seinen Läden, Bars und Restaurants wurde nach der britischen Königin Victoria und ihrem Sohn Alfred benannt. Im Hintergrund sieht man den Tafelberg.

2. Boulders Penguin Colony (S. 61)
Brillenpinguine fühlen sich in dieser geschützten Zone nur 3 km vor Simon's Town offensichtlich sehr wohl.

3. Bo-Kaap (S. 52)
Schmale Gassen mit bunten Hausfassaden sind typisch für dieses Kapstädter Viertel, ein beliebtes Fotomotiv.

4. Camps Bay Beach (S. 60)
Die Zwölf Apostel beim Tafelberg dienen dem Strand als perfekte Kulisse.

2

MICHAL KRAKOWIAK / GETTY IMAGES ©

Atlantikküste

Atlantikküste

Sehenswertes
1 Camps Bay Beach ... B6
2 Clifton Beaches ... A5
3 Lion's Head ... C4
4 Sea Point Promenade ... C1
5 Signal Hill ... D2

Aktivitäten, Kurse & Touren
6 Into the Blue ... C1
7 Sea Point Pavilion ... B2

Schlafen
8 Camps Bay Retreat ... B6
9 Glen Boutique Hotel ... C2
10 POD ... B6
11 Winchester Mansions Hotel ... C1

Essen
12 Kleinsky's Delicatessen ... B3
13 La Boheme ... C2
14 La Mouette ... B3
15 La Perla ... B2
16 Nü ... C2
17 Roundhouse ... B5

Ausgehen & Nachtleben
18 Bungalow ... A5
19 La Belle ... B7
20 La Vie ... C1

Unterhaltung
21 Studio 7 ... C2

Wohnungen & Häuser

Wer lange in der Stadt bleiben will oder sich selbst versorgen möchte, für den können Apartmenthotels oder Ferienvillen eine interessante Unterkunftsoption sein.

Cape Breaks ZIMMERVERMITTLUNG
(Karte S. 54; ☎083 383 4888; www.capebreaks.co.za) Die Firma vermietet Studios und Apartments in St Martini Gardens, neben den Company's Gardens.

Cape Stay ZIMMERVERMITTLUNG
(www.capestay.co.za) Vermittelt Unterkünfte überall am Kap.

In Awe Stays ZIMMERVERMITTLUNG
(☎083 658 6975; www.inawestays.co.za) Schicke Studios und Häuschen in Gardens und Fresnaye, die Preise beginnen bei 850 R für ein Doppelzimmer.

Village & Life ZIMMERVERMITTLUNG
(Karte S. 54; ☎021-437 9700; www.villageandlife.com; Old Fire Station) Hat vor allem Unterkünfte in De Waterkant und Camps Bay im Angebot.

City Bowl & Bo-Kaap

St Paul's B&B Guesthouse B&B $
(Karte S. 54; ☎021-423 4420; www.stpaulschurch.co.za/theguesthouse.htm; 182 Bree St, City Bowl; EZ/DZ mit Gemeinschaftsbad 450/750 R, mit eigenem Bad 550/900 R; P; Upper Long/Upper Loop) Das makellos saubere B&B in sehr günstiger Lage ist eine ruhige Alternative zum lärmgeplagten Long Street Backpackers. Die einfach eingerichteten, geräumigen Zimmer haben hohe Decken. Angenehm ist auch der von Weinreben beschattete Innenhof, in dem sich die Gäste entspannen oder frühstücken können.

Scalabrini Guest House HOSTEL $
(Karte S. 54; ☎021-465 6433; www.scalabrini.org.za; 47 Commercial St, City Bowl; B/EZ/DZ oder 2BZ 240/420/600 R; @; Roeland) Der italienische Männerorden der Scalabrini-Missionare unterhält seit 1994 eine Hilfsorganisation für die Armen der Stadt und für Flüchtlinge. In einer ehemaligen Textilfabrik betreibt er mehrere Sozialprogramme und nebenher eine angenehme Pension mit elf sauberen Zimmern mit eigenem Bad, dazu eine tolle Küche für Selbstversorger, in der man auch Satellitenfernsehen empfangen kann.

Long Street Backpackers HOSTEL $
(Karte S. 54; ☎021-423 0615; www.longstreetbackpackers.co.za; 209 Long St, City Bowl; B/EZ/DZ 140/260/370 R; ; Dorp/Leeuwen) Das Hostel hat sich seit seiner Eröffnung 1993 kaum verändert (es ist das älteste der vielen Hostels in der Long Street). 14 kleine Wohnungen, jeweils mit vier bis acht Betten und einem Badezimmer, liegen rund um einen begrünten Hof, der mit ausgefallenen Mosaiken geschmückt ist und in dem die hauseigene Katze Bubbles herumtappt.

Cape Heritage Hotel BOUTIQUEHOTEL $$
(Karte S. 54; ☎021-424 4646; www.capeheritage.co.za; Heritage Sq, 90 Bree St, City Bowl; SZ/Suite ab 2250/3490 R, Parken Tag 75 R; P@; Church/Longmarket) Jedes Zimmer dieses eleganten Boutiquehotels, das im Rahmen der Sanierung von Gebäuden aus dem 18. Jh. am Heritage Square renoviert wurde, hat seinen eigenen Charakter. In manchen stehen Himmelbetten, alle verfügen über

ABSTECHER

BESUCH IN DEN TOWNSHIPS DER CAPE FLATS

Die heruntergekommenen farbigen Gemeinden und inoffiziellen Siedlungen (d. h. Hütten) der größtenteils schwarzen Townships wirken nicht gerade wie eine touristische Sehenswürdigkeit. Dennoch kann ein Besuch der Cape Flats im Nachhinein zu einer der eindrücklichsten Erinnerungen an Kapstadt werden, vor allem wenn man eine Nacht in einem der B&Bs verbringt, die dort zu finden sind, oder eine Mahlzeit in einer der belebten *Braai*-Buden einnimmt. Das nahe der Innenstadt gelegene Langa wurde 1927 gegründet und ist die älteste geplante Township Südafrikas. Hier gibt es reiche und arme Gegenden – ein Muster, das sich in den anderen großen Townships Guguletu und Khayelitsha (die größte mit schätzungsweise mehr als 1,5 Mio. Einwohnern) wiederholt. Es herrscht nicht durchgängig Elend. Die Infrastruktur der Townships hat sich seit 1994 verbessert (schlimmer hätte sie allerdings auch kaum noch werden können).

Langa

Nicht verpassen sollte man das prächtig dekorierte **Guga S'Thebe Arts & Cultural Centre** (021-695 3493; Ecke Washington & Church St; Mo–Fr 8–16.30, Sa & So 8.30–14 Uhr; P; Langa) GRATIS Hier lohnt sich der Besuch des neuen Theaters, das einfallsreich größtenteils aus recycelten Materialien erbaut wurde, und des interessanten **Langa Pass Museum** (084 863 3427; Ecke Washington St & Lerotholi Ave; Eintritt gegen Spende; nach Absprache; P; Langa) mit Details zur Apartheidgeschichte der Township. Interessant ist auch das ehrgeizige Programm für soziale Weiterentwicklung **Langa Quarter** (iKhaya Le Langa; www.facebook.com/IKhayaLeLanga/timeline; Ecke N'Dabeni & Bittenhout St; 8–17 Uhr; ; Langa) GRATIS, zu dem auch ein Café gehört.

Ein guter Platz zum Essen ist der Fleischer und *Braai*-Laden **Nomzamo** (021-695 4250; 15 Washington St, Langa; Gerichte 50–100 R; 9–19 Uhr; Langa).

Guguletu

Das **Gugulethu Seven Memorial** (Ecke Steve Biko St/NY1 & NY111; Nyanga) erinnert an sieben junge schwarze Aktivisten, die hier 1986 von der Polizei getötet wurden. In der Nähe liegt das **Amy Biehl Memorial** zu Ehren der US-amerikanischen Anti-Apartheid-Aktivistin Amy Biehl. Sie starb 1993 in Guguletu unter tragischen Umständen. Hier stößt man auch auf eine mit Mosaiken verzierte Bank – eine von vielen rund um Kapstadt, die von der Künstlerin **Rock Girl** (www.rockgirlsa.org) geschaffen wurden. Die Bänke sind Teil eines Projekts, das für Jungen und Mädchen Zufluchtsorte vor Banden schafft.

Die geschäftige Fleischerei **Mzoli's** (021-638 1355; 150 NY111; Gerichte 50–100 R; 9–18 Uhr; Nyanga) serviert mit die schmackhaftesten Grillfleischgerichte in Kapstadt und ist dadurch eine Art internationale Berühmtheit geworden.

Khayelitsha

Vom **Lookout Hill** (021-367 7087; Ecke Mew Way & Spine Rd; P; Khayelitsha) GRATIS hat man einen Panoramablick auf die riesige Township und den Tafelberg. Eine gute Adresse zum Essen ist **Clifford & Sandra's** (Khayelisha Markt, nahe Ntlazane Rd; Gerichte 20 R; 8–18.30 Uhr; Khayelitsha), ein Café in einer Baracke neben dem Bahnhof Khayelitsha.

Verkehrsmittel

Wer mit öffentlichen Verkehrsmitteln in die Townships fährt, sollte sich am Ziel von einem Einheimischen abholen lassen. Für die meisten Besucher sind Township-Führungen bequemer – gute Touren zu Fuß oder per Fahrrad veranstalten die Firmen **Vamos** (072 499 7866; www.vamos.co.za; Spaziergänge/Radtouren 270/350 R) in Langa, **Laura Ndukwana** (082 979 5831; www.laurastownshiptours.co.za; geführte Touren ab 400 R) in Guguletu und **Juma Mkwela** (S. 65) in Khayelitsha. Der Ablauf der meisten Halbtagestouren mit dem Bus ist vergleichbar, oft gehört ein Besuch des District Six Museum dazu, anschließend die Fahrt zu einigen der großen Townships. Die Führer sind flexibel, was die einzelnen Stopps angeht, und richten sich nach Möglichkeit nach den Wünschen der Gruppe.

modernen Komfort wie Satellitenfernseher und Bügeleisen. Es gibt eine Dachterrasse und einen Jacuzzi-Pool.

Dutch Manor HISTORISCHES HOTEL $$

(Karte S. 54; ☎021-422 4767; www.dutchmanor.co.za; 158 Buitengracht St, Bo-Kaap; EZ/DZ 1400/1900 R, Parken Tag 60 R; P ❄ 📶; 🚌 Dorp/Leeuwen) Himmelbetten, riesige Schränke und knarzende Dielen sorgen in diesem Gebäude von 1812 mit sechs Zimmern für eine tolle Atmosphäre. Zwar liegt es an der vielbefahrenen Buitengracht, doch dank einer moderner Sanierung ist es dennoch recht leise. Auf Anfrage bereitet das Personal ein Abendessen zu, außerdem können Spaziergänge durch Bo-Kaap für 70 R (Nicht-Gäste 100 R) mit einem lokalen Führer arrangiert werden.

La Rose B&B B&B $$

(Karte S. 54; ☎021-422 5883; www.larosecapetown.com; 32 Rose St, Bo-Kaap; EZ/DZ ab 600/800 R; P ❄ 📶; 🚌 Old Fire Station) Adheena und Yoann, ein sehr herzliches südafrikanisch-französisches Paar, betreiben dieses charmante B&B, das inzwischen in angrenzende Gebäude erweitert wurde (weil es so erfolgreich ist). Es ist schön eingerichtet und hat einen Dachgarten mit wunderbarer Aussicht auf die Umgebung. Yoanns Spezialität sind seine Crêpes.

Rouge on Rose BOUTIQUEHOTEL $$

(Karte S. 54; ☎021-426 0298; www.rougeonrose.co.za; 25 Rose St, Bo-Kaap; EZ/DZ 1000/1500 R; ❄ 📶; 🚌 Old Fire Station) Diese tolle Unterkunft in Bo-Kaap bietet neun rustikal-schicke Suiten mit Küchenzeile, Lounge und reichlich Arbeitsraum. Die witzigen Wandgemälde stammen von einem lokalen Künstler. Alle Zimmer verfügen über offene Luxusbäder mit frei stehenden Wannen.

Purple House B&B, APARTMENT $$

(Karte S. 54; ☎021-418 2508; www.purplehouse.co.za; 23 Jarvis St, De Waterkant; EZ/DZ/Apt. ab 950/1050/1500 R; ❄ @ 📶; 🚌 Alfred) Außer ihrem schicken, gemütlichen B&B bieten die sympathischen niederländischen Besitzer Hank und Guido auch ein Cottage für Selbstversorger in derselben Straße und ein 2-Bett-Apartment an der Loader Street an.

Daddy Long Legs Hotel BOUTIQUEHOTEL $$

(Karte S. 54; ☎021-422 3074; www.daddylonglegs.co.za; 134 Long St, City Bowl; Zi./Apt. ab 1175/1275 R; ❄ @ 📶; 🚌 Dorp/Leeuwen) Ein Aufenthalt in diesem Boutiquehotel mit Kunstinstallationen ist alles andere als langweilig. 13 Künstler durften sich hier verwirklichen und die Boudoirs ihrer Träume erschaffen. Die Resultate reichen von einer unkonventionellen Mansarde bis zur Krankenstation! Zu unseren Favoriten zählen das Karaokezimmer (mit einem Mikro in der Dusche) und der Raum, der mit Cartoons von der südafrikanischen Popgruppe Freshlyground geschmückt ist. Das Frühstück kostet extra.

Grand Daddy Hotel BOUTIQUEHOTEL $$

(Karte S. 54; ☎021-424 7247; www.granddaddy.co.za; 38 Long St, City Bowl; Zi. oder Trailer ab 1910 R, Parken Tag 40 R; P ❄ @ 📶; 🚌 Mid-Long/Church) Hauptattraktion des Grand Daddy ist der Trailerpark auf dem Dach: Sieben alte Airstreams wurden jeweils unter einem bestimmten Motto eingerichtet (Winelands, Rooftop Safari, Beach House Hermanus, Gold Rush usw.). Jeder der Airstreams hat ein großes Bett, ein eignes Bad und bietet auch sonst alle modernen Annehmlichkeiten wie Fernseher, Klimaanlage und Kühlschrank.

Die darunter liegenden regulären Zimmer des Hotels sind ebenfalls stylish und mit spielerischen Bezügen auf die südafrikanische Kultur versehen. Die hauseigene Bar Daddy Cool ist mit Goldfarbe und Flitterkram aufgehübscht worden.

Taj Cape Town LUXUSHOTEL $$$

(Karte S. 54; ☎021-819 2000; www.tajhotels.com; Wale St, City Bowl; Zi./Suite 7000/10000 R; P ❄ @ 📶 🏊; 🚌 Groote Kerk) Indiens Luxushotel-Gruppe hat dem alten Board-of-Executors-Gebäude an der Ecke Wale und Adderley Street neues Leben eingehaucht. Vieles von der alten Einrichtung blieb erhalten, aber es gibt auch ein neues Hochhaus mit schicken, modernen Zimmern, von denen viele einen spektakulären Blick auf den Tafelberg bieten. Service und Einrichtungen, darunter das ausgezeichnete Restaurant **Bombay Brasserie**, gehören zur Spitzenklasse.

Salt River & Observatory

★ Wish U Were Here HOSTEL $

(☎021-447 0522; www.wishuwereherecapetown.com; 445 Albert Rd, Salt River; B/EZ/DZ mit Gemeinschaftsbad 200/450/600 R, DZ mit eigenem Bad 700 R; 📶; 🚌 Kent) Die Designer hatten offensichtlich jede Menge Spaß mit diesem Haus, das nur einen kurzen Fußweg von der Old Biscuit Mill entfernt liegt. Ein Schlafsaal präsentiert sich in Barbie-Pink, ein romantisches Doppelzimmer verfügt über ein Bett, das aus einem ausgedienten Fischerboot gefertigt wurde, ein anderes ist nach dem Vorbild einer Intensivstation gestaltet! Der umlaufende Balkon schaut leider auf den Salt-River-Kreisverkehr, der tagsüber laut ist.

Observatory Backpackers HOSTEL $
(021-447 0861; www.observatorybackpackers.com; 235 Lower Main Rd, Observatory; B/EZ/DZ mit Gemeinschaftsbad ab 160/360/460 R, Zi. mit eigenem Bad 530 R; ; Observatory) Das ansprechende Hostel liegt nur einen kurzen Fußweg vom Kern des Geschehens in Observatory entfernt weiter unten an der Lower Main Road. Es ist unkonventionell eingerichtet bzw. dekoriert: modern, aber mit einem allgegenwärtigen Bezug zum Land. Der großzügige, schattige Hinterhof und die Lounges sind weitere Pluspunkte. Es gibt kein Frühstück, was aber nicht schlimm ist, da die Dolce Bakery gleich nebenan liegt.

Gardens & Umgebung

★ Backpack HOSTEL $
(Karte S. 62; 021-423 4530; www.backpackers.co.za; 74 New Church St, Tamboerskloof; B/EZ/DZ mit Gemeinschaftsbad ab 270/720/1060 R, EZ/DZ/Apt. mit eigenem Bad ab 780/1320/1600 R; P@; Upper Long/Upper Loop) Das Haus mit dem Label Fair Trade in Tourism bietet Stil zu erschwinglichen Preisen, eine lebhafte Atmosphäre und fantastisches Personal. Die Schlafsäle sind vielleicht nicht die günstigsten in Kapstadt, dafür gehören sie zu den angenehmsten. Die separaten Zimmer und die Apartments für Selbstversorger sind bezaubernd eingerichtet. Zum Hostel gehören ein hübscher Pool mit Mosaikmuster und ein Garten zum Relaxen mit herrlichem Blick auf den Tafelberg.

Ashanti Gardens HOSTEL $
(Karte S. 62; 021-423 8721; www.ashanti.co.za; 11 Hof St, Gardens; B/EZ/DZ mit Gemeinschaftsbad ab 190/450/650 R, DZ mit eigenem Bad 990 R; P@; Government Avenue) Das Ashanti Gardens ist eines der schicksten Hostels der Stadt; besonders in der lebhaften Bar und auf der Dachterrasse mit Blick auf den Tafelberg ist immer viel los. Das schöne alte Haus, das mit einer geschmackvollen Sammlung moderner Kunst begeistert, beherbergt die Schlafsäle; zusätzlich gibt es eine Rasenfläche, auf der man zelten darf (110 R pro Pers.).

Once in Cape Town HOSTEL $
(Karte S. 62; 021-424 6169; www.onceincapetown.co.za; 73 Kloof St, Gardens; B/EZ/DZ oder 2BZ inkl. Frühstück 235/850/910 R; P@; Ludwig's Garden) Das neue Hostel, in dem jedes Zimmer ein eigenes Bad besitzt, glänzt mit toller Atmosphäre und ebensolcher Lage. Das Frühstück wird in dem angesagten Café auf der Vorderseite des Gebäudes serviert. Es gibt einen Innenhof zum Abhängen und eine große Küche für Selbstversorger.

★ La Grenadine PENSION $$
(Karte S. 62; 021-424 1358; www.lagrenadine.co.za; 15 Park Rd, Gardens; Zi./2-Bett-Cottage ab 1300/2500 R; @; Ludwig's Garden) Das Auswandererpaar Maxime und Mélodie verbreiten gallischen Charme in diesen fantasievoll renovierten ehemaligen Stallungen, in denen die uralten Steinmauern den Zimmern ihr Gesicht geben.

Der Garten voller Obstbäume ist eine magische Oase, die Lounge ist mit vielen Büchern und Vinylplatten bestückt, und das Frühstück wird auf der preiswürdigen Porzellansammlung von Schauspielerin Mélodie serviert.

Hippo Boutique Hotel BOUTIQUEHOTEL $$
(Karte S. 62; 021-423 2500; www.hippotique.co.za; 5-9 Park Rd, Gardens; DZ/Suite 1550/2200 R; P@; Lower Kloof) Das fantastisch gelegene, ansprechende Boutiquehotel bietet geräumige, schicke Zimmer, jedes mit einer kleinen Küche zur Selbstversorgung. Größere, künstlerisch aufgemachte Suiten mit Schlafzimmern im Zwischengeschoss und Leitmotiven wie Red Bull und Mini Cooper sind den verlangten Aufschlag wert.

★ Mannabay BOUTIQUEHOTEL $$$
(021-461 1094; www.mannabay.com; 8 Bridle Rd, Oranjezicht; Zi./Suite ab 5000/6000 R; P@; Upper Orange) Den Mitarbeitern dieses Spitzenanwesens mit modernen Kunstwerken lokaler Künstler scheint nichts zu viele Umstände zu machen. Die sieben Gästezimmer sind jeweils thematisch eingerichtet: Versailles, Weltentdecker, Japan usw. Die Lage hoch an einem Hang am Rand des Nationalparks bietet fantastische Ausblicke. Im Preis inbegriffen ist der High Tea (eine Mischung aus Nachmittagstee und Abendbrot), der in der Bibliotheks-Lounge serviert wird.

Belmond Mount Nelson Hotel HOTEL $$$
(Karte S. 62; 021-483 1000; www.mountnelson.co.za; 76 Orange St, Gardens; Zi./Suite ab 5000/

7465 R; P ❄ @ ᯤ ≋ 👪; 🚌 Government Ave) Das in Pink angemalte „Nellie" ist mit seiner Chintz-Dekoration und den Türstehern mit Tropenhelmen ein kolonialer Charmeur. Die Zimmer selbst glänzen mit eleganter Einrichtung in Silber und Moosgrün. Das Haus eignet sich sehr gut für Familien, denn hier reißt man sich für die Kleinen geradezu ein Bein aus: So gibt es Bademäntel in Kindergrößen und Plätzchen und Milch beim Ins-Bett-Gehen – gar nicht zu reden vom großen Pool und dem 3 ha großen Garten, in dem es auch Tennisplätze gibt.

Green Point & Waterfront

Atlantic Point Backpackers HOSTEL **$**
(Karte S. 66; 📞 021-433 1663; www.atlanticpoint.co.za; 2 Cavalcade Rd, Green Point; B/DZ mit Gemeinschaftsbad ab 225/820 R, DZ mit eigenem Bad 940 R; P @ ᯤ; 🚌 Upper Portswood) Das verspielt gestaltete und gut geführte Hostel liegt nur wenige Schritte von der Hauptstraße in Green Point entfernt. Das Hostel bietet einen großen Balkon, eine Bar, eine mit Kunstrasen ausgelegte Loftlounge, einen winzigen Pool zum Abkühlen und einen Fahrradverleih (Tag 70 R).

B.I.G. Backpackers HOSTEL **$**
(Karte S. 66; 📞 021-434 0688; www.bigbackpackers.co.za; 18 Thornhill Rd, Green Point; B/EZ/DZ/3BZ 300/705/965/1400 R; P ❄ @ ᯤ ≋; 🚌 Skye Way) Das neue Hostel, das versteckt an den Hängen von Green Point steht, hat eine angenehm entspannte Atmosphäre mit gut ausgestatteten Zimmern, Platz zum Chillen und einer großen Küche (mit einer Bar, aus der sich die Gäste auf Vertrauensbasis bedienen können). Die Inhaber backen das Brot für das Frühstück selbst und stellen auf Nachfrage musikalischen Gästen eine Gitarre und sportlichen Fahrräder zur Verfügung.

★ **Villa Zest** BOUTIQUEHOTEL **$$**
(Karte S. 66; 📞 021-433 1246; www.villazest.co.za; 2 Braemar Rd, Green Point; EZ/DZ ab 1490/1590 R; P ❄ @ ≋; 🚌 Upper Portswood) Die Villa im Bauhausstil wurde in ein skurril eingerichtetes Boutiquehotel verwandelt. Die Lobby ist mit einer eindrucksvollen Sammlung toller Elektrogeräte aus den 1960er- und 1970er-Jahren bestückt, darunter Radios, Telefonen, Polaroidkameras und 8-Spur-Kassettenspielern.

Die sieben Gästezimmer haben klobige Möbel im Retro-Design, tapezierte Wände, flauschige Kissen und zottelige Teppiche.

Head South Lodge BOUTIQUEHOTEL **$$**
(Karte S. 66; 📞 021-434 8777; www.headsouth.co.za; 215 Main Rd, Three Anchor Bay; DZ ab 995 R; P ❄ @ ≋; 🚌 Ellerslie) Eine Hommage an die 1950er-Jahre mit Retromöbeln und einer Sammlung von Trettschikow-Drucken, die massenhaft in der Bar hängen.

Die großen Zimmer, alle in kühlem Weiß und Grau eingerichtet, präsentieren sich mit ebenso bemerkenswerter moderner Kunst von Philip Briel.

Cape Grace LUXUSHOTEL **$$$**
(Karte S. 66; 📞 021-410 7100; www.capegrace.com; West Quay Rd, V&A Waterfront; Zi./Suite ab 6700/13200 R; P ❄ @ ᯤ ≋; 🚌 Nobel Square) Das Cape Grace, eines der ansprechendsten Hotels in Waterfront, protzt mit einer künstlerischen Kombination von Antiquitäten und Kunsthandwerk – darunter handbemalte Tagesdecken und Gardinen. Sie geben dem Haus ein einzigartiges Flair und lassen Kapstadts Geschichte aufleben.

One & Only Cape Town HOTEL **$$$**
(Karte S. 66; 📞 021-431 5888; www.oneandonly-capetown.com; Dock Rd, V&A Waterfront; Zi./Suite ab 6495/12595 R; P ❄ @ ᯤ ≋; 🚌 Aquarium) Bei der Gestaltung dieses Luxusresorts wurden weder Kosten noch Mühen gescheut. Gäste haben die Wahl zwischen riesigen, vornehmen Zimmern im Hauptgebäude (mit Panoramablick auf den Tafelberg) und der noch exklusiveren Insel neben dem Pool und Wellnessbereich.

An der Bar werden originelle Cocktails gemixt. Sie eignet sich hervorragend für einen Aperitif, bevor man sich eine Mahlzeit in einem der von Starköchen geführten Restaurants Nobu oder Reuben's gönnt.

Atlantikküste & Hout Bay

Glen Boutique Hotel BOUTIQUEHOTEL **$$**
(Karte S. 76; 📞 021-439 0086; glenhotel.co.za; 3 The Glen, Sea Point; DZ/Suite ab 1950/4900 R; P ❄ @ ᯤ ≋; 🚌 The Glen) Das grandiose Boutiquehotel besteht aus einem eleganten alten Haus und einem neueren Gebäude dahinter. Die großzügigen Zimmer sind in Naturtönen gehalten. In der Mitte gibt es einen traumhaften Pool und ein Spa. Das hauseigene Restaurant bietet außerdem einen schönen Außenbereich.

Thulani River Lodge B&B **$$**
(📞 021-790 7662; www.thulani.eu; 14 Riverside Tce, Hout Bay; EZ/DZ ab 1150/1300 R; P @ ᯤ ≋; 🚌 Imizamo Yethu) *Thulani* ist ein Wort aus der

Sprache der Zulu und bedeutet „Frieden und Beschaulichkeit" – die perfekte Beschreibung für dieses Juwel. Das auf traditionell afrikanische Art strohgedeckte Herrenhaus steht versteckt in einem üppig grünen Tal, durch das der Disa River in Richtung Hout Bay fließt. Wer es sich in dem Himmelbett in der Honeymoon-Suite bequem macht, genießt einen weiten Blick auf die Rückseite des Tafelbergs.

Winchester Mansions Hotel HOTEL **$$**
(Karte S. 76; ☎021-434 2351; www.winchester.co.za; 221 Beach Rd, Sea Point; EZ/DZ ab 2007/2397 R, Suite EZ/DZ ab 2521/2911 R; P ❄ @ 📶 🏊; 🚌London) Das Winchester punktet mit seiner Lage am Meer (für die Zimmer mit Blick auf den Ozean zahlt man einen Aufpreis), dem altmodischen Stil und sogar einigen Fluren mit Putting-Greens, sodass Golfer vor Ort schon mal üben können. Der Pool hat eine vernünftige Größe, und es gibt einen hübschen Innenhof mit einem Brunnen in der Mitte – ein romantischer Platz fürs Abendessen.

★**Tintswalo Atlantic** LUXUSHOTEL **$$$**
(☎021-201 0025; www.tintswalo.com; Chapman's Peak Dr, Hout Bay; EZ/DZ/Suite ab 5070/5800/25000 R; P ❄ @ 📶 🏊; 🚌Hout Bay) Das viel gepriesene Hotel wurde im März 2015 durch ein verheerendes Feuer zerstört, sollte aber bei Erscheinen dieses Buches wieder in altem Glanz erstrahlen. Die einzige Luxuslodge im Table Mountain National Park steht am Rand einer schönen Felsbucht, einem beliebten Ruheplatz der Wale. Außergewöhnliche Ausblicke und mit natürlichen Materialien ausgestattete Zimmer erwarten die Gäste. Die Standardpreise schließen das Abendessen und das Frühstück ein.

Die Anlage wird wieder auf erhöhten Plattformen errichtet, um die Auswirkungen auf die Umgebung möglichst gering zu halten. Die Besitzer mussten viele Hundert Bäume pflanzen, da auch die Vegetation weiträumig verbrannt ist.

★**POD** BOUTIQUEHOTEL **$$$**
(Karte S. 76; ☎021-438 8550; www.pod.co.za; 3 Argyle Rd, Camps Bay; Zi./Suite inkl. Frühstück ab 3950/12120 R; P ❄ @ 📶 🏊; 🚌Camps Bay) Das POD mit seinem klaren, modernen Design hat die perfekte Lage, um von der Bar, dem großzügigen Pool und dem Terrassenbereich das Treiben in Camps Bay im Auge zu behalten. Von den günstigsten Zimmer schauen die Gäste eher auf die Berge als aufs Wasser. Die Luxuszimmer verfügen über eigene erfrischende Tauchbecken.

Camps Bay Retreat LUXUSHOTEL **$$$**
(Karte S. 76; ☎021-437 8300; www.campsbayretreat.com; 7 Chilworth Rd, The Glen; DZ/Suite ab 5050/7850 R; P ❄ @ 📶 🏊; 🚌Glen Beach) Das Hotel im prächtigen Herrenhaus Earl's Dyke Manor (es wurde 1929 gebaut) ist eine herrliche Unterkunft in einem abgeschiedenen Naturschutzgebiet. Die Gäste können sich zwischen Zimmern im Haupthaus und solchen im modernen Deck House entscheiden; Letzteres erreichen sie auf einer Seilbrücke über eine Schlucht.

Insgesamt gibt es vier Pools, die zum Teil durch einen Bach gespeist werden, dessen Quellen am Tafelberg liegen.

Südliche Vororte

Off the Wall HOSTEL **$**
(☎076 322 4053, 021-671 6958; www.offthewallbackpackers.com; 117 Roscommon St, Claremont; B/EZ/DZ mit Gemeinschaftsbad 175/450/570 R; 📶; 🚆Claremont) Im Dickicht der Shoppingmeile von Claremont ist dies ein praktisches und ansprechendes Hostel für alle, die in der Nähe der Sehenswürdigkeiten unterkommen möchten. Außen und innen ist es farbenfroh gestrichen und bietet eine tolle Gemeinschaftsküche.

Vineyard Hotel & Spa LUXUSHOTEL **$$$**
(☎021-657 4500; www.vineyard.co.za; Colinton Rd, Newlands; EZ/DZ ab 2150/2600 R, Suite EZ/DZ ab 4500/5040 R; P ❄ @ 📶 🏊; 🚆Claremont) Die Zimmer des angenehmen Hotels, das rund um das Wohnhaus der Lady Anne Barnard von 1799 errichtet wurde, wirken modern und sind in beruhigenden Naturtönen möbliert. Das Gebäude liegt in einem üppig grünen Garten mit Aussicht auf den Tafelberg. Freundliche Mitarbeiter, das fabelhafte **Angsana Spa**, ein toller Fitnessbereich mit Pool und das spitzenmäßige Gourmetrestaurant **Myoga** runden das Bild ab.

Südliche Halbinsel

African Soul Surfer HOSTEL **$**
(☎021-788 1771; www.africansoulsurfer.co.za; 13–19 York Rd, Muizenberg; B/EZ/2BZ/DZ mit Gemeinschaftsbad 150/300/400/450 R; 📶; 🚆Muizenberg) Das Hostel in einem denkmalgeschützten Gebäude mit prächtigem Meerblick ist ideal für alle, die nicht weiter als 30 Sekunden vom Strand entfernt sein

möchten. Außer den hübsch eingerichteten Zimmern gibt es eine riesige Küche, eine bequeme Lounge und die Möglichkeit zum Tischtennisspiel. Das Frühstück ist nicht im Preis enthalten.

Simon's Town Boutique Backpackers HOSTEL $
(☎021-786 1964; www.capepax.co.za; 66 St George's St, Simon's Town; B/EZ/DZ mit Gemeinschaftsbad 190/450/550 R, DZ mit eigenem Bad 625 R; WLAN; Simon's Town) Die Unterkunft mit dem besten Preis-Leistungs-Verhältnis in Simon's Town bietet geräumige, schiffsförmige Zimmer – etliche davon mit Blick auf den Hafen. Die freundlichen Mitarbeiter sind rund um die Uhr dabei behilflich, Aktivitäten in der Gegend zu organisieren. Für 200 R pro Tag lassen sich Fahrräder mieten.

Bella Ev PENSION $$
(☎021-788 1293; www.bellaevguesthouse.co.za; 8 Camp Rd, Muizenberg; EZ/DZ ab 700/1000 R; P @; Muizenberg) Diese charmante Pension mit einem tollen Hofgarten könnte als Kulisse für einen Agatha-Christie-Krimi herhalten. Der Hausherr hat ganz offensichtlich eine Schwäche für alles Türkische – daher auch die osmanischen Gäste-Hausschuhe.

Chartfield Guest House B&B $$
(☎021-788 3793; www.chartfield.co.za; 30 Gatesville Rd, Kalk Bay; Zi. ab 900 R; P @ WLAN Pool; Kalk Bay) Das weitläufige, mit Holzböden ausgestattete Haus aus den 1920er-Jahren ist mit ausgewählten Stücken modernen südafrikanischen Kunsthandwerks eingerichtet. Die Zimmer sind sehr unterschiedlich, aber alle sind mit Bädern mit Regenduschen ausgestattet. Es gibt eine hübsche Terrasse und einen Garten mit Blick auf den Hafen, in dem man auch frühstücken kann. Der WLAN-Zugang kostet 35 R pro Tag.

Boulders Beach Lodge B&B $$
(☎021-786 1758; www.bouldersbeach.co.za; 4 Boulders Pl, Simon's Town; EZ/DZ/Apt. inkl. Frühstück ab 650/1100/2400 R; P @ WLAN; Simon's Town) Pinguine watscheln bis vor die Tür der schicken Pension, deren Zimmer mit Bambus und Holz eingerichtet sind. Außerdem gibt es ein paar Einheiten für Selbstversorger, bei denen das Frühstück im Preis inbegriffen ist. Das ausgezeichnete Restaurant besitzt eine Terrasse im Freien.

Gut zu wissen: Pinguine sind nicht gerade die ruhigsten Nachbarn ... Lärmempfindliche sollten sich daher Ohrstöpsel mitbringen!

Cape Flats

Neben den B&Bs, die alle in Wohnhäusern betrieben werden, ist es auch möglich, Privatunterkünfte in den Townships zu buchen. Organisiert werden können sie in Langa über Vamos (S. 78) und Langa Quarter (S. 78) und in Khayelitsha über Kopanong (s. unten) und **Khayelitsha Travel** (☎021-361 4505; www.khayelitshatravel.com; Lookout Hill complex, Ecke Mew Way & Spine Rd, Ilitha Park, Khayelitsha; Khayelitsha).

Liziwe Guest House B&B $
(☎021-633 7406; www.sa-venues.com/visit/liziwesguesthouse; 121 NY 111, Gugulethu; Zi. ab 500 R; P @; Nyanga) Liziwe hat ihr Herrenhaus in einen Palast mit vier angenehmen, mit afrikanischer Motiven eingerichteten Zimmern mit eigenem Bad und Satellitenfernsehen verwandelt. Früher hatte sie eine eigene Kochsendung bei der BBC, die Gäste können also sicher sein, dass das Essen schmeckt. Für das Frühstück verlangt sie 70 R extra, für das Abendessen 80 R. Außerdem liegt das Haus in fußläufiger Entfernung zum Mzoli's (S. 78).

Kopanong B&B $
(☎082 476 1278, 021-361 2084; www.kopanongtownship.co.za; 329 Velani Cres, Section C, Khayelitsha; EZ/DZ 390/780 R; P; Khayelitsha) Thope Lekau, die aus offensichtlichen Gründen „Mama Africa" genannt wird, leitet dieses ausgezeichnete B&B mit ihrer ebenso überschwänglichen Tochter Mpho. Das solide Ziegelhaus bietet zwei schicke Gästezimmer, jedes mit eigenem Bad. Das Abendessen (120 R) ist köstlich. Wenn die Zimmer schon vergeben sind, hilft Thope dabei, andere Privatunterkünfte in der Gegend zu finden.

Essen

Essengehen ist in Kapstadt eine Freude, denn hier bekommt man alles von frischen Meeresfrüchten bis hin zu traditioneller afrikanischer und kapmalaiischer Küche. Für alle Geschmäcker und Geldbeutel ist etwas im Angebot.

Die meisten Restaurants haben eine Schanklizenz, in anderen darf man seinen eigenen Wein kostenlos oder gegen ein kleines Korkgeld mitbringen. Wie diese Regelung im jeweiligen Restaurant gehandhabt wird, kann man vorher telefonisch erfragen. Viele Bars und Kneipen servieren ebenfalls gutes Essen.

In Kapstadt ist es leicht, sich mit Lebensmitteln für ein Picknick oder für den täglichen Bedarf einzudecken. Die großen Supermarktketten heißen Pick 'n' Pay und Woolworths. Ihre Filialen liegen über die ganze Stadt verteilt, meist in den großen Einkaufszentren.

Für Delikatessen gibt es einige hervorragende Feinkostläden wie etwa Giovanni's Deli World (S. 88) und Melissa's (S. 87).

City Bowl

In der Upper Long Street bieten viele Lokale preiswertes Essen an, dazu ist das Leben in den Straßen interessant. Im Viertel Bo-Kaap wird in einfachen Lokalen original kapmalaiisches Essen serviert.

★ Plant VEGAN $
(Karte S. 54; www.plantcafe.co.za; 8 Buiten St, City Bowl; Hauptgerichte 39–65 R; ⌚ Mo & Di 7–19, Mi–Fr 7–22, Sa 8.30–23.30, So 9–15 Uhr; ✎; 🚌 Upper Loop/Upper Long) Wie der Name vermuten lässt, serviert das Plant nur veganes Essen. Aber das ist so lecker, dass sich manch einer vielleicht bekehren lässt. Käse ohne Milch und Ei-Ersatz werden in Sandwiches und Salaten verarbeitet, und riesige Zuchtchampignons oder ein Mix aus Kartoffelflocken und Meeresalgen dienen als alternative Burger. Die veganen Cupcakes und Brownies sind köstlich.

Es gibt auch eine kleinere Filiale im **Bo-Kaap** (Karte S. 54; www.plantcafe.co.za; Urban Hub, 142 Buitengracht Service St, Bo-Kaap; Hauptgerichte 39–65 R; ⌚ Mo–Fr 9–17, Sa 9–15 Uhr; 🚌 Dorp/Leeuwen), aber das Lokal in der City Bowl hat länger geöffnet und schenkt Wein und Bier aus.

Jason Bakery BÄCKEREI, CAFÉ $
(Karte S. 54; ☎ 021-424 5644; www.jasonbakery.com; 185 Bree St, City Bowl; Hauptgerichte 50 R; ⌚ Mo–Fr 7–15.30, Sa 8–14 Uhr; 🚌 Upper Loop/Upper Long) Viel Glück beim Versuch, in diesem extrem beliebten Café an einer Straßenecke einen Sitzplatz zu ergattern. Im Angebot sind tolle Frühstücksvariationen und Sandwiches, guter Kaffee, Union-Biere sowie glas- und flaschenweise MCC-Sekt (Méthode Cap Classique). Erfreulicherweise gibt es auch eine Take-Away-Theke.

Clarke's Bar & Dining Room AMERIKANISCH $
(Karte S. 54; ☎ 021-422 7648; www.clarkesdining.co.za; 133 Bree St, City Bowl; Hauptgerichte 55 R; ⌚ Mo 7–17, Di–Sa 7–22.30, So 8–15 Uhr; 🚌 Dorp/Leeuwen) Der gastliche Laden, in dem man wie in einem amerikanischen Diner an der Theke sitzen kann, ist ein Treffpunkt der Hipster-Szene aus der Bree Street. Zu den ganztägig servierten Frühstücksgerichten zählen gegrillte Käsesandwiches und *huevos rancheros*. Ab mittags gibt es Reuben- und Schweinebauch-Sandwiches, außerdem Burger und Käsemakkaroni.

Lola's INTERNATIONAL $
(Karte S. 54; www.lolas.co.za; 228 Long St, City Bowl; Hauptgerichte 40–50 R; ⌚ Sa–Mi 8–16.30, Do & Fr 8–22.30 Uhr; 📶; 🚌 Upper Loop/Upper Long) Die alte Dame der Long-Street-Szene hat sich ihr gutes Aussehen bewahrt, die Atmosphäre ist entspannt. Die Frühstücksangebote, darunter Sweetcorn Fritters (Maispuffer) und Eggs Benedict, sind immer noch gut. Hier kann man es sich mit einem Drink gemütlich machen und den Trubel auf der Long Street beobachten oder an einem Donnerstag- oder Freitagabend vorbeischauen: Dann gibt es eine kleine Karte mit Imbissgerichten.

★ Chef's Warehouse & Canteen TAPAS $$
(Karte S. 54; ☎ 021-422 0128; www.chefswarehouse.co.za; Heritage Sq, 92 Bree St, City Bowl; Tapas für 2 Pers. 350 R; ⌚ Mo–Fr 12–15 & 16–20, Sa 12–14.30 Uhr; 🚌 Church/Longmarket) Die kleinen Gerichte von Chefkoch Liam Tomlin und seinem talentierten Küchenteam sind ebenso köstlich wie vielfältig. Geschmacklich geht es rund um die Welt vom Tintenfisch mit pikantem vietnamesischem Salat bis zum köstlichen Coq au vin.

Für alle, die keinen Platz ergattern (Reservierungen sind nicht möglich!), gibt es die Take-Away-Luke **Street Food** unter der offenen Veranda.

★ Hemelhuijs INTERNATIONAL $$
(Karte S. 54; ☎ 021-418 2042; www.hemelhuijs.co.za; 71 Waterkant St, Foreshore; Hauptgerichte 60–120 R; ⌚ Mo–Fr 9–16, Sa 9–15 Uhr; 📶; 🚌 Strand) Ein ungewöhnlicher, aber elegant ausgestatteter Raum – man stelle sich Hirschköpfe mit gebrochenem Geweih und moderner Kunst vor – präsentiert die Kunst und die kulinarischen Kreationen von Jacques Erasmus. Die originell zubereiteten Gerichte wie Sandveld-Kartoffeln und Safran-Gnocchi mit geschwärzter Wachtelbrust und geräucherter Aubergine sind köstlich, es gibt außerdem wunderbar frische Säfte und täglich frisch aus dem Ofen kommende Backwaren.

Addis in Cape ÄTHIOPISCH $$

(Karte S. 54; ☎ 021-424 5722; www.addisincape.co.za; 41 Church St, City Bowl; Hauptgerichte 95–125 R; ⏲ Mo–Sa 12–22.30 Uhr; ; Church/Longmarket) Hier sitzt man an einem niedrigen geflochtenen Korbtisch und genießt die geschmackvolle äthiopische Küche. Die Gerichte werden traditionell auf tellergroßen *injera* (Sauerteigfladen) serviert, die man in Stücke reißt und anstelle von Besteck zum Essen benutzt. Es gibt eine gute Auswahl an vegetarischen und veganen Gerichten. Empfehlenswert sind auch der hausgemachte *tej* (Honigwein) und der authentische äthiopische Kaffee.

Company Garden's Restaurant INTERNATIONAL $$

(Karte S. 54; ☎ 021-423 2919; Company's Garden, Queen Victoria St, City Bowl; Hauptgerichte 50–85 R; ⏲ 7–18 Uhr; ; Dorp/Leeuwen) Die Restaurantzauberin Madame Zingara hat ihre Magie auf das Café im Company's Garden angewendet und es in ein schickes, modernes Lokal verwandelt. Die Gerichte auf der Karte reichen von ausgezeichneten Frühstücksangeboten (leckerer French Toast) bis zu einem Mittagsbüffet (85 R).

Im Freien gibt es zauberhafte Extras wie beispielsweise ein Riesenschachspiel und Nester aus Flechtwerk, in denen Kinder spielen können.

Africa Café AFRIKANISCH $$

(Karte S. 54; ☎ 021-422 0221; www.africacafe.co.za; 108 Shortmarket St, City Bowl; festes Bankett 250 R; ⏲ Mo–Sa 18–23 Uhr; Church/Longmarket) Das Africa Café ist zwar touristisch, aber immer noch eine der besten Adressen für afrikanische Küche. Dorthin sollte man nur mit einem ordentlich Appetit kommen: Das Menü besteht aus etwa 15 Gerichten aus allen Teilen des Kontinents, von denen man so viel essen kann, wie man möchte. Das talentierte Küchenteam unternimmt während des Essens einen Gesang-und-Tanz-Rundgang rund um die Tische.

Bombay Brasserie INDISCH $$$

(Karte S. 54; ☎ 021-819 2000; www.tajhotels.com; Wale St, City Bowl; Hauptgerichte 70–110 R, Degustationsmenüs ab 325 R; ⏲ Mo–Sa 18–22.30 Uhr; Groote Kerk) Welten liegen zwischen dem durchschnittlichen Curryhaus und dem luxuriös-dunklen Hauptrestaurant des Taj Hotels mit seinen glitzernden Kronleuchtern und Spiegeln.

Küchenchef Harpreet Longani kocht kreativ und köstlich, und die Präsentation stimmt – ebenso wie der Service. Mit einem der Degustationsmenüs können die Gäste auf Gewürzreise gehen.

> **NOCH MEHR RESTAURANTKRITIKEN**
>
> Aktuelle Online-Kritiken der Kapstädter Gastro-Szene finden sich bei Eat Out (www.eatout.co.za) oder Rossouw's Restaurants (www.rossouwsrestaurants.com).

Bo-Kaap & De Waterkant

La Petite Tarte CAFÉ $

(Karte S. 54; ☎ 021-425 9077; Shop A11, Cape Quarter, 72 Waterkant St, De Waterkant; Hauptgerichte 50–80 R; ⏲ Mo–Fr 8.30–16, Sa 8.30–14.30 Uhr; Alfred) Ausgefallene Teesorten von Mariage Frères und köstliche hausgemachte süße und herzhafte Tartes nach französischer Art werden in diesem hinreißenden Café mit Tischen an der Straße serviert.

Loading Bay LIBANESISCH $

(Karte S. 54; ☎ 021-425 6320; www.loadingbay.co.za; 30 Hudson St, De Waterkant; Hauptgerichte 50–75 R; ⏲ Mo–Fr 8–17, Sa 9–16, So 9–14 Uhr; Old Fire Station) Die Trendsetter aus De Waterkant treffen sich in diesem schicken Café. Der Kaffee wird hier mit „mikrotexturierter Milch" (sie wird nur auf 70 °C erhitzt) serviert, dazu gibt es Bistro-Gerichte wie knusprigen Speck und Avocado auf Toast.

Es lohnt sich, für den Burgerabend am Donnerstag zu reservieren: Die Frikadellen, egal, ob aus erstklassigem Rindfleisch oder vegetarisch, sind Spitzenklasse!

★ **Izakaya Matsuri** JAPANISCH $$

(Karte S. 54; ☎ 021-421 4520; www.izakayamatsuri.com; Shop 6, The Rockwell, Schiebe St, De Waterkant; Hauptgerichte 40–110 R; Alfred) Der geniale Arata-san serviert mit die besten Sushi und Rollen, die in Kapstadt zu finden sind, außerdem weitere japanische Kneipengerichte (die japanische Kneipe heißt *izakaya*) wie Nudeln und Tempura.

Bei warmem Wetter werden die Tische von dem attraktiven Innenraum mit riesigen weißen und roten Papierlaternen nach draußen in den Hof verschoben.

Bo-Kaap Kombuis KAPMALAIISCH $$

(☎ 021-422 5446; www.bokaapkombuis.co.za; 7 Aug St, Bo-kaap; Hauptgerichte 75–95 R; ⏲ Di–Sa

12–16 & 18–21.30, So 12–16 Uhr) Yusuf und Nazli und ihr Team begrüßen die Gäste herzlich in diesem Restaurant, das spektakulär hoch oben in Bo-Kaap liegt. Allein der Panoramablick auf den Tafelberg und den Devil's Peak ist einen Besuch wert. Auf der Karte stehen traditionelle kapmalaiische Gerichte und Vegetarisches wie Limabohnencurry.

East City, Woodstock & Observatory

Ein dickes rotes Kreuz im Kalender verdient die Brunchmeile beim Neighbourgoods Market in der Old Biscuit Mill (S. 101).

★ Kitchen SANDWICHES, SALATE $
(Karte S. 94; www.lovethekitchen.co.za; 111 Sir Lowry Rd, Woodstock; Sandwiches & Salate 60–70 R; Mo–Fr 8–15.30 Uhr; ; District Six) Trotz all der eleganten Restaurants der Stadt entschied sich Michelle Obama bei ihrem Besuch in Kapstadt mittags für dieses charmante kleine Lokal. Damit bewies die First Lady mal wieder ihren hervorragenden Geschmack. Auf der Karte stehen mit Liebe zubereitet Salate, herzhafte Sandwiches und süße Köstlichkeiten zum Tee, der aus chinesischen Teekannen serviert wird.

★ Ocean Jewels FISCH $
(Karte S. 94; 083 582 0829; www.oceanjewels.co.za; Woodstock Exchange, 66 Albert Rd, Woodstock; Hauptgerichte 45–50 R; Mo–Fr 9.30–17, Sa 10–14 Uhr; Woodstock) Fisch direkt aus dem Hafen von Kalk Bay wird in diesem Café serviert, das die Southern African Sustainable Seafood Initiative unterstützt (s. S. 615). Superlecker ist zum Beispiel der Thunfisch-Burger mit Kartoffel-Wedges. Obwohl das Lokal in der Woodstock Exchange mit ihrem industriellen Chic liegt, ist die Atmosphäre sehr entspannt. Die Gäste sitzen an gekalkten Holztischen, das Essen wird auf rustikalen Emailtellern serviert.

Hello Sailor BISTRO $
(021-447 0707; www.hellosailorbistro.co.za; 86 Lower Main Rd, Observatory; Hauptgerichte 50 R; 8–22 Uhr; Observatory) Eine tätowierte Meerjungfrau in einem runden Porträt an der Wand schaut auf die tätowierten Stammgäste dieses schicken Bistros herunter. Auf den Tisch kommen preiswerte, lecker zubereitete Klassiker – Burger, Salate, Pasta. Das Restaurant schließt um 22 Uhr, aber die Bar hat an Wochenenden teilweise bis 2 Uhr geöffnet.

Downtown Ramen JAPANISCH $
(Karte S. 94; 105 Harrington St, East City; Nudeln 65 R; Mo–Sa 11–15 & 17.30–22 Uhr; Roeland) Obwohl sich das Angebot mittags und abends ein kleines bisschen unterscheidet, werden zu beiden Zeiten zwei Arten von Ramen – eine mit einer Scheibe *Char-sui*-Schweinefleisch, die andere eine vegetarische Version mit Tofu – serviert. Beide sollte man probieren. Wer seine Nudeln nicht so scharf mag, sollte darum bitten, dass das Chili extra serviert wird. Das Lokal liegt im Obergeschoss des Lefty's.

Café Ganesh AFRIKANISCH, INDISCH $
(021-448 3435; www.cafeganesh.wozaonline.co.za; 38B Trill Rd, Observatory; Hauptgerichte 50–80 R; Mo–Sa 18–23.30 Uhr; Observatory) *Pap* (Mais-Getreidebrei) mit Gemüse, Antilope vom Grill und Lammcurry finden sich auf der Speisekarte dieses ungewöhnlichen Cafés. Es liegt in einer Gasse zwischen zwei Gebäuden. Die Einrichtung mit Schrott und Streichholzschachtel-Tapete sorgt für einen Shabby-Chic-Look.

Charly's Bakery BÄCKEREI, CAFÉ $
(Karte S. 94; www.charlysbakery.co.za; 38 Canterbury St, East City; Backwaren 17–35 R; Di–Fr 8–17, Sa 8.30–14 Uhr; Lower Buitenkant) Das fabelhafte Frauenteam, Star der Reality-TV-Serie *Charly's Cake Angels,* macht – wie die Bäckerinnen selbst sagen – „verdammt tolle" Cupcakes und anderes Gebäck. Das denkmalgeschützte Gebäude ist ebenso farbenfroh dekoriert wie die hier präsentierten Kuchen.

Raw and Roxy VEGAN $
(Karte S. 94; 302 Albert Rd, Woodstock; Hauptgerichte 70–90 R; Mo–Sa 9–17 Uhr; ; Kent) Beatrice Holst hat fleischliebende Kapstädter mit ihrer köstlichen Rohkost und veganen Mahlzeiten und Getränken verführt. Zur Wahl stehen u.a. vitaminreiche Säfte, eine Rohkost-Lasagne, die Gourmets zu Superlativen hinreißt, und ein seidenweicher und supergehaltvoller Kuchen mit Avocado-Schokoladencreme-Füllung.

★ Pot Luck Club INTERNATIONAL $$
(Karte S. 94; 021-447 0804; www.thepotluckclub.co.za; Silo Top Floor, Old Biscuit Mill, 373–375 Albert Rd, Woodstock; Gerichte 75–99 R; Mo–Sa 12.30–14.30 & 18–20.30, So 11–12.30 Uhr; Kent) Das erschwinglichere von Luke Dale-Roberts Unternehmen in der Old Biscuit Mill mag Panoramablicke auf die Umgebung bieten, aber wirklich atemberaubend ist vor allem das, was auf dem Teller liegt. Die Gerichte

sind zum Teilen gedacht; wie könnte man einem zweiten Teller Rauchfleisch in Trüffel-Milchkaffee-Soße widerstehen?

Gardens & Umgebung

★ Ferdinando's PIZZA $

(Karte S. 62; ☎ 084 771 0485; www.facebook.com/pages/Ferdinandos-pizza/418463764843892; 84 Kloof St, Gardens; Pizza 80–110 R; ⌚ Mi–Sa 18–23 Uhr; 🚌 Welgemeend) Für die bezaubernde „secret pizza parla", die sich die Räumlichkeiten mit der Blah Blah Bar teilt, sollte man reservieren. Diego ist der Pizza-Maestro und Kikki der temperamentvolle Wirt und kreative Künstler, während ihre hinreißende Promenadenmischung Ferdinando alle auf Linie hält. Die Beläge für die fantastischen, knusprigen Pizzas mit dünnen Böden wechseln mit dem saisonalen Angebot.

Yard BURGER, SANDWICHES $

(Karte S. 62; www.facebook.com/YARDCT; 6 Roodehek St, Gardens; Hauptgerichte 70–110 R; ⌚ Mo–Sa 7–22.30 Uhr; 🚌 Roodehek) Die Blockbuster-Burger von The Dog's Bollocks' (pro Abend werden nur 50 ausgegeben, ab 17 Uhr) haben dieses angesagte Grunge-Lokal vor ein paar Jahren in Gang gebracht; inzwischen ist es zu einem Ganztagslokal expandiert mit Mucky Mary's für deftiges Frühstück und Sandwiches, Bitch's Tits Tacos und Deluxe Coffeeworks, die auch ihre Bohnen hier rösten. Tolle Street Art schmückt das Gebäude.

Melissa's INTERNATIONAL, FEINKOST $

(Karte S. 62; www.melissas.co.za; 94 Kloof St, Gardens; Hauptgerichte 50–70 R; ⌚ Mo–Fr 7.30–19, Sa & So 8–19 Uhr; 🚌 Welgemeend) Die Portionen von den köstlichen Büfetts zum Frühstück und Mittagessen werden nach Gewicht abgerechnet. Anschließend kann man die Lebensmittelregale nach Zutaten für ein Picknick oder passenden Gourmetgeschenken durchstöbern.

★ Hallellujah INTERNATIONAL $$

(Karte S. 62; ☎ 079 839 2505; www.hallelujahhallelujah.co.za; 11 Kloof Nek Rd, Tamboerskloof; Hauptgerichte 88–128 R; ⌚ Mi–Sa 18.30–23 Uhr; 🚌 Ludwig's Garden) Emma Hoffmans ist die talentierte junge Chefin des flamingomäßig dekorierten Lokals (eine Reservierung ist nur für Tische ab vier bis sechs Personen möglich; für Laufkundschaft gibt es Plätze an der Theke). Die Gäste können sich durch die kurze Karte kleiner Gerichte hindurcharbeiten, darunter gegrillte Garnelen in gedämpften Klößen, Ente und kalte Sobanudeln und ein pikanter Salat mit grünen Papaya.

Maria's GRIECHISCH $$

(Karte S. 62; ☎ 021-461 3333; 31 Barnet St, Dunkley Sq, Gardens; Hauptgerichte 75–135 R; ⌚ Di–Fr 8–22.30, Sa 9–22.30 Uhr; 🖉; 🚌 Annandale) Nur wenige Restaurants sind so romantisch und relaxed wie das Maria's an einem warmen Abend, wenn man klassische griechische Vorspeisen und Klassiker wie Moussaka an rustikalen Tischen unter Bäumen auf dem Platz genießt. Auf der Karte stehen auch viele vegetarische Gerichte.

Kyoto Garden Sushi JAPANISCH $$

(Karte S. 62; ☎ 021-422 2001; 11 Lower Kloofnek Rd, Tamboerskloof; Hauptgerichte 80–195 R; ⌚ Mo–Sa 5.30–23 Uhr; 🚌 Ludwig's Garden) Möbel aus Buchenholz und die raffinierte Beleuchtung verleihen diesem gehobenen japanischen Restaurant eine ruhige, zen-artige Atmosphäre. Der Besitzer stammt aus Los Angeles, in der Küche stellt ein erfahrener Koch Sushi und Sashimi her. Der Garnelen-Nudelsalat ist ausgezeichnet, ebenso der Asian Mary Cocktail.

Manna Epicure BÄCKEREI $$

(Karte S. 62; ☎ 021-426 2413; www.mannaepicure.com; 151 Kloof St, Gardens; Hauptgerichte 40–110 R; ⌚ Die–Sa 8–17, So 8–16 Uhr; 🚌 Welgemeend) Auf der Veranda des ganz in Weiß gehaltenen Cafés gibt es ein herrlich schlichtes Frühstück oder Mittagessen, auch für Cocktails und Tapas am späten Nachmittag ist das Lokal der richtige Platz. Allein für das frisch gebackene Brot – mit Kokosnuss, Pekannüssen oder Rosinen – lohnt es, sich den Hügel hinaufzuschleppen.

★ Chef's Table INTERNATIONAL $$$

(Karte S. 62; ☎ 021-483 1864; www.belmond.com/mountnelsonhotel; Belmond Mount Nelson Hotel, 76 Orange St, Gardens; Mittagessen 500 R, Abendessen mit/ohne Wein 595/995 R; ⌚ Fr 12–15, Mo–Sa 18.30–21 Uhr; 🖉; 🚌 Government Ave) Nellies todschickes Restaurant Planet und die Bar sind einen Besuch wert, aber für die wirklichen Gaumenfreuden sollte man einen der vier Tische mit Blick aus der ersten Reihe auf den kulinarischen Zauber reservieren, der sich hier in der Küche entfaltet. Das Essen ist hervorragend (auch für Vegetarier ist gesorgt) und wird von den Chefs persönlich präsentiert. Sie ermöglichen den Gästen auch einen Blick hinter die Kulissen.

Aubergine INTERNATIONAL $$$

(Karte S. 62; ☎ 021-465 0000; www.aubergine.co.za; 39 Barnet St, Gardens; 2-/3-Gänge-Lunch 240/320 R, 3-/4-/5-Gänge-Abendessen 465/565/675 R; ⌚ Mi–Fr 12–14, Mo–Sa 17–22 Uhr; 🍷; 🚌 Annandale) Der gebürtige Deutsche Harald Bresselschmidt ist einer der beständigsten Köche in Kapstadt. Zu seinen kreativen, herzhaften Gerichten werden Spitzenweine vom Kap serviert. Man sollte nicht zu viel bestellen, denn die Portionen sind groß. Es gibt auch vegetarische Menüs; Service und Ambiente sind einwandfrei.

Green Point & Waterfront

Die unzähligen Restaurants und Cafés an der Waterfront bieten einen schönen Meerblick und täglich lange Öffnungszeiten. Aber Vorsicht: Die Gegend steckt voller Touristenfallen.

★ **V&A Market on the Wharf** FOOD COURT $

(Karte S. 66; http://waterfrontfoodmarket.com; Pump House, Dock Rd, V&A Waterfront; Hauptgerichte ab 50 R; ⌚ Juni–Okt. 10–17.30 Uhr, Nov.–Mai 10–19 Uhr; 📶; 🚌 Nobel Square) An der Waterfront muss man nicht viel Geld ausgeben, um gut (und gesund) zu essen – dank dieses farbenfrohen marktartigen Food Court im alten Pump House.

Wie wär's mit einem Kaffee oder einem frisch gepressten Saft zum Mitnehmen, dazu ein Wrap oder Muffin? Auch größere Mahlzeiten bekommt man hier, z. B. Fish and chips.

Café Neo GRIECHISCH, CAFÉ $

(Karte S. 66; 129 Beach Rd, Mouille Point; Hauptgerichte 50–70 R; ⌚ 7–19 Uhr; 📶; 🚌 Three Anchor Bay) Das beliebte Café am Meer hat ein angenehm modernes Design, die Atmosphäre schwankt zwischen geschäftig (zu den Essenszeiten) und recht entspannt – toll für einen Drink am Spätnachmittag. Das Menü steht an der großen Tafel. Man sitzt drinnen am langen Gemeinschaftstisch oder auf der Dachterrasse mit Blick auf den rot-weißen Leuchtturm.

Giovanni's Deli World CAFÉ, FEINKOST $

(Karte S. 66; 103 Main Rd, Green Point; Hauptgerichte 30–60 R; ⌚ 7.30–20.30 Uhr; 🚌 Stadium) Die Karte quillt geradezu über von diversen Köstlichkeiten. Bei Giovanni's bekommt man jedes gewünschte Sandwich – eine ideale Grundlage für ein Picknick, wenn man auf dem Weg zum Strand ist. Das Straßencafé ist ein beliebter Treffpunkt.

Nü VEGETARISCH $

(Karte S. 66; www.nufood.co.za; Shop 4 Portside, Main Rd, Green Point; Hauptgerichte 50–60 R; ⌚ Mo–Fr 7–19, Sa 7.30–19, So 7.30–18 Uhr; 🍷; 🚌 Upper Portswood) Ein tolles Lokal für ein gesundes vegetarisches Frühstück oder Mittagessen. Die Karte steckt voller frisch gepresster Säfte, Smoothies und supergesunder Salate und Mehrkorn-Wraps. Man bestellt an der Theke und genießt das Essen in einem hellen, schnörkellosen Raum.

Es gibt auch eine Filiale in **Sea Point** (Karte S. 76; ☎ 021-439 7269; www.nufood.co.za; Shop 3, Piazza St John, 395 Main Rd, Sea Point; ⌚ Mo–Sa 7.30–19, So 7.30–18 Uhr; 🍷; 🚌 Arthur's).

El Burro MEXIKANISCH $$

(Karte S. 66; ☎ 021-433 2364; www.elburro.co.za; 81 Main Rd, Green Point; Hauptgerichte 90–175 R; ⌚ 12–22.30 Uhr; 🚌 Stadium) El Burro mit einem Balkon mit Aussicht auf das Cape Town Stadium hat Stil: Die Einrichtung ist etwas schicker als sonst beim Mexikaner üblich und die Speisekarte einfallsreicher. Neben den üblichen Tacos und Enchiladas gibt es traditionelle Gerichte wie Hähnchen mit *mole poblano*, einer dicken, mit Schokolade verfeinerten Sauce.

Harbour House FISCH $$$

(Karte S. 66; ☎ 021-418 4744; Quay 4, V&A Waterfront; Hauptgerichte 95–260 R; ⌚ 12–22 Uhr; 🚌 Nobel Square) Die Kalk-Bay-Institution hat an der Waterfront einen Laden eröffnet, ein gutes Restaurant mit weiß gedeckten Tischen im Untergeschoss (am besten fragt man nach einem Tisch auf der Terrasse im Freien). Die Sushi- und Loungebar auf der oberen Terrasse ist sogar noch besser – genau der richtige Ort für ein kühles Glas Wein bei Sonnenuntergang.

Atlantikküste

★ **Kleinsky's Delicatessen** FEINKOST $

(Karte S. 76; www.kleinskys.co.za/; 95 Regent Rd, Sea Point; Hauptgerichte 22–62 R; ⌚ 8.30–20.30 Uhr; 📶; 🚌 Tramway) Kleinsky's, eine Hommage an klassische jüdische Feinkostläden, ist eine tolle Ergänzung der legeren Gastroszene von Sea Point. Serviert werden Gerichte wie getoastete Bagels mit Räucherlachs oder hausgemachter gehackter Leber, eine heiße Hühnersuppe mit Matzeknödeln und *latkes* (Kartoffelpuffer). Auch der Kaffee ist gut.

An den Wänden hängen Kunstwerke lokaler Künstler.

★ La Boheme SPANISCH $$
(Karte S. 76; ☎021-434 8797; www.labohemebistro.co.za; 341 Main Rd, Sea Point; 2-/3-Gänge-Abendessen 125/160 R; ⏲Mo–Fr 12–22.15 Uhr; 📶; 🚌Firmount) Tagsüber können sich die Gäste an Espresso, köstlichen Tapas und kleinen Mahlzeiten gütlich tun. Am besten besucht man das La Boheme aber abends, wenn die Kerzen auf den Tischen funkeln und 2- oder 3-Gänge-Menüs mit herausragendem Preis-Leistungs-Verhältnis serviert werden.

La Perla ITALIENISCH $$
(Karte S. 76; ☎021-439 9538; www.laperla.co.za; Ecke Church Rd & Beach Rd, Sea Point; Hauptgerichte 95–160 R; 10–0 Uhr; 🚌Sea Point Pool) Das schon immer sehr elegante Restaurant mit Kellnern in weißen Jacketts ist seit Jahrzehnten eine feste Institution an der Promenade von Sea Point. Die Pasta-, Fisch- und Fleischgerichte genießt man auf der Terrasse im Schatten unter Palmen oder in der anheimelnden Bar.

★ La Mouette FRANZÖSISCH $$$
(Karte S. 76; ☎021-433 0856; www.lamouette-restaurant.co.za; 78 Regent Rd, Sea Point; Hauptgerichte 125–180 R, Degustationsmenü 295 R; ⏲Di–So 12–15, tgl. 18–22.30 Uhr; 🚌Kei Apple) Gut zubereitete Klassiker (wie Bouillabaisse und Angelfisch und einfallsreiche neue Gerichte (wie Salz-und-Pfeffer-Garnelen mit Chorizo-Popcorn) sorgen für ein herausragendes kulinarisches Erlebnis. Das Degustationsmenü bietet ein tolles Preis-Leistungs-Verhältnis. Ein besonderer Genuss ist es, im begrünten Innenhof unter freiem Himmel neben dem sprudelnden Springbrunnen zu essen.

Roundhouse INTERNATIONAL $$$
(Karte S. 76; ☎021-438 4347; www.theroundhouserestaurant.com; The Glen, Camps Bay; 4-Gänge-Menü 665 R; ⏲ganzjährig Di–Sa 18–22 Uhr, Mai–Sept. Mi–Sa 12–16 So 12–15 Uhr; 🖉; 🚌Kloof Nek) Das denkmalgeschützte Gebäude aus dem 18. Jh. auf dem baumbestandenen Grundstück mit Blick über Camps Bay ist der perfekte Ort für das elegante Restaurant. Das Menü kann so abgewandelt werden, dass auch Vegetarier ein köstliches Mahl genießen können.

Südliche Vororte

Gardener's Cottage CAFÉ $
(☎021-689 3158; Montebello Craft Studios, 31 Newlands Ave, Newlands; Hauptgerichte 45–70 R; ⏲Di–Fr 9.30–14.30, Sa & So 8.30–16.30 Uhr; 🚆Newlands) Nach einem Besuch in den Montebello-Ateliers für Kunsthandwerk kann man sich in diesem hübschen Café mit Teegarten entspannen. Serviert werden einfache, herzhafte Gerichte im Schatten von Laubbäumen.

O'ways Teacafe VEGETARISCH $
(☎021-617 2850; www.oways.co.za; 20 Dreyer St, Claremont; Hauptgerichte 55–169 R; ⏲Mo–Fr 7.30–17, Sa 9–14 Uhr; 🖉; 🚆Claremont) Der schicke, relaxte Laden (der Name wird wie das englische „always" ausgesprochen) kocht ausschließlich vegetarisch und tischt leckere Gerichte wie Dim-sum-Teigtaschen und mit Couscous gefüllte Zuchtchampignons auf. Es ist auch eines der besten Lokale in Kapstadt zum Teetrinken: Rund 60 verschiedene Tee- und Kräuterteesorten sind im Angebot.

Bistro Sixteen82 TAPAS, INTERNATIONAL $$
(☎021-713 2211; www.steenberg-vineyards.co.za; Steenberg Vineyard, Tokai; Hauptgerichte 98–185 R; ⏲9–20 Uhr) Das sehr ansprechende Bistro ist die perfekte Ergänzung zur schicken, modernen Weinverkostungs-Lounge im Steenberg Vineyard. Serviert wird alles vom Frühstück (mit einem Glas Sekt) bis zum frühen Abendessen mit Tapas und dem hauseigenen süffigen Merlot. Von den Tischen drinnen oder im Freien hat man einen tollen Blick auf den Garten und die Berge.

Jonkershuis KAPMALAIISCH $$
(☎021-794 6255; www.jonkershuisconstantia.co.za; Groot Constantia Rd, Constantia; Hauptgerichte 88–148 R; ⏲Mo–Sa 9–22, So 9–17 Uhr) Dieses legere Restaurant im Brasserie-Stil auf dem Gelände von Groot Constantia hat einen schönen, von Wein beschatteten Hof und Tische mit Blick auf das Herrenhaus. Auf der Speisekarte stehen kapmalaiische Gerichte, darunter ein Probierteller für 148 Rand, Sülze, zu der man das eine oder andere Glas Wein trinkt, und Desserts für alle Naschkatzen.

Rhodes Memorial Restaurant KAPMALAIISCH $$
(www.rhodesmemorial.co.za; Rhodes Memorial, nahe der M3, Groote Schuur Estate, Rondebosch; Hauptgerichte 70–125 R; ⏲7–17 Uhr) Hinter dem Denkmal befinden sich ein nettes Restaurant und ein Tearoom im Freien in einem Strohdach-Cottage von 1920. Der Familienbetrieb ist auf kapmalaiische Gerichte wie Currys, *bredies* (Eintöpfe mit Fleisch oder Fisch und Gemüse) und *bobotie* (gut gewürztes Straßenfleisch-Curry mit einer krossen Eierkruste als Deckschicht) spezialisiert. Eine Reservierung ist am Wochen-

ende zu empfehlen – besonders für den Sonntag, wenn von 13 bis 16 Uhr Livejazz gespielt wird.

★ **La Colombe** FRANZÖSISCH $$$
(021-794 2390; www.lacolombe.co.za; Silvermist, Main Rd, Constantia; mittags Hauptgerichte 135–210 R, 4-/6-Gänge-Abendessen 465/685 R; 12.30–14.30 & 19.30–21.30 Uhr) Das berühmte Constantia-Restaurant hat einen neuen Standort auf dem Silvermist-Anwesen, aber das ist auch weitgehend alles, was sich geändert hat. Der britische Küchenchef Scot Kirton bereitet mit viel Erfahrung Gerichte zu, die französische und asiatische Kochtechniken und Geschmacksrichtungen vereinen, z. B. Risotto von geräucherten Tomaten und in Miso sautierte Muscheln. Das kühl-elegante Flair und der freundliche Service könnten nicht besser sein.

Südliche Halbinsel

C'est La Vie BÄCKEREI, FRANZÖSISCH $
(20 Main Rd, Kalk Bay; Hauptgerichte 50 R; Mi–So 7–15 Uhr; Kalk Bay) Von dem Kaffee, den es hier zu trinken gibt, schwärmt ganz Kalk Bay. Die Bäckerei im französischen Stil mit Café ist ein guter Platz zum Frühstücken und für ein leichtes Mittagessen. Serviert werden außerdem frisch gepresste Säfte.

Empire Café INTERNATIONAL $
(021-788 1250; www.empirecafe.co.za; 11 York Rd, Muizenberg; Hauptgerichte 50–95 R; Mo–Di & Do–Sa 7–16, Mi 7–21, So 8–16 Uhr; ; Muizenberg) Das Lieblingscafé der lokalen Surferszene ist ein toller Ort für ein herzhaftes Frühstück (z. B. „Eier auf Toast") oder ein Mittagessen. Lokale Kunst findet sich an den Wänden, ein dramatischer Kronleuchter baumelt an der Decke. Mittwochs hat der Laden länger geöffnet und serviert Gourmet-Burger (70 R).

★ **Lighthouse Cafe** INTERNATIONAL $$
(021-786 9000; www.thelighthousecafe.co.za; 90 St Georges St, Simon's Town; Hauptgerichte 75–140 R; So–Di 8.30–16, Mi–Sa 8.30–21.30 Uhr; Simon's Town) Ein entspanntes Café mit Strandgutsammler-Chic und einer fischlastigen Speisekarte: So gibt es eine köstliche, sättigende mauritische Bouillabaisse sowie Fish & Chips nach dem Rezept des britischen Sternekochs Jamie Oliver. Wem das zu exotisch ist, kann auch Burger, Pizza und Vorspeisen-Teller bestellen.

Casa Labia INTERNATIONAL $$
(021-788 6068; www.casalabia.co.za; 192 Main Rd, Muizenberg; Hauptgerichte 70–145 R; Di–Do 10–16, Fr–So 9–16 Uhr; ; Muizenberg) Einige der Zutaten, die in dem netten Café in diesem prächtig dekorierten Kunst- und Kulturzentrum verarbeitet werden, stammen aus dem angrenzenden Garten. Geplant ist, auch Wein und Öl aus den Reben und Olivenbäumen herzustellen, die an den Hängen wachsen. Gäste werden mit hausgemachten Leckereien und köstlichem Frühstück, belegten Broten und jeder Menge vegetarischer Gerichte verwöhnt.

Olympia Café & Deli BÄCKEREI, INTERNATIONAL $$
(021-788 6396; www.facebook.com/OlympiaCafeKalkBay; 134 Main Rd, Kalk Bay; Hauptgerichte 60–100 R; 7–21 Uhr; Kalk Bay) Das Olympia setzt einen hohen Standard für relaxte, rustikale Cafés am Meer. Brote und Gebäck stammen aus dem eigenen Ofen. Es gibt tolle Frühstücksvarianten, und auch die mediterran beeinflussten Mittagsgerichte sind lecker – besonders die Schüsseln hoch gefüllt mit frischen Muscheln.

Live Bait FISCH $$
(021-788 5755; www.harbourhousegroup.co.za/livebait; Kalk Bay Hafen, Kalk Bay; Hauptgerichte 75–200 R; 12–16 & 18–22 Uhr; Kalk Bay) In dem luftigen Fischrestaurant mit griechischem Inselflair sitzen die Gäste nur eine Armlänge von den anbrandenden Wellen und dem lebhaften Treiben im Hafen von Kalk Bay entfernt. Es ist eine der besten Adressen in dieser Gegend für eine entspannte Fischmahlzeit. Dieselbe Firma betreibt das unkonventionelle Restaurant Harbour House im Obergeschoss und den spottbilligen Imbiss Lucky Fish nebenan.

Meeting Place INTERNATIONAL $$
(021-786 5678; www.themeetingplaceupstairs.co.za; 98 St George's St, Simon's Town; Hauptgerichte 75–120 R; Mo–Sa 9–21, So 9–15 Uhr; Simon's Town) Im Erdgeschoss befindet sich ein belebtes Feinkost-Café, im Obergeschoss ein künstlerisch angehauchtes Restaurant, von dessen Balkon die Gäste auf das Treiben in der Hauptstraße von Simon's Town blicken. Empfehlenswert sind die Gourmet-Sandwiches und das hausgemachte Eis.

Ausgehen & Nachtleben

Die „Seemannskneipe der Sieben Meere" ist überreichlich mit Lokalen bestückt; das Angebot reicht von gut sortierten Weinbars bis zu hauseigenen Kneipen von Mikro-Brauereien.

City Bowl

★ Orphanage COCKTAILBAR

(Karte S. 54; ✆ 021-424 2004; www.theorphanage.co.za; Ecke Orphanage & Bree St, City Bowl; ⌚ Mo–Do & Sa 17–2, Fr 17–3 Uhr; 🚌 Upper Loop/Upper Long) Die Mixologen dieser Bar, die nach einer nahe gelegenen Gasse benannt ist, bereiten verlockende Getränke mit seltsamen Namen zu, z. B. Knicker-Dropper Glory, Dollymop und Daylight Daisy. Zum Einsatz kommen so verschiedenartige Zutaten wie Erdnussbutter, Kumquatkompott und „Goldfisch"! Die Bar ist dunkel, kultiviert und stilvoll und bietet außerdem auch Sitzgelegenheiten im Freien unter den Bäumen an der Bree Street.

★ Publik WEINBAR

(Karte S. 54; www.publik.co.za; 81 Church St, City Bowl; ⌚ Mo & Di 16–22, Mi–Fr 16–24 Uhr; 🚌 Church/Longmarket) Abends verwandelt sich die Gourmetmetzgerei Frankie Fenner Meat Merchants in eine entspannte, unprätentiöse Bar.

Die Besitzer leisten fantastische Arbeit beim Entdecken geheimer Schätze aus den Weinbaugebieten am Kap. Zu probieren gibt es Tropfen von nachhaltig bewirtschafteten Weingütern, interessante und ungewöhnliche Rebsorten und seltene Jahrgänge. Die Verkostung von fünf Weinen für 100 R ist ein tolles Angebot.

★ Beerhouse BAR

(Karte S. 54; www.beerhouse.co.za; 223 Long St, City Bowl; 🚌 Upper Loop/Upper Long) Mit 99 einheimischen und internationalen Sorten Ale und weiteren lokalen Craft-Bieren vom Fass werden sich Bierliebhaber wahrscheinlich wie im Himmel fühlen in diesem bunt eingerichteten, geräumigen Lokal im Herzen der Long Street. Der Balkon ist ein toller Ort, um dem Lauf der Welt zuzuschauen.

★ Honest Chocolate Cafe CAFÉ, BAR

(Karte S. 54; www.honestchocolate.co.za; 64 Wale St, City Bowl; ⌚ Mo–Fri 8–16, Sa 9–14 Uhr; 🚌 Dorp/Leeuwen) Eine erfolgreiche Crowdfunding-Kampagne hat Honest Chocolate den Start in seine Produktion dunkler Schokolade in flüssiger und fester Form, als Eis und Kuchen ermöglicht. Die ausschließlich handwerklich hergestellten süßen Leckereien werden in der Woodstock Exchange (S. 101) produziert. Das hier ist der wahr gewordene Traum eines Schokoladen-Junkies! Es gibt selbstverständlich auch vegane und glutenfreie Schokoladensorten.

★ Weinhaus + Biergarten BIERHALLE

(Karte S. 54; www.biergartencpt.tumblr.com; 110 Bree St, City Bowl; ⌚ 12–24 Uhr; 📶; 🚌 Church/Longmarket) Der coole Treff auf der Rückseite der St Stephen's Church ist auf importierte Craft-Biere von Brewers & Union spezialisiert. Fleisch aus ethischer Erzeugung findet Verwendung in leckeren Sandwiches, Hotdogs und *braais* (Grillgerichte).

Im Sommer kann man im Hof Tischtennis spielen, und es gibt regelmäßig Live Gigs unter freiem Himmel; Einzelheiten sind auf der Facebookseite zu finden.

Alexander Bar & Café SCHWULENBAR, COCKTAILBAR

(Karte S. 54; www.alexanderbar.co.za; 76 Strand St, City Bowl; ⌚ Mo–Sa 11–1 Uhr; 🚌 Strand) Dramatiker Nicholas Spagnoletti und Software-Ingenieur Edward van Kuik sind die treibenden Kräfte hinter diesem witzigen, exzentrischen Lokal in einem prachtvollen alten Gebäude. Auf den Tischen stehen antike Telefone, um mit anderen Gästen zu plaudern, eine Bestellung an der Bar aufzugeben oder ein Telegramm an jemanden zu senden, auf den man ein Auge geworfen hat. Details zu Vorstellungen im **Studiotheater** im Obergeschoss kann man der Website entnehmen.

House of Machines CAFÉ, BAR

(Karte S. 54; www.thehouseofmachines.com; 84 Shortmarket St, City Bowl; ⌚ Mo 7–16, Di–Sa 7–24 Uhr; 🚌 Church/Mid-Long) Die Kombination aus Motorradwerkstatt mit Friseur, einer Boutique und einer Livemusik-/DJ-Location ist eine Hommage an den „american way of life". Zu trinken gibt es leckere, fantasievolle Bourbon-Cocktails, US-Craft-Biere und Evil Twin Coffee aus New York City.

Bean There KAFFEE

(Karte S. 54; www.beanthere.co.za; 58 Wale St, City Bowl; ⌚ Mo–Fr 7.30–16, Sa 9–14 Uhr; 🚌 Dorp/Leeuwen) In diesem schicken Café wird nicht viel mehr serviert als Fair-Trade-Kaffees aus ganz Afrika und einige wenige süße Snacks. Dafür gibt es genügend Platz, um sich auszubreiten, und eine trotz des vielen Koffeins entspannte Atmosphäre.

Waiting Room BAR

(Karte S. 54; ✆ 021-422 4536; 273 Long St, City Bowl; Gedeck Fr & Sa 30 R; ⌚ Mo–Sa 19–2 Uhr;

NICHT VERSÄUMEN

CONSTANTIA WINE ROUTE

Die Anfänge des professionellen Weinbaus in Südafrika reichen bis ins Jahr 1685 zurück, als Gouverneur Simon van der Stel das Potenzial der Gegend als Weinbaugebiet erkannte und eine eigene Farm gründete, die er Constantia nannte. Nach van der Stels Tod 1712 wurde sein 763 ha großer Besitz aufgeteilt. Heute verläuft über das Gebiet die **Constantia Wine Route** (www.constantiawineroute.com), die zehn Weingüter berührt. Die wichtigsten sind im Folgenden genannt:

Groot Constantia (021-794 5128; www.grootconstantia.co.za; Groot Constantia Rd, Constantia; Weinprobe 30 R, Museum Erw./Kind 20 R/frei, Kellerführung inkl. Weinprobe 40 R; 9–17.30 Uhr; P) Simon van der Stels Herrenhaus, ein herausragendes Beispiel kapholländischer Architektur, wird heute als Museum genutzt. Oft tummeln sich viele Tourgruppen in dem Gebäude, das auf einem wunderschönen Gelände liegt. Es ist aber groß genug, sodass man den Menschenmassen entfliehen kann. Der große Verkostungsraum liegt beim Betreten des Hauses gleich auf der rechten Seite. Etwas weiter befindet sich das kostenlose Infozentrum, das einen Überblick über die Geschichte des Anwesens und des schön restaurierten Gebäudes gibt.

Klein Constantia (www.kleinconstantia.com; Klein Constantia Rd, Constantia; Weinproben 30 R; Weinproben Mo–Fr 10–17, Sa bis 16.30, So 10–16 Uhr; P) Klein Constantia, Teil des ursprünglich Anwesens Constantia, ist berühmt für seinen Vin de Constance, einen köstlichen süßen Muskatwein. Dieser tröstete Napoleon auf St. Helena, und auch Jane Austen ließ eine ihrer Heldinnen feststellen, er habe die Macht, „ein enttäuschtes Herz" zu heilen. Ein Besuch lohnt sich wegen des ausgezeichneten Verkostungsraums und der informativen Schautafeln.

Buitenverwachting (021-794 5190; www.buitenverwachting.co.za; Klein Constantia Rd, Constantia; Weinproben 40 R; Mo–Fr 9–17, Sa 10–15 Uhr; P) „Buitenwachting" bedeutet „jenseits aller Erwartungen". Das Gut ist für die guten Arbeits- und Wohnbedingungen seiner Angestellten bekannt. Bei vorheriger Reservierung wird vor dem 1796 erbauten Gutshaus ein paradiesisches **Picknick-Lunch** (083 257 6083; Mittagessen 145 R; Nov.–April Mo–Sa 12–16 Uhr) angerichtet. Es gibt auch ein legeres Café sowie ein eleganteres Restaurant mit einer weiten Aussicht über die Weinberge.

Steenberg Vineyards (www.steenberg-vineyards.co.za; Steenberg Estate, Steenberg Rd, Tokai; Weinproben 20 & 40 R; 10–18 Uhr; P) An der prächtigen modernen Degustationsbar sowie in der Lounge der Steenberg Vineyards kann man köstlichen Merlot, Sauvignon Blanc, Semillon und den Sekt Méthode Cap Classique probieren. Das Weingut ist das älteste am Kap. Es wurde 1682 unter dem Namen Swaane-weide (Schwanenweide) gegründet.

Upper Loop/Upper Long) Steigt man die enge Treppe neben dem Royale Eatery empor, landet man in dieser angesagten Bar mit Retro-Möbeln, in der DJs heiße Musik auflegen. Noch ein Stockwerk höher liegt die Dachterrasse - der perfekte Ort, um abends von oben die glitzernden Lichter der Stadt zu bewundern.

East City, Woodstock & Salt River

★ Taproom MIKROBRAUEREI

(www.devilspeakbrewing.co.za; 95 Durham Ave, Salt River; Mo 8–16, Di–Sa 8–23 Uhr; Upper Salt River) Devil's Peak Brewing Company erzeugt einige der besten Craft-Biere Südafrikas. Vom Schankraum und dem Restaurant genießen die Besucher einen schönen Panoramablick hinauf zum Devil's Peak. Das herzhafte Essen (z. B. Burger und Brathähnchen) rundet die fantastische Auswahl an Fassbiersorten ab. Es gibt auch in Fässern gereifte Biere und die neue Explorer-Serie von Flaschen-Ales.

★ Truth KAFFEE

(Karte S. 94; www.truthcoffee.com; 36 Buitenkant St, East City; Mo–Sa 7.30–18, So 7.30–14 Uhr; ; Lower Buitenkant) Die „Steampunk Rösterei und Kaffeebar" (so die Eigenbeschreibung) mit Zinkgussdecken, herabhängenden nackten Glühbirnen und Metallarbeiten à la „verrückter Erfinder" ist ein beeindruckendes Lokal, in dem man sich unter die Großstädter mischen kann. Außer Kaffee stehen auch einige Craft-Biere, Backwaren und verschiedene Sandwiches, Burger und Hot Dogs auf der Karte.

Es gibt eine Filiale im **Prestwich Memorial** (Karte S. 54; www.truthcoffee.com; Prestwich Memorial, Ecke Somerset & Buitengracht St, De Waterkant; ⌚ Mo–Fri 8–18, Sa & So 8–14 Uhr; 🚌 Strand).

Espressolab Microroasters KAFFEE
(Karte S. 94; http://espressolabmicroroasters.com; Old Biscuit Mill, 375 Albert Rd, Woodstock; ⌚ Mo–Fri 8–16, Sa 8–14 Uhr; 🚌 Kent) Alles, was es über Kaffee zu wissen gibt, erfährt man in diesem Espressolabor, in dem leidenschaftliche Röster und Baristas arbeiten. Die Bohnen, die von Einzelfarmen, Ländereien und Kooperativen aus aller Welt stammen, sind mit Geschmacksbeschreibungen ähnlich denen für gute Weine versehen.

Lady Bonin's Tea TEEHAUS
(Karte S. 94; www.ladybonin.com; Shop AG11b, Woodstock Exchange, 66 Albert Rd, Woodstock; ⌚ Mo–Fr 9–17, Sa 9–15 Uhr; 🚆 Woodstock) In dem zauberhaft eingerichteten, unaufgeregten Lokal kann man biologisch und nachhaltig angebaute, handwerklich verarbeitete Tees, Früchte- und Kräutertees sowie veganes Gebäck probieren.

aMadoda Braai BAR, BRAAI
(Karte S. 94; www.amadoda.co.za; 1-4 Strand St, Woodstock; ⌚ Mo–Do 12–21, Fr–So 12–2 Uhr; 🚆 Woodstock) Das raffiniert eingerichtete Lokal gibt sich das Flair eines Township-Braai (Menüs starten bei 50 R) und einer illegalen Kneipe. Es liegt versteckt in einer Nebenstraße an den Schienen und lockt Gäste aller Hautfarben an. Die Jukebox ist mit afrikanischer Musik, Jazz und House bestückt; am schönsten ist es am Wochenende, wenn die Gäste spätabends das Tanzbein schwingen.

Gardens & Umgebung

★ **Chalk & Cork** WEINBAR
(Karte S. 62; ☎ 021-422 5822; www.chalkandcork.co.za; 51 Kloof St, Gardens; ⌚ Mo–Mi 9–18, Do–Sa 9–22 Uhr; 🚌 Lower Kloof) Die Weinbar mit Restaurant hat einen hübschen Hof, der an die Kloof Street grenzt. Die Karte umfasst die ganze Skala von Frühstücksgerichten bis hin zu Tapas und Gemeinschaftstellern. Man kann aber auch nur wegen der Weine hereinschauen, von denen viele glasweise ausgeschenkt werden. Sie alle stammen von den besten Weingütern der Region.

Power & the Glory/Black Ram CAFÉ, BAR
(Karte S. 62; ☎ 021-422 2108; 13B Kloof Nek Rd, Tamboerskloof; ⌚ Café Mo–Sa 8–22 Uhr, Bar Mo–Sa ab 17 Uhr; 🚌 Ludwig's Garden) Der Kaffee und das Essen (Brezel-Hot-Dogs, knusprige Pies und andere hausgemachte Leckereien) sind gut. Doch was die Hipsters eigentlich anzieht, ist die verräucherte, gemütliche Bar, besonders an den Abenden von Donnerstag bis Samstag.

Blah Blah Bar BAR
(Karte S. 62; ☎ 082 349 8849; www.facebook.com/BlahBlahBarCPT; 84 Kloof St, Gardens; ⌚ 17–2 Uhr; 🚌 Welgemeend) Die Bar kooperiert mit **Erdmann Contemporary** (Karte S. 62; ☎ 021-422 2762; www.erdmanncontemporary.co.za; 84 Kloof St, Gardens; ⌚ Mi–Sa 10–21 Uhr; 🚌 Welgemeend) und kann deshalb in deren Galerie im Obergeschoss einige ihrer Barkonzerte veranstalten. Ein weiterer Partner sind die Pizza-Experten vom Ferdinando's (S. 87). Die Facebookseite informiert über Livemusik und DJ-Auftritte, die hier stattfinden. Teilweise wird Eintritt erhoben.

★ **Yours Truly** CAFÉ, BAR
(Karte S. 62; www.yourstrulycafe.co.za; 73 Kloof St, Gardens; ⌚ 6–23 Uhr; 🚌 Ludwig's Garden) Der Laden gegenüber dem Hostel Once in Cape Town brummt vom frühen Morgen bis spät in die Nacht. Traveller mischen sich mit lokalen Hipsters, die wegen des ausgezeichneten Kaffees, des Craft-Biers, den Gourmet-Sandwiches, der dünnen, knusprigen Pizza und den gelegentlichen DJ-Auftritten hier einlaufen.

Das ursprüngliche, kleinere Schwesterunternehmen liegt in der **Long Street** (Karte S. 54; www.yourstrulycafe.co.za; 175 Long St, City Bowl; ⌚ Mo–Fr 7–17, Sa 8–15 Uhr; 🚌 Dorp/Leeuwen).

Green Point & Waterfront

Shift KAFFEE
(Karte S. 66; 47 Main Rd, Green Point; ⌚ 7–19 Uhr; 📶; 🚌 Upper Portswood) Mit seinem Look im Industrie-Chic, der gemütlichen Bibliotheksecke drinnen und dem geschützten, großzügigen vorderen Hof ist dies eines der einladendsten Cafés in der Gegend. Der Besitzer Luigi Vigliotti unternimmt jede Anstrengung, um seine Gäste zufriedenzustellen. Er brüht einige faszinierende, charakteristische

East City, District Six, Woodstock & Salt River

East City, District Six, Woodstock & Salt River

Sehenswertes
- 1 Land & Liberty B2
- 2 Substation 13 .... A2

Essen
- 3 Charly's Bakery A1
- 4 Downtown Ramen A2
- 5 Kitchen D1
- Ocean Jewels .... (s. 17)
- Pot Luck Club .... (s. 13)
- 6 Raw and Roxy H1

Ausgehen & Nachtleben
- 7 aMadoda Braai G1
- Espressolab Microroasters .... (s. 13)
- Lady Bonin's Tea .... (s.17)
- 8 Truth A1

Unterhaltung
- 9 Assembly A2
- 10 Fugard Theatre A1

Shoppen
- 11 Book Lounge A2
- Chapel .... (s. 17)
- Clementina Ceramics .... (s. 13)
- Cocofair .... (s. 13)
- 12 Goodman Gallery Cape D1
- Grandt Mason Originals .... (s. 17)
- Imiso Ceramics .... (s. 13)
- Mü & Me .... (s. 13)
- Neighbourgoods Market .... (s. 13)
- 13 Old Biscuit Mill H1
- 14 Southern Guild D1
- 15 Stevenson D1
- 16 What If The World H1
- 17 Woodstock Exchange F1

Sorten, darunter „Hashtag“, eine Mischung aus Espresso, Vanilleeis und Oreo-Keksen.

Shimmy Beach Club CLUB

(Karte S. 66; ☎021-200 7778; www.shimmybeachclub.com; South Arm Rd, V&A Waterfront; Eintritt vor/nach 15 Uhr frei/150 R; ⏲Mo–Fr 11–2, Sa 9–2, So 11–18 Uhr; 🚌Waterfront Silo) Hinter den geruchsintensiven Fischverarbeitungsbetrieben gibt es diesen glitzernden Megaclub mit Restaurant. Die Räume gruppieren sich rund um einen kleinen künstlichen Strand mit einem Pool mit Glaswänden.

Da überrascht es nicht, dass hier Pool-Partys veranstaltet werden, bei denen spärlich bekleidete Tänzer zu den Grooves von Top-DJs herumhampeln, darunter die Electrojazz-Gruppe Goldfish (Reservierung empfohlen).

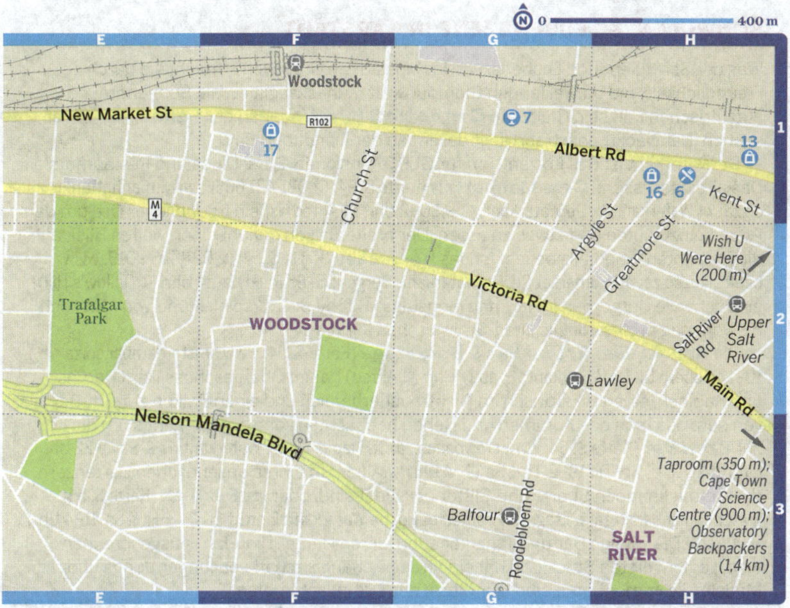

Bascule BAR

(Karte S. 66; 021-410 7100; www.capegrace.com; Cape Grace Hotel, West Quay Rd, V&A Waterfront; 12–2 Uhr; Nobel Square) Mehr als 450 verschiedene Whiskysorten werden in dieser kultivierten Bar ausgeschenkt, sogar ein paar Schlucke eines 50 Jahre alten Glenfiddich sind noch verfügbar (für die kleine Summe von 18 000 R das Gläschen).

Die Tische im Freien mit Blick auf die Marina eignen sich vorzüglich für Drinks und leckere Tapas. Wer mag, kann eine der Whiskyverkostungen buchen (ab 240 R), bei denen man verschiedene Schlückchen probieren und dazu etwas essen kann.

Tobago's Bar & Terrace COCKTAILBAR

(Karte S. 66; 021-441 3000; Radisson Blu Hotel Waterfront, Beach Rd, Granger Bay; 11–24 Uhr; Granger Bay) Durch das Hotel geht es zu der großzügigen Terrassenbar in Spitzenlage an der Tafelbucht. Die Bar ist ein toller Ort für einen Cocktail zum Sonnenuntergang; anschließend kann man noch einen Bummel am Ufer entlang unternehmen.

Mitchell's Scottish Ale House & Brewery PUB

(Karte S. 66; 021-418 5074; www.mitchells-ale-house.com; Ecke East Pier & Dock Rd, V&A Waterfront; 10–2 Uhr; Nobel Square) Weg mit sämtlichen Starallüren am Eingang zu Südafrikas ältester Mikro-Brauerei (gegründet 1983 in Knysna), die verschiedene, frisch gebraute Ales und Mahlzeiten mit gutem Preis-Leistungs-Verhältnis serviert. Das „Old Wobbly" schlägt alkoholmäßig ganz schön zu.

Atlantikküste

Hout Bay Coffee CAFÉ

(www.facebook.com/HoutbayCoffee; Mainstream Shopping Centre, Main Rd, Hout Bay; Mo–Fr 9–17, Sa & So 9–15 Uhr; Military) In dem rustikalen Café, das im Anbau (18. Jh.) einer originalen Holzfällerhütte aus dem 17. Jh. in Hout Bay untergebracht ist, bekommt man ausgezeichneten Kaffee gebrüht. Der Bereich im Freien liegt im Schatten einer 150 Jahre alten Norfolk-Tanne, Tische und Stühle sind aus einem alten Fischerboot gefertigt. Das Café bäckt außerdem Hähnchenpasteten aus Filoteig, mächtige Schokoladenkuchen und eine weizenfreie Quiche mit Eiern von frei laufenden Hühnern.

Bungalow BAR

(Karte S. 76; 021-438 2018; www.thebungalow.co.za; Glen Country Club, 3 Victoria Rd, Clifton; 12–2 Uhr; Maiden's Cove) Das schicke Restaurant mit Loungebar und europäischem Flair ist ein toller Platz für ein paar Biere, Cocktails

SCHWULEN- & LESBENSZENE IN KAPSTADT

Was der Schwulen- und Lesbenszene in Kapstadt an Größe fehlt, macht sie durch Freundlichkeit und umwerfenden Glamour wett. Zunächst gilt es, die Sonnenbräune aufzufrischen und sein Glück am **Clifton No 3 Beach** oder an der **Sandy Bay** zu versuchen. Der Nacktbadestrand liegt dezent an der Llandudno Bay.

De Waterkant ist das Epizentrum für GLBT-Pensionen, Bars, Clubs und Restaurants. Das alteingesessene **Cafe Manhattan** (Karte S. 54; ☎021-421 6666; www.manhattan.co.za; 74 Waterkant St, De Waterkant; ⌚9.30–2 Uhr; 🚌Alfred) ist ein freundlicher Ort, um den Abend einzuläuten und etwas zu essen. Der breite Balkon erlaubt einen weiten Blick auf die Passanten. Ebenfalls beliebt ist das **Beefcakes** (Karte S. 54; ☎021-425 9019; www.beefcakes.co.za; 40 Somerset Rd, De Waterkant; Burger 55–85 R; ⌚12–24 Uhr; 🚌Gallow's Hill), eine schwule Burgerbar, in der man dienstags „Bitchy Bingo" spielen und von Mittwoch bis Samstag professionelle Drag-Shows sehen kann.

Die **Amsterdam Action Bar & Backstage** (Karte S. 54; www.amsterdambar.co.za; 10–12 Cobern St, De Waterkant; ⌚ab 17 Uhr; 🚌Alfred) hat im Obergeschoss Dark Rooms und Kabinen, einen Billardtisch im Nichtraucherbereich und einen Balkon zur Straße hin, von dem aus man das Kommen und Gehen beobachten kann. Später geht's um die Ecke zur **Crew Bar** (Karte S. 54; www.crewbar.co.za; 30 Napier St, De Waterkant; Fr & Sa ab 22 Uhr Eintritt 20 R; ⌚So–Do 19–2, Fr & Sa 19–4 Uhr; 🚌Alfred) mit ihren ansehnlichen Bartänzern, die nur mit knappen Shorts und Glitter bekleidet sind, oder ins **Beaulah** (Karte S. 54; www.beaulahbar.co.za; 1. Etage, 24 Somerset Rd, De Waterkant; Eintritt 20 R; ⌚Fr & Sa 21–4 Uhr; 🚌Alfred). Die witzige Bar und Tanz-Location, deren Name „Bjuu-lah" ausgesprochen wird, liegt im ersten Stock und hat eine treue Anhängerschaft von jungen Jungs und Mädels, die immer bereit sind, zur Musik des DJs zu schwoofen.

Am Rand der City Bowl liegt die **Alexander Bar & Café** (S. 91), ein witziges, exzentrisches Lokal in einem prächtigen denkmalgeschützten Gebäude. Das dazugehörige Studiotheater mit 50 Plätzen zeigt eine Spitzenauswahl an Shows.

Die Lesbengemeinde von Kapstadt ist mit Partys nur für Frauen wie **M.I.S.S.** (www.facebook.com/MISSmakeitsexysisters) und den **Unofficial Pink Parties** (www.facebook.com/pinkpartyza) dabei. Sie werden von Lesben organisiert, stehen aber jedem offen – Letztere steigt normalerweise im **Sugarhut** (Karte S. 54; www.sugarhutclub.co.za; 44 Constitution St, East City; Eintritt 40 R; 🚌Lower Buitenkant).

Aktuelle Infos zu neuen Locations und Veranstaltungen bieten die jährlich aktualisierte **Pink Map** (http://mapmyway.co.za/printed-maps), **Gaynet Cape Town** (www.gaynetcapetown.co.za) und die kostenlose Monatszeitschrift **Pink Tongue** (www.pinktongue.co.za). Und dann sollten im Reisekalender zwei Termine für die beiden wichtigsten GLBT-Veranstaltungen der Stadt rot markiert werden: **Cape Town Pride** (www.capetownpride.org) Anfang März und das **Mother City Queer Project** (S. 670), eine fabelhafte Kostümtanzparty im Dezember.

oder eine feuchtfröhliche Mahlzeit. Anschließend kann man sich auf eine Liege unter der wogenden weißen Markise fallen lassen oder mit den Füßen im winzigen Pool neben der Bar planschen. Abends sorgt ein DJ für Clubatmosphäre. Eine Reservierung ist empfehlenswert.

La Belle CAFÉ, BÄCKEREI

(Karte S. 76; ☎021-437 1278; www.labellecampsbay.co.za; 201 The Promenade, Camps Bay; ⌚7–23 Uhr; 🚌Whale Rock) Diese *belle* ist eine der hübschesten an der Fressmeile von Camps Bay und zudem sehr viel entspannter und weniger prätentiös als einige ihrer Nachbarn. Kaffee, Teespezialitäten, Smoothies, Shakes und eine schöne Auswahl an Cocktails sind im Angebot – dazu ein paar extrem verlockende Backwaren, Kuchen und andere leichte Gerichte.

La Vie BAR

(Karte S. 76; ☎021-433 1530; www.lavie.co.za; 205 Beach Rd, Sea Point; ⌚9–23.30 Uhr; 📶; 🚌Promenade) Das La Vie neben den Studios der South African Broadcasting Company ist einer von sehr wenigen Orten, an denen man in Sichtweite der Promenade von Sea Point alles vom Frühstück bis zum spätabendlichen Cocktail bekommen kann. Die Terrasse im Freien lädt zum Entspannen bei einer hauchdünnen Pizza ein (50–100 R).

Dunes BAR
(www.dunesrestaurant.co.za; 1 Beach Rd, Hout Bay; ⌚9–23 Uhr; 👪; 🚌Hout Bay) Näher am Strand geht kaum – genau gesagt ist der vordere Hofraum der Strand. Oben von der Terrasse und aus den Innenräumen des Restaurants mit Bar genießt man einen tollen Blick auf Hout Bay, dazu gibt es ordentliche Kneipengerichte und Tapas. Wer mit Kindern unterwegs ist: Es gibt auch einen sicheren Kinderspielplatz.

Südliche Vororte

Banana Jam BIERHALLE
(www.bananajamcafe.co.za; 157 2nd Ave, Harfield Village, Kenilworth; ⌚Mo–Sa 11–23, So 17–22 Uhr; 📶; 🚌Kenilworth) Ein Traum für echte Bierfans – das gastliche karibische Restaurant mit Bar ist wie ein Göttergeschenk mit mehr als 30 Biersorten vom Fass (auch ein paar Eigenkreationen) und Ales aus der Flasche von allen lokalen Top-Mikro-Brauereien wie Jack Black, Darling Brew und CBC.

Forrester's Arms PUB
(www.forries.co.za; 52 Newlands Ave, Newlands; ⌚Mo–Do & Sa 9–23, Fr 9–24, So 9–21 Uhr; 👪; 🚌Newlands) Das „Forries" ist schon über 100 Jahre alt. Der Pub im englischen Stil bietet eine gesellige Atmosphäre, in der man eine große Auswahl lokaler Ales (von großen Brauereien und Craft-Biere), gute Kneipengerichte (einschließlich Holzofenpizza) genießen kann. Es gibt einen sehr netten Biergarten mit Spielplatz für die Kinder.

Südliche Halbinsel

★ **Brass Bell** BAR, RESTAURANT
(www.brassbell.co.za; Kalk Bay Station, Main Rd, Kalk Bay; ⌚11–22 Uhr; 🚌Kalk Bay) Der Weg zu dieser Institution, die von den Wellen der False Bay umspült wird, führt durch den Tunnel unter den Bahnschienen. An einem sonnigen Tag gibt es kaum ein schöneres Plätzchen, um am Meer etwas zu trinken und zu essen (Hauptgerichte 50–100 R). Vorher oder nachher bietet sich ein Bad in den angrenzenden Gezeitenbecken an.

★ **Cape Point Vineyards** WEINGUT
(☎021-789 0900; www.cpv.co.za; 1 Chapmans Peak Dr, Noordhoek; Weinproben 45 R; ⌚Weinproben 10–18 Uhr, Restaurant Mo–Mi, Fr & Sa 12–15 & 18.30–20.30 Uhr, Picknicks 11–18 Uhr, Markt Do 16.30–20.30 Uhr; 👪) Das kleine Weingut, das für seinen ausgezeichneten Sauvignon blanc bekannt ist, hat eine spektakuläre Lage mit Blick über Noordhoek Beach. Die Weine kann man mit einem Picknick (395 R für 2 Pers., Reservierung ist unerlässlich) auf dem Gelände oder im Restaurant genießen.

Der Gemeindemarkt am Donnerstagabend (vorwiegend werden Lebensmittel verkauft) ist ein wöchentliches Highlight für die Einheimischen und toll für Kinder, die auf den Rasenflächen spielen können.

Slow Life CAFÉ
(www.facebook.com/slowlifesouthafrica; 152 Main Rd, Muizenberg; Gedeck 50–120 R; ⌚Di–Sa 9–22 Uhr; 📶; 🚌Muizenberg) Das Leben in Muizenberg kann sich ziemlich entspannt anfühlen: Dieses Konzeptcafé steckt voller Lebensfreude und bietet eine relaxte, kunstsinnige Atmosphäre, lange Öffnungszeiten und eine ordentliche Karte für Speisen und Getränke. Livemusik- oder Comedygigs finden häufig am Freitag- und Samstagabend statt.

Tiger's Milk BAR, RESTAURANT
(☎021-788 1869; www.tigersmilk.co.za; Ecke Beach & Sidmouth Rd, Muizenberg; ⌚Küche 9–22 Uhr, Bar 9–2 Uhr; 📶; 🚌Muizenberg) Durch die deckenhohen Fenster der hangarartigen Bar mit Restaurant ergibt sich ein Panoramablick auf den Strand von Muizenberg. Obwohl es zum Essen (gute Pizza und Steaks) den ganzen Tag über geöffnet hat, besitzt es eher das Flair eines Nachtclubs. Das liegt an der langen Bartheke, den bequemen Sofas und der eigenartigen Einrichtung (ein BMW-Motorrad und ein riesiger goldener Kuhkopf hängen an den Wänden mit freiliegendem Mauerwerk).

ONLINE-MAGAZINE

- What's On! (www.whatson.co.za/cityselect.php)
- Next 48 Hours (www.48hours.co.za)
- Tonight (www.iol.co.za/tonight)
- Cape Town Magazine (www.capetownmagazine.co.za)

Unterhaltung

Livemusik ist ein besonderes Highlight, herausragend sind die Jazzkonzerte. Es gibt mehrere Theater, Multiplexkinos für Mainstream-Filme sind in der Victoria Wharf an der Waterfront, am Cavendish Square und Canal Walk zu finden.

Bei Eintrittspreisen von rund 30 R sind Fußballspiele in Kapstadt nicht nur preiswert, sondern auch sehr unterhaltsam. Die Fans nutzen jede Chance, um mit ihren seit der Weltmeisterschaft weltweit bekannten *vuvuzelas* (Plastiktrompeten) ordentlich Lärm zu machen. Die Saison dauert von August bis Mai. **Ajax Cape Town** (www.ajaxct.com) spielt im Cape Town Stadium, die Mannschaft **Santos** (www.santosfc.co.za) im **Athlone Stadium** (☎021-637 6607; Cross Blvd, Athlone; Athlone).

Eintrittskarten für viele Veranstaltungen können über **Webtickets** (www.webtickets.co.za) oder **Computicket** (http://online.computicket.com/web) gebucht werden. Computicket hat eine Niederlassung im Hauptbüro des Fremdenverkehrsamts Cape Town Tourism an der Burg Street an der Waterfront.

☆ City Bowl & Foreshore

Artscape THEATER
(☎021-410 9800; www.artscape.co.za; 1–10 DF Malan St, Foreshore; Civic Centre) Dieser Gigant, der aus drei Auditorien in verschiedenen Größen besteht, ist der größte Kulturkomplex der Stadt. Ob Theater, klassische Musik, Ballett, Oper oder Kabarett – im Artscape gibt es alles zu sehen.

Für alle, die auf Swing und Salsa stehen, veranstaltet **Que Pasa** (www.quepasa.co.za; Jazzart Studios, Artscape, Kurse 1 Std. ab 70 R; Civic Centre) regelmäßig Kurse im hauseigenen Jazzart Studio.

Abends sollte man nicht zu Fuß in dieser trostlosen Gegend unterwegs sein; sichere Parkmöglichkeiten gibt es ausreichend.

Cape Town City Hall LIVEMUSIK
(Karte S. 54; Darling St, City Bowl; Darling) Einer von mehreren Sälen, in denen Südafrikas „Orchester für alle Gelegenheiten", das **Cape Philharmonic Orchestra** (CPO; Karte S. 54; www.cpo.org.za; Eintrittskarten ab 130 R; Darling), Konzerte gibt.

Das Orchester hat viel dafür getan, sicherzustellen, dass seine Musiker die ethnische Zusammensetzung von Western Cape möglichst genau wiederspiegeln. Zu diesem Zweck wurden das Jugendorchester Cape Philharmonic Youth Orchestra und das Bläserensemble Cape Philharmonic Youth Wind Ensemble gegründet. Etwa 80 % der Musiker kommen aus benachteiligten Gemeinden.

Cape Town International Convention Centre KONZERTHALLE
(CTICC; Karte S. 54; ☎021-410 5000; www.cticc.co.za; 1 Lower Long St, Foreshore; Convention Centre) Seit der Eröffnung 2003 hat das CTICC kaum eine Atempause eingelegt. Das Jahresprogramm ist vollgepackt mit Musikaufführungen, Ausstellungen, Konferenzen und anderen Veranstaltungen wie dem Cape Town International Jazz Festival und der Messe Design Indaba. Zwischen dem aktuell genutzten Gebäude und dem Artscape entsteht momentan ein Erweiterungsbau, der die Fläche des CTICC fast verdoppeln wird.

Crypt Jazz Restaurant JAZZ
(Karte S. 54; ☎079 683 4658; www.thecryptjazz.com; 1 Wale St, City Bowl; Eintritt 65 R; ⊙Di–Sa 6.30–24 Uhr; Groote Kerk) Das Restaurant, das einen Teil der steinernen Gewölbekrypta der 1898 erbauten St George's Cathedral besetzt, serviert Gerichte aus aller Herren Länder.

Wie der Name schon sagt, handelt es sich aber nicht nur um ein Lokal in einem historischen Ambiente, sondern auch um eine Bühne, auf der afrikanischer und internationaler Jazz zu hören ist. Die Jazzkonzerte beginnen um 19 oder 20 Uhr und dauern fast den ganzen Abend. Einige sehr versierte Musiker begeistern das Publikum, für manche Konzerte ist eine Reservierung empfehlenswert.

☆ East City

Assembly LIVEMUSIK
(Karte S. 94; www.theassembly.co.za; 61 Harrington St, East City; Eintritt 30–50 R; Lower Buitenkant) In dieser alten Möbelfabrik spielen Livebands und legen DJs auf. Mit einer aufregenden, vielseitigen Liste von Künstlern aus dem In- und Ausland hat sich das Assembly inzwischen einen überregionalen Namen gemacht.

Normalerweise einmal im Monat steigt hier das audio-visuelle Event **Pecha Kucha** (www.pechakucha-capetown.co.za).

Fugard Theatre THEATER
(Karte S. 94; ☎021-461 4554; www.thefugard.com; Caledon St, East City; Lower Buitenkant) Das nach Athol Fugard, Südafrikas bekanntestem lebenden Bühnenautor benannte, sehr eindrucksvolle Kunstzentrum ist aus der ehemaligen Congregational Church Hall entstanden. Es gibt zwei Bühnen, das größere Theater dient auch als „Bioskop" – was

in diesem Fall ein digitales Kino bezeichnet, in dem internationale Tanz- und Opernaufführungen von Weltniveau gezeigt werden.

☆ Gardens & Umgebung

Labia KINO

(Karte S. 62; ✆ 021-424 5927; www.thelabia.co.za; 68 Orange St, Gardens; Eintrittskarten 40 R; 🚌 Michaelis) Das Kapstädter Juwel und die Adresse für Fans von Independent-Filmen ist nach dem früheren italienischen Botschafter und lokalen Philantrophen Graf Labia benannt. Das African-Screen-Programm ist eine der seltenen Gelegenheiten, einheimische Filme zu sehen; die Anfangszeiten kann man auf der Homepage nachschauen.

Straight No Chaser JAZZ

(Karte S. 62; ✆ 076-679 2697; www.straightnochaserclub.wordpress.com; 79 Buitenkant St, Gardens; 1/2 Sessions 60/100 R; ⏰ Mi–Sa 19–2 Uhr; 🚌 Roeland) Der kleine Jazzclub neben Diva's Pizza bemüht sich, die Atmosphäre von Ronnie Scott's und Village Vanguard neu erstehen zu lassen. Die Betreiber sind Hardcore-Jazzfans, die ihre Musik ernst nehmen – und die auch über die Verbindungen verfügen, um Spitzentalente auf die Bühne zu bringen. Reservierungen sind für die beiden Sessions pro Abend, die jeweils um 20.30 und 22.30 Uhr beginnen, unerlässlich.

☆ Waterfront & Sea Point

★ Studio 7 LIVEMUSIK

(Karte S. 76; www.facebook.com/Studio7Sessions; 8 Calais Rd, Sea Point; 🚌 Rhine) Vor ein paar Jahren richtete der lokale Musiker Patrick Craig in seinem Wohnzimmer einen Musikclub ausschließlich für Mitglieder ein. Spitzenmusiker aus dem In- und Ausland spielen hier akustische Gigs in einer sehr entspannten, intimen Umgebung. Normalerweise werden nicht mehr als 40 Karten verkauft (online) – Genaueres steht auf der Facebook-Seite, für wahre Musikliebhaber ist dies ein fantastischer Ort.

Jou Ma Se Comedy Club COMEDY

(Karte S. 66; V&A Waterfront; Eintrittskarten 80 R; 🚌 Nobel Square) Der Name bedeutet „Die ***** deiner Mutter!", aber man muss keinen Afrikaans-Slang verstehen, um die Witze in diesem gagreichen Comedy-Club mitzubekommen.

NICHT VERSÄUMEN

FIRST THURSDAYS

Bei der erfolgreichen Aktion **First Thursdays** (www.first-thursdays.co.za; ⏰ 1. Do im Monat 17–21 Uhr) dreht sich alles um die Kunstgalerien und Designläden an der Church und der Bree Street. Am ersten Donnerstag jedes Monats hat man die Gelegenheit, in die lokale Kunstszene einzutauchen, in dem man verschiedenen Galerien und Kulturevents besucht. Der Church Square ist die offene Bühne für alles von Debatten bis zu riesigen Scrabble-Spielen. Imbiss-Stände stehen rund um den Van Riebeek Square und in der Upper Bree Street; auf der Orphan Lane sind häufig Straßenmusikanten unterwegs.

Das Schwester-Event Thursday Late, das gewöhnlich am dritten Donnerstag jedes Monats veranstaltet wird, konzentriert sich auf die Bereiche East City und Woodstock.

☆ Südliche Vororte

★ Baxter Theatre THEATER

(✆ 021-685 7880; www.baxter.co.za; Main Rd, Rondebosch; Eintrittskarten ab 120 R; 🚆 Rosebank) Seit den 1970er-Jahren stand das Baxter im Mittelpunkt der Kapstädter Theaterszene. Es gibt drei Veranstaltungsräume – das Theater, den Konzertsaal und das Studio –, in denen alles vom Kinderprogramm bis zum afrikanischen Tanzspektakel zur Aufführung kommt. Das Theater arbeitet mit der Royal Shakespeare Company zusammen, was es dem Kapstädter Schauspieler Sir Anthony Sher verdankt. Der 1949 geborene Sher, der später die britische Staatsbürgerschaft annahm und zum Ritter geschlagen wurde, ist hier öfters aufgetreten.

Sahara Park Newlands ZUSCHAUERSPORT

(✆ 021-657 2043; www.wpca.org.za; 146 Campground Rd, Newlands; Eintrittskarten 30–250 R; 🚆 Newlands) Wenn nicht eine nahe gelegene Brauerei die Aussicht auf die Rückseite des Tafelbergs versperrte, wäre das Newlands ein sicherer Top-Favorit für den Titel des schönsten Kricketstadions der Welt. Mit Platz für 25 000 Zuschauer wird es für alle internationalen Begegnungen genutzt. Während der Saison von September bis März spielt hier das lokale Team, die Nashua Mobile Cape Cobras.

Newlands Rugby Stadium RUGBYSTADION
(☎021-659 4600; www.wprugby.com; 8 Boundary Rd, Newlands; Newlands) Dieser heilige Ort des südafrikanischen Rugby ist die Heimat der Stormers (www.thestormers.com). Hier werden Super-12-Spiele und internationale Begegnungen ausgetragen.

Shoppen

Am besten reist man mit leerem Koffer an, denn die Wahrscheinlichkeit ist groß, dass man Kapstadt mit vielen Mitbringseln wieder verlässt.

City Bowl

★ **South African Market** MODE, KUNSTHANDWERK
(SAM; Karte S. 54; www.ilovesam.co.za; Bree St, City Bowl; Mo–Fr 9–17, Sa 10–14 Uhr; Church/Longmarket) Der großzügige Loftraum über dem La Parada ist eine Präsentationsfläche für einheimische Designtalente quer durch die Bereiche Mode, Schmuck, Haushaltswaren, Bürobedarf und Kunst.

Es gibt eine tolle Auswahl an Herren- und Damenbekleidung sowie Kinderbekleidung, darunter die süßen grafischen T-Shirts von Mingo Lamberti.

★ **African Music Store** MUSIK
(Karte S. 54; ☎021-426 0857; 134 Long St, City Bowl; Mo–Fr 9–18, Sa 9–14 Uhr; Dorp/Leeuwen) Die Bandbreite der hier erhältlichen südafrikanischen Musik, u. a. Jazz, Kwaito (eine Form der Township-Musik), Tanz- und Tranceaufnahmen, ist unübertroffen. Die Mitarbeiter kennen sich in der lokalen Musikszene hervorragend aus. Verkauft werden auch DVDs und andere Souvenirs.

Luvey 'n Rose KUNST & KUNSTHANDWERK
(Karte S. 54; ☎083 557 7156; www.luveynrose.co.za; 66 Loop St, City Bowl; Mo–Fr 9–17, Sa 9–14 Uhr; Church/Longmarket) Diese fantastische Galerie neben Prins & Prins mischt antike Sammlerstücke und Arbeiten wichtiger südafrikanischer und afrikanischer Künstler wie Walter Battiss mit eher modernen Arbeiten aufstrebender Talente. Außerdem dient sie als Café und Zigarren-Lounge – ein kluger Schachzug, um Besucher zum Bleiben und Herumstöbern im vielfältigen Angebot an Kunst und Design zu bringen.

African Image KUNST & KUNSTHANDWERK
(Karte S. 54; www.african-image.co.za; Ecke Church & Burg St, City Bowl; Mo–Fr 9–17, Sa 9–14 Uhr; Church/Longmarket) African Image bietet eine fabelhafte Auswahl an neuem und altem Kunsthandwerk und Artefakten zu vernünftigen Preisen, darunter Kissenbezüge mit unkonventionellen, bunten Mustern und Schürzen von Shine Shine. Hier ist viel Kunsthandwerk aus den Townships zu finden, außerdem wild gemusterte Hemden.

Pan African Market KUNST & KUNSTHANDWERK
(Karte S. 54; 76 Long St, City Bowl; Mo–Fr 8.30–17.30, Sa 15.30 Uhr; Church/Longmarket) Ein Mikrokosmos des Kontinents mit einer atemberaubenden Auswahl an afrikanischem Kunsthandwerk (über die Preise sollte man unbedingt verhandeln).

Über drei Ebenen verteilt findet man hier ein günstiges Café namens **Timbuktu** (mit Sitzmöglichkeit auf dem Balkon und Blick auf die Long Street), einen Schneider, einen Musikladen sowie die Redaktion der panafrikanischen Zeitung *Chronic Chimurenga* (www.chimurenga.co.za).

Clarke's Bookshop BÜCHER
(Karte S. 54; ☎021-423 5739; www.clarkesbooks.co.za; 199 Long St, City Bowl; Mo–Fr 9–17, Sa 9.30–13 Uhr; Dorp/Leeuwen) Man sollte sich Zeit nehmen, um die größte Auswahl an Büchern über Südafrika und den afrikanischen Kontinent durchzublättern. Oben gibt es eine tolle Abteilung mit antiquarischen Titeln. Wer hier nicht findet, was er sucht, wird wahrscheinlich auch in keiner anderen Buchhandlung an der Long Street fündig (obwohl es ja nicht schadet, es zu versuchen).

Bo-Kaap & De Waterkant

★ **Streetwires** KUNST & KUNSTHANDWERK
(Karte S. 54; www.streetwires.co.za; 77 Shortmarket St, Bo-Kaap; Mo–Fr 8.30–17, Sa 9–13 Uhr; Church/Longmarket) Das Motto hier lautet: Wir basteln wirklich alles, das man aus Draht basteln kann. Wer das Sozialprojekt besucht, das nachhaltige Arbeitsplätze schaffen will, und den Drahtskulpturkünstlern bei der Arbeit zusieht, versteht auch, was das bedeutet! Zum verblüffenden Sortiment gehören beispielsweise funktionsfähige Radios, Kronleuchter, lebensgroße Tiere und Nguni-Kühe.

★ **Africa Nova** KUNST & KUNSTHANDWERK
(Karte S. 54; www.africanova.co.za; Cape Quarter, 72 Waterkant St, De Waterkant; Mo–Fr 9–17, Sa 10–17, So 10–14 Uhr; Alfred) Eine wirklich stilvolle, attraktive Kollektion moderner afrikani-

scher Textilien, Kunst und Kunsthandwerk. Zu finden sind Stoffe mit Kartoffeldruck, die von Frauen in Hout Bay hergestellt werden, Karin Dandos Mosaik-Kopftrophäen, Ronel Jordaans handgemachte Filzsteinkissen (die wie riesige Kiesel aussehen) und eine schöne Auswahl an Keramik und Schmuck.

Monkeybiz KUNST & KUNSTHANDWERK
(Karte S. 54; www.monkeybiz.co.za; 43 Rose St, Bo-Kaap; Mo–Do 9–17, Fr 9–16, Sa 10–13 Uhr; Church/Longmarket) Bunte Glasperlenkunst, die von Frauen aus den örtlichen Townships hergestellt wird, ist die supererfolgreiche Geschäftsgrundlage von Monkeybiz. Die Produkte sind überall auf der Welt zu finden, aber die größte Auswahl gibt es hier. Die Gewinne werden in Gemeinschaftsprojekte investiert, z. B. in Suppenküchen oder einen Begräbnisfonds für Künstler und ihre Familien.

East City & Woodstock

Old Biscuit Mill EINKAUFSZENTRUM
(Karte S. 94; www.theoldbiscuitmill.co.za; 373–375 Albert Rd, Woodstock; Mo–Fr 9–17, Sa 9–15 Uhr; Kent) Die ehemalige Keksfabrik beherbergt Top-Adressen für Kunst, Kunsthandwerk, Mode und Design, dazu einige Lokalitäten zum Essen und Trinken. Zu den beliebtesten zählen u. a. **Clementina Ceramics** (Karte S. 94; www.clementina.co.za) und **Imiso Ceramics** (Karte S. 94; 021-447 7668; www.imisoceramics.co.za) für Keramikwaren. Der Bio-Schokoladenhersteller **Cocofair** (Karte S. 94; www.cocoafair.com) schlägt den Bogen von der Kakaobohne bis zum Verkauf, **Mü & Me** (Karte S. 94; www.muandme.net) entwirft pfiffige Grafik für Postkarten, Einwickelpapier, Bürobedarf und auch für Kinder-T-Shirts.

Woodstock Exchange EINKAUFSZENTRUM
(Karte S. 94; www.woodstockexchange.co.za; 66 Albert Rd, Woodstock; Mo–Fr 9–17, Sa 9–14 Uhr; Woodstock) Ein nicht unerheblicher Teil der Läden in der Exchange sind originelle Einzelhandelsgeschäfte, darunter das Atelier und der Showroom von **Grandt Mason Originals** (Karte S. 94; www.g-mo.co.za; Laden 13, Woodstock Exchange, 66 Albert Rd, Woodstock; Woodstock), der Rollenendstücke luxuriöser Stoffe und Stoffmuster zu einzigartiger Fußbekleidung verarbeitet.

Lohnenswert ist auch ein Blick auf die Lederwaren von **Chapel** (Karte S. 94; www.store.chapelgoods.co.za; Woodstock Exchange, 66 Albert Rd, Woodstock; Woodstock). **Charlie. H** verkauft Kimonos, Kleider mit Nackenband und Röcke aus bedruckten Stoffen. Die Boutique **Kingdom** kombiniert Mode mit Wohnaccessoires.

Book Lounge BÜCHER
(Karte S. 94; 021-462 2425; www.booklounge.co.za; 71 Roeland St, East City; Mo–Fr 9.30–19.30, Sa 8.30–18, So 10–16 Uhr; Roeland) Ein Buchladen, der dank seiner großen Auswahl, der gemütlichen Stühle, eines einfachen Cafés und zahlreicher Veranstaltungen zum lebendigen Treffpunkt von Kapstadts Literaturszene avanciert ist. Jede Woche finden bis zu drei Gesprächsrunden oder Buchvorstellungen statt, in der Regel mit kostenlosen Getränken und Snacks. Am Wochenende gibt es Lesungen für Kinder.

Gardens

★ **KIN** KUNST & KUNSTHANDWERK
(Karte S. 62; www.kinshop.co.za; 99B Kloof St, Gardens; Mo–Sa 9.30–17.30 Uhr; Ludwig's Garden) In dieser Kreativboutique, die über 100 südafrikanische Künstler und Designer repräsentiert, findet garantiert jeder ein individuelles Geschenk – auch für sich selbst. Das Angebot reicht von Keramik und Schmuck bis zu Drucken und Taschen. Eine Filiale an der **Waterfront** (Karte S. 66; www.kinshop.co.za; Shop 11B, Alfred Mall, V&A Waterfront; 9–21 Uhr; V&A Waterfront) verkauft weitere Designs mit afrikanischen Themen.

Coffeebeans Routes KUNST & KUNSTHANDWERK
(Karte S. 62; www.coffeebeansroutes.com; 22 Hope St, Gardens; Mo–Fr 9–17 Uhr; Roodehek) Coffeebeans Routes veranstaltet nicht nur die besten Stadtführungen, die man in Kapstadt buchen kann, sondern setzt sich mit dieser Boutique und ihrer großen Warenvielfalt auch für die ortsansässigen Kreativen ein. Hier finden Besucher tolle CDs und Bücher von Kapstädter Musikern und Autoren, außerdem Mode, Accessoires, Kunst und diverses Kunsthandwerk.

Green Point & Waterfront

★ **Watershed** EINKAUFSZENTRUM
(Karte S. 66; www.waterfront.co.za/Shop/Pages/Watershed-Overview.aspx; Dock Rd, V&A Waterfront; 10–19 Uhr; Nobel Square) Der aufregende, neu hergerichtete Einzelhandelsmarkt ist

WOCHENMÄRKTE MIT QUALITÄT

Die Kapstädter lieben ihre Wochenmärkte; eine Auswahl ist nachfolgend aufgelistet.

Neighbourgoods Market (Karte S. 94; www.neighbourgoodsmarket.co.za; Old Biscuit Mill, 373–375 Albert Rd, Woodstock; ⏲ Sa 9–14 Uhr; Kent) Der erste und immer noch beste unter den Märkten für handwerklich erzeugte Waren, die sich inzwischen überall auf dem Kap etabliert haben. Essen und Getränke gibt's im Hauptbereich, in dem man Lebensmittel und Gourmet-Leckereien kaufen oder einfach probieren kann. Im separaten Bereich für Designerartikeln werden Mode und Accessoires aus der Region verkauft – den sollte man auf keinen Fall verpassen. Wer sich nicht gern durch die Massen schiebt, kommt am besten früh am Morgen.

Oranjezicht City Farm Market (Karte S. 62; www.ozcf.co.za; Homestead Park, Upper Orange St, Oranjezicht; ⏲ Sa 9–14 Uhr; Upper Orange) Landwirtschaftliche Erzeugnisse, die auf der Oranjezicht City Farm und anderen örtlichen Farmen angebaut werden, stehen hier jeden Samstag zum Verkauf. Zur Zeit der Recherche wurde der Markt vorübergehend im **Leeuwenhof** (Karte S. 62; Hof St, Tamboerskloof; Upper Kloof) abgehalten, der offiziellen Residenz des Premiers der Provinz Western Cape. Imbissstände laden zum Brunchen ein.

Bay Harbour Market (www.bayharbour.co.za; 31 Harbour Rd, Hout Bay; ⏲ Fr 17–21, Sa & So 9–16 Uhr; Atlantic Skipper) Der fantasievoll gestaltete, überdachte Markt, einer der besten in Kapstadt, befindet sich am westlichen Ende des Hafens. Er bietet eine schöne Warenauswahl, aber auch ein sehr verlockendes Speise- und Getränkeangebot. Livemusik sorgt für eine entspannte Party-Atmosphäre.

Blue Bird Garage Food & Goods Market (☎ 082 331 2471; www.bluebirdmarket.co.za; 39 Albertyn Rd, Muizenberg; ⏲ Fr 16–22 Uhr; Valsbaai) Der erfolgreiche Markt für handwerklich erzeugte Lebensmittel und Waren hat seinen Standort in einem Hangar aus den 1940er-Jahren. Er diente einst als Basis für die erste Luftpostauslieferung der südlichen Hemisphäre und in den 1950er-Jahren als Garage. Es ist ein toller Ort zum Einkaufen und Herumnaschen, besonders am Freitagabend, wenn Livemusik gespielt wird.

in Kapstadt die beste Adresse für Souvenirs. Hier findet man die Waren von über 100 Kapstädtern und südafrikanischen Marken für Mode, Kunst, Kunsthandwerk und Design – für jeden Geldbeutel ist etwas dabei.

Auf der oberen Etage befindet sich ein Ausstellungsraum, ein Wellnesszentrum bietet ganzheitlich ausgerichtete Produkte und Massagen.

Victoria Wharf EINKAUFSZENTRUM

(Karte S. 66; www.waterfront.co.za; Breakwater Blv, V&A Waterfront; ⏲ 9–21 Uhr; Breakwater) Alle großen Namen des südafrikanischen Einzelhandels (inklusive Woolworths, CNA, Pick 'n' Pay, Exclusive Books und Musica) sowie internationale Luxuslabel sind in dieser ansprechenden Mall vertreten – einer der besten Einkaufspassagen Kapstadts.

Cape Union Mart Adventure Centre OUTDOOR-AUSRÜSTUNG

(Karte S. 66; www.capeunionmart.co.za; Quay 4, V&A Waterfront; ⏲ 9–21 Uhr; Nobel Square) Das Warenhaus ist bis unters Dach voll mit Rucksäcken, Schuhen, Kleidung und allem anderen gefüllt, was man für südafrikanische Outdoor-Abenteuer von der Wanderung auf den Tafelberg bis hin zur Safari durch die Nationalparks braucht.

Es gibt auch kleinere Filialen in der Victoria Wharf (s. links) sowie in den Einkaufspassagen **Gardens Centre** (Karte S. 62; ☎ 021-465 1842; www.gardensshoppingcentre.co.za; Ecke Mill & Buitenkant St, Gardens; ⏲ Mo–Fr 9–19, Sa 9–17, So 9–14 Uhr; Gardens) und Cavendish Square (S. 103).

Atlantikküste

Hout Bay Craft Market MARKT

(Baviaanskloof Rd, Hout Bay; ⏲ So 10–17 Uhr; Military) Die Stände des kleinen Markts auf der Dorfwiese sammeln Spenden für den Lions Club von Hout Bay. Ein Besuch des Marktes ist eine nette Art, den Sonntag zu verbringen. Hier findet man Kunsthandwerk von Einheimischen, darunter eindrucksvolle Perlenarbeiten, farbenfroh bedruckte Stoffe und niedliche Perlhühner aus Kiefernzapfen.

Südliche Vororte

★ Montebello KUNST & KUNSTHANDWERK
(www.montebello.co.za; 31 Newlands Ave, Newlands; ⏲ Mo–Fr 9–17, Sa 9–16, So 9–15 Uhr; 🚉 Newlands) Dieses Entwicklungsprojekt hat vielen großartigen Kunsthandwerkern und Designern zum Durchbruch verholfen. Auf dem grünen Gelände liegen Künstlerateliers rund um den zentralen Laden, in dem es eine große Auswahl an Souvenirs zu kaufen gibt, auch solche aus Recyclingmaterial. Es gibt außerdem eine Gärtnerei, das ausgezeichnete Café **Gardener's Cottage** und Autowäscher.

Cavendish Square EINKAUFSPASSAGE
(☎ 021-657 5620; www.cavendish.co.za; Dreyer St, Claremont; ⏲ Mo–Sa 9–19, So 10–17 Uhr; 🚉 Claremont) In diesem Kristallisationspunkt der Shoppingszene von Claremont sind viele der führenden Modedesigner von Kapstadt mit Boutiquen vertreten. Hinzu kommen Supermärkte, Warenhäuser und zwei Multiplex-Kinos.

Südliche Halbinsel

★ Kalk Bay Modern KUNST & KUNSTHANDWERK
(☎ 021-788 6571; www.kalkbaymodern.co.za; 136 Main Rd, Kalk Bay; ⏲ 9.30–17 Uhr; 🚉 Kalk Bay) Die wunderbare Galerie ist mit einer ansprechenden Auswahl an Kunst und Kunsthandwerk bestückt; außerdem werden hier oft Ausstellungen einheimischer Künstler gezeigt. Unbedingt einen Blick wert ist die Art-i-San-Kollektion bedruckter Stoffe, ein Fair-Trade-Produkt, das die !Kung Bushmen in Namibia herstellen.

Artvark KUNST & KUNSTHANDWERK
(☎ 021-788 5584; www.artvark.org; 48 Main Rd, Kalk Bay; ⏲ 9–18 Uhr; 🚉 Kalk Bay) Die Galerie für moderne Volkskunst ist ein toller Ort, um attraktive Souvenirs zu erstehen. Die Auswahl an interessanten Kunst- und Kunsthandwerksobjekten von lokalen Künstlern ist groß, u. a. gibt es Gemälde, Töpferwaren und Schmuck, außerdem Artikel aus Indien und Zentralamerika.

ℹ Praktische Informationen

GEFAHREN & ÄRGERNISSE

Kapstadts sehr entspannte Atmosphäre verleitet manchen Reisenden dazu, sich allzu sicher zu fühlen. Diebstähle passieren meist an solchen Orten, wo Urlauber sich unvorsichtig verhalten, indem sie beispielsweise ihre Wertsachen leichtfertig unbeaufsichtigt am Strand liegen lassen, während sie schwimmen oder spazieren gehen.

Überängstlichkeit ist zwar nicht angesagt, gesunder Menschenverstand aber schon. Auf der Kap-Halbinsel herrscht eine unglaubliche Armut, daher ist die „informelle Umverteilung von Wohlstand" recht verbreitet.

Spaziergänge in der Stadt sind im Allgemeinen relativ sicher, doch sollte man immer dem Rat der Einheimischen folgen, wo man hingehen kann und welche Ecken man besser meiden sollte. In der Gruppe ist man auf jeden Fall immer sicherer unterwegs.

Das Baden an den Stränden des Kaps kann besonders für diejenigen Schwimmer gefährlich werden, die mit der Brandung nicht vertraut sind. Generell gilt: Immer auf die Warnhinweise achten und ausschließlich an bewachten Stränden ins Wasser gehen.

GELD

Geldwechsel ist am Flughafen möglich, in der Stadt gibt es überall Geldautomaten.

INTERNETZUGANG

So ziemlich alle Hotels und Hostels sowie etliche Cafés und Restaurants haben Internetzugang und/oder WLAN; sie sind in den Adressblöcken entsprechend gekennzeichnet (📶). Teils ist das Angebot kostenlos (nach dem Passwort fragen), bei anderen muss man bezahlen.

Internetcafés (Std. 30 R) sind in der City Bowl weit verbreitet.

MEDIEN

Kapstadts Morgenzeitung *Cape Times* und die nachmittäglich erscheinende *Cape Argus* drucken mehr oder weniger dieselben Nachrichten.

Cape Etc ist ein seriöses, zweimonatlich erscheinendes Kunst- und Veranstaltungsmagazin, das sich dem Geschehen in der Stadt widmet. Das Online-Magazin Cape Town Magazine (www.capetownmagazine.co.za) ist ebenfalls eine nützliche Informationsquelle mit einer aktuellen Übersicht über Veranstaltungsorte und Events.

MEDIZINISCHE VERSORGUNG

Die medizinische Versorgung in Kapstadt hat einen hohen Standard. Hotels und die meisten anderen Unterkünfte können nötigenfalls den Hausbesuch eines Arztes organisieren.

Groote Schuur Hospital (☎ 021-404 9111; www.westerncape.gov.za/your_gov/163; Main Rd, Observatory; 🚉 Observatory) In Notfällen kann man direkt in die Notaufnahme gehen.

Netcare Christiaan Barnard Memorial Hospital (☎ 021-480 6111; https://www.netcare.co.za/139/netcare-christiaan-barnard-memorial-hospital; 181 Longmarket St, City Bowl; 🚌 Church/Longmarket) Die beste Privatklinik der Stadt. Der Empfang befindet sich im achten Stock.

Netcare Travel Clinic (☎ 021-419 3172; www.travelclinic.co.za; 11. Stock, Picbal Arcade, 58 Strand St, City Bowl; ⊙ Mo–Fr 8–16 Uhr; 🚌 Adderely) Gute Adresse bezüglich Impfungen und Reise-Gesundheitstipps.

NOTFALL

Bei Notfällen die ☎ 107 oder mit dem Handy ☎ 021-480 7700 anrufen.

Weitere nützliche Telefonnummern sind unten aufgelistet.

Polizei (☎ 10111)

Seenotrettung (☎ 021-449 3500)

Table Mountain National Park (☎ 0861-106 417)

POST

Unter www.sapo.co.za kann man das nächstgelegene Postamt finden. Die Post arbeitet zuverlässig, aber langsam. Wer wertvolle Sendungen verschicken möchte, sollte daher besser einen privaten Postdienst beauftragen, z. B. **Postnet** (Karte S. 54; www.postnet.co.za), das internationale Sendungen mit DHL verschickt.

General Post Office (Karte S. 54; www.postoffice.co.za; Parliament St, City Bowl; ⊙ Mo–Fr 8–16.30, Sa 8–12 Uhr) Die Hauptpost im Obergeschoss über dem Einkaufszentrum hat einen Schalter für postlagernde Sendungen.

TELEFON

SIM-Karten mit Guthaben gibt es bei den MTM- und Vodacom-Schaltern am Flughafen oder in der Stadt, wo auch Cell-C-Shops zu finden sind. Aufladekarten sind in der ganzen Stadt erhältlich.

TOURISTENINFORMATION

Im Hauptbüro von **Cape Town Tourism** (Karte S. 54; ☎ 021-487 6800; www.capetown.travel; Pinnacle Bldg, Ecke Castle & Burg St, City Bowl; ⊙ Mo–Fr 8–17.30, Sa 8.30–14, So 9–13 Uhr; 🚌 Church/Mid-Long) gibt es Berater, die Unterkünfte, Touren und Mietwagen buchen können. Außerdem bekommt man hier verschiedene Informationen zu Nationalparks und Schutzgebieten.

In der Stadt gibt es weitere Cape-Town-Tourism-Büros.

Kirstenbosch Visitor Information Centre (☎ 021-762 0687; www.capetown.travel; Rhodes Dr, Kirstenbosch Botanical Gardens, Haupteingang, Newlands; ⊙ 8–17 Uhr)

Muizenberg Visitor Information Centre (☎ 021-787 9140; The Pavilion, Beach Rd; ⊙ Mo–Fr 8–17, Sa & So 9–13 Uhr; 🚆 Muizenberg)

Simon's Town Visitor Information Centre (☎ 021-786 8440; 111 St George's St, Simon's Town; ⊙ Mo–Fr 8–17, Sa & So 9–13 Uhr; 🚆 Simon's Town)

V&A Waterfront Visitor Information Centre (Karte S. 66; ☎ 021-408 7600; Dock Rd, V&A Waterfront; ⊙ 9–18 Uhr; 🚌 Nobel Square)

An- & Weiterreise

BUS

Fernbusse kommen am Busbahnhof neben der Cape Town Train Station an; dort findet man Buchungsbüros für die folgenden Busgesellschaften, alle haben täglich von 6 bis 18.30 Uhr geöffnet.

Baz Bus (☎ 0861 229 287, 021-422 5202; www.bazbus.com) Bietet Tarife zum beliebig häufigen Ein- und Aussteigen und einen Tür-zu-Tür-Service zwischen Kapstadt und Johannesburg/Pretoria über den Northern Drakensberg, Durban und die Garden Route.

Greyhound (Karte S. 54; ☎ 021-418 4326; www.greyhound.co.za)

Intercape Mainliner (Karte S. 54; ☎ 0861 287 287; www.intercape.co.za)

Translux (Karte S. 54; ☎ 0861 589 282, 021-449 6209; www.translux.co.za)

FLUGZEUG

Cape Town International Airport (CPT; ☎ 021-937 1200; www.airports.co.za): Liegt 22 km östlich des Stadtzentrums und hat eine Touristeninformation.

ZUG

Alle Fernzüge beginnen und enden am **Bahnhof von Kapstadt** (Ecke Adderley St & Strand St). Züge von **Shosholoza Meyl** (☎ 086 000 8888; www.shosholozameyl.co.za) fahren mittwochs, freitags und sonntags über Kimberley von/nach Johannesburg. In den Schlafwagen kann man gemütlich schlafen und gut speisen.

Wer mehr Luxus wünscht, fährt mit dem eleganten **Blue Train** (☎ 021-449 2672; www.bluetrain.co.za), der auf dem Weg nach Pretoria in Matjiesfontein und auf dem Weg zurück in Kimberley hält, oder alternativ mit **Rovos Rail** (☎ 021-421 4020; www.rovos.com).

Unterwegs vor Ort

In diesem Kapitel sind bei den einzelnen Angaben die nächstgelegenen Cape-Metro-Rail-Bahnhöfe und MyCiTi-Bushaltestellen genannt, wenn dieser Ort maximal etwa 100 m von einer Station oder Haltestelle entfernt liegt.

AUTO & MOTORRAD

Kapstadt verfügt über ein ausgezeichnetes Straßen- und Autobahnnetz mit überraschend wenig Verkehr – jedenfalls außerhalb der Stoßzeiten am frühen Morgen und späten Nachmittag. Schwierig ist es nur, sich an die oft sprunghaften, manchmal gefährlichen Manöver der anderen Fahrer zu gewöhnen.

Folgende Firmen vermieten sowohl Autos als auch Motorräder:

Around About Cars (☎ 021-422 4022; www.aroundaboutcars.com; 20 Bloem St; ⌚ Mo–Fr 7.30–19, Sa 7.30–16, So 8–13 Uhr; 🚌 Upper Long/Upper Loop) Freundliche lokale Firma, die zu den besten unabhängigen Autovermietern der Stadt zählt (Tagesmiete ab 230 R).

Avis (☎ 021-424 1177; www.avis.co.za; 123 Strand St, City Bowl; ⌚ Mo–Fr 7.30–18, Sa & So 8–12 Uhr; 🚌 Strand)

Budget (☎ 021-418-5232; www.budget.co.za; 120 Strand St)

Hertz (☎ 021-410 6800; www.hertz.co.za; 40 Loop St, City Bowl; ⌚ Mo–Fr 7–18, Sa & So 8–16 Uhr; 🚌 Strand)

Harley Davidson Cape Town (☎ 021-401 4260; www.harley-davidson-capetown.com; 9 Somerset Rd, De Waterkant; ⌚ Mo–Fr 8.30–17.30, Sa 8–14 Uhr; 🚌 Alfred)

Scoot Dr (☎ 021-418-5995; www.scootdr.com; 61 Waterkant St, Foreshore; ⌚ Mo–Fr 8–17, Sa 8–13 Uhr; 🚌 Strand) Vermietet Vespas und Yamaha Motorroller.

BUS

MyCiTi

Die Pendlerbusse von **MyCiTi** (☎ 0800 656 463; www.myciti.org.za) fahren täglich zwischen 5 und 22 Uhr; in der Zeit zwischen 8 und 17 Uhr verkehren sie häufiger. Die Linien decken das Stadtzentrum bis nach Gardens und hinaus zur Waterfront, die Atlantikküste bis Camps Bay und Hout Bay, die Strecke die Kloof Nek Road hinauf nach Tamboerskloof (mit einem Shuttleservice zur Seilbahn) sowie Woodstock und Salt River, Khayelitsha und den Flughafen ab.

Der Fahrpreis muss mit der myconnect card (sie kostet 35 R, die nicht erstattet werden) bezahlt werden, die an den Haltestellenhäuschen von MyCiTi und bei teilnehmenden Einzelhändlern erhältlich ist. Man kann auch Einzeltickets kaufen (30 oder 75 R zum/vom Flughafen). Eine Bankgebühr in Höhe von 2,5 % des Guthabens (mindestens 1,50 R) wird einbehalten. Wer also 200 R auf die Karte lädt, kann 195 R abfahren. Mit der Karte, die von ABSA (einer nationalen Bank) ausgegeben wird, können auch kleinere Beträge in Läden und Firmen mit dem MasterCard-Zeichen bezahlt werden.

Die Tarife richten sich nach der Tageszeit (von 6.30 bis 8.30 Uhr und von 16 bis 18 Uhr gelten Stoßzeitpreise) und danach, ob man das MyCiTi-Mover-Paket (Beträge zwischen 50 und 1000 R) auf die Karte geladen hat; dadurch verringert sich der Standardfahrpreis um 30 %.

Für Fahrten unter 5 km (z. B. vom Civic Centre nach Gardens oder zur Waterfront) liegt der Standardpreis in der Stoßzeit (Mo–Fr 6.30–8.30 und 16–18 Uhr) bei 8,90 Rand, zu anderen Zeiten bei 6,80 Rand; vom Stadtzentrum zum Table View kostet die Fahrt 12,50/9,40 Rand, vom Stadtzentrum zum Flughafen 68,70/65,60 Rand und vom Stadtzentrum nach Hout Bay 12,50/9,40 Rand.

Golden Arrow

Busse der Gesellschaft **Golden Arrow** (☎ 0800 656 463; www.gabs.co.za) fahren vom **Golden Acre Bus Terminal** (Karte S. 54; Grand Pde) ab, meist am frühen Abend. Sie eigenen sich besonders für Fahrten in die Cape Flats, die nördlichen Vororte und Richtung Süden bis Simon's Town. Die Fahrkarten kosten ab 5 Rand.

FAHRRAD

Wer nicht vor den vielen Hügeln und großen Distanzen zwischen den Sehenswürdigkeiten zurückschreckt, kann die Kap-Halbinsel hervorragend mit dem Fahrrad erkunden. Dank der Weltmeisterschaft gibt es sogar ausgewiesene Fahrradwege wie z. B. einen guten Weg Richtung Table View in nördlicher Richtung aus der Stadt heraus. Ein weiterer führt entlang des Fan Walk vom Hauptbahnhof Kapstadt nach Green Point. Leider darf man in den Vorortzügen keine Räder mitnehmen.

Folgende Adressen vermieten Fahrräder:

Bike & Saddle (☎ 021-813 6433; www.bikeandsaddle.com)

Cape Town Cycle Hire (☎ 084 400 1604, 021-434 1270; www.capetowncyclehire.co.za; Tag ab 50 R) Liefert Räder in der City Bowl und an der Atlantikküste bis Llandudno kostenlos an und holt sie wieder ab.

Downhill Adventures (☎ 021-422 0388; www.downhilladventures.com; Ecke Orange & Kloof St, Gardens; ⌚ Mo–Fr 8–18, Sa 8–13 Uhr)

Up Cycles (☎ 076 135 2223; www.upcycles.co.za; 1 Std./halber/ganzer Tag 50/150/200 R; ⌚ Mai–Okt. 8.30–18.30 Uhr, Nov.–April 8–21 Uhr) Fahrräder können an drei Stationen abgeholt und auch wieder zurückgegeben werden: Sea Point Pavilion, Clock Tower Square in der Waterfront und Hotel Rhodes Mandela Place in der City Bowl.

ZUM/VOM FLUGHAFEN

MyCiTi-Busse starten zwischen 5 und 22 Uhr alle 20 Minuten zum Bahnhof Civic Centre. Den **Fahrpreis** (Erw./Kind 4–11 Jahre/Kind unter 4 Jahren 53,50/26,50 R/kostenlos) bezahlt man bar oder mit der Myconnect-Karte.

Der **Backpacker Bus** (☎ 082 809 9185; www.backpackerbus.co.za) holt Gäste an ihren Hostels und Hotels in der Stadt ab und bringt sie für 160 Rand pro Person zum Flughafen (180 R zwischen 17 und 8 Uhr).

Taxis verlangen etwa 200 R; das offizielle Taxiunternehmen für Fahrten zum Flughafen ist **Touch Down Taxis** (☎ 021-919 4659).

Alle großen Mietwagenfirmen sind am Flughafen mit eigenen Schaltern vertreten. Die Fahrt entlang der N2 ins Zentrum dauert in der Regel 15 bis 20 Minuten, während der Hauptverkehrszeiten (7–9 und 16.30–18.30 Uhr) auch mal bis zu einer Stunde. Direkt am Flughafen gibt es eine Tankstelle – praktisch für alle, die vor der Rückgabe noch das Mietfahrzeug betanken müssen.

SAMMELTAXI

In Kapstadt (und in Südafrika im Allgemeinen) sind Sammeltaxis generell Minibus-Taxis. Die privat betriebenen Taxis decken auf einem informellen Streckennetz den Großteil der Stadt ab, sind preiswert und eine schnelle Art, um von A nach B zu kommen. Dafür sind sie in der Regel überfüllt und einige Fahrer fahren ziemlich rücksichtslos.

Der zentrale Minibus-Bahnhof liegt im oberen Stockwerk des Hauptbahnhofs. Vom Golden Acre Centre führt eine Fußgängerpassage dorthin, von der Strand Street eine Treppe. Das Ganze ist gut organisiert, die richtige Haltestelle ist schnell gefunden. Anderswo winkt man die Minibus-Taxis einfach vom Straßenrand heran und fragt den Fahrer nach dem Fahrziel.

TAXI

Abends oder mit einer Gruppe empfiehlt sich ein normales Taxi. Die Tarife beginnen bei 10 R pro Kilometer. **Uber** (www.uber.com) ist sehr beliebt und funktioniert gut.

Excite Taxis (☎ 021-448 4444; www.excite-taxis.co.za)

Marine Taxi (☎ 0861 434 0434, 021-447 0329; www.marinetaxis.co.za)

SA Cab (☎ 0861 172 222; www.sacab.co.za)

Telecab (☎ 082 222 0282, 021-788 2717) Für Transfers von Simon's Town nach Boulders und Cape Point.

ZUG

Züge der Cape Metro Rail (S. 695) sind ein praktisches Verkehrsmittel, obwohl sie an Wochentagen nach 18 und samstags ab 12 Uhr nur noch selten (oder gar nicht mehr) fahren.

Der Unterschied zwischen MetroPlus- (1. Klasse) und Metro- (2. Klasse) Waggons bei Preis und Komfort ist zu vernachlässigen. Die wichtigste Strecke für Besucher ist die Simon's-Town-Linie, die durch Observatory und um die Rückseite des Tafelbergs herum durch Vororte mit gehobenem Einkommen wie Newlands und weiter nach Muizenberg und zur False-Bay-Küste verläuft. Diese Züge fahren von 6 bis 21 Uhr mindestens einmal pro Stunde, und während der Stoßzeiten (6–9 und 15–18 Uhr) sogar alle 15 Minuten.

Metrozüge fahren auch hinaus nach Strand auf der Ostseite der False Bay und in die Weingebiete nach Stellenbosch und Paarl. Sie sind das billigste und einfachste Verkehrsmittel in diese Gebiete; zu den Stoßzeiten sind sie am sichersten.

Einige Preisbeispiele für MetroPlus/Metro: Observatory (9,50/7 R), Muizenberg (12,50/8,50 R), Simon's Town (15,50/9,50 R), Paarl (18,50/12 R) und Stellenbosch (18,50/12 R). Ein Touristenticket (30 R) gilt einen Tag lang für beliebig viele Fahrten zwischen Kapstadt und Simon's Town und allen Stationen dazwischen.

Western Cape

➡ Inhalt

Gut essen

- Le Quartier Français: Tasting Room (S. 123)
- Die Strandloper (S. 181)
- Karoux (S. 134)
- Schoon de Companje (S. 114)

Schön übernachten

- Vindoux Treehouses (S. 130)
- Brenton Cottages (S. 163)
- Nothando Backpackers Hostel (S. 166)
- Oudebosch Eco Cabins (S. 136)
- Arniston Spa Hotel (S. 147)

Auf in die Provinz Western Cape!

Die wunderbare Provinz Western Cape (Westkap bzw. Wes-Kaap) lockt mit Weingütern von Weltrang, prächtigen Stränden und spektakulären Berglandschaften. Aber auch die weniger bekannten Regionen haben viel zu bieten: In den weiten, offenen Flächen der Karoo, in den Naturschutzgebieten und Wildnisbereichen kann man Vögel beobachten, sportliche Abenteuer in freier Natur erleben oder einfach nur unter dem blauen Himmelszelt entspannen.

Western Cape bietet eine große Auswahl an Aktivitäten, von entspannten Weinverkostungen über Panoramafahrten bis hin zu adrenalinreichen Abenteuern wie Fallschirmspringen oder Klettern.

Die Region ist zudem ein interessanter Schmelztiegel der Kulturen. In den Cederberg Mountains kann man Khoisan-Felskunst bewundern. Außerdem gibt es gute Möglichkeiten, Townships der schwarzen Bevölkerung zu besuchen und in die faszinierende Kultur der Xhosa einzutauchen.

Reisezeit

Knysna

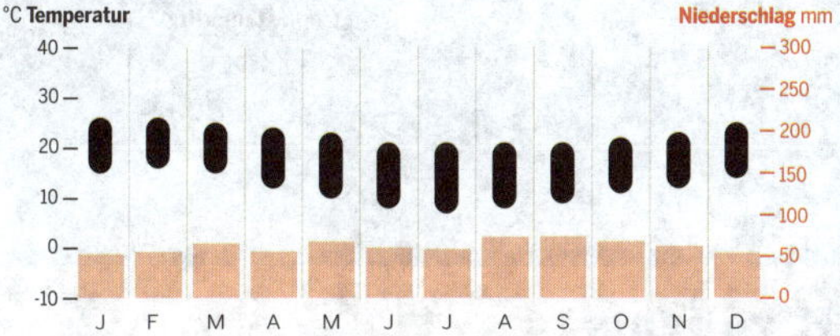

Feb.–März & Nov. Perfekte Temperaturen: nicht zu heiß zum Wandern und warm genug für den Strand.

Juni–Aug. Beginn der Walbeobachtungssaison; an der Westküste blühen die Wildblumen.

Dez.–Jan. Die Preise ziehen an, und die Besucherzahlen steigen. Es ist heiß – und Festival-Saison.

Highlights

1 Die hervorragenden Weine und Lokale in den historischen Ortschaften der **Cape Winelands** (S. 110)

2 Die Khoisan-Kultur und eine Wanderung entlang der bizarren Felsformationen der **Cederberg Wilderness Area** (S. 183)

3 Die Fahrt auf der malerischen Küstenstraße durch Betty's Bay nach **Hermanus** (S. 140) und anschließend eine Wanderung auf dem Klippenweg mit etwas Glück sieht man Wale

4 Eine Wanderung durch die Wälder von **Knysna** (S. 160)

und ein Essen mit Austern frisch aus der Lagune

5 Ein Kitesurfing-Kurs an der **Westküste** (S. 178) und anschließend ein leckeres Meeresfrüchteessen am Strand

6 Die guten Lokale von **Prince Albert** (S. 175) und die herzliche Gastfreundschaft der Karoo

7 Ein Besuch der wenig besuchten Weinregion rund um **Robertson** (S. 131) mit interessanten Weingütern

8 Ein Spaziergang am windgepeitschten Strand von **Wilderness** (S. 158) und eine Kajaktour durch die Lagunen

Geschichte

Die Ureinwohner der Provinz Western Cape sind die Khoisan. Heute leben hier nur noch wenige von ihnen, ihre Sprachen und ihre Kultur sind weitgehend verloren gegangen. Später zogen Bantu-Völker aus dem Norden in die Gegend, vor mehr als 350 Jahren kamen die Europäer ins Land. Die Holländer führten den Weinbau ein, der dann durch französische Hugenotten Auftrieb erhielt und das Erscheinungsbild und die Wirtschaft der Provinz entscheidend veränderte.

Klima

Der Sommer (Okt.–März) ist in der Provinz Western Cape trocken und sonnig; die Durchschnittstemperaturen sind warm bis heiß – in einigen Regionen können sie bis zu 40 °C erreichen. Es ist oft windig, und der südöstliche „Kapdoktor", der über das Kap fegt, kann sich zum Orkan auswachsen, der dann für die ersehnte Abkühlung sorgt. Im Winter (Juni–Aug.) wird es kühl; die durchschnittliche Tiefsttemperatur liegt dann bei etwa 5 °C, die Höchsttemperatur bei rund 17 °C, wobei es immer wieder warme sonnige Tage gibt. Im Winter fällt jede Menge Regen und gelegentlich auf den höheren Bergen auch Schnee. Nördlich von Kapstadt wird es zunehmend trockener und heißer. An der Südküste ist das Klima gemäßigt.

Sprache

Western Cape ist die einzige Provinz in Südafrika, in der die Mehrheit der Bevölkerung *coloured*, also farbig, ist. Die meisten „Kap-Farbigen", die ihre Wurzeln bis zu den Khoisan oder zu den aus Indonesien und Madagaskar eingeführten Sklaven zurückverfolgen können, haben Afrikaans als Muttersprache, wobei Englisch jedoch überall gesprochen wird.

ℹ An- & Weiterreise

Die Provinz ist per Bus, Flugzeug und Auto leicht erreichbar. Von Johannesburg aus gibt es täglich Bus-, Zug- und Flugverbindungen nach Kapstadt, von wo aus man mit öffentlichen Verkehrsmitteln oder einem Mietwagen in der ganzen Provinz herumkommt. Die Orientierung ist nicht schwer, die Straßen sind gut und die Entfernungen nicht allzu groß. **Baz Bus** (☎ 0861 229 287; www.bazbus.com; 14-Tage-Karte 3400 R) betreibt einen Shuttle-Dienst, bei dem man beliebig oft aus- und zusteigen kann. Die Busse fahren die wichtigsten Städte der Winelands, der Region Overbergs und der Garden Route an.

WINELANDS

Im Hinterland von Kapstadt erstreckt sich die früher als „Boland" (Hochland) bezeichnete Region Winelands. Das erstklassige Weinbaugebiet ist inzwischen das bekannteste Südafrikas. Die wunderschönen Gebirgszüge rund um Stellenbosch und Franschhoek bieten ein ideales Mikroklima für die Reben.

Kolonisten siedeln hier seit der zweiten Hälfte des 17. Jhs., als die Holländer Stellenbosch gründeten und sich anschließend französische Hugenotten in Franschhoek niederließen. Beide Städte sind stolz auf ihre jungen, innovativen Köche, von denen viele eigene Restaurants auf Weingütern betreiben. Überhaupt ist die Region zur Triebfeder der südafrikanischen Küche geworden. Zusammen mit Paarl bilden diese Orte das Herz der Winelands. Doch es gibt noch viele weitere Ortschaften zu erkunden, die ebenfalls Wein produzieren.

Das hübsche Tulbagh mit seinen zahlreichen historischen Gebäuden ist für seine Méthode Cap Classique (MCC) – die südafrikanische Variante der Champagnerherstellung – bekannt. Die in und um Robertson verstreuten Weingüter bieten oftmals Gratis-Verkostungen an.

Man kann die Städte der Winelands alle im Rahmen von Tagesausflügen ab Kapstadt besuchen. Stellenbosch und Paarl sind mit dem Zug erreichbar, ohne eigenes Fahrzeug kommt man am leichtesten nach Franschhoek.

Wer die Region richtig kennenlernen und die Weingüter besuchen will (derzeit sind es rund 400), sollte vor Ort übernachten und sich einen Wagen mieten. Ein Fahrrad reicht aus, wenn man sich hinsichtlich der Besichtigungen nicht zu viel vornimmt. Wer aber möglichst viele Weingüter besuchen will, kommt um einen Leihwagen nicht herum. Diejenigen, die gerne einfach den einen oder anderen Wein probieren wollen, können sich auch einer der vielen organisierten Touren anschließen.

Robertson, McGregor, Tulbagh und Greyton liegen alle in einem Radius von zwei Stunden Autofahrt um Kapstadt. Man kann den Ausflug locker an einem Tag schaffen, schöner und empfehlenswert ist es jedoch, in einer der Kleinstädte der Winelands gemütlich essen zu gehen und sich dann in einer der preisgünstigen Unterkünfte, die es zahlreich in den abgelegeneren Weinregionen gibt, ein Zimmer zu nehmen.

Stellenbosch

55 000 EW.

Stellenbosch ist eine elegante, historische Stadt mit sehenswerten Gebäuden im kapholländischen, georgianischen und viktorianischen Stil. Die Häuser stehen in alten, von Eichen gesäumten Straßen. Doch Stellenbosch bietet noch mehr, z. B. einige interessante Museen, hochwertige Hotels und eine unglaubliche Menge an Bars, Clubs und Restaurants, in denen die Einheimischen, Studenten, Kapstädter und Touristen dafür sorgen, dass es ständig hoch hergeht.

Stellenbosch wurde 1679 vom Gouverneur des Kaps am Ufer des Eerste River (Afrikaans: Eersterivier) gegründet und war – und ist bis heute – für seinen guten Boden berühmt. Somit waren die Bedingungen ideal, um Gemüse und Wein für die Versorgung der Schiffe anzubauen, die am Kap einen Zwischenstopp auf ihrem Weg nach Asien bzw. Europa einlegten.

Sehenswertes & Aktivitäten

In Stellenbosch

Village Museum MUSEUM

(Karte S. 112; www.stelmus.co.za; 18 Ryneveld St; Erw./Kind 35/15 R; Mo–Sa 9–17 Uhr, April–Aug. So 10–13 Uhr, Sept.–März 10–16 Uhr) Das sehenswerte Freilichtmuseum umfasst den gesamten von den Straßen Ryneveld, Plein, Drostdy und Church Street umgrenzten Block und besteht aus wunderschön restaurierten Häusern, die zwischen 1709 und 1850 errichtet wurden und mit Möbeln aus ihrer Entstehungszeit eingerichtet sind. Zum Freilichtmuseum gehören außerdem hübsche Gärten und das prächtige **Grosvenor House** auf der gegenüberliegenden Seite der Drostdy Street.

Toy & Miniature Museum MUSEUM

(Karte S. 112; 42 Market St, Rhenish Parsonage; Erw./Kind 20/10 R; Mo–Fr 9–16, Sa 9–14 Uhr) Dieses wunderbare Museum präsentiert eine bemerkenswerte Spielzeugsammlung – die Bandbreite reicht von detailreichen Eisenbahnlandschaften bis hin zu Puppenhäusern. Das Highlight ist jedoch ein Gespräch mit Kurator Philip Kleynhans, der mit viel Enthusiasmus die Geschichte und Architektur der Region, aber auch die hübschen Exponate erklärt.

> **RUNDGANG DURCH STELLENBOSCH**
>
> Wer sich die Kalorien der vielen Weinverkostungen ablaufen möchte, sollte an einem **geführten Spaziergang** (pro Pers. 100 R; Mo–Fr 11 & 15, Sa & So 9.30 Uhr) teilnehmen, der bei der Touristeninformation **Stellenbosch Tourism** (S. 118) beginnt. Am Wochenende muss man unbedingt reservieren.

Braak PARK

(Karte S. 112; Town Sq) Am nördlichen Ende des Braak, einer weitläufigen Rasenfläche, ragt die neugotische Kirche **St Mary's on the Braak** (Karte S. 112; 021-887 6913; Braak; nach Vereinbarung Mo–Fr 9–16 Uhr) GRATIS, auf, die 1852 vollendet wurde.

Westlich der Kirche befindet sich das **VOC Kruithuis** (Pulvermagazin; Karte S. 112; Erw./Kind 5/2 R; Sept.–Mai Mo–Fr 9–14 Uhr) aus dem Jahr 1777, in dem einst die Waffen und das Schießpulver der Stadt gelagert wurden. Heute beherbergt das Gebäude ein kleines Militärmuseum.

An der Nordwest-Ecke des Platzes beeindruckt das **Fick House** (Burgerhuis; Karte S. 112), ein schönes Beispiel kapholländischer Architektur des späten 18. Jhs.

Bergkelder WEINGUT

(Karte S. 112; 021-809 8025; www.bergkelder.co.za; Weinverkostung 40 R; Mo–Fr 8–17, Sa 9–14 Uhr) Für Weinliebhaber ohne fahrbaren Untersatz ist dieser Weinkeller ideal, denn er liegt nur ein kurzes Stück zu Fuß vom Stadtzentrum entfernt. Nach den einstündigen Führungen findet eine romantische Verkostung im Weinkeller bei Kerzenschein statt. Die Führungen beginnen montags bis freitags jeweils um 10, 11, 14 und 15 Uhr sowie samstags um 12 Uhr. Eine kombinierte Weinverkostung mit Speisen, für die edles Salz verwendet wurde (75 R), ist ebenfalls möglich. Alle Aktivitäten müssen vorab gebucht werden.

University Museum MUSEUM

(Karte S. 112; 52 Ryneveld St; Eintritt nach Spende; Mo 10–16.30, Di–Sa 9–16.30 Uhr) Das sagenhafte Gebäude im Stil der flämischen Renaissance beherbergt eine interessante und abwechslungsreiche Sammlung mit Kunst aus der Region, eine Fülle anthropologischer Schätze aus Afrika sowie Exponate zu Kultur und Kunst in Südafrika.

Stellenbosch

Stellenbosch

Sehenswertes

1 Bergkelder A1
2 Braak C2
3 Fick House C2
4 Grosvenor House E2
5 St Mary's on the Braak Church C2
6 Toy & Miniature Museum C2
7 University Museum E1
8 Village Museum E2
9 VOC Kruithuis C2

Aktivitäten, Kurse & Touren

10 Adventure Shop C2
Easy Rider Wine Tours .... (s. 14)

Schlafen

11 D'Ouwe Werf D2
12 Ikhaya Backpackers D2
13 Stellenbosch Hotel D2
14 Stumble Inn B3

Essen

15 Decameron E2
16 Helena's D2
17 Katjiepiering Restaurant F1
18 Schoon de Companje D2
19 Wijnhuis D2

Ausgehen & Nachtleben

20 Bohemia D1
21 Brampton Wine Studio D2
22 Craft Wheat & Hops D2
23 Drostdy Centre C1
24 Mystic Boer D1
25 Nu Bar D2

Shoppen

26 Kunsthandwerkermarkt C2
27 Oom Samie se Winkel B3

Rund um Stellenbosch

In der Umgebung von Stellenbosch gibt es eine Fülle besuchenswerter Weingüter. In der Touristeninformation von Stellenbosch liegt die kostenlose Broschüre *Stellenbosch and its Wine Routes* aus, die einen (relativ) kompletten Überblick vermittelt.

★ **Villiera** WEINGUT

(Karte S. 116; ☎021-865 2002; www.villiera.com; Gratisverkostung; ⊙Mo–Fr 9–17, Sa 9–15 Uhr) Das Weingut produziert mehrere ausgezeichnete Cap-Classique-Schaumweine und einen sehr hoch bewerteten und gleichzeitig preisgünstigen Syrah. Bei den tollen zweistündigen Safarifahrten (150 R pro Pers.), die von kun-

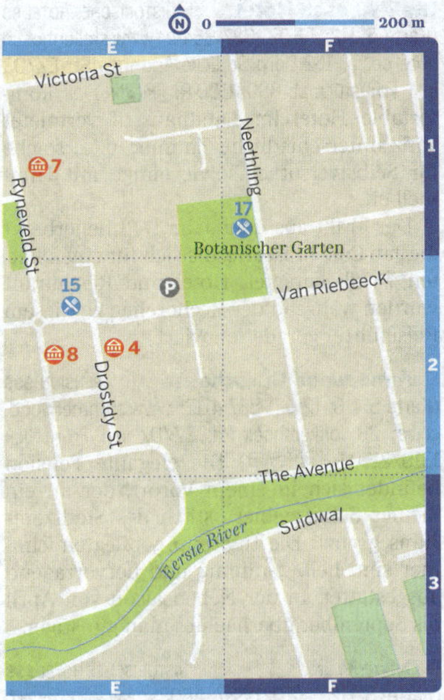

digen Führern geleitet werden, lernt man die verschiedenen Antilopen-, Zebra- und Vogelarten auf dem weitläufigen Gelände der Farm kennen.

Warwick Estate WEINGUT
(Karte S. 116; ☎021-884 4410; www.warwickwine.com; Weinverkostung 25 R, Weinsafari 50 R; ⏲10–17 Uhr; 👪) Die Rotweine des Weinguts Warwick sind legendär, und zwar vor allem die Bordeaux-Verschnitte. Das Weingut bietet eine informative „Big Five"-Safari durch die Weingärten an – gemeint sind in diesem Fall die verschiedenen Rebsorten, nicht das afrikanische Großwild. Anschließend findet auf dem Rasen ein nettes Picknick statt.

Spier WEINGUT
(Karte S. 116; ☎021-809 1100; www.spier.co.za; Weinverkostung ab 38 R; ⏲10–17 Uhr; 👪) Spier ist für seinen hervorragenden Shiraz, Cabernet sowie Rotwein-Cuvées bekannt. Auf einer Führung durch das weitläufige Weingut steht allerdings gar nicht so sehr der Wein im Vordergrund, sondern vielmehr die anderen Aktivitäten, die hier angeboten werden. Dazu zählen Greifvogel-Schauen, Segwayfahrten durch die Weingärten, zwei Restaurants und Picknicks in den Ländereien. Es gibt auch viele Sonderveranstaltungen, nach denen man sich erkundigen sollte.

Interessant ist auch der Spier Winelands Express, ein Zug, der in den Sommermonaten von Kapstadt zum Weingut fährt.

Hartenberg Estate WEINGUT
(Karte S. 116; ☎021-865 2541; www.hartenberg-estate.com; Bottelary Rd; Weinverkostung 25 R; ⏲ganzjährig Mo–Fr 9–17, Sa 9–16 Uhr, Okt.–April 10–16 Uhr) Dank des günstigen Mikroklimas produziert Hartenberg Rotweine der Superlative, und zwar vor allem aus Cabernet-, Merlot- und Shirazreben. Wer will, kann hier zu Mittag essen (unbedingt reservieren). Über den Sommer werden von Oktober bis April Picknicks (175 R) organisiert, die im Rahmen eines Spaziergang durch die Feuchtgebiete des Guts stattfinden.

Van Ryn Brandy Cellar DESTILLERIE
(Karte S. 116; ☎021-881 3875; www.vanryn.co.za; Führung & Brandyverkostung ab 50 R; ⏲ganzjährig Mo–Fr 9–17.30, Sa 9–15.30 Uhr, Okt.–April So 11–15 Uhr) Die Brandy-Destillerie veranstaltet tolle Führungen, zu denen auch eine Ausstellung gehört, die vermittelt, wie Fässer hergestellt werden. Am Ende können sich die Teilnehmer noch ihre Lieblingssorten zum Verkosten aussuchen. Es gibt Brandy-Proben in Verbindung mit Schokolade oder salzig mit Wurstwaren, aber auch Brandy-Cocktail-Verkostungen.

Jonkershoek Nature Reserve NATURSCHUTZGEBIET
(www.capenature.co.za; Jonkershoek Rd; Erw./Kind 40/20 R; ⏲7.30–16 Uhr) Dieses kleine Schutzgebiet liegt 8 km südöstlich der Stadt in einer Holzplantage. Es bietet eine 10 km lange Panoramastraße, die mit dem Auto befahren werden kann, sowie Wanderwege zwischen 5 und 18 km Länge. Am Eingang liegt eine Wanderkarte aus.

Geführte Touren

★ **Bikes 'n Wines** RADTOUR
(Karte S. 116; ☎021-823 8790; www.bikesnwines.com; pro Pers. 550–790 R) Dieses Unternehmen ist wirklich sehr empfehlenswert. Die Fahrradtouren sind zwischen 9 und 21 km lang und führen zu drei oder vier Weingütern der Region.

Easy Rider Wine Tours WEINTOUR
(Karte S. 112; ☎021-886 4651; www.winetour.co.za; 12 Market St) Dieses alteingesessene Unternehmen mit Sitz im Stumble Inn bietet ganztägige Touren mit gutem Preis-Leistungs-Verhältnis (500 R) an, inklusive Mittagessen und allen Verkostungen.

Vine Hopper WEINTOUR
(☎ 021-882 8112; www.vinehopper.co.za; 1-Tagespass 240 R) Ein Bus, in den man ganz nach Lust und Laune ein- und aussteigen kann, verkehrt auf zwei Routen, an denen jeweils sechs Weingüter liegen. Es finden täglich fünf Fahrten statt, die alle an der Touristeninformation von Stellenbosch (S. 118) beginnen; dort kann man auch die Fahrkarten kaufen.

Feste & Events

Wine Festival WEIN
(www.wineroute.co.za) Das Weinfestival Ende Januar/Anfang Februar bietet Besuchern Gelegenheit, bis zu 400 verschiedene edle Tropfen auf einen Schlag zu probieren; Interessierte können auch an Vorträgen über Wein und an Workshops teilnehmen.

Schlafen

Falls das gewünschte Quartier ausgebucht ist, hilft die Touristeninformation von Stellenbosch (S. 118) gerne, eine andere Unterkunft zu finden.

★ **Banghoek Place** HOSTEL $
(Karte S. 116; ☎ 021-887 0048; www.banghoek.co.za; 193 Banghoek Rd; B/Zi. 150/600 R;) Dieses schicke Hostel in der Vorstadt ist eine ruhigere, günstige Unterkunft abseits vom Zentrum. Im Aufenthaltsbereich finden sich ein Satellitenfernseher und ein Billardtisch, im Garten lockt ein netter Pool.

Ikhaya Backpackers HOSTEL $
(Karte S. 112; ☎ 021-883 8550; www.stellenbosch-backpackers.co.za; 56 Bird St; B/DZ ohne Bad 130/370 R;) Die tolle, zentrale Lage des Hostels hat zur Folge, dass man praktisch von der Haustür aus in die Kneipen fällt.

Die Zimmer befinden sich in umfunktionierten Apartments; jeder Schlafsaal hat somit eine eigene Küche und ein eigenes Bad, das auch von den Gästen der Doppelzimmer nebenan genutzt wird.

Stumble Inn HOSTEL $
(Karte S. 112; ☎ 021-887 4049; www.stumbleinnbackpackers.co.za; 12 Market St; Stellplatz 50 R, B 130 R, DZ ohne Bad 370 R;) Stellenboschs Partyhostel Nummer eins verteilt sich auf zwei alte Häuser. Das zweite Gebäude ist ruhiger, da es weiter von der Bar entfernt liegt.

Wichtig zu wissen: Reisende äußern immer wieder Bedenken hinsichtlich der Sicherheit; man sollte hier deshalb auf seine Sachen besonders gut aufpassen.

Stellenbosch Hotel HISTORISCHES HOTEL $$
(Karte S. 112; ☎ 021-887 3644; www.stellenboschhotel.co.za; 162 Dorp St, Ecke Andringa St; EZ/DZ inkl. Frühstück ab 880/1100 R;) Das komfortable Hotel im Landhausstil vermietet ganz unterschiedliche Zimmer, u. a. solche für Selbstversorger sowie einige mit Himmelbett.

Der Trakt aus dem Jahr 1743 beherbergt die Jan Cats Brasserie, die sich für einen netten Drink anbietet. Hotel und Restaurant wurden während der Recherchen zu diesem Reiseführer gerade renoviert.

Summerwood Guesthouse PENSION $$$
(Karte S. 116; ☎ 021-887 4112; www.summerwood.co.za; 28 Jonkershoek Rd; EZ/DZ inkl. Frühstück 1310/2150 R;) Die elegante Pension befindet sich in einem Vorort, der an ein kleines Schutzgebiet östlich des Stadtzentrums grenzt. Die tipptopp gepflegten Zimmer sind hell, geräumig und hervorragend ausgestattet. In der Nebensaison von April bis September übernachtet man günstiger.

D'Ouwe Werf HISTORISCHES HOTEL $$$
(Karte S. 112; ☎ 021-887 4608; www.ouwewerf.co.za; 30 Church St; DZ inkl. Frühstück ab 2000 R;) Dass ansprechende, nostalgische Hotel stammt aus dem Jahr 1802, wurde während der Recherchen zu diesem Reiseführer allerdings gerade umfassend renoviert. Die teureren Luxuszimmer sind mit Antiquitäten und Messingbetten ausgestattet, die Standardzimmer präsentieren sich hell und modern.

Lanzerac Hotel & Spa LUXUSHOTEL $$$
(Karte S. 116; ☎ 021-887 1132; www.lanzerac.co.za; Lanzerac Rd, Jonkershoek Valley; EZ/DZ/Suite inkl. Frühstück ab 2960/3950/6500 R;) Zu diesem wunderschönen Hotel in einem 300 Jahre alten Herrenhaus gehört ein Weingut. Weingut und Hotel liegen zwischen weitläufigen Rasenflächen und beeindrucken mit einem herrlichen Bergblick. Zu einer Suite gehört sogar ein Privatpool.

Essen

Stellenbosch ist eine Freude für jeden Feinschmecker, denn es gibt eine Fülle an Restaurants und Bars. Und aus den Weingütern in der Umgebung kommen einige der interessantesten und innovativsten edlen Tropfen des ganzen Landes.

★ **Schoon de Companje** FEINKOST $
(Karte S. 112; www.decompanje.co.za; 7 Church St; Hauptgerichte 50–100 R; ⏲ Di–So Frühstück &

Mittagessen, Pizza bis 18 Uhr) Die quirlige Bäckerei mit Feinkostabteilung ist stolz darauf, nur Zutaten aus der Region zu verwenden. Auf der Speisekarte stehen Salate, Sandwiches und Vorspeisenteller, aber auch frische Kuchen und Gebäck sowie einheimisches Craft-Bier.

Auf dem Gehsteig draußen finden sich ein paar Tische, drinnen hat das Ambiente etwas von einer Markthalle mit jeder Menge Sitzgelegenheiten und ein paar Geschäften zum Herumstöbern.

Katjiepiering Restaurant CAFÉ $

(Karte S. 112; Van Riebeeck St; Hauptgerichte 50–120 R; ⌚9–17 Uhr) Das Café liegt etwas versteckt in einer Ecke des Botanischen Gartens zwischen exotischen Pflanzen. Hier kann man nett Kaffee trinken und sich einen Kuchen oder ein leichtes Mittagessen schmecken lassen. Es werden aber auch einige traditionelle Gerichte serviert.

Jordan BISTRO, BÄCKEREI $

(☎021-881 3612; www.jordanwines.com; Stellenbosch Kloof Rd; Bäckerei Hauptgerichte 60–120 R, 3-Gänge-Menü ab 345 R; ⌚Do–Sa Frühstück, Mittag- & Abendessen) Das Jordan, ein renommiertes Restaurant in einem Weingut, liegt in Stellenbosch etwas abseits der üblichen Routen, ist aber die Autofahrt dorthin wert. Die Speisekarte strotzt nur so vor noblen, einfallsreichen Gerichten: Wem der Sinn jedoch eher nach etwas Bodenständigem steht, bekommt in der Bäckerei auch Salate und Käseplatten, zu denen frisch gebackenes Brot serviert wird.

Helena's SÜDAFRIKANISCH $$

(Karte S. 112; ☎021-883 3132; www.helenasrestaurant.co.za; 33 Church St, Coopmanhuijs Boutique Hotel; Hauptgerichte 80–220 R; ⌚ Frühstück, Mittag- & Abendessen) Das kleine, reizende Restaurant gehört zu einem Boutiquehotel. Die Speisekarte ist knapp gehalten, aber ein paar traditionelle Gerichte gibt es dann doch und dazu jede Menge Köstlichkeiten aus der Region – das Risotto mit Wildpilzen ist ein Gedicht. Unbedingt einen Tisch reservieren.

96 Winery Road INTERNATIONAL $$

(Karte S. 116; www.96wineryroad.co.za; Winery Rd, Zandberg Farm; Hauptgerichte 120 R; ⌚Mo–Sa Mittag- & Abendessen, So Mittagessen) Das etablierte Restaurant an der R44 zwischen Stellenbosch und Somerset West ist für sein abgehangenes, luftgetrocknetes Rindfleisch bekannt.

Wijnhuis ITALIENISCH $$

(Karte S. 112; www.wijnhuis.co.za; Andringa St, Ecke Church St; Hauptgerichte 100–210 R; ⌚Mittag- & Abendessen) Die Speisekarte ist interessant,

INSIDERWISSEN

ELGIN VALLEY

Wenn man den Sir Lowry's Pass in den Hottentots Holland Mountains, östlich von Somerset West, erreicht hat, geht es langsam wieder bergab ins Land der Äpfel. Die Region rund um Elgin und Grabouw liegt eigentlich nah genug an Kapstadt, um im Rahmen eines Tagesausflugs besucht zu werden. Noch ist sie aber eher ein Geheimtipp. Die Weingüter – sie sind für ihren Sauvignon blanc, Chardonnay und Pinot noir berühmt –, aber auch die Wanderwege und sonstigen Aktivitäten sind daher nie überlaufen.

Paul Cluver Wines (www.cluver.com; N2, Grabouw; ⌚Mo–Fr 9–17, Sa & So 10–14 Uhr) Ein lohnender Zwischenstopp an der Elgin-Weinstraße, der edle Tropfen, ein schönes Restaurant im Landhausstil und Mountainbiketrails bietet.

Green Mountain Trail (www.greenmountaintrail.co.za) Die viertägige Wanderung mit Gepäcktransport führt durch die Berge – eine recht luxuriöse Art des Wanderns. So gibt es Picknicks mit weißer Tischdecke und edlen Weinen, und am Ende einer jeden Tagesetappe ein attraktives Herrschaftshaus auf dem Land zum Übernachten.

Canopy Tour (www.canopytour.co.za; pro Pers. 595 R) Wer sich ein prickelndes Bergerlebnis der besonderen Art wünscht, sollte das Hottentots Holland Nature Reserve von oben in Augenschein nehmen. Die Baumwipfeltour bietet einige Seilrutschen und Hängebrücken, Pausen in den Bäumen und interessanten Ökologieunterricht durch den Guide.

Peregrine Farmstall (N2; ⌚7.30–18 Uhr) Die Einheimischen legen hier gern eine Pause wegen der frisch gebackenen Pies und des frisch gepressten Apfelsafts ein, bevor sie zu ihrem Autoausflug aufbrechen.

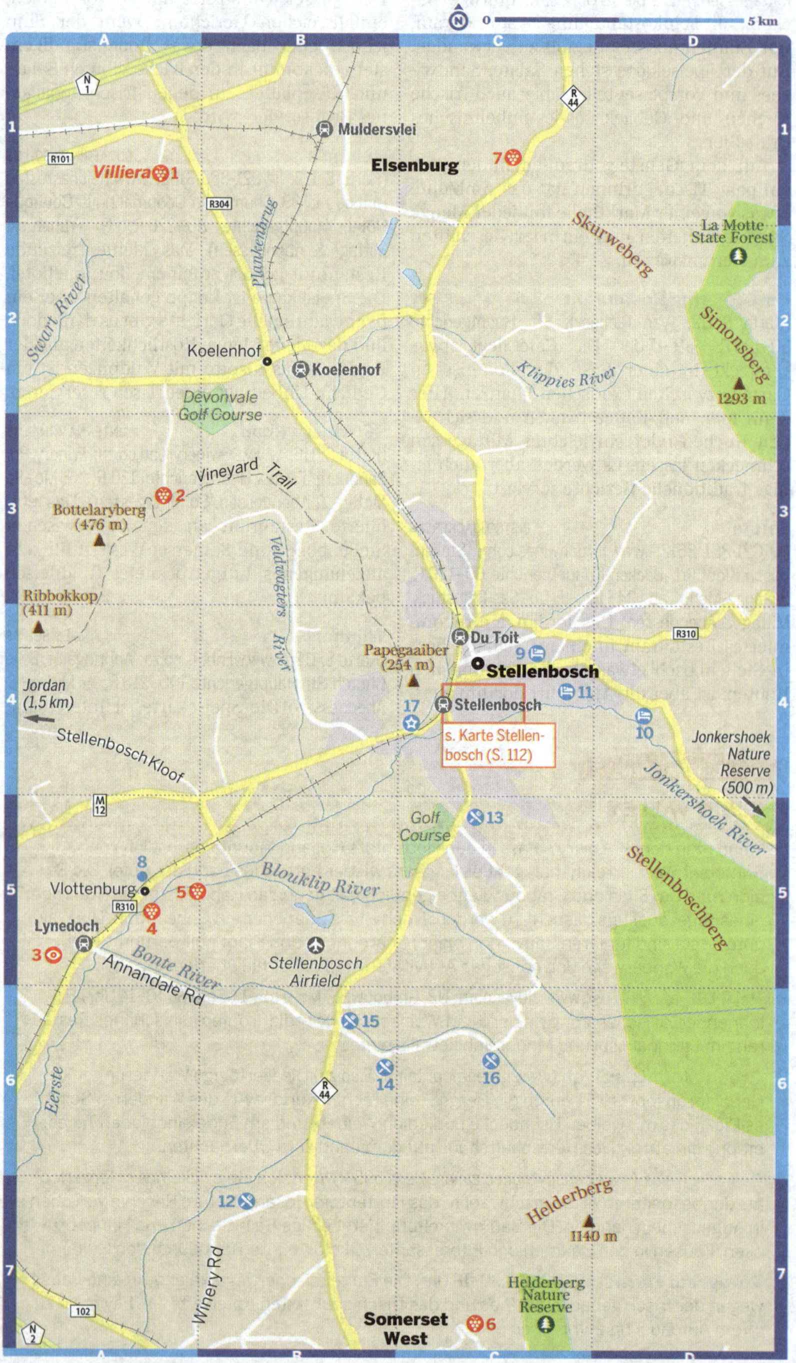
0
5 km
A
B
C
D
1
2
3
4
5
6
7
N1
R44
R101
R304
R310
M12
102
N2
Muldersvlei
Elsenburg
Villiera 1
7
Skurweberg
La Motte State Forest
Simonsberg
1293 m
Plankenbrug
Swart River
Koelenhof
Koelenhof
Klippies River
Devonvale Golf Course
Vineyard Trail
2
Bottelaryberg (476 m)
Veldwagters River
Ribbokkop (411 m)
Du Toit
9
Stellenbosch
Papegaaiber (254 m)
11
Stellenbosch
17
10
s. Karte Stellenbosch (S. 112)
Jordan (1,5 km)
Jonkershoek Nature Reserve (500 m)
Stellenbosch Kloof
Jonkershoek River
Golf Course
13
Stellenboschberg
8
Vlottenburg
5
Blouklip River
4
Lynedoch
3
Bonte River
Annandale Rd
Stellenbosch Airfield
15
14
16
Eerste
12
Helderberg
1140 m
Winery Rd
Helderberg Nature Reserve
Somerset West
6

Rund um Stellenbosch

auf der umfangreichen Weinkarte finden sich über 500 verschiedene edle Tropfen. Etwa 20 Weine werden im Glas ausgeschenkt, auf Wunsch finden auch Verkostungen statt (50 R).

Decameron ITALIENISCH $$
(Karte S. 112; 50 Plein St; Hauptgerichte 70–190 R; Mo–Sa Mittag- & Abendessen, So Mittagessen) Das Flaggschiff der italienischen Gastroszene in Stellenbosch bietet einen schattigen Patio neben dem Botanischen Garten.

★ **Rust en Vrede** FUSIONSKÜCHE $$$
(Karte S. 116; 021-881 3757; www.rustenvrede.com; Annandale Rd; 4-Gänge-Menü 620 R, 6-Gänge-Menü mit/ohne Wein 1150/750 R; Di–Sa Abendessen) In diesem Restaurant auf einem Weingut kocht Küchenchef John Shuttleworth Klassiker mit modernem Touch.

Overture Restaurant FUSIONSKÜCHE $$$
(Karte S. 116; 021-880 2721; Hidden Valley Wine Estate, ab Annandale Rd; 3-Gänge-Menü 375 R, 6-Gänge-Menü 540 R; Mi–So Mittagessen, Do–Sa Abendessen) Ein sehr modernes Weingut mit Restaurant, in dem Fernsehkoch Bertus Basson überwiegend Gerichte aus regionalen und saisonalen Produkten zaubert und dazu Weine aus dem Hidden Valley kredenzt.

Ausgehen & Nachtleben

Das Nachtleben in Stellenbosch orientiert sich überwiegend an den Interessen der Studenten, aber es gibt auch einige feudalere Lokalitäten. Da man abends im Stadtzentrum gefahrlos herumbummeln kann, bietet sich eine Kneipentour an. Und wenn jemand im Stumble Inn wohnt, wird vielleicht sogar eine organisiert.

★ **Brampton Wine Studio** WEINBAR
(Karte S. 112; 021-883 9097; www.brampton.co.za; 11 Church St; Mo–Fr 9–19.30, Sa ab 10 Uhr) In diesem trendigen Café mit Tischen auf dem Gehsteig draußen kann man spielen oder auf den Tischen herumkritzeln, während man an seinem Shiraz nippt. Das Café fungiert gleichzeitig als Verkostungsraum des Weinguts Brampton. Sandwiches und Wraps (50–70 R) werden den ganzen Tag über serviert.

Drostdy Centre BAR
(Karte S. 112; ab Bird St) Das Dros, das Terrace und das Tollies liegen geballt in diesem Komplex gleich nördlich der Braak – die quirligsten Bars, die Stellenbosch zu bieten hat. Dazu kommt noch ein Nachtclub.

Craft Wheat & Hops BIER
(Karte S. 112; Andringa St; Mo–Sa 11–21.30 Uhr) In diesem Lokal gibt es 15 Fassbiere aus der hiesigen Mikrobrauerei und ein weiteres Dutzend Biere in Flaschen. Die Weinkarte kann sich ebenfalls sehen lassen, und die Auswahl an Hochprozentigem ist hervorragend. Als Grundlage können Sandwiches (40–60 R) bestellt werden, nach 16 Uhr verschiedene Tapas.

Bohemia BAR
(Karte S. 112; Victoria St, Ecke Andringa St) In dieser entspannten Studentenkneipe wird auch ein Mittagessen aufgetischt – am besten nimmt man die Pizza. Oft wird Livemusik gespielt, außerdem spezielle Drinks gemixt.

Mystic Boer BAR
(Karte S. 112; www.diemysticboer.co.za; 3 Victoria St) Die fetzige Bar ist in Stellenbosch inzwischen schon eine Art Institution. Hier wird regelmäßig Livemusik gespielt, und die Kneipengerichte sind auch ganz ordentlich.

Nu Bar CLUB
(Karte S 112; www.nubar.co.za; 51 Plein St) In diesem Club mit einer kleinen Tanzfläche hinter der langen Bar heizen DJs mit Hip-Hop und House ein.

Unterhaltung

★ Oude Libertas Amphitheatre KUNST
(Karte S. 116; www.oudelibertas.co.za; Oude Libertas Rd) Von November bis März stehen hier Open-Air-Veranstaltungen (Theater, Konzert, Tanz) auf dem Programm.

Shoppen

Craft Market MARKT
(Karte S. 112; Braak; ⌚Mo–Sa 9–17 Uhr) Hier findet man afrikanische Schnitzereien, Gemälde und handgearbeiteten Schmuck – mit viel Gefeilsche natürlich. Der Handwerksmarkt findet unter freiem Himmel statt.

Oom Samie se Winkel SOUVENIRS
(Uncle Sammy's Shop; Karte S. 112; 84 Dorp St; ⌚Mo–Fr 8.30–18, Sa & So 9–17 Uhr) Dieses Geschäft machte schon von sich reden, bevor Stellenbosch überhaupt auf der touristischen Landkarte verzeichnet war. Es ist ein unverhohlen touristischer Laden, der aber wegen seines kuriosen Sortiments dennoch den Besuch lohnt. Hier findet man alles von witzigem Krimskrams bis hin zu afrikanischem Kunsthandwerk und Lebensmitteln aus der Region.

Praktische Informationen

Stellenbosch Tourism (Karte S. 112; ☎021-883 3584; www.stellenboschtourism.co.za; 36 Market St; ⌚Mo–Fr 8–17, Sa & So 9–14 Uhr; 📶) Das Personal der Tourismusinformation ist äußerst hilfsbereit. Ganz praktisch ist die ausgezeichnete Broschüre *Historical Stellenbosch on Foot* (5 R), die einen Lageplan für einen Stadtspaziergang und Infos zu vielen historischen Gebäuden enthält (die Broschüre gibt es auch in deutscher Übersetzung).

An- & Weiterreise

Die Fernbusse verlangen für die kurze Strecke nach Kapstadt überteuerte Preise und nehmen auch keine Buchungen entgegen. **Baz Bus** (☎0861 229 287; www.bazbus.com) verkehrt täglich von und nach Kapstadt (260 R, 30 Min.).

Sammeltaxis nach Paarl fahren am Stand in der Bird Street ab (etwa 50 R, 45 Min.).

Metro-Züge fahren auf der 46 km langen Strecke von Kapstadt nach Stellenbosch (1./Economy-Klasse 18,50/12 R, etwa 1 Std.). Auskunft erteilt telefonisch **Metrorail** (☎021-449 6478; www.metrorail.co.za). Aus Sicherheitsgründen empfiehlt es sich, ausschließlich tagsüber zu fahren.

Von Johannesburg kommend muss man in Wellington in einen Metro-Zug nach Stellenbosch umsteigen.

Unterwegs vor Ort

Stellenbosch lässt sich problemlos zu Fuß erkunden, und da die Stadt weitgehen flach ist, bietet sie sich auch zum Radfahren an. Ein Fahrrad kann man im **Adventure Shop** (Karte S. 112; ☎021-882 8112; www.adventureshop.co.za; Ecke Dorp & Mark Sts; Tag 150 R) mieten, der Laden befindet sich gleich neben der Touristeninformation der Stadt.

Eine preiswerte Möglichkeit, sich in Stellenbosch fortzubewegen, bietet **Tuk Tuk Stellies** (☎076 011 3016; corne@tuktukstellies.co.za).

Franschhoek

17 500 EW.

Vor mehr als 300 Jahren siedelten sich französische Hugenotten in diesem wunderschönen Tal an; aus ihrer Heimat brachten sie Weinstöcke mit. Bis heute hält die Stadt an ihren französischen Wurzeln fest: Den Tag der Erstürmung der Bastille (14. Juli) feiert man mit Boule-Turnieren, Baskenmütze und Brie. Franschhoek bezeichnet sich selber als kulinarische Hauptstadt des Landes, bei der Entscheidung für ein Restaurant hat man daher die Qual der Wahl. Mit ihren vielen Kunstgalerien, Weingütern und stilvollen Unterkünften gehört die Stadt zweifellos zu den schönsten am Kap.

Sehenswertes & Aktivitäten

In Franschhoek

Huguenot Memorial Museum MUSEUM
(Karte S. 119; www.museum.co.za; Lambrecht St; Erw./Kind 10/2 R; ⌚Mo–Sa 9–17, So 14–17 Uhr) Das Museum widmet sich dem Erbe der nach Südafrika eingewanderten Hugenotten und führt die genealogischen Aufzeichnungen über ihre Nachkommen. Hinter dem Hauptkomplex befindet sich ein nettes Café, davor steht das 1948 eingeweihte **Hugenottendenkmal** (Karte S. 119; ⌚9–17 Uhr) GRATIS. Im **Anbau** (Karte S. 119) gegenüber der Straße befinden sich Ausstellungen zum Burenkrieg und zur Naturkunde.

Huguenot Fine Chocolates ESSEN
(Karte S. 119; ☎021-876 4096; www.huguenotchocolates.com; 62 Huguenot St; ⌚Mo–Fr 8–17.30, Sa & So 9–17.30 Uhr) Ein Förderprogramm griff den zwei Einheimischen, die diese Konfiserie betreiben, finanziell unter die Arme. Heute sind die leckeren Pralinen bei Einheimischen und Besuchern heiß begehrt.

Franschhoek

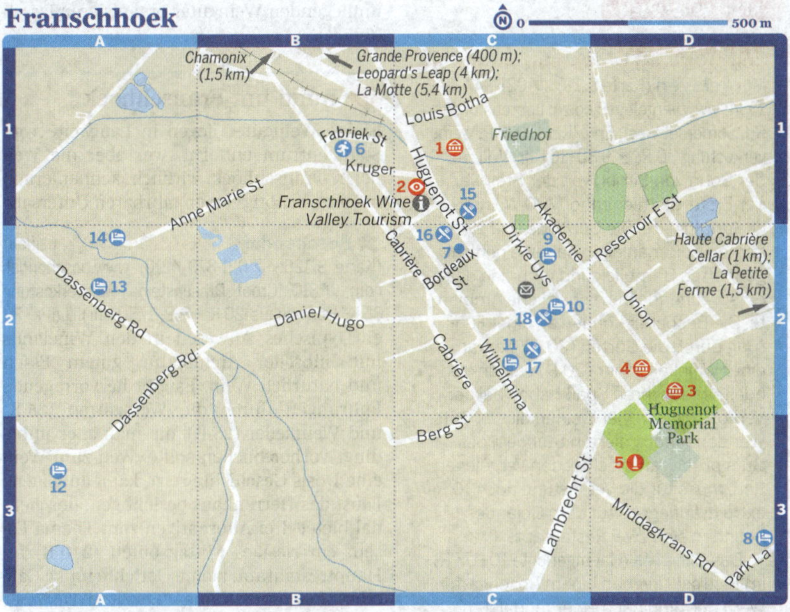

Franschhoek

Sehenswertes

1 Ceramics Gallery C1
2 Huguenot Fine Chocolates C1
3 Huguenot Memorial Museum D2
4 Huguenot Memorial Museum Annexe D2
5 Huguenot Monument D3

Aktivitäten, Kurse & Touren

6 Franschhoek Cycles B1
7 Franschhoek Wine Tram C2

Schlafen

8 La Cabrière Country House D3
9 La Fontaine C2
10 Le Ballon Rouge C2
11 Le Quartier Français C2
12 Mont Rochelle Hotel A3
13 Otter's Bend Lodge A2
14 Reeden Lodge A2

Essen

15 Franschhoek Market C1
16 French Connection C2
17 Le Quartier Français: Living Room C2
Le Quartier Français: Tasting Room .... (s.17)
18 Reuben's C2

Täglich um 11 und um 15 Uhr finden Vorführungen statt, die einen Einblick in die Herstellung der Pralinen (auf Grundlage feinster belgischer Schokolade) und in die Geschichte der Schokolade gibt. Eine Verkostung (40 R) rundet die Vorführung ab. Es empfiehlt sich, im Voraus zu reservieren.

Ceramics Gallery GALERIE

(Karte S. 119; ☎ 021-876 4304; www.davidwalters.co.za; 24 Dirkie Uys St; ⏲ 10–18 Uhr) Franschhoek tut sich mit vielen edlen Galerien hervor, die sich fast alle in der Huguenot Street etabliert haben. In dieser Keramik-Galerie kann man David Walters, einem der renommiertesten Töpfer Südafrikas, bei der Arbeit in seinem wunderschön restaurierten Zuhause über die Schulter schauen; er gilt als der beste Lehrer in Franschhoek. Auch Werke anderer Künstler sind hier ausgestellt.

Franschhoek Wine Tram WEINTOUR

(Karte S. 119; ☎ 021-300 0338; www.winetram.co.za; 32 Huguenot Rd; Erw./Kind 200/85 R) Wer sein Auto lieber stehen lässt, um ausgiebig Weine zu verkosten, bekommt hier eine witzige Alternative zur üblichen Winelands-Tour geboten. Die eigentliche Tramstrecke

NICHT VERSÄUMEN

VERGELEGEN

Vergelegen (Karte S. 116; ☎ 021-847 1334; www.vergelegen.co.za; Lourensford Rd, Somerset West; Erw./Kind 10/5 R, Weinverkostung 30 R; ⏲ 9.30–16 Uhr) Willem, der Sohn von Simon van der Stel, war der Erste, der hier anno 1700 Weinstöcke anpflanzte. Die Gebäude und eleganten Außenanlagen haben einen sagenhaften Bergblick und natürlich das entsprechende herrschaftliche Ambiente. Die Besucher können an einer Führung durch die Gärten (20 R) bzw. an einer Weinkellertour (20 R) teilnehmen oder einfach ihren Spaß haben bei der Verkostung von vier Weinen dieses Guts. Wer den renommierten Starwein des Guts probieren möchte, den Vergelegen Red, muss für die Verkostung noch 10 R extra drauflegen. Auf dem Gelände befinden sich zwei Restaurants.

Das **Stables** (Hauptgerichte 70–175 R) im Bistrostil liegt an einem Rosengarten. Wem der Sinn nach einer feudaleren Mahlzeit steht, sollte das **Camphors** (Mi–So Mittagessen, Fr & Sa Abendessen) besuchen.

Aber man kann sich auch für einen **Picknickkorb** (nur Nov.–April; 150 R pro Pers.) entscheiden – er muss unbedingt vorgebucht werden, was im Übrigen auch für eine Mahlzeit im Camphors gilt.

ist kurz, an ihr liegen auch nur zwei Weingüter. Zu allen anderen Weingütern fährt ein seitlich offener Bus, in den man beliebig einsteigen kann. Es gibt zwei Routen, an jeder der beiden liegen sieben Weingüter. Es ist ratsam, vorher zu reservieren und sich warm anzuziehen – vor allem im Bus kann es nämlich recht frisch werden.

Paradise Stables REITEN
(☎ 021-876 2160; www.paradisestables.co.za; pro Std. 200 R; ⏲ Mo–Sa) Neben einstündigen Ausritten durch die Umgebung von Franschhoek gibt es auch vierstündige Ausritte, auf denen zwei Weingüter besichtigt werden (750 R inkl. Verkostung).

Franschhoek Cycles RADFAHREN
(Karte S. 119; www.franschhoekcycles.co.za; Fabriek St; halber/ganzer Tag 190/290 R) Hier kann man ein Fahrrad mieten oder sich von den Mitarbeitern eine geführte Radtour durch die umliegenden Weingüter organisieren lassen (385 R).

Rund um Franschhoek

Einige Weingüter liegen in Laufweite vom Stadtzentrum entfernt, wer aber die Weine in Franschhoek wirklich kennenlernen möchte, benötigt einen fahrbaren Untersatz.

★ **Boschendal** WEINGUT
(Karte S. 126; ☎ 021-870 4210; www.boschendal.com; R310, Groot Drakenstein; Weinverkostung 35 R, Herrenhaus 20 R; ⏲ 9–17.30 Uhr) Dies ist ein typisches Anwesen in den Winelands mit hübscher Architektur, gutem Essen und natürlich Wein. Es gibt hervorragende Führungen durch die Weingärten (35 R) und Weinkeller (25 R), die man aber unbedingt vorher buchen sollte. Wen zum Wein eine Dosis Geschichte reizt, kann auf eigene Faust das Herrenhaus besichtigen. Boschendal bietet drei Alternativen zum Thema Essen: ein riesiges Mittagsbüfett (240 R) im Hauptrestaurant, kleine Gerichte im Le Café oder „Le Pique Nique“ (Erw./Kind 175/75 R; unbedingt reservieren): Das nette Picknick, findet von September bis Mai unter Sonnenschirmen auf dem Rasen statt.

★ **La Motte** WEINGUT
(Karte S. 126; ☎ 021-876 8000; www.la-motte.com; Main Rd; Weinverkostung 50 R; ⏲ Mo–Sa 9–17 Uhr) Das weitläufige Weingut gleich westlich von Franschhoek hat so viel zu bieten, dass man dort locker einen ganzen Tag verbringen kann.

Neben der Verkostung edler Shiraz-Weine gibt es auch kombinierte Weinverkostungen mit einem Mittag- oder Abendessen, die im Restaurant **Pierneef à la Motte** (100–200 R; ⏲ Sa & So Frühstück, Di–So Mittagessen, Do–So Abendessen) stattfinden. Das Restaurant ist nach dem südafrikanischen Künstler Jacob Hendrik Pierneef benannt; im Museum des Weinguts sind seine Arbeiten ausgestellt.

Das Museum ist auch Ausgangspunkt für die historischen Spaziergänge (50 R) durch die Ländereien; vier Nationalmonumente sowie die Vorführung der Funktionsweise eines Mühlrads gehören dazu. Am Ende dürfen die Teilnehmer dann noch verschiedene Brotsorten probieren (Mi 10 Uhr, unbedingt im Voraus buchen).

Wer zu viel konsumiert hat, kann auf einem 5 km langen Rundweg, der an der Farm beginnt, ein paar Kalorien abwandern.

Leopard's Leap WEINGUT
(Karte S. 126; ☎ 021-876 8002; www.leopardsleap.co.za; R45; Weinverkostung ab 25 R, Restaurant Hauptgerichte 60–120 R; ⏲ Di–Sa 9–17, So 11–17 Uhr; 👪) Der helle, moderne Verkostungsraum im Stil einer Scheune ist mit einladenden Sofas bestückt. Auf diesen kann man es sich gemütlich machen und den einen oder anderen Wein verkosten. Etwas förmlicher geht es an der Bar zu.

Auf den weitläufigen Rasenflächen befindet sich ein Dschungel-Abenteuerspielplatz für die Kids; das Grillrestaurant (Mi–So Mittagessen) ist eine sehr erschwingliche Möglichkeit, in den Winelands gut zu essen. Ein Kochkurs wird einmal im Monat angeboten und muss im Voraus gebucht werden.

Solms-Delta WEINGUT
(Karte S. 126; ☎ 021-874 3937; www.solms-delta.com; Delta Rd, ab 45 R; Weinverkostung 10 R; ⏲ So & Mo 9–17, Di–Sa 9–18 Uhr) Neben Verkostungen und Weinverkäufen stehen in diesem hervorragenden Weingut auch verschiedene Touren mit Schwerpunkt Geschichte auf dem Programm. Das Museum informiert über die Geschichte des Kaps und erzählt den Werdegang des Weinguts Solms-Delta im Lauf der Jahrzehnte aus der Perspektive eines Farmarbeiters.

Kulinarisch lockt das **Fyndraai Restaurant** (Karte S. 126; ☎ 021-874 3937; www.solms-delta.com; Delta Rd, ab 45 R; Hauptgerichte 130–155 R; ⏲ Mittagessen), auf den Tisch kommen authentische Gerichte, die sich von den verschiedenen Kulturen am Kap inspiriert zeigen und mit Kräutern aus dem eigenen Garten zubereitet werden. Die Besucher können sich aber auch für ein Picknick entscheiden, das an einem hübschen Weg entlang des Flusses stattfindet.

Grande Provence WEINGUT
(www.grandeprovence.co.za; Main Rd; Weinverkostung ab 40 R, Weinkeller-Führungen 25 R; ⏲ 10–19 Uhr, Weinkeller-Führungen Mo–Fr 11 & 15 Uhr) Das wunderschön restaurierte Herrschaftshaus aus dem 18. Jh. beherbergt ein schickes Restaurant und eine tolle Galerie, in der zeitgenössische Kunst aus Südafrika ausgestellt wird. Es gibt diverse Verkostungen, darunter auch eine Traubensaftprobe für Kinder (20 R). Das Weingut lässt sich vom Stadtzentrum aus zu Fuß erreichen.

Chamonix WEINGUT
(☎ 021-876 8426; www.chamonix.co.za; Uitkyk St; Weinverkostung 35 R; ⏲ 9.30–17 Uhr) Das Chamonix veranstaltet nach vorheriger Vereinbarung um 11 und 15 Uhr Führungen durch den Weinkeller (10 R). Der Verkostungsraum befindet sich in der umfunktionierten Werkstatt eines Schmieds. Die Besucher können auch diverse Schnäpse und Grappas probieren.

Das Restaurant **Racine** (☎ 021-876 8426; www.chamonix.co.za; Uitkyk St; Hauptgerichte 100–150 R; ⏲ Di–So Mittagessen, Do–Sa Abendessen) besticht mit einer hübschen Veranda oberhalb eines Bachs.

Das Weingut liegt ein Stück den Berg hinauf, lässt sich von der Stadt aber dennoch gut zu Fuß erreichen.

Schlafen

Otter's Bend Lodge HOSTEL $
(Karte S. 119; ☎ 021-876 3200; Dassenberg Rd; Zelten Stellplatz 150 R, B/DZ 150/450 R; ❄) Das Hostel ist eine reizende Alternative im günstigen Segment in einer Stadt, die für erschwingliche Unterkünfte nicht gerade bekannt ist. Die Doppelzimmer gehen auf eine gemeinsame Terrasse im Schatten von Pappeln hinaus. Auch ein paar Zelte können auf dem Rasen aufgestellt werden. Die Lodge liegt 15 Minuten zu Fuß von der Stadt entfernt in der Nähe eines Weinguts.

Chamonix Guest Cottages CHALET $
(☎ 021-876 8406; www.chamonix.co.za; Uitkyk St; 2-Pers.-Cottage ab 500 R) Die netten, einfachen Cottages für Selbstversorger liegen in den Weingärten und bieten viel fürs Geld. Dazu kommen noch einige feudalere Unterkünfte am Waldrand (Forest Suites, Hadida Lodge) bzw. in den Bergen (Waterfall Lodge) sowie das Haupthaus, die Marco Polo Lodge. In die Stadt kann man zu Fuß gehen – der Rückweg den Berg hinauf ist anstrengend.

★ **Reeden Lodge** CHALET $$
(Karte S. 119; ☎ 021-876 3174; www.reedenlodge.co.za; Anne Marie St; Cottage für 2 Pers. ab 750 R; 📶❄) Die gut ausgestatteten Cottages für Selbstversorger, in denen bis zu zehn Personen unterkommen, sind eine gute und preisgünstige Alternative für Familien. Die Häuschen liegen auf dem Gelände einer Farm, zehn Gehminuten vom Ortszentrum entfernt. Eltern finden hier Ruhe und Frieden, während die Kinder sich über Schafe, ein Baumhaus und viel Platz zum Spielen freuen.

Le Ballon Rouge PENSION $$
(Karte S. 119; ☎ 021-876 2651; www.ballonrouge.co.za; 7 Reservoir East St; EZ/DZ ab 800/110 R;

BAUERNMÄRKTE IN DEN WINELANDS

Bauernmärkte sind in Südafrika der kulinarische Hit, und die Winelands bieten in dieser Hinsicht eine besonders gute Auswahl. Die Märkte sind nicht so sehr zum Einkaufen gedacht, sondern meist auch Orte, wo man etwas Leckeres essen kann. Hier findet man alles – vom frisch gebackenen Brot bis hin zu handgemachtem Käse und Paella, Thai-Snacks und pikanten Currys, dazu jede Menge Kuchen, Weine der Region und verschiedenste Craft-Biere. Hier drei besonders empfehlenswerte Märkte:

Blaauwklippen Market (Karte S. 116; www.blaauwklippen.com; R44, Blaauwklippen Vineyards; ⌚ So 10–15 Uhr; 👪) Ein sehr familienfreundlicher Bauernmarkt mit Kutschfahrten und Ponyreiten für die Kids.

Franschhoek Market (Karte S. 119; www.franschhoek.co.za/village-market/; 29 Huguenot Rd; ⌚ Sa 9–14 Uhr) Auf dem Markt im Areal der Kirche herrscht eine ländliche Volksfestatmosphäre.

Root 44 Market (Karte S. 116; www.root44.co.za; R44, Audacia Winery; ⌚ Sa & So 10–16 Uhr) Ein großer Markt in der Halle und unter freiem Himmel mit viel Kunsthandwerk und Kleidung, aber natürlich auch den üblichen Speisen und Getränken.

❄📶🏊) Eine kleinere Pension mit qualitativ guten Zimmern und schicken Suiten, zu denen ein tolles Bad gehört.

La Cabrière Country House PENSION **$$$**
(Karte S. 119; ☎ 021-876 4780; www.lacabriere.co.za; Park Lane; DZ inkl. Frühstück ab 1980 R; ❄📶🏊) Die moderne Pension im Boutiquestil hat mittlerweile einen neuen Besitzer und wurde von Grund auf renoviert – und ist seitdem besser denn je. Die Zimmer mit üppiger Dekoration haben eine Fußbodenheizung und bieten einen sagenhaften Blick auf die umliegende Bergwelt.

Darüber hinaus gibt es ein Selbstversorger-Cottage mit zwei Schlafzimmern und eigenem Pool im Stadtzentrum (2500 R).

La Fontaine PENSION **$$$**
(Karte S. 119; ☎ 021-876 2112; www.lafontainefranschhoek.co.za; 21 Dirkie Uys St; EZ/DZ ab 1200/1700 R; ❄📶🏊) Das schicke, sehr komfortable Familiendomizil bietet 14 geräumige Zimmer mit Holzböden und Bergblick.

Mont Rochelle Hotel BOUTIQUEHOTEL **$$$**
(Karte S. 119; ☎ 011-325 4405; www.montrochelle.co.za; Dassenberg Rd; DZ inkl. Frühstück ab 4500 R; ❄📶🏊) Das Boutiquehotel und Restaurant plus das gleichnamige Weingut erwarb 2014 Richard Branson. Wie erwartet, besticht es mit Luxus vom Feinsten und einer herrlichen Aussicht über das Tal.

Le Quartier Français BOUTIQUEHOTEL **$$$**
(Karte S. 119; ☎ 021-876 2151; www.lqf.co.za; Wilhelmina St, Ecke Berg St; DZ/Suite inkl. Frühstück ab 4300/5700 R; ❄📶🏊) Die Gästezimmer in diesem sagenhaften Hotel gruppieren sich um einen begrünten Hof mit Pool; sie fallen sehr geräumig aus, haben Kamine, riesige Betten und eine schicke Einrichtung. Wer jede Menge Geld auf den Kopf hauen möchte, nimmt eine der Four-Quarters-Suiten (8500 R) mit Privatpool und Butler.

Essen

Da Franschhoek so klein und kompakt ist, kann man einfach herumbummeln und sich dann spontan für das passende Restaurant entscheiden. Viele Lokale sind allerdings so gut etabliert, dass man besser doch einen Tisch reserviert.

Le Quartier Français: Living Room BISTRO **$$**
(Karte S. 119; ☎ 021-876 2151; www.lqf.co.za; 16 Huguenot St; Tapas 40–95 R; ⌚ Frühstück, Mittag- & Abendessen) Das Bistro ist die Adresse, um zu frühstücken, ein leichtes Mittagessen einzunehmen oder abends ein köstliches Abendessen zu genießen, das den Geldbeutel nicht überstrapaziert. Auf der Karte stehen von der asiatischen Küche beeinflusste Tapas, die mit afrikanischen Zutaten wie Gnu und Springbock zubereitet werden.

Lust Bistro & Bakery BISTRO **$$**
(Karte S. 126; www.lustbistro.com; R45, Ecke Simondium Rd; Hauptgerichte 75–130 R; ⌚ Frühstück & Mittagessen) Das Bistro im Weingut Vrede en Lust ist ein erfrischend unkompliziertes Lokal in einer Region, die für ihre Haute Cuisine bekannt ist. Es gibt hier vor allem Sandwiches und Pizza; das Brot wird

immer frisch gebacken. Es lohnt sich, die Pizza mit Sauerteigboden zu probieren. Sonntags lockt ein Mittagsbüfett; bezahlt wird nach dem Gewicht des Tellers. Unbedingt reservieren.

French Connection INTERNATIONAL **$$**
(Karte S. 119; 48 Huguenot St; Hauptgerichte 80–165 R; ⌚Mittag- & Abendessen) French Connection ist zu Recht ein beliebtes Lokal. Das Essen ohne viel Schnickschnack im Bistrostil wird ausschließlich mit frischen Zutaten zubereitet.

La Petite Ferme SÜDAFRIKANISCH **$$**
(Franschhoek Pass Rd; Hauptgerichte 100–180 R; ⌚Mittagessen; 📶) Das malerische Restaurant im Stil eines Landhaus-Bistros liegt sagenhaft schön mit Ausblick über ein Tal. Die Speisekarte fällt knapp aus. Probieren sollte man die Boutiqueweine und den filetierten Räucherlachs – die Spezialität des Hauses mit wirklich besonderem Aroma. Und wer gar nicht mehr weg will, kann sich in einem der Luxuszimmer einmieten.

★ **Le Quartier Français: Tasting Room** FUSIONSKÜCHE **$$$**
(Karte S. 119; ☎021-876 2151; www.lqf.co.za; 16 Huguenot St; 5-Gänge-Menü mit Wein 750 R; ⌚Di–Sa Abendessen) Das Tasting Room wurde vom britischen *Restaurant Magazine* als eines der 50 besten Restaurants der Welt eingestuft. Wer auf ein kulinarisches Erlebnis vom Feinsten Wert legt, lässt sich von der Chefköchin Margot Janse ein Acht-Gänge-Gourmetmenü zaubern, für das sie mit den passenden Weinen 1350 R verlangt.

Haute Cabrière Cellar FUSIONSKÜCHE **$$$**
(☎021-876 3688; Franschhoek Pass Rd; Hauptgerichte 140–18 R; ⌚Di–So Mittagessen, Di–Sa Abendessen) Neben den köstlichen wie auch einfallsreichen Gerichten, die à la carte bestellt werden, gibt es hier auch ein Sechs-Gänge-Menü mit diversen Weinen (750 R). Verkostungen (ab 30 R) werden im Weinkeller angeboten, und samstags führt der Besitzer ein sogenanntes *sabrage* vor: Dann wird eine Flasche Schaumwein mit einem Säbel geöffnet.

Reuben's FUSIONSKÜCHE **$$$**
(Karte S. 119; ☎021-876 3772; www.reubens.co.za; 19 Huguenot St; Hauptgerichte 125–200 R; ⌚Mittag- & Abendessen) Das Flagschiff-Restaurant des lokalen Starkochs Reuben Riffel gibt sich ganz leger. Serviert wird Fusionsküche mit vielen asiatischen Einflüssen.

Praktische Informationen

Franschhoek Wine Valley Tourism (Karte S. 119; ☎021-876 2861; www.franschhoek.org.za; 62 Huguenot St; ⌚Mo–Fr 8–18, Sa 9–18, So 9–16 Uhr) Die Mitarbeiter der Tourismusinformation halten eine Landkarte mit malerischen Spaziergängen (15 R) in der Umgebung bereit und stellen Genehmigungen (30 R) für Wanderungen im Mont Rochelle Nature Reserve aus. Auch Unterkünfte können über sie gebucht werden.

An- & Weiterreise

Franschhoek liegt 32 km östlich von Stellenbosch und 32 km südlich von Paarl. Am einfachsten gelangt man mit dem eigenen Auto in diese Stadt. So mancher ist auch schon von Stellenbosch mit dem Fahrrad dorthin gefahren, aber die Straßen sind kurvenreich und bergig. Leute mit weniger ausgeprägter Wadenmuskulatur können in Stellenbosch (20 R) oder am Bahnhof von Paarl (22 R) ein Sammeltaxi nehmen. Auch ein Privattaxi bietet sich an: Einfach **Call a Cab** (☎082 256 6784) anrufen.

Paarl

112 000 EW.

Paarl liegt inmitten von Bergen und Weingärten an den Ufern des Berg River und ist die größte Stadt der Winelands. Sie wird oft von Reisenden übergangen, die geradewegs nach Stellenbosch und Franschhoek fahren. Dabei hat sie durchaus ihren eigenen Charme – mit kapholländischer Architektur, attraktiven Wohnhäusern, einer guten Auswahl an Übernachtungsmöglichkeiten sowie einigen ganz ordentlichen Restaurants.

Die Hauptstraße ist mehr als 11 km lang und bietet sich damit nicht wirklich für einen Bummel an, dafür gibt es aber ein paar Weingüter, die sich vom Bahnhof aus problemlos erreichen lassen.

Sehenswertes & Aktivitäten

In Paarl

★ **Laborie Cellar** WEINGUT
(Karte S. 124; www.laboriewines.co.za; Taillefer St; Weinverkostung ab 25 R; ⌚Mo–Sa 9–17, So 11–17 Uhr) Das Laborie ist vor allem für seinen prämierten Shiraz bekannt, produziert aber auch einen guten Méthode Cap Classique sowie Dessertweine. Verkosten kann man den Wein in Kombination mit Oliven (30 R) oder Schokolade (35 R).

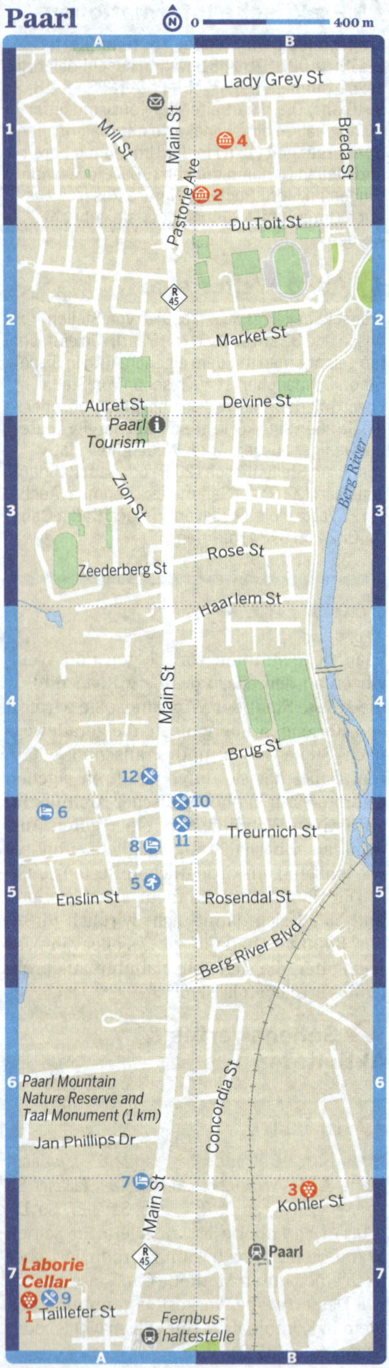

Paarl

Highlights

1 Laborie Cellar A7

Sehenswertes

2 Afrikaans Language Museum B1
3 KWV Emporium B7
4 Paarl Museum B1

Aktivitäten, Kurse & Touren

5 Wineland Ballooning A5

Schlafen

6 Grande Roche Hotel A5
7 Oak Tree Lodge A7
8 Rodeberg Lodge A5

Essen

Bosman's Restaurant .... (s. 6)
9 Harvest at Laborie A7
10 Marc's Mediterranean Cuisine & Garden A5
11 Noop A5
12 Terra Mare A4

KWV Emporium WEINGUT

(Karte S. 124; www.kwvwineemporium.co.za; Kohler St; Weinverkostung 50 R; ⏲Mo–Sa 9–16.30, So 11–16, Weinkeller-Führungen 10, 10.30 & 14.15 Uhr) Das Weingut liegt nur ein kurzes Stück zu Fuß vom Bahnhof entfernt. Seine Weine und Brandys wurden schon mehrfach prämiert. Es werden Führungen durch den Weinkeller (40 R) angeboten, außerdem sind verschiedene Verkostungen möglich. Wie wäre es mit den interessanten Kombinationen Schokolade und Brandy oder Biltong und Wein? Oder auch Tee und Schokolade (45 R) für Besucher, die keinen Alkohol trinken?

Paarl Mountain Nature Reserve NATURSCHUTZGEBIET

(Karte S. 126; Fahrzeug 40 R, pro Pers. 15 R; ⏲7–19 Uhr) Die drei gewaltigen Granitkuppeln, die das Schutzgebiet beherrschen, glänzen nach einem Regenguss wie Perlen – daher auch der Name „Paarl“. Im Schutzgebiet stößt man auf Berg-*fynbos* (wörtl. „Feinbusch“; überwiegend Proteas, Heide- und Erikagewächse) – einen angelegten Wildblumengarten (ein hübsches Plätzchen für ein Picknick) und zahlreiche Wanderwege mit herrlichen Ausblicken über das Tal.

Einen Besuch wert ist auch das recht phallisch anmutende **Taal Monument** (Karte S. 126; www.taalmuseum.co.za; Erw./Kind 20/5 R; ⏲April–Nov. 8–17 Uhr, Dez.–März 8–20 Uhr), ein gigantisches, nadelartiges Bauwerk zu

Ehren der Sprache Afrikaans (*taal* heißt auf Afrikaans „Sprache"). An einem klaren Tag bietet sich von dort eine sagenhafte Aussicht bis nach Kapstadt.

Paarl Museum MUSEUM
(Karte S. 124; 303 Main St; Eintritt 5 R; ⏲Mo–Fr 9–16 Uhr) Das Museum befindet sich im Oude Pastorie (Altes Pfarrhaus), das 1714 erbaut wurde. Es zeigt eine interessante Sammlung kapholländischer Antiquitäten und Relikte der Hugenotten- und frühen Burenkultur.

Afrikaans Language Museum MUSEUM
(Karte S. 124; www.taalmuseum.co.za; 11 Pastorie Ave; Erw./Kind 20/5 R; ⏲Mo–Fr 9.30–16.30 Uhr) Paarl gilt als Wiege des Afrikaans, eine Tatsache, der dieses interessante Museum Rechnung trägt. Anhand einer Multimedia-Ausstellung wird erklärt, wie drei Kontinente ihren Teil zum Entstehen dieser Sprache beitrugen.

Wineland Ballooning PANORAMAFLÜGE
(Karte S. 124; ☎021-863 3192; www.kapinfo.com; 64 Main St; pro Pers. 3300 R) Man muss zwar schon sehr früh aufstehen, aber ein Flug mit dem Heißluftballon über die Winelands ist wirklich ein unvergessliches Erlebnis. Die Flüge werden von November bis April angeboten, aber nur an Tagen, an denen die Wetterbedingungen passen.

Rund um Paarl

★ **Spice Route** WEINGUT
(Karte S. 126; ☎021-863 5200; www.spiceroute.co.za; Suid-Agter-Paarl Rd; Weinverkostung ab 25 R; ⏲9–17 Uhr) Das Weingut Spice Route ist für seine komplexen Rotweine bekannt, und zwar vor allem für den Vorzeigewein Syrah. Aber ganz abgesehen vom Wein ist hier auch sonst noch viel los, es gibt beispielsweise Vorführungen in der Glasbläserei, eine kombinierte Wein- und Schokoladenverkostung (75 R), einen Chocolatier (Verkostung mit Anleitung 25 R), eine Grappa-Destillerie (Verkostung 30 R) sowie eine Mikrobrauerei (Verkostung 25 R).

Wenn dann der Magen knurrt, hat man die Wahl zwischen dem feudalen Spice Route Restaurant (Hauptgerichte 95–170 R) und einer Pizzeria (Hauptgerichte 50–90 R).

Fairview WEINGUT
(Karte S. 126; ☎021-863 2450; www.fairview.co.za; Suid-Agter-Paarl Rd; Wein- & Käse-Verkostung 25 R; ⏲9–17 Uhr) Das enorm beliebte Weingut an der R101, 6 km südlich von Paarl, ist wunderschön, aber wohl kaum der richtige Ort, um in aller Ruhe Weine zu probieren. Die Verkostungen bieten viel fürs Geld, denn es werden sechs Weine kredenzt *und* dazu noch eine breite Auswahl an Käse serviert. Das renommierte Restaurant (Hauptgerichte 70–160 R) öffnet zum Frühstück und Mittagessen seine Türen.

Backsberg WEINGUT
(Karte S. 126; ☎021-875 5141; www.backsberg.co.za; Weinverkostung 15 R; ⏲Mo–Fr 8–17, Sa 9.30–16.30, So 10.30–16.30 Uhr) Backsberg ist als Weingut enorm beliebt, was es seinen zuverlässig guten Weinen und den üppigen Mittagessen im Freien verdankt – für den Lammspieß am Sonntag sollte man unbedingt reservieren (225 R).

Backsberg war das erste CO_2-neutrale Weingut in Südafrika; zu den Weinen, die hier gekeltert werden, zählen verschiedene süffige „Tread Lightly", die in leichte, umweltfreundliche Flaschen abgefüllt werden.

Nederburg Wines WEINGUT
(Karte S. 126; ☎021-862 3104; www.nederburg.co.za; Weinverkostung 25–70 R; ⏲Mo–Fr 8–16, Sa & So 10–16 Uhr) Das Label zählt zu den renommiertesten, die Südafrika zu bieten hat. Das große, professionell geführte und freundliche Unternehmen produziert ein breites Spektrum an Weinen. Und es bietet einige ungewöhnliche Verkostungen an, z. B. eine, bei der man mit verbundenen Augen Essen serviert bekommt, aber auch Weinproben, zu denen Burger gereicht werden. Für Kinder wird eine Verkostung von Traubensaft mit kleinen Snacks organisiert.

Glen Carlou WEINGUT
(Karte S. 126; ☎021-875 5528; www.glencarlou.co.za; Simondium Rd, Klapmuts; Weinverkostung 25–35 R; ⏲Mo–Fr 9–17, Sa & So 10–16 Uhr) Das Weingut südlich der N1 hat einen Verkostungsraum mit sagenhafter Aussicht auf den Tortoise Hill. Hier empfiehlt sich ein Glas vollmundigen Chardonnays oder der renommierten Bordeaux-Cuvée Grand Classique zum Mittagessen (Drei-Gänge-Menü 340 R). Für Kunstfreunde gibt es eine Kunstgalerie auf dem Weingut, das Werke aus der Sammlung moderner Kunst des Schweizer Besitzers Donald M. Hess zeigt.

Drakenstein Prison HISTORISCHE STÄTTE
(Karte S. 126) Als Nelson Mandela am 11. Februar 1990 nach 27 Jahren Haft in Freiheit kam, wurde er nicht aus dem Gefängnis auf Robben Island entlassen, sondern aus dem

Rund um Paarl

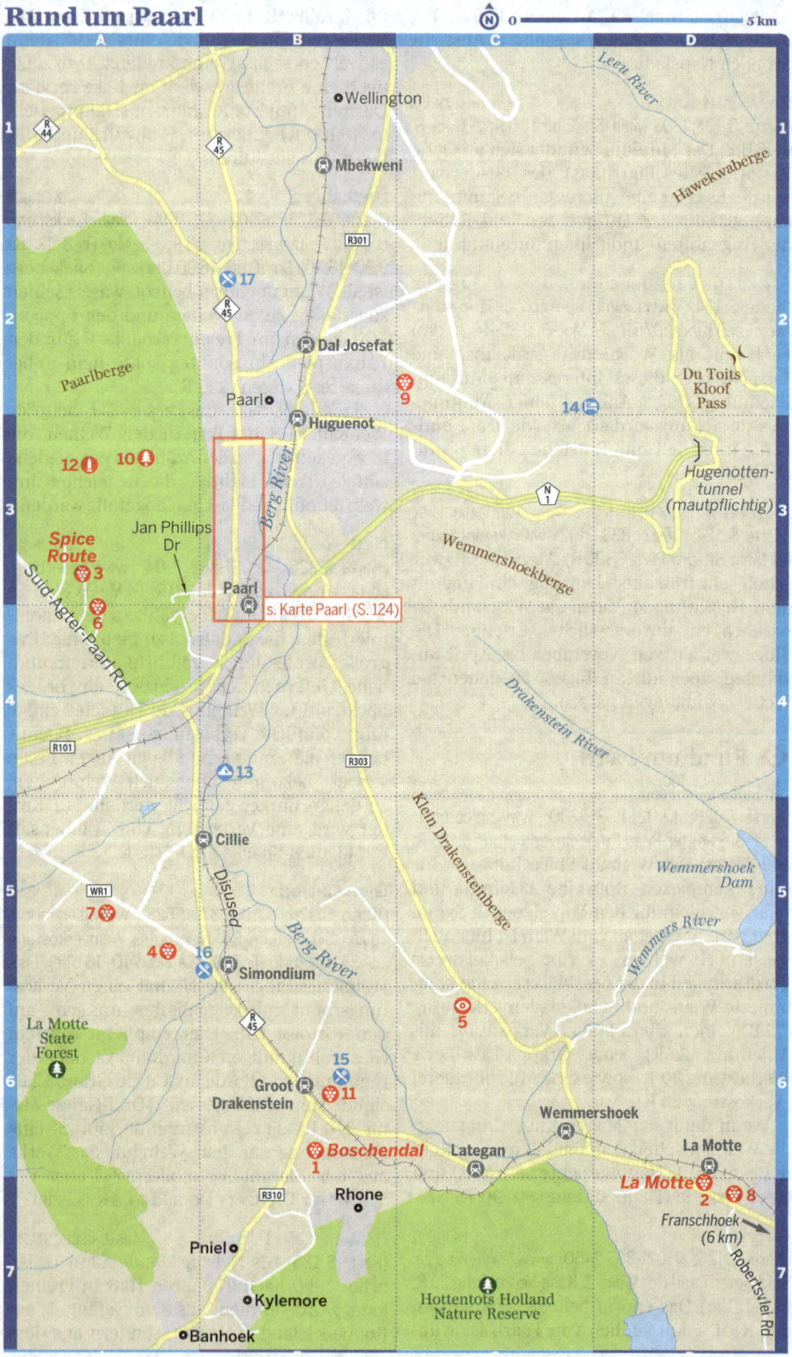

Rund um Paarl

Highlights
1 Boschendal B6
2 La Motte D7
3 Spice Route A3

Sehenswertes
4 Backsberg A5
5 Drakenstein Prison C6
6 Fairview A4
7 Glen Carlou A5
8 Leopard's Leap D7
9 Nederburg Wines C2
10 Paarl Mountain Nature Reserve A3
11 Solms-Delta B6
12 Taal Monument A3

Schlafen
13 Berg River Resort B4
14 Cascade Country Manor C2

Essen
15 Fyndraai Restaurant B6
16 Lust Bistro & Bakery B5
17 Tea Under the Trees B2

Drakenstein Prison. Im Victor Verster, wie das Gefängnis damals hieß, verbrachte Mandela die beiden letzten Jahre seiner Gefangenschaft im Wärter-Häuschen, wo er auch das Ende der Apartheid aushandelte. Da das Gefängnis noch in Betrieb ist, finden keine Führungen statt. Aber eine schöne Statue erinnert an Mandela, sie zeigt ihn mit erhobener Faust in *Viva*-Positur.

Schlafen

Berg River Resort CAMPINGPLATZ $
(Karte S. 126; 021-863 1650; www.bergriverresort.co.za; Stellplatz ab 350 R, DZ-Chalets ab 715 R;) Ein attraktiver Campingplatz am Berg River, 5 km von Paarl entfernt an der R45 in Richtung Franschhoek. Neben Kanus gibt es hier Trampolins und ein Café. Während der Schulferien wird es sehr voll, dann ist der Campingplatz nicht zu empfehlen.

Oak Tree Lodge PENSION $$
(Karte s. 124; 021-863 2631; www.oaktreelodge.co.za; 32 Main St; EZ/DZ inkl. Frühstück ab 630/840 R;) Das alte Haus in zentraler Lage vermietet komfortable, gut ausgestattete Zimmer, einige sogar mit Balkon. Die größeren Gartenzimmer sind ruhiger, da sie weiter von der Hauptstraße entfernt liegen.

Rodeberg Lodge PENSION $$
(Karte S. 124; 021-863 3202; www.rodeberglodge.co.za; 74 Main St; EZ/DZ inkl. Frühstück 550/850 R;) Die Pension hat gute Zimmer, einige mit Klimaanlage und Fernseher. Unterm Dach gibt es auch ein Familienzimmer (350 R pro Pers.). Die Gastgeber sind nett, und die Gäste immer wieder begeistert vom Frühstück, das im Wintergarten angerichtet wird.

★ **Cascade Country Manor** BOUTIQUEHOTEL $$$
(Karte S. 126; 021-813 6220; www.cascademanor.co.za; Waterfall Rd; EZ/DZ inkl. Frühstück 1200/1870 R;) Das Hotel liegt etwas versteckt an einer Staubstraße, 10 km östlich vom Zentrum. Auch wenn es nur 10 km sind – man hat das Gefühl, meilenweit vom Schuss zu sein (obwohl die Rückfahrt in die Stadt ja nun wirklich kein Problem darstellt). Die Zimmer sind so, wie man sie sich bei einem Hotel dieser Kategorie vorstellt. Das Besondere ist aber das Hotelgrundstück selbst – es beeindruckt mit weitläufigen Rasenflächen, einem großen Pool, Olivenhainen und einem kurzen Spazierweg zu einem hübschen Wasserfall.

Grande Roche Hotel LUXUSHOTEL $$$
(Karte S. 124; 021-863 2727; www.granderoche.co.za; Plantasie St; Suite ab 3960 R;) Das superluxuriöse Hotel in einem kapholländischen Herrschaftshaus beeindruckt mit seiner herrlichen Aussicht auf die Berge, einem beheizten Pool und dem prämierten Bosman's Restaurant (S. 128). Bis zur Hauptstraße von Paarl ist es nur ein kurzes Stück zu Fuß.

Essen & Ausgehen

Viele Weingüter haben ein eigenes hervorragendes Restaurant und/oder bieten ein Mittagessen in Form eines Picknicks an.

★ **Tea Under the Trees** TEEGARTEN $
(Karte S. 126; 082 825 5666; www.teaunderthetrees.co.za; Main Rd, Northern Paarl; Hauptgerichte 40–50 R; Okt.–April Mo–Fr 9–16 Uhr) Der einzige Minuspunkt an diesem sagenhaften Teegarten ist, dass er bloß ein halbes Jahr geöffnet hat. Er gehört zu einer Bio-Obstfarm und ist einfach ein herrlicher Flecken Erde, um unter 100-jährigen Eichen Platz zu nehmen und im Freien eine Tasse Tee, ein leichtes Mittagessen oder ein Riesenstück selbst gebackenen Kuchen zu genießen. Es gibt keine Möglichkeiten, im Haus zu essen.

Harvest at Laborie SÜDAFRIKANISCH $$
(Karte S. 124; 021-807 3095; www.harvestatlaborie.co.za; Taillefer St; Hauptgerichte 90–140 R;

⌚ Mo–So Mittagessen, Do–Sa Abendessen;) In diesem eleganten Weingut in kurzer, fußläufiger Entfernung von der Main Street speist man auf einer Terrasse mit Blick auf die Weinberge. Regionale Produkte dominieren die Speisekarte, darunter Muscheln von der Westküste, Karoo-Lamm und saisonal auch Steaks von afrikanischen Wildtieren. Zum Abendessen sollte man reservieren, am Wochenende auch mittags.

Marc's Mediterranean Cuisine & Garden MEDITERRAN $$
(Karte S. 124; 129 Main St; Hauptgerichte 65–140 R; ⌚ Di–Sa Mittag- & Abendessen) Das entspannte Lokal in Paarl ist schon seit ewigen Zeiten sehr beliebt. Wirt Marc Friedrich hat ein helles, freundliches Ambiente geschaffen. Das dazu passsende Essen können die Gäste auch im Garten einnehmen, den der Besitzer nach provenzalischen Vorbildern anlegen ließ.

Terra Mare FUSIONSKÜCHE $$
(Karte S. 124; ☎ 021-863 4805; 90A Main St; Hauptgerichte 90–190 R; ⌚ Mo–Sa Mittag- & Abendessen) Die Speisekarte des Terra Mare ist nicht gerade umfangreich, dafür aber vom Feinsten, denn sie bietet klassische Gerichte mit einer raffinierten Note. An den Tischen drinnen kann es wegen der betriebsamen Main Street in unmittelbarer Nähe ein bisschen laut werden, hinter dem Haus geht es im hübschen Garten deutlicher ruhiger zu.

★ **Bosman's Restaurant** INTERNATIONAL $$$
(Karte S. 124; ☎ 021-863 5100; www.granderoche.co.za; Plantasie St; 3-Gänge-Menü 420 R; ⌚ Mittag- & Abendessen) Das elegante Restaurant im Grande Roche Hotel zählt zu den Toprestaurants des Landes; serviert werden mehrgängige Abendessen sowie legere Mittagessen im Bistrostil (Hauptgerichte ab 90 R). Eine Tischreservierung ist unbedingt notwendig.

Noop FUSIONSKÜCHE $$$
(Karte S. 124; www.noop.co.za; 127 Main St; Hauptgerichte 95–200 R; ⌚ Mo–Sa Mittag- & Abendessen) Das Restaurant mit Weinbar wird von Einheimischen aus den ganzen Winelands empfohlen. Auf der umfangreichen Speisekarte stehen edle Gerichte.

Praktische Informationen

Touristeninformation Paarl (Karte S. 124; ☎ 073 708 2835; www.paarlonline.com; 216 Main St; ⌚ Mo–Fr 8–17, Sa & So 10–13 Uhr) Die Touristeninformation hält Unmengen Infomaterial zur Region bereit.

An- & Weiterreise

BUS

Alle großen Fernbusunternehmen fahren über Paarl, sodass sich die Stadt leicht in jede Reiseplanung integrieren lässt. Die Busfahrt zwischen Paarl und Kapstadt kostet 160 R. Also lohnt es sich durchaus, bis Paarl zunächst den (billigeren) Zug zu nehmen und dort dann zur Weiterfahrt in einen Bus umzusteigen.

ABSTECHER

WELLINGTON

Das beschauliche und hübsche Städtchen liegt 10 km nördlich von Paarl. Wie bei allen anderen Orten in der Umgebung sind auch hier die verschiedenen Weingüter die Hauptattraktion; sie fallen im Vergleich zu Paarl jedoch weniger touristisch aus. Am besten fragt man in der **Touristeninformation** (☎ 021-864 1378; www.wellington.co.za; Malherbe St, Ecke Burger St; ⌚ Mo–Fr 8–17, Sa & So 10–13 Uhr) nach der Liste lokaler Weingüter sowie nach Details zum **Wellington Wine Walk**.

Besucher, die gern etwas Hochprozentigeres als Wein trinken, können einen Blick in die edle **Jorgensen's Distillery** (☎ 021-864 1777; www.jd7.co.za; Regent St; ⌚ nach Vereinbarung) werfen, dort werden Gin, Brandy und Absinth noch in Handarbeit hergestellt.

Wenn man sich schon einmal in dieser Gegend aufhält, sollte man auch gleich die Gelegenheit beim Schopf packen und den spektakulären **Bainskloof Pass** hinauffahren, einen der beeindruckendsten Pässe in ganz Südafrika. Er wurde zwischen 1848 und 1852 vom legendären Pässeplaner Thomas Bain erbaut. Die Straßenoberfläche wurde zwar asphaltiert, ansonsten jedoch nichts am ursprünglichen Straßenverlauf verändert.

Vom Pass aus kann man diverse Spaziergänge unternehmen, z. B. den 8 km langen **Bobbejaans River Walk** zu einem Wasserfall wandern. Er beginnt am Eerste Tol; die dafür notwendige **Genehmigung** (Erw./Kind 40/20 R) erteilt die Touristeninformation.

Die **Bushaltestelle für Fernbusse** (Karte S. 124) liegt gegenüber der Shell-Tankstelle an der Main Street, an der man vorbeikommt, wenn man von der N1 in die Stadt fährt.

ZUG

Metro-Züge fahren ungefähr stündlich zwischen Kapstadt und Paarl (1. Klasse/Economy Class 19/12 R, 1¼ Std.), am Wochenende allerdings seltener. Aus Sicherheitsgründen sollte man die Züge nur tagsüber während der Hauptverkehrszeiten benutzen.

Von Paarl aus ist Stellenbosch per Zug erreichbar: dazu den Zug nach Kapstadt nehmen und in Muldersvlei umsteigen! Aus Johannesburg kommend, steigt man in Worcester in den Metro-Zug.

Unterwegs vor Ort

Reisende ohne eigenen fahrbaren Untersatz haben eigentlich nur die Möglichkeit, ein Taxi zu rufen, um nach Paarl zu gelangen, ansonsten bleibt nur eine Radtour oder der Fußmarsch. Bequemer ist es mit **Paarl Taxis** (☎ 021-872 5671).

Tulbagh

9000 EW.

Das hübsche Städtchen Tulbagh liegt vor der dramatischen Kulisse der Witzenberg Range. Es wurde 1699 gegründet und besitzt historische Gebäude und nette Unterkünfte und Restaurants. Die von Bäumen und blühenden Sträuchern gesäumte Church Street ist ein nahezu perfektes Beispiel einer kapholländischen Dorfstraße des 18. und 19. Jhs. Die Kirche wurde 1969 durch ein Erdbeben schwer beschädigt, wurde aber detailgenau wiederaufgebaut.

Sehenswertes & Aktivitäten

Eine schöne Möglichkeit, den Vormittag zu verbringen, ist ein Bummel über die Church Street. Anschließend locken dann diverse Weinproben.

Oude Kerk Volksmuseum MUSEUM
(1 Church St; Erw./Kind 15/5 R; ⏲ Mo–Fr 9–17, Sa 9–15, So 11–15 Uhr) Das sehenswerte Museum umfasst vier historische Gebäude. Am besten beginnt man mit der Fotoausstellung in Haus Nr. 4, wo die Geschichte der Church Street samt Erdbeben und Wiederaufbau dokumentiert wird. Nach der Besichtigung der schönen, 1743 errichteten Oude Kerk folgen das Haus Nr. 14 mit Möbeln aus der viktorianischen Zeit und das Gebäude Nr. 22, ein rekonstruiertes Stadthaus aus dem 18. Jh.

Saronsberg Cellar WEINGUT
(www.saronsberg.com; Waveren Rd; Weinverkostung 50 R; ⏲ Mo–Fr 8–17, Sa 10–14 Uhr) Es macht Spaß, hier eine Rotwein-Cuvée zu trinken und dabei die zeitgenössische Kunst zu betrachten, die an den Wänden des schicken Weinkellers hängt. Saronsberg Cellar liegt 6 km nördlich der Stadt.

Drostdy Wines WEINGUT
(www.drostdyhof.com; Van der Stel St; Museum 10 R, Verkostung 20 R; ⏲ Mo–Fr 10–17, Sa 10–14 Uhr) Die im Jahr 1806 erbaute, durch ein Erdbeben nahezu zerstörte, aber vollständig restaurierte Drostei (in der früher der Landdrost wohnte) lohnt einen Besuch. Die zwanglosen Selbstbedienungsweinproben finden bei Kerzenschein im stimmungsvollen ehemaligen Kerker statt.

Twee Jonge Gezellen WEINGUT
(Waveren Rd; Weinverkostung frei; ⏲ Mo–Fr 10.30–16, Sa 9.30–14 Uhr, Weinkeller-Führungen 11 Uhr) Das alteingesessene Weingut befand sich während der Recherchen zu diesem Reiseführer unter neuer Leitung; ein paar Verschönerungsmaßnahmen würden ihm sicher nicht schaden.

Es werden Führungen angeboten, die die Méthode Cap Classique erläutern (Schaumweinproduktion nach Art der Champagnerherstellung). Es lohnt sich zu fragen, ob man an einem *sabrage* teilnehmen kann – dabei wird eine Flasche Schaumwein mit dem Säbel geöffnet.

Schlafen

Rijk's Country House BOUTIQUEHOTEL **$$**
(☎ 023-230 1006; www.rijkscountryhouse.co.za; Van der Stel St; Zi. inkl. Frühstück 950 R; ❄📶🏊) Das Rijk's bietet ansprechende Unterkünfte in Cottages mit Reetdach auf einem wunderschönen Weingut mit tipptopp gepflegten Rasenflächen. Im Weingut finden Führungen und Verkostungen statt, außerdem lockt ein gutes Restaurant (Hauptgerichte 95–195 R) im Hauptgebäude. Das Hotel liegt 2 km nördlich des Stadtzentrums.

De Oude Herberg HISTORISCHES HOTEL **$$**
(☎ 023-230 0260; www.deoudeherberg.co.za; 6 Church St; EZ/DZ inkl. Frühstück 715/1030 R; ❄📶🏊) Das De Oude ist schon seit 1885 eine Pension und ein richtig nettes Quartier mit traditionellen Landhausmöbeln und einem hübschen Patio.

Auf der knapp gehaltenen Speisekarte des **Restaurants** (☎ 023-230 0260; 6 Church St;

Hauptgerichte 90–155 R; ⌚ Mo–Sa Abendessen) stehen überwiegend Gerichte mit regionalen Zutaten. Gäste, die nicht im Hotel wohnen, können ebenfalls hier essen, sollten jedoch unbedingt reservieren.

Cape Dutch Quarter HOSTEL, PENSION $$
(☎ 023-230 1171; www.cdq.co.za; 24 Church St; Zi. 1200 R;) Hier findet man gleich eine ganze Fülle verschiedener Quartiere – von einfachen Zimmern im Hostelstil (EZ/DZ 400/600 R) bis hin zu Häusern für Selbstversorger (4 Pers. 1350 R) und schicken Doppelzimmern mit Himmelbetten. Der Besitzer weiß viel über die Region und kann die notwendigen Genehmigungen zum Wandern und Moutainbiken organisieren. Auch Landkarten können bei ihm gekauft werden.

★ **Vindoux Treehouses** HÜTTE $$$
(☎ 023-230 0635; www.vindoux.com; Waveren Rd, Vindoux Farm; DZ inkl. Frühstück 1700 R;) Für Leute mit romantischer Ader ist diese Unterkunft genau das Richtige. Jedes der luxuriösen Baumhäuser hat ein eigenes Bad mit Spa und bietet eine schöne Aussicht auf einen kleinen Wildpark mit Zebras, Gnus und Springböcken. Zur Auswahl stehen auch einfache Cottages (650 R für 2 Pers.).

Die Gäste können sich hier ein Fahrrad mieten, um auf eigene Faust in den Weingärten herumzukurven, und dann anschließend bei einem *Fynbos*-Wickel im Tages-Spa (500 R) wieder Energie tanken.

Essen & Ausgehen

★ **Readers Restaurant** SÜDAFRIKANISCH $$
(12 Church St; Hauptgerichte 75–135 R; ⌚ Mi–Mi Mittag- & Abendessen) Die Speisekarte wechselt regelmäßig, traditionelle Gerichte aus Südafrika mit einheimischen Zutaten stehen immer drauf. Der angeschlossene Andenkenladen wendet sich vor allem an Katzenfreunde, die hier verschiedenste Katzenfiguren zum Sammeln erstehen können.

Olive Terrace INTERNATIONAL $$
(22 Van der Stel St; Hauptgerichte 70–17 R 0; ⌚ Frühstück, Mittag- & Abendessen) Das Restaurant im Tulbagh Hotel bietet eine breite Auswahl, auch vegetarische Gerichte. Die schattige Terrasse ist im Sommer, wenn es so richtig heiß ist, besonders schön.

Things I Love CAFÉ $$
(61 Van de Stel St; Hauptgerichte 70–120 R0; ⌚ Frühstück, Mittag- & Abendessen;) In diesem netten Café wird ein ordentlicher Kaffee gebrüht, zu essen gibt es ein bisschen von allem. Ein Laden verkauft Kunsthandwerk, Kleidung und Lebensmittel.

Praktische Informationen

Tulbagh Tourism (☎ 023-230 1348; www.tulbaghtourism.co.za; 4 Church St; ⌚ Mo–Fr 9–17, Sa & So 9–15 Uhr) Die hilfsbereiten Mitarbeiter haben Infos und Landkarten über die Region und die Tulbagh-Weinstraße.

An- & Weiterreise

Tulbagh lässt sich entweder von Wellington über die R44 oder von Worcester aus über die R43 erreichen. Letztgenannte ist die malerischere der beiden Strecken. Von und nach Kapstadt verkehrt täglich ein Zug zu allerdings eher unpraktischen Zeiten. Der Bahnhof liegt 4 km südlich der Stadt.

Um die R46 zu erreichen (die einen ostwärts nach Ceres oder westwärts nach Piketberg an der N7 bringt), fährt man die Van der Stel Street nach Süden. Hat man stadtauswärts die halbe Höhe des Hügels erreicht, muss man rechts abbiegen. Dort weist ein kleiner, verwitterter Wegweiser nach Kaapstad (Kapstadt) und Gouda an der R46.

Ceres

11 000 EW.

Die nach der römischen Göttin der Landwirtschaft benannte Kleinstadt liegt inmitten eines schönen Tals. Die Region ist das wichtigste Anbau- bzw. Produktionsgebiet von Obst und Früchten (für Fruchtsäfte) in Südafrika. Zur Blütezeit im Frühling ist es hier wunderschön, fast schöner aber noch im Herbst, wenn sich die Blätter der Obstbäume bunt verfärben.

Die Gebirgspässe in atemberaubender Landschaft sind die wohl größte Attraktion des Ortes. Fährt man von Ceres nordwärts in Richtung Citrusdal und Cederberge, passiert man den steil ansteigenden **Gydo Pass**.

Südlich der Stadt liegt der **Mitchell's Pass**. Die 1848 gebaute Straße war die Hauptverbindung in die südafrikanische Ebene im Norden, bis 1875 der Hex River Pass (Hexrivierpas) eröffnet wurde. Im **Café** in der alten Mautstation kann man eine Pause bei Tee und einem Stück Kuchen einlegen.

Ceres liegt an der R46, rund 53 km nördlich von Wellington. Wie bei vielen anderen Zielen ist auch hier ein eigenes Auto am praktischsten, aber es verkehren auch

Sammeltaxis auf der Strecke Voortrekker Street -Worcester (65 R, 35 Min.).

Togryers' Museum MUSEUM
(Kutschenmuseum; 8 Oranje St; Erw./Kind 5/0,50 R; ⌚ Mo–Fr 8–17 Uhr) Ceres war einst ein berühmtes Zentrum zur Herstellung von Pferdekutschen. Kein Wunder also, dass in diesem Museum eine interessante Sammlung von originalen Kutschen und Anhängern ausgestellt ist. Außerdem werden hier einige Exponate zur Lokalgeschichte gezeigt.

★ **Ceres Zipline Adventures** ABENTEUERTOUR
(☎ 079 245 0354; www.ceresadventures.co.za; 1 Voortrekker St; Touren 400 R; ⌚ 8–16 Uhr) Bei dieser 1,4 km langen Baumwipfeltour, die 90 Minuten dauert, sieht man die Teilnehmer an über den Schluchten gespannten Seilen von einer zur anderen Seite sausen – mit ungewöhnlichem Blick auf die Skurweberg Mountains.

Ceres Inn HOTEL $$
(☎ 023-312 2325; www.ceresinn.co.za; 125 Voortrekker St; EZ/DZ 475/720 R;) Die schicke Einrichtung des Hotels steht in einem interessanten Kontrast zum Bauwerk selbst, dass im 19. Jh. errichtet wurde. Das **Witherley's Bistro** (☎ 023-312 2325; www.ceresinn.co.za; 125 Voortrekker St; Hauptgerichte 60–115 R) gleich nebenan tischt zuverlässig leckere Gerichte auf, die bei gutem Wetter häufig im schattigen Garten serviert werden.

Baba's Jem KAPMALAIISCH $
(☎ 023-312 3545; 13 Bester St; Hauptgerichte 60–95 R; ⌚ 7–21 Uhr) In diesem Lokal in einem Wohnhaus kann man selbst gebackene Köstlichkeiten kaufen und dazu ein frisches Ingwerbier trinken. Die Mahlzeiten müssen im Voraus gebucht werden. Gekocht werden auch traditionelle Speisen wie ein kapmalaiisches Curry, Kutteln und *vetkoek* (frittierter Kuchen aus vergorenem, frittierten Teig).

Praktische Informationen

Tourismusbüro Ceres (☎ 023-316 1287; www.ceres.org.za; Voortrekker St, Ecke Owen St; ⌚ Mo–Fr 9–17, Sa 9–12 Uhr) Hat seine Räumlichkeiten in der Stadtbibliothek von Ceres.

Robertson

22 000 EW.

Das in einem Tal zwischen den Langebergen und den Riviersonderendbergen gelegene Robertson ist das wohlhabende Zentrum eines der größten Weinbaugebiete des Landes. Es gibt eine ausgezeichnete Weinstraße, an der nicht nur Robertson, sondern auch die Nachbargemeinden Ashton, Bonnievale und McGregor liegen. In der Stadt werden mehr Outdoor-Aktivitäten angeboten als in vielen anderen Orten an der Route 6: So kann man in den Bergen wandern, sich auf dem Fluss treiben lassen und Ausritte unternehmen – die Stadt ist für ihre Gestüte berühmt.

Sehenswertes & Aktivitäten

★ **Viljoensdrift** WEINGUT
(www.viljoensdrift.co.za; Weinverkostung gratis; ⌚ Mo–Fr 9–17, Sa 10–16 Uhr;) Das Weingut ist vor allem am Wochenende einer der beliebtesten Orte der Region, um einen guten Tropfen zu schlürfen. Viele stellen sich im Feinkostladen ein Picknick zusammen, kaufen sich eine Flasche direkt aus dem Weinkeller und lassen sich ihr Picknick bei einem einstündigen Bootsausflug auf dem Breede River (Erw./Kind 50/20 R) schmecken. Die Picknickboote fahren ab 12 Uhr pünktlich zur vollen Stunde. Eine Reservierung ist erforderlich.

Excelsior WEINGUT
(www.excelsior.co.za; R317; Weinverkostung gratis; ⌚ Mo–Fr 10–16, Sa 10–15 Uhr) Die Weinproben finden auf einer Holzveranda mit schöner Aussicht auf einen Stausee statt – ein wirklich hübsches Fleckchen Erde.

Die eigentliche Attraktion des Weinguts ist jedoch die Möglichkeit, als Besucher selbst Weine zu verschneiden. Die Teilnehmer dürfen nach eigenem Gusto drei Weinsorten mischen und dann eine Flasche der eigenen Cuvée mit nach Hause nehmen – sogar mit persönlichem Etikett (60 R).

Springfield WEINGUT
(www.springfieldestate.com; ⌚ Mo–Fr 8–17, Sa 9–16 Uhr) Einige der Weine werden hier ungefiltert ausgeschenkt. Wer also etwas Besonderes kennenlernen möchte, sollte einfach einmal den Whole Berry aus ganzen Trauben probieren. Die Gäste können sich ihr eigenes Picknick mitbringen, dass sie sich dann im beschaulichem Ambiente von Springfield mit Aussicht auf einen See schmecken lassen können.

Van Loveren WEINGUT
(www.vanloveren.co.za; Weinverkostung 45 R; ⌚ Mo–Fr 8.30–17, Sa 9.30–15, So 11–14 Uhr, Di Bistro geschl.;) Weinverkostungen gibt es hier

ABSTECHER

KAGGA KAMMA PRIVATE GAME RESERVE

Kagga Kamma (☎021-872 4343; www.kaggakamma.co.za; Vollpension EZ/DZ ab 2580/3500 R, Camping 60 R) Das Reservat fernab von Ortschaften und asphaltierten Straßen ist die perfekte Location, um Energie zu tanken, wenn man sich ausgepowert fühlt. Angeboten werden Safaris, auf denen die Teilnehmer die Landschaften der Karoo kennenlernen, Wanderungen zur Felskunst der San und auch sogenannte „Himmelsafaris" im Mini-Planetarium. Die Zimmer befinden sich in Pseudohöhlen, die sich harmonisch in die zerklüftete Umgebung einfügen. Das Schutzgebiet liegt 92 km nordöstlich von Ceres.

Das ultimative Luxus-Campingerlebnis bietet der Outcrop Open Air Room – ein Luxusbett zwischen malerischen Felsen unter freiem Himmel, von dem aus sich der grandiose Sternenhimmel und der Sonnenaufgang beobachten lassen.

in so interessanten Kombinationen wie mit Käse, Schokolade oder Wurst. Für Kinder gibt es die obligatorische Traubensaft-Verkostung (25 R). Jeder der Bäume im Tropengarten hat eine Geschichte zu erzählen – am besten nimmt man sich an der Rezeption ein Informationsblatt mit. Wer will, kann auch an einer Führung (40 R) teilnehmen.

Das eher schlichte Bistro (Hauptgerichte 55–119 R) serviert Burger und Pizza vom Feinsten.

Graham Beck WEINGUT
(www.grahambeckwines.co.za; Standard-/sonstige Weinverkostung frei/ab 50 R; ⌚Mo–Fr 9–17, Sa & So 10–16 Uhr) Die Verkostung des preisgekrönten Syrah und der hochwertigen Schaumweine (75 R) findet in einem überraschend modernen Gebäude mit großen Panoramafenstern statt. Nach all den Weingütern im kapholländischen Stil ist dieses hier mal eine erfrischende Abwechslung!

Nerina Guest Farm REITEN
(☎082 744 2580; www.nerinaguestfarm.com; Goree Rd) Der Veranstalter bietet Ausritte am Fluss oder durch die Weinberge mit der Option, anschließend mit den Pferden zu baden. Die Ausritte dauern zwischen einer Stunde (150 R) und einem halben Tag (600 R).

Feste & Events

In der Stadt gibt es mehrere Weinfeste, z. B. das **Hands on Harvest** im Februar, das **Wacky Wine Weekend** im Juni und das **Wine on the River Festival** (☎023-626 3167; www.robertsonwinevalley.com) im Oktober. Dann sind die Unterkünfte vor Ort schnell ausgebucht, daher im Voraus reservieren!

Schlafen & Essen

Robertson Backpackers HOSTEL $
(☎023-626 1280; www.robertsonbackpackers.co.za; 4 Dordrecht Ave; B/EZ/DZ ohne Bad 130/250/350 R, DZ 450 R; 📶) Ein tolles Hostel mit geräumigen Schlafsälen und netten Doppelzimmern mit eigenem Bad im Garten. Schön sind auch der große Hof hinter dem Haus mit Rasen und eine Shisha-Lounge. Für die Gäste werden Ausflüge zu Weingütern und andere Aktivitäten organisiert. Zelten kann man für 70 R.

Pat Busch Mountain Reserve CHALET $
(☎023-626 2033; www.patbusch.co.za; Zi. pro Pers. ab 280 R; 🏊) Die einfachen, aber gut ausgestatteten Cottages liegen am Rand eines Naturschutzgebietes, 15 km nordöstlich von Robertson an der R60. Wandern, Mountainbiken, Angeln und Vogelbeobachtung stehen hier auf dem Programm. Zur Wochenmitte hin gibt es einen Preisnachlass.

★ **Ballinderry** PENSION $$
(☎023-626 5365; www.ballinderryguesthouse.com; 8 Le Roux St; EZ/DZ inkl. Frühstück ab 850/1100 R; ❄📶🏊) Die farbenfrohe Pension im Boutiquestil ist dank Luc und Hilde, den Gastgebern, sehr zu empfehlen. Morgens wird ein Champagner-Frühstück, auf Anfrage auch ein erlesenes Abendessen serviert. Die Gastgeber sprechen neben Englisch auch Deutsch, Holländisch und Französisch. Mit etwas Glück bekommt man sogar eines der Zimmer zum Garten hinaus.

Gubas De Hoek PENSION $$
(☎023-626 6218; www.gubas-dehoek.com; 45 Reitz St; EZ/DZ ab 600/970 R; 📶🏊) 🍃 Die komfortable Pension mit gut ausgestatteten Zimmern wird von den Lesern immer wieder sehr empfohlen.

Besitzer und Küchenchef Gunther Huertlen kocht für seine Gäste ein Abendessen (3-Gänge-Menü 270 R), aber es gibt alternativ auch eine Gemeinschaftsküche, in der sich Selbstversorger eine leichte Mahlzeit brutzeln können. Die Besitzer haben es sich zum Ziel gesetzt, den gesamten Strom der Unterkunft selbst zu produzieren.

★ **Strictly Coffee** CAFÉ $
(www.strictlycoffee.co.za; 5 Voortrekker St; Hauptgerichte 40–70 R; ⌚ Frühstück & Mittagessen) Neben hervorragendem Kaffee, der vor Ort geröstet wird, gibt es hier auch himmlische Sandwiches mit unglaublich frischen Zutaten. Die Einheimischen schwärmen von den Eiern Benedikt zum Frühstück.

Bourbon Street INTERNATIONAL $$
(☎ 023-626 5934; 22 Voortrekker St; Hauptgerichte 60–140 R; ⌚ Mo–Sa Mittag- & Abendessen, So Mittagessen; 📶) Das Restaurant mit New-Orleans-Feeling ist bei Einheimischen und auswärtigen Besuchern gleichermaßen beliebt. Auf der Speisekarte steht von allem etwas. Bourbon Street ist zudem so ziemlich das einzige Lokal in Robertson, an dem am späteren Abend noch etwas los ist.

Praktische Informationen

Robertson Tourism Bureau (☎ 023-626 4437; www.robertsontourism.co.za; Voortrekker St, Ecke Reitz St; ⌚ Mo–Fr 8–17, Sa 9–14, So 10–14 Uhr) Ein freundliche Touristeninformation mit Infos zur Weinregion, zur Route 62 und zu Wanderwegen in den Bergen.

An- & Weiterreise

Busse von **Translux** (☎ 0861 589 282; www.translux.co.za) halten gegenüber vom Polizeirevier in der Voortrekker Street. Es bestehen Verbindungen nach Knysna (270 R, 5 Std.), Kapstadt (200 R, 2 Std., tgl.) und Port Elizabeth (350 R, 9 Std., tgl.).

Sammeltaxis verkehren von und nach Kapstadt (130 R, 1½ Std.), Oudtshoorn (200 R, 3 Std.) und Montagu (80 R, 30 Min.); sie halten gegenüber der **Shell-Tankstelle** (John St, Ecke Voortrekker St). Diese Verbindungen werden nicht täglich angeboten; man sollte daher bei den Taxifahrern nachfragen, ob und wann sie fahren.

McGregor

3100 EW.

Das beschauliche, verschlafene McGregor liegt verträumt am Ende einer Straße, die ins Nichts führt, das Örtchen ist ein idyllischer Rückzugsort mit guten Quartieren, einer Kunst-Route und vielen Wellnessangeboten. An der Hauptdurchgangsstraße, der Voortrekker Street, stehen hübsche weiß getünchte Cottages aus der Mitte des 19. Jhs., das Dorf liegt inmitten einer landwirtschaftlichen Region.

McGregor ist ein guter Standort, um in den nahe gelegenen Riviersonderendbergen zu wandern, zudem liegt es günstig an einem Ende des lohnenswerten Boesmanskloof Trail. In der Umgebung von McGregor liegt ein halbes Dutzend Weingüter, die zur Robertson Wine Valley Route gehören.

Sehenswertes & Aktivitäten

Eseltjiesrus Donkey Sanctuary TIERHEIM
(☎ 023-625 1593; www.donkeysanctuary.co.za; Eintritt nach Spende; ⌚ Do–So 10–16 Uhr) Dieser Gnadenhof für Esel existiert schon seit ewigen Zeiten, befindet sich jetzt aber in einem neuen Areal gleich bei der Hauptstraße von Robertson. Die Umgebung ist beschaulich, von ein paar Dämmen lassen sich gut Vögel beobachten. In einer Teestube werden selbst gemachte Köstlichkeiten serviert. Und dann sind da natürlich auch noch die Esel – viele wurden in ihrem letzten Zuhause vernachlässigt.

Tanagra Private Cellar WEINGUT
(☎ 023-625 1780; www.tanagra-wines.co.za; Weinverkostung frei; ⌚ nach Vereinbarung) Tanagra ist eine Farm, die von einer Familie geführt wird. Hier kann man die ganze Bandbreite an Rotweinen des Weinguts verkosten, aber auch Grappa, der hier gebrannt wird.

Für Selbstversorger gibt es eine Unterkunft (2-Pers.-Cottage ab 750 R). Auf dem Gelände wurden viele kürzere Wanderwege angelegt, wer länger unterwegs sein will, kann bis zum angrenzende Vrolijkheid Nature Reserve laufen.

★ **Boesmanskloof Trail** WANDERN
(Greyton McGregor Trail; Tagesgenehmigung Erw./Kind 40/20 R) Einer der wichtigsten Gründe, McGregor einen Besuch abzustatten, ist der Weitwanderweg nach Greyton. Der Trail führt rund 14 km durch die mit sagenhaftem *fynbos* bestandenen Riviersonderendberge. Die Wanderung beginnt eigentlich in Die Galg, rund 15 km südlich von McGregor; man braucht einen fahrbaren Untersatz, um dorthin zu kommen.

Von McGregor nach Greyton lässt sich die Tour (in umgekehrter Richtung) einfacher bewerkstelligen. In der Hauptsaison muss man bei Cape Nature vorreservieren, da nur 50 Personen pro Tag auf dem Wanderweg zugelassen sind. Genehmigungen stellt die Touristeninformation aus.

Oakes Falls WANDERN
(Tagesgenehmigung Erw./Kind 40/20 R) Wer keine Lust hat, den kompletten Boesmanskloof Trail zu wandern, für den bietet sich dieser Rundweg (6 Std.) zu den hübschen Wasserfällen an, die etwa 6 km von Die Galg entfernt liegen. Hier kann man sich beim Schwimmen im tanninhaltigen Wasser erfrischen. Doch auch hier heißt es, sich vor dem Abmarsch erst einmal eine Genehmigung bei der Touristeninformation einzuholen.

Schlafen & Essen

★ **Lord's Guest Lodge** PENSION $$
(☎ 023-625 1881; www.lordsguestlodge.co.za; Cottage ab 1200 R; @ ≋) Für Leute, denen McGregor noch nicht ruhig genug ist, empfiehlt sich diese Luxuslodge südlich der Ortschaft. Die Steinhäuschen mit Reetdach liegen oben auf einem Hügel mit herrlichem Blick über die Region. Es gibt hier ein malerisches Pub sowie das **Lady Grey Restaurant** (Hauptgerichte 90–140 R), das auch Nicht-Hausgästen offensteht (unbedingt reservieren). Und so kommt man hin: Nach dem Abzweig 10 km vor McGregor Ausschau halten; von dort sind es noch 3 km auf einer Schotterstraße.

Green Gables Country Inn PENSION $$
(☎ 023-625 1626; www.greengablescountryinn.co.za; Mill St, Ecke Smith St; EZ/DZ inkl. Frühstück 420/800 R; ≋) Die familienfreundliche Unterkunft am südlichen Stadtrand zeichnet sich durch gepflegte Anlagen, nette Gastgeber und einen hübschen Pool aus. Es gibt ein Cottage für Selbstversorger mit eigenem Planschbecken (700 R für 2 Pers.).

Temenos Retreat HÜTTE $$
(☎ 023-625 1871; www.temenos.org.za; Voortrekker Rd, Ecke Bree St; EZ/DZ 550/795 R; ≋) Die 14 über einen weitläufigen Garten verteilt liegenden Hütten sind nicht nur etwas für Gäste, die sich gern zurückziehen wollen. Die ganze Anlage ist beschaulich, es gibt ein Sportschwimmbecken, Kurbehandlungen und ein beliebtes Restaurant (Hauptgerichte 70–130 R), in dem leichte Mittagsgerichte und täglich ein Spezialitäten-Abendessen serviert werden.

Unter der Woche kann man hier zu deutlich günstigeren Zimmerpreisen als am Wochenende übernachten. Kinder unter zwölf Jahren sind nicht erwünscht .

★ **Karoux** SÜDAFRIKANISCH $$
(☎ 023-625 1421; www.karoux.co.za; 42 Voortrekker Rd; Hauptgerichte 70–140 R; ⏲ Fr–Di Abendessen) Das für seine Gourmetküche bekannte Karoux ist eines der besten Kleinstadt-Restaurants in der Provinz Western Cape. Die Speisekarte wechselt regelmäßig, aber Gerichte, die irgendwie den Spagat zwischen edel und rustikal schaffen, sind immer dabei.

Praktische Informationen

Cape Nature (☎ 023-625 1621; www.capenature.org.za; McGregor Rd; ⏲ Mo–Fr 7.30–16 Uhr) Die Organisation verwaltet den Greyton McGregor Trail. Die Büros befinden sich rund 15 km südlich von Robertson.

McGregor Tourism Bureau (☎ 023-625 1954; www.tourismmcgregor.co.za; 53 Voortrekker St; ⏲ Mo–Fr 9–16, Sa & So 9–13 Uhr) Die Touristeninformation im Museum erteilt Wandergenehmigungen. Außerdem ist hier eine Broschüre mit Wanderwegen (25 R) erhältlich – für Leute, die auf eigene Faust losziehen wollen.

An- & Weiterreise

Von Greyton aus kann man natürlich nach McGregor wandern; wer das nicht möchte, benötigt allerdings einen fahrbaren Untersatz: Es gibt nur eine Straße von und nach McGregor (die 20 km lange Straße nördlich von Robertson).

Greyton

2800 EW.

Greyton und das Nachbardorf Genadendal gehören zwar offiziell zur Region Overberg, sind jedoch durch den Boesmanskloof Trail mit McGregor verbunden.

Greyton ist erheblich hübscher als McGregor; sogar die Einheimischen geben zu, dass die weiß getünchten Cottages mit Reetdach schon fast ein bisschen künstlich wirken. Das Dorf ist nett und lässt sich am besten in Kombination mit der alten Herrnhuter Missionsstation im benachbarten Genadendal besichtigen; die gut erhaltenen historischen Gebäude könnten authentischer nicht sein.

Sehenswertes & Aktivitäten

★ **Genadendal Mission Station** HISTORISCHE STÄTTE
Rund 5 km westlich von Greyton liegt Genadendal, die älteste Missionsstation Südafrikas; sie wurde 1738 gegründet und war kurzzeitig nach Kapstadt die größte Siedlung der Kolonie. Heute leben etwa 5000

Personen hier. Die **Herrnhuter Kirche** ist ein attraktives Gebäude mit schlichtem Zierrat. Die faszinierende Geschichte des Dorfes dokumentiert das hervorragende **Mission Museum** (☎028-251 8582; Erw./Kind 10/5 R; ⊙Mo–Do 8.30–17, Fr 8.30–15.30, Sa 10–14 Uhr); es befindet sich in der damals ersten Lehrerbildungsanstalt Südafrikas.

Das Dorf hat das Flair eines „lebendigen Museums". Wer hier herumflaniert, stolpert plötzlich über die älteste Druckerpresse des Landes, ein Töpferei-Atelier und eine Wassermühle finden sich unter den vielen restaurierten historischen Gebäuden. 1995 benannte Nelson Mandela seinen offiziellen Amtssitz in Kapstadt nach dieser Missionsstation. Wer von der R406 zu den verschiedenen Denkmälern möchte, fährt durch die recht heruntergekommenen Vororte bis zum Church Square.

Genadendal Trail WANDERN
Greyton ist der perfekte Standort, um in den Riviersonderendbergen zum Wandern zu gehen; das Gebirge ragt dramatisch nördlich vom Dorf auf. Man kann hier verschiedene kürzere Touren unternehmen, aber auch eine Zwei-Tageswanderung. Es handelt sich dabei um einen 25,3 km langen Rundweg, der an der Herrnhuter Kirche in Genadendal beginnt und dort auch wieder endet. Da die Einheimischen über den Trail nicht sonderlich gut Bescheid wissen, sollte man eine Landkarte einstecken.

Zur Buchung einer Unterkunft und für die notwendige Wandergenehmigung wendet man sich am besten an **Cape Nature** (☎023-625 1621; www.capenature.co.za).

Schlafen & Essen

Greyton Ecolodge HOTEL/ HOSTEL $
(☎072 626 7052; www.ecologdegreyton.co.za; 2 Park St; B 140 R, EZ/DZ ohne Bad 200/360 R; @) Die riesige Lodge war einst das Landschulheim des Internats von Greyton und verströmt immer noch etwas vom Flair einer Erziehungsanstalt. Die Ecolodge ist Bestandteil eines größeren Umweltprojekts; sämtliche Einnahmen aus den Unterkünften fließen in die Finanzierung dieses Projekts. Die Aussicht auf die Sonderendberge ist sagenhaft, die Unterkunft ist ein tolles Standquartier zum Wandern.

★ **Post House** HISTORISCHES HOTEL $$
(☎028-254 9995; www.theposthouse.co.za; 22 Main Rd; EZ/DZ inkl. Frühstück ab 945/1400 R;) Das Hotel befindet sich im ehemaligen historischen Postgebäude der Ortschaft. Die Zimmer gruppieren sich um einen hübschen Garten und sind nach Figuren von Beatrix Potter benannt. Das Pub im englischen Stil mit viel Flair bietet sich für einen netten Drink an.

High Hopes B&B $$
(☎028-254 9898; www.highhopes.co.za; 89 Main Rd; EZ/DZ inkl. Frühstück ab 825/1100 R;) Das hübsche B&B hat geschmackvoll möblierte Zimmer und einen kleinen Pool in einem weitläufigen Garten. Der Startpunkt des Greyton McGregor Trail liegt ganz in der Nähe. Und wer es mit dem Sport übertrieben hat, kann sich im B&B auch gleich behandeln lassen – Reiki, Reflexzonenmassagen und Massagen stehen zur Auswahl. Angeboten werden auch Aufenthalte mit Vollpension und Aktivitäten wie Yoga, Kunst und Gärtnern.

Oak & Vigne Café CAFÉ $
(DS Botha St; Hauptgerichte R60-90; ⊙Frühstück & Mittagessen;) Das trendige Café mit Feinkostladen und Kunstgalerie ist eine nette Adresse für ein leichtes Mittagessen oder eine gute Tasse Kaffee und bietet einen schönen Garten zum Entspannen.

Peccadillos FUSIONSKÜCHE $$
(☎028-254 9066; 23 Main Rd; Hauptgerichte 75–115 R; ⊙Do–Mo Mittag- & Abendessen) In diesem beliebten Restaurant mit minimalistischer Einrichtung werden Traditionsgerichte mit innovativem Touch serviert, unter Verwendung einheimischer Bioprodukte.

Praktische Informationen

Touristen Information Office (☎028-254 9414; www.greytontourism.com; 29 Main Rd; ⊙Mo–Fr 8–17, Sa 9–14 Uhr) Die Mitarbeiter informieren über kurze Wanderungen in der Region.

An- & Weiterreise

Wer von McGregor aus nicht nach Greyton wandern möchte, braucht ein eigenes Fahrzeug. Die R406 führt von der N2 vom Osten und Westen in den Ort hinein; aber Achtung: der östliche Abschnitt ist nur eine Schotterstraße.

DIE REGION OVERBERG

Wörtlich bedeutet Overberg „jenseits vom Berg" und bezeichnet die Region östlich der Hottentots Holland Range, in der die hügeligen Weizenfelder vom Breede River, dem Meer und den Gipfeln der Franschhoekberge, Wemmershoekberge und Riviersonderendberge begrenzt werden.

Alle Straßen, die in die Region Overberg führen, haben ihren Reiz: Die N2 schlängelt sich auf den Sir Lowry's Pass hinauf, wo sich oben ein grandioser Ausblick bietet, die R44 bleibt hingegen auf Höhe des Meeresspiegels, windet sich ums Cape Hangklip, führt am Kogelberg Biosphere Reserve entlang und erreicht schließlich Hermanus. Diese Küstenstraße ist atemberaubend schön und kann locker mit dem Chapman's Peak Drive in Kapstadt mithalten – allerdings ohne dass man Maut zahlen zu müssen.

Hermanus lockt die Wale zur Kalbungszeit (Juni–Dez.) an – und Leute, die die Tiere von den leicht erreichbaren Aussichtspunkten im Ort beobachten wollen. Wer den Massen, die sich in der Walsaison hier versammeln, entgehen möchte, sollte die weniger überlaufenen Walbeobachtungsstellen rund um Gansbaai, Arniston und im magischen De Hoop Nature Reserve besuchen. Weiter landeinwärts liegt das elegante Städtchen Swellendam, das Wanderfreunden wie auch Geschichtsinteressierten viel zu bieten hat.

Kogelberg Biosphere Reserve

Kogelberg Biosphere Reserve NATURSCHUTZGEBIET
(☎ 028-271 5138; www.capenature.co.za; Erw./Kind 40/20 R) Das Kogelberg Biosphere Reserve wurde 1988 zum ersten Unesco-Biosphärenreservat Südafrikas erklärt; es liegt 60 km östlich von Kapstadt und ist 1000 km² groß.

Das Schutzgebiet weist eine unglaubliche Artenvielfalt auf, über 1880 Pflanzenarten wurden hier gezählt. Vögel sind ebenfalls zahlreich vertreten, in den Feuchtgebieten leben Wildpferde, und vor der Küste lassen sich im Meer Wale beobachten. Im Schutzgebiet bieten sich Tagestouren und Wanderungen mit Übernachtung an, außerdem fahren Mountainbiker herum. Für den Aufenthalt ist eine Genehmigung erforderlich.

Das Schutzgebiet, das im Osten vom Kogelberg begrenzt wird, ragt 7,5 km ins Meer hinein; in seinen Grenzen liegen die Dörfer Rooi Els, Pringle Bay, Hangklip, Betty's Bay und Kleinmond. Der Eingang befindet sich zwischen Betty's Bay und Kleinmond an der R44. Besucher brauchen ein eigenes Fahrzeug.

Kogel Bay Resort CAMPINGPLATZ $
(☎ 021-856 9622; R44; Stellplatz 170 R) Dieser Campingplatz bietet ordentliche Einrichtungen an einem tollen Surfer-Strand – der Wind weht hier kräftig. Zum Schwimmen ist es hier leider zu gefährlich. Mangels Laden muss man sämtlichen Proviant mitbringen.

★ **Oudebosch Eco Cabins** HÜTTEN $$
(☎ 021-483 0190; www.capenature.co.za; 2 Pers. ab 1060 R;) Die modernen Hütten mit Glasfront wurden so konzipiert, dass sie sich gut in die Landschaft einfügen und zudem möglichst umweltfreundlich sind. Sie sind gut ausgestattet und deshalb natürlich heiß begehrt. Es empfiehlt sich daher, frühzeitig zu buchen.

Betty's Bay

1400 EW.

Das kleine, zersiedelte Feriendorf Betty's Bay an der R44 lohnt einen Zwischenstopp.

Stony Point African Penguin Colony WILDRESERVAT
(Eintritt 10 R; ⏲ 8–17 Uhr) An diesem beschaulichen Ort kann man die kleinen Pinguine viel besser beobachten als am bekannteren Boulders Beach auf der anderen Seite der False Bay. Die Pinguinkolonie befindet sich am westlichen Ortsrand von Betty's Bay.

Harold Porter National Botanical Gardens GÄRTEN
(www.sanbi.org; Erw./Kind 24/8 R; ⏲ Mo–Fr 8–16.30, Sa & So 8–17 Uhr) Diese oft herrlich leeren Gärten sind einen Besuch wirklich wert. Es führen mehrere Wege durch die Anlage, auf denen man die einheimische Pflanzenwelt erkunden kann – schön ist der Leopard Kloof Trail, ein 3 km langer Rundweg, der durch Farnwälder zu einem Wasserfall hinaufführt. Für den Schlüssel wird eine Kaution (50 R) verlangt, Schlüssel und Genehmigung müssen vor 14 Uhr besorgt werden. Auf dem Gelände gibt es viel schöne Stellen zum Picknicken und eine Teestube. Die Gärten erstrecken sich über die Hänge des Kogelbergs am östlichen Ortsrand von Betty's Bay.

Kleinmond

6600 EW.

Das in der Nähe eines wunderschön wilden Strandes gelegene Kleinmond (an der R44) bietet sich an, um dort einen netten Nach-

Distrikt Overberg & Route 62

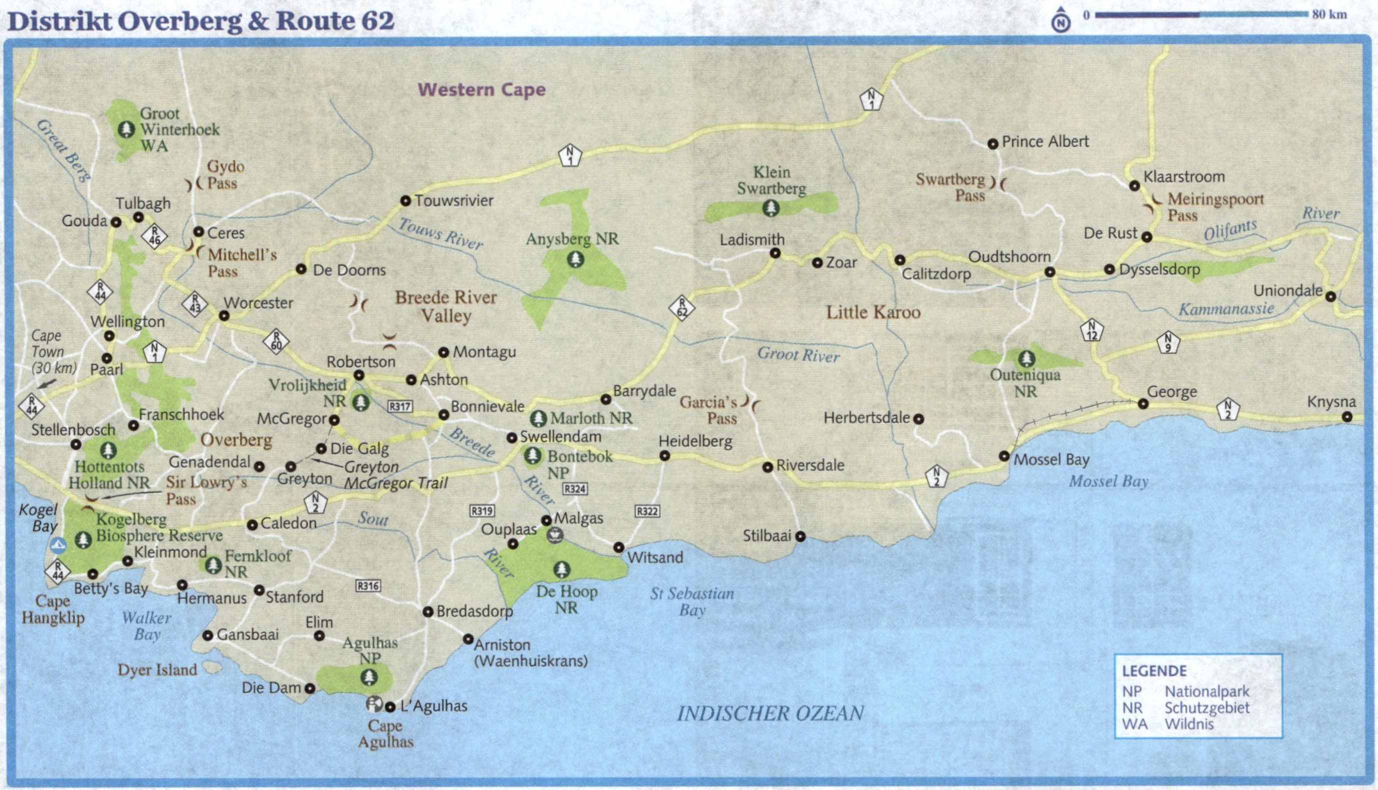

1

2

4

HOUGAARD MALAN / GETTY IMAGES ©

ARIADNE VAN ZANDBERGEN / GETTY IMAGES ©

3

ROGER DE LA HARPE / GETTY IMAGES ©

1. Stellenbosch (S. 111)
Besonders elegant wirken hier die Bauten im kapholländischen Stil.

2. Cederberg Wilderness Area (S. 183)
In diesem Paradies für Wanderer fallen besonders die spektakulären Felsformationen ins Auge.

3. Austern aus Knysna
In Knysna (S. 160), einer Stadt an der Garden Route, spielt die Austernzucht eine große Rolle.

4. Hermanus (S. 140)
Südliche Glattwale halten sich zwischen Juni und Dezember in der Walker Bay auf.

mittag zu verbringen, frische Meeresfrüchte zu essen und in den Geschäften herumzustöbern. Die Ortschaft ist erheblich weniger kommerziell als Hermanus und bietet hervorragende Gelegenheiten, Wale zu beobachten, außerdem können Surfer hier mit guten Wellen rechnen. Auch Wanderer finden schöne Wege.

Die meisten Lokale liegen in der Harbour Road, darunter auch ein paar Meeresfrüchte-Restaurants mit Meerblick.

Die **Touristeninformation** (☎028-271 5657; www.kleinmondtourism.co.za; Protea Centre, Main Rd; ⏲Mo–Fr 8.30–17, Sa 9–14, So 10–14 Uhr) hat aktuelle Listen, in denen die verschiedenen Pensionen und Selbstversorgerwohnungen in Kleinmond aufgeführt sind.

Gleich westlich des Ortszentrums liegt der **Palmiet Caravan Park** (☎028-271 8400; www.overstrand.gov.za; Stellplatz 165 R) so nah am Wasser, dass man im Zelt die Wellen rauschen hört. Einfach ab der R44 der Ausschilderung folgen.

Hermanus

☎028 / 10 500 EW.

Das ehemals kleine Fischerdorf ist heute eine lebhafte Kleinstadt mit einer breiten Palette an Unterkünften, Restaurants und Geschäften. Hermanus liegt nur 122 km von Kapstadt entfernt und bietet sich somit bestens für einen Tagesausflug an, steht jedoch auch bei Urlaubern aus Südafrika hoch im Kurs.

Dass das Städtchen in den letzten Jahren einen derartigen Wachstumsschub erlebt hat, verdankt es größtenteils der Walker Bay, in der sich zwischen Juni und Dezember Südliche Glattwale in großer Zahl einfinden. Hermanus gilt weltweit als der beste Ort, um vom Land aus die imposanten Meeressäuger zu beobachten.

Die Stadt zieht sich zwar die lange Hauptstraße entlang, das Zentrum lässt sich dennoch mühelos zu Fuß erkunden.

Sagenhaft ist der Klippenweg, aber auch die anderen Wanderungen in den von *fynbos* bedeckten Hügeln rund um den Ort sind lohnenswert.

Auch hier kann man an verschiedenen Orten Wein verkosten, im September findet zudem das **Hermanus Whale Festival** (www.whalefestival.co.za) statt. Dann ist die Stadt wirklich überlaufen, was jedoch auch während der Schulferien im Dezember und Januar der Fall ist.

Hermanus

Sehenswertes
1 Old Harbour Museum C2
Photographic Museum .... (s. 2)
2 Whale House Museum C2

Aktivitäten, Kurse & Touren
3 Cliff Path Walking Trail A3

Schlafen
4 Harbour House Hotel C3
5 Hermanus Esplanade C3
6 Marine D1
7 Windsor Hotel B3

Essen
8 Bistro at Just Pure A3
9 Burgundy Restaurant C3
10 Eatery A2
11 Fisherman's Cottage C3
Pavilion .... (s. 6)
Seafood Restaurant .... (s. 6)

Ausgehen & Nachtleben
12 Bientang's Cave D2
13 Shimmi C2

Sehenswertes & Aktivitäten

Auch wenn Hermanus dafür berühmt ist, dass sich hier Wale vom Land aus beobachten lassen, werden natürlich Schiffsausflüge veranstaltet. Die Bestimmungen für diese Ausfahrten sind sehr streng: Die Boote müssen einen Mindestabstand von 50 m zu den Tieren einhalten.

Fernkloof Nature Reserve NATURSCHUTZGEBIET
(☎028-313 0819; www.fernkloof.com; Fir Ave; ⏲9–17 Uhr) GRATIS Das 15 km² große Schutzgebiet ist vor allem für Hobbybotaniker interessant: Hier finden sie viele der typischen *Fynbos*-Pflanzen. Es gibt ein insgesamt 60 km langes Netz an Wanderwegen für alle Fitnesslevels, die Ausblicke übers Meer sind sagenhaft. In der Touristeninformation ist eine Wanderkarte erhältlich.

Old Harbour HISTORISCHE STÄTTE
Vor dem Stadtzentrum klammert sich der alte Hafen an die Klippen. Das **Old Harbour Museum** (Erw./Kind 20/5 R; ⏲Mo–Sa 9–13 & 14–17, So 12–16 Uhr) ist nicht sonderlich prickelnd, durchaus sehenswert ist jedoch die Ausstellung alter Fischerboote vor dem Gebäude. Im Eintrittspreis inbegriffen sind zwei weitere Museen, das interessante

Hermanus

Whale House Museum (Market Sq; ⌚Mo–Sa 9–16.30, So 12–16 Uhr) und das **Photographic Museum** (Market Sq; ⌚Mo–Sa 9–16.30, So 12–16 Uhr). Auf dem Platz davor hat sich ein permanenter Kunsthandwerksmarkt etabliert.

★ **Cliff Path Walking Trail** WANDERN

Dieser malerische Weg schlängelt sich vom Neuen Hafen, 2 km westlich von Hermanus, rund 10 km am Meer entlang bis zur Mündung des Klein River; man kann die Wanderung überall auf den Klippen beginnen.

Zweifellos ist dies eine der schönsten Beschäftigungen, die Hermanus zu bieten hat, Wale hin oder her. Unterwegs kommt man am Grotto Beach vorbei, dem beliebtesten Strand der Einheimischen, am Kwaaiwater, einem Aussichtspunkt zur Walbeobachtung, sowie am Langbaai und Voelklip Beach.

Die Touristeninformation hält eine Broschüre mit weiteren Details zu diesem Wanderweg bereit.

Southern Right Charters SCHIFFSAUSFLUG

(☎082 353 0550; www.southernrightcharters.co.za; zweistündiger Schiffsausflug Erw./Kind 650/350 R) Dies ist einer von insgesamt vier lizensierten Veranstaltern, die vom Neuen Hafen aus Fahrten zur Walbeobachtung anbieten dürfen.

Walker Bay Adventures WASSERSPORT

(☎082 739 0159; www.walkerbayadventures.co.za; Kajakfahren 350 R, Kanufahren 450 R, Walbeobachtung vom Boot aus 650 R) Von einem Meereskajak aus Wale zu beobachten ist ein beeindruckendes und oft auch ganz schön nervenaufreibendes Erlebnis. Weitere mögliche Aktivitäten sind Sandboarden, Ausritte und Schiffsausflüge.

Schlafen

Hermanus bietet zwar eine unglaubliche Fülle an Unterkünften, dennoch hat während der Urlaubszeit schon so mancher ver-

INSIDERWISSEN

EIN UNIKUM: ERIC DAVALALA

Eric Davalala hat einen Job, wie es ihn nicht noch einmal gibt: Er ist angeblich der einzige Walausrufer der Welt. Während der Walsaison (Juni–Dez.) sieht man Eric mit einem witzigen Hut, in dessen Band ein Wal eingeprägt ist, von 9 bis 17 Uhr auf dem Klippenpfad auf- und abmarschieren und nach Walen Ausschau halten. Außerhalb der Walsaison kann man ihn in der Touristeninformation von Hermanus treffen und mit ihm über Wale und Hermanus plaudern oder auch einfach nur guten Tag sagen.

Was genau macht ein Walausrufer? Manche Leute glauben, ich würde die Wale mit meinem Horn herbeirufen, aber das ist natürlich Humbug. Meine Hauptaufgabe besteht darin, aufs Wasser zu schauen und festzustellen, wo die Wale sich gerade aufhalten. Sobald ich etwas sehe, prüfe ich nach, ob es nicht doch Vögel oder Felsen sind, und blase dann auf meinem Horn ein Morsesignal, um Bescheid zu geben, wo die Wale zu finden sind. Ich trage eine Tafel, auf der die Morsezeichen abgebildet sind, damit die Leute wissen, was die Signale bedeuten.

Macht Ihnen der Job Spaß? Ja, sehr großen sogar. Und es macht mich stolz, dass ich weltweit der einzige Walausrufer bin. Aber das Beste ist, dass ich bei meiner Arbeit Menschen aus anderen Ländern kennenlerne. Die meisten Leute wollen mich fotografieren, wogegen ich überhaupt nichts habe, aber lieber ist mir, wenn sie mier ein paar Fragen stellen und ich mich dann erkundigen kann, wo sie herkommen, sodass ich auch etwas über ihre Länder erfahre.

Warum kommen die Wale hierher? Das Entscheidende ist das Wasser vor Hermanus: Es ist etwas wärmer als im Südlichen Ozean und außerdem durch die Bucht geschützt. Deswegen kommen die Wale, um ihre Kälber in dem vergleichsweise warmen Gewässer zur Welt zu bringen. Sie bleiben rund drei Monate, bis die Jungen stark genug sind, zu überleben. Sie bleiben nicht ständig, weil es hier für sie kein geeignetes Futter gibt; wenn sie Nahrung brauchen, schwimmen sie in den Südlichen Ozean zurück.

geblich nach einem freien Bett gesucht. Und das bedeutet: Unbedingt frühzeitig buchen.

Hermanus Backpackers HOSTEL $
(☎028-312 4293; www.hermanusbackpackers.co.za; 26 Flower St; B 140 R, DZ mit/ohne Bad 410/380 R; 📶🏊) Hermanus Backpackers ist ein tolles Quartier mit witziger Dekoration, guter Einrichtung und kundigen Mitarbeitern, die gerne bei der Organisation von Aktivitäten behilflich sind. Das einfache Frühstück mit Selbstbedienung ist kostenlos, für die *braais* am Abend werden 100 R verlangt. Im hübschen Hostel geht es total entspannt zu, in der Dependance um die Ecke ist es sogar noch ruhiger.

Hermanus Esplanade APARTMENT $
(☎028-312 3610; www.hermanusesplanade.com; 63 Marine Dr; Apt. mit Meerblick ab 550 R) Das Mobiliar ist vielleicht ein bisschen abgewohnt, und die etwas schäbigen Apartments könnten ein paar Verschönerungsmaßnahmen durchaus vertragen, aber dafür liegen sie direkt am Meer und weisen ein gutes Preis-Leistungs-Verhältnis auf.

Zoete Inval Travellers Lodge HOSTEL $
(☎028-312 1242; www.zoeteinval.co.za; 23 Main Rd; B ab 130 R, DZ mit/ohne Bad 550/450 R; 📶) Das Hostel am Stadtrand ist recht ruhig, bietet gute Annehmlichkeiten wie beispielsweise einen Whirlpool und tadellos möblierte Zimmer.

★ **Potting Shed** PENSION $$
(☎028-312 1712; www.thepottingshedaccommodation.co.za; 28 Albertyn St; EZ/DZ inkl. Frühstück 715/920 R; 📶🏊) Diese freundliche Pension hat etwas angenehm Persönliches. So gibt es für die ankommenden Gäste beispielsweise selbst gebackene Kekse in Walform. Die ordentlichen, individuell gestalteten Zimmer sind komfortabel und in hellen Naturtönen gehalten. Unter dem Dach wartet ein geräumiges Studio. Die Besitzer vermieten auch Apartments für Selbstversorger (4 Pers. 1150 R), die näher am Meer liegen.

Windsor Hotel HOTEL $$
(☎028-312 3727; www.windsorhotel.co.za; 49 Marine Dr; EZ/DZ inkl. Frühstück 900/1250 R; 📶) Wer in diesem Traditionshotel ein Zimmer

mit Meerblick ergattert, kann die Wale sogar vom Bett aus beobachten. Die Zimmer wurden etwas aufgepeppt, halten den viktorianischen Wurzeln des Hotels aber die Treue. Zur Verfügung stehen auch große Apartments zum Meer hinaus (4 Pers. 1500 R).

Baleia de Hermanus PENSION **$$**
(☎028-312 2513; www.baleia.co.za; 57 Main Rd; EZ/DZ inkl. Frühstück 520/960 R;) Die schicken, komfortablen Zimmer gruppieren sich um einen Pool. Die Pension, das der Eigentümer höchstpersönlich leitet, ist nett und gastfreundlich.

Harbour House Hotel HOTEL **$$$**
(☎028-312 1799; www.harbourhousehotel.co.za; 22 Harbour Rd; DZ inkl. Frühstück ab 2100 R;) Einige der hellen, modernen Zimmer haben eine Kochnische, alle einen Balkon oder eine Terrasse. Das Hotel liegt wunderschön am Meer, und der Blick von der Poollandschaft auf den Ozean ist schlichtweg ein Traum.

Marine LUXUSHOTEL **$$$**
(☎028-313 1000; www.themarine.co.za; Marine Dr; Zi. inkl. Frühstück ab 5000 R;) Das Marine liegt direkt am Meer auf einem tollen Grundstück mit einer hervorragenden Infrastruktur, darunter zwei Restaurants mit Meerblick.

Das **Pavilion** (www.themarine.co.za; Marine Dr; Hauptgerichte 130–180 R; Frühstück & Abendessen) serviert moderne Landesküche, das **Seafood Restaurant** (www.themarine.co.za; Marine Dr; Hauptgerichte 100–195 R; Mittag- & Abendessen) bietet ein breiteres Spektrum an Gerichten, als der Name zunächst vermuten lässt.

Essen & Ausgehen

Eatery CAFÉ **$**
(Long St Arcade, Long St; Hauptgerichte 50–90 R; Mo–Fr Frühstück & Mittagessen, Sa Frühstück & Brunch) Das Café liegt etwas versteckt in einer Arkade und ist bei den Einheimischen sehr beliebt. Sie schätzen dort den hervorragenden Kaffee, die frischen Salate und die Sandwiches plus verschiedenste Kuchen, die im Haus gebacken werden.

★ **Burgundy Restaurant** MEERESFRÜCHTE **$$**
(☎028-312 2800; www.burgundyrestaurant.co.za; Marine Dr; Hauptgerichte 70–175 R; Frühstück, Mittag- & Abendessen) Das alteingesessene Restaurant ist noch immer bei Einheimischen wie auch bei Touristen sehr beliebt, denn der Meerblick ist ebenso traumhaft wie die Speisekarte. Meeresfrüchte sind die Spezialität des Hauses, aber auch Vegetarier und Gäste, die ein gutes Stück Fleisch zu schätzen wissen, kommen auf ihre Kosten.

Bistro at Just Pure CAFÉ **$$**
(www.justpurebistro.co.za; Park Ln, Ecke Marine Dr; Hauptgerichte 55–95 R; Frühstück & Mittagessen;) In diesem Bistro am Meer neben einem Geschäft, das Naturkosmetik verkauft, dreht sich alles um frische Biozutaten aus der Region. Wirklich lecker ist der berühmte Käsekuchen, den man sich schmecken lassen kann, während man vom Patio aus die Wale beobachtet.

Fisherman's Cottage MEERESFRÜCHTE **$$**
Corner; Hauptgerichte 70–140 R; Mo Abendessen, Di–Sa Mittag- & Abendessen So Mittagessen) In diesem Cottage mit Reetdach aus den 1860er-Jahren werden in der mit Fischernetzen dekorierten Gaststube überwiegend Meeresfrüchte serviert, aber es gibt auch Steaks und traditionelle Gerichte.

Bientang's Cave BAR
(www.bientangscave.com; Marine Dr; Mittagessen) Das Lokal – eine Höhle, die um 1900 von den letzten Strandlopers (einem indigenen Küstenvolk) bewohnt wurde –, hat ein wirklich besonderes Flair und ist ganz klar einen Abstecher wert, um etwas zu trinken. Das Mittagessen sollte man allerdings lieber anderswo einnehmen. Man kommt nur über steile Treppen an den Klippen zum Lokal.

Gecko Bar BAR
(New Harbour; 11–2 Uhr) Die Einrichtung ist etwas schäbig, was der tolle Meerblick allerdings locker wettmacht. Auf der Speisekarte stehen Sushi und Pizza (Hauptgerichte 45–75 R), es gibt einheimisches Bier vom Fass, und am Wochenende wird Livemusik gespielt.

UNTERWEGS IN HERMANUS

Das Stadtzentrum von Hermanus ist kompakt, wer jedoch in einem der Vororte wohnt, wird **Tuk-Tuk Transporter** (☎084 688 5885; www.hermanustaxi.com) praktisch finden, eine billige Möglichkeit, sich in der Stadt fortzubewegen. Der Standardfahrpreis beträgt 40 R für zwei Personen.

Shimmi BAR
(☎083 235 0881; Village Sq, Marine Dr; ⌚Mi–So 14–2 Uhr) Eine relaxte Bar mit guten Cocktails, in der fast allabendlich DJs auflegen.

Praktische Informationen

Hermanus Tourism (☎028-313 1602; www.hermanustourism.info; Market Sq; ⌚Mo–Fr 9–18, Sa 9–17, So 11–15 Uhr) Die Haupttouristeninformation ist das zwar nicht, aber dafür liegt sie erheblich günstiger. Die Mitarbeiter sind ungewöhnlich hilfsbereit, außerdem arbeitet der Walausrufer hier, wenn sich in der Bucht keine Wale tummeln.

Die größere **Touristeninformation** (☎028-312 2629; www.hermanustourism.info; Mitchell St, Old Station Bldg; ⌚Mo–Fr 8–18, Sa 9–17, So 11–15 Uhr) befindet sich gleich nördlich der Stadt.

An- & Weiterreise

Bernardus Tours (☎028-316 1093; bniehaus@vodamail.co.za) bietet einen Shuttle-Service nach Gansbaai (400 R, 30 Min.) und Kapstadt (800 R, 1½ Std.) an.

Die Hostels betreiben einen Shuttle-Service (einfach 75 R, 30 Min.) zur Baz-Bus-Haltestelle in Botrivier, die 50 km westlich der Stadt liegt. Von Kapstadt verkehren keine Linienbusse nach Hermanus.

Gansbaai

11 600 EW.

Gansbaai erlebte in den letzten Jahren dank der hier veranstalteten Tauchgänge zu den Haien einen kometenhaften Aufstieg. Die meisten Besucher schauen aber nur auf einen Tagesausflug von Kapstadt aus vorbei. Die unberührte Küste ist ideal für alle Reisende, die die Natur im Distrikt Overberg abseits des Rummels erkunden wollen.

Die Straße aus Hermanus führt einen am Dorf De Kelders – einer großartigen Stelle für geruhsame Walbeobachtungen – vorbei und geht direkt in die Main Road über, die parallel zur Küste verläuft. Kleinbaai, an der Küste 7 km weiter östlich, ist der Ausgangspunkt für die Käfig-Tauchgänge mit Haien.

WEINVERKOSTUNG RUND UM HERMANUS

Eigentlich ist diese Gegend ja für die Wale bekannt, aber es finden sich auch feudale Weingüter gleich vor den Toren von Hermanus. Das **Hemel-en-Aarde-Tal** (Himmel auf Erden) beginnt 5 km westlich der Stadt und führt an einer sich dahinschlängelnden Straße entlang 15 km nach Norden.

Ist niemand mit von der Partie, der auf ein Glas Wein verzichten will, empfiehlt es sich, den Transport mit **Tuk-Tuk Transporter** (S. 143) zu arrangieren; man wird dann zwischen den drei Weingütern hin und her kutschiert; ein Aufenthalt zum Mittagessen und die Rückfahrt zur Unterkunft sind im Preis inbegriffen (250 R).

Eine andere Möglichkeit, die Weingüter kennenzulernen, ist die Teilnahme an einem Quadbike-Ausflug von **SA Forest Adventures** (☎083 517 3635; www.saforestadventures.co.za; Touren 600 R).

Bouchard Finlayson (☎028-312 3515; www.bouchardfinlayson.co.za; Weinverkostung 140 R; ⌚Mo–Fr 9–17, Sa 10–13 Uhr) Dies ist ein traditioneller Weinkeller, der für seinen exquisiten Pinot noir berühmt ist.

La Vierge (www.lavierge.co.za; Hemel en Aarde Road; Weinverkostung 30 R; ⌚Weinverkostung 9–17 Uhr, Mi–So Mittagessen) Das hypermoderne Weingut in leuchtendem Rosa mit viel Glas bietet eine Weinverkostung und ein Mittagessen (Hauptgerichte 75–150 R) an.

Newton Johnson (☎021-200 2148; www.newtonjohnson.com; Weinverkostung frei; ⌚Mo–Fr 9–16, Sa 10–14 Uhr; Restaurant Mi–So Mittagessen, Fr & Sa Abendessen) Hier wartet ein nobles Restaurant (Hauptgerichte 120–160 R) auf Gäste.

Creation (www.creationwines.com; Hemel en Aarde Rd; Kombinierte Weinverkostung ab 75 R, Restaurant Hauptgerichte 135 R; ⌚10–17 Uhr) Das Weingut ist für seine verschiedenen Kombi-Verkostungen bekannt, beispielsweise die Variante Wein und Kanapees (125 R), aber auch für Kombinationen mit Tee für Autofahrer und mit Saft für Kinder.

Auf der Speisekarte des Restaurants sind die einheimischen Metzger, Bäcker und Käsehersteller verzeichnet, die die Zutaten für die Gerichte liefern. Auch Führungen durch das Weingut stehen auf dem Programm (295 R).

KÄFIGTAUCHEN MIT HAIEN – EIN UMSTRITTENES VERGNÜGEN

In den letzten Jahren gab es heftige Kontroversen zum Thema Käfigtauchen. Die Gegner sind der Meinung, dass die Veranstalter Köder nutzen, um die Haie zu den Käfigen zu locken, in denen die Leute ins Wasser tauchen. Auf diese Weise lernen die Haie, Boote und Menschen mit Nahrung in Verbindung zu bringen. Angriffe auf Schwimmer und Surfer sollen aus diesem Grund in der Region zugenommen haben.

Der Freizeitspaß hat jedoch auch viele Befürworter, beispielsweise Meereswissenschaftler und sogar einige Umweltschützer. Ihrer Auffassung nach ist Käfigtauchen ein gutes pädagogisches Mittel, um Ängste abzubauen und den schlechten Ruf zu verbessern, in dem die Fische seit dem Film *Der weiße Hai* (1975) stehen.

Lizensierte Veranstalter dürfen keine Köder benutzen, werfen jedoch Fischabfälle ins Wasser – Blut und Eingeweide anderer Tiere. Die Haie werden dann vom Geruch angelockt, finden jedoch nichts, was sie fressen könnten. Sobald die Haie nah genug herangekommen sind, nehmen die Teilnehmer, die mit Neoprenanzügen und Schnorchelmasken ausgerüstet sind, einen tiefen Atemzug und tauchen ins Wasser ab, um die imposanten weißen Fische aus nächster Nähe zu sehen. Erfahrung im Flaschentauchen ist dazu nicht erforderlich. Von Mai bis September ist die Sicht unter Wasser am besten.

Wer Lust auf so ein Erlebnis mit den furchteinflößenden Meerestieren hat, sollte sich an einen lizensierten Veranstalter mit Vollversicherung wenden.

Wer zum Schluss kommt, dass Käfigtauchen mit den Haien sein Ding dann doch nicht ist, kann Kontakt zu Veranstaltern wie **Simon's Town Boat Company** (☎083 257 7760; www.boatcompany.co.za) aufnehmen. Hier stehen Schiffsausflüge auf dem Programm, auf denen man den Haien bei Seal Island beim Fressen zuschauen kann: Sie ernähren sich von Pinguinen und Seehunden.

Sehenswertes & Aktivitäten

Mehrere Veranstalter, die Käfigtauchgänge zu den Haien anbieten, liegen geballt am Hafen von Kleinbaai, darunter **Marine Dynamics** (☎079 930 9694; www.sharkwatchsa.com; Erw./Kind 1500/900 R) und **White Shark Projects** (☎028-007 0001; www.whitesharkprojects.co.za; Tauchgänge 1500 R), die beide ein Fairtrade-Siegel vorweisen können.

Walker Bay Reserve PARK
(Erw./Kind 40/20 R; ⏲7–19 Uhr) In diesem Schutzgebiet kann man schön wandern und Vögel beobachten. Beeindruckend sind die Klipgat Caves – Höhlen, in denen archäologische Artefakte der Khoisan entdeckt wurden. Dyer Island, eine Brutkolonie Afrikanischer Pinguine, liegt 7 km vor der Danger Point-Küste im Meer.

Danger Point Lighthouse LEUCHTTURM
(☎028-384 0530; Erw./Kind 16/8 R; ⏲Mo–Fr 10–15 Uhr) Der 1895 erbaute Leuchtturm ragt auf einem hübschen Grundstück auf. Hier gibt es Informationen zur HMS *Birkenhead,* dem Wrack eines 1892 gesunkenen Schiffs. Der Leuchtturm ist in Privatbesitz; die oben angegebenen Öffnungszeiten sind eher unzuverlässig.

Schlafen & Essen

Gansbaai Backpackers HOSTEL $
(☎083 626 4150; www.gansbaybackpackers.com; 6 Strand St; B 140 R, DZ mit/ohne Bad 450/400 R; 📶) Das effizient geführte, nette Hostel tut dem Geldbeutel gut, bei den Mitarbeitern können verschiedene Aktivitäten gebucht werden.

Aire del Mar PENSION $$
(☎028-384 2848; www.airedelmar.co.za; 7 Van Dyk St, Kleinbaai; EZ/DZ inkl. Frühstück 550/920 R; 📶) Die nette Pension bietet Zimmer in verschiedenen Preisklassen, darunter auch Wohneinheiten für Selbstversorger (2 Pers. 680 R). Die Zimmer haben Meerblick; der Blick reicht bis Dyer Island.

★ **Grootbos Private Nature Reserve** LODGE $$$
(☎028-384 8008; www.grootbos.com; R43; EZ/DZ Vollpension 6300/8400 R; ❄📶🏊) In dieser feudalen Luxuslodge in einem 17 km² großen Areal sind Ausritte, Wanderungen und Exkursionen in die Umgebung bereits im Preis inbegriffen. Jedes der frei stehenden Cottages hat eine Dusche im Freien auf der Veranda.

Die Grootbos Foundation unterhält hier diverse Umwelt- und Gemeindeprojekte – es lohnt sich, nach der Living the Future Tour (Exkursion zum Thema soziale Verantwortung) zu fragen.

★**Coffee on the Rocks** CAFÉ $$
(☎028-384 2017; Cliff St, De Kelders; Hauptgerichte 50–110 R; ⏲Mi–So 10–17 Uhr) Sämtliches Brot wird täglich vor Ort gebacken, und auch sonst ist alles selbst gemacht. Die Terrasse mit Meerblick lädt ein, ein Sandwich, einen Salat oder auch nur einen Kaffee zu genießen, während man in der entsprechenden Jahreszeit nach Walen Ausschau hält.

Blue Goose SÜDAFRIKANISCH $$
(☎079 310 1770; 12 Franken St; Hauptgerichte 80–135 R; ⏲Mo–So Abendessen, Fr–So Mittagessen) Das Restaurant in einer alten Fischerhütte ist bei den Einheimischen überaus beliebt. Auf der Speisekarte stehen saisonale Gerichte aus regionalen Zutaten. Wirklich bekannt ist das Blue Goose jedoch für seine Meeresfrüchte – aber auch die Lammkeule schmeckt köstlich.

Great White House MEERESFRÜCHTE $$
(☎028-384 3273; www.thegreatwhitehouse.co.za; 5 Geelbek St, Kleinbaai; Hauptgerichte 50–140 R; ⏲Mi–Mo Frühstück, Mittag- & Abendessen, Di Frühstück & Mittagessen) Das vielseitige Restaurant serviert frische Meeresfrüchte (auch die seltenen Abalone-Muscheln), es verkauft Klamotten und Nippes, betätigt sich als Touristeninformation und bietet noch dazu Unterkunft in hübschen Cottages mit Reetdach (EZ/DZ inkl. Frühstück 560/840 R).

ℹ Praktische Informationen

Gansbaai Tourism (☎028-384 1439; www.gansbaaiinfo.com; Main Rd, Great White Junction; ⏲Mo–Fr 9–17, Sa 9–16, So 10–14 Uhr)

ℹ An- & Weiterreise

Bernardus Tours (☎028-316 1093; bniehaus@vodamail.co.za) bietet einen Shuttle-Service nach Hermanus (400 R, 30 Min.) und Kapstadt (1000 R, 2 Std.).

Cape Agulhas

Cape Agulhas ist die südlichste Landspitze von Afrika und befindet sich an just jener Stelle, wo der Atlantik auf den Indischen Ozean trifft. Vor der zerklüfteten, windgepeitschten Küste liegt der reinste Schiffsfriedhof im Meer. Die meisten Leute stürzen schnurstracks zu dem Schild, das das Aufeinandertreffen der beiden Ozeane markiert, um sich dort fotografieren zu lassen. Wer über keinen fahrbaren Untersatz verfügt, sollte sich mit den Hostels in Hermanus oder Robertson in Verbindung setzen, um einen Ausflug zu arrangieren.

Cape Agulhas Lighthouse LEUCHTTURM
(Erw./Kind 22/11 R; ⏲9–17 Uhr) Es lohnt sich, die 71 Treppenstufen bis zur obersten Etage zu erklimmen. Innen im Leuchtturm befinden sich ein interessantes Museum sowie die **Touristeninformation** (☎028-435 7185; www.discovercapeagulhas.co.za).

Agulhas National Park NATIONALPARK
(☎028-435 6078; www.sanparks.org; Erw./Kind 128/64 R) Im Park sind 3 bis 10 km lange Wanderungen möglich. Besonders empfehlenswert ist der 5,5 km lange Rasperpunt Trail, der auch zum Schiffswrack der *Meisho Maru* führt. Für jede Wanderung ist im Parkbüro eine Informationsbroschüre (10 R) erhältlich. Selbstversorger können sich nach hübschen **Unterkünften** (Cottage/Chalet 770/1075 R) am Meer erkundigen, die über das Büro vermietet werden.

Cape Agulhas Backpackers HOSTEL $
(☎082 372 3354; www.capeagulhasbackpackers.com; Duiker St, Ecke Main St; B 120 R, DZ mit/ohne Bad 400/350 R) Das Hostel in Struisbaai an der Küste ist ein gutes Standquartier, um die Umgebung zu erkunden. Es liegt an einer hervorragenden Stelle zum Kitesurfen. Wen überrascht es da, dass man hier auch Unterricht nehmen und ein Surfbrett ausleihen kann.

Arniston (Waenhuiskrans)

1300 EW.

Arniston ist ein hübsches Dorf in einer dramatischen, vom Wind umtosten Landschaft und eines der Juwelen der Provinz Western Cape. Momentan leidet der Ort etwas unter einer Identitätskrise – er ist nämlich sowohl nach einem Schiff, das an der tückischen Küste 1815 unterging, als auch nach einer Höhle am Meer benannt. Letztere ist so groß, dass ein Ochsenkarren hineinpasst (Waenhuiskrans heißt so viel wie „Wagenhausklippe"). In die Höhle rein käme ein Karren allerdings sicher nicht, denn der kleine Eingang befindet sich unten am Fuß einer Klippe.

Der Ort ist malerisch, was an den bunten Booten, dem warmem blaugrünen Wasser und an **Kassiesbaai** liegt. Der 200 Jahre alte Weiler mit seinen weiß getünchten Häuschen bildet das Zentrum des Ortes.

Südlich von Kassiesbaai liegt der **Roman Beach**, ein weißer Sandstrand mit sanfter Brandung. Der Strand ist ein idealer Tummelplatz für Kinder: An beiden Enden gibt es Grotten und Höhlen, kleine Buchten sowie Gezeitentümpel mit Seeigeln und farbenprächtigen Anemonen. Die Seeigel sollte man allerdings besser nicht anfassen; sie können ziemlich schmerzende Wunden verursachen.

Wer die große **Höhle** besuchen möchte, folgt den Schildern, auf denen „Grot" (Grotte, Höhle) steht: Südlich vom Roman Beach geht es über eine Sandstraße zu den Klippen, dann folgt der Abstieg zum Meer. Aber Achtung: Die Höhle ist nur bei Ebbe zugänglich!

Arniston Resort CAMPINGPLATZ, CHALETS $
(Waenhuiskrans Oord; ☎ 028-445 9620; arniston@capeagulhas.com; Main Rd; Camping/Chalets ab 130/450 R) Hier gibt es Zeltplätze und einfache Chalets, die nur ein kurzes Stück zu Fuß vom Strand entfernt liegen. Bettzeug und Lebensmittel muss man selbst mitbringen.

Arniston Seaside Cottages CABIN $$
(☎ 028-445 9772; www.arnistonseasidecottages.co.za; EZ/DZ Selbstversorgung 480/640 R) Über den Ort verteilt liegen 22 weiß getünchte Cottages mit Reetdächern. Alle sind gut ausgestattet und gemütlich, einige haben Meerblick. Das Frühstück (160 R) wird im Arniston Spa Hotel eingenommen.

★ **Arniston Spa Hotel** HOTEL $$$
(☎ 028-445 9000; www.arnistonhotel.com; Beach Rd; EZ/DZ Meerblick inkl. Frühstück ab 1410/1880 R; 📶 🏊) Das Arniston ist ein lichtdurchflutetes Luxushotel mit maritimer Einrichtung und eigenem Spa. Die Zimmer zur Meerseite hin haben bodentiefe Fenster. Im Restaurant mit Meerblick werden Mittagessen (50–110 R) und Abendessen (80–235 R) serviert; die Weinkarte ist umfangreich.

★ **Willeen's Restaurant** SÜDAFRIKANISCH $$
(☎ 028-445 9995; House C26, Kassiesbaai; Hauptgerichte ab 85 R; ⏲ Mittag- & Abendessen) In diesem Restaurant in einem Privathaus in Kassiesbaai können die Gäste echte südafrikanische Hausmannskost probieren. Der Besitzer Willeen zaubert nämlich eine traditionelle Fischermahlzeit. Man muss vorreservieren und den Wein selbst mitbringen.

De Hoop Nature Reserve

De Hoop Nature Reserve NATURSCHUTZGEBIET
(☎ 028-542 1114; www.capenature.co.za; Erw./Kind 40/20 R; ⏲ 7.30–16 Uhr) Das Schutzgebiet ist 340 km² groß und ragt 5 km ins Meer hinein. Die herrliche Küste wird von langen unberührten Stränden und riesigen Dünen geprägt. Für die Südlichen Glattwale ist sie ein wichtiger Lebensraum, in dem sie kalben und die Jungen aufziehen. Und dann finden sich hier noch außergewöhnlicher Küsten-*fynbos* und Tiere wie die vom Aussterben bedrohten Kap-Bergzebras und Bonteboks. Auch die Vogelwelt ist reich: Hier befindet sich u. a. die einzige noch verbliebene Brutkolonie der seltenen Kapgeier.

Das Schutzgebiet liegt rund 260 km von Kapstadt entfernt; die letzten 57 km von Bredasdorp oder – alternativ – von Swellendam sind nicht asphaltiert. Der einzige Zugang zum Gebiet führt über Wydgeleë, das an der Straße von Bredasdorp nach Malgas liegt. Aber Achtung: Wer über Malgas anfährt, muss die manuell zu bedienende Pont (Flussfähre) über den Breede River (Sonnenaufgang–Sonnenuntergang) benutzen. Das 15 km vom Eingang des Schutzgebietes

ABSTECHER

STANFORD

Das Bilderbuchdorf am Ufer des Klein River ist ein beliebtes Wochenendziel der Kapstädter, und das aus gutem Grund. In der Umgebung liegt eine Handvoll Weingüter, die nicht überlaufen sind – empfehlenswert ist beispielsweise das **Robert Stanford Estate** (☎ 028-341 0647; www.robertstanfordestate.co.za; R43; Weinverkostung frei; ⏲ Do–So 8–16 Uhr), das einen exquisiten Sauvignon blanc produziert und noch dazu ein reizendes Restaurant im Landhausstil betreibt.

In Stanford selbst sind Ausflüge auf dem Fluss möglich, es gibt Kajakverleiher und eine malerische **Brauerei** (☎ 028-341 0013; www.birkenhead.co.za; R326; Führungen inkl. Verkostung 40 R; ⏲ 10–17 Uhr, Führungen Mi–Fr 10 & 15 Uhr), die im Sommer Bierproben auf dem Rasen und im Winter am Kaminfeuer veranstaltet.

entfernte Dorf Ouplaas ist die nächstgelegene Ortschaft, in der man Proviant und Benzin kaufen kann. Wer kein eigenes Auto hat, kann sich in Swellendam an Swellencab wenden, das Unternehmen veranstaltet Tagesausflüge nach De Hoop.

Whale Trail WANDERN

(☎ 021-483 0190; pro Pers. 1540 R) Es gibt zwar zahlreiche Tageswanderungen, einen zweitägigen Mountainbike-Trail (mit Übernachtung) und auch schöne Möglichkeiten, an der Küste zu schnorcheln, doch die eigentliche Attraktion im De Hoop Nature Reserve ist ganz eindeutig der fünftägige Whale Trail. Diese 55 km lange Wanderung bietet von Juni bis Dezember hervorragende Gelegenheiten, Wale zu sichten. Übernachtet wird in modernen, voll ausgestatteten Cottages mit Selbstversorgung.

De Hoop Collection CAMPINGPLATZ, CABIN $$

(☎ 021-422 4522; www.dehoopcollection.co.za; Camping pro Stellplatz 325 R, Rondavel ohne Bad ab 840 R, Cottage ab 1325 R) Die Bandbreite an Übernachtungsmöglichkeiten ist enorm, es ist für jeden Geldbeutel etwas dabei – von Zeltplätzen und *rondavels* (Hütten) mit sanitären Einrichtungen, die alle gemeinsam benutzen, bis hin zu Zimmern in einer eleganten Pension in den alten Stallungen (DZ mit Frühstück & Abendessen ab 1900 R). Man kann selbst den Kochlöffel schwingen oder im Restaurant essen.

ABSEITS DER ÜBLICHEN PFADE

ELIM

Selbst in einer Provinz, in der es schmucke Dörfer in Hülle und Fülle gibt, ist Elim etwas Besonderes. Das Herrnhuter Missionsdorf liegt 30 km von jeglicher Zivilisation entfernt. Mittlerweile führt eine asphaltierte Straße zu den paar Cottages mit Reetdach, aber abgelegen und wenig besucht ist diese Gegend am Western Cape dennoch. Am besten wendet man sich an den einheimischen Führer **Emile Richter** (☎ 074 544 7733), um mit ihm einen spannenden Spaziergang zur überdimensionalen Kirche, zum Sklavendenkmal und zur Wassermühle zu unternehmen; sie stammt aus der Mitte des 19. Jhs. und ist noch voll in Betrieb. Im Gebäude befindet sich auch eine nette Teestube – die beste Adresse, um etwas zu essen.

Interessant sind auch die drei weiteren **Weingüter** an der asphaltierten Straße von Bredasdorp. In Elim selbst wird kein Alkohol produziert.

Swellendam

17 500 EW.

Das von den leicht hügeligen Weizenfeldern der Region Overberg umgebene und von den Langebergen geschützte Swellendam liegt genau richtig, um die Little Karoo zu erkunden und bietet sich auch als Zwischenstopp auf dem Weg weiter nach Osten zur Garden Route an. Swellendam zählt zu den ältesten Ortschaften Südafrikas – sein Gründungsjahr ist 1745 – und beeindruckt mit seiner wunderschönen kapholländischen Architektur und einem Museum, das den Besuch lohnt.

Sehenswertes & Aktivitäten

Drostdy Museum MUSEUM

(www.drostdymuseum.com; 18 Swellengrebel St; Erw./Kind 25/5 R; ⌚ Mo–Fr 9–16.45, Sa & So 10–15 Uhr) Die Hauptattraktion dieses hervorragenden Museums ist die schöne *drostdy* (Drostei; Landsitz eines Beamten) selbst, die aus dem Jahr 1747 datiert. Die Eintrittskarte zum Museum berechtigt auch zum Besuch des nahe gelegenen **Old Gaol** (Altes Gefängnis), in dem sich noch Teile des originalen Verwaltungsgebäudes und eine Wassermühle befinden, sowie von **Mayville** (Hermanus Steyn St). Der Landsitz von 1853 hat einen formvollendeten viktorianischen Garten.

Marloth Nature Reserve NATURSCHUTZGEBIET

(☎ 028-514 1410; www.capenature.co.za; Erw./Kind 40/20 R) Das Marloth Nature Reserve in den Langebergen liegt 1,5 km nördlich der Stadt. Es lohnt vor allem im Oktober und November einen Besuch, da dann die typischen Heidekräuter (Erika) besonders schön blühen. Wem eine Tagestour nicht ausreicht, sollte den anspruchsvollen Swellendam Hiking Trail laufen, er zählt zu den zehn Topwanderwegen Südafrikas. Wie lange man unterwegs sein möchte, bestimmt man selbst – zwei bis sechs Tage sind möglich. Übernachtet wird in zwei einfachen Hütten. Alles, was man zum Essen braucht, muss man selbst mitnehmen und tragen. Den Eingang des Schutzgebietes erreicht man über die Andrew Whyte Street.

Swellendam

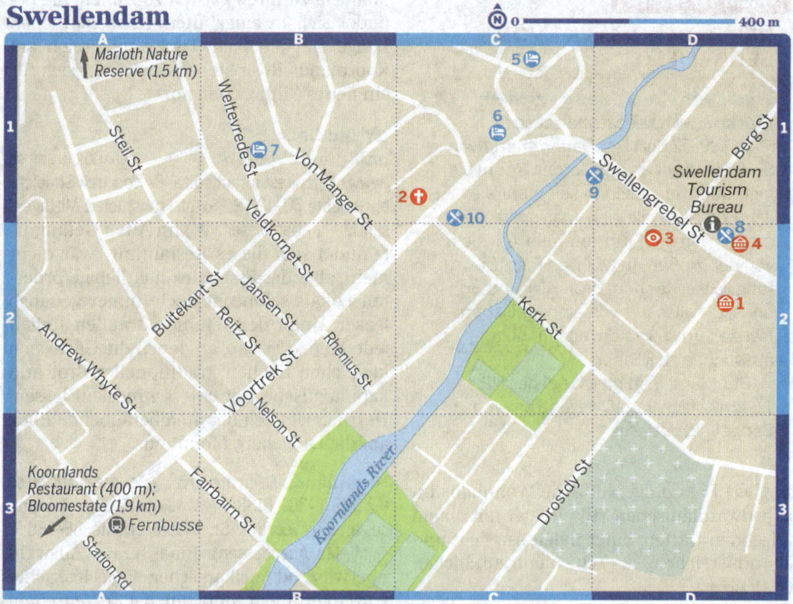

Swellendam

Sehenswertes

1 Drostdy Museum D2
2 Dutch Reformed Church C1
3 Mayville D2
4 Old Gaol D2

Schlafen

5 Braeside B&B C1
6 Cypress Cottage C1
7 De Kloof B1

Essen

8 Field & Fork D2
9 La Belle Alliance D1
10 Old Gaol on Church Square C1

Dutch Reformed Church KIRCHE
(Voortrek St) Die Einwohner von Swellendam schwören, dass jeder auswärtige Besucher ein Foto von dieser gigantischen Kirche im Stadtzentrum macht.

Two Feathers Horse Trails REITEN
(☎ 082 494 8279; 5 Lichtenstein St, Swellendam Backpackers Adventure Lodge; Std. 300 R) Angeboten werden einstündige, aber auch mehrtägige Ausritte in die Berge. Sie sind sowohl für erfahrene Reiter als auch für Anfänger konzipiert. Unbedingt frühzeitig buchen.

Schlafen

Swellendam Backpackers Adventure Lodge HOSTEL $
(☎ 028-514 2648; www.swellendambackpackers.co.za; 5 Lichtenstein St; EZ/DZ ohne Bad 250/300 R, EZ/DZ 350/410 R; 📶) Das hervorragende Hostel liegt in einem weitläufigen Gelände, das an das Marloth Nature Reserve grenzt. Es werden Ausritte, Besuchsgenehmigungen fürs Reservat und Tagesausflüge nach Cape Agulhas (650 R) arrangiert. Der Baz Bus hält direkt vor dem Haus. Die Schlafsäle wurden während der Recherchen zu diesem Reiseführer gerade renoviert; die Hütten im Garten mit Gemeinschaftsbad bieten viel fürs Geld.

★ **Cypress Cottage** PENSION $$
(☎ 028-514 3296; www.cypress-cottage.co.za; 3 Voortrek St; EZ/DZ 495/770 R; ❄📶🏊) Sechs individuell gestaltete Zimmer befinden sich in diesem 200 Jahre alten Haus mit wunderschönem Garten und einem erfrischenden Pool. Die Pension liegt in Laufweite der Kirche, des Museum und einer Handvoll Restaurants.

Braeside B&B B&B $$
(☎ 028-514 3325; www.braeside.co.za; 13 Van Oudtshoorn Rd; EZ/DZ inkl. Frühstück ab 700/1100 R;

NICHT VERSÄUMEN

DER BAUERNMARKT VON SEDGEFIELD

Wild Oats Community Farmers' Market (www.wildoatsmarket.co.za; Sa 7.30–12 Uhr) Der Bauernmarkt von Sedgefield gilt an der Garden Route als Institution; er ist schon seit mehr als zehn Jahren in Betrieb. Man sollte gleich morgens in der Früh kommen, um sich von der großen Auswahl an Pies, Biltong, Käse, Kuchen, Brot, Bier und Bonbons, die allesamt von einheimischen Herstellern stammen, das Richtige aussuchen zu können.

Der Markt liegt gleich bei der N2, 1,5 km östlich vom Ortszentrum von Sedgefield entfernt.

) Das ruhige, hübsche Wohnhaus im kapedwardianischen Stil punktet mit einem reizenden Garten, einer tollen Aussicht und kenntnisreichen, schwulenfreundlichen Gastgebern.

Bloomestate PENSION $$$
(028-514 2984; www.bloomestate.com; 276 Voortrek St; EZ/DZ inkl. Frühstück ab 1485/1980 R;) Die moderne, nette Pension auf einem herrlichen Grundstück bietet Zurückgezogenheit im Zen-Stil und gleichzeitig moderne, farbenfrohe Zimmer. Es werden Kur- und Schönheitsbehandlungen angeboten. Und wem es nicht reicht, sich am Pool zu entspannen, kann in den Whirlpool springen, der sich auf einer Terrasse unter Bäumen befindet.

De Kloof PENSION $$$
(028-514 1303; www.dekloof.co.za; 8 Weltevrede St; EZ/DZ inkl. Frühstück ab 1835/2750 R;) Die topschicke Pension mit überraschend persönlicher Note zählt zu den feudalsten Herbergen, die Swellendam zu bieten hat. Das De Kloof gehört zu einem weitläufigen Anwesen aus dem Jahr 1801. Die luxuriösen Zimmer gruppieren sich um Rasenflächen, auf denen Enten herumspazieren. Einige der Suiten haben ein Wellnessbad und ein riesiges beheizbares Wasserbett.

Essen

La Belle Alliance SÜDAFRIKANISCH $
(1 Swellengrebel St; Hauptgerichte 50–100 R; Frühstück & Mittagessen) Diese ansprechende Teestube hatte 1999 die Ehre, Nelson Mandela zu ihren Gästen zu zählen. Sie befindet sich in einer alten, herrschaftlichen Lodge, hat ein paar Tische im Freien am Koornlands River stehen und bietet sich für ein nettes Mittagessen an.

★ **Old Gaol on Church Square** SÜDAFRIKANISCH $$
(www.oldgaolrestaurant.co.za; 8A Voortrek St; leichte Gerichte 50–120 R; tgl. Frühstück & Mittagessen, Mi–Fr Abendessen;) Im Alten Gefängnis befindet sich dieses Restaurant zwar nicht mehr, aber das Essen des staatlich geförderten Lokals schmeckt noch immer genauso lecker. Unter den Bäumen draußen stehen jede Menge Tische, an denen die Gäste sich köstlichen Kuchen, traditionelles Brot und kapmalaiische Gerichte schmecken lassen. Herrlich ist auch der atemberaubende Blick auf die Langeberg Mountains.

Koornlands Restaurant SÜDAFRIKANISCH $$
(082 430 8188; www.koornlandsrestaurant.co.za; 192 Voortrek St; Hauptgerichte 85–160 R; Mi–Mo Abendessen) Eine bunte Auswahl überwiegend afrikanischer Fleischgerichte wird in intimem Ambiente bei Kerzenschein serviert. Zu den ungewöhnlicheren Speisen gehören Krokodil-Sashimi und Samosas vom Warzenschwein.

Field & Fork FUSIONSKÜCHE $$$
(028-514 3430; 26 Swellengrebel St; Hauptgerichte 110–185 R; Mo–Sa Abendessen) Die Einheimischen schwärmen immer wieder von diesem schicken Restaurant im Old Gaol. Auf der knappen Speisekarte stehen kunstvolle Gerichte aus Zutaten der Region wie Springbock, Karoo-Lamm und Franschhoek-Forelle. Zur Auswahl steht auch ein Drei-Gänge-Menü (265 R).

Praktische Informationen

Swellendam Tourism Bureau (028-514 2770; www.swellendamtourism.co.za; 22 Swellengrebel St; Mo–Fr 9–17, Sa & So 9–14 Uhr) Diese hilfreiche Touristeninformation befindet sich im Old Gaoler's Cottage. Hier kann man sich auch Mountainbikes ausleihen (Tag 150 R), die Mitarbeiter geben gute Tipps für Radtouren.

An- & Weiterreise

Alle drei großen Busunternehmen, die auf der Strecke Kapstadt–Port Elizabeth verkehren, kommen auch durch Swellendam; die Haltestelle liegt gegenüber vom Swellengrebel Hotel in der Voortrek Street. Der Baz Bus hält bei der Swellendam Backpackers Adventure Lodge.

Bontebok National Park

Bontebok National Park NATIONALPARK
(☎ 028-514 2735; Erw./Kind 60/30 R; ⏲ Okt.–April 7–19 Uhr, Mai–Sept. 7–18 Uhr) Etwa 6 km südlich von Swellendam liegt dieser Nationalpark, der 1931 gegründet wurde, um die letzten 30 Buntbock-Antilopen zu schützen. Das Projekt war von Erfolg gekrönt: Bonteboks, aber auch andere Antilopenarten und Bergzebras leben nun in diesem kleinsten Nationalpark Südafrikas. Der im Spätwinter und Frühling blühende *fynbos*, der seltene Renosterveld und die reiche Vogelwelt charakterisieren den Park. Wer will, kann im Breede River schwimmen.

Viele Gedanken hat man sich zu den Unterkünften im Park gemacht. Artikel des täglichen Bedarfs, aber auch Mitbringsel sind im Laden am Eingang erhältlich, ansonsten muss man sich in Swellendam eindecken.

Und so kommt man zum Park: Östlich von Swellendam die N2 nehmen. Den ausgeschilderten Eingang erreicht man über eine 5 km lange Schotterstraße in Richtung Süden.

Camping CAMPINGPLATZ $
(ab 180 R) Es gibt hübsche Zeltplätze am Breede River, einige haben sogar Strom.

Lang Elsie's Kraal CHALET $$
(Chalet ab 900 R) Die zehn Chalets verfügen über eine Veranda mit Aussicht auf den Fluss. Zwei der Chalets wurden behindertengerecht geplant.

GARDEN ROUTE

Ganz oben auf der Liste der Attraktionen, die man in Südafrika unbedingt gesehen haben muss, steht die Garden Route, und das aus gutem Grund: Die grandiose Schönheit der Natur hat noch jeden verzaubert! Obwohl die Entfernung von Mossel Bay im Westen bis ein kurzes Stück hinter Plettenberg Bay im Osten nicht einmal 300 km beträgt, ist die Bandbreite an unterschidlichen Landschaften, Vegetation, Tieren und Outdooraktivitäten unglaublich.

Entlang der Küste finden sich ausgezeichnete Strände, landeinwärts liegen malerische Seen und Lagunen, sanfte Hügel und schließlich die Outeniekwa- und Tsitsikamma Ranges, die die Region der Garden Route von der trockenen Little Karoo im Norden trennen.

Die Urwälder, die sich von Wilderness bis Knysna an der Küste entlangziehen, sind voller Weitwander- und kurzer Spazierwege. Es gibt Möglichkeiten zur Vogelbeobachtung, zum Kanufahren auf den Flüssen, zum abenteuerliches Hangeln über Seile auf Baumwipfelpfaden, aber auch die Möglichkeit zu entspannten Spaziergängen, die beispielsweise zu einem mehr als 600 Jahre alten Steineibenbaum führen.

Wer sich für die afrikanische Tierwelt begeistert, kann im Knysna Forest (Knysnabos) vielleicht einen der leuchtend grünen und roten Federhelmturakos erspähen oder sieht möglicherweise sogar einen der geheimnisvollen Elefanten, die angeblich hier im Wald leben.

Angesichts der vielfältigen Möglichkeiten in dieser berühmten Urlaubsregion ist natürlich auch das Unterkunftsangebot entsprechend groß. Ein Nachteil ist der große Andrang, der in den bekanntesten Städten, Knysna und Plettenberg Bay, herrscht. Zweifellos sind sie gute Ausgangspunkte zur Erkundung der Region, aber im Dezember und Januar sind sie oft überlaufen, und die Preise schnellen entsprechend in die Höhe. Wer zu dieser Zeit in die Region kommt, sollte unbedingt vorab seine Unterkunft buchen oder sich eine im weniger überlaufenen Wilderness suchen.

Mossel Bay

30 000 EW.

Auf den ersten Blick ist Mossel Bay das hässliche Entlein an der Garden Route. Die Stadt war bis in die 1980er-Jahre sehr beliebt, bis dort die weltweit größte Raffinerie gebaut wurde, die aus Erdgas Benzin herstellen sollte. Die damit einhergehende Industrialisierung verunstaltete den Ort allerdings in solchen Ausmaß, dass Mossel Bay schließlich in die (touristische) Krise geriet. Doch wer einen Blick über die wenig beeindruckende Zufahrtstraße hinaus wagt, findet hier auch heute noch schöne Strände, tolle Surfspots, ein breites Angebot an Aktivitäten und gute Übernachtungsmöglichkeiten. Bis das Städtchen wieder so attraktiv wie die wunderschönen Nachbarorte ist, wird es wohl noch eine Weile dauern, aber Mossel Bay bemüht sich sehr, etwas von seiner einstigen Pracht zurückzuerlangen.

Die portugiesischen Seefahrer Bartolomeu Dias und Vasco da Gama erreichten als erste Europäer Ende des 15. Jhs. die

Garden Route

„Muschelbucht". Sie wurde zu einem nützlichen Zwischenstopp für die europäischen Schiffe, weil es hier Süßwasser gab und mit den ortsansässigen Khoi Khoi Tauschhandel getrieben werden konnte. Ein großer Milchbusch-Baum neben der Quelle wurde zu einer Art Briefkasten: Die Besatzungen der Schiffe auf dem Weg nach Osten hinterließen hier ihre Post, die nach Europa heimkehrende Schiffe dann mitnahmen. Die Quelle und der Baum existieren heute noch; im Museum kann man seine Briefe in einen Kasten werfen (sie erhalten dann einen Sonderstempel).

Sehenswertes

★ Dias Museum Complex MUSEUM

(www.diasmuseum.co.za; Market St; Erw./Kind 20/5 R; Mo–Fr 9–16.45, Sa & So 9–15.45 Uhr; P) Zu dem ausgezeichneten Museumskomplex gehören die Quelle, mit der Bartholomeu Dias den Postbaum bewässerte, der 1786 erbaute Kornspeicher der Niederländischen Ostindien-Kompanie, ein Muschelmuseum (mit einigen sehenswerten Aquarien) und das Museum für Ortsgeschichte.

Das Highlight der Ausstellungen ist der Nachbau der Karavelle, mit der Dias 1488 seine Entdeckungsreise unternahm (Erw./Kind 20/5 R). Wenn man sieht, wie klein diese Schiffe waren, begreift man erst richtig, wie geschickt und mutig die frühen Seefahrer gewesen sein müssen. Das Schiff wurde in Portugal nachgebaut und 1988 zum 400. Jahrestag von Dias' Expedition nach Mossel Bay überführt.

Botlierskop Private Game Reserve WILDRESERVAT

(044-696 6055; www.botlierskop.co.za; Little Brak River) In diesem privaten, 3500 h großen Wildreservat in den Outeniqua Mountains leben viele Wildtiere, darunter Löwen, Elefanten, Nashörner, Büffel und Giraffen.

Tagesgäste können hier dreistündige Safarifahrten (Erw./Kind 420/210 R), Ausritte hoch zu Ross (270 R pro Std.) und Elefantenritte (820 R) buchen. Interessant sind auch die zweieinhalbstündigen Fußmärsche, auf denen Ranger den Besuchern Insekten und Vögel zeigen und über den medizinischen Nutzen der hier wachsenden Pflanzen erzählen. Das Schutzgebiet liegt rund 20 km nordöstlich von Mossel Bay an der N2 (den Abzweig Little Brak River nehmen und dann der Beschilderung in Richtung Sorgfontein folgen). Unbedingt reservieren.

Cape St Blaize Lighthouse LEUCHTTURM

(Erw./Kind 16/8 R; 10–15 Uhr) Vom Leuchtturm bietet sich eine sagenhafte Aussicht.

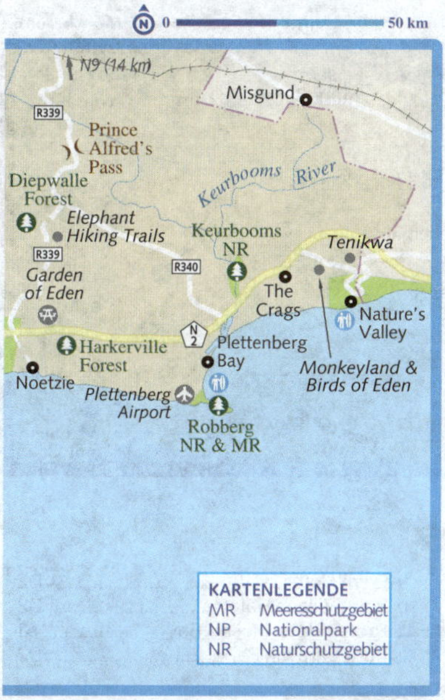

Leider ist die St Blaize Cave, eine Höhle aus der Steinzeit, recht vernachlässigt und wird immer wieder von Vandalen heimgesucht.

Aktivitäten

Es liegt auf der Hand, woher der Tourismus-Slogan von Mossel Bay rührt. „*Do stuff*" (mach was) lautet er, und tatsächlich bietet die Stadt eine Fülle an Aktivitäten.

Oystercatcher Trail WANDERN
(www.oystercatchertrail.co.za; Vollpension/Selbstversorger ab 3200/5400 R) Wanderer können den tollen Küstenpfad in drei oder vier Tagen ablaufen. Er führt von Mossel Bay bis Dana Bay über das Cape St Blaize immer am Meer entlang. Mit etwas Glück bekommt man den Schwarzen Austernfischer zu sehen, eine gefährdete Vogelart.

Billeon SURFEN
(www.billeon.com; 2 Std. Unterricht 350 R) Mossel Bay ist für seine tollen Wellen bekannt, bei den Mitarbeitern von Billeon kann man als Anfänger Unterricht nehmen. Außerdem veranstaltet die Firma dreistündige Ausflüge zum Sandboarden (380 R).

Point of Human Origins KULTURAUSFLUG
(☎044-691 0051; www.humanorigin.co.za; Touren 395 R) Diese faszinierende, vierstündige Tour unter der Leitung eines Archäologieprofessors beinhaltet eine Wanderung zu den Pinnacle Point Caves. Die dort entdeckten Artefakte geben Aufschluss über das menschliche Leben vor 162 000 Jahren.

Romonza SCHIFFSAUSFLUG
(☎044-690 3101; einstünd. Schiffsausflüge 140 R) Regelmäßig fahren Schiffe zur Insel Seal Island, unterwegs können die Teilnehmer Seehunde, Delfine und Vögel sehen. Im Spätwinter und Frühling bietet das Unternehmen auch Walfahrten (640 R, 2½ Std.) an.

Skydive Mossel Bay ABENTEUERSPORTARTEN
(☎082 824 8599; www.skydivemosselbay.com; Mossel Bay Airfield; Tandemsprünge ab 2000 R) Tandemsprünge werden ab 3000 m Höhe angeboten; bei gutem Wetter und passenden Gezeiten landet man am Diaz Beach.

White Shark Africa TAUCHEN
(☎044-691 3796; www.whitesharkafrica.com; 7 Church St; Tauchgänge 1350 R) Aus den Käfigen heraus können die Teilnehmer die legendären weißen Haie beobachten. Die ganztägige Veranstaltung beinhaltet ein Mittagessen, Getränke und Snacks.

Electrodive TAUCHEN
(☎082 561 1259; www.electrodive.co.za; Mossel Bay Harbour; Open-water-Padi-Kurs 3600 R, Tauchgänge vom Boot ab 225 R) Auch wenn man beim Tauchen in Mossel Bay recht viele Korallen, Fische und anderes Meerestiere sieht, handelt es sich natürlich nicht um ein tropisches Gewässer. Auch die Sicht ist mit tropischen Gewässern nicht vergleichbar.

Schlafen

In Mossel Bay gibt es drei städtische Wohnwagenparks. **Bakke** (☎044-690 3501, 044-691 2915; Santos Beach; Stellplatz ab 210 R, Chalet ab 520 R) und **Santos** (☎044-690 3501, 044-691 2915; Santos Beach; Stellplatz ab 210 R) liegen direkt nebeneinander am hübschen Santos Beach. **Punt** (☎044-690 3501, 044-691 2915; Stellplatz 210 R) befindet sich am Point und liegt somit nah an den Surfspots. Im Dezember und Januar ziehen die Preise enorm an.

Mossel Bay Backpackers HOSTEL $
(☎044-691 3182; www.mosselbayhostel.co.za; 1 Marsh St; B 140–160 R, DZ mit/ohne Bad 450/380 R;) Das gut geführte, etablierte Hostel hat mittlerweile die Pension nebenan geschluckt, und das bedeutet, dass es nun neben Schlafsälen und einfachen

Mossel Bay

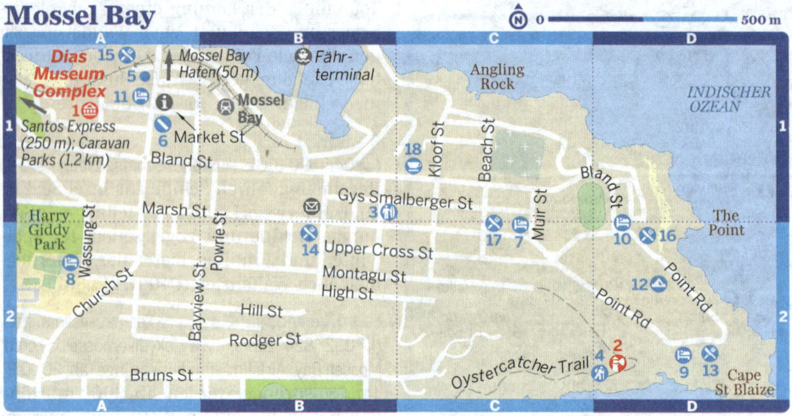

Mossel Bay

Highlights
1 Dias Museum Complex A1

Sehenswertes
2 Cape St Blaize Lighthouse D2

Aktivitäten, Kurse & Touren
3 Billeon B1
Electrodive .... (s. 15)
4 Oystercatcher Trail D2
5 Romonza A1
6 White Shark Africa A1

Schlafen
7 Mossel Bay Backpackers C2
8 Park House Lodge & Travel Centre A2
9 Point Hotel D2
10 Point Village Hotel D2
11 Protea Hotel Mossel Bay A1
12 Punt Caravan Park D2

Essen
13 Big Blu D2
Café Gannet .... (s. 11)
14 Café Havana B2
15 Kaai 4 .... A1
16 Kingfisher D2
17 Villa Point C2

Ausgehen & Nachtleben
18 Blue Shed Coffee Roastery C1

Doppelzimmern auch einige hervorragende Zimmer mit Bad gibt. Sogar eine Flitterwochen-Suite mit Whirlpool ist vorhanden. Die Mitarbeiter organisieren auf Wunsch auch verschiedene Aktivitäten.

Park House Lodge & Travel Centre HOSTEL $
(☎ 044-691 1937; www.park-house.co.za; 121 High St; Camping/B 110/170 R, DZ mit/ohne Bad 780/460 R; 📶) Diese Lodge in einem schönen alten Sandsteingebäude neben dem Park ist nett, hübsch hergerichtet und hat auch noch einen herrlichen Garten. Das Frühstück kostet 50 R, die Mitarbeiter können verschiedene sportliche Aktivitäten organisieren.

Santos Express HOSTEL $
(☎ 083 900 7797; www.santosexpress.co.za; Santos Beach; B 120 R, EZ/DZ ohne Bad 225/430 R) Die Lage des umgebauten Eisenbahnzugs direkt am Meer ist unschlagbar, die Abteile sind allerdings recht beengt. Angeschlossen ist ein Bar-Restaurant mit umfangreicher Speisekarte (Hauptgerichte 50–140 R).

★ Point Village Hotel HOTEL $$
(☎ 044-690 3156; www.pointvillagehotel.co.za; 5 Point Rd; EZ/DZ 500/840 R) Das kuriose Hotel mit fairen Preisen macht äußerlich einen auf Leuchtturm, was wiederum Rückschlüsse auf die Räumlichkeiten zulässt. Die Zimmer sind witzig und hell und haben eine Kochnische, einige auch Balkon. Vermietet werden auch Apartments mit zwei oder drei Schlafzimmern und schönem Meerblick (1800 R).

Die Mitarbeiter der ungewöhnlichen Unterkunft sind sehr freundlich.

Protea Hotel Mossel Bay HOTEL $$
(☎ 044-691 3738; www.proteahotels.com/mosselbay; Market St; Zi. ab 1375 R; ❄📶🏊) Das noble Hotel im alten Postgebäude gehört zur bekannten Protea-Hotelkette. Sein Restaurant, das **Café Gannet** (www.proteahotels.com/mosselbay; Market St; Hauptgerichte 40–170 R; ⏲ Frühstück, Mittag- & Abendessen), beeindruckt mit einer langen Speisekarte, auf der Meeresfrüchte, Fleisch und Pizza stehen.

Point Hotel HOTEL $$$
(☎ 044-691 3512; www.pointhotel.co.za; Point Rd; EZ/DZ 1285/1710 R; 📶) Das moderne 4-Sterne-Hotel liegt spektakulär direkt über den wellenumtosten Felsen von The Point am Indischen Ozean. Die geräumigen Zimmer haben alle Balkone mit Meerblick. Es lohnt sich, um eines zu bitten, das nach Süden hinausgeht, dort ist die Aussicht am schönsten. In der Walsaison lassen sich die Wale sogar vom Balkon aus beobachten. Das Hotel betreibt ein ganz ordentliches Restaurant (Hauptgerichte 60–120 R)..

Essen & Ausgehen

Nachtleben und Gastronomie von Mossel Bay konzentrieren sich in der Marsh Street und am Point.

★ **Kaai 4** BRAAI $$
(www.kaai4.co.za; Mossel Bay Harbour; Hauptgerichte 30–95 R; ⏲ Mittag- & Abendessen) Das einfache Restaurant hat so ziemlich die schönste Lage in Mossel Bay. Im Sand stehen Picknicktische mit Aussicht aufs Meer. Die meisten Gerichte – beispielsweise Eintöpfe, Burger, Boerewors (Würstchen), aber auch verschieden Meeresfrüchte – werden auf gewaltigen Feuerstellen zubereitet. Dazu wird ein einheimisches Bier vom Fass ausgeschenkt.

Café Havana INTERNATIONAL $$
(www.cafehavana.co.za; 38 Marsh St; Hauptgerichte 50–110 R; ⏲ Frühstück, Mittag- & Abendessen; 📶) Das etablierte Restaurant mit Kubaflair ist so beliebt wie eh und je. Eintöpfe, Steaks und Meeresfrüchte bestimmen die

SURFEN AN DER GARDEN ROUTE

Das Wasser wird, sobald man Cape Agulhas umrundet hat und der Indische Ozean beginnt, immer wärmer, und da macht es natürlich Spaß, im Sommer in Board-Bermudas oder im kurzen Neoprenanzug zu surfen (im Winter ist allerdings ein Ganzkörper-Neoprenanzug erforderlich). Die Wellen sind an der Küste generell gut, als beste Surflocations gelten Mossel Bay und Victoria Bay.

In **Mossel Bay** ist Outer Pool (links vom Gezeitenbecken) der Hauptsurfspot – mit toller Reef- und Pointbreak. Inner Pool ist eine sanftere Welle rechts vom Gezeitenbecken. Außerdem gibt es noch eine gute rechte Welle – Ding Dangs genannt, die bei relativ niedriger Flut am schönsten ist, und zwar vor allem wenn der Wind aus Südwesten oder Osten weht. Es ist zwar schon ein gewisser Aufwand hinauszupaddeln, aber die rechte Welle ist besser als die linke.

Surfen kann man auch in Grootbrak und Kleinbrak, vorzuziehen ist jedoch **Herold's Bay**. Es tritt hier manchmal eine linke Wedge am Strand entlang auf, allerdings nur selten bei Nordwestwind.

Am schönsten ist jedoch **Victoria Bay** mit den zuverlässigsten Breaks an der Küste. Die Bedingungen sind perfekt, wenn die Dünung so etwa 1 bis 2 m hoch ist und eine tolle rechtsdrehende Welle lockt.

Nur ein kleines Stück weiter liegt **Buffalo Bay** (Buffel's Bay) mit einer weiteren rechten Pointbreak. Buffalo Bay befindet sich an einem Ende des Brenton Beach; am nördlichen Ende gibt es einige gute Peaks, man sollte sich allerdings vor Haien in Acht nehmen.

Und weiter zur **Plettenberg Bay**: Die Halbinsel Robberg mit einer Seehundkolonie kann man zum Surfen vergessen. Der zum Schwimmen ausgewiesene Robberg Beach (mit Rettungsschwimmern) bietet jedoch manchmal gute Wellen, wenn der Seegang nicht zu stark ist. Am Central Beach lockt eine der bekanntesten Wellen, The Wedge, die für sogenannte „*goofy-footers*" ideal ist – Leute, die mit dem rechten Fuß vorne auf ihrem Board stehen. Am Lookout Beach können Sandbänke auftreten, und die Pointbreak ist oft ganz gut, allerdings ist die Erosion hier so stark, dass der Strand langsam verschwindet. Aufpassen sollte man auf Rippströmungen, und zwar vor allem wenn niemand von den Rettungsschwimmern Dienst hat.

ABSTECHER

EIGHT BELLS MOUNTAIN INN

Den Landgasthof **Eight Bells Mountain Inn** (044-631 0000; www.eightbells.co.za; EZ/DZ ab 750/1200 R;) findet man 35 km nördlich von Mossel Bay an der R328 nach Oudtshoorn (50 km). Er liegt reizvoll in den Bergen am Fuß des Robinson Passes. Das weitläufige Areal bietet für jeden etwas – für Kinder wie für Squashspieler. Zur Auswahl stehen Zimmer in vielen Varianten; besonders schön sind die *rondavels*. Es gibt hier auch einen Teegarten, ein Restaurant sowie Möglichkeiten, im Hotelgelände zu wandern und auszureiten. Während der Schulferien ziehen die Preise kräftig an.

Speisekarte, auch die Cocktailkarte kann sich sehen lassen. Das Café hat bis spät in der Nacht geöffnet und ist die beste Location, um auf den Putz zu hauen, wenn sonst schon alles zu hat.

Big Blu INTERNATIONAL **$$**
(Point Rd; Hauptgerichte 50–95 R) Das baufällige Lokal direkt auf den Felsen von The Point bietet sich für einen Sundowner an, es gibt aber auch Burger, Meeresfrüchte und Steaks.

Kingfisher MEERESFRÜCHTE **$$**
(Point Rd; Hauptgerichte 75–135 R; Mittag- & Abendessen) Die Einheimischen schwärmen von den Gerichten mit Meeresfrüchten und dem Meerblick. Es gibt aber auch Salate und Fleisch und sogar eine Kinderkarte für die Jüngsten.

Villa Point SÜDAFRIKANISCH **$$$**
(044-691 1923; 11 Marsh St; Hauptgerichte 105–180 R; Mo–Sa Mittag- & Abendessen) Das renommierte Restaurant hat seine Räumlichkeiten in alten Gemäuern. Auf der knapp gehaltenen Speisekarte stehen viele südafrikanische Fleischgerichte, darunter Lammrücken, Osso bucco vom Kudu und die beliebte Springbock-Haxe.

★ **Blue Shed Coffee Roastery** CAFÉ
(33 Bland St; 6.30–20 Uhr;) In dieses peppige Café mit bunt zusammengewürfelter Dekoration und Meerblick von der Terrasse kommen die Gäste wegen des leckeren Kaffees und der selbst gebackenen Kuchen. Hier kann man wunderbar ein paar Stunden lang entspannen oder in der nostalgischen Jukebox Schallplatten auflegen.

Praktische Informationen

Touristeninformation Mossel Bay (044-691 2202; www.visitmosselbay.co.za; Market St; Mo–Fr 8–18, Sa & So 9–16 Uhr) Die Mitarbeiter sind sehr freundlich und gerne bei der Buchung von Unterkünften behilflich. Für einen Stadtspaziergang auf eigene Faust durch das historische Mossel Bay gibt es eine eigene Broschüre.

An- & Weiterreise

Mossel Bay liegt abseits der Autobahn, die Fernbusse fahren also nicht in die Stadt hinein, sondern setzen die Fahrgäste 8 km außerhalb an der Shell-Tankstelle von Voorbaai ab. Das Personal der Hostels holt Gäste in der Regel ab, wenn das vereinbart wurde, und auch Taxis (80 R) warten häufig auf Busreisende, die Anschluss brauchen. Falls kein Taxi zur Stelle ist, kann man eines rufen (082 932 5809). Während des Tages sind auch Sammeltaxis (10 R) im Einsatz. Der Baz-Bus fährt direkt in die Stadt.

Die Busse von Translux (www.translux.co.za), Greyhound (www.greyhound.co.za) und Intercape (www.intercape.co.za) halten auf der Strecke Kapstadt–Port Elizabeth in Mossel Bay. Intercape fährt u. a. zweimal täglich nach Knysna (310 R, 2 Std.), Plettenberg Bay (310 R, 2½ Std.), Kapstadt (380 R, 6 Std.) und Port Elizabeth (380 R, 6½ Std.).

George

114 000 EW.

Das 1811 gegründete George ist die größte Stadt an der Garden Route. Der Ort ist Wirtschaftszentrum und Verkehrsknotenpunkt, hat aber nicht viel, was Besucher fesseln könnte. Aber es gibt ein paar schöne historische Gebäude, darunter die winzige anglikanische St Mark's Cathedral und die wesentlich imposantere Moederkerk der Nederduitse Gereformeerde Kerk. Außerdem liegt die Stadt nur 8 km von der Küste entfernt. Die meisten Gäste kommen wegen der berühmten Golfplätze in die Stadt.

Sehenswertes & Aktivitäten

George Museum MUSEUM
(Courtenay St; Eintritt nach Spende; Mo–Fr 9–16.30, Sa 9–12.30 Uhr) George war einst Dreh- und Angelpunkt der heimischen Holzindustrie. Das Museum präsentiert eine Fülle von Artefakten zu diesem Thema.

Outeniqua Transport Museum MUSEUM (York St, Ecke Courtenay St; Erw./Kind 20/10 R; ⌚Mo–Fr 8–16.30, Sa 8–14 Uhr) Das Museum, Ausgangspunkt und Endhaltestelle für Fahrten mit dem Outeniqua Power Van, lohnt den Besuch, wenn sich jemand für Eisenbahnen interessiert. Zu sehen sind ein Dutzend Lokomotiven und 15 Waggons, aber auch viele Modelleisenbahnen, die hier ihren Ruhestand verbringen. Besonders interessant ist beispielsweise ein Waggon, den die britische Königsfamilie in den 1940er-Jahren benutzte.

Schlafen & Essen

Outeniqua Travel Lodge HOSTEL $ (☎082 316 7720; www.outeniqualodge.com; 70 Langenhoven St; B/EZ/DZ 130/350/480 R;) Die Lodge liegt ziemlich außerhalb des Zentrums, ist jedoch ein tolles Angebot im günstigen Segment. Sie befindet sich in einem ruhigen Wohnviertel, alle Zimmer haben ein eigenes Bad. Die Mitarbeiter sind nett und organisieren verschiedene Aktivitäten.

★**French Lodge International** PENSION $$ (☎044-874 0345; www.frenchlodge.co.za; 29 York St; EZ/DZ inkl. Frühstück ab 650/800 R; @) Die Zimmer befinden sich in luxuriösen *rondavels* mit Reetdach, die sich um den Pool gruppieren; sie haben Satellitenfernsehen und ein Bad mit Whirlpool.

Fancourt Hotel LUXUSHOTEL $$$ (☎044-804 0000; www.fancourt.co.za; Montagu St, Blanco; DZ ab 3400 R;) Das Fancourt ist die luxuriöseste Herberge der Gegend; sie liegt ca. 10 km vom Stadtzentrum entfernt. Das Hotel hat ein Wellnesscenter, vier Restaurants und einen 18-Loch-Golfplatz, der von Gary Player entworfen wurde.

Old Townhouse STEAKHAUS $$ (☎044-874 3663; Market St; Hauptgerichte 50–130 R; ⌚Mo–Fr Mittag- & Abendessen, Sa Abendessen) Das alteingesessene Restaurant im ehemaligen Rathaus von 1848 ist für seine hervorragenden Steaks und die ständig wechselnden Wildgerichte bekannt.

Robertson Brewery BRAUEREI (www.robertsonbrewery.com; 1 Memoriam St; Verkostungen 35 R, leichte Gerichte 60 R; ⌚Mo–Sa 10–19 Uhr) George hat nicht viel zu bieten, womit man sich länger beschäftigen könnte, und somit ist diese Mikrobrauerei – ein Familienbetrieb – ein willkommener Neuzugang. Hier können die Gäste sechs vor Ort gebraute Biersorten probieren und dazu etwas essen. Wandmalereien zeigen den Brauprozess.

Praktische Informationen

George Tourism (☎044-801 9295; www.georgetourism.org.za; 124 York St; ⌚Mo–Fr 7.45–16.30, Sa 9–13 Uhr) Die Touristeninformation ist für George und die Umgebung zuständig.

An- & Weiterreise

Kulula (☎0861 585 852; www.kulula.com), **Airlink** (☎0861 606 606; www.flyairlink.com) und **SA Express** (☎0861 729 227; www.flyexpress.aero) fliegen den **George Airport** (☎044-876 9310) an, er liegt 7 km westlich der Stadt.

Busse, die auf der Strecke Kapstadt–Port Elizabeth sowie Johannesburg–Garden Route verkehren, halten in George. Die Haltestelle der Greyhound-Busse (www.greyhound.co.za) befindet sich an der Caltex-Tankstelle in der York Street, die der Translux- (www.translux.co.za) und Intercape-Busse (www.intercape.co.za) am Hauptbahnhof am Ende der Hibernia Street. Intercape steuert Knysna (310 R, 1½ Std., 2-mal tgl.), Plettenberg Bay (310 R, 2 Std.), Port Elizabeth (380 R, 5½ Std., 2-mal tgl.), Kapstadt (380 R, 7 Std., 2-mal tgl.), Bloemfontein (540 R, 10 Std., tgl.) und Johannesburg (700 R, 16 Std., tgl.) an. Der Baz Bus setzt die Fahrgäste in der Stadt ab.

Montagu Pass & Outeniqua Pass

Hinter George schlängelt sich eine beschauliche Piste durch die Berge hinauf auf den Montagu Pass. Der Pass wurde 1847 eröffnet und ist heute ein nationales Denkmal. Zurück geht es über den Outeniqua Pass, eine asphaltierte Straße, die ebenfalls nördlich von George verläuft und mit noch schöneren Ausblicken beeindruckt.

Als Alternative bietet sich der **Outeniqua Power Van** (☎082 490 5627; Erw./Kind 130/110 R; ⌚Mo–Sa) an, ein Schienenbus, der vom Outeniqua Transport Museum in 2½ Stunden in die Outeniqua Berge fährt. Man kann sogar sein Fahrrad mitnehmen und dann auf dem Rückweg den Montagu Pass hinunterbrettern.

Herold's Bay

Das winzige Dorf liegt an einem wunderschönen Strand mit einer ganz ordentlichen Brandung. In der Regel geht es hier recht ruhig zu, nur an den Sommerwochenenden wird es manchmal voll. Die Ortschaft liegt 16 km südwestlich von George.

Wer hier gerne übernachten möchte, sollte sein Glück im **Makarios** (☎ 044-872 9019; www.makariosonsea.co.za; 4 Gericke's Corner; Suite ab 1030 R) versuchen – es liegt bloß einen Steinwurf vom Sandstrand entfernt. Die Luxusapartments verfügen über eine voll ausgestattete Küche und haben Meerblick. Außerdem gibt es ein kleineres Zimmer (ab 550 R) ohne Aussicht. Am Ufer findet man zwar keine Restaurants, dafür aber diverse Kioske, die Eis verkaufen.

Wer auf ein anständiges Mittagessen Wert legt, sollte das **Dutton's Cove** (21 Rooidraai Rd; Hauptgerichte 60–110 R; ⏲ Mo–Sa Mittag- & Abendessen, So Mittagessen) ausprobieren, ein beliebtes Lokal der Einheimischen oberhalb vom Strand.

Victoria Bay

Das winzige, malerische Victoria Bay liegt am Fuß steiler Klippen, etwa 8 km südlich von George. Der Ort gilt als eine der Top-Surflocations in der Provinz Western Cape und bietet auch ein Gezeitenbecken für Familien mit Kindern. Am Strand stehen Apartments – einfach mal unter www.vicbay.com schauen, ob welche frei sind. Auch ein **Wohnwagenpark** (☎ 044-889 0081; Stellplatz ab 172 R) liegt direkt am Sandstrand.

Surfari Backpackers HOSTEL **$$**
(☎ 044-889 0113; www.vicbaysurfari.co.za; B/EZ/DZ 180/325/550 R) So nah am Ozean, dass man das Meer riechen kann, liegt das Surfari zwar nicht, aber empfehlenswert ist es dennoch. Das Hostel im Boutiquestil – ein Familienbetrieb – bietet helle, schön hergerichtete Zimmer mit atemberaubender Aussicht auf den Wald an der Küste und das Meer dahinter. In der riesigen Lounge mit Bar stehen ein großer Fernseher und ein Billardtisch. Die Eigentümer vermieten Surfbretter (Tag 150 R) und geben auf Wunsch auch Unterricht.

Wilderness

6200 EW.

Der Name sagt eigentlich schon alles: Dichte, uralte Wälder und steile Berge ziehen sich zu einem herrlichen Küstenabschnitt mit heranrollenden Wellen, einem kilometerlangen weißen Sandstrand, vogelreichen Flussmündungen und geschützten Lagunen hinunter. All das hat Wilderness so beliebt gemacht – was man dem Dorf aber zum Glück nicht so anmerkt. Die unzähligen Ferienhäuser fügen sich harmonisch in die grünen Berge ein, das Ortszentrum ist überschaubar und schlicht. Der Strand ist wunderschön, wegen starker Rippströmungen ist das Schwimmen allerdings nicht zu empfehlen. Der einzige weitere Minuspunkt ist, dass alles recht weit auseinanderliegt, was einem das Leben erschwert, wenn man kein eigenes Fahrzeug hat.

Aktivitäten

Eden Adventures ABENTEUERSPORTARTEN
(☎ 044-877 0179; www.eden.co.za; Fairy Knowe Hotel) Neben einem Kanuverleih (Tag 250 R), besteht die Möglichkeit, an Abseiltouren (550 R), Kloofing (Canyoning, 550 R) sowie Ausflügen in die Umgebung teilzunehmen.

Timberlake Organic Village ABENTEUERSPORTARTEN
(www.timberlakeorganic.co.za; ⏲ 9–17 Uhr) Der Komplex an der N2 zwischen Wilderness und Sedgefield bietet eine ganze Reihe Aktivitäten, beispielsweise Quadbiken und Zip-Line-Touren. Es gibt hier auch einige kleinere Läden, die frisches Bioobst und -gemüse sowie Kunsthandwerk verkaufen.

Schlafen

Fairy Knowe Backpackers HOSTEL **$**
(☎ 044-877 1285; www.wildernessbackpackers.com; Dumbleton Rd; Camping 80 R, B/DZ ohne Bad 130/400 R, DZ 500 R; 📶) Das alteingesessene Hostel in einem Farmhaus von 1874 liegt in einem grünen Grundstück mit Blick auf den Touws River. Die Bar und das Café befinden sich ein Stück weit entfernt in einem anderen Gebäude – Zecher rauben einem hier also bestimmt nicht den Schlaf. Die Mitarbeiter arrangieren verschiedenste Aktivitäten. Wer mit dem eigenen Auto unterwegs ist, fährt in den Ort Wilderness hinein und folgt dann 2 km der Hauptstraße bis zur Abzweigung zum Fairy Knowe.

Wilderness Beach House Backpackers HOSTEL **$**
(☎ 044-877 0549; www.wildernessbeachhouse.com; Wilderness Beach; B/DZ ohne Bad 150/350 R, DZ ab 450 R; 📶) Das luftige Hostel südwestlich der Ortschaft punktet mit herrlichen Ausblicken aufs Meer, einfachen Zimmern und einer Bar mit Café (wo es Frühstück und Abendessen gibt).

★ **Interlaken** PENSION $$
(☎044-877 1374; www.interlaken.co.za; 713 North St; EZ/DZ inkl. Frühstück 695/1100 R;) Das Interlaken bekommt immer begeisterte Kritiken von den Lesern, was nicht verwundert: Die gut geführte und überaus sympathische Pension bietet einen herrlichen Blick auf die Lagune. Auf Wunsch wird ein köstliches Abendessen zubereitet.

★ **Views Boutique Hotel** BOUTIQUEHOTEL $$$
(☎044-877 8000; www.viewshotel.co.za; South St; EZ/DZ inkl. Frühstück 3200/4200 R;) Die hellen, modernen Zimmer mit Glasfront gehen auf einen herrlichen Strand hinaus – das Views weiß seine sagenhafte Lage zu nutzen. Wer es sich leisten kann, sollte ruhig den Aufpreis für ein Zimmer mit Meerblick bezahlen, aber auch die Zimmer mit Bergblick sind wunderschön. Das Hotel hat einen Pool auf dem Dach, ein Spa und Treppen, die direkt zum Sandstrand hinunterführen.

Essen

Beejuice CAFÉ $
(Sands Rd; kleinere Gerichte 45–85 R; ganzjährig Frühstück & Mittagessen, Nov.–April Abendessen) Züge rattern längst keine mehr über die Schienen, aber das Café im alten Bahnhofsgebäude ist noch immer nett, um dort einen Salat und ein Sandwich zu essen. Abends kommen traditionelle südafrikanische Gerichte auf den Tisch.

★ **Girls Restaurant** INTERNATIONAL $$
(1 George Rd; Hauptgerichte 100–285 R; Di–So Abendessen) Aus der Ferne macht das Restaurant nicht viel her – es liegt etwas versteckt neben einer Tankstelle –, aber es bekommt immer begeisterte Kritiken von seinen Gästen. Unbedingt probieren sollte man die frischen Garnelen mit verschiedenen Soßen sowie das Wildfilet.

Zucchini EUROPÄISCH $$
(www.zucchini.co.za; Timberlake Organic Village; Hauptgerichte 60–130 R; tgl. Frühstück & Mittagessen, Fr & Sa Abendessen;) In diesem hübschen Lokal lockt die Kombination aus schicker Dekoration und selbst angebauten Bioprodukten, Fleisch von frei laufenden Tieren und vielen Gerichten für Vegetarier.

Serendipity SÜDAFRIKANISCH $$$
(☎044-877 0433; Freesia Ave; 5-Gänge-Menü 415 R; Mo–Sa Abendessen) Leser und Einheimische empfehlen dieses elegante Restaurant mit Terrasse an der Lagune gleichermaßen. Die von der südafrikanischen Küche inspirierte Speisekarte wechselt monatlich, moderne Varianten landestypischer Klassiker lassen sich aber immer bestellen. Wer in Wilderness feudal speisen möchte, ist hier richtig. Unbedingt einen Tisch reservieren.

Praktische Informationen

Wilderness Tourism Bureau (☎044-877 0045; George Rd; Mo–Fr 7.45–16.30, Sa 9–13 Uhr) Die Touristeninformation befindet sich gleich hinter ein paar Restaurants auf der rechten Seite, wenn man ins Dorf hineinkommt.

Garden Route National Park (Sektion Wilderness)

Der ehemalige Wilderness National Park ist mit der Knysna National Lake Area und dem Tsitsikamma National Park zum großen **Garden Route National Park**(☎044-877 1197; www.sanparks.org; Erw./Kind 106/53 R; 7–18 Uhr) zusammengelegt worden. Der Park umfasst ein einmaliges System aus Seen, Flüssen, Feucht- und Mündungsgebieten, das für das Überleben vieler Spezies lebenswichtig ist.

Der Park bietet mehrere, unterschiedlich schwierige Wanderwege, die zu Seen, zum Strand und in den Urwald führen. Der **Kingfisher Trail** ist eine Tageswanderung, die durch die ganze Region verläuft – in der Gezeitenzone des Touws River marschiert man über einen Plankenweg. Die Seen sind ein Eldorado für Angler, Kanufahrer, Windsurfer und Segler. Kanus vermietet Eden Adventures in Wilderness.

Im Park befinden sich zwei Campingplätze mit einfachen, aber gemütlichen Quartieren: **Ebb & Flow North** (Stellplatz ab 170 R, DZ mit/ohne Bad ab 510/320 R) ist der kleinere von beiden, der zweite heißt **Ebb & Flow South** (Stellplatz ab 170 R, Hütten ab 625 R).

Buffalo Bay

Buffalo Bay ist ein sagenhaft schöner Ort mit einem recht einsamen Strand, der sich zum Surfen eignet, einem Naturschutzgebiet und nur einer winzigen Anlage mit Ferienhäusern. Das Dorf liegt 17 km westlich von Knysna; auf den Schildern steht Buffel's Bay oder auch Buffelsbaai.

Von der Straße aus Buffalo Bay kommend gelangt man zum **Goukamma Nature Reserve** (www.capenature.co.za; Erw./Kind 40/

GARDEN ROUTE NATIONAL PARK

Was einen erwartet Die Ausblicke auf die Berge, Wälder und Seen sind sagenhaft. Es gibt schattige Wanderwege, unterwegs lassen sich kleinere Wildtiere sehen. Die Möglichkeiten, Vögel zu beobachten, sind sehr gut. Dazu kommen jede Menge Outdooraktivitäten, z. B. Kajakfahren und Canyoning (Kloofing).

Reisezeit Ab September, wenn die Regenzeit vorbei ist, zeigt sich der Park von seiner schönsten Seite. Im Dezember und Januar ist am meisten los, Juni bis August sind die feuchtesten Monate.

Praktisches Der Park lässt sich mit öffentlichen Verkehrsmitteln nur schwer erreichen; ohne eigenes Auto bleibt bloß die Möglichkeit, zum Park zu wandern oder sich einer Tour anzuschließen. Mit dem Auto gelangt man über die N2, 2 km östlich vom Dorf Wilderness, zum Eingang. Geöffnet ist der Nationalpark von 7 bis 18 Uhr.

Spar-Tipps Man muss den eigentlichen Park nicht betreten, um einige der Wanderwege zu begehen. D. h. man bezahlt nur die Wandergenehmigung, jedoch nicht die Eintrittsgebühr.

20 R; ⌚8–18 Uhr). Das Naturschutzgebiet umfasst 14 km Felsküste, Sandsteinklippen und Dünen, die mit Küsten-*fynbos* und Wald bewachsen sind, sowie den Groenvlei, einen großen Süßwassersee. Das Schutzgebiet reicht 1,8 km ins Meer hinein; an der Küste kann man Delfine und (in der Saison) auch Wale sichten.

Es gibt hier verschiedene Wege für Tageswanderungen – das Spektrum reicht von einer zweistündigen Wanderung durch den Wald bis hin zu einer 15 km langen Tour, die durch die Sanddünen führt. Eine Genehmigung bekommt man bei der Ankunft an der Rezeption des Schutzgebietes. Man kann hier auch super mit dem Kanu herumpaddeln und angeln; Kanus (Tag 30 R) können vor Ort ausgeliehen werden.

Buffelsbaai Waterfront (☎044-383 0038; www.buffelsbaai.co.za; Apt. ab 750 R) ist ein Laden, der unter einem Dach Unterkünfte, Mahlzeiten und Informationen zur Region anbietet. Das weitläufige Gebäude hinter dem Strand lässt sich eigentlich gar nicht übersehen. Die Unterkünfte im Schutzgebiet sind recht pfiffig; das Angebot reicht vom **Fish Eagle Loft** (für 2 Pers. 705 R) und diversen **Chalets** (für 4 Pers. 960 R) bis hin zur feudaleren **Otter's Rest Lodge** (pro 4 Pers. 1150 R) und zum **Mbuvu Bush Camp** (4-Pers.-Cottage 1210 R). Während der Schulferien ziehen die Preise kräftig an.

Knysna

51 000 EW.

Knysna (sprich: „nei-snah") ist die vermutlich bekannteste Stadt an der Garden Route; sie liegt inmitten uralter Wälder und schmiegt sich an eine wunderschöne Lagune. Der Ort war früher das Zentrum der Holzfällerei, die das Holz der Breitblättrigen Steineibe und des *stinkhout* für den Haus-, Eisenbahn- und Schiffbau lieferte. Auch heute noch existieren mehrere Geschäfte, die auf Holzschnitzereien und traditionelle Möbel spezialisiert sind. Die Lagune ist seit eh und je bei Seglern beliebt, außerdem gibt es eine erfolgreiche Austernzucht.

Die hübsche Umgebung, die kunstliebende und schwulenfreundliche Atmosphäre, die ausgezeichneten Unterkünfte, Restaurants und Kneipen sowie die vielfältigen angebotenen Aktivitäten machen Knysna zu einem lohnenden Urlaubsziel. Wer jedoch Ruhe und Ursprünglichkeit schätzt, sollte die Stadt lieber meiden – vor allem in der Hauptsaison, wenn sie von Touristen aus dem In- und Ausland förmlich überrollt wird.

Sehenswertes

Knysna Lagoon PARK

Die Lagune erstreckt sich zwischen zwei Sandsteinklippen, den Heads, und wurde von der British Royal Navy zum gefährlichsten Hafeneingang der Welt erklärt. Von den östlichen Klippen bietet sich ein schöner Blick, was aber gleichermaßen für das Featherbed Nature Reserve auf den westlichen Klippen gilt.

Die Lagune lässt sich am besten mit dem Boot würdigen. Die **Featherbed Company** (Karte S. 161; ☎044-382 1693; www.featherbed.co.za; Remembrance Dr, ab Waterfront Dr; Schiffsausflüge Erw./Kind ab 100/55 R) verfügt über verschiedene Schiffe. Möglich sind auch kombinierte Boot-Wander-Touren, bei denen die Teilnehmer das Naturreservat zu Fuß (Erw./Kind 380/130 R) erkunden können.

Die Lagune von Knysna untersteht SANParks, ist jedoch kein offizieller National-

Knysna

Knysna

Sehenswertes
1 Mitchell's Brewery D4

Aktivitäten, Kurse & Touren
2 Featherbed Company B4
3 Knysna Cycle Works B3

Schlafen
4 Inyathi Guest Lodge A1
5 Island Vibe A2
6 Jembjo's Knysna Lodge D3
7 Knysna Backpackers D1
8 Knysna Log Inn B2
9 Protea Hotel Knysna Quays B4

Essen
10 Caffé Mario B4
11 Chatters Bistro B3
12 Olive Tree C2

Ausgehen & Nachtleben
13 King's B1
14 Zanzibar Lounge C2

park oder Wildnisgebiet. Ein Großteil ist auch heute noch in Privatbesitz, außerdem wird die Lagune von der Industrie und als Erholungsgebiet genutzt. Das geschützte Areal beginnt gleich östlich der Buffalo Bay und zieht sich die Küste bis zur Mündung des Noetzie River entlang.

Mitchell's Brewery BRAUEREI
(Karte oben; ☎044-382 4685; www.mitchells-brewing.com; 10 New St; Verkostung 75 R, Führungen & Verkostung 150 R; ⏲Mo–Sa 10–18 Uhr, Führungen 11, 12.30 & 14.30 Uhr) Die älteste Mikrobrauerei Südafrikas ist mittlerweile in helle, neue Räumlichkeiten am Rand der Lagune umgezogen. Besucher können an einer Führung teilnehmen oder die verschiedenen Biere, die auf englische Art gebraut werden, vor Ort im Biergarten probieren.

Als Grundlage für die Verkostung werden Kneipengerichte (45–70 R) serviert. Führungen müssen rechtzeitig gebucht werden.

NICHT VERSÄUMEN

WANDERN IN DEN WÄLDERN VON KNYSNA

Die Knysna Forests, die inzwischen zum Garden Route National Park gehören, sind für Wanderfreunde der perfekte Ort für Touren in allen Schwierigkeitsgraden. Zu den einfachen Unternehmungen gehört der Besuch des **Garden of Eden** (Erw./Kind 36/18 R) mit wunderschönen Stellen zum Picknicken und einem auch für Rollstuhlfahrer befahrbaren Pfad. Der **Millwood Gold Mine Walk** ist ebenfalls eine einfache Wanderung. Die **Elephant Trails** (Erw./Kind 60/30 R) in Diepwalle sind unterschiedlich schwierig.

Eine sportlich größere Herausforderung stellt der **Harkerville Coast Trail** (pro Pers. 210 R) dar, eine zweitägige Wanderung zum beliebten Outeniqua Trail. Der **Outeniqua Trail** (☎044-302 5606; Erw./Kind 72/38 R) selbst ist ein 108 km langer Fernwanderweg, für den man eine ganze Woche einplanen muss. Es besteht jedoch die Möglichkeit, nur Teilstrecken von zwei oder drei Etappen zu wandern. Die Übernachtung in einfachen Hütten entlang des Trails kostet pro Nacht 76 R; das Bettzeug ist mitzubringen.

Für Wandergenehmigungen, Wanderkarten und detaillierte Informationen wendet man sich an **SANParks** (☎044-302 5600; www.sanparks.org; Long St, Thesen's Island; ⏲Mo–Fr 7.30–16 Uhr).

Die Knysna Forests bieten aber auch viele Mountainbikestrecken – entsprechende Radkarten und Leihräder erhält man bei Knysna Cycle Works.

Belvidere DORF

Das 10 km von Knysna entfernt liegende Dorf ist so schmuck, dass es schon fast kitschig wirkt. Besuchen sollte man die schöne **Kirche** (Karte S. 164), die in den 1850er-Jahren im normannischen Stil von heimwehkranken englischen Expats errichtet wurde. Lohnenswert sind auch das **Featherbed Nature Reserve** (Karte S. 164) südöstlich von Belvidere, und das Küstenörtchen Brenton-on-Sea.

Aktivitäten

Township Tours & Homestays

Die Touristeninformation hat eine topaktuelle Liste der verschiedenen Veranstalter, die Besuche in die Townships oben in den Hügeln von Knysna anbieten. Wer dort übernachten möchte, fragt am besten in der Touristeninformation in Knysna nach und lässt sich die Broschüre *Living Local* geben.

Emzini Tours KULTUREXKURSION

(☎044-382 1087; www.emzinitours.co.za; Erw./Kind 350/100 R) Auf der dreistündigen Tour, die Ella, eine Township-Anwohnerin, begleitet, statten die Teilnehmer einigen Gemeindeprojekten von Emzini einen Besuch ab. Die Touren können individuell nach den Interessen der Teilnehmer geplant werden, enden jedoch alle bei Ella zu Hause, wo man gemeinsam Tee trinkt, trommelt und sich amüsiert, wenn die Gruppe versucht, mit der Zunge die für die Xhosa-Sprache charakteristischen Klick-Laute zustandezubringen.

Mad About Art KULTUREXKURSION

(☎044-375 0242; www.madaboutart.org; Spendenvorschlag 180 R) Die gemeinnützige Organisation veranstaltet Spaziergänge (90 Min.) zu Kunst- und Bildungsprojekten.

Outdooraktivitäten

Die Garden Route ist für ihre Outdooraktivitäten bekannt. In Knysna und Umgebung kann man u. a. wandern, Rad fahren, surfen, reiten und durch Schluchten wandern.

Knysna Cycle Works RADFAHREN

(Karte S. 161; ☎044-382 5152; www.knysnacycles.co.za; 20 Waterfront Dr; Tag 200 R; ⏲Mo–Fr 8.30–17, Sa 9–13 Uhr) Das Unternehmen vermietet Mountainbikes und hat Wanderkarten zu den verschiedenen Trails der Region.

Trip Out WASSERSPORT

(☎083 306 3587; www.tripout.co.za; zweistünd. Surfunterricht 350 R) Bietet Surfunterricht für Anfänger, Schnorchelausflüge zu den Heads (300 R), Schiffsausflüge und ganztägige Kloofingtrips (850 R).

Feste & Events

Pink Loerie Festival SCHWUL

(www.pinkloerie.co.za) Knysna feiert seine schwulenfreundliche Einstellung Ende April/Anfang Mai mit einem großen Fest.

Knysna Oyster Festival ESSEN

(www.oysterfestival.co.za) Im Juli wird an zwei Wochenenden die Auster geehrt, u. a. werden dann der Knysna Forest Marathon und die Knysna Cycle Tour veranstaltet.

Schlafen

In der Nebensaison hält der Wettbewerb zwischen mehreren Hostels und vielen Pensionen die Übernachtungspreise niedrig, in der Hauptsaison schießen die Preise durch die Nachfrage in die Höhe (außer in den Hostels). Daher in der Hauptsaison unbedingt frühzeitig eine Unterkunft buchen.

Island Vibe HOSTEL $
(Karte S. 161; ☎ 044-382 1728; www.islandvibe.co.za; 67 Main St; B 150 R, DZ mit/ohne Bad 550/480 R;) Das fetzige Hostel hat tolle Gemeinschaftsbereiche, fröhliche Mitarbeiter und schön eingerichtete Zimmer. In der Bar geht es hoch her, und auf der Terrasse wartet ein Pool.

Jembjo's Knysna Lodge HOSTEL $
(Karte S. 161; ☎ 044-382 2658; www.jembjosknysnalodge.co.za; 4 Queen St; B 130 R, EZ/DZ ohne Bad 290/340 R, EZ/DZ 390/460 R;) Das kleine, nette Hostel wird von zwei ehemaligen Fernlastwagenfahrern geführt. Hier gibt's jede Menge Infos zu Aktivitäten in der Region und Leihmountainbikes (Tag 75 R). Das Gratis-Frühstück müssen sich die Gäste selbst zubereiten.

Knysna Backpackers HOSTEL $
(Karte S. 161; ☎ 044-382 2554; www.knysnabackpackers.co.za; 42 Queen St; B 130 R, DZ mit/ohne Bad 480/380 R;) In diesem großen ruhigen viktorianischen Haus übernachten die Gäste überwiegend in Doppelzimmern. Es liegt ein paar Blocks von der Main Street entfernt. Das Hostel ist ein Familienbetrieb.

★ **Brenton Cottages** CHALET $$
(Karte S. 164; ☎ 044-381 0082; www.brentononsea.net; 242 CR Swart Drive, Brenton-on-Sea; 2-Pers.-Hütte 680 R, 6-Pers.-Chalet 1380 R;) Auf der dem Meer zugewandten Seite der Lagune fallen die Berge zur Ortschaft Brenton-on-Sea hin ab, die an einem herrlichen 8 km langen Strand liegt. Die Cottages haben eine voll ausgestattete Küche, die Hütten eine Kochnische; viele haben außerdem einen schönen Blick aufs Wasser. Verteilt über die tipptopp gepflegten Rasenflächen liegen mehrere Grillplätze.

Inyathi Guest Lodge PENSION $$
(Karte S. 161; ☎ 044-382 7768; www.inyathiguestlodge.co.za; 52 Main St; EZ/DZ ab 400/700 R;) Die einfallsreich gestaltete Pension bezaubert mit afrikanischem Flair ohne kitschig zu wirken. Die Gäste wohnen in schön gestalteten Holzlodges – was wirklich toll ist, allerdings auch bedeutet, dass man den Lärm der Nachbarn hört.

Das Inyathi ist eine Superunterkunft im günstigen Segment. Hier kann man auch ein Zimmer ohne Frühstück buchen und die Einzelzimmerpreise sind fair.

Under Milk Wood CHALET $$$
(Karte S. 164; ☎ 044-384 0745; www.milkwood.co.za; George Rex Dr; Hütte ab 1200 R) Die beeindruckenden Blockhütten für Selbstversorger am Ufer der Knysna Lagoon haben alle eine eigene Veranda und einen Grillbereich. Ein Pool ist nicht vorhanden, dafür aber ein kleiner Strand.

Protea Hotel Knysna Quays HOTEL $$$
(Karte S. 161; ☎ 044-382 5005; www.proteahotels.com; Waterfront Dr; EZ/DZ 1550/1900 R;) Die Zimmer dieses stilvollen Hotels sind geschmackvoll eingerichtet. Zum Hotel gehört ein einladender beheizter Pool. Das Hotel liegt nur ein kurzes Stück von den Läden und Restaurants der Waterfront entfernt. Unbedingt ein Zimmer mit Blick zur Lagune nehmen!

Knysna Log Inn HOTEL $$$
(Karte S. 161; ☎ 044-382 5835; www.log-inn.co.za; 16 Gray St; EZ/DZ inkl. Frühstück 1320/1940 R;) Knysna Log Inn ist angeblich die größte Holzkonstruktion auf der südlichen Halbkugel. Die Zimmer sind komfortabel eingerichtet, viele haben einen eigenen Balkon. Zum Abkühlen gibt es einen hübschen Pool im Garten.

Belvidere Manor HOTEL $$$
(Karte S. 164; ☎ 044-387 1055; www.belvidere.co.za; Duthie Dr; Cottage inkl. Frühstück ab 2180 R;) Die Anlage ist einfach unglaublich beschaulich. Die luxuriösen Cottages liegen verstreut über den makellos gepflegten Rasen, von manchen schaut man auf die

NICHT VERSÄUMEN

DIE RASTAFARIS VON KNYSNA

Knysna ist die Heimat der größten Rastafari-Gemeinde Südafrikas mit dem Namen **Judah Square**. Man kann an einem spannenden Stadtspaziergang durch die Gemeinde teilnehmen, die sich in der Township befindet. Begleitet wird man von **Brother Zeb** (☎ 076 649 1034; Touren ab 70 R), einem einheimischen Original, das so schnell niemand vergisst.

Rund um Knysna

Lagune. Im historischen Haupthaus befindet sich ein Restaurant (Hauptgerichte 75–160 R), in dem regionale und internationale Gerichte serviert werden. Das stimmungsvolle Pub steht auch Gästen offen, die nicht hier wohnen.

Phantom Forest Eco-Reserve LODGE $$$
(☎044-386 0046; www.phantomforest.com; Phantom Pass Rd; EZ/DZ ab 2935/4275 R;) Das 137 ha große Ökoreservat liegt 7 km westlich von Knysna und vermietet 14 kunstvoll gestaltete Baumhäuser. Unter anderem wurden alle nichtheimischen Bäume gefällt und beim Hausbau verwendet bzw. zu Möbeln verarbeitet. Die Lodge bietet verschiedene Aktivitäten an, z. B. begleitete Spaziergänge. Wer hier nicht übernachten kann oder will, sollte zumindest für ein üppiges afrikanisches Abendessen in Form eines Sechs-Gänge-Menüs (400 R) vorbeikommen, das täglich im Forest Boma serviert wird. Unbedingt einen Tisch reservieren.

Essen

In der Main Street gibt es viele Cafés.

★ **Ile de Pain** CAFÉ, BÄCKEREI $
(Karte S. 164; www.iledepain.co.za; Thesen's Island; Hauptgerichte 50–90 R; ⌚Di–So Frühstück & Mittagessen;) Die beliebte Bäckerei mit Café wird gleichermaßen von Einheimischen wie Touristen besucht. Die Frühstückskarte ist hervorragend, zudem gibt es viele frische Salate, aber auch einige pfiffige Mittagsspezialitäten und vegetarische Gerichte.

Caffé Mario ITALIENISCH $
(Karte S. 161; Hauptgerichte 50–100 R; ⌚Frühstück, Mittag- & Abendessen) Das Café am Meer bietet sich für ein Frühstück oder nachmittags für einen Kaffee und ein Stück Kuchen an. Für Liebhaber der italienischen Küche gibt es natürlich auch die Klassiker Pizza und Pasta.

Rund um Knysna

Sehenswertes
1 Belvidere Church A1
2 Featherbed Nature Reserve C3

Schlafen
3 Belvidere Manor A1
4 Brenton Cottages B3
5 Under Milk Wood D3

Essen
6 East Head Café D3
7 Ile de Pain C2
8 Sirocco C2

Olive Tree BISTRO $$
(Karte S. 161; ☎ 044-382 5867; 21 Main St; Hauptgerichte 90–170 R; ⏲ Mo–Sa Abendessen) Das Olive Tree zählt zu den feudaleren Restaurants in Knysna. In der romantischen Gaststube stehen die regelmäßig wechselnden Gerichte auf einer Schiefertafel angeschrieben. Aufgrund seiner Beliebtheit empfiehlt es sich, einen Tisch zu reservieren.

East Head Café CAFÉ $$
(Karte S. 164; ☎ 044-384 0933; www.eastheadcafe.co.za; 25 George Rex Dr, Eastern Head; Hauptgerichte 75–145 R; ⏲ Frühstück & Mittagessen;) Das Café hat eine Veranda im Freien mit Aussicht auf die Lagune und das Meer. Serviert werden überwiegend Fisch und Meeresfrüchte plus ein paar vegetarische Gerichte. Da das Lokal sehr beliebt ist, sollte man sich darauf einstellen, dass man recht lang auf einen freien Tisch warten muss.

Sirocco INTERNATIONAL $$
(Karte S. 164; ☎ 044-382 4874; www.sirocco.co.za; Main Rd, Thesen's Island; Hauptgerichte 50–130 R; ⏲ Mittag- & Abendessen) Drinnen ist das Sirocco ein schickes Lokal, um Steaks und Meeresfrüchte zu essen, draußen eine entspannte Bar mit Pizza aus dem Holzofen und der ganzen Palette an Bieren von Mitchell's, einer Brauerei aus Knysna.

Chatters Bistro PIZZA $$
(Karte S. 161; www.chattersbistro.co.za; 9A Gray St; Hauptgerichte 60–130 R; ⏲ Di–So Mittag- & Abendessen) In Knysna existiert diese Pizzeria schon seit ewigen Zeiten. Außer Pizza können auch Burger, Pastagerichte und viele Salatvariationen bestellt werden. Besonders gut schmeckt alles im hübscher Garten.

Ausgehen & Nachtleben

Beim Bummel über die Main Street sollte man in der einen oder anderen Bar vorbeischauen – viele öffnen nur in der Saison.

King's PUB
(Karte S. 161; Main St; ⏲ 11–2 Uhr) Ein etwas schmuddeliges, aber beliebtes Pub mit Bier vom Fass und Billardtischen.

Zanzibar Lounge CLUB
(Karte S. 161; Main St; ⏲ Di–Sa) Knysnas Top-Adresse zum Tanzen zu später Stunde. Der Club hat einen Balkon zum Entspannen.

Praktische Informationen

Knysna Tourism (Karte S. 161; ☎ 044-382 5510; www.visitknysna.co.za; 40 Main St; ⏲ ganzjährig Mo–Fr 8–17, Sa 8.30–13 Uhr plus Dez., Jan. & Juli 9–13 Uhr) Eine hervorragende Touristeninformation mit fachkundigen Mitarbeitern.

An- & Weiterreise

BUS

Translux (www.translux.co.za) und Intercape (www.intercape.co.za) halten an der Waterfront. Die Busse von Greyhound (www.greyhound.co.za) stoppen an der **Engen Petrol Station** (Main St). Der Baz-Bus setzt seine Fahrgäste an den Hostels ab. Wer zu nahe gelegenen Orten der Garden Route weiterfahren will, sollte lieber nach einem Sammeltaxi Ausschau schalten, als sich den Bussen der großen Unternehmen anzuvertrauen: Kurzstreckenfahrten mit diesen Unternehmen sind verhältnismäßig teuer.

Busse von Intercape fahren nach George (280 R, 1½ Std., 2-mal tgl.), Mossel Bay (280 R, 2 Std., 2-mal tgl.), Port Elizabeth (320 R, 4½ Std., 2-mal tgl.), Kapstadt (450 R, 8 Std., 2-mal tgl.) und Johannesburg (720 R, 17½ Std., tgl.).

SAMMELTAXI

Die wichtigste Haltestelle für **Sammeltaxis** (Karte S. 161) befindet sich an der Ecke Main Street/Gray Street. Angefahren werden Plettenberg Bay (20 R, 30 Min., tgl.) und Kapstadt (150 R, 7½ Std., tgl.).

Privattaxis bestellt man beim Taxiunternehmen **Eagle Cabs** (☎ 076 797 3110).

Von Knysna nach Plettenberg Bay

Zwischen Knysna und Plettenberg Bay gehen von der N2 Nebenstraßen nach Norden und Süden ab, die sich für interessante Abstecher anbieten.

Die R339 von Knysna nach Avontuur führt durch die Outeniekwaberge über den wunderschönen **Prince Alfred's Pass**, der von manchen für noch eindrucksvoller gehalten wird als der Swartberg Pass. Allerdings ist die Straße in recht schlechtem Zustand, es geht also nur langsam voran. Die Passstraße hat nur wenige wirklich steile Abschnitte, ist aber auf dem Scheitelpunkt über 1000 m hoch und bietet eine tolle Aussicht Richtung Norden, ehe sie sich in das Langklooftal hinunterschlängelt.

Über eine Nebenstraße, die 10 km östlich von Knysna von der N2 abgeht, erreicht man die schrullige kleine Siedlung **Noetzie** mit ihren Ferienhäusern, die sich wie kleine Burgen ausnehmen. Man findet hier einen hübschen Surfstrand, der groß, aber nicht ungefährlich ist, und eine geschützte Lagune, die sich durch eine bewaldete Schlucht zieht. Der Weg vom Parkplatz zum Strand ist steil.

Plettenberg Bay

6500 EW.

Plettenberg Bay oder kurz „Plett" ist ein Ferienort wie aus dem Bilderbuch: Berge, weißer Sand und kristallklares Wasser machen die Stadt zu einem der angesagtesten touristischen Ziele der Provinz. Wen wundert es daher, dass der Ort oft überlaufen und auch etwas überteuert ist? Zum Glück konnte sich Plettenberg Bay trotz des Ansturms sein entspanntes, freundliches Flair bewahren. Hier finden auch alle, die auf ihr Reisebudget schauen müssen, Hostels mit sehr gutem Preis-Leistungs-Verhältnis.

Besonders grandios ist die Landschaft östlich der Stadt mit Küstenabschnitten und Urwäldern, die zu den schönsten Südafrikas zählen.

Sehenswertes & Aktivitäten

Abgesehen vom Faulenzen am Strand und Wanderungen auf der Halbinsel Robberg gibt es in Plett eine Menge zu tun: Am besten bittet man die Mitarbeiter des Hostel Albergo for Backpackers um Vorschläge. Sie organisieren so ziemlich alles, oft sogar zu ermäßigten Preisen.

Bei den Crags finden sich dicht nebeneinander mehrere Wildparks.

Monkeyland WILDRESERVAT
(www.monkeyland.co.za; einstündige Führung Erw./Kind 175/88,50 R, ⏲8–17 Uhr) Die beliebte Einrichtung bemüht sich, Affen, die in Zoos oder Privathäusern gehalten wurden, auf eine Rückkehr in die freie Wildbahn vorzubereiten. Die Wanderung durch den dichten Wald und über eine 128 m lange Hängebrücke ist eindrucksvoll. Ein Kombi-Ticket mit einem Besuch des Birds of Eden kostet pro Erw./Kind 280/140 R..

Birds of Eden VOGELSCHUTZGEBIET
(www.birdsofeden.co.za; Erw./Kind 175/88 R; ⏲8–17 Uhr) Mit seiner 200 m² großen Kuppel, die den Wald überragt, ist das Birds of Eden eine der größten Freiflugvolieren der Welt.

Ocean Blue Adventures SCHIFFSAUSFLUG
(☎044-533 5083; www.oceanadventures.co.za; Hopewood St, Milkwood Centre; Delfin-/Walbeobachtung 440/700 R) Auf dem Programm stehen Schiffsausflüge (max. 30 Personen), bei denen man während der Saison Delfine und Wale beobachten kann.

Sky Dive Plettenberg Bay ABENTEUERSPORTARTEN
(☎082 905 7440; www.skydiveplett.com; Plettenberg Airport; Tandemsprung 1850 R) Dieser empfehlenswerte Veranstalter bietet Sprünge mit sagenhaftem Panoramablick an.

Learn to Surf Plett SURFEN
(☎082 436 6410; www.learntosurfplett.co.za; 2 Std. Gruppenunterricht inkl. Ausrüstung 350 R) Das Unternehmen existiert schon seit ewigen Zeiten; erteilt wird Unterricht im Surfen sowie im Stehpaddeln (Std. 150 R).

Schlafen

Die Touristeninformation hat eine vollständige Liste der Unterkünfte vorliegen und informiert auch über die vielen Campingmöglichkeiten im nahen Keurboomstrand. In der Nebensaison sind durchaus Schnäppchen zu finden.

★ Nothando Backpackers Hostel HOSTEL $
(☎044-533 0220; www.nothando.co.za; 5 Wilder St; B 160 R, DZ mit/ohne Bad 500/420 R; 📶) Das hervorragende Hostel hat eigentlich fünf Sterne verdient, man merkt sofort, dass der Eigentümer das Hostel selbst führt. Das weitläufige Grundstück bietet viel Ruhe und Frieden, sozialer Treffpunkt ist die tolle Bar mit Satellitenfernsehen. Die Zimmer sind vom Standard her eher Hotelzimmer.

Abalone Beach House HOSTEL $
(☎044-535 9602; www.abalonebeachhouse.co.za; 50 Milkwood Glen, Keurboomstrand; DZ mit/ohne Bad 600/500 R; 📶) Das gehobene und wirklich total sympathische Hostel liegt gerade einmal zwei Minuten zu Fuß von einem sagenhaften Strand entfernt. Surf- und Bodyboards werden kostenlos verliehen.

Und so kommt man hin: Von der N2 (etwa 6 km östlich von Plettenberg Bay) der Ausschilderung nach Keurboomstrand folgen und dann in den Milkwood Glen einbiegen.

Albergo for Backpackers HOSTEL $
(☎044-533 4434; www.albergo.co.za; 8 Church St; Stellplatz 100 R, B 175 R, DZ ohne/mit Bad 500 R; 📶) Das gut geführte, nette Albergo kann so ziemlich jede Aktivität in dieser Gegend organisieren, außerdem dürfen die Gäste gra-

Plettenberg Bay

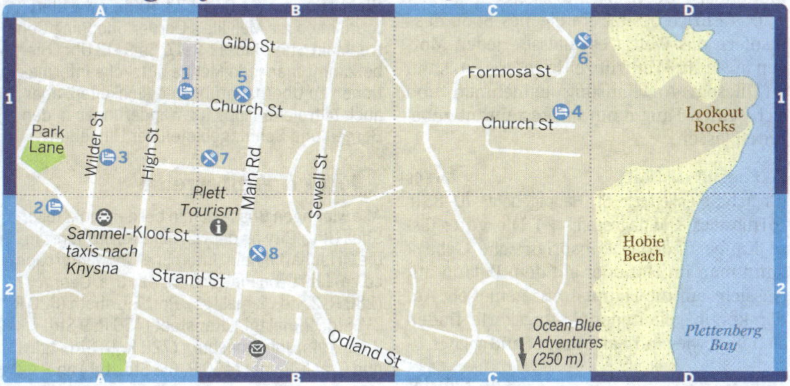

tis die Bodyboards benutzen. Der Schlafsaal in der oberen Etage hat riesige Fenster und einen großzügigen Balkon.

Amakaya Backpackers HOSTEL $

(☎044-533 4010; www.amakaya.co.za; 15 Park Lane; B 140–175 R, DZ mit/ohne Bad 500/450 R) Die Attraktion hier sind die Bar und die Terrasse mit Aussicht auf die Tsitsikamma Mountains. Zur Auswahl stehen zudem zwei „private Schlafsäle" – womit im Grunde ein Zweibettzimmer mit Stockbett gemeint ist, das billiger kommt als das eigentliche Doppelzimmer. Im Preis inbegriffen ist ein Frühstück, das sich die Gäste selbst zubereiten müssen.

★ **Hog Hollow** LODGE $$$

(☎044-534 8879; www.hog-hollow.com; Askop Rd, The Crags; EZ/DZ inkl. Frühstück 2170/3100 R;) Das Hog Hollow, 18 km östlich von Plett an der N2 gelegen, bietet eine wundervolle Unterkunft in Wohneinheiten, die mit afrikanischer Kunst dekoriert sind und zum Wald hin liegen. Jede hat ihre eigene Holzterrasse samt Hängematte. Man kann von hier direkt zum Monkeyland laufen; wer nicht zurücklaufen will, kann sich vom Hotelpersonal dort abholen lassen.

Milkwood Manor HOTEL $$$

(☎044-533 0420; www.milkwoodmanor.co.za; Salmack Rd, Lookout Beach; DZ ab 1520 R;) Das Hotel in fantastischer Lage direkt am Strand geht auf die Lagune hinaus. Die Zimmer wurden renoviert und präsentieren sich nun in einem hellen, neuen Look mit Strandflair. Es gibt ein Restaurant und die Gäste können sich kostenlos Kajaks ausleihen.

Plettenberg Bay

Schlafen

1 Albergo for Backpackers A1
2 Amakaya Backpackers A2
3 Nothando Backpackers Hostel A1
4 Plettenberg C1

Essen

5 Le Fournil de Plett B1
6 Lookout C1
7 Nguni B1
8 Table B2

Periwinkle Guest Lodge PENSION $$$

(☎044-533 1345; www.periwinkle.co.za; 75 Beachy Head Dr; EZ/DZ inkl. Frühstück ab 1365/1820 R;) Die helle, farbenfrohe Pension am Strand bietet individuell gestaltete Zimmer mit einer tollen Aussicht – manchmal kann man sogar Wale oder Delfine sehen.

Plettenberg LUXUSHOTEL $$$

(☎044-533 2030; www.plettenberg.com; 40 Church St; Zi. inkl. Frühstück ab 5000 R;) Das 5-Sterne-Hotel auf einem felsigen Kap mit sagenhafter Aussicht ist Dekadenz in Reinkultur. Die Zimmer sind fantastisch, die Gäste werden mit einem Spa und einem Restaurant der Spitzenklasse (Hauptgerichte 120–150 R) verwöhnt.

Essen & Ausgehen

Ristorante Enrico MEERESFRÜCHTE $$

(☎044-535 9818; www.enricorestaurant.co.za; Main Beach, Keurboomstrand; Hauptgerichte 90–140 R; ⏲tgl. Mittag- & Abendessen, im Winter Mo geschl.) Das Restaurant direkt am Strand wird von Lesern immer wärmstens empfohlen. Es ist die Adresse schlechthin, um in Plettenberg Meeresfrüchte zu essen.

Das Enrico besitzt ein eigenes Boot, das - insofern das Wetter es zulässt - jeden Morgen ausläuft. Wer frühzeitig reserviert, kann an diesem Angelausflug teilnehmen und sich seinen Fang dann im Restaurant zubereiten lassen.

Le Fournil de Plett CAFÉ **$$**
(Church St, Ecke Main St; Hauptgerichte 70–85 R; Frühstück & Mittagessen;) Die gute Tasse Kaffee und das knusprigfrische Gebäck kann man im Hof oder auf dem Balkon mit Aussicht auf die Hauptstraße genießen. Auf der knapp gehaltenen Mittagskarte finden sich überwiegend Salate und Sandwiches.

Table ITALIENISCH **$$**
(www.thetable.co.za; 9 Main St; Hauptgerichte 70–130 R; Mo–Sa Mittag- & Abendessen, So Mittagessen) Ein peppiges, minimalistisch eingerichtetes Lokal, in dem die Pizza mit einfallsreichen Belägen serviert wird.

Lookout MEERESFRÜCHTE **$$**
(044-533 1379; www.lookout.co.za; Lookout Rocks; Hauptgerichte 70–130 R; GRATIS Frühstück Mittag- & Abendessen) Das Lokal hat eine Terrasse mit Blick auf den Strand und ist ein toller Ort für eine einfache Mahlzeit, bei der man mit etwas Glück zuschauen kann, wie Delfine in der Brandung herumtollen.

★ **Nguni** STEAKHAUS **$$$**
(044-533 6710; www.nguni-restaurant.co.za; 6 Crescent St; Hauptgerichte 115–240 R; Mo–Fr Mittagessen, Mo–Sa Abendessen) Das etwas versteckt in einem Hof liegende Nguni zählt zu den exklusivsten Speiselokalen von Plettenberg. Die Spezialität des Hauses ist das Chalmar-Rind, aber es gibt auch eine breite Auswahl an klassischen südafrikanischen Gerichten mit Straußenfleisch, Karoo-Lamm oder das Traditionsgericht Bobotie. Aufgrund seiner Beliebtheit empfiehlt es sich, einen Tisch zu reservieren.

Shoppen

Old Nick Village KUNST & KUNSTHANDWERK
(www.oldnickvillage.co.za) Das in einem großen Bäumen und schönen Gärten gelegene Old Nick Village - ursprünglich eine Farm aus dem 19. Jh. - liegt 3 km östlich von Plettenberg.

Hier betreiben Künstler, Handwerker, Kreative und Designer eigene Läden, es gibt außerdem ein Weberei-Museum, viel Platz für Kinder und ein Restaurant.

Praktische Informationen

Plett Tourism (044-533 4065; www.plett-tourism.co.za; Melville's Corner Shopping Centre, Main St; Mo–Fr 9–17, Sa 9–13 Uhr) Hier bekommt man jede Menge nützliche Informationen zu Übernachtungsmöglichkeiten, aber auch hilfreiche Tipps für Wanderungen in den Bergen und Schutzgebieten der Umgebung.

An- & Weiterreise

Alle wichtigen Busse halten bei der Tankstelle Shell Ultra City an der N2; der Baz Bus fährt in die Ortschaft hinein. Intercape (www.intercape.co.za) fährt von Plettenberg Bay u. a. George (280 R, 2 Std., 2-mal tgl.), Port Elizabeth (320 R, 3½ Std., 2-mal tgl.), Kapstadt (450 R, 9 Std., 2-mal tgl.), Johannesburg (720 R, 18 Std., tgl.) und Graaff-Reinet (460 R, 6½ Std., tgl.) an.

Nach Knysna empfiehlt sich ein **Sammeltaxi** (Kloof St, unweit Ecke High St; 20 R; 30 Min.). Sie halten bei der Shell Ultra City an der N2.

Robberg Nature & Marine Reserve

Das **Schutzgebiet** (044-483 0190; www.capenature.org.za; Erw./Kind 40/20 R; Mai–Sept. 7–17 Uhr, Dez.–Jan. 8–18 Uhr) liegt 9 km südöstlich von Plettenberg Bay und umfasst eine 4 km lange Halbinsel mit einer zerklüfteten, aus Felsen und Klippen bestehenden Küste.

Besucher haben die Wahl zwischen drei unterschiedlich schwierigen Rundwegen, auf denen man die Meeresfauna in den Gezeitenbecken und Küsten-*fynbos* sehen kann. Das Gelände ist sehr felsig und daher ungeeignet für Leute, die nicht wirklich fit sind oder Knieprobleme haben.

Einfache Unterkünfte bietet das sagenhaft schön gelegene **Fountain Shack** (4 Pers. 875 R), das sich nur im Rahmen einer zweistündigen Wanderung erreichen lässt; man muss unbedingt reservieren, und zwar bei **Cape Nature** (021-483 0190; www.capenature.org.za).

Zum Robberg Nature & Marine Reserve gelangt man über die Piesang Valley Road, von der die Robberg Road abzweigt; die letzten 4 km sind ausgeschildert.

Schön ist auch ein Bootsausflug dorthin - so sieht man nicht nur die Halbinsel vom Wasser aus, sondern auch die Pelzrobben-Kolonie. Wer will, kann sogar mit den Robben schwimmen. Buchen lässt sich dieses Vergnügen bei **Offshore Adventures** (www.offshoreadventures.co.za; Schiffsausflug 300 R, mit den Robben schwimmen 550 R).

ROUTE 62

Unterwegs auf der R62 kommt man durch eine sich spektakulär verändernde Landschaft – von zerklüfteten Bergpässen, die zwischen Montagu und Calitzdorp liegen, führt die Fahrt in die Halbwüste Little Karoo rund um Oudtshoorn. Die Route 62 wird auch als die längste Weinstraße der Welt beworben. Wer von Kapstadt in Richtung Garden Route unterwegs ist, für den ist sie eine tolle Alternative zur N2.

Montagu

15 000 EW.

Auf der Fahrt von Robertson nach Montagu führt die R62 durch einen schmalen Steinbogen in den Langeberg Mountains – und mit einem Mal liegt das Städtchen Montagu vor einem. Seine breiten Straßen werden von 24 restaurierten Nationalmonumenten gesäumt, darunter auch einigen edlen Häusern im Art-déco-Stil. Das Angebot an Freizeitaktivitäten ist groß und breit gefächert. Es gibt zahlreiche Thermalquellen, viele Wander- und Klettermöglichkeiten sowie hervorragende Unterkünfte und einige gute Restaurants.

Sehenswertes & Aktivitäten

Montagu Museum MUSEUM
(41 Long St; Erw./Kind 5/2 R; ⌚Mo–Fr 9–17, Sa & So 10.30–12.30 Uhr) Das Museum in der alten Missionskirche präsentiert interessante Ausstellungen und schöne Antiquitäten.

Joubert House GEBÄUDE
(☎023-614 1774; 25 Long St; Erw./Kind 5/2 R; ⌚Mo–Fr 9–16.30, Sa & So 10.30–12.30 Uhr) Das Joubert House liegt nur ein paar Schritte zu Fuß vom Montagu Museum entfernt. Es ist mit seinem Baujahr 1853 das älteste Haus des Ortes. Seit es restauriert wurde, erstrahlt es wieder in seiner alten viktorianischen Pracht.

★**Protea Farm** ÖKOTOUR
(☎023-614 3012; www.proteafarm.co.za; Erw./Kind 110/45 R; ⌚Touren Mi & Sa 10 Uhr) Im Rahmen einer dreistündigen Fahrt mit dem Traktor können die Besucher die Protea Farm erkunden, die 29 km außerhalb von Montagu liegt. Unterwegs genießt man tolle Ausblicke über das Breede River Valley. Snacks und Getränke sind in der Exkursion inbegriffen.

Man kann sich den Tag noch mit einem traditionellen Mittagessen verschönern, bei dem *potjiekos* (Eintopf) mit selbst gebackenem Brot aufgetischt wird (Erw./Kind 110/45 R). Auch eine Übernachtung ist auf der Farm möglich, es gibt Cottages für bis zu vier Personen (ab 750 R).

Avalon Springs SCHWIMMEN
(www.avalonsprings.co.za; Eintritt 50 R; ⌚8–22 Uhr) Das Wasser dieser Mineralquellen bahnt sich seinen Weg in die Schwimmbecken des Avalon Springs Hotel gleich nördlich der Stadt. Das Wasser sprudelt mit einer Temperatur von 43 °C unter einer unterirdischen Felsplatte hervor und ist für seine Heilkräfte bekannt.

Die Pools werden intensiv beworben – an den Wochenenden und während der Schulferien wird es dementsprechend oft unangenehm voll. Am besten plant man seinen Besuch deshalb außerhalb dieser Stoßzeiten.

Eine schöne Möglichkeit, zu den Quellen zu gelangen, ist die Wanderung auf dem 2,4 km langen Badskloof Trail (15 R), der am Parkplatz am Ende der Tanner Street beginnt.

Wandern

Der **Bloupunt Trail** (Zutritt 30 R) ist 15,6 km lang, Wanderer sollten für die Gesamtstrecke fünf bis neun Stunden kalkulieren. Der Weg führt durch Schluchten und Bergbäche und steigt bis zum höchsten Punkt, dem Bloupunt, auf 1266 m an. Drei Wasserfälle auf dem Rückweg sind auf kleinen Umwegen zu erreichen und bieten eine willkommene Abkühlung

Der **Cogmanskloof Trail** (Zutritt 30 R) ist 12,1 km lang und in vier bis sechs Stunden machbar; er ist nicht so steil wie der Bloupunt Trail, aber dennoch recht anstrengend (zumindest auf den ersten 2 km). Beide Trails beginnen am Parkplatz am nördlichen Ende der Tanner Street.

Die Hütten zum Übernachten (120 R pro Pers.), die sich in der Nähe des Ausgangspunktes des Trails befinden, bucht man über die Touristeninformation; sie sind einfach eingerichtet (Holzöfen, Duschen & sanitäre Einrichtungen), dafür aber auch billig.

Klettern

Montagu zählt für Kletterer zu den Topdestinationen in der Provinz Western Cape. Bei Justin Lawson von **Montagu Rock Climbing** (☎023-614 3193; www.montaguclimbing.com; 45 Mount St; zweistündige Klettertouren 550 R) kann man die notwendige Kletter-

ABSTECHER

BARRYDALE

Barrydale, das etwas im Schatten des bekannteren Nachbarorts Montagu steht, ist eigentlich ein Schmuckstück an der Route 62, das viel zu wenig gewürdigt wird. Abseits der Hauptstraße warten schicke Unterkünfte, Geschäfte mit schöner Handwerkskunst und urige Restaurants mit Künstlerflair.

In den Naturschutzgebieten der Umgebung kann man schön **wandern** und **Vögel beobachten**, außerdem liegt in der Nähe das luxuriöse **Sanbona Wildlife Reserve** (www.sanbona.com; ab R62, 18 km westl. von Barrydale; Zi. inkl. Mahlzeiten & Safarifahrten 10 500 R), das sogar mit den Big Five aufwarten kann.

Die Region ist auch für ihren Brandy bekannt: **Barrydale Cellar** (☎ 028-572 1012; 1 Van Riebeeck St; ⏲ Mo–Fr 9–17, Sa 9–15 Uhr) bietet Führungen sowie Verkostungen an.

Westlich von Barrydale liegt das Weingut **Joubert-Tradauw** (www.joubert-tradauw.co.za; ⏲ Mo–Fr 9–17, Sa 9–15 Uhr), eine hübsche Adresse, um diverse Boutiqueweine zu verkosten und sich aus der kleinen, aber feinen Speisekarte ein leichtes Mittagsgericht auszusuchen.

In Richtung Ladismith liegt der einzigartige **Ronnie's Sex Shop** (Rte 62; Hauptgerichte 50–90 R; ⏲ 8.30–21 Uhr), dessen recht schummrige, mit BHs geschmückte Bar einen ständigen Strom von Bikern und neugierigen Passanten anlockt.

ausrüstung ausleihen und als Anfänger an geführten Touren (Klettern oder Abseilen) teilnehmen.

Schlafen

Cottage on Long HÜTTE $

(☎ 023-614 2398; www.cottageonlong.co.za; 16 Long St; 2 Pers. 450 R) Das hübsche, gut ausgestattete Cottage liegt am Stadtrand, aber dennoch in Laufweite zu vielen Restaurants. Vom Garten bietet sich ein toller Ausblick.

De Bos Guest Farm HOSTEL, CAMPINGPLATZ $

(☎ 023-614 2532; www.debos.co.za; Bath St; Stellplatz 60 R, B/EZ/DZ 90/190/360 R; 📶 🏊) Die De Bos Guest Farm ist eine beliebte Unterkunft für Rucksackreisende. Auf der Farm, die von der Stadt aus leicht zu Fuß erreichbar ist, werden Pecannüsse angebaut. Durch das 5 ha große Areal mit seinen unzähligen Pecannussbäumen und frei laufenden Hühnern plätschert ein Fluss.

Auf dem Gelände stehen einfache Bungalows für Selbstversorger (ab 360 R) und ein Garten-Cottage. Außerdem gibt es eine Scheune mit einfachen Betten und die Möglichkeit zu zelten oder im Camper zu übernachten (es gibt auch Stellplätze mit Picknicktischen).

★ 7 Church Street PENSION $$

(☎ 023-614 1186; www.7churchstreet.co.za; 7 Church St; DZ inkl. Frühstück ab 1350 R; ❄ 📶 🏊) Die nette, gehobene Pension befindet sich in einem reizenden Karoo-Gebäude. Die umgänglichen Eigentümer Mike und May bieten große, gut ausgestattete Zimmer, dazu einen tipptopp gepflegten Garten, der zum Entspannen einlädt, und ein Frühstück, das so schnell niemand vergisst. Wertvoll sind auch ihre touristische Informationen über die Region.

Mimosa Lodge HOTEL $$

(☎ 023-614 2351; www.mimosa.co.za; Church St; EZ/DZ inkl. Frühstück ab 770/1130 R; 📶 🏊) Die wunderschöne, recht feudale Lodge in einem typisch edwardianischen Gebäude bietet schöne Gärten, einen Pool sowie eine Schatten spendende Laube mit Reetdach. Auf der Speisekarte des Restaurants stehen Vier-Gänge-Menüs (360 R), auch Gäste, die nicht hier logieren, sind herzlich willkommen. Die Weine, die zum Essen serviert werden, stammen aus den Weingärten des Eigentümers.

Airlies Guest House PENSION $$

(☎ 023-614 2943; www.airlies.co.za; Bath St; EZ/DZ inkl. Frühstück 475/950 R; 📶 🏊) Die malerische Pension mit Reetdach hat eine gute Lage, viele Restaurants lassen sich von hier aus zu Fuß erreichen. Die Zimmer mit Holzböden sind einfach gehalten, jedoch sehr geräumig. Wer etwas mehr Privatsphäre schätzt, sollte sich für die moderneren Gartenzimmer mit Blick auf den Pool entscheiden.

Avalon Springs Hotel HOTEL $$

(☎ 023-614 1150; www.avalonsprings.co.za; Warmbronne Hot Springs; DZ ab 900 R, 4-Pers.-Apt. ab 1200 R; 📶 🏊) Dieser Hotelkoloss bietet schicke Zimmer im Hauptgebäude und riesigeApartments, die auf Pfählen stehen. An Annehmlichkeiten warten auf die Gäste Thermalbecken im Freien, Massagen, ein Fitnesscenter sowie für Familien jede Menge kinderfreundliche Aktivitäten. Ein Shuttlebus fährt die Gäste nach Montagu.

Essen

★ Jessica's TAPAS $$
(☎ 023-614 1805; www.jessicasrestaurant.co.za; 47 Bath St; Tapas 20–50 R, Hauptgerichte 80–120 R; ⊙ Mo–Sa Abendessen) Das gemütliche Lokal hat seine Speisekarte aufgepeppt und serviert nun recht authentische, leckere Tapas anstelle der Karoo-Fusionsgerichte, für die es lange bekannt war. Der Service ist nach wie vor freundlich, auch die hervorragende Dessert-Karte blieb erhalten.

Rambling Rose BAUERNSCHUPPEN $$
(36 Long St; Hauptgerichte 60–120 R; ⊙ Mi–Mo Frühstück & Mittagessen; 📶) Das Geschäft mit angeschlossenem Restaurant bietet sich an zum Brunchen, Mittagessen oder um sich am Nachmittag ein Stück Kuchen und eine Tasse Kaffee zu gönnen. Serviert werden die regionaltypischen Gerichte im schattigen Patio. Ein Laden verkauft Lebensmittel aus der Region, z. B. für ein Picknick. Auch deshalb ist das Rambling Rose der ideale Zwischenstopp.

Ye Olde Tavern INTERNATIONAL $$
(☎ 023-614 2398; 22 Church St; Hauptgerichte 70–130 R; ⊙ Abendessen) Die Einheimischen sind von diesem alteingesessenen Restaurant gleich bei der Hauptstraße ganz begeistert, die Karte hat von allem etwas zu bieten.

Praktische Informationen

Touristeninformation (☎ 023-614 2471; www.montagu-ashton.info; 24 Bath St; ⊙ Mo–Fr 8.30–17.30, Sa 9–17, So 9.30–17 Uhr) Diese Touristeninformation arbeitet sehr effizient und hilfreich. Von Mai bis Oktober gelten kürzere Öffnungszeiten.

Anreise & Unterwegs vor Ort

Busse halten in Ashton, 9 km außerhalb von Montagu. Dies gilt auch für Translux-Busse (www.translux.co.za), die auf der Strecke zwischen Kapstadt (210 R, 3 Std., tgl.) und Port Elizabeth (240 R, 8 Std., tgl.) unterwegs sind.

Die meisten Unterkünfte in Montagu bieten Shuttlebusse von Ashton nach Montagu an, aber man kann auch einfach ein Sammeltaxi (20 R) nehmen, das vor **Foodzone** (Bath St) hält.

Calitzdorp

4300 EW.

Hinter der nichtssagenden Hauptstraße beginnt die charmante Kleinstadt mit typischer Little-Karoo-Architektur. Und auch die Umgebung von Calitzdorp ist herrlich: Hügelige Felder erstrecken sich bis zum Horizont, vor der dramatischen Kulisse der Groot Swartberge im Norden und der Rooiberge im Südwesten.

Von den sieben **Weingütern** der Gegend befinden sich vier in Laufnähe vom Ortszentrum – sie haben sich alle auf Portwein spezialisiert. Calitzdorp ist im Allgemeinen für seine exquisiten Weine in Portweinart bekannt, es werden aber auch Tafelweine gekeltert. Jedes Jahr im Juni findet in Calitzdorp ein **Portwein Festival** (www.portwinefestival.co.za) statt.

Port-Wine Guest House PENSION $$
(☎ 044-213 3131; www.portwine.net; 7 Queen St; EZ/DZ inkl. Frühstück 525/850 R; ❄📶🏊) In dem wunderschön ausgestatteten Cottage mit Reetdach stehen Himmelbetten. DiePension liegt ein kurzes Stück zu Fuß von drei Weingütern entfernt.

Porto Deli PORTUGIESISCH $$
(Calitz St, Ecke Voortrekker St; Hauptgerichte 70–130 R; ⊙ Mo–Sa Mittag- & Abendessen, So Mittagessen) Ein original portugiesisches Restaurant an der Hauptstraße, in dem pikante Meeresfrüchte und Fleischgerichte serviert werden.

Praktische Informationen

Touristeninformation (☎ 044-213 3775; www.calitzdorp.org.za; ⊙ Mo–Fr 8–17, Sa 10–13 Uhr) Hier bekommt man jede Menge detaillierte Informationen zu Unterkünften und zu den Weingütern der Umgebung. Die Info befindet sich in einem Gebäude neben der Shell-Tankstelle.

Oudtshoorn

29 000 EW.

Ende der 1860er-Jahre ließ sich keine feine Dame der westlichen Welt ohne einen Hut mit Straußenfeder sehen. Diese Modeerscheinung hielt bis 1914 an – in diesem Zeitraum haben die „Straußenfederbarone" von Oudtshoorn ihr Vermögen gemacht.

Ihre prächtigen Villen kann man heute noch bewundern – neben so manch anderem architektonischen Blickfang, der auf den früheren Reichtum von Oudtshoorn verweist. Dazu zählt beispielsweise das C. P. Nel Museum, die ehemalige Schule. Die Ortschaft gilt bis heute als „Hauptstadt der Straußen“ und ist inzwischen zu einem wohlhabenden Touristenzentrum in der Little Karoo avanciert.

Straußenleder ist sehr begehrt (und teuer). An jeder Ecke sind Federn, Eier und luftgetrocknetes Fleisch (Biltong) der Riesenvögel erhältlich. Und natürlich steht auch in jedem Restaurant Straußenfleisch auf der Speisekarte – das im Übrigen wegen des geringen Cholesteringehalts sehr gesund ist.

Oudtshoorn hat jedoch noch viel mehr zu bieten als Strauße. Es ist ein gute Standort, um die verschiedenen Landschaften der Little Karoo, die Garden Route (bis George an der N12 sind es lediglich 55 km) und die Great Karoo im Norden zu erkunden.

Sehenswertes

Viele der Sehenswürdigkeiten von Oudtshoorn befinden sich außerhalb der Stadtgrenzen. Einige Hotels und B&Bs bieten ihren Gästen ermäßigte Eintrittskarten zu den verschiedenen Attraktionen an.

Cango Caves HÖHLE

(044-272 7410; www.cango-caves.co.za; Erw./Kind 80/45 R; 9–16 Uhr) Die Cango-Höhlen liegen 30 km nördlich von Oudtshoorn. Cango bedeutet in der Sprache der Khoisan „nasser Ort“. Die Höhlen sind sehr touristisch, aber dennoch beeindruckend.

Die einstündige Führung vermittelt nur einen kleinen Einblick, die Adventure Tour (Erw./Kind 100/60 R), die 1½ Stunden dauert, führt hingegen tiefer in die Tropfsteinhöhlen hinein. Man muss dabei durch enge, feuchte Höhlen krabbeln – womit klar ist, dass die Tour nichts für Leute ist, die zu Platzangst neigen oder körperlich nicht fit sind. Beide Höhlentouren müssen im Voraus gebucht werden.

C. P. Nel Museum MUSEUM

(www.cpnelmuseum.co.za; 3 Baron van Rheede St; Erw./Kind 20/5 R; Mo–Fr 8–17, Sa 9–13 Uhr) Das große, interessante Museum präsentiert Ausstellungen über Strauße und die Geschichte der Karoo. Es befindet sich in einem auffälligen Sandsteingebäude, das 1906, als der Straußenboom seinen Höhepunkt erreicht hatte, errichtet wurde.

Im Eintrittspreis eingeschlossen ist der Besuch des **Le Roux Townhouse** (High St, Ecke Loop St; Mo–Fr 9–17 Uhr), das mit echten Antiquitäten aus dieser Epoche möbliert ist und somit ein gutes Beispiel für einen der sogenannten „Federpaläste“ ist.

Aktivitäten

Es gibt vier Schau-Farmen, die Führungen anbieten; sie dauern zwischen 45 Minuten und 1½ Stunden und weisen keine großen Unterschiede auf.

Besonders kundig sind die Mitarbeiter der **Highgate Ostrich Show Farm** (www.highgate.co.za; Erw./Kind 110/60 R; 8–17 Uhr); sie liegt 10 km von Oudtshoorn entfernt an der Straße nach Mossel Bay. Gleich in der Nähe befindet sich die **Safari Ostrich Show Farm** (www.safariostrich.co.za; Erw./Kind 100/50 R; 8–16 Uhr).

Die **Cango Ostrich Show Farm** (www.cangoostrich.co.za; Cango Caves Rd; Erw./Kind 80/45 R; 8–16.30 Uhr) liegt an der Straße zu den Cango Caves, die **Chandelier Ostrich Show Farm** (www.chandelier.co.za; N12; Erw./Kind 80/50 R; 9–16 Uhr) südlich von Oudtshoorn an der Straße nach George.

★ **Meerkat Adventures** TIERBEOBACHTUNG

(084 772 9678; www.meerkatadventures.co.za; pro Pers. 550 R) Meerkat Adventures bietet seinen Gästen ein einzigartiges Naturerlebnis: Die Besucher sitzen bei Sonnenaufgang mit einem Becher Kaffee in der Hand da, während die neugierigen Erdmännchen aus ihren Bauen kommen, um sich in der Morgensonne aufzuwärmen. Für so manchen ist dieses Erlebnis eines der Highlights seiner Reise. Der engagierte Naturschützer Devey Glinister leitet dieses Projekt auf der De Zeekoe Farm, 9 km westlich von Oudtshoorn. Kinder unter zehn Jahren haben keinen Zutritt. Bei ungünstigem Wetter entfallen die Touren, aber bereits am Treffpunkt (an der Kreuzung der R62 mit der R328) kann man die Tiere mit Sicherheit sehen.

Two Passes Route PANORAMAFAHRT

Ein herrlicher Tagesausflug von Oudtshoorn aus ist die Rundfahrt nach Prince Albert, die über zwei spektakuläre Bergpässe führt. Es geht zuerst den unasphaltierten **Swartberg Pass** hinauf und dann hinunter nach Prince Albert, von wo man dann über den **Meiringspoort Pass** zurück nach Oudtshoorn fährt. Auf halber Strecke liegen ein Wasserfall und ein kleines Besucherzentrum. Beide Pässe sind Meisterwerke der Ingenieurskunst. In der Unterkunft oder in der Touristeninformation von Oudtshoorn kann man sich eine Autokarte mit dieser Route geben lassen.

Oudtshoorn

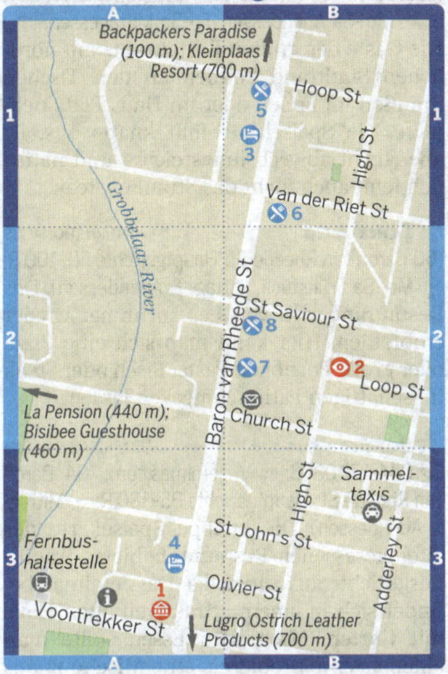

Oudtshoorn

Sehenswertes

1 CP Nel Museum A3
2 Le Roux Townhouse B2

Schlafen

3 Oakdene Guesthouse B1
4 Queen's Hotel A3

Essen

5 Black Swan B1
Café Brulé .... (s. 4)
Die Kolonie Restaurant .... (s. 4)
6 Jemima's B1
7 La Dolce Vita B2
8 Nostalgie B2

Wer diesen Autoausflug nicht spannend genug findet, kann sich alternativ auf ein Mountainbike schwingen und vom Swartberg Pass nach Oudtshoorn hinunterbrettern. Buchen kann man den Spaß bei **Backpackers Paradise** (☎044-272 3436; 148 Baron van Rheede St; Touren 390 R). Die Teilnehmer werden mit dem Auto auf den Pass hinauftransportiert. Aber Achtung: Es geht nicht immer nur bergab! Eine gewisse Grundkondition ist notwendig, zumal die Fahrt relativ lange dauert (ca. 50 km).

Feste & Events

ABSA Klein Karoo Nationale Kunstefees KUNST
(Little Karoo National Arts Festival; www.kknk.co.za) Das Festival im April hat sich der „Renaissance des Afrikaans" verschrieben und präsentiert einheimische bildende Künstler, Dichter, Schauspieler und Musiker bei diesem ausgelassenen, einwöchigen „Fest der Kreativität".

Schlafen

Karoo Soul Travel Lodge HOSTEL $
(☎044-272 0330; www.karoosoul.com; 1 Adderley St; B 150 R, DZ mit/ohne Bad 420/350 R; 📶❄) In diesem reizenden alten Haus gibt es vorwiegend Doppelzimmer sowie einen kleinen Schlafsaal. Besonders schön sind die Doppelzimmer nach Westen hinaus: Wer das Glück hat, ein solches Zimmer zu bekommen, kann vom Bett aus den romantischen Sonnenuntergang beobachten. Empfehlenswert sind auch die Garten-Cottages mit eigenem Bad (450 R).

Bisibee Guesthouse PENSION $
(☎044-272 4784; www.bisibee.co.za; 171 Church St; EZ/DZ ab 360/520 R; 📶❄) Die einfachen Zimmer haben ein super Preis-Leistungs-Verhältnis. Für ein kontinentales Frühstück wird ein Aufpreis von 50 R pro Person verlangt.

Backpackers Paradise HOSTEL $
(☎044-272 3436; www.backpackersparadise.net; 148 Baron van Rheede St; Camping 80 R, B 130 R, DZ mit/ohne Bad 450/400 R; 📶❄) Das lebhafte Hostel in einem großen alten Gemäuer bietet eine Bar, Strauß-*braais* und ein kostenloses Frühstück mit Straußeneiern (während der Saison): Die Gäste dürfen ihr Ei nach Belieben selbst zubereiten.

Wer hier wohnt, erhält eine Ermäßigung bei verschiedenen Sehenswürdigkeiten in der Umgebung, darüber hinaus werden Aktivitäten organisiert, z. B. die Radtour vom Swartberg Pass (54 km) oder von den Cango Caves (30 km) oder der Radausflug zu einer Straußenfarm (15 km).

Kleinplaas Resort CAMPINGPLATZ $
(☎044-272 5811; www.kleinplaas.co.za; North St, unweit Ecke Baron van Rheede St; Stellplatz 240 R, 4-Pers.-Chalet 690 R; ❄) Ein sagenhafter Wohnwagenpark mit einem großen Pool und ordentlichen, wenn auch etwas in die Jahre gekommenen Chalets. Das Restaurant hat zum Frühstück geöffnet.

★ **Oakdene Guesthouse** PENSION $$
(☎044-272 3018; www.oakdene.co.za; 99 Baron van Rheede St; EZ/DZ 790/1300 R; ❄📶🏊) Die neuen Eigentümer haben die Zimmer komplett renoviert, sehr stilvoll mit viel Holz, weißen Naturfarben und recycelten Weinkisten. Eine perfekte Kombination aus Modernem und Klassischem – was bestens zum Status des Gebäudes als einem der ältesten Häuser von Oudtshoorn passt.

La Pension PENSION $$
(☎044-279 2445; www.lapension.co.za; 169 Church St; EZ/DZ inkl. Frühstück 650/1000 R; ❄📶🏊) Eine zuverlässige Unterkunft mit geräumigen, schicken Zimmern und feudalen Bädern. Die Pension vermietet auch ein Cottage für Selbstversorger. Im weitläufigen, tipptopp gepflegten Garten liegt ein ganz ordentlich großer Pool.

Queen's Hotel HOTEL $$$
(☎044-272 2101; www.queenshotel.co.za; 11 Baron van Rheede St; EZ/DZ 950/1550 R; ❄📶🏊) Das attraktive Hotel im Landhausstil mitten im Zentrum der Ortschaft vermietet geräumige, dezente Zimmer in einem erfrischend kühlen Gebäude mit einladender Atmosphäre.

Das hoteleigene **Die Kolonie Restaurant** (www.queenshotel.co.za; 11 Baron van Rheede St; Hauptgerichte 85–140 R) serviert südafrikanische und internationale Gerichte.

Essen

Wie nicht anders zu erwarten, kommt in den meisten Restaurants in irgendeiner Form Straußenfleisch auf den Tisch.

Café Brulé CAFÉ $
(The Queen's Hotel, 11 Baron van Rheede St; Hauptgerichte 55–100 R; ⏲Frühstück & Mittagessen) Das beliebte Café ist wegen des frisch gebackenen Brots und der Kuchen empfehlenswert. Mittwochs wird ein Büfett aufgebaut, abgerechnet wird über das Gewicht des Tellers.

Nostalgie TEESTUBE $$
(74 Baron van Rheede St; Hauptgerichte 50–90 R; ⏲ Frühstück, Mittag- & Abendessen) Dieser malerische Teegarten mit Tischen, auf denen Spitzendecken liegen, ist die beste Adresse zum Frühstücken oder für einen Kaffee und ein Stück selbst gebackenen Kuchen. Aber auch sage und schreibe zehn Straußenfleischgerichte finden sich auf der Mittags- und Abendkarte, darunter Carpaccio, Burger und Pies.

Black Swan INTERNATIONAL $$
(109 Baron van Rheede St; Hauptgerichte 75–125 R; ⏲Mo–Sa Abendessen, Fr–So Mittagessen; 📶) Die Gäste des großen Restaurants am nördlichen Stadtrand können an den Tischen draußen im Freien oder im Haus Platz nehmen. Die Speisekarte fällt knapp aus, ist aber recht abwechslungsreich – und natürlich fehlt auch nicht das Straußensteak.

La Dolce Vita INTERNATIONAL $$
(60 Baron van Rheede St; Hauptgerichte 50–100 R; ⏲ Mo–Sa Frühstück, Mittag- & Abendessen) Das Restaurant wird von Lesern immer wieder empfohlen. Hier kann man sich eine Pizza oder große Portionen Pasta, Fisch oder Steak im schattigen Patio schmecken lassen.

★ **Jemima's** SÜDAFRIKANISCH $$$
(☎044-272 0808; www.jemimas.com; 94 Baron van Rheede St; Hauptgerichte 95–180 R; ⏲Mittag- & Abendessen) Die knappe Speisekarte des alteingesessenen Restaurants bietet Traditionsgerichte aus Südafrika. Das Jemima's befindet sich in einem attraktiven alten Haus mit Garten. Nach dem Essen sollte man einen *swepie* probieren, eine Mischung aus Brandy und *jerepigo* (Dessertwein).

Shoppen

Für Straußenartikel besteht eine große Nachfrage, vor allem für Waren aus Straußenleder. Das Leder ist allerdings sehr teuer, da der Ertrag pro Vogel relativ gering ist. Man sollte daher ein bisschen herumschauen, auch auf den Show-Farmen und in den Hotelläden.

Lugro Ostrich Leather Products ACCESSOIRES
(133 Langenhoven Rd; ⏲Mo–Sa 9–17 Uhr) Das Lugro arbeitet unabhängig von den lokalen Straußenfarmen und ermöglicht somit ein Einkaufserlebnis ohne Touristenrummel, der sonst mit der Suche nach Straußenartikeln einhergeht.

Praktische Informationen

Oudtshoorn Tourism Bureau (☎044-279 2532; www.oudtshoorn.com; Voortrekker St, Ecke Baron van Rheede St; ⏲Mo–Fr 8.30–17, Sa 9.30–12.30 Uhr) Die Touristeninformation befindet sich hinter dem C. P. Nel Museum.

Anreise & Unterwegs vor Ort

Die Busse halten im Riverside Centre an der Voortrekker Street. Intercape (www.intercape.co.za) bietet Verbindungen nach Johannesburg

(700 R, 14½ Std., tgl.), Kapstadt (520 R, 8 Std.) und Mossel Bay (390 R, 2 Std., tgl.) an.

Die Baz Busse halten in George; von dort kann man sich von den Mitarbeitern des Backpackers Paradise die Weiterfahrt nach Oudtshoorn organisieren lassen (einfach 150 R).

Sammeltaxis fahren hinter dem Spar-Supermarkt in der Adderley Street nach George (60 R, 30 Min.) oder Kapstadt (300 R, 3 Std.). Die Fahrt nach Kapstadt muss man vorab buchen – in der Touristeninformation nachfragen.

ZENTRALE KAROO

Die scheinbar endlose Karoo hat etwas Magisches. Sie ist ein gewaltiges, semiarides Plateau, über dem faszinierende Sonnenuntergänge und ein beeindruckender Sternenhimmel zu beobachten sind. Der Name Karoo bedeutet in der Sprache der Khoisan „Land des Durstes". Die Region ist seit mehr als einer halben Million Jahre bewohnt und voller archäologischer Stätten, Fossilien, Felszeichnungen der San sowie Tiere und Pflanzen (rund 9000 Arten wurden hier gezählt). Die Karoo nimmt fast ein Drittel des Staatsgebietes von Südafrika ein. Sie wird im Süden und Westen von den Küstengebirgen und im Osten und Norden vom mächtigen Flusslauf des Orange River (auch Oranje, Senqu oder Gariep genannt) begrenzt. Man unterscheidet oft zwischen der Great Karoo im Norden und der Little Karoo im Süden; die Halbwüste hält sich aber nicht an staatliche Grenzziehungen und erstreckt sich über drei Provinzen.

Prince Albert

7000 EW.

Für viele südafrikanische Stadtbewohner steht Prince Albert – ein hübsches, 1762 gegründetes Dorf – für das idyllische Leben in der Karoo. Wer über ein eigenes Transportmittel verfügt, kann den Ort leicht im Rahmen eines Tagesausflugs von Oudtshoorn oder sogar von der Küste aus besuchen. Alternativ kann man auch in Prince Albert übernachten und von dort über den spektakulären Swartberg Pass oder den ähnlich sehenswerten Meiringspoort Pass einen Tagesausflug nach Oudtshoorn unternehmen. Wenn es nicht zu heiß ist, sind auch Wanderungen möglich.

Obwohl Prince Albert inmitten einer kargen Landschaft liegt, ist der Ort selbst dank der Gebirgsbäche grün und fruchtbar: Hier werden Pfirsiche, Aprikosen, Weintrauben und Oliven angebaut. Im April findet ein **Olivenfest** statt.

Sehenswertes & Aktivitäten

Viele Besucher unternehmen mit dem Auto die Rundfahrt nach Oudtshoorn: Sie führt hin über den Meiringspoort Pass und zurück über den Swartberg Pass (S. 172).

Swartberg Nature Reserve NATURSCHUTZGEBIET
(www.capenature.co.za; Erw./Kind 40/20 R) Viele der schönsten Sehenswürdigkeiten von Prince Albert liegen außerhalb des Ortes, dazu zählen auch die rostbraunen Gipfel der Swartberge. Das Swartberg Nature Reserve bietet über 100 km Wanderwege, die alle von **Cape Nature** (☎ 044-203 6325; www.capenature.org.za) verwaltet werden. Dort kann man sich auch erkundigen, welche Trails geöffnet haben, und Mehrtagestouren mit Übernachtung buchen. Lokale Guides vermittelt die Touristeninformation in Prince Albert.

Schlafen & Essen

Bushman Valley CAMPINGPLATZ $
(☎ 044-382 6805; www.bushmanvalley.com; R407; Stellplatz 80 R, Cottages pro Pers. 300 R;) Die einzige günstige Unterkunft in Prince Albert liegt 3 km südlich des Ortes und ist ein hervorragendes Standquartier für Wanderungen in den Swartberg Mountains. Die Wandergenehmigungen kosten 20 R, für

PRINCE ALBERT KULINARISCH

Prince Albert steht bei Leuten, die gern wandern, hoch im Kurs, in den letzten Jahren hat sich der hübsche Ort jedoch auch zu einer Schlemmer-Destination entwickelt. Die „kulinarische Hauptstadt der Karoo" punktet mit Olivenverkostungen, Obstfarmen, die sich auf die Herstellung von Trockenfrüchten spezialisiert haben, einer Milchwirtschaft, die frischen Joghurt, Sahne, Milch und Käse liefert, Weingütern, die besucht werden wollen, einer renommierten Kochschule sowie mehreren exquisiten Restaurants. Neben dem Museum findet auch noch ein **Markt** (Sa 8–12 Uhr) statt – mit Lebensmitteln aus der Region und schönem Kunsthandwerk.

einen Wanderführer (nicht unbedingt erforderlich) werden 30 R pro Person verlangt.

Die Cottages mit Reetdach haben eine ganz ordentlich eingerichtete Küche. Es besteht aber auch die Möglichkeit, auf dem Gelände zu zelten (Leihzelt 50 R).

Prince Albert of Saxe-Coburg Lodge PENSION $$
(☎023-541 1267; www.saxecoburg.co.za; 60 Church St; Zi. inkl. Frühstück ab 900 R; ❄📶🏊) In dieser Pension stehen qualitativ hochwertige hübsche Gartenzimmer zur Verfügung. Die Eigentümer Dick und Regina wissen viel über die Region und bieten geführte Wanderungen an.

Karoo Lodge PENSION $$
(☎023-541 1467; www.karoolodge.com; 66 Church St; Zi. ab 1050 R; ❄📶🏊) Die Pension in einem riesigen Garten mit vielen angenehm schattigen Plätzchen führt der Eigentümer höchstpersönlich.

Im Restaurant (Hauptgerichte 85–40 R) werden überwiegend Gerichte aus der Karoo serviert. Auch Gäste, die nicht hier wohnen, können mit einer Reservierung (Mi–So Abendessen) essen.

Lazy Lizard CAFÉ $
(9 Church St; Hauptgerichte 50–90 R; ⏲7–18 Uhr; 📶) Das helle, gemütliche Lazy Lizard serviert den besten Kaffee im Ort und verkauft selbst gemachte Backwaren, lokale Kunst, Bücher, Gemälde, Zeitungen, Karten etc. Hier bekommt man auch touristische Informationen, auch ein Internet Café ist angeschlossen. Auf der Speisekarte steht von allem etwas. Nicht entgehen lassen sollte man sich den legendären Apple Pie.

★ Gallery FUSIONSKÜCHE $$
(☎023-541 1197; 57 Church St; Hauptgerichte 85–165 R; ⏲Abendessen) Prince Alberts schickstes Restaurant hat eine ständig wechselnde Karte, auf der moderne Abwandlungen ortstypischer Gerichte wie Karoo-Lamm oder Wildsteaks stehen. Auch Vegetarier finden hier eine gute Auswahl kreativer Gerichte.

Karoo Kombuis SÜDAFRIKANISCH $$
(Karoo Kitchen; ☎023-541 1110; 18 Deurdrift St; Hauptgerichte 80–110 R; ⏲Mo–Sa Abendessen) Das gemütliche Restaurant serviert seit 1998 immer drei Traditionsgerichte – Bobotie, Hühnchen-Pie und Lamm –, hat sein Repertoire nun allerdings um zwei neue Gerichte erweitert. Die Getränke muss man selbst mitbringen und einen Tisch reservieren.

ℹ Praktische Informationen

Prince Albert Tourism (☎023-541 1366; www.patourism.co.za; 21 Church St; ⏲Mo–Fr 9–17 Uhr)

ℹ An- & Weiterreise

Die meisten Besucher kommen von Oudtshoorn über einen der Pässe oder über die N1, die von Kapstadt nach Johannesburg führt.

Eine direkte Bus- oder Zugverbindung nach Prince Albert gibt es nicht; die nächstgelegene Haltestelle befindet sich in der Prince Albert Road, 45 km nordwestlich der Ortschaft. Der **Zug** (☎0860 008 888; www.shosholozameyl.co.za) ist billiger als der Bus, ein Sammeltaxi vom Bahnhof kostet ab 200 R. Man kann aber auch mit seiner Unterkunft einen Abholservice vereinbaren.

Gamkaskloof Nature Reserve (De Hel)

Die **Gamkaskloof** ist ein schmales Tal in den Swartberg Mountains und besser als „De Hel" (die Hölle) bekannt. Die ersten Bewohner des Tals waren frühe „Trekboers", bei denen sich ein eigener Dialekt herausbildete. Bis in die 1960er-Jahre führte keine Straße in die Gamkaskloof; die wenigen Güter, die die sich überwiegend selbst versorgende Gemeinde benötigte, wurden mit Eseln aus Prince Albert herangeschafft. Mittlerweile gehört das Tal zum Swartberg Nature Reserve.

In restaurierten Farm-Cottages stehen **Unterkünfte** (☎021-483 0190; www.capenature.co.za; Cottage ab 700 R) für Selbstversorger zur Verfügung, außerdem gibt es verschiedene Wanderwege mit Hütten zum Übernachten.

Die unbefestigte Nebenstraße zur Gamkaskloof zweigt 18 km vor Prince Albert vom Swartberg-Pass ab und läuft von dort noch ungefähr 50 km weiter, ehe sie als Sackgasse endet. Achtung: Für diese kurze Distanz braucht man mindestens zwei Stunden, und zwar in jede Richtung! Die Straße ist in einem sehr schlechten Zustand, sodass es sich anbietet, das Auto in Prince Albert stehen zu lassen und sich dort einer geführten Tour anzuschließen.

Lindsay Steyn von **Dennehof Tours** (☎023-5411 227; www.dennehof.co.za; Tagestour 850 R) weiß nicht nur alles über die Region, sondern veranstaltet auch ausgezeichnete ganztägige Touren, die zunächst zum Swartberg Pass und danach über die schwindeler-

ABSTECHER

MATJIESFONTEIN

Matjiesfontein (gesprochen: Maikiesfontein) ist einer der kuriosesten und zugleich faszinierendsten Orte in der Karoo – ein fast komplett in Privatbesitz befindliches Bahngelände, das sich um ein Grandhotel erstreckt, das praktisch seit 100 Jahren nicht verändert wurde. Das Ganze mutet etwas wie ein Themenpark an, aber es macht wirklich Spaß, durch das viktorianische Gebäude mit Personal in viktorianischer Kleidung zu streifen.

Auf dem Gelände gibt es zwei Museen: Das eine beschäftigt sich mit dem Thema **Verkehr** (Eintritt 5 R; ⏲8–13 & 14–17 Uhr), das andere erinnert an ein altes **Trödellager** (Eintritt 5 R; ⏲8–13 & 14–17 Uhr): Hier findet man alles von ausgestopften Tierköpfen bis hin zu einer alten Kommodensammlung.

Übernachten kann man in einem **Hotel** (☎023-561 3011; www.matjiesfontein.com; EZ/DZ ab 800/1400 R;), in dem abends Mahlzeiten serviert werden. Dazu kommen noch ein Pub mit viel Flair und ein **Café** (Hauptgerichte 55–85 R; ⏲9–17 Uhr), in dem leichte Mittagsgerichte serviert werden.

Matjiesfontein liegt an der N1, 240 km von Kapstadt und 230 km von Beaufort West entfernt. Züge auf der Strecke Kapstadt–Johannesburg halten hier; der Blue Train legt eine einstündige Pause ein, in der die Reisenden mit einem Londoner Doppeldeckerbus eine Rundfahrt durch den Ort machen können; der Bus steht vor dem Bahnhof.

regende Straße hinunter in die „Hölle" (De Hel) zum Mittagessen führen.

Lindsay Steyn betreibt auch eine eigene Pension, das **Dennehof Karoo Guesthouse** in einem kapholländischen Farmhaus aus dem Jahr 1835.

Beaufort West

20 000 EW.

Beaufort West gilt seit jeher als typische Durchgangsstadt; hier hält sich kaum jemand länger auf, obwohl das Städtchen einen seltsam verblichenen Charme verströmt, wenn man weiß, wo man sich umschauen muss.

Beaufort West wurde im Jahr 1818 gegründet und ist die älteste und größte Stadt der Karoo; im Sommer ist sie für viele Südafrikaner der Zwischenstopp auf dem Weg zur Küste. In diesen Monaten sollte man unbedingt frühzeitig eine Unterkunft buchen und sich auf deutliche höhere Preise gefasst machen.

Das **Stadtmuseum** (☎023-415 2308; Church St, Ecke Donkin St; Erw./Kind 15/8 R; ⏲Mo–Fr 8.30–12.45 & 13.45–16.45, Sa 9–12 Uhr), das sich über drei Gebäude verteilt, widmet sich überwiegend dem berühmten Chirurgen Dr. Christiaan Barnard, der die erste Herztransplantation an einem Menschen vornahm; er kam hier zur Welt.

Die Stadt ist mit Pensionen nur so gespickt; viele eröffnen und schließen allerdings schnell wieder.

Olive Grove (☎023-414 3397; www.olivegrove.co.za; EZ/DZ 550/880 R) ist jedoch eine alteingesessene Gästefarm mit hübschen Zimmern und Cottages für Selbstversorger. Auf dem weitläufigen Farmgelände stehen viele Olivenbäume, dank der zahlreichen Wanderwege lässt sich die Farm gut erkunden. Sie liegt 20 km außerhalb der Stadt an der N12 nach Oudtshoorn und ist die Anfahrt wirklich wert.

Außerdem gibt es noch ein kleines **Hostel** (☎023-415 3226; www.karoobackpackers.com; 25 Donkin St; B/EZ/DZ 140/230/330 R), die Zimmer können über die Touristeninformation gebucht werden. Das Hostel bietet auch Touren mit einem Eselskarren an.

ℹ Praktische Informationen

Tourist Information Beaufort West (☎023-415 1488; www.beaufortwest.net; 25 Donkin St; ⏲Mo–Fr 8–17 Uhr)

ℹ An- & Weiterreise

Beaufort West ist ein wichtiger Verkehrsknotenpunkt vieler Buslinien. Translux-Busse (www.translux.co.za) halten an der **Total-Tankstelle** (Donkin St) im Stadtzentrum. Greyhound- (www.greyhound.co.za) und Intercape-Busse (www.intercape.co.za) haben eine Haltestelle an der Engen-Tankstelle nördlich der Stadt.

Sammeltaxis (☎083 756 8414), die Langstrecken bedienen, halten unterwegs nach Kapstadt und George an der **BP-Tankstelle** (Donkin St).

Die **Züge** Shosholoza Meyl und Blue Train, die auf der Strecke Kapstadt – Johannesburg verkehren, halten am Bahnhof in der Church Street.

Karoo National Park

Karoo National Park NATIONALPARK
(☎ 023-415 2828; www.sanparks.org; Erw./Kind 152/76 R; ⏲ 7–19 Uhr) Der Nationalpark liegt 5 km nördlich von Beaufort West und erstreckt sich über 330 km². Er schützt die beeindruckenden Karoo-Landschaften und eine für diese Halbwüste typische Vegetation. Löwen wurden hier wieder erfolgreich angesiedelt, und mit etwas Glück bekommt man Spitzmaulnashörner zu sehen. Zu den Tieren, die sich häufig blicken lassen, zählen Klippschliefer (eine quirlige Nagetierart) und Löffelhunde. An größeren Säugetieren leben im Nationalpark Zebras, Springböcke, Kudus und Kuhantilopen (Hartebeests). Es gibt aber auch viele Reptilien und Vögel, darunter die imposanten Kaffernadler.

Die Nationalparkverwaltung bietet kostenlose, geführte Wanderungen an. Der 400 m lange Fossil Trail lässt sich sogar mit dem Rollstuhl zurücklegen.

Übernachten kann man entweder auf hübschen **Campingplätzen** (Stellplatz ab 205 R) oder in **Cottages** im kapholländischen Stil (2 Pers. ab 1200 R). Die Cottages sind voll ausgestattet mit einer Küche, Handtüchern und Bettwäsche; zwei Häuser wurden sogar rollstuhltauglich konzipiert.

Im Park ist es nur an ausgewiesenen Stellen gestattet, das Fahrzeug zu verlassen. Die 10 km vom Eingang bis zum Campingplatz dürfen daher nicht zu Fuß zurückgelegt werden.

WESTKÜSTE & SWARTLAND

Die windumtoste Küste und die verlassenen Berge im Westen der Provinz Western Cape sind ein friedliches, unberührtes Paradies. Verlässt man Kapstadt in Richtung Norden, stößt man auf Fischerdörfer mit weiß getünchten Häusern, hübsche Landstädtchen, einsame Strände, eine Lagune und Sumpfgebiete voller Vögel und eine der besten Wanderregionen Südafrikas.

Der West Coast National Park ist ein Muss für Vogelbeobachter und Freunde eindrucksvoller Meereslandschaften. Im Binnenland liegt das ungeheuer fruchtbare Tal des Olifants River mit seinen Zitrushainen und Weinbergen am Fuß der Cederberge – ein traumhaftes Wandergebiet. In der abgelegenen Gegend finden sich spektakuläre Felsformationen und viele Felszeichnungen der San.

Zwischen der Küste und den Bergen liegt das Swartland, ein welliges Hügelland bedeckt mit Weizenfeldern und Weinbergen. Das „schwarze Land" verdankt seinen Namen dem bedrohten indigenen Nashornbusch (*renosterveld* auf Afrikaans), der im Sommer eine tief dunkelgrüne Färbung annimmt.

Zu Frühlingsbeginn (Aug.–Sept.) erstrahlt die gesamte Gegend in leuchtend bunten Farben, denn dann beginnt die Blütenzeit der Wildblumen. In dieser Zeit informiert eine **Flower Hotline** ☎ 072 938 8186) tagesaktuell darüber, wo die Wildblumen gerade am schönsten blühen.

Die meisten öffentlichen Verkehrsmittel durchfahren diese Region von Kapstadt kommend nordwärts auf der N7. Manche Busse fahren die gesamte Strecke bis Springbok und weiter nach Namibia, andere verlassen die N7 und fahren über Calvinia nach Upington. Die Küstenorte westlich der N7 lassen sich ohne eigenes Auto nur beschwerlich erreichen.

Darling

1100 EW.

Die beschauliche, ländliche Ortschaft war früher eigentlich nur für ihre hochwertige Milch bekannt – das änderte sich allerdings, als sich der Schauspieler und Satiriker Pieter-Dirk Uys hier niederließ.

In der Touristeninformation oder auch in der Pension, in dem man logiert, sollte man sich unbedingt nach der **Darling Wine Experience** (www.darlingtourism.co.za) erkundigen: Unter diesem Namen haben sich die fünf Weingüter rund um Darling zusammengeschlossen.

Sehenswertes

★ **Evita se Perron** THEATER
(☎ 022-492 2851; www.evita.co.za; Darling Station; Eintrittskarten 90 R; ⏲ Sa & So 14 & 19 Uhr) Das südafrikanische Kabarett ist wirklich etwas Einmaliges: Auf der Bühne steht der Travestiekünstler Pieter-Dirk Uys, der als Evita Bezuidenhout von südafrikanischer Politik bis zu Geschichte und Ökologie so ziemlich alle Themen aufs Korn nimmt. Nichts ist tabu – weder die rassistische Vergangenheit des Landes noch die Aids-Epidemie.

Die Vorstellungen sind mit Afrikaans durchsetzt, aber dennoch überwiegend in

NICHT VERSÄUMEN

WEINGUT GROOTE POST

Groote Post (☎ 022-492 2825; www.grootepost.com; Weinverkostung frei, zweistündige Safarifahrten pro Pers. 130 R; ⏲ Mo–Fr 9–17, Sa & So 10–16 Uhr) Von allen Weingütern in Darling hat das Groote Post den Besuchern am meisten zu bieten: Safaris, Naturwanderungen auf eigene Faust, ein exquisites **Restaurant** (☎ 022-492 2825; www.grootepost.com; Groote Post Winery; Hauptgerichte 110–130 R; ⏲ Mi–So Mittagessen) und natürlich die Gratis-Verkostung seiner hervorragenden Chardonnays und Sauvignon blancs. Das Weingut liegt an einer Staubstraße (7 km), die von der R307 abzweigt. Unbedingt reservieren.

englischer Sprache gehalten und stets ein Riesenspaß, der allerdings auch nachdenklich stimmt.

Wer sich keine Vorstellung anschauen möchte, sollte zumindest den Komplex besichtigen, der wirklich einen Blick lohnt. Interessant ist der Skulpturengarten mit politischen Themen, außerdem sind Erinnerungsstücke zur Apartheid ausgestellt.

Das herrlich kitschige **Restaurant** (Darling Station; Hauptgerichte 50–75 R; ⏲ Di–So Mittagessen) serviert traditionelle Gerichte der Afrikaaner. Pieter-Dirk Uys hat auch den Darling Trust (www.thedarlingtrust.org) ins Leben gerufen, der die Gemeinden von Swartland in die Lage versetzen soll, durch die Teilnahme an Erziehungs- und Gesundheitsprogrammen auf eigenen Füßen zu stehen. Im A en C Shop werden Perlenstickereien, Kleidung, Drahtskulpturen und Gemälde verkauft.

Schlafen & Essen

Trinity PENSION $$
(☎ 022-492 3430; www.trinitylodge.co.za; 19 Long St; EZ/DZ inkl. Frühstück ab 500/800; 📶 ❄) Das akribisch renovierte viktorianische Anwesen bietet gemütliche Zimmer im Landhausstil und einen wunderschönen Garten.

Darling Lodge PENSION $$
(☎ 022-492 3062; www.darlinglodge.co.za; 22 Pastorie St; EZ/DZ inkl. Frühstück ab 550/800 R; 📶 ❄) Die Zimmer in dieser eleganten, einfallsreich gestalteten Pension sind nach Künstlern aus der Region benannt; ihre Werke sind an den Wänden ausgestellt.

★ **Marmalade Cat** CAFÉ $
(☎ 022-492 2515; 19 Main Rd; Hauptgerichte 50–95 R; ⏲ tgl. Frühstück & Mittagessen, Fr & Sa Abendessen) Dieses Café bietet sich für einen Nachmittagskaffee an und serviert ganztägig ein Frühstück, Sandwiches, köstlichen Käse und hausgemachte Süßspeisen. Freitagabend ist Pizza angesagt, dafür unbedingt reservieren.

Ausgehen

Slow Quarter BAR
(5 Main Rd; ⏲ Di–Sa 10–18 Uhr) Die Braustube der beliebten einheimischen Brauerei Darling Brew mit ihrem schicken Ambiente bietet sich an, um lecker zu essen und dazu eine der fünf Biersorten zu probieren. Eine leichte Mahlzeit kostet 55 bis 88 R.

Praktische Informationen

Touristeninformation Darling (☎ 022-492 3361; www.darlingtourism.co.za; Pastorie St, Ecke Hill Rd; ⏲ Mo–Do 9–13 & 14–16, Fr 9–15.30, Sa & So 10–15 Uhr) Sie befindet sich im Museum.

An- & Weiterreise

Von Kapstadt nimmt man die R27 und achtet dann auf die Ausschilderung nach Darling. Für den Rückweg bietet sich eine alternative Strecke an: Man fährt in Richtung Osten aus Darling hinaus und biegt gen Süden auf die R307 ab. Vor der Ortschaft Mamre biegt man rechts ab, um wieder auf die R27 zu gelangen. Keinesfalls auf der R304 über Atlantis hinausfahren!

West Coast National Park

West Coast National Park NATIONALPARK
Der 310 km² große **West Coast National Park** (www.sanparks.org; Erw./Kind Okt.–Juli 64/32 R, Aug. & Sept. 128/64 R; ⏲ 7–19 Uhr) schützt Feuchtgebiete von internationaler Bedeutung, in denen wichtige Brutgebiete von Seevögeln liegen. Zu ihm gehört die Langebaan Lagoon mit ihrem herrlich klaren blauen Wasser, an der unzählige Vögel leben. Im Sommer lassen sich zudem Tausende Watvögel hier nieder. Die zahlenmäßig dominante Art ist der Sichelstrandläufer, ein Zugvogel, den es aus der Subantarktis hierherzieht. Auf den Inseln vor der Küste leben Brillenpinguine in ihren Kolonien.

Der Nationalpark ist für seine Wildblumen bekannt, die im Allgemeinen von August bis September blühen – in diesem Monaten strömen Südafrikaner und Touristen in den Park und es wird oft brechend voll.

WEST COAST NATIONAL PARK

Was einen erwartet Der Nationalpark lässt sich von Kapstadt aus einfach erreichen; er bietet tolle Ausblicke über die Küste, die Möglichkeit, ganzjährig Vögel zu beobachten, Kajakfahrten in der Lagune, nicht so volle Safariausflüge, auf denen man kleinere Wildtierarten sichten kann, und natürlich sagenhaft schön blühende Wildblumenwiesen.

Reisezeit Der Nationalpark zeigt sich von August bis September von seiner schönsten Seite, wenn die Wildblumen blühen – dann ist allerdings auch am meisten los. Regenzeit ist von Mai bis August.

Praktisches Man kann von Kapstadt (120 km) oder Langebaan (7 km) dorthin fahren. Geöffnet ist der Park von 7 bis 19 Uhr (April–Aug. 7 bis 18 Uhr). Während der Blumenblüte (Aug. & Sept.) verdoppelt sich der Eintrittspreis.

Spar-Tipps Wer gleich mehrere Nationalparks besucht, sollte sich den Kauf der sogenannten Wild Card (S. 664) überlegen.

Neben den weißen Sandstränden und dem türkisfarbenen Wasser des Ozeans und der Lagune besteht der größte Reiz des Parks in den niedrigen Besucherzahlen. Wer wochentags kommt (und außerhalb der Schulferien), teilt sich die Straßen oft nur mit Zebras und Straußen sowie der einen oder anderen Pantherschildkröte, die einem über den Weg läuft.

★ Duinepos CHALET $$
(☎ 022-707 9900; www.duinepos.co.za; EZ/DZ Chalet ab 540/800 R;) Die hellen, modernen und gut ausgestatteten Chalets im Herzen des Parks sind ideal, um Vögel zu beobachten. Hier sollen sich die Gäste entspannen, deshalb gibt es keine Fernseher und an wenigen Stellen Handyempfang.

SANPark Cottages CABIN $$
(www.sanparks.org; Cottage ab 1200 R) Das Abrahamskraal Cottage ist feudaler, doch das Jo Annes Beach Cottage liegt dafür schöner – bis zur Lagune ist es nur ein kurzer Spaziergang. Beide einsam gelegenen Cottages verfügen über eine Küche und eine Riesendosis Beschaulichkeit.

Geelbek Visitor's Centre & Restaurant SÜDAFRIKANISCH $$
(☎ 022-772 2134; Hauptgerichte 85–135 R; ⏲ Frühstück & Mittagessen) Auf der umfangreichen Speisekarte stehen überwiegend traditionelle Gerichte. Das Geelbek fungiert gleichzeitig auch als Infozentrum des Nationalparks und ist bei der Suche nach einem Quartier behilflich.

Langebaan

8300 EW.

Der Ferienort am Meer liegt wunderschön an der Langebaan Lagoon und ist ein beliebtes Urlaubsziel der Südafrikaner. Langebaan zieht sich allerdings recht lang hin, sodass sich, trotz aller Beliebtheit und dem daraus resultierenden Rummel durchaus Ecken auftun, wo man allein für sich ist. Der Ort hat einige hervorragende Hotels, ein sehr gutes Open-Air-Meeresfrüchte-Restaurant und begeistert mit Sonnenuntergängen, wie sie schöner nicht sein könnten. In der Lagune kann man windsurfen.

Der schönste Strand ist der **Langebaan Beach** – er liegt im Ort und ist bei Schwimmern sehr beliebt. Langebaan ist ein guter Standort für den Besuch des West Coast National Park.

Sehenswertes & Aktivitäten

★ West Coast Fossil Park ARCHÄOLOGISCHE STÄTTE
(☎ 022-766 1606; www.fossilpark.org.za; Erw./Kind 20/15 R; ⏲ Mo–Fr 8–16, Sa & So 10–13 Uhr) Der erste Bär, der südlich der Sahara gefunden wurde, Säbelzahnkatzen von Löwengröße, dreizehige Pferde und Kurzhalsgiraffen – sie alle sind in diesem ausgezeichneten Fossilienpark versammelt, der an der R45 rund 16 km außerhalb von Langebaan liegt. Die faszinierenden Führungen zu den Ausgrabungsstätten, die zu den reichsten Fossilienfundorten der Welt zählen, beginnen stündlich zwischen 10 und 15 Uhr (am Wochenende nur bis 13 Uhr). Im Park gibt es Mountainbikestrecken und Wanderwege, ein Café und einen Andenkenladen.

Cape Sports Centre WASSERSPORT
(☎ 022-772 1114; www.capesport.co.za; 98 Main Rd) Langebaan ist ein Mekka für Wassersportliebhaber, insbesondere für Windsurfer und Kitesurfer. Dieser nette Laden veranstaltet Kurse im Kitesurfen (3 Tage 2650 R), gibt

Surfunterricht (2 Std. 700 R) und vermietet Surfbretter/Bretter zum Stehpaddeln (SUP)/ Kajaks (Tag 295/345/385 R).

Schlafen & Essen

Viele der Unterkünfte betreiben ein eigenes Restaurant. In der Bree Street findet sich gleich eine Reihe von Lokalen – einige sogar mit Meerblick.

★ Friday Island B&B $$
(☎ 022-772 2506; www.fridayisland.co.za; Main Rd; EZ/DZ 580/880 R; 📶) In diesem beliebten B&B direkt am Strand überzeugen die freundlichen Zimmer und fröhlichen Mitarbeiter. Besonders empfehlenswert sind die Zimmer mit Meerblick, die sich über zwei Ebenen erstrecken und eine eigene Veranda haben. Das Restaurant (Hauptgerichte 70–130 R) ist sehr beliebt.

Farmhouse Hotel HOTEL $$$
(☎ 022-772 2062; www.thefarmhousehotel.com; 5 Egret St; DZ inkl. Frühstück 1850 R; ❄) Das älteste Hotel von Langebaan liegt oben auf einem Hügel über der Bucht mit schöner Aussicht auf die Sonnenuntergänge. Die Zimmer im Landhausstil sind groß und haben einen eigenen Kamin. Das Restaurant mit kreativer Speisekarte (Hauptgerichte 85–185 R) verlangt faire Preise. Das Hotel vermietet auch **Cottages** (www.kitequarters.co.za; Zi. ab 325 R, Cottage ab 1100 R) für Selbstversorger (vor allem Kitesufer).

Club Mykonos RESTAURANT $$
(☎ 0800 226 770; www.clubmykonos.co.za) Dieses pseudomediterrane, griechisch angehauchte Resort ist als Übernachtungsmöglichkeit eigentlich nicht sonderlich ansprechend, jedoch ganz amüsant, um hier einen Abend zu verbringen. Es stehen acht Restaurants zur Auswahl, außerdem zahlreiche Bars und ein Casino, die allesamt auch Urlaubern offenstehen, die hier nicht wohnen.

★ Die Strandloper MEERESFRÜCHTE $$$
(☎ 022-772 2490; www.strandloper.com; Büfett 260 R; ⏲ Feb.–Nov. Sa & So Mittagessen, Fr & Sa Abendessen, Dez.–Jan. tgl. Mittag- & Abendessen) Der Inbegriff des Lebens an der Westküste: ein Zehn-Gänge-*Braii* mit Fisch und Meeresfrüchten direkt am Strand. Außerdem werden frisch gebackenes Brot und *moerkoffie* (frisch gemahlener Kaffee) ohne Ende serviert. Ein einheimischer Sänger zieht von Tisch zu Tisch und schmettert zur Gitarre seine Lieder. Man kann seine Getränke mitbringen (kein Korkgeld) oder sich Drinks an der rustikalen Bar holen, von der sich eine sagenhafte Aussicht bietet. Eine Reservierung ist sehr zu empfehlen.

> NICHT VERSÄUMEN
>
> **!KHWA TTU**
>
> **!Khwa ttu** (www.khwattu.org; R27, Yzerfontein; Touren 150 R; ⏲ 9–17 Uhr, Touren 10 & 14 Uhr; 📶) !Khwa ttu ist das einzige Kulturzentrum in der Provinz Western Cape, das sich in Besitz der San befindet und von ihnen auch verwaltet wird. Es befindet sich in einem 8,5 km² großen Naturreservat im Land ihrer Vorfahren. Die Touren beinhalten eine Naturwanderung, auf der die Teilnehmer viel über die San-Kultur erfahren, sowie eine Autosafari, auf der man mit ziemlicher Wahrscheinlichkeit verschiedene Antilopenarten, Zebras und Strauße zu sehen bekommt.
>
> Mittags steht ein Restaurant zur Verfügung, dazu verschiedene Unterkünfte (Buschcamp/Cottage pro Pers. 250/480 R, DZ 1360 R). Das Reservat liegt an der R27, 70 km von Kapstadt entfernt.

Praktische Informationen

Tourist Information Centre (☎ 022-772 1515; www.capewestcoastpeninsula.co.za; Bree St; ⏲ Mo–Fr 9–17, Sa 9–14 Uhr) Das Info-Zentrum befindet sich im Rathaus.

An- & Weiterreise

Langebaan liegt rund eine Fahrstunde nördlich von Kapstadt. Sammeltaxis fahren am Parkplatz von 7-Eleven nach Kapstadt (9 R 5, 2 Std.). Busse der Busgesellschaft **Elwierda** (☎ 0861 001 094; www.elwierda.co.za) verkehren zudem regelmäßig nach Kapstadt (100 R, 2–3 Std.); man sollte unbedingt einen Tag im Voraus buchen.

Paternoster

2000 EW.

Vor nicht allzu langer Zeit war Paternoster das letzte traditionelle Fischerdorf an der Westküste und bestand nur aus ein paar weiß getünchten Wohnhäusern vor der Kulisse des blauen Meeres. Dann ließen sich wohlhabende Kapstädter und Ausländer vom Ort verzaubern, sodass die Grundstücke immer begehrter (und teuerer) wurden. Trotzdem lohnt das hübsche Städtchen immer noch einen Besuch.

ABSTECHER

ELAND'S BAY

Nördlich von Paternoster ist ein Großteil der Halbinsel von stinkenden Fischfabriken und Neubausiedlungen verunstaltet, die überall, wo ein Strand vorhanden ist, aus dem Boden schießen; hinter Veldrif präsentiert sich die Küste dann unberührt und bietet wunderschöne Strände. Eland's Bay ist ein besonders hübsches Fleckchen mit viel ländlichem Charme in herrlicher Lage: Die Berge ziehen sich bis zum Meer hinunter, vorbei an einer großen Lagune, an der viele Wasservögel leben – ein Eldorado für Vogelliebhaber.

Das **Eland's Bay Hotel** (☎ 022-972 1640; www.elandsbayhotel.co.za; Hunter St; Stellplatz 200 R, B 150 R, Zi. inkl. Frühstück ab 550 R), das gleichzeitig als Touristeninformation fungiert, betreibt ein Restaurant, in dem durchschnittliches Essen bei herrlicher Aussicht auf den Tisch kommt.

Eland's Bay ist in erster Linie ein Surfspot und als Paradies der „*Goofy-Footer*" bekannt – Surfer, die mit dem rechten Fuß vorne auf dem Brett stehen. Die extrem schnellen Left-Points haben hier die Größe von Dünungswellen. In der Ortschaft kann man Bodyboards gegen eine Gebühr ausleihen; Surfer müssen allerdings ihre eigene Ausrüstung mitbringen.

Die Schotterstraße zur Lambert's Bay ist in schlechtem Zustand und war während der Recherchen zu diesem Reiseführer gesperrt. Es wird daher die asphaltierte Straße, die über Leipoldtville führt, empfohlen.

Am meisten ist während der Hummersaison los, die zeitlich nicht genau festzulegen ist (irgendwann zwischen Mitte November und Mitte April). *Kreef,* wie die Delikatesse auf Afrikaans heißt, wird oft am Straßenrand angeboten, dabei handelt es sich möglicherweise um illegale Fänge. Wer Hummer haben möchte, sollte ihn besser direkt bei den Fischern im Hafen kaufen. Und wer selbst Westküstenhummer oder andere Schalentiere fangen will, kann sich in jedem Postamt die vorgeschriebene Genehmigung dafür ausstellen lassen. Dabei gelten strenge Mengenbegrenzungen, deren genaue Einhaltung überwacht wird.

Weiter nördlich an der Küste liegt das Dorf **St Helena Bay (St Helenabaai)**, das eine hübsche Küste, aber keinen wirklichen Strand besitzt. Es ist Paternoster recht ähnlich.

Cape Columbine Nature Reserve NATURSCHUTZGEBIET
(☎ 022-752 2718; Eintritt Erw./Kind 13/9 R, Leuchtturm 16/8 R; ⏲ tgl. 7–19 Uhr, Leuchtturm Mo–Fr 10–15 Uhr) 5 km südlich von Paternoster liegt der Eingang zu diesem windgepeitschten, wunderschönen Schutzgebiet, das 263 ha groß ist.

In der Tieties Bay (108 R/Stellplatz) finden sich Campingplätze mit einfachen Einrichtungen. Es lohnt sich, den Leuchtturm zu erklimmen, in den renovierten Cottages (ab 600 R) des Leuchtturmwärters kann man sogar übernachten.

Schlafen & Essen

In Paternoster gibt es kaum Straßenschilder; man sollte deshalb nach den Schildern der verschiedenen Pensionen Ausschau halten. Da viele B&Bs zur Auswahl stehen, macht es Sinn, sich einige anzuschauen und erst dann eine endgültige Entscheidung zu treffen.

Beach Camp CAMPINGPLATZ $
(☎ 082 926 2267; www.beachcamp.co.za; Cape Columbine Nature Reserve; Camping 150 R, Zelt pro Pers. 315 R, Hütte pro Pers. 415 R) Das Beach Camp ist ein netter, umweltfreundlicher Campingplatz mit einer sagenhafter Lage am Strand. Die Gäste wohnen in Spitzhütten und Kuppelzelten, die bereits aufgebaut und mit Einzelbetten bestückt sind. Der rustikale und etwas in die Jahre gekommene Platz ist vor allem wegen seiner Umgebung empfehlenswert. Strom gibt es keinen, dafür aber eine coole Bar. Die Bettwäsche schlägt pro Person mit 50 R extra zu Buche.

Paternoster Lodge PENSION $$
(☎ 022-752 2023; www.paternosterlodge.co.za; EZ/DZ 790/1100 R;) Die schicke Pension bietet sieben minimalistisch eingerichtete Doppelzimmer mit Meerblick und ein luftiges Restaurant (Hauptgerichte 75–190 R). Es hat ganztägig geöffnet und serviert Meeresfrüchtegerichte und typische Gerichte der Westküste. Vom Sonnendeck kann man beobachten, wie die Fischer ihren Fang anlanden.

Abalone House PENSION $$$
(☎022-752 2044; www.abalonehouse.co.za; 3 Kriedoring St; DZ 4200 R;) Die 5-Sterne-Pension bietet künstlerisch angehauchte Zimmer, einen Whirlpool auf dem Dach, ein Tauchbecken und ein Wellnesscenter. Das Restaurant (Hauptgerichte ab 115 R) steht auch Nicht-Gästen offen; es gehört zu einer kleinen Kette von schicken Speiselokalen, die der berühmte Starkoch Reuben Riffel ins Leben rief.

Voorstrandt Restaurant MEERESFRÜCHTE $$
(Strandloperweg; Hauptgerichte 70–175 R; Mittag- & Abendessen) Eine bessere Lage ist gar nicht vorstellbar – hier kann man vom Tisch gleich in den Sand springen. Das Restaurant, das sich auf Meeresfrüchte spezialisiert hat, ist auch eine tolle Adresse, um bei einem Bier den Sonnenuntergang zu beobachten.

Praktische Informationen

Touristeninformation (☎022-752 2323; www.capewestcoastpeninsula.co.za; Fish Market, Seeduiker St; Mo–Fr 9–17, Sa 10–15 Uhr)

Lambert's Bay

6100 EW.

Die erfrischende Brise vom Meer in Lambert's Bay sorgt für eine Verschnaufpause von der Hitze an der Westküste; wegen der vielen Fischfabriken ist man allerdings gut beraten, die Nase gegen den Wind zu halten. Von der stinkenden Ortsmitte gelangt man in Richtung Süden zu langen, meist einsamen Stränden.

Lambert's Bay ist ein wenig bekannter Ort, um Wale zu beobachten – es lohnt sich aber, im Frühjahr nach Südlichen Glattwalen und im Winter nach Buckelwalen Ausschau zu halten. In den Gewässern leben auch die kleinen Heaviside-Delfine, eine endemische Art.

Im März gibt es beim **Crayfish Festival** viele billige Meeresfrüchte und jede Menge Unterhaltung.

Sehenswertes & Aktivitäten

Bird Island PARK
(☎027-432 1672; www.capenature.co.za; Erw./Kind 40/20 R; 7–18 Uhr) Das nur 100 m vom Festland entfernte Bird Island ist eine bedeutende Brutstätte des Kaptölpels. Aller Wahrscheinlichkeit nach bekommt man auch Kap-Pelzrobben zu sehen. Die Insel lässt sich bei Ebbe zu Fuß erreichen. Es gibt einen Vogelbeobachtungsturm sowie Infotafeln mit Erklärungen.

Eco Adventure Boat Trips SCHIFFSAUSFLUG
(☎027-432 1774; Weskus Kombuis Restaurant, Voortrekker St; einstündiger Ausflug 350 R, mind. 3 Pers.) Die Schiffsausflüge führen zu den Inseln Seal Island und Bird Island, wenn gerade Saison ist, kann man Wale und Delfine beobachten. Auch Ausflüge bei Sonnenuntergang werden veranstaltet.

Schlafen & Essen

Lambert's Bay Hotel HOTEL $$
(☎027-432 1126; Voortrekker St; EZ/DZ inkl. Frühstück ab 550/750 R;) Das größte Hotel im Ort ist eine nette Bleibe mit anständigen Zimmern und einer Bar mit Restaurant, die auch Nicht-Gästen zum Mittag- und Abendessen offensteht. Unbedingt um ein Zimmer mit Meerblick bitten.

Funky Tastebuds FEINKOST $
(Voortrekker St; Hauptgerichte 45–80 R;) Das erstaunlich coole Café liegt etwas versteckt hinter dem Hafen. Serviert werden leichte Mittagsgerichte, kreative Salate und ein guter Kaffee; es besteht aber auch die Möglichkeit, sich ein Picknick zusammenzustellen, das man dann am Strand genießt.

★ **Muisbosskerm** MEERESFRÜCHTE $$$
(☎027-432 1017; www.muisbosskerm.co.za; Büfett 195 R, Schalentiere kosten extra; Mittag- & Abendessen) Das Restaurant im Freien bietet ein mehrgängiges Meeresfrüchte-Büfett mit traditionellen Eintöpfen, Salaten und geräuchertem, gebackenem oder gegrilltem Fisch. Für das Gelage sollte man mindestens drei Stunden einplanen. Das Restaurant liegt 4 km südlich von Lambert's Bay an der Straße nach Eland's Bay. Eine Reservierung ist unbedingt erforderlich.

Cederberg Wilderness Area

Die einsame **Cederberg Wilderness Area** (www.capenature.co.za; Erw./Kind 60/35 R) zählt zu den schönsten Landschaften der Provinz. Wer durch die bizarren, verwitterten Sandsteinformationen fährt, radelt oder wandert, die im sagenhaften Licht der Cederberge ockerfarben schimmern, fühlt sich vielleicht versucht, die Melodie eines alten Westernstreifens zu pfeifen (was ihm/ihr verziehen sei). Die 830 km² große Wildnis beeindruckt mit Felskunst der San, zerklüfteten Bergen und kristallklaren Bächen. Die Gipfel und Täler verlaufen – grob gesagt – über 100 km in Nord-Süd-Richtung, und zwar zwischen Vanrhynsdorp und Citrusdal. Die beiden höchsten Gipfel sind der Sneeuberg (2027 m) und der Tafelberg (1969 m).

Die Region ist berühmt für ihre Pflanzenwelt, hauptsächlich Gebirgs-*fynbos*. Der Frühling ist die beste Jahreszeit, um die Wildblumen in voller Blüte zu erleben, aber auch zu allen anderen Jahreszeiten gibt es viel zu entdecken. Die Vegetation variiert mit der Höhe. Hier wachsen auch die Clanwilliam-Zedern, denen die Region ihren Namen verdankt. Sie sind allerdings nur noch in relativ geringer Zahl zu finden, in einer Höhe zwischen 1000 und 1500 m.

Im Park leben kleinere Populationen von Pavianen, Rehböcken, Klippspringern und Kap-Greisböcken, außerdem Raubtiere wie Karakale, Kapfüchse, Honigdachse sowie einige scheue Leoparde. Auch einige Farmen liegen hier verstreut, von denen viele seit Generationen von derselben Familie bewirtschaftet werden. Fast alle Farmen bieten Übernachtungsmöglichkeiten an.

CEDERBERG WILDERNESS AREA

Was einen erwartet Hier locken spektakuläre Landschaften, Bergtouren von ein paar Stunden bis zu mehreren Tagen Dauer, alte Felsmalereien, beschauliche Farmaufenthalte und ein spektakulärer Sternenhimmel.

Reisezeit Der Frühling (Aug.–Okt.) ist die beste Zeit, dann sind die Temperaturen ideal und die Wildblumen blühen. Die Sommertage (Nov.–Feb.) können brütend heiß sein, während in Winternächten (Mai–Juli) die Temperaturen oft unter 0 °C fallen.

Praktisches Den Park durchziehen nur Schotterstraßen. Die Hauptstraße ist eine öffentliche Straße und kostet deshalb keine Mautgebühr. Eintrittsgebühren bezahlt im Allgemeinen nur, wer hier Freizeitaktivitäten unternimmt.

Spar-Tipps Da es hier Campingplätze und *Braai*-Areale zuhauf gibt, ist die Region unter finanziellen Gesichtspunkten recht günstig.

Cederberg ist nicht nur bei Wanderfreunden, sondern auch bei Klettersportlern, Sternguckern und Fotografen beliebt, die diese endlosen, beeindruckenden Landschaften gern auf dem Bild festhalten.

Sehenswertes & Aktivitäten

Die Berge sind von einem weitläufigen Netz an Wanderwegen durchzogen. Auf den beiden beliebtesten Routen bekommt man auch die berühmten Felsformationen der Region zu sehen, das **Maltese Cross** und den **Wolfberg Arch**. Das Maltese Cross lässt sich relativ einfach im Rahmen einer dreistündigen Wanderung erreichen, für den Wolfberg-Arch braucht man einen ganzen Tag, denn unterwegs liegen einige sehr steile Abschnitte. Weitere Wanderungen führen zu Wasserfällen, natürlichen Wasserbecken und Felskunst der San.

Für sämtliche Wanderungen ist eine Genehmigung erforderlich. Wenn nicht viel los ist, kann man sie vor Ort am Campingplatz **Algeria** oder auf der **Dwarsrivier Farm** bekommen, während der Schulferien sollte man jedoch besser frühzeitig buchen (☎ 021-483 0190), denn die Anzahl der zugelassenen Wanderer ist limitiert. Die maximale Gruppengröße liegt bei zwölf Personen, Minimum sind zwei Erwachsene.

Stadsaal Caves HISTORISCHE STÄTTE
(Erw./Kind 40/20 R) Die Sandsteinhöhlen wurden einst von den San bewohnt und sind bei Sonnenuntergang ein grandioser Anblick. Man sollte zuerst die Felskunst auf der rechten Seite (wenn man durchs Tor fährt), besichtigen und anschließend das Höhlensystem samt seinen herrlichen Ausblicken erkunden. Genehmigungen sind auf der Dwarsrivier Farm erhältlich.

Schlafen

Gecko Creek Wilderness Lodge LODGE $
(☎ 027-482 1300; www.geckocreek.com; Camping 130 R, Zelt/Hütte pro Pers. 200/290 R; @ ≋) Die Lodge in den Ausläufern der Cederberg Mountains liegt auf einem 10 km² großen Gelände mit herrlichen Ausblicken, Felskunst der San und Wanderwegen.

Die Gäste übernachten in bereits aufgebauten Zelten oder Hütten, man darf aber auch sein eigenes Zelt aufstellen. Die Gäste teilen sich einen Trakt mit sanitären Einrichtungen. Und so kommt man hin: An der N7 den Abzweig zum Campingplatz Algeria nehmen und dann rechts nach dem Schild zur Lodge Ausschau halten.

Algeria CAMPINGPLATZ $$
(☎ 027-482 2403; www.capenature.co.za; Stellplatz 315 R, 2-Pers.-Cottage ab 665 R) Der wichtigste Campingplatz in dieser Gegend liegt in einem schönen, schattigen Areal am Rondegat River. Auf dem Areal gibt es ein Wasserloch zum Schwimmen und hübsche Picknickplätze. Am Wochenende und während der Schulferien ist immer viel los. Der Eingang zum Campingplatz macht um 16.30 Uhr dicht (Fr 21 Uhr).

An- & Weiterreise

Die Cederberg Mountains liegen etwa 200 km von Kapstadt entfernt und lassen sich über Citrusdal, Clanwilliam und die N7 erreichen. Man kann auch auf der R303 über Ceres auf der Ostseite anreisen.

Mit dem Auto braucht man etwa eine Stunde, um von Clanwilliam zum Campingplatz Algeria zu gelangen. Er ist von Clanwilliam aus nicht ausgeschildert, man nimmt einfach die Schotterstraße oberhalb des Damms in Richtung Süden – eine Rumpelpiste. Auf der N7 ist der Campingplatz Algeria ausgeschildert; er liegt rund 30 Minuten von der Hauptstraße entfernt. Auch diese Straße ist eine Schotterstraße, jedoch in besserem Zustand. Öffentliche Verkehrsmittel in die Berge gibt es leider nicht.

Citrusdal & Umgebung

7200 EW.

Das kleine Citrusdal ist ein guter Ausgangspunkt für die Erkundung der Cederberg Mountains. Im August und September blühen die Wildblumen, ein spektakuläres Erlebnis! Diese Monate sind auch die besten zum Wandern. Die Stadt ist zwar recht idyllisch, aber einige der interessanteren und schöneren Unterkünfte finden sich in den umliegenden Bergen.

Schlafen & Essen

Ukholo Lodge HOSTEL $
(☎ 022-921 3988; www.ukholo-lodge.co.za; Camping 90 R, B 130 R, DZ mit/ohne Bad 400/350 R; 📶) Die Zimmer sind schick und es ist jede Menge Platz vorhanden, um ein Zelt aufzuschlagen. Vom Hostel aus kann man zu Bergwanderungen starten oder sich auf einem Autoreifen den nahen Fluss hinuntertreiben lassen. Die Lodge liegt 21 km von Citrusdal entfernt an der N7 in Richtung Clanwilliam.

Burton's Farm at Steelwater CHALET $
(☎ 022-921 3337; www.burtonsfarm.co.za; 2-Pers.-Cottage 400 R, DZ inkl. Frühstück 500; 🏊) Eine kurvenreiche Staubstraße führt von der R303 nach Citrusdal; sie schlängelt sich an Zitrushainen vorbei nach Steelwater hinauf, wo sie schließlich endet. In den Chalets können bis zu sieben Personen übernachten. Die Gastgeber sind außergewöhnlich nett, auf dem Farmgelände sind schöne Wanderungen möglich. Burton's Farm liegt 12 km von der Ortschaft entfernt auf dem Weg nach The Baths.

★ **Baths** RESORT $$
(☎ 022-921 8026; www.thebaths.co.za; Camping 110 R, 2-Pers.-Chalet ab 650 R; 🏊) Das Resort mit Thermalquellen beeindruckt mit seiner herrlichen Lage samt dichtem Baumbestand vor der Kulisse zerklüfteter Berge. Hier gibt es mehrere Pools im Freien sowie eine Reihe Privatbäder mit Quellwasser, das 43 °C warm ist. Die Thermalbäder sind ab Citrusdal gut ausgeschildert – man fährt 18 km auf

NICHT VERSÄUMEN

DWARSRIVIER FARM

Die Farm tief in den Cederberg Mountains ist ein hervorragendes Standquartier zum **Wandern** – die beiden Touren zum Wolfberg Arch und zum Maltese Cross beginnen gleich in der Nähe.

In **Sanddrif** (☎ 027-482 2825; www.cederbergwine.com/sanddrif; Stellplatz 180 R, 4-Pers.-Cottage 800 R) gibt es schattige Campingplätze am Fluss und gut ausgestattete Cottages mit Patio und schönem Bergblick.

Nicht versäumen sollte man die **Cederberg Winery**, die sich auf dem Farmgelände befindet – alle Weine dieses Guts wurden ausgezeichnet. Während der Recherchen zu diesem Reiseführer wurde außerdem gerade eine Brauerei gebaut.

Eine hervorragende **Sternwarte** (www.cederbergobs.org.za; Eintritt nach Spende; ⏲ Sa 20 Uhr) befindet sich gleich in der Nähe.

Und so kommt man zur Dwarsrivier Farm: Von der N7 den Abzweig zum Campingplatz Algeria nehmen. Von hier schlängelt sich eine Schotterstraße in die Berge hinein; bis zur Farm sind es insgesamt 46 km.

einer asphaltierten Straße. Sowohl eintägige Besuche (Erw./Kind 80/40 R) als auch längere Aufenthalte mit Übernachtung müssen vorgebucht werden.

Lovely Grapevine CAFÉ $
(Hauptgerichte 50–85 R; ⌚Mo–Fr 8–16, Sa 8–13 Uhr) In einem Ort, dem es an Ausgehmöglichkeiten mangelt, ist das Grapevine ein nettes Café, um im hübschen Garten mittags eine Kleinigkeit zu essen. Der Kaffee ist gut, ebenso die Kuchen, Sandwiches und Tagesgerichte.

Praktische Informationen

Touristeninformation Citrusdal (☎022-921 3210; www.citrusdal.info; 39 Voortrekker St; ⌚Mo–Fr 8.30–17, Sa 9–12 Uhr)

Anreise & Unterwegs vor Ort

Busse von Intercape (www.intercape.co.za) halten an der Caltex-Tankstelle, 6 km außerhalb vom Ort an der N7. Zu den Fahrzielen zählen Kapstadt (400 R, 3 Std.) und Springbok (430 R, 5 Std.).

Eine wunderschöne, malerische Straße (R303) führt über den Middelberg Pass ins Koue Bokkeveld und weiter in ein herrliches Tal auf der anderen Seite, das vom Gydo Pass überragt wird. Die Straße zurück ins Gebiet von Wilderness ist ebenfalls hervorragend.

Clanwilliam & Umgebung

7700 EW.

Der angrenzende Staudamm und einige abenteuerliche Staubstraßen in die Cederberg Mountains hinein machen das überschaubare Clanwilliam zu einem beliebten Wochenendziel. Der Staudamm steht bei Wasserskifahrern hoch im Kurs; falls die derzeitigen Pläne, die Dammkrone zu erhöhen, umgesetzt werden sollten, werden sich allerdings das Bauwerk selbst wie auch die Landschaft wohl massiv verändern.

Clanwilliam gilt als das Zentrum der **Rooibosproduktion.** Der Tee wird aus den Blättern der *Aspalathus-linearis*-Pflanze gewonnen, die ausschließlich in der Region Cederberg wächst. Rooibos enthält kein Koffein und erheblich weniger Gerbstoffe als üblicher Tee und soll deshalb sehr gesund sein. Die Führungen durch das **Elandsberg Rooibos Estate** (☎027-482 2022; www.elandsberg.co.za; Führung pro Pers. 125 R), 22 km westlich von Clanwilliam, bieten eine gute Möglichkeit, den Herstellungsprozess von der Pflanze bis zur Teepackung nachzuvollziehen.

Die Besitzer des Rooibos Teahouse in der Ortschaft haben sich zudem die **Rooibos Route** (www.rooibos-route.co.za) einfallen lassen: An ihr liegen Restaurants, Teehersteller und Unterkünfte, bei denen sich alles um den berühmten südafrikanischen Exportschlager dreht.

Schlafen & Essen

Lebanon Citrus CAMPING $
(☎027-482 2508; www.lebanon.co.za; Stellplatz 200 R, 2-Pers.-Cabin 350 R) Zur Auswahl stehen zwei Campingplätze und hübsche Hütten aus Holz in herrlicher Lage am Rand des Staudamms und mit Panoramablick auf die Cederberg Mountains. Die Anlage liegt 28 km von Clanwilliam entfernt und lässt sich über eine Schotterstraße erreichen.

Sollten die Pläne zur Dammerhöhung in die Tat umgesetzt werden, hätte das die Überflutung des Campingplatzes zur Folge. Die Eigentümer planen jedoch, ihn an einen ähnlich spektakulären Ort zu verlegen.

Daisy Cottage COTTAGE $
(☎027-482 1603; Foster St; Zi. pro Pers. 300 R) Das wunderschöne Cottage mit Reetdach liegt in einer ruhigen Straße in der Ortsmitte und hat einen herrlichen Garten. Vermietet werden zwei Zimmer plus eine Schlafcouch.

Saint du Barrys Country Lodge PENSION $$
(☎027-482 1537; www.saintdubarrys.com; 13 Augsburg Dr; EZ/DZ inkl. Frühstück 850/1400 R; ❄🏊) Ein 150 Jahre alter Banyan-Baum wacht über diese hübsche Pension mit fünf Zimmern mit eigenem Bad und einem winzigen Pool im hübschen Garten. Ein Abendessen gibt es nach Absprache.

Bushmans Kloof LUXUSHOTEL $$$
(☎021-481 1860; www.bushmanskloof.co.za; EZ/DZ inkl. Vollpension ab 5650/8000 R; ❄📶🏊) Das noble Privatreservat liegt 46 km östlich von Clanwilliam am Pakhuis Pass und ist für seine beeindruckenden Stätten mit San-Felskunst und die reiche Tier- und Vogelwelt bekannt. Die Gäste bekommen einen Guide zugewiesen und können an verschiedenen Aktivitäten teilnehmen (Radfahren, Schwimmen, Fliegenfischen, Bogenschießen, Wandern) oder einfach nur ausspannen und das exquisite Essen genießen.

Nancy's Tearoom CAFÉ $
(Main St; Hauptgerichte 45–100 R; ⌚Mo–Sa Frühstück & Mittagessen) In diesem netten Café können sich die Gäste leichte Mahlzeiten im

STÄTTEN MIT FELSKUNST DER SAN

Die Ureinwohner Südafrikas sind die San, die als Nomaden jahrtausendelang im Gebiet nördlich von Clanwilliam lebten. Das Volk wurde später dezimiert und assimiliert, glücklicherweise sind in dieser Region aber noch einige der besten Beispiele ihrer Felszeichnungen im ganzen Land erhalten geblieben. Archäologen zählen einige der Stätten zu den weltweit am besten erhaltenen.

Wer Näheres über die Felszeichnungen der San erfahren oder weitere Stätten kennenlernen möchte, wendet sich am besten an das renommierte **Living Landscape Project** (☎ 027-482 1911; www.cllp.uct.ac.za; 16 Park St, Clanwilliam; Genehmigung 30 R, Touren ab 85 R), das Besuche arrangiert und ein Entwicklungsprogramm für die Gemeinden betreibt. Weitere Veranstalter kann die Touristeninformation in Clanwilliam empfehlen.

Eine gut zugängliche Stelle samt diverser Stätten mit Felszeichnungen ist der **Sevilla Rock Art Trail** (Genehmigung 40 R) am Traveller's Rest, 36 km von Clanwilliam in Richtung Bushmans Kloof. Auf dem relativ einfachen, 3 km langen Weg, den man auf eigene Faust begehen darf, liegen neun San-Stätten.

schönen schattigen Patio schmecken lassen. Die Einheimischen schwärmen von den Scones – zu einem Roiboos-Cappuccino sind sie ein Gedicht.

Das Nancy's zählt zu den beliebten Zwischenstopps auf der Rooibos Route; der Tee wird übrigens auch als Zutat für zahlreiche Gerichte verwendet, beispielsweise Bobotie, Käsekuchen und Rooibos-Zitronen-Merengue.

Reinhold's SÜDAFRIKANISCH $$
(☎ 083 389 3040; Main St; Hauptgerichte ab 85 R; ⏲ Di–Sa Abendessen) Die Musik und die Speisekarte des Restaurants, in dem man à la carte isst, haben etwas von einer Zeitreise in die 1960er-Jahre. Das beliebte Reinhold's ist seit Jahren gut im Geschäft, viele Alternativen bieten sich in Clanwilliam allerdings sowieso nicht. Die Spezialität des Hauses sind Fisch und Grillgerichte.

Ausgehen

★ **Rooibos Teahouse** TEESTHAUS
(www.rooibosteahouse.co.za; 4 Voortrekker St; ⏲ Mo–Fr 8–17, Sa 8–14 Uhr) Das Teehaus ist ein Muss für jeden Roiboosliebhaber! Zur Auswahl stehen über 100 Teemischungen und Aromen mit Rooibos. Die Teeverkostung (70 R) ist überaus empfehlenswert – man kann sich sieben Tees aussuchen und sich vielleicht noch ein Stück Kuchen dazu gönnen. Für Gruppen ab vier Personen lassen sich Verkostungen mit Anleitung arrangieren (unbedingt vorbuchen). Ein angeschlossener Laden verkauft alle Tees, die auf der Karte stehen.

Praktische Informationen

Touristeninformation (☎ 027-482 2024; Main St; ⏲ Mo–Fr 8.30–17, Sa 8.30–12.30 Uhr) Sie befindet sich gegenüber vom alten Gefängnis (aus dem Jahr 1808) und fungiert gleichzeitig auch als **Stadtmuseum**. Hier kann man sich auch nach dem historischen Stadtspaziergang (50 R) erkundigen, einer einstündigen Tour mit einem Guide, die durch die siebtälteste Ortschaft Südafrikas führt.

An- & Weiterreise

Busse, die durch Citrusdal fahren, kommen auch durch Clanwilliam; sie halten an der Cedar-Inn-Tankstelle außerhalb der Ortschaft. Es empfiehlt sich, von dort aus mit der Unterkunft die Abholung zu vereinbaren.

Sammeltaxis, die auf der Strecke Springbok (320 R, 5 Std.) und Kapstadt (160 R, 3 Std.) unterwegs sind, fahren durch Clanwilliam – die Touristeninformation ist bei der Buchung behilflich.

Eastern Cape

➜ Inhalt

Gut essen

- Veld to Fork (S. 243)
- Hazel's Organic (S. 213)
- Stanley St (S. 208)
- Haricot's Deli (S. 219)

Schön übernachten

- Bulungula Lodge (S 236)
- Buccaneers Lodge (S. 231)
- Mdumbi Backpackers (S. 237)
- Die Tuishuise & Victoria Manor (S. 253)
- Edge Mountain Retreat (S. 227)
- Terra-Khaya (S. 227)

Auf nach Eastern Cape!

Von üppigen Tropenwäldern bis hin zu Wüsten, vom Faulenzen bis zu adrenalinreichen Abenteuern – Eastern Cape (Ostkap bzw. Oos-Kaap) bietet vielfältige Landschaften und Erlebnisse. Verglichen mit dem erschlosseneren Western Cape wirkt es manchmal wie ein völlig anderes Land und bietet Gelegenheiten, etwas über die Kultur der Xhosa zu erfahren. Einige der schönsten Wanderwege winden sich an der Küste und durch die wasserfallreiche Berglandschaft.

In vielen privaten Wildreservaten und National- und Regionalparks, lassen sich die *Big Five* (Löwe, Leopard, Büffel, Elefant und Nashorn) oder wandernde Wale und Delphine beobachten. Es gibt Stille und Kultur in den Orten der halbtrockenen Karoo, die Drakensberge und kaum bekannte Täler in den Highlands, gute Surfspots im Indischen Ozean, kulturelle Begegnungen an der Wild Coast, und überall Geschichte, darunter das Erbe einiger berühmter Söhne der Region – Nelson Mandela, Oliver Tambo und Steve Biko.

Reisezeit

Port Elizabeth

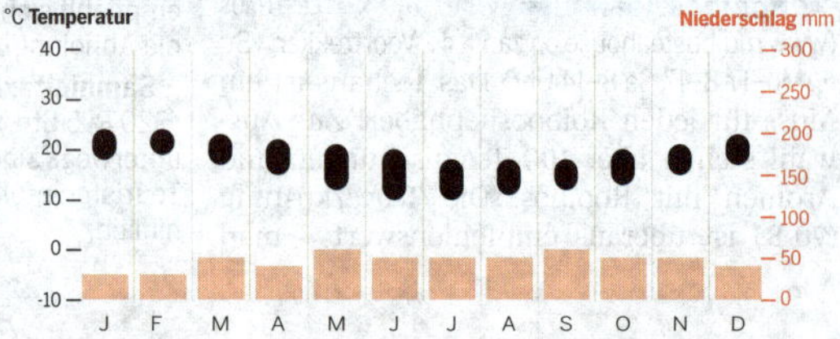

April Mal Sommerregen, mal Kälte; Wildtiere lassen sich blicken, die Strände sind ruhig.

Juli Afrikas größtes Kulturfest in Grahamstown und eine Surf-Weltmeisterschaft in Jeffrey's Bay.

Sept.–Okt. Wilde Frühlingsblumen und Frühsommerhitze in der Karoo. Hogsback's Spring Festival.

Sprache

Es ist Zeit, sich in diesen Zungenschnalzern zu üben – Xhosa ist in Eastern Cape die vorherrschende Sprache. Die einheimischen Weißen sprechen aber Englisch und Afrikaans.

Anreise & Unterwegs vor Ort

Die Provinz lässt sich am einfachsten mit dem Auto erkunden, aber der Hostel-Shuttle **Baz Bus** (☎ 0861 229 287; www.bazbus.com) ist ebenfalls eine gute Möglichkeit, die Küste zu bereisen. Er fährt fünfmal pro Woche in beide Richtungen zwischen Kapstadt und Port Elizabeth (2020 R einfache Fahrt, mit beliebigem Ein- und Ausstieg; 15 Std.) und hält an Hostels in den Crags (nahe Nature's Valley), Bloukrans Bridge, Storms River und Jeffrey's Bay. Viermal die Woche verkehrt der Baz Bus auch zwischen Port Elizabeth und Durban (1830 R einfache Fahrt, mit beliebigem Ein- und Ausstieg; 15¼ Std.) mit Halt in Port Alfred, East London, Chintsa und Mthatha. Außerdem gibt es Buspässe für sieben bis 21 Tage. Hostels bieten auch Shuttle-Busse von East London nach Hogsback sowie von Mthatha nach Coffee Bay and Port St Johns.

Die großen Busunternehmen, darunter **Greyhound** (☎ in Jo'burg 011-611 8000; www.greyhound.co.za), **Translux** (City to City; ☎ 0861 589 282; www.translux.co.za), **Intercape** (☎ in Kapstadt 021-380 4400; www.intercape.co.za) und **City to City** (☎ 0861 589 282; www.citytocity.co.za) befahren dieselbe Küstenstraße, fahren aber auch ins Hinterland als Verbindung von Eastern Cape mit Bloemfontein, Johannesburg (Jo'burg) und Pretoria. Die Züge von **Shosholoza Meyl** (☎ 0860 008 888; www.shosholozameyl.co.za) verbinden Port Elizabeth und East London mit Jo'burg über Bloemfontein. In Port Elizabeth, East London und Mthatha gibt es Flughäfen.

In abgelegeneren Gebieten, vor allem an der Wild Coast und in den Highlands, müssen Reisende ohne eigenes Fahrzeug Gemeinschaftstaxis benutzen, um zu unbekannteren Orten zu gelangen. Die Straßen sind nach heftigen Regenfällen oft unpassierbar. Manche Orte an der Wild Coast sind sogar nur zu Fuß oder mit dem Pferd erreichbar.

GARDEN ROUTE EAST

Zu dieser Region gehört der Westrand der Eastern-Cape-Küste, eine Verlängerung der viel befahrenen Garden Route und deswegen auch der wohl meistbesuchte Teil der Provinz. Der Tsitsikamma National Park ist zu Recht weithin bekannt, aber weniger frequentierte Ziele, wie z. B.die Baviaanskloof Wilderness Area (S. 196), sind ebenfalls lohnenswert.

Nature's Valley

Nature's Valley liegt in einem Steineibenwald neben einem prächtigen Strand und einer Lagune im Westen des Tsitsikamma National Park. Hier endet der 46 km lange Otter Trail (S. 193), und es beginnt der 60 km lange Tsitsikamma Mountain Trail (S. 193). Es gibt auch zahlreiche kürzere Wanderrouten in diesem Bereich des Parks, der als De Vasselot Section bezeichnet wird.

Etliche Unterkünfte und Restaurants befinden sich oberhalb des Dorfs; sie sind ausgeschildert von der Route 102 aus, die von der N2 in der Nähe von Kurland Village 9 km hinab nach Nature's Valley verläuft. Hinter Nature's Valley führt die Route 102 in einer Schleife zurück zur N2 und kreuzt sie an der Mautstelle Tsitsikamma 14 km östlich von Kurland Village.

Schlafen

Nature's Valley Properties (☎ 082 772 2972; www.naturesvalleyproperties.co.za/accommodation) hat auf der Website ein Verzeichnis von Ferienhäusern.

Rocky Road HOSTEL $
(☎ 044-534 8148; www.rockyroadbackpackers.com; Loredo South; B 120 R, Safarizelt EZ/DZ 190/280 R; P) Das Rocky Road wirkt wie eine verwunschene Waldlichtung. Schaukelstühle, ein holzbefeuerter Whirlpool (wird freitags aufgeheizt) und zauberhafte Badezimmer verteilen sich am Rand eines heimischen Waldbestands, durch den Wanderwege führen. Die Unterkünfte bestehen u. a. aus komfortablen Safarizelten und Hütten mit angebauten Bädern. Ausgeschildert ist das Hostel von der Route 102, etwa 1 km von der N2.

Nature's Valley Guesthouse & Hikers Haven PENSION $
(☎ 044-531 6805; www.hikershaven.co.za; 411 St Patrick's Ave; EZ/DZ mit Frühstück R450/740, ohne Bad 350/600 R; Dez. geschl.; P) Das reetgedeckte Backsteinhaus verfügt über einen großen Rasen, eine Küche für Selbstversorger, eine Lounge und kleine, ordentliche Zimmer mit altmodischen Bädern. Ein Transport zum Ausgangspunkt des Otter Trails ist von hier aus möglich (Der Preis: 480 R für bis zu 4 Pers.).

Highlights

1 Wandern auf den Küstenwegen und einsamen Stränden der **Wild Coast** (S. 229)

2 Sonnenuntergang in der Karoo mit Blick auf Graaff-Reinet im **Valley of Desolation** (S. 249) genießen

3 Afrikanische Elefanten aus der Nähe im **Addo Elephant National Park** (S. 210) und den benachbarten Reservaten beobachten

4 Durch Wälder zu den Wasserfällen um **Hogsback** (S. 226) wandern

5 Im abgelegenen, kunstsinnigen **Nieu Bethesda** (S. 249) in der Karoo in den Sternenhimmel blicken

6 Wandern, Bungee-Jumping, Tubing und Seilrutschen im **Tsitsikamma National Park** (S. 192) mit reißenden Flüssen und uralten Bäumen

7 Surfen in **Jeffrey's Bay** (S. 198) oder **Supertubes** (S. 202) bestaunen, eine der besten Wellen der Welt

8 Bergeinsamkeit im südlichen Drakensberg-Dörfchen **Rhodes** (S. 244) finden

9 An der Wild Coast und in Amathole in Hostels, wie **Bulungula Lodge** (S. 236) oder **Elundini Backpackers** (S. 228) im *rondavel* schlafen und den Xhosa begegnen

Tranquility Lodge LODGE $$
(☎ 044-531 6663; www.tranquilitylodge.co.za; 130 St Michael's Ave; EZ/DZ mit Frühstück ab 590/980 R;) Plätschernde Brunnen und donnernde Wellen bilden den Soundtrack der Lodge, deren sieben Zimmer mit Strandhausmöbeln, afrikanischer Kunst und Surfdekor eingerichtet sind. Die Gäste erhalten kostenlose Kajaks für die Lagune und Ermäßigungen für Aktivitäten vor Ort.

Nature's Valley Rest Camp CAMPINGPLATZ $$
(☎ 044-531 6700; www.sanparks.org; Camping 190 R, Chalets 900 R) Der Campingplatz des Nationalparks ist ein reizvoller Platz am Flussufer östlich des Dorfs und 2 km zu Fuß vom Strand entfernt. Er hat saubere Bäder, Gemeinschaftsküchen und Waschmaschinen. Lebensmittel sollten gut verwahrt werden: Überall stromern lästige Primaten herum. Gäste müssen zusätzlich zum Unterkunftspreis auch den Parkeintritt zahlen (Erw./Kind 72/36 R).

Essen

Nature's Way Farm Stall CAFÉ, SELBSTVERSORGER $
(Rte 102; Sandwiches 30 R; ⏲ 9–17 Uhr;) Das reizende Farmgeschäft auf einem Milchbauernhof verkauft kleine Frühstücks- und Mittagsgerichte, Kuchen, Kaffee und bietet ein umfassendes Angebot an lokalen Erzeugnissen.

Nature's Valley Trading Store KNEIPE $
(☎ 044-531 6835; 135 St Michael's Ave; Hauptgerichte 70 R; ⏲ 9.30–20.45 Uhr) Ein Katzensprung vom Strand. An einem Baum im Biergarten hängen Wanderschuhe und leere Champagnerflaschen von Veteranen des Otter Trails. Das Kneipenessen besteht u. a. aus Hamburgern, Steaks und Meeresfrüchten, im angrenzenden Laden werden einfache Lebensmittel verkauft. Im Angebot sind auch Informationen und Broschüren zur Umgebung.

Praktische Informationen

Nature's Valley Trust (Lagoon Dr; ⏲ Mo–Fr 8–16 Uhr) Liegt am Dorfeingang.

An- & Weiterreise

Der **Baz Bus** (☎ 0861 229 287; www.bazbus.com) zwischen Kapstadt und Port Elizabeth hält am Rocky Road. Die anderen Busgesellschaften halten in Plettenberg Bay, von wo sich Gäste von Unterkünften in Nature's Valley nach vorheriger Anmeldung abholen lassen können.

Tsitsikamma National Park

Der von schwarzen, strudelnden Flüssen, tiefen Schluchten und dichten Wäldern durchzogene **Tsitsikamma National Park** (☎ 042-281 1607; www.sanparks.org; 2 Std. Erw./Kind 40/20 R, 4 Std. 80/40 R; ⏲ Tor 7–19 Uhr) umfasst einer Fläche von 650 km² zwischen Plettenberg Bay und Humansdorp sowie ein Meeresschutzgebiet, das sich über 80 km Küste und 5 km ins Meer hinaus erstreckt. Eine 77 m lange Hängebrücke überspannt den Storms River Mouth nahe dem Rest Camp gleichen Namens (nicht zu verwechseln mit dem Dorf Storms River), wo mehrere Wanderwege durch Dickichte aus Farn, Lilien, Orchideen, Küsten- und Berg-*fynbos* („feiner Busch") sowie teils jahrhundertealten Steineiben und Milkwood-Bäume führen. Jahrtausendealte Felsformationen aus Sandstein und Quartz säumen die Schluchten und die Felsenküste und draußen im Meer sind Glattwale und Delfine zu sehen.

Tsitsikamma, was auf Khoisan „viel Wasser" bedeutet, erhält jährlich über 1200 mm Niederschlag – die Flüsse verdanken ihre dunkle Farbe den Gerbstoffen aus den *fynbos*-Wurzeln, deren bitterer Geschmack hungrige Tiere abschrecken soll. Die scheuen Kapotter, nach denen der Otter Trail benannt ist (eine mehrtägige Wanderung), leben in diesem Park, ebenso Paviane, Affen, kleine Antilopen und pelzige kleine Felsenratten. Zur sehr artenreichen Vogelwelt gehört hier auch der gefährdete Schwarze Austernfischer.

Aktivitäten

Untouched Adventures KAJAKFAHREN
(☎ 073-130 0689; www.untouchedadventures.com) Bietet eine beliebte dreistündige Kajak- und Luftmatratzentour auf dem Storms River (399 R) sowie Tauchen und Schnorcheln im Meeresschutzgebiet des Nationalparks (abhängig vom Wetter). Das Büro befindet sich unterhalb des Restaurants Storms River Mouth Rest Camp.

Bloukrans Bridge Bungee ABENTEUERSPORT
(☎ 042-281 1458; www.faceadrenalin.com; Bungee-Jumps 850 R; ⏲ 8.30–17 Uhr) Den dritthöchsten Bungee-Jump der Welt (216 m) – der höchste von einer Brücke – gibt's 21 km westlich von Storms River direkt unter der N2. Wer sich nicht sicher ist, ob er sich den Sprung traut, kann sich für 100 R zum Ab-

TSITSIKAMMA NATIONAL PARK

Was einen erwartet Berglandschaften mit einheimischen Wäldern, die sich hinab zur Felsenküste erstrecken. Zu den Aktivitäten zählen Kanufahren, Tubing, Reiten und Bungee-Jumping. Wege bieten kurze Spaziergänge und mehrtägige Treckkingtouren.

Reisezeit Juni und Juli sind die trockensten Monate und deren relativ milde Temperaturen setzen sich bis in den August und September fort.

Praktisches Wichtigstes Informationszentrum ist das Storms River Mouth Rest Camp. Der Parkeintritt kann auch im Nature's Valley Rest Camp bezahlt werden, wo es ebenfalls Informationen gibt.

Spar-Tipps Unterkünfte in Storms River und Nature's Valley sind billiger als in den Camps im Park. In Storms River liegen die Touranbieter zudem in Laufnähe zu den Unterkünften. Wer kein eigenes Fahrzeug hat, sollte sich in Unterkünften an der Strecke des Baz Bus einquartieren und Shuttles in den Park organisieren, anstatt Taxis zu nehmen. Der zweite Bungee-Sprung von der Bloukrans Bridge kostet nur 650 R!

sprungpunkt unter die Brücke begeben; ansonsten lässt sich das Spektakel von Leuten, die von der dramatischen Brücke springen, auch aus sicherem Abstand von der Terrasse oben auf dem Felsen oder dem Bar-Restaurant beobachten.

Unerwartet furchteinflößend ist das Hängen kopfüber, bis man wieder hochgezogen wird. Fotos und Videos vom eigenen herrlichen „Fehltritt" gibt's auch.

Wandern

Wer keine Zeit für die mehrtägigen Wanderungen hat, findet auch reichlich kürzere Strecken.

Otter Trail WANDERN

(☎ in Pretoria 012-426 5111; www.sanparks.org; pro Pers. 1000 R) Der 46 km lange Otter Trail entlang der Küste von Storms River Mouth bis Nature's Valley ist einer der beliebtesten Wanderwege Südafrikas. Zu dieser Wanderung über fünf Tage mit vier Übernachtungen gehören Durchquerungen von etlichen Flüssen und Zugang zu einigen herrlichen Küstenabschnitten. Für die Strecke ist eine gute Kondition erforderlich, da es oft steil bergauf und bergab geht.

Die Tour muss mindestens neun Monate im Voraus gebucht werden (sechs Monate, wenn das Datum flexibel sein darf). Es gibt jedoch oft Stornierungen, ein Versuch lohnt sich also immer, besonders wenn es sich um eine Gruppe von nur zwei oder drei Personen handelt. Einzelne Wanderer dürfen auch mitmachen; sie werden in eine Gruppe einbezogen, damit sie nicht allein losmarschieren.

Die Übernachtungen finden in Rasthütten für sechs Personen mit Matratzen (ohne Bettzeug) statt, Regenwassertanks, *braais* und Feuerholz sind vorhanden. Campen ist nicht gestattet.

Tsitsikamma Mountain Trail WANDERN

(☎ 042-281 1712; www.mtoecotourism.co.za; pro Nacht 135 R) Der 60 km lange Weg von Nature's Valley bis Storms River führt landeinwärts durch Wälder und Berge. Insgesamt dauert er bis zu sechs Tagen, aber es ist auch möglich, zwei, drei, vier oder fünf Tage zu marschieren, da jede Hütte ihren eigenen Zugangsweg hat. Organisierter Gepäcktransport ist ebenfalls möglich, ebenso Tagestouren (30 R) und Mountainbiketrips.

Dolphin Trail WANDERN

(☎ 042-280 3588; www.dolphintrail.co.za; EZ/DZ 5940/9980 R) Die zweitägige, 17 km lange Wanderung ist ideal für „Slackpacker", die keinen Rucksack schleppen oder in Hütten nächtigen wollen. Sie führt vom Storms River Mouth Rest Camp zum Misty Mountain (S. 195) und dann für die letzte Nacht weiter zur Fernery Lodge & Chalets (S. 195). Die Buchung über die Website des Trails sollte mindestens ein Jahr im Voraus erfolgen.

Das Gepäck wird per Auto zwischen den Unterkünften transportiert und im Preis sind auch drei Übernachtungen, alle Mahlzeiten, Führer und eine Fahrt im Allradfahrzeug zurück zum Storms River Mouth enthalten.

Schlafen

Storms River Mouth Rest Camp CAMPINGPLATZ, CHALET $$

(☎ 042-281 1607; www.sanparks.org; Camping 300 R) Der Campingplatz bietet unterschiedliche Unterkünfte an, z. B. rustikale Waldhütten (ab 485 R), Chalets (ab 945 R), Cottages mit vier Einzelbetten für Familien (1545 R) und „Oceanette"-Häuser am Wasser (ab 885 R). Die meisten haben Einzelbetten mit Bettzeug und, außer den Waldhütten, Küche samt Utensilien sowie ein Bad. In den Preisen ist der Parkeintritt nicht enthalten (Erw./Kind 150/75 R).

Es gibt in der Anlage auch ein Restaurant (8.30–22Uhr) und einen kleinen Laden. Der Abzweig zum Camp ist an der N2 zwischen Bloukrans Bridge und Storms River. Von dort sind es 4 km zum Parktor und 10 km zum Campingplatz.

An- & Weiterreise

Weder zum Nature's Valley Rest Camp noch zum Storms River Mouth verkehren öffentliche Verkehrsmittel. Greyhound, Intercape, Translux und City to City halten in Plettenberg Bay und Storms River Bridge. Der Baz Bus fährt näher an die Rest Camps und hält auf der Strecke zwischen Kapstadt und Port Elisabeth in den Crags (nahe Nature's Valley), in Bloukrans Bridge und in Storms River.

Hiking Trail Transfers (082 696 5335; www.ottertrailtransfers.co.za) Transfers für Wanderer auf dem Otter und dem Tsitsikamma Mountain Trail.

Storms River

Das von Bäumen gesäumte Storms River ist ein Dörfchen mit einem großartigen Unterkunftsangebot und einem gut entwickelten Tourismus, zum größten Teil wegen seiner Lage im Tsitsikamma National Park nahe Bloukrans Bridge. Storms River sollte nicht mit dem Abzweig 4 km Richtung Westen zum Storms River Mouth (Stormsriviermond auf Afrikaans) im Park verwechselt werden.

Sehenswertes & Aktivitäten

Big Tree WALD
(Erw./Kind 12/8 R; 8–17 Uhr, Sept.–April bis 18 Uhr; P) Gleich östlich von Storms River auf der anderen Seite der N2 stehen der Big Tree, eine 36 m hohe und über 1000 Jahre alte Steineibe, und ein Wald mit vielen schönen Exemplaren von Pechkiefern, Stinkwood- und Assegai-Bäumen. Hier beginnt der 4,2 km lange **Ratel Trail**, wo Baumarten in diesem Wald, einem der besterhaltenen Südafrikas, mit Schildern beschriftet sind.

Mild 2 Wild OUTDOOR-AKTIVITÄTEN
(042-281 1842; www.mild2wildadventures.com; Darnell St) Bietet Reitausflüge (2 Std. 350 R) und verleiht Mountainbikes (4 Std. 160 R) für die empfehlenswerte, 22 km lange Radtour durch den Nationalpark zum Storms River Mouth. Der Laden gehört zu Dijembe Backpackers und liegt neben der Pizzeria Papa Africa.

Blackwater Tubing ABENTEUERTOUR
(079 636 8008; tubenaxe.co.za/stormsrivertubing; Ecke Darnell & Saffron St) Tubing-Trips auf dem Storms River (halber/ganzer Tag ab 450/750 R), vom Hostel Tube 'n Axe organisiert. Da der Fluss zu Überschwemmungen neigt, gibt es nach heftigen Regenfällen oft mehrere Tage keine Touren. Es lohnt sich, nach dem Wasserstand des Flusses zu fragen; bei Niedrigwasser müssen die Teilnehmer fast so viel laufen wie sie sich treiben lassen können.

Tsitsikamma Falls Adventure ABENTEUERTOUR
(042-280 3770; www.tsitsikammaadventure.co.za; Witelsbos) Abseilen (100 R), einen herrlichen, 36 m hohen Wasserfall hinab oder an acht bis zu 211 m langen Seilrutschen (375 R) die Kruis-River-Schlucht erleben. Liegt etwa 12 km östlich von Storms River an der N2.

Tsitsikamma Canopy Tours ÖKOTOUR
(042-281 1836; www.stormsriver.com; Darnell St) Das Großunternehmen ist die älteste Niederlassung eines landesweiten Netzwerks von Baumwipfeltouren. Zehn bis zu 100 m lange Seilrutschen ziehen sich zwischen zehn Plattformen durch die Baumwipfel; es ist eher entspannend als aufregend. Die dreistündige geführte Tour (495 R inkl. Mittagessen und Parkeintritt) beginnt alle halbe Stunde von 8.30 bis 15.30 Uhr. Im Angebot sind auch geführte Waldfahrten und -wanderungen.

Schlafen

Im Dorf

★ **Dijembe Backpackers** HOSTEL $
(042-281 1842; www.dijembebackpackers.com; Ecke Formosa & Assegai St; Camping/B/EZ/DZ 70/130/320/380 R; P) Das behagliche Hostel besteht zum großen Teil aus recyceltem Holz, was dem Geist des naturliebenden Besitzers entspricht, der mit einem geretteten Pferd auftauchen, von den Dachbalken hängen und einen Trommel-

kreis leiten kann – alles an einem ganz normalen Abend. Auf der oberen Terrasse gibt es einen Whirlpool, zum Frühstück kostenlose Pfannkuchen, Kneipenbesuche in den Townships sowie jeden Abend Lagerfeuer und Abendessen (70 R).

Zu den Unterkünften gehören Safarizelte und ein Cottage hinten im Garten.

Tsitsikamma Backpackers HOSTEL $
(☎ 042-281 1868; www.tsitsikammabackpackers.co.za; 54 Formosa St; B/DZ/3BZ/4BZ 170/500/750/900 R; P @) Abgesehen von der künstlichen Blockhüttenfassade vermittelt die Unterkunft den Eindruck eines sauberen Vorstadthauses. Die blitzblanken Zimmer sind mit farbenfrohem Bettzeug und Kunstwerken eingerichtet und die Zweibettzelte (440 R) stehen auf überdachten Plattformen. Frühstück (50 R) und Abendessen (70 R) gibt's auch sowie eine Lounge, eine gut ausgestattete Küche und eine Bar mit Billard und Tischfußball versüßen den Aufenthalt.

Tube 'n Axe HOSTEL $
(☎ 042-281 1757; tubenaxe.co.za; Ecke Darnell & Saffron St; Camping/B/Zi. 85/140/440 R; P) Geselliges Zentrum dieses Partyhostels ist das große Bar-Restaurant, das sich zu einer großen Feuerstelle hin öffnet. Unterschiedliche Unterkunftsoptionen sind im Angebot, darunter Schlafsäle mit sechs und 14 Betten, hübsch eingerichtete Privatzimmer, Blockhütten und Safarizelte für zwei Personen auf Plattformen (330 R).

Wenn viel los ist, kann es in einigen Zimmern in und um das Haupthaus herum auch laut werden.

At the Woods PENSION $$
(☎ 042-281 1446; www.atthewoods.co.za; 43 Formosa St; EZ/DZ/3BZ/4BZ 825/1100/1650/2000 R; P) Die stilvolle Pension vermittelt mit den Keramiken an der Wand, den farbenfrohen Kissen auf den Betten und türkisfarbenen Gartenmöbeln etwas Künstlerisches. Die Zimmer oben haben Holzbalkons; Nr. 6 ist besonders geräumig und mit einigen reizenden Holzfischen geschmückt.

Tsitsikamma Village Inn PENSION $$
(☎ 042-281 1711; www.tsitsikammahotel.co.za; Darnell St; Zi. mit Frühstück 525–1390 R; P @) Die meisten Zimmer in dem schönen Miniaturdorf sind in altmodischen, niedrigen Häuschen untergebracht, ausgestattet mit Himmelbetten und eigener Veranda um einen gepflegten Rasen. Auf dem Gelände gibt es außerdem noch ein Restaurant, eine Bar, eine Brauerei, einen Friseur und einen Spielplatz.

Armagh Country Lodge & Spa LODGE $$
(☎ 042-281 1512; www.thearmagh.com; 24 Fynbos Ave; EZ mit Frühstück 400–600 R, DZ mit Frühstück 590–1500 R; P) Das Armagh an der Hauptzufahrtsstraße von der N2 ins Dorf verbirgt sich hinter einem üppig und dicht bewachsenen Garten. Die Zimmer sind geräumig und warm, die meisten haben eine eigene Veranda. Zum Haus gehört ein Spa und das angeschlossene Restaurant Rafters ist eines der besten im Ort.

Andelomi Forest Lodge LODGE $$
(☎ 042-281 1726; www.andelomi.com; 31 Formosa St; EZ mit Frühstück 450–500 R, DZ mit Frühstück 700–800 R; P) Das Andelomi bietet eine schlichte Unterkunft, ein Restaurant und eine Kneipe auf einem baumbewachsenen Grundstück mit Blick auf die bewaldeten Hänge des Tsitsikamma. Vermietet wird auch eine Ferienwohnung für vier Personen (700 R für 1 oder 2 Personen, für weitere Personen 350 R pro Erw.).

Außerhalb des Dorfes

Es gibt ein paar lohnenswerte Unterkünfte außerhalb des Dorfs Storms River. Von der N2 zweigt zwischen der Storms River und Bridge Tsitsikamma Falls Adventure die Straße nach Blueliliesbush und Nompumelelo ab; die Unterkunft liegt etwa 8 km die Straße runter.

★ **Fernery Lodge & Chalets** RESORT $$
(☎ 042-280 3588; www.forestferns.co.za/accommodation-all; EZ/DZ ab 930/1860 R; P) Das Fernery, direkt am Klippenrand oberhalb der Schlucht des Sandrift River gelegen, nutzt seine spektakuläre Lage bestens aus. Luxuriöse Chalets und Suiten verteilen sich auf dem weitläufigen Gelände, ein Whirlpool scheint fast über dem Abgrund zu schweben und das Restaurant ist ein gemütliches Plätzchen mit Ausblick aus deckenhohen Fenstern.

Misty Mountain Reserve CHALET $$
(☎ 042-280 3699; www.mistymountainreserve.co.za; EZ/DZ/FZ ab 900/1440/2350 R) Eine Reihe großer, individueller Nurdachhäuser an einem Felsvorsprung über dem Meer, jedes ausgestattet mit einem großem Whirlpool und einige sogar mit separater Lounge. Mahlzeiten stehen zur Verfügung und zu

ABSEITS DER ÜBLICHEN PFADE

BAVIAANSKLOOF

Baviaanskloof Wilderness Area

(Baviaanskloof Mega Reserve; ☎044-272 9908; www.travelbaviaans.co.za) Die Baviaanskloof Wilderness Area, eines der größten Naturschutzgebiete Südafrikas zwischen den Kouga und Baviaanskloof Mountains, ist eine Welterbestätte mit Leoparden, Antilopen, Büffeln und Kap-Bergzebras. Die Region, die sich zwischen den Orten Patensie und Willowmore erstreckt, lässt sich am besten mit dem eigenen Fahrzeug (mit hoher Radaufhängung) oder auf einer geführten Tour erkunden. Weitere Informationen: www.baviaanskloof.net und www.baviaans.net.

den angebotenen Aktivitäten gehören Wandern und Mountainbiken auf den umliegenden Waldwegen.

Essen & Ausgehen

Papa Africa PIZZERIA $

(Darnell St; Pizza 70 R) Mit der Öltonnentheke, Tischdecken aus Kaffeesäcken, Wellblechwänden und Lichterketten wirkt das Papa Africa wie eine Tanzscheune. Fünf verschiedene Beläge für die Pizza stehen auf der Tafel zur Auswahl und am Holzofen betreibt der sympathische Pizzazauberer Arthur seine Magie.

Rafters SÜDAFRIKANISCH $$

(24 Fynbos Ave; Hauptgerichte 90 R;) Das Restaurant der Armagh Country Lodge hat einen gemütlichen Gastraum mit offenem Kamin und Veranda. Spezialitäten vom Cape Malay, darunter Straußen-*bobotie* (zart gewürztes Curry mit knusprig überbackenem Rührei obenauf) und *bredie* (Schmortopf), werden neben eher weniger einheimischen Gerichten, wie marokkanische Lammkeule, und leichten Mittagsgerichten angeboten.

Marilyn's 60's Diner THEMENBAR

(Darnell St; Hauptgerichte 70 R; ⏲10 Uhr bis open end) Der wunderbar unpassende Diner mit Elvis-, Marilyn-Monroe- und amerikanischen Motiven dominiert das Dorfzentrum. Das Speisenangebot besteht aus südafrikanischen und amerikanischen Klassikern; die Gerichte unterschiedlicher Qualität reichen von Hot Dogs, Curry und Calamari bis zum „A Little Less Conversation"-*sarmie* (Sandwich). Wir empfehlen, sich nur ein Bier zu bestellen und die restaurierten Cadillacs zu bestaunen.

Das **Elvis Festival Africa** (www.elvisfestival.co.za) findet hier am letzten Wochenende im Mai statt.

Praktische Informationen

Das **Storms River Information Centre** (☎042-281 1098; Gamassi St; ⏲9–17.30 Uhr) ein Stück hinter der N2 hat eine ganze Wand voller Broschüren und ist bei der Unterkunftssuche behilflich, auch für Selbstversorger. Gegenüber von Marilyn's 60's Diner ist ein kleiner Supermarkt und Spirituosenladen mit einem Geldautomaten.

An- & Weiterreise

Der Baz Bus hält auf seiner Strecke zwischen Kapstadt und Port Elizabeth an den Hostels in Storms River. Die jeweiligen Unterkünfte organisieren auch Shuttles zum Tsitsikamma National Park und Aktivitäten im Umland. Die großen Busgesellschaften halten an der Storms River Bridge, 5 km östlich des Dorfs an der N2; von dort holen Unterkünfte auf Wunsch ihre Gäste auch ab.

SUNSHINE COAST

Die Sunshine Coast nimmt einen beträchtlichen Teil der Küste von Eastern Cape ein, dazu zählen Port Elizabeth, die Küstenorte Jeffrey's Bay und Port Alfred sowie zahlreiche Sandstrände. Im Hinterland befinden sich die besten Wildtierreviere, die von der Küste zwischen Kapstadt und Durban aus leicht zu erreichen sind: der Addo Elephant National Park und die benachbarten privaten Reservate.

In der Region herrschen englisches Erbe und Lebensart vor, dank des Einflusses der 1820 Settlers, die sich 1820 hier angesiedelt hatten. Diese zähen Briten landeten in der Algoa Bay und landeten schließlich, nachdem sie sich inmitten von mörderischen Kämpfen zwischen Buren und Xhosa in der Landwirtschaft versucht hatten, in Grahamstown, Port Elizabeth und anderen Orten.

Cape St Francis & Umgebung

Cape St Francis, 25 km südlich von Humansdorp, ist ein bescheidenes Städtchen mit einem windigen Strand und dem Surfbreak Seal Point. Südkaper und Buckelwale lassen sich zwischen Juli und November vor der Küste blicken, Delfine sind das ganze Jahr über zu sehen.

St Francis Bay, 8 km nördlich von Cape St Francis, ist ein nobler Badeort, der teilweise von Kanälen durchzogen ist. Er hat eine einheitliche Bauordnung, die dunkle Reetdächer und weiß verputzte Wände vorschreibt. Der Strand ist schmaler als der in Cape St Francis, aber trotzdem ganz nett und die Wellen eignen sich gut für Surfanfänger. In der Nebensaison ist der Ort nahezu menschenleer und der Golfplatz und die adretten Straßen wirken seltsam unberührt und steril. In der Hochsaison erwacht er dann jedoch zum Leben, aber er ist das ganze Jahr über für ein oder zwei Übernachtungen sicher und ruhig. Die meisten wichtigen Dienstleistungen sind hier vorhanden, darunter zwei Einkaufszentren, ein Geldautomat, ein paar Restaurants und eine Brauerei.

Port St Francis, von St Francis Bay Richtung Norden zu erreichen, ist ein aktiver Hafen, der von luxuriösen Apartmenthäusern umgeben ist. Er ist eines der Zentren der Tintenfischindustrie, u. a. werden hier Cape-Hope-Tintenfische, die *chokka*, angelandet, die oft als Köder benutzt werden. Vor der Küste sind nachts die Schiffe zu sehen, deren Lampen die Tintenfische anlocken. Ein paar Jachten und Motorboote liegen im Jachthafen und im kleinen Einkaufszentrum gibt es ein paar gute Restaurants.

Sehenswertes & Aktivitäten

Seal Point Lighthouse LEUCHTTURM
(Seal Point Reserve, Cape St Francis; P) Der 1878 erbaute Leuchtturm ist der höchste gemauerte Turm an der südafrikanischen Küste und markiert den südlichsten Punkt Afrikas.

Penguin Rehabilitation Centre VOGELSCHUTZGEBIET
(www.penguin-rescue.org.za; Seal Point Reserve, Cape St Francis; Eintritt frei, Führung Erw./Kind 50/30 R; 9–17 Uhr; P) GRATIS Das Zentrum für gefährdete Brillenpinguine neben dem Seal Point Lighthouse wird ausschließlich durch Spenden finanziert. Interessierte können auch einen ausgehungerten Pinguin adoptieren (600 R), der dann aufgepäppelt und anschließend wieder freigelassen wird.

Irma Booysen Flora Reserve WANDERN
(Da Gama Way, Cape St Francis) In diesem kleinen Naturschutzgebiet zum Schutz der Küsten-*fynbos* in dieser Gegend gibt es verschiedene Spazierwege durch die typische Vegetation.

River Break BOOTSFAHRT
(042-298 0054; www.capestfrancis.co.za; St Francis Bay) Kanalrundfahrten (pro Pers. 200 R) und Tagestouren mit dem Kajak samt einem *braai* flussaufwärts auf einer Farm (450 R).

Chokka Trail WANDERN
(073 825 0835; www.chokkatrail.co.za; EZ/DZ 4000/6800 R) Der 56 km lange Weg (mit Gepäcktransport) schlängelt sich um die Strände, *fynbos*, Wälder und Golfplätze des Kaps. Die Tour dauert vier Tage mit drei Übernachtungen in einer Pension mit Vollpension, einer Kanalrundfahrt und einem Calamari-Essen.

Schlafen & Essen

Oasis Lodge PENSION $$
(042-294 0456; www.oasislodge.biz; Ecke Grand Comore St & Poivre Cres, St Francis Bay; EZ mit Frühstück 450–495 R, DZ mit Frühstück 720–750 R; P) Diese Idylle am Kanal, nicht weit vom Ortszentrum und dem Golfplatz entfernt, besteht aus reetgedeckten Wohneinheiten, die sich zu einem Blumengarten öffnen, sowie Terrassen vor der Lounge, dem Esszimmer und der Veranda. Der Blick auf die Anleger am Kanal ist fantastisch.

Cape St Francis Resort RESORT $$
(042-298 0054; www.capestfrancis.co.za; Da Gama Way, Cape St Francis; Camping 100–150 R, EZ/DZ ab 360/480 R; P) Die verschiedenen Chalets und Wohneinheiten in diesem Resort am Meer sind ansprechend und gut ausgestattet; zur Wahl stehen Zimmer mit Frühstück und Unterkunft für Selbstversorger. Das weiße Dorf mit Reetdächern besteht aus Häusern im kapholländischen-Stil, luxuriösen Strandvillen (mit eigenem kleinen Pool), Hostelzimmern mit Dusche, Kochnische und Gemeinschafts-*braai*, Apartments und weiteren Optionen. Hinzu kommen ein Spa, ein Restauramt, ein kleiner Laden und eine Bar.

Christy's Catch FISCH & MEERESFRÜCHTE, ASIATISCH $$
(165 St Francis Dr, St Francis Bay; Hauptgerichte 90 R) Im Christy's dreht sich alles um Meeresfrüchte, z. B. Calamari-Hamburger, Thunfischsteak und Sushi. Die reetgedeckte Bar und die Dekoration mit Boot und Angelzubehör in den Bäumen verleiht dem Innen-

hof einen maritimen Touch. Es gibt auch eine asiatische Theke mit Pfannengerichten, Currys und Frühlingsrollen.

Chokka Block FISCH & MEERESFRÜCHTE, STEAKS $$
(Triton Ave, Port St Francis Mall; Hauptgerichte 100 R; ⏲ Mo–Mi, Fr & Sa 11–21, So bis 16.30 Uhr) Meeresfrüchte und Grillgerichte in deftigen Portionen werden hier zwischen künstlerischen, nautischen Motiven bei weitem Hafenblick serviert.

Chez Patrick FRANZÖSISCH $$
(Triton Ave, Port St Francis Mall; Hauptgerichte 85 R; ⏲ Mo–Fr 17–22, Sa 9–15 & 17–22 Uhr; 📶) Deckenhohe Fenster mit Blick auf den unterhalb liegenden Jachthafen und eine stilvolle, zeitgenössische Einrichtung ergänzen die kreativ präsentierten, leichten Fusionsgerichte aus lokalen Zutaten. Jeden Abend gibt es zudem Tagesangebote.

An- & Weiterreise

AdventureNow betreibt einen Shuttle-Service zwischen St Francis Bay und Jeffrey's Bay (pro Pers. 150 R) und dem Port Elizabeth Airport (pro Fahrzeug ab 650 R).

Jeffrey's Bay

27 107 EW.

Die einst verschlafene Küstenstadt hat sich zu „J-Bay" entwickelt, einem der besten Surfspots der Welt. Der Ort ist zweifellos Südafrikas führendes Zentrum für Surfer und Surfkultur. Fans aus aller Welt kommen hierher, um Wellen wie die berühmten Supertubes zu reiten, die schon als die „perfektesten Wellen der Welt" beschrieben worden sind. Die Monate von Juni bis September sind die beste Zeit für erfahrene Surfer, Anfänger sind hier das ganze Jahr über gut aufgehoben.

Aktivitäten

Surfen

Wavecrest Surf School SURFEN
(☎ 073 509 0400; www.wavecrestsurfschool.co.za; Drommedaris St; 2-Std.-Kurs inkl. Brett & Neoprenanzug 250 R) Das alteingesessene Unternehmen bietet täglich Kurse an. Gut für Kinder und Anfänger.

Son Surf School SURFEN
(☎ 076 501 6191; www.surfschools.co.za; 1½-Std.-Kurs 230 R) Gut für fortgeschrittene Surfer, die ihr Können auffrischen oder ihre Technik verbessern wollen. Der Besitzer Kelvin Zehmke bietet auch Surf-Führungen an, um erfahrenen Surfern die besten Spots in der Umgebung zu zeigen.

Rip Curl SURFEN
(31 Da Gama Rd; Brett & Neoprenanzug jeweils pro Std./halber/ganzer Tag 20/70/100 R; ⏲ Mo–Fr 9–16.30, Sa bis 12 Uhr) Verleiht Surfbretter und Neoprenanzüge.

Andere Aktivitäten

Für Nichtsurfer gibt es hier auch diverse andere Freizeitangebote: Windsurfen, Kitesurfen, Stand-Up-Paddeln, Sandboarden, Reiten, Delphine und Wale vom Strand aus beobachten und Vogelbeobachtung am Kabeljous Estuary, zu dem eine schöne 6 km lange **Küstenwanderung** von der Stadt aus führt (aus Sicherheitsgründen sollte niemand allein losmarschieren). Eine andere Möglichkeit ist ein Spaziergang über die Strandpromenade zu den Supertubes (S. 202), um die beeindruckenden Darbietungen der Surfkönner zu beobachten.

AdventureNow ABENTEUERSPORT
(☎ 079 490 2389; www.adventurenow.co.za; Da Gama Rd) Bietet fast alle möglichen Aktivitäten und Tagesausflüge in der Region an.

Feste & Events

Winter Fest SPORT
(www.jbaywinterfest.com) Jedes Jahr im Juli strömen die Surfermassen zum Wettbewerb Open of Surfing in die Stadt. Diese Veranstaltung ist Teil des zehntägigen Sportfestes mit Livemusik und Unterhaltungsprogramm. Die Nachfrage nach Unterkünften ist in dieser Zeit enorm und die meisten Häuser verlangen Hochsaisonpreise. Frühzeitiges Buchen ist unerlässlich.

Schlafen

Zwischen Mitte Dezember und Mitte Januar ist Jeffrey's Bay, wie so viele Orte in diesem Teil des Eastern Cape, voll mit Urlaubern. Unterkünfte sollten also in dieser Zeit weit im Voraus gebucht werden. Mit Ausnahme des Island Vibe befinden sich die meisten Unterkünfte rund um Supertubes.

Eine Warnung: Es gab Fälle von Online-Buchungen für Unterkünfte, die gar nicht existierten. Vor der Bezahlung sollte sichergestellt werden, dass es die gewählte Unterkunft auch tatsächlich gibt.

Stay in J-Bay (www.stayinjbay.co.za) ist eine nützliche und seriöse Informationsquelle für Unterkünfte.

Island Vibe HOSTEL $

(042-293 1625; www.islandvibe.co.za; 10 Dageraad St; B 150–170 R, Zi. 400–650 R; P) Das Island Vibe ist 18 Jahre jung und immer noch voll drauf. Es liegt 500 m südlich des Stadtzentrums und die vielen Surfergäste sind ein Beleg für die erstklassige Strandlage. Unterkunft gibt's in Schlafsälen mit vier bis zwölf Betten, in Holzhütten (Nr. 1 und 2 haben einen eigenen Balkon mit Blick auf den Strand), einem Strandhaus und einem „Flashpackers", die beiden Letzteren mit Zimmern mit eigenem Bad.

Surfcamp-Pauschalen (3, 5 & 7 Tage), tägliche Kurse und Brettverleih gehören zum Angebot, ebenso Aktivitäten wie Reiten, Sandboarden und natürlich Geselligkeit in der „Piratenbar". Im Restaurant gibt's Pizza und Abendmenüs (40–80 R).

African Ubuntu HOSTEL $

(042-296 0376; www.jaybay.co.za; 8 Cherry St; Camping/B/Zi. mit Frühstück 100/140/450 R; @) Ein Vorstadthaus, das der passionierte Surfer und Besitzer zu einem kleinen und freundlichen Hostel umgewandelt hat. Einige der zwei Schlafsäle (sechs und zehn Betten) und fünf Doppel- und Zweibettzimmer sind etwas dunkel und schmuddelig, aber der Garten, der *braai*-Platz und die Bar sind prima zum Chillen.

Vom Balkon aus sind Magnatubes und Boneyards zu sehen; es werden auch Surfbretter verliehen und Aktivitäten vermittelt.

Cristal Cove HOSTEL $

(042-293 2101; www.cristalcove.co.za; 49 Flame Cres; B/Zi/FZ ab 110/300/450 R; P) Das zweistöckige Backsteinhaus hat fünf saubere Wohneinheiten mit Teppichboden – im Prinzip Miniapartments mit Lounge, Küche und mehreren Schlafzimmern. In der Rezeption gibt es eine Bar und einen Billardtisch.

Aloe Again HOSTEL $

(042-293 1401; www.aloeagainbackpackers.co.za; Pepper St; Zi. 350–400 R, FZ 450–550 R; P) Das Aloe Again wird vom African Perfection gegenüber betrieben und hat kleine, saubere Zimmer und eine große Wohnküche mit Billard und Tischfußball. Hof, Garten und *braai*-Platz bieten reichlich Platz zum Chillen und um den Neoprenanzug zum Trocknen aufzuhängen.

Hard Rock BACKPACKERS $

(042-293 3140; hardrockbackpackers.co.za; 29 Oribi St; Camping/B/EZ/DZ/4BZ mit Frühstück 85/120/180/350/520 R; P) Fotos von Hardrockern hängen hinter der Bar und dem Billardtisch, aber ansonsten ist es ein geruhsames, sauberes Vorstadthaus.

Beach Music → Dolphin Sunrise PENSION $$

(042-293 2291; www.beachmusic.co.za; 33 Flame Cres; EZ 230–430 R, DZ 350–700 R) Das terrakottafarbene Haus mit Blick auf Supertubes ähnelt einer mexikanischen Villa. Die herrlich luftige Wohnküche im ersten Stock hat einen tollen Meerblick und die geschmackvoll eingerichteten Zimmer besitzen alle eine eigene Terrasse.

Dreamland PENSION $$

(042-293 3677; www.jbaylocal.com; 29 Flame Cres; Zi. 300–1000 R) Das reetgedeckte, in Eigenregie gefertigte Haus vermietet vier individuell gestaltete Zimmer mit Böden aus Douglasfichtenholz, eigenen Veranden und direktem Zugang zu Supertubes. Alle Wohneinheiten haben eine Küche oder Kochnische. Auf Wunsch werden Biogerichte serviert.

African Perfection B&B $$

(042-293 1401; www.africanperfection.co.za; 20 Pepper St; EZ mit Frühstück 490–700 R, DZ mit Frühstück 700–1200 R; P) Die Luxusherberge in erstklassiger Lage vor Supertubes ist ideal für Surf-Voyeure. Jedes Zimmer hat einen eigenen Balkon mit hinreißendem Meerblick. Die fabelhafte Penthouse-Suite für vier Personen (2300 R) verfügt über eine voll eingerichtete Küche.

Essen

★ **InFood Deli** INTERNATIONAL $

(Ecke Schelde & Jeffrey St; Hauptgerichte 60 R; Mo–Sa 7–17 Uhr) Die Sandwiches, Hamburger und dergleichen sind in diesem Café/Bäckerei/Deli außergewöhnlich. Angesichts des eindrucksvollen Lebenslaufs des Besitzers und Kochs ist das auch nicht verwunderlich – u. a. kochte er auch für den englischen Prinzen William. Wegen der Mischung aus biologischen Zutaten aus lokalem Anbau (wie *fynbos*-Honig aus der Karoo) und internationalen Spezialitäten (*quesadillas*, hausgemachte Pasta und thailändisches Hühnercurry) ist es ein lohnenswertes Ziel für Feinschmecker.

Love Food Cafe CAFÉ, DELI $

(4 Da Gama Rd; Hauptgerichte 70 R) Die Besitzer von Love Food betreiben auch eine Hausbäckerei und eine Kochschule; ihr kulinarisches Können beweisen sie bei den frisch gebackenen Broten und Kuchen, den

Jeffrey's Bay

Jeffrey's Bay

Aktivitäten, Kurse & Touren

1 AdventureNow ... B7
2 Kitchen Windows ... B6
3 Rip Curl ... C6
4 Supertubes ... C1
5 Wavecrest Surf School ... D7

Schlafen

6 African Perfection ... C1
7 African Ubuntu ... C2
8 Aloe Again ... C1
9 Beach Music ... C2
10 Cristal Cove ... C2
11 Dreamland ... C2
12 Hard Rock ... C3

Essen

13 Bay Pasta Co ... A7
14 InFood Deli ... A6
15 Kitchen Windows ... B6
16 Love Food Cafe ... B7
17 Nina's ... C2

Ausgehen & Nachtleben

18 Je'Vista Social Cafe ... D6
19 Mexican ... C7
20 Sunflower ... C6

Shoppen

21 Quiksilver ... C6
22 Surf Village ... B7

Sandwiches, Salaten und auch bei den größeren Mahlzeiten. Besonders beliebt sind die Cheeseburger und die Hühnchen-Wraps mit Honigsenf.

★ Nina's INTERNATIONAL $$
(16 Wavecrest Centre; Hauptgerichte 85 R) Die meisten Einheimischem empfehlen Nina's, das stilvoll mit Surfbrettern, maritimen Motiven und Papierlaternen dekoriert ist. Der Service ist manchmal etwas langsam, aber die Qualität des Essens lohnt die Wartezeit. Meeresfrüchte überwiegen auf der vielfältigen Speisekarte, auf der auch Hamburger, Curry, Pasta, thailändische Gerichte und Nachos stehen. Ein Hit ist das Angebot an Tagesgerichten, wie Straußenfilet und gegrillter Thunfisch.

Kitchen Windows FISCH & MEERESFRÜCHTE $$
(80 Ferreira St; Hauptgerichte 60–140 R; Mo–Sa 11 Uhr bis open end, So bis 15 Uhr) Meerblick und weiß verputzte Wände verleihen dem luftigen Restaurant ein mediterranes Inselflair. Preiswertere Gerichte wie Calamari-Hamburger, Rinds-*tramezzini* (italienische, getoastete Sandwiches) und Salate ergänzen das gehobene Speisenangebot aus kreativ zubereiteten Fischen, Garnelen, Steaks und Biohühnchen.

Bay Pasta Co ITALIENISCH $$
(34 Jeffrey St; Hauptgerichte 85 R;) Die Ausstattung und Dekoration des Restaurants neben einem Surferladen spiegeln das Thema seines Nachbarn wider. Die Terrasse ist ein überaus beliebter Treffpunkt; sonntags gibt es immer Livemusik. Auf der Speisekarte stehen über ein Dutzend verschiedener Variationen von Pizza und Pasta sowie *tramezzini*.

InFood Blu BISTRO, FISCH & MEERESFRÜCHTE $$
(042-940 0053; Hauptgerichte 85 R; Di–Fr 17–22, Sa ab 10, So 10–16 Uhr) Das InFood Blu gehört demselben Besitzer wie das beste Café der Stadt. Serviert werden hier Gerichte wie z. B. Masala-Curry mit Garnelen, marinierte Rippchen, Sushi und Steak sowie eine gute Auswahl an Meeresfrüchten. Es ist eines der wenigen guten Restaurants in der Marina Martinique, eine kurze Fahrt in südlicher Richtung am Clapton's Beach. Vom Stadtzentrum aus ist es über den Abzweig links in den Dolphin Drive von der Woltemade Street zu erreichen.

Ausgehen

Je'Vista Social Cafe COCKTAILBAR
(1. Stock, 33 Diaz St) Die Lounge-Bar mit ihren großen Fenstern, die einen herrlichen Blick aufs Meer hinaus bieten, wird für ihre Cocktails geschätzt. Hits sind hier der Rosenblätter-Mojito, die Baileys Banana Colada und der starke California-Eistee.

Mexican THEMENBAR
(Da Gama Rd; Hauptgerichte 65 R) Das beliebte Latino-Bar-Restaurant, das sich im ersten Stock des Hauses befindet, besitzt einen langen Balkon, von dem aus sich die Da Gama Road überblicken lässt. Wie der Name schon verheißt, stehen hier mexikanische Klassiker wie Enchiladas, Fajitas, Burritos und Tacos auf der Karte.

Sunflower CAFÉ
(20 Da Gama Rd) Die Terrasse des zwanglosen Lokals mit Jack Black, Hansa und Castle vom Fass wird vor allem von Backpackern und Surfern gerne besucht. Sushi, Wraps und Kaffee (10 R) werden hier ebenfalls angeboten.

Shoppen

Surf Village SPORT, MODE
(Da Gama Rd) Die beträchtliche Ansammlung von Surfer-, Fabrikverkaufs- und Modeläden in modernen, reetgedeckten Häusern ist wunderbar zum Bummeln, Stöbern und Shoppen. Die Geschäfte befinden sich in der Da Gama Road südlich der St Croix Street, einige davon sind auch einen Block landeinwärts in der Jeffrey Street zu finden. Zu den einheimischen Labels in der Da Gama Road gehören Country Feeling (Surfsachen und modische Bekleidung) und In Step (Lederwaren) sowie Billabong, Rip Curl und RVCA.

Quiksilver SPORT, MODE
(☎042-293 2273; 24 Da Gama Rd) Oben gibt es ein „Museum" zur Entwicklung der lokalen Surfkultur; zum Verkauf stehen Surfbretter, Bodyboards, Neoprenanzüge und dergleichen mehr.

Praktische Informationen

Die meisten Geldautomaten sind in der Hauptstraße Da Gama Road zu finden.

Jeffrey's Bay Tourism (☎042-293 2923; www.jeffreysbaytourism.org; Da Gama Rd; ⏲Mo–Fr 9–17, Sa bis 12 Uhr) Das Personal ist freundlich und hilfsbereit und übernimmt die Buchung von Unterkünften und Aktivitäten.

SURFEN IN EASTERN CAPE

Surfen an der Küste von Eastern Cape ist legendär. Supertubes in Jeffrey's Bay ist zwar Weltklasse und Bruce's Beauties in St Francis Bay spielte im Film *Endless Summer* eine Rolle, aber gute Breaks gibt es überall an der Küste, von Jeffrey's Bay bis Port Edward.

Die Wassertemperatur liegt zwischen 16 und 22 °C, daher reicht im Sommer ein kurzer Neoprenanzug (oder sogar Baggys) aus, im Winter ist jedoch ein langer Neoprenanzug notwendig.

In **Cape St Francis** (S. 196) im Süden rollt der legendäre Seal Point an, einer der beständigsten rechtsbrechenden Breaks. Bruce's Beauties und Hullets im benachbarten **St Francis Bay** sind die perfekten Longboard-Wellen.

Jeffrey's Bay (S. 198) gehört zu den besten Surfspots der Welt und steht bei den meisten Surfern ganz oben auf der Liste der „Wellen, die man gesurft haben muss". Im Juli findet hier der Wettbewerb Open of Surfing statt. Entsprechend kann es hier ziemlich voll werden, wenn die Wellen reinrollen: Also immer schön höflich bleiben und die Einheimischen mit „*howzit*" begrüßen. **Supertubes** ist ein perfekter rechtsbrechender Pointbreak und wer ihn einmal erwischt hat, kann sich glücklich schätzen. Anfänger sollten sich besser an die sanfteren **Kitchen Windows** halten.

Beim Ansturm auf Jeffrey's Bay übersehen viele Surfer das benachbarte **Port Elizabeth** (PE). Der vorherrschende Südwestwind kann zwar alles wegblasen, aber der Pipe in Summerstrand ist der beliebteste Break von PE; ebenfalls ein Favorit ist an guten Tagen der Fence.

In **Port Alfred** (S. 220) weiter nördlich gibt es am East Pier exzellente Righthanders, am West Pier hingegen geschütztere Lefthanders.

East London (S. 224), wo einige bekannte Surfprofis wie Greg Emslie und Rosy Hodge leben, ist für das durchgängige Nahoon Reef bekannt; Gonubie Point und Gonubie Lefts sind auch nicht zu verachten. „*Grommets*", also die kleinen Surferlinge, finden alles, was sie brauchen am Nahoon Beach und Corner. In der Gegend kann das Wasser manchmal verschmutzt sein, was Haie anlockt, also vorsichtig sein und niemals in der Abenddämmerung surfen.

Weiter nach Norden von East London gibt es gute Wellen in den sogenannten East Coast Resorts sowie am Beginn der Wild Coast. Interessant sind hier **Queensberry Bay** (wo Hodge ihr Können lernte), **Glen Eden**, **Yellow Sands** und **Chintsa** (S. 229).

Und nun zur **Wild Coast** – und wild ist sie wirklich: eine spektakuläre, oft gefährliche Küste, die nicht wirklich erforscht oder erschlossen ist. Vorsicht an verschmutzten Flussmündungen: Haie sind hier verbreitet und weit und breit gibt es keine ärztliche Versorgung. In **Kei Mouth** (S. 233) gibt's den **Whacky Point** und ein paar Wellen auch in **Coffee Bay** (S. 234). In **Mdumbi** (S. 237) rollt ein langer, rechtsbrechender Pointbreak über einen schönen Sandboden an, **Whale Rock** ist gleich um die Ecke, und dann gibt's noch die Geheimtipps, die einem niemand verraten wird …

Anreise & Unterwegs vor Ort

Der Baz Bus zwischen Kapstadt und Port Elizabeth hält an mehreren Hostels in J-Bay.

AdventureNow (S. 198) hat einen Shuttle-Service u. a. von/nach Storms River (pro Pers. 270 R), Bloukrans Bridge (320 R) und Port Elizabeth Airport (pro Fahrzeug 500 R); Fahrkarten zum beliebigen Ein- und Ausstieg sind ebenfalls erhältlich.

Fernbusse (Mentors Plaza, St Francis St) auf der Strecke Kapstadt–Port Elizabeth–Durban halten an der Tankstelle Mentors Plaza Caltex an der Kreuzung der St Francis Street mit der N2.

Gemeinschaftstaxis fahren an der Ecke der Goedehoop und St Francis Street los, wenn sie voll besetzt sind, generell zur vollen Stunde. Nach Humansdorp kostet es 30 R (25 Min.) und nach Port Elizabeth 60 R (1¼ Std.).

Taxis in der Stadt, darunter **J-Bay Cabs** (☎ 083 611 1003), verlangen etwa 10 R pro Kilometer.

Port Elizabeth

1,2 MIO. EW.

Port Elizabeth (kurz „PE") säumt die Algoa Bay am westlichen Ende der Sunshine Coast und bietet viele gute Badestrände und Surfspots. Die Stadt ist auch ein praktisches Tor zu lohnenswerten Destinationen in beide Richtungen an der Küste entlang, ebenso zur östlichen Karoo. Das Stadtzentrum ist leider noch ziemlich verwahrlost, mit Ausnahme des pulsierenden Richmond Hill und ein paar anderen Stadterneuerungsprojekten. Viele der gehobeneren Läden, Restaurants und Bars sind in den Einkaufszentren in den Vorstädten zu finden.

PE, die Industrievorstädte Uitenhage und Despatch sowie die riesigen Townships im Umland werden zusammen als Nelson Mandela Bay bezeichnet.

Sehenswertes

Die Hauptattraktionen des Urlaubsorts sind die breiten Sandstrände und das warme Wasser des Indischen Ozeans. Der mit Abstand schönste Strand der Gegend ist **Sardinia Bay** 20 km südlich der Innenstadt und jenseits des Flughafens. Er ist 10 km lang und zu Fuß über große Sanddünen zu erreichen. Aufgrund der starken Strömungen bleibt man am besten im seichten Wasser und entfernt sich nicht zu weit von der Küste. Südlich von Central gibt es breite Strände, der **Kings Beach** erstreckt sich ab dem Hafen von Humewood, und in Summerstrand sind recht geschützte Strände.

Donkin Reserve PARK

(Central; Leuchtturm Erw./Kind 5/3 R; ⌚ Leuchtturm Mo–Fr 8.15–16, Sa 9.30–15 Uhr) Der Park auf einem Hügel eignet sich gut, um sich einen Überblick zu verschaffen, besonders oben vom **Leuchtturm**. Die **Pyramide** ist eine Gedenkstätte für Elizabeth Donkin, die Frau von Sir Rufane Donkin, Gouverneur der Kapkolonie in den 1820er-Jahren, der PE nach seiner geliebten Ehefrau benannte. Ein **Weg** führt zu den Monumenten und Kunstwerken des Parks, die wichtige Epochen in der Geschichte der Stadt präsentieren. Er ist ein Teil des umfassenderen Wegs **Route 67** durch das Stadtzentrum. Weitere Infos dazu hat die Touristeninformation.

Nelson Mandela Metropolitan Art Museum GALERIE

(☎ 041-506 2000; www.artmuseum.co.za; 1 Park Dr, St George's Park; ⌚ Mo & Mi–Fr 9–17, Di, Sa & So 13–17 Uhr) Das Museum in zwei schönen Gebäuden am Eingang zum St George's Park hat eine kleine Galerie mit Gemälden und Skulpturen zeitgenössischer südafrikanischer Künstler, einigen älteren britischen und Eastern-Cape-Werken sowie Wechsel- und Abschlussausstellungen.

No. 7 Castle Hill HISTORISCHES GEBÄUDE

(7 Castle Hill, Central; Erw./Kind 10/5 R; ⌚ Mo–Do 10–13 & 14–16.30, Fr bis 16 Uhr) Das Hausmuseum in einem malerischen Cottage von 1827 erinnert an das Leben einer Siedlerfamilie in viktorianischen Zeiten.

South End Museum MUSEUM

(☎ 041-582 3325; www.southendmuseum.co.za; Ecke Walmer Blvd & Humewood Rd, South End; Eintritt mit Spende; ⌚ Mo–Fr 9–16, Sa & So 10–16 Uhr; P) GRATIS Mulitmediale Exponate erzählen die Geschichte von South End, eines lebhaften mulitkulturellen Stadtteils, der bei Zwangsräumungen zwischen 1965 und 1967 (unter dem berüchtigten Group Areas Act) von Apartheid-Bulldozern zerstört wurde. Die Einwohner wurden in andere, nach Rassen getrennte Stadtteile umgesiedelt. Die einstündige Führung durch das Gebiet sollte im Voraus gebucht werden (40 R).

Bayworld AQUARIUM, MUSEUM

(☎ 041-584 0650; www.bayworld.co.za; Beach Rd, Brookes Hill; Erw./Kind 35/25 R; ⌚ 9–16.30 Uhr) Zu dem alternden Komplex gehören ein Museum, ein Ozeanarium und ein Schlangenpark. Zu sehen sind neben den vielen ausgestopften und eingelegten Meeressäugern im Museum auch einige schöne Perlenarbeiten

Port Elizabeth

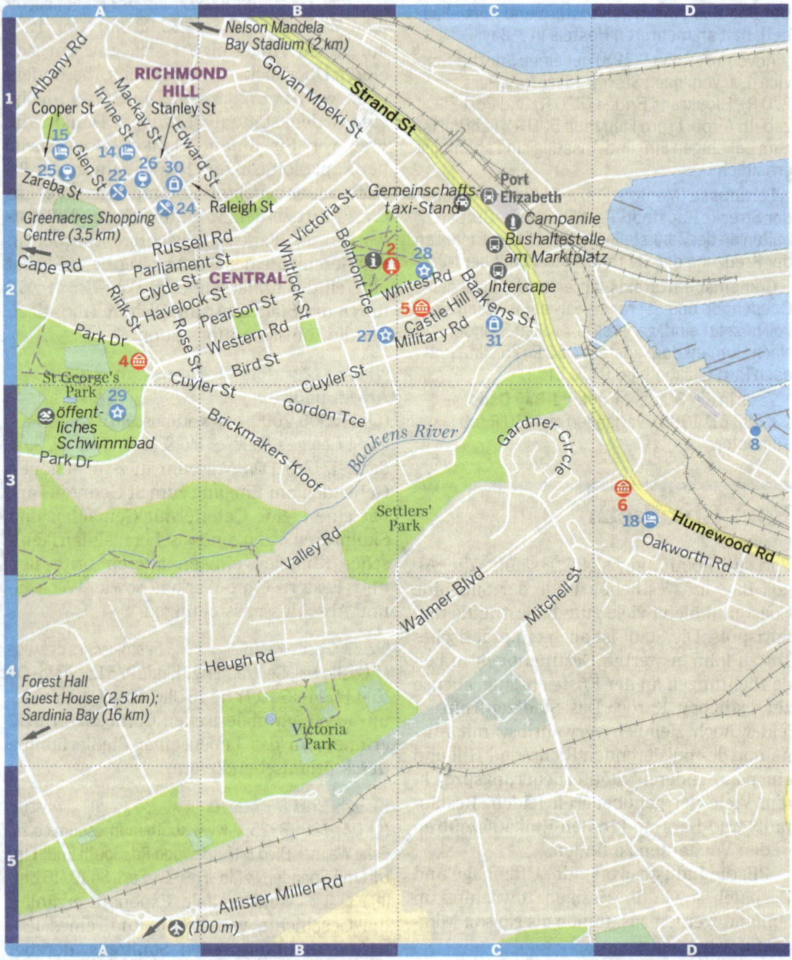

der Xhosa aus modernen Materialien und die Replik eines Algoasaurus-Dinosauriers. Um 12 Uhr gibt es eine Schlangenvorführung und um 11 und 15 Uhr findet eine Robben- und Pinguinpräsentation statt.

Marine Rehabilitation & Education Centre VOGELSCHUTZGEBIET

(SAMREC; www.samrec.org.za; Cape Recife Nature Reserve; Erw./Kind 25/15 R; ⏲9.30–15.30 Uhr) Die meisten der verbliebenen 25 000 Brutpaare des gefährdeten Brillenpinguins sind in der Algoa Bay zu finden; gefährdet sind sie, weil die Strömungen ihre Nahrung weit ins Meer hinausziehen, weswegen sie den größten Teil selbst verdauen, bevor sie zu ihren Jungen zurückkehren. In diesem Zentrum können Besucher mehr von den freiwilligen Mitarbeitern erfahren und die Pinguine beim Faulenzen am Pool oder bei der Fütterung um 14.30 Uhr beobachten. Es gibt hier ein Café und in der Umgebung Küstenwanderwege.

Aktivitäten

PE wird nicht umsonst als „windige Stadt" bezeichnet: Windsurfer und Segler finden alles, was sie brauchen, am **Hobie Beach**, 5 km südlich von Central.

Es gibt einige exzellente Tauchreviere um Port Elizabeth, zudem Schiffswracks und Riffe in der gesamten Algoa Bay. **Ocean Divers International** (☎ 041-581 5121; www.odipe.co.za; 10 Albert Rd, Walmer) und **Pro Dive** (☎ 041-581 1144; www.prodive.co.za; Watersport Centre, Boardwalk, Marine Dr, Summerstrand) bieten beide PADI-Kurse in offenen Gewässern an. Sie kosten etwa ab 2450 R, Tauchgänge ab 280 R.

Surf Centre SURFEN
(☎ 041-585 6027; www.surf.co.za; Walmer Park Shopping Centre, Main Rd, Walmer) Die besten Surfbreaks von PE gibt es zwischen der Hafenmauer und Summerstrand sowie am Pollok Beach. Das Surf Centre verkauft und verleiht Surfbretter und Bodyboards. Die zugehörige Surfschule unterrichtet deren Gebrauch (1½-Std.-Kurs 200 R).

Geführte Touren

Calabash Tours KULTURTOUR
(☎ 041-585 6162; www.calabashtours.co.za) Organisiert Ausflüge in die Umgebung, z. B. Safaris im Addo Elephant National Park (1000 R) und mehrere Township-Touren (550–695 R), darunter Besuche in *shebeens* (illegale Kneipen) und in Häusern von Geschichtenerzäh-

Port Elizabeth

Sehenswertes

1 Bayworld F4
2 Donkin Reserve B2
3 Kings Beach F4
4 Nelson Mandela Metropolitan Art Museum A2
5 No. 7 Castle Hill C2
6 South End Museum D3

Aktivitäten, Kurse & Touren

7 Hobie Beach G5
Pro Dive .... (s. 20)
8 Raggy Charters D3

Schlafen

9 @9 Ferndale Road F4
10 Algoa Bay F4
11 Aristotle E4
12 Beach Hotel G5
13 Chapman Hotel G5
14 Guesthouse on Irvine A1
15 Hippo Backpackers A1
16 Kings Beach Backpackers E4
17 Lungile Lodge F5
18 Paxton Hotel D3
19 Windermere F4

Essen

20 Angelo's G5
Blue Waters Café .... (s. 20)
21 Brookes on the Bay G4
Coachman .... (s. 21)
22 Fushin A1
23 The Boardwalk G5
24 Vovo Telo A2

Ausgehen & Nachtleben

Barney's Tavern .... (s. 20)
25 Beer Yard A1
Coffee Cafe .... (s. 23)
26 For the Love of Wine A1

Unterhaltung

27 Athenæum B2
28 Port Elizabeth Opera House C2
29 St George's Cricket Stadium A3

Shoppen

30 Camden A1
31 Wezandla Gallery & Craft Centre C2

lern. Die Führer sind Einheimische, die stolz auf die Rolle der Townships von Port Elizabeth im Kampf gegen die Apartheid sind und besonders auf Orte von historischem und politischem Interesse hinweisen.

Raggy Charters BOOTSTOUR
(☎073 152 2277; www.raggycharters.co.za; Algoa Bay Jacht Club) Halbtagestouren (900 R) mit einem ausgebildeten Meeresbiologen zu den Inseln St Croix, Jahleel und Benton, mit Schwerpunkt auf Pinguine, Wale oder Delfine. Auch im Angebot sind Rundfahrten bei Sonnenuntergang (450 R) zum Cape Recife Lighthouse, bei denen Vögel und Meerestiere beobachtet werden können.

Schlafen

Die meisten der feinsten Hotels von Port Elizabeth und Dutzende Ferienwohnungen befinden sich am Strand.

Humewood & Summerstrand

Lungile Lodge HOSTEL $
(☎041-582 2042; www.lungilebackpackers.co.za; 12 La Roche Dr, Humewood; B 130–140 R, EZ/DZ/FZ ab 330/460/720 R; P 🛜 ❄) Das gut geführte Nurdachhaus liegt in einem Vorort bergaufwärts vom Kings Beach. In dem großen Unterhaltungsbereich ist fast jeden Abend mächtig was los und die Schlafsäle und der winzige Campingplatz können recht voll werden, wenn der Baz Bus ankommt. Die privaten Zimmer im hinteren Anbau sind modern und mit massiven Betten, afrikanischen Masken und Gemeinschaftsbalkon ausgestattet. Transfer und Aktivitäten werden angeboten, darunter Township- und Addo-Touren sowie Sandboarding.

Kings Beach Backpackers HOSTEL $
(☎041-585 8113; kingsbeachbackpackers.wozaonline.co.za; 41 Windermere Rd, Humewood; Camping/B/DZ 65/130/380 R; 🛜) Ein kleines, bewohntes Haus in einer ruhigen Straße ein kurzes Stück zu Fuß vom Strand entfernt. Es gibt Hütten hinten im Garten, auch eine mit Familienzimmer und Bad, sowie eine Lounge, eine Freiluftbar und einen *braai*-Platz. Am Reiseschalter werden Aktivitäten im Umland und Transport organisiert.

Island Vibe HOSTEL $
(☎041-583 1256; www.islandvibe.co.za; 4 Jenvey Rd, Summerstrand; B/EZ/DZ/FZ 150/350/500/700 R; P @ 🛜 ❄) Das „Flashpacker"-Hostel in einem unscheinbaren Vorstadthaus hat weniger Charakter als das Schwesterhostel in Jeffrey's Bay, ist aber eine komfortable Bleibe mit zahlreichen Annehmlichkeiten. Bar, Billardtisch, Tisch-

fußball und Whirlpool im Freien bringen Leben ins Vorstadtambiente. Willkommen sind auch die gut ausgestattete Küche, der sichere Parkplatz und die Zimmer mit Bad. Der Pollok Beach und der Surfbreak Pipe sind zu Fuß zu erreichen.

Paxton Hotel HOTEL $$
(041-585 9655; www.paxton.co.za; Carnarvon Pl, Humewood; EZ/DZ/Suite 1079/1358/3165 R; P ❄ 📶 ≋) Eine erstklassige Unterkunft, allerdings nicht am Strand; sie liegt hinter einem kleinen Einkaufszentrum und erfordert eine kurze Fahrt zum Strand. Die Zimmer haben moderne Möbel, Satellitenfernsehen und allen modernen Komfort. Lobby und Bar strahlen das nüchterne Ambiente eines Business-Hotels aus.

Algoa Bay PENSION $$
(041-582 5134; www.algoabay.com; 13 Ferndale Rd, Humewood; EZ/DZ mit Frühstück 550/700 R; P 📶 ≋) Die Zimmer in diesem modernen B&B sind geschmackvoll eingerichtet und haben Satellitenfernsehen. Von den Zimmern im obersten Stock ist der Kings Beach zu sehen. Draußen gibt es eine Terrasse und einen solarbeheizten Swimmingpool. Die Besitzer betreiben drei weitere Pensionen in der Gegend, darunter das ebenfalls empfehlenswerte **@9 Ferndale Road** (041-582 5134; www.atnine.co.za; 9 Ferndale Rd, Humewood; EZ/DZ mit Frühstück 650/850 R; P 📶 ≋) und das **Aristotle** (041-582 5134; www.aristotle-guesthouse.com; 1 Chalmers Rd, Humewood; EZ/DZ mit Frühstück 550/650 R; P 📶 ≋).

Chapman Hotel HOTEL $$
(041-584 0678; www.chapman.co.za; Brookes Hill Dr, Brookes Hill; EZ/DZ/3BZ/4BZ mit Frühstück ab 680/880/1130/1330 R; P 📶 ≋ 👪) Das freundliche, familiengeführte Chapman am Kings Beach in der Nähe des Bayworld und des Einkaufszentrums Brookes on the Bay ist ein gutes Mittelklassehotel mit einem Fischrestaurant und einem Pool. Die modernen Zimmer haben Balkons mit Meerblick zu bieten.

★ **Windermere** BOUTIQUEHOTEL $$$
(041-582 2245; www.thewindermere.co.za; 35 Humewood Rd; DZ mit Frühstück 2090 R; P ❄ 📶 ≋) Diese Oase des designbetonten Luxus liegt in einer ruhigen Straße nur einen Block vom Strand entfernt. Die neun feudalen Zimmer, von deren Balkons aus das Meer zu sehen ist, sind vornehm und zeitgenössisch eingerichtet. Zusätzliche Attraktionen sind eine Bar, ein kleiner Gartenpool zwischen von Kletterpflanzen bedeckten Mauern sowie überall Bücher über afrikanische Kunst.

Radisson Blu HOTEL $$$
(041-509 5000; www.radissonblu.com; Ecke Marine Dr & 9th Ave, Summerstrand; Zi. 1700 R; P ❄ 📶 ≋) Der glänzende Hotelturm am Strand hat die wohl modernsten und stilvollsten Zimmer der Stadt und verfügt über sämtliche Annehmlichkeiten eines internationalen Business-Hotels.

Beach Hotel HOTEL $$$
(041-583 2161; www.thebeachhotel.co.za; Marine Dr, Summerstrand; EZ mit Frühstück 1100–1300 R, DZ mit Frühstück 1760–2190 R; P ❄ 📶 ≋) Das freundliche 4-Sterne-Hotel hat eine gute Lage am Hobie Beach und neben dem Boardwalk. Ein Besuch des schönen Gebäudes aus den 1920er-Jahren lohnt allein schon wegen eines Blicks in den Frühstücksraum mit seinen Buntglasfenstern und dem Kronleuchter. Das Ginger (Hauptgerichte 110 R), eines der drei Restaurants des Hotels, serviert Steaks und Meeresfrüchte mit Blick aufs Meer und den Kai.

Richmond Hill & Inland

Guesthouse on Irvine PENSION $
(041-582 1486; guesthouseonirvine.co.za; 40 Irvine St, Richmond Hill; EZ/DZ 380/500 R; P 📶 👪) Das restaurierte viktorianische Haus mit einer kleinen Küche, einem Esszimmer, einem Garten und sechs ordentlichen Zimmern mit Holzböden liegt ein paar Häuser von den Restaurants in der Stanley Street entfernt. Tanya, die freundliche Besitzerin, hat unzählige Tipps für die Gegend.

Hippo Backpackers HOSTEL $
(041-585 6350; www.thehippo.co.za; 14 Glen St, Richmond Hill; B/Zi. 120/450 R, EZ/DZ ohne Bad ab 190/350 R; P 📶 ≋) Das Hippo, nicht weit von den Restaurants in der Stanley Street entfernt, ist eine praktische und komfortable Unterkunft. Es hat hinten einen einladenden Pool und einen *braai*-Platz, eine Bar und einen Billardtisch, zwei attraktive Lounges, zwei Küchen und hübsch eingerichtete Zimmer.

Forest Hall Guest House PENSION $$
(041-581 3356; www.foresthall.co.za; 84 River Rd, zwischen 9th & 10th Ave, Walmer; EZ/DZ mit Frühstück ab 675/950 R; P 📶 ≋) Die großen Zimmer mit viel natürlichem Lichteinfall und eigenen Terrassen dieses eleganten

Vorstadthauses gehen auf einen herrlichen Garten mit einem Swimmingpool im italienischen Stil raus.

Essen

Die **Stanley Street** ist das Zentrum des angesagten Stadtteils Richmond Hill, ein Stadterneuerungsprojekt ähnlich jenen in Johannesburg und Kapstadt. In der Stanley Street zwischen Glen und Mackay Street befinden sich ein Dutzend lebhafte Restaurants mit unterschiedlichen Ausrichtungen, von indisch bis mediterran. Die meisten haben Straßentische und Tagesgerichte. Am ersten Mittwoch des Monats findet hier ein **Nachtmarkt** statt.

In den Einkaufszentren **Boardwalk** (☎041-507 7777; Marine Dr, Summerstrand) und **Brookes on the Bay** (Beach Rd, Brookes Hill) gibt es zahlreiche Kettenrestaurants.

★Something Good CAFÉ **$$**
(am Marine Dr, Pollok Beach; Hauptgerichte 75 R; ⏲8–22.30 Uhr; 👪) Die Raststätte/Strandbar ist mit ihrem luftigen Innenraum, der Strandterrasse und einem Kinderspielplatz der ideale Platz für einen Sundowner. Zu den angebotenen Gerichten zählen u. a. Gourmetpizzas, Hamburger, Meeresfrüchte, Steaks und auf der „Fitnesskarte" Hamburger ohne Brötchen, Proteinshakes und gesundes Frühstück.

Vovo Telo CAFÉ, BÄCKEREI **$$**
(Ecke Raleigh & Irvine St, Richmond Hill; Hauptgerichte 75 R; ⏲Mo–Fr 7.15–15.15, Sa bis 14.30 Uhr) Das Vovo Telo war der ursprüngliche Laden einer mittlerweile landesweiten Kette und bildete den Auftakt zur Regenerierung von Richmond Hill. In dem atmosphärischen alten Haus mit einem Rundum-*stoep* (Veranda) treffen sich Einheimische bei Sandwiches aus Spezialbrot, dünnkrustiger Pizza aus Ciabatta-Teig, Bruschetta und gemischten Antipasti sowie verschiedenen Frühstücksvariationen.

Coachman STEAKHAUS **$$**
(☎041-584 0087; Brookes on the Bay, Beach Rd, Brookes Hill; Hauptgerichte 100 R) Männer vom alten Schlag werden sich hier wie im Himmel fühlen: Vollbusige Kellnerinnen in tief ausgeschnittenen stahlblauen Kleidern servieren perfekt zubereitete Steaks. Coachman ist das beste Steakhaus in PE und auch weibliche Fleischfreunde werden das Angebot schätzen, eine Orgie aus Hamburgern, Steaks, Geflügel, Meeresfrüchten und unzähligen Soßen. Das Ambiente ist elegant, der Service aufmerksam und es wird empfohlen, einen Tisch zu reservieren.

Fushin JAPANISCH, ASIATISCH **$$**
(☎041-811 7874; www.fushin.co.za; Shop 5, Stanley on Bain, 15 Stanley St, Richmond Hill; Hauptgerichte 70–100 R; ⏲12–22 Uhr) Der erfahrene Besitzer und Küchenchef dieses Restaurants zaubert hochwertige Sushis, hausgemachte Nudeln nach Singapur-Art und Kreatives wie gefüllten Riesentintenfisch.

Angelo's HAMBURGER, STEAKHAUS **$$**
(Beachfront Boardwalk, Marine Dr, Summerstrand; Hauptgerichte 60–95 R) Das einladende afro-rustikale Restaurant mit gedämpfter Beleuchtung, aufgestapelten Holzscheiten und Strohkörben lockt ein kultiviertes, multikulturelles Publikum an. Gourmet-Hamburger, Grill- und Pfannengerichte, Pasta, Salate, Cocktails und Milchshakes stehen auf der Karte.

Im selben Gebäudekomplex befinden sich auch zwei weitere populäre Lokale: **Blue Waters Café** (Beachfront Boardwalk, Marine Dr, Summerstrand; Hauptgerichte 95 R; ⏲7.30–22 Uhr), das sich prima für einen schnellen Imbiss oder einen Drink auf dem Balkon zum Strand raus eignet, und **Barney's Tavern** (Beachfront Boardwalk, Marine Dr, Summerstrand) mit seiner Terrasse und der offenen Pizzaküche.

Ausgehen

Die Straßentische der Restaurants in der Stanley Street sind prima für einen Drink.

★For the Love of Wine WEINBAR
(1. Stock, 20 Stanley St, Richmond Hill; ⏲Mo–Sa 12–22 Uhr) In der exzellenten Weinbar und -boutique werden die Produkte aus Stellenbosch und anderen Regionen ausgeschenkt (Verkostungen und Schoppenweine kosten ab 25 R). Craft-Bier und Käseplatten werden ebenfalls angeboten. Wenn die Rundum-Veranda zu gemütlich ist, um sie bei Hunger zu verlassen, kann man sich von ein paar Restaurants das Essen auch hierher liefern lassen.

Beer Yard BAR
(1 Cooper St, Richmond Hill; ⏲Mo–Sa 12–22 Uhr) Die Craft-Bier- und Apfelweinbar mit einem Beduinenzelt im Garten verkörpert das urbane Flair von Richmond Hill. Handgemachte Hamburger (60–75 R) und dünnkrustige Pizzas (50–85 R) stehen auf der Speisekarte.

Coffee Cafe CAFÉ

(Beachfront Boardwalk, Marine Dr, Summerstrand) Kekse, Kuchen, Tee und Chai werden in dem rustikalen Café serviert, aber im Mittelpunkt steht überwiegend das schwarze Gold aus Bohnen der heimischen Rösterei Mastertons.

☆ Unterhaltung

Port Elizabeth Opera House OPER, THEATER

(☎041-586 2256; www.peoperahouse.co.za; Whites Rd, Central) Das älteste Theater Afrikas und der südlichen Hemisphäre bietet ein breites Spektrum an Aufführungen, darunter Theater, Lesungen, Konzerte und Comedy.

Athenæum DARSTELLENDE KUNST

(☎041-585 1041; www.theathenaeum.co.za; 7 Belmont Tce, Richmond Hill) Das Kulturzentrum in einem renovierten viktorianischen Gebäude veranstaltet Theateraufführungen, Performances und Livemusik, auch Jazz.

Nelson Mandela Bay Stadium STADION

(☎041-408 8900; www.nmbstadium.com; 70 Prince Alfred Rd, North End) Das futuristische Stadion im heruntergekommenen North End wurde für die Fußballweltmeisterschaft von 2010 gebaut und ist heute Schauplatz von Sportwettkämpfen und Konzerten. Per Telefon oder E-Mail kann man sich für eine 30-minütige Stadiontour anmelden (Mo, Mi & Fr 11–15 Uhr).

St George's Cricket Stadium STADION

(☎041-585 1646; www.stgeorgespark.co.za; St George's Park) Heimstadion des Eastern Province Cricket, berühmt für seine Fan-Bands, die eintägige Länderspiele zu einer feuchtfröhlichen Angelegenheit machen.

Shoppen

Im Einkaufszentrum Boardwalk gibt es Kunsthandwerksläden und am Sonntagvormittag auf dem Flohmarkt am Kings Beach Trödel aller Arten.

Wezandla Gallery & Craft Centre KUNSTHANDWERK

(27 Baakens St, Central) Das leuchtend bunte Kunsthandwerkszentrum hat ein riesiges Angebot an Waren, die von lokalen Gruppen hergestellt wurden, und ein kleines Café.

Camden HAUSHALTSWAREN, ACCESSOIRES

(7 Raleigh St, Richmond Hill) Verkauft diverse Designwaren und Modeaccessoires, von Handtaschen bis zu Kühlschrankmagneten.

ℹ Praktische Informationen

Nelson Mandela Bay Tourism (☎041-585 8884; www.nmbt.co.za; Donkin Reserve; ⏲Mo–Fr 8–16.30, Sa 9.30–15.30 Uhr) Hat erstklassiges Informationsmaterial und Karten sowie ein Café mit Blick auf die Stadt. Filialen gibt es im Boardwalk (☎041-583 2030; Marine Dr, Summerstrand; ⏲8–19 Uhr), gut für Infos zur gesamten Provinz, und am Flughafen (☎041-581 0456; Port Elizabeth Airport; ⏲7–21.30 Uhr). Infomaterial gibt es auch im Kunsthandwerksladen Wezandla (s. links).

ℹ An- & Weiterreise

AUTO

Alle großen Mietwagenfirmen haben Vertretungen in Port Elizabeth oder am Flughafen.

BUS

Die Busse von Greyhound, Translux und City to City fahren am **Greenacres Shopping Centre**, etwa 4 km landeinwärts vom Stadtzentrum, ab, die von **Intercape** (Ecke Fleming & North Union St) vom eigenen Büro hinter dem alten Postamt.

Nach Kapstadt

Greyhound, Translux, Intercape und City to City haben tägliche Busverbindungen mit Kapstadt (400 R, 12 Std.) über die Garden Route.

Baz Bus (S. 189) verkehrt fünfmal pro Woche in beide Richtungen zwischen Port Elizabeth und Kapstadt (2020 R einfach, Hop-on Hop-off; 15 Std.).

Nach Durban

Die Busse von Greyhound, Translux, Intercape und City to City fahren täglich von/nach Grahamstown (230 R, 2 Std.), East London (300 R, 4½ Std.), Mthatha (350 R, 8 Std.) und Durban (450 R, 14½ Std.).

Baz Bus verkehrt an vier Tagen pro Woche in beide Richtungen zwischen Port Elizabeth und Durban (1830 R einfach, Hop-on Hop-off; 15¼ Std.).

Nach Johannesburg

Greyhound, Translux, Intercape und City to City haben tägliche Busverbindungen mit Jo'burg (520 R, 15 Std.) über Bloemfontein.

FLUGZEUG

South African Airways (☎041-507 7220; www.flysaa.com), deren Tochtergesellschaften Airlink, SA Express und Mango, **FlySafair** (☎0871 351 351; www.flysafair.co.za), **Kulula** (☎0861 585 852; www.kulula.com) und **British Airways** (☎in Jo'burg 011-441 8600; www.ba.com) fliegen alle täglich u. a. von/nach Kapstadt (ab 500 R mit FlySafair, 1½ Std.), Durban (ab 1640 R mit Kulula, 1¼ Std.) und Jo'burg (ab 1200 R mit British Airways, 1¾ Std.).

GEMEINSCHAFTSTAXIS

Die Fahrzeuge fahren vom **Taxistand** (Strand St, Central) unter der Überführung zu Orten in der Umgebung.

ZUG

Der **Shosholoza Meyl** fährt von/nach Jo'burg (20 Std., Mi, Fr & So) über Cradock und Bloemfontein. Zur Wahl stehen die Touristenklasse (Schlafwagen 450 R), die weniger empfehlenswerte Economy-Klasse (nur Sitz 290 R) und die luxuriöse **Premier Classe** (☎ in Jo'burg 011-773 9247; www.premierclasse.co.za; 2090 R).

Unterwegs vor Ort

Der **Port Elizabeth Airport** (www.airports.co.za; Allister Miller Rd, Walmer) liegt etwa 5 km vom Stadtzentrum entfernt. Ein Taxi ins Zentrum kostet um 100 R.

Die Algoa Bus Company befährt alle 25 Minuten die meisten Strecken (8,50 R einfach) in der Stadt und in die Vororte; Abfahrt ist am **Busbahnhof Market Square** (Strand St).

Addo Elephant National Park

Südafrikas drittgrößter **Nationalpark** (☎ 042-233 8600; www.sanparks.org; Erw./Kind 216/108 R; ⏲ 7–18 Uhr), der die verbliebenen Elefanten der ehemals großen Herden schützt, die einst durch Eastern Cape zogen, liegt 70 km nördlich von Port Elizabeth und umfasst das Zuurberg-Gebirge und das Sundays River Valley. Als Addo 1931 zum Nationalpark erklärt wurde, gab es nur noch elf Elefanten; heute leben über 600 im Park und man muss schon Pech haben, keine zu sehen. Addo, das einst Agrarland war, besteht heute aus fünf Biomen auf über 1800 km² und erstreckt sich bis zur Küste zwischen den Mündungen des Sundays und des Bushman's River. Zum Küstenabschnitt gehören das Alexandria Dunefield, das größte und am besten erhaltene Küstendünenfeld der südlichen Hemisphäre, und Inseln mit wichtigen Brutkolonien der Brillenpinguine, Kaptölpel und der Südafrikanischen Seebären.

Ein oder zwei Tage im Addo sind ein Highlight eines jeden Besuchs in diesem Teil von Eastern Cape, nicht nur wegen der Elefanten, sondern auch wegen der Löwen, Zebras, Spitzmaulnashörner, Kaffernbüffel, Fleckenhyänen und unzähligen Vögel. Der Park ist einer der wenigen, in dem die *Big Seven* leben, da auch Weiße Haie und Südkaper (in der entsprechenden Jahreszeit) in der Algoa Bay gesichtet wurden. Beachtenswert sind auch die seltenen, flugunfähigen Mistkäfer, die im Addo heimisch sind. Weibliche Käfer verbuddeln Elefantendung zum Verspeisen in der Erde, was sowohl den Boden düngt als auch das Wachstum des hellgrünen *spekboom*-Busches fördert – dessen Blätter sind die wichtigste Feuchtigkeitsquelle für Elefanten und werden daher auch als „Elefantenfutter" bezeichnet.

Aktivitäten

Alle Aktivitäten sollten im Voraus gebucht werden, besonders in der Hochsaison (Okt.–März). Zu beachten ist auch, dass für die meisten Aktivitäten und Unterkünfte der SANParks zusätzlich zum angegebenen SANParks-Preis der tägliche Parkeintritt bezahlt werden muss.

Safarifahrten auf eigene Faust

Die beste Ankunftszeit im Sommer ist der Vormittag, um dann die Wasserlöcher zu beobachten, an denen sich die Elefanten während der Tageshitze aufhalten. Im Winter sind die Tiere am besten früh am Morgen zu sehen.

Die hiesigen Elefanten waren früher regelrecht süchtig nach Orangen und Grapefruits. Sie kämpften um die Früchte, mit denen sie von den ersten Parkrangern gefüttert wurden, damit sie innerhalb des Parkgeländes blieben. Seit Ende der 1970er-Jahre ist das Verfüttern von Obst verboten, allerdings haben die Dickhäuter bekanntermaßen ein Elefantengedächtnis – so kann allein der Geruch davon ältere Tiere anlocken. Das Verlassen des Autos ist ohnehin *nur* an ausgewiesenen Stellen erlaubt.

Wie in den meisten Parks Südafrikas ist es nicht vorgeschrieben, einen Führer anzuheuern, um Addo mit dem eigenen Fahrzeug zu erkunden. Besucher können einfach vorfahren, die Eintrittsgebühr bezahlen und auf gut Glück Elefanten (und die anderen Autos) zwischen den Bäumen erspähen. Für Safarianfänger ist es oft hilfreich, einen mitfahrenden SANParks-Führer zu mieten (180 R plus Parkeintritt; verfügbar 8–17 Uhr), um ein paar Tipps zum Entdecken der Tiere zu erhalten.

Geführte Safarifahrten

SANParks Guided Wildlife Drives SAFARIS
(☎ 042-233 8657; addogamedrives@sanparks.org; pro Pers. 280–395 R) Zweistündige geführte Safaritouren in großen Allradfahrzeugen mit guter Aussicht beginnen alle paar Stun-

ADDO ELEPHANT NATIONAL PARK

Was einen erwartet Über 600 Elefanten sind fast eine Garantie dafür, dass Besucher tatsächlich auch Dickhäuter zu Gesicht bekommen. Die übrigen vier der *Big Five* können ebenfalls entlang der guten Straßen in einem malariafreien Gebiet gesichtet werden.

Reisezeit Tiere lassen sich hier das ganze Jahr über beobachten, aber im Herbst (um den April) und Frühjahr (um den September) ist das Wetter milder, da die Winter kalt und und die Sommer erstickend heiß sind. Dann sollten an den Bäumen auch Orangen hängen; die Zitrussaison ist hauptsächlich im Winter. (Die meisten Regenfälle gibt es von Februar bis März und von Oktober bis November.)

Praktisches Durch das Haupttor an der Route 335 geht es zur Parkrezeption im Addo Rest Camp, etwa 10 km nördlich des kleinen Orts Addo. Es gibt auch ein südliches Tor, das Matyholweni, 40 km vom Addo Rest Camp bei Colchester. Es ist möglich, zwischen beiden Toren zu fahren.

Spar-Tipps Im Winter ist Nebensaison; zwischen Mai und Juni sind die Unterkünfte im Park preiswerter.

den zwischen Sonnenaufgang und Abend. In der Gebühr für die Führung ist der Parkeintritt noch nicht enthalten .

Kanufahren

Criss Cross Adventures KANUFAHREN, OUTDOOR-AKTIVITÄTEN
(☎072 125 9152; www.crisscrossadventures.co.za; Chrislin Lodge) Bei Hochwasser ist der Sundays River der rasanteste Fluss Südafrikas, aber zu anderen Zeiten ist er ideal für eine geführte Kanutour (halber Tag 450 R). Schilftunnel öffnen sich zu weiten Ausblicken und Eisvögel und Fleckenuhus nisten am Flussufer. Der Führer Chris Pickels wuchs am Fluss auf und kennt ihn in- und auswendig. Er bietet auch Addo-Safaris (halber/ganzer Tag 750/1300 R), Mountainbiken, Sandboarding und Wandertouren an. Im Preis ist der Parkeintritt enthalten.

Ausritte

SANParks bietet im Parkabschnitt Nyathi Ausritte am Vormittag und Nachmittag an (2 Std. 290 R). Berglandschaften, aber keine Wildtiere, gibt es auf den Ausritten im Parkausschnitt des Zuuberg-Gebirges: Geboten werden ein-, drei- und fünfstündige Ausritte (195/270/295 R) sowie ein zweitägiger Treck zum Narina Bush Camp. Der Parkeintritt ist im Preis nicht enthalten.

Wandern

Alexandria Hiking Trail WANDERN
(☎041-468 0916; matyholweni@sanparks.org; Abschnitt Woody Cape, Addo Elephant National Park; pro Pers./Nacht 150 R, plus Parkeintritt) Ein 32 km langer Rundwanderweg durch heimische Wälder des Eastern Cape und Dünen im Küstenabschnitt des Parks. Die Mindestteilnehmerzahl liegt bei drei Personen. Der kürzere Tree Dassie Trail führt durch die gleiche Gegend.

Schlafen

Es gibt eine Reihe von günstig gelegenen Unterkünften und Restaurants im Städtchen Addo an der Route 335, die sich bis zum Parkeingang 10 km nach Norden fortsetzt. Wer genug Zeit hat und etwas mehr vom Zuurberg-Gebirge sehen will, findet auch gute Optionen um Kirkwood und Sunland an der Route 336 und an der Zuurberg-Passstraße.

Unterkünfte im Park können in der Hochsaison ausgebucht sein, wenn möglich sollte also immer im Voraus gebucht werden. SANParks hat im ganzen Park verschiedenen Unterkünfte. Das kleinere **Camp Matyholweni** (☎041-468 0916; www.sanparks.org; Cottages 1–2 Pers. 1070 R) liegt gleich hinter dem Südeingang, während diverse andere Camps Abgeschiedenheit tief im Busch bieten. Dazu gehört das empfehlenswerte **Narina Bush Camp** (☎in Pretoria 012-428 9111; www.sanparks.org; Abschnitt Zuurberg, Addo Elephant National Park; Zelte bis zu 4 Pers. 1050 R) mit vier Safarizelten 27 km nördlich des Hauptcamps..

Aardvark Guesthouse PENSION , HOSTEL $
(☎042-233 1244; theaardvarkguesthouse.co.za; an der Rte 335; Camping/B/EZ/DZ 60/140/350/550 R, FZ ab 810 R; P @ 🛜 👪) Die schöne Anlage um einen gepflegten Rasen liegt neben dem Hazel's Organic Restaurant und ist über eine baumgesäumte Landstraße zu erreichen. Die Zimmer im Hauptge-

bäude haben Holzböden und künstlerisches Dekor und im Garten gibt es *rondavels* mit Bad. Für Backpacker stehen Safarizelte mit je vier Betten (ab 300 R) und ein moderner Schlafsaal mit einer riesigen Ikea-ähnlichen Küche zur Verfügung. Es werden Deutsch und Französisch gesprochen.

Orange Elephant Backpackers HOSTEL $
(☎ 042-233 0023; www.addobackpackers.com; an der Rte 335; Camping/B/Zi./3BZ mit Frühstück 60/120/440/590 R; P 📶) Das Orange Elephant ist zwar etwas heruntergekommen, aber sauber und tipptopp. Es ist eine gute und preisgünstige Basis für Addo und

PRIVATE WILDRESERVATE IN EASTERN CAPE

Die privaten Reservate des Eastern Cape sind mit ihren Tieren auf 10 000 km² malariafreiem Gelände eine wichtige Attraktion. Neben dem Addo Elephant National Park ist eine Safarifahrt in einem dieser Reservate, vielleicht mit einer Übernachtung im Busch, ein aufregender und unvergesslicher Abschluss einer Reise auf der Garden Route von Kapstadt aus. Zwischen Addo und Grahamstown gibt es eine ganze Menge von Reservaten, darunter Pumba, Kwantu und Lalibela und die hier aufgeführten. Die meisten Reservate engagieren sich dafür, große regenerierte Landstriche wieder mit Tieren zu besiedeln, die in der Region vor dem Eintreffen von Farmern und Großwildjägern verbreitet waren.

Viele Reservate bieten auch Unterkünfte an, die in Sachen Komfort und Preis recht unterschiedlich sind, von überkandideltem Luxus in den privaten Lodges bis zu bescheideneren Zeltcamps. In der Regel handelt es sich um Pauschalpreise und zwischen Mai und September gibt es erhebliche Winterermäßigungen.

Eine geführte Tagessafari ist wunderbar, um ein bisschen vom Zauber dieser Reservate zu erleben. Die meisten haben die *Big Five* und können über die N2 zwischen Addo und Grahamstown erreicht werden.

Schotia Game Reserve (☎ 042-235 1436; www.schotiasafaris.co.za) Das Schotia Game Reserve grenzt direkt an den Addo (erreichbar von der N10 südlich von Paterson). Schotias Ziel ist es , eine Vorstellung vom Busch vor der Ankunft der Menschen zu vermitteln, und es war das erste Reservat, in dem Löwen selbst jagten; ihre Anzahl wurde mittlerweile von 18 auf sieben reduziert, um ihrer Beute eine Chance zu geben.

Die ganztägige Addo-Schotia-Tour (2000 R inkl. Mittag- und Abendessen sowie Hin- und Rückfahrt von und nach Port Elizabeth) ist eine gute Gelegenheit, das Gebiet zu sehen; zur Schotia-Tour am Spätnachmittag (1000 R) gehören Lagerfeuer und Abendessen in der *lapa* (südafrikanisches Englisch für eine Art offenen Pavillon). Reiseveranstalter und Unterkünfte um Addo bieten ebenfalls Schotia-Ausflüge an. Im Reservat gibt es verschiedene Lodges und Zeltcamps und es bietet Pauschalen inklusive Unterkunft und mehreren Safarifahrten an (1/2 Nächte ab 2000/5000 R).

Shamwari Game Reserve (☎ in Port Elizabeth 041-509 3000; www.shamwari.com) Das Shamwari Game Reserve, ungefähr 40 km östlich von Addo, ist eines der exklusivsten, luxuriösesten und international angesehensten Reservate. Das Unterkunftsangebot reicht von feudalen Buschzelten bis zu einem edwardianischen Herrenhaus; ein Doppelzimmer alles inklusive kostet ab 4725 R. Zu den Aktivitäten gehören Safarifahrten (eine verbunden mit einem Kochkurs), Naturführerkurse und Besuche im Awareness Centre für Nashörner, einem Schutzgebiet für Großkatzen und einem Wiedereingliederungszentrum für Wildtiere, wo Freiwillige im Naturschutz mitarbeiten können.

Amakhala Game Reserve (☎ 041-581 0993; www.amakhala.co.za) Eine Gruppe lokaler Landbesitzer, Nachfahren der 1820 Settlers, legten ihre Ländereien zusammen und schufen Amakhala, ein 75 km² großes Areal aus sanften Hügeln, Buschland und Savanne. Amakhala, benannt nach dem Xhosa-Wort für Aloe, liegt ungefähr 70 km von Port Elizabeth und östlich von Addo. Geboten werden Safarifahrten (750 R inkl. Mittagessen) und eine Nachmittagssafari (980 R) einschließlich Bootsfahrt auf dem Bushman's River.

Amakhala bietet auch Aktivitäten im Umweltschutz und Freiwilligenarbeit an. Es gibt elf verschiedene Unterkunftsmöglichkeiten, darunter die 5-Sterne-Lodges Bukela, Bush und Hlosi, das Woodbury Tented Camp and Quatermain's 1920s Safari Camp. Einzelunterkünfte kosten alles inklusive ab 3510 R, Doppelunterkünfte ab 5400 R.

Avocado 2336 zw. Addo u. Kirkwood www.avocadorivercabins.co.za

bietet einen Shuttle-Service von Port Elizabeth (200 R hin & zurück) sowie Touren durch den Park (halber/ganzer Tag 650/1000 R) und in andere Gegenden. Die Unterkunft besteht aus Zimmern im Haupthaus und einem Schlafsaal mit zehn Betten in einem *rondavel* mit Buschduschen. In der hauseigenen Kneipe Thirsty Herd gibt's Pizza und ein Hausbier.

★ Chrislin African Lodge LODGE **$$**
(042-233 0022; www.chrislin.co.za; an der Rte 335; EZ mit Frühstück 950–1150 R, DZ mit Frühstück 1160–1370 R;) Die Lodge breitet sich zwischen Rasen, Bäumen und Aloe auf einer ehemaligen Zitrusfarm aus. Sie bietet reetgedeckte Hütten mit stilvoller afrikanischer Einrichtung und hitzeabweisenden Wänden aus Kuhdung und Lehm sowie Luxusunterkünfte. Zu den Aktivitäten zählen Addo-Safaris im offenen Wagen (halber/ganzer Tag 750/1250 R) und es wird ein Abendmenü mit drei Gängen (195 R) mit Obst, Gemüse und Kräutern aus eigenem Anbau angeboten.

Die Lodge ist erfrischend kühl und rustikal nach einem Tag auf Elefantensuche.

Rosedale FARMUNTERKUNFT **$$**
(042-233 0404; www.rosedalebnb.co.za; an der Rte 335; EZ/DZ mit Frühstück 550/800 R;) Rosedale auf einer Bio-Zitrusfarm vermietet acht moderne Hütten mit *stoeps* mit Blick auf einen natürlichen Swimmingpool und tropische Bäume. Zum Bio-Frühstück gehören hausgebackenes Brot, Freilandeier und natürlich Orangensaft frisch vom Baum. Der Besitzer Keith zeigt seinen Gästen auch gern die Farm.

Addo Rest Camp CAMPINGPLATZ, LODGE **$$**
(in Pretoria 012-428 9111; www.sanparks.org; Camping 1–2 Pers. 230 R, Hütten 720 R;) Das Hauptcamp von Addo am Hauptsitz des Parks besteht aus zahllosen Cottages, Chalets, Safarizelten und *rondavels,* einige mit Blick auf das mit Flutlicht angestrahlte Wasserloch, wo Elefanten ihren Durst stillen. Die Unterkünfte reichen von Camping und Waldhütten für vier Personen mit Dusche und Gemeinschaftsküche (720 R) bis zu Luxushäusern (ab 3360 R) mit zwei Schlafzimmern mit jeweils eigenem Bad, Klimaanlage und Satellitenfernsehen.

Essen

Im Addo Rest Camp gibt es einen schattigen Picknickplatz mit Blick auf das Wasserloch, das Steakhaus **Cattle Baron** (042-233 8674; Addo Rest Camp; Hauptgerichte 55–180 R; 7–21 Uhr) und einen **Laden** (8–18 Uhr) für den Grundbedarf.

★ Hazel's Organic Restaurant BIO **$$**
(082 573 1994; permaculturesouthafrica.com; an der Rte 335; Hauptgerichte mittags/abends 55/110 R;) An einem sonnigen Tag im Hazel's bei Vogelgesang und zwischen frischen Köstlichkeiten im Küchengarten zu Mittag zu essen ist ein wahres Vergnügen. Kudu-Hamburger, Wraps, Springbock-Carpaccio und Pizza werden mittags angeboten, abends hingegen wird's fleischhaltiger, z. B. mit Kudu, Strauß und Streifengnu.

Praktische Informationen

Das „Dorf" Addo besteht aus nicht mehr als ein paar Läden, einer Tankstelle und einer Bank mit Geldautomat an einem staubigen Parkplatz an der Route 335. Auf dem Addo Rest Camp gibt es ebenfalls einen Laden und eine Tankstelle.

Anreise & Unterwegs vor Ort

Orange Elephant Backpackers (S. 212) erlaubt auch Nichtgästen, den Shuttle von Port Elizabeth (300 R) zu benutzen, unternimmt die Fahrt aber nicht, wenn kein Gast abzuholen ist. Ansonsten kann man in PE ein Auto mieten oder eine Tour buchen.

Die Teer- und Schotterstraßen des Parks sind für PKWs meist befahrbar. Die Schotterstraßen können unpassierbar werden, Teile können also nach schweren Regenfällen gesperrt werden – im Zweifel gibt der Parkhauptsitz Auskunft.

Grahamstown

50 217 EW.

Grahamstown wird als GOG (Good Old Grahamstown) bezeichnet oder häufiger als City of Saints, wegen der rund 40 Sakralbauten (meist Kirchen). Grahamstown ist nicht nur die historische Hauptstadt des Settler Country, sondern auch eine der lebhaftesten Universitätsstädte Südafrikas. Zudem finden hier jährlich mehrere Festivals statt, darunter eines der größten Kulturfeste der Welt. Im Stadtzentrum mit seinen verträumten Turmspitzen, verwitterten Gebäuden und schönen pastellfarbenen Ladenfassaden gibt es einige schöne Beispiele georgianischer, viktorianischer und frühedwardianischer Architektur.

Hinter dem vornehmen Konservatismus und der englischen Adrettheit der akademischen Stadt steckt jedoch eine blutige Ge-

1. Jeffrey's Bay (S. 198)
‚J-Bay' ist einer der Top-Spots für Surfer. Man kann hier aber auch windsurfen, Wale sichten und sandboarden.

2. Owl House (S. 250)
Helen Martins hat ihr Haus in Nieu Bethesda in ein farbenfrohes Kunstwerk verwandelt.

3. Xhosa-Frau
Kleidung und Schmuck verraten, welcher Untergruppe der Xhosa eine Person angehört (S. 234).

4. Valley of Desolation (S. 249)
Die Dolerit-Säulen in diesem Tal zählen zu den beliebtesten Fotomotiven im Camdeboo National Park.

SHAEN ADEY / GETTY IMAGES ©

DIE SIEDLER VON 1820

1819 erhielt die britische Regierung auf ihr Angebot, in Südafrika kostenlos Land zur Verfügung zu stellen, 90 000 Anträge. Die meisten Antragssteller waren arbeitslos und arm, und nur 4000 Anträge wurden genehmigt. Im folgenden Jahr ließen sich die Siedler, die heute als „Siedler von 1820" (1820 Settlers) bezeichnet werden, in Algoa Bay nieder. Sie glaubten den Versprechungen ihrer Regierung, dass sie ein friedliches Land vorfinden würden, in dem Milch und Honig flössen. In Wirklichkeit wurden sie jedoch als Puffer zwischen den Buren auf der einen und den Xhosa auf der anderen Seite des Great Fish River benutzt, die schon lange um das viehreiche Land, das Zuurveld, kämpften.

Das Leben im Grenzland war hart. Von Kriegen, Mangel an Erfahrung, Ernteschäden, kriegerischen Nachbarn, Überschwemmungen und Dürren schwer geplagt, zogen sich viele Familien in die Städte – vor allem nach Port Elizabeth, East London und Grahamstown – zurück, wo sie ihren bereits in England ausgeübten Geschäften nachgingen. Insbesondere Grahamstown entwickelte sich zu einem Handels- und Produktionszentrum. Äxte, Messer und Decken wurden gegen Elfenbein und Felle eingetauscht. Die Geschäftsleute unter den Siedlern stellten Metallwerkzeuge, Waggons und Kleidung her. Port Elizabeth und Port Alfred entwickelten sich zunächst, um Grahamstown, das rasch zur zweitgrößten Stadt der Kapkolonie wurde, zu versorgen.

Die Siedler leisteten einen wichtigen Beitrag für die südafrikanische Gesellschaft. Sie bestanden auf Pressefreiheit, wie sie sie in England genossen hatten. Diese wurde – nur widerwillig – im Jahre 1825 gewährt. Die Siedler spielten auch eine bedeutende Rolle bei der im selben Jahr erfolgten Gründung des Council of Advice, der den Gouverneur in wichtigen Dingen beraten sollte. Einige der im Grenzland verbliebenen Siedler wurden erfolgreiche Farmer, war doch der Handel mit Wolle ein lukratives Geschäft.

schichte; die Xhosa-Kriege zwischen europäischen Siedlern und den Xhosa dauerten fast das ganze 19. Jh. hindurch. Die Xhosa, einst die Herrscher der Region, wurden nach einem erbitterten Kampf von den Briten und Buren besiegt – bei einem Besuch in den Townships der Umgebung ist die Kultur ihrer Nachfahren noch zu erleben.

Die Stadt wird von den Studenten der Rhodes University dominiert, die während des Semesters die Kneipen und Bars füllen. Aber da sich auch Künstler und eine Alternativszene hier niedergelassen haben und die Bevölkerung altert, entwickelt sich allmählich eine kultiviertere Seite von Grahamstown.

Sehenswertes

Die Touristeninformation bietet Broschüren und Informationsmaterial zu Stadtrundgängen, bei denen man die Stadt auf eigene Faust entdecken kann.

Church Square HISTORISCHE STÄTTE
Prachtvolle Kolonialbauten, Universitätsgebäude, die anglikanische Kathedrale aus dem 19. Jh. und farbenfrohe viktorianische und edwardianische Ladenfassaden umgeben diesen Platz. Schöne Beispiele für Letztere sind das Gebäude der **Grocott's Mail**, das ursprüngliche Haus der ältesten unabhängigen Zeitung Südafrikas, und die benachbarte Apotheke **Clicks**.

Birch's (High St) hat einen herrlich altmodischen „Schieber" (eine Art Flaschenzug, der Geld an der Decke entlang von und zur zentralen Kasse transportiert) und Saugröhren, um Geldscheine zwischen den Etagen hin- und herzuschicken. Das Personal setzt den Schieber gerne mal in Gang, wenn es nett gefragt wird.

Observatory Museum MUSEUM
(www.ru.ac.za/albanymuseum; Bathurst St; Erw./Kind 10/5 R; ⌚Mo–Fr 8–16.30 Uhr) Das Haus von 1850 enthält mehrere Zimmer mit viktorianischen Möbeln und Memorabilien, den restaurierten Meridian Room (der zeigt, dass Grahamstown 14 Minuten hinter der südafrikanischen Normalzeit liegt, die in Durban festgelegt ist) und die wunderbare Camera obscura. Leider waren die beiden letzteren Attraktionen zur Zeit der Drucklegung dieses Reiseführers geschlossen, werden aber hoffentlich bald wieder für Besucher geöffnet.

Die Camera obscura von 1882 ist die weltweit einzige ihrer Art außerhalb Großbritanniens. Sie besteht aus einer Reihe von Linsen, die ein perfektes Panoramabild von

Grahamstown

Grahamstown

Sehenswertes

1 Albany History Museum A3
2 Albany Natural Science Museum A3
3 Birch's Gentlemen's Outfitters C2
4 Church Square B2
5 Grocott's Mail C2
6 International Library of African Music A2
7 National English Literary Museum B3
8 Observatory Museum C2
9 South African Institute for Aquatic Biodiversity A2

Schlafen

10 137 High Street A2
11 Cock House D3
12 Evelyn House B2
13 Graham Hotel B2
14 High Corner A3
15 Historic Cottages A2

Essen

137 High Street .... (s. 10)
Calabash .... (s. 13)
16 Haricot's Deli & Bistro A2
Norden's .... (s. 11)
17 Saint's Bistro A2

Ausgehen & Nachtleben

Champs Action Bar .... (s. 13)
18 Rat & Parrot A2

Grahamstown auf eine flache, weiße Scheibe in einem Turm im Dach projizieren. Sie wurde als Kommunikationsinstrument gebaut – Leute, die aufs Dach kletterten, konnten z. B. mit ihrer Hilfe sehen, wo der Arzt gerade war.

Albany History Museum MUSEUM
(www.ru.ac.za/albanymuseum; Somerset St; Erw./Kind 10/5 R; Mo–Fr 9–16.30 Uhr) Erzählt anhand von u. a. einigen schönen Perlenarbeiten und Stickereien die Geschichte und Kunst der Völker des Eastern Cape, darunter die Xhosa und der 1820 Settlers.

Albany Natural Science Museum MUSEUM
(Somerset St; Erw./Kind 10/5 R; Mo–Fr 9–16.30 Uhr) Beschäftigt sich mit verschiedenen Themen, von menschlicher Frühgeschichte bis zu Astronomie. Zur Sammlung gehören einige eindrucksvolle Tierpräparationen und Skelette.

International Library of African Music MUSEUM
(ILAM; 046-603 8557; www.ru.ac.za/ilam; Rhodes University, Prince Alfred St; Mo–Fr 8–17 Uhr) GRATIS Hier dürfen Besucher rund 200 Instrumente ausprobieren, sich Feldaufnahmen

anhören und dann versuchen, das Gehörte auf einer *nyanga*-Flöte (Panflöte) aus Mosambik, einer *kora* (Saiteninstrument) aus Westafrika oder einem ugandischen *kalimba* (Daumenklavier) nachzuspielen. Am besten vorher anrufen, um einen Termin zu vereinbaren!

South African Institute for Aquatic Biodiversity MUSEUM
(☎046-603 5800; www.saiab.ac.za; Rhodes University, Somerset St; ⌚Mo–Fr 8–17 Uhr) GRATIS Hier ist der zweite gefangene Quastenflosser zu sehen. Bis 1938 galt der urzeitliche Fisch als ausgestorben.

1820 Settlers National Monument DENKMAL
(www.foundation.org.za; Gunfire Hill; ⌚Mo–Do 8–16.30, Fr bis 16 Uhr) GRATIS Das Denkmal für die zähen britischen Siedler und ihre Rolle in Südafrika bietet einen umwerfenden Blick auf das Umland und enthält Kunstwerke und ein großes Theater.

National English Literary Museum BIBLIOTHEK, MUSEUM
(☎046-622 7042; www.ru.ac.za/static/institutes/nelm; 87 Beaufort St; ⌚Mo–Fr 8.30–13 & 14–16.30 Uhr) GRATIS Die Sammlung enthält südafrikanische Manuskripte, Erstausgaben und Werke ab 1797, die alle berühmten Autoren repräsentieren. Die Sammlung ist eingelagert; wer etwas Spezielles sehen möchte, sollte zuvor anrufen. Im Februar 2016 soll das Museum in ein neues Gebäude an der Ecke Worcester und Jacques Street umziehen, wo es zum Kulturzentrum mit zwei Theatern und Ausstellungen zur südafrikanischen Literatur wird.

Geführte Touren

Ein paar Führer bieten Touren durch das historische Fingo Village an, eine der ältesten Townships Südafrikas. Sie wurde auf Land gebaut, das die Briten dem Mfengu-Volk im Austausch für ihre Unterstützung in den Xhosa-Kriegen übergaben. Der akkreditierte Führer **Otto Ntshebe** (☎082 214 4242; ottours@webmail.co.za) unternimmt Touren zu Fuß (3 Std. 250 R) oder mit dem Eselskarren (halber Tag 550 R), einschließlich Besuchen in einem Wohnhaus, einer Galerie und einem *shebeen*.

Gruseliges bieten **Brian Jackson's Geistertouren** (☎083 768 0193; info@whethu.com), die Spukhäuser der Stadt besuchen, zu deren gespenstischen Erscheinungen u. a. Nonnen, Jesuiten und eine Schreibmaschine im Verlagshaus der Grocott's Mail gehören. Die Tour wird mit Spenden bezahlt und sollte 24 Stunden im Voraus gebucht werden.

Feste & Events

National Arts Festival KUNST & KULTUR
(☎046-603 1103; www.nafest.co.za) Afrikas größtes Kulturfest findet Anfang Juli über zehn Tage lang statt. Zwei Dinge sind für den Besuch des Festes wichtig: Frühzeitige Buchung, da Unterkünfte schon ein Jahr im Voraus ausgebucht sein können, und warme Kleidung, weil die Nächte oft kalt sind. Die zugehörigen Fringe und Fingo Festivals, Letzteres mit Kunst, Musik und Theater aus den Townships, bieten noch Hunderte weitere Vorstellungen.

Schlafen

Zur Zeit der Recherche richtete das **Hill Street Manor** (☎082 333 8730, www.hillstreetmanor.co.za) ein neues Hostel in der High Street ein.

Bon Tempo HOSTEL, FARMUNTERKUNFT $
(Penis Farm; ☎046-637 0880; www.bontempo.co.za; an der Rte 67, Manley Flats; EZ/DZ/3BZ ab 200/300/450 R; P) Das skurrile Bon Tempo, 20 km von der Stadt Richtung Bathurst, bietet rusikale Cottages und eine Galerie mit Penisskulpturen. Mahlzeiten sind hier ebenfalls erhältlich.

Kwam eMakana GASTFAMILIE $
(☎072 448 0520; www.kwamemakana.co.za; EZ/DZ mit Frühstück 350/500 R) Über 30 Privatunterkünfte werden von Xhosa-Mamas in den Townships von Grahamstown angeboten, auch mit Mahlzeiten.

High Corner PENSION $$
(☎046-622 8284; www.highcorner.co.za; 122 High St; EZ/DZ mit Frühstück 680/1040 R, Cottages 520/800 R; P❄📶🏊) Eine Darstellung der 200-jährigen Geschichte des eleganten Gebäudes ist das Erste, was nach dem Betreten des Hauses zu sehen ist. Die Zimmer verteilen sich auf das Hauptgebäude mit antiken Möbeln und eleganter, hoher Lounge und Frühstücksraum und auf die modernen Ferienhäuser dahinter.

Evelyn House PENSION $$
(☎046-622 2366; www.evelynguesthouse.com; 115a High St; EZ/DZ mit Frühstück 1030/1350 R; P❄📶🏊) Die sehr schön renovierte Pension aus dem 19. Jh. hat geräumige und komfortable Zimmer hinter einem beschaulichen Garten.

Cock House PENSION $$
(046-636 1287; www.cockhouse.co.za; 10 Market St; EZ/DZ mit Frühstück 590/980 R; P, WLAN) Das historische Gebäude wurde nach William Cock, einem geschäftstüchtigen 1820 Settler, benannt, und war einst das Wohnhaus des Schriftstellers André Brink. Es vermietet neun Doppelzimmer im Haupthaus und in den umgebauten Stallungen. Hinzu kommen Ferienwohnungen mit je zwei Schlafzimmern.

Das Hausrestaurant **Norden's** (046-636 1287; www.cockhouse.co.za; 10 Market St; Hauptgerichte mittags/abends 70/95 R) serviert feine Küche zwischen Gemälden aus dem Südafrika des 19. Jhs. Traditionell wird es gerne von Studenten mit ihren zahlenden Eltern aufgesucht, erhielt aber in jüngster Zeit gemischte Kritiken.

Historic Cottages PENSION $$
(046-622 8936; www.historiccottages.co.za; 1 Scotts Ave; EZ/DZ mit Frühstück 550/900 R; P) Vier idyllische Zimmer und Suiten mit privaten Wohnzimmern und Küchen inmitten von Blumengärten und Innenhöfen in einer historischen britischen Militärkaserne aus den 1820er-Jahren.

Graham Hotel HOTEL $$
(046-622 2324; www.grahamhotel.com; 123 High St; EZ/DZ mit Frühstück 950/1230 R; P, Klimaanlage, WLAN, Pool) Das moderne Hotel ist weniger wegen der Standardzimmer empfehlenswert, sondern eher wegen der vielen Einrichtungen, darunter das afrikanische Restaurant **Calabash** (046-622 2324; 123 High St; Hauptgerichte 95 R; vegetarisch) und die **Champs Action Bar** (046-622 2324; 123 High St).

Afri Temba, die Besitzer des Hotels, betreiben neben dem Graham Hotel auch noch drei weitere Mittelklassepensionen in der Stadt.

137 High Street PENSION $$
(046-622 3242; www.137highstreet.co.za; 137 High St; EZ/DZ mit Frühstück 600/990 R; P, WLAN) Vermietet werden sieben kleine, aber komfortable Zimmer in einem 200 Jahre alten Haus mit dicken Mauern und honigfarbenen Holzböden. Gebaut wurde das Haus von Piet Retief. Das hauseigene Restaurant ist empfehlenswert.

Essen & Ausgehen

Grahamstowns kulinarische Szene besteht einerseits aus Kneipen, Cafés und Fast-Food-Läden, die sich vorwiegend an Studenten mit schmaler Geldbörse richten, und eleganten Restaurants für die Gelegenheiten, wenn die Eltern mal zu Besuch kommen.

Ein paar preisgünstige Cafés in der High Street, in der Nähe der Universität, servieren Hamburger und andere schnelle Gerichte für Studenten.

★ **Haricot's Deli & Bistro** DELI, MEDITERRAN $$
(046-622 2150; www.haricots.co.za; 32 New St; Hauptgerichte 60–130 R; Bistro 12–15 & 18–21.30, Deli Mo–Fr 9–17, Sa bis 14 Uhr; WLAN) Der neueste Uni-Klatsch lässt sich hier im besten Restaurant von Grahamstown belauschen, das gleichzeitig zwangloses Hofcafé, Feinschmeckeroase und Edelrestaurant ist. Das Speiseangebot ist deutlich mediterran beeinflusst mit asiatischem und marokkanischem Pfiff, was so köstliche Gourmetgerichte hervorbringt, wie z. B. Schweinelendchen in Milch oder Lammschmorbraten mit Weißwein.

Der Deli steckt voller gesunder Leckereien, wie Quiches, Gebäck, glutenfreie Muffins und mehlfreier Schokoladenkuchen.

137 High Street INTERNATIONAL $$
(137 High St; Hauptgerichte 90R; Mo–Fr 7.30–21.30, Sa 8–14 & 17–21.30, So 8–14 Uhr) Das stilvolle Restaurant mit zeitgenössischen Bildern an seinen grünen Wänden serviert Steaks, Hamburger und leichte Mahlzeiten (50 R) wie herzhafte Pfannkuchen. Spezialitäten sind Wild und einheimischer Mastertons-Kaffee.

Saint's Bistro INTERNATIONAL $$
(www.saintsbistro.com; 131 High St; Hauptgerichte 100 R; vegetarisch) Das Saint's serviert in seinem sonnigen Hinterhof und im geräumigen Gastraum mit freiliegender Balkendecke eine gute Auswahl an Steaks, Meeresfrüchten, Pasta und Salaten.

Rat & Parrot BAR
(59 New St) Das Parrot ist das Zentrum der studentischen Partyszene. Die Bar unten ist holzgetäfelt und gemütlich, während das obere Stockwerk große Fenster und eine Veranda über der Straße hat. Geboten werden beliebte Pizzas und, wie auch in einigen anderen Kneipen in der Gegend, Rugby im Fernsehen.

Praktische Informationen

Makana Tourism (046-622 3241; www.grahamstown.co.za; 63 High St; Mo–Fr 8.30–17, Sa 8–12 Uhr; WLAN) Bietet Informationen zu Unterkünften und verkauft Busfahrkarten für Translux und City to City. Außerdem gibt es hier kostenloses WLAN und einen Computer mit Internetanschluss.

An- & Weiterreise

Die Busse von Greyhound, Translux, Intercape und City to City fahren täglich ab dem **Frontier Hotel** (Ecke High & Bathurst St) und dem **Conference Centre** (Grey St) nach Kapstadt (450 R, 14 Std.), Port Elizabeth (230 R, 2 Std.), Durban (450 R, 12 Std.) und Jo'burg (480 R, 13 Std.).

Gemeinschaftstaxis haben ihren Standplatz im Jacob Zuma Drive (ehemals Raglan Road), der östlichen Verlängerung der Beaufort Street.

Bathurst

Das kleine, idyllische Dorf Bathurst liegt an der Route 67 zwischen Port Alfred und Grahamstown. Berühmt ist es vor allem wegen seiner Trinkgelage, besonders während des jährlichen **Ox Braai** Ende Dezember, einer Riesenparty für die hiesigen Bauern und Studenten. Ein paar Krimskramsläden, Galerien und Restaurants sind um die einzige Kreuzung im Dorf verteilt.

Sehenswertes

Bathurst Agricultural Museum MUSEUM
(079 987 9507; www.bathurst.co.za; Erw./Kind 15/10 R; Mo, Di & Do 9–16, Mi, Sa & So bis 12 Uhr) Hier wird eine große Sammlung von Ochsenfuhren, Traktoren und anderen Agrargeräten ausgestellt.

Big Pineapple DENKMAL
(046-625 0515; Summerhill Farm, an der Rte 67; Erw./Kind 10/5 R; nach Vereinbarung) Die „Große Ananas", ein paar Kilometer dorfauswärts Richtung Port Alfred, gehört einheimischen Bauern. Sie ist 16,7 m hoch – man kann bis hinauf zur Spitze steigen und von dort tolle Aussichten auf das Umland genießen und alles über den Ananasanbau lernen. Geboten werden auch Farmtouren mit dem Traktor, einschließlich Kostproben von Ananas.

Schlafen & Essen

Summerhill Inn HOTEL $
(046-625 0833; www.summerhillinn.com; an der Rte 67; EZ/DZ 390/520 R; P) Das Summerhill Inn außerhalb der Stadt Richtung Port Alfred vermietet komfortable Zimmer, hat ein großes Grundstück und bietet ein stimmungsvolles Bar-Restaurant mit Steinwänden, dort gibt es Snacks (45 R) und Hauptgerichte (90 R).

Pig & Whistle Inn GASTHAUS $$
(046-625 0673; www.pigandwhistle.co.za; EZ/DZ 356/624 R, ohne Bad 276/450 R; P) In dem charaktervollen Gebäude aus dem Jahr 1832 werden renovierte Zimmer mit Himmelbetten, frei stehenden Badewannen und historischen Möbeln sowie einfachere Zimmer mit Gemeinschaftsbad vermietet. Die Kneipe im Haus (Hauptgerichte 70 R) bietet hausgemachte Hamburger, Meeresfrüchte, Pies und einen Sonntagsbraten.

Pic-Kwick's Restaurant ITALIENISCH $
(Village Green Complex; Hauptgerichte 60 R; Di–Sa 10–21, So bis 16 Uhr) Im Pic-Kwick's gegenüber vom Pig & Whistle Inn stehen etwa zwei Dutzend Pizzavariationen auf der Speisekarte.

An- & Weiterreise

Bathurst liegt etwa 45 km von Grahamstown und 17 km von Port Alfred entfernt und ist am besten mit dem eigenen Fahrzeug zu erreichen. Es fahren aber auch täglich Gemeinschaftstaxis über die Route 67.

Port Alfred

9747 EW.

Nach dem durch das Zentrum fließenden Fluss wird der Ort auch „The Kowie" genannt. Er wartet mit wunderschönen Stränden auf. Manche von ihnen im Norden erstrecken sich vor der Kulisse mächtiger Sanddünen. Den Kanal und die umliegenden Berge säumen luxuriöse moderne Ferienhäuser. Es ist generell ein eher ruhiger Ort, außer wenn Studenten aus Grahamstown einfallen. Belebter wird es während der interuniversitären Ruderregatta Ende September sowie von Mitte Dezember bis Januar, wenn südafrikanische Urlauber den Ort besuchen.

Sehenswertes & Aktivitäten

Abgesehen von den unverdorbenen **Stränden** gibt es an der Flussmündung auch gute Rechts- und Links-Surfbreaks. Eine Flussfahrt auf dem **Kowie River** sorgt für ein paar entspannte Stunden; an das von Wolfsmilch bewachsene Flussufer grenzen private Wildreservate, Schreiseeadler kreisen am Himmel und Angler buddeln nach Schlammkrabben als Köder. Halyards Hotel & Spa verleiht Kanus (1 Std. 15 R) und organisiert Bootstouren (1 Std. 80 R; mindestens 6 Pers.).

Port Alfred

Port Alfred

Aktivitäten, Kurse & Touren

1 Kowie River Cruises C2
2 Outdoor Focus C2

Schlafen

3 Dijembe Backpackers A1
4 Halyards Hotel & Spa C1
5 Links Coastal Inn C2
6 Lookout D1
7 My Pond Hotel B1
8 Panorama C2
9 Richmond House C2

Essen

10 Barmuda B1
11 Graze by the River B1
12 Guido's Restaurant D3
Lily .... (s. 7)
13 Zest Café B1

Ausgehen & Nachtleben

14 Wharf Street Brew Pub B1

Oceana Beach & Wildlife Reserve WILDTIERE
(☎083 616 0605; www.oceanareserve.com; Rietriver; Fahrt 300 R, inkl. 3-Gänge-Mittagsmenü 450 R) Das 5-Sterne-Reservat, in dem u. a. Antilopen, Zebras und Giraffen leben, bietet zweistündige Fahrten zu den Tieren. Die Fahrten beginnen um 10 Uhr und sollten im Voraus gebucht werden. Das Oceana liegt 8 km von der Stadt entfernt an der Route 72 Richtung East London.

Outdoor Focus BOOTSTOUREN, TAUCHEN
(☎046-624 4432; www.outdoorfocus.co.za; Beach Rd) Der Allrounder für alle möglichen Aktivitäten verleiht Kanus (1 Std./Tag 50/220 R) und organisiert Bootstouren auf dem Fluss (Erw./Kind 70/30 R) und auch auf dem Meer (ab 220 R). Er bucht auch den zweitägigen **Kowie Canoe Trail** (pro Pers. 150 R), eine relativ einfache, 21 km lange Kanutour flussaufwärts ab Port Alfred mit Übernachtung in einer Hütte am Horseshoe Bend im Watersmeeting Nature Reserve und einer

optionalen 12 km langen Wanderung. Am besten zum Tauchen ist die Zeit zwischen Mai und August. Die Sichtweite ist nicht herausragend (5–8 m), aber es gibt reichlich große Fische, Weichkorallen und Sandtigerhaie zu sehen.

Kowie River Cruises BOOTSTOUR
(☎073 162 1611; www.kowierivercruises.co.za; Royal Alfred Marina; Erw./Kind 75/50 R) Bootsfahrten auf der *Lady Biscay*, einem geschlossenen, 13 m langen Kahn.

Three Sisters Horse Trails REITEN
(☎082 645 6345; www.threesistershorsetrails.co.za; Std./halber Tag 250/550 R) Bietet Reitausflüge am Strand und durch den Wald sowie Ausflüge durch ein Flusstal mit Übernachtung. Der Stall liegt 15 km vom Ort an der Route 72 Richtung East London.

Kowie Hiking Trail WANDERN
(☎076 557 1324) Ein 8 km langer Wanderweg durch das Kowie Nature Reserve – Karten gibt es in der Touristeninformation.

Schlafen

Panorama B&B $
(☎046-624 5853; www.portalfredpanorama.com; 15 Wesley Hill; EZ/DZ mit Frühstück 370/620 R; P ☎) Rob und Marianne, ein niederländisch-südafrikanisches Paar, sind die liebenswürdigen Gastgeber in diesem preisgünstigen Haus in den Bergen mit herrlichem Ausblick. Der Pilot und Schnellbootbesitzer Rob hat viele Tipps für Aktivitäten in der Umgebung.

Spinning Reel HÜTTE $
(☎046-624 4281; www.spinningreel.co.za; Freshwater Rd; Hütten/Chalets/Zi. ab 380/570/500 R; P) Einfache Strandhütten und Fichtenholzchalets für Selbstversorger inmitten von Dünenwald sowie zwei Zimmer im Haupthaus.

Dijembe Backpackers HOSTEL $
(☎072 226 4385; www.dijembebackpackers.com; 18 Becker St; B/DZ 150/450 R, DZ ohne Bad 350 R; P ☎) Das Hostel ist der jüngere Ableger des exzentrischen Dijembe in Storms River und wurde bei unserem letzten Besuch gerade eingerichtet. Die riesige Terrasse geht zum Kowie raus und die Unterkünfte reichen von Schlafsälen bis zu einem Doppelzimmer mit Bad und Whirlpool. Geplant sind ein Wintergarten, eine Lounge mit Holzofen, südafrikanische Küche und das Markenzeichen des Dijembe – kostenlose Pfannkuchen zum Frühstück.

Lookout PENSION $$
(☎046-624 4564; www.thelookout.co.za; 24 Park Rd; EZ/DZ/3BZ/4BZ ab 440/800/1000/1200 R; P ☎ ≋) Das moderne, weiß gestrichene Haus auf einem Hügel vermietet drei Wohneinheiten mit Kochnische und herrlichem Blick.

Halyards Hotel & Spa HOTEL $$
(☎046-604 3300; www.riverhotels.com; Harbour Rd, Royal Alfred Marina; EZ/DZ mit Frühstück ab 660/860 R; P ❄ ☎ ≋) Das behagliche Hotel am Fluss mit schöner Cape-Cod-Architektur hat große, gut ausgestattete Zimmer mit Blick auf den Jachthafen, zwei Restaurants und eine Bar am Pool. Auch Hausboote werden vermittelt.

My Pond Hotel HOTEL $$
(☎046-624 4626; mypondhotel.com; Van der Riet St; EZ/DZ/Suite mit Frühstück ab 850/1050/1530 R; P ☎) Das elegante Hotel am Kowie River wird von einer Hotelfachschule und ihren Studenten geführt, der Service ist also besonders gewissenhaft. Das Restaurant **Lily** (☎046-624 4626; mypondhotel.com; Van der Riet St; Hauptgerichte 80 R) serviert moderne südafrikanische Küche, darunter empfehlenswertes Lamm und Minzfrühlingsrollen sowie Lammkeule.

Links Coastal Inn GASTHAUS $$
(☎046-624 4533; www.thelinks.co.za; 14 Wesley Hill; EZ/DZ R400/600 R, Cottages 450/650 R; P ☎) Ein dekoratives afrikanisches Motiv prägt die Zimmer und Ferienhäuschen dieses freundlichen Gasthauses. Das **Bar-Restaurant** (Hauptgerichte 45–90 R) hat eine tolle Terrasse für Sundowner mit Flussblick und serviert südafrikanische Spezialitäten wie *bobotie* und Ochsenschwanz.

★ **Richmond House** CHALET $$$
(☎046-624 4878; www.richmondhousecottages.com; Wesley Hill; EZ 756–936 R, DZ 1260–1560 R; P ☎) Drei luxuriöse Ferienhäuschen zwischen Rasen und Korallenbäumen auf dem Gelände eines historischen Gehöfts auf dem Wesley Hill bieten Abgeschiedenheit und Ruhe im Ortszentrum.

Essen & Ausgehen

★ **Zest Café** MEDITERRAN $
(Van der Riet St; Hauptgerichte 70 R; ⌚Mo–Fr 8–17, Sa bis 15 Uhr; ☎) Ein freundliches, mediterran gestaltetes Refugium in einem blumenbepflanzten Innenhof mit pastelfarbenem Mobiliar. Neben guter bewährter Pizza lohnen sich auch kreative Gerichte wie scharf

gewürzte Meeresfrüchte, Tagine mit roter Paprika und Mandeln oder geschichtetes Gemüse mit Rösti.

Graze by the River BIO $$

(☎046-624 8095; 38 Van der Riet St; Hauptgerichte 85 R; ⏲Mo, Di & Do–So 9.30–16 Uhr, abends nach Vereinbarung) Das exzentrische Lokal im hinteren Teil eines Kuriositätenladens serviert Slowfood, Biogemüse und Fleisch, Fisch und Milchprodukte aus ethischer Produktion. Hier werden auch Kaffee geröstet und Fleisch und Fisch geräuchert. Zu den abendlichen Tagesgerichten gehören leinengeangelter Kabeljau, frische Thunfischsteaks und 30 Tage lang abgehangene Rumpsteaks.

Für den Abend muss telefonisch reserviert werden; hausgemachte Kuchen und getoastete Sandwiches werden tagsüber serviert.

Guido's Restaurant ITALIENISCH $$

(West Beach Rd; Hauptgerichte 48–150 R) Die Veranden von Guido's sind perfekt für einen Sundowner mit tollem Ausblick auf den Fluss und den Strand. Hier gibt's Pizza aus dem Holzofen, und es ist an Wochenenden beliebt bei Familien und Studenten aus Grahamstown.

Barmuda SÜDAFRIKANISCH $$

(Van der Riet St; Hauptgerichte 80 R) Das Essensangebot der beliebten Kneipe mit schöner Lage am Fluss besteht aus Gourmet-Hamburgern und Fisch in Bierpanade. Sonntags gibt es zwei Cocktails zum Preis von einem und in der Hauptsaison täglich Livemusik und DJs.

Wharf Street Brew Pub BRAUEREI

(☎046-624 4947; 18 Wharf St; Hauptgerichte 70–110 R) In dem Gebäude aus dem 19. Jh. am alten Kai wird Bier aus der benachbarten Little Brewery on the River ausgeschenkt. In dem schönen Gastraum mit unverputzten Stein- und Ziegelwänden, Holzboden und großen Fotos werden u.a. Steaks, panierte Calamari, Garnelencurry, Schnitzel und Steakbrötchen serviert.

ℹ Praktische Informationen

Sunshine Coast Tourism Port Alfred

(☎046-624 1235; www.sunshinecoasttourism.co.za; Causeway Rd; ⏲Mo–Fr 8–16.30, Sa 8.30–11.30 Uhr) Kann mit Broschüren und Karten sowie Informationen zu Unterkünften und Aktivitäten wie Bootstouren und Angelausflügen aufwarten.

ABSTECHER

SHIPWRECK HIKING & CANOE TRAIL

Shipwreck Hiking & Canoe Trail

(☎082 391 0647; www.shipwreckhiking.co.za) Die Küste zwischen dem Great Fish River und East London wird zu Recht als Shipwreck Coast bezeichnet: Sie ist der Friedhof zahlreicher Schiffswracks. Der 69 km lange Shipwreck Hiking & Canoe Trail führt über sechs Tage und fünf Nächte von Port Alfred zum Great Fish River Mouth und schließt Kanufahrten mit ein. Lohn der Mühe sind wilde, unberührte Surfstrände, eine üppige Küstenvegetation und herrliche Flussmündungen. Telefonisch sind Preise und andere Infos zu erfahren.

Weitere Optionen sind eine fünftägige Tour mit vier Übernachtungen und Kanufahrten sowie eine Kanufahrt auf dem Kleinemonde West River mit Übernachtung.

ℹ An- & Weiterreise

Der Baz Bus fährt viermal pro Woche auf seiner Route von Port Elizabeth (250 R, 2 Std.) und Durban (1580 R, 13 Std.) durch den Ort. Er hält am Dijembe Backpackers (S. 222).

Gemeinschaftstaxis fahren ab ihrem Standplatz (Biscay Rd) vor der Heritage Mall täglich nach Port Elizabeth (85 R), Grahamstown (30 R) über Bathurst (15 R) und nach East London (85 R).

Die Autovermieter Avis und Budget haben hier Niederlassungen.

AMATHOLE

Die Region Amathole (ausgesprochen „ama-*tol*-ee'), ein Begriff aus der Xhosa-Sprache, der „Kälber" bedeutet, verläuft von East London landeinwärts und umfasst das gleichnamige Gebirge, in dem sich das zauberhafte Dorf Hogsback und einige wilde und kaum erschlossene oder besuchte Naturschutzgebiete befinden. Ein großer Teil dieser Gegend bildete während der Apartheid das unabhängige Land Ciskei der Xhosa.

Wer das Volk der Xhosa gern im Bergland besuchen und mehr über ihre Kultur erfahren möchte, kann dies in ein paar Hostels tun, die kulturelle Begegnungen, ähnlich wie an der Wild Coast, ermöglichen.

East London

267 007 EW.

In Sachen Bevölkerung, Geografie und Wirtschaft ist dieses Industrie- und Produktionszentrum (und der einzige Flusshafen des Landes) eine bedeutende Stadt in Eastern Cape. Trotz East Londons Lage an einer von riesigen Sandhügeln gesäumten Bucht ist jedoch ein Aufenthalt in dieser grauen und heruntergekommenen Stadt nicht empfehlenswert, zumal reizvollere Orte in der Nähe liegen. Eine Durchreise ist jedoch möglich: Dank des Flughafens und der Lage zwischen Sunshine und Wild Coast ist East London ein Verkehrsknotenpunkt. Ein Großteil der Innenstadt ist schäbig, voller verfallender viktorianischer Gebäude und Monstrositäten aus den 1960er- und 1970er-Jahren. Die reichen Stadtteile mit großen Villen und gepflegten Rasen und Gärten erstrecken sich nördlich des Eastern Beach.

Die Route 72 verläuft vom Flughafen und Port Alfred durch das Zentrum East Londons, wendet sich dann landeinwärts durch die nördlichen Vorstädte und trifft Richtung Chintsa auf die N2. Kurz nach der Überquerung der Route 72 über den Buffalo River führt die Oxford Street nordwärts (links) Richtung Sehenswürdigkeiten und schließlich zur N2. Die Route 72 verläuft nun durch die Gegend um den Quigney Beach, wo sich viele Pensionen und Restaurants befinden; die Abzweige rechts in die Currie oder Moore Street führen zur Esplanade und zum Eastern Beach.

Sehenswertes

Die besten **Surfbedingungen** gibt es am Nahoon Reef am südlichen Ende des Nahoon Beach.

Ann Bryant Art Gallery MUSEUM
(☎ 043-722 4044; 9 St Marks Rd; Eintritt frei; ⏲ Mo–Fr 9–17, Sa bis 12 Uhr) GRATIS In der spätviktorianischen/frühedwardianischen Villa sind eine recht gute Sammlung südafrikanischer Gemälde von Landschaftsbildern und Stadtszenen, u. a. von Pierneef und Cecil Skotnes, sowie zeitgenössische Werke lokaler Künstler ausgestellt. Am Eingang liegen Kataloge bereit. Ein kleines Café ist in der Remise untergebracht.

East London Museum MUSEUM
(☎ 043-743 0686; www.elmuseum.za.org; 319 Oxford St; Erw./Kind 15/5 R; ⏲ Mo–Do 9–16.30, Fr bis 16 Uhr) 1938 wurde in der Nähe einer der ersten Quastenflosser entdeckt, ein Fisch, der seit 50 Mio. Jahren als ausgestorben galt; das ausgestopfte Original ist hier ausgestellt. Das Museum ist angesichts der reichen Geschichte des Eastern Cape besuchenswert. Es besitzt eine exzellente naturkundliche Sammlung und Exponate zu Themen wie fossilierte menschliche Fußabdrücke oder Seefahrtsgeschichte.

Geführte Touren

Imonti Tours KULTURELLE TOUREN
(☎ 083 487 8975; www.imontitours.co.za) Der Besitzer Velile Ndlumbini bietet verschiedene Touren in der Gegend an, u. a. nach Mdantsane (halber Tag 280 R), die größte Township Südafrikas nach Soweto, einen Besuch in einem typischen Xhosa-Dorf (halber Tag 390 R) und einen Tagesausflug mit Thema Nelson Mandela nach Qunu und Mthatha (650 R) sowie Fahrten vom/zum Flughafen und nach Chintsa an.

Schlafen

Eine Übernachtung in East London ist eigentlich nicht notwendig, da es etliche reizvollere Unterkünfte im nahen Chintsa gibt.

Stadtzentrum

Sugarshack Backpackers HOSTEL $
(☎ 043-722 8240; www.sugarshack.co.za; Eastern Esplanade; Camping/B ab 75/100 R) Die Anlage aus Pseudo-Blockhütten nur ein paar Schritte vom Eastern Beach hat Schlafsäle mit drei bis zwölf Betten und kleine Hütten – alle haben schon bessere Tage gesehen. Die Terrasse oben und die Selbstversorgerküche bieten einen tollen Meerblick und Gäste erhalten im ebenso lärmenden Buccaneers Pub & Grill nebenan zum Essen ein Freibier.

Der Nachteil: Es gibt keinen Parkplatz, allerdings passt ein Autowächter nachts auf.

Garden Court BUSINESSHOTEL $$
(☎ 043-722 7260; www.tsogosunhotels.com; Ecke John Bailie Rd & Moore St; Zi. mit Frühstück 1049 R; P ❄ @ 📶 🏊) Das Kettenhotel neben dem Windmill Park hat 173 Zimmer und zahlreiche Einrichtungen, darunter eine Bar, ein Restaurant und einen gesicherten Parkplatz.

Nördliche Vorstädte

Wer hier über Nacht hängen bleibt, sollte sich am besten in einem der vielen B&Bs der Mittel- und Spitzenklasse in den Vorstädten nur ein paar Kilometer nördlich des East

Beach einquartieren. Eine gute Auswahl gibt es in und um die John Bailie Road, die vom östlichen Ende der Moore Street nach Norden verläuft.

John Bailie Guest Lodge PENSION $$
(☎ 043-735 1058; www.johnbailieguestlodge.co.za; 9 John Bailie Rd, Bunkers Hill; EZ/DZ/3BZ ab 450/600/750 R; P ≋) Die ruhige Pension in der Nähe des Golfplatzes hat komfortable Zimmer mit Teppichboden, Meerblick sowie einen Pool und einen *braai*-Platz, alles umgeben von einem gepflegten Garten. Angeboten werden auch Frühstück und Abendessen sowie ein „Backpackerzimmer" mit externem Bad. Die Preise sind bei spontanem Auftauchen niedriger.

Essen

Windmill Roadhouse FASTFOOD $
(Windmill Park, Moore St; Hauptgerichte 50 R) Ein Drive-in-Restaurant im amerikanischen Stil samt großer Anzeigetafel, in dem Hamburger und Sandwiches ans Auto oder draußen an Picknicktische geliefert werden. Im **Windmill Pizza** (Windmill Park, Moore St; Pizza 45–69 R) im angrenzenden Gemischtwarenladen gibt's Pizza zum Mitnehmen oder zum Essen unter der Neonbeleuchtung.

Café Neo MEDITERRAN $$
(Windmill Park, Moore St; Hauptgerichte 85 R; 📶) Der Blick von der Terrasse des stilvollen Restaurants mit Cocktailbar im ersten Stock reicht vom Parkplatz bis zum Meer. Die lange Speisekarte umfasst die ganze Palette von Wraps und geangeltem Fisch bis zu Steaks und umwerfenden Desserts.

Grazia Fine Food & Wine MEDITERRAN $$
(☎ 043-722 2009; www.graziafinefood.co.za; Upper Esplanade; Hauptgerichte 100 R) Das stilvolle, zentral gelegene Restaurant hat große Fenster mit Meerblick sowie einen Essbereich auf der Terrasse. Mithilfe des italienischstämmigen Besitzers entstand hier eine gehobene Menüauswahl mit verschiedenen europäischen Einflüssen – es werden u. a. Pasta, Pizza, Fleischgerichte und Seafood serviert. Reservierungen sind zu empfehlen.

An- & Weiterreise

BUS

Der Baz Bus hält auf seiner Strecke zwischen Port Elizabeth und Durban am Sugarshack.

Alle größeren Buslinien halten am zentralen **Busbahnhof** (Windmill Park, Moore St) in der Nähe des Eastern Beach. Greyhound, Translux, Intercape und City to City unterhalten tägliche Verbindungen mit Mthatha (300 R, 3 Std.), Port Elizabeth (300 R, 4½ Std.), Durban (400 R, 9½ Std.), Kapstadt (550 R, 16 Std.) und Jo'burg (500 R, 14 Std.).

FLUGZEUG

Der **East London Airport** (☎ 043-706 0306; www.airports.co.za; Rte 72) liegt 10 km südöstlich des Zentrums.

South African Airways (☎ 043-706 0203; www.flysaa.com), **SA Express** (☎ 0861 729 227; www.flyexpress.aero) und **Kulula** (☎ 0861 585 852; www.kulula.com) fliegen täglich nach Jo'burg (ab 900 R mit Kulula, 1½ Std.). SA Express fliegt zudem täglich nach Kapstadt (ab 1800 R, 2 Std.) und Durban (ab 1650 R, 1 Std.) und **Airlink** (☎ 043-706 0276; www.flyairlink.com) nach Port Elizabeth (ab 1700 R, 50 Min., werktags).

GEMEINSCHAFTSTAXI

Gemeinschaftstaxis fahren in der Oxford Street und den umgebenden Straßen ab. An der Ecke Buffalo und College Street (nahe dem East London Zoo) warten Langstreckentaxis zu Zielen nördlich von East London, u. a. nach Mthatha (85 R, 4 Std.). Ein paar Straßenblöcke südlich stehen an der Ecke Caxton und Gillwell Street Taxis zu Zielen in der Umgebung, darunter nach King William's Town (25 R, 1 Std.).

ZUG

Mittwochs, freitags und sonntags fährt ein Zug der Touristenklasse (mit Schlafwagen) der **Shosholoza Meyl** von und nach Jo'burg (440 R, 20 Std.) über Queenstown (140 R, 4½ Std.) und Bloemfontein (280 R, 13 Std.). Auf der gleichen Strecke steht auch die weniger empfehlenswerte Economy-Klasse (nur Sitze) zur Verfügung (100/180/270 R nach Queenstown/Bloemfontein/Jo'burg).

Hogsback

1029 EW.

Hogsback scheint eine inspirierende Wirkung auf die Menschen zu haben. Das paradiesische Örtchen liegt auf knapp 1300 m Höhe in den wunderschönen Amathole Mountains über Alice. Sein Name geht auf die „Borsten" zurück, die Geologen als *hogsback* (Schweinerücken) bezeichnen und die die umliegenden Berge bedecken. Der Idylle, für die das Dorf berühmt ist, wird dieser Name aber nicht wirklich gerecht.

Seit Jahren haben nun Künstler, Dichter, alternative Therapeuten und andere Gleichgesinnte dazu beigetragen, hier eine umweltbewusste Gemeinde zu schaffen – was

ABSTECHER

AMATHOLE TRAIL

Amathole Trail (pro Pers./Nacht inkl. Unterkunft 182 R) Der 120 km lange, sechstägige Amathole Trail beginnt am Maden Dam, 23 km nördlich von King William's Town, und endet am Tyumie River bei Hogsback. Er zählt zu den besten südafrikanischen Bergwanderwegen, ist aber ganz schön schwierig und in schlechtem Zustand. Nur halbwegs erfahrene und fitte Wanderer sollten den Marsch versuchen und zuvor vor Ort Rat einholen.

Genächtigt wird in Hütten; es ist aber auch möglich, nur einen Abschnitt des Wegs zu wandern. Genehmigungen werden über das **Department of Agriculture, Forestry & Fisheries** (DWAF; ☎084 308 6890, in King William's Town 043-604 5448; www.daff.gov.za; 2 Hargreaves Ave, King William's Town) verkauft. Die Wanderer werden mit herrlichen Aussichten belohnt. Etwa ein Drittel der Strecke führt durch dichten Wald und über zahllose Bäche mit Wasserfällen und Badeteichen.

gut nachzuvollziehen ist bei den herrlichen Aussichten auf Berge und bewaldete Täler. Das Klima der Stadt und Generationen von englischen Siedlern mit grünem Daumen sorgten dafür, dass es hier herrliche (in der Saison) Gärtnereien gibt. Die Einwohner erzählen gern, dass J. R. R. Tolkien, der bis zum Alter von drei Jahren in Bloemfontein lebte, Hogsback besucht hatte und dort zu seinen fantasievollen Romanen inspiriert worden sei. Das ist zwar höchst unwahrscheinlich, aber die Gegend mag ihn durchaus über seinen Sohn Christopher beflügelt haben, der hierher kam, als er mit der Royal Air Force in Südafrika stationiert war.

Der höchste der drei Hogs-Gipfel in der Ferne misst 1937 m. Auch die steilsten Hänge rund um Hogsback sind von wunderschönem Regenwald mit Yellowwood, Assegai und Baumfuchsien bedeckt. Leider gibt es auch weitläufige Kiefernhaine, die den Primärwald verdrängt haben.

Das Wetter ist unberechenbar und eher regnerisch, neblige Tage kann es das ganze Jahr über geben. Im Winter (Juni–Aug.) schneit es gelegentlich, in der Regel ist es jedoch trocken mit Nachttemperaturen von bis zu −2 °C. Der Frühling (Sept.–Nov.) geht mit tollem Sonnenschein und blühenden Blumen einher, während es im Sommer (Dez.–Feb.) sehr heiß und sonnig werden kann und ab und an kurze, aber heftige Gewitterstürme auftreten. Im Herbst (März–Mai) wechseln die Blätter der Bäume ihre Farbe.

Sehenswertes

Ecoshrine GÄRTEN
(www.ecoshrine.co.za; 22 Summerton Dr; Erw./Kind 20 R/frei; ⏲Mi, Sa & So 9–17 Uhr) Die bekannte Mixed-Media-Künstlerin und leidenschaftliche Umweltschützerin Diana Graham schuf einen Zementskulpturengarten, der den Naturgewalten gewidmet ist. Die Figuren, die Graham erklärt, stellen die Ursprünge der Erde sowie ökologische und wissenschaftliche Themen dar. Das Haus bietet eine herrliche Aussicht (wenn sich der Dunst im Tal verzogen hat) und ist vom Dorfzentrum aus über die Straße oder einen Waldwanderweg zu erreichen.

Starways Art Centre GALERIE
(☎082 953 7840; www.starways.org; Booysens Cres; ⏲nach Vereinbarung) GRATIS Der mit Preisen ausgezeichnete Künstler Anton van der Merwe stellt in diesem kommunalen Kulturzentrum Keramiken und Gemälde aus. In dem atmosphärischen kleinen Theater zwischen Bäumen finden manchmal Dichterlesungen und Aufführungen statt.

Mirrors Gallery & Crystal Corner GALERIE, GÄRTEN
(www.kenharvey.smugmug.com; Eintritt mit Spende; ⏲10–17 Uhr) Zu Mirrors gehören ein magischer, 180 m² großer Garten mit einem Steinkreis und Labyrinth, eine Galerie mit den Landschaftsfotografien des Besitzers Ken und ein Kristallladen.

Prayer Trail GÄRTEN
(Main Rd) Der meditative Pfad schlängelt sich durch den Garten der Kapelle St Patrick on the Hill.

Fairy Realm Garden GÄRTEN
(☎045-962 1098; Main Rd; Erw./Kind 30/15 R; ⏲9.30–16.30 Uhr) Ein 400 m langer Pfad windet sich durch den Garten mit Teichen, Kaskaden und über 80 Feenskulpturen.

Aktivitäten

Durch die heimischen Wälder und Fichtenschonungen der Gegend führen einige tolle Wander-, Rad- und Autowege; in der Touristeninformation gibt es eine Karte. Eine empfehlenswerte Wanderung (3–5 Std.) beginnt hinter dem Hostel Away with the Fairies und führt zu einer gewaltigen, 800 Jahre alten Steineibe, den Swallow Tail Falls, Bridal Veil Falls und den Madonna & Child Falls und endet an der Wolfbridge Road zurück ins Dorf. Im Away with the Fairies oder der Touristeninformation ist eine Wandergenehmigung für 10 R erhältlich.

Da Hogsback alternativ ausgerichtet ist, werden auch diverse belebende und energieausgleichende Massagen und Behandlungen angeboten. Adressen sind in der Touristeninformation erhältlich.

Hogsback Adventures ABENTEUERSPORT
(Cycle Roots; ☎ 074 721 4885; hogsbackadventures.co.za; 9 Main Rd) Die vielseitige Agentur gegenüber der Touristeninformation bietet eine vierstündige, geführte Mountainbiketour über 18 km durch den Wald an (pro Pers. 350 R), Bogenschießen, 35 m Abseilen von den Madonna & Child Falls (250 R) und verleiht auch Fahrräder (halber Tag 200 R). Ebenfalls im Angebot sind Touren mit Fahrrad oder Auto zu den Galerien und Gärten von Hogsback (pro Pers. und Std. 50 R).

Amathole Horse Trails REITEN
(☎ 082 897 7503; www.terrakhaya.co.za; an der Plaatjieskraal Rd) Shane organisiert Ausritte für alle Könnensstufen und praktiziert „natürliche Reitkunst". Die Reitausflüge dauern von 1½ Stunden (250 R) bis zu vier Tagen (3150 R) samt Unterkunft bei einer Familie und einem Milchbauernhof der Xhosa.

Feste & Events

Zahlreiche Events von Trail-Läufen bis zu Festen für Körper, Geist und Seele finden das ganze Jahr über statt. Das aktuelle Programm steht auf www.hogsbackinfo.co.za/events.

Spring Festival KULTUR
(www.hogsbackgardens.blogspot.com; ⏲ Ende Sept.–Ende Okt.) Das größte Ereignis in Hogsback ist die alljährliche Öffnung der liebevoll gepflegten Gärten des grünen Orts, einschließlich eines Wochenendes Anfang Oktober mit Feuertanz, Trommelkreisen, Kinderveranstaltungen und allgemeiner Ausgelassenheit.

Schlafen

In den Wäldern um das Dorf verbergen sich zahlreiche Ferienhäuschen; ein Verzeichnis findet sich auf www.hogsback.com, www.hogsback.co.za und www.hogsbackinfo.co.za.

★ **Terra-Khaya** HOSTEL, BAUERNHOF $
(☎ 082 8977 503; www.terrakhaya.co.za; an der Plaatjieskraal Rd; B mit Frühstück 70 R, Zi. mit Frühstück ohne Bad 285 R; P) Der einzigartige und beeindruckende Bergbauernhof auf 1350 m Höhe liegt völlig abseits der Zivilisation. Die Heimwerkerästhetik und die Philosophie des Besitzers (der ohne Sattel reitende Shane von Amathole Horse Trails) ist überall präsent: Alles besteht aus Flechtwerk, Lehm und recycelten Materialien, Steckdosen gibt es nur in der Lounge und sanitäre Anlagen bestehen aus feuerbeheizten Duschen und Komposttoiletten.

Es fällt schwer, den herrlich beschaulichen Ort wieder zu verlassen; für längere Aufenthalte besteht die Möglichkeit zur Freiwilligenarbeit.

Away with the Fairies HOSTEL $
(☎ 045-962 1031; www.awaywiththefairies.co.za; Ambleside Close; Camping/B/Zi./Cottage ab 90/145/360/500 R; P) Umwerfende Aussichten hat das magische, mystische Hostel oben auf einer Klippe massenhaft zu bieten: von der Freiluftbadewanne direkt am Klippenrand oder vom Baumhaus in 15 m Höhe im Wald zwischen Papageien und Affen. Zu den Aktivitäten gehören Xhosa-Kurse, Picknick im Wald, Pfannkuchen bei Sonnenaufgang, Angeln, Wandern, Bäume umarmen und Workshops für kreatives Schreiben.

Die Wizard's Sleeve Bar, eine farbenfrohe Kneipe für ein paar Bierchen und einen Plausch, serviert auch Mahlzeiten, z. B. Pizza nach Wunsch.

★ **Edge Mountain Retreat** LODGE $$
(☎ 045-962 1159; www.theedge-hogsback.co.za; Perry Bar Lane; EZ/DZ mit Frühstück 450/790 R, Ferienhäuser 600–1800 R; P) Die geschmackvoll eingerichteten Cottages und Gartenzimmer des Edge ziehen sich am Rand eines spektakulären Plateaus entlang, das einst die Grenze zwischen dem während der Apartheid autonomen Gebiet Ciskei und dem eigentlichen Südafrika bildete. Die Cottages haben alle ein großes Schlafzimmer mit Kamin und Fernseher sowie ein Bad und eine Küche.

Die Atmosphäre ist friedlich, ruhig und relaxed – unschlagbar für wahre Erholung oder ein romantisches Wochenende.

ABSEITS DER ÜBLICHEN PFADE

ELUNDINI BACKPACKERS

Elundini Backpackers (☎ 078 357 3285; www.elundinibackpackers.com; Elundini; Camping/B 60/120 R, Zi./3BZ/4BZ ohne Bad 290/390/490 R; P) Etwa 15 km südlich von Hogsback befindet sich ein Schild zum Elundini Backpackers im Dorf Elundini an der Schotterstraße nach Seymour. Das Hostel, 8 km nach dem Abzweig, bietet komplettes Eintauchen in dieses ländliche Xhosa-Dorf in Amathole. Genächtigt wird in *rondavels* mit gemeinschaftlichen Regenduschen und Komposttoiletten, alle mit Blick auf die bewaldeten Hügel. Mahlzeiten werden im Wohnbereich serviert.

Das wirklich Besondere an diesem Xhosa-belgischen Hostel sind die Aktivitäten der Dorfgemeinschaft: Wanderführungen, Dorfrundgänge, Brotbacken oder Xhosa-Sprachkurse. Ab Hogsback und Alice (50 R) wird Transport im Pickup angeboten; eine Wanderung von Hogsback hierher dauert vier Stunden, von Alice fahren auch Gemeinschaftstaxis (20 R). Elundini ist von Hogsback und Seymour aus mit dem Pkw zu erreichen.

Granny Mouse House PENSION $$
(☎ 045-962 1259; www.grannymousehouse.co.za; Nutwoods Dr; EZ/DZ ab 400/550 R; P 📶 🏊) Eine Unterkunft in einem Siedlerhaus von 1910 aus Flechtwerk, Lehm und Reetdach inmitten eines wunderbaren Gartens mit Obstbäumen, in dem sich zwei Ferienhäuschen befinden und die zum Haus gehörenden Rhodesian Ridgebacks (Hunde) herumstromern. Mahlzeiten werden angeboten und die freundliche Besitzerin Ingrid spricht Deutsch.

Hogsback Inn GASTHAUS $$
(☎ 045-962 1006; www.hogsbackinn.co.za; Wolfridge Rd; DZ 620–1650, Ferienhäuser 660–880 R; P 📶 🏊) Das Landgasthaus aus dem späten 19. Jh. inmitten eines Blumengartens hat modernisierte Zimmer und ein altmodisches englisches Wirtshaus.

Essen

Butterfly's Bistro VEGETARISCH, DELI $
(Main Rd; Hauptgerichte 65 R; ⏰ Di, Mi & So 9–18, Do–Sa bis 20 Uhr; 📶 ✎) Das beliebte Restaurant in einem malerischen Nurdachhaus neben der Touristeninformation serviert vegetarische Gerichte, Frühstück, Pizza, Hamburger, Wraps und wöchentlich wechselnde Tagesgerichte.

★ **Tea Thyme** INTERNATIONAL $$
(Perry Bar Lane; Hauptgerichte 80 R; ⏰ 7.30–20.30 Uhr) Das reizende Gartenrestaurant des Edge serviert zum Frühstück French Toast mit einheimischen Beeren und den besten Kaffee in ganz Hogsback, mittags eine empfehlenswerte Tapas-Platte und Holzofen-Pizza und abends gefülltes Schweinelendchen und Lammkeule. Hinzu kommen hausgebackenes Brot, frische Bioprodukte aus lokalem Anbau und außerdem Pfade, die zum Labyrinth und dem Aussichtspunkt in der Nähe führen.

Shoppen

Samstagsmarkt MARKT
(an der Main Rd; ⏰ 9–12 Uhr) Der Markt hinter der Touristeninformation bis hin zu Butterfly's Bistro verkauft Erzeugnisse und Produkte von Gemeindeprojekten, darunter Kunsthandwerk und Kleidung und präsentiert die eine oder andere Biofarm.

Praktische Informationen

Im Ort gibt es einen Geldautomaten im kleinen Supermarkt gleich hinter der Hauptstraße und eine Tankstelle.

Hogsback Information Centre (☎ 045-962 1245; www.hogsback.com; Main Rd; ⏰ Mo–Sa 9–15, So bis 13 Uhr) Das hilfsbereite Zentrum hat Tipps für Unterkünfte und Wanderkarten.

An- & Weiterreise

Die Route 345 nach Hogsback ist asphaltiert (der Abzweig ist 4 km östlich von Alice), aber sie sollte besser bei Tageslicht befahren werden, da sie kurvenreich ist und gelegentlich Vieh auf der Straße herumwandert. Von Queenstown aus und von Norden nehmen Autofahrer die Route 67 Richtung Fort Beaufort und biegen in Seymour auf die gute Schotterstraße nach Elundini und zu den dortigen Hostels ab. Nach 22 km trifft die Straße auf die Route 345 südlich von Hogsback. Auf keinen Fall sollten Pkw-Fahrer die direktere unbefestigte Straße von und nach Cathcart wählen.

Ohne eigenes Auto ist Hogsback am einfachsten mit dem Shuttle-Service am Dienstag, Mittwoch, Freitag und Sonntag von Away with the Fairies zu erreichen. Haltestellen sind Sugarshack Backpackers in East London (150 R,

2 Std.), Buccaneers Lodge in Chintsa (180 R, 2½ Std.), der East London Airport und King William's Town.

Von Alice fahren Gemeinschaftstaxis nach Hogsback (30 R), allerdings mit Umstieg in Auckland.

Die Busse von City to City halten täglich in Alice auf ihrer Strecke zwischen East London (140 R, 2 Std.) und Pretoria über Queenstown, Bloemfontein und Jo'burg.

DIE WILD COAST

Dieser Küstenabschnitt voller Schiffswracks, der sich über 350 km östlich von East London bis nach Port Edward erstreckt, kann es in Sachen Schönheit mit jedem anderen im Land aufnehmen. Die Wild Coast, oft als „Transkei" bezeichnet (der Name des Stammesgebiets aus der Apartheid-Ära, das einst einen großen Teil des Gebiets ausmachte) umfasst aber auch das Binnenland mit idyllischen Landschaften und *rondavel*-Dörfchen in sanften, grasbewachsenen Hügeln.

Die einheimischen Xhosa gehören zu den freundlichsten Menschen ganz Südafrikas, die Besucher aller Wahrscheinlichkeit nach in ihr Haus oder zumindest in ein *shebeen* einladen. Südlich des Mbashe River lebt der Stamm der Gcaleka, nördlich die Mpondomise. In diesem Land aus breiten Flussmündungen und mit Hostels, die Xhosa-Siedlungen gleichen, werden zahlreiche Outdoor-Aktivitäten und Kulturbegegnungen angeboten. Die Vogelwelt ist reichhaltig, besonders in den Parks. Private Fischer verkaufen auch Fische und Meeresfrüchte wie Blaubarsche, Kabeljau, Muschelknacker, Langusten, Austern und Sardinen. Man kann sich aber auch selbst mit dem Angeln versuchen.

Hier sollten die Besucher Bus oder Auto einfach für eine Weile vergessen und stattdessen die Wanderwege zwischen den Küstendörfern nutzen. Es gibt etliche Wege, manche zwischen Hotels mit Gepäcktransport, einige mit Unterkunft bei den Einheimischen. Am schönsten ist es hier wahrscheinlich ohnehin abseits der Straßen, es lohnt sich also, in einem der abgelegenen Hostels unterzukommen – Bulungula, Mdumbi, Wild Lubanzi, der Kraal oder Mtentu – und dort ein paar Tage zu verbringen. Port St. Johns und Coffee Bay sind gute Standorte für Tagesausflüge und Entdeckungstouren, Chintsa und Morgan Bay sind gut an die N2 angebunden.

Geführte Touren

Auch wer normalerweise keine geführten Touren bucht, wird feststellen, dass folgende Anbieter eine unermesslich große Hilfe beim Verstehen der bunten und komplexen Kultur der Xhosa- und Mpondo-Stämme darstellen, die an der Wild Coast leben. Buchungen von Unterkünften sind über www.wildcoastbookings.com möglich.

African Heartland Journeys ABENTEUERTOUR
(☎ in Chintsa 043-738 5523; www.ahj.co.za; Chintsa West) Ein angesehenes Touristikunternehmen, das zur Buccaneers Lodge gehört. Die abenteuerlichen Touren führen tief in die ländlichen Gebiete der Wild Coast, und zwar zu Fuß, mit dem Kanu, einem Allradfahrzeug und dem Mountainbike, mit Unterkunft in Hotels oder in Dörfern. Es betreibt auch eine Surfschule und bietet zwei- bis zwölfwöchige Freiwilligenarbeit über Volunteer Africa 32° South (www.volunteerafrica.co.za) und Friends of Chintsa (www.friendsofchintsa.org) an.

Wild Coast Holiday Reservations WANDERTOUR
(☎ in East London 043-743 6181; www.wildcoastholidays.co.za) Organisiert fünf mehrtägige Wanderungen mit einheimischen Führern die ganze Küste entlang, samt Unterkunft in den großartigen Resorts und Hotels der Gegend. Der sechstägige Wild Coast Meander (mit fünf Übernachtungen) führt vom Resort Kob Inn bis zum Morgan Bay Hotel. Unterkünfte und Transfers können ebenfalls über die Agentur gebucht werden.

WESSA Wild Walk WANDERTOUR
(☎ in Chintsa 043-738 5523; www.wessa.org.za) Die jährliche Slackpacking-Fernwanderung im November führt von Port Edward bis nach Bulungula. Schwerpunkt ist die reiche und gefährdete Küstenumwelt, die von der WESSA (Wildlife and Environment Society of South Africa) geschützt wird. Gruppen mit mindestens zwei Teilnehmern können zwischen zwei-, fünf- und siebentägigen Abschnitten wählen

Chintsa

1803 EW.

Chintsa liegt nur eine knappe Stunde Fahrt nördlich von East London, wirkt aber Welten entfernt von der Großstadt. Es besteht aus zwei kleinen Dörfern – Chintsa East und Chintsa West, beidseitig der Mündung

Wild Coast

des Chintsa River – mit einem spektakulären weißen Sandstrand und mit einer Brandung, die gut zum Schwimmen geeignet ist. Es ist ein vorzüglicher Ort, um sich an diesem Teil der Küste ein paar Tage (oder auch Wochen) aufzuhalten und zu entspannen.

Sehenswertes & Aktivitäten

Buccaneers (S. 231) bietet zahlreiche Aktivitäten, darunter eine **Township- und Brauereitour** (pro Pers. 375 R) mit Besuch im Haus von Mama Tofu im Dorf Ngxingxolo,

angeblich die älteste Reiseleiterin Südafrikas. Hinzu kommen **Reitausflüge** (350 R), **Surfkurse** (205 R), **Mountainbiketouren** (220 R) und Besuche in der Grundschule, die teilweise von der Stiftung des Buccaneers finanziert wird.

Emerald Vale BRAUEREI
(☎ 073 078 9688; www.emeraldvalebrewery.co.za; Chintsa East; 60 R; ⏲ Touren nach Vereinbarung Mo–Sa 12 & 16 Uhr) Halbstündige Führungen durch die Brauerei in einer umgebauten Scheune auf einer Farm, einschließlich Kostproben der vier Biere und einem Eistee. Das **Bar-Restaurant** (Hauptgerichte 65 R) serviert zum Bier passendes Essen wie Hamburger und *jalapeño poppers.*

Inkwenkwezi Game Reserve WILDRESERVAT
(☎ 043-734 3234; www.inkwenkwezi.com; EZ/DZ in Zelten im Buschcamp inkl. Mahlzeiten & Aktivitäten ab 1800/2200 R) In dem privaten, exklusiven Wildreservat zwischen den Abzweigungen nach Chintsa East und West gibt es die *Big Five* (Elefanten und Löwen werden allerdings getrennt gehalten) und fünf Biome. Zusätzlich zu den Safarifahrten (pro Pers. ab 695 R) bietet das Reservat auch noch geführte Mountainbike-, Wander- und Kanutouren an.

Schlafen

Das Gebiet um Chintsa bietet hervorragende Unterkünfte in jeder Preislage und ist eine exzellente Alternative zu East London.

★ **Buccaneers Lodge** HOSTEL $
(☎ 043-734 3012; www.cintsa.com; Chintsa West; Camping/B/Zi. ab 100/142/546 R; P @ ☎ ≋) „Buccs" ist eine Art Pauschal-Resort für Backpacker, Strandhasen und Reisende, die sich für die Xhosa-Kultur interessieren, und bietet einen erschwinglichen Eindruck von der Wild Coast. Die Unterkunft besteht aus komfortablen Schlafsälen mit vier bis zwölf Betten, Safarizelten, Ferienhäuschen und hinreißenden Suiten mit einer Terrasse zum Meer raus.

Es gibt ein umwerfendes Angebot an Aktivitäten, Touren und kulturellen Begegnungen. Die Anlage selbst bietet auch die kostenlose Nutzung von Kanus und Boogiebrettern, Wein und Sonntagsfrühstück gratis, Beachvolleyball, Yoga und Wellnessbehandlungen. Die Mahlzeiten werden gemeinschaftlich im zauberhaften, kerzenbeleuchteten Speiseraum und auf der Terrasse eingenommen.

Areena Riverside Resort RESORT $$
(☎ 043-734 3055; www.areenaresort.com; Glengariff; Camping/EZ/DZ/4BZ ab 145/385/650/795 R; P ≋) Das Areena am baumbeschatteten Ufer des Kwelera River hat ein breites Unterkunftsangebot zu bieten, von *rondavels,*

SICHER FAHREN AN DER WILD COAST

Die Küste ist von der N2 (die East London mit KwaZulu-Natal über Mthatha verbindet) wegen des unwegsamen Geländes nur eingeschränkt erreichbar und die Erkundung der Gegend führt Reisende zwangsläufig über mehr als nur eine knochenbrechende Straße. Selbst die Teerstraßen, wie die zwischen Coffee Bay und der N2, sollten mit Vorsicht befahren werden. Sie können gefährliche Schlaglöcher haben, die nur schwer zu erkennen sind. Es ist also besser, ganz langsam zu fahren, falls man keine Radkappe – oder Schlimmeres – verlieren möchte.

Niemals sollte man bei Dunkelheit fahren, viele Straßen sind nicht auf Karten verzeichnet und Wegweiser gibt es kaum. Es ist auch wichtig, auf Tiere und Menschen mitten auf der Straße zu achten.

Allgemein sollten alle, ob Autofahrer oder Passagiere in öffentlichen Verkehrsmitteln, die gewünschte Unterkunft im Voraus kontaktieren. Trotz ihrer Abgeschiedenheit sind die Hotels, Lodges, Hostels und Resorts der Wild Coast schnell voll belegt. Ein vorheriger Telefonanruf erspart eine lange Fahrt zurück zur N2, um eine andere Unterkunft zu finden. Selbst wenn fest gebucht wurde, sorgt ein Anruf dafür, dass die Unterkunft Bescheid weiß, dass ihre Gäste unterwegs sind.

Viele Schotterstraßen können oft von Miet-Pkws befahren werden, vorausgesetzt der Fahrer ist halbwegs gut und seinem Fahrzeug nicht allzu eng verbunden. Das lokale Straßennetz wird zudem durch Ausbau und Teerung langsam verbessert. Allerdings werden unbefestigte Straßen nach Regen oft unpassierbar. Auch hier gilt, sich zuvor telefonisch oder vor Ort über die aktuellen Straßenverhältnisse zu erkundigen.

Hier ist mit viel längeren Fahrzeiten zu rechnen als in anderen Teilen Südafrikas, selbst auf Teerstraßen. Das gilt für Autofahrer ebenso wie für Passagiere in Gemeinschaftstaxis, dier erst abfahren, wenn sie voll besetzt sind und unterwegs mehrmals halten.

reetgedeckten Cottages und Holzchalets für Selbstversorger bis hin zu Zelt- und Caravanplätzen am Fluss – und dazu ein 3,5 km² großes Wildreservat. Zur Anlage gehören u. a. auch ein Tennisplatz und ein Bar-Restaurant (Mi–Sa, Hauptgerichte 70 R), zudem werden diverse Freizeitaktivitäten wie z. B. Abseilen, Seilrutschen, Kajaktouren auf dem Meer und Bootsfahrten auf dem Fluss angeboten.

Crawfords Beach Lodge RESORT $$$
(☎ 043-738 5000; www.crawfordsbeachlodge.co.za; Chintsa East; EZ/DZ mit HP ab 920/1540 R; P ❄ 📶 🏊) Ein weitläufiger Komplex aus schönen, reetgedeckten Wohneinheiten, im Stil irgenwo zwischen Cape Dutch und Cape Cod, mit stilvoll eingerichteten Zimmern. Am Pool gibt es ein Bar-Restaurant mit herrlichem Blick auf den Strand, ein Spa, einen Tennisplatz und einfachen Strandzugang.

Prana Lodge RESORT $$$
(☎ 043-704 5100; www.pranalodge.co.za; Chintsa East; EZ mit Frühstück 2100–2500 R, DZ mit Frühstück 3300–3900 R; P ❄ @ 📶 🏊) Die Lodge verbindet traditionell europäischen Luxus mit der Gelassenheit eines südostasiatischen Resorts und ist ideal für Leute, die sich auf höchstem Niveau verwöhnen lassen wollen. Die sieben Suiten haben größtenteils einen eigenen kleinen Pool und einen abgeschlossenen Hofgarten; es gibt extra breite Betten und große Freiluftduschen.

Zur Anlage im Dünenwald, nur einen kurzen Fußweg vom Strand entfernt, gehören ein Open-Air-Restaurant mit Bar, eine Bibliothek und ein luxuriöses Spa, das auch Nichtgäste besuchen können (Behandlung 550–2200 R). Bei der Verpflegung sind Halb- und Vollpension möglich.

Essen

Chintsation SÜDAFRIKANISCH $
(www.chintsation.co.za; Adelsicht Farm; Hauptgerichte 60 R; ⏲ 9–16 Uhr; 🖉) Der Farm- und Kunsthandwerksladen mit Café an der N2 Richtung Chintsa East serviert hausgemachte Pasteten, Hamburger, Salate und kalte Platten mit Blick auf den Gemüsegarten und den Damm.

Barefoot Café KNEIPE $
(Chintsa East; Hauptgerichte 65 R; ⏲ Mo & Mi–Fr 12 Uhr bis open end, Sa & So ab 10 Uhr) Das bisschen Nachtleben in Chintsa konzentriert sich auf dieses zwanglose Bar-Restaurant, wo vorwiegend ausländische Freiwilligen-

ABSTECHER

STRANDLOPER & SUNDOWNER TRAIL

Strandloper Trail (043-841 1046; www.strandlopertrails.org.za; pro Pers. 5000 R) Der 57 km lange, viertägige Strandloper Hiking Trail verläuft vom Kei Mouth bis nach Gonubie kurz vor East London. Der Weg erhielt seinen Namen nach den Strandlopers („Strandläufern"), einem Stamm der Khoisan, der an der Küste lebte, aber nach der Besiedlung durch Weiße als eigenständige Gruppe verschwand. der Trail ist halbwegs einfach, aber gute Kondition ist erforderlich.

Übernachtet wird in Hütten und im Haga-Haga Hotel. Die Unterkunft ist im Preis enthalten; es gibt auch Wanderungen mit zwei Übernachtungen (180 R). Die Erlöse fließen in die Umwelterziehung für die Kinder der Einheimischen.

Sundowner Trail (043-841 1046; www.strandlopertrails.org.za; pro Pers. 6300 R) Der fünftägige Sundowner Trail mit vier Übernachtungen von Trennerys Hotel bis Chintsa East ist eine „Slackpacker"-Tour für alle, die ihre strammen Wanderungen am Abend mit etwas Luxus beenden wollen. Eine sechstägige Tour (fünf Übernachtungen) führt vom Kob Inn nach Morgan Bay. Alle Mahlzeiten und Transfers sind im Preis enthalten.

helfer, Backpacker und Einheimische verkehren. Blesbok (Antilopen) -Spieße, Piri-Piri-Hühnchen, Pizza und Fisch in Bierpanade stehen auf der Karte. Die Küche schließt um 20.30 Uhr.

Praktische Informationen

In Chintsa East gibt es einen Lebensmittel- und einen Spirituosenladen, einen Geldautomaten und eine Tankstelle.

An- & Weiterreise

Der Baz Bus zwischen Port Elizabeth und Durban hält am Buccaneers. Viele Unterkünfte in dieser Gegend der West Coast bieten nach vorheriger Mitteilung eine Abholung in East London an.

Autofahrer folgen ab der N2 dem braunen Schild nach Chintsa, etwa 30 km nördlich von East London. Chintsa East und West liegen dann etwa 15 km weiter.

Morgan Bay & Kei Mouth

612 EW.

Das Örtchen Morgan Bay, das von der N2 über die geteerte Route 349 zu erreichen ist, eignet sich gut, um hier etwas Ruhe und Frieden zu genießen, zum Strandgutsammeln und zum Surfen. Ein paar Kilometer weiter endet dann die Teerstraße im etwas heruntergekommenen Kei Mouth, wo die Überfahrt mit der **Pontonfähre** (Autofähre; Fußgänger/Auto 0,50/70 R; 7–17.30 Uhr) über den Great Kei River ein bisschen wie der Eintritt zur eigentlichen Wild Coast wirkt. In der Tat bildete der Fluss einst die südliche Grenze des Xhosa-Gebiets Transkei.

Yellowwood Forest CAMPINGPLATZ $

(043-841 1598; www.yellowwoodforest.co.za; Morgan Bay; Camping 115 R, Zi. ab 300 R; P WLAN) Yellowwood Forest, etwa 1 km vom Morgan's Bay Beach entfernt, ist ein ruhiger Campingplatz am Fluss, umgeben von Naturwald und besucht von Turakos und Nashornvögeln. Geboten werden ein zauberhafter Teegarten, ein Kunsthandwerksladen, Pizza aus dem Holzofen sowie Dachzimmer und Hütten.

Morgan Bay Hotel HOTEL $$

(043-841 1062; www.morganbayhotel.com; Beach Rd, Morgan Bay; EZ/DZ mit Frühstück & Abendessen ab 930/1430 R, Camping 210 R; P WLAN Pool) Das helle und luftige Morgan Bay Hotel liegt direkt oberhalb des Strands. Im zugehörigen Bar-Restaurant (Hauptgerichte 50 R) gibt es Meeresfrüchte und Kneipengerichte sowie eine tolle Terrasse.

Dwesa Nature Reserve

Das **Dwesa Nature Reserve** (043-705 4400; www.visiteasterncape.co.za; Erw./Kind 20/10 R; 6–18 Uhr), eines der abgelegensten und schönsten Reservate Südafrikas, besteht aus üppigen Wäldern, mäandernden Flüssen, offenen Grassavannen, einer zerklüfteten Küste und Wanderwegen. Hier leben u. a. Büffel, Zebras, Antilopen, Warzenschweine und in den Flüssen Krokodile. Rund 290 Vogelarten wurden bestimmt, darunter der seltene Narinatrogon und der Mangrovenfischer. Zu den kommunal organisierten Aktivitäten gehören geführte Naturwanderungen und Fahrten auf dem Mbashe River.

Kleine Ferienhäuschen (Chalets mit 1-/2-Schlafzimmern 300/600 R) und einen Campingplatz (220 R) gibt es in Dwesa in der Nähe des Strands, der über eine 47 km lange Schotterstraße von Willowvale aus zu erreichen ist. Für die schlecht ausgebaute Strecke ist ein Fahrzeug mit hoher Radaufhängung nötig.

Haven Hotel HOTEL **$$**
(☎ 047-576 8904; www.havenhotel.co.za; Mbashe Mouth; EZ/DZ mit HP 445/890 R; P) Das rustikale Resort ist eine gute Basis zur Erkundung des Dwesa Nature Reserve, ob zum Wandern im Wald, Kanufahren auf dem Mbashe River oder Reiten am Strand. Genächtigt wird in Cottages und *rondavels*.

Coffee Bay

258 EW.

Das einst abgelegene Dorf hat sich wegen seines herrlichen, einen Kilometer langen Strands und der leichten Erreichbarkeit der dramatischen Landschaft in der Umgebung zu so etwas wie einem angesagten Wild-Coast-Ziel für Backpacker und südafrikanische Hippies entwickelt. Niemand weiß genau, wie das winzige Coffee Bay zu seinem Namen kam. Aber eine Theorie besagt, dass die Kaffeebohnenladung eines Schiffs, das hier 1863 Schiffbruch erlitt, am Strand angeschwemmt wurde. Das Dorf ist heute ein verwahrloster und unscheinbarer Ort, wo sich Einheimische um die Backpacker-En-

DIE XHOSA

Bei einer Reise entlang der Wild Coast lässt sich wunderbar die Kultur der Xhosa entdecken. Die manchmal verwendete Bezeichnung *red people* bezieht sich übrigens auf den roten Lehm, den sie als Hautschutz auftragen, und die rote Kleidung, die einige erwachsene Xhosa tragen.

Kleidung, Farben und Perlenschmuck weisen auf die jeweilige Untergruppe des Stammes hin. Die Tembu und Bomvana färben ihre Kleidung beispielsweise rot und ocker-orange, während die Pondo und Mpondomise Hellblau bevorzugen. Auch *isi-dangas*, lange türkisfarbene Halsketten, die eine Verbindung zwischen den Trägern und ihren Vorfahren herstellen, sind noch immer zu sehen.

Die Xhosa glauben an Hexer und Hexen – und deren Verbrennung ist nicht unüblich. In der Regel gilt Zauberkraft als böse, weshalb die Xhosa große Angst davor haben, von bösen Geistern besessen zu sein. Der *igqirha* (spiritueller Heiler) besitzt die Macht, sowohl den Kräften der Natur als auch von Hexen ausgehenden Gefahren zu begegnen, und nimmt in der traditionellen Gesellschaft einen bedeutenden Platz ein. Der *ixhwele* (Kräuterheiler) hat ebenfalls magische Kräfte, kümmert sich jedoch vor allem um die Gesundheit. Beide Heiler werden oft auch als *sangomas* bezeichnet, wobei die Bezeichnung aus der Sprache der Zulu stammt.

Vielen Xhosa wurde in der Kindheit die Kuppe des linken kleinen Fingers entfernt, um Unglück fernzuhalten. Pubertäts- und Hochzeitsrituale haben ebenfalls eine große Bedeutung. Männer dürfen in der dreimonatigen Initiationsphase nach der Beschneidung, die mit 18 Jahren durchgeführt wird, nicht von Frauen gesehen werden – sie maskieren sich mit weißem Lehm oder Kostümen aus trockenen Palmwedeln.

Zum Ritual der weiblichen Initiation gehört es, dass das Mädchen in eine abgedunkelte Hütte gesperrt wird, während ihre Freundinnen durch die Gegend ziehen und singenderweise um Geschenke bitten. Unverheiratete Mädchen tragen kurze Röcke. Nähert sich die Hochzeit, werden die Röcke länger; verheiratete Frauen tragen lange Röcke und bedecken ihre Brüste. Häufig bemalen sie sich das Gesicht mit weißem Lehm, tragen große, turbanartige Kopfbedeckungen und rauchen langstielige Pfeifen. Von der Länge der Pfeife lässt sich auf den Rang der Frau innerhalb des Clans schließen.

Die meisten Dörfer bestehen aus größtenteils türkisfarben angemalten *rondavels* rund um das Viehgehege. Die Dächer sind mit Schilf gedeckt und werden aus Stabilitätsgründen oft von einem alten, mit Erde gefüllten Autoreifen gekrönt. Die Erde ist oft mit Dornen oder Glasscherben bedeckt, denn scharfe Gegenstände sollen böse Vorzeichen fernhalten, also z. B. Eulen am Landen hindern. Nach dem Tod des Eigentümers wird die Hütte verlassen und fällt schließlich irgendwann in sich zusammen.

klave herumtreiben und versuchen, *dagga* (Marijuana), Krimskrams und Tagesausflüge zu verkaufen.

Beliebte Aktivitäten, wie geführte Wanderungen, Reitausflüge, Kulturbegegnungen und Surftrips, können in den verschiedenen Unterkünften des Orts vereinbart werden.

Schlafen & Essen

Die meisten Unterkünfte und Restaurants befinden sich im Dorfzentrum, wo auch ein Lebensmittelladen Grundbedarf verkauft.

White Clay HÜTTEN $
(☎083 979 4499; www.whiteclayresort.co.za; Camping/EZ/DZ/4BZ 100/275/450/780 R; P 📶) Die Ferienhäuschen von White Clay auf der anderen Seite der Landspitze Richtung Hole in the Wall verteilen sich am Hang oberhalb des einfachen **Fischrestaurants** (Hauptgerichte 65–90 R, 11–19 Uhr) am Kieselstrand.

Sugarloaf Backpackers Lodge HOSTEL $
(☎047-575 2175; www.sugarloafbackpackers.com; B/Zi. ab 120/400 R, Zi. ohne Bad 350 R; P 📶) Das Sugarloaf an der Hauptstraße ist eine entspannte und relativ ordentliche Budgetunterkunft mit allen Einrichtungen und Freizeitarealen auf einem grünem Grundstück an einer Flussböschung. Safarizelte (EZ/DZ 200/300 R) stehen auf Plattformen mit Blick auf den Mnenga River und den Strand, der nur ein kurzes Stück entfernt ist.

Coffee Shack HOSTEL $
(☎047-575 2048; www.coffeeshack.co.za; Camping/B/Zi./4BZ 75/120/380/640 R, Zi. ohne Bad 320 R; P 📶) Coffee Shack ist eine seit jeher beliebte Unterkunft am Strand für Reisende, die surfen und Party machen wollen, lässt aber das Niveau bei all der Feierfreude nicht abrutschen. Die Anlage ist ziemlich labyrinthisch und der manchmal institutionelle Eindruck ist mit leuchtenden Farben maskiert. Es gibt aber auch *rondavels* auf der anderen Seite des Flusses mit mehr Privatsphäre. Der Zeltplatz ist hinten zum Meer raus.

In der Strandbar mit Garten kann es hoch hergehen und es werden zahlreiche Aktivitäten angeboten, wie Surfkurse und Wanderführungen.

Bomvu Paradise HOSTEL $
(☎047-575 2073; www.bomvubackpackers.com; Camping/B/Zi./4BZ 60/100/300/600 R, Zi. ohne Bad 250 R; P 📶) Das partyfreudige und leicht alternative Bomvu ist ein weitläufiger Komplex aus kleinen Häusern – die Zweipersonenhütten mit Bad bieten Komfort und Privatsphäre – in einem Wäldchen am Fluss. Es gibt einen Permakulturgarten und ein natürliches Amphitheater, in dem Festivals stattfinden.

Das leuchtend gemusterte Restaurant gleicht einem Xhosa-*rondavel* und die Reitausflüge, Surfkurse, Kulturtouren, Yoga-Workshops und die faszinierenden Trommelvorführungen der hauseigenen Band sorgen dafür, dass es nie langweilig wird.

Jah Drums HOSTEL $
(☎081 297 0698; Zelt pro Pers. 120 R) 15 Safarizelte und ein Schlafsaal mit sechs Betten (120 R), Kurse zum Herstellen von Trommeln und Jam-Sessions sowie einige sehr relaxte Leute in der Bar.

Ocean View Hotel HOTEL $$
(☎047-575 2005; www.oceanview.co.za; EZ/DZ mit HP ab 859/1518 R; P 📶 🏊) Das 45 Jahre alte Hotel bietet eine tolle Mischung aus altmodischem Charme und modernen Elementen, großzügiges Büfett-Essen, eine wunderbare, reetgedeckte Strandbar und Chaletzimmer mit eigener Veranda mit Blick auf Meer oder Garten. Es liegt vom Gewusel in Coffee Bay am äußersten Ende des Hauptstrands und bietet Aktivitäten wie Wanderführungen, Reiten und kulturelle Touren.

Papazela's PIZZA $
(Pizza 75 R; ⏲Di–Sa 16–21 Uhr) Die populäre Bude mit weitem Strandblick serviert verrückt benannte Pizzas aus dem Holzofen, die mit der Hand gegessen werden.

An- & Weiterreise

Von der N2 bei Viedgesville führt eine Teerstraße nach Coffee Bay. Hostel-Shuttles (70 R) holen Gäste vom Baz Bus an der Tankstelle Shell Ultra City 4 km südlich von Mthatha ab. Gemeinschaftstaxis fahren ebenfalls ab Mthatha (25 R, 1 Std.).

Rund um Coffee Bay

Die **Wanderwege** um Coffee Bay sind spektakulär – einer der besten und beliebtesten ist der zum **Hole in the Wall**, einer Felsformation vor der Küste mit einem großen, fotogenen Bogen, der durch die donnernden Wellen entstand. Von Coffee Bay führt auch eine Schotterstraße dorthin (rund 9 km). Zur Zeit der Recherche war die Straße bis zum Hole in the Wall mit einem Pkw passierbar, danach verlief sie sich.

SCHLAFEN AN DER WILD COAST: VOM KEI MOUTH BIS ZUM DWESA NATURE RESERVE

Ein paar Unterkünfte an der Küste zwischen Kei Mouth und Dwesa richten sich hauptsächlich an südafrikanische Familien und Angler und bieten zahlreiche Aktivitäten, Hausmannskost im Restaurant und am Wochenende *braais* und Meeresfrüchte. Um Weihnachten und Ostern schießen die Preise in die Höhe und die Zimmer werden knapp, während die Hotels außerhalb der Saison oft angenehm ruhig sind (besonders unter der Woche) und es Sonderangebote gibt.

Die Einheimischen benutzen als Transportmittel Gemeinschaftstaxis, aber am besten lässt sich die Gegend mit dem eigenen Fahrzeug erkunden. Hotels sorgen auch für Abholung, wenn sie rechtzeitig informiert werden. Die meisten Hotels sind allerdings nur über längere Strecken auf Schotterstraßen zu erreichen, die aber auch für einen Leihwagen passierbar sein sollten.

Wavecrest Beach Hotel & Spa (047-498 0022; www.wavecrest.co.za; EZ/DZ inkl. VP & Aktivitäten 905/1390 R; P) Das elegante Hotel liegt an einem ökologisch spannenden Küstenstrich, wo sich zwei Flüsse eine Mündung teilen und Dünenwälder auf die südlichsten Mangroven der Welt treffen. Von der hölzernen Terrasse aus sind Delfine und Wale zu sehen, aber auch Vogelbeobachter und Angler kommen auf ihre Kosten. Genächtigt wird in komfortablen *rondavels* und zu den vielen Aktivitäten gehören Boots- und Kanufahrten auf der Lagune, Wandern und kulturelle Besuche.

Kob Inn (047-499 0011; www.kobinn.co.za; Qhorha Mouth; pro Pers. mit VP ab 830 R; P) Das familienorientierte Resort an der Mündung des Qhorha River bietet Unterkunft in reetgedeckten Wohneinheiten. Es gibt reichlich Aktivitäten, darunter Angeln, Mountainbiken, Wandern, Reiten und Tennis. Babysitter werden ebenfalls gestellt.

Trennerys Hotel (047-498 0095; www.trennerys.co.za; Qolora Mouth; EZ/DZ mit HP 690/1380 R, Camping 80 R; P) Das Trennerys hat große, reetgedeckte Bungalows mit Balkon zum Meer raus und ein Bar-Restaurant (Hauptgerichte 60 R) am Pool. Es ist alles etwas heruntergekommen, aber immer noch komfortabel. Im Angebot sind zahlreiche Aktivitäten, darunter Kanufahrten auf der Lagune, Sundowner-Bootsfahrten, Wanderungen und Angeln. Die Anlage befindet sich 16 km vom Kei Mouth nach der Überfahrt mit der Autofähre.

Die dreistündige Wanderung zum Hole in the Wall ist ohne Führer (aber nicht allein!) machbar, es ist aber sicherer und einfacher mit Führer, teils auch weil Wanderer am Ende zurück nach Coffee Bay gefahren werden. Coffee Shack und Bomvu Paradise berechnen um 80 R pro Person für Führer und Rückfahrt.

Wild Lubanzi (S. 237) weiter südlich kann an einem Tag erreicht werden. Wanderführungen mit Übernachtung nach **Bulungula** (zwei Tage, eine Übernachtung) lassen sich ebenfalls vereinbaren, ebenso nordwärts nach **Port St Johns** (fünf Tage, vier Übernachtungen) über das Hluleka und das Silaka Nature Reserves. Die Preise liegen üblicherweise bei rund 250 R pro Person und Tag (einschließlich Flussüberquerungen), plus Unterkunft und Essen. Übernachtet wird auf den Wanderungen meist in komfortablen kommunalen Wanderhütten und in Xhosa-*rondavels* in den Dörfern auf der Strecke (in der Regel 250 R inkl. Abendessen und Frühstück). Führer lassen sich über die lokalen Hostels oder Wild Coast Hikes (S. 240) buchen.

Wagemutige können von den Felsen über den **Mapuzi Caves** ins Meer springen, die sich etwa 7 km nördlich von Coffee Bay befinden. Die grasbewachsenen **Klippen** dort sind ideal für einen Sundowner. Führer dorthin gibt es für 80 R pro Person, einschließlich Rückfahrt. Wer ohne Führer losmarschiert, sollte sich vorher nach den Gezeiten erkundigen, um nicht von der Flut abgeschnitten zu werden.

Schlafen

★ **Bulungula Lodge** HOSTEL $
(047-577 8900; www.bulungula.com; Bulungula; Camping/B 85/160 R, Zi./3BZ ohne Bad 395/515 R; P @) Die Lodge ist wegen

ihrer hinreißenden Lage, den von der Gemeinde organisierten Aktivitäten und dem umweltfreundlichen Ethos legendär an der Wild Coast. Sie gehört zu 100 % den lokalen Xhosa (Gründer Dave Martin verschenkte 2015 seinen Anteil), die Touren organisieren, darunter Reiten, Wandern, Kanufahren, Sternegucken, kulturelle Begegnungen und Pfannkuchen bei Sonnenaufgang am Strand. Genächtigt wird in den kreativ bemalten *rondavels* im Xhosa-Stil.

Musik bringt die containerartige Rezeption und Lounge in Schwung, aber Ruhe herrscht um das Lagerfeuer; insgesamt lässt die Stimmung den Wunsch aufkommen, für immer zu bleiben. Die Sanitärhäuser sind mit umweltfreundlichen Komposttoiletten und mit Petroleum beheizten „Raketenduschen" ausgestattet. Alle Mahlzeiten werden angeboten, Selbstversorger sollten aber ihren eigenen Proviant mitbringen, da es in der Nähe kaum etwas gibt.

Bulungula liegt etwa zwei Autostunden über eine Schotterstraße, die mit einem Pkw passierbar ist, von Coffee Bay entfernt. Autofahrer sollten vorher die Website Bulungulas besuchen und in den Hostels von Coffee Bay telefonisch oder direkt nach einer Karte fragen. Shuttles verkehren von Coffee Bay (60 R) und Mthatha (90 R) und sollten im Voraus bestellt werden. Auch Gemeinschaftstaxis fahren hierher.

★ Mdumbi Backpackers HOSTEL $

(☎083 461 1834; www.mdumbi.co.za; Mdumbi; Camping/B 70/140 R, Zi. ohne Bad 300 R; P) Das großartige Mdumbi, 23 km nördlich von Coffee Bay (die Schotterstraße ist normalerweise mit dem Pkw passierbar), ist ein ländliches Refugium in den sanften Hügeln oberhalb eines breiten, weißen Sandstrands. Neben einigen einfach möblierten *rondavels* stehen auf dem Grundstück noch ein Kindergarten, eine ehemalige Kapelle und ein Café.

Es werden reichlich Wasseraktivitäten (die Wellen können phänomenal sein) und Vergnügungen in freier Natur angeboten sowie zahlreiche Gelegenheiten, den lokalen Xhosa in authentischem Umfeld zu begegnen. Freiwillige, die gerne länger bleiben wollen, können sich in diversen Gemeindeprojekten der zum Mdumbi gehörenden gemeinnützigen Organisation **Transcape** (www.transcape.org) engagieren. Der Shuttle von Coffee Bay (50 R) hierher sollte einen Tag zuvor bestellt werden. Ansonsten fahren auch Gemeinschaftstaxis von Mthatha (60 R), allerdings mit Umsteigen in Ngqeleni, und die Fahrt kann sich über einen ganzen Tag hinziehen.

Wild Lubanzi HOSTEL $

(☎078 530 8997; www.lubanzi.co.za; Lubanzi; B/Zi. ab 120/390 R, Zi. ohne Bad 320 R; P) Schwerpunkt des Wild Lubanzi, das teilweise der lokalen Gemeinde gehört, sind Nachhaltigkeit und gesellige Abende am langen Esstisch in der gemütlichen Lounge. Genächtigt wird in zwei Schlafsälen mit jeweils eigenem Bad, einer mit Dachraum, der über eine Treppe aus Treibholz zu erreichen ist, sowie einem zauberhaften Zimmer wie für einen Hobbit geschaffen und einem anderen mit erhöhter Dusche unter freiem Himmel.

Die Dachterrasse blickt über einen wilden und dunstigen Küstenabschnitt, der viel Gelegenheit zum Surfen, Chillen und Wandern bietet (das Hole in the Wall ist 1½ Stunden entfernt, Bulungula fünf Stunden). Wer seinem Auto nicht die holprige Schotterstraße zumuten will, kann auch einen Shuttle vom Ende der Teerstraße nehmen (20 R pro Pers., plus 15 R pro Nacht für gesichertes Parken).

Hole in the Wall Hotel HOTEL, HOSTEL $$

(☎0871 506 095; www.holeinthewall.co.za; Hole in the Wall; Camping/B 60/100 R, Zi. 250–640 R; P) Das eingezäunte Hole in the Wall Hotel hat simple, etwas abgenutzte Chalets und Cottages für Selbstversorger. Die Backpackerzimmer mit Bad und die Schlafsäle sind nicht schlecht fürs Geld, da auch die Angebote des Hotels genutzt werden können, z. B. Volleyballplatz, Spa und zwei Bars (am Pool und mit Sportübertragung).

Das Restaurant ist ziemlich durchschnittlich, aber das Essen schmeckt nach dem Fußmarsch von Coffee Bay oder dem Wild Lubanzi auf jeden Fall gut.

Qunu

Nelson Mandela Museum MUSEUM, DENKMAL

(☎047-538 0217; www.mandelamuseum.org.za; Eintritt mit Spende; ⏲9–16 Uhr) Das Straßendorf Qunu ist der Heimatort von Nelson Rolihlahla Mandela, der hier in den 1920er-Jahren aufwuchs. Die Gegend hat noch nicht richtig Kapital aus ihrem berühmten Sohn geschlagen, aber das Nelson Mandela Museum lohnt einen Stopp, um einen Eindruck von den frühen Jahren des großen Mannes zu erhalten. Die Informationstafeln in den beiden Sälen des Museums geben Auskunft über seine Kindheit und späteren Leistungen. Ebenfalls hier befinden sich die Reste der Grundschule, in der ein Lehrer dem späteren Präsidenten seinen Taufnamen gab.

Kostenlose Führungen werden angeboten; ein Highlight des Besuchs ist es, wenn die Führer auf Stellen im hügeligen Buschland hinweisen, wo vor fast einem Jahrhundert der junge Mandela Vieh gehütet habe und im Fluss geschwommen sei. In der Ferne sind auch seine Begräbnisstätte und sein Geburtsort im benachbarten Dorf Mvezo zu erkennen. In den kommenden Jahren werden diese hoffentlich öffentlich zugänglich gemacht. Auch soll ein Museum im Mthatha's Bhunga Building eröffnet werden. Eine Führung durch die Gegend kann telefonisch mit dem Nelson Mandela Museum vereinbart werden.

In dem Komplex gibt es verwohnte, aber komfortable Zimmer (pro Pers. 137,50 R) mit TV und eine Selbstversorgerküche.

Das Museum ist an der N2 etwa 30 km von Mthatha (und 500 m von dort jenseits des Dorfs) ausgeschildert. Gemeinschaftstaxis unterwegs auf der N2 halten auf Wunsch am Abzweig zum Museum.

Mthatha

96 114 E.W.

Das geschäftige und von Autos verstopfte Mthatha (ehemals Umtata) ist chaotisch, lärmend, staubig und stetig anwachsend. Zwischen den modernen Straßenblöcken gibt es ein paar elegante, historische Gebäude. Verkäufer von *muti* (traditionelle Heilmittel) bieten ihre Ware vor den westlichen Arztpraxen an und Leute vom Land mischen sich unter die Stadtbewohner in diesem Schmelztiegel der Kulturen.

Die Stadt wurde ursprünglich 1882 von europäischen Siedlern gegründet, die sich auf Bitte des Thembu-Stamms am Mthatha River niederließen, um als Puffer gegen die räuberischen Pondo zu dienen.Während der Apartheid wurde sie zur Hauptstadt der Transkei, des größten schwarzen Homelands, und sie ist noch immer ein regionales Zentrum.

Die meisten Reisenden fahren hier nur durch oder halten sich allenfalls kurz auf, entweder unterwegs auf der N2 oder beim Umsteigen in einen Shuttle nach Coffee Bay oder Port St Johns. Die Stadt ist auch eine praktische Station und Ausgangsbasis, um das Nelson Mandela Museum im nahen Qunu zu besuchen.

Schlafen & Essen

Die meisten Unterkünfte richten sich an durchreisende Geschäftsleute, und es gibt für Reisende kaum einen vernünftigen Grund, hier zu übernachten. Im Einkaufszentrum **Savoy Centre** und in der Tankstelle **Shell Ultra City**, beide an der N2 Richtung Qunu gelegen, gibt es Kettenrestaurants und Läden.

Mthatha Backpackers HOSTEL $
(☎ 047-531 3654; www.mthathabackpackers.co.za; 12 Aloe St, an der Sisson Rd; B/Zi. 150/350 R; P) Die vorstädtische Anlage vermietet Zimmer und kleine Schlafsäle im Haus sowie Holzhütten. Der Besitzer Angus hat viele Tipps parat und ist bei der Buchung von Busfahrkarten, dem Bestellen von Gemeinschaftstaxis und dergleichen behilflich. Er bietet kostenlose Abholung vom Shell Ultra City, Transfers nach Coffee Bay und Tagesausflüge u. a. zu Wasserfällen und nach Qunu.

Ebony Lodge PENSION $$
(☎ 047-531 3933; ebonylodge@telkomsa.net; 22 Park Rd; EZ/DZ mit Frühstück 700/775 R; P) Die Villa aus dem frühen 20. Jh. in einem üppig grünen Garten hat stilvolle Zimmer mit afrikanischem Dekor. Das **Restaurant** (Hauptgerichte 100 R; Mo–Fr 7–21.30, Sa & So bis 9.30 Uhr) gehört zu den besten in Mthatha. Es serviert jungen, schwarzen Berufstätigen Cottage Pie, thailändische Meeresfrüchtegerichte und die üblichen Steaks, Salate und Wraps.

La Piazza INTERNATIONAL $$
(Delville Rd; Hauptgerichte 95 R; Mo–Fr 10–22, Sa 12–22 Uhr) Das Restaurant des Mthatha Country Club in einem reetgedeckten *lapa* (halboffener Gemeinschaftsraum) mit Blick auf den Golfplatz und die Stadt hat vielfältige Gerichte, darunter Pizza, Pasta, Meeresfrüchte und Tagesgerichte auf seiner Speisekarte.

Praktische Informationen

Im Savoy Centre und in der Shell Ultra City gibt es Geldautomaten und Läden. Vorsicht im Shell: Dort gab es schon mal einen Geldautomatenbetrug.

An- & Weiterreise

Die N2 und die Route 61 (nach Port St Johns) kreuzen sich im Stadtzentrum. Die Kreuzung ist oft ein völlig verstopftes Chaos, in Zeiten des Berufsverkehrs also besser meiden.

AUTO

Die großen Autovermieter haben Schalter im Flughafen.

BUS

Der Baz Bus hält auf seiner Strecke zwischen Port Elizabeth und Durban am Shell Ultra City, 4 km südlich der Stadt.

Greyhound, Translux, Intercape und City to City halten auf ihren täglichen Fahrten zwischen Kapstadt (560 R, 20 Std.) und Durban (300 R, 6 Std.) am Shell Ultra City.

FLUGZEUG

Der Mthatha Airport liegt 17 km nördlich des Zentrums an der Route 61. **Airlink** (047-536 0024; www.flyairlink.com) fliegt täglich von/nach Jo'burg (ab 2000 R).

GEMEINSCHAFTSTAXI

Die Gemeinschaftstaxis in Mthatha fahren am Shell Ultra City und an der Hauptbushaltestelle und Taxistand nahe der Bridge Street ab. Sie fahren u. a. nach Port St Johns (60 R; zum Kraal Hostel in Thombo in ein anderes Taxi umsteigen), Coffee Bay (60 R) und East London (110 R).

Von Mthatha nach Port St Johns

Die Straße zwischen Mthatha und Port St Johns führt an einem großartigen Küstenabschnitt entlang, mit Zugang auch zum **Hluleka Nature Reserve** (Buchung 043-705 4400; www.visiteasterncape.co.za; Erw./Kind 20/10 R; 8–17 Uhr), ein Naturschutzgebiet mit spektakulären Felsenküsten, unberührten Stränden und Lagunen sowie mit Naturwäldern und hügeligen Grassavannen. Hier leben u. a. auch Zebras, mehrere Antilopenarten und eine vielfältige Vogelwelt.

Zum Reservat führt in der Nähe von Libode an der Route 61 eine 47 km lange Schotterstraße. Für diese Strecke ist auf jeden Fall ein Auto mit hoher Radaufhängung notwendig.

Schlafen

Im Hluleka Nature Reserve gibt es sieben schöne Chalets mit zwei Schlafzimmern (ab 500 R) mit Blick aufs Meer und eine kleine Bucht mit Sandstrand.

Kraal HOSTEL $

(082 871 4964; www.thekraal.co.za; Mpande; Camping/B 100/130 R, Zi. ohne Bad 350 R; P) In dem umweltbewussten Refugium an der Küste mit Unterkunft in traditionell gestalteten *rondavels* nur mit Kerzenlicht lässt es sich wunderbar relaxen und abschalten. Eine rustikal behagliche Lounge mit Essbereich und voll ausgestatteter Küche öffnet sich auf eine Veranda, von wo durch ein V in den Hügeln das Meer zu sehen ist.

Angeboten werden Aktivitäten wie Wandern, Surfen, Delfin- und Walbeobachtung sowie Besuche in einer Vorschule oder ein Mittagessen mit einer Xhosa-Familie. Mahlzeiten gibt es im nahen Dorfrestaurant, aber am besten sollte Proviant mitgebracht werden. Der Abzweig zum Kraal befindet sich etwa 80 km von Mthatha und 20 km von Port St Johns entfernt. Er führt weitere 20 km (etwa 50 Min. Fahrt) über eine holprige Straße, die nach Regenfällen allerdings nur mit einem Allradfahrzeug passierbar ist.

★ **Umngazi River Bungalows & Spa** RESORT $$$

(047-564 1115; www.umngazi.co.za; Umngazi; EZ/DZ mit VP ab 1246/1780 R; P) Das beliebte Resort an der breiten Mündung des Umngazi River und an einem einsamen Strand eignet sich gut für Hochzeitsreisende und Familien. Zu den Aktivitäten, von denen viele von der einheimischen Gemeinde angeboten werden, zählen Kanufahren, Angeln, Mountainbiken, Reiten und abendliche Bootsfahrten. Das Haus bietet auch einen Babysitter-Service und einen Kinderclub an, falls die Eltern sich in das Spa begeben wollen.

Autofahrer nehmen ab Port St Johns die Route 61 über 14 km Richtung Mthatha bis zum ausgeschilderten Abzweig nach links, von wo es noch weitere 11 km sind.

Port St Johns

6441 EW.

Die geruhsame Stadt Port St Johns mit spektakulärer Lage an der Mündung des Mzimvubu (oder Umzimvubu) River und eingerahmt von hohen, mit tropischer Vegetation bewachsenen Klippen bildet das ursprüngliche Ende einer Reise an der Wild Coast. Heute herrscht in der Stadt, der größten zwischen East London und Port Edward, eine etwas vernachlässigte Atmosphäre. Sie wirkt nicht so außergewöhnlich wie abgelegenere Orte in der Gegend, aber der Second Beach hat noch immer sein Aussteigerflair.

Bullenhaie kalben flussaufwärts und es kam in den vergangenen Jahren zu mehreren tödlichen Angriffen. Bis Hainetze errichtet sind, sollte man an den Stränden der Stadt nur ein Stückchen ins Wasser waten.

Port St Johns

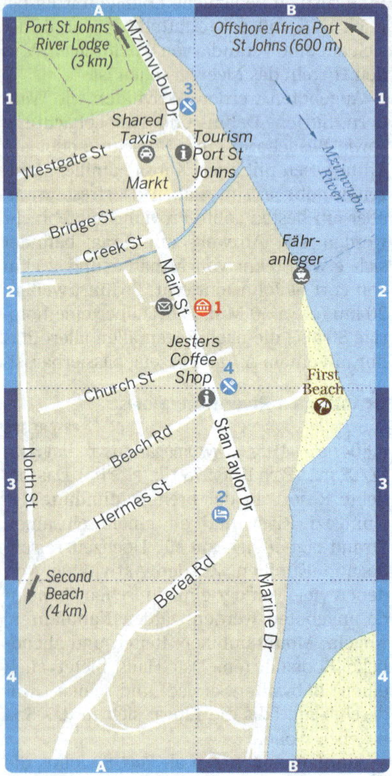

Port St Johns

Sehenswertes
1 Museum ... B2

Schlafen
2 Jungle Monkey ... B3

Essen
3 Fish Eagle Restaurant ... A1
4 Steve's Pub & Restaurant ... B2

Sehenswertes & Aktivitäten

Bei Flut lohnt sich der Weg zum **Gap Blowhole** zwischen First und Second Beach. Mehrere steile Pfade führen vom Second Beach hinauf zum **Bulolo Waterfall**, unter dem es einen kleinen Teich gibt.

Second Beach STRAND
Der Second Beach ist das Herz von Port St. Johns. An diesem idyllischen Sandstrand verbringen die Einheimischen die heißen Tage und feiern Partys, wenn die Sonne untergeht. Im seichten Wasser zu planschen und Nguni-Kühe zu sichten, die auf dem Sand herumlungern, sind typische Erlebnisse in Port St Johns.

Mount Thesiger AUSSICHTSPUNKT
Gleich nördlich des Ortszentrums am Ufer des Mzimvubu River führt eine befestigte Straße (Concrete Road) hinauf zu diesem beliebten Aussichtspunkt bei Sonnenuntergang – ein abgeflachter Hügel mit einer stillgelegten Landepiste und einer der spektakuläreren Aussichten an der Wild Coast.

Museum MUSEUM
(Main St; Mo–Fr 8–16.30 Uhr) GRATIS Ein unkonventionelles Gebäude, in dem die lokale Geschichte nachgezeichnet wird, darunter auch Geschichten von fast einem Dutzend Schiffswracks in der Nähe (das älteste stammt von 1847).

Silaka Nature Reserve NATURSCHUTZGEBIET
(047-564 1177; www.visiteasterncape.co.za; Erw./Kind 20/10 R; 6–18 Uhr) Das kleine Naturschutzgebiet, 6 km südlich von Port St Johns, erstreckt sich vom Second Beach am Third Beach vorbei bis zum Sugarloaf Rock in der Nähe der Mündung des Gxwaleni River ins Meer, wo Aloen fast bis ans Wasser wachsen. Am Strand werden oft Kapotter gesichtet, Weißbrustkormorane kraxeln auf Bird Island hinauf und manchmal lassen sich auch Zebras, Blessböcke und Südliche Grünmeerkatzen blicken.

Der überwucherte, 2 km lange Pfad (lange Hosen tragen) vom Second Beach zum Third Beach, der sauberer, ruhiger und normalerweise ungestört von Haien ist, beginnt in der Nähe der Lodge on the Beach. Eine andere Möglichkeit ist die Hügelstraße. Am Third Beach gibt es gut ausgestattete Selbstversorger-**Chalets** (ab 419 R) für zwei bis vier Personen mit Veranden und *braais*.

Offshore Africa Port St Johns TAUCHEN, BOOTSTOUR
(084 951 1325; www.offshoreportstjohns.com; 1565 Ferry Point Rd) Tauchausflüge sowie Delfin- und Walbeobachtung. Die beste Jahreszeit, um aufs Meer zu fahren, ist während der Sardinenwanderung (Juni–Aug.).

Wild Coast Hikes WANDERN
(082 507 2256; www.wildcoasthikes.com; pro Pers. und Tag 190 R) Jimmy und Mbuyi bieten

geführte Wanderungen an von Port St Johns zu verschiedenen Zielen, u.a. nach Silaka (5 Std.) oder Coffee Bay (5 Tage). Bei mehrtägigen Wanderungen wird in Xhosa-Dörfern übernachtet. Die Unterkunft kostet zusätzlich 250 R pro Person und Nacht.

Schlafen

Amapondo Backpackers HOSTEL $
(047-564 1344; www.amapondo.co.za; Second Beach Rd; B ab 110 R, EZ/DZ ohne Bad ab 250/300 R; P) Eine beschauliche Unterkunft mit mehreren niedrigen Gebäuden an einem Hang mit herrlichem Blick auf den Second Beach. Ein Gewirr aus Veranden, begrünten Laufgängen und Ruheplätzen führt zu den einfachen Zimmern, die feineren Cottages stehen auf dem Hügel darüber. Zum tollen, breiten Angebot an Aktivitäten gehören Reiten, kulturelle Touren, Kanufahren, Wandern nach Silaka und Sundowner an der Landepiste.

Im Bar-Restaurant, in dem Treibholz von den Dachbalken hängt, sorgt eine Mischung aus Einheimischen und Reisenden für gute Stimmung.

Lodge on the Beach LODGE $
(083 374 9669; www.lodgeonthebeach.co.za; Second Beach; Zi. 490 R; P @) Die gepflegte Lodge mit Reetdach auf einer leichten Anhöhe mit ungehindertem Blick auf den Second Beach hat drei Zimmer, jedes mit einer eigenen kleinen Terrasse und einem Badezimmer im Flur. Frühstück und Abendessen gibt es auf Wunsch.

Delicious Monster COTTAGE $
(083 997 9856; www.deliciousmonsterpsj.co.za; Second Beach; EZ/DZ/3BZ/4BZ ab 350/500/600/700 R; P) Das luftige, loftartige Cottage mit Meerblick von der Veranda liegt nur ein paar Schritte vom Restaurant gleichen Namens entfernt. Das Haus mit drei Schlafzimmern, einer gut ausgestatteten Küche und einer gemütlichen Lounge wird für 1400 R vermietet.

Jungle Monkey HOSTEL $
(047-564 1517; www.junglemonkey.co.za; 3 Berea Rd; Camping/B 80/120 R, Zi. ohne Bad 350 R; P @) Dröhnende Musik ist schon bei der Annäherung an die lässige Unterkunft mit ihrem luftigen Bar-Restaurant am Pool durch die Bäume zu hören. Die Zimmer sind einigermaßen komfortabel und weit weg von jedem Partylärm, die Schlafsäle sind hingegen einfacher. Geboten werden auch Wanderungen, Aktivitäten und Tagesausflüge. Das Jungle Monkey liegt zwischen dem Ort und dem Second Beach.

Port St Johns River Lodge LODGE $$
(047-564 0005; www.portstjohnsriverlodge.co.za; Mzimvubu Dr; EZ/DZ 485/880 R; P) Die gut geführte Anlage, eine der wenigen Lodges am Fluss nördlich der Stadt, hat komfortable Zimmer und ein Restaurant (Hauptgerichte 85 R) mit Blick über eine Wiese auf die Uferklippen.

Essen & Ausgehen

Vor den großen Lebensmittelläden in der Main Street ist ein kleiner Straßenmarkt, wo sich Selbstversorger mit frischen Meeresfrüchten – Muscheln, Krebsen, Fischen – eindecken können.

Delicious Monster INTERNATIONAL, FISCH & MEERESFRÜCHTE $
(Second Beach; Hauptgerichte 70 R; Mo–Sa 9–15 & 18–21 Uhr;) Das Restaurant hat einen fabelhaften Blick auf den Second Beach und das Meer und ein bunt gemischtes Speisenangebot mit u.a. der empfehlenswerten Mezze-Platte, *shwarma*, Fisch von der Angel und Steak.

Fish Eagle Restaurant INTERNATIONAL $
(Ecke Mzimvubu Dr & Westgate St; Hauptgerichte 65 R) Die Terrasse hinten bietet Ausblicke auf den Fluss und den Mount Sullivan und die Speisekarte eine große Auswahl an Hühnchengerichten, Hamburgern, Pizzas aus dem Holzofen und Meeresfrüchten.

Steve's Pub & Restaurant SÜDAFRIKANISCH $$
(Main Rd; Hauptgerichte mittags/abends 55/90 R) Ein einladendes Lokal mit einer überdachten Veranda und einer gemütlichen Bar, das eine Mischung aus Kneipenessen und südafrikanischen Spezialitäten serviert, darunter *bunny chow* (ausgehöhltes Brot gefüllt mit Curry), Pizza aus dem Holzofen und Steaks.

Praktische Informationen

In der Stadt gibt es Geldautomaten.

Jesters Coffee Shop (Main St) Das Café ist eine bessere Informationsquelle als die Touristeninformation, die nur selten besetzt ist.

An- & Weiterreise

Die R61 von Mthatha nach Port St Johns ist asphaltiert, hat aber Serpentinen und scharfe Kurven. Amapondo und Jungle Monkey holen Gäste für etwa 95 R vom Shell Ultra City, 4 km südlich von Mthatha (wo der Baz Bus hält) ab, aber es ist wichtig, vorher zu buchen (und dann auch wirklich da zu sei).

Von Mthatha (40 R, 2 Std.) und Durban (170 R, 5 Std.) fahren regelmäßig Gemeinschaftstaxis nach Port St Johns.

Pondoland

Am 100 km langen Küstenabschnitt zwischen Port St Johns und dem Mthamvuna River erstreckt sich eine der ökologisch vielfältigsten Landschaften der gesamten Region, die derzeit noch unverdorben ist. Es gibt hier samtige Hügel mit leuchtend bunt gestrichenen Häusern, beschauliche Teeplantagen und unzählige Wasserfälle. Da geplante Bauprojekte, wie die Xolobeni-Mine und die N2-Mautautobahn, Umwelt und Gemeinden der Gegend gefährden, ist der Tourismus wichtig als Garant für die wirtschaftliche Zukunft von Pondoland und gleichzeitig für den Erhalt der intakten Umwelt. Aktuelle Informationen zu Umweltproblemen und Tourismus stehen auf www.wildcoast.co.za.

Mbotyi

Es wird bald klar, dass sich die Fahrt nach Mbotyi („Ort der Bohnen") lohnt, wenn die Straße durch subtropischen Wald zu einer unberührten Flussmündung mit Strand hinabführt.

Mbotyi liegt mit dem Auto ungefähr zwei Stunden von Port St Johns entfernt. Kurz vor Lusikisiki, 45 km nördlich von Port St Johns an der Route 61, geht es am Schild zur Mbotyi River Lodge rechts ab; wer an der Total-Tankstelle ankommt, ist schon zu weit gefahren. Die Beton- und Schotterstraßen (mit dem Pkw passierbar) führen nun 25 km lang durch die Magwa-Teeplantagen nach Mbotyi. Von und nach Lusikisiki verkehren auch Gemeinschaftstaxis (dort haben sie Anschluss nach Port St Johns und in andere Orte).

Schlafen

Dingezwene Backpackers Village HOSTEL $
(☎071 253 4469; B/EZ/DZ 100/150/300 R, Abendessen 75 R; P) Das Familienanwesen auf einem windigen Küstenabschnitt mit einem kleinen Strand und Kühen auf den grasbewachsenen Hängen bietet *rondavels*, Hütten, eine gut ausgestattete Küche und einen reetgedeckten Speiseraum. Die freundliche Xhosa-Familie organisiert für ihre Gäste auch Aktivitäten wie Ausritte und Besuche im Dorf.

Mbotyi Campsite CAMPINGPLATZ $
(☎039-253 7200; www.mbotyi.co.za; Camping 95 R, Zi. ohne Bad 375 R; P) Mbotyi Campsite, ein Gemeinschaftsunternehmen der Mbotyi River Lodge und der lokalen Gemeinde, ist ein Ort für totale Entspannung und lange Strandspaziergänge. Lebensmittel müssen selbst besorgt werden.

Mbotyi River Lodge RESORT $$
(☎039-253 7200; www.mbotyi.co.za; EZ/DZ mit HP ab 875/1250 R; P ❄ 🏊) Die Mbotyi River Lodge, ein exklusives Resort an der Flussmündung, vermietet *rondavels* und luxuriösere Hütten mit Blick auf Strand und Lagune. Zahlreiche Aktivitäten werden geboten, u. a. Ausritte, Wanderungen, Kanufahren und Ausflüge zu den vielen Wasserfällen der Gegend. Die Lodge engagiert sich in Gemeindeprojekten.

Mkambati Nature Reserve

Das atemberaubende, 77 km² große **Mkambati Nature Reserve** (☎Buchung 043-705 4400; www.visiteasterncape.co.za; Erw./Kind 20/10 R; ⏲6–18 Uhr) enthält einige spektakuläre Wasserfälle, die tiefen Schluchten des Msikaba und des Mtentu River, Felstümpel, Sumpfwälder und mehrere 100 000 m² Grassavanne, wo Antilopenarten, darunter Kuhantilopen und Streifengnus, weiden. Die grandiose Küstenlandschaft ist eine Oase für Vögel, u. a. den Trompeterhornvogel und den Schreiseeadler. Im Meer sind oft Delfine und Wale zu sehen.

Zu den Aktivitäten zählen Kanufahren und Wanderungen sowie Safarifahrten zur Tierbeobachtung auf eigene Faust.

Von Flagstaff an der Route 61 führt eine Teerstraße 32 km östlich an der Holy Cross Mission vorbei. Wenn die Teerstraße in Schotter übergeht, sind es noch 40 km zum Reservat, was nur für ein Allradfahrzeug oder ein *bakkie* (Pick-up) zu bewältigen ist.

Schlafen

Für Selbstversorger gibt es in der Nähe des Gwe Gwe River Mouth *rondavels* (360 R) mit zwei Betten.

Mtentu Lodge HOSTEL $
(☎083 805 3356; www.mtentulodge.co.za; B/Zi. 150/700 R) Die Mtentu Lodge liegt am abgeschiedenen Nordufer des herrlichen Mten-

tu Estuary, gleich gegenüber von Mkambati. Sechs komfortable Holzhütten mit Meerblick sind über einen Holzsteg miteinander verbunden, der über das naturbelassene Grundstück verläuft. Toiletten werden gemeinschaftlich genutzt und es besteht die Wahl zwischen paraffin- und solarbeheizten Duschen. Für 250 R pro Person werden auch drei Mahlzeiten täglich angeboten.

Etliche Aktivitäten sind im Angebot, wie Wandern, Reiten, Kanufahren und Teilnahme an einer traditionellen Heilungszeremonie – und natürlich altbewährtes Chillen an den Stränden der Umgebung. Bei trockenem Wetter ist Mtentu mit einem Pkw mit hoher Radaufhängung zu erreichen, aber es gibt auch andere Möglichkeiten, z. B. Shuttles, Gemeinschaftstaxis mit Führer oder geführte Wanderungen. In allen Fällen sollte die Lodge im Voraus über die Ankunft informiert werden. Die nächstgelegenen Haltestellen des Baz Bus sind in Kokstad und Port Shepstone, von wo es mit dem Gemeinschaftstaxi nach Bizana weitergeht. Von dort gibt es eine tägliche Verbindung um 13 Uhr nach Mtentu.

NORDÖSTLICHE HIGHLANDS

Die nordöstlichen Highlands, die sich an die grünen Täler der Wild Coast im Süden anschließen und im Norden durch die steilen Gipfel von Lesotho begrenzt sind, bilden eine der schönsten Berglandschaften Südafrikas. Es gibt hier stille Orte, die nur von sehr wenigen Touristen besucht werden, rauschende Bäche und Flüsse mit vielen Forellen und anderen Fischen, Tageswanderungen durch idyllische Landschaften und im Winter sogar schneebedeckte Bergpässe nördlich von Rhodes.

Es lohnt sich, die Region auf einer Autotour zu erkunden – die Ortschaften sind zwar reizvolle Stationen, aber die Fahrt als solche ist sehr viel überzeugender. Man sollte aber vorsichtig fahren, da Wetter und Straßenzustände ungemütlich sein können.

Wer die Wild Coast erkundet und noch etwas Zeit hat, sollte die malerische Route 56 anstatt der N2 für die Fahrt durch die Provinz nehmen. Sie verläuft ostwärts von Middelburg in der Karoo bis nach Kokstad in KwaZulu-Natal und ist besonders schön in den Highlands zwischen Elliot und Maclear. Eine spektakuläre Strecke zwischen dieser Gegend und der Wild Coast ist der Langeni Pass (1505 m), einer der neuesten Pässe Südafrikas, der von Mthatha bis Ugie 720 m ansteigt.

Queenstown

43 971 EW.

Queenstown ist ein ziemlich unscheinbares, geschäftiges und staubiges Wirtschaftszentrum. Es wurde 1847 zu Verteidigungszwecken in Form eines Sechsecks angelegt, was den Verteidigern ermöglichte, von einem zentralen Punkt aus durch alle Straßen schießen zu können.

Die Stadt ist ein Verkehrsknotenpunkt, eine Durchreise ist also wahrscheinlich. Wer übernachten muss, findet Unterkunft und Essen im komfortablen und freundlichen **Meerlin Guesthouse** (☎045-838 3125; meerlin@telkomsa.net; 4 Frost St; EZ/DZ mit Frühstück 550/750 R, Abendessen 150 R; P 📶) und dem insgesamt schickeren **Queens Casino Hotel** (☎045-807 9700; www.queenscasino.co.za; Cathcart Rd; EZ/DZ mit Frühstück 1295/1620 R; P ❄ 📶 🏊 👪).

Greyhound, Translux, Intercape und City to City unterhalten tägliche Verbindungen u. a. mit Kapstadt (500 R, 12–17 Std.) über Graaff-Reinet oder die Garden Route, mit Port Elizabeth (320 R, 5½ Std.) über Grahamstown, mit East London (280 R, 3¼ Std.) und mit Jo'burg (410 R, 10 Std.) über Bloemfontein. City to City fährt auch nach Mthatha (160 R, 3½ Std.) mit Haltestelle an der Tankstelle Shell Ultra City oder Sasol.

Ein Zug (nur Sitzplätze) der **Shosholoza Meyl** fährt donnerstags nach Kapstadt (300 R, 24 Std.) und kehrt freitags wieder zurück. Der Zug (S. 225) zwischen Jo'burg und East London über Bloemfontein hält hier ebenfalls.

Lady Grey

1395 EW.

Lady Grey ist ein verschlafenes Landstädtchen und liegt am Fuß des Joubert's Pass (2236 m) vor der Kulisse der eindrucksvoll steilen und von der Sonne ausgedörrten Felshänge des Witteberg-Gebirges. Die Unterkünfte platzen an Ostern aus allen Nähten, weil in dieser Zeit das dreitägige **Passionsspiel** der Kunstakademie und der Niederländischen Reformierten Kirche stattfindet.

Die reizende Unterkunft **Comfrey Cottage** (☎051-603 0407; www.comfreycottage.co.za; 51-59 Stephenson St; EZ/DZ 550/900 R; 📶) vermietet vier edle Cottages, wo Alpakas auf dem Rasen des herrlichen Gartens grasen. Ein Cottage ist für Selbstversorger, es wird aber auch Halbpension angeboten. Geologische und botanische Touren können vereinbart werden, ebenso Besuche im nahen „Restaurant" der Kapgeier, wo die Vögel gefüttert werden.

Mit einem Vierradantrieb sind über die bergigen Schotterstraßen, die von der Hauptstraße von Lady Grey nach Rhodes abzweigen, einige abgelegene und schöne Lodges zu erreichen. Das **Karnmelkspruit River Resort** (☎051-603 7036; krr@gmail.com; an der Rte 58; Camping 110 R, Cottages 200 R; P) ist eine einfach zu erreichende und erschwingliche Landunterkunft auf einer Farm 20 km Richtung Barkly East. Dort gibt es eine Brutkolonie von Kapgeiern und 10 km Angelgründe in der Schlucht.

Die **Touristeninformation** (www.ladygreytourism.co.za; Ecke Joubert & Murray St) hat ein Unterkunftsverzeichnis sowie Broschüren und einen Leitfaden zum Fliegenfischen in den Highlands.

Gemeinschaftstaxis kommen auf der Route 58 zwischen Aliwal North und Barkly East hier vorbei.

Rhodes

73 EW.

Das kleine Dorf Rhodes tief in den südlichen Drakensbergen in einem spektakulären Tal am Bell River ist ein idyllisches Refugium. Die Häuser sehen noch genauso aus wie 1891 bei der Gründung des Orts als Standort für Landwirtschaft und Handel. In diesem abgelegenen Bergdorf können alle vier Jahreszeiten an einem Tag erlebt werden und Wetterextreme sind nicht unüblich – die Temperaturen lagen schon bei minus 15 °C im Winter und plus 35 °C im Sommer.

Forellenangeln ist im ganzen Bezirk höchst beliebt; die **Wild Trout Association** (☎045-974 9290; www.wildtrout.co.za) befindet sich im Walkerbouts Inn.

Schlafen

Walkerbouts Inn GASTHAUS $$
(☎045-974 9290; www.walkerbouts.co.za; EZ/DZ mit HP 735/1270 R) Das Walkerbouts steckt voller Charme, hat polierte Holzböden und behagliche Zimmer mit unverzichtbaren Heizkörpern und Heizdecken. Im Speiseraum wird gesunde Landkost serviert, in der verlockenden Kneipe gibt es Pizza mit Belag nach Wunsch. Der hübsche Garten bietet großartige Aussichten und der leutselige Besitzer Dave „Walkabout" Walker weiß so ziemlich alles über Rhodes und das Fliegenfischen.

Tenahead Mountain Lodge LODGE $$$
(☎0861 748 374; www.riverhotels.co.za/en; Naudesnek Pass; EZ/DZ mit Frühstück 1520/1880 R; P) Die spektakuläre 5-Sterne-Lodge auf 2500 m Höhe und umgeben von den Drakensbergen, dem Witteberg- und Maluti-Gebirge hat sieben luxuriöse Zimmer mit Kamin. Hölzerne Terrassen sorgen für schönste Aussicht und wenn schlechtes Wetter aufzieht, warten in der Bibliothek 2000 Bücher.

Selbstversorger-Cottages

Im Dorf und auf den Farmen der Umgebung gibt es mehrere **Cottages** für Selbstversorger; sie kosten ab 390 R für ein oder zwei Personen. Die Cottages können online über www.highlandsinfo.co.za, www.rhodesvillage.co.za und www.linecasters.co.za oder telefonisch über ☎045-974 9290 gebucht werden. In der Hochsaison sollte das frühzeitig geschehen (es gibt drei kurze Hochsaisonzeiten: 1. Dez.–15. Jan., 15. März–30. April und 25. Mai–31. Aug.). Im Winter sollten warme Kleidung und Decken mitgebracht werden; die Cottages werden nicht gut beheizt und eines ist ohne Strom.

ℹ An- & Weiterreise

Manchmal ist hier Benzin erhältlich, aber es kommt häufig vor, dass es keines mehr gibt; volltanken vor der Fahrt nach Rhodes ist also ratsam. Die Schotterstraße von Barkly East (60 km, 1½ Std.) ist für Pkws befahrbar. Die Straße weiter nach Maclear (110 km, 3 Std.) führt über den beeindruckenden Naudesnek Pass (2587 m), den höchsten Pass des Landes, und sollte besser mit Vierradantrieb befahren werden. Autos mit hoher Radaufhängung schaffen es auch, wenn es nicht gerade geregnet hat. Aber es ist sinnvoll, sich vorher nach der aktuellen Straßen- und Wetterlage zu erkundigen. Öffentliche Verkehrsmittel gibt es hier nicht.

ÖSTLICHE KAROO

Die Karoo ist jene weite und schöne Halbwüste, die sich von der Kapküste landeinwärts über das große südafrikanische Plateau erstreckt; ihr südöstlicher Abschnitt umfasst einen Teil des Eastern Cape. Das Trockengebiet mit seinen vielfältigen Gräsern, robusten Büschen, *tolbos* (Afrikaans für Steppenläufer) und Sukkulenten, darunter die typische Kap-Aloe, ist überraschend reich an Kultur und Geschichte. Neben Graaff-Reinet, dem architektonischen „Juwel der Karoo", gibt es hier noch das künstlerische Nieu Bethesda und das literarische Cradock, und der Camdeboo und der Mountain Zebra National Park enthalten hinreißende Landschaften und das seltene Kap-Bergzebra. Überall steht der überwältigende Eindruck von Weite, Frieden und Freiheit im starken Kontrast zu der belebteren Küste – eine ideale Region für Autotouren.

Zwischen Dezember und Februar kann die Temperatur in den Orten der Karoo bis zu 45 °C erreichen und kühlt sich kaum im März und April ab. Im Juni und Juli sinkt das Thermometer dann oft auf minus 5 °C, mit Schnee auf den Bergpässen und Frosteinbrüchen.

Graaff-Reinet

26 585 EW.

Graaff-Reinet liegt in einer Biegung des Sundays River inmitten des Camdeboo National Park und wird oft als „Juwel der Karoo" bezeichnet. Die „abgelegene Kolonie Graaff-Reinet", wie die Niederländische Ostindien-Kompanie diesen Ort bei der Gründung 1786 nannte, verfügt über ein großartiges architektonisches Erbe. Zu den mehr als 220 denkmalgeschützten Gebäuden gehören kapholländische Giebelhäuser, Karoo-Hütten mit Flachdach und verschnörkelte viktorianische Villen. Und mit dem Kleinstadtcharme, einigen tollen Unterkünften und Restaurants sowie einigen Museen wird schnell klar, warum Graaff-Reinet seinen Spitznamen erhielt.

Geschichte

Im 18. Jh. war das Hinterland des Kaps wild und gefährlich. Buren lieferten sich Schlachten mit den Khoisan in den Sneeubergen und den Xhosa im Osten um den Great Fish River. Graaff-Reinet wurde nach dem früheren Kapgouverneur van der Graaff und seiner Frau (deren Mädchenname Reinet war) benannt und wurde zum Außenposten in der harschen Landschaft. Es war der vierte Bezirk in der Kapkolonie, der eine *drostdy* erhielt – die Residenz eines *landdrost* (lokalen Regierungspräsidenten) und Sitz der Bezirksregierung. Grund war der Versuch der Briten, für Recht und Ordnung zu sorgen, was nicht klappte. Also warfen die Stadtbewohner den *landdrost* raus und schufen eine unabhängige Republik. Kurz darauf erlangten die Briten wieder eine Art von Kontrolle, wurden aber ständig von verärgerten Buren und einer vereinten Streitmacht aus Kriegern der Khoisan und der Xhosa bedrängt.

Mitte des 19. Jhs. wurde Graaff-Reinet eine wichtige Zwischenstation der Voortrekker, die auf der Flucht vor der Kontrolle der Verwaltung Kapstadts nach Norden zogen.

Sehenswertes

Ein **Kombiticket** (☎049-892 3801; www.graaffreinetmuseums.co.za; Erw. 2/3/4/5 Museen 30/45/60/75 R, Kind 2/3/4/5 Museen 15/20/30/40 R) ermöglicht Eintritt in alle Museen der Stadt, mit Ausnahme des Hester Rupert Art Museum.

Hester Rupert Art Museum MUSEUM
(☎049-807 5700; www.rupertartmuseum.co.za; Church St; Erw./Fam. 10/20 R; ⏲Mo–Fr 9–12.30 & 14–17, Sa & So bis 12 Uhr) Das Museum in einer der ältesten Kirchen Südafrikas, einer Niederländisch-reformierten Missionskirche von 1821, besitzt eine Sammlung südafrikanischer Gemälde (und ein paar Skulpturen) aus den 1950er- und 1960er-Jahren, darunter welche von Künstlern wie Irma Stern.

Old Library MUSEUM
(Ecke Church & Somerset Sts; Erw./Kind 20/10 R; ⏲Mo–Fr 8–13 & 13.45–16, Sa & So 9–13 Uhr) Die ehemalige, 1847 gebaute Bibliothek birgt eine breit gestreute Sammlung historischer Artefakte. Es gibt Fossilien aus der Karoo, Exponate zu Felsmalereien und Sklaverei der Khoisan sowie ein Ausstellung über den Sohn der Stadt Robert Sobukwe, den Gründer des Pan African Congress (PAC).

Drostdy HISTORISCHES GEBÄUDE
(Church St) Eine *drostdy* war die Residenz eines *landdrost* (Regierungspräsidenten), in der sein Büro und Gerichtssaal sowie die Wohnung seiner Familie untergebracht waren. Die *drostdy* von Graaff-Reinet, erbaut 1806, ist heute ein Hotel, aber hinten am Stretcher's Court sind noch immer die Hütten befreiter Sklaven zu sehen. Die alte Sklavenglocke wurde restauriert und in einem Akt grausamer Ironie vom Apartheid-Premier B. J. Vorster enthüllt.

Graaff-Reinet

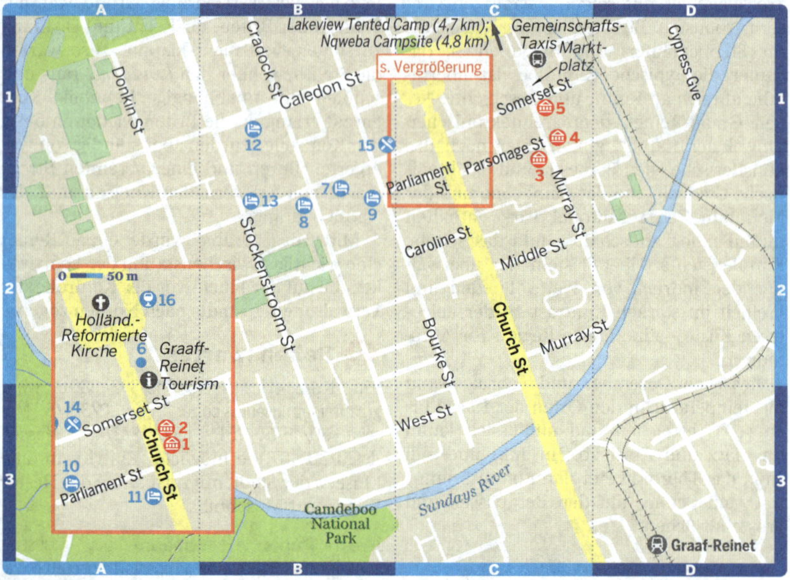

Graaff-Reinet

Sehenswertes

- Drostdy .... (s. 11)
- 1 Hester Rupert Art Museum A3
- Military History Museum .... (s. 5)
- 2 Old Library A3
- 3 Old Residency C1
- 4 Reinet House C1
- 5 Urquhart House C1

Aktivitäten, Kurse & Touren

- Camdeboo Adventure Tours .... (s. 12)
- 6 Karoo Connections A2

Schlafen

- 7 Aa 'Qtansisi B1
- 8 Andries Stockenström Guesthouse B2
- 9 Buiten Verwagten B2
- 10 Camdeboo Cottages A3
- 11 Drostdy Hotel A3
- 12 Karoopark Guest House B1
- 13 Profcon Resort B2

Essen

- 14 Our Yard A3
- 15 Polka Cafe B1
- Veld to Fork .... (s. 8)

Ausgehen & Nachtleben

- 16 Graaff-Reinet Club A2

Shoppen

- African Adventure .... (s. 1)

Reinet House MUSEUM

(Murray St; Erw./Kind 20/10 R; Mo–Fr 8–16, Sa & So 9–13 Uhr) Das niederländisch-reformierte Pfarrhaus, das in der Zeit zwischen 1806 und 1812 erbaut wurde, ist ein sehr gelungenes Beispiel der kapholländischen Architektur. Hier wird die Geschichte der Familie Murray dargestellt, die das Haus über 80 Jahre bewohnte. Neben antiken Möbeln gibt es eine Puppenausstellung. Im kopfsteingepflasterten Hinterhof wächst ein Weinstock, der im Jahr 1870 gepflanzt wurde und inzwischen einer der größten der Welt ist.

Museumshäuser

Die wunderbar erhaltene kapholländische **Old Residency** (Parsonage St; Erw./Kind 20/10 R; Mo–Fr 8–13 & 13.45–16, Sa & So 9–12 Uhr) und das **Urquhart House** (Somerset St; Erw./Kind 20/10 R; Mo–Fr 8–13 & 13.45–16 Uhr) vermitteln mit ihren knarzenden Holzböden und den historischen Möbeln einen lebendigen Eindruck davon, wie wohlhabende Familien im 19. Jh. hier lebten.

Das **Military History Museum** (Somerset St; Erw./Kind 20/10 R; Mo–Fr 8–13 & 13.45–16 Uhr) ist über Letzteres zugänglich.

Geführte Touren

Camdeboo Adventure Tours ABENTEUERTOUR
(049-892 3410; www.karoopark.co.za; 81 Caledon St) Buks und Chantelle Marais von den Camdeboo Cottages und dem Karoopark Guest House organisieren Touren durch den Camdeboo National Park, Wanderführungen und Safarifahrten zur Tierbeobachtung. Sie unternehmen auch Ausflüge zum Mountain Zebra National Park und zur Baviaanskloof Wilderness Area.

Karoo Connections TOUR
(049-892 3978; www.karooconnections.co.za; 7 Church St) David McNaughton organisiert vom McNaughton's Bookshop aus diverse Touren und Transfers, darunter eine Sundowner-Tour durch das Valley of Desolation im offenen Landrover (440 R pro Pers.), einen halbtägigen Ausflug nach Nieu Bethesda (660 R; ganzer Tag inkl. Felsenkunst der San und Fossilien 990 R) sowie Safarifahrten zur Tierbeobachtung im Camdeboo (400 R) und Mountain Zebra National Park.

Ingomso Tours KULTURELLE TOUR
(083 559 1207; 3 Std. 330 R) Ntombi Mashoengs Touren durch Umasizakhe, eine der ältesten Townships des Landes und Geburtsort von Robert Sobukwe, geben Einblicke in Kultur und Geschichte der Xhosa und ins moderne Township-Leben.

Schlafen

Profcon Resort COTTAGES, CAMPINGPLATZ $
(049-892 2887; www.profconresort.co.za; 82 Somerset St; Camping/EZ/DZ 150/400/550 R, Cottages ab 850 R;) Eine gut geführte Anlage mit modernen Zimmern, Garten-Cottages und zahlreichen Einrichtungen, u. a. einem Kinderspielplatz.

★ **Aa 'Qtansisi** PENSION $$
(049-891 0243; www.aaqtansisi.co.za; 69 Somerset St; EZ/DZ mit Frühstück 750/1100 R;) Das Aa 'Qtansisi, auf Khoisan „Wir begrüßen euch" (bei der Aussprache das „Q" weglassen), hat acht noble Zimmer, die von den Reisen des Besitzers inspiriert sind, z. B. von der Karoo, von einem französischen Schloss und von Marokko. Der von Spalieren bedeckte Garten hinter dem Haus ist eine verlockende Oase mit kleinem Pool und Hängematten und zum Gourmetfrühstück gehören ein Obstteller und ein Glas mit Müsli und Nüssen. Abendessen wird ebenfalls angeboten (150 R).

Camdeboo Cottages PENSION $$
(049-892 3180; www.camdeboocottages.co.za; 16 Parliament St; Zi./3BZ/4BZ ab 650/850/1100 R;) Die acht Cottages aus der Mitte des 19. Jhs. verbinden hinter ihren weißen Mauern und grünen Fensterläden Kolonialmöbel mit modernen Annehmlichkeiten: Böden und Dachbalken aus Steineibe, isolierende Reet- und Lehmdächer, Klauenfuß-Badewannen und alte Kuchendosen auf der Kommode treffen auf Heizdecken, Heizkörper und Satellitenfernsehen.

Die Häuschen sind mit ein bis drei Schlafzimmern ausgestattet und verfügen über eine Küche. Es gibt zudem ein Restaurant und einen *braai*-Platz am Pool, wo der Besitzer Buks Treffen zum Sternegucken anbietet.

Karoopark Guest House PENSION $$
(049-892 2557; www.karoopark.co.za; 81 Caledon St; EZ/2BZ/DZ ab 600/650/700 R;) Die von einer Familie geführte Anlage in einem Garten ist eine gute Ausgangsbasis. Sie hat ein Restaurant, in dem südafrikanische Spezialitäten (Hauptgerichte 90 R), angeboten werden, eine Bar und ein Tourunternehmen. Diverse Unterkunftsformen, darunter Einheiten für Selbstversorger und Zimmer, befinden sich im historischen Haupthaus und in den Wohnblöcken auf dem begrünten Gelände.

Buiten Verwagten PENSION $$
(049-892 4504; www.buitenverwagten.co.za; 58 Bourke St; EZ/DZ mit Frühstück ab 750/1000 R;) Jedes Detail dieses viktorianischen Hauses ist von seinen freundlichen und professionellen Besitzern mit viel Geschmack ausgewählt. Die Räume haben hohe Decken, Zedern- und Fichtenholzböden und sind mit eleganten Antiquitäten eingerichtet. Außen befinden sich eine von Spalieren bedeckte Veranda, ein perfekt gepflegter Rasen und ein Pool. Im hinteren Bereich stehen auch noch zwei Zimmer für Selbstversorger zur Verfügung.

Andries Stockenström Guesthouse PENSION $$$
(049-892 4575; www.asghouse.co.za; 100 Cradock St; EZ/DZ mit Frühstück ab 950/1400 R;) Gordon und Rose Wrights Nobelpension mit dem Restaurant Veld to Fork ist eine coole Karoo-Oase. Hier gibt es einen Kunsthandwerksverkauf an der Rezeption, einen Pool im italienischen Stil und Schilder mit dem Hinweis „Ruhe bewahren und Gemüse essen".

Drostdy Hotel HISTORISCHES HOTEL $$$
(☎049-892 2161; www.newmarkhotels.com; Church St; EZ/DZ ab 1125/1500 R; P ❄ @ 📶 🏊) Bei unserem Besuch waren die millionenschweren, von den Ruperts finanzierten Renovierungsarbeiten an dem Vorzeigehotel der Stadt fast beendet, was hier große Begeisterung hervorrief. Die Häuschen hinten aus der Mitte des 19. Jhs., die ursprünglich für befreite Sklaven gebaut worden waren, blieben erhalten, ebenso wie der historische Charme des berühmten Gebäudes. Zahlreiche Einrichtungen werden es zu einem Spitzenhotel machen, darunter ein Spa, eine Kunstgalerie, drei Pools in einem gepflegten Garten und Restaurants mit südafrikanischen Spitzenköchen.

Die Ruperts gehören zu den reichsten Familien Südafrikas, mit Wurzeln in Graaff-Reinet und sie stehen noch immer in Verbindung mit der Stadt. (Der verstorbene Dr. Anton Rupert, ein Tabakmilliardär, Naturschützer und Kritiker der Apartheid, wurde hier 1916 geboren.)

Essen & Ausgehen

Our Yard CAFÉ $
(50 Somerset St; Hauptgerichte R55; ⏲Mo–Fr 8–17, Sa bis 14 Uhr; 📶) Die „Kaffeerösterei mit Kultur" serviert in ihrem schattigen Hof Kaffee aus aller Welt, leichte Mahlzeiten, Scones und Kuchen. Angeschlossen ist eine Galerie mit T-Shirt-Verkauf.

★ **Polka Cafe** SÜDAFRIKANISCH $$
(☎087 550 1363; www.polkacafe.co.za; 52 Somerset St; Hauptgerichte mittags/abends 75/110 R; ⏲Mo–Sa 7.30–21 Uhr) Polkas feine Nouvelle Cuisine veredelt konventionelles Essen und südafrikanische Klassiker mit raffiniertem Pfiff, sehr ansprechender Präsentation und verbessertem Geschmack. Karoo-Lamm, abgehangene Steaks und *bobotie* stehen auf der Abendkarte, zu den leichteren Mittagsgerichten gehören herzhafte Pfannkuchen und dünnkrustige Pizza.

Romantisch wird es abends bei Kerzenlicht auf der Veranda und im Hinterhof und im modern-rustikalen Speiseraum verkauft eine Bäckerei hausgemachte Kekse, Cupcakes und Kuchen.

★ **Veld to Fork** SÜDAFRIKANISCH $$$
(☎049-892 4575; www.asghouse.co.za; 100 Cradock St; Abendessen 300 R; 📶) 🌿 Ein Abendessen und ein Kochkurs mit dem Koch Gordon Wright in Südafrikas ursprünglichem Slowfood-Restaurant sollten vor 14 Uhr gebucht werden (in der Hochsaison lange im Voraus). Die Zutaten sind überwiegend Bio und kommen nicht weiter als 40 km im Umkreis von Graaff-Reinet. Der Stil ist klassische, ländliche Karoo-Küche mit modernem Touch. Das Sahne-Nougat-Dessert ist Extraklasse.

Graaff-Reinet Club CLUB
(English Club; Church St; ⏲Mo–Do 13–21, Fr & Sa bis open end, So 11–14 Uhr) An den Wänden dieses atmosphärischen Clubs, einem der ältesten Südafrikas und einst nur für Männer zugänglich, hängen Jagdtrophäen – und die Bar hat Einschusslöcher: Die Coldstream Guards, die im Zweiten Burenkrieg in Graaff-Reinet stationiert waren, feierten hier ihre Abberufung nach Großbritannien, indem sie acht Kugeln in den Tresen schossen. Besucher können hier gern mit Einheimischen trinken.

Shoppen

In Graaff-Reinet gibt es ein paar Läden, die Antiquitäten, Haushaltswaren und Karoo-Kunsthandwerk verkaufen, ganz zu schweigen von den glänzenden Geschäften der Tierpräparationsläden der Stadt.

African Adventure KUNSTHANDWERK
(25 Church St) Eine gute Auswahl hochwertigen afrikanischen Kunsthandwerks.

Praktische Informationen

Graaff-Reinet Tourism (☎049-892 4248; www.graaffreinet.co.za; 13A Church St; ⏲Mo–Fr 8–17, Sa 9–12 Uhr) Das hilfsbereite Büro hat Informationen zu Unterkünften und unendlich viele Karten.

An- & Weiterreise

Intercape und **Translux** fahren täglich nach Kapstadt (360 R, 8½ Std.) und Jo'burg (450 R, 11 Std.); Translux fährt auch nach East London (300 R, 5 Std.) und Port Elizabeth (250 R, 3 Std.). Fahrkarten und Infos gibt's in der Touristeninformation.

Gemeinschaftstaxis fahren am Market Square ab. Größere Ziele sind Port Elizabeth (200 R) und Kapstadt (400 R).

Avis hat eine Niederlassung gegenüber vom Karoopark Guest House.

Camdeboo National Park

Im 194 km² großen **Camdeboo National Park** (☎049-892 3453; www.camdeboopark.com; Erw./Kind 84/42 R; ⏲Lakeview Gate

CAMDEBOO NATIONAL PARK

Was einen erwartet Spektakuläre Landschaften, Felsformationen und eine unerwartete ökologische Opulenz im Valley of Desolation; u. a. leben hier Kap-Bergzebras; Tageswanderungen werden angeboten.

Reisezeit Im April, wenn die Karoo in Herbstfarben leuchtet und bei frischen Temperaturen hinreißende Sonnenuntergänge zu sehen sind, ist der Park ruhig. Die Vegetation ist dann auch spärlicher und die Tiere lassen sich leichter entdecken.

Praktisches Der Camdeboo besteht aus drei Abschnitten: das Gebiet zur Tierbeobachtung nördlich des Nqweba Dam, der Westen mit dem Valley of Desolation und der östliche Teil mit diversen Allradwegen. Parkrezeption und Unterkünfte befinden sich am Lakeview Gate, an der N9, 4 km nördlich von Graaff-Reinet. Der Abschnitt zur Tierbeobachtung ist nur mit eigenem Fahrzeug zu erreichen oder über eine in Graaff-Reinet gebuchte Tour.

Spar-Tipps Campen und selbst kochen, entweder in der Selbstversorgerküche oder auf dem *braai*. .

Okt.–März 6–19, Mai–Aug. 7–17.30, April & Sept. 6.30–18.30 Uhr; P) leben viele Tiere, aber die eigentliche Attraktion sind die spektakulären geologischen Formationen, die tollen Aussichten auf Graaff-Reinet und die heiße, trockene Karoo-Ebene. Der Name des Parks entstammt der Khoekhoe-Sprache und bedeutet „grünes Tal" – vermutlich ein Bezug zu dem *spekboom* (Elefantenbaum), der hier wächst und wintergrün ist.

Sehenswertes

Valley of Desolation AUSSICHTSPUNKT
(an der Rte 63; Okt.–März 6–19.30, Mai–Aug. 7–18, April & Sept. 6.30–19 Uhr) Das Valley of Desolation ist die poplärste Sehenswürdigkeit des Parks. Es ist ein betörend schönes Tal mit großartigem Blick – die schroffen, geschichteten Doleritsäulen heben sich aus der endlosen Karoo-Ebene ab. Auch Graaff-Reinet ist, eingeschmiegt in eine Biegung des Sundays River, von hier aus zu sehen. Der Aussichtspunkt im Tal liegt 14 km von der Stadt entfernt und kann mit dem Auto über eine steile, aber asphaltierte Straße erreicht werden. Dort gibt es auch einen 1,5 km langen Rundweg. Die besten Zeiten für die Wanderung sind bei Sonnenaufgang und bei Sonnenuntergang.

➡ **Giant Flag** WAHRZEICHEN
(www.giantflag.co.za) Eine Plattform am Aussichtspunkt des Valley of Desolation eröffnet den Blick hinab auf diese 6600 m² große Flagge, die aus Millionen bunter Wüstenpflanzen zusammengesetzt wurde. Wenn sie fertig ist, wird sie die größte Flagge der Welt sein – und sogar sichtbar aus dem Weltraum.

Aktivitäten

Tierbeobachtung

Im Gebiet zur Tierbeobachtung, das durch das Lakeview Gate zugänglich ist, leben Büffel, Elenantilopen, Kudus, Kuhantilopen, Weißschwanzgnus und Springböcke – um nur einige der über 40 Säugetierarten im Park zu nennen. Manchmal sind seltene Kap-Bergzebras zu sehen, aber sie bevorzugen bergiges Gelände. Gute Schotterstraßen führen über 19 km durch das Beobachtungsareal; Besucher müssen außer an den Picknickplätzen in ihren Fahrzeugen bleiben.

Tiere gibt es auch im Valley of Desolation zu sehen; zu den über 200 Vogelarten zählen Schwarzadler, Schreiseeadler und Falken.

Wandern

Der Eerstefontein Day Trail verläuft durch den westlichen Abschnitt des Parks am Valley of Desolation vorbei; drei Routen stehen zur Auswahl, mit Längen von 5, 11 und 14 km. Am Parkempfang gibt es eine Karte.

Schlafen

Campen im Park ist nahe dem Nqweba Dam im **Lakeview Tented Camp** (Zelt 570 R; P), das Safarizelte mit zwei Betten hat, und auf dem **Nqweba Campsite** (Camping 205 R; P) möglich.

Nieu Bethesda

1540 EW.

Das winzige Dorf Nieu Bethesda tief in der Karoo machte mit seinem außergewöhnlichen Owl House – das fantasievoll und verblüffend dekorierte Haus der Außenseiter-Künstlerin Helen Martins, auf sich aufmerksam. Heute ist das Dorf eine kleinere Künstlerkolonie, deren kreative Authentizität noch durch *The Road to Mecca,* Athol Fugards Theaterstück über Martins, unterstrichen wird. Auf dem Fugard Festival im März finden im ganzen Ort Veranstaltungen statt und Unterkünfte sind dann nur schwer zu finden.

Nieu Bethesda ist mit seinen Lehmstraßen, seinen Wasserläufen, den hübschen Häuschen und dem endlosen Sternenhimmel ein wunderbarer Ort, um das Leben in einem Karoo-Dorf zu erfahren und für ein paar Tage auszuspannen. Bethesda liegt etwa 55 km von Graaff-Reinet entfernt – die Fahrt vor der Kulisse der Sneeubergen ist sehr malerisch.

Sehenswertes & Aktivitäten

Owl House HISTORISCHES GEBÄUDE
(☎049-841 1642; River St; Eintritt 50 R; ⏲9–17 Uhr) Die eigentümliche Vision, die die Künstlerin Helen Martins (1897–1976) dazu inspirierte, ihr Haus und ihr Atelier in ein einziges Kunstwerk des Art Brut umzuwandeln, ist das Fundament der künstlerischen Identität von Bethesda. Martins und ihr Assistent Koos Malgas arbeiteten jahrelang am Entwurf und an der Konstruktion der Betonmenagerie aus Eulen und zahllosen anderen Figuren im Hinterhof. Fast jeder Zentimeter der schattigen Innenräume ist mit bunt bemalten Glasscherben, Textilien und Nippes bedeckt. Sie erinnern an die unglückliche Frau, die sich schließlich das Leben nahm.

Vor dem Haus verkaufen einheimische Kunsthandwerker Repliken der Eulen; sie werden bald ihren eigenen Laden in der Nähe haben.

Bethesda Arts Centre GALERIE
(nieubethesda.org; Muller St; ⏲Mo–Fr 9–16, Sa bis 12 Uhr) Die kommunale Kunsthalle stellt riesige Wandteppiche aus, die von Einheimischen gefertigt wurden. Julia Malgas, die Enkelin von Helen Martins' Assistent Koos, oder ein anderer Künstler erklären gerne die Mythen und Glaubensinhalte der San, die in den Wandteppichen dargestellt sind.

Kitching Fossil Exploration Centre MUSEUM
(☎082 387 9224; Martin St; Eintritt 20 R; ⏲9–17 Uhr) Die Modelle und Abgüsse von Fossilien stellen prähistorische Tiere dar (Gorgonopsia, Dicynodontia und dergleichen), die rund 253 Mio. Jahre alt sind – 50 Mio. Jahre bevor die Dinosaurier auftraten. Die Angestellten führen zu den echten Exemplaren, die unberührt in den Felsen im trockenen Flussbett in der Nähe eingebettet sind.

Compassberg WANDERN
Der Compassberg, mit 2502 m der höchste Gipfel in der Region, ist in etwa vier Stunden vom Wegbeginn an der Compassberg-Farm, 35 km von Nieu Bethesda, zu erreichen. Der **Canyon Hike**, ein recht ebener, 3 km langer Wanderweg, folgt einem Wasserlauf Richtung Ganora Guest Farm. Für beide Wanderungen ist eine Genehmigung erforderlich; die Unterkunft kontaktiert auf Anfrage den Landbesitzer.

Ganora Guest Farm KULTURELLE TOUR
(☎049-841 1302; www.ganora.co.za) Die Ganora Guest Farm, 7 km östlich von Nieu Bethesda, bietet zahlreiche Aktivitäten, darunter eine Führung durch das hauseigene Museum für Fossilien und Artefakte der San und weiter ins Buschland zu zusätzlichen Entdeckungen. Eine andere Tour dreht sich um Heilpflanzen. Gruppen können sogar an der Vorführung einer Schafschur teilnehmen. Ganora resozialisiert Erdmännchen, weswegen manchmal ein paar hier herumwuseln. Die Farm bietet auch regelmäßig Kurse für Fotografie, Sternebetrachtung, Kunst und Kochen an.

Schlafen

Owl House Backpackers HOSTEL $
(☎049-841 1642; www.owlhouse.info; Martin St; Camping/B/EZ/DZ 75/125/290/460 R; 📶) Das Haus mit der weiß gestrichenen Karoo-Fassade besitzt ein altmodisches Flair, verrückte Ecken und Winkel und einen recht großen Garten. Etwas mehr Privatsphäre bieten das Gartenhaus für Selbstversorger oder der Wasserturm hinten mit rundem Schlafzimmer unter dem Dach, Komposttoilette und Kochnische. Zimmer mit Bad gibt's gegenüber im Outsiders B&B. Dessen Besitzer organisieren Touren, auch zu Felsmalereien der San.

Bethesda Tower PENSION $
(☎073 028 8887; bethesdatower.co.za; Muller St; EZ/DZ ohne Bad 250/350 R) Der Aufstieg in dem dreistöckigen Turm mit Spitzdach hat etwas Märchenhaftes. Das oberste Zimmer besitzt ein rundes Doppelbett mit einem Quilt, der im angrenzenden Bethesda Arts Centre hergestellt wurde. Unten gibt es ein Zweibettzimmer und ein Café, das Halb-

pension anbietet. Zwei Zimmer mit Quilts, Kunstwerken und Buntglasfenstern werden auch in der benachbarten Priory vermietet.

★ **Ganora Guest Farm** FARMUNTERKUNFT $$
(☎049-841 1302; www.ganora.co.za; EZ/DZ mit Frühstück ab 550/790 R; P 📶) Wer lieber außerhalb der Stadt unter dem hohen Himmel der Karoo nächtigen möchte, kann das in diesem Gehöft aus dem 18. Jh. Die Steinmauer des Kral ist heute in die luxuriösen und individuellen Zimmer integriert. Weitere Unterkünfte gibt es in den weiß gestrichenen ehemaligen Werkstätten und Schuppen. Das Khoe-San Cottage für Selbstversorger bietet Platz für bis zu sechs Personen und kostet 950 R. Alle Mahlzeiten werden im rustikalen Gastraum im Pionierstil serviert.

Four Seasons Country House PENSION $$
(☎084 862 8280; www.fourseasonscountryhouse.co.za; Martin St; EZ/DZ mit Frühstück 500/900 R; 📶) Die Pension hinter der beliebten Alfresco Pizzeria hat drei kühle und beschauliche Zimmer mit Ausgang auf eine Veranda und einen Garten.

Essen

Karoo Lamb Restaurant SÜDAFRIKANISCH $$
(Hauptgerichte 80 R; 7–21 Uhr; 📶) Wenn alle Bestandteile des Frühstücks in diesem großen Restaurant mit Deli und Kunsthandwerksladen aufgetischt sind, nehmen sie einen halben Picknicktisch ein. Herzhafte Mittags- und Abendgerichte, wie Lammkoteletts und *potjiekos* (Eintopf im gusseisernen Topf), sättigen nach einer langen Fahrt durch die Karoo.

Two Goats DELI $$
(thebrewery.wozaonline.co.za; Pienaar St; Hauptgerichte 80 R; Mo–Sa 10–17, So bis 15 Uhr) Auf diesem zauberhaft rustikalen Milchbauernhof jenseits der Brücke vom Dorf aus können Besucher unter den Bäumen den hausgemachten Käse, Salami, Bier und Kaffee genießen.

Praktische Informationen

Das Karoo Lamb Restaurant ist die inoffizielle Touristeninformation. Es gibt hier keine Tankstellen und keine Geldautomaten und die Unterkünfte akzeptieren allgemein auch keine Kreditkarten.

An- & Weiterreise

Öffentliche Verkehrsmittel fahren nicht nach Nieu Bethesda. Das Owl House Backpackers holt seine Gäste aber aus Graaff-Reinet ab (150 R pro Pers.), was allerdings vorher so vereinbart werden muss.

Mountain Zebra National Park

Der 280 km² große **Nationalpark** (☎048-881 2427; www.sanparks.org; an der Rte 61; Erw./Kind 144/72 R; Okt.–März 7–19, April–Sept. bis 18 Uhr; P), 20 km westlich von Cradock an den Nordhängen des Bankberg-Massivs (2000 m), bietet einige großartige Ausblicke in der Karoo. Der Park wurde zum Schutz eines der seltensten Säugetiere der Welt angelegt: des Kap-Bergzebras. Mittlerweile leben im Park fast 800 Tiere; sie unterscheiden sich von anderen Zebras durch ihre kleine Statur, die rotbraune Nase, dunklere Streifen und die Wamme (ein Hautlappen am Hals).

Aktivitäten

Eine Tour mit dem eigenen Fahrzeug vermittelt in nur wenigen Stunden einen Eindruck vom Park. Die Fahrt über die Straße, die vom Haupttor bis zum Camp und wieder zurück führt, dauert knapp zwei Stunden, je nachdem, wie viele Pausen man unterwegs einlegt. In der Nähe des Camps gibt es zwei **Swimmingpools**.

Tierbeobachtung

Neben den Kap-Bergzebras leben im Park auch viele Antilopenarten, Büffel, Spitzmaulnashörner, zwei Löwen, acht Geparden, mehrere Kleinkatzenarten, Ginsterkatzen, Erdwölfe, Löffelfüchse, Schabrackenschakale und über 200 Vogelarten. Der Park bietet zweistündige **Safarifahrten** (Erw./Kind ab 175/85 R) an sowie eine einzigartige **Geparden-Tracking-Tour** (pro Pers. 310 R), bei der Teilnehmer bis auf 15 m Nähe an die Großkatzen herankommen.

Wandern

Die Wanderwege reichen von 1 und 2,5 km langen Spaziergängen um das Camp bis zu längeren geführten Wanderungen, u. a. der 25 km lange, dreitägige **Impofu Hike** (pro Pers. 415 R).

Schlafen

Mountain Zebra National Park Rest Camp CAMPINGPLATZ $
Im Park-Camp gibt es Campingplätze (ab 205 R) und komfortable, gut ausgestattete Cottages (ab 850 R).

MOUNTAIN ZEBRA NATIONAL PARK

Was einen erwartet Kap-Bergzebras, Löwen, Büffel und viele andere Säugetiere, Karoo-Landschaften an den Hängen des Bankberg-Massivs und zahlreiche Aktivitäten, darunter Geparden-Tracking.

Reisezeit Jederzeit außer im Sommer (Nov.–Feb.), um die extreme Hitze in der Halbwüste Karoo zu vermeiden.

Praktisches Es gibt überwiegend gute Schotter- und Teerstraßen, die für Pkws geeignet sind, sowie drei Allradwege. Öffentliche Verkehrsmittel fahren nicht zum Park, ein eigenes Fahrzeug oder die Teilnahme an einer Tour sind also nötig.

Spar-Tipps Wer nicht campen mag, kann in billigeren Unterkünften im nahen Cradock unterkommen und den Park auf einem Tagesausflug besuchen. Der Eintrittspreis wird bei Übernachtungen im Park pro Nacht berechnet, nicht pro Tag; wer also eine Nacht im Park verbringt, zahlt nur für einen Tag, obwohl er zwei Tage im Park verbringt.

Das Camp liegt 10 km vom Eingang entfernt. Dort gibt es die Parkrezeption, einen Laden (7–19 Uhr), der Grundbedarf verkauft, und ein Bar-Restaurant (mittags 70 R, abends 85 R, 7–21 Uhr).

Mountain Cottages HÜTTEN $
(ab 700 R) Die zwei Berghütten im Park, nur in Fahrzeugen mit hoher Radaufhängung zu erreichen, sind eine abgeschiedene, rustikale Unterkunft ohne Strom. Jede hat einen Grillplatz, einen Kamin, eine mit Benzin beheizte Dusche, eine Küche mit Gasofen, einen solarbetriebenen Kühlschrank sowie zwei Schlafzimmer und einen Schlafsaal für Wanderer.

Doornhoek COTTAGE $$
(1–4 Pers. 2435 R) Das restaurierte historische Farmhaus von 1837 liegt versteckt in einem abgeschiedenen Tal. Es bietet in seinen zwei Doppel- und zwei Einzelzimmern Platz für sechs Personen; jeder zusätzliche Erwachsene zahlt 360 R, zusätzliche Kinder 180 R.

Cradock

36 671 EW.

Cradock wurde 1813 als militärischer Außenposten gegründet, um die Xhosa an der Überquerung des Great Fish River zu hindern, und hat sich in den letzten Jahrzehnten zu einem geschäftigen Landwirtschafts- und Handelszentrum entwickelt. Die Market Street war die Straße der Handwerker (Geschirrmacher, Tischler, Schmiede etc.), die ihre Dienste den Passagieren der durchfahrenden Ochsenkarren anboten. Der Einzug der Bahn und des Autos bedeutete einen harten Schlag für ihre Zunft, und viele mussten ihre Häuser verlassen. Noch immer ist der Ort von der Landwirtschaft geprägt, und auch wenn er auf den ersten Blick schäbig erscheinen mag, lohnt ein zweiter Blick auf die schönen alten Gebäude und die von Bäumen gesäumten Straßen. Ein Spaziergang entlang der hübschen Dundas Street und der Bree Street – Letztere ist die älteste Cradocks – führt an gut erhaltenen Giebelhäusern aus dem 19. Jh. vorbei.

Die berühmtesten Söhne der Stadt waren die Cradock Four, die Freiheitskämpfer Matthew Goniwe, Sparrow Mkhonto, Fort Calata und Sicelo Mhlauli. 1985 wurden sie von der Sicherheitspolizei verschleppt und umgebracht.

Sehenswertes & Aktivitäten

Olive Schreiner House MUSEUM
(☎048-881 5251; 9 Cross St; Eintritt 5 R; ⏰Mo–Fr 8–12.45 & 14–16.30 Uhr) Schreiner ist bekannt für ihren klassischen Karoo-Roman *Geschichte einer afrikanischen Farm*. Der provokative *plaasroman* und Bildungsroman, 1883 unter dem Pseudonym Ralph Iron veröffentlicht, vertrat Ansichten, die noch bis weit ins 20. Jh. als radikal galten. Sie lebte nur drei Jahre in diesem typischen Karoo-Haus, aber dennoch sind mehrere der kleinen Zimmer heute ihrem Lebenslauf, ihrer Karriere und der lokalen Geschichte aus der Sicht der Autorin gewidmet.

Der Buchladen hat eine hervorragende Sammlung südafrikanischer Romane und eine Broschüre zu einem literarischen Rundgang durch Cradock im Angebot.

Great Fish River Museum MUSEUM
(☎048-881 4509; 87 High St; mit Spende; ⏰Mo–Fr 8–13 & 14–16 Uhr) Die Exponate des Muse-

ums im ehemaligen Pfarrhaus der Niederländisch-reformierten Kirche (1849) drehen sich um lokale Themen, z. B. das Leben der Pioniere im 19. Jh. Es befindet sich hinter dem Rathaus.

Karoo River Rafting RAFTING, KANUFAHREN
(☎ 084 429 9944; www.karoo-river-rafting.co.za) Rafting- und Kanutouren auf dem Great Fish River und seinen Nebenflüssen..

Township Tours KULTURELLE TOUR
(☎ 048-881 1650; Eintritt mit Spende) Amos, der im Hotel Victoria Manor arbeitet, bietet Touren durch die hiesige Township an.

Schlafen

Es gibt jede Menge B&Bs; die Touristeninformation hat ein Verzeichnis davon.

★ Die Tuishuise & Victoria Manor HISTORISCHES HOTEL **$$**
(☎ 048-881 1322, 048-881 1650; www.tuishuise.co.za; Ecke Market & Voortrekker St; Cottages EZ/DZ 470/780 R, Hotel EZ/DZ 445/615 R; P ❄ ≋ ≈) Das „heimelige Haus“ besteht aus Gartenhäuschen und 31 schön restaurierten und attraktiv eingerichteten Karoo-Häusern mit Veranden mit Blick auf eine der ältesten Straßen Cradocks. Das benachbarte Victoria Manor ist ein stimmungsvolles Kleinstadtgasthaus mit Spa, kleinem Pool, holzverkleidetem Bar-Restaurant und Antiquitäten in den reizenden Zimmern.

Die bildschönen Ferienhäuser mit jeweils Platz für acht Personen sind teils lichte und moderne Interpretationen von Karoo-Rustikalität und teils mit einer eher historischen Ausstattung, die stark an die Briten und Buren erinnert, die einst in ihnen lebten. Alle bieten eine seltene Gelegenheit, für ein paar Nächte ein nostalgisches Karoo-Ambiente zu erleben.

Heritage House B&B B&B **$$**
(☎ 048-881 3210; 45 Bree St; EZ/DZ mit Frühstück 500/900 R; @ ≋ ≈) Das historische Haus aus dem Jahr 1815 vermietet Zimmer im Hauptgebäude und Gartenhäuschen an einem Fischteich. Der Besitzer Meyrick kann mit vielen Tipps aufwarten.

Essen & Ausgehen

★ Victoria Manor SÜDAFRIKANISCH **$$**
(Ecke Market & Voortrekker St; Hauptgerichte 70 R, Frühstücks-/Abendbuffet 90/160 R) Der Hotelspeisesaal ist atmosphärisch mit dunkler Holzvertäfelung und üppigen Polstermöbeln im englischen Stil des 19. Jhs. eingerichtet. Die Bedienung ist aufmerksam und die Gerichte aus der Karoo-Küche schmecken herzhaft und köstlich. Karoo-Lammkoteletts, Hamburger und Biltong-Salat stehen mittags auf der Speisekarte.

True Living SÜDAFRIKANISCH **$$**
(44 JA Calata St; Hauptgerichte 75 R; ✍) Um die Ecke der J. A. Calata und der Albert Street befinden sich etliche Cafés, oft verbunden mit Pflanzen- und Einrichtungsläden. Dieses Hofcafé in der letzteren Kategorie serviert Landhausküche, u. a. *bobotie, sosaties* (Fleischspieße mit Curry gewürzt), Cradock-Lammkoteletts, Quiches, Steaks und Hamburger.

Praktische Informationen

Cradock Tourism (☎ 048-801 5000; http://cradockmiddelburg.co.za; JA Calata St) Im Rathaus gegenüber vom Spar Centre.

An- & Weiterreise

Translux, **Intercape** und **City to City** fahren täglich nach Kapstadt (430 R, 10–15 Std.) über Graaff-Reinet (250 R, 1½ Std.) oder Port Elizabeth (300 R, 4 Std.) sowie nach East London (250 R, 4½ Std.) und Jo'burg (550 R, 11 Std.).

Die **Schlafwagenzüge** der Touristenklasse halten hier mittwochs, freitags und sonntags auf ihrer Strecke zwischen Port Elizabeth (150 R, 4½ Std.) und Jo'burg (340 R, 15½ Std.) über Bloemfontein. Es gibt auch die weniger empfehlenswerte Economy-Klasse (nur mit Sitzplatz).

KwaZulu-Natal

➡ Inhalt

Gut essen

- Cafe 1999 (S. 271)
- Zanj (S. 285)
- Tally's Corner Cafe (S. 289)
- Rosehurst (S. 309)
- Pucketty Farm (S. 317)

Schön übernachten

- Napier House (S. 268)
- Hilltop Camp (S. 295)
- George Hotel (S. 289)
- Kosi Forest Lodge (S. 305)
- Hlalanathi (S. 324)

Auf nach KwaZulu-Natal!

Rau und unwirtlich, lieblich und kultiviert, ländlich und bodenständig – KwaZulu-Natal ist eine vielfältige Region, in der Einkaufspaläste an schäbige Vororte grenzen und adrenalinsüchtige Abenteurer actiongeladene Herausforderungen, Sonnenanbeter dagegen ihren Traumstrand finden. Berglandschaften wechseln sich mit flachen, trockenen Savannen ab, die Städte sind erfüllt von afrikanischer Lebensart, Märkten und Lärm – welch ein Gegensatz zu den ruhigen Stammesdörfern auf dem Land! Die Provinz ist auch die traditionelle Heimat der Zulu, die sehr stolz auf ihre Kultur sind.

Hinzu kommen die einzigartige Tierwelt – auch die „Big Five", eine faszinierende Geschichte, tolle Wandermöglichkeiten in den Bergen und in den schicken Küstenorten Sand, Sonne und Meer. Diese Mischung aus lokalen Traditionen und authentischen afrikanischen Sehenswürdigkeiten gehört quasi zum Pflichtprogramm einer Südafrikareise!

Reisezeit

Durban

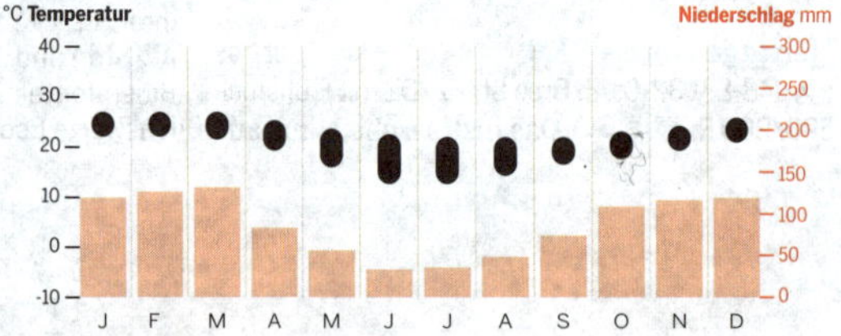

Mai–Okt. Die Trockenzeit lockt mit Kühle und Savannenklima, perfekt zur Tierbeobachtung.

Okt. & Nov. Tolles Strandwetter, bunte Wildblumen schmücken den uKhahlamba-Drakensberg.

Nov.–Febr. Der Sommer bringt große Hitze, aber auch jede Menge Tierbabys!

Geschichte

Das von den Buren, Briten und Zulu umkämpfte Natal erhielt seinen Namen vom portugiesischen Entdecker Vasco da Gama, der die Küste 1497 am Weihnachtstag sichtete und sich bei der Namensgebung auf Christi Geburt bezog.

Mehr als 300 Jahre vergingen, bis sich das Britische Empire für die Region interessierte und sie schließlich 1843 zur Kolonie erklärte. Ab 1845 war Natal für kurze Zeit der Kapkolonie angeschlossen, wurde aber 1856 eine eigenständige Kolonie. Zu jener Zeit betrug die Zahl der europäischen Bewohner nicht einmal 5000.

Der Zuzug indischer Vertragsarbeiter in den 1860er-Jahren – teilweise herrscht in der Provinz noch immer ein indisches Flair – und die Einführung der kommerziellen Landwirtschaft (vor allem Zuckerrohr) kurbelten die Entwicklung an. Ab 1895, als eine Eisenbahnstrecke den neuen Tiefseehafen von Durban mit dem boomenden Witwatersrand verband, florierte die Kolonie.

Die Geschichte der Provinz bis zur Entstehung der Südafrikanischen Union ist eine Geschichte der Konflikte. Sie ist geprägt von *mfeqane* (das bedeutet: „erzwungene Migration" südafrikanischer Stämme bzw. „Zerschlagung" der Zulu) sowie von den Kriegen zwischen Buren und Zulu einerseits sowie zwischen Briten und Zulu andererseits (was die Unterwerfung des Zulu-Königreichs zur Folge hatte). Und schließlich auch noch von den zwei Kriegen zwischen Briten und Buren.

Kurz nach den Wahlen 1994 wurde die Provinz Natal in Anerkennung der Tatsache, dass das Gebiet der Zulu den Großteil ihrer Fläche ausmacht, wieder in KwaZulu-Natal umbenannt. Bis 2005, als Pietermaritzburg zur offiziellen Provinzhauptstadt erklärt wurde, teilten sich Ulundi (einst die Hauptstadt KwaZulus) und Pietermaritzburg (die frühere Hauptstadt der Republik Natal) den Status als Hauptstadt von KwaZulu.

Klima

Entlang der Küste ist die Luft (und dank des Agulhas-Stroms auch das Wasser) ganzjährig warm. Durban nimmt mit 230 Sonnentagen im Jahr eine Spitzenposition ein. Im Sommer können die Hitze und die Luftfeuchtigkeit – mit Temperaturen meist um die 35 °C – zusammen mit den Besuchermassen an der Küste ziemlich anstrengend werden.

Das Landesinnere genießt ähnlich sonnige Bedingungen. Nachmittags können jedoch plötzliche und heftige Gewitter aufkommen, besonders in den uKhahlamba-Drakensbergen und im nördlichen KwaZulu-Natal. Im Winter sind die Gipfel von einer pudrigen Schneeschicht überzogen.

Sprache

In Südafrika gibt es elf offizielle Landessprachen. In KwaZulu-Natal sind die häufigsten Sprachen Englisch, Zulu, Xhosa und Afrikaans.

ℹ Anreise & Unterwegs vor Ort

Durban ist unumstritten der Verkehrsknotenpunkt der Provinz und entsprechend gut angebunden: Von hier aus gibt es Flüge, Bus- und Zugverbindungen zu Zielen im ganzen Land.

In der Provinz selbst herumzureisen, ist aber nicht ganz so einfach. Es fahren zwar Fernbusse Richtung Süden nach Port Shepstone, Margate und Kokstad, gen Norden nach Richards Bay und Vryheid sowie zu einigen Städten im Westen (Estcourt, Ladysmith und Newcastle), viele entlegenere Orte aber sind mit öffentlichen Verkehrsmitteln nur schwer erreichbar. Sammeltaxis sind im Notfall ganz nützlich, aber ausschließlich mit ihnen zu reisen, bedeutet, dass man stundenlang eingezwängt in einem überfüllten Kleinbus unterwegs ist.

Busse der Busgesellschaft **Baz Bus** (www.bazbus.com) verbinden viele Hostels in der Provinz miteinander.

DURBAN

600 000 EW.

Das kosmopolitische Durban (auf Zulu: eThekweni) ist die drittgrößte Stadt Südafrikas und wird oft ungerechterweise zugunsten des „cooleren" Kapstadt übergangen. Aber Durbs, wie die Stadt von ihren Bewohnern liebevoll genannt wird, hat mehr zu bieten als es auf den ersten Blick scheint.

In den Monaten vor der Fußballweltmeisterschaft 2010 erhielt die Stadt eine gründliche Verschönerung, dazu gehörten auch ein neues Stadion und eine schicke Uferpromenade. Die Erneuerung des Strandbereichs und das Ausmerzen des alten Filzes hat bei den städtischen Behörden neue Zuversicht und Ehrgeiz hervorgerufen – inzwischen gibt es sogar Pläne, die Strandpromenade bis zur South Coast zu verlängern.

Durbans Stadtzentrum – ein lebhaftes, pulsierendes Zentrum mit großartigen Gebäuden aus der Kolonialzeit und faszinierender Art-déco-Architektur – präsentiert

Highlights

❶ Tierbeobachtung im **Hluhluwe-iMfolozi Park** (S. 294), dem Revier der Big Five, und ein Sonnenaufgang an einem Wasserloch im **uMkhuze Game Reserve** (S. 302)

❷ Die Schönheit des außergewöhnlichen **iSimangaliso Wetland Parks** (S. 296)

❸ Wanderungen im wunderschönen Bergland des **uKhahlamba-Drakensberg Park** (S. 311)

❹ Eine aufregende Fahrt über den **Sani Pass** (S. 318) nach Lesotho

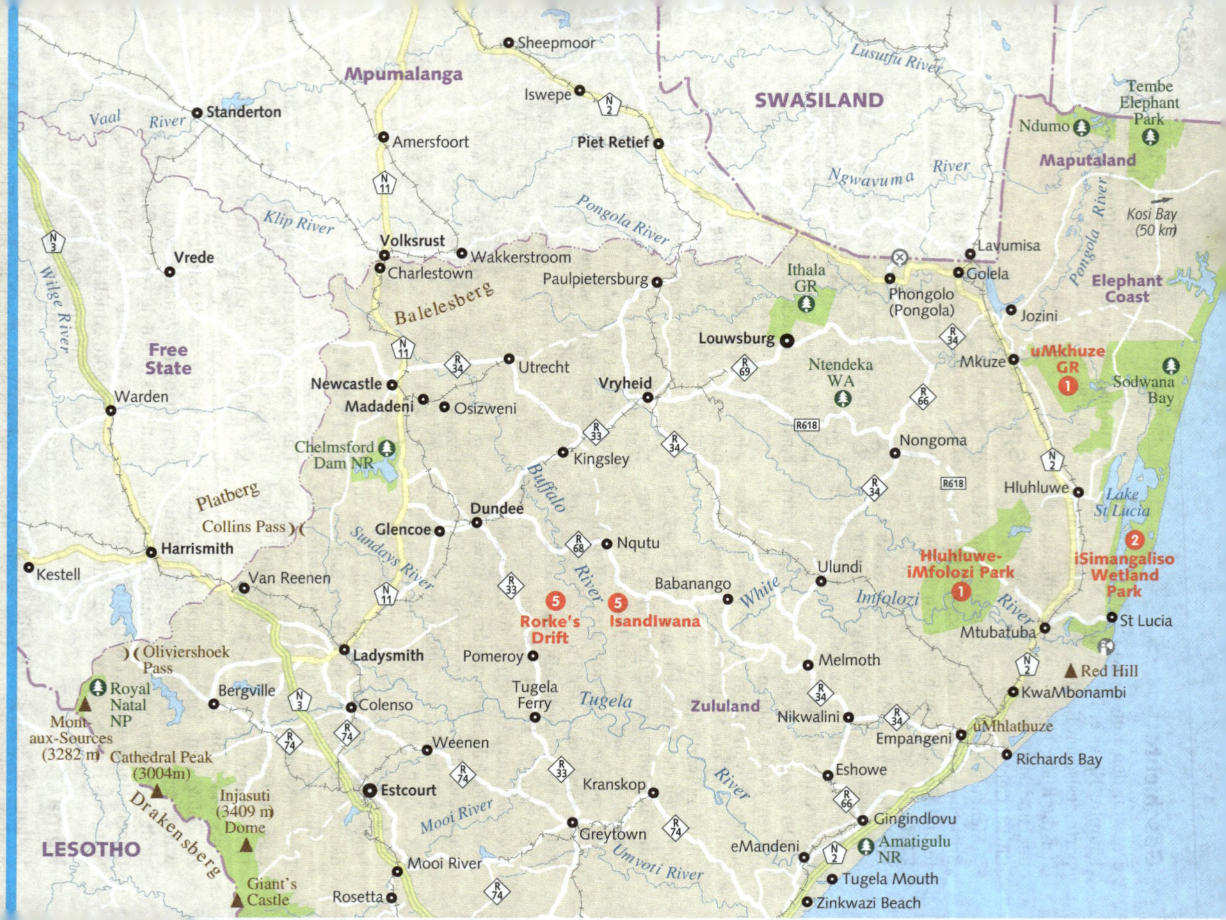

5 Ein Besuch von **Isandlwana** und **Rorke's Drift** (S. 330), auf den Spuren der Kämpfe des Zulukrieges

6 Die stylischen neuen Cafés und Restaurants im schnelllebigen **Durban** (S. 255)

7 Ein Tag an der **South Coast** (S. 277) und der **North Coast** (S. 280) - wo man einfach die Sonne und die Brandung genießen sollte

Durban

sich ausgesprochen afrikanisch, verliert aber nach Sonnenuntergang seinen Glanz. Der Strandbereich ist tagsüber ein Anziehungspunkt für Strandliebhaber.

In Durban lebt auch die größte Gemeinde indischstämmiger Menschen außerhalb Indiens – sie drücken der Stadt einen unverkennbar asiatischen Stempel auf: Die Märkte und Straßen des indischen Viertels quellen über von Szenen, Geräuschen und Düften, wie man sie von Besuchen auf dem Subkontinent kennt.

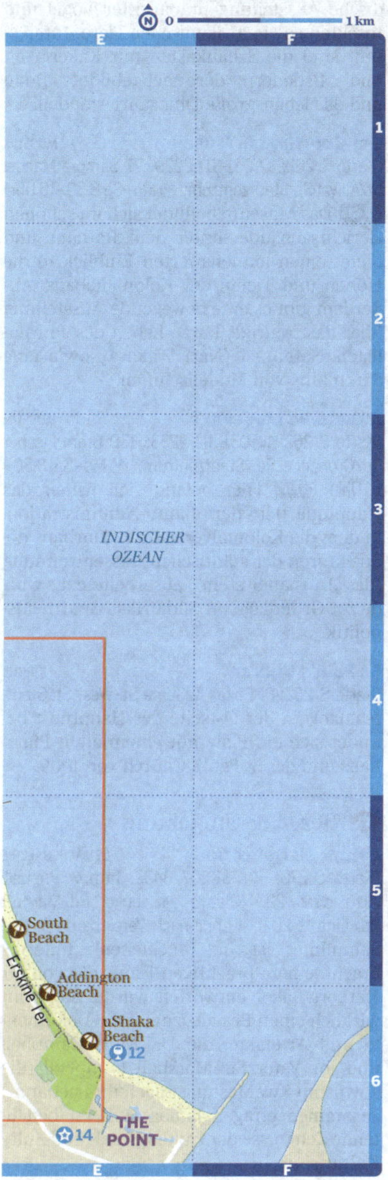

Durban

Sehenswertes

1 Kwazulu Natal Society of Arts A5
2 Moses Mabhida Stadium D2

Aktivitäten, Kurse & Touren

3 Durban Country Club D1
STS Sport .... (s. 2)
4 Windsor Park Municipal Golf Course C1

Schlafen

5 Blue Waters D3
6 Napier House......................................B4
7 Southern Sun Suncoast Hotel & Towers D3

Essen

8 Cafe 1999 ....A4
9 Cafe Jiran D3
10 Mali's Indian Restaurant C1

Ausgehen & Nachtleben

11 Billy the Bum's C1
12 Moyo uShaka Pier Bar.........................E6
13 Origin B5
Unity Brasserie & Bar .... (s.8)

Unterhaltung

14 Chairman E6
15 Kings Park Stadium.............................D2

Shoppen

16 Musgrave Centre A4

Geschichte

Die Gründung von Durban nahm einige Zeit in Anspruch. Die Natal Bay, an der die Stadt liegt, bot schon 1685 Seefahrern Unterschlupf, auch der Seefahrer Vasco da Gama soll hier 1497 vor Anker gegangen sein.

Im Jahr 1690 kauften die Holländer einem lokalen Häuptling ein großes Stück Land in der Bucht ab. Ihre Schiffe schafften es jedoch zunächst nicht, die Sandbank am Eingang der Bucht zu passieren. 1705 starb der Häuptling, und sein Sohn weigerte sich standhaft, den Kauf des Landes anzuerkennen.

Die Europäer interessierten sich zunächst nur wenig für die Natal Bay. Erst im Jahr 1824 errichteten die Engländer Henry Fynn und Francis Farewell hier eine Niederlassung für den Elfenbeinhandel mit den Zulu. Der mächtige Zulu-Häuptling Shaka gewährte der Handelsgesellschaft schließlich Land um die Bucht, das im Namen König Georgs IV. in Besitz genommen wurde.

Die Siedlung wuchs nur langsam, auch wegen der Unruhe, die der Zulu-Häuptling Shaka in der Region verursachte. Bis 1835 war die Siedlung zu einer Kleinstadt mit einer Mission angewachsen, die im gleichen Jahr zu Ehren des Gouverneurs der Kapkolonie den Namen D'Urban erhielt.

1837 überquerten die Voortrekker die Drakensberge und gründeten 80 km nordwestlich von Durban den Ort Pietermaritzburg. Im folgenden Jahr wurde Durban nach einem Angriff der Zulu evakuiert, worauf die Buren die Herrschaft über die Stadt für sich beanspruchten. Kurz darauf besetzten britische Soldaten die Stadt, doch die Buren beharrten auf ihrem Anspruch. Die Briten schickten Truppen nach Durban, wurden aber von den burischen Streitkräften 1842 in der Schlacht von Congella geschlagen.

Einen Monat lang hielten die Buren wacker die Stellung, ehe eine britische Fregatte sie vertrieb (herbeigerufen vom legendären Dick King, der in zehn Tagen 1000 km unberührtes Land von Durban nach Grahamstown in Eastern Cape durchritt). Im folgenden Jahr wurde Natal von den Briten annektiert, und Durbans Aufstieg zur bedeutenden kolonialen Hafenstadt begann.

1860 kamen die ersten indischen Vertragsarbeiter ins Land, um auf den Zuckerrohrfeldern zu arbeiten. Trotz schlechter Arbeitsbedingungen – im Prinzip handelte es sich um Sklavenarbeit – kamen viele freie Siedler aus Indien, unter ihnen auch Mahatma Gandhi.

Sehenswertes

Stadtzentrum

Rathaus SEHENSWERTES GEBÄUDE
(Karte S. 262; Anton Lembede St/Smith St, Stadtzentrum) Das opulente Rathaus von 1910 im edwardianischen Neobarock dominiert das Stadtzentrum. Davor befindet sich der **Francis Farewell Square**, wo Fynn und Farewell 1824 ihr Lager aufgeschlagen hatten.

Art Gallery GEMÄLDEGALERIE
(Karte S. 262; ☎ 031-311 2262; Anton Lembede St/Smith St, Stadtzentrum; ⌚ Mo–Sa 8.30–16, So 11–16 Uhr) GRATIS Unter der beeindruckenden Kuppel des Rathauses befindet sich diese Galerie mit einer kleinen, aber feinen Sammlung südafrikanischer Kunst, die nicht nur Gemälde, sondern auch Keramik und unterschiedliche Medien umfasst. Gezeigt werden auch Ausstellungen zeitgenössischer Kunst und Wechselausstellungen.

Natural Science Museum MUSEUM
(Karte S. 262; ☎ 031-311 2256; Anton Lembede St/Smith St, Stadtzentrum; ⌚ Mo–Sa 8.30–16, So 11–16 Uhr) GRATIS Das Museum am Rathaus präsentiert eine eindrucksvolle, etwas altmodische Ausstellung präparierter Vögel und Insekten sowie afrikanischer Tiere. Interessant sind die Schaukästen mit Kakerlaken und Mistkäfern, der nachgebildete Dodo und das lebensgroße Dinosauriermodell.

Old Courthouse Museum MUSEUM
(Karte S. 262; ☎ 031-311 2229; 77 Samora Machel St/Aliwal St, Stadtzentrum; ⌚ Mo–Sa 8.30–16 Uhr) GRATIS Das Museum befindet sich im schönen Gerichtsgebäude hinter dem Rathaus und bietet einen lohnenswerten Einblick in die Höhen und Tiefen des Koloniallebens. Außerdem gibt es eine bewegende Ausstellung über das traurige, kurze Leben des Journalisten Nathaniel (Nat) Wakasa sowie eine Sammlung von Modellschiffen.

KwaMuhle Museum MUSEUM
(Karte S. 262; ☎ 031-311 2233; 130 Bram Fischer Rd/Ordnance Rd, Stadtzentrum; ⌚ Mo–Sa 8.30–16 Uhr) GRATIS Hier befand sich früher das Hauptquartier der Bantu-Administration, in dem die Kolonialverwaltung Durbans die Strukturen der städtischen Rassentrennung (das „Durban System") ausarbeitete. Es wurde zur Grundlage für Südafrikas Apartheidspolitik.

St Paul's Church KIRCHE
(Karte S. 262; Dr Pixley KaSeme St/West St, Stadtzentrum) An der Ostseite der Hauptpost befindet sich ein Platz mit einem alten Pfarrhaus und der St Paul's Church von 1909.

Berea & Umgebung

Campbell Collections GEMÄLDEGALERIE
(Karte S. 270; ☎ 031-207 3432; http://campbell.ukzn.ac.za; 220 Gladys Mazibuko Rd/Marriott Rd; Eintritt 20 R; ⌚ nur nach Vereinbarung) Die Sammlung ist im Muckleneuk untergebracht, einem prächtigen Haus, das von Sir Herbert Baker entworfen wurde. Sie lohnt wirklich einen Besuch, zumal die Dokumente und Artefakte, die Dr. Killie Campbell und ihr Vater Sir Marshall Campbell (die Township KwaMashu ist nach ihm benannt) zusammengetragen haben, äußerst bedeutende Zeugnisse der frühen Natal- und Zulu-Kultur sind.

Killie Campbell sammelte bereits 60 Jahre vor Gründung der Durban Gallery Werke schwarzer Künstler und war die erste Mäzenin von Barbara Tyrrell, die in ihren Werken die traditionellen Trachten der Einheimischen festhielt. Sie vermitteln einen schönen Eindruck von Kleidung, Schmuck und Anmut der Menschen.

Phansi Museum MUSEUM
(☎ 031-206 2889; 500 Esther Roberts Rd, Ecke Cedar Rd; Eintritt 40 R; ⏲ Mo–Fr 8–16 Uhr) Das Museum in einem viktorianischen Haus südwestlich des Stadtzentrums zeigt eine Privatsammlung südafrikanischer Stammesartefakte. Besitzer und Sammler Paul Mikula hat herausragende Exemplare zeitgenössischer Skulpturen, Perlenarbeiten aus KwaZulu-Natal, Schnitzplastiken und Artefakte von Pfeifen bis zu Fruchtbarkeitspuppen zusammengetragen. Eine Voranmeldung ist erforderlich!

Kwazulu Natal Society of Arts KUNSTAUSSTELLUNG
(Karte S. 258; ☎ 031-277 1705; www.kznsagallery.co.za; 166 Bulwer Rd; ⏲ Di–Fr 9–17, Sa 9–16, So 10–15 Uhr) Die gemeinnützige Galerie zeigt Wechselausstellungen moderner Kunst. Im Gartencafé unter Schatten spendenden Bäumen lässt es sich nach dem Besuch wunderbar entspannen. Im Gebäude befindet sich auch ein Souvenirladen.

Durban Botanic Gardens BOTANISCHER GARTEN
(Karte S. 262; ☎ 031-309 9240; www.durbanbotanicgardens.org.za; John Zikhali Rd/Sydenham Rd; ⏲ 16. April–15. Sept. 7.30–17.30 Uhr, 16. Sept.–15. April 7.30–17.15 Uhr) GRATIS Der 20 ha große Garten bietet einen der seltensten Brotpalmfarne *(Encephalartos woodii)* sowie viele Bromelienarten und ist ein wunderbarer Ort für einen Spaziergang. An den Wochenenden posieren hier unzählige Brautpaare mit ihren Blumensträußen für die Fotografen.

Im Garten finden Konzertreihen des KwaZulu-Natal Philharmonic Orchestra sowie viele andere Konzerte statt.

Moses Mabhida Stadium STADION
(Karte S. 258; ☎ 031-582 8242; www.mmstadium.com; 44 Isaiah Ntshangase Rd/Walter Gilbert Rd, Stamford Hill; SkyCar Erw./Kind 55/30 R, Adventure Walk pro Pers. 90 R, Big Swing pro Pers. 695 R; ⏲ SkyCar 9–17 Uhr, Adventure Walk Sa & So 10, 13 & 15 Uhr, Big Swing 10–16 Uhr, Di & Do geschl.) Die *Durbanites* sind stolz auf ihr hochmodernes Stadion, das für die Fußballweltmeisterschaft 2010 errichtet wurde. Es erinnert an einen riesigen Korb und bietet 56 000 Besuchern Platz. Der große Bogen nimmt Bezug auf das „Y" in der Staatsflagge.

Besucher können mit dem **SkyCar** bis zur Spitze des Bogens fahren, auf einem **Adventure Walk** zu Fuß die 550 Stufen bis nach oben bewältigen oder sich an der gigantischen **Big Swing** vom 106 m hohen Bogen stürzen. Und immer bietet sich ein grandioser Blick über Durban.

Unten beim Stadion gibt es eine Reihe von Cafés; außerdem kann man von hier aus mit einem Leihfahrrad oder zu Fuß entlang einer Fußgängerzone zum Strand gelangen.

Nord- & West-Durban

Umgeni River Bird Park VOGELPARK
(☎ 031-579 4601; www.umgeniriverbirdpark.co.za; Riverside Rd; Erw./Kind 50/30 R; ⏲ 9–17 Uhr) Der Vogelpark am Umgeni River nördlich der Stadt ist eine Oase der Ruhe nach dem Menschengewühl in der Stadt. Hier sind viele afrikanische Vogelarten inmitten üppiger Vegetation und Volieren zu sehen. Dienstags bis sonntags wird um 11 und 14 Uhr eine Flugshow mit Vögeln aus aller Welt gezeigt.

Temple of Understanding RELIGIÖS
(☎ 031-403 3328; Bhaktieedanta Sami Circle; ⏲ 10–13 & 16–20 Uhr) Dieser Tempel im Westen Durbans ist der größte Hare-Krishna-Tempel der südlichen Hemisphäre. Das ungewöhnliche Gebäude in Form einer Lotusblüte beherbergt auch ein vegetarisches Restaurant.

So kommt man hin: Die N3 in Richtung Pietermaritzburg fahren, südwärts auf die N2 abbiegen, die Ausfahrt nach Chatsworth nehmen und dann nach rechts in Richtung Zentrum von Chatsworth fahren!

Margaret Mncadi Avenue (Victoria Embankment)

Sugar Terminal GEBÄUDE
(Karte S. 262; ☎ 031-365 8100; 25 Leuchars Rd; Erw./erm. 16/8 R; ⏲ Führungen Mo–Do 8.30, 10, 11.30 & 14 Uhr) Am Maydon Wharf an der Südwestseite des Hafens und südlich der Margaret Mncadi Avenue befindet sich der Sugar Terminal, der einen Einblick in den Zuckerhandel bietet. Zucker war früher das bedeutendste wirtschaftliche Standbein von Durban.

Wilson's Wharf UFERPROMENADE
(Karte S. 262) Von der einstmals hippen, aber heute schon ziemlich in die Jahre gekommenen Kaianlage hat man den besten Blick auf Durbans Hafen und das dortige Geschehen. Der Hafen ist der am meisten frequentierte in ganz Südafrika und steht weltweit an neunter Stelle. Am Kai gibt es mehrere Lokale und Bootsvermieter, Geschäfte und sogar ein Theater. Die Zufahrt für Autos befindet sich gegenüber der Hermitage Street.

Durban Zentrum

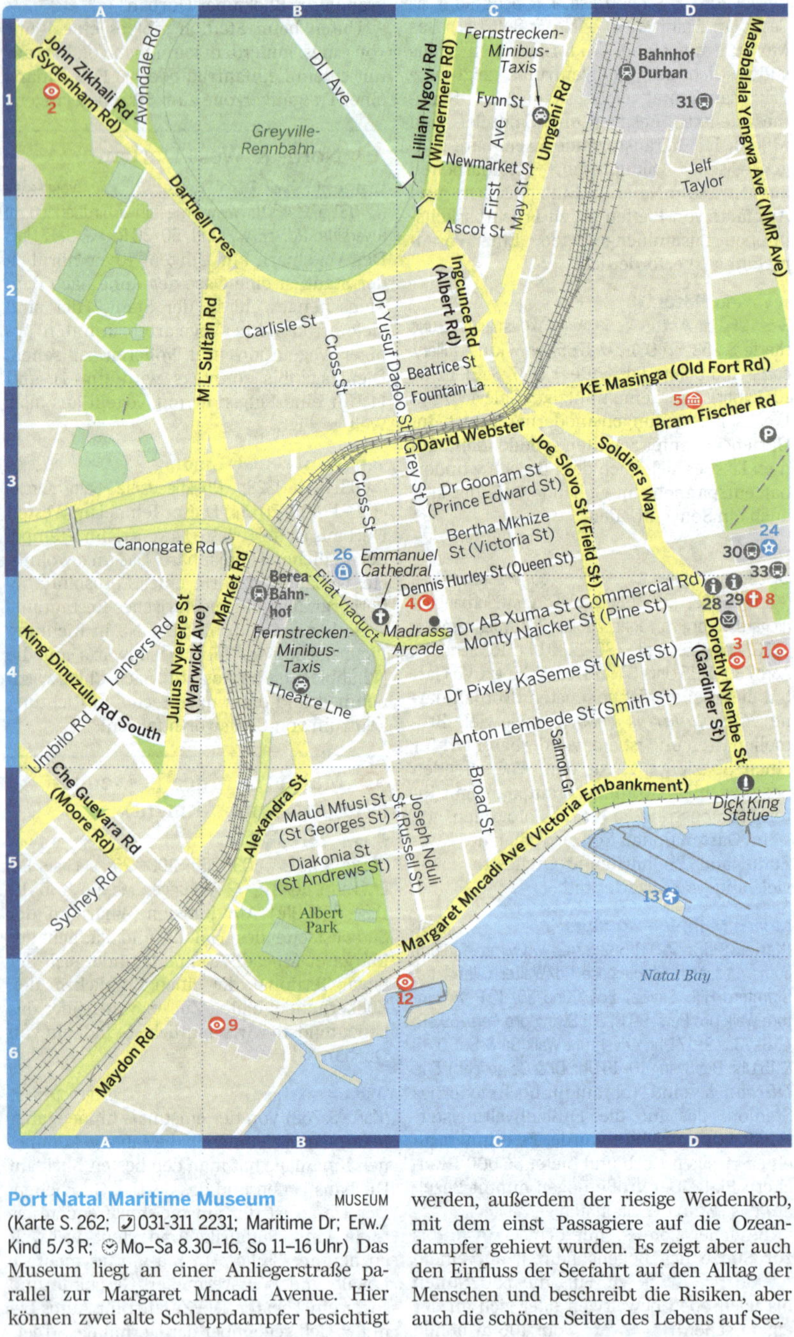

Port Natal Maritime Museum MUSEUM
(Karte S. 262; ☎ 031-311 2231; Maritime Dr; Erw./Kind 5/3 R; ⊙ Mo–Sa 8.30–16, So 11–16 Uhr) Das Museum liegt an einer Anliegerstraße parallel zur Margaret Mncadi Avenue. Hier können zwei alte Schleppdampfer besichtigt werden, außerdem der riesige Weidenkorb, mit dem einst Passagiere auf die Ozeandampfer gehievt wurden. Es zeigt aber auch den Einfluss der Seefahrt auf den Alltag der Menschen und beschreibt die Risiken, aber auch die schönen Seiten des Lebens auf See.

Vasco da Gama Clock DENKMAL

(Karte S. 262; Stanger St/Stalwart Simelane St) Das aufwendig gestaltete viktorianische Denkmal - ein Glockenturm am Embarkment direkt östlich der Stalwart Simelane Street, wurde der Stadt Durban 1897 von der portugiesischen Regierung anlässlich des 400. Jahrestages der Sichtung Natals durch Vasco da Gama geschenkt.

Das kuppelförmige Denkmal ist recht aufwendig verziert und lohnt einen näheren Blick.

Durban Zentrum

Sehenswertes

	Art Gallery	(s. 1)
	Church Square	(s. 8)
1	City Hall	D4
2	Botanischer Garten	A1
3	Francis Farewell Square	D4
4	Juma Mosque	C4
5	KwaMuhle Museum	D3
	Natural Science Museum	(s. 1)
6	Old Courthouse Museum	E4
7	Port Natal Maritime Museum	E5
8	St Paul's Church	D4
9	Sugar Terminal	B6
10	uShaka Marine World	H6
11	Vasco da Gama Clock	F4
12	Wilson's Wharf	C6

Aktivitäten, Kurse & Touren

13	African Queen Marine Charters	D5
	Calypso Dive & Adventure Centre	(s. 10)
14	Durban Tourism	F2
15	Kingsmead Cricket Stadium	E2
	Natal Sharks Board Boat Tour	(s. 12)
	Ocean Ventures	(s. 10)
	Ricksha Bus	(s. 14)

Schlafen

16	Balmoral	G3
17	Beach Hotel	G3
18	City Lodge	F2
19	Happy Hippo	H6

Essen

	Cargo Hold	(s. 10)
20	Moyo	H6
21	Roma Revolving Restaurant	E4

Ausgehen & Nachtleben

22	Joe Kool's	G2

Unterhaltung

23	BAT Centre	E5
	Catalina Theatre	(s. 12)
24	Computicket	D3
25	Playhouse Company	E4

Shoppen

26	Victoria Street Market	B3

Information

27	Durban Tourism	H6
28	KwaZulu-Natal Tourism Authority	D4
29	Tourist Junction	D4

Verkehrsmittel

	Baz Bus	(s.28)
30	Computicket	D3
31	Durban Intercity Bus Station	D1
32	Durban Tourism (Beachfront)	F2
	Eldo Coaches	(s. 31)
	Greyhound	(s. 31)
	Intercape	(s. 31)
	Intercity	(s. 31)
33	Innerstädtische Busse	D3
	Margate Mini Coach	(s. 31)
	Translux	(s. 31)

Indisches Viertel

Juma Mosque MOSCHEE

(Karte S. 262; ☎ 031-304 1518; Ecke Denis Hurley St/Queen St & Dr Yusuf Dadoo St/Grey St; ⏲ Mo–Fr 9–16, Sa 9–11 Uhr) Die Juma Mosque ist die größte Moschee der südlichen Hemisphäre; Besichtigungen sind auf Anfrage möglich. Neben der Moschee befindet sich zwischen der Dr AB Xuma Street und der Cathedral Road die 1927 erbaute Madrassa Arcade, eine bazarähnliche Einkaufspassage mit einer typisch indischen Atmosphäre. Ganz in der Nähe liegt auch die katholische Emmanuel Cathedral.

Strandpromenade

Dank der umfangreichen Sanierung im Vorfeld der Fußballweltmeisterschaft erstrahlt das Ufer heute in neuem Glanz. Die neue, breite Uferpromenade verläuft direkt am Strand entlang, bietet aber nur wenig Schatten. Der in verschiedene Abschnitte unterteilte Strand und die Promenade erstrecken sich von der Blue Lagoon (an der Mündung des Umgeni) bis zur uShaka Marine World am Point. Diese Strecke wird auch Golden Mile genannt, ist aber viel länger als eine Meile. Die Straße dahinter ist die OR Tambo Parade/Marine Parade, die von Hotelhochhäusern und Cafés gesäumt wird.

Anhand der guten Schautafeln kann man sich über die Lage und die Namen der einzelnen Strandabschnitte (in Wirklichkeit ist es ein einziger zusammenhängender Sandstrand) gut orientieren. Am Suncoast Beach vor dem Kasino gibt es Sonnenschirme und Liegestühle (wer zuerst kommt, hat gewonnen). Wegen seiner Lage am Südende des Sandstrands ist der uShaka Beach etwas stärker abgeschirmt. In der Nähe gibt es Cafés und einen kleinen Parkplatz. Hier kann man die unglaublichen Sandskulpturen der Einheimischen bewundern, die alles Mögliche darstellen, von Meerjungfrauen bis Löwen. Am uShaka Beach werden auch verschiedenste Aktivitäten, von Surfstunden bis Kajakfahren, angeboten.

Achtung: Die Brandung und die Strömungen an Durbans Stränden können sehr gefährlich sein! Deshalb sollte man nur in den bewachten und durch Flaggen gekennzeichneten Abschnitten baden.

uShaka Marine World VERGNÜGUNGSPARK
(Karte S. 262; ☎ 031-328 8000; www.ushakamarineworld.co.za; uShaka Beach, the Point; Wet 'n' Wild oder Sea World Erw./Kind 150/115 R, Kombi-Ticket für beide Parks 200/150 R; ⏲ 9–17 Uhr) Der Komplex ist in mehrere Abschnitte aufgeteilt, darunter das Sea World und das Wet 'n' Wild. Hier finden sich eines der größten Aquarien der Welt, der größte Haibestand der südlichen Hemisphäre, unzählige Meerestiere und Ausstellungen über die Meeresfauna. Außerdem ein nachgebautes Dampferwrack der 1940er-Jahre mit zwei erstklassigen Restaurants, ein Einkaufszentrum und so viele Süßwasserrutschen, dass man seekrank werden könnte.

Es gibt verschiedene Angebote, Delfine, Robben und Rochen zu berühren und zu füttern. Tierschutzvereine weisen aber immer wieder darauf hin, dass derartige Begegnungen bei den Meerestieren großen Stress verursachen.

Aktivitäten

Durban bietet ein gemäßigtes Klima und ausgezeichnete Möglichkeiten für Outdooraktivitäten. Die *Durbanites* lieben alles, was mit Natur, Unternehmungen im Freien und mit Adrenalin ausstoßenden Aktivitäten zu tun hat.

FLEXIBEL REISEN

Wer die echten Highlights dieser Region (die Drakensberge, die Nationalparks und Naturschutzgebiete sowie die Battlefields) genauer erkunden will, sollte sich ein Auto mieten. In Durban gibt es eine Reihe zuverlässiger Autovermieter. Die meisten Straßen sind in gutem Zustand. Für einige Strecken, z. B. zum Sani Pass (zu dem man auch von Underberg aus hinfahren kann), im Tembe Elephant Park und vielerorts im iSimangaliso Wetland Park braucht man einen Geländewagen.

Radfahren

Die beliebten Fuß- und Radwege an der Strandpromenade und die Verbindung vom Stadion zum Meer bieten sich für eine Erkundung Durbans mit dem Fahrrad an.

STS Sport FAHRRADVERLEIH
(Karte S. 258; ☎ 031-312 9479; www.stssport.co.za; Shop 6, Moses Mabhida Stadium; Std. 50 R; ⏲ 8–18 Uhr) Verleiht Fahrräder; ein Ausweis und eine Kaution in Höhe von 100 R müssen hinterlegt werden. Leider kann man die Räder unterwegs nicht abschließen.

Bootstouren

Am Wilson's Wharf werden Bootstouren und Schiffscharter angeboten.

African Queen Marine Charters SCHIFFSTOUREN
(Karte S. 262; ☎ 076 812 7107; www.african-queen.co.za; Durban Yacht Harbour) Die Luxusyacht

STRASSENNAMEN IN DURBAN

Die Stadtverwaltung von Durban löste eine Kontroverse aus, als sie 2007/08 als Symbol für ein „neues Südafrika" viele der Straßen der Innenstadt und Vororte umbenannte. Die Diskussionen über die Umbenennungen erhitzten die Gemüter. Viele Einwohner empörten sich über die hohen Kosten, die mit der Änderung der Straßenschilder einhergingen (mit dem Argument, das Geld wäre für öffentliche Dienstleistungen besser angelegt). Auch hielten Teile der Bevölkerung einige der Personen (vor allem alte Funktionäre des Afrikanischen Nationalkongresses ANC und ehemalige Freiheitskämpfer), die durch einen Straßennamen geehrt werden sollten, für ungeeignet – ganz zu schweigen davon, dass die Menschen lauter neue Straßennamen lernen mussten und Schwierigkeiten bei der Orientierung hatten.

Hinzu kommt, dass die meisten ortsansässigen Leute (und Geschäfte) nicht selten die alten Straßennamen benutzen, was noch mehr Verwirrung stiftet. Deshalb werden in der vorliegenden Ausgabe des Reiseführers hinter den neuen (afrikanischen) Straßennamen die alten Bezeichnungen genannt.

NICHT VERSÄUMEN

NATIONALPARKS & SCHUTZGEBIETE IN KWAZULU-NATAL

Die erste Anlaufstelle für alle, die die großartigen Parks und Reservate der Provinz erkunden wollen, ist **Ezemvelo KZN Wildlife** (S. 311). Die Unterkünfte in den Parks reichen von schlichten Campingplätzen bis hin zu komfortablen Safarizelten und Luxuslodges. Die Unterkünfte sowie die Eintrittspreise für alle Ezemvelo-KZN-Wildtierreservate sind in der Gratis-Broschüre *Fees & Charges* aufgeführt. Auch Karten der Parks sind erhältlich.

Alle Unterkünfte müssen vorab telefonisch, online oder persönlich über das Büro in Pietermaritzburg gebucht werden. Für *Last-minute*-Buchungen (bis zu 48 Std. im Voraus) wendet man sich direkt an die Unterkunft.

Die offiziellen Öffnungszeiten aller Parks sind von 5 bis 19 Uhr (1. Okt.–31. März) bzw. von 6 bis 18 Uhr (1. April–30. Sept.).

Viele der Parks sind ein absolutes Muss für Landschafts- und Tierfreunde. Die dortigen Campingplätze sind oft mit hochwertigen Bungalows oder Safarizelten ausgestattet und bilden somit eine schöne Alternative für Familien und für alle, die kostengünstig durch Südafrika reisen wollen.

Hier ein paar Tipps, falls die Zeit nur für ein oder zwei Schutzgebiete reicht: Zu den Highlights zählen der Royal Natal National Park wegen der Ausblicke auf die uKhahlamba-Drakensberge, der Hluhluwe-iMfolozi Park wegen der Wildtiere und der Unterkunftsmöglichkeiten in der Wildnis, die Wildreservate Ithala und uMkhuze wegen ihrer atemberaubenden Vogelbeobachtungsstände und Wasserlöcher und der iSimangaliso Wetland Park wegen seiner vielfältigen Landschaftsformen und ökologischen Lebensräume.

African Queen kreuzt drei Stunden lang durch Delfingewässer.

Tauchen & Angeln

Calypso Dive & Adventure Centre TAUCHEN
(Karte S. 262; ☎031-332 0905; www.calypsoushaka.co.za; uShaka Marine World; ⏲9–18 Uhr) Die von PADI qualifizierte Tauchschule bietet Open-water-Tauchkurse (ab 3500 R) und Kurse für Fortgeschrittene, außerdem Tauchgänge zu nahe gelegenen Wracks und anderen interessanten Tauchspots an. Die Anfänger machen ihre ersten Tauchversuche im Lagunenaquarium von uShaka. Erfahrene Taucher können auch im Meeresaquarium von uShaka tauchen (495 R).

Casea Charters ANGELN
(☎031-561 7381; www.caseacharters.co.za; Grannies Pool, Main Beach, Umhlanga; 3/4 Std. 500/600 R) Casea Charters ist ein familiengeführtes Unternehmen, das von Umhlanga aus Angeltouren durchführt. Angelruten, Ausrüstung und Köder werden gestellt, der Fang darf ohne Extrakosten behalten werden. Häufig sieht man auf den Fahrten auch Wale und Delfine.

Golf

Durban bietet mehrere gute Golfplätze. **Windsor Park Municipal Golf Course** (Karte S. 258; Fax 031-312 2245; Masabalala Yengwa Ave/NMR Ave; Green Fee 47 R) ist ein beliebter Platz. In einer anderen Klasse spielt der **Durban Country Club** (Karte S. 258; ☎031-313 1777; www.dcclub.co.za; Walter Gilbert Rd; Green Fee 275 R), den manche für den besten Golfplatz Südafrikas halten.

Indoor-Extremsport

Nicht nur die Big Swing (695 R) im Moses Mabhida Stadion (S. 261) lohnt einen Besuch, auch die künstliche Welle (Surfen 25-85 R) in der riesigen Gateway Mall (S. 274) ist sehenswert. Surfer können hier alle ihre Tricks zeigen – egal, ob left, right oder centre (das Surfbrett wird dabei an den Füßen befestigt, sogar Nicht-Surfer können es ausprobieren).

Fallschirmspringen

Skydive KZN EXTREMSPORTARTEN
(☎072 2146 040; www.skydivekzn.co.za; Tandemsprünge 1800 R) Skydive KZN bietet einen Blick aus der Vogelperspektive auf Durban und Umgebung.

Surfen

Durban bietet Surfern viele gute Möglichkeiten, ihren Sport auszuüben.

Ocean Ventures SURFEN, KAJAKFAHREN
(Karte S. 262; ☎086-100 1138; www.oceanventures.co.za; uShaka Marine World; Unterricht 150 R, Miete Soft-/Hardboard Std. 100/150 R; ⏲8–16 Uhr) Die

Firma findet man am uShaka Beach. Sie verleiht auch Kajaks.

Geführte Touren

Eine gute Möglichkeit Durban zu erkunden, ist ein Spaziergang in Begleitung eines professionellen Fremdenführers. Viele Hostels organisieren auch spezielle Touren und Aktivitäten für Rucksackreisende in bzw. rund um Durban und in der Provinz.

Durban Tourism KULTURELLE TOUR
(Karte S. 262; ☎ 031-322 4173; www.durbanexperience.co.za; Old Pavilion Site, OR Tambo Pde, North Beach) Bietet mehrere interessante dreistündige Spaziergänge durch die asiatischen und historischen Viertel der Stadt (mind. 2 Pers., Erw. 100 R) sowie durch die Townships. Es gibt dort auch ein Verzeichnis von Fremdenführern und Reiseveranstaltern.

Ricksha Bus BUSTOUR
(Karte S. 262; Durban Tourism, Old Pavilion Site, OR Tambo Pde, North Beach; Erw./Kind 100/50 R) Die dreistündige Tour in einem Rikscha-Bus ist eine ganz neue Form der Stadtbesichtigung. Besucht werden städtische Highlights und Vororte wie z. B. Morningside (Florida Rd). Die Busse starten zweimal täglich um 9 und 13 Uhr am Strandbüro von Durban Tourism.

Natal Sharks Board Boat Tour BOOTSTOUR
(Karte S. 262; ☎ 031-566 0400; www.shark.co.za; Wilson's Wharf; Bootstour 2 Std. 300 R; Abfahrt 6.30 Uhr) Faszinierend ist eine Fahrt auf einem Boot von Natal Sharks Board. Deren Besatzung entlässt all die Haie und andere Fische markiert wieder in die Freiheit, die sich in den Hainetzen verfangen haben. Diese schützen Durbans Strände vor Haiangriffen. Die Boote legen an der Wilson's Wharf ab, das Hauptbüro hingegen hat seinen Sitz in Umhlanga Rocks.

Feste & Events

Durban International Film Festival FILM
(www.cca.ukzn.ac.za) Die Aufführung von über 200 Filmen findet alljährlich im Juli statt.

Awesome Africa Music Festival MUSIK
Im Mittelpunkt stehen Musik- und Theaterstücke vom gesamten Kontinent. Das Festival findet jedes Jahr Ende September/Anfang Oktober statt.

Diwali RELIGIÖS
Das dreitägige hinduistische Fest Diwali wird auch *Festival of Lights* (Lichterfest) genannt und findet im Dezember statt.

Schlafen

Was auch immer die von Hotels gesäumte Uferpromenade zu versprechen scheint: Die meisten der besseren Unterkünfte quer durch alle Preisklassen findet man in den Vororten Durbans, wo es gehobene B&Bs und Hostels für Reisende mit kleinem Reisebudget gibt. Wer nicht unbedingt am Meer nächtigen will, dem wird in den Vororten mehr fürs Geld geboten als in Wassernähe.

Einige Hostels holen ihre Gäste vom Flughafen ab und organisieren eventuell auch Fahrten zum Strand und zu anderen interessanten Orten. Viele Spitzenklassehotels liegen in den Vororten und Richtung Umhlanga Rocks, einige auch im Stadtzentrum.

Stadtzentrum

Immer bedenken: Im Stadtzentrum ist nachts nichts los, dadurch ist es auch weniger sicher.

Happy Hippo HOSTEL $
(Karte S. 262; ☎ 031-368 7181; www.happy-hippo.info; 222 Mahatma Gandhi Rd/Point Rd; B 160 R, DZ 400–500 R;) Nahe am Strand liegt die großzügige, gut geführte Unterkunft in einer Art Speicherhaus. Helle Farben, viel Platz und eine Bar auf der Dachterrasse sorgen für einen entspannten Aufenthalt. Manche Reisende klagen allerdings über Lärm. Die Zimmer gehen von den Gemeinschaftsräumen ab.

Berea & Umgebung

Gibela Backpackers Lodge HOSTEL $
(Karte S. 270; ☎ 031-303 6291; www.gibelabackpackers.co.za; 119 Ninth Ave, Morningside; B/EZ/DZ 230/460/630 R; P @) Das Hostel – ein geschmackvoll umgebautes Wohnhaus aus den 1950er-Jahren im toskanischen Stil –, wird von sehr vielen Reisenden, auch Individualtouristen, gelobt. Es gibt sogar ein kontinentales Frühstück, das drinnen und draußen serviert wird. Die richtige Wahl für alle, die dem Partyrummel der Hostels entgehen wollen. Das Personal ist hilfsbereit. Schön ist auch der Laden für Kunsthandwerk.

Tekweni Backpackers HOSTEL $
(Karte S. 270; ☎ 031-303 1433; www.tekwenibackpackers.co.za; 169 Ninth Ave, Morningside; B 140 R, EZ/DZ/3BZ ohne Bad ab 400/470/570 R; P) Das Motto des Hostels sagt alles: „Tekweni goes off" – hier geht die Post ab. Der Hof mit Bar und Pool ist freitags und samstags

abends und an den regelmäßig stattfindenden *Braai*-Abenden (Grillabenden) gerammelt voll mit Partygängern. Das Hämmern der Techno-Beats und das Gelächter hört man bis in den letzten Winkel, auch in den gut in Schuss gehaltenen und kunstvoll dekorierten Lodges. Wer also Wert auf Ruhe legt, sollte sich lieber eine andere Unterkunft suchen.

★ Napier House B&B $$
(Karte S. 258; ☎ 031-207 6779; www.napierhouse.co.za; 31 Napier Rd, Berea; EZ/DZ inkl. Frühstück 620/900 R; P ❄ ≋) Das ausgezeichnete, gemütliche B&B liegt an einer kleinen Straße in der Nähe des Botanischen Gartens und ist eine super Wahl. Die alte Kolonialvilla bietet fünf geräumige, helle und geschmackvoll eingerichtete Zimmer mit großen Bädern. Das Frühstück ist genauso ein Highlight wie die freundlichen Besitzer.

Rosetta House PENSION $$
(Karte S. 270; ☎ 031-303 6180; www.rosettahouse.com; 126 Rosetta Rd, Morningside; EZ/DZ inkl. Frühstück 725/1000 R; P ❄ 📶) Die Unterkunft ist sehr beliebt, und das aus gutem Grund. Das geschmackvolle Haus zeigt einen Touch von Landhausschick – und es fehlt an absolut nichts. Eines der Zimmer hat eine hübsche Veranda, von der aus man den Blick auf das Stadion und den Indischen Ozean genießt. Eine ideale Unterkunft für ältere Reisende, die Komfort in zentraler Lage schätzen.

Benjamin BOUTIQUEHOTEL $$
(Karte S. 270; ☎ 031-303 4233; www.benjamin.co.za; 141 Florida Rd, Morningside; EZ/DZ inkl. Frühstück 975/1255 R; P ❄ 📶 ≋) Die gepflegten Zimmer des gehobenen Boutiquehotels gruppieren sich um einen hübschen gepflasterten und begrünten Hof und sind eingerichtet in der Art „schwere Vorhänge und geblümte Stoffe“.

Die Lage am Ende der Florida Road und die kurze Entfernung zu zahlreichen Restaurants und Bars ist sensationell.

Concierge BOUTIQUEHOTEL $$$
(Karte S. 270; ☎ 031-309 4434; www.the-concierge.co.za; 36-42 St Mary's Ave, Greyville; EZ/DZ inkl. Frühstück 1000/1700 R; P ❄ 📶) Eines der neuesten Hotels in Durban – die geschickt geplante Unterkunft bietet zwölf gemütliche Zimmer in vier Häusern. Wichtiger als Raum (klein, aber okay) ist das Design (urban, flippig, formorientiert). Das Frühstück wird im angeschlossenen Freedom Café eingenommen.

Quarters BOUTIQUEHOTEL $$$
(Karte S. 270; ☎ 031-303 5246; www.quarters.co.za; 101 Florida Rd, Morningside; EZ/DZ inkl. Frühstück ab 1500/2100 R; P ❄) Das attraktive Boutiquehotel – aufgeteilt auf zwei benachbarte Gebäude – liegt inmitten von Durbans angesagtestem Ausgehviertel. Hier gehen koloniale Pracht und behaglicher Komfort eine schöne Symbiose ein. In beiden Gebäuden befindet sich ein Restaurant.

Brown's Bed & Breakfast B&B $$$
(Karte S. 262; ☎ 031-208 7630; www.brownsguesthouse.co.za; 132 Gladys Mazibuko Rd/Marriott Rd, Essenwood; EZ/DZ inkl. Frühstück 850/1500 R; P ❄) Kurz gesagt: Das schicke Ambiente lockt sogar noch schickere Gäste an, die vor allem die sogenannten „Suiten“ schätzen – geräumige Zimmer mit kleiner Küche und hübschem Wohnbereich.

Nord-Durban

Das Gebiet nördlich des Umgeni River umfasst viele Vororte wie Durban North und Umgeni Heights. Das grüne, ruhige und verschlafene Durban North gehört zu den wohlhabenderen Gegenden Durbans mit guter Anbindung an das Stadtzentrum und die Nordküste!

★ Smith's Cottage HOSTEL $
(☎ 031-564 6313; www.smithscottage.8m.com; 5 Mount Argus Rd, Umgeni Heights; B/DZ 150/400 R, Hütten mit Selbstversorgung 950 R; P 📶 ≋) Eine ausgezeichnete, preiswerte Unterkunft liegt in Hörweite des Umgeni River Bird Park in einem Vorstadtgarten. Sie vermietet einige frei stehende (kleine) Hütten, zwölf Betten in einem großen Schlafsaal mit angeschlossener Küche sowie einen kleineren Schlafsaal mit vier Betten im Wohnhaus. Die Atmosphäre ist sehr angenehm und die Besitzer Pat und Keith könnten nicht freundlicher sein.

Riverside Hotel & Spa HOTEL $$
(☎ 031-563 0600; www.riversidehotel.co.za; 10 Kenneth Kaunda Rd (Northway), Durban North; Zi. ab 1000 R; P 📶 ≋) Der weiße Koloss jenseits des Umgeni River auf der rechten Seite ist kaum zu übersehen. Die Flure (neonbeleuchtete Kolonnaden im Los-Angeles-Stil) wirken leicht protzig, aber die Zimmer bieten den Komfort eines gehobenen Hotels mit wahlweise Blick auf den Fluss oder den Indischen Ozean. Es gibt ein Spa und einen Swimming Pool. Das Stadtzentrum und die Nordküste sind gut erreichbar.

Beachfront

★ Balmoral HOTEL $$
(Karte S. 262; ☎031-368 8220; www.raya-hotels.com; 125 OR Tambo Pde (Marine Pde); EZ/DZ ab 900/1000 R; P❄@) Das Balmoral ist das einzige niedrige Hotel an der Beachfront und bietet die verblasste Pracht einer ehemaligen Kolonialresidenz. Die Lage ist fantastisch, die Uferpromenade liegt nur einen kurzen Spaziergang entfernt. Der Charme der Alten Welt wird hier gepaart mit moderner Ausstattung in gut eingerichteten Zimmern.

Beach Hotel HOTEL $$
(Karte S. 262; ☎031-337 5511; www.beachhotel.co.za; 107 OR Tambo Pde; Zi. inkl. Frühstück ab 650 R; P❄) Im inzwischen in die Jahre gekommenen Beach Hotel wacht man mit dem Geräusch der Wellen, dem Geruch des Meeres und dem Blick auf den Ozean auf. Das Hotel könnte ganz offensichtlich eine Renovierung vertragen, liegt aber sehr günstig zu den Wochenendmärkten und den vielen Pools an der Promenade. Die geräumigen Zimmer im sechsten Stock (manche mit Badewanne) bieten eine tolle Aussicht.

Blue Waters HOTEL $$
(Karte S. 258; ☎031-327 7000; www.bluewatershotel.co.za; 175 Snell Pde; EZ/DZ inkl. Frühstück ab 800/900 R; P❄) Das Hotel Blue Waters, am Nordende des Strandes abseits der Massen gelegen, ist ein klassisches Hotel und wurde kürzlich gründlich renoviert. Die Zimmer bieten eine tolle Sicht aufs Meer, bequeme Betten und eine schicke Ausstattung. Die Preisgestaltung ist etwas kompliziert und abhängig vom Wochentag – der oben angegebene Preis nennt einen Durchschnittstarif.

Southern Sun Suncoast Hotel & Towers HOTEL $$$
(Karte S. 258; ☎031-314 7878; www.tsogosunhotels.com; 20 Battery Beach Rd; Zi. ab 1900 R; P❄) Das Hotel neben dem Kasino ist eine sichere, wenn auch unpersönliche Unterkunft. Es hat mehr als 100 schicke, moderne Zimmer mit auffälliger Einrichtung, ein Spa und ein hoteleigenes Kasino.

Achtung: Die Bezeichnung „Philadelphia Suite" bedeutet, dass das Bad direkt in die Schlafzimmer integriert ist (man also unter Freunden keine Privatsphäre hat).

Vom obersten Stock bietet sich ein atemberaubender Blick.

Essen

Indische und asiatische Speisen gibt es in Durban im Überfluss, ebenso einigermaßen gesunde Fleisch- und Salatgerichte (allerdings kann das auf die Dauer etwas monoton werden). Lecker ist der indische Imbiss *bunny chow* (mit einem ordentlichen Schlag Durban-Geschichte): Er besteht aus einem ausgehöhlten halben oder Viertel Brotlaib, gefüllt mit Bohnen oder Curry-Eintopf.

Stadtzentrum

Rund um die Dr Yusuf Dadoo Street/Grey Street befinden sich indische Imbisslokale (einfach herumfragen). Ansonsten gibt es nur wenig Auswahl im Zentrum.

Roma Revolving Restaurant ITALIENISCH $$
(Karte S. 262; ☎031-337 6707; www.roma.co.za; 32. St., John Ross House, Margaret Mncadi Ave/Victoria Embankment, Stadtzentrum; Hauptgerichte 80–170 R; ⏲Fr & Sa 12–14.30, Mo–Sa 18–22.30 Uhr; ❄) Das Restaurant ist eines der wenigen rotierenden Restaurants weltweit und eines der wenigen, die im Zentrum von Durban überlebt haben. Das Roma im schiefen John Ross House bietet einen umwerfenden Blick über die Stadt. Die schön zubereiteten Gerichte stammen hauptsächlich aus der italienischen Küche, es gibt Pasta nach Wunsch und ganz viel Meeresfrüchte.

Beachfront

An der Uferpromenade findet man schwerlich etwas anderes als die üblichen Imbisse mit Burger, Pizzas und Zuckerwatte. Am besten geht man in die Gegend rund um die uShaka Marina und das Kasino, wo es ein paar ausgezeichnete Restaurants gibt.

African Peninsula Restaurant INTERNATIONAL $$
(☎031-467 1045; 599 Marine Dr, Brighton Beach; Hauptgerichte 90–120 R; ⏲Mittagessen 12–16.30 Uhr, Abendessen 17–22 Uhr) Das Lokal am Meer, das hauptsächlich aus einer großen Terrasse mit Blick auf den Ozean besteht, wird in den höchsten Tönen gelobt. Auf der Karte stehen geräucherte Spare Ribs, marokkanische Lammkeule, Tempura Calamari und gegrillter, fangfrischer Fisch. Das Essen ist hier gut, aber noch besser ist die Lage des Restaurants.

Den Vorort Brighton Beach, südlich von Durbans Hafen erreicht man über die M4.

Berea & Umgebung

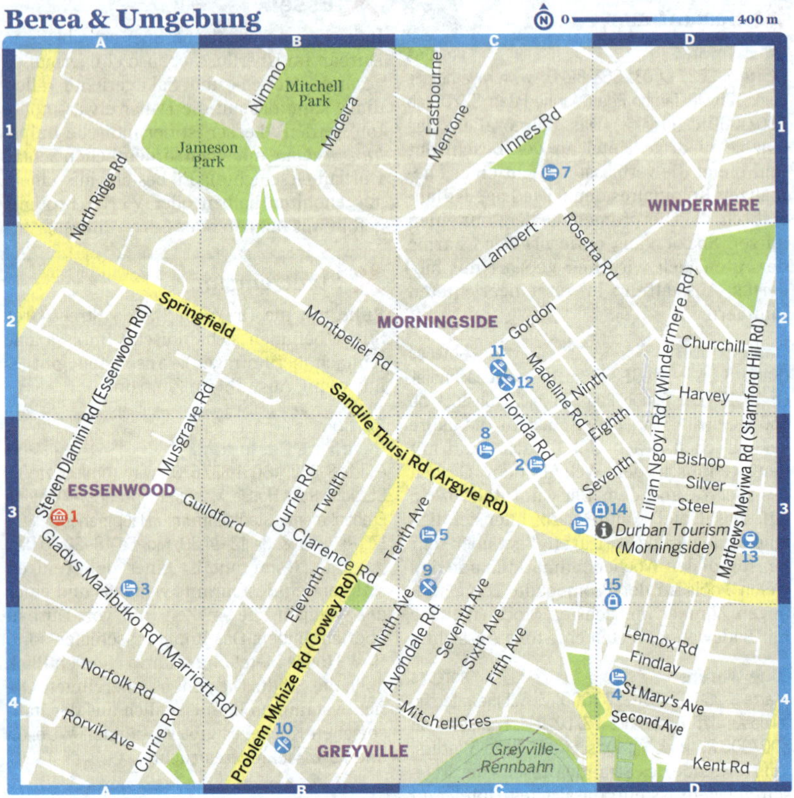

Cafe Jiran CAFÉ $$

(Karte S. 258; ☎031-332 4485; 151 Snell Pde; Hauptgerichte 40–130 R; ⏲6.30–22 Uhr) Neben dem Bel-Aire Suites Hotel liegt dieses flippige Lokal, in dem man gut einen Kaffee, einen frisch gepressten Saft oder ein Frühstück genießen – oder auch nur die Reichen und Schönen (beim Laufen, Radfahren, Skaten) beobachten – kann. Dienstags bis samstags wird eine nette Abendkarte geboten – u. a. Tapas mit Chili-Salz-Calamares, Lamm-Hackbällchen (*kofta*) und gegrillter Halloumi.

Cargo Hold MEERESFRÜCHTE $$

(Karte S. 262; ☎031-328 8065; uShaka Marine World, the Point; Hauptgerichte 150 R; ⏲Mo–Sa 12–14.30 & 18–21.30, So 12–17 Uhr) Hier begegnet man den Meerestieren auf eine ganz ungewöhnliche Art: Auf dem *Phantom Ship* an der uShaka Marina diniert man mit Fischen mit riesigen Zähnen: Eine der Wände des Lokals ist die Glasfront zum Haifischbecken. Das Restaurant ist bekannt für seine erstklassigen Fischgerichte mit spanischem Einschlag.

Moyo INTERNATIONAL $$

(Karte S. 262; ☎031-332 0606; uShaka Marina, The Point; Hauptgerichte 80–130 R; ⏲11–23 Uhr) Dem Moyo im uShaka-Komplex geht es mehr um neuartige als um hochwertige Küche. Für einen lustigen (wenn auch lauten) Abend ist gesorgt. Das Konzept ist nicht schlecht: Zur Einrichtung gehören Skulpturen und Dekorationen aus recycelten Materialien, außerdem gibt es Gesichtsbemalung, herrliche Ständchen am Tisch und Musik von richtig guten Bands. Serviert werden u. a. Straußensalat und Knysna-Austern.

Berea & Umgebung

Die Florida Road ist voller lebhafter Restaurants, Cafés und Bars, und auch in der nahe gelegenen Lilian Ngoyi Road (Windermere

Berea & Umgebung

Road) wird man auf jeden Fall fündig. Eine wundervolle Zone mit Cafés findet man auch gegenüber vom Mitchell Park an der Innes Road.

Freedom Cafe CAFÉ $
(Karte S. 270; ☎ 073 104 2866; www.tastefreedom.co.za; 37-43 St Mary's Ave; Hauptgerichte 60–80 R; ⌚ Sa–Do 7–16, Fr 7–21 Uhr) Ein gehobenes, buntes und trendiges Lokal in einer fantasievoll umgebauten Räumlichkeit mit einem gekiesten Innenhof. Die asiatisch angehauchte Karte bietet auch vietnamesisches „Pulled Pork" (auf niedriger Temperatur über viele Stunden gegarte bzw. gegrillte Schweineschulter, die man anschließend zerrupfen kann), außerdem gibt es Gerichte für Vegetarier und eine Kinderkarte. Das Café liegt hinter den Concierge Boutique Bungalows.

★ **Cafe 1999** INTERNATIONAL $$
(Karte S. 258; ☎ 031-202 3406; www.cafe1999.co.za; Silverton Rd, Silvervause Centre, Berea; Tapas 50 R, Hauptgerichte 120 R; ⌚ Mittagessen Mo–Fr 12.30–14.30 Uhr, Abendessen Mo–Sa 18.30–22.30 Uhr) Das noble Restaurant sieht ziemlich unscheinbar aus, aber hier bekommt man sehr gute, moderne mediterrane Fusionsküche. Die Tapas (u. a. gefüllte, frittierte Oliven, Carpaccio vom Kudu oder Garnelen mit Chili) sind ein Hit. Außerdem gibt es eine Tageskarte und freundliche Mitarbeiter, die gerne bei der Menüwahl helfen.

9th Avenue Bistro INTERNATIONAL $$
(Karte S. 270; ☎ 031-312 9134; Ninth Ave, Avonmore Centre, Morningside; Hauptgerichte 150 R; ⌚ Di–Fr 12–14.30, Mo–Sa 18–21.30 Uhr) Die Lage am Parkplatz des Avonmore Centre lässt nichts Tolles erwarten, aber das Essen ist ausgezeichnet. Das schicke, moderne Bistro bietet eine zuverlässige internationale Küche. Auf der Tageskarte werden häufig Wildgerichte oder Köstlichkeiten wie geräuchertes Straußenfilet angeboten. Zu den Bistro-Klassikern gehören geschmorte Lammschulter und fangfrischer Fisch.

Mali's Indian Restaurant INDISCH $$
(Karte S. 258; ☎ 031-312 8535; 77 Smiso Nkwanya Rd (Goble Rd), Morningside; Hauptgerichte 90 R; ⌚ Mittagessen Di–So 11–15 Uhr, Abendessen Di–Do 18–22, Fr–So 18–22.30 Uhr) Das indische Essen hier zählt zu dem besten, das man in Durban finden kann. Die Gerichte in dem unauffälligen, familiengeführten Restaurant stammen aus Nord- und Südindien.

Market INTERNATIONAL $$
(Karte S. 270; ☎ 031-309 8581; www.marketrestaurant.co.za; 40 Gladys Mazibuko Rd (Marriott Rd), Greyville; Hauptgerichte 80–160 R; ⌚ Mo–So Frühstück & Mittagessen, Di–Sa Abendessen) Die Gäste hier sind allesamt Gourmets und das Essen entsprechend edel. Das Frühstück, der ungezwungene Mittagstisch und die förmlichen Abendessen sind köstlich.

Zu den innovativen Gerichten gehören Gerichte mit Calamares, Quinoa, Feta, rotem Pesto und Macadamia-Salat. Alle Zutaten stammen, soweit möglich, aus der Region, von frei laufenden Tieren und aus ökologischem Anbau.

Der baumbestandene Hof des Cafés und der Brunnen sind an einem heißen Tag ein herrlicher Ort zum längeren Verweilen.

Spiga D'oro ITALIENISCH $$
(Karte S. 270; ☎ 031-303 9511; 200 Florida Rd; Hauptgerichte 50–90 R; ⌚ Frühstück, Mittag- & Abendessen) Es sieht wie eines der typischen Cafés der Gegend aus, aber das Spiga serviert herzhafte Portionen italienischer Gerichte und köstliche Pasta. An Wochenenden drängen sich hier die Einheimischen, um die Spaziergänger auf der Florida Road zu beobachten. Reservierungen sind für den Speisesaal im hinteren Bereich des Lokals unbedingt nötig.

Mozambik PORTUGIESISCH $$
(Karte S. 270; ☎031-303 2135; 198C Florida Rd; Hauptgerichte 90–150 R; ⏲12–22 Uhr) Das Mozambik liegt in einem Hof nahe der Florida Road und bietet im oberen Stockwerk portugiesische Gerichte mit Fisch, Garnelen, Geflügel oder Fleisch. Besonders gut ist das Steak vom Grill.

Joop's Place STEAKHAUS $$
(Karte S. 270; ☎031-312 9135; Ninth Ave, Avonmore Centre, Morningside; Hauptgerichte 80–170 R; ⏲Abendessen Mo–Sa, Fr auch Mittagessen) Die Einheimischen kommen in dieses anspruchslose Restaurant in unvermuteter Lage hinter einem Einkaufszentrum wegen der erstklassigen Steaks, die von Joop höchstpersönlich zubereitet werden.

Ausgehen & Nachtleben

Die besten Kneipen und Tanzclubs befinden sich in den Vorstädten an der Florida Road. Ein paar gute Schuppen gibt's auch im Kasino. Die Nachtclubs kommen und gehen sehr schnell – am besten fragt man einfach herum, welche momentan angesagt sind.

Moyo uShaka Pier Bar BAR
(Karte S. 258; ☎031-332 0662; www.moyo.co.za; uShaka Marine World, The Point; ⏲11 Uhr bis spätnachts) Die Bar liegt am Rand des Piers vor der uShaka Marine World und ist der perfekte Ort für einen südafrikanischen Sundowner. Dabei bietet sich ein toller Blick auf den Hafen auf der einen Seite, den Indischen Ozean auf der anderen Seite und das Stadion mit der Skyline der Stadt dahinter. Das ist Durban von seiner entspanntesten, exotischsten und schicksten Seite!

Spiga Bar BAR
(Karte S. 270; 200 Florida Rd; ⏲Mo geschl.) Die brandneue Bar neben dem Spiga D'oro ist ein ausgezeichneter Ort für einen entspannten Drink und etwas ganz Neues im Nachtleben von Durban. Sie ist behaglich und intim und besitzt eine lange Theke, an der Bier aus Kapstadt vom Fass gezapft wird. Kultiviert, aber bescheiden, erinnert sie an Bars im australischen Melbourne.

Unity Brasserie & Bar BRAUEREI
(Karte S. 258; www.unitybar.co.za; 117 Silverton Rd; ⏲Mo–Do & So 12–22.30, Fr & Sa 12–24 Uhr) Die gemütliche Bar bietet Craft Bier vom Fass von That Brewing Co. Besonders süffig ist das Irish Red. Das Lokal hat eine angenehme Atmosphäre, tagsüber und am frühen Abend sind auch Familien willkommen.

Billy the Bum's CLUB
(Karte S. 258; ☎031-303 1988; www.billythebums.co.za; 504 Lilian Ngoyi Rd/Windermere Rd, Morningside; ⏲Mo–Sa 12 Uhr bis spätnachts) Die Cocktailbar in der Vorstadt zieht jede Menge Yuppies an (sogar ein Schild verheißt *elegantly wasted* – „elegant betrunken") und ist zuverlässig gut besucht.

Joe Kool's CLUB
(Karte S. 262; ☎082 378 8068; Lower OR Tambo Pde/Marine Pde, North Beach) Das unvermeidliche Ziel nach einem sonnigen Tag am Strand bietet eine Mischung aus kaltem Bier, Großbildfernseher, Tanzmusik und fröhlichen Gästen.

Lounge SCHWULE & LESBEN
(Karte S. 270; ☎031-303 9023; www.thelounge.za.org; 226 Mathews Meyiwa Rd/Stamford Hill Rd) Die auf Schwule und Lesben ausgerichtete Lounge hat verschiedene Bars und ist zum Abhängen wie geschaffen.

Origin CLUB
(Karte S. 258; ☎031-201 9959; www.theorigin.co.za; 9 Clark Rd, Lower Glenwood; ⏲Sa 21 Uhr bis spätnachts) Mit seiner Musikmischung von Deep House bis zu Elektro, Soul und Funk (und vieles mehr) behauptet dieser elegante Club seine Spitzenstellung in Durbans Clubszene. Manchmal hat er auch schon freitags geöffnet – einfach nachfragen.

Unterhaltung

Durban ist eine lebendige Stadt mit einer dynamischen Kulturszene. Karten für Hunderte von Veranstaltungen – von Rugbyspielen der Natal Sharks und Kricketspielen bis zu Filmfestivals und Theateraufführungen – können über **Computicket** (Karte S. 262; ☎083 915 8000; www.computicket.co.za) gebucht werden. Filialen gibt es in der Playhouse Company und in den MTN-Läden in den Einkaufszentren Pavilion und Gateway.

Livemusik

KwaZulu-Natal Philharmonic Orchestra KLASSISCHE MUSIK
(☎031-369 9438; http://kznphil.org.za) Das Orchester bietet im Frühling ein interessantes Konzertprogramm mit regelmäßigen Aufführungen im Rathaus. Die Termine finden sich auf der Website.

Chairman LIVEMUSIK
(Karte S. 258; 146 Mahatma Gandhi Rd/Point Rd; ⏲Do–Sa 19–2, So–Mi 19–24 Uhr) Die schicke Lounge-Bar liegt in einer zwielichtigen Ge-

gend Durbans, also unbedingt mit dem Taxi dorthin fahren! Sie bietet eine erstklassige Mischung aus klassischem Stil und New Age. Hauptsächlich wird Jazz gespielt, aber allein wegen der erstklassigen Cocktails lohnt sich der Besuch.

BAT Centre LIVEMUSIK
(Karte S. 262; ☎031-332 0451; www.batcentre.co.za; 45 Maritime Pl) Einer der interessantesten, aber unzuverlässigsten Treffpunkte der Kunstszene in Durban: Hier werden mehr oder weniger regelmäßig Jazzkonzerte organisiert. Vor einem Besuch empfiehlt es sich, nach dem aktuellen Programm zu schauen.

Die Gegend ist sehr abgelegen – nachts sollte man hier nicht einfach so herumlaufen. BAT findet man in der Nähe der Margaret Mncadi Avenue/Victoria Embankment.

Rainbow Restaurant & Jazz Club JAZZ
(☎031-702 9161; www.therainbow.co.za; 23 Stanfield Lane, Pinetown) Der Club in Pinetown, 15 km westlich vom Stadtzentrum, war der erste in Natal, der in den 1980er-Jahren in einer sogenannten weißen Gegend auch für Schwarze seine Tore öffnete.

Mit seiner Reputation als Mittelpunkt der lokalen Jazzszene gilt er noch immer als bevorzugter lokaler Treff der Einheimischen. Hier finden am ersten oder letzten Sonntag im Monat regelmäßig Konzerte statt. Das ganze Veranstaltungsprogramm gibt es zum Nachlesen auf der Homepage.

Centre for Jazz JAZZ
(http://music.ukzn.ac.za; South Ridge Rd, Durban Campus, University of KwaZulu-Natal) Die Universität von KwaZulu-Natal organisiert während des Semesters jeden Mittwochnachmittag um 17 Uhr Konzerte mit moderner Musik und Jazz. Auf der Bühne stehen dabei verschiedenste Musiker – von Township-Jazzern und Profis wie Jimmy Dludlu oder Sipho „Hotstix" Mabuse bis hin zu Studenten, die hier ihre ersten Schritte auf der Bühne machen.

Theater

Playhouse Company THEATER
(Karte S. 262; ☎031-369 9555; www.playhousecompany.com; 29 Anton Lembede St/Smith St) Durbans zentrales Theater befindet sich gegenüber vom Rathaus und ist ein umwerfender Spielort: Allein schon die schönen Zulu-Mosaiken und Perlenarbeiten im Foyer sind sehenswert, Gleiches gilt für die zahlreichen Tanz-, Schauspiel- und Musikaufführungen.

Barnyard Theatre THEATER
(☎031-566 3045; www.barnyardtheatre.co.za; Gateway Mall, Umhlanga Ridge) Das ungewöhnliche und beliebte Theater bringt in einem nachgebauten Scheunenhof Mainstreamproduktionen auf die Bühne. Das Publikum kann sein eigenes Essen mitbringen (und Getränke an der Bar kaufen) oder sich etwas an den Imbissständen besorgen.

Catalina Theatre THEATER
(Karte S. 262; ☎031-837 5999; www.catalinatheatre.co.za; 18 Boatman's Rd, Wilson's Wharf) Das gemeinnützige Projekt führt neue Produktionen auf. Die Boatman's Road verläuft parallel zur Margaret Mncadi Avenue/Victoria Embankment.

Sport

In KwaZulu-Natal werden Kricket, Fußball und Rugby gespielt. In der Stadt spielen südafrikanische Profiteams wie AmaZulu und Manning Rangers sowie ausländische Teams bei internationalen Turnieren.

Das Moses Mabhida Stadion (S. 261) wurde 2010 anlässlich der Fußballweltmeisterschaft errichtet. Das **Kings Park Stadium** (Karte S. 258; ☎031-312 5022; Jacko Jackson Dr) mit 60 000 Plätzen ist gegenwärtig das Heimstadion der Rugbymannschaft **Natal Sharks** (www.sharksrugby.co.za). Das Kricketfieber wird im **Kingsmead Cricket Stadium** (Sahara Stadium; Karte S. 262; ☎031-335 4200; 2 Kingsmead Cl) kuriert, wo auch internationale Wettkämpfe ausgetragen werden.

Shoppen

Durban ist bekannt für seine Factory Outlets. Hier findet man alle erdenklichen Waren zu bezahlbaren Preisen, von Surfausrüstung bis zu Schuhen. Zu den größeren Einkaufszentren für's Alltägliche gehören das **Musgrave Centre** (Karte S. 258; ☎031-201 5129; Musgrave Rd) und das **Pavilion** (☎031-

EINE FAHRT MIT DER RIKSCHA

Rikschafahrer bieten ihre Dienste entlang der OR Tambo Parade/Marine Parade an, viele sind mit exotischen Zulu-Insignien geschmückt. 1904 gab es ungefähr 2000 registrierte Rikscha-Kulis, die Rikscha war ein bedeutendes Transportmittel. Eine 15-minütige Fahrt kostet etwa 60 R (plus 10 R für ein Erinnerungsfoto).

FLUGHAFEN-SHUTTLE

King Shaka Airport Shuttle Bus (☎ 031-465 5573; shuttle.airportbus-transport.co.za; pro Pers. 80 R; ⏲ zum Flughafen 4.30–20 Uhr, vom Flughafen 7.30–22.30 Uhr) Der Shuttle-Bus zum Flughafen King Shaka verkehrt stündlich via Umhlanga Rocks zu den Hotels und wichtigen Zielen in Durban und entlang der Beachfront. Fahrscheine werden im Bus verkauft.

265 0558; ⏲ Mo–Fr 9–18, Sa 9–17, So 10–17 Uhr). Letzteres liegt in Westville nur 8 km vom Zentrum entfernt an der N3 Richtung Pietermaritzburg.

Victoria Street Market MARKT
(Karte S. 262; ☎ 031-306 4021; www.indianmarket.co.za; 151-55 Bertha Mkhize St/Victoria St, Stadtzentrum; ⏲ Mo–Fr 6–18, Sa & So 8–14 Uhr) Am Westende der Bertha Mkhize Street trifft die indische Gemeinde zusammen. Auf dem Markt gibt es mehr als 160 Buden, deren Besitzer lautstark ihre Waren aus ganz Asien bewerben – Shoppen wie in Indien! Man sollte allerdings auf seinen Geldbeutel achten und keine Wertsachen dabeihaben.

Achtung: Die meisten von Muslimen betriebenen Buden sind freitags von 12 bis 14 Uhr geschlossen!

African Art Centre KUNST & KUNSTHANDWERK
(Karte S. 270; ☎ 031-312 3084; www.afriart.org.za; Florida Rd; ⏲ Mo–Fr 8.30–17, Sa 9–15 Uhr) Die gemeinnützige Galerie bietet eine hervorragende Auswahl an hochwertigen Arbeiten ländlicher schwarzer Kunsthandwerker und Künstler. Auf diese Weise können sich über 1000 Männer und Frauen ein eigenes Einkommen verdienen. Hier findet man alles von traditionellen Arbeiten bis hin zu bemalten Gummistiefeln.

Gateway Theatre of Shopping (Gateway Mall) EINKAUFSZENTRUM
(☎ 031-566 2332; www.gatewayworld.co.za; 1 Palm Blvd, Umhlanga Ridge; ⏲ Mo–Do 9–19, Fr & Sa 9–21, So 9–18 Uhr) Dieser Inbegriff eines Einkaufszentrums ist bei den *Durbanites* sehr beliebt. Es liegt nördlich der Uhmlanga Rocks und ist über die N2 erreichbar.

Ike's Books & Collectables BÜCHER
(Karte S. 270; ☎ 031-303 9214; 48A Florida Rd; ⏲ Mo–Fr 10–17, Sa 9–14 Uhr) Ike's ist eher ein Museum als eine Buchhandlung: Das Schmuckstück ist gerammelt voll mit Erstausgaben und präsentiert sich genauso, wie man sich ein Antiquariat vorstellt.

Praktische Informationen

GEFAHREN & ÄRGERNISSE

Wie überall in Südafrika werden auch in Durban Verbrechen gegen Touristen und Einheimische verübt. Das heißt, dass Vorsicht und Besonnenheit angebracht sind, nicht aber Paranoia. Raubüberfälle und Taschendiebstähle waren früher an der Strandpromenade ein Problem, sind aber zurückgegangen, seitdem das Gebiet saniert wurde. Trotzdem sollte man hier abends vorsichtig sein. Besondere Aufmerksamkeit ist auch am Bahnhof um die Umgeni Road und rund um die Märkte am Warwick Triangle gefordert.

Nachts mutiert Durbans Zentrum – mit Ausnahme des Kasinos und der Gegend um das Playhouse Theatre (falls dort gerade etwas gespielt wird) – zur Geisterstadt, da die Leute dem Nachtleben lieber in den Vororten frönen. Nachts, besonders auch bei Fahrten zu Orten wie dem uShaka Marine World, sollte man immer ein Taxi nehmen (und es sich möglichst mit anderen teilen).

Autofahrer können ohne Weiteres vor den Restaurants in den Vororten parken. Keinesfalls sollten sie aber ihr Auto die ganze Nacht einfach auf der Straße stehen lassen, sondern stattdessen bewachte Parkplätze nutzen (die meisten Unterkünfte haben eigene Parkplätze). Wertsachen sollten niemals offen sichtbar im Auto liegen, nicht einmal während der Fahrt!

Die besten Tipps erhält man von den Einheimischen; als Ausländer sollte man sich ruhig trauen, sie zu fragen. Die Sicherheitslage in der Stadt hat sich zwar gebessert, ist aber immer noch nicht zufriedenstellend. Daher keine Scheu haben und Einheimische um Rat bitten.

GELD

In der gesamten Stadt gibt es Banken mit Geldautomaten und Wechselschaltern, dazu gehören auch Standard Bank, FNB, Nedbank und ABSA.

American Express Musgrave Centre (☎ 031-202 8733; FNB House, 151 Musgrave Rd, Musgrave)

Bidvest Bank (☎ 031-202 7833; Shop 311, Level 3, Musgrave Centre, Musgrave Rd, Berea; ⏲ Mo–Fr 9–17, Sa 9–13 Uhr)

INTERNETZUGANG

WLAN gibt es in den meisten Cafés und in einigen Restaurants. Die meisten Hostels, Pensionen und Hotels bieten Internetzugang. Die Gebühren liegen bei etwa 30 R pro Stunde.

MEDIZINISCHE VERSORGUNG

Entabeni Hospital (☎ 031-204 1300, 24-Std.-Notfallstation 031-204 1377; 148 Mazisi

Kunene Road/South Ridge Road, Berea) Die Notfallstation verlangt etwa 700 R pro Behandlung. Falls der Betrag nicht ausgenutzt wird, wird die Differenz erstattet.

St Augustines (☎ 031-268 5000; 107 Chelmsford Rd, Berea) KwaZulu-Natals größtes privates Krankenhaus hat eine gute Notaufnahme.

Travel Doctor (☎ 031-360 1122; www.durbantraveldoctor.co.za; International Convention Centre, 45 Bram Fischer Road (Old Ordanance Rd); ⌚ Mo–Fr 8.30–16, Sa 8.30–11 Uhr) Beratung bei reisebedingten Krankheiten.

NOTFALL

Allgemeiner Notfall (☎ 031-361 0000)

Polizei Hauptwache (☎ 10111; Stanger St/Stalwart Simelane St) Nördlich des Stadtzentrums. Eine weitere Wache liegt an der OR Tambo Parade in der Nähe der Funworld am Strand.

Rettungswagen (☎ 10177)

POST

Die Postämter befinden sich in den großen Einkaufszentren, dazu gehören auch Musgrave und Windermere Centre.

Hauptpostamt (Karte S. 262; Ecke Dr Pixley KaSeme St/West St & Dorothy Nyembe St/Gardiner St); ⌚ Mo–Fr 8–17, Sa 8–13 Uhr) In der Nähe des Rathauses.

TOURISTENINFORMATION

Hier gibt es kostenlos das Heft *Events Calendar* und das halbjährliche *Destination Durban*.

Durban Tourism (Karte S. 262; ☎ 031-337 8099; www.durbanexperience.co.za; uShaka Marine World, the Point) Ein hilfreicher Informationsservice über Durban und Umgebung. Er hilft bei der Unterkunftssuche und organisiert geführte Touren durch Durban und in die Umgebung. Zweigstellen gibt es an der Beachfront (Karte S. 262; ☎ 031-322 4205; www.durbanexperience.co.za; Old Pavilion Site, OR Tambo Parade/Marine Parade; ⌚ 8–17 Uhr) und in Morningside (Karte S. 270; ☎ 031-322 4164; www.durbanexperience.co.za; 90 Florida Rd, Morningside; ⌚ Mo–Fr 8–16.30 Uhr). Die Filiale Morningside übernimmt auch Reservierungen für südafrikanische Nationalparks.

King Shaka Airport Tourist Information Office (☎ 031-322 6046; internationale Ankünfte; ⌚ 7–21 Uhr) Durban Tourism, KwaZulu-Natal Tourism Authority und Ezemvelo KZN Wildlife sind alle an einem Schalter im Flughafen vertreten (die letztgenannte Organisation nur Mo–Fr 8–16.30 Uhr).

KwaZulu-Natal Tourism Authority (KZN Tourism; Karte S. 262; ☎ 031-366 7500; www.zulu.org.za; Erdgeschoss, Tourist Junction Building, 160 Monty Naicker St/Pine St, Stadtzentrum; ⌚ Mo–Fr 8.30–16.30 Uhr) Jede Menge Hochglanzbroschüren, aber wenig Hilfe.

> **SAMMELTAXIS**
>
> In den Straßen gegenüber vom Bahnhofseingang an der Umgeni Road starten einige Fernverkehr-Minibus-Taxis. Die Minibus-Taxis zur South Coast und zur Wild Coast in der Provinz Eastern Cape fahren am Bahnhof Berea ab. Die Taxifahrer wissen in der Regel, wo genau die einzelnen Minibus-Taxis abfahren. In den Gegenden um die Minibus-Taxi-Stände ist immer Vorsicht geboten!

An- & Weiterreise

AUTO

Ein Auto zu mieten, ist eine der besten Möglichkeiten, KwaZulu-Natal zu erkunden, mit dem eignen Fahrzeug lässt es sich auch am einfachsten reisen. Die meisten großen Autovermieter haben Schalter am Flughafen und in der Stadt.

Aroundabout Cars (☎ 086 0422 4022; www.aroundaboutcars.com) Die Mietpreise sind günstig und es gibt Angebote mit unbegrenzter Kilometerzahl und Vollkasko.

BUS

Fernbusse starten am Busbahnhof in der Nähe des Bahnhofs von Durban (S. 276). Der Eingang an der Masabalala Yengwa Avenue (NMR Ave) ist besser als der an der Umgeni Road. Hier haben die Fernbusgesellschaften ihre Büros.

Achtung: Fahrkarten für alle Fernbusse können in den Shoprite- und Checkersläden sowie online bei **Computicket** (Karte S. 262; www.computicket.com) gekauft werden.

Baz Bus (Karte S. 262; ☎ 0861 229 287; www.bazbus.com) Die Zentrale von Baz Bus befindet sich in Kapstadt. Die Busse bieten beliebiges Ein- und Aussteigen entlang einer festgelegten Strecke für einen Festpreis sowie Stopps an bestimmten Hostels an. Der Buspass für 7/14/21 Tage (2100/3400/4200 R) gilt für beliebig viele Fahrten in alle Richtungen innerhalb des bezahlten Zeitraums. Die Strecken stehen auf der Website.

Eldo Coaches (Karte S. 262; ☎ 031-307 3363; www.eldocoaches.co.za) fährt dreimal täglich nach Johannesburg (210–280 R, 8 Std.).

Greyhound (Karte S. 262; ☎ 083 915 9000; www.greyhound.co.za) bietet täglich Fahrten nach Johannesburg (350 R, 8 Std.), Kapstadt (700 R, 22–27 Std.), Port Elizabeth (485 R, 15 Std.) und Port Shepstone (130 R, 1¾ Std.). Innerhalb von Kwazulu-Natal fahren Greyhound-Busse täglich nach Pietermaritzburg (230 R, 1 Std.) und Ladysmith (310 R, 4 Std.) sowie zu anderen Destinationen.

Intercape (Karte S. 262; ☎ 0861 287 287; www.intercape.co.za) fährt mehrmals täglich nach Johannesburg (400 R, 8 Std.). Wer nach Mosambik möchte, fährt über Maputo (via Johannesburg; 550 R, 15 Std.).

Intercity (Karte S. 262; ☎ 031-305 9090; www.intercity.co.za) unterhält tägliche Verbindungen von Durban nach Margate (110 R, 2½ Std.), zum Johannesburg International Airport (390 R, 8½ Std.), zum Busbahnhof Park Station in Johannesburg (280 R, 8½ Std.) und nach Pretoria (300 R, 9 Std.).

Margate Mini Coach (Karte S. 262; ☎ 039-312 1406; www.margatecoach.co.za) Die Busse halten in Durban am Bahnhof und am King Shaka International Airport und pendeln dreimal täglich zwischen Durban und Margate (180 R, 2½ Std.) sowie Port Edward (230 R, 3 Std.).

Translux (Karte S. 262; ☎ 0861 589 282; www.translux.co.za) verkehrt täglich nach Johannesburg (350 R, 8 Std.) und Kapstadt (850 R, 27 Std.).

FLUGZEUG

Mehrere Fluggesellschaften verbinden Durban mit anderen großen südafrikanischen Städten. Die Onlineflugpreise schwanken gewaltig, je nach Wochentag, Monat und sogar Tageszeit.

King Shaka International Airport (DUR; ☎ 032-436 6585; http://kingshaka-international.co.za) Der 2010 eröffnete Flughafen liegt in La Mercy, 40 km nördlich der Stadt.

Kulula.com (☎ 0861 585 852; www.kulula.com) Der Billigflieger verbindet Durban mit Johannesburg und Kapstadt.

Mango (☎ 0861 001 234; www.flymango.com) Die Billigfluglinie ist ein Tochterunternehmen der SAA und bietet Flüge nach Johannesburg und Kapstadt an.

South African Airlink (SAAirlink; ☎ 032-436 2602; www.flyairlink.co.za) Fliegt täglich nach Nelspruit, Bloemfontein und George.

South African Airways (SAA; www.flysaa.com) Fliegt mindestens einmal täglich zu den meisten größeren Flughäfen Südafrikas.

ZUG

Der **Bahnhof Durban** (Masabalala Yengwa Ave/NMR Ave) ist riesig. Die innerstädtischen Züge und die Regionalbahnen in die Vororte sind für Reisende nicht zu empfehlen; selbst abgebrühte Globetrotter fühlen sich dort nicht sicher.

Anders sieht es mit den Fernzügen auf den wichtigsten Strecken aus. Sie sind effizient und haben nach Geschlechtern getrennte Schlafwagenabteile. Betrieben werden sie von **Shosholoza Meyl** (☎ 086-000 8888, 031-361-7167; www.shosholozameyl.co.za). Einer der Fernzüge ist der *Trans Natal*, der mehrmals pro Woche von Durban über Pietermaritzburg und Ladysmith nach Johannesburg (330 R, 12½ Std.) fährt.

Premier Classe (☎ 086 000 8888, 031-361 7167; www.premierclasse.co.za) Der Luxuszug mit hervorragendem Service fährt am letzten Freitag des Monats von Johannesburg nach Durban, die Rückfahrt von Durban nach Johannesburg ist am darauffolgenden Sonntag. Die Fahrkarten müssen im Voraus reserviert werden (1120 R, etwa 14 Std.).

Rovos Rail (☎ 012-315 8242; www.rovosrail.co.za) Der Rovos ist eine Luxus-Dampfeisenbahn, die für *nur* 16 230 R mit Luxus im alten Stil zu einer dreitägigen Fahrt von Durban über die Battlefields und durch Naturparks nach Pretoria aufbricht.

ℹ Unterwegs vor Ort

BUS

Durban People Mover (☎ 031-309 2731; www.durban.gov.za/City_Services/ethekwini_transport_authority/Pages/People_Mover.aspx; ⌚ 5–22 Uhr) Die nützliche Busverbindung Durban People Mover bedient mehrere Strecken in der Stadt. Fahrscheine (16 R) erhält man im Bus, mit ihnen kann man innerhalb eines Tages so oft ein- und aussteigen wie man möchte. Die Fahrkarte für nur einen Streckenabschnitt kostet 5,50 R. Die Busse fahren täglich zwischen 5 und 22 Uhr.

Der Bus verbindet den Strand mit dem Stadtzentrum und fährt den gesamten Strand mit festen Haltestellen (u. a. Victoria Street Market und Rathaus) ab – von uShaka Marine World bis zum Suncoast Casino.

Durban Transport (☎ 031-309 3250) betreibt die Buslinien Mynah und Aqualine. Mynah deckt den größten Teil der Innenstadt und die städtischen Wohngebiete ab. Eine Fahrt kostet rund 5 R; einen geringen Rabatt gibt's beim Kauf einer Zehnerkarte. Haltestellen sind u. a. North Beach, South Beach, Musgrave Rd/Mitchell Park Circle, Peter Mokaba Ridge/Vause, Botanic Gardens und Kensington Road. Die größeren Aqualine-Busse bedienen Durbans Großraum, die Metropol-Region.

VOM/ZUM FLUGHAFEN

Einige Hostels holen ihre Gäste mit ihrem eigenen Taxidienst zu günstigen Tarifen vom Flughafen ab. Die reguläre Taxifahrt kostet etwa 450 R.

TAXI

Generell sollte man nur Fahrzeuge mit Taxameter benutzen! Eine Fahrt vom Strand zur Florida Road, Morningside, sollte nicht viel mehr als 60 R kosten.

Zu den Gesellschaften, die einen zuverlässigen 24-Stunden-Service anbieten, zählen **Mozzie Cabs** (☎ 031-303 5787; www.mozziecabs.mobi), **Zippy Cabs** (☎ 031-202 7067, 031-202 7068; www.zippycabs.co.za) und **Eagle** (☎ 0800 330 336; www.eagletaxicabs.co.za).

SOUTH COAST

Südlich von Durban erstreckt sich ein 160 km langer Küstenabschnitt mit Seebädern und Vororten von Amanzimtoti nach Port Edward, in der Nähe der Grenze zur Provinz Eastern Cape. Die Ferienorte an der N2 und der Rte 102 liegen so eng beieinander, dass einem fast die Luft zum Atmen fehlt. Immerhin gibt es an den Sandstränden dieser Küstenregion ein paar hübsche Gärten und Wiesen, besonders im südlichen Abschnitt. Die Region ist ein Paradies für Surfer und Taucher (Letztere lieben vor allem den Tauchspot Aliwal Shoal), entsprechend wenig Platz hat man im Sommer für sich. Landeinwärts bilden Zuckerrohrplantagen, Bananenbäume und Palmen einen angenehmen, üppig grünen Kontrast zum Strandleben.

Das fantastische **Oribi Gorge Nature Reserve** bei Port Shepstone bietet herrliche Waldwanderungen, Restaurants und ordentliche Unterkünfte.

Informationen über die South Coast liefert die ganz nützliche Broschüre *Southern Explorer* (www.southernexplorer.co.za).

Warner Beach & Umgebung

Warner Beach ist der erste Ort an der Küste, in dem es etwas ruhiger zugeht. Umkomaas und Scottburgh weiter südlich eignen sich gut für Tauchausflüge zur Aliwal Shoal.

Die beste günstige Unterkunft an dieser Küste ist **Blue Sky Mining Backpackers & Lodge** (☎ 031-916 5394; www.blueskymining.co.za; 5 Nelson Palmer Rd, Warner Beach; B 150 R, DZ ab 400 R; P @ 🛜 ≋), ein immer weiter ausgebauter Traum für Design- und Recyclingfreunde mit einer ganzen Reihe von Schlafmöglichkeiten in zwei Haupthäusern. Hier genießt man nicht nur einen tollen Ausblick auf das Wasser, sondern auch schöne Sandstrände.

Informationen erhält man bei **Tourism Umdoni** (☎ 039-976 1364; www.tourismsouthcoast.co.za; Scott St, Scottburgh; ⏲ 8–17 Uhr) neben der Scottburgh Memorial Library.

Umzumbe & Umtentweni

An der Küste nördlich von Port Shepstone liegen die Orte Umzumbe und Umtentweni, die sich gut für einen Zwischenstopp eignen.

Schlafen

Spot Backpackers HOSTEL $
(☎ 039-695 1318; www.spotbackpackers.com; 23 Ambleside Rd, Umtentweni; Stellplatz 100 R, B/DZ ohne Bad 150/360 R, Hütte DZ 500 R; 🛜 ≋) In der Nähe von Port Shepstone befindet sich dieses Hostel in Toplage (direkt am Strand: Sonne, Strand und Surfen!), das zu Recht beliebt, aber auch etwas verwohnt ist. Für Gäste stehen kostenlose Kajaks bereit, und auch sonst kann man viel unternehmen.

Mantis & Moon Backpacker Lodge HOSTEL $
(☎ 039-684 6256; www.mantisandmoon.net; 7/178 Station Rd, Umzumbe; B 140 R, DZ mit/ohne Bad 480/380 R; ≋) Das Hostel bietet mehr Unterkunftsmöglichkeiten als subtropische Baumarten in seinem dichten Urwaldgarten: ein riesiges Tipi sowie kleine rustikale Hütten und Baumhäuser. Es ist zwar kein 5-Sterne-Hotel, aber es gibt einen Whirlpool, einen Felsenpool, eine Bar und eine lockere Atmosphäre. Hier ist viel von „cooler Stimmung" die Rede – die einen finden das gut, die anderen weniger.

Umdlalo Lodge LODGE $$
(☎ 039-695 0224; www.umdlalolodge.co.za; 5 Rethman Dr, Umtentweni; EZ/DZ inkl. Frühstück ab 700/1200 R; ❄ 🛜) Mit den acht luxuriösen Zimmern und sogar einer Hochzeitssuite eignet sich diese Unterkunft wunderbar für eine entspannte Auszeit an der Küste. Jedes Zimmer hat Zugang zu einem bezaubernden Hof. Zum Hotel gehört auch Zizi's Restaurant, dessen Karte besonders Fleischliebhaber anspricht.

An- & Weiterreise

Greyhound (☎ 083 915 9000; www.greyhound.co.za) lässt täglich Busse zwischen Port Shepstone und Durban (260 R, 1¾ Std.) fahren. Wer in einem der Hostels übernachtet, kann den Fahrer bitten, in Umzumbe oder Umtentweni anzuhalten. Auch Baz Bus (S. 275) verkehrt auf dieser Route.

Oribi Gorge Nature Reserve & Umgebung

Oribi Gorge Nature Reserve NATURSCHUTZGEBIET
(☎ 039-679 1644; www.kznwildlife.com; Eintritt 10 R, Zelten 70 R, 2-Bett-Hütten 330 R; ⏲ Sommer 6–18 Uhr, Winter 7.30–16.30 Uhr) Das Oribi Gorge Nature Reserve liegt von Port Shep-

South Coast

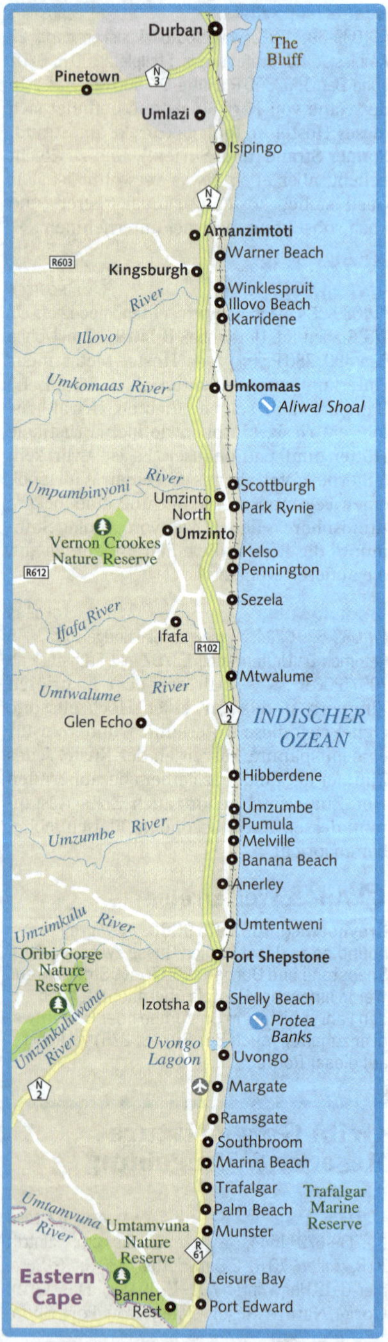

stone aus landeinwärts an der N2. Die spektakuläre Schlucht am Umzimkulwana (Umzikulu) River ist eines der Highlights der Südküste. In der traumhaften Landschaft gibt es Säugetiere und Vögel sowie Wanderwege und idyllische Picknickplätze.

Das Empfangsbüro erreicht man über die N2 an der Südseite der Schlucht. Hier befinden sich auch ein paar hübsche Holzhütten mitten im Wald – der ideale Standort für einen Aufenthalt bei der Schlucht!

Lake Eland Game Reserve WILDRESERVAT
(☎ 039-687 0395; www.lakeeland.co.za; Tagespass Erw./Kind 50/30 R, Stellplatz/B 100/250 R, 2-Pers.-Hütte 500–800 R; ⊙ 7–17.30 Uhr) Im Wildschutzgebiet leben über 40 Tierarten und 200 Vogelarten. Besucher können hier auf eigene Faust fahren (50 R pro Pers.) oder an einer Safari teilnehmen (250 R pro Pers., mind. 4 Pers.). Außerdem gibt es eine 4,7 km lange Seilrutsche, mit einer Zip-extreme, die eine Höchstgeschwindigkeit von 160 km/h bietet (410–510 R, inkl. Parkeintritt). Eine kurze Schluchtwanderung führt über eine 130 m hohe Hängebrücke, auch Angeln und Kanufahrten sind möglich.

Das Wildreservat liegt 40 km von Port Shepstone entfernt; von der N2 ab- und 26 km über die Oribi Flats Road fahren.

Es gibt dort gepflegte Holzhütten an einem kleinen See, Fischerhütten, Camping-Stellflächen und Doppelbetten in einer ausrangierten Wasserleitungs-Betonröhre.

Das hauseigene Restaurant hat von 8 bis 16 Uhr geöffnet.

Wild 5 Adventures ABENTEUERSPORT
(☎ 082 566 7424; www.wild5adventures.co.za; Oribi Gorge Hotel) Organisiert Aktivitäten im Oribi Gorge Nature Reserve, dazu gehören die 100 m hohe Wild Swing (Bungee Jumping) vom Lehr's Falls (400 R), Abseiltouren (300 R), Wildwasser Rafting (525 R), Ausritte (220 R/1½ Std.) und eine Seilrutsche über die Schlucht (250 R). Die Firma findet man an der Oribi Flats Road, 11 km nach dem Abzweig von der N2.

Leopard Rock Lookout Chalets CHALET $$
(☎ 039-687 0303; www.leopardrockc.co.za; Main Oribi Gorge Rd; EZ/DZ inkl. Frühstück 800/1400 R) Die Zimmer befinden sich in vier hübschen Chalets, aber der eigentliche Pluspunkt ist die Aussicht. Beim Essen bietet sich ein grandioser Ausblick auf die uMzumkulu Gorge. Zu den netten Aufmerksamkeiten gehören eine Flasche Sherry mit Gläsern und zwei riesige Sessel im Wohnzimmer,

in denen man sich entspannt zurücklehnen und Afrika genießen kann. Der Coffee Shop ist mittwochs bis sonntags von 9 bis 16 Uhr geöffnet. Wahrscheinlich gefällt den Besuchern hier das leckere Essen besser als das Schild mit der Aufschrift „Kinder, die unbeaufsichtigt im Garten gefunden werden, werden als Sklaven verkauft".

Ramsgate, Southbroom & Umgebung

Der Touristenmagnet Margate ist eine beklemmende Betonwüste mit lauten, lebhaften Bars. Man fährt besser gleich weiter ins nahe gelegene Ramsgate, das einen netten, kleinen Strand hat, oder ins üppig-grüne Southbroom. Diese Nobelecke in der bewaldeten Region ist allein schon deshalb reizvoll, weil sie in einem Schutzgebiet für Bushbocks, einer großen Antilopenart, liegt.

Sehenswertes & Aktivitäten

Umtamvuna Nature Reserve NATURSCHUTZGEBIET
(www.kznwildlife.com; Erw./erm. 15/5 R; April–Sept. 6–18 Uhr, Okt.–März 7–17 Uhr) Das Schutzgebiet liegt an einer Schlucht des Umtamvuna River, der teilweise die Grenze zur Provinz East Cape bildet. In dem herrlich dichten Wald gibt es großartige Wanderwege, im Frühling die Wildblumenblüte sowie viele Säugetiere und Vogelarten. Von Port Edward kommend, ab der R61 der Ausschilderung nach Izingolweni folgen und noch 8 km weiter fahren! Infobroschüren liegen am Eingang des Naturschutzgebietes aus.

Schlafen

Vuna Valley Lodge HOSTEL $
(039-311 3602; www.vunavalleyventureskzn.co.za; 9 Mitchell Rd, Banners Rest; EZ/DZ 300/500 R;) Am Eingang zum Umtamvuna Nature Reserve (im Landesinneren bei Port Edward) liegt die Lodge mit schicken Doppelzimmerhütten. Billiger, aber sehr nett sind die Zimmer im Haupthaus mit separaten Eingängen und einem spektakulären Blick auf die Schlucht. In der Nähe kann man wandern, Rad und Kanu fahren.

Southbroom Traveller's Lodge HOSTEL $
(039-316 8448; www.southbroomtravellerslodge.co.za; 11 Cliff Rd, Southbroom; Zi. inkl. Frühstück 400–500 R; P) Welch Freude – eine bezahlbare, gute Unterkunft in dieser feinen Gegend, in traumhafter Lage mitten im (subtropischen) Wald und nur zehn Gehminuten vom Strand entfernt! Das komfortable, entspannte Hostel gleicht mit hellen, luftigen Zimmern, einer riesigen Lounge, einem Pool und einem hübschen Garten einem großen Ferienhaus.

Sunbirds B&B $$
(039-316 8202; www.sunbirds.co.za; 643 Outlook Rd, Southbroom; EZ/DZ 750/1200 R; P) Freundliche Gastgeber, wunderbares Frühstück auf der Veranda (mit tollem Blick), eine schöne, geräumige Lounge und eine gemütliche Atmosphäre sind die Pluspunkte der beliebten Unterkunft. Dazu kommen die Terrassen mit Tisch und Stühlen und die separaten Eingänge der Zimmer.

Treetops Lodge B&B $$
(039-317 2060; www.treetopslodge.co.za; 3 Poplar Rd, Margate; DZ ab 1000 R;) In dem netten B&B werden adrette, wenn auch altbackene Doppelzimmer inklusive Frühstück und eine Selbstversorgersuite vermietet. Es gibt Aussicht ins Grüne und einen großen Gemeinschaftsbalkon mit jeweils eigenem Tisch und Stühlen. Außerhalb der Weihnachtssaison sind die Preise niedriger.

Essen

Burlesque Cafe INTERNATIONAL $
(957 Marine Dr, Ramsgate; Hauptgerichte 50–100 R; So–Di 9–16, Mi–Sa 9–18 Uhr) Ein schrulliges, kleines Retro-Café mit schicker Vintage-Einrichtung und einer abwechslungsreichen Karte mit Bio-Zutaten.

Waffle House VEGETARISCH $
(039-314 9424; Marine Dr, Ramsgate; Hauptgerichte 50–75 R; 8–17 Uhr;) Die Leute strömen nur so in den netten Laden am Ufer einer Lagune – wegen der frischen belgischen Waffeln mit allen möglichen süßen oder herzhaften Füllungen. In der Ferienzeit bilden sich lange Schlangen.

Trattoria La Terrazza ITALIENISCH $$
(039-316 6162; www.trattoria.co.za; Southbroom; Hauptgerichte 80–130 R; Fr–So Mittagessen, Di–Sa Abendessen) Wer nach einer guten Restaurantempfehlung in dieser Gegend fragt, wird unweigerlich auf dieses italienische Lokal verwiesen. Die Fleischgerichte sind begehrt, z. B. das zarte Filet vom Weiderind, aber auch die Meeresfrüchtegerichte (u. a. Muscheln und getrockneter Babytintenfisch) sind gut. Die Lage an einem Meeresarm ist fantastisch. Unbedingt reservieren.

TAUCHEN AN DER SOUTH COAST

Das Highlight dieses Strandabschnitts ist die **Aliwal Shoal**, die als eines der besten Tauchgebiete der Welt beworben wird. Das Riff war vor etwa 30 000 Jahren eine Sanddüne. Vor nur 6500 Jahren stieg der Meeresspiegel und schuf so aus der Düne ein Riff. Den Namen *Aliwal* erhielt es von einem Schiff, das hier 1849 auf Grund lief. Seither erging es auch anderen Schiffen ebenso. Heute beherbergt das Riff in seinen Klippen, Höhlen und Felsspitzen alles Mögliche: Wracks, aber auch Rochen, Schildkröten, *raggies* (Sandtigerhaie), unzählige tropische Fische und Weichkorallen.

Die außergewöhnlichen **Protea Banks** weiter südlich, in der Nähe von Shelly Beach, sind Profitauchern vorbehalten. Dort halten sich auch Haie auf.

Zahlreiche Veranstalter an der Südküste bieten Tauchausflüge, PADI-zertifizierte Kurse und Unterkünfte zum Pauschalpreis an. Die Angebote unterscheiden sich erheblich (in manchen Fällen kostet die Ausrüstung extra). Zum Vergleich: Das Paket mit drei Übernachtungen und fünf Tauchgängen kostete bei Redaktionsschluss etwa 4000 R.

Unbedingt andere Taucher zu ihren Erfahrungen befragen. Die Sicherheitsinstruktionen der Anbieter sind unterschiedlich – immer wieder passieren auch Unfälle.

2nd Breath (☎ 039-317 2326; www.2ndbreath.co.za; Ecke Bank St & Berea Rd, Margate) Hoch qualifizierter PADI-Profi, der Unterricht und Sicherheitsinstruktionen sehr ernst nimmt.

Aliwal Dive Centre (☎ 039-973 2233; www.aliwalshoal.co.za; 2 Moodie St, Umkomaas) Vermietet auch sehr hübsche Zimmer.

Shoal (☎ 039-973 1777; www.theshoal.co.za; 21 Harvey St, Umkomaas) Eine empfehlenswerte Tauchschule.

Oceanworx (☎ 039-973 2578; www.oceanworx.co.za; 1 Reynolds St, Umkomaas) Zwei angesehene Tauchunternehmen haben sich zu dieser Firma in Umkomaas zusammengeschlossen.

ℹ Praktische Informationen

South Coast Tourism (☎ 039-312 2322; Panorama Pde, Main Beach, Margate; ⏲ Mo–Fr 8–17, Sa & So 8–13 Uhr) Bietet Informationen.

ℹ An- & Weiterreise

Margate Mini Coach (☎ 031-312 1406; www.margate.co.za) Die Busse fahren dreimal täglich zwischen Durban und Margate (einfach 200 R).

Intercity Express (☎ 031-305 9090; www.intercity.co.za) Intercity Express betreibt regelmäßige Busverbindungen zwischen Margate und Johannesburg (415 R, 10 Std.).

NORTH COAST

An der North Coast – von Umhlanga Rocks bis zum Fluss Tugela im Norden – reihen sich exklusive Ferienapartments und Rentnerdörfer mit einigen hübschen Stränden aneinander. Der Abschnitt zwischen Zimbali, etwas nördlich von Umhlanga, bis nach Tugela wird Dolphin Coast genannt – wegen der vielen Tümmler, die vom Festlandsockel und dem warmen Wasser hier angezogen werden.

Rund um die Nordküste findet man ein faszinierendes Bevölkerungsgemisch: die Nachkommen der einstigen Kolonialherren, Inder, französische Zuckerrohrplantagenbesitzer aus Mauritius, Vertragsarbeiter vom indischen Subkontinent sowie eine bunte Mischung von Angehörigen verschiedener Zulu-Stämme.

König Shaka soll einst ein Militärlager an der Küste aufgebaut haben; königliche Dienstmägde klaubten hier Salz aus den Tidentümpeln, woran bis heute der Name Salt Rock erinnert. Im etwas landeinwärts gelegenen KwaDukuza (Stanger) steht ein Denkmal für König Shaka.

Stadtbusse verkehren zwischen Durban und Umhlanga Rocks und Busse sowie Minibus-Sammeltaxis auch zwischen Durban und KwaDukuza (Stanger) und anderen Orten weiter im Landesinneren.

Umhlanga Rocks & uMdloti Beach

Umhlanga, eine kosmopolitische Mischung aus exklusivem Seebad, betuchter Vorstadt und kleinen Malls, ist das Prachtstück im Schickimicki-Umland von Durban. Umhlanga (das „h" spricht sich in etwa wie „sch" aus) bedeutet „Ort des Schilfs". Weiter nördlich in uMdloti Beach gibt es ein paar gute Restaurants. Beide Orte sind sehr gut vom Flughafen aus zu erreichen.

Das Umhlanga Tourism Information Centre (S. 282) berät Touristen. Zwischen Umhlanga und Durban verkehren die Metro-Busse 716 und 706.

Sehenswertes & Aktivitäten

Natal Sharks Board MUSEUM
(☎ 031-566 0400; www.shark.co.za; 1A Herrwood Dr, Umhlanga Rocks; Audiovision & Sezierung Erw./Kind 45/25 R; ⏲ Mo–Fr 8–16 Uhr) Das Forschungsinstitut beschäftigt sich mit Haien und der von ihnen ausgehenden Gefahr für Menschen. Es gibt audiovisuelle Vorführungen und Haisezierungen (Di, Mi & Do 9 & 14 Uhr). Das Natal Sharks Board ist ausgeschildert. Es liegt etwa 2 km außerhalb der Stadt, den steilen Umhlanga Rocks Drive (M12 Richtung N3) hinauf.

Interessierte können auch an den Bootsfahrten der Mitarbeiter von Sharks Board ab Durban teilnehmen.

Umhlanga Lagoon Nature Reserve NATURSCHUTZGEBIET
(Zugang ohne Führer gratis, Führer pro Pers. 30 R; ⏲ 8–18 Uhr) Das Naturreservat befindet sich an einer Flussmündung nördlich der Stadt. Obwohl es klein ist (26 ha), leben hier viele Vogelarten. Wanderwege führen durch einen fantastischen Dünenwald, durch die Lagune und zum Strand.

Schlafen

In Umhlanga gibt es Ferienwohnungen und B&Bs im Überfluss, die meisten dicht am Strand gelegen. Die Hotelpreise unterscheiden sich je nach Saison stark, besonders in der Zwischensaison gibt es Schwankungen.

On the Beach Backpackers HOSTEL $
(☎ 031-562 1591; www.durbanbackpackers.com; 17 The Promenade, Glenashley; B/EZ/DZ 180/570/850 R; P 📶 🏊) Die Doppelzimmer bieten einen Millionen-Rand-Blick aufs Wasser. Man kann aber auch viel günstiger (und einfacher) im Schlafsaal übernachten.

Das helle, luftige, zum Hostel umgewandelte Haus liegt 4 km südlich von Umhlanga in Glenashley an der Küste und ist ein toller Ort zum Faulenzen am Strand. Die Busse von Baz fahren dort vorbei.

North Coast

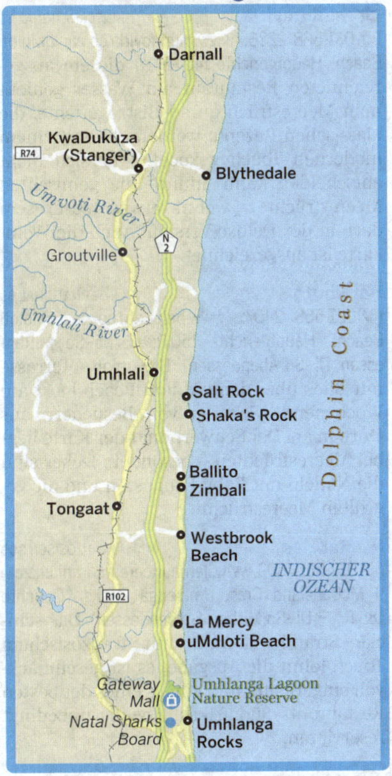

Fairlight Beach House PENSION $$
(☎ 031-568 1835; www.fairlight.co.za; 1 Margaret Bacon Ave, uMdloti; Zi. inkl. Frühstück ab 1200 R) Die große, schicke Pension liegt am Strand und vermietet zehn Zimmer, von denen nicht alle einen Meerblick haben. Die Zimmer sind geräumig, die Einrichtung ist stylisch und der Aufenthalt hier bleibt in guter Erinnerung. Das Fairlight wird viel von Geschäftsreisende besucht. In der Nebensaison ist der Aufenthalt günstiger.

Beverley Hills Sun Intercontinental HOTEL $$$
(☎ 031-561 2211; www.southernsun.com; Lighthouse Rd; Zi. inkl. Frühstück ab 3300 R; P ❄ 📶 🏊) Das Äußere ist nicht gerade überwältigend, aber im Inneren ist dieses klassische Top-Hotel (es gehört zur Tsogo-Sun-Gruppe) absolut stilvoll. Es gibt ein hoteleigenes Spa und einen Pool mit Blick auf den Indischen Ozean. Der ideale Ort, um die Platinkarte zu zücken.

Essen

★ Mundo Vida INTERNATIONAL $$
(☎ 031-568 2286; www.mundovida.co.za; uMdloti Beach; Hauptgerichte 140 R) In diesem ausgezeichneten Restaurant am Wasser genießt man Meeresfrüchte und Bistrogerichte, die klassischen Rezepte werden alle mit einem modernen Touch gekocht. Wer sich nicht entscheiden kann, nimmt die gemischten Meeresfrüchte - wenn's etwas teurer sein darf, in der Deluxe-Version. Auch die Weinkarte ist ausgezeichnet.

Bel Punto INTERNATIONAL $$
(☎ 031-568 2407; www.belpunto.co.za; uMdloti Beach; Hauptgerichte 150 R; ⏲ Mi–So Mittagessen, Di–So Abendessen) Die große Terrasse mit Blick über den uMdloti Beach lockt am Wochenende Scharen von Besuchern aus Durban an. Der Schwerpunkt der Karte liegt bei Meeresfrüchten – besonders lecker sind die Nudeln mit Baby-Langusten und die gegrillten Meeresfrüchte.

Ile Maurice FRANZÖSISCH $$$
(☎ 031-561 7609, www.ilemauricerestaurant.co.za/; 9 McCausland Cres, Umhlanga Rocks; Gerichte 185 R; ⏲ Di–So Mittag- & Abendessen) Das schicke Strandrestaurant mit französischem Touch lohnt die Ausgabe; es ist geschmackvoll eingerichtet und gilt als eines der besten Restaurants Südafrikas. Abends unbedingt reservieren.

Praktische Informationen

Umhlanga Tourism Information Centre
(☎ 031-561 4257; www.umhlangatourism.co.za; Shop 1A, Chartwell Centre, Chartwell Dr, Umhlanga Rocks; ⏲ Mo– Fr 8.30–17, Sa 9–13 Uhr) Ausgezeichnete Touristeninformation mit gut informierten Mitarbeitern.

Ballito

Ballito und der Gegend bis hinauf nach Shaka's Rock und Salt Rock fehlt das Zulu-Flair. Das Küstengebiet ist ein durchgängiger Streifen aus Wohnvierteln, Luxuspensionen und mehrstöckigen Wohnblocks, meist mit hübschen Stränden vor der Haustür. Für Ballito spricht die Nähe zum Flughafen (rund 22 km).

Schlafen & Essen

Monkey Bay Backpackers HOSTEL $
(☎ 071 348 1278; www.monkeybaybackpackers.co.za; 9 Jack Powell Rd; B/DZ 150/450 R) Surffreunde aufgepasst! Das lässige Hostel aus recycelten Materialien mit lustig bunt gestrichenen Innenräumen verströmt eine angenehme Hippie-Atmosphäre, zudem hat es freundliche Inhaber. Badezimmer sind zwar nicht gerade zahlreich vorhanden, aber das Haus liegt ganz nah am Meer und es ist eine der wenigen günstigen Unterkünften in der Gegend.

Guesthouse PENSION $$
(☎ 032-525 5683; www.theguesthouse.co.za; Ipahla Lane, Shaka's Rock; EZ/DZ inkl. Frühstück ab 600/1000 R; P 📶) Fünf Zimmer in einem hübschen, wie aus dem Ei gepellten, etwas älteren Haus (das Haus des Gastgebers). Am schönsten ist das Zimmer zum Garten hin mit separatem Eingang.

Boathouse PENSION $$$
(☎ 032-946 0300; www.boathouse.co.za; 33 Compensation Beach Rd; EZ/DZ 1250/2100 R; @) Das exklusive Hotel bekam 2014 ein neues Management und ist eine gute Wahl für alle, die sich etwas Luxus bei ihrem Strandurlaub gönnen wollen.

Waterberry Coffee Shoppe DELI, CAFÉ $
(☎ 032-946 2797; www.thewaterberry.co.za; Ecke Dolphin Cres & Leonora Dr; Hauptgerichte 50–80 R; ⏲ 8.30–16 Uhr) Unter dem Blätterdach des üppigen Küstenwalds lässt sich hier supergut ein heißer Nachmittag verbringen: egal ob mit einem köstlichen hausgemachten Kuchen oder einem gesunden Salat.

Praktische Informationen

Sangweni Tourism Centre (☎ 032-946 1997; www.thedolphincoast.co.za; Ecke Ballito & Link Drs; ⏲ Mo–Fr 8.30–17, Sa 9–13 Uhr) Hier befindet sich die Dolphin Coast Publicity Association, die ein Verzeichnis der Unterkünfte an dieser Küste anbietet. Das Büro befindet sich in der Nähe der BP-Tankstelle am Abzweig von der N2 nach Ballito.

KwaDukuza (Stanger) & Umgebung

13 500 EW.

Im Juli 1825 gründete Shaka den Ort KwaDukuza als seine Hauptstadt und königliche Residenz. Hier wurde er auch 1828 von seinen Halbbrüdern Mhlangane und Dingaan ermordet; Dingane übernahm die Macht. Jedes Jahr versammeln sich Zulu in traditioneller Aufmachung in den Recreational Grounds, um den **King Shaka Day** zu feiern.

KwaDukuza, auch Stanger genannt, ist eine geschäftige, eher ruppige Stadt mit großem indischen Bevölkerungsanteil und afrikanischem Flair. Es gibt keine Hotels, aber die Stadt ist ein wichtiger Zwischenstopp für alle, die auf den Spuren Shakas wandeln oder sich für die Zulu-Kultur interessieren.

Minibus-Taxis verbinden KwaDukuza mit Durban (1 Std.) und den Küstenstädten.

Sehenswertes

An der King Shaka Road sollte man den **Shaka Memorial Gardens** einen Besuch abstatten. Hier wurde 1932 auf der Grabkammer Shakas (ursprünglich eine Kornkammer) ein Gedenkstein errichtet. Es gibt dort einen Felsen mit einer tiefen Rille, an dem Shaka seine Speere geschliffen haben soll.

King Shaka Visitor Centre KULTURZENTRUM
(☎032-552 7210; 5 King Shaka Rd; ⏲Mo–Fr 8–16, Sa & So 9–16 Uhr) GRATIS Ein Besuch im King Shaka Visitor Centre lohnt sich wegen der zwar begrenzten, aber anschaulichen historischen und chronologischen Informationen über Shaka und sein Königreich.

Dukuza Museum MUSEUM
(☎032-437 5075; King Shaka Rd; Eintritt mit Spende; ⏲Mo–Fr 8.30–16 Uhr) Das Museum gegenüber vom King Shaka Visitor Centre zeigt ähnliche historische Exponate.

Luthuli Museum MUSEUM
(☎032-559-6822; www.luthulimuseum.org.za; Nokukhanya Luthuli St, Groutville; ⏲Mo–Sa 8.30–16, So 11–15 Uhr) GRATIS Das Museum ist eine Hommage an Häuptling Albert John Mvumbi Luthuli für seine Bestrebungen, die Apartheid zu beenden. Er war ab 1952 Präsident des African National Congress und Afrikas erster Friedensnobelpreisträger (1960). Luthuli starb 1967 unter mysteriösen Umständen. Das Museum ist in Luthulis Hause untergebracht, in dem er sein ganzes Leben verbrachte und von dem aus er kämpfte. Hier traf Luthuli 1966 den amerikanischen Senator Robert Kennedy. Im Museum finden auch Wechselausstellungen statt.

ZULULAND

Diese faszinierende Ecke KwaZulu-Natals beschwört Bilder von urtümlichen Landschaften und Stammesrhythmen herauf – ein völlig anderes Gesicht Südafrikas mit herrlicher Küste, dunstigen Hügeln und traditionellen Siedlungen, so ganz anders als die urbane Geschäftigkeit Durbans und seines Umlandes. Die von den Zulu-Stämmen dominierte Region bietet faszinierende Einblicke in eine der rätselhaftesten Kulturen des Landes.

Der Name Zulu (was „Himmel" bedeutet) beschreibt zwar passend die hügeligen Weiten dieser Landschaft, erzählt aber nicht die ganze Geschichte. Unglaubliche Armut und all die damit verbundenen sozialen Probleme sind hier fester Bestandteil des Lebens. Der Großteil der Bevölkerung lebt von der Hand in den Mund. Abseits der Hauptstraßen ist das schwer zu übersehen.

Zululand erstreckt sich in etwa von der Mündung des Tugela River bis hoch nach St Lucia und von der N2 landeinwärts bis Vryheid. Die meisten Besucher kommen wegen des spektakulären Hluhluwe-iMfolozi-Parks und der zahlreichen traditionellen Dörfer. Hier wird die Geschichte der Zulu und ihres legendären Königs Shaka quasi wieder lebendig. Seit 1971 heißt der Herrscher übrigens Goodwill Zwelithini kaBhekuzulu.

Mtunzini

2200 EW.

Mtunzini, eine kleine Ansammlung gemähter Rasenflächen, umgeben von den wilden Hügeln des Zululands, ist ein Außenposten Europas mitten in Afrika. Aber das hübsche Dorf hat mehr zu bieten als Staudenrabatten. Es thront oberhalb einer üppigen Böschung seltener Raphiapalmen (englisch: Raffia) am Rand des Umlalazi Nature Reserve und ist somit ein hervorragender Standort, um dieses wundervolle Stück Zululand zu erkunden.

Der Ort hat eine schillernde Vergangenheit: John Dunn, der erste europäische Siedler in der Gegend, erhielt von König Cetshwayo ein Stück Land. Dann wurde er selbst zu einer Art Häuptling, nahm sich 49 Frauen und zeugte 117 Kinder. Gewöhnlich hielt er hier unter einem Baum Hof – daher der Name des Ortes (*mtunzini* bedeutet auf Zulu „Platz im Schatten"). Nachdem die Briten Cetshwayo besiegt und das Königreich aufgeteilt hatten, war Dunn einer der wenigen Häuptlinge, denen weiterhin Macht zugebilligt wurde.

Der Ort wurde 1995 unter Denkmalschutz gestellt. Besucher finden hier viele Wanderwege vor und können sogar einige Antilopen- und Vogelarten sichten.

Zululand & Elephant Coast

Sehenswertes & Aktivitäten

Raffia Palm Monument PARK

(24 Std.) GRATIS Die Raffiapalme, *Raphia Australis*, wurde hier erstmals 1916 aus Samen gezogen. Der Plan war, aus den Palmfasern Besen für die Gefängnisse herzustellen, aber da die Fasern zu kurz waren, fand das Unternehmen ein schnelles Ende. Die Palmen jedoch gediehen (ihre Blätter gehören zu den größten im Pflanzenreich) und wurden 1942 zum Nationaldenkmal er-

nannt. In den Palmen nistet der Palmgeier *(Gypohierax angolensis)*, der seltenste brütende Raubvogel Südafrikas.

Umlalazi Nature Reserve NATURSCHUTZGEBIET
(035-340 1836; www.kznwildlife.com; Eintritt 20 R; 5–22 Uhr) Dieses Schutzgebiet bietet viele Wanderwege durch hübsche Dünen- und Waldbiotope und ist ein wahres Paradies für Vogelfreunde. Hier sieht man auch den Indaba-Baum, unter dem John Dunn Hof hielt, sowie die Reste des John Dunn's Pools. Das Wasserbecken ließ er bauen, damit seine Frauen von Flusspferden und Krokodilen geschützt baden konnten. Der Eingang zum Naturschutzgebiet liegt 1,5 km östlich der Stadt an der Küste.

Schlafen & Essen

Umlalazi Nature Reserve Chalets & Campground CAMPINGPLATZ $
(035-340 1836; www.kznwildlife.com; Stellplatz 90 R, Hütte 300 R) Zwei gut geführte Campingplätze (Inkwazi und Indaba) befinden sich in einem großartigen Wald unweit des Strands. Die Hütten sind geräumig, haben eine Veranda und sind gut ausgestattet.

Mtunzini B&B B&B $$
(035-340 1600; 5 Barker St; EZ/DZ inkl. Frühstück 460/620 R;) Schlichtes, freundliches B&B mit netten Räumen rund um einen schönen Garten. Zur Auswahl stehen Doppelzimmer im Haupthaus, aber auch separate Hütten, sogar Dachkammern und Selbstversorgereinheiten. Nicht alle Zimmer haben ein eigenes Bad.

One-on-Hely BOUTIQUEHOTEL $$
(035-340 2498; www.oneonhely.co.za; 1 Hely Hutchinson St; DZ ohne/mit Frühstück 1200/1400 R;) Das protzigste Hotel am Platz – mit riesigen Veranden, Blick über das Umlalazi Nature Reserve und das Meer und viel Luxus. Sehr beliebt, also im Voraus reservieren.

★ **Zanj** INTERNATIONAL $$
(035-340 1288; Hely Hutchinson St, Golden Penny Complex; Gerichte 80–130 R; Di–So Mittagessen, Di–Sa Abendessen) Der schönste Platz für ein Essen in diesem gehobenen Restaurant ist ein Tisch draußen auf der Terrasse. Auf der Karte stehen viele Gerichte mit Meeresfrüchten, u. a. Curry-Garnelen, Pasta mit Krebsfleisch und Pfannkuchen mit Fisch. Alles wird außerordentlich gut zubereitet, unter Verwendung frischer, hochwertiger Zutaten. Auf der wöchentlich wechselnden Karte finden sich viele internationale Gerichte.

Fat Cat Coffee Shop CAFÉ $$
(035-340 2897; 2 Station Rd; Gerichte 50–100 R; Mo–Sa 8–20, So 8–14 Uhr) Das behagliche, freundliche Fat Cat ist ein netter Ort abseits des Trubels. Das Frühstück ist sehr gut, insbesondere das „Mediterranean Surprise".

PAL TERAVAGIMOV / GETTY IMAGES ©

EMIL VON MALTITZ / GETTY IMAGES ©

1. Hluhluwe-iMfolozi Park (S. 294)
Atemberaubende Landschaften und eine artenreiche Tierwelt – mit Breitmaul- und Spitzmaulnashörnern – machen diesen Park zur echten Attraktion.

2. Drakensberge (S. 311)
Das beliebte Reiseziel bietet Outdoorerlebnisse inmitten einer eindrucksvollen Natur.

3. Isandlwana (S. 330)
Weiße Steinhaufen erinnern heute noch an britische Soldaten, die im Zulukrieg gefallen sind.

4. Durban (S. 255)
Durban hat sich ein neues Gesicht geschaffen; dazu zählt auch die Uferpromenade, die gern als „Golden Mile" bezeichnet wird (S. 264).

3

ROGER DE LA HARPE / GETTY IMAGES ©

DER LEGENDÄRE KÖNIG SHAKA

Über König Shaka ist viel geschrieben worden; trotzdem bleibt er rätselhaft und umstritten. Ob Fakt oder Mythos – Shaka wird meist entweder als grausamer, blutrünstiger Tyrann oder als Militärgenie beschrieben.

Shaka war der uneheliche Sohn von Königin Nandi, der er sehr nahestand. In den 1820er-Jahren schuf er eines der mächtigsten Königreiche Afrikas. Seine Macht sicherte er sich u. a. durch Gewalt, die er sowohl gegen Feinde als auch gegen seine eigenen Krieger einsetzte. (Nach dem Tod seiner Mutter soll er unzählige Zulu getötet haben, weil er meinte, sie trauerten nicht genug.)

Sein Ruhm gründet sich überwiegend auf seine Kampftaktik: Er erfand die geniale Formation „Stierkopf", bei der die Hauptmacht – „Kopf" und „Brust" – den Feind frontal attackierte, während die Seitenflügel – die „Hörner" – den Feind umgingen und ihm in den Rücken fielen. Er ließ zudem den Wurfspeer zu einem kurzschaftigen Nahkampfspeer kürzen und verlängerte den Schild.

Im Jahr 1828 fand Shakas Leben ein unschönes Ende: Er wurde von seinen Halbbrüdern Dingaan und Mhlangane (der wiederum später von Dingaan gestürzt wurde) ermordet. Heute sind die Zulu unglaublich stolz auf ihren „Kriegerkönig". Jedes Jahr feiern sie am 24. September in den Shaka Memorial Gardens in KwaDukuza den **Shaka Day**. Tausende von Zulu in traditioneller Kleidung und bewaffnet mit Schilden, Speeren und Tanzstöcken kommen in der Anlage zusammen. Der amtierende König und der einstige Zulu-Ministerpräsident Dr. Buthelezi führen die Feiern normalerweise an.

Eshowe

14 800 EW.

Das mitten in einem wunderschönen heimischen Wald gelegene und von grünen Hügeln umgebene Eshowe hat sich seinen ganz eigenen Charakter bewahren können. Im Ortszentrum herrscht eine ländlich-raue Atmosphäre, aber die Vororte sind grün und ruhig. Die Lage ist ideal, um von hier aus das Umland zu erkunden. Es gibt einige Attraktionen und Unterkünfte.

In Eshowe hatten vier Zulu-Könige (Shaka, Mpande, Cetshwayo und Dinuzulu) ihren Sitz. Cetshwayo nutzte es als Festung, bevor er weiter nach Ondini zog. Die Briten besetzten die Gegend, bauten 1883 hier das Fort Nongqayi und machten Eshowe zum Verwaltungszentrum ihres frisch erbeuteten Territoriums.

Sehenswertes

Fort Nongqayi Museum Village MUSEUM

(www.eshowemuseums.org.za; Nongqayi Rd; Erw./Kind 35/10 R; ⏲ Mo–Fr 7.30–16, Sa & So 9–16 Uhr) Das Museumsdorf gruppiert sich um das dreitürmige Fort Nongqayi. Zu ihm gehören auch das Zululand Historical Museum mit Artefakten und viktorianischen Memorabilien, das ausgezeichnete Vukani Museum mit seiner Sammlung an Zulu-Korbwaren und eine Missionskirche. Einen Blick wert ist auch das kleine, aber sehr schöne Schmetterlingshaus: In dem Treibhaus können Besucher einheimische Pflanzen und Hunderte von (meist einheimischen) afrikanischen Schmetterlingsarten bewundern.

Vom Museum führt ein Weg zu den Mpushini Falls (hin und zurück 40 Min.), aber Vorsicht: Von dort wurden schon Fälle von Bilharziose gemeldet.

Dlinza Forest Reserve WILDRESERVAT

(www.visitzululand.co.za/Activities_Dlinza.php; Erw./Kind 40/10 R; ⏲ Sept.–April 6–17 Uhr, Mai–Aug. 8–17 Uhr) Als der Krieg drohte, soll King Shaka seine Frauen in den dichten Wäldern versteckt haben, die heute das 200 ha große Wildreservat bilden. Zahlreiche Vögel sind hier heimisch – darunter auch der Kronenadler *(Stephanoaetus coronatus)*.

Es gibt einige Wanderwege, manche sollen von britischen Soldaten, die hier nach dem Zulukrieg stationiert waren, angelegt worden sein. Der 125 m lange **Dlinza Forest Aerial Boardwalk** (☎ 035-474 4029; www.visitzululand.co.za/Activities_Dlinza.php; Erw./Kind 40/10 R; ⏲ Sept.–April 6–17 Uhr, Mai–Aug. 7–17 Uhr) bietet großartige Ausblicke.

Schlafen & Essen

Eshowe Guesthouse B&B $$

(☎ 035-474 2362; www.eshoweguide.co.za/accomodation/eshowe_guesthouse; 3 Oftebro St; EZ/DZ 500/650 R; P ❄ ≋) Das B&B hat eine

Toplage im Vogelparadies Dlinza Forest. Der herzliche Inhaber vermietet blitzblanke, stilvolle, luftige und geräumige Zimmer. Der Ausschilderung zum Dlinza Forest Reserve folgen; die Unterkunft befindet sich gleich hinter dem Eingang! Sie ist schnell ausgebucht – also unbedingt vorreservieren!

Dlinza Forest Accommodation HÜTTE $$
(☎035-474 2377; www.dlinzaforestaccommodation.co.za; 2 Oftebro St; EZ/DZ 450/600 R; 📶) Die vier Holzhütten für Selbstversorger sind gepflegt, modern, sauber und geräumig. Man folgt der Ausschilderung zum Dlinza Forest Reserve; die Unterkunft befindet sich direkt hinter dem Eingang.

★ **George Hotel** HOTEL, HOSTEL $$
(☎035-474 4919; www.eshowe.com; 38 Main St; B 350 R, EZ/DZ inkl. Frühstück 595/795 R; P 📶 🏊) Das tolle alte Hotel (von 1902) besitzt jede Menge Charakter und ist eine gute Wahl als günstige bzw. mittelpreisige Unterkunft. Die Zimmer sind ein bisschen alt und klapprig (und haben einen schwankenden Wasserdruck), aber die großen Betten sind sehr bequem. Der Hostelbereich wurde komplett renoviert und bietet wohl das Meiste fürs Geld. Die Speisekarte ist überschaubar, aber die Gerichte sind gut zubereitet.

Zu den Pluspunkten des Hotels zählen die große Veranda, die sich perfekt für einen Drink bei Sonnenuntergang eignet, und die Lounge mit altem Lesestoff und einer gemütlichen Atmosphäre.

★ **Tally's Corner Cafe** CAFÉ $
(Main St; Hauptgerichte 30–60 R; ⏲Mo–Fr 7.30–14 Uhr) Ein richtiges Café im Zululand! Wer einen Kaffee braucht, ist hier richtig. Das Lokal wurde ganz neu eröffnet und hat zwar nur eine kleine Speisekarte, dafür aber eine beeindruckende Ausstattung. Hier sollte man amerikanische Pfannkuchen, Bagel oder ein Croissant zum Frühstück genießen.

Adam's Outpost INTERNATIONAL $
(Hauptgerichte 60 R; ⏲9–16 Uhr) Das Gartencafé und das gemütliche Wellblechrestaurant samt Kamin und Kerzen sind eine echte Oase – zweifellos der Sieger in Eshowes gastronomischer Szene. Gut zu Mittag sind der Hähnchensalat mit Mango und das Rindfleischcurry.

ℹ Praktische Informationen

ABSA (Osborne Rd, Miku Bldg) Wechselt Geld und hat auch einen Geldautomaten.

ℹ An- & Weiterreise

Minibus-Taxis fahren ab dem Bus- und Taxistand (vom KFC nahe der Kreuzung Osborne und Main Street den Hügel hinab; dann über die Brücke

FESTE DER ZULU

Es gibt während des ganzen Jahres größere Feste, die die vielschichtige Kultur der Zulu feiern. Zu den friedlichen und fröhlichen Festen gehören eindrucksvolle Vorstellungen traditioneller Gesänge und Tänze. Die Website www.kzn.org.za vermittelt einen ersten Eindruck. **Zululand Eco-Adventures** (☎035-474 2298; www.zululandeco-adventures.com; 36 Main St) in Eshowe bietet eine große Bandbreite an authentischen Zulu-Aktivitäten an, von Hochzeitszeremonien und Initiationsriten bis hin zu Besuchen bei Medizinmännern.

King Shaka Day Celebration Im September (die Termine wechseln) versammeln sich Tausende von Zulu in KwaDukuza (Stanger), um gemeinsam den King Shaka Day zu feiern. Das alljährliche Ereignis, an dem auch der amtierende Zulukönig teilnimmt, ist eine Huldigung des hoch verehrten Helden aller Zulu.

Schilftanz Jedes Jahr versammeln sich Tausende barbusiger Zulu-„Jungfrauen" vor ihrem König, um die alte Tradition des Schilftanzes fortzusetzen. In längst vergangenen Zeiten wählte der König aus der Menge schöner Mädchen eine neue Braut. Der Tanz findet um das zweite Wochenende im September vor dem King Shaka Day statt. Schauplatz ist der King Enyokeni's Palace (zwischen Nongoma und Ulundi).

Shembe Festival Immer im Oktober versammeln sich über 30 000 Zulu in Judea, 15 km östlich von Eshowe. Hier feiern die Mitglieder der Kirche von Shembe, eine inoffizielle Religion, die Zulu-Traditionen mit dem Christentum vermengt. Den Vorsitz führt der Erlöser der Kirche, Prophet Mbusi Vimbeni Shembe. Das Fest geht einher mit viel Tanz, Gesang und dem Blasen der Posaunen von Jericho.

NKWALINI VALLEY & SHAKALAND

KwaBulawayo, Shakas Kraal (befestigtes Dorf), thronte einst über diesem wunderschönen Tal. Heute findet man im **Nkwalini Valley** statt Zulu-Kriegern Zitrusfruchtplantagen und Zuckerrohrfelder. Von Eshowe geht es 6 km auf der R66 Richtung Norden, dann rechts auf die R230 (die Schotterstraße führt zur R34).

Gegenüber vom Straßenschild von KwaBulawayo liegt Coward's Bush, wo die Krieger, die von der Schlacht ohne ihre Speere oder am Rücken verwundet zurückkehrten, hingerichtet wurden.

Weiter westlich, ein paar Kilometer vor der Kreuzung der R230 mit der R66, wurde in den 1930er-Jahren gegen den Willen der Zulu das Mandawe Cross errichtet. Vom Hügel bietet sich ein atemberaubender Blick ins Umland.

Das für den Fernsehfilm *Shaka Zulu* errichtete **Shakaland** (☎ 035-460 0912; www.shakaland.com; Nandi Experience 300 R; ⏲ Vorführung um 11 & 12.30 Uhr) erinnert an Disneyland und bietet eine touristische Mischung aus Vorführungen mit Dauergrinsen und informativer Authentizität. Die Nandi Experience (Königin Nandi war Shakas Mutter) bietet eine Vorführung von Kultur und Bräuchen der Zulu (dazu gehört auch ein Mittagessen); die Zulu-Tanzaufführung gilt als die beste des Landes.

Wer möchte, kann auch in den luxuriösen Bienenkorbhütten des 4-Sterne-**Hotels** (Shaka Experience Cultural Program & EZ/DZ mit Vollpension 1200/1800 R) übernachten.

Shakaland liegt auf dem Gelände der Norman Hurst Farm, Nkwalini, 3 km abseits der R66 und 14 km nördlich von Eshowe.

und rechts abbiegen) nach Empangeni (50 R, 1 Std.). Dort sind am ehesten Taxis zu finden, die weiter ins Zululand und nach Durban (90 R, 1½ Std.) fahren.

Ulundi

20 000 EW.

Ulundi war einst das Zentrum des mächtigen Zulu-Reichs und bis 2004 gemeinsam mit Pietermaritzburg (das dann alleinige Provinzhauptstadt wurde) die Hauptstadt von KwaZulu-Natal. Heute ist es nur eine unansehnliche, funktionale Stadt, die eher einer Behelfssiedlung gleicht als einem bedeutsamen Zulu-Zentrum. Anstelle der alten traditionellen Hütten gibt es hier heute bunt gestrichene kastenartige Häuser, und auch das kleine Orts- und Einkaufszentrum wirkt eher improvisiert. Trotzdem gibt es auch hier in der unmittelbaren Umgebung historische Stätten, darunter das interessante Ondini. Von Ulundi führt eine Alternativstrecke zum Hluhluwe-iMfolozi Park.

Sehenswertes

Stadtzentrum

KwaNodwengu HISTORISCHE STÄTTE

Gegenüber dem großen Gebäude des einstigen Landesparlaments befand sich KwaNodwengu, der iKhanda (Palast) von König Mpande. Mpande besiegte nach der verheerenden Niederlage der Zulu am Blood River Shakas Halbbruder Dingaan. Mit Hilfe der Buren errang er die Macht im Zululand, doch das Land verfiel während seiner Herrschaft. Seine Grabstätte befindet sich hier, aber sonst gibt es wenig zu sehen.

Ondini

Ondini HISTORISCHE STÄTTE

(High Place; ☎ 035-870 2050; www.heritagekzn.co.za; Erw./Kind 30/15 R; ⏲ Mo–Fr 8–16, Sa & So 9–16 Uhr) 1873 als Hauptstadt von Cetshwayo gegründet, wurde Ondini von britischen Truppen nach der Schlacht von Ulundi (Juli 1879), dem letzten Gefecht des Zulukrieges 1879, zerstört.

Der königliche Kraal von Ondini wurde wieder aufgebaut und man sieht die Fußböden der einstigen Gebäude, die von Archäologen freigelegt wurden. Die Böden aus Lehm und Kuhmist waren durch die Hitze des Feuers, das die Hütten zerstörte, konserviert worden. Das weitläufige Areal ist von einer wehrhaften Palisade aus knorrigen Ästen umgeben.

Die Briten brauchten fast sechs Monate, um die Zulu-Armee zu besiegen. Die Schlacht von Ulundi verlief nicht anders als auch die anderen Schlachten: Zehn- bis 15-mal mehr Zulu als Briten wurden getötet. Der Grund für den britischen Sieg lag zum

Teil an der von den Buren übernommenen *Laager*-Taktik: Dabei bilden die Soldaten ein Quadrat, um die Kavallerie zu schützen, die erst dann angriff, als die Zulu-Armee von dem Versuch, die Mauern zu durchbrechen, erschöpft war.

Wer nach Ondini fährt, nimmt von der Autobahn direkt südlich des Zentrums von Ulundi den Abzweig „Cultural Museum" und fährt dann noch 5 km. Minibus-Taxis fahren manchmal über Ondini. Die Straße führt weiter bis zum Hluhluwe-iMfolozi Park (auf den nächsten 30 km asphaltiert). Auf der Fahrt von Ulundi dorthin kommt man am Ulundi Battlefield Memorial vorbei, einem Bauwerk aus Stein, das an die Schlacht von Ulundi und die letztendliche Niederlage der Zulu erinnert.

KwaZulu Cultural-Historical Museum MUSEUM
(im Ondini-Eintritt enthalten; Mo–Fr 8–16, Sa & So 9–16 Uhr) In Ondini befindet sich das KwaZulu Cultural-Historical Museum mit ausgezeichneten Exponaten zur Geschichte und Kultur der Zulu. Die Ausstellung umfasst auch eine der landesweit besten Sammlungen von Perlenarbeiten. Eine ausgezeichnete Auswahl an Büchern steht zum Verkauf.

Emakhosini Ophathe Heritage Park

Ulundi liegt im „Tal der Könige", das offiziell als Emakhosini Ophathe Heritage Park vermarktet wird. Das Gebiet ist für die Zulu von großer Bedeutung. Hier wurden die großen *makhosi* (Häuptlinge) Nkhosinkulu, Senzangakhona (der Vater von Shaka, Dingaan und Mpande) und Dinizulu bestattet. Die Beschilderung ist manchmal verwirrend (manches ist ausgewiesen, aber trotzdem schwer zu finden). Einige dieser Stätten sind öffentlich zugänglich.

Mgungundlovu HISTORISCHE STÄTTE
Die Militärsiedlung Mgungundlovu (Ungungundhlovu) war von 1829 bis 1838 Dingaans Hauptstadt: Sie liegt südwestlich von Ulundi an der Route 34 (die Straße verbindet Vryheid und Melmoth). Hier wurden 1838 Pieter Retief und die anderen Voortrekker von ihrem Gastgeber getötet – ein Ereignis, das den Krieg zwischen Buren und Zulus auslöste. Schilder weisen zum Piet Retief Denkmal an dieser Stelle. Ausgrabungen in der Nähe legten 1990 den Standort von Dingaans *indlu* (große Hütte) frei. Das **Multimedia Information Centre** (035-450 0916; www.heritagekzn.co.za; Erw./Kind 30/15 R; Mo–Fr 8–16, Sa & So 9–16 Uhr) bietet High-Tech-Ausstellungen und Informationen.

Von Ulundi geht es auf der Route 66 südwestlich bis zur Route 34, dann biegt man rechts ab und fährt auf der Route 34 mehrere Kilometer weiter, bis Mgungundlovu Richtung Westen ausgeschildert ist. Bis zur Stätte sind es dann noch 5 km.

Spirit of eMakhosini Monument DENKMAL
(Mo–Fr 8–16, Sa & So 9–16 Uhr) Zurück auf der R34 sieht man 2 km nördlich von Mgungundlovu Hinweisschilder zum Denkmal Spirit of eMakhosini im Westen auf einem Hügel. Es zeigt einen riesigen Zulu-Bierkessel aus Bronze, umgeben von 18 Bronzereliefs mit Szenen aus dem Leben der Zulu und sieben großen Hörnern als Symbole für die sieben im Tal beigesetzten Könige. Fremdenführer erklären Besuchern gern die Bedeutung dieser besonderen Stätte.

Schlafen

uMuzi Bushcamp HÜTTE $$
(082 825 6896, 035-870 2500; www.umuzibushcamp.co.za; EZ/DZ mit Halbpension 645/940 R) Diese traditionellen Bienenkorbhütten befinden sich in hübscher Umgebung in der Nähe von Elefantenbäumen im Ondini-Komplex. Im Preis ist der Eintritt zur historischen Stätte Ondini enthalten.

Southern Sun Garden Court GESCHÄFTSHOTEL $$$
(035-870 1012; www.southernsun.com; Princess Magogo St; Zi. inkl. Frühstück 1600 R;) Die Zimmer sind geräumig, bieten viele Aufmerksamkeiten und schlichten Komfort. Die Küche des Restaurants serviert den ganzen Tag Essen.

An- & Weiterreise

Der Minibus-Taxistand befindet sich gegenüber vom Southern Sun Garden Court. Verbindungen gibt es u. a. nach Vryheid (80 R, 1½ Std.) und Eshowe (75 R, 1½ Std.).

Ithala Game Reserve

Das **Ithala Game Reserve** (034-983 2540, 033-845 1000; www.kznwildlife.com; Erw./Kind 60/30 R) des Ezemvelo KZN Wildlife wird stark unterschätzt. Es hat alles, was zu einem privaten Wildreservat gehört, aber zu deutlich günstigeren Preisen. Und es ist kein Massen-

ITHALA GAME RESERVE

Was einen erwartet Die grandiose Aussicht vom bergigen Thornveld, die ältesten Felsformationen der Welt, und eine Fülle an Wildtieren machen Ithala so einzigartig. Es ist eines der spektakulärsten Wildreservate in KwaZulu-Natal. Die Giraffen stammen ursprünglich aus diesem Gebiet, außerdem gibt es sowohl Breit- als auch Spitzmaulnashörner.

Reisezeit Ithala eignet sich ganzjährig für einen Besuch, allerdings kann es zwischen Mai und August abends kalt werden, häufig gibt es sogar Frost.

Praktisches Der Park ist von November bis Februar von 5 bis 19 Uhr geöffnet, von März bis Oktober von 6 bis 18 Uhr. Der nächstgelegene Ort mit Grundversorgung ist das 70 km entfernte Vryheid.

Spar-Tipps Lebensmittel und ein Zelt mitbringen; ein Campingplatz kostet 130 R pro Person. Auch Touren ohne Führer entlasten die Reisekasse.

ziel wie Hluhluwe-iMfolozi, da es etwas abseits der Hauptstrecken liegt. Doch ist es auf seine Art ebenso spannend.

Den Großteil der 300 km² machen sechs tiefe Flusstäler (Nebenflüsse des Phongolo) mit offenem Grasland auf den Höhen, schroffen Felsnasen und Buschland aus. Hier sind einige der weltweit ältesten Felsformationen zu finden, außerdem steinzeitliche Speerspitzen und Axtschneiden.

Breit- und Spitzmaulnashörner, Elefanten, Leierantilopen, Büffel, Giraffen (das Symbol des Parks, da sie ursprünglich von hier stammen sollen) und seltene Vogelarten bewohnen den Park.

Besuchern werden geführte Wanderungen (200 R pro Pers.), Safaris und Nachtfahrten (200 R pro Pers.) angeboten.

Schlafen

Ntshondwe HÜTTE $$

(☎033-845 1000; www.kznwildlife.com; 2-Bett-Hütte pro Pers. 840 R; 🏊) Die größte Anlage im Park befindet sich am Fuß des Ngotshe Mountain und bietet einen tollen Blick auf das Naturschutzgebiet darunter. Dort finden sich Warzenschweine, die Rote Bauhinie (Pride of De Kaap, eine rot blühende Pflanze) und Rotschnabelmadenhacker. Zur Ausstattung gehören ein Restaurant, ein Laden und ein Pool. Die Wohneinheiten können auch mit Vollpension gebucht werden.

Doornkraal CAMPINGPLATZ $

(☎033-845 1000; www.kznwildlife.com; Stellplatz 130 R) Dies ist eines der vielen berühmten Buschcamps; die anderen verlangen happige Mindestpreise. Achtung: Hier erlebt man das „richtige Afrika“ – geduscht wird nur mit kaltem Wasser.

An- & Weiterreise

Ithala lässt sich von Louwsburg aus (ca. 55 km nordöstlich von Vryheid an der Route 69) gut erreichen. Egal, ob man über die Route 66 oder die Route 69 anreist: Die Entfernung zu Phongolo (im Nordosten) ist ungefähr gleich weit. Noch ein Hinweis: Louwsburg ist viel kleiner als auf vielen Karten angegeben.

ELEPHANT COAST

An der Spitze der weltweit großartigsten Reiseziele des Ökotourismus und unter den Ersten auf der Liste der wichtigsten Sehenswürdigkeiten Südafrikas steht die Elephant Coast (das frühere „Maputaland“) – ein phänomenaler Landstrich voller Naturschönheit und mit einer sagenhaften Artenvielfalt. Die Region wird im Süden gleich unterhalb des St Lucia Estuary vom iMfolozi River und im Nordwesten von den Lebombo-Bergen begrenzt.

Der lange Küstenstreifen umfasst einige der großen Highlights des Landes, darunter den wunderbar vielfältigen und unglaublich fotogenen iSimangaliso Wetland Park, der sich vom Lake St Lucia im Süden bis zur Kosi Bay im Norden erstreckt. Die absolut unberührte Region ermöglicht fernab der verstreuten Ferienorte einen Blick auf das vorkoloniale Afrika. Etwas weiter landeinwärts liegt der unglaubliche Hluhluwe-iMfolozi Park – so etwas wie KwaZulu-Natals Antwort auf den Kruger National Park. Tatsächlich kann er sich in seiner Schönheit mit seinem Rivalen im Norden messen. Viele bevorzugen ihn sogar, weil er leichter zugänglich ist (er misst nicht mal ein Zwanzigstel des Kruger National Parks).

Je weiter nach Norden es geht, desto heißer wird das Klima, und dank des warmen Indischen Ozeans sind die Sommer dunstig und tropisch. Die feuchte Küstenluft verursacht häufig dichten Nebel auf den Hügeln landeinwärts, was die Sichtweite auf einige

Meter einschränkt. Autofahrer sollten auf Fußgänger und Tiere achten, die plötzlich hinter einer Kurve scheinbar aus dem Nichts auftauchen.

Die Region ist durch ein gutes Straßennetz erschlossen. Minibus-Sammeltaxis und lokale Busgesellschaften decken die gesamte Küste ab. Wer selbst fährt, dem steht die ganze Region offen. Zwar genügt für viele Ziele ein Pkw, aber für die atemberaubende Sandstraße entlang der Küste von der Kosi Bay zur Sodwana Bay braucht man einen Geländewagen.

Hluhluwe

1100 EW.

Hluhluwe (in etwa „schlu-*schlu*-ui" ausgesprochen) befindet sich nordöstlich vom Hluhluwe-iMfolozi Park. Zum Ort selbst gibt's nicht viel zu sagen. Er liegt an einer breiten Hauptstraße, die in die N2 mündet, ist aber der wichtigste Ausgangspunkt für Besuche im wunderschönen Park.

Schlafen & Essen

Hluhluwe Backpackers HOSTEL $

(☎076 375 3831; B pro Pers. 150 R) Die Lage des zum Hostel umfunktionierten Hauses direkt vor dem Memorial Gate Eingang zum Hluhluwe-iMfolozi ist absolut fantastisch. Drinnen ist es zwar etwas dunkel und schmuddelig, aber freundliche Hunde, saubere Zimmer und eine ungezwungene Atmosphäre sorgen dafür, dass man es ein bis zwei Nächte gut aushält. Und dort ist es unendlich viel günstiger als im Park zu übernachten.

Orchard Farm Cottages BUNGALOW $

(☎082 494 1047; www.theorchardfarm.co.za; 1 Ngweni Rd; EZ/DZ ab 400/550 R; ❄) Diese Selbstversorger-Bungalows befinden sich in einem Wildschutzgebiet, das zu einer großen Farm gehört. Auch wenn die Zimmer ein bisschen altmodisch und abgewohnt sind, die Unterkunft ist gemütlich und liegt ideal direkt vor der Stadt.

Isinkwe Backpackers Bushcamp HOSTEL $$

(☎083 338 3494; www.isinkwe.co.za; Bushlands; EZ/DZ/3BZ 525/700/840 R, B/DZ ohne Bad 180/500 R; @ 🏊) Die günstige Unterkunft in einem Stück unberührtem Buschland 14 km südlich von Hluhluwe bietet ganz unterschiedliche Unterkunftsarten von Hütten bis zu Zimmern mit Bad. Dazu kommen zahlreiche buschorientierte (und andere) Aktivitäten und eine Bar am Pool, an der man Abenteuergeschichten austauschen kann. Die Besitzer unternehmen Safaris in den Hluhluwe-iMfolozi Park und bieten Halbpension sowie verschiedene Packagetouren an (siehe Website). Eine Wegbeschreibung erhält man über das Telefon.

★ **Hluhluwe River Lodge** LODGE $$$

(☎035-562 0246; www.hluhluwe.co.za; EZ/DZ mit Halbpension 1675/2400 R) Die Lodge liegt etwa 11 km von Hluhluwe entfernt an der D540 (abseits der Rte 22 und nahe der False Bay) und ist ein luxuriöser Standort zur Erkundung des Parks (die Lodge bietet auch Touren an). Die Chalets inmitten des eigenen Stücks Buschland sind stilvoll, luftig und geräumig. Der Gemeinschaftsbereich besteht aus einem wunderschönen Wohnraum mit Terrasse, der Koch tischt erstklassige Gerichte auf. Durch den Urwald führt ein herrlicher „Ducker-Weg", und viele weitere Aktivitäten werden angeboten.

Zululand Tree Lodge LODGE $$$

(☎035-562 1020; http://ubizane.co.za; EZ/DZ inkl. Frühstück 1050/1700 R; ❄ 🏊) Vogelgesang zum Aufwachen gefällig? Die 7 km außerhalb von Hluhluwe gelegene Unterkunft befindet sich inmitten von Fieber-Akazien im Ubizane-Wildreservat. Die romantische Anlage besteht aus strohgedeckten Pfahlbauten. Jedes Zimmer besitzt eine eigene Veranda, von der aus man Tiere beobachten kann. Die Lodge bietet ausgezeichnete Pauschalangebote mit Halbpension und Safaritouren; die Preise variieren je nach Angebot.

Bushwillow PENSION $$$

(☎035-562 0473; www.bushwillow.com; Kuleni Game Park; EZ/DZ inkl. Frühstück ab 1375/1800 R) Mitten im privaten Kuleni Game Park und umgeben von einem wunderbaren Wald mit Schirmakazien und natürlich Bushwillows (*Combretum erythrophyllum*) befindet sich dieses romantische, erholsame Versteck.

AUSSCHILDERUNG NACH HLUHLUWE

Die Ausschilderung nach Hluhluwe und Umgebung ist etwas verwirrend. Es hilft zu wissen, dass sich das Dorf Hluhluwe auf der Ostseite der N2 befindet, während der Hluhluwe-iMfolozi Park 12 km westlich der N2 (14 km westlich des Ortes) liegt.

Wildtiere wie Zebras, Giraffen und Ducker sind hier zu Hause und es gibt schöne Wanderwege. Die Anlage befindet sich 20 km vom Ort Hluhluwe entfernt an der Sodwana Bay Road; auf das Schild Kuleni achten. Auf Wunsch ist auch Halbpension möglich.

Jeweils zwei Wohneinheiten werden durch einen Gemeinschaftsbereich mit Küche verbunden. Man kann vom Tauchbecken aus Vögel beobachten oder einfach in der frei stehenden Badewanne entspannen – auch dabei bietet sich ein Ausblick ins Grüne.

Shoppen

Etwa 20 km südlich von Hluhluwe an der N2 befindet sich der lohnende Zamimpilo Market, hier bietet eine Frauen-Kooperative eine große Auswahl an einheimischem Kunsthandwerk an.

Ilala Weavers KUNSTHANDWERK
(☎087 802 1792; www.ilala.co.za; 1 Ngweni Rd; ⏲Mo–Fr 8–17, Sa & So 9–16 Uhr) Bietet eine große Auswahl an Zulu-Kunsthandwerk, außerdem gibt es ein **Museum** und ein einheimisches, etwas künstliches „Dorf". Ein guter Ort, um Souvenirs zu erstehen, allerdings wimmelt es oft von Busladungen mit Touristen.

HLUHLUWE-IMFOLOZI PARK

Was einen erwartet Der Park ist unglaublich beeindruckend, sehr bergig und bietet ausgezeichnete Möglichkeiten, Wildtiere zu beobachten. Dies ist der Park, den Reisende in KwaZulu-Natal auf jeden Fall besuchen sollten. Durch das offene Berggelände zu pirschen und Wildtiere zu beobachten, ist eine echt afrikanische Erfahrung.

Reisezeit Jede Jahreszeit ist geeignet. Zwischen Mai und August entdeckt man die Wildtiere in der offenen Savanne am besten.

Praktisches Der Park ist zwischen November und Februar von 5 bis 19 Uhr geöffnet, zwischen März und Oktober von 6 bis 18 Uhr. Benzin erhält man im Mpila Camp in iMfolozi und im Hilltop Camp in Hluhluwe, hier bekommt man auch Diesel.

Spar-Tipps Außerhalb des Parks übernachten! Einen Versuch wert sind die Hostels **Hluhluwe Backpackers** oder **Isinkwe**. Wer gerne eine Wildniswanderung unternehmen möchte, sollte den **Primitive Trail** (S. 295) nehmen – das ist der günstigste.

Hluhluwe-iMfolozi Park

Der **Hluhluwe-iMfolozi Park** (☎035-550 8476; www.kznwildlife.com; Erw./Kind 145/75 R), dessen Schönheit und abwechslungsreiche Landschaft der des Kruger National Park ebenbürtig ist, ist einer der bekanntesten und faszinierenden Parks Südafrikas. Manche halten ihn wegen seiner besseren Zugänglichkeit sogar für attraktiver als den Kruger. Der Park ist 96 000 ha groß und bietet unendlich viele Wildtiere, darunter auch Löwen, Elefanten, Nashörner (Breit- und Spitzmaulnashörner), Leoparden, Giraffen, Büffel und Afrikanische Wildhunde.

Der atemberaubende Hluhluwe-iMfolozi mit seiner bergigen Landschaft bietet umwerfende Aussichten in alle Himmelsrichtungen. Der Mangel an üppiger Vegetation in manchen Teilen des Parks, z. B. auf der Fahrt vom Memorial Gate zum Hilltop Camp, sorgt dafür, dass man die Tiere ausgesprochen gut beobachten kann. Fast immer sieht man Breitmaulnashörner.

Den Nationalpark kann man zu jeder Zeit besuchen – hier ist immer irgendetwas los und immer viel zu sehen. Im Sommer (Regenzeit) wird alles unglaublich grün, und auch die Tierwelt gedeiht prächtig. Aber auch im Winter während der Trockenzeit lohnt sich ein Besuch, besonders in den offenen Savannen, da sich die Tiere dann oft an den Wasserstellen sammeln (hier fließen der White und der Black iMfolozi).

Jeder Monat hat seinen eigenen Reiz: Von November bis Januar werden bei den Impalas, Zebras, Gnus, Giraffen und bei vielen Zugvögeln die Jungen geboren, im Februar ziehen die Elefanten zu den Marula-Bäumen, und von Oktober bis März blühen die Gräser und Wildblumen wunderschön.

Sehenswertes & Aktivitäten

Centenary Centre MUSEUM
(⏲8–16 Uhr) Das Centenary Centre im östlichen Abschnitt des iMfolozi Park ist eine Pflegestation mit angeschlossenem Museum, Informationszentrum und exzellentem

Kunsthandwerksmarkt. Es gibt hier ein Nashornrevier und ein Antilopengehege. Das Zentrum wurde angelegt, um Besuchern die Möglichkeit zur Beobachtung von Wildtieren zu geben, ehe sie in ihr neues Zuhause umgesiedelt werden. Wer die Tiere sehen will, braucht einfach nur im Kiosk des Centenary Centre anfragen; für einen Rundgang braucht man einen Führer (ca. 20 R pro Pers.).

Fahrten zur Wildbeobachtung

Fahrten durch den Park sind sehr beliebt. Das Hilltop Camp (s. rechts) bietet solche Fahrten morgens und abends an, das Mpila Camp (s. rechts) nur abends. Nur Gäste der Camps können an den Fahrten, die pro Person 300 R kosten, teilnehmen. Die meisten Besucher des Parks fahren selbst.

Wanderungen

Eine der Hauptattraktionen des iMfolozi ist das außergewöhnliche Wegesystem in einem gesonderten, 24 000 ha großen Buschgelände (nur saisonal zugänglich, mindestens vier Teilnehmer). Hier gibt es keine Straßen, sondern nur Wanderwege. Alle Wanderungen werden von einem Führer begleitet und dauern zwischen zwei und fünf Tagen. Sie werden vom KZN Wildlife veranstaltet, Lebensmittel, Wasser, Kochgeschirr etc. werden gestellt. Übernachtet wird in Camps in Zelten.

Die Wahrscheinlichkeit, dass man Wildtiere sieht, ist sehr groß. Solche Wanderungen sind eine einmalige Erfahrung und deswegen auch sehr beliebt; also frühzeitig einen Platz reservieren.

Der **Base Trail** (3900 R, drei Nächte) befindet sich, wie der Name schon sagt, an einem Basiscamp. Die Teilnehmer machen nur Tageswanderungen mit kleinem Gepäck.

Beim **Short Wilderness Trail** (2350 R, zwei Nächte) wird in einem Außencamp ohne sanitäre Anlagen (Eimerduschen), aber mit voller Verpflegung, übernachtet.

Ähnlich ist der **Extended Wilderness Trail** (3450 R, 3 Nächte), allerdings müssen hier die Teilnehmer ihr Gepäck selbst 7 km ins Camp tragen.

Auf dem **Primitive Trail** (2900 R, vier Nächte) muss man alles selber tragen, hilft beim Kochen (Lebensmittel werden gestellt) und schläft unter freiem Himmel. Manche halten diesen Trail für interessanter, da die Teilnehmer viel mehr mit in die Organisation einbezogen werden (z. B. müssen sie nachts auch für 1½ Std. Wache schieben).

Schlafen & Essen

Unterkünfte müssen vorab über Ezemvelo KZN Wildlife (S. 311) in Pietermaritzburg gebucht werden. Last-minute-Buchungen (bis zu 48 Std. im Voraus) erfolgen direkt bei den Camps. Achtung: Die Preise aller Unterkünfte gelten zwar pro Person, aber ein Mindestpreis ist gefordert. Bei Selbstversorgerunterkünften muss man sein Essen mitbringen!

Neben dem Hilltop Camp und dem Mpila Camp gibt es eine Reihe von tollen Lodges (manche bieten sogar einen Koch an, der die mitgebrachten Lebensmittel zubereitet), aber generell wird überall eine Mindestzahl verlangt: Die Lodges öffnen ab einer Zahl von sechs bis acht Personen. Mehr Informationen dazu unter www.kznwildlife.com.

Wir empfehlen das **Gqoyeni Bush Camp** (8-Bett-Buschhütte, pro Pers. 595 R, Mindestpreis 4200 R), **Hlathikhulu Bush Lodge** (8-Bett-Buschhütte, pro Pers. 595 R, Mindestpreis 3780 R), **Masinda Lodge** (6-Bett-Buschhütte, inkl. Safari & Wanderungen pro Pers. 550 R), **Mthwazi Lodge** (Mindestpreis 4500 R), **Muntulu Bush Lodge** (8-Bett-Buschhütte, pro Pers. 595 R, Mindestpreis 4320 R) und **Munyaweni Bush Lodge** (8-Bett-Buschhütte, pro Pers. 595 R, Mindestpreis 4320 R).

★ **Hilltop Camp** HÜTTEN **$$**
(☎ 035-562 0848; 2-Pers. Rondavel/Hütte 575/1100 R; ❄) *Die* Unterkunft auf der Hluhluwe-Seite: Ein Drink auf der Terrasse, danach das Essen und dazu die Silhouetten der Berge – ein unvergessliches Erlebnis. Leider vernachlässigt KZN Wildlife die Anlage etwas: So ließen sich beim letzten Besuch nicht alle *rondavels* abschließen, da die Schlösser verrostet waren. Unser Tipp: Wertsachen gut versteckt im verschlossenen Auto lassen.

Wer Frieden und Ruhe sucht, ist mit den privaten, ruhigen Unterkünften besser bedient. Sie werden zwar als „Bush Lodges" bezeichnet, sind aber fantastisch, voll ausgestattet und ziemlich vornehm. Einige bieten sogar einen privaten Koch an – nur die Lebensmittel müssen mitgebracht werden.

Mpila Camp HÜTTE **$$**
(2-Bett-Safaricamp DZ 820 R, Hütte DZ 820 R) Die Hauptunterkunft auf der iMfolozi-Seite ist das spektakuläre, ruhige Mpila Camp, das auf einer Hügelspitze im Zentrum des Reservats liegt. Die Safarizelte bieten das meiste Vergnügen, aber es gibt auch Hütten für Selbstversorger („Chalets"). Achtung: Es gibt zwar einen Elektrozaun, aber die Tiere

Hluhluwe-iMfolozi Park

Hluhluwe-iMfolozi Park

Sehenswertes

1 Centenary Centre B2
2 Hluhluwe-iMfolozi Park B2

Schlafen

3 Hilltop Camp C1
4 Isinkwe Backpackers Bushcamp D1
5 Mpila Camp B2

(Löwen, Hyänen, Wildhund) können trotzdem durch das Camp stromern.

An- & Weiterreise

Der Nationalpark hat drei Eingänge. Der Haupteingang ist das Memorial Gate, rund 15 km westlich der N2 und etwa 50 km nördlich von Mtubatuba. Den zweiten Eingang, das Nyalazi Gate, erreicht man, wenn man gleich hinter Mtubatuba auf dem Weg Richtung Nongoma von der N2 nach links auf die R618 einbiegt. Zum dritten Eingang, dem Cengeni Gate auf der Westseite des Parks, gelangt man über die Straße von Ulundi (30 km asphaltiert).

iSimangaliso Wetland Park

Der tolle **iSimangaliso Wetland Park**, eine Welterbestätte der Unesco, erstreckt sich über 220 km von der mosambikanischen Grenze bis nach Maphelane am Südende des Lake St Lucia. Mit dem Indischen Ozean auf der einen Seite und einer Reihe von Seen auf der anderen (darunter auch Lake St Lucia) dient der 3280 km² große Nationalpark dem Schutz von fünf Ökosystemen: Korallenbänke und Strände, Seen, Feuchtbiotope, Waldgebiete und Küstenwälder. Unechte Karettschildkröten und Lederschildkröten legen an den Stränden ihre Eier ab; Wale und Delfine tummeln sich vor der Küste, und im Park selbst leben zahlreiche Tiere wie Antilopen, Flusspferde und Zebras. In der Ferienzeit strömen die Menschen scharenweise an die Strände des Ozeans, wo sie sich mit allen möglichen Aktivitäten – von Angeln bis Tauchen – vergnügen.

Lake St Lucia ist Afrikas größter Meeresarm. Wegen einer verfehlten Umweltpolitik – der Zufluss des iMfolozi Rivers wurde vom Wasserarm des Lake St Lucia abgetrennt – sank er vor einiger Zeit auf den tiefsten Wasserstand seit 55 Jahren. 2012 wurden die beiden Gewässer wieder verbunden. Dieser Umstand und die relativ regelmäßigen Regenfälle sorgten dafür, dass 2014 der alte Wasserstand wieder erreicht wurde. Seitdem finden sich hier auch wieder Fische und Garnelen ein. Eine neue Managementstrategie sorgt dafür, dass die Wasserstände stabil und das Ökosystem intakt bleiben.

Der iSimangaliso Wetland Park (früher hieß er Greater St Lucia Wetland Park) hat sein Image als Ökoreiseziel 2007 wiederbelebt, dazu gehört auch der neue Name: iSimangaliso bedeutet „Wunder" – eine angesichts der außerordentlichen Schönheit durchaus angemessene Bezeichnung.

Das wunderbare Angebot an Unterkünften ist breit gestreut – vom Camping bis zu privaten Häusern und exzellenten Unterkünften des Ezemvelo KZN Wildlife (S. 311).

Unbedingt mindestens 48 Stunden im Voraus reservieren.

St Lucia ist der bedeutendste Ort und bietet gute Unterkünfte und Versorgungsmöglichkeiten. Von den Eastern und Western Shores kommt man direkt ins Zentrum der Wetlands. Auch von der Sodwana Bay kann man den Park betreten, der Ort ist auch bei Tauchern beliebt. Lake Sibaya und Kosi Bay im nördlichen Bereich des Parks sind abgelegen und sehr hübsch. Das uMkhuze Game Reserve liegt weiter im Landesinneren.

Aktivitäten

Im Maßnahmenkatalog zur Sicherung eines umweltverträglichen Tourismus steht, dass alle Ökotourveranstalter im iSimangaliso Wetland Park dazu verpflichtet sind, alle paar Jahre bei den Behörden offiziell eine neue Konzession zu beantragen.

Unter www.isimangaliso.com findet sich ein Verzeichnis mit allen derzeit lizenzierten Unternehmen und Organisationen.

Vogelbeobachtung

Vögel zu beobachten ist in St Lucia (S. 299) und Umgebung ein spannendes Vergnügen. Auf der Website der **Zululand Birding Route** (www.zululandbirdingroute.co.za) findet man viele Informationen sowie Namen von kundigen Führern.

Themba's Birding & Eco Tours VOGELBEOBACHTUNG
(☎ 071 413 3243; stluciabirdsnbirding@gmail.com; St Lucia; pro Pers. ab 200 R, mind. 2 Pers.) Themba ist ein empfehlenswerter Führer, der von Reisenden wegen seines großen Wissens über Vögel und lokale Gegebenheiten sehr gelobt wird.

Bootstouren & Walbeobachtungen

Was auch immer geplant ist, es sollte immer noch etwas Geld übrig bleiben, um eine Tour zu den Walen zu unternehmen. Während der Saison ist die Wahrscheinlichkeit groß, hier Wale, Delfine und andere Meerestiere zu sehen. Bootstouren kosten um die 200 R pro Person. Außerdem werden Bootstouren flussaufwärts angeboten, bei denen man Flusspferde und Krokodile beobachten kann. Die meisten Touren starten in St. Lucia, die Sodwana Bay Lodge (S. 303) bietet Walbeobachtungen ab Sodwana Bay an.

Advantage Tours BOOTSTOUREN
(St Lucia Tours; ☎ 035-590 1259; www.advantagetours.co.za; 1 McKenzie St, Dolphin Centre) Unternimmt zwischen Juni und September täglich Fahrten zur Walbeobachtung, vorausgesetzt, das Wetter spielt mit. Man kann auch flussaufwärts fahren, um Flusspferde und Krokodile zu beobachten.

Ocean Experience BOOTSTOUREN
(☎ 035-590 1555; www.stlucia.co.za) Veranstaltet eine zweistündige Tour hinaus in den St Lucia Estuary, um Flusspferde und Krokodile zu beobachten. Zusätzlich kann man das Boot verlassen und eine geführte Wanderung in den Busch unternehmen, bei der die Möglichkeit besteht, Zebras und Antilopen zu sehen.

Tauchen & Tiefseefischen

Sodwana Bay (S. 303) ist ein Tummelplatz für Sporttaucher und Hochseeangler.

Reiten

Hluhluwe Horse Safaris REITEN
(☎ 035-562 1039; www.hluhluwehorsesafaris.co.za; 1½-/2½-Std. Ritt 395/550 R) Ein Ausritt ist eine wunderbare Möglichkeit, Wildtiere zu sehen; diese Ausritte finden in der Re-

ISIMANGALISO WETLAND PARK

Was einen erwartet Dieser Park ist einzigartig in Südafrika – ja sogar auf dem ganzen Kontinent. Er bietet den größten, noch in Südafrika existierenden Sumpfwald und ist das flächenmäßig größte Mündungsgebiet.

Reisezeit Ganzjährig.

Praktisches Der Park umfasst ein riesiges Gebiet mit 220 km², zumeist Sanddünen und Wald. Es gibt vier Hauptgebiete: den Süden (gut über St Lucia erreichbar, von dort kommt man in die Eastern und Western Shores), das Zentrum (Sodwana Bay, Zugang über die Route 22) und den am schwierigsten erreichbaren, aber sehr schönen Norden (Kosi Bay am Ende der Route 22). Eine Straße westlich der Route 22 bietet einen relativ leichten Zugang zum uMkuze Game Reserve.

Spar-Tipps In St Lucia gibt es mehrere gute Hostels, die Informationen über günstige Touren haben. Safaris für Selbstfahrer, an denen drei bis vier Personen teilnehmen und sich die Kosten teilen, sind die günstigste Möglichkeit, den Park zu besichtigen.

iSimangaliso Wetland Park

iSimangaliso Wetland Park

Sehenswertes

Schlafen

gion False Bay statt. Unterwegs lassen sich meist Antilopen und andere Tiere sehen. Eine weitere Möglichkeit für einen Ausritt bietet sich im Falaza Game Reserve, hier sieht man Flusspferde, Büffel und Giraffen. Die Ausritte starten bei der Hluhluwe River Lodge (S. 293).

Kajak-Safaris

St Lucia Kayak Safaris KAJAK FAHREN
(☎035-590 1233; www.kayaksafaris.co.za; pro Pers. 295 R) St Lucia Kayak Safaris bietet die tolle Möglichkeit, das Feuchtgebiet vom Wasser aus kennenzulernen. Dazu gehört auch eine 2½-stündige Tour mit einem Führer ab Honeymoon Bend in den Meeresarm. Der Veranstalter bietet auch Schnorchelhalts am Cape Vidal an.

Schildkrötenbeobachtung

Am Cape Vidal werden faszinierende Nachttouren zu den Schildkröten angeboten. Die Sodwana Bay Lodge (S. 303) veranstaltet Ausflüge an der Sodwana Bay, die **Kosi Bay Lodge** (☎035-592 9561; www.kosibaylodge.co.za) an der Kosi Bay.

St Lucia Turtle Tours WANDERUNGEN
(☎082 2575 612; www.extremenaturetours.co.za; ⏲pro Pers. 900 R) Die Firma veranstaltet umweltbewusste Unternehmungen als Teil eines lokalen Entwicklungsprojektes. Dazu gehören auch sehr gute Touren zur Schildkrötenbeobachtung zu Fuß am Strand entlang – die Firma benutzt keine Autos. So will man verhindern, dass die Gelege der Schildkröten zerstört werden.

Euro Zulu Safaris ÖKOTOUR
(☎035-590 1635; www.eurozulu.com; pro Pers. inkl. Abendessen & Getränke 900 R) Das Unternehmen bietet faszinierende Nachttouren zu den Schildkröten am Cape Vidal und der Kosi Bay (von Nov. bis März) an.

Wildtierbeobachtung

Das uMkhuze Game Reserve (S. 302) bietet eine der besten Möglichkeiten, Wildtiere zu beobachten. Es gibt mehrere Veranstalter, die ausgezeichnete Tages- und Nachttouren an der Eastern (S. 301) und Western Shore (S. 301) anbieten. Veranstalter findet man auf www.isimangaliso.com.

Auch bei selbst organisierten Fahrten lassen sich viele Tiere beobachten.

Shakabarker Tours GEFÜHRTE TOUREN
(☎035-590 1162; www.shakabarker.co.za; 43 Hornbill St) Shakabarker Tours unternimmt von St Lucia aus ausgezeichnete Safaritouren, dazu gehören Fahrten in lokale Wildtierparks und eine geführte Radtour (225 R pro Pers.) rund um St Lucia mit einem Zulu-Führer. Es gibt aber auch Touren in das Zulu-Dorf Khula Viallage, wo man einen Einblick in den Alltag der Zulu bekommt.

GESUNDHEITS- & SICHERHEITSWARNUNG

Die Weltgesundheitsorganisation (WHO) erklärte 2004 die Provinz KwaZulu-Natal bis zum nordöstlichen St. Lucia als malariafrei. Aber: Ein geringes Risiko besteht immer noch im Gebiet der Sodwana Bay (iSimangaliso Wetland Park) in Richtung Norden. Etwas höher ist das Risiko wahrscheinlich weiter im Norden und Nordosten unweit der Grenze zu Swasiland und Mosambik. In einigen Flüssen und Stauseen, insbesondere unterhalb von 1200 m, besteht die Gefahr von Bilharziose. Auch vor Krokodilen und Flusspferden sollte man sich in Acht nehmen, denn die Begegnung mit ihnen kann tödlich enden. Vorsicht bei Nacht (auch im Ort St Lucia), weil dann Flusspferde umherstreifen. In abgelegeneren Gebieten sind Flusspferde manchmal auch tagsüber an der Küste unterwegs – dann heißt es: Ruhe bewahren und Abstand halten! Im Landesinneren keinesfalls ins Wasser (St Lucia Estuary) gehen – es gibt dort Krokodile, Haie, Flusspferde und Bilharzioseerreger! Baden kann man dafür am Cape-Vidal-Strand (aber nur bei gutem Wetter und bei Ebbe).

St Lucia

1104 EW.

Das hübsche Dorf St Lucia liegt zwar offiziell nicht im iSimangaliso Wetland Park, ist aber ein praktischer Standort, um die südlichen Bereiche des Parks zu erkunden. In der Hochsaison geht es in St Lucia hoch her, da in diesen Monaten die Zahl von Besuchern die Einwohnerzahl des Dorfes erheblich übersteigt.

In der Hauptstraße, der McKenzie Street (einst ein Trampelpfad für Flusspferde), drängen sich Restaurants, betriebsame Hostels und Bars. Doch die stilleren Straßen dahinter bieten Ruhe und ein gutes Angebot an B&Bs. Auf den ruhigeren Straßen zotteln manchmal Flusspferde entlang – doch Vorsicht: Sie sind keine Kuscheltiere, sondern gefährliche Wildtiere!

Schlafen

Es mangelt selten an freien Unterkünften, trotzdem empfiehlt es sich, während der Sommermonate zu reservieren.

BiB's International Backpackers HOSTEL $

(☎035-590 1056; www.bibs.co.za; 310 McKenzie St; B 100 R, DZ mit/ohne Bad 275/200 R, Safarizelt DZ 375 R; P@≋) Auch wenn die Anlage innen etwas zusammengestückelt erscheint, lohnt sich diese Adresse. Die Doppelzimmer haben einen Kühlschrank, Schrank und Bad, an den Wänden hängt afrikanische Kunst. Die Zimmer sind gepflegt, es gibt Zimmer im Hauptgebäude und im ruhigeren Nebengebäude. Die Rezeption befindet sich vor dem Eingang in einem kleinen Büro.

Dave's Place HOSTEL $

(☎072 0275 384; McKenzie St; Camping 80 R, B 120 R) Das große alte Haus sieht von außen unscheinbar aus und daran ändert sich auch drinnen nicht viel. Die Betten im Obergeschoss sind recht provisorisch aufgestellt und wegen der dünnen Trennwände ist es meistens recht laut. Aber der große Außenbereich ist toll: Hier kann man am Feuer sitzen und ein *braai* veranstalten. Es gibt auch eine Bar und ein Restaurant.

St. Lucia Wilds APARTMENT $

(☎035-590 1033; www.stluciawilds.co.za; 174 McKenzie St; Apt. & Flatlet ab 600 R) Eine ausgezeichnete Alternative für alle, die nicht so viel Geld ausgeben wollen und allergisch gegen Hostels sind: Vermietet werden drei Apartments und ein sogenanntes Flatlet (kleines Apartment) für Selbstversorger. Das Haus liegt ruhig am Ufer des St Lucia Estuary.

Sugarloaf Campsite CAMPINGPLATZ $

(☎033-845 1000; www.kznwildlife.com; Pelican St; Stellplatz 180 R) Der hübsche Campingplatz liegt im Mündungsgebiet unweit von Flusspferden, Affen und Krokodilen.

Hornbill House B&B $$

(☎035-590 1162; www.hornbillhouse.com; 43 Hornbill St; EZ/DZ inkl. Frühstück 550/900 R; ❄@≋) Ein sehr nettes Haus mit hübschen Zimmern (einige mit eigenem Balkon mit Blick über den tropischen Garten), freundlichen Hunden und einem kleinen Pool zum Abkühlen – wenn man nicht gerade an einem der vielen Ökotrips oder anderen Aktivitäten teilnimmt, die vom kenntnisreichen Besitzer Kian angeboten werden. Er ist übrigens auch Touristikunternehmer.

MEERESSCHILDKRÖTEN

Fünf Schildkrötenarten leben an der südafrikanischen Küste, aber nur zwei von ihnen legen ihre Eier an den dortigen Stränden ab: die Lederschildkröte *(Dermochelys coriacea)* und die Unechte Karettschildkröte *(Caretta caretta)*. Das Legegebiet beider Arten erstreckt sich von der St-Lucia-Mündung nordwärts bis nach Mosambik.

Beide Arten legen die Eier im Sommer und nachts ab. Die Weibchen kriechen über die Flutgrenze hinaus, suchen sich eine passende Stelle und verbuddeln ihre Eier. Das Legegebiet der Unechten Karettschildkröte ist vielfältiger, da sie über Felsen in die Gezeitenzone klettert; Lederschildkröten dagegen vergraben ihr Gelege nur an Sandstränden.

Nach etwa 70 Tagen schlüpfen die Jungen nachts aus und eilen sofort ins Meer. Nur eines oder zwei von 1000 Jungen überleben bis zur Geschlechtsreife. Die Weibchen kehren zwölf bis 15 Jahre später an denselben Strand zurück, um selbst ihre Eier dort abzulegen.

Sunset Lodge HÜTTEN **$$**
(035-590 1197; www.sunsetstlucia.co.za; 154 McKenzie St; Hütten 675–1550 R;) Sieben gut gepflegte Holzhütten aus dunklem Holz und mit Safariflair für Selbstversorger. Von der eigenen Veranda bietet sich ein wunderbarer Blick über den Meeresarm – mit Glück laufen Flusspferde, Mungos und Affen über den Rasen. Außerhalb der Hauptsaison sind die Preise bedeutend günstiger.

Santa Lucia Guesthouse PENSION **$$**
(035-590 1151; www.santalucia.co.za; 30 Pelikaan St; EZ/DZ inkl. Frühstück 600/900 R;) Die Pension liegt am hinteren Ende des Ortes gegenüber von einem schönen Park. Ihr freundlicher Besitzer sorgt für einen sehr behaglichen Aufenthalt. Das herzhafte Frühstück kann man wahlweise auf der oberen oder unteren Veranda mit Blick auf den tropischen Garten genießen.

Lodge Afrique LODGE **$$**
(071 592 0366; www.lodgeafrique.com; 71 Hornbill St; DZ 1380 R;) Die schicken Hütten im afrikanischen Stil befinden sich mitten in einer Vorortsiedlung, aber in einer tropischen Umgebung. Eine sichere Wahl, wenn die Unterkunft nicht durch Reisegruppen belegt ist. Eine Reservierung ist erforderlich.

Umlilo Lodge LODGE **$$**
(035-590 1717; www.umlilolodge.co.za; 9 Dolphin Ave; EZ/DZ 900/1400 R;) Zentral gelegen mit einem hübschen, grünen Garten. Die Unterkunft hat zehn Zimmer und eine ansprechende Innen- und Freiluftlounge, in der man nach einem anstrengenden Tag entspannen kann. Sehr nett ist auch der Besitzer.

Serene Estate Guesthouse PENSION **$$$**
(072 365 2450; www.serene-estate.co.za; 119 Hornbill St; EZ/DZ inkl. Frühstück ab 1250/1800 R;) Weit entfernt von St Lucia trifft hier minimalistisches Holland auf wuchernden afrikanischen Wald. Die Besitzer schaffen mit ihren sechs Zimmern und dem Rest der Anlage ein stilvolles Ambiente. Das Frühstück, serviert mit einer von Olgas täglichen Überraschungen, bleibt unvergesslich.

Essen

Der Begriff „Gourmet" ist in St Lucia noch unbekannt. Fast alle Restaurants befinden sich entlang der McKenzie Street.

Rich's Cafe CAFÉ **$**
(McKenzie St; Gerichte 40–50 R; Mo–Fr 7.30–16, So 8–14 Uhr) Hier gibt es Wraps, Sandwiches, guten Kaffee und den ganzen Tag lang Frühstück in einem netten kleinen Garten.

Barraca INTERNATIONAL **$$**
(McKenzie St; Gerichte 60–110 R; 9–22 Uhr) Man erkennt das Lokal gleich an der großen offenen Veranda zur Hauptstraße. Nette Atmosphäre, leckeres Essen und ein toller Ort, um Leute zu beobachten und eine Kleinigkeit zu essen. Mittags gibt es Sandwiches, abends Meeresfrüchte wie z.B. Garnelencurry oder Paella mit Meeresfrüchten.

Braza FUSION **$$**
(McKenzie St; Hauptgerichte 40–120 R; Mittag- & Abendessen) „Cuisine" mit einem Hauch Portugal, Brasilien, Mosambik und Angola – zumindest wirbt das gut besuchte Restaurant so für sich. Hier kommen leckere Fleisch- und Grillgerichte auf den Tisch, aber es gibt auch einen Vegetarierteller, der allerdings nicht auf der Karte steht.

Praktische Informationen

Alle großen Banken (Standard Chartered Bank, Nedbank und FNB) haben Geldautomaten in der Hauptstraße. Zum Zeitpunkt des letzten Besuchs wurde die Touristeninformation umgebaut und es gab noch keinen Zeitplan für die Wiedereröffnung.

Internet Cafe (☎ 035-590 1056; 310 McKenzie St; 30 Min. 15 R; ⌚8–18 Uhr) Bei Weitem der beste Service. Das Internetcafé befindet sich im Hostel BiB's International Backpackers.

An- & Weiterreise

Avis (☎ 035-590 1634; www.avis.co.za; McKenzie St; ⌚Mo–Fr 8–16, Sa 8–12 Uhr) Avis ist eine zuverlässige Adresse für Mietwagen.

Minibus-Sammeltaxis fahren von Durban nach Mtubatuba (120 R), das 25 km von St Lucia entfernt liegt. Dort steigt man dann um in ein anderes Minibus-Taxi nach St Lucia. Als Alternative fahren Busse zwischen St Lucia, Richards Bay und Mtubatuba; man muss aber auf jeden Fall in allen Orten jeweils umsteigen.

Wer keine geführte Tour ab St Lucia Estuary mitmachen möchte, benötigt ein eigenes Fahrzeug, um die Gegend zu erkunden.

Zwischen St Lucia und Durban (Flughafen und Unterkünfte) verkehrt der private Shuttle-Service **Mthuyi's** (☎ 079 026 3660; mthuyis@gmail.com). Bei zwei Personen kostet eine Fahrt 750 R pro Person, jede weitere Person in der Gruppe kostet 500 R extra.

Eastern Shores

Das Schutzgebiet **Eastern Shores** (☎ 035-590 1633; www.isimangaliso.com; Erw./Kind/Fahrzeug 40/25/45 R; ⌚Nov.–März 5–19 Uhr, April–Okt. 6–18 Uhr) im Südteil des iSimangaliso Wetland Park ist von St Lucia aus am einfachsten zu erreichen. Hier kann man dank eines sehr guten Straßennetzes Beobachtungsfahrten auf eigene Faust unternehmen (zu sehen gibt es alles von Flusspferden bis zu Antilopen, außerdem eine reiche Vogelwelt). Gemeinsam mit Western Shores ist das Schutzgebiet Teil eines Renaturierungsprojektes: Hier versucht man Tausende Hektar Land, alles ehemalige Plantagen, wieder in den alten Zustand zurückzuversetzen (deswegen auch die vielen Baumstümpfe).

Sehenswertes & Aktivitäten

Durch die Eastern Shores führen vier Straßen zu mehreren Wasserlöchern, ins *vlei* (Marschland), zu Küstendünen und ins Grasland. Jedes dieser Ziele hat unterschiedliche Merkmale und ist ein anderes Ökosystem. Beobachtungsunterstände, Terrassen und Aussichtspunkte sorgen für hervorragende Möglichkeiten, ungestört Tiere aus der Nähe zu beobachten.

Mission Rocks KÜSTE

Etwa 14 km nördlich des Eingangs liegt Mission Rocks, eine zerklüftete Felsenküste. Bei Ebbe ist eine bunte Vielfalt an Meerestieren in den Gezeitentümpeln zu sehen (Achtung: Schwimmen ist hier nicht möglich.)

Bats Cave HÖHLE

Bei Ebbe kann man diese Fledermaushöhle besuchen, zu Fuß sind es 5 km dorthin.

Mount Tabor Lookout AUSSICHTSPUNKT

Etwa 4 km vor den Mission Rocks liegt der Mount-Tabor-Aussichtspunkt (ausgeschildert), der einen herrlichen Blick auf den Lake St Lucia und das Meer bietet.

Cape Vidal STRAND

20 km nördlich der Mission Rocks (30 km vom St Lucia Estuary) befindet sich Cape Vidal, das das Gebiet zwischen dem Lake Bhangazi und dem Indischen Ozean umfasst. Einige der bewaldeten Sanddünen sind 150 m hoch, die Strände eignen sich ausgezeichnet zum Schwimmen.

Schlafen

Cape Vidal Camp CAMPINGPLATZ, HÜTTEN

(☎ 033-845 1000; www.kznwildlife.com; Stellplatz für bis zu 4 Pers. 420 R, 5-Bett-Blockhütte Mindestpreis 1020 R) Eine ausgezeichnete Unterkunft in den Eastern Shores ist das hübsche Cape Vidal Camp unweit vom Ufer des Lake Bhangazi gelegen. Es steht unter der Verwaltung von Ezemvelo KZN Wildlife; dort gelten Mindestpreise.

An- & Weiterreise

Der Eingang zu den Eastern Shores liegt 2 km nördlich der Stadt St Lucia, gleich neben dem St Lucia Crocodile Centre.

Western Shores

Die Region nordwestlich des St Lucia Estuary wird **Western Shores** (☎ 035-590 1633; www.isimangaliso.com; Erw./Kind/Fahrzeug 40/25/45 R; ⌚Nov.–März 5–19 Uhr, April–Okt. 6–18 Uhr) genannt. Sie umfasst zwei fantastische Seeufergebiete, **Fani's Island** und **Charters Creek**. Fani's war zur Zeit der Recherche für Besucher geschlossen, aber eine neue Straße bietet einen Zugang zum dichten Küstenwald und Grasland von Charters Creek (Eingang nahe der N2, 18 km nördlich von Mtubatuba und 32 km südlich von

Hluhluwe). Die Strecke (sie wurde gerade eröffnet) ermöglicht gemütliche Autofahrten entlang der Westseite des Lake St Lucia. Bei der Fahrt entlang der Westküste kann man Antilopen (besonders Hirschantilopen und Kudu) und mit Glück auch Flusspferde beobachten.

Die Anfahrt zu den Western Shores von St Lucia aus erfolgt über die Straße Richtung Mtubatuba, nach 2 km geht's am Dukuduku Gate rechts ab.

uMkhuze Game Reserve & Umgebung

Das **uMkhuze Game Reserve** (☎ 031-845 1000, 035-573 9004; www.kznwildlife.com; Erw./Kind/Fahrzeug 42/25/47 R; ⏲ Nov.–März 5–19 Uhr, April–Okt. 6–18 Uhr) ist schlicht gesagt ein Highlight jeder Reise! Das Wildreservat wurde 1912 zum Schutz der Nyala-Antilope gegründet und ist heute Teil des iSimangaliso Wetland Parks. Es besteht aus 36 000 ha dichtem Buschland und offenen Akazienebenen. 2014 wurden hier erfolgreich Löwen wieder angesiedelt, außerdem gibt es alle anderen begehrten Großwildtiere sowie über 400 Vogelarten, darunter die seltene Bindenfischeule *(Scotopelia peli)*, zu sehen. Im Reservat stehen ausgezeichnete Beobachtungsunterstände, einige an Wasserstellen. Die von Fieberakazien umgebenen Wasserlöcher bieten einige der besten Beobachtungsmöglichkeiten des Landes.

UMKHUZE GAME RESERVE

Was einen erwartet uMkhuze bietet die Big Five und ist ein wunderschöner Park. Häufig sieht man Nyala- und andere Antilopenarten rund um das Camp. Die Führer sind sehr erfahren und die Wildbeobachtungen sind ein absolutes Highlight.

Reisezeit Die beste Zeit für Wildbeobachtungen sind die Monate Oktober und November, dann ist das Gras verbrannt und es ist einfacher, die Tiere zu sehen. Außerdem ist es nicht mehr so heiß.

Praktisches Der Park ist zwischen November und März von 5 bis 19 Uhr geöffnet, zwischen April und Oktober von 6 bis 18 Uhr. Die nächste Stadt ist Mkhuze.

Spar-Tipps Die Rasthütten sind eine günstige Wahl; für Selbstversorger gibt es jede Menge *braais*.

Das Reservat liegt 15 km von der Stadt Mkuze entfernt (18 km von Bayla auf der Fahrt nach Norden).

Aktivitäten

Das Camp Mantuma bietet ausgezeichnete Abendsafaris (220 R) an.

Fig Forest Walk WANDERUNG
(pro Pers. 200 R) Auf keinen Fall sollte man den wunderbare Fig Forest Walk verpassen, eine geführte Wanderung über Hängebrücken. Sie wird von Camp Mantuma angeboten.

Schlafen

Camp Mantuma CHALET $$
(☎ 033-845 1000; www.kznwildlife.com; Hütte 410 R, DZ Chalet 800 R) Mantuma befindet sich in einer wunderbaren Umgebung und hat keine Zäune, sodass hier oft Wildtiere, besonders Nyalas, durchziehen. Das Camp ist schon alt, die Unterkünfte haben schon bessere Tage gesehen, aber es ist sauber, liegt gut und ist günstig. Hier sollte man sich lieber selbst versorgen, das Restaurant ist nicht so zu empfehlen.

Nhlonhlela Bush Lodge LODGE $$$
(☎ 033-845 1000; www.kznwildlife.com; 8-Bett-Hütten 2400 R) Die Nhlonhlela Bush Lodge bietet einen Gemeinschaftbereich mit Blick auf ein Wasserloch und vier bequeme Wohneinheiten, die durch Stege miteinander verbunden sind. Den Gästen wird ein eigener Ranger und ein Koch (Lebensmittel selbst mitbringen) zur Verfügung gestellt.

Ghost Mountain Inn GASTHAUS $$$
(☎ 035-573 1025; www.ghostmountaininn.co.za; Fish Eagle Rd; EZ/DZ inkl. Frühstück ab 1015/1430 R; ❄ 📶 🏊) Das Ghost Mountain Inn liegt außerhalb des Parks und ist ein traditionelles Kolonialhaus mit modernem (und luxuriösem) Touch, einer Innen- und Freiluftlounge und blühenden Gärten. Es ist ein wunderbarer Standort zur Erkundung des Schutzgebietes. Angeboten werden auch faszinierende Kulturausflüge in die reizvolle Umgebung; empfehlenswert sind etwa die Fahrten uMkhuze Game Reserve und zu Dingaan's Grave.

An- & Weiterreise

Die Anfahrt von Norden führt über Mkhuze – von Süden aus biegt man von der N2 etwa 35 km nördlich vom Dorf Hluhluwe ab und fährt dann über eine Schotterpiste. Von Osten gibt es eine Zufahrt etwa 40 km südlich von Sodwana Bay von der Route 22. Die Straße ist eine Mischung aus Schotterpiste und Asphaltstraße mit vielen Schlaglöchern, die auch für normale Autos ohne Vierradantrieb befahrbar ist, wenn man vorsichtig fährt. Außerdem gibt es noch eine Straße direkt von Sodwana Bay aus.

Sodwana Bay

Hat man den Eingangsbereich des Parks – einen Mix aus Lodges, Straßenschildern und Baracken – hinter sich gelassen, wartet eine angenehme Überraschung auf den Besucher: Die **Sodwana Bay** (http://isimangaliso.com; Erw./Kind 30/20 R; ⏲24 Std.) liegt zwischen üppigem Wald auf der einen und einem glitzernden Sandstrand auf der anderen Seite.

Die traumhafte Bucht ist vor allem wegen ihrer guten **Tauchgründe** bekannt – dank der vielfältigen Unterwasserlandschaften und der Meeresflora und -fauna ist sie eines *der* Tauchzentren Südafrikas. Auch richtiges Hochseeangeln ist hier möglich. Man trifft jede Menge Typen, die von ihren Wasserfahrzeugen aus jagen, schießen und angeln.

Insofern meidet man besser die sommerliche Hauptsaison, wenn Tausende dorthin strömen, um buchstäblich abzutauchen. Zu allen anderen Zeiten ist es hier wunderbar friedlich. Die meisten Leute fahren zum Tauchen oder Angeln dorthin, alle anderen genießen einen Strandspaziergang und bewundern die schöne Gegend. Viele Alternativen gibt es nicht.

Viele Einrichtungen, darunter auch Unterkünfte, Tauchschulen, einige Cafés und Reiseveranstalter, säumen die Straße zum Parkeingang. Im Park selbst gibt es einen Campingplatz sowie einige Tauchanbieter, die auch Unterkünfte vermieten.

Der **Gemischtwarenladen** (geöffnet Mo–Fr 8.30–16.30, Sa 8.30–11.30 Uhr) am Parkeingang hat einen Geldautomaten. Ansonsten muss man 14 km Richtung Westen nach Mbazwana fahren.

Schlafen & Essen

Natural Moments Bush Camp & Diving HOSTEL $
(☎083 256 1756; www.divesodwana.com; Hütte 155 R, Zi. 195 R) Das Hostel bietet rustikale Unterkünfte für Backpacker mit entspanntem Hippie-Charme. Die kleinen Hütten stehen dicht gedrängt in einem attraktiven, üppig grünen Garten. Außer den Hütten gibt es noch einen Campingplatz und Zulu-Hütten in der Nähe.

GHOST MOUNTAIN

Der Ort Mkuze liegt südwestlich der Lebombo-Berge an der N2. Der südlich vom Ort gelegene Ghost Mountain war für den Stamm der Ndwandwe ein bedeutender Begräbnisplatz. Dort soll es unheimliche Erscheinungen geben, die meistens in Form von merkwürdigen Lichtern und Geräuschen auftreten. Gelegentlich werden rund um den Ghost Mountain auch menschliche Knochen gefunden, die wohl aus der Zeit um 1884 stammen, als hier eine große Schlacht zwischen rivalisierenden Zulu-Lagern stattfand.

Ezemvelo KZN Wildlife CAMPINGPLATZ $$
(☎033-845 1000; www.kznwildlife.com; Stellplatz für bis zu 4 Pers. ab 440 R, 4-Bett-Hütte 1320 R) Bietet im Park Hunderte von gut organisierten Stellplätzen und Hütten im Küstenwald. Es gelten Mindestpreise.

Sodwana Bay Lodge LODGE $$
(☎035-571 6000; www.sodwanabaylodge.co.za; EZ/DZ mit Halbpension 835/1540 R) Das Resort hat gepflegte Fußwege, Bananenbäume, etwas altmodische, kieferngetäfelte Zimmer und sehr komfortable Chalets mit großer Veranda. Die Unterkunft spricht vor allem Taucher an und bietet daher verschiedene günstige Pakete mit Tauchgängen und Unterkunft an. Die Lodge liegt an der Hauptstraße zum Park.

Auf dem Gelände hat auch das **Sodwana Bay Lodge Scuba Centre** (☎035-571 0117; www.sodwanadiving.co.za; Sodwana Bay Lodge) seinen Sitz.

Coral Divers LODGE $$
(☎033-345 6531; www.coraldivers.co.za; Sodwana Bay; DZ-Zelt 460 R, DZ-Hütte mit/ohne Bad ab 930/770 R; @≋) Das große Unternehmen liegt im Park selbst und zieht mit seinen Tauchpauschalpaketen und sonstigen Aktivitäten immer noch die Massen an.

Es gibt einen großen Speisesaal mit Bar und einen winzigen Pool. Unterkünfte finden sich für jeden Geldbeutel – von Zelten und winzigen Hütten bis zu etwas hübscheren exklusiven Hütten mit eigener Rasenfläche und Bad. Die Anlage wirkt gelegentlich etwas ungepflegt, wenn nach dem Abzug größerer Besuchergruppten noch nicht wieder alles ordentlich aufgeräumt wurde.

Leatherbacks MEERESFRÜCHTE
(035-571 6000; Sodwana Bay Lodge; Hauptgerichte 70–130 R; 7–22 Uhr) Das hübsche, luftige Lokal ist ein ruhiger Zufluchtsort abseits der Hauptstraße und bietet eine Karte mit einfachen Gerichten. Es hat den ganzen Tag bis in den Abend hinein geöffnet – es gibt Pizza, Nudeln und gut zubereitete Meeresfrüchtegerichte.

An- & Weiterreise

Von der N2 den Abzweig im Dorf Hluhluwe Richtung Mbazwana nehmen, danach fährt man noch etwa 20 km bis zum Park. Auch Minibus-Taxis befahren diese Strecke.

Lake Sibaya & Küstenwald

Einsame Savannen, Wälder und unberührte Strände kennzeichnen den zauberhaften **Küstenwald**. Seine Schönheit ist teilweise durch seine Lage zu erklären – er bedeckt einen der abgeschiedensten Bereiche des iSimangaliso.

Zugänglich ist er entweder über die Sandpiste entlang der Küste zwischen Kosi Bay und Sodwana Bay oder von KwaNgwanase aus, in beiden Fällen ist ein Fahrzeug mit Vierradantrieb nötig. Zu den Highlights zählen der Black Rock, eine zerklüftete felsige Halbinsel, die problemlos über Sanddünen zu erreichen ist, sowie Lala Nek, ein wunderschöner, schier endloser Sandstreifen.

Weiter südlich breitet sich der Lake Sibaya aus, der größte Süßwassersee Südafrikas. Er nimmt – je nach Wasserstand – eine Fläche zwischen 60 und 70 km² ein und bietet einen Lebensraum für Flusspferde, Krokodile und eine Vielzahl von Vogelarten (über 280 Spezies). Die Thonga Beach Lodge organisiert Kanufahrten auf dem See (s. rechts).

Schönheit ist aber nicht immer billig. Die Unterkünfte in dieser Region sind überwiegend, wenn auch nicht ausschließlich, Luxusunterkünfte und bieten allesamt hervorragende Schnorchel- und Tauchausflüge sowie andere Aktivitäten an. Die Gäste werden von der Hauptstraße abgeholt; wer selbst fährt, findet zum Abstellen des Autos einen gesicherten Parkplatz.

Tagesbesucher für diesen Parkabschnitt benötigen eine Genehmigung (pro Pers./Kind/Fahrzeug 30/15/20 R), die entweder in den Büros von Ezemvelo KZN Wildlife in Manzengwenya oder denen in Kosi Bay ausgestellt wird.

Schlafen

Mabibi Camp CAMPINGPLATZ $
(035-474 1504; www.mabibicampsite.co.za; Stellplatz 100 R) Wer es bis dorthin schafft, hat den Himmel für sich allein – jedenfalls fast. Das rustikale gemeindeeigene Camp liegt direkt neben der noblen Thonga Beach Lodge, aber der Luxus ist von anderer Art: Das Camp liegt eingebettet in einen schönen Wald und nur einen Sprung und 137 Stufen (über eine Treppe) vom Strand entfernt. Das eigene Zelt, Lebensmittel und Ausrüstung müssen mitgebracht werden.

Thonga Beach Lodge LODGE $$$
(035-474 1473; www.isibindiafrica.co.za; DZ mit Vollpension 7180–9350 R;) Die abgelegene, luxuriöse Lodge am Strand ist bei Europäern sehr beliebt. Die geräumigen Hütten stehen verstreut im Küstenwald. Ein spektakulärer Meerblick – manchmal ziehen Wale vorbei – und Aktivitäten sorgen für Abwechslung, während der breite, weiße Strand und Wellnessbehandlungen (kosten extra) eine willkommene Erholung nach den Strapazen einer Safari bieten. Die Küche ist ausgezeichnet, besonders das Mittagsbüfett.

Rocktail Beach Camp LODGE $$$
(in Johannesburg 011-807 1800; www.wilderness-safaris.com; EZ/DZ mit Vollpension 2870/5740 R;) Im Rocktail Beach Camp trifft die New Yorker Szene auf die Schickeria aus Durban. Zwölf Safarizelte (mit Kiefernholzboden und geschmackvollen, holzverkleideten Bädern) und drei Familienunterkünfte verstecken sich im Dünenwald in tropischer Umgebung, manche unterm Blätterdach, andere mit Meerblick. Der lichte, luftige und weitläufige Gemeinschaftsbereich ist ein herrlicher Ort zum Entspannen. Je nach Reisezeit gibt es Spezialpreise.

Kosi Bay

Das Juwel des iSimangaliso Wetland Parks ist die **Kosi Bay** (035-845 1000; Erw./Kind/Fahrzeug 30/15/20 R; 6–18 Uhr). Die Bucht umfasst eine Kette von vier Seen hinter einem Meeresarm, der von einigen der schönsten und ruhigsten Strände Südafrikas gesäumt wird. Wälder aus Feigenbäumen, Mangroven und Raphiapalmen bilden die grüne Kulisse (dies ist der einzige Ort in Südafrika mit fünf Mangrovenarten dicht beieinander). Das Mündungsgebiet des Meeresarms eignet sich wunderbar zum Schnorcheln. Achtung: Dort gibt es die giftigen Steinfische – wer also durchs Wasser watet, sollte seine Füße schützen!

Flusspferde, Bullenhaie und ein paar Krokodile bevölkern die Seenkette. Über 250 Vogelarten wurden hier ausgemacht, darunter auch der seltene Palmgeier.

Zum Besuch der Bucht braucht man einen Geländewagen und eine Genehmigung. Das nächste Dienstleistungszentrum befindet sich in KwaNgwanase, rund 10 km westlich des Schutzgebietes. Dort gibt's auch ein paar Läden und einen Geldautomaten.

Schlafen & Essen

Die meisten Lodges verteilen sich rund um die Sanddünen, die sich mehrere Kilometer von KwaNgwanase entfernt ausbreiten. In vielen Fällen ist ein Vierradantrieb für die Fahrt auf den Sandpisten erforderlich.

Utshwayelo Lodge CAMPINGPLATZ, CHALET **$**
(☎ 074 587 1574; www.kosimouth.co.za; Stellplatz 350 R, Saharazelt 490 R, Hütte 740 R;) Das hübsche, von der Gemeinde betriebene Camp bietet schlichte, aber gepflegte, mit Bambus ausgekleidete Hütten mit Gemeinschaftsküche. Außerdem gibt es fest installierte Zelte mit Holzboden und Gemeinschaftswaschräumen. Das Camp liegt direkt am Eingang zum Park an der Zufahrt zum Kosi Bay Mouth. Hier werden auch Passierscheine zum Kosi Bay Mouth ausgestellt.

Ezemvelo KZN Wildlife CAMPINGPLATZ, HÜTTE **$$**
(☎ 033-845 1000; www.kznwildlife.com; Stellplatz für bis zu 4 Pers. 440 R, 2-/5-/6-Bett-Hütte 510/1360/1700 R) Bietet Stellplätze und voll ausgestattete, hübsche Hütten in schöner bewaldeter Umgebung am Westufer des Lake Nhlange, es gelten Mindestpreise. Das Camp ist bei Anglern beliebt.

Maputaland Lodge CHALET **$$**
(☎ 035-592 0654; www.maputalandlodge.co.za; KwaNgwanase; EZ/DZ 530/740 R;) Die 23 schlichten, aber hübschen Selbstversorger-Chalets in KwaNgwanase sind alle mit modernsten Annehmlichkeiten wie Digitalem Satellitenfernsehen ausgestattet, es gibt außerdem eine Bar und ein Restaurant. Eine gute Unterkunft ohne lästige Viecher!

★ **Kosi Forest Lodge** LODGE **$$$**
(☎ 035-474 1473; www.isibindi.co.za; Zi. mit VP pro Pers. 2160 R;) Dies ist die einzige private Lodge an der Kosi Bay in der Region iSimangaliso. Umgeben von Umdoni-Bäumen (*Syzygium cordatum*) des Küstenwalds verspricht die mit 16 Betten ausgestattete Lodge – wenn man die abgeschiedene Lage und den fehlenden Strom bedenkt! – einen ganz besonderen Aufenthalt. Die Gäste schlafen in romantischen Safarizelten – eine Mischung aus *Jenseits von Afrika* (Holzdekoration und dezente Ausstattung) und naturnaher Architektur (in ultimativer Form in den genialen Freiluftbadezimmern).

Angeboten werden verschiedene Aktivitäten (manche sind im Übernachtungspreis inbegriffen) sowie der Transfer zur Lodge.

An- & Weiterreise

Für den Besuch der Kosi Bay braucht man einen Geländewagen und eine Genehmigung, aber das sollte niemanden abschrecken. Es gibt zwei Eingänge zum Park: am Kosi Bay Camp (7 km nördlich von KwaNgwanase) und an der Kosi Bay Mouth (Mündung, 19 km nördlich von KwaNgwanase). Die Zufahrtsstraßen sind nur mit einem Geländewagen befahrbar. Außerdem ist die Zahl der zugelassenen Besucher beschränkt.

Genehmigungen für den Besuch der **Kosi Bay Mouth** (Erw./Kind/Auto 40/20/40 R) müssen einen Tag im Voraus telefonisch unter ☎ 035-592 0236 oder bei bestimmten Unterkünften beantragt werden.

Das Personal der Kosi Forest Lodge holt seine Gäste von KwaNgwanase ab, über einige Lodges in anderen Gebieten lassen sich Ausflüge zur Kosi Bay arrangieren. Öffentliche Verkehrsmittel gibt es hier keine. Mit dem eigenen Fahrzeug führt der beste Anfahrtsweg – aus jeder Richtung – über die N2. In Hluhluwe die Ausfahrt auf die Rte 22 nehmen! Wer aus Richtung Sodwana Bay kommt, fährt auf der Rte 22 weiter nach Norden. Mit einem Geländewagen ist die sandige Küstenstraße ein tolles Erlebnis!

Tembe Elephant Park

Richtung Westen erstreckt sich an einer Schotterpiste von der Kosi Bay zur N2 der **Tembe Elephant Park** (☎ 031-267 0144; www.tembe.co.za; Erw./Kind/Fahrzeug 30/15/35 R; ⏲ 6–18 Uhr). In diesem *sandvelt* (trockener, sandiger Küstenstreifen) leben die letzten frei laufenden Elefanten Südafrikas. Der grenzüberschreitende Park an der Grenze zu Mosambik gehört dem Stamm der Tembe und wird von Ezemvelo KZN Wildlife verwaltet. Etwa 230 Elefanten leben in dem 30 000 ha großen Park; sie sind die einzigen einheimischen Elefanten in KZN und mit bis zu 7000 kg die weltweit größten. Im Park leben auch die *Big Five*, dazu kommen noch über 300 Vogelarten.

TEMBE ELEPHANT PARK

Was einen erwartet Im Park leben nicht nur die legendären riesigen Elefantenbullen – die größten Elefanten der Welt –, sondern auch die „Big Five". Der Aufenthalt in einem Safarizelt ist eine wunderbare Art, den Park zu erleben. Diese Art von Unterkunft, inklusive Vollpension und Aktivitäten, lohnt das Geld.

Reisezeit Während der trockeneren Monate (Mai–Sept.) kann man die Tiere am besten sehen. In einem Unterstand nahe am Wasserloch lassen sie sich während dieser Zeit normalerweise ausgezeichnet beobachten. Tagesbesucher sollten frühzeitig kommen, denn es werden nicht mehr als zehn Fahrzeuge pro Tag in den Park reingelassen.

Praktisches Zum Park führt eine asphaltierte Straße, innerhalb des Parks sind ausschließlich Allradfahrzeuge erlaubt. Es gibt sichere Parkplätze; die Besucher werden in offenen Safari-Fahrzeugen durch den Park gefahren.

Spar-Tipps Zum Teufel mit der Reisekasse! Wer es bis hierhin geschafft hat, sollte sich die ausgezeichnete Unterkunft im Park gönnen. Günstigere Tarife gibt es für Frühbucher.

Tembe Lodge LODGE $$$
(☎ 082 651 2868; www.tembe.co.za; mit Vollpension & Aktivitäten pro Pers. 950–1450 R;) Die Tembe Lodge bietet Unterkünfte in herrlich abgeschiedenen und exklusiven Safarizelten auf Holzplattformen. Alle Zelte haben Bäder.

Ndumo Game Reserve

Direkt westlich des Tembe Elephant Park und 100 km nördlich von Mkhuze liegt an der Grenze zu Mosambik und nahe der Grenze zu Swasiland das **Ndumo Game Reserve** (☎ 035-591 0004, 035-845 1000; www.kznwildlife.com; Erw./Kind/Fahrzeug 40/20/40 R; ⏲ Okt.–März 5–19 Uhr, April–Sept. 6–18 Uhr). Im über 10 000 ha großen Wildreservat tummeln sich Spitz- und Breitmaulnashörner, Flusspferde, Krokodile und diverse Antilopenarten, Hauptattraktion ist aber die artenreiche Vogelwelt an den Flüssen Phongolo und Usutu mit ihren Überschwemmungsgebieten und Wasserlöchern. Die Einheimischen nennen dieses Reservat deshalb auch „Mini-Okavango".

Angeboten werden geführte Wanderungen zur Wildtier- und Vogelbeobachtung (120 R) sowie Rundfahrten (240 R). Für zahlreiche Vogelarten ist hier das südlichste Verbreitungsgebiet, daher ist das Reservat mit über 400 dokumentierten Vogelarten ein Favorit der Hobbyornithologen.

Benzin und auch einige Lebensmittel sind normalerweise 2 km außerhalb des Parkeingangs erhältlich. Campingplätze und Rasthütten mietet man über **Ezemvelo KZN Wildlife Accommodation** (☎ 033-845 1000; www.kznwildlife.com; Camping 120 R, 2-Bett-Rasthütten 700 R); es gelten Mindestpreise.

DIE MIDLANDS

Die Midlands erstrecken sich von Pietermaritzburg (der Hauptstadt KwaZulu-Natals) in Richtung Nordwesten bis nach Estcourt und streifen die im Nordosten liegenden Battlefields. Die Landschaft westlich von Pietermaritzburg ist malerisch und hügelig; hier finden sich diverse Gestüte und zahlreiche europäische Baumarten. Der Grund: Das Gebiet wurde ursprünglich von englischen Farmern besiedelt.

Heute lockt die Region vor allem Liebhaber afrikanischer Kunst und Kunsthandwerk an und vermarktet sich selbst vor allem als „Midlands Meander", ein leicht künstlich wirkender Mix aus Kunsthandwerksläden, künstlerischen Events, netten Teestuben und B&Bs, der sich nordwestlich von Pietermaritzburg und westlich der N3 entlang der Rte 103 erstreckt.

Pietermaritzburg

223 500 EW.

Das als traditionelles Zentrum angepriesene Pietermaritzburg ist der Sitz von Regierung und Parlament der Provinz KwaZulu-Natal. Die großartigen historischen Gebäude der Stadt erinnern an die Zeit der Tropenhelme und mittäglichen Martinis. Obwohl viele Gebäude zu Museen umgewandelt wurden, hat ein großer Teil des zentralen Geschäftsviertels in den letzten Jahren an Glanz eingebüßt. Das hat zum Teil auch mit dem katastrophalen Zustand der städtischen Finanzen zu tun (zum Zeitpunkt der Recherche zu diesem Buch stand die Stadt unter

Zwangsverwaltung). Doch viele der inneren Vorstädte – sowie Hilton, eine Vorstadt 9 km nordwestlich vom Stadtzentrum – sind grün und hübsch.

Pietermaritzburg präsentiert sich als eine multikulturelle, moderne Stadt: Viele Studenten besuchen die zahlreichen Privatschulen der Stadt, die große Bevölkerungsgruppe der Zulu sorgt für bunte Farbe, während die indische Gemeinde dem geschäftigen Straßenleben ihren eigenen Stempel aufdrückt. Überdies ist Pietermaritzburg ein recht günstiger Standort zur Erkundung des Midlands Meander (S. 310).

Geschichte

Nachdem sie die Zulu in der Entscheidungsschlacht am Blood River (s. S. 332) geschlagen hatten, gründeten die Voortrekker ihre Republik Natal. Pietermaritzburg (üblicherweise als PMB bezeichnet) wurde 1838 gegründet und zur Hauptstadt des Staates erklärt. Benannt wurde der Ort nach dem Voortrekker-Anführer Pieter Mauritz Retief (später fiel das „u" weg, und 1938 wurde beschlossen, dass das „maritz" im Namen künftig für Gert Maritz, einen weiteren Voortrekker-Pionier stehen sollte). 1841 errichteten die Buren ihre Church of the Vow (Gelöbniskirche) zur Erinnerung an das Gelübde, das sie am Blood River abgelegt hatten. 1843 annektierten die Briten das Land, aber Pietermaritzburg – das bereits eine Kleinstadt war und eine bessere Lage in einem weniger feuchtem Klima als Durban hatte – blieb die Hauptstadt der neuen Provinz Natal. Das änderte sich kurzfristig nach dem Ende der Apartheid, doch seit 2004 ist Pietermaritzburg wieder ganz offiziell die alleinige Hauptstadt der Provinz KwaZulu-Natal. 2005 wurden viele Straßen umbenannt, um den afrikanischen Charakter der Stadt stärker zu betonen.

Alan Paton, der bekannte Autor des Romans *Denn sie sollen getröstet werden,* kam 1903 in Pietermaritzburg zur Welt.

Sehenswertes & Aktivitäten

Tatham Art Gallery MUSEUM

(☎033-392 2800; www.tatham.org.za; Chief Albert Luthuli St/Commercial Rd; ⏲Di–Sa 10–17 Uhr) GRATIS Entsprechend dem selbst verliehenen Status als „Kulturerbe-Stadt" gehört das Kunstmuseum zu den schönsten Sehenswürdigkeiten von Pietermaritzburg. Die Gemäldegalerie wurde 1903 von Mrs. Ada Tatham gegründet. Sie ist im wunderschönen Old Supreme Court untergebracht und zeigt eine sehenswerte Sammlung französischer und englischer Werke aus dem 19. und frühen 20. Jh.

Im Erdgeschoss sind abstrakte Darstellungen von Südafrikanern und Straßenszenen zu sehen. Hier hat man den Eindruck, dass die Geschichte des Landes entweder zu leidvoll oder zu komplex ist, als dass sie realistisch dargestellt werden kann. Das obere Stockwerk ist klassischer: Hier hängen Porträts und Landschaftsbilder an den Wänden, dazu kommen Skulpturen, bunte Keramiken und Lithografien.

KwaZulu-Natal National Botanical Garden BOTANISCHER GARTEN

(☎033-344 3585; www.sanbi.org; 2 Swartkops Rd, Prestbury; Erw./Kind 20 R/frei; ⏲Okt.–April 8–18 Uhr, Mai–Sept. 8–17.30 Uhr) Exotische Pflanzen und einheimische Nebelwaldflora gedeihen auf den 42 ha des Botanischen Gartens, der 2 km westlich des Bahnhofs an der Verlängerung der Hoosen Haffejee Street zum Besuch lädt.

KwaZulu-Natal Museum MUSEUM

(☎033-345 1404; www.nmsa.org.za; 237 Jabu Ndlovu St; Erw. /Kind 10/3 R; ⏲Mo–Fr 8.15–16.30, Sa 9–16, So 10–15 Uhr) Das Museum hat etliche Exponate, die die Vielfalt der Kulturen widerspiegeln, darunter Stücke zur Siedlergeschichte und Kriegsaufzeichnungen. Dazu kommen noch ausgestopfte Vögel, Meerestiere und afrikanische Säugetiere.

Macrorie House Museum MUSEUM

(☎033-394 2161; 11 Jabu Ndlovu St; Erw./Kind 10/5 R; ⏲Mo 10–16, Di–Fr 9–13 Uhr) Der alte Familienwohnsitz wurde 1860 gebaut und ist im viktorianischen Stil eingerichtet. Hier findet man Möbel und Gegenstände der ersten britischen Siedler – und jede Menge nachgewiesener Geister!

Msunduzi Museum MUSEUM

(☎033-394 6834; www.voortrekkermuseum.co.za; 351 Langalibalele St/Longmarket St; Erw./Stud. 10/5 R; ⏲Mo–Fr 9–16, Sa 9–13 Uhr) Früher als Voortrekker Museum bekannt, umfasst das Msunduzi Museum einen Komplex, der auch die Church of the Vow, das Haus von Andries Pretorius, ein Voortrekker-Haus und eine Mädchenschule (heute die Museumsverwaltung) umfasst.

Die **Church of the Vow** wurde 1841 errichtet, um das Gottesgelöbnis der Voortrekker während der Schlacht am Blood River zu erfüllen. Der Wortlaut des Gelöbnisses ist in der **Modern Memorial Church** nachzulesen. Das Museum wurde kürzlich umbenannt und bezeichnet sich nun als multikulturelle Einrichtung, in der auch Exponate der Zulu und Inder zu sehen sind.

Rathaus HISTORISCHES BAUWERK
(Ecke Langalibalele St/Longmarket St & Chief Albert Luthuli St/Commercial Rd) Das Rathaus aus der Kolonialzeit ist das größte tragende Backsteingebäude der südlichen Hemisphäre.

Standard Chartered Bank HISTORISCHES BAUWERK
(Church St Mall) Architekt Phillip Dudgeon entwarf die Standard Bank nach dem Vorbild der Bank of Ireland in Belfast.

Hindu Temples HINDU
(Langalibalele St/Longmarket St) Drei Hindutempel schmücken das Nordende der Langalibalele Street.

Moschee MOSCHEE
(Masukwane St/East St) Diese hier ist die größte Moschee von Pietermaritzburg.

Gandhi-Statue DENKMAL
(Church St) Eine Statue von Gandhi, der bekanntermaßen im Bahnhof von Pietermaritzburg aus einem Waggon der 1. Klasse geworfen wurde, steht trotzig gegenüber den alten Kolonialbauten in der Church Street.

Schlafen

Die meisten B&Bs werden von Geschäftsleuten genutzt, die zu Verhandlungen und anderen Geschäftsterminen in die Stadt kommen. Pietermaritzburg Tourism hilft bei der Suche nach Unterkünften, ebenso wie das **Pietermaritzburg B&B Network** (☎073-154 4444; www.pmbnetwork.co.za), ein Zusammenschluss von B&Bs, die sich gegenseitig bewerben.

Sleepy Hollow Adventure Backpackers HOSTEL $
(☎033-347 3015; www.sleepyhollowbackpackers.com; 489 Town Bush Rd, Montrose; B/DZ/FZ 150/350/500 R; 📶) In einem gehobenen Vorort in fußläufiger Entfernung zum Stadtzentrum und unweit der Cascades Mall gelegen, bietet das tolle Hostel ausgezeichnete Schlafmöglichkeiten für Reisende mit kleinem Geldbeutel. Die Gemeinschaftsräume sind gut ausgestattet, die Gäste können sich kostenlos bei Tee und Kaffee bedienen.

Hier halten auch die Busse von Baz Bus.

Smith Grove B&B $$
(☎033-345 3963; www.smithgrove.co.za; 37 Howick Rd; EZ/DZ inkl. Frühstück 595/850 R; ❄📶) Das wunderschön renovierte viktorianische Gebäude bietet B&B-Behaglichkeit im englischen Stil mit geräumigen, individuell gestalteten Zimmern, die alle in unterschiedlichen Farben gehalten sind und frei stehende Badewannen haben. Am schönsten ist Zimmer fünf im zweiten Stock, das nicht zur Hauptstraße liegt und zwei große Fenster mit schöner Aussicht bietet.

Heritage Guest House PENSION $$
(☎033-394 4364; www.heritageguesthousepmb.co.za; 45 Miller St; EZ/DZ inkl. Frühstück 500/700 R; 🏊) Es ist ein gutes Zeichen, den Besitzer mit Kochmütze zu sehen, während er ein englisches Frühstück brutzelt. Das Haus hat sechs kleine Wohneinheiten in unterschiedlicher Form und Größe rund um einen kleinen hübschen Garten mit Pool. Es liegt günstig zum Stadtzentrum und gegenüber vom Friedhof. In den bequemen Betten schläft jeder hervorragend. Da es viele Langzeitgäste hat, ist das Haus oft ausgebucht.

Elbow's Rest CHALET $$
(☎082 963 7523; www.elbowsrest.co.za; 15 Azalea Dr, Hilton; EZ/DZ 500/700 R) Die drei Wohneinheiten für Selbstversorger verbreiten ein hübsches Cottage-Flair in einer sicheren Umgebung. Die Einrichtung mit vielen Holzverzierungen wirkt etwas altmodisch. Ein entzückender englischer Landhausgarten umgibt jede Wohneinheit. Eine schöne Unterkunft für Paare oder ältere Reisende. Sie liegt 10 km entfernt in Hilton.

Redlands Hotel & Lodge HOTEL $$$
(☎033-394 3333; www.redlandshotel.co.za; Ecke Howick Rd & George MacFarlane Lane; EZ 1280–1670 R, DZ 1680–2020 R; ❄📶🏊) Nobel und vornehm, bietet das elegante Hotel ein künstliches, aber geschmackvolles Kolonialstilambiente und wird von Regierungsmitgliedern gerne gebucht. Das weitläufige Gelände trägt zusätzlich zur weltabgewandten Atmosphäre bei. Das Hotel liegt nördlich des Zentrums nahe der Howick Road, hinter den Royal Agricultural Showgrounds.

Essen

Tatham Art Gallery Cafe CAFÉ $
(Chief Albert Luthuli St/Commercial Rd; Hauptgerichte 50–70 R; ⊙Mo–Sa 10–16 Uhr) Im ersten Stock der Tatham Gallery befindet sich das ruhige Café, das auch Sitzplätze auf dem Bal-

Pietermaritzburg

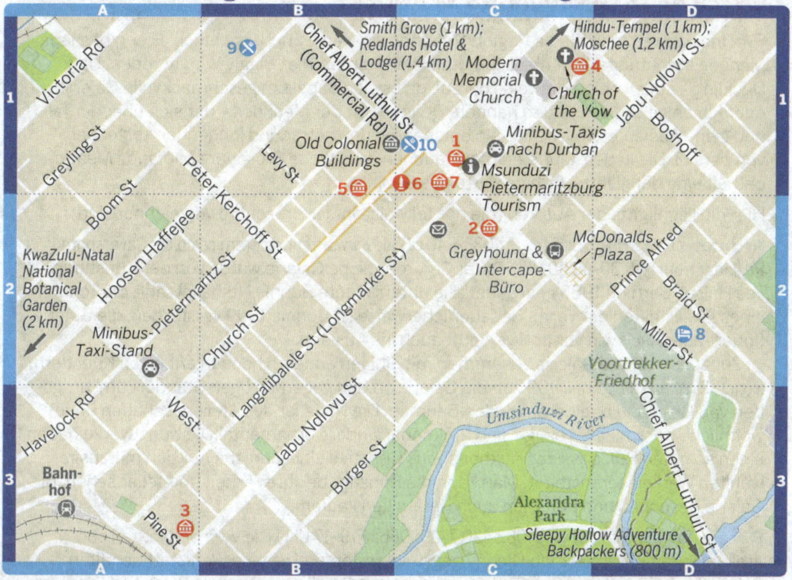

kon anbietet. Auf der Karte stehen Quiche, Rindfleischcurry und Lasagne, dazu süße Köstlichkeiten wie Muffins und Brownies.

Traffords INTERNATIONAL $$
(☎ 033-394 4364; http://traffords.co.za; 43 Miller St; Mittagessen Hauptgerichte 55–90 R, Abendessen Hauptgerichte 95–150 R; ⏲ Di–Fr 12–15, Di–Sa 18.30–22.30 Uhr; ✎) Hier gibt es gute internationale Küche in den schönen Räumen eines ehemaligen Kolonialhauses. Auf der Karte finden sich u.a. Cherry-Tobacco-Ente und geräuchertes Entrecôte mit Pfeffer. Mittags werden verschiedene Salate angeboten. Und auch Vegetarier kommen auf ihre Kosten. Liebhaber altmodischer Leinentischdecken werden die Einrichtung lieben – hier genießt man ein elegantes Essen in einem Haus, in dem man gerne wohnen würde.

★ **Rosehurst** INTERNATIONAL $$
(☎ 033-394 3833; 239 Boom St; Hauptgerichte 75 R; ⏲ Mo–Fr 8.30–16, Sa 8.30–14 Uhr) Hinter dem eher geschmacklosen Geschenkeladen im hübschen viktorianischen Haus verbirgt sich eine herrliche Oase: ein urenglischer Garten mitten in Pietermaritzburg – komplett mit in Form geschnittenen Bäumen und hübschen Tischen und Stühlen. Unter Blüten und rosa Bougainvilleen kann man herrlich bei frischen leckeren Salaten, Sandwiches und Kuchen entspannen. Außerdem gibt es dort ein ausgezeichnetes Frühstück.

Pietermaritzburg

Sehenswertes
1 City Hall ... C1
2 KwaZulu-Natal Museum ... C2
3 Macrorie House Museum ... A3
4 Msunduzi Museum ... C1
5 Standard Chartered Bank ... B1
6 Statue of Gandhi ... C1
7 Tatham Art Gallery ... C1

Schlafen
8 Heritage Guest House ... D2

Essen
9 Rosehurst ... B1
10 Tatham Art Gallery Cafe ... C1
Traffords ... (s. 8)

Ausgehen & Nachtleben

Franki Bananaz BAR
(9 Armitage Rd, Bird Sanctuary; ⏲ 11 Uhr bis spätnachts) Die schicke Cocktailbar ist der ideale Ort, um eine bunte Mischung von Einheimischen zu treffen. Besonders beliebt ist sie bei Studenten und jungen Berufstätigen, die sich am Freitagabend hier einfinden. Zu essen gibt es leckere Burger und andere vor-

UNTERWEGS IM MIDLANDS MEANDER

Für Uneingeweihte wirkt die Region Midlands ein wenig unübersichtlich. Hier gibt's jede Menge Einrichtungen mit niedlich-komischen Namen wie „Piggly Wiggly" oder „Ugly Duckling", aber wenige Hinweise darauf, ob es sich dabei um geschmackvolle Galerien oder kitschige Souvenirläden handelt. Dennoch ist der Meander – der sich über ein Tal und seine Ausläufer erstreckt – ein entspannender, netter und lohnender Abstecher von der N3. Die in den Touristeninformationen erhältliche Broschüre *Midlands Meander* enthält eine detaillierte, farbige Karte des Gebiets.

Hier die Highlights der Autoren (die nur teilweise in der Broschüre verzeichnet sind):

Ardmore Ceramic Studio (☎ 033-940 0034; www.ardmoreceramics.co.za; Caversham Rd, Lidgetton; ⏲ 8.30–16.30 Uhr) Die außerordentliche Galerie wurde von der Künstlerin Fée Halset-Berning 1985 gegründet. Sie unterrichtete Bonnie Ntshalintsahli, die Tochter eines Angestellten der Farm. Bedauerlicherweise ist Bonnie 1999 verstorben, die Galerie floriert aber nach wie vor und verkauft auch ins Ausland.

Zunächst war die Galerie zusammen mit einigen anderen hoch talentierten Künstlern in den Drakensbergen; 2009 zog die Galerie an den gegenwärtigen Standort um, umgeben von Grün und beeindruckenden Bäumen. Die Künstler des Ateliers schaffen ungewöhnliche Keramiken – einige sind funktional, andere ornamental.Die Kunstwerke haben einen so guten Ruf, dass das Auktionshaus Christies eine jährliche Auktion mit ausgewählten Werken veranstaltet. Man kann die Künstler bei ihrer Arbeit im Atelier sehen, die Galerie besuchen und natürlich auch Keramiken kaufen.

Dargle Valley Pottery (☎ 082 420 7729; D66; ⏲ 9–17 Uhr) Die vom bekannten südafrikanischen Keramiker Ian Glenny gegründete Töpferei ist eine Werkstatt der alten Schule im 1970er-Jahre Stil. Sie befindet sich am ländlichen Rand der Kunstgalerien von Ardmore, ist aber nicht weniger beeindruckend. Besucher können durch die scheunenähnliche Galerie bummeln und dem Töpfer bei seiner Arbeit zusehen. Die Stücke sind bekannt wegen ihrer faszinierenden Glasur; besonders beliebt sind die Tajinetöpfe.

Granny Mouse Country House (☎ 033-234 4071; www.grannymouse.co.za; Old Main Rd, Balgowan; DZ inkl. Frühstück ab 2045 R) Die Unterkunft mit dem trügerischen Namen liegt nahe der Ortschaft Balgowan südlich des Mooi River. Es ist nicht nur einfach ein Haus, sondern eher eine resortähnliche Anlage aus mehreren hübschen, strohgedeckten und luxuriösen Hütten sowie einer Kapelle und einem Spa. Oft gibt es günstige Pauschalen.

Sycamore Avenue Tree Houses (☎ 033-263 5009; www.treehouse-acc.co.za; 11 Hidcote Rd, Mooi River; DZ 1700 R) Die außergewöhnlichen Baumhäuser sind gut durchdachte, funktionelle Kunstwerke: Die Bauwerke aus recycelten Materialien, mit einzigartigem Schnitzwerk, hölzernen Beschlägen und genialen künstlerischen Details integrieren sich hervorragend in die natürliche Umgebung. Ein Haus besitzt sogar einen „Jacuzzi in the Sky", der durch einen Laufsteg mit dem Haus verbunden ist.

Sycamore liegt 50 km von Giant's Castle, Drakensberg, entfernt nahe Hidcote; eine Wegbeschreibung findet sich auf der Homepage.

Cafe Bloom (☎ 033-266 6118; Nottingham Rd, Country Courtyard; Hauptgerichte 40–70 R; ⏲ 7.30–16.30 Uhr, Di geschl.) Eines der nettesten Cafés der Gegend. Das gemütliche, flippige Café befindet sich in einer kleinen Anlage mit Garten und ist im Retro-Stil eingerichtet. Es gibt guten Kaffee, Snacks und den ganzen Tag lang Frühstück. Alles wird selbst zubereitet – von Brot und Kuchen bis hin zu den täglichen saisonalen Kleinigkeiten (wie Gemüse-Currys und Quiches).

Zum Verkauf stehen auch verschiedene Keramiken und Kunstwerke lokaler Künstler.

bereitete Kleinigkeiten. Regelmäßig treten einheimische Bands auf. Und ganz wichtig: Unbedingt ein Taxi für die Fahrt zur und von der Bar nach Hause benutzen!

ℹ Praktische Informationen

GELD

Es gibt mehrere Bankfilialen in der Stadt und in den großen Einkaufszentren.

ABSA (Ecke Langalibalele St/Longmarket St & Buchanan St) Hat einen Geldautomaten und eine Wechselstube.

First National Bank (Church St) Liegt günstig im Stadtzentrum.

INTERNETZUGANG

Cyber World (Shop 5, Victoria Mall, Langalibalele St/Longmarket St); Std. 10 R; ⏲ Mo–Fr 9–17, Sa 9–13 Uhr) Zuverlässiger öffentlicher Internetzugang.

MEDIZINISCHE VERSORGUNG

Medi-Clinic (☎ 033-845 3700, 24-Std.-Notaufnahme 033-845 3911; www.mediclinic.co.za; 90 Payn St) Gut ausgestattetes Krankenhaus mit Notaufnahme am Ufer des Umsinduzi River.

NOTFALL

Polizei (☎ 033-845 2400, 10111; Jabu Ndlovu St)

POST

Hauptpostamt (Langalibalele St)

TOURISTENINFORMATION

Ezemvelo KZN Wildlife Headquarters (☎ 033-845 1000; www.kznwildlife.com; Peter Brown Dr, Queen Elizabeth Park; ⏲ Schalter Mo–Fr 8–16.30, Reservierungen Mo–Do 8–17.30, Fr 8–16.30, Sa 8–12.30 Uhr) Informationen und Unterkunftsbuchungen für alle Parks und Schutzgebiete von Ezemvelo KZN Wildlife. Um zum Büro zu gelangen, geht es erst einige Kilometer über die Howick Road (eine Verlängerung der Chief Albert Luthuli Street) bis zu einem Kreisverkehr, dort rechts über die N3 abbiegen. An der Straße weist ein sehr kleines Schild zum „Country Club", der 2 km weiter liegt. Ohne eigenes Fahrzeug ist die Anfahrt sehr schwierig, lediglich einige Minibus-Taxis kommen auf ihrem Weg nach Hilton dort vorbei. Achtung: Alle Reservierungen müssen mindestens 48 Std. im Voraus getätigt werden.

Msunduzi Pietermaritzburg Tourism (☎ 033-345 1348; www.pmbtourism.co.za; Publicity House, 117 Chief Albert Luthuli St; ⏲ Mo–Fr 8–17, Sa 8–13 Uhr) Die Touristeninformation hat ein ganz neues Büro direkt hinter dem gegenwärtigen Büro – niemand weiß allerdings, wann sie offiziell dorthin umziehen wird.

ℹ An- & Weiterreise

BUS

Die Hauptbüros der meisten Busgesellschaften befinden sich in der Berger Street oder direkt gegenüber im McDonalds Plaza. **Translux** (☎ 0861 589 282; www.translux.co.za) und die günstige Tochtergesellschaft City to City befinden sich im Bahnhof.

Zu den ab Pietermaritzburg angefahrenen Zielen gehören Johannesburg (340–420 R, 6–7 Std.), Pretoria (340–400 R, 7–8 Std.) und Durban (200–280 R, 1½ Std.). Die Büros sind normalerweise von 7 oder 8 bis 23 Uhr geöffnet. Fahrkarten für alle Hauptstrecken können bei Checkers/Shoprite oder online über www.computicket.com gekauft werden.

NUD Express (☎ 033-701 2750, 079 696 7108; www.underbergexpress.co.za) NUD Express bietet eine tägliche Verbindung zum King Shaka International Airport in Durban (500 R) und Durban Central (600 R) an. Die Plätze müssen reserviert werden. Achtung: Die Buslinie ist nicht gerade für das Einhalten ihrer Fahrpläne bekannt.

Baz Bus (☎ 0861 229 287; www.bazbus.com) Baz Bus verkehrt dreimal wöchentlich zwischen Durban und Pietermaritzburg.

MINIBUS-TAXI

Minibus-Taxis nach Durban fahren hinter dem Rathaus ab (70 R, 1 Std.), die nach Underberg starten an der Ecke West und Pietermaritz Street. Von dort kann man auch nach Ladysmith (90 R, 2½ Std.), Underberg (80 R, 2½ Std.) und Johannesburg (200 R, 8 Std.) fahren.

ZUG

Shosholoza Meyl (☎ 0860 008 888; www.shosholozameyl.co.za) Die Züge von Shosholoza Meyl fahren nach Pietermaritzburg.

ℹ Unterwegs vor Ort

Metro Cabs (☎ 033-397 1912; www.metrotaxis.co.za) Zuverlässiger Taxiservice.

DRAKENSBERG & UKHAHLAMBA-DRAKENSBERG PARK

Wenn eine Landschaft ihrem hochglanzpolierten Werbeimage gerecht wird, dann sind es die zerklüfteten, grünen Tafelberge der Drakensberge (englisch: Drakensberg). Sie bilden die Grenze zwischen Südafrika und dem gebirgigen Königreich Lesotho und zählen zu den eindrucksvollsten Landschaften Südafrikas. Sie dienten als Kulisse für die Filme *Zulu* (1964) und *Yesterday* (2004), sind Schauplatz in Alan Patons Roman *Denn sie sollen getröstet werden* und zieren Millionen von Postkarten.

Innerhalb des 2430 km² großen Gebiets erheben sich Basaltgipfel und -säulen, die im November 2000 zur Welterbestätte erklärt wurden und den Namen uKhahlamba-Drakensberg Park erhielten. Der Park ist Teil der Drakensberg-Region, die sich vom

Royal Natal National Park im Norden bis nach Kokstad im Süden und von den Battlefields um Estcourt und Ladysmith bis hin zu den südlichen Midlands erstreckt. Heute sind einige der Panoramen die Wahrzeichen Südafrikas, besonders der unvergessliche Bogen des Amphitheaters im Royal Natal National Park. Zu den markanten Gipfeln gehören der Mont-aux-Sources, der Sentinel, der Eastern Buttress und der Devil's Tooth.

„Drakensberg" bedeutet „Drachenberge; die Zulu nannten das imposante Gebirge Quathlamba („Festungswall der Speere") eine treffendere Beschreibung für die fast senkrechten Steilhänge. Aber der Afrikaans-Name erfasst etwas von der märchenhaften, fast überirdischen Atmosphäre dieser Region, die seit Menschengedenken besiedelt ist, wie die vielen San-Felszeichnungen belegen. Für diese lohnt sich ein Abstecher nach Didima, zum Cathedral Peak, nach Kamberg oder Injisuthi. Die Erstbesteigung vieler Berge liegt gerade einmal 50 Jahre zurück.

Die San wurden zwar bereits von Stämmen, die in die Ausläufer der Drakensberge vorgedrungen waren, bedrängt, aber erst durch die Ankunft der weißen Siedler endgültig vertrieben. Einige zogen nach Lesotho, wo sie in der Basotho-Bevölkerung aufgingen. Viele jedoch wurden getötet oder verhungerten schlichtweg, weil sie aus ihren Jagdgründen vertrieben worden waren. Dass die Khoi Khoi Vieh stahlen, ärgerte die weißen Siedler, die dann mehrere Stämme zwangsweise in die Ausläufer der Drakensberge umsiedelten, damit sie dort als Puffer zwischen Weißen und Khoisan dienten. Wegen dieser Umsiedlung wurde das Gebiet kaum erschlossen, was die spätere Gründung der Parks und Reservate erleichterte.

Klima

Im Winter gibt es Frost, im Sommer regnet es: Schnee ist daher praktisch das ganze Jahr über auf den Gipfeln möglich. Die sommerliche Wettervorhersage, in jedem Büro des Ezemvelo KZN Wildlife angezeigt, ist meist deprimierend für diejenigen, die auf blauen Himmel und Sonnenschein hoffen. Besucher sollten, egal zu welcher Jahreszeit, immer Regensachen dabei haben und auf Kälteeinbrüche und Schneefall vorbereitet sein.

Wandern

Die Bergkette der Drakensberge gehört zu den besten Wandergebieten Afrikas. Täler, Wasserfälle, Flüsse, Höhlen und das Felsmassiv, das bis zu beeindruckenden 3000 m emporragt, sorgen für spektakuläre Erlebnisse in der Wildnis, und das für Wanderer aller Fitnessstufen. Klettern ist überall in den Drakensbergen beliebt; nur erfahrene Bergsteiger sollten die Besteigung der Gipfel wagen.

Grob gesagt gibt es drei Kategorien von Wanderungen: einfache Tageswanderungen, mittelschwere Halbtagstouren und strapaziöse zehn- bis zwölfstündige Märsche. Für trainierte und erfahrene Wanderer gibt es auch Trekkingtouren mit Übernachtung und mehrtägige Wanderungen.

Die Wanderwege sind über alle Parkeingänge erreichbar – Royal Natal National Park (bekannt für seine hervorragenden Ta-

UKHAHLAMBA-DRAKENSBERG PARK

Was einen erwartet Dies ist eine der spektakulärsten Landschaften Südafrikas. Die reine Erhabenheit der Berge lohnt schon den Weg dorthin; dazu kommen ausgezeichnete Wandermöglichkeiten und die sehenswerten Felszeichnungen der San. Man sollte aber wissen, dass dies kein klassisches südafrikanisches Wildtierreservat ist, durch das man fährt und Tiere beobachtet. Der Ukhahlamba-Drakensberg Park hat wenig bis keine Straßen – hier ist alles auf Wandern ausgerichtet.

Reisezeit Im Sommer ist das Wetter zum Wandern am schönsten – die Vormittage sind meistens klar und trocken, erst am Nachmittag tauchen die Gewitterwolken auf.

Praktisches Es gibt keine Straße, die alle interessanten Punkte miteinander verbindet – man muss jedes Mal aufs Neue den Park von der N3, der Rte 103 oder der Rte 74 anfahren, wenn es die Straßenverhältnisse zulassen, auch von Nebenstraßen.

Spar-Tipps Zelten ist eine gute Möglichkeit, außerdem gibt es einige günstige Unterkünfte in der Gegend. Wer sich als Gruppe zusammenschließt, kann gemeinsam ein Auto mieten und sich die anfallenden Kosten teilen.

geswanderungen), Cathedral Peak, Monk's Cowl, Injisuthi und Giant's Castle Game Reserve sowie die Eingänge zu den abgeschiedenen Wildnisgebieten in den Südlichen Drakensbergen.

Für jede Tour, jede Wanderung und jedes Trekking sollten entsprechende Karten im Maßstab 1 : 50 000 besorgt werden, auf denen die Wanderwege eingezeichnet und wichtige Informationen für Wanderer vermerkt sind. Auch sollte sich jeder vorher über den aktuellen Zustand der Wege informieren – bei anderen erfahrenen Wanderern, den Besitzern von Unterkünften und den Angestellten von Ezemvelo KZN Wildlife.

Jeder Wanderer muss sich registrieren lassen und eine Genehmigung für alle Wanderwege im Park einholen. Beides wird in den Büros von Ezemvelo KZN Wildlife an den Ausgangspunkten der Wege erledigt. Nur bei Giant's Castle gibt es eine Unterkunft an einem Wanderweg. In einigen Gebieten dürfen Wanderer in Höhlen nächtigen. Trotzdem sollte man immer ein Zelt dabei haben.

Lizensierte Wanderführer stehen für Kurzwanderungen (150 R pro Pers.) genauso wie für längere Strecken (250 R pro Pers.) bereit. Für Touren mit Übernachtung nehmen die Führer rund 600 R pro Person und Nacht. Der Preis hängt allerdings von der Anzahl der Teilnehmer ab und sollte vorab verhandelt werden. Wanderer dürfen kein offenes Feuer entfachen, ein Kocher gehört also zwingend ins Gepäck.

Die Zeit von April bis Juli eignet sich gut zum Wandern. Regen und Flussüberschwemmungen können im Sommer frustrierend sein und sogar gefährlich werden. Im Winter ist der Frost die größte Gefahr; außerdem schneit es gelegentlich. Vorsicht auch vor Schlangen!

Natur

Bei reichlich Wasser, Höhen von bis zu 3000 m und verschiedenen Landschaften wie Plateaus, Klippen und Tälern überrascht die extreme Vielfalt der Flora im uKhahlamba-Drakensberg Park nicht wirklich. Der Park besteht überwiegend aus Grasland, bewaldeten Schluchten und hohen Basaltklippen mit kleinen Wäldern in den Tälern. Es gibt auch einige Zuckerbusch-Savannen und im Frühjahr haufenweise farbenfroh blühende Wildblumen. In höheren Lagen geht das Gras in Heidekraut und Gebüsch über. In tieferen Lagen, aber nur in den Tälern (besonders im Royal Natal National Park), gedeihen kleine Steineibenwälder.

Im Park leben zahlreiche Tier- und Hunderte von Vogelarten. Insgesamt soll es hier um die 60 Säugetierarten geben. Dazu zählen mehrere Antilopenarten, darunter relativ viele Elenantilopen (vor allem in den Südlichen Drakensbergen). Die seltenste Antilopenart ist der Klippspringer, der manchmal auf den höheren Hängen gesichtet wird. Ansonsten gibt es noch Otter, Afrikanische Wildkatzen, Stachelschweine und vereinzelt sogar Leoparden. Auf einigen der steilsten Berge suchen Paviane nach Futter. Die seltenste Spezies ist ein kleines Nagetier mit kurzem Schwanz: die Eisratte *(Myotomys sloggetti)*, die in den Felsen nahe der Berggipfel lebt.

Bartgeier, Kaffernadler und Geier fliegen um die Klippen und nutzen dabei die Thermik an den Gipfeln. Im Park verteilt gibt es diverse Unterstände, von denen aus man die Vögel aus der Nähe beobachten kann.

Schlafen

Die ideale Art, den uKhahlamba-Drakensberg Park zu erleben, sind Übernachtungen in einer der exzellenten Unterkünfte von Ezemvelo KZN Wildlife: Campingplätze, elegante Safarizelte, voll ausgestattete Hütten und Chalets stehen hier zur Auswahl. Achtung: Es gelten oft Mindestpreise! Zu den exklusiveren Unterkünften zählen die privaten Lodges, die verstreut in den Gebirgsausläufern liegen.

Angesichts der wenigen Hütten in den Bergen (meist nur in den Südlichen Drakensbergen) müssen sich Wanderer ansonsten mit Höhlen und Zelten begnügen.

ℹ Praktische Informationen

Ezemvelo KZN Wildlife (S. 311) in Pietermaritzburg informiert über die verschiedenen Parks und Unterkunftsangebote. Im Allgemeinen müssen alle Unterkünfte des Ezemvelo KZN Wildlife über Ezemvelo KZN im Voraus gebucht werden.

Central Drakensberg Information Centre (☎ 036-488 1207; Info Centre Bldg; ⏲ 8–16.30 Uhr) Das private Unternehmen im Thokozisa-Komplex, 13 km außerhalb von Winterton an der Route 600 gelegen, hat stapelweise Werbebroschüren bereitliegen.

Southern Berg Tourism (☎ 033-701 1471; www.drakensberg.org; Old Main Rd, Clocktower Centre, Underberg; ⏲ Mo–Fr 8–16, Sa & So 9–13 Uhr) Freundliche, hilfsbereite Mitarbeiter. Vertreibt den nützlichen Führer *Southern Drakensberg Pocket Guide*.

Drakensberge

An- & Weiterreise

Es gibt kaum öffentliche Verkehrsmittel in der Drakensberge-Region und vor Ort. Allerdings sind viele Reisende mit eigenen Fahrzeugen unterwegs. Manchmal gibt es auch Minibus-Sammeltaxis, die das Personal der Resorts zum Arbeitsplatz bzw. nach Hause befördern. Besucher steigen vornehmlich an oder nahe der N3 aus. Baz Bus (S. 311) hält an einigen Hostels in der Gegend. Über die Hostels in Durban kann man sich ein Shuttle zu den Hostels nahe dem Sani Pass und Himeville organisieren.

Der Sani Pass ist die bekannteste Drakensberge-Route nach Lesotho, ist aber nur mit Geländewagen befahrbar. Weiter südlich gibt es andere Pässe über die Steilhänge, doch die meisten enden – wenn überhaupt – an Wanderwegen in Lesotho.

Viele Nebenstraßen in der Drakensberge-Region sind unbefestigt und nach Regenfällen oft nicht mehr befahrbar. Autofahrer sollten also besser auf den Hauptstraßen bleiben.

Southern Berg (Südliche Drakensberge)

Die Südlichen Drakensberge sind am besten von den hübschen Ortschaften Himeville und Underberg aus erreichbar. Sie sind auch der Startpunkt zu einem der größten Highlights der Region, der Fahrt über den Sani Pass nach Lesotho. Die Gegend ist auch bei Wanderern ausgesprochen beliebt. Neben großartigen Wanderwegen, etwa dem tollen Giant's Cup Trail, bietet die Region vor allem Wildnis pur.

Southern Drakensberg Wilderness Areas

Die Schutzgebiete Highmoor, Kamberg, Lotheni und Cobham schließen im Süden an das Giant's Castle Game Reserve an und werden von Ezemvelo KZN Wildlife verwaltet. Diese Gebiete sind sehr abgelegen, obwohl sie für Reisende mit etwas Zeit durchaus zugänglich sind. Die Region eignet sich gut zum Wandern, die Gebühr für Wandergenehmigungen mit Übernachtung hängt vom jeweiligen Vorhaben ab.

Sehenswertes

Highmoor Nature Reserve NATURSCHUTZGEBIET
(☎033-845 1000; www.kznwildlife.com; Erw./Kind 35/20 R, Stellplatz 120 R; ⏲6–18 Uhr) Das hügelige Highmoor Nature Reserve ist zwar weniger spektakulär als manch andere Gebiete der Drakensberge, aber dank der sanften Hügel dennoch sehr angenehm zum Wandern. Es ist auch eines der wenigen Gebiete, in denen die Straße auf den Hügelkämmen verläuft.

Es gibt hier zwei Höhlen, die Aasvoel Cave und die Caracal Cave (beide liegen jeweils 2,5 km vom Hauptbüro entfernt) sowie den Fultons Rock mit Felszeichnungen. Zu ihnen führt ein leichter 4 km langer Fußmarsch. Dann gibt es noch einige Höhlen, in denen Wanderer übernachten können. Die Anfahrt erfolgt über die Ortschaften Nottingham Road oder Rosetta und ist gut ausgeschildert. Es gibt im Schutzgebiet keine Hütten, dafür aber mehrere Campingplätze.

Kamberg Nature Reserve NATURSCHUTZGEBIET
(☎033-267 7251; www.kznwildlife.com; Erw./Kind 35/20 R, Chalet 600 R; ⏲Okt.–März 5–19 Uhr, April–Sept. 6–18 Uhr) Südöstlich des Giant's Castle Game Reserve liegt das Kamberg Nature Reserve. Hier leben etliche Antilopenarten, außerdem können Touren zu den Felszeichnungen in einer Höhle (3 Std. ab dem Eingang) unternommen werden.

Zu erreichen ist das Naturschutzgebiet über die Nottingham Road oder ab Rosetta (südlich von Mooi River liegt die Abzweigung von der N3 nach Rosetta, Rte 103).

Schlafen & Essen

Ezemvelo KZN Wildlife CHALET $
(☎033-267 7251; www.kznwildlife.com; 2-Bett-Hütte ab 460 R) Für Besucher, die im Park übernachten wollen, bietet Ezemvelo KZN Wildlife gut ausgestattete Hütten in einer schönen Umgebung. Sie sind geschmackvoll eingerichtet, haben kleine Küchen und deckenhohe Fenster mit Blick aufs Grasland und die Berge. Lebensmittel müssen mitgebracht werden. Außerhalb des Parks gibt es weitere Unterkunftsmöglichkeiten.

Glengarry Park LODGE $$
(☎033-267 7225; www.glengarry.co.za; Stellplatz 100 R, Hütten für Selbstversorger pro Pers. 350 R) Glengarry Park ist perfekt für Selbstversorger. Die hübschen, schlichten Hütten liegen in einem herrlichen Garten mit Blick auf einen kleinen See. Auch wenn die Hütten eine Renovierung vertragen könnten, sind sie ein gemütlicher Zufluchtsort und bieten einen Kamin. Der Park liegt in der Nähe der Straße Glengarry–Highmoor, nahe der Kamberg Road und rund 11 km vom Parkeingang in Kamberg entfernt.

MITTEN IN KWAZULU-NATAL – KOKSTAD & VRYHEID

Kokstad, 182 km südwestlich von Pietermaritzburg gelegen, dient als Zwischenstopp für viele Reisende, die die Strecke zwischen der Provinz Mpumalanga und der South Coast in KwaZulu-Natal unterschätzt haben oder die mit öffentlichen Verkehrsmitteln nach Underberg reisen. Ein angenehmer Ort, um sein müdes Haupt zu betten, ist das **Mount Currie Inn** (039-727 1178; Kokstad; EZ/DZ ab 380/600 R;), 2,5 km vom Stadtzentrum entfernt an der Hauptstraße zur N2 gelegen. Es bietet hübsche Zimmer – Budget, Standard, Executive und Deluxe – eine nette Bar und das Cassandra's Restaurant (Hauptgerichte 30–70 R, Mo–Fr Mittag- & Abendessen).

Ein weiterer günstiger Ort für einen Zwischenstopp ist **Vryheid**, 62 km südlich von Piet Retief (Provinz Mpumalanga), besonders wenn man erst spät aus Swaziland oder dem Kruger National Park kommt. Hier empfiehlt sich das überfreundliche, saubere und gut ausgeschilderte **Siesta B&B** (034-980 8023; 182 Emmet St; EZ/DZ 400/500 R).

Es gibt einen Bowlingrasen, einen kleinen Golfplatz und tolle Wanderwege. Der Besitzer unternimmt mit seinen Gästen auch gerne Touren mit dem Mountainbike.

Cleopatra Mountain Farmhouse RESORT $$$
(033-267 7243; www.cleomountain.com; Balgowan; pro Pers. ab 1895 R) Würde Gott die Schönheit der Drakensberge mit einer Gourmet-Oase krönen wollen, dann hätte er das Cleopatra Mountain Farmhouse geschaffen. Die Gäste genießen jeden Abend ein sechsgängiges Menü aus hochwertigen Zutaten, die kreativ zubereitet und mit schweren sahnigen Soßen serviert werden.

Jedes der elf Zimmer ist themenorientiert und mit skurrilen Details eingerichtet - wie einem Lattenzaun als Bettkopfteil oder Erinnerungsstücken aus der Burenzeit. Das Luxusrefugium gehört dem bekannten südafrikanischen Koch Richard Poynton.

Underberg, Himeville & Umgebung

4400 EW.

Das kleine Bauerndorf Underberg in den Ausläufern der Südlichen Drakensberge quillt im Sommer über, wenn *Durbanites* zum Frischlufttanken in die Berge strömen. Die Infrastruktur ist in Ordnung: Besucher können hier Geld abheben, einkaufen und ihre Aktivitäten in der Region organisieren.

Nur wenige Kilometer entfernt liegt Himeville, ein hübscher, wenn auch verschlafener Ort, der Ausgangspunkt für Touren in die Südlichen Drakensberge ist. Abgesehen von einem ausgezeichneten Museum, einer typischen alten Kneipe und einigen ganz netten B&Bs gibt es hier nicht viel zu besichtigen. Minibus-Sammeltaxis verkehren zwischen Himeville und Underberg (10 R, 10 Min.).

Sehenswertes & Aktivitäten

Himeville Museum MUSEUM
(033-702 1184; Main Rd; Eintritt gegen Spende; Di–Sa 9–15, So 9–12.30 Uhr) Dies ist eines der besten Heimatmuseen des Landes. Es ist im letzten *laager* untergebracht, das in Südafrika gebaut wurde (1896) und beherbergt eine unheimliche Ansammlung von Krimskrams – vom Union Jack, der bei der Belagerung von Ladysmith gehisst wurde, bis hin zu einer von Montgomery signierten Karte aus El Alamein. Mike, der Mann am Schalter, weiß über alles Bescheid.

Khotso Horsetrails REITEN
(033-701 1502; www.khotsotrails.co.za; Ausritte 1 Std./Tag 160/600 R) Bietet Ausritte und Ausflüge (auch Tubing, also Flussfahrten im Reifenschlauch, sowie Angeln) innerhalb des Gebiets und nach Lesotho an. Inhaber Steve wird von den Lesern als „Südafrikas Crocodile Dundee" beschrieben.

Der Reitstall liegt rund 7 km nordwestlich von Underberg an der Drakensberg Gardens Road.

Geführte Touren

Mehrere Unternehmen bieten Tagestouren über den Sani Pass an (ab etwa 600 R, ohne Mittagessen), ebenso wie nach Kundenwünschen individuell zusammengestellte Programme.

Drakensberg Adventures GEFÜHRTE TOUREN
(033-702 0330; www.drakensbergadventures.co.za; Sani Lodge, Sani Pass) Die Firma wurde

vom Besitzer der Sani Lodge gegründet. Sie bemüht sich um einen verantwortungsvollen Tourismus, indem sie die lokalen Autoritäten in ihre Arbeit miteinbezieht.

Major Adventures GEFÜHRTE TOUREN
(033-701 1628; www.majoradventures.com; Old Main Rd, Underberg) Die Tagestour zum Sani Pass von Major Adventures bietet viele Informationen über die Geschichte des Passes, die einheimische Pflanzen- und Tierwelt und die Basotho-Bevölkerung.

Sani Pass Tours GEFÜHRTE TOUREN
(033-701 1064; www.sanipasstours.com; Shop 22, Trout Walk Centre, Underberg) Gutes Angebot an unterschiedlichen Touren rund um den Sani Pass.

Thaba Tours GEFÜHRTE TOUREN
(033-701 2333; www.thabatours.co.za; Clocktower Centre, Underberg) Organisiert Touren mit dem Mountainbike sowie Ausflüge zum Sani Pass und nach Lesotho.

Schlafen

Es gibt mehrere gute Unterkünfte in und rund um Underberg und Himeville.

Khotso Backpackers HOSTEL $
(033-701 1502; www.khotso.co.za; Treetower Farm, Underberg; B/DZ ab 130/380 R;) Eine gute, günstige Unterkunft in ländlicher Umgebung. Die Besitzer bieten geführte Ausritte nach Lesotho und in die Umgebung an, außerdem sorgen Rafting und Tubing für den nötigen Adrenalinschub. Das Hostel liegt etwa 7 km nordwestlich von Underberg an der Drakensberg Gardens Road.

Tumble In B&B $
(033-701 1556; www.tumbleinunderberg.co.za; 60 Sani Rd, Underberg; Zi. inkl. Frühstück pro Pers. 320 R, Selbstversorger 280 R) Das einfache Haus bietet geräumige, behagliche, wenn auch etwas altmodische Zimmer. Sie blicken alle auf einen hübschen Garten mit blühenden Birnen- und Apfelbäumen und Scharen von Vögeln. Das Haus liegt 2,5 km von Underberg entfernt an der Himeville Road. Kreditkarten werden nicht akzeptiert. Das B&B lohnt sich.

★ **Himeville Arms** HISTORISCHES HOTEL $$
(033-702 1305; www.himevillehotel.co.za; Main Rd, Himeville; B/EZ/DZ 185/500/960 R) Dieses altmodische Gasthaus bietet ein Stück idyllisches Mittelengland. Es gibt unterschiedliche Unterkunfts- und Verpflegungsangebote und eine altmodische, stimmungsvolle Bar. Die Schlafsäle sind eine besonders gute Wahl: Zimmer mit Steinwänden, ausgestattet entweder mit Doppelbett oder einem Doppel- und einem Einzelbett.

Yellowwood Cottage B&B B&B
(033-702 1065; 8 Mackenzie St, Himeville; EZ/
inkl. Frühstück 500/720 R; P) Eine behag
che Unterkunft: vier gemütliche Zimm
mit vielen Rüschen in einem hübsc
Haus mit schönem Garten, Blick zu
Hodgson's Peaks und reizenden Besitzer

Albizia House B&B B&B
(033-702 1837; www.albiziahouse-tours.co.za; 62 Arbuckle St, Himeville; EZ/DZ inkl. Frühstück 500/750 R; P) Das BZB ist gepflegt, sauber, bietet Zimmer mit Teppichen und Blick auf den kurz gehalten Rasen. Es gibt auch ein Familienzimmer mit Babybett und Hochstuhl. Die freundlichen Besitzer sorgen für einen angenehmen Aufenthalt. Von hier aus sind viele Unternehmungen möglich, u. a. spannende Vogelbeobachtungen (seltene Kraniche und Bartgeier/Lämmergeier).

Essen

★ **Pucketty Farm** DELI $
(033-701 1035; www.puckettyfarm.co.za; Main Rd, Underberg; 8–17 Uhr) Kinderbuchautorin Beatrix Potter trifft Starkoch Jamie Oliver: Hinter dieser ungewöhnlichen Mischung steckt mehr als man auf den ersten Blick meint. Es gibt eine Riesenauswahl an bezahlbaren Gourmetprodukten, außerdem eine Kunstgalerie und ein kleines Café. (Überraschenderweise aber keine „Mrs. Tiggy-Winkle" wie in den Potter-Büchern, dafür aber andere Tiere mit netten Namen). Die Farm ist perfekt für Selbstversorger und liegt 1,5 km östlich der Abzweigung nach Himeville. Das Unternehmen wurde vor 18 Jahren gegründet und ist seither in jeder Hinsicht „bio". Die Feinschmeckerecke bietet verschiedenste Genüsse an (köstlich das süße Beerenrelish und die eingelegten Pflaumen), auch der Möhrenkuchen ist ein Gedicht.

Lemon Tree Bistro INTERNATIONAL $$
(033-701 1589; www.lemontreeb.co.za; Clocktower Centre, Main Rd, Underberg; Hauptgerichte 60–130 R; 8–17 Uhr, Abendessen Di–Sa) Das freundliche Lokal serviert mittags schmackhafte Pasta, Burger, Wraps und Pfannkuchen. Abends kann man hier Forelle, Kudu-Filet und Carpaccio vom Springbock genießen.

Grind Cafe CAFÉ $$
(Underberg Village Mall, Underberg; Hauptgerichte 60–80 R; ⌚Mo–Sa 8–21, So 8–17 Uhr; 📶) Das riesige Lokal in der Village Mall ist eines der beliebtesten Restaurants in Underberg. Es gibt guten Kaffee, guten Kuchen und eine große Auswahl an Nudeln, Burgern und Pizza. Praktisch ist auch das WLAN.

ℹ Praktische Informationen

First National Bank (Old Main Rd, Underberg) Hat einen Geldautomaten.

Southern Berg Escape (☎033-701 1471; www.drakensberg.org; Clocktower Centre, Old Main Rd, Underberg; ⌚Mo–Fr 8–16, Sa & So 9–13 Uhr) Freundliches und hilfsbereites Büro. Hier gibt's den nützlichen *Southern Drakensberg Pocket Guide*, den man auch runterladen kann.

Standard Chartered Bank (Underberg Village Mall, Underberg) Hat einen Geldautomaten.

ℹ An- & Weiterreise

Wer nach Kokstad aus Richtung der Südküste von KZN anreist oder Richtung Wild Coast/Port Elizabeth fahren will, kann das täglich fahrende Minibus-Taxi zwischen Kokstad und Underberg nutzen. Es fährt in Underberg (Parkplatz Spa) um 9 Uhr und in Kokstad um 14 Uhr ab. Baz Bus und andere Busse kommen am Mount Currie Inn an, das 2,5 km vom Stadtzentrum entfernt liegt. Reisende müssen den Fahrer des Minibusses bitten, sie dorthin zu bringen, wofür er ein Extrageld verlangen wird.

Minibus-Taxis verkehren zwischen Himeville und Underberg (12 R, 10 Min.) und von Underberg nach Pietermaritzburg (70 R, 1½ Std.).

NUD Express (☎079 696 7108; www.underbergexpress.co.za) NUD Express betreibt einen Shuttlebus-Service zwischen Underberg (und Sani Lodge) und dem Zentrum von Durban (500 R), dem King Shaka International Airport in Durban (600 R) und Pietermaritzburg (300 R). Fahrkarten müssen reserviert werden. Achtung: Die Firma ist nicht gerade für ihre Zuverlässigkeit in puncto Fahrplan bekannt.

Underberg Metered Taxi Association (☎072 016 5809, 076 199 5823, 076 719 2451) Bringt bis zu vier Reisende nach Durban (1500 R), Pietermaritzburg (800 R) und Kokstad (600 R).

Sani Pass

Die Fahrt auf den Sani Pass ist ein Trip auf das Dach Südafrikas: Die spektakuläre Fahrt führt in zahlreichen Haarnadelkurven durch die Wolken hinüber ins Königreich Lesotho. Mit 2865 m ist der Sani Pass der höchste in Südafrika.

An klaren Tagen ist der Ausblick magisch, nach Norden reicht er über den Mkhomazana River hinaus, während im Süden hohe Klippen drohend über einem hängen. In praktisch jede Richtung gehen Wanderwege ab, möglich sind auch preisgünstige Ausritte. Erstaunlicherweise ist der Pass zugleich die einzige Straßenverbindung zwischen Lesotho und KwaZulu-Natal.

GIANT'S CUP TRAIL

Wer sich irgendwo in Südafrika die Beine vertreten will, findet hier das richtige Aktionsfeld. Der Giant's Cup Trail (68 km, 5 Tage und 5 Nächte), der vom Sani Pass bis Bushman's Nek führt, ist zweifellos einer der großartigsten Wanderwege des Landes. Jeder halbwegs fitte Mensch kann ihn bewandern – deswegen ist er auch so populär. Während der südafrikanischen Ferienzeit ist eine frühzeitige Buchung über **Ezemvelo KZN Wildlife** (S. 311) notwendig. In puncto Wetter gelten die üblichen Vorsichtsmaßnahmen für die Drakensberge – schwere Kälteeinbrüche sind in jeder Jahreszeit möglich. Die Gebühren hängen von der Zusammensetzung der Wandergruppe ab.

Die Etappen: Tag 1: 14 km, Tag 2: 9 km, Tag 3: 12 km, Tag 4: 13 km und Tag 5: 12 km (Achtung: die Tour ist kein Rundweg!). Ein nicht eingeplanter sechster Tag kann von Bushman's Nek hoch nach Lesotho zum Sehlabathebe National Park (Reisepass erforderlich) führen. Zu den Highlights zählen die Bathplug Cave mit Felszeichnungen der San und die atemberaubende Berglandschaft am vierten Tag. Wer sich mehr fordern will, kann zwei Etappen an einem Tag laufen oder bei schönem Wetter Abstecher von den Hütten aus unternehmen. Wanderkarten verkauft die Sani Lodge für 45 R.

Zelten ist auf der Wanderung nicht gestattet, die Unterkunft beschränkt sich auf die wenigen **Hütten** (Erw./Kind pro Wanderung 65/50 R), deswegen muss auch im Voraus gebucht werden. Feuerholz gibt es nicht, Wanderer müssen Kocher und Kartuschen mitbringen. Die Sani Lodge befindet sich fast am Startpunkt des Wanderweges; die Lodge holt Teilnehmer nach Vereinbarung in Himeville oder Underberg ab.

Oben auf dem Pass thront gleich hinter dem Grenzübergang nach Lesotho das Sani Top Chalet – diverse Anbieter veranstalten Geländewagentouren hinauf zum Chalet.

Täglich bringen Minibus-Sammeltaxis Leute aus Mokhotlong (Lesotho) nach Südafrika, die dort einkaufen wollen. Wenn auf der Rückfahrt ein Platz frei sein sollte, ist dies die günstigste Möglichkeit, um über den Pass nach Lesotho zu gelangen, zumal die Fahrt nicht bloß bis zur Lodge oben auf dem Pass, sondern hinüber in eine Stadt geht. Einfach bei der Touristeninformation nachfragen!

Zur Einreise nach Lesotho braucht man seinen Reisepass. Die Grenze ist täglich von 6 bis 18 Uhr geöffnet – das sollte man aber vor Ort überprüfen, denn die Zeiten können sich ändern. Wichtig ist auch, genügend Zeit einplanen, um die Orte diesseits und jenseits der Grenze zu erreichen! Und man sollte daran denken, dass für die Wiedereinreise nach Südafrika ein neues Visum erforderlich ist.

Sani Lodge BACKPACKER $
(☎033-702 0330; www.sanilodge.co.za; Stellplatz 75 R, B/DZ ohne Bad 125/370 R, 2-Bett-Rondavel 460 R) An einer asphaltierten Straße unterhalb des Passes befindet sich die Sani Lodge – sie ist der Spitzenreiter hinsichtlich Insidertipps. Manche Zimmer sind recht schlicht (die *rondavels* sind hübscher), aber das macht die skihüttenartige Atmosphäre im Gemeinschaftsbereich wieder wett. Die Gäste können die Gemeinschaftsküche nutzen oder sich für 85 R das Abendessen zubereiteten lassen. Das Hostel liegt rund 10 km von Himeville entfernt an der Straße zum Sani Pass.

Das hauseigene Unternehmen Drakensberg Adventures bietet eine Reihe fantastischer Touren und Aktivitäten sowie Insidertipps zu dieser Region.

Bushman's Nek

Bushman's Nek ist ein Grenzposten zwischen Südafrika und Lesotho (nur für Fußgänger). Von hier aus führen Wanderwege ins Felsmassiv und in den Sehlabathebe National Park in Lesotho. Mit Khotso Horsetrails (S. 316) kann man auch hoch zu Ross über die Grenze nach Lesotho reiten.

Silverstreams Caravan Park CAMPINGPLATZ $
(☎082 331 6670; www.silverstreams.co.za; Stellplatz 200–500 R, Hütten 600–1200 R) Am Fuß der Drakensberge liegt in einer wunderschönen natürlichen Umgebung dicht an der lesothischen Grenze der Silverstreams Caravan Park mit Zeltplätzen und Hütten. Am günstigsten ist die Übernachtung unter der Woche.

Bushman's Nek Hotel RESORT $$
(☎033-701 1460; www.bushmansnek.co.za; Zi. ab 1200 R; ❄≋) Bushman's Nek Hotel ist eine Ferienanlage mit allem Drum und Dran etwa 2 km östlich des Grenzpostens nach Lesotho.

Central Berg (Zentrale Drakensberge)

In den Zentralen Drakensbergen liegen einige der höchsten Berge der Region, darunter Giant's Castle Peak (3312 m), Monk's Cowl (3234 m) und Champagne Castle (3377 m). Kein Wunder also, dass die Region so beliebt bei Wanderern und Kletterern ist! Mit ihrer dramatischen Landschaft ist das wunderschöne Gebiet aber auch ein attraktives Ziel für alle, die die Berge lieber aus sicherer Entfernung bewundern möchten. Im Champagne Valley, das zum Monk's Cowl führt, finden sich viele Cafés und Unterkünfte für jeden Geldbeutel.

Das geruhsame, kleine **Winterton** ist das Tor zu den Zentralen Drakensbergen. Das winzige provinzielle **Winterton Museum** (☎036-488 1885; Kerk St; Eintritt mit Spende; ⌚Mo–Fr 8–16, Sa 9–12 Uhr) bietet einen Einblick in die Felszeichnungen der San (es gibt einige ausgezeichnete kommentierte Fotos) und die Geschichte der Einwohner, außerdem gibt es noch Fotos über die Schlacht von Spioenkop.

In Winterton übernachtet man am besten in der **Bridge Lodge** (☎036-488 1554; 18 Springfield Rd; EZ/DZ ab 310/570 R), einem freundlichen Gasthof an der Hauptstraße mit günstigen, frisch renovierten Zimmern.

Minibus-Taxis fahren zum Cathedral Peak (30 Min.), nach Bergville (15 Min.) und nach Estcourt (45 Min.).

Cathedral Peak Nature Reserve

Das **Cathedral Peak Nature Reserve** (☎036-488 8000; www.kznwildlife.com; Erw./Kind 30/15 R; ⌚6–18 Uhr) liegt im Schatten der Felswände des Cathedral Peak zwischen dem Royal Natal National Park und dem Giant's Castle westlich von Winterton. Das

SICHERHEIT IN DEN BERGEN

Ezemvelo KZN Wildlife warnt Wanderer eindringlich davor, sich alleine auf den Weg zu machen – selbst tagsüber. In der Regel kann man Wanderführer engagieren. Vor jeder Wanderung – auch bei kurzen – muss man sich ins Rettungsregister eintragen. Daher sollte man sich immer an die Richtlinien und an die für die Wanderung eingeplante Zeit halten. Bei Trecks mit Übernachtung empfiehlt Ezemvelo KZN Wildlife, dass man mindestens zu viert unterwegs sein sollte. Achtung: Nur sehr fitte und erfahrene Wanderer sollten – anders als bei den einfacheren „Tageswanderungen" – versuchen, den Aufstieg auf einen Berg an einem zu Tag zu bewältigen!

Schutzgebiet begeistert durch seine Lage vor den gigantischen Steilhängen der Berge: Die Gipfel des Bell (2930 m), des Horns (3005 m) und des Cleft Peak (3281 m) am Horizont sind bekannte Fotomotive.

Das **Didima San Art Centre** (☎036-488 1332; Erw./Kind 55/25 R; ⏲8–16 Uhr) im Didima Camp, 1 km hinter dem Parkeingang gelegen, bietet einen großartigen Multimedia-Einblick in die Felszeichnungen der San. Im Parkeintritt ist der Eintritt ins Museum enthalten; man muss die Mitarbeiter am Eingang informieren, dass man das Centre besuchen möchte.

Didima Camp CAMPINGPLATZ, HÜTTE **$$**
(☎033-845 1000; www.kznwildlife.com; Stellplatz 160 R, 2-Pers.-Hütte 955 R;) Die exklusive, strohgedeckte Lodge ist eine der nobelsten Unterkünfte von Ezemvelo KZN Wildlife und wurde nach dem Vorbild der San-Felshütten errichtet. Sie bietet eine grandiose Aussicht, ein Restaurant, Tennisplatz und eine Reihe von Zwei- und Vier-Bett-Hütten mit Selbstverpflegung (Vollpension nach Vereinbarung). Es gelten Mindestpreise.

Cathedral Peak Hotel HOTEL **$$$**
(☎036-488 1888; www.cathedralpeak.co.za; Zi. pro Pers. 1200 R) Die exklusiven Zimmer des privaten Hotels, das 4 km vom Parkeingang entfernt liegt, bieten eine traumhafte Aussicht und jeden modernen Komfort, den man von einem schicken Hotel erwartet. Von außen ist es leider sehr hässlich! Aber wer Annehmlichkeiten sucht, bekommt sie hier.

Monk's Cowl & Champagne Valley

Der **Monk's Cowl** (☎036-468 1103; www.kznwildlife.com; Erw./Kind 35/20 R; ⏲6–18 Uhr) im uKhahlamba-Drakensberg Park ist ein weiterer überwältigender Teil der Drakensberge und bietet ausgezeichnete Möglichkeiten zum Wandern und Klettern. Der Park besteht aus den drei Gipfeln Monk's Cowl, Champagne Castle und Cathkin Peak.

Der Weg zum Park führt durch das **Champagne Valley**. Dort gibt es einladende Cafés, nette Unterkünfte, Bäckereien und genug Touristenaktivitäten (neben dem Wandern), um sich tagelang zu beschäftigen.

Der Komplex **Thokozisa**, der 13 km außerhalb von Winterton an der R600 und der Kreuzung zum Cathedral Peak, Monk's Cowl und Giant's Castle (via Estcourt) gelegen ist, eignet sich gut für eine erste Orientierung. Hier gibt es mehrere Geschäfte, die Kunsthandwerk verkaufen.

Sehenswertes & Aktivitäten

Wanderungen mit Übernachtung (Erw./Kind 55/25 R) sind möglich, aber die Schutzhütten müssen im Voraus über Ezemvelo KZN Wildlife (S. 311) reserviert werden.

Drakensberg Boys' Choir School CHOR
(☎036-468 1012; http://web.dbchoir.co.za) Unweit der Dragon Peaks Road haben die singenden Botschafter Südafrikas mit der Drakensberg Boys' Choir School ihr Domizil.

Öffentliche Auftritte finden während der Schulzeit immer mittwochnachmittags um 15.30 Uhr statt.

Falcon Ridge WILDRESERVAT
(☎082 774 6398; Erw./Kind 60/25 R; ⏲Vorführungen Di–So 10.30 Uhr) 7 km von der Abzweigung nach Drakensberg Sun entfernt liegt Falcon Ridge, das mit tollen Raubvogel-Flugshows und Vorträgen begeistert.

Ushaka Horse Trails REITEN
(☎072 664 2993; www.monkscowl.com; 4 Bell Park Dam Rd; 2 Std./Tag 180/550 R) Ausritte – von einer Stunde bis zu einem ganzen Tag – bietet Ushaka Horse Trails an. Die Wegbeschreibung muss man telefonisch erfragen.

Drakensberg Canopy Tour ABENTEUERSPORT
(☎036-468 1981; www.drakensbergcanopytour.co.za; pro Pers. 495 R; ⏲7.30–14.30 Uhr) Drakensberg Canopy Tour prahlt mit Superlati-

ven: zwölf Rutschen, davon sind sieben über 100 m lang, der höchste Punkt ist 65 m und die längste Seilrutsche ist 179 m lang. Man „fliegt" über die wunderbaren Baumkronen eines alten, einheimischen Waldbestandes, der auch einen Fluss und Wasserfälle bietet. Aber Achtung: Das ist ein Extremsport und nichts für Leute mit Höhenangst. Und unbedingt im Voraus buchen.

Schlafen

Inkosana Lodge HOSTEL $

(☎036-468 1202; www.inkosana.co.za; Stellplatz 125 R, B/DZ ohne Bad 175/550 R; P) Reisende schwärmen von dieser Lodge. Der Garten mit einheimischen Pflanzen, der umweltfreundliche Pool, saubere Zimmer und hübsche *rondavels* machen das Haus zu einer der besten Unterkünfte der Umgebung. Auch wenn sie als Hostel beworben wird, ist die Inkosana Lodge doch weit mehr: Das breite Zimmerangebot stellt auch jeden anspruchsvolleren Reisenden zufrieden. Ein weiterer Pluspunkt ist die zentrale Lage für viele Aktivitäten in der näheren und weiteren Umgebung. Das Hostel liegt an der Route 600 auf dem Weg nach Champagne Castle. Die hauseigenen Köche kochen ausgezeichnet und die Mitarbeiter helfen bei der Organisation von Aktivitäten und Wanderungen. Der ehemalige Bergsteiger und warmherzige Besitzer Ed hilft mit fachkundigem Rat bei der Wanderplanung.

★ **Wits End Mountain Resort** CHALET $$

(☎036-468 1133; www.witsend.co.za; Rte 600; Chalet pro Pers. 380 R) Die Anlage wirbt vor allem als Location für Hochzeiten und Veranstaltungen, steht aber auch allen anderen Reisenden offen. Die Vier-/Sechs- und Acht-Bett-Chalets haben jeweils einen Grillbereich, eine große Küche und eine wunderbare Aussicht. Unter der Woche kann man günstiger übernachten.

Ardmore Guest Farm LODGE $$

(☎036-468 1314; www.ardmore.co.za; Rondavel pro Pers. mit Halbpension 545–695 R) Eine erfrischende Abwechslung zu den anderen Feriendomizilen der Umgebung – die nette Unterkunft auf einer bewirtschafteten Farm bietet komfortable Übernachtungsmöglichkeiten. Es gibt Hütten und strohgedeckte *rondavels* (manche mit Kamin), die Mahlzeiten werden im ursprünglichen Farmgebäude serviert. Auf dem Grundstück befinden sich auch die Steve Bull Gallery, die Keramik und Gemälde anbietet, sowie African Loom mit handgewebten Textilien, die von einheimischen Zulufrauen hergestellt werden.

Little Acres B&B $$

(☎082 305 3387; www.littleacres.co.za; Rte 600; Zi. inkl. Frühstück 640 R, Selbstversorger 780 R Die neuen Besitzer dieses kleinen Schmuc stücks installierten beim letzten Bes gerade Flachbildschirme als Teil eines Z mer-Upgrades. Die beiden getrennt st den Bungalows haben eigene Eingäng Kochzeilen), alle anderen Zimmer b sich im Haupthaus. Die Ausstattung ist se gut, der Blick Richtung Drakensberge wunderschön und die Gastgeber ausgesprochen freundlich. Sehr sympathisch sind auch die beiden schwarzen Labradore.

Champagne Castle Hotel RESORT $$$

(☎036-468 1063; www.champagnecastle.co.za; EZ/DZ mit Vollpension ab 1085/2170 R) Champagne Castle ist eines der bekanntesten Hotels und liegt günstigerweise in den Bergen am Ende der Route 600 Richtung Monk's Cowl.

Essen

Valley Bakery BÄCKEREI, CAFÉ $

(☎036-468 1257; Rte 600; Hauptgerichte 35–60 R; ⊙Mo–Fr 8–17, Sa 8–14 Uhr) Baguettes, Croissants und ein großes Angebot klebriger Leckereien werden direkt vor Ort gebacken (die Besitzer bauen sogar eigenen Weizen an und mahlen ihn selbst). Die kuriose schmiedeeiserne Veranda ist der richtige Platz für das wunderbare Frühstücksangebot mit Eiern Benedikt und Müsli mit frischem Obst. Mittags locken Wraps, Sandwiches und hausgemachte Pasteten.

Waffle Hut CAFÉ $

(Hauptgerichte 40–70 R; ⊙8–16.30 Uhr) Nachdem man im Café neben KwaZulu Weavers die pikanten oder süßen Waffeln probiert hat, sollte man noch einen Blick auf die handgewebten Teppiche werfen (manche vor Ort hergestellt, andere importiert). Das Café liegt an der Route 600 südlich von Winterton.

Dragon's Rest Pub & Restaurant PUB $$

(☎036-468 1218; Hauptgerichte 70–100 R; ⊙10.30–14.30 & 18–20.30 Uhr) An diesem wunderbaren Ort kann man draußen sitzen und nicht nur das gute Essen und einen kalten Drink genießen, sondern auch gratis die grandiose Aussicht auf die Berge. Drinnen brennt ein wärmendes Feuer im Kamin. Das Lokal befindet sich in der Nähe des Konzertsaals des Knabenchors.

Praktische Informationen

Das **Parkbüro** (☎036-468 1103; Stellplatz 190–210 R) liegt 3 km hinter dem Champagne Castle Hotel, das sich am Ende der Route 600 befindet, die von Winterton nach Südwesten verläuft. Ebenso hilfreich ist das Central Drakensberg Information Centre (S. 313).

Injisuthi

Injisuthi an der Nordseite des Giant's Castle ist ein weiteres atemberaubendes Ziel. Es ist ein lauschiger Ort mit spektakulärem Blick auf den Gipfel des Monk's Cowl. Das Reservat war früher die private Farm Solitude, die Ende der 1970er-Jahre von KZN Wildlife aufgekauft worden ist. Um das Camp Injisuthi herum liegen die beiden höchsten Gipfel der Drakensberge: Mafadi (3400 m) und Injisuthi (3300 m). Um es gleich klarzustellen: Diese Berge kann man nicht an einem Tag besteigen. Eine der vielen Tageswanderungen führt aber zu den Marble Baths (4–5 Std.), in denen man baden kann.

Camp Injisuthi ist Ausgangspunkt für geführte Wanderungen zur eindrucksvollen **Battle Cave**, einem gewaltigen Felsvorsprung mit sehenswerten Felszeichnungen der San. Die ungewöhnlichen Szenen zeigen Figuren und Tiere. Anfänglich glaubte man, sie stellten eine Schlacht dar, aber diese These wurde von Fachleuten widerlegt. Sie sind nun der Überzeugung, dass es sich hier um die Darstellung von halluzinatorischen Träumen oder einer Geistreise handelt. Der Weg dauert hin und zurück sechs Stunden und führt sowohl über schattenlose wie auch beschattete Pfade (teilweise läuft man im Wald). Die Guides zeigen einem unterwegs Heilpflanzen und andere interessante Dinge. Die Wanderung muss vorab reserviert werden (☎036-431 9000; je nach Teilnehmerzahl etwa 80 R pro Pers., mindestens 3 Pers.; der Einzelpreis hängt von der Größe der Gruppe ab).

Injisuthi Camp — CAMPINGPLATZ, CHALET $
(☎033-845 1000; Stellplatz 80 R; 2-Personen-Safaricamp 315 R, 4-Pers. Chalet 870 R) Das Camp bietet Zeltplätze und Hütten für Selbstversorger. Für Wanderer gibt es in der Gegend Höhlen zum Übernachten (deren Zustand sollte jedoch vor der Tour erfragt werden).

Giant's Castle

Das 1904 vor allem zum Schutz der Elenantilopen gegründete Reservat **Giant's Castle** (☎033-845 1000, 036-353 3718; www.kznwildlife.com; Erw./Kind 30/15 R; ⏲Okt.–März 5–22 Uhr, April–Sept. 6–22 Uhr, Rezeption 8–16.30 Uhr) ist ein zerklüftetes, abgelegenes und sehr beliebtes Ausflugsziel mit einer dramatischen Landschaft. Der Gebirgskamm Giant's Castle selbst ist eine der auffälligsten Bergformationen der Drakensberge. (Vom Süden über die N3 kommend nimmt man die neue Ausfahrt 175; sie ist allerdings noch nicht in allen Karten eingezeichnet.)

Wie überall in der Region gibt es auch hier viele ausgezeichnete Wege für Tageswanderungen, aber auch mehrtägige Touren. Eine einfache Karte mit den Wegen (Entfernungen sind nicht angegeben) erhält man im Büro im Giant's Castle Camp (s. unten). Hier gibt es auch einen kleinen Laden, der Grundnahrungsmittel und Benzin verkauft.

Sehenswertes

Lammergeier Hide — AUSSICHTSPUNKT
(☎036-353 3718; giants@kznwildlife.com; pro Pers. 230 R, Mindestpreis 690 R) Der seltene Lämmergeier, auch als Bartgeier (*Gypaetus barbatus*) bekannt, kommt nur in den Drakensbergen vor und nistet in diesem Schutzgebiet. Die Mitarbeiter des Reservats geben den Gästen manchmal Knochen als Futter für die Vögel, um sie anzulocken. Lammergeier Hide ist der beste Ort, um die Raubvögel zu beobachten. Der Unterstand ist sehr beliebt, eine Reservierung daher nötig.

Main Cave — HISTORISCHE STÄTTE
(Erw./Kind 35/20 R; ⏲9–15 Uhr) Im Gebiet rund um Giant's Castle gibt es viele Stätten mit Felszeichnungen der San. Es wird vermutet, dass die letzten Angehörigen der San hier zu Beginn des 20. Jhs. lebten. Besucher können einige der Bilder in der Main Cave, 2,3 km südlich des Giant's Camp, besichtigen. Am Eingang zur Höhle steht ein Führer bereit, der stündlich eine geführte Tour anbietet.

Der Fußweg von Giant's Camp bis zur Höhle dauert 45 Minuten; der kürzere Rückweg ist nur 1,5 km lang.

Schlafen

Im Reservat finden sich mehrere ausgezeichnete Unterkunftsmöglichkeiten, außerdem Höhlen und Hütten für Wanderer.

Giant's Castle Camp — CHALET $$
(☎033-845 1000, 036-353 3718; www.kznwildlife.com; Wanderhütte pro Pers. 55 R, 2-Bett-Chalet ab 765 R) Das Hauptcamp ist eine beein-

druckende, abgelegene Anlage 8 km vom Haupteingang entfernt. Die Zwei-, Vier- und Sechs-Bett-Chalets bieten einen Kamin, eine Kochecke, deckenhohe Fenster, Fernseher und eine strohgedeckte Veranda. Außerdem gibt es Berghütten für acht Personen. Das Restaurant hat eine hübsche Terrasse mit umwerfendem Blick auf die Berge (wenn allerdings im Sommer der Nebel einfällt, sinkt die Sichtgrenze auf wenige Meter).

An- & Weiterreise

Wer aus Richtung Norden oder Süden auf der N3 anreist, nimmt die Route 29 bis Giant's Castle (die auch Richtung Osten die Verbindung nach Estcourt ist).

Von Winterton oder Champagne Valley erreicht man diesen Teil der Drakensberge auf der Route 10 und fährt dann weiter nach Süden über Draycott (von Draycott führt eine gute Schotterpiste 25 km lang durch Pinienwälder und kommt dann bei der White Mountain Lodge auf die asphaltierte Straße; von dort sind es noch 23 km auf asphaltierten Straßen bis Giant's Castle, dort stößt die Straße auf die Route 29).

Minibus-Taxis fahren in unregelmäßigen Abständen von Estcourt zu den Dörfern in der Nähe des Haupteingangs (KwaDlamini, Mahlutshini und KwaMankonjane), diese Dörfer liegen aber noch mehrere Kilometer von Giant's Camp entfernt.

Northern Berg (Nördliche Drakensberge)

Die Nördlichen Drakensberge sind ein idealer Zwischenstopp auf der Fahrt zwischen Durban und Johannesburg. Hier befindet sich der wunderschöne Royal Natal National Park, der sich ausgezeichnet für Tagestouren eignet und wunderbare, einsame Stellen bietet.

Bergville

Der am nächsten gelegene Ort, Bergville, ist klein und ungehobelt, aber trotzdem ein nützlicher Zwischenstopp auf der Fahrt in die Nördlichen Drakensberge, z. B. um Vorräte aufzufüllen. Der Minibus-Taxistand befindet sich hinter der Touristeninformation.

Bingalela CHALET $

(☎ 082 390 3133, 036-448 1336; bingelela@mweb.co.za; EZ/DZ inkl. Frühstück 370/560 R;) Wer mit seiner Ankunftszeit recht spät dran ist, kann hier mit gutem Gewissen sein müdes Haupt betten. Die Unterkunft liegt 3 km von Bergville entfernt an der R74. Die attraktiven Doppel- und Familienzimmer in *rondavels* stehen unter schönen Eukalyptusbäumen auf einem staubigen, parkplatzähnlichen Gelände. Im Oktober wird ein hauseigenes Bierfest veranstaltet – wahrscheinlich nicht jedermanns Geschmack.

Das lebhafte Restaurant mit Bar ist ein beliebter Treffpunkt der Einheimischen.

> **BUSSE**
>
> Keine der Fernverkehrsbuslinien verläuft in der Nähe von Bergville. Reisende müssen daher nach Ladysmith fahren und dort in ein Minibus-Taxi umsteigen (45 Minuten).
>
> Der tägliche Greyhound-Bus hält in Estcourt und Ladysmith. Taxis fahren für etwa 20 R Richtung Royal Natal National Park, nur wenige fahren aber die gesamte Strecke bis zum Parkeingang.

Praktische Informationen

Okhahlamba Drakensberg Tourism (☎ 036-448 1296; www.drakensberg.org.za; Bergville; ⏲ Mo–Fr 7.30–17.30, Sa 8.30–12.30 Uhr) Die private Touristeninformation bietet viele Broschüren, sonst aber nicht viel Hilfe.

Royal Natal National Park

Der 80 km^2 große **Royal Natal National Park** (☎ 036-438 6310; www.kznwildlife.com; Erw./Kind 35/20 R; ⏲ Sommer 5–19 Uhr, Winter 6–18 Uhr) erstreckt sich über einige der höchsten Gipfel der Drakensberge. Viele der Gipfel ragen so hoch auf wie der Park breit ist. Im Park liegen einige der am besten zugänglichen und dramatischsten Berglandschaften der Region Drakensberg, das größte Highlight ist das grandiose Amphitheatre: Diese 8 km lange Felswand aus Klippen und Schluchten sieht von unten, aber noch mehr von oben einfach spektakulär aus.

Hier stürzen die Tugela Falls über fünf Stufen 850 m in die Tiefe, die erste gefriert oft im Winter. Dahinter ragt der Mont-aux-Sources (3282 m) empor, der seinen Namen „Berg der Quellen" erhielt, weil hier die Flüsse Tugela, Elands und Western Khubedu entspringen. Der Western Khubedu wird später zum Senqu (Oranie) River und mündet in den Atlantik.

Der Royal Natal National Park ist bekannt für seine exzellenten Wandermöglichkeiten.

SCHUTZ DER SAN-ZEICHNUNGEN

In den Höhlen und Felslandschaften in KwaZulu-Natal gibt es Tausende von Felszeichnungen der San. Leider wurden viele durch rücksichtslose Besucher beschädigt, einige mit Graffiti beschmiert, manche sogar völlig zerstört. Reisende sollten sich angemessen verhalten, damit diese kostbaren Kulturschätze auch für spätere Besucher erhalten bleiben. Und es versteht sich von selbst, dass man die Zeichnungen nie mit Wasser bespritzen sollte.

KwaZulu-Natal hat deshalb eine Vereinbarung mit Amafa (der Provinzbehörde zum Schutz des Kulturerbes) getroffen, dass diese Maßnahmen zum Erhalt der Kulturschätze ergreift. Dazu gehört, Fremdenführer zu beschäftigen, die die Besucher zu den Stätten begleiten und sicherstellen, dass diese die Bilder nicht berühren oder beschädigen.

Weitere bekannte Gipfel sind Devil's Tooth, Eastern Buttress und Sentinel. Im Nordosten grenzt der Park an das Rugged Glen Nature Reserve.

Das **Besucherzentrum** (☎036-438 6310; ⌚8–16.30 Uhr) liegt 3 km hinter dem Haupttor. Im Zentrum gibt es auch einen Laden, der einfachen Proviant verkauft. Tagestouren werden in einer sehr einfachen Karte erklärt, die man im Besucherzentrum erhält.

Sehenswertes & Aktivitäten

Felszeichnungen der San HISTORISCHE STÄTTE
(geführte Wanderungen Erw./Kind 30/20 R; ⌚9–16 Uhr) Im Park gibt es mehrere Orte mit Felszeichnungen der San, dieser ist der Einzige, der für Touristen zugänglich ist. Eine geführte Wanderung lässt sich mit Führern aus der Gemeinde organisieren. Der Rundweg dauert etwa eine Stunde, inklusive Zeit für Pausen und Gespräche. Bei der ersten Brücke nach dem Parkeingang findet sich der Wegweiser „San Rock Art".

Rugged Glen Stables REITEN
(☎036-438 6422; 1-/2-Std. Ausritt 170/220 R) Direkt vor dem Parkeingang befinden sich die Rugged Glen Stables, die verschiedene Ausritte anbieten, darunter auch Zweitagesritte.

Schlafen & Essen

IM PARK

Ein rustikaler Campingplatz befindet sich bei **Mahai** (Stellplatz 90 R). Den wunderschön gelegenen Platz findet man etwa 1 km vom Besucherzentrum entfernt. Ein weiterer, noch einfacherer Campingplatz ist **Rugged Glen Nature Reserve** (Stellplatz 90 R).

Thendele CHALET $$
(☎033-845 1000; www.kznwildlife.com; Chalet EZ/DZ ab 680/1360 R) Das großartige Hauptcamp des Parks vermietet Chalets mit zwei und vier Betten sowie Hütten und eine Lodge für größere Gruppen. Die Chalets gruppieren sich um Rasenflächen und Zufahrtswege; alle haben Aussicht auf die gegenüberliegenden Berge. Die höher gelegenen Unterkünfte sind wegen der grandiosen Aussicht etwas teurer, aber alle gleich ausgezeichnet. Thendele ist daher bestens als Standort für Wanderungen geeignet.

AUSSERHALB DES PARKS

Amphitheatre Backpackers HOSTEL $
(☎082 855 9767; www.amphibackpackers.co.za; Stellplatz ab 85 R, B 140 R, DZ 400–600 R; 📶🏊) Diese Unterkunft wird ganz unterschiedlich beurteilt – manche Reisende fühlten sich genötigt, die organisierten Touren zu buchen (auch wenn es in der Umgebung noch andere Angebote gab), andere haben die Annehmlichkeiten genossen.

Auch der Service zeigt gelegentlich Schwächen. Das Hostel bietet ganz unterschiedliche Unterkünfte – von Schlafsälen bis zu komfortablen „Luxus"-Zimmern für vier Personen. Allen gemeinsam ist der schöne Blick zum Amphitheater.

Es gibt eine lebhafte Bar, einen Pool und ein großes Angebot an ganz unterschiedlichen Aktivitäten. Das Hostel liegt 21 km nördlich von Bergville an der Route 74.

★ **Hlalanathi** RESORT $$
(☎036-438 6308; www.hlalanathi.co.za; Stellplatz 160 R, 2-/4-Bett-Hütte 800/1500 R; 🏊) Die hübsche, schlichte Ferienanlage liegt direkt neben dem Golfplatz und bietet Stellplätze und ausgezeichnete Unterkünfte in strohgedeckten Chalets auf einer Landzunge mit Blick auf den Tugela River. Am schönsten

sind die Plätze gegenüber vom Fluss und den Bergen. In der Nachsaison ist es wesentlich günstiger.

Sungubala Mountain Camp BUNGALOW, CHALET $$
(☎036-438 6000; www.sungubala.com; Zelt ohne Bad pro Pers. 300 R, 6-Bett-Bungalow 1300 R) Sechs Safarizelte (mit strohgedeckten Pavillons und Betten) und drei Spitzdachhäuser mit Gemeinschaftsbad werden hier vermietet, außerdem *rondavels*, Chalets und ein Bungalow. Wer sein eigenes Bettzeug mitbringt, übernachtet günstiger; wer alles auf eigene Regie macht, spart noch mehr.

Montusi Mountain Lodge LODGE $$$
(☎036-438 6243; www.montusi.co.za; EZ/DZ mit Halbpension 1800/3200 R;) Das opulente Haus mit jeder Menge Buschhotelexklusivität verbindet die Gemütlichkeit von Strohdach und Kamin mit viel luxuriösem Komfort in todschicken Chalets. Die Lodge bietet geführte Wanderungen an, z. B. den Morgenspaziergang über das eigene Gelände sowie Ausritte. Der Abzweig befindet sich direkt hinter dem „Tower of Pizza"; einfach der Beschilderung folgen.

Tower of Pizza ITALIENISCH $
(☎036-438 6480; www.towerofpizza.co.za; Pizza 65 R; ⏱Di–Do 12–20.30, Fr & Sa 12–21, So 10–21 Uhr) Ja, das ist wirklich ein Turm, in dem sehr gute Pizza aus dem Holzofen serviert wird. Besonders schön bei diesem netten Lokal in der Nähe der Drakensberge sind die Tische auf der Terrasse in frischer Luft und mit Blick auf die Berge. Achtung: Das Restaurant nimmt kein Bargeld, sondern nur Kreditkarten!

Es vermietet auch einige malerische *rondavels* und Hütten (DZ inkl. Frühstück pro Pers. 430 R).

Coyote Cafe CAFÉ $$
(Hauptgerichte 50–100 R; ⏱7–20.30 Uhr) Das moderne, gepflegte Café eignet sich gut für eine Reisepause – der Hunger wird durch „Gourmet"-Snacks und ausgezeichneten Kuchen gestillt. Einen Versuch wert sind Jambalya oder die Nudeln mit Meeresfrüchten. Das Lokal liegt an der Route 74 am Eingang zu Little Switzerland; an klaren Tagen ist die Sicht wunderschön.

ℹ An- & Weiterreise

Die Straße in den Royal Natal zweigt ca. 30 km nördlich von Bergville und 5 km vom Oliviershoek Pass von der Route 74 ab.

BATTLEFIELDS

Mächtige Tiere, mächtige Berge und mächtige Wellen – das sind die wichtigsten Programmpunkte vieler Besucher bei ihrem Besuch in der Provinz. Doch wer sich für die Geschichte von KwaZulu-Natal interessiert, sollte vor allem die Battlefields besuchen. Die Schlachtfelder, auf denen viele der blutigsten Kapitel des Landes geschrieben wurden, sind untrennbar mit der Geschichte KwaZulu-Natals verbunden. In der Nordwestregion der Provinz rächten nicht einmal 600 burische Voortrekker die Ermordung ihres Anführers Piet Retief, in dem sie eine 12 000 Mann starke Armee der Zulu in der Schlacht am Blood River schlugen. In der gleichen Region brachten die Zulu dem britischen Weltreich in der Schlacht bei Isandlwana eine schwere Niederlage bei. Hier kam es anschließend zur heroischen Verteidigung von Rorke's Drift und später zum zähen Ringen zwischen Buren und Briten bei Ladysmith und am Spioenkop.

Viele Ortschaften wirken, als hätte hier erst kürzlich ein Krieg getobt, und metaphorisch gesprochen stimmt das auch. Beim Bau der N3 in den 1980er- und 1990er-Jahren wurden viele Orte nicht angebunden. Das führte dazu, dass die dortigen Fabriken schließen mussten und viele Einwohner in die großen Städte fortzogen.

Weitere Infos zu den Schlachtfeldern findet man online unter www.battlefields.kzn.org.za oder in der bei KZN Tourism erhältlichen Broschüre *Battlefields Route* von KwaZulu-Natal Tourism.

Spioenkop Nature Reserve

Das 60 km² große **Spioenkop Nature Reserve** (☎036-488 1578; www.kznwildlife.com; Eintritt 25 R; ⏱Okt.–März 5–19 Uhr, April–Sept. 6–18 Uhr) erstreckt sich rund um den Spioenkop-Staudamm, der den Tugela River aufstaut. Das Schutzgebiet liegt in günstiger Nähe zu den meisten Schlachtfeldern in der Region und nicht allzu weit entfernt von den Drakensbergen, sodass auch Tagesausflüge in das Gebirge möglich sind. An Tieren finden sich hier Zebras, Breitmaulnashörner, Giraffen, diverse Antilopen- sowie über 270 Vogelarten.

Es gibt zwei Fahrstraßen, beide sind ziemlich kurz. Der Damm ist riesig, aber für Besucher ist nur ein kleiner Uferbereich zugänglich. Die Straßen im Schutzgebiet können von Fahrzeugen mit Zweiradantrieb befahren werden – es empfiehlt sich aber, langsam zu fahren und auf Schlaglöcher zu achten. Wer mehr sehen will, kann einen der Geierbeobachtungsstände besuchen oder die Landschaft im Rahmen eines Ausritts oder einer geführten Wanderung näher kennenlernen. Es gibt einen hübschen Spazierweg, der an Aloe-Pflanzen vorbei durch ein Wäldchen führt.

Das Spioenkop Nature Reserve liegt nordöstlich von Bergville, aber sein Eingang befindet sich an der Ostseite, 13 km von Winterton entfernt unweit der Rte 600. Wer aus Süden über die N3 anreist, nimmt die Ausfahrt 194 zur Rte 74 in Richtung Winterton.

Das Schlachtfeld von Spioenkop erreicht man über die Rte 616 (nicht die Rte 600 – der Ausschilderung folgen). Für den Besuch sowohl des Schutzgebietes als auch der Schlachtfelder braucht man ein Fahrzeug.

iPika CAMPINGPLATZ $

(www.kznwildlife.com; Stellplatz/Buschcamp pro Pers. 75/220 R) iPika liegt in einem Tal im Schutzgebiet und vermietet Campingplätze und ein Vier-Bett-Safarizelt in sehr hübscher Umgebung mit Blick über einen Stausee. Es ist geruhsam und bietet jede Menge Vögel, dazu auch gelegentlich Wildtiere. Die Unterkunft wird direkt über das Schutzgebiet gebucht.

Three Trees at Spioenkop LODGE $$$

(☎ 036-448 1171; http://threetreehill.co.za; EZ/DZ mit Vollpension 2790/4230 R) Die noble, umweltfreundliche Lodge, in der sich zeitgenössischer Schick und koloniale Gemütlichkeit begegnen, ist eine wunderbare Unterkunft für alle, die die Gegend um das Schutzgebiet erkunden wollen. Die schöne Lage und der tolle Ausblick, der hübsche, offen gestaltete Wohnbereich sowie die ökologische Einstellung der Besitzer sorgen für einen sagenhaften Aufenthalt. Für die Gäste werden maßgeschneiderte Ausritte und Schlachtfeldbesichtigungen organisiert.

Das Anwesen liegt in bequemer Nähe zum Spioenkop Nature Reserve zwischen Ladysmith und Bergville unweit der Rte 616.

Ladysmith

65 000 EW.

Ladysmith ist eine große, geschäftige Stadt. Neben dem historischen Aspekt – mehrere gute Museen und Gebäude stammen noch aus der Belagerungszeit während des Burenkriegs – ist die Stadt ein guter Standort für Besichtigungsfahrten zu den Schlachtfeldern der Umgebung.

Sehenswertes & Aktivitäten

Siege Museum MUSEUM

(Murchison St; Erw./Kind 11/5 R; ⏲ Mo–Fr 9–16, Sa bis 13 Uhr) Das ausgezeichnete Museum ist neben dem Rathaus im 1884 erbauten alten Marktgebäude untergebracht. Das diente während der Belagerung als Verpflegungslager. Man findet hier nicht nur eine Ausstellung zum Zweiten Burenkrieg, sondern auch alle Infos über die Stadt und ihre Umgebung. Außerdem kann man sich eine Liste der Führer geben lassen, die Besichtigungen der Schlachtfelder anbieten.

Emnambithi Cultural Centre MUSEUM

(316 Murchison St; Erw./Kind 11/5,50 R; ⏲ Mo–Fr 9–16 Uhr) Zum Emnambithi Cultural Centre gehört ein **Cultural Museum**, das eine Township-Hütte und u. a. traditionelle Kleidung und Perlenarbeiten zeigt. Eine Hommage an die Band Ladysmith Black Mambazo ist ebenfalls zu sehen.

Castor und Pollux DENKMAL

Vor dem Rathaus stehen die beiden Kanonen Castor und Pollux, die von den Briten bei der Verteidigung von Ladysmith eingesetzt wurden.

Long Tom DENKMAL

Eine Replik von Long Tom, einer Kanone der Buren mit einer Schussweite von 10 km, steht in der Nähe des Rathauses. Long Tom wurde von einem britischen Stoßtrupp während der Belagerung außer Gefecht gesetzt, aber erst nachdem er schon ordentlich Schaden angerichtet hatte.

Fort SEHENSWERTES BAUWERK

In der King Street, gegenüber des Settlers Drive, steht eine Mauer mit Schießscharten, die Teil des ehemaligen Forts ist. Das Fort wurde als Schutz vor Angriffen der Zulu erbaut und ist heute Teil der Polizeiwache.

Schlafen

Außerhalb der Stadt, jenseits der Short Street, gibt es viele B&Bs. Da sie gerne von Geschäftsreisenden gebucht werden, sollte man besser rechtzeitig ein Zimmer reservieren.

Battlefields

★ Budleigh Guesthouse B&B **$$**
(☎ 036-635 7700; 12 Berea Rd; EZ/DZ inkl. Frühstück 550/750 R;) Das Herrenhaus mit seinen Veranden, dem kurz geschorenen Rasen und dem bezaubernden Garten wirkt fast wie ein Bild aus einer britischen Fernsehproduktion. Es bietet eine Auswahl an gepflegten, eleganten Zimmern mit hölzernen Bettgestellen und nachgebauten Antiquitäten. Das B&B liegt mitten in Ladysmith.

Buller's Rest Lodge B&B **$$**
(☎ 036-637 6154; www.bullersrestlodge.co.za; 59 Cove Cres; EZ/DZ inkl. Frühstück ab 575/790 R;) Es lohnt sich, in dieser schicken, reetgedeckten Lodge abzusteigen. Es gibt hier die lauschige Kneipe Boer War, leckere Hausmannskost (drei Gänge 160 R) und eine schöne Aussicht von der attraktiven Bar-Terrasse. Von der Harrismith (Poort) Road rechts in die Francis Road abbiegen und der Ausschilderung folgen!

Battlefields

Sehenswertes

- Blood River Monument ..... (s.1)
- 1 Blood River Museum C2
- Evangelical Lutheran Church Art & Craft Centre ..... (s. 5)
- 2 Fugitive's Drift D3
- 3 Isandlwana D3
- Isandlwana Visitors Centre ..... (s. 3)
- 4 Ncome Museum D3
- 5 Rorke's Drift D3
- Rorke's Drift Orientation Centre ..... (s. 5)
- 6 Spioenkop Nature Reserve A4
- 7 Talana Heritage Park & Battlefield C3

Schlafen

- Isandalwana Lodge ..... (s. 3)
- Rorke's Drift Hotel ..... (s. 5)

EIN FÜHRER ZU DEN SCHLACHTFELDERN

Wer von einem kenntnisreichen Führer begleitet wird und sich etwas vorbereitet hat, für den wird die sogenannte Battlefield Route eine lohnenswerte Erfahrung sein. Ohne einen Führer sind die Schlachtfelder manchmal schwierig zu finden, noch schwieriger ist es, ihre Geschichte zu verstehen. Die Führer verlangen meist zwischen 800 und 1500 R für eine Tagestour inkl. Rorke's Drift und Isandlwana. Achtung: Manche Führer verlangen diese Preise pro Person, andere pro Gruppe; günstiger wird es mit dem eigenen Auto.

BushBaby Safaris (☎034-212 3216, 082 466 8350; www.bushbaby.co.za; 110 Victoria St, Dundee) ist ein Neuzugang hinsichtlich der Touren zu den Schlachtfeldern. Angeboten wird eine Tagestour nach Isandlwana und Rorke's Drift für 1800 R pro Pers. (Minimum zwei Pers.; Mitagessen und Eintrittsgelder sind nicht im Preis inbegriffen). Das Unternehmen bietet auch den reinen Transfer zu den Battlefields (390 R pro Pers.), die Teilnehmer werden um 8 Uhr in Dundee abgeholt.

Einige empfehlenswerte Führer:

Bethuel Manyathi (☎083 531 0061; Nquthu)

Elisabeth Durham (☎072 779 5949; cheznous@dundeekzn.co.za; Dundee)

Ken Gillings (☎083 654 5880; ken.gillings@mweb.co.za; Durban)

Thulani Khuzwayo (☎072 872 9782; thulani.khuzwayo@gmail.com; Rorke's Drift)

Liz Spiret (☎072 262 9669; lizs@telkomsa.net; Ladysmith)

Paul Garner (☎082 472 3912; garner@xsinet.co.za; Dundee)

Ein Verzeichnis weiterer Führer gibt es bei Talana Heritage Park & Battlefield und in den Touristeninformationen von Dundee und Ladysmith. Eine Broschüre zu den Schlachtfeldern oder ein Blick auf die Website www.battlefields.kzn.org.au sind unerlässlich.

Die bedeutendsten Schlachten

Schlacht am Blood River Voortrekker-Zulu-Konflikt (1838).

Schlacht von Isandlwana, Schlacht von Rorke's Drift Zulukrieg (1879).

Schlachten von Laing's Nek, Schuinshoogte und Majuba Erster Burenkrieg (Transvaal-Unabhängigkeitskrieg; 1880/81).

Schlacht von Talana, Schlacht von Elandlaagte Zweiter Burenkrieg (1899–1902), der zur Belagerung von Ladysmith führte.

Schlacht von Spioenkop Fand am 23. und 24. Januar 1900 statt, als die Briten die Stadt Ladysmith, die von den Streitkräften der Buren belagert wurde, befreien wollten.

Schlacht von Colenso Eine der größten Schlachten (15. Dezember 1899) der südlichen Hemisphäre zwischen Buren und Briten.

Essen

Office Cafe ITALIENISCH $

(San Marco Centre, Ecke Harrismith & Francis Rd; Hauptgerichte 50–75 R; ⏲Mo–Fr 8–16, Sa 8–14 Uhr) Das zwanglose Lokal müht sich mit einigen hausgemachten Gerichten – am besten ist wahrscheinlich die Pizza, aber auch die Focaccia und die Burger sind gut für einen mittäglichen Imbiss.

Guinea Fowl INTERNATIONAL $$

(☎036-637 8163; San Marco Centre, Ecke Harrismith & Francis Rd; Hauptgerichte 90–140 R; ⏲Mo–Sa Mittag- & Abendessen) In einem Einkaufszentrum befindet sich eines der akzeptablen Restaurants von Ladysmith. Auf der Karte stehen Currys, Steaks, Hähnchen und Meeresfrüchte, außerdem gibt es Hamburger.

Praktische Informationen

ABSA (Ecke Queen & Murchison St) Hat zwei Filialen an derselben Kreuzung, eine mit Geldautomat.

Emnambithi Cultural Centre (316 Murchison St; ⏲Mo–Fr 9–16 Uhr) Informationen zu Führungen zu den Schlachtfeldern und den nahe gelegenen Townships.

Polizei (☎036-638 3309; King St) Neben der NG Kirche.

DIE SCHLACHT AM SPIOENKOP

Seit Ende Oktober 1899 wurde Ladysmith von den Buren belagert. Am 23. Januar 1900 unternahmen die Briten unter Führung von General Buller einen zweiten Versuch, die Stadt zu befreien. Bei Trichardt's Drift hinderten 500 Buren allerdings 15 000 britische Soldaten daran, den Tugela zu überqueren. Deshalb beschloss Buller, den Spioenkop zu besetzen – der Tafelberg bot sich als Artilleriestellung an, um die „lästigen" Buren aus ihren Schützengräben zu vertreiben.

In der Nacht erklommen 1700 britische Soldaten den Hügel und verjagten die wenigen wachhabenden Buren. Sie legten eine Verschanzung an und warteten auf den Tagesanbruch. Louis Botha, der die Buren kommandierte, hatte inzwischen von dem Angriff gehört. Er befahl, die Feldgeschütze auf den Spioenkop auszurichten und postierte einige seiner Männer auf den umliegenden Hügeln. Als der neblige Morgen anbrach, machten sich weitere 400 Soldaten der Buren an den Aufstieg auf die Kuppe des Spioenkop.

Die Briten hätten die 400 Mann leicht abwehren können, aber als sich der Nebel lichtete, setzte sofort ein Kugel- und Granatenhagel ein. Die Briten verzogen sich in ihre Gräben, viele ergaben sich am Nachmittag nach ununterbrochenem Beschuss. Mittlerweile hatten die Briten Verstärkung bekommen, sodass die Buren die Gräben nicht einnehmen konnten. Es entwickelte sich eine blutige Pattsituation.

Nach Sonnenuntergang verließen die Briten den Hügel, die Buren ebenfalls. Beide Truppen zogen sich so geschickt zurück, dass keine Seite den Abzug der jeweils anderen bemerkte. In dieser Nacht wurde der Spioenkop von den Toten gehalten.

Erst am nächsten Morgen erklommen die Buren wieder den Spioenkop, um festzustellen, dass er ihnen gehörte. Die Buren hatten 1340 Briten getötet oder verwundet – Gandhis Sanitätseinheit leistete gute Arbeit in dieser Schlacht. Buller befreite die Stadt Ladysmith schlussendlich einen Monat später am 28. Februar.

An- & Weiterreise

BUS

Busfahrkarten können bei Shoprite/Checkers im Oval Shopping Centre gekauft werden. Die Busse fahren von der Tankstelle Guinea Fowl (nicht mit dem Restaurant verwechseln) in der Murchison Road ab und verbinden Ladysmith mit Durban (330 R, 4 Std.), Pretoria (360 R, 7 Std.) und Kapstadt (600 R, 19 Std.).

MINIBUS-TAXI

Der Minibus-Taxistand befindet sich östlich des Stadtzentrums nahe der Ecke Queen und Lyell Street. Taxis nach Johannesburg warten in der Alexandra Street in der Nähe. Zu den angefahrenen Zielen gehören Pietermaritzburg (1½ Std.), Durban (2½ Std.) und Johannesburg (5 Std.).

Dundee

35 000 EW.

Wenn man einmal die düstere Hauptstraße (Victoria Street) ignoriert, ist Dundee eigentlich ein ganz grüner und hübscher Ort. Die meisten Besucher kommen wegen der Nähe zu den Battlefields (die Stadt liegt in der Mitte) und den historischen Stätten der Umgebung.

Sehenswertes

Talana Heritage Park & Battlefield HISTORISCHE STÄTTE

(☎034-212 2654; www.talana.co.za; Erw./Kind 25/2 R; ⏲Mo–Fr 8–16.30, Sa & So 9–16.30 Uhr) Für den Besuch des Talana Heritage Park & Battlefield sollte man etwas Zeit einplanen. Talana bedeutet „das Bord, auf dem kostbare Dinge gelagert werden", und das ist für diesen ausgezeichneten Geschichtspark rund um das Schlachtfeld eine ganz passende Beschreibung.

Auf dem Gelände befinden sich Denkmäler, Steinhaufen und 27 historische Gebäude, die mit der Schlacht von Talana (1899) – der ersten Schlacht des Zweiten Burenkriegs zwischen Briten und Buren – in Verbindung stehen. Rund um die Gebäude finden sich Zeugnisse des Zulu-Krieges und der Burenkriege, so auch ein Foto, das Mahatma Gandhi als Sanitäter zeigt. Darüber hinaus werden Exponate zur Ortsgeschichte, exquisite Perlenarbeiten der Zulu und eine Ausstellung von Glaswaren gezeigt. Die Kuratorin Pam McFadden weiß über alles, was mit dem Museum zu tun hat, bestens Bescheid.

Der Heritage Park liegt n der Straße nach Vryheid, 1,5 km außerhalb der Stadt.

Schlafen & Essen

Einige Unterkünfte verlangen während der Wintermonate wegen der Heizkosten höhere Preise. Abgesehen von den üblichen Fastfood-Läden ist das gastronomische Angebot in Dundee geradezu lächerlich dürftig.

Battlefields Backpackers International HOSTEL $
(☎034-212 4040; www.bbibackpackers.co.za; 90 Victoria St; B/EZ/DZ 170/190/390 R; @) Das Hostel des geprüften Battlefield-Führers Evan Jones und seiner Frau empfiehlt sich als einfache, günstige Unterkunft im Ort. Es gibt einen Kamin und einen *braai* sowie jede Menge Informationen über die Battlefields.

Chez Nous B&B $$
(☎034-212 1014; www.cheznousbb.com; 39 Tatham St; EZ/DZ inkl. Frühstück ab 530/840 R, Selbstversorgereinheit 2000 R; ❄@📶) Diese zentral gelegene, angenehme Unterkunft, die von Elisabeth Durham, einer tüchtigen französischen *madame* und Fremdenführerin (mit besonderem Interesse an Prince Imperial Louis Napoléon, der 1879 in der Nähe von Dundee starb) geleitet wird, ist eine Empfehlung der Leser. Das B&B bietet auch Halbpension an. Das Chez Nous organisiert geführte Halb- und Ganztagstouren zu den Battlefields, mit dem Auto der Gäste.

Sneezewood B&B $$
(☎034-212 1260; www.sneezewood.co.za; EZ/DZ inkl. Frühstück 695/1100 R; ❄📶) Die hübsche Unterkunft liegt 5 km entfernt von der Touristeninformation an der Wasbank Road (südlich der Stadt) auf einer bewirtschafteten Farm. Hier treffen städtischer und ländlicher Stil aufeinander – die Zimmer haben viele Verzierungen und schicke Designerstoffe, es gibt eine nette Lounge und einen Außenbereich. Die gastfreundlichen Inhaber wissen viel und sorgen für einen entspannten Aufenthalt.

Royal Country Inn HOTEL $$
(☎034-212 2147; www.royalcountryinn.com; 61 Victoria St; Hostel EZ/DZ 340/480 R, EZ/DZ inkl. Frühstück 620/870 R) Der alte Kasten verströmt einen verblichenen Charme, und der englische Einrichtungsstil (spätes 19. Jh.) ist durchaus passend, wenn man gerade vom Schlachtfeld bei Rorke's Drift kommt. Die Zimmer sind ordentlich, was allerdings nicht für die Hostelzimmer gilt. Das Hotelrestaurant tischt ordentliches Essen auf (Abendessen 190 R).

Penny Farthing Country House PENSION $$
(☎034-642 1925; www.pennyf.co.za; EZ/DZ inkl. Frühstück 700/1200 R; ❄🏊) Die Pension liegt 30 km südlich von Dundee an der Route 33 Richtung Greytown und ist ein günstiger Ausgangspunkt für Besuche von Rorke's Drift und Isandlwana. Besitzer Foy Vermaak ist ein anerkannter Tourenführer. Angeboten werden auch Halbpension und Touren zu den Schlachtfeldern.

Praktische Informationen

Tourism Dundee (☎034-212 2121; www.tourdundee.co.za; Victoria St; ⏰Mo–Fr 9–16.30 Uhr) Tourism Dundee, bei der Grünanlage im Zentrum zu finden, vermittelt Führer zu die Besichtigung der Schlachtfelder und hilft bei der Suche nach Unterkünften.

An- & Weiterreise

Dundee ist kaum ans öffentliche Netz angeschlossen; hier braucht man idealerweise ein eigenes Fahrzeug. Minibus-Taxis fahren nach Ladysmith im Südwesten und Vryheid im Nordosten.

NQUTU & UMGEBUNG

Östlich von Dundee, 52 km entfernt über die Route 33 und Route 66, liegt Nqutu, das regionale Zentrum und ein bedeutender Handelsort für die Zulugemeinde der Umgebung. Weitere 30 km nördlich von Nqutu befindet sich bei Nondweni das Ehrengrabmal für den kaiserlichen Prinzen Louis Napoléon, letzter Nachkomme der Bonaparte-Dynastie, der hier am 1. Juni 1879 im Kampf fiel.

Isandlwana & Rorke's Drift

Wer *Zulu* (1964) gesehen hat, den Film, der Michael Caine zum Weltstar machte, wird auch von Rorke's Drift gehört haben. Dort haben am 22. und 23. Januar 1879 etwa 150 britische Soldaten bei der Verteidigung einer kleinen Missionsstation gegen rund 4000 Zulu-Krieger einen legendären Sieg errungen. Königin Victoria verlieh den Teilnehmern der Schlacht elf Victoria-Kreuze; Rorke's Drift bekam einen Ehrenplatz in der britischen Militärgeschichte.

Um die Situation aber richtig zu verstehen, muss man 15 km über die Ebene bis

DIE SCHLACHT VON ISANDLWANA

Eine böse Überraschung: Als am 22. Januar 1879 ein Späher der fünf britischen Armeen, die zur Invasion von Zululand angerückt waren, über einen Hügelgrat blickte, sah er vor sich nicht eine leere Savanne, sondern 25 000 Zulu-Krieger, die zum Angriff bereit waren. Eigentlich hatte ihr Angriff erst am folgenden Tag stattfinden sollen, dem Tag nach Vollmond, aber da sie nun entdeckt waren, gingen sie in Schlachtformation – zwei umschließende Hörner an den Flanken, die Hauptstreitmacht im Zentrum – und stürzten sich auf die überraschten, unvorbereiteten Briten. (General Chelmsford hatte eine verhängnisvolle Entscheidung getroffen: Er hatte die Kolonne geteilt, indem er die Hälfte der Truppen vom Lager fortsandte mit dem Auftrag, die Zulu zu verfolgen, die sich genau zu diesem Zweck dort hatten blicken lassen.) Am Abend des Tages war die zurückgebliebene britische Kolonne aufgerieben, und der Zulu-Krieg hatte für die Angreifer mit einer schweren Niederlage begonnen.

Unterdessen hatte das kleine britische Kontingent, das bei Rorke's Drift (wo die Armee nach Zululand eingerückt war) zur Bewachung des Nachschubs zurückgeblieben war, von dem Desaster gehört und das Lager befestigt. Es wurde von rund 4000 Zulu angegriffen, aber die Verteidiger, rund 150 kampffähige Soldaten, hielten durch, bis in der Nacht Verstärkung anrückte. Elf Victoria-Kreuze wurden an die Verteidiger verliehen – und zwei weitere an die beiden Offiziere, die bei der Verteidigung der königlichen Standarte am Fugitive's Drift, rund 10 km südlich von Rorke's Drift, gefallen waren.

nach Isandlwana weiterziehen, denn hier wurde die Ausgangslage für die Heldentat von Rorke's Drift geschaffen. In Isandlwana hatten die Zulu nämlich nur einige Stunden zuvor dem britischen Weltreich eine schwere Niederlage beigebracht, bei der die Hauptstreitmacht des Empire in der Region praktisch vernichtet wurde. Kein Wunder, dass *Die letzte Offensive* (1979), der Kinofilm über die Schlacht von Isandlwana, niemals den Kultstatus seines Vorgängers *Zulu* erreichte: Siege verkaufen sich nun einmal besser als Niederlagen.

Sehenswertes & Aktivitäten

Die Schlachtfelder von Isandlwana und Rorke's Drift sollten am besten zusammen besucht werden.

Isandlwana Visitors Centre HISTORISCHE STÄTTE
(Museum und Schlachtfeld Erw./Kind 30/15 R; ⊙Mo–Fr 9–16, Sa & So 9–16 Uhr) Das Besucherzentrum besitzt ein kleines Museum. Das Schlachtfeld ist äußerst bewegend: Weiße Steinhaufen und Denkmäler kennzeichnen die Stellen, an denen britische Soldaten fielen.

Rorke's Drift Orientation Centre HISTORISCHE STÄTTE
(☎034-642 1687; Erw./Kind 30/15 R; ⊙Mo–Fr 8–16, Sa & So 9–16 Uhr) Das Rorke's Drift Orientation Centre befindet sich an der Stelle der einstigen Mission und ist eine großartige Einrichtung. Die Zulu nennen den Ort Shiyane, ihr Name für den Berg hinter dem Dorf.

Die Broschüre *Rorke's Drift – Shiyane Self-Guided Trail* (3 R) ist eine nützliche Informationsquelle. Der Film *Zulu* wurde in den Drakensbergen gedreht, es kann also sein, dass die Landschaft rund um Rorke's Drift all jene Zuschauer des Films enttäuscht, die ihn gut kennen. Sie ist jedoch ebenfalls wunderbar zerklüftet.

Evangelical Lutheran Church Art & Craft Centre KUNST & KUNSTHANDWERK
(☎034-642 1627; www.centre-rorkesdrift.com) Hinter dem Rorke's Drift Orientation Centre befindet sich diese Einrichtung, eine der wenigen Stellen, die während der Apartheid schwarzen Künstlern eine Ausbildung bot. Neben dem Verkaufsraum mit schönem Kunsthandwerk werden in benachbarten Gebäuden auch Workshops zu Themen wie Weben, Drucken und Töpfern durchgeführt. Die Künstler lassen sich – nach Rücksprache – gerne bei der Arbeit über die Schulter schauen.

Fugitive's Drift HISTORISCHE STÄTTE
Etwa 10 km von Rorke's Drift entfernt liegt Fugitive's Drift. Hier wurden zwei britische Soldaten bei dem Versuch, die königliche Standarte zu retten, getötet.

Schlafen

Mehrere Lodges liegen in der Umgebung; sie alle organisieren Besichtigungstouren.

Isandalwana Lodge LODGE $$$
(☎034-271 8301; www.isandlwana.co.za; Zi. pro Pers. inkl. VP 1860–2315 R;) Diese Lodge punktet mit ihrer erstklassigen Lage: Von den tollen Zimmern hat man einen weiten Blick auf Isandlwana, jenen Berg, der im Zulu-Krieg so umkämpft war. Das Gebäude ist modern, fügt sich aber wunderbar in die Landschaft ein. Das ganze Jahr über gibt es Spezialpreise.

Rorke's Drift Hotel LODGE $$$
(☎034-642 1760; www.rorkesdrifthotel.com; EZ/DZ mit Halbpension 1300/1940 R) Die Aufenthaltsräume und das Restaurant in der riesigen Rotunde – ein großzügiger Bereich mit wuchtigen Sofas und einem riesigen Kamin – erscheinen sehr vielversprechend. Die Zimmer sind weniger hübsch, die Einrichtung altmodisch, aber in Ordnung.

Da das Restaurant in der Nähe von Rorke's Drift liegt, ist es bei Tagestouristen ein beliebter Pausenstopp für einen Imbiss.

An- & Weiterreise

Die Schlachtfelder liegen südöstlich von Dundee. Isandlwana befindet sich ungefähr 70 km von Dundee entfernt und nahe der Rte 68.

Rorke's Drift liegt 42 km von Dundee entfernt und ist über die Rte 68 oder Rte 33 erreichbar – die Abzweigung von der Rte 33 befindet sich 13 km südlich von Dundee.

Die Straßen zu beiden Schlachtfeldern sind staubig und zuweilen ziemlich holprig. Eine unbefestigte Straße verbindet Isandlwana mit Rorke's Drift.

Blood River & Ncome Monuments

Am 16. Dezember 1838 traf eine kleine Voortrekkertruppe auf 12 000 Zulu-Krieger und rächte das Massaker an Piet Retief und seinen diplomatischen Begleitern. Über 3000 Zulu starben – der Fluss färbte sich rot von ihrem Blut –, während die Voortrekker kaum Verluste erlitten. Die Schlacht wurde zum maßgeblichen Ereignis für die Geschichte der Buren. Der Sieg wurde später als göttliche Fügung und als Beweis dafür angesehen, dass die Buren einen höheren Auftrag hatten, das südliche Afrika zu erobern und zu „zivilisieren" – und dass sie tatsächlich ein auserwähltes Volk wären.

Die Vorkommnisse am Blood River ließen den weißafrikanischen Nationalismus erstarken. Es wurde jedoch stets bestritten (u. a. von Graham Leach in *The Afrikaners – Their Last Great Trek*), dass die Bedeutung des Blood River mit Absicht überhöht und für politische Zwecke manipuliert worden sei. Die Standardinterpretation des Sieges verzahnte sich mit der Weltsicht des einstigen Apartheidregimes: Horden von hinterhältigen schwarzen Wilden wurden von Buren in einer alttestamentarischen Gottesmission geschlagen. Noch immer kommen zahlreiche Besucher an jedem 16. Dezember zum Schlachtfeld. Aber der einstige „Tag des Schwurs" ist heute der „Tag der Versöhnung".

Das Schlachtfeld ist mit einer Bronzenachbildung des *laagers* und 64 Wagen in Originalgröße markiert. Der Steinhaufen wurde von Buren nach der Schlacht errichtet, um das Zentrum ihres *laagers* zu markieren. Das Denkmal und das **Blood River Museum** (☎034-632 1695; Erw./Kind 30/15 R; ⏲Mo–Fr 8–16.30, Sa & So 8–16 Uhr) liegen 20 km südöstlich der R33; die Abzweigung befindet sich 27 km von Dundee und 45 km von Vryheid entfernt.

Das interessante **Ncome Museum** (☎034-271 8121; www.ncomemuseum.co.za; Eintritt gegen Spende; ⏲8–16.30 Uhr) am anderen Flussufer ist über eine unbefestigte Straße erreichbar, die beide Museen verbindet. Es schildert die Schlacht aus der Perspektive der Zulu. Das Museum hat die Form eines Büffelhorns, der traditionellen Schlachtformation der Zulu. Die Metallrepliken von Zulu-Schildern stehen symbolisch für die Zulu-Regimenter, die in der Schlacht kämpften.

Free State

➡ Inhalt

Gut essen

- Picnic (S. 340)
- Seven on Kellner (S. 340)
- Bella Casa Trattoria (S. 340)
- Vitos Restaurant (S. 349)
- O's Restaurant (S. 343)

Schön übernachten

- Hobbit Boutique Hotel (S. 337)
- Cranberry Cottage (S. 352)
- Karma Backpackers (S. 347)
- Courtyard B&B (S. 348)
- Fisant Bokmakierie & Hoephoep (S. 350)

Auf nach Free State!

Diese Provinz mit ihrem weiten Himmel und dem offenen Weideland ist ideal für Autoreisende. Der weite Horizont wird nur durch vereinzelte Städte und Dörfer unterbrochen. Bis auf Bloemfontein sind die Orte klein und überschaubar.

Die Eastern Highlands in den Drakensbergen und an der Grenze zu Lesotho sind ein riesiges Gebiet mit Bergen, tiefen Tälern und häufigen Sommergewittern. Die Landschaft ist spektakulär und für ihre Obstfarmen, besonders Kirschen, bekannt. Es gibt einige hervorragende Übernachtungsmöglichkeiten sowie den atemberaubenden, zu Fuß leicht zugänglichen Golden Gate Highlands National Park.

Free State wird von vielen Reisenden eher als Durchgangsland denn als eigenständiges Reiseziel betrachtet. Die Provinz eignet sich jedoch wegen ihrer Schönheit, der Abenteuersportangebote und ihrer Geschichte durchaus als eigenständiges Ziel. Besonders Bloemfontein, ursprünglich die Heimat afrikanischer Ureinwohner, ist die Geburtsstätte des African National Congress (ANC).

Reisezeit

Bloemfontein

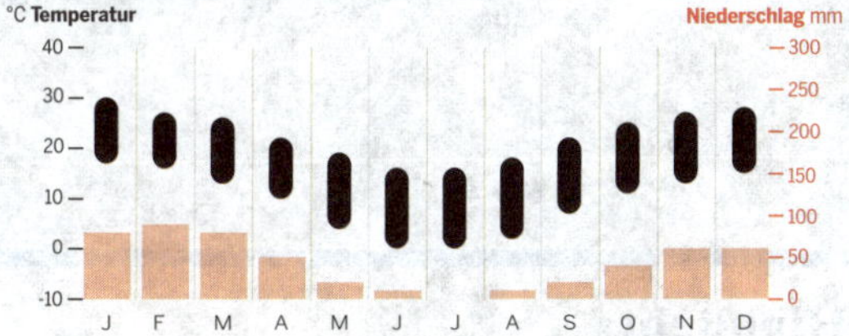

Juni–Aug. Trockenes und sonniges Wetter sorgt für ideale Bedingungen zum Reisen.

Sept.–Dez. Zeit, die Kirschblüte und das Kirschfest in Ficksburg zu genießen.

Jan.–März Wegen der Hitze auf in den Schnee am Fuße der Malutiberge.

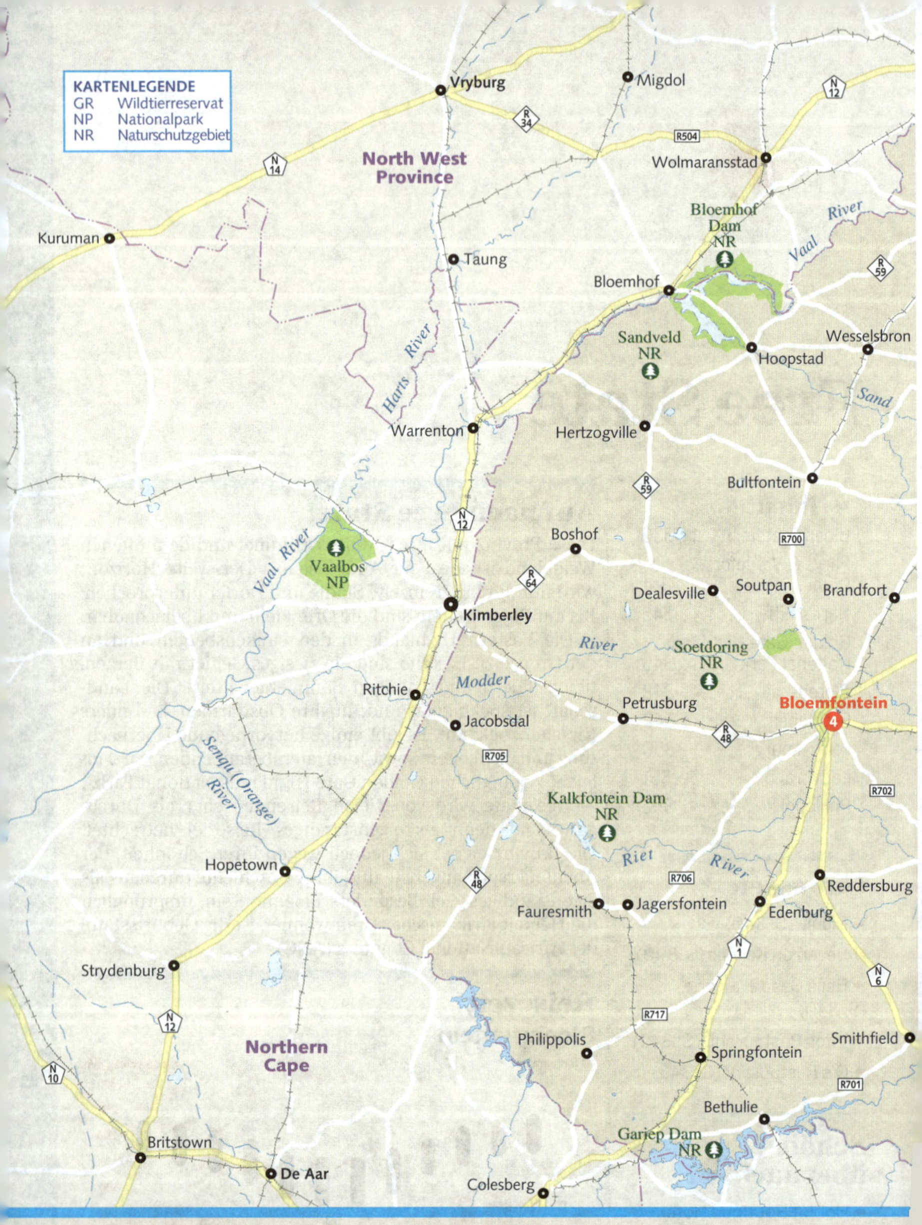

Highlights

❶ Unter den kleinen Städten und dem weiten Himmelszelt in Free State finden sich Schmuckstücke wie **Clarens** (S. 348), ein Kleinod, ideal, um Leute zu beobachten

❷ Der **Golden Gate Highlands National Park** (S. 345) lässt sich leicht zu Fuß erkunden; auf diese Weise entdeckt man wilde Tiere, die in der Savanne und in den spektakulären Sandsteinformationen leben

❸ Der **Sentinel Hiking Trail** (S. 347) führt in die schwindelerregenden Höhen des Hochplateaus der Drakensberge

4 **Bloemfontein** (S. 336), eine der entspanntesten Städte des Landes, bietet Museen, die die Geschichte Südafrikas hervorragend dokumentieren; außerdem sind hier die besten Unterkünfte und Restaurants der Provinz zu finden

5 Rund um **Parys** (S. 341), der Abenteuerhauptstadt von Freestate, kann man sich bei einem reichhaltigen Angebot mit verschiedensten Outdoor-Aktivitäten vertraut machen

Geschichte

Free States Grenzen veranschaulichen die wichtige Rolle, die diese Provinz in den zahlreichen Machtkämpfen in Südafrikas Geschichte gespielt hat. Im Osten liegt Lesotho, wo bedrohliche Berge und die strategische Kriegsführung des Sotho-Königs Moshoeshoe des Großen der Ausbreitungswelle der Buren Einhalt geboten hat. Im Südosten erstreckt sich Free State über den Fluss hinaus, während die Berge im flachen Grasland verlaufen – eine Gegend, die für Moshoeshoe schwerer zu verteidigen war.

Die Voortrekker gründeten ihre erste Siedlung in der Nähe von Bloemfontein; viele unausgereifte Republiken kamen und gingen im Lauf der Zeit. Nach dem Burenkrieg von 1899 bis 1902 folgte eine Zeit der britischen Herrschaft.

Der „Oranje-Freistaat" wurde 1854 mit Bloemfontein als Hauptstadt gegründet. Das „Oranje" des Provinznamens wurde 1994 nach den ersten demokratischen Wahlen in Südafrika fallen gelassen.

Der ANC feierte im Januar 2012 in Bloemfontein sein 100-jähriges Bestehen.

Sprache

Sotho (64,4 %) ist die dominierende Sprache in Free State, gefolgt von Afrikaans (11,9 %) und Xhosa (9,1 %). Englisch ist die Muttersprache von nur ca. 2 % der Einwohner.

Anreise & Unterwegs vor Ort

Züge und Busse halten auf ihrer Fahrt nach und von Johannesburg (Jo'burg) und Pretoria sowie in und aus dem Süden des Landes in Bloemfontein. Die Verbindung nach Lesotho ist ebenso problemlos: Sammeltaxis und Busse fahren täglich von Bloemfontein an die Grenze. In anderen Gegenden ist ein eigenes Fahrzeug hilfreich oder man muss sich an die sporadischen Minibus-Sammeltaxis halten.

BLOEMFONTEIN

256 500 EW.

Bloemfontein gehört zu den hübschesten Städten Südafrikas und hat das Flair eines kleinen Dorfes, auch wenn es in zweifacher Hinsicht eine Hauptstadt ist – die Hauptstadt von Free State und Hauptgerichtssitz des Landes. Obwohl hier keine großartigen Attraktionen locken, kommt vermutlich jeder einmal auf seiner Reise durch das Innere Südafrikas nach „Bloem".

Einige Bereiche in der Innenstadt sind nicht besonders sicher, sodass es sich empfiehlt, den Rat von Einheimischen einzuholen, bevor man einfach unbedarft durch das Geschäftsviertel spaziert. Ansonsten hat die Stadt aber ein herrlich entspanntes und weltoffenes Flair sowie einige hervorragende Restaurants und sehr gute Übernachtungsmöglichkeiten.

Sehenswertes & Aktivitäten

Oliewenhuis Art Museum GALERIE
(051-447 9609; 16 Harry Smith St; Mo–Fr 8–17, Sa & So 9–16 Uhr) GRATIS Oliewenhuis Art Museum ist eine der bemerkenswertesten Kunstgalerien Südafrikas. Es ist in einem stilvollen Herrenhaus aus dem Jahr 1935 untergebracht, das inmitten wunderschöner Gärten liegt. Die ebenso einfallsreiche wie bewegende zeitgenössische Fotoausstellung gewährt einen guten Einblick in das moderne Südafrika. Das Museum beherbergt außerdem eine Sammlung mit Arbeiten südafrikanischer Künstler, darunter auch Werke von Thomas Baines.

National Women's Memorial GEDENKSTÄTTE
(Monument Rd) Das National Women's Memorial gedenkt der 26 000 Frauen und Kinder, die während des Burenkriegs von 1899 bis 1902 in britischen Konzentrationslagern starben. Es stellt einen bärtigen Afrikaaner dar, der auf seinem Pony gegen die Briten in die Schlacht reitet und seiner Frau und seinem Baby, die in einem der Lager den Tod finden sollten, ein letztes Lebewohl sagt – ein sehr kraftvolles, ergreifendes Bild, das noch immer tief in die Seele vieler Afrikaaner eingegraben ist.

Anglo-Boer War Museum MUSEUM
(051-447 3447; www.anglo-boer.co.za; Monument Rd; Erw./Kind 10/5 R; Mo–Fr 8–16.30, Sa 10–17, So 14–17 Uhr) Hinter dem National Women's Memorial befindet sich das Anglo-Boer War Museum, in dem einige interessante Ausstellungsstücke, darunter Fotos aus Konzentrationslagern nicht nur in Südafrika, sondern auch in Bermuda, Indien und Portugal gezeigt werden. Von ein paar wenigen Neuerungen abgesehen, ist dieses Museum seit seiner Gründung unverändert geblieben. Beeindruckend sind die großen Gemälde mit den Schlachtenszenen. Wer sich für dieses Kapitel der südafrikanischen Geschichte interessiert, kann hier gut und gerne mehrere Stunden verbringen.

Naval Hill

PARK

(☎051-412 7016; ⏲Franklin Game Reserve 8–17 Uhr) GRATIS Dies war einst der Ort der britischen Marinegeschützstellungen während des Burenkrieges. Auf der Ostseite des Hügels ist ein großes weißes Pferd eingeritzt (ähnlich wie die weißen Pferde von Wiltshire), das im Verlauf des Krieges der britischen Kavallerie offenbar als Orientierungshilfe diente.

Vom Gipfel des Hügels bietet sich eine herrliche Aussicht. Hier liegt auch das **Franklin Game Reserve**. Wandern ist erlaubt, und mit etwas Glück lassen sich hier auch Strauße blicken. Der Zugang erfolgt von der Union Avenue aus.

Orchid House

PARK

(☎051-412 7000; Union Ave; ⏲Mo–Fr 10–16, Sa & So bis 17 Uhr) GRATIS In diesem Gewächshaus befindet sich eine wunderschöne Blumen- und Orchideensammlung. Der Park, in dem es gelegen ist, eignet sich ideal für ein Picknick mit der ganzen Familie.

National Museum

MUSEUM

(☎051-447 9609; www.nasmus.co.za; 36 Aliwal St; Erw./Kind R5/3; ⏲Mo–Fr 8–17, Sa 10–17, So 12–17 Uhr) Unter allen hier gezeigten Exponaten ist die Nachbildung einer Straße aus dem 19. Jh. mit all ihren Geräuschen die interessanteste. Es gibt auch einen Shop und ein Café.

Geführte Touren

Manguang Township

KULTURTOUR

Der Afrikanische Nationalkongress (ANC) wurde im Jahr 1912 in der Barackenstadt Manguang 5 km außerhalb von Bloemfontein aus der Taufe gehoben. Heutzutage werden im Rahmen von Führungen das Leben in der Township und wichtige Details zur Geschichte des ANC erläutert und erfahrbar gemacht.

Die Führungen sind ganz locker und kosten rund 500 R. Die Organisatoren wechseln immer, sodass es am besten ist, sich im Touristenbüro nach einer aktuellen Liste der Guides zu erkundigen.

Manguang und andere schwarze Townships in der Gegend von Bloem spielten eine bedeutende Rolle im Kampf um das Ende der Apartheid. Im Verlauf der Führungen kommt man auch an kulturell bedeutsamen Sehenswürdigkeiten wie dem Mapikela House, heute ein Nationaldenkmal, vorbei, in dem Thomas Mapikela, einer der Mitbegründer des ANC, einst lebte.

Schlafen

Odessa Guesthouse

PENSION $

(☎084 966 0200; 4 Gannie Viljoen St; EZ/DZ ab 350/470 R; @≋) Wer nach ukrainischer Gastfreundschaft in Free State sucht, findet sie im Odessa. Diese mehrsprachige Pension (hier wird russisch, ukrainisch und englisch gesprochen) genießt aufgrund ihres Zuhause-Fern-Von-Zuhause-Flairs und ihrer freundlichen Gastgeber einen guten Ruf. Sie liegt in einem ruhigen Vorort nahe der N1 (über die Nelson-Mandela-Ausfahrt Richtung Stadt abfahren), und die Zimmer sind schlicht, aber sauber. Auf Wunsch gibt's auch Frühstück.

Reyneke Caravan Park

CAMPINGPLATZ $

(☎051-523 3888; www.reynekepark.co.za; Brendar Rd; Camping für bis zu 4 Personen 230 R, Zi. & Chalets 400–750 R; ≋) 2 km vor der Stadt (an der N8 Richtung Kimberley) liegt dieser gut geführte Campingplatz mit Swimmingpool, Trampolin und Kinderspielplatz. Ideal für Familien. Einfache Zimmer und moderne Backsteinchalets für bis zu vier Personen.

★ Matanja

PENSION $$

(☎079 494 9740; www.matanja.co.za; 74A Albrecht St, Dan Pienaar; EZ/DZ mit Frühstück 520/680 R; ❄) In diesem kleinen B&B gibt es außer dem modischen, rustikalen Ambiente ein klein wenig Luxus wie reine Gänsedaunendecken. In den Zimmern stehen Kühlschränke, aus denen man sich auf Vertrauensbasis bedienen darf. Mit nur vier Zimmern, wird viel Wert aufs Detail gelegt, und die Bedürfnisse der Gäste stehen über denen der Eigentümer, die das Frühstück auf Wunsch sogar ans Bett bringen. Reservierung ist empfehlenswert.

Hobbit Boutique Hotel

BOUTIQUEHOTEL $$

(☎051-447 0663; www.hobbit.co.za; 19 President Steyn Ave, Westdene; Zi. mit Frühstück ab 950 R; ❄@≋) Dieses bezaubernde viktorianische Gästehaus besteht aus zwei Häusern aus dem Jahre 1921 und ist bei Honoratioren beliebt, aber auch ideal für literarisch interessierte und romantische Typen. In den Zimmern, die wie in einem Cottage anmuten, gibt es bemalte Badewannen und Teddybären für jeden Gast. Im Lesezimmer steht ein Schachtisch, und der örtliche Tolkien-Gesprächskreis trifft sich hier, um über alles zu reden, was mit J. R. R. Tolkien zu tun hat. Empfehlenswert sind auch der Pub und die nette Veranda. Abends gibt es für die, die mögen, Sherry und Schokolade.

Bloemfontein

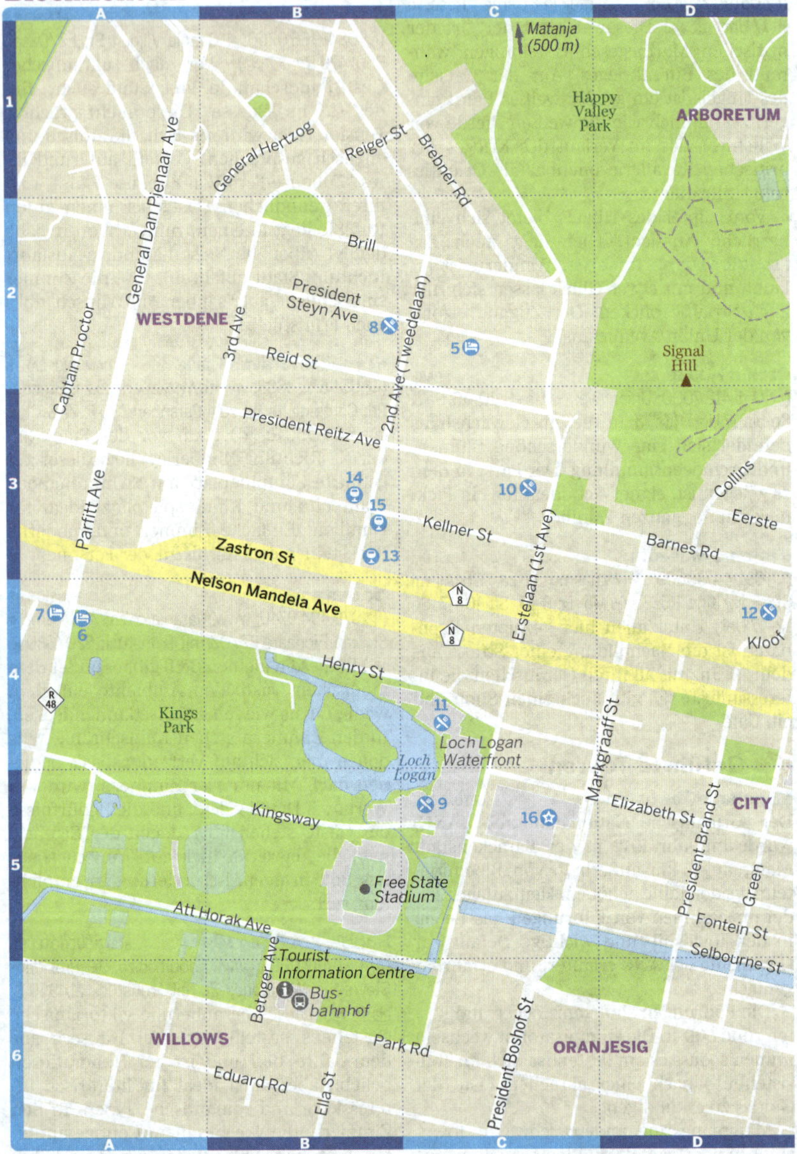

Urban Hotel HOTEL **$$**
(☎ 051-444 3142; www.urbanhotel.co.za; Ecke Parfitt Ave & Henry St; Zi. 850 R; ❄📶) Dieses Hotel füllt eine wichtige Lücke im Übernachtungsspektrum von Bloem. Es ist im unteren Preissegment der Mittelklasse angesiedelt, und der Service belegt das auch. Die modernen Zimmer jedoch sind gut ausgestattet mit hübschen Bädern und großen Betten. Am besten sind die Zimmer oben und nach hinten. Das Hotel liegt ideal zu den Attraktionen von Westdene und der Waterfront.

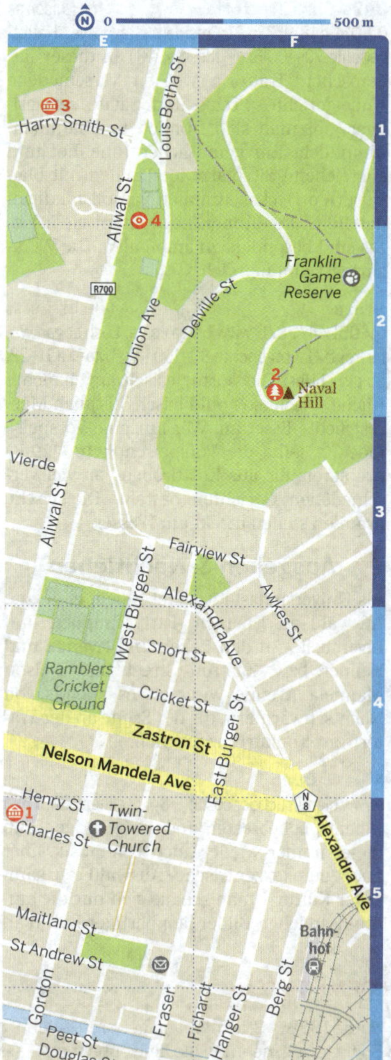

Bloemfontein

Sehenswertes

1 National Museum E5
2 Naval Hill F2
3 Oliewenhuis Art Museum E1
4 Orchid House E1

Schlafen

De Akker Guest House .... (s. 7)
5 Hobbit Boutique Hotel C2
6 Protea Hotel Willow Lake A4
7 Urban Hotel A4

Essen

8 Bella Casa Trattoria B2
9 Braza C5
10 Moerby Gallery-Restaurant C3
11 Picnic C4
12 Seven on Kellner D4

Ausgehen & Nachtleben

13 Barba's Café B3
14 Mystic Boer B3
15 Oolong Lounge B3

Unterhaltung

16 Sand du Plessis Theatre C5

De Akker Guest House PENSION $$
(☎051-444 2010; www.de-akker.co.za; 25 Parfitt Ave; Zi. 530–700 R;) Dieses stylische Haus in zentraler Lage verfügt über acht Zimmer, darunter einige mit super bequemen Himmelbetten und zugehörigem Bad/Dusche. Hier wird man freundlich empfangen; Kricket-Teams kommen besonders gerne hierher. Daher empfiehlt es sich, vor allem im Sommer, rechtzeitig zu buchen. Frühstück gibt es für 60 R.

Protea Hotel Willow Lake HOTEL $$
(☎051-412 5400; www.proteahotels.com/protea-hotel-willow-lake.html; 101 Henry St; Zi. ab 1200 R;) Das Protea hebt sich deutlich von den anderen Mittelklassehotels der Stadt nach oben hin ab und bietet sehr schicke Zimmer. Die Duschkabine, die aussieht als wäre sie von der NASA entworfen, und die weichen Kissen und Bettdecken vervollkommnen das Erlebnis. Ein echter Hauch von Luxus unweit der Waterfront und mit Blick auf den Zoo.

Essen

Die Waterfront am Loch Logan ist nach dem Vorbild der Waterfront von Kapstadt angelegt, ist aber dennoch nicht annähernd so eindrucksvoll wie ihr Vorbild. Man kann hier jedoch gut und sicher essen gehen, einen Drink nehmen oder an Regentagen auch mal ins Kino gehen. In der Mimosa Mall und an der Waterfront sind die üblichen südafrikanischen Einkaufsketten vertreten. Die eigentliche „Fressmeile" ist die 2nd Avenue.

Picknick CAFÉ $
(Loch Logan Waterfront; Hauptgerichte 50–70 R; ⌚8–17 Uhr) Ein tolles Lokal mit einem super Ausblick aufs Wasser; ideal für eine ausgiebige Pause zum Ausruhen. Das Essen ist hervorragend – insbesondere die Salate und die Sandwiches. Gleiches gilt für den Service. Hier kann man das frische Brot, die hochwertigen Zutaten und den Hauch von Hausgemachtem wie dem Tomaten-Chutney (empfohlen auf Roggenbrot mit Schinken und Camembert) genießen.

Moerby Gallery-Restaurant CAFÉ $
(☎051-430 1142; 67 President Reitz Ave, Westdene; Hauptgerichte 45–70 R; ⌚Mo–Fr 7.30–17, Sa bis 14 Uhr) Dieses Café am ruhigen Ende der President Reitz Avenue ist ideal für einen Imbiss oder ein komplettes Frühstück oder Mittagessen. Vorm Haus stehen Stühle und Tische; innen unterstützt das Café verschiedene einheimische Kunstarten und kulturelle Bemühungen wie etwa Livemusik.

★ **Seven on Kellner** INTERNATIONAL $$
(☎051-447 7928; www.sevenonkellner.co.za; 7 Kellner St, Westdene; Hauptgerichte 80–135 R; ⌚Mo–Fr 12–14, Mo–Sa ab 18.30 Uhr) Das Seven on Kellner ist in einem alten Haus untergebracht, hat innen und außen Möglichkeiten zum Essen und strahlt eine lockere, heimelige Atmosphäre aus. Geflügel, Fleisch und Meeresfrüchte werden von fachmännischer Hand lecker zubereitet und haben einen Touch von Mittlerem Osten und Indien. Hervorragende Weinkarte.

Bei Stromausfall sorgt das Flackern der Kerzen für noch mehr Atmosphäre. Der Chefkoch imponiert dann mit seiner Fähigkeit, auch ohne Strom kochen zu können.

Bella Casa Trattoria ITALIENISCH $$
(☎051-448 9573; 31 President Steyn Ave; Hauptgerichte 70–100 R; ⌚Mo–Sa; 👪) In dieser italienischen Trattoria werden verschiedene Nudelgerichte, Pizzas und Salate serviert. Hier gibt man sich fröhlich und familienfreundlich. Ein gemütlicher Innenhof und ausreichend Sitzplätze an Tischen mit blau karierten Decken draußen vervollständigen das Bild. Die dünnen neapolitanischen Pizzas sind besonders zu empfehlen. Die Weinkarte ist umfangreich.

Braza MEDITERRAN $$
(☎051-447 2821; www.braza.co.za; Loch Logan Waterfront; Hauptgerichte 80–150 R; ⌚Mo–Sa 11–22, So bis 21 Uhr) Die portugiesisch angehauchte Küche spricht sowohl Fleisch- als auch Meeresfrüchte-Esser an. Wer nur eine Vorspeise möchte, sollte die Vorspeisenplatte (129 R) probieren, die aus Kostproben von vier verschiedenen Gerichten besteht. Die Tische draußen stehen direkt am Wasser.

Ausgehen & Nachtleben

Als Universitätsstadt bietet Bloem eine gute Auswahl an Kneipen, Partyschuppen und Livemusik. An den Ecken 2nd Avenue und Kellner bzw. Zastron Street und Nelson Mandela Avenue wimmelt es abends von Nachtschwärmern, die der Szene an der Waterfront Konkurrenz machen.

Mystic Boer PUB
(www.diemysticboer.co.za; 84 Kellner St; 📶) Bloems beliebtester und langjähriger Pub bietet immer wieder auch Livemusik, aber auch eine exzentrische Auswahl afrikanischer Kultur – man schaue sich nur die aufschlussreichen Bilder langbärtiger Buren an

J. R. R. TOLKIEN: DER HERR VON BLOEMFONTEIN

J. R. R. Tolkien, Autor von *Der Herr der Ringe*, wurde 1892 in Bloemfontein geboren. Auch wenn er im Alter von fünf Jahren bereits nach England zog, nehmen die Einwohner von Bloem seine Erinnerungen an die „heiße, trockene, karge" Gegend rund um Bloemfontein als Anzeichen dafür, dass ihn seine hier verbrachten Lebensjahre zur Erschaffung des legendären Königreichs Mordor inspirierten. Aber vielleicht trifft es auch ein altes Graffiti in einem Pub in Kapstadt am besten: „Tolkien war auch nur einer dieser Typen aus Bloemfontein auf Acid ..."

Wie dem auch sei – wer mehr über die lokale Tolkien-Szene erfahren möchte, sollte das **Hobbit Boutique Hotel** (S. 337) besuchen, in dem auch die örtliche Tolkien-Literaturgesellschaft zu Hause ist. Das Personal hier weist gern den Weg zu Tolkiens Geburtshaus, zur Kathedrale, in der er getauft wurde und zum Grab seines Vaters. Für all diejenigen, die sowieso gerade in der Gegend und vom Tolkien-Kosmos fasziniert sind, lohnen sich ein Spaziergang zum Hobbit und ein gemütliches Schwätzchen am hauseigenen Kamin auf jeden Fall.

den Wänden an. Es gibt regelmäßig Auftritte von unbekannten Rock- und Hip-Hop-Gruppen. Die Bar ist auf Tequila spezialisiert, während Pizza und Burger die Unterlage dafür liefern.

Barba's Café BAR
(☎051-430 2542; www.barbas.co.za; 16 2nd Ave; ⏲Mo–Do 7.30–2, Fr & Sa bis 4 Uhr) Barba ist ein selbst ernanntes Partyhaus, das immer lange geöffnet ist und DJs und gelegentlich auch Livebands zu Gast hat. Hier finden die wildesten und verrücktesten Partynächte auf dieser Seite der Drakensberge statt. Am frühen Abend sorgt die lange Cocktailkarte für eine etwas gehobenere Atmosphäre. Ein Muss bei jedem Kneipenbummel auf der 2nd Avenue.

Oolong Lounge LOUNGE
(16B 2nd Ave; ⏲Mo–Do 16–2, Fr & Sa 14–2 Uhr) In dieser stylishen kleinen Bar treffen sich junge Tanzbegeisterte, die ihrer Begeisterung inmitten dieses polierten, glänzenden hypermodernen Raumes auch wirklich freien Lauf lassen.

☆ Unterhaltung

Kinos gibt es in der Mimosa Mall und an der Waterfront.

Sand du Plessis Theatre THEATER
(☎051-447 7771; Ecke Markgraaff & St Andrew St) Der lokalen Presse nach gibt es in diesem auffallend modernen Haus Konzerte, Ballett-, Drama- und Opernaufführungen.

ℹ Praktische Informationen

Überall im City Center und an der Loch Logan Waterfront gibt es Banken mit Geldautomaten. American Express ist in der Mimosa Mall vertreten.

Mr Copy (60 Park Rd; 40 C pro Minute; ⏲Mo–Fr 7.30–17 Uhr, Sa bis mittags) Verlässliche Internetverbindungen.

Tourist Information Centre (☎051-405 8489; www.bloemfonteintourism.co.za; 60 Park Rd; ⏲Mo–Fr 8–16.15, Sa bis 12 Uhr) Eine leider nur mäßig hilfreiche Touristeninformation.

ℹ An- & Weiterreise

BUSSE & SAMMELTAXIS

Vom Tourismuszentrum an der Park Road starten Fernbusse. Translux-Busse (Greyhound und Interstate bieten einen ähnlichen Service) fahren täglich nach:

Kapstadt (520 R, 10 Std.)
Durban (310 R, 9 Std.)
East London (360 R, 7 Std.)
Jo'burg/Pretoria (260 R, 5 Std.)
Port Elizabeth (360 R, 9 Std.)

Die meisten Sammeltaxis (Minibusse) fahren gegenüber dem Bahnhof ab und haben Maseru, Lesotho (80 R, 3 Std.), Kimberley (100 R, 4 Std.) und Jo'burg (160 R, 6 Std.) als Ziele. In der Regel fährt mindestens ein Minibus täglich, aber die Abfahrtszeiten können variieren.

FLUGZEUG

Der Flughafen von Bloemfontein liegt 10 km vom Stadtzentrum entfernt. Einige internationale Fluglinien fliegen Bloem über Kapstadt und Jo'burg an. Infos zu Flügen in andere Teile Südafrikas bei **STA Travel** (☎051-444 6062; bloemfontein@statravel.co.za; Mimosa Mall).

Eine Taxifahrt vom Flughafen (oft gibt es allerdings nur ein einziges Taxi) ins Stadtzentrum kostet 200 R.

ZUG

Der Algoa verkehrt dreimal die Woche zwischen Jo'burg (Touristen-/Economy-Class 190/120 R, ca. 7 Std.) und Port Elizabeth (290/200 R) und kommt dabei über Bloemfontein. Der Amatola fährt dreimal die Woche über Bloemfontein von Jo'burg (Economy-Class 130 R) nach East London (180 R) und zurück. Weitere Details bei **Shosholoza Meyl** (☎011-774 4555, 0860 008 888; www.shosholozameyl.co.za).

NÖRDLICHES FREE STATE

Das nördliche Free State besteht aus einer hübschen Landschaft mit sanften Hügeln und bietet immer mehr Möglichkeiten zum Wandern, Mountanbiken und Angeln. Bei Parys im äußersten Norden gibt es mit dem Vredefort Dome den weltweit größten Meteorkrater zu sehen, eine der sieben Unesco-Welterbestätten Südafrikas.

Weiter südlich lockt die goldene Region der Mais- und Sonnenblumenfarmen. Die kleinen Städte hier sind ländliche Enklaven, in denen die Menschen leben und arbeiten. Es gibt nur wenige Touristen.

Parys & Vredefort Dome

8100 EW.

Parys ist eine kleine, lebendige Stadt am Fluss Vaal knapp 120 km südlich von Jo'burg. Hier stehen einige eindrucksvolle Gebäude wie die Anglican Church, die 1915 aus blauen Granitblöcken erbaut wurde. Die unmittelbare Umgebung mit ihren Tälern, Schluchten, Klippen, der reichhaltigen Flora und den vielen heimischen Pflanzen, Tieren und Vögeln ist recht hübsch. Es sind allerdings die Angebote im Abenteuersport entlang der Hauptstraße, die die meisten Besucher hierher locken, darunter insbesondere die Wochenendausflügler aus Jo'burg.

Parys liegt zudem günstig für einen Besuch am **Vredefort Dome**, einer hügeligen Gegend, die sich durch den Einschlag eines gigantischen Meteoriten vor zwei Milliarden Jahren gebildet hat.

Sehenswertes

Vredefort ist der Ort des ältesten und größten Meteoriteneinschlags der Welt und misst etwa 200 km im Durchmesser. Im Jahre 2005 wurde der Krater, der wie eine umgekehrte schüsselförmige Kuppel aussieht, zum Unesco-Welterbe erklärt, die sechste Stätte Südafrikas. Es lohnt sich wirklich, diese einzigartige Landschaft entweder mit dem Auto oder besser noch zu Fuß zu durchqueren.

In Venterskroon gibt es ein **Informationszentrum** (018-291 1580; Mo–Fr 8–18, Sa & So 9–17 Uhr), in dem Besucher ein kurzes Video zum Krater und seiner Entstehung anschauen können (wer kein Afrikaans versteht, sollte sich nach der englischen Version erkundigen). Das Zentrum organisiert außerdem Führungen zum nahe gelegenen Krater (ab 340 R pro Pers.).

Aktivitäten

Parys hat zahlreiche Aktivitäten zu bieten, darunter Abseilen, Fallschirmspringen, Mountainbiken, Quadfahren, Raften, Wandern und Vögelbeobachten. Otters' Haunt veranstaltet Wildwasser-Raften (halber/ganzer Tag 345/575 R) auf dem Vaal River unterhalb von Parys. Die Stromschnellen der Klasse I bis III sind gemessen am Weltstandard nicht so wild, können aber, besonders bei hohem Wasserstand, eine Herausforderung darstellen. Die Gatsien Rapid ist auf der 6 km langen Strecke die beste – man kann immer wieder hinauf gehen und mehrmals herunterfahren. Otters' Haunt veranstaltet auch Führungen für Mountainbiker und Wanderer zum Vredefort Dome.

Stone Adventures OUTDOOR-AKTIVITÄTEN
(056-811 4664; www.stoneadventures.co.za; Kopjeskraal Rd) Stone Adventures liegt in der Stonehenge-in-Africa-Lodge und kann Tandemfallschirmsprünge (ab 1800 R), eine 8 km lange Rafting-Tour zum Rocky Ridge (250 R), Abseilen mit 13 (195 R) und 44 m (230 R) tiefen Abgründen und weitere Aktivitäten organisieren.

AUFSATTELN: MIT DEM MOUNTAINBIKE DURCH FREE STATE

Rund um Parys kann man heutzutage vieles unternehmen, aber mit dem Mountainbike auf schmalen Pfaden durchs wilde Buschland fahren, das ist die erste Wahl für ein Abenteuer mit Adrenalinkick.. **Otters' Haunt** (S. 343) unterhält ein Dutzend Trails verschiedenster Schwierigkeitsgrade, die alle auf dem hauseigenen Gelände 2 km vor den Toren der Stadt beginnen. Manche Trails können von Tagesgästen befahren werden (80 R), aber für viele wird ein Guide von Otters (halber/ganzer Tag 450/850 R für bis zu sechs Personen) benötigt – nicht alle Trails sind gut beschildert, sodass man sich leicht verfahren kann. Das Leihen von Rädern kostet noch einmal extra 195 R pro Tag. Erfahrene Radler können sich auf steilen, steinigen Pfaden mit vertrackten, schnellen Abfahrten und Anstiegen, die einem die Lunge aus dem Hals hängen lassen, fordern. Anfänger können stattdessen eine leichte Schotterstraße am Vaal River entlangradeln.

Tweezer Rocks (etwa 18 km, 2 Std.) ist eine der beliebtesten Strecken und kann alleine oder als geführte Tour bewältigt werden – Einheimische nennen sie „Frühstückstour", weil man bei dieser schnellen Fahrt ganz bestimmt wach wird. Anfänger kommen auf diesem Trail in der Regel ganz gut zurecht (aber besser mit Führung), es geht jedoch auch mal steil nach oben und auf felsigem Untergrund tief hinunter in ein trockenes Flussbett hinein (kann auch zu Fuß gemeistert werden, falls nötig). Diese Route ist ein riesiger Rundweg durch malerische Kopjes (kleine Hügel) mit atemberaubender Bergsicht und trägt ihren Namen wegen der beiden riesigen Felsblöcke, die einen dritten zwischen sich eingeklemmt haben (wie mit einer Pinzette *(tweezer)*. Dieses Bild bietet sich den Radlern beim ersten Berganstieg.

Weitere Infos zu den Trails oder Regeln und Einschränkungen unter www.otters.co.za.

Schlafen & Essen

Der Tourismus in Parys boomt: Jedes Jahr entstehen zahlreiche neue Hotels und Urlaubsresorts.

Otters' Haunt PENSION $

(084 245 2490, 056-818 1814; www.otters.co.za; Kopjeskraal Rd; Zi. ab 320 R, Cottages pro Pers. ab 375 R;) Einige Übernachtungsmöglichkeiten, die zu diesem stark überwucherten Gästehaus gehören, sind schon ein bisschen heruntergekommen, aber die abgeschiedene Lage direkt am Vaal River ist unschlagbar schön. Zu den Angeboten gehören Bungalows, reetgedeckte Hütten rund um einen Swimmingpool und ein Cottage mit drei Schlafzimmern und eigenem Pool. Hinter der Brücke, die aus der Stadt hinaus führt, links abbiegen und dann 2 km lang am Fluss entlang.

Alle Übernachtungsmöglichkeiten sind mit Kitchenettes und/oder Zugang zu einem *braai* (Grillstelle) ausgestattet. Einfach ein Kanu schnappen und los geht es auf eine Paddeltour den Fluss hinunter. Alternativ kann man sich auch etwas anderes aus dem reichhaltigen Angebot an Aktivitäten auswählen.

Waterfront Guest House PENSION $$

(056-811 3149; www.waterfrontguesthouseparys.co.za; 22 Grewar Ave; EZ/DZ 500/600 R;) Dieses weitläufige Herrenhaus liegt friedlich am Fluss; das Einzige, was hier die Stille durchbricht, sind die Schreie von Vögeln. Hier gibt es neun unterschiedlich eingerichtete Zimmer zur Auswahl; falls möglich, sollte man sich einige davon zeigen lassen. Das Frühstück kostet 90 R pro Person extra.

Suikerbos CHALET $$

(018-294 3867; www.suikerbos.co.za; Camping 160 R, Wanderhütten 360 R, Chalets 750–900 R) Auf diesem beliebten Farm-Reservat grasen Impala-Herden friedlich zwischen den Gebäuden. Die Chalets sind luftig und modern mit riesigen Badewannen und viel Licht. Ein Wohnwagen und einfache Wanderhütten befinden sich ebenfalls auf dem Gelände.

Von Parys aus geht es Richtung Potch, dann die Schotterstraße nach Venterskroon und schließlich nach 20 km links ab nach Suikerbos.

O's Restaurant INTERNATIONAL $$

(056-811 3683; www.osrestaurant.co.za; 1 de Villiers St; Hauptgerichte 70–120 R; Mi–Sa 11–22, So bis 15 Uhr) In diesem durchgestylten, rundum guten Restaurant unten am Fluss sind besonders die Muscheln mit Knoblauch und im Anschluss daran das Steak mit Piri-Piri-Soße oder das am Tisch flambierte Filet empfehlenswert. Die Pizzakarte ist ebenfalls nicht schlecht; es gibt auch einige Kindergerichte. Essen kann man entweder in den eleganten Innenräumen, draußen auf der Terrasse oder inmitten des herrlichen grünen Gartens.

Feast CAFÉ $$

(056-811 2397; 83 Bree St; Hauptgerichte 70–120 R; Mo–Fr 8–16.30, Sa & So 7.30–16.30 Uhr;) Das Feast macht seinem Namen alle Ehre. Das gastfreundliche, geräumige Café ist ideal für ein Omelett oder einen französischen Toast am Morgen oder etwas sättigendere Füllungen oder Aufstriche am Mittag. Vegetarier können sich über die vielen fleischlosen Angebote freuen, darunter Halloumi-Wraps und Kichenerbsensalat bis zu einem gegrillten Curry. Eine gute Auswahl an südafrikanischen Weinen, wie etwa der schlichte Chardonnay Fat Bastard ist ebenfalls vorhanden.

Ausgehen

Pickled Pig PUB

(056-817 7814; Bree St) Dieser dunkle, gemütliche Pub ähnelt eher einem Alkoven als einer richtige Bar und ist über einen kleinen Innenhof von der Bree Street aus zugänglich. Er ist unter den Einheimischen sehr beliebt und ideal für ein erfrischendes Ale nach einer nachmittäglichen Shopping-Tour in den Geschäften vor Ort oder nach einer staubigen Fahrt von Vredefort.

Die Eigentümer betreiben ebenfalls das Restaurant Plum Tree auf der anderen Straßenseite, wo es Frühstück und Mittagessen gibt; abends serviert der Pub leckere hausgemachte Pasteten, wie zum Beispiel Ochsenschwanz- und Pfeffersteakpastete (*pepper steak pie*).

Praktische Informationen

Parys Info Centre (056-811 4000; www.parys.info; 30 Water St; Mo–Fr 8–17, Sa & So 9–13 Uhr) Im Parys Info Centre gibt es einen Stadtplan und Infos zu Unterkünften und möglichen Aktivitäten.

An- & Weiterreise

Die R59 führt nach Parys. Sie liegt direkt nördlich der N1, die von Jo'burgh nach Norden verläuft. Ein Auto ist erforderlich.

ABSTECHER

WILLEM PRETORIUS GAME RESERVE

Willem Pretorius Game Reserve (☎057-651 4003; Eintritt 60 R; ⌚7–18.30 Uhr) Das Willem Pretorius Game Reserve liegt an der N1 etwa 70 km südlich von Kroonstad und ist eines der größten Erholungsgebiete in Free State. Das Reservat ist durch den Sand River und den Allemanskraal Dam geteilt und umfasst zwei Ökosysteme: Grasebenen mit großen Herden von Elenantilopen, Blessböcken, Springböcken, Weißschwanzgnus sowie Zebras und weiter nördlich eine buschbewachsene Bergregion mit Pavianen, Bergriedböcken und Duckern.

In beiden Teilen des Reservats finden sich gleichermaßen weiße Nashörner und Büffel, aber keine Elefanten und Raubtiere wie etwa Löwen. Wer durch das West Gate kommt, sollte sich zum nahe gelegenen Aussichtspunkt begeben; von hier bietet sich eine herrliche Aussicht über das gesamte Gebiet.

Aldam Resort (☎057-652 2200; www.aldamestate.co.za; Stellplätze ab 210 R, Chalets ab 630 R) Dieses Resort in unmittelbarer Nähe zum Willem Pretorius Game Reserve bietet rustikale, aber gut gepflegte Chalets, von denen viele großartige Ausblicke auf den Allemanskraal Dam ermöglichen. Angeln ist hier beliebt, und es gibt auch Wanderwege. Das Bar-Restaurant (Hauptgerichte 60 bis 90 R; tgl. ab 8 Uhr geöffnet) serviert Grillgerichte und Burger; von der Terrasse aus können die Gäste bei einem Drink den herrlichen, weiten Ausblick genießen.

Das Resort ist im Reservat gut ausgeschildert.

Kroonstad & Umgebung

25 000 EW.

Die drittgrößte Stadt der Provinz ist Kroonstad. Sie liegt an der N1 und ist ein friedlicher Ort mit breiten Hauptstraßen. Von hier aus kann man wunderbar das nahe gelegene Koppies Dam Nature Reserve erkunden.

Koppies Dam Nature Reserve NATURRESERVAT (☎056-777 2034; pro Auto 60 R; ⌚Sept.–April 5–21, Mai–Aug. 7–18 Uhr) Das 40 km² große Koppies Dam Nature Reserve liegt etwa 70 km nordöstlich von Kroonstad am Rhenoster River und ist besonders bei Anglern beliebt. Es gibt hier Yellowfish (eine Karpfenart), afrikanische Raubwelse, Aalraubwelse und Karpfen in Hülle und Fülle. Windsurfen, Segeln und Wasserski sind hier besonders beliebte Sportarten. Campen ist ebenfalls möglich (100 R pro Auto).

Arcadia Guesthouse PENSION $$ (☎082 9400 715; www.arcadiakroonstad.co.za; EZ/DZ mit Frühstück 600/700 R) Diese hübsche 4-Sterne-Pension mit klassisch-eleganten Zimmern liegt inmitten eines großen Gartens mit nachgebildeten griechischen Statuen. Sie befindet sich auf einem friedlichen Fleckchen Erde am Rande der Stadt, sodass für die Anreise ein Auto benötigt wird (es liegt nahe am Beginn der N1 – der Beschilderung in der Stadt folgen).

Alfredo's ITALIENISCH $ (☎056-215 2886; 58 Orange St; Hauptgerichte Café 30 R, Restaurant 50 R) Dieses italienische Restaurant und Café befindet sich im Plumbago Garden Centre, einen Häuserblock hinter der Hauptstraße. Eine Freude für Menschen, die gerne an der frischen Luft sind.

ℹ An- & Weiterreise

Translux (☎058-408 4888; www.translux.co.za) ist eine von vielen Busgesellschaften, die täglich von der Shell-Ultra-Tankstelle nach Jo'burg fahren (210 R, 3 Std.).

EASTERN HIGHLANDS & SÜDLICHES FREE STATE

Die mächtigen Eastern Highlands sind *die* Attraktion von Free State schlechthin, weil das Königtum Lesotho hier hineinragt. Die wilde, zerklüftete Grenze schlängelt sich im Winter durch schneebedeckte Berge und bernsteinfarbenes Laub im Herbst – die Aussichten sind spektakulär, besonders im Nordwesten in der Gegend von Clarens.

Die Region umfasst ungefähr das Gebiet zwischen der R26 und der R49 östlich von Bethlehem bis nach Harrismith und lockt mit Sandsteinmonolithen, die sich über sanft geschwungenen, goldgelben Feldern, dem Golden Gate Highlands National Park und Südafrikas coolster, ländlicher Künstlerhochburg, der trendigen Stadt Clarens, erheben.

Harrismith

96 000 EW.

Harrismith liegt an der Kreuzung der N3, die von Jo'burg nach Durban führt, mit der N5 Richtung Bloemfontein . Von hier aus kann man auch gut Ausflüge in die Drakensberge, gerade noch innerhalb von KwaZulu-Natal, unternehmen. Es ist eine etwas marode Provinzstadt mit breiten Straßen, malerischen alten Gebäuden rund um einen grasbewachsenen Platz und Ausblicken auf die fernen Drakensberge.

Schlafen & Essen

Der Bergview Komplex eignet sich am besten zum Essengehen. Hier finden sich die üblichen Ketten (Debonairs, Nando's und Ocean Basket) plus einige bessere Cafés.

Book House Cottage COTTAGE $

(082 411 8838; bookhouse@mweb.co.za; 24 Milner St; EZ/DZ ab 300/450 R;) Hübsche geräumige Cottages für Selbstversorger in einer friedlichen Vorstadtgegend. Ideal für Familien oder Paare. Die Küchen sind gut ausgestattet, und die Cottages haben herrliche Ausblicke auf den Platberg. Sie liegen auch relativ weit vom Wohnhaus des Eigentümers entfernt, bieten den Gästen Privatsphäre und sie sind von der Stadt aus gut ausgeschildert.

Platberg Harrismith Backpackers HOSTEL $

(058-622 3737; www.platbergbackpackers.co.za; 55 Biddulph St; Bett oder DZ 150 R pro Pers.; @) Dieses gut geführte Haus mit sicheren Parkplätzen hat drei Schlafsäle und ein Doppelzimmer, die alle in gutem Zustand sind. Man darf den *braai* (Grill) draußen nutzen, und die Ausblicke auf den Platberg sind fantastisch. Zur Erkundung der spektakulären Umgebung stehen Mountainbikes oder auch eine Wanderkarte leihweise zur Verfügung.

Lala Nathi CHALET $$

(058-623 0282; www.lalanathi.co.za; EZ/DZ ab 450/650 R;) Dieses Chalet liegt unweit der N3, 3 km von Harrismith (Richtung Durban) und bietet Komfort, ein gutes Preis-Leistungs-Verhältnis und traditionelle *rondavels;* insgesamt also ein guter Tipp – besonders, wenn man früh morgens wieder auf dem Highway sein will.

Praktische Informationen

N3 Help Centre (0800 634 357; Mo–Fr 8–16.30 Uhr) Das hilfreiche N3 Help Centre liegt im Bergview-Komplex (einer Ansammlung von Restaurants und Geschäften unweit der N3). Hier gibt es eine Fülle von Broschüren und Materialien zur weiteren Umgebung. Die Angestellten kennen sich gut aus und helfen gern.

An- & Weiterreise

Intercape betreibt täglich Busse nach Durban (360 R, vier Stunden) und Jo'burg (370 R, vier Stunden). Der Busbahnhof liegt an der McKechnie Street.

Sterkfontein Dam Nature Reserve

Sterkfontein Dam Nature Reserve NATURRESERVAT

(058-622 3520; Eintritt 60 R; 6–22 Uhr) Das kleine Sterkfontein Dam Nature Reserve liegt in der wunderschönen Gegend am Fuße der Drakensberge, 23 km südlich von Harrismith an der Straße zum Oliviershoek Pass, die nach KwaZulu-Natal führt. Wenn man über die weite Talsperre vor den zerklüfteten Höhen schaut, entsteht der Eindruck, an einem Binnensee zu sein. Es gibt zahlreiche Aussichtspunkte; Wassersportarten, wie Windsurfen und Angeln, sind hier sehr beliebt.

Campingmöglichkeiten (Campen 60 R) und rustikale Vierbett-**Chalets** (Chalets 450 R) sind hier verfügbar.

Golden Gate Highlands National Park

Kurz bevor die Dunkelheit auch die letzten Farbkleckse am Himmel verschluckt, passiert im **Golden Gate Highlands National Park** (058-255 1000; www.sanparks.org/parks/golden_gate; Erw./Kind 152/76 R) etwas Magisches: Die zerklüfteten Sandsteinformationen vor den Ausläufern der wilden, kastanienbraunen Maluti Mountains leuchten golden im Licht der untergehenden Sonne, und zitronengelbe Strahlen umrahmen einen einsamen Kudu, der regungslos in einem Meer aus mintgrünem Gras steht, bevor sich der Himmel von Goldfarben nach Rot und dann Violett verfärbt. Dieser Park hat zwar vielleicht keine Big Five zu bieten, aber die Sonnenuntergänge hier sind absolut fantastisch.

Eastern Highlands

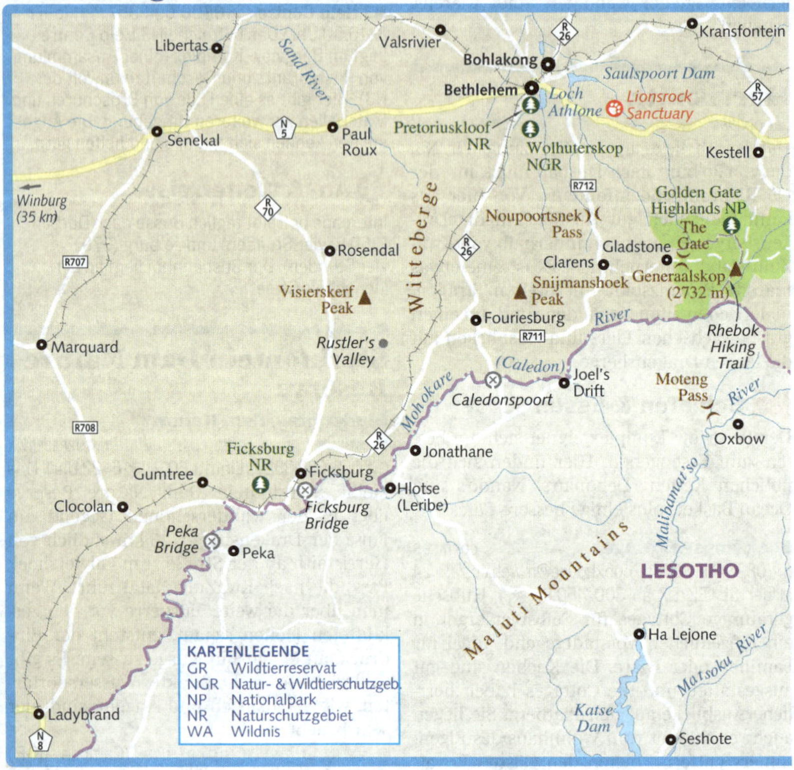

Hier leben ziemlich viele Tierarten wie z. B. Rehantilopen, Blessböcke, Elenantilopen, Bleichböckchen, Burchell-Zebras, Schakale, Paviane und zahlreiche Vogelarten, darunter auch seltene Bart- und Kapgeier sowie bedrohte Glattnackenrappe.

Der Park ist bei Wanderern vor allem für seine langen Trekkingtouren beliebt, es gibt aber auch kürzere Wanderwege. Zugangsberechtigungen können an der Rezeption des Parks gekauft werden.

Aktivitäten

Rhebok Hiking Trail WANDERN

(100 R pro Pers.) Dieser gut unterhaltene 33 km lange Rundwanderweg ist eine Zwei-Tage-Wanderung und bietet eine ideale Möglichkeit, um den Park zu erkunden. Am zweiten Tag der Tour steigt der Weg zu einem Aussichtspunkt auf den Generaalskop (2732 m) an. Dies ist der höchste Punkt im Park. Von hier aus sind die Mont-aux-Sources und die Malutiberge zu überblicken. Der Rückweg nach Glen Reenen führt am Langtoon Dam vorbei.

Der Weg beginnt am Glen Reenen Rest Camp, das neben der Parkrezeption liegt. Er enthält einige steile Abschnitte, sodass die Wanderer relativ fit sein sollten. Die Wanderung ist auf 18 Personen beschränkt und sollte bei der Parkverwaltung im Voraus gebucht werden – Infos auf der Website des Parks.

Geführte Touren

Als Alternative zu den Wanderungen gibt es auch zwei einfache Autotouren in der Nähe des Parkzentrums.

Blesbok Loop AUTOTOUR

Diese 6,7 km lange malerische Tour führt durch niedriges, steiniges Grasland. Die herrliche Aussicht auf die umliegenden Berge und das Gefühl von Einsamkeit machen diese Fahrt so faszinierend.

Oribi Loop

AUTOTOUR

Die 4,2 km lange Oribi Loop führt durch eine wundervolle Landschaft. Man kann auch die Antilopen gleichen Namens antreffen, die hier umherstreifen, aber das Highlight der Fahrt ist der Ausblick auf die Drakensberge.

Schlafen

Glen Reenen Rest Camp

CAMPINGPLATZ $

(☎058-255 1000; Campen 220 R, *rondavels* für 2 Personen ab 870 R) Dieser Campingplatz liegt praktischerweise an der Hauptstraße, eingebettet in die schroffen Kalksteinfelsen. Zu mieten sind gut gepflegte Chalets und Stellplätze am Fluss. Ein Laden hat die wichtigsten Lebensmittel im Angebot

An- & Weiterreise

Die Route 712 ist eine befestigte Straße, die von Clarens, südlich von Bethlehem, in den Park hinein führt.

Phuthaditjhaba

55 000 EW.

Phuthaditjhaba liegt etwa 50 km südwestlich von Harrismith und war zur Zeit der Apartheid die Hauptstadt des Homelands QwaQwa. Heute weist die Stadt Spuren von Vernachlässigung auf, obwohl sich die Highlands bei Phuthaditjhaba ideal zum Wandern eignen.

Sentinel Hiking Trail

WANDERN

(☎Buchungen & Informationen 058-713 6361/2; Parkplatz/Wanderung 30/60 R) Der bekannteste Wanderweg dieser Gegend ist der 10 km lange Sentinel Hiking Trail, der in Free State beginnt und in KwaZulu-Natal endet. Ausgangspunkt ist der Sentinel-Parkplatz auf einer Höhe von 2540 m, von wo aus der Weg über 4 km zum Drakensberg-Plateau in eine Höhe von etwa 3000 m hinaufsteigt.

Wer einigermaßen fit ist, sollte für den Aufstieg ca. zwei Stunden einplanen. An einer Stelle muss man an einer Kettenleiter über eine nackte Felswand klettern. Wer ein bisschen Angst vor der Leiter hat, kann auch die Route über „The Gully" nehmen, die zum Beacon Buttress führt (auch wenn einige Wanderer sagen, diese Strecke sei noch haarsträubender!). Für den steilen Aufstieg wird man mit einem majestätischen Bergpanorama belohnt – und mit der Gelegenheit, auch noch den Mont-aux-Sources (3282 m) zu erklimmen.

Karma Backpackers

HOSTEL $

(☎058-563 1433; www.karmalodge.co.za; 2 Piet Retief St; Campen/Bett/DZ 70/140/330 R; @) Karma Backpackers liegt in Kestell, einem kleinen Dorf im Maisanbaugebiet an der Route 57 etwa 22 km nördlich von Phuthaditjhaba, und ist ein friedliches, gemütliches Haus. Die freundlichen Gastgeber wissen gut über die Wanderungen in der Gegend Bescheid. Vom herrlichen Garten aus bieten sich Ausblicke auf den Sentinel Peak und die Malutiberge. Im Hostel werden leckere hausgemachte Marmeladen, Käse und Joghurt serviert.

Außerdem können hier hervorragende Ausflüge nach Lesotho gebucht werden. Reiseleiter Zee ist ein Basotho und führt die Teilnehmer über die Bergpässe zu den Felsmalereien der San und in ein abgelegenes Dorf, wo man in einer Kneipe ein heimisches Gebräu aus Sorghumhirse probieren kann und in einem Privathaus ein Mittagessen bekommt.

Clarens

800 EW.

Clarens ist das Schmuckstück von Free State und einer dieser Orte, in die man mehr oder weniger zufällig hineinstolpert, über die man aber noch lange spricht, nachdem man sie schon längst wieder verlassen hat. Vor dem Hintergrund zerklüfteter Kalksteinfelsen, saftig grüner Hügel, goldgelber Felder und der grandiosen Maluti Mountains ist Clarens ein wahres Bilderbuchdorf, mit weiß getünchten Gebäuden und ruhigen, schattigen Straßen – eine wirklich idyllische Rückzugsmöglichkeit.

Das kleine Örtchen besitzt eine eigene Kunstszene mit zahlreichen Galerien, in denen hervorragende Arbeiten bekannter südafrikanischer Künstler ausgestellt werden. Darüber hinaus lockt Clarens mit tollen Unterkünften, darunter charmante Pensionen, die eine Bandbreite von ganz schlicht bis unglaublich edel abdecken, dazu Gourmet-Restaurants, bunte Cafés und unzählige Abenteueraktivitäten.

GOLDEN GATE HIGHLANDS NATIONAL PARK

Was einen erwartet Die Wandermöglichkeiten in den Nationalparks Südafrikas sind eher rar, aber hier kann man ohne Führer wandern, die Landschaft ist faszinierend, und noch dazu sind ziemlich sicher Wildtiere anzutreffen, darunter auch verschiedene Antilopenarten.

Reisezeit Im Winter kann es im Park sehr kalt werden, weil die Temperaturen bis zu –15 °C (Juni bis August) fallen können und auch Schneefall recht normal ist. Von September bis April ist die beste Reisezeit, allerdings gibt es im Sommer nachmittags häufig Gewitter.

Praktisches Beim Wandern immer ausreichend Wasser mitnehmen und bedenken, dass das Wetter hier oben oft ohne Vorwarnung abrupt umschlagen kann. Mit eigenem Fahrzeug nimmt man von Harrismith die Route 74 und dann die 712.

Spar-Tipps Eigenes Essen mitnehmen. Gemeinschaftstaxis (Minibusse) verkehren zwischen Bethlehem und Harrismith mit Halt in Clarens und Phuthaditjhaba und fahren direkt durch den Park.

Aktivitäten

Clarens Xtreme ABENTEUERSPORT

(☎082 563 6242; www.clarensxtreme.co.za; Sias Oosthuizen St) In diesem Laden gibt es alles, was ein Outdoor-Abenteuer ausmacht. Zu den beliebtesten Aktivitäten zählen Quadfahren (ab 200 R), Wildwasser-Raften (450/650 R pro halber/ganzer Tag) auf dem von der Talsperre gespeisten Ash River (einige Stromschnellen sind sogar Klasse IV), Mountainbiken (200/300 R für einen halben/ganzen Tag) in den Bergen hinter Clarens mit Blick auf die Stadt und das Tal, und Seilrutschen (ab 80 R) durch einen Abenteuerpark.

Schlafen

Clarens Inn & Backpackers HOSTEL $

(☎082 377 3621; www.clarensinn.com; 93 Van Reenan St; Campen 100 R, Bett 150 R, Cottages für Selbstversorger ab 200 R pro Pers., DZ ab 200 R) Die beste preiswerte Übernachtungsmöglichkeit der Stadt bietet getrennte Schlafsäle für Frauen und Männer und einfache Doppelzimmer um einen zentralen Innenhof herum mit einer großen offenen Feuerstelle und einer draußen gelegenen Bar. Das Lokal ist rustikal und ruhig und erhebt sich vor dem Berg am unteren Ende der Van Reenen Street (hinter der Abzweigung Le Roux sollte man langsam Ausschau halten).

★ **Courtyard B&B** B&B $$

(☎082 650 1503; Swart St; EZ/DZ mit Frühstück 450/700 R; @ 📶) Eine hervorragende Unterkunft in ruhiger Lage am Ende der Stadt (besonders am Wochenende, wenn es in Clarens recht voll werden kann). Die geräumigen Zimmer liegen oben (Nr. 3 hat sogar einen Balkon), haben eine Küche, einen Sitzbereich mit Sofa und Sesseln. Unten befindet sich ein Café mit allen möglichen Leckereien.

Patcham Place B&B $$

(☎058-256 1017; www.patchamplace.co.za; 262 Church St; EZ/DZ mit Frühstück ab 560/920 R) Eine gute, zentral gelegene Unterkunft, die besser und preiswerter ist als vergleichbare Häuser in der Stadt – bei einer erst kürzlich erfolgten Renovierung wurden in den fünf luftigen Zimmern auch Satellitenfernseher installiert. Von den Balkonen bietet sich eine fantastische Aussicht. Die Badezimmer sind makellos und die Betten fest. Es gibt sogar eine kleine Küche zur Gästebenutzung.

Lake Clarens Guesthouse PENSION $$
(☎058-256 1436; Lake Clarens Dr; Zi. mit Frühstück ab 500 R pro Pers.) Diese makellose 4-Sterne-Pension ist mit einem ganz individuellen, persönlichen Landhauscharme ausgestattet. Die frischen Blumen, die riesigen Badewannen und die seidig weiche Bettwäsche – das sind zweifellos die Highlights der luxuriösen Zimmer. Die etwas teureren Zimmer im Haupthaus mit ihren gigantischen Doppelbetten sind den Aufpreis absolut wert.

Essen

Vitos Restaurant & Bar ITALIENISCH $$
(☎058-256 1328; 325 Market St; Hauptgerichte 70–110 R; ⏲8 Uhr bis spätabends) Jeden Tag gibt es eine ganze Bandbreite gut zubereiteter Speisen; das traditionelle italienische Vitos versucht sich in Schweine-, Lamm-, Hühnchen-, Steak- und Meeresfrüchtegerichten und natürlich auch in Pizza und Pasta. Es lohnt sich auf jeden Fall, zum Nachtisch den Schokoladenvulkan zu probieren! Der Service ist hervorragend und die Einrichtung unspektakulär bescheiden.

Clementines Restaurant INTERNATIONAL $$
(☎058-256 1616; Ecke Van Zyl & Church St; Hauptgerichte 70–120 R; ⏲Di–So 12–15 & 18 Uhr bis spätabends; ✎) Das Essen ist in dieser aufgemotzten Landküche genau so gut, wie es auf der internationalen Gourmetspeisekarte aussieht. Es gibt einfach alles, von der Regenbogenforelle mit Mandelbutter bis hin zu zarten Straußenfilets. Professioneller Service, gemütliches Ambiente, lange Weinkarte und vegetarische Gerichte sind weitere Vorzüge. Es empfiehlt sich auch mmer, die besonderen Angebote des Tages an der Wand zu beachten!

Ausgehen

Clarens Brewery BRAUEREI
(☎058-256 1193; www.clarensbrewery.co.za; 326 Main St; ⏲Mo–Do 10–18, Fr & Sa bis 19, So bis 17 Uhr) Feine heimische Biersorten wie z. B. Englisches Ale, Stout und IPA munden in dieser Bar mit den Backsteinwänden, gegenüber dem Clarens Square gelegen, ganz besonders gut. Empfehlenswert ist das Weiss, ein ungefiltertes Bier, nach deutscher Art gebraut, mit einem würzigen, fruchtigen Aroma nach Banane und Gewürznelke – besonders erfrischend schmeckt es an einem sonnigen Tag auf einer der Bänke draußen vor der Brauerei.

Shoppen

Mit seinen sauberen, von Bäumen gesäumten Straßen und unzähligen Boutiquen und Galerien zum Stöbern ist Clarens wie geschaffen für einen Einkaufsbummel. In den Galerien sollte man die Augen nach Werken von Pieter van der Westhuizen oder Hannetjie de Clercq offen halten, zwei sehr angesehene südafrikanische Künstler.

Clarens Gallery & Woven Arts KUNST & KUNSTHANDWERK
(☎058-256 1909; www.clarensgallery.co.za; 323 Main St; ⏲Di–So 9–16.30 Uhr) Hier gibt es einige wunderschöne Kunstwerke, die leuchtende Wasserfarben miteinander kombinieren, um die Erde, den Himmel und die Bäume herauszuarbeiten. Es werden außerdem aus Pakistan, Afghanistan und dem Irak importierte Teppiche und gewebte Matten angeboten.

Art & Wine Gallery on Main GALERIE
(☎058-256 1298; 279 Main St; ⏲9–16 Uhr) Bietet eine fantastische Auswahl an regionalen Weinen und Gemälden.

Bibliophile BÜCHER
(☎058-256 1692; 313 Church St; ⏲Mo–Sa 9–17, So bis 15 Uhr) Ein seltsamer Buchladen mit einer riesigen Auswahl an Buchtiteln und Jazz-CDs.

An- & Weiterreise

Clarens ist am besten mit dem eigenen Auto zu erreichen.

Bethlehem

16 500 EW.

Bethlehem ist das wichtigste Geschäftszentrum im Osten von Free State. Es versprüht eine freundliche, offene Atmosphäre, und auch wenn es Reisenden – abgesehen von einer Übernachtungsmöglichkeit – wenig Interessantes zu bieten hat, ist die lebendige Stadt einen Zwischenstopp wert.

Sehenwertes

Lionsrock WILDRESERVAT
(☎058-304 1691; www.lionsrock.org; Wildsafaris ab 140 R) Lionsrock liegt 18 km von der Stadt entfernt und ist ein Schutzgebiet und ein Wildpark für Großkatzen wie Löwen, Geparden und Leoparden, die in der ganzen Welt gerettet wurden. Es gibt außerdem zahlreiche Antilopen- und Wildhundarten.

QWAQWA

QwaQwa bedeutet „Weißer als Weiß" und wurde nach den Sandsteinhügeln benannt, die dieses Gebiet dominieren. Es wurde in den frühen 1980er-Jahren als Homeland für die Sotho im Süden geschaffen. 200 000 Menschen auf einer winzigen Fläche landwirtschaftlich unrentablen Landes einzupferchen, weit abgeschieden von irgendwelchen Arbeitsmöglichkeiten, gehörte zu den grausamen Machenschaften des Apartheid-Regimes.

Masupatsela Adventure Tourism (☎ 079 551 8356; 5-stündige Führungen für bis zu 4 Personen 490 R) ist ein einheimisches Unternehmen, das informative, abwechslungsreiche und einfühlsame Führungen durch die Township in QwaQwa veranstaltet. Dabei kommt man in ein Hirtendorf, besucht die älteste holländische Kirche der Region, kommt nach Jerusalem – ein Dorf der Rastafarier – und in eine illegal betriebene Kneipe (*shebeen*). Minimalbeteiligung: eine Person.

Angeboten werden geführte Wildsafaris. Unterkunftsmöglichkeiten gibt es ab 450 R pro Person.

Schlafen

★ Fisant Bokmakierie & Hoephoep Guest House PENSION $$
(☎ 058-303 7144; www.fisant.co.za; 8-10 Thoi Oosthuyse St; EZ/DZ mit Frühstück ab 550/850 R; @ 📶) Inmitten eines herrlichen Gartens voller Vögel befinden sich in zwei miteinander verbundenen Pensionen Zimmer und einige luxuriöse Chalets für Selbstversorger. Die Zimmer sind wunderschön gestaltet und sehr geräumig. Einige von ihnen verfügen über eine kleine Küche und eine eigene Terrasse. Sie vereinen moderne Ausstattung wie Druckstrahl-Duschen mit klassischen Glanzholzmöbeln und üppigen Betten. Das Haus ist sehr freundlich, sicher und gut ausgeschildert.

La Croché PENSION $$
(☎ 058-303 9229; Ecke Kerk & Theron St; EZ/DZ mit Frühstück ab 580/900 R; 📶) Die Eigentümer des exklusiven La Croché lieben offensichtlich den mediterranen Stil, denn hier gehen afrikanische Architektur (darunter ein hochragendes Strohdach) mit italienischen und französischen Akzenten eine wunderschöne Verbindung ein. Die Zimmer haben eine angenehme Größe, und die feine Handschrift des Architekten ist überall deutlich spürbar.

ℹ An- & Weiterreise

Translux-Busse fahren nach Durban (300 R, 5 Std.) und Kapstadt (600 R, 16 Std.) und halten in der Church Street. Die Stände der Minibus-Taxis befinden sich an der Ecke Cambridge/Gholf Street nördlich des Stadtzentrums auf dem Weg zum Bahnhof.

Fouriesburg

700 EW.

Fouriesburg ist von rauen, zerklüfteten Bergen umgeben und liegt wunderbar idyllisch 12 km nördlich des Grenzübergangs Caledonspoort zum Nachbarland Lesotho. Zwei nahe gelegene Gipfel, Snijmanshoek und Visierskerf, sind die höchsten in Free State. Darüber hinaus ist hier mit dem **Salpeterkrans** auch der höchste Sandsteinüberhang der südlichen Hemisphäre zu finden – hierfür empfiehlt es sich, an der R26 nach den Schildern Ausschau zu halten; er liegt in nordwestlicher Richtung kurz hinter der Stadt. Die Gegend ist ein furchterregendes Beispiel für starke Winderosion. Sie gilt den örtlichen Stämmen als heilig und wird für uralte Anbetungsrituale genutzt.

Camelroc Guest Farm CAMPINGPLATZ, CHALET $$
(☎ 058-223 0368; www.camelroc.co.za; Campen 190 R, EZ/mit Frühstück 400/600 R, Chalets ab 660 R) Das Camelroc liegt rund 11 km von Fouriesburg und nur 800 m entfernt von der Grenze nach Lesotho in spektakulärer Lage vor einem kamelförmigen Sandstein-Aufschluss mit toller Aussicht auf die Malutiberge. Es ist ein schöner, rustikaler Ort mit Schlafsälen in einer einfachen Wanderhütte und voll eingerichteten Chalets, die in Größe und Stil variieren. Gute Wandermöglichkeiten und Geländewagenstrecken befinden sich gleich in der Nähe.

Windmill Pub & Grill PUB $
(Robertson St; Hauptgerichte 50–90 R; 🕒 ab 11.30 Uhr) Bei Durst oder Hunger auf Steak wird geraten, den Windmill Pub & Grill in der Stadt anzusteuern. Tische und Bänke in grüner, schattiger Umgebung.

NICHT VERSÄUMEN

RUSTLER'S VALLEY

Wie wäre es mit einer Reise hinein in die wilde Schönheit mitten im Nirgendwo? Auf geht's: weg von den gepflasterten Wegen auf die vielen braunen, staubigen Seitenwege in diesem abgelegenen Tal hin zu den wahllos auftauchenden Oasen inmitten einer zerklüfteten Landschaft.

Abseits der Route 26 zwischen Fouriesburg und Ficksburg liegt im Rustler's Valley die bezaubernde **Franshoek Mountain Lodge** (☎ 051-933 2828; www.franshoek.co.za; Zi. mit Halbpension pro Pers. 580 R; @ ☒). Die Lodge ist noch eine aktive Farm mit komfortablen Sandsteinhäusern im Garten und tollen Ausblicken über das Tal und verzaubert die Gäste mit ihrer ländlichen Idylle. Zur Zeit der Recherchen für diesen Reiseführer war sie wegen Renovierung geschlossen, dürfte nun jedoch wieder geöffnet sein.

Die Hauptabzweigung ins Rustler's Valley befindet sich etwa 25 km südlich von Fouriesburg an der Route 26 nach Ficksburg – den Schildern entlang einer staubigen Straße, die über eine Bahnlinie führt, folgen. Von der Abzweigung sind es noch 13 km bis nach Franshoek.

Ficksburg

5500 EW.

Ficksburg ist ein ausgesprochen hübsches kleines Bergdorf am Ufer des Mohokare (Caledon) River, das ein paar sehr schöne **Sandsteingebäude** aufzuweisen hat – es lohnt sich, vor allem nach dem Rathaus und nach der Post Ausschau zu halten. Ficksburg liegt in den violett gefärbten Maluti Mountains, und im Winter wirkt es ganz besonders bezaubernd, wenn die zerklüfteten Gipfel mit Schnee bedeckt sind.

Dank der milden Sommer- und der kalten Wintermonate eignet sich die Gegend perfekt zum Anbau von Steinobst. Aus diesem Grund ist Ficksburg das Zentrum der Kirschenindustrie von Free State. Im November wird das **Kirschenfestival** (☎ 051 933 6486; www.cherryfestival.co.za) gefeiert. In den Monaten September und Oktober dagegen ist die Kirschblüte in all ihrer Pracht zu bewundern.

Highlands Hotel Hoogland HOTEL $

(☎ 051-933 2214; highlandshotel@isat.co.za; 37 Voortrekker St; EZ/DZ 300/600 R) Die mit afrikanischen Motiven dekorierten Zimmer im Highlands Hotel Hoogland sind die beste Option unter den hier im Ort vorhandenen preiswerten Hotels – die Zimmer für Rucksackreisende haben allerdings keine eigenen Bäder zu bieten. Dagegen sind die Zimmer mit Bad zwar auch einfach, aber dafür geräumig und mit mehr Annehmlichkeiten verbunden. Es ist ein Hotel im echten alten Stil und es strahlt viel Flair und Lebensgefühl aus. Gut ist auch die Lage direkt neben dem Rathaus.

Imperani Guest House & Coffee Shop PENSION $$

(☎ 051-933 3606; www.imperaniguesthouse.co.za; 53 McCabe Rd; EZ/DZ mit Frühstück ab 460/650 R; ☒) Das Imperani ist ruhig und verströmt eine afrikanisch angehauchte Landhausatmosphäre. Die elf makellosen modernen Zimmer in den strohgedeckten Gebäuden sind mit Holzfußböden und großen Fenstern ausgestattet. In einer luftigen *boma* (große, strohgedeckte, offene Hütte) auf dem Gelände befindet sich auch ein Restaurant, das für einen Zwischenstopp zur Mittagszeit auf der Durchreise durch Ficksburg ideal ist.

Das Restaurant bereitet außer einem starken Kaffee auch hervorragende Wraps als Mittagssnack zu. Es gibt zudem Salate und andere leichte Gerichte zum Frühstück und Mittagessen im Angebot. Sehr gute Kindergerichte!

Ladybrand

18 000 EW.

In einem von schroffen Gipfeln umgebenen Tal, 16 km von Lesothos Hauptstadt Maseru entfernt, liegt die hübsche Kleinstadt Ladybrand, die zahlreiche Sandsteingebäude, eine atemberaubende Kulisse und eine antike Geschichte zu bieten hat. Die Stadt eignet sich außerdem prima für einen Übernachtungsstopp auf dem Weg ins oder aus dem Bergkönigreich im Süden Afrikas.

Catharina Brand Museum MUSEUM

(17 Church St) GRATIS Das eindrucksvollste Ausstellungsstück in diesem Museum erklärt, wie die Asche, die in einer alten Feuerstelle in der **Rose Cottage Cave** nicht weit von

Ladybrand gefunden wurde, beweist, dass Menschen diese Gegend schon vor mehr als 55 000 Jahren bewohnt haben. Um so richtig in die Geschichte der Region eintauchen zu können, sollte man die Felsmalereien von Khoe-San besuchen (mehr als 300 in verschiedenen Höhlen rund um Ladybrand).

Normalerweise sind die Öffnungszeiten des Museums unregelmäßig, aber es könnte auch sein, dass es inzwischen wegen Renovierungsarbeiten geschlossen ist.

Modderpoort Cave Church KIRCHE

Die Modderpoort Cave Church liegt unter einem riesigen Felsvorsprung in malerischer Umgebung etwa 12 km nördlich von Ladybrand eingebettet und ist eine der seltsamsten Kirchen der Region (1869).

★Cranberry Cottage PENSION $$

(051-924 2290; www.cranberry.co.za; 37 Beeton St; EZ/DZ mit Frühstück ab 590/960 R;) Diese weitläufige steinerne Pension ist die beste Übernachtungsmöglichkeit in Ladybrand (und eine der besten in der gesamten Provinz Free State). Die geräumigen Zimmer vermitteln einen Hauch von Luxus und ein Gefühl für die Natur. Den Gästen steht ein mit Blattwerk bedeckter Garten, eine mit Wein bewachsene Terrasse, ein hübscher Swimmingpool, ein gemütlicher Speiseraum mit knisterndem Holzfeuer und eine glänzende hölzerne Bar aus alter Zeit zur Verfügung.

Weiter die Straße hinunter bietet das Cranberry auch preiswertere Unterkunftsmöglichkeiten für Selbstversorger an.

An- & Weiterreise

Ladybrand liegt 4 km abseits der N8 an der Rte 26 – der Straße nach Ficksburg – und 130 km südlich von Bloemfontein. Minibus-Sammeltaxis starten in der Nähe der Kirche in der Piet Retief Street und fahren nach Ficksburg (45 R, 1 Std.). Wer woanders hin möchte, kann mit einem Minibus-Taxi zur Maseru-Brücke (10 R) an der Grenze zu Lesotho fahren und sich am Minibus-Taxistand ein Langstrecken-Taxi suchen.

Gariep Dam Nature Reserve

Gariep Dam Nature Reserve NATURRESERVAT

(051-754 0026; 60 R pro Fahrzeug) Das größte Naturreservat in Free State ist eine Mischung aus dem 365 km² großen Gariep Dam (einer Talsperre mit 6 Milliarden Kubiklitern Wasser) am Senqu (Orange) River und einem 112 km² großen Wildschutzgebiet an dessen Nordufer.

Alljährlich im Februar findet auf dem Stausee das weltweit größte **Inland Rubber-Duck Race** statt. Die Strecke geht über 500 km und ist in einem einzigen Tag zu bewältigen. Das gut angelegte **Forever Resorts Gariep** (051-754 0045; www.forevergariep.co.za; Campen/Chalets ab 180/1130 R) hat viele Wassersportmöglichkeiten im Programm.

Innerhalb des Reservats kann der Besucher unter sieben unterschiedlichen Chalets (ab 550 R) oder Stellplätzen (ab 100 R) auswählen; weitere Unterkunftsmöglichkeiten gibt es in der Stadt Gariep Dam in der Nähe der Staumauer am westlichen Rand des Reservats.

Philippolis

1000 EW.

Philippolis an der R717 wurde im Jahr 1823 als Missionsstation gegründet und ist nicht nur ein wunderschöner Ort, sondern zugleich auch die älteste Stadt in Free State. Insgesamt 75 seiner Gebäude wurden zu Nationaldenkmälern erklärt, darunter auch die Bibliothek, und viele von ihnen sind im Karoo-Stil erbaut (mit dicken Mauern, um die Hitze abzuhalten).

Old Jail HOTEL $

(082 550 4421; Zellen ab 300 R) Wer schon immer mal eine Nacht hinter Gittern verbringen wollte, hat im Old Jail die einmalige und freiwillige Gelegenheit dazu. Das ehemalige Gefängnis der Stadt wurde zu einer schlichten, aber recht gemütlichen Selbstversorgerunterkunft umgebaut – zumindest, sofern eine 2 auf 3 m große Zelle mit 60 cm dicken Außenmauern und 45 cm dicken Innenwänden als gemütlich empfunden werden kann (immerhin bleibt es dank dieser Wände im Sommer kühl und im Winter warm, und die Zellen sind praktisch schalldicht).

Die Zimmer sind mit zwei authentischen Einzel-Gefängnisbetten ausgestattet, und auf einer Matratze auf dem Boden kann auch noch eine dritte Person übernachten.

Johannesburg & Gauteng

➜ Inhalt

Gut essen

- Service Station (S. 377)
- LeSel@The Cradle (S. 393)
- Grillhouse (S. 379)
- Lucky Bean (S. 377)
- Boer'geoisie (S. 403)

Schön übernachten

- Residence (S. 371)
- Oasis Signature Hotel (S. 370)
- Motel Mipichi (S. 368)
- Satyagraha House (S. 370)
- Foreigners Friend Guesthouse (S. 398)

Auf nach Johannesburg & Gauteng!

Wer auf der Suche nach einer weltoffenen Urbanität ist, wird von Gauteng begeistert sein. Die kleine Provinz ist das pulsierende Herz der südafrikanischen Nation und der wirtschaftliche Motor Afrikas. Das Epizentrum der Provinz ist Johannesburg (Jo'burg), die größte Stadt des Landes. Ihr Zentrum erfährt derzeit eine Wiederbelebung, das kulturelle Leben ist so dynamisch wie nie zuvor. Johannesburg ist heute eine der anregendsten Metropolen der Welt.

Ein Wechsel der Szene bietet sich in Pretoria, das eine kurze Fahrt nordwärts liegt. Die Verwaltungshauptstadt des Landes ist keine Weltstadt, dafür ist sie mit ihren stattlichen Bauwerken, attraktiven Museen und von Jakarandabäumen gesäumten Straßenzügen imposant angelegt.

Gauteng besitzt darüber hinaus eine einzigartige Geschichte, die in der Welterbestätte „Wiege der Menschheit" sichtbar wird. Dieses Tal zählt zu den bedeutendsten archäologischen Stätten des afrikanischen Kontinents.

Reisezeit

Johannesburg

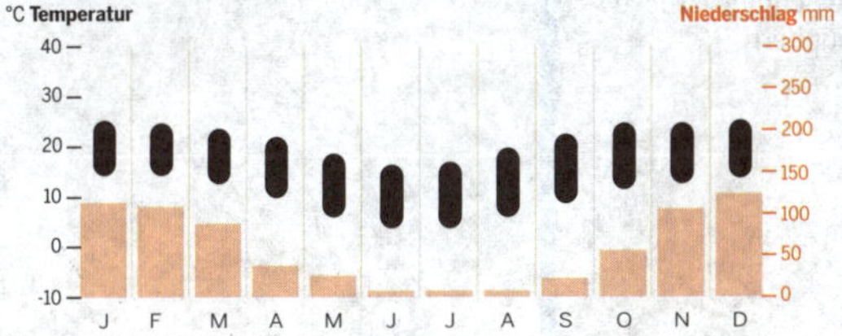

März In Melville, Maboneng und Braamfontein gehen die Ferien zu Ende. In Sandton gibt es edle Mode.

Aug. Die Festivalsaison beginnt mit Joy of Jazz, Dance Umbrella und einem guten Theaterprogramm.

Ende Nov.–März Fast täglich toben Gewitter. Zum Jahreswechsel findet ein Silvesterumzug statt.

Highlights

1. In den Hochglanzvierteln Johannesburgs das Herz der Kulturszene Südafrikas entdecken: **Newtown** (S. 357), **Braamfontein** (S. 362) und **Maboneng** (S. 363)
2. In die erschütternde Geschichte Südafrikas eintauchen: im **Apartheid Museum** (S. 365) und **Constitution Hill** (S. 363) in Johannesburg
3. Ein Sprung von den **Orlando Towers** (S. 390) in Soweto
4. Ein Bummel durch die Cafés und Bars in den von Bäumen gesäumten Straßen von **Melville** (S. 382) in Johannesburg
5. In die Tiefe der Erdgeschichte vordringen: in den Höhlen und Fossilienfundstätten der **Cradle of Humankind** (S. 392)
6. Eine spirituelle Gedenkstätte ist **Freedom Park** (S. 397) in Pretoria
7. Auf einer Tour durch die **Inner City** (S. 369) Johannesburgs architektonische Schmuckstücke bewundern

Limpopo
North West Province
Elands River
Rust de Winter NR
Mpumalanga
Temba
Pienaars River
Mabopane
N1
R80
Wilge River
Roodeplaatdam
Cullinan Diamond Mine
Vaalplaas
Mamelodi
Cullinan
Ekangala
PRETORIA 6
Rayton
Sammy Marks' Museum
Bronkhorstspruit
Centurion
N4
Balmoral
Lanseria Airport
Van Riebeeck NR
Midrand
Bapsfontein
Tembisa
N12
Kempton Park
Ogies
Sandton
Johannesburg International Airport
JOHANNESBURG 1 2 4 7
Daveyton
Boksburg
Benoni
KARTENLEGENDE
GR Wildtierreservat
NP Nationalpark
NR Naturschutzgebiet
Germiston
Brakpan
Springs
Alberton
R29
Kwa-Thema
R59
Katlehong
Devon
Leandra
Thokoza
Walkerville
Kinross
R82
Nigel
R548
Jameson Park
Suikerbosrand NR
Randvaal
Heidelberg
Suikerbosrand
Meyerton
River
Roodebank
R42
Vereeniging
Balfour
N3
Mpumalanga
Waterval
Vaal Dam NR
Val
R54
Dasville
Grootvlei
Vaal Dam
Vaal Marina
Deneysville
N
0
50 km

Geschichte

Da der Nordwesten von Gauteng (*hau*-teng) eine Schlüsselrolle in der menschlichen Evolution gespielt hat, wird diese Gegend auch „Cradle of Humankind" genannt. Über 850 Überreste von Hominiden wurden hier gefunden – 1947 machte Dr. Robert Broom in den Sterkfontein Caves eine der berühmtesten Entdeckungen, als er den etwa 2,5 Mio. Jahre alten Schädel einer Frau fand, die man später liebevoll Mrs. Ples taufte.

Die Region wurde von verschiedenen Stämmen bewohnt, und es gibt Hinweise darauf, dass hier schon in der Eisenzeit Bergbau betrieben wurde. Doch erst 1886 entdeckte man Gold – Gautengs Eintrittskarte in die Moderne.

Buren hatten sich hier seit der Mitte des 19. Jhs. angesiedelt, um der britischen Herrschaft in der Kap-Kolonie zu entkommen. Sie gründeten die unabhängige Zuid-Afrikaansche Republiek (ZAR; Republik Südafrika) mit der Hauptstadt im damaligen Grenzort Pretoria. Da die enormen Gewinne aus den Goldminen aber bald das Interesse der Briten weckten, war es nur eine Frage der Zeit, bis sie losschlagen würden. Das Ergebnis war der Burenkrieg (1899–1902).

Die Buren erlitten entsetzliche Verluste – vor allem in den britischen Konzentrationslagern. Sie kapitulierten, schlossen den Friedensvertrag von Vereeniging und traten 1910 schließlich der Südafrikanischen Union bei. Die noch junge Stadt Johannesburg (Jo'burg) entwickelte sich rasant, doch für die vielen schwarzen Minenarbeiter änderte sich kaum etwas. Das sollte auch im nächsten Jahrhundert so bleiben. Die Apartheid wurde von Pretoria aus gesteuert, und die Townships rund um Jo'burg – darunter nicht zuletzt Soweto – entwickelten sich zu Zentren mit der höchsten Kriminalitätsrate, zugleich aber auch zu Orten mit den schärfsten Regierungsgegnern. So ist es nicht verwunderlich, dass sich in Gauteng, dem damaligen Transvaal, das allen nur allzu gut bekannte Drama des 20. Jhs. abspielte.

Seit dem Fall des Apartheidregimes verändert sich Südafrika in einem erstaunlichen Tempo. Transvaal heißt heute Gauteng, in Pretoria (oder Tshwaane) regiert ein schwarzer Präsident und das Verfassungsgericht Südafrikas wurde an dem Standort des berüchtigtsten Gefängnisses der Apartheid, dem Old Fort in Jo'burg, errichtet. Allerdings bleibt abzuwarten, ob das 21. Jh. auch den Armen ein Stück vom Kuchen beschert.

JOHANNESBURG

5,7 MIO. EW.

Johannesburg (auch kurz Jo'burg oder Jozi genannt) ist eine Stadt im rapiden Wandel und das pulsierende Herz Südafrikas. Nach einer fast 20 Jahre andauernden Zeit des Niedergangs und Verfalls blickt die Stadt heute optimistisch in die Zukunft. Das Stadtzentrum wird stetig herausgeputzt, neue Apartment- und Bürohochhäuser entstehen in rasanter Geschwindigkeit. Die Kulturviertel Newtown und Braamfontein mit ihren Theatern, Restaurants, Cafés und Museen vibrieren vor Kreativität und Energie. Die eigentliche Inner City, einstmals ein zu meidender Bezirk, entwickelt sich zu einem erstrangigen touristischen Ziel, das zahlreiche überraschende Entdeckungen bereithält. Nicht zu vergessen ist Maboneng. An den östlichen Rändern der Inner City gelegen, gilt dieses junge, urbane Viertel als eines der gelungensten Stadtentwicklungsprojekte der Welt – es wird seine verführerische Wirkung nicht verfehlen.

Dennoch ist der Wohlstand noch immer ausgesprochen ungleich verteilt, Kriminalität und Armut sind keineswegs beseitigt. Die Wohlhabenheit von Rosebank und Sandton schürt Unzufriedenheit in benachbarten Townships, z. B. in Alexandra, die von verzweifelt tiefer Armut geprägt sind.

Bei alledem ist Johannesburg eine unglaublich offene, freundliche Metropole, in der es viel zu sehen gibt: bedrückende Zeugnisse der jüngeren Vergangenheit des Landes im Apartheid Museum ebenso wie die prachtvollen Straßen von Melville. Besucher sollten sich einlassen auf das Erlebnis einer vibrierend lebendigen Stadt, die gegenwärtig im Begriff ist, einen überraschenden Wandel zu vollziehen.

Geschichte

Alles begann 1886, als der australische Goldsucher George Harrison Spuren von Gold am Witwatersrand fand. Der Bergbau befand sich schnell in den Händen reicher Magnaten oder „Randlords", die ihre Vermögen zuvor in den Diamantenfeldern von Kimberley gemacht hatten.

In nur drei Jahren wurde Jo'burg zur Metropole Südafrikas. Es war eine Stadt mit rauen Sitten, in der sich Glücksritter jeder Hautfarbe in den Bars und Bordellen amüsierten. Die Buren, die Regierung von Transvaal und der Präsident, Paul Kruger, betrachteten diese Schar von Glückrittern

JOHANNESBURG IN ...

... zwei Tagen

Auf einem Spaziergang sind die verjüngten städtischen Räume von **Newtown** und **Constitution Hill** (S. 363) und ein Kraftfeld der Kreativität in **Braamfontein** (S. 362) zu erleben. Magisch und energiegeladen ist auch die Ausstrahlung des Szeneviertels **Maboneng** (S. 363).

Am zweiten Tag eröffnet das **Apartheid Museum** (s. 365) einen neuen Blick auf die Geschichte Südafrikas. Eine halbtägige Tour führt durch **Soweto** (S. 387), am Ende des Ausflugstages führt der Weg nach **Melville** (S. 382) zum Abendessen in einem feinen Restaurant.

... vier Tagen

Im Westen der Stadt liegt die Wiege der Menschheit – im Gebiet der **Cradle of Humankind** (S. 392) können die **Sterkfontein Caves** (S. 393) besichtigt werden. Besinnlichkeit finden Besucher im **Skulpturenpark Nirox** (S. 393), zur Mittagszeit bietet das **Restaurant Cradle** (S. 393) eine köstliche Auswahl an. Eine Übernachtung ist im **Maropeng Hotel** (S. 393) möglich.

Der vierte Tag kann dem **Freedom Park** (S. 397) und dem **Voortrekker Monument** (S. 394) am Stadtrand Pretorias gewidmet werden. Der Rückweg führt in die grünen nördlichen Vororte – zu einem Einkaufstrip in **Sandton** (S. 384) und einem Abendessen in **Parkmore** (S. 380).

mit tiefem Misstrauen. Es wurden Gesetze erlassen, die das Wahlrecht auf Buren beschränkten und die Bewegungsfreiheit der Schwarzen kontrollierten. Die Spannungen zwischen den Randlords und den *uitlanders* (Ausländern) auf der einen und der Regierung von Transvaal auf der anderen Seite waren entscheidende Faktoren für den Ausbruch des Burenkriegs 1899–1902.

Infolge des zunehmenden Drucks auf dem Land strömten Tausende Schwarze auf der Suche nach Jobs in die Stadt. Die Rassentrennung hatte sich in den Jahren zwischen den Weltkriegen verfestigt, und in den 1930er-Jahren entstanden riesige wilde Siedlungen rund um die Außenbezirke von Jo'burg. Unter schwarzer Führung entwickelten sich diese Siedlungen bald zu gut organisierten Städten.

Die offizielle Etablierung der Apartheid in den 1960er-Jahren verhinderte nicht den erneuten Zustrom von Tausenden schwarzer Siedler, was eine immer größere Ausdehnung der Stadt zur Folge hatte. Zu einem massiven Ausbruch von Gewalt kam es schließlich 1976, als der Soweto Students' Representative Council Proteste gegen die Verwendung von Afrikaans in schwarzen Schulen organisierte.

Die wichtigste Wendung nahm die Geschichte der Stadt mit der Abschaffung der Apartheid und den ersten demokratischen Wahlen des Landes im Jahr 1994. Seitdem sind die schwarzen Townships in die Stadtverwaltung integriert, das Zentrum ist voll von Straßenverkäufern und Marktständen und die Vororte werden zunehmend gemischtrassiger.

Sehenswertes & Aktivitäten

Auf die massive Abwanderung weißer Geschäftsleute in den 1990er-Jahren folgte eine ständige Erholung sowohl im kreativen Bereich als auch in der Baubranche. Öffentliche Kunstwerke schmücken die Straßenzüge und alte Lagerhäuser, und wer meint, einen guten Geschmack zu haben, hat sich die herrlichen Art-déco-Häuser unter den Nagel gerissen.

Welchen Vorlieben Besucher auch folgen möchten, die Vielfalt der urbanen Räume und Plätze Johannesburgs wird sie sprachlos machen.

Inner City & Newtown

Fragt man Südafrikaner nach ihrer Meinung über die Innenstadt Johannesburgs, ist die Wahrscheinlichkeit groß, dass ihre Antwort „unsicher" und „verfallen" lautet. Wenigen ist der mittlerweile immense Fortschritt bewusst, der sich hier vollzieht. Große Gebiete der Inner City werden neu belebt, auf-

Johannesburg

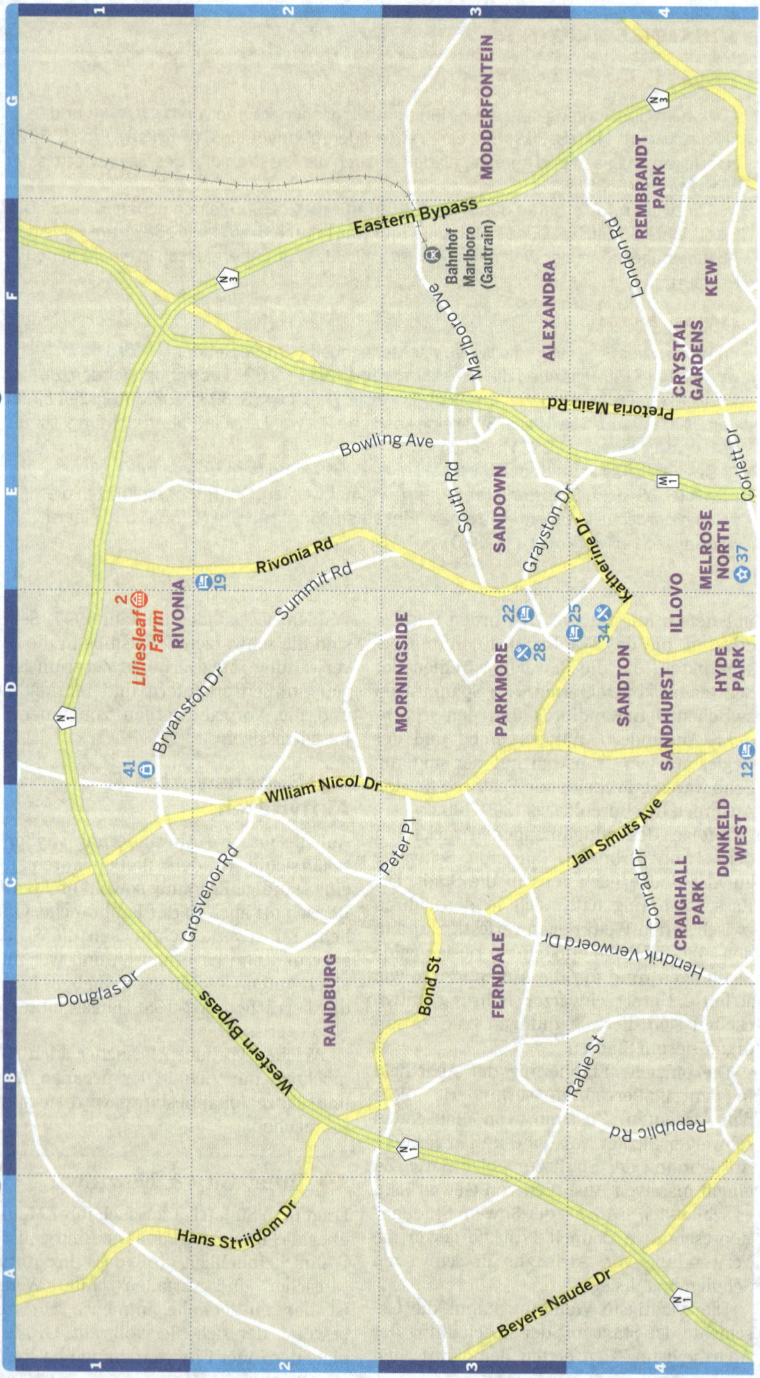

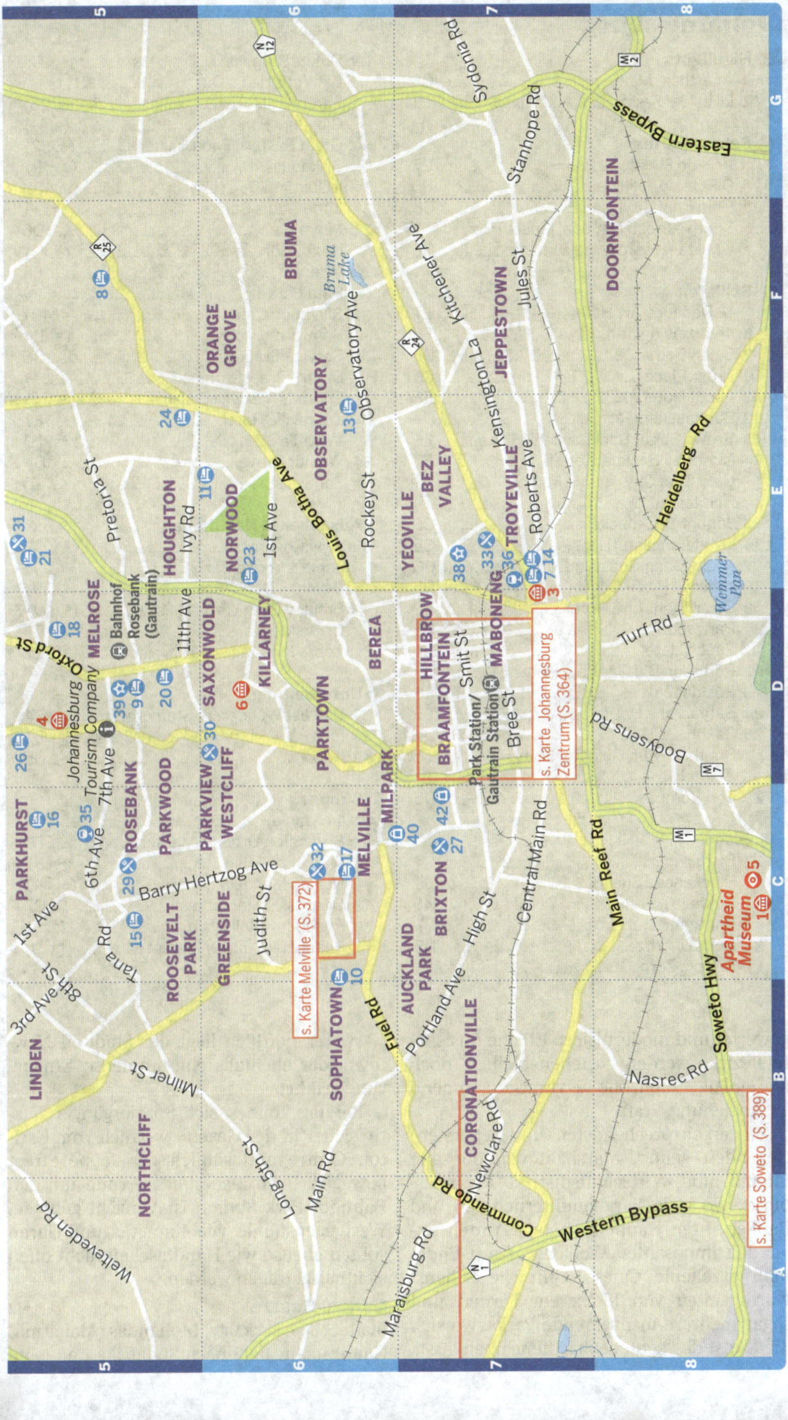

PARKHURST
LINDEN
NORTHCLIFF
ROOSEVELT PARK
GREENSIDE
ROSEBANK
PARKWOOD
PARKVIEW
WESTCLIFF
MELROSE
HOUGHTON
SAXONWOLD
ORANGE GROVE
NORWOOD
KILLARNEY
BRUMA
OBSERVATORY
PARKTOWN
BEREA
YEOVILLE
BEZ VALLEY
HILLBROW
BRAAMFONTEIN
MABONENG
TROYEVILLE
JEPPESTOWN
DOORNFONTEIN
MELVILLE
MILPARK
SOPHIATOWN
AUCKLAND PARK
BRIXTON
CORONATIONVILLE
Apartheid Museum
Bruma Lake
Wemmer Pan
Johannesburg Tourism Company
Bahnhof Rosebank (Gautrain)
Park Station/ Gautrain Station
s. Karte Johannesburg Zentrum (S. 364)
s. Karte Melville (S. 372)
s. Karte Soweto (S. 389)
Oxford St
Pretoria St
Ivy Rd
11th Ave
1st Ave
7th Ave
6th Ave
3rd Ave
8th St
Tana Rd
Barry Hertzog Ave
Judith St
Milner St
Longsth St
Main Rd
Weltevreden Rd
Louis Botha Ave
Observatory Ave
Rockey St
Kitchener Ave
Kensington La
Roberts Ave
Jules St
Stanhope Rd
Sydonia Rd
Smit St
Bree St
Central Main Rd
High St
Portland Ave
Fuel Rd
Main Reef Rd
Newclare Rd
Commando Rd
Maraisburg Rd
Western Bypass
Eastern Bypass
Heidelberg Rd
Turf Rd
Booysens Rd
Soweto Hwy
Nasrec Rd
N12
N1
R25
R24
M2
M1
M7

Johannesburg

Highlights
1 Apartheid Museum C8
2 Liliesleaf Farm D1

Sehenswertes
3 Arts on Main D7
4 CIRCA on Jellicoe D5
5 Gold Reef City C8
6 South African National Museum of Military History D6

Schlafen
7 12 Decades Art Hotel E7
8 44 on Livingston F5
9 54 on Bath D5
10 Arum Place C6
11 Ascot Hotel E6
12 Backpackers Ritz D4
13 Brown Sugar Backpackers E6
14 Curiocity Backpackers E7
Gold Reef City Theme Park Hotel ..... (s. 5)
15 Joburg Backpackers C5
16 Liz at Lancaster C5
17 Lucky Bean Guesthouse C6
18 Melrose Place Guest Lodge D5
19 Oasis Signature Hotel E2
20 Parkwood D5
21 Peech Hotel E5
22 Radisson Blu Gautrain Hotel D3
23 Residence E6
24 Satyagraha House E5
25 Saxon D4
Southern Sun Gold Reef City Hotel ..... (s. 5)
26 Ten Bompas D5

Essen
27 Bismillah C7
Blackanese Sushi ..... (s. 7)
Bukhara ..... (s. 34)
Canteen ..... (s. 3)
28 Delhi Dharbar D3
Doppio Zero ..... (s.29)
29 Dukes Burgers C5
Eat Your Heart Out ..... (s. 7)
Eatery JHB ..... (s. 28)
Giovanni Pane Vino ..... (s. 11)
Great Eastern Food Bar ..... (s. 32)
Grillhouse ..... (s. 39)
Il Giardino Degli Ulivi ..... (s. 40)
Little Addis Café ..... (s. 7)
30 Moyo's D6
Next Door ..... (s. 11)
31 Orient E5
Pata Pata ..... (s. 7)
Salvation Cafe ..... (s. 40)
Schwarma Co. ..... (s. 11)
32 Service Station C6
Sharp! Braai Corner ..... (s. 7)
Thomas Maxwell Bistro ..... (s. 28)
33 Troyeville Hotel E7
Vovo Telo ..... (s. 11)
34 Walnut Grove D4
Zahava's ..... (s. 11)

Ausgehen & Nachtleben
35 Jolly Roger Pub C5
Lenin's Vodka Bar ..... (s. 7)
Office ..... (s. 29)
Stanley Beer Yard ..... (s. 40)
Uncle Merv's ..... (s. 7)
36 Zebra Inn E7

Unterhaltung
37 Bidvest Wanderers Stadium E4
38 Ellis Park – Emirates Airline Park E7
39 Katzy's D5

Shoppen
40 44 Stanley C7
41 Bryanston Organic Market D1
Market on Main ..... (s. 3)
Nelson Mandela Square ..... (s. 34)
42 Oriental Plaza C7
Rosebank Mall ..... (s. 9)
Rosebank Sunday Market ..... (s. 9)

gewertet und modernisiert. Etliche unsichere Bezirke werden bestehen bleiben, doch die einstige Tabuzone gewinnt zunehmend an Anziehungskraft.

Zu den ansprechendsten (und sichersten) Gegenden gehört Marshalltown, der alte Finanz- und Wirtschaftsdistrikt Johannesburgs, wo viele Bergbauunternehmen und Banken ihren Hauptsitz haben. Mitten unter den imposanten Wolkenkratzern findet man exzellente Cafés, zahlreiche Sehenswürdigkeiten von kleinerem Format und sogar mehrere inspirierende Parks, wo sich die Kunst des Leutebeobachtens üben lässt.

Weiter nördlich liegt der Stadtteil Newtown, der ebenfalls eine immense Erneuerung erfährt.

Bei Tag können sich Spaziergänger relativ sicher in der Gegend westlich vom Carlton Centre und südlich der Jeppe Street bewegen, doch insbesondere rund um den Bahnhof Park Station ist Vorsicht geboten. Wertgegenstände wie Kameras und Uhren sollten ebenso wie Handtaschen nicht offen sichtbar getragen werden.

Gandhi Square PLATZ

(Karte S. 364; Inner City) Mohandas (Mahatma) Gandhi kam 1893 nach Südafrika und lebte in Johannesburg, wo er von 1903 bis 1914 als Rechtsanwalt tätig war. Ihm zu Ehren wurde der Platz in Gandhi Square umbenannt, ein Bronzestandbild, das Gandhi als jungen Anwalt darstellt, wurde in der Mitte des Platzes aufgestellt.

Rissik Street Post Office HISTORISCHES BAUWERK

(Karte S. 364; Rissik St, Inner City) Zu den beachtenswertesten historischen Bauwerken der Stadt gehört das imposante Postamt aus dem Jahr 1897. Leider steht das herrschaftliche Bauwerk aus der Kolonialzeit seit den 1990er-Jahren leer und verfällt zusehends. Es gibt jedoch Pläne, es in altem Glanz wiederherzustellen.

City Hall HISTORISCHES BAUWERK

(Karte S. 364; Ecke Rissik St & Market St, Inner City) Die City Hall zählt zu den schönsten kolonialzeitlichen Gebäuden der Innenstadt, die unbedingt sehenswert sind. Die Fassade wurde 2012 einer willkommenen Renovierung unterzogen.

Chancellor House BAUWERK, MUSEUM

(Karte S. 364; 25 Fox St, Inner City) In diesem dreistöckigen Gebäude eröffneten in den 1950er-Jahren Nelson Mandela und Oliver Tambo die erste Anwaltskanzlei Südafrikas unter schwarzer Leitung. Nach einer Renovierung im Jahr 2012 wurde ein öffentliches „Freilichtmuseum" eingerichtet, das zu jeder Tages- und Nachtzeit zugänglich ist. Fotos und Schautafeln, die in den Fenstern ausgestellt sind, vermitteln anschauliche Eindrücke vom Leben Mandelas und Tambos.

Johannesburg Art Gallery KUNSTGALERIE

(Karte S. 364; ☎ 011-725 3130; Joubert Park; ⌚ Di–So 10–17 Uhr) GRATIS Die „JAG" besitzt die größte Kunstsammlung Afrikas und zeigt regelmäßig wechselnde Ausstellungen ihrer unfasslich großen Sammlung von Werken europäischer Landschafts- und Portraitmalerei des 17. und 18. Jhs., führender südafrikanischer Maler sowie traditionelle afrikanische Objekte und Retrospektiven schwarzer Künstler. Die Galerie liegt an der von der Noord Street begrenzten Seite des Joubert Park (der Park selbst sollte aus Sicherheitsgründen nicht betreten werden).

Standard Bank Art Gallery KUNSTGALERIE

(Karte S. 364; ☎ 011-631 1889; www.standardbankarts.com/gallery/; Ecke Simmonds St & Frederick St, Inner City; ⌚ Mo–Fr 8–16.30, Sa 9–13 Uhr) GRATIS Ein wunderbar lichterfülltes Gebäude, in dem regelmäßig wechselnde Ausstellungen bedeutender südafrikanischer Künstler gezeigt werden. In einer Dauerausstellung zeigt die Galerie ihre Sammlung afrikanischer Kunst, die teilweise auch an der Wits University zu sehen ist.

Top of Africa AUSSICHTSPUNKT

(Karte S. 364; 50. Stock, Carlton Centre, 152 Commissioner St, Inner City; Erw./Kind 15/10 R; ⌚ Mo–Mi 9–18, Do & Fr bis 2 Uhr) Das symbolhafte Carlton Centre (223 m) ist bereits seit mehr als 40 Jahren das höchste Gebäude Afrikas. Im Untergeschoss befindet sich eine lebhaft besuchte Einkaufspassage. Überwältigende Ausblicke über die Stadt bieten sich von der Aussichtsterrasse im obersten Stockwerk (der Eingang ist über einen speziellen Lift vom Souterrain aus erreichbar).

Mary Fitzgerald Square PLATZ

(Karte S. 364; Jeppe St, Inner City) Der nach der ersten Gewerkschaftlerin Südafrikas benannte Platz ist der beste Ausgangspunkt für einen Rundgang durch Jo'burgs Innenstadt. Der Platz ist von einer Reihe von interessanten Skulpturenköpfen gesäumt, die Künstler aus Newtown aus alten Eisenbahnschwellen geschnitzt haben. Außerdem gibt es hier noch den Jazz Walk of Fame, der – in Anlehnung an den berühmteren Hollywood Boulevard – zu Ehren der einflussreichsten Jazzmusiker Südafrikas angelegt wurde. Eine Bronzeskulptur erinnert an Brenda Fassie, eine der populärsten Musikerinnen des Landes. Sie starb im Jahr 2004.

Museum Africa MUSEUM

(Karte S. 364; ☎ 011-833 5624; www.gauteng.net/attractions/entry/museum_africa; Old Market Bldg, 121 Bree St, Newtown; ⌚ Di–So 9–17 Uhr) GRATIS Dieses Museum befindet sich in dem eindrucksvollen alten Obstmarkt in der Bree Street. Die wohlüberlegte Ausstellung befasst sich mit den Treason Trials der Jahre 1956–1961, der Geschichte der südafrikanischen Musik und der Stadtentwicklung. Die satirischen „Cartoons in Context" sind ebenso sehenswert wie die Sophiatown-Ausstellung mit der Nachbildung einer *shebeen* (illegalen Bar).

Market Theatre WAHRZEICHEN

(Karte S. 364; www.markettheatre.co.za; Ecke Bree St & Miriam Makeba St, Newtown) In diesem Theaterbezirk finden regelmäßige Bühnenshows statt, außerdem befinden sich hier mehrere Restaurants und einige Kunsthandwerksläden.

Nelson Mandela Bridge BRÜCKE
(Karte S. 364) Diese Stahlseilbrücke wurde zwei Tage nach dem 85. Geburtstag Mandelas im Jahr 2003 feierlich eröffnet. Sie ist die längste ihrer Art in Südafrika und ein Wahrzeichen des mit neuem Leben erfüllten Stadtzentrums.

SAB World of Beer MUSEUM
(Karte S. 364; ☎ 011-836 4900; www.worldofbeer.co.za; 15 President St, Newtown; Eintritt & Tour Erw./Kind 75/20 R; ⏲ Di–Sa 10–18 Uhr) Hier werden 90-minütige Touren durch die Geschichte des Biers angeboten. Wie wäre es mit einem *chibuku* im Nachbau eines afrikanischen Dorfs oder einem halben Pint in einem rekonstruierten viktorianischen Pub. Am Ende erhält man dann noch zwei weitere Glas Bier an der Bar und ein World-of-Beer-Glas als Souvenir.

Turbine Hall BAUWERK
(Karte S. 364; Ecke Jeppe St & Miriam Makeba St, Inner City) Ein Symbol der Modernisierung der Stadt ist das gewaltige Elektrizitätswerk, es wurde 2007 umgebaut und beherbergt heute die eindrucksvolle neue Firmenzentrale von Anglo-Gold Ashanti.

Sci-Bono Discovery Centre MUSEUM
(Karte S. 364; ☎ 011-639 8400; www.sci-bono.co.za; Ecke Miriam Makeba St & President St, Newtown; Erw./Kind 35/20 R; ⏲ Mo–Fr 9–16.30, Sa & So bis 16 Uhr) Ein Zeugnis der beachtlichen Entwicklung der Innenstadt ist das gut aufgebaute Wissenschaftsmuseum, das mit einer Fülle von interaktiven Ausstellungen einen Gebäudeteil des früheren Kraftwerks einnimmt.

Workers' Museum MUSEUM
(Karte S. 364; ☎ 011-832 2447; 52 Jeppe St, Newtown; ⏲ Mo–Sa 8–16.30 Uhr) GRATIS Dieses bedeutende Museum befindet sich in dem mittlerweile restaurierten Komplex des Electricity Department, der im Jahr 1910 für mehr als 300 städtische Arbeiter errichtet wurde und heute unter Denkmalschutz steht. Es beherbergt eine Arbeiter-Bibliothek, ein Rohstofflager und eine Ausstellung über die harten Lebensbedingungen von Fremdarbeitern.

Braamfontein

Ein gewaltiger Erfolg urbaner Stadtentwicklung ist das Viertel Braamfontein, eines der gelungensten Beispiele für die anhaltenden Bemühungen, ehemals verwahrloste Viertel in lebendige, moderne Wohnbezirke zu verwandeln. Braamfontein ist außerdem das Studentenviertel der Stadt – es ist der Standort der University of Witwatersrand.

JOHANNESBURGS FESTKALENDER

Chinese New Year Wird im Januar/Februar an der Wemmer Pan südlich des Stadtzentrums gefeiert.

Dance Umbrella (www.danceforumsouthafrica.co.za) Die führende Schau südafrikanischer Tanzdarbietungen. Im Februar und März.

Rand Easter Show (www.randshow.co.za) Im April im Johannesburg Expo Centre.

Joy of Jazz Festival (www.joyofjazz.co.za) Findet Ende August und im September an verschiedenen Veranstaltungsstätten in Newtown statt.

Arts Alive Festival (www.arts-alive.co.za) Im September. Das Festival bietet hervorragende Gelegenheiten, inner- und außerhalb des offiziellen Programms exzellente Musik zu hören. Die meisten Veranstaltungen finden in Newtown statt.

City of Gold (www.cityofgoldfestival.co.za) Eine Schau der besten Graffiti- und Straßenkünstler von regionalem und internationalem Rang. Das Programm umfasst u. a. Straßenkunsttouren, eine Ausstellung und Projekte für großformatige Wandmalereien. Anfang Oktober an verschiedenen Veranstaltungsstätten rund um die Inner City.

Gay Pride March (www.johannesburgpride.co.za) Alljährlich am letzten Samstag im Oktober.

Johannesburg Carnival Am Silvesterabend. Die Veranstaltung fand erstmals zum Jahresende 2010 statt. Ein Event mit Umzügen von Chören, Schauspielern, Karnevalsfestwagen und Musikgruppen, die von Hillbrow bis nach Newtown ziehen, das Ganze endet mit einer Party auf dem Mary Fitzgerald Square.

★ **Wits Art Museum** MUSEUM
(WAM; Karte S. 364; ☎ 011-717 1365; www.witsfoundation.co.za; Ecke Jorissen St & Bertha St, Braamfontein; ⏲ Mi–So 10–16 Uhr) GRATIS Im Mai 2012 war dieser moderne Bau fertiggestellt; das führende Museum für afrikanische Kunst des Kontinents besitzt eine außergewöhnliche Sammlung von ungefähr 10 000 Werken und verfolgt ein dynamisches Veranstaltungs- und Ausstellungsprogramm. Mit seinen klaren und modernen Linien spricht es natürlich auch Architekturliebhaber an.

Planetarium MUSEUM
(Karte S. 364; ☎ 011-717 1390; www.planetarium.co.za; Yale Rd, WITS University, Braamfontein; Shows Erw./Erm. 40/27 R; ⏲ 8.30–16 Uhr) Wer sich für Astronomie begeistert, sollte dieses Planetarium keinesfalls versäumen. Besucher können sich kostenlos umsehen oder an Vorführungen teilnehmen (freitags, samstags und sonntags – auf der Website sind die Öffnungszeiten detailliert nachzulesen). Die Sondervorführung „Space Travel" findet an jedem Samstagmorgen um 10.30 Uhr statt.

Origins Centre MUSEUM
(Karte S. 364; ☎ 011-717 4700; www.origins.org.za; Ecke Yale Rd & Enoch Sontonga Ave; Erw./Kind inkl. Audio-Guide 80/40 R; ⏲ Mo–So 10–17 Uhr) In diesem fantastischen Museum lassen sich die Ursprünge der Menschheit in Afrika mit der Hilfe von interaktiven Exponaten erkunden. Das Zentrum ist auch für Kinder im Schulalter hervorragend geeignet; es verfügt über die eindrucksvollste Sammlung von Felsbildern der Welt, einen bedeutenden Platz nehmen darin die Felszeichnungen des Volkes der San ein. Ganz besonders spannend ist auch ein DNA-Test, durch den man der Herkunft der eigenen Vorfahren auf die Spur kommen kann.

Hillbrow, Berea & Constitution Hill

Zwei symbolhafte Bauwerke – der 269 m hohe **Telkom Tower** und der zylindrische **Ponte City** – prägen die benachbarten Viertel Hillbrow und Berea. Die ehemals lebendigsten und interessantesten Vororte der Stadt waren die ersten Grey Areas („Grauzonen") Südafrikas – hier konnten Schwarze und Weiße nebeneinander leben.

Heute stehen diese Viertel mit großer Bevölkerungsdichte jedoch im Ruf einer massiven Kriminalität. Es ist deshalb ratsam, diese Gegenden nur in ortskundiger Begleitung (z. B. durch Dlala Nje, S. 369) aufzusuchen.

Constitution Hill MUSEUM
(Karte S. 364; ☎ 011-381 3100; www.constitutionhill.org.za; Kotze St; Touren Erw./Kind 50/20 R; ⏲ Mo, Di, Do & Fr 9–17, Mi bis 14, Sa & So 10–15 Uhr) Der Constitution Hill gehört zu den bedeutendsten Sehenswürdigkeiten der Stadt. Hier können sich Reisende, die an der neueren Geschichte Südafrikas interessiert sind, einen umfassenden Überblick über die rechtlichen und historischen Auswirkungen der Auseinandersetzungen verschaffen. Den Mittelpunkt bildet Südafrikas neuer Constitutional Court, der innerhalb der Befestigungsmauern des Old Fort errichtet wurde. Das Fort aus dem Jahr 1892 war früher ein berühmt-berüchtigtes Gefängnis, in dem viele der hochkarätigen Regimegegner, u. a. auch Nelson Mandela und Mahatma Gandhi, gefangen gehalten wurden.

In den modernen Bau wurden Teile der alten Gefängnismauern integriert. Besucher können die Sitzungen durch große Fensterscheiben mitverfolgen.

Maboneng

Am östlichen Rand der Innenstadt Johannesburgs erstreckt sich das ehemals verwahrloste Viertel, heute ein bevorzugtes Quartier zahlreicher Unternehmen der Architektur- und Kunstszene, die wie kreative Keime überall in der Stadt emporsprießen. Ein wirklich fruchtbarer Boden für Kreativität und Innovation mit einer sehr hohen Dichte von Galerien, Kunst- und Kulturräumen, eleganten Bars, Cafés, Restaurants und Modeläden sowie Gründungen von Jungunternehmern: Maboneng ist ein Beispiel für die Zukunftsvision, die in Johannesburg lebendig ist, und ein Paradies für junge Avantgardisten. Wer den dynamischen Straßen des Viertels folgt, taucht in eine einzigartige Atmosphäre ein.

Arts on Main KUNSTGALERIE
(Karte S. 358; www.artsonmain.info; 264 Fox St, Maboneng; ⏲ Di, Mi & Fr–So 10–16, Do bis 20 Uhr) GRATIS Das facettenreiche Kunstzentrum, untergebracht in einem einstigen Lagerhaus mit einem prachtvollen Innenhof, verfolgt eine Mission: im Stadtteil Maboneng für kulturelle Bewegung zu sorgen. Der einstmals verfallene Bau wurde in eine kreative Oase mit Kulturräumen, Künstlerateliers,

Johannesburg Zentrum

Galerien, verschiedenen Geschäften und einem Restaurant umgewandelt und bietet Besuchern ein regelmäßiges Programm von Performances und Veranstaltungen. Darüber hinaus findet hier ein äußerst beliebter Sonntagsmarkt statt.

Nördliche Vororte

CIRCA on Jellicoe KUNSTGALERIE
(Karte S. 358; ☎011-788 4805; www.circaonjellicoe.co.za; 2 Jellicoe Ave, Rosebank; ⏲Di–Fr 9–18, Sa bis 13 Uhr) Ein wesentlicher Bestandteil der

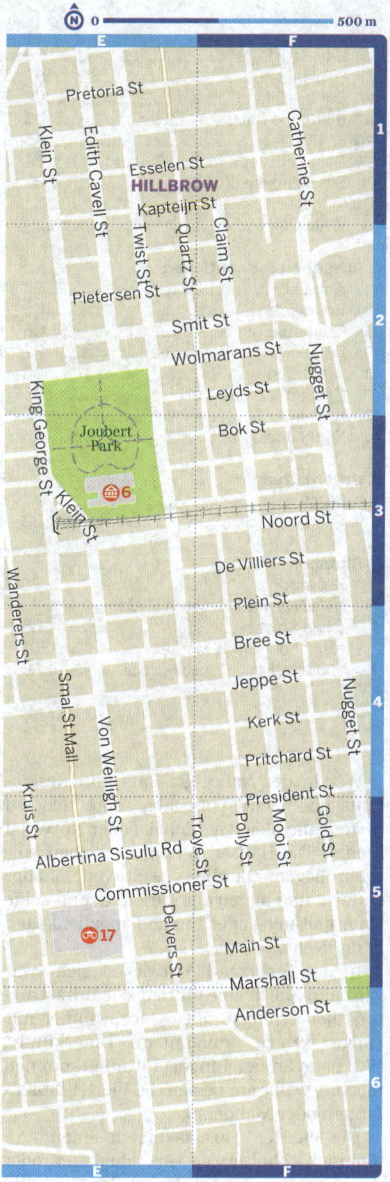

kulturellen Landschaft Johannesburgs ist die großartige Galerie CIRCA on Jellicoe, die zugleich ein architektonisches Wahrzeichen ist; sie beherbergt Werke der modernen Kunst. Das spiralförmige Bauwerk mit Ausblick über die nördlichen Vororte beherbergt ungewöhnliche Skulpturen, außergewöhnlichen Zeichnungen und zeitgenössische Kunst aus ganz Südafrika. Es ist von ungefähr 400 geflammten, gut 10 m hohen Aluminiumpalisaden umgeben, die einem schützenden *kraal* (Viehgehege) der Zulu nachempfunden sind.

★ Liliesleaf Farm MUSEUM

(Karte S. 358; ☎ 011-803 7882; www.liliesleaf.co.za; 7 George Ave, Rivonia; Erw./Kind 60/35 R; ⏲ Mo–Fr 8.30–17, Sa & So 9–16 Uhr) Es ist vielleicht das am häufigsten unterschätzte Museum der Stadt: Liliesleaf Farm, in den 1960er-Jahren das heimliche Hauptquartier des African National Congress (ANC), wurde im Juni 2008 als Museum wiedereröffnet. In gut aufgebauten Ausstellungen wird die Geschichte des südafrikanischen Befreiungskampfes mit Hilfe von Hightech-Medien und interaktiven Exponaten erzählt.

South African National Museum of Military History MUSEUM

(Karte S. 358; ☎ 010-001 3515; www.ditsong.org.za; 22 Erlswold Way, Saxonwold; Erw./Kind 30/25 R; ⏲ 9–16.30 Uhr) Wer sich für Waffen, Panzer und Flugzeuge interessiert, kann sich in einem der beliebtesten Museen von Johannesburg Artefakte und Gerätschaften aus der Zeit des Burenkriegs von 1899–1902 bis hin zum Zweiten Weltkrieg anschauen. Das Museum befindet sich am östlichen Rand des Zoos.

Südliche Vororte

★ Apartheid Museum MUSEUM

(Karte S. 358; ☎ 011-309 4700; www.apartheidmuseum.org; Ecke Gold Reef Rd & Northern Parkway, Ormonde; Erw./Kind 70/55 R; ⏲ 9–17 Uhr) Das Apartheid Museum ist unbedingt sehenswert. Es zeichnet die Zeit der Rassentrennung und Unterdrückung Südafrikas von ihren Anfängen bis zum Ende eindringlich nach. Mit Hilfe von Filmen, Texten, Tondokumenten und Erzählungen von Zeitzeugen werden erschütternde Einblicke in die Struktur und Etablierung des Systems der Apartheid gewährt, aber auch ermutigende Zeugnisse des Kampfes um die Demokratie gezeigt – ein unschätzbares Instrument zum Verständnis der Ungleichheit und Spannung, die bis heute existieren. Das Museum liegt etwa 8 km südlich des Stadtzentrums am Freeway M1.

Ein Besuch dieses außergewöhnlichen Museums ist ein überwältigendes Erlebnis;

Johannesburg Zentrum

Highlights
1 Wits Art Museum B2

Sehenswertes
2 Chancellor House B5
3 City Hall D5
4 Constitution Hill D1
5 Gandhi Square D5
6 Johannesburg Art Gallery E3
7 Market Theatre B4
8 Mary Fitzgerald Square A4
9 Museum Africa A4
10 Nelson Mandela Bridge B3
11 Origins Centre A2
12 Planetarium A2
13 Rissik Street Post Office D5
14 SAB World of Beer B5
15 Sci-Bono Discovery Centre B5
16 Standard Bank Art Gallery C6
17 Top of Africa E5
18 Turbine Hall B4
19 Workers' Museum B5

Schlafen
20 Bannister Hotel B2
21 easyHotel C2
22 Faircity Mapungubwe Hotel Apartments C6
23 Protea Hotel Parktonian C2

Essen
86 Public .... (s. 31)
24 City Perk Café C6
25 Dahleahs B2
26 Darkie Cafe C6
27 Goldmine Cafe D6
28 Kaldi's A5
29 Post B2
30 Smokehouse & Grill B2
31 Velo C2
WAM Cafe .... (s. 1)

Ausgehen & Nachtleben
32 Anti-Est B2
33 Boundless D5
34 Cramers Coffee C6
35 Doubleshot Coffee & Tea B2
36 Great Dane B2
37 Guildhall D5
38 Kitchener's Carvery Bar B2
39 Sophiatown Bar Lounge A5

Unterhaltung
40 Bassline A5
41 Orbit B2

Shoppen
42 Kohinoor C5
43 KwaZulu Muti Museum of Man and Science B5
Neighbourgoods Market .... (s. 30)
44 Sheds@1Fox A6

ganz besonders verstörend ist die kleine Kammer, in der 131 Schlingen an die 131 Regimegegner erinnern, die unter den damals geltenden „Staatsschutzgesetzen" zum Tode verurteilt wurden.

Gold Reef City FREIZEITPARK

(Karte S. 358; ☎ 011-248 6800; www.goldreefcity.co.za; Ecke Northern Parkway & Data Cres, Ormonde; Eintritt 175 R, Kind unter 130 cm 110 R; ⌚ Mi–So 9.30–17 Uhr) Nach Art einer Varietévorstellung führt dieser Themenpark in die Epoche des Goldrausches von Johannesburg ein. Durch diesen Freizeitpark, ein Abziehbild von Disneyland, weht zwar kaum mehr als ein Hauch von historischer Wirklichkeit, er bietet aber genug Attraktionen, um einen Nachmittag, besonders mit Kindern, vergnüglich auszufüllen.

Schlafen

An Übernachtungsmöglichkeiten mangelt es in Jo'burg wahrlich nicht. Die meisten Unterkünfte konzentrieren sich in den nördlichen Vororten.

Wer in der Nähe von Bars und Restaurants übernachten möchte, sollte sich am besten eine Bleibe in Melville oder Norwood suchen. Die Häuser in den nördlichen Vororten liegen allerdings weit voneinander entfernt und bieten aus diesem Grund keine Unterhaltungs- oder Einkaufsmöglichkeiten in der Nähe.

In der Innenstadt entwickelt sich zwar ganz allmählich eine touristische Infrastruktur, aber dennoch gibt es noch immer nur einige wenige annehmbare Unterkünfte. Wer nahe an der Innenstadt unterkommen möchte, wählt am besten die Viertel Braamfontein oder Maboneng.

Die meisten Hostels bieten einen kostenlosen Abholservice vom Flughafen oder den Gautrain-Bahnhöfen in Sandton und Rosebank. Beinahe alle Hostels liegen an der Route von Baz Bus. Gäste von Pensionen und Hotels können sich – für rund 600 R – vom Flughafen abholen lassen. Die meisten Hotels organisieren Ausflüge nach Soweto, in den Kruger National Park und zu anderen Zielen.

Inner City

Faircity Mapungubwe Hotel Apartments
APARTMENTS $$

(Karte S. 364; ☎ 011-429 2600; www.mapungubwehotel.co.za; 50-54 Marshall St, Marshalltown; DZ 1215–1515 R; P 🛜 ≋) Als Anziehungspunkt der benachbarten Bergbau- und Bankengeschäftshäuser ist das umgebaute Bürogebäude eine gute Wahl in der Innenstadt – trotz der eher unpersönlichen Atmosphäre. Das Personal kann unnahbar wirken, dafür gehören eine kleine Swimmingpool-Terrasse, ein Restaurant und eine Kellerbar zum Hotel. Die offen angelegten Apartments sind geräumig und gut ausgestattet. Es lohnt sich, nach Ermäßigungen an Wochenenden zu fragen.

Braamfontein

Bannister Hotel
HOTEL $

(Karte S. 364; ☎ 011-403 6888; www.bannisterhotel.co.za; 9 De Beer St, Braamfontein; DZ 545–695 R; P ❄ 🛜) Gäste, die nur ein paar Schritte von den Restaurants und Bars von Braamfontein entfernt wohnen möchten, sind in diesem kürzlich modernisierten Hotel gut aufgehoben. Die Zimmer sind dezent, funktional und komfortabel mit hochwertigen Matratzen und untadeligen Bädern ausgestattet. Doppelt verglaste Fenster halten den Straßenlärm der viel befahrenen De Beer Street fern. Ein weiterer Pluspunkt ist das Hotelrestaurant. Überdachte Parkplätze liegen 100 m entfernt und kosten 40 R.

easyHotel
HOTEL $$

(Karte S. 364; ☎ 011-242 8600; www.easyhotel.com; 90 De Korte St, Braamfontein; DZ 600–850 R; P ❄ 🛜) Kein unnötiger Aufwand, kein Luxus. Im Herzen von Braamfontein befindet sich dieses Hotel mit seinen 60 Zimmern und einer ziemlich gewagten Farbgestaltung in Orange und Braun; es ist funktional und ebenso skurril wie elegant. Die Lage ist angenehm für Gäste, die sich gern mitten im Trubel aufhalten. Wer einen leichten Schlaf hat, sollte nach einem Zimmer in den oberen Etagen fragen. Zugang zum Internet (WLAN) kostet 25 R pro Stunde, ein Frühstück gibt es für 100 R.

Protea Hotel Parktonian
HOTEL $$

(Karte S. 364; ☎ 011-403 5741; www.parktonian.co.za; 120 De Korte St, Braamfontein; EZ/DZ inkl. Frühstück 1000/1300 R; P ❄ @ 🛜 ≋) Äußerlich betrachtet, wirkt das hohe, moderne Gebäude eher schlicht, bietet aber eine großartige Ausstattung, die Zimmerpreise sind gut und die Nähe zum Bahnhof Park Station (Gäste werden kostenlos vom/zum Hotel gebracht) und zu den Bars und Restaurants von Braamfontein ist günstig. Das Haus besitzt eine fantastische Dachterrasse (mit einem kleinen Pool), wo abendliche Getränke zu bekommen sind.

Maboneng

Curiocity Backpackers
BACKPACKER $

(Karte S. 358; ☎ 072 880 9583, 011-592 0515; www.curiocitybackpackers.com; 302 Fox St, Maboneng; B 160–200 R, EZ/DZ ohne Bad 260/360 R, Dachgeschoss-Zi. 500 R; P 🛜) Eine hervorragend gute Unterkunft dank der hingebungsvollen Arbeit des jungen Inhabers Bheki Dube. Das kuriose, eigenwillige Backpacker-Hostel ist in einer umgebauten Druckerei im attraktiven Bezirk Maboneng untergebracht, zum Angebot gehören saubere Schlafsäle, nüchterne, aber gepflegte Zimmer und eine Suite im Dachgeschoss. Außerdem gibt es eine viel besuchte Bar, Kochgelegenheiten und ein kleines Restaurant. Die Atmosphäre ist unendlich sympathisch.

Mainstreetwalks (S. 369), ein Veranstalter von großartigen Stadtspaziergängen durch verschiedene Vororte, hat hier seinen Sitz.

12 Decades Art Hotel
BOUTIQUEHOTEL $$

(Karte S. 358; ☎ 011-026 5601; www.urbanhiphotels.com; 7. Stock, Main Street Life Bldg, 286 Fox St, Maboneng; DZ 900 R; P ❄ 🛜) Jedes der zwölf Zimmer im siebten Stock (in den anderen Etagen befinden sich Wohnungen) dieses schicken Hotels mitten im Maboneng Precinct wurde von einem anderen internationalen Künstlerpaar in Anlehnung an eine bestimmte Ära in der Geschichte der Stadt entworfen. Die Sir Abe Bailey Suite ist im Stil der chinesischen Goldrausch-Ästhetik Ende des 19. Jhs. gehalten, die Perpetual Liberty hingegen ist absolut modern eingerichtet. Ein ganz besonderes Erlebnis!

Es gibt kein Frühstück, aber genügend Restaurants, Bars und Cafés in der unmittelbaren Umgebung.

Melville

Sleepy Gecko
PENSION $

(Karte S. 372; ☎ 082 745 0434, 011-482 5224; www.sleepygecko.co.za; 84 3rd Ave, Melville; EZ/DZ inkl. Frühstück ab 450/600 R; P ❄ @ ≋) Das lässige Sleepy Gecko ist eine ansprechende und sehr beliebte Pension im Herzen der quirligen 7th Street. Außerhalb des Haupthauses sind die Zimmer in einem Anbau zu bevorzugen – sie bieten mehr Ruhe und Tageslicht; am schönsten sind „Fossil" und „Amarula". Allen Hotelgästen steht ein geräumiger, gemütlicher Essbereich und ein kleiner Swimmingpool auf dem Vorhof zur Verfügung.

★ Motel Mipichi BOUTIQUEHOTEL $$
(Karte S. 372; ☎ 011-726 8844; www.motelmipichi.co.za; 35 4th Ave, Melville; inkl. Frühstück EZ 580–650 R, DZ 780–975 R; P @) Ein wahres Juwel von einem Hotel. Ein Designerduo entwickelte das Motel Mipichi aus zwei Doppelhaushälften der 1930er-Jahre in einem Gegenentwurf zu den traditionellen Melville-Pensionen. Das Mipichi ist eine minimalistische Augenweide mit insgesamt sechs ruhigen Zimmern, die mit Farbakzenten in Pastelltönen gesprenkelt und mit bodengleichen Duschen ausgestattet sind. Der offen angelegte Küchen- und Wohnbereich mit originalen portugiesischen Dekorfliesen ist ein idealer Ort zum Aufatmen. Frühzeitig buchen.

Lucky Bean Guesthouse PENSION $$
(Karte S. 358; ☎ 082 902 4514; www.luckybeantree.co.za; 129 1st Ave, Melville; inkl. Frühstück EZ 600–700 R, DZ 850–900 R; P 📶 🏊) Der Inhaber Conway hat in dieser Villa ein friedliches, einladendes B&B mit eleganten, großen und gut ausgestatteten Zimmern (mit eigenen Eingängen) eingerichtet. Zur großartigen Ausstattung gehören Flachbildfernseher, hochwertige Betten und ein Swimmingpool. Insider-Tipps zu den besten Adressen in Melville gibt es kostenlos dazu. Von der Pension ist es lediglich ein kurzer Spaziergang zur 7th Street, der lebhaften Hauptstraße Melvilles. Frühzeitig reservieren – die Pension ist schnell ausgebucht.

Arum Place PENSION $$
(Karte S. 358; ☎ 011-482 5247; www.arumplace.co.za; Ecke 1st St & Motor St, Melville; EZ/DZ inkl. Frühstück 675/900 R; P 📶 🏊) Die herrschaftliche Villa von 1935 am Ortsrand von Melville ist die richtige Wahl für Gäste, die etwas wie ein Zuhause in der Ferne suchen. Die acht Zimmer sind in unterschiedlichem Stil eingerichtet und verteilen sich komfortabel auf zwei Etagen; das schönste ist „Touch of Grey" mit eigener Terrasse und eigenem Eingang. Im Garten erwartet die Gäste ein verlockender Pool.

Das Haus befindet sich an einer angenehmen Straße, die in einiger Entfernung zur 7th Street liegt; zum Glück sind die hilfsbereiten Inhaber gern bereit, ihre Gäste zum gewünschten Restaurant zu fahren.

Ginnegaap Guest House PENSION $$
(Karte S. 372; ☎ 011-482 3507; www.ginnegaap.co.za; 54 4th Ave, Melville; inkl. Frühstück EZ 690–750 R, DZ 850–950 R; P 📶) Zu dieser Pension in einem modernen Innenstadthaus gehört eine wahre Schönheit aus der guten alten Melville-Zeit. Die Gäste relaxen in dem hübschen Garten, der bis zum Vordereingang reicht, oder genießen die Rundumveranda. Prompter, diskreter Service. Die Zimmer bieten allein schon wegen der fantastischen Betten, der gemütlichen Einrichtung und ihrer Größe ein ausgezeichnetes Preis-Leistungs-Verhältnis.

Saffron Guesthouse & Johannesburg Suites PENSION $$
(Karte S. 372; ☎ 011-726 6646; www.saffronguesthouse.co.za; Ecke 5th Ave & 7th St, Melville; EZ/DZ inkl. Frühstück 790/990 R; P ❄ 📶) Nur einen Sprung von der quirligen 7th Street entfernt befindet sich das Saffron, ein Glücksfund mit sieben modernen, eleganten und komfortablen Zimmern mit funkelnden Bädern und fantasievollen dekorativen Akzenten. Der einzige Nachteil: Es hier gibt keinen Pool. Ein Frühstück bekommen die Gäste in einem der Pension verbundenen Café in der Nähe.

84 on 4th Guesthouse PENSION $$
(Karte S. 372; ☎ 011-482 2725; www.84onfourth.co.za; 84 4th Ave, Melville; inkl. Frühstück EZ 750–900 R, DZ 850–1100 R; P 📶) Praktisch in Hörweite der geschäftigen 7th Street liegt dieses weitläufige Haus, eine verlässliche Wahl für Gäste, die sich mitten in der betriebsamen Stadt einquartieren möchten. Die Zimmer unterscheiden sich erheblich – von klein und unscheinbar bis herrschaftlich und elegant – und blicken auf einen Garten.

Nördliche Vororte

Brown Sugar Backpackers BACKPACKER $
(Karte S. 358; ☎ 011-648 7397; www.brownsugarbackpackers.com; 75 Observatory Ave, Observatory; inkl. Frühstück, Camping pro Pers. 130 R, B/EZ/DZ ohne Bad ab 180/340/240 R, EZ/DZ 340/400 R; P @ 📶 🏊) Ein Glücksfall für Reisende mit kleinem Budget ist dieses Hostel in einem großen Herrenhaus, das wie ein Schloss im Westentaschenformat aussieht. Zur umfang-

NICHT VERSÄUMEN

DIE BESTEN TOUREN DURCH JOHANNESBURG

Trotz der positiven Wandlungen, die sich weiterhin vollziehen, kann Johannesburg auf Reisende etwas einschüchternd wirken. Die beste (und sicherste) Art, sich zu orientieren und Zutrauen zu gewinnen, ist die Begleitung durch einen kenntnisreichen Stadtführer. Im Fokus einer Führung kann die Geschichte, Architektur, Stadtentwicklung, das kulturelle Leben oder die Straßenkunst stehen – in jedem Fall gibt es erfahrene Stadtführer, die die richtigen Wege kennen.

Mainstreetwalks (☎ 072 880 9583; www.mainstreetwalks.co.za) Unter der Führung des jungen Unternehmers Bheki Dube, der auch das Curiocity Backpackers leitet, sind Touren durch Maboneng (wo Mainstreetwalks ansässig ist) das Spezialgebiet, daneben gehören aber auch exzellente Touren durch die Inner City, Troyeville und den absolut faszinierenden Bezirk Little Addis Ethiopian zum Angebot. Für Besucher, die in das Nachtleben Johannesburgs eintauchen möchten, ist der „Underground Pub Crawl" ein Muss.

JoburgPlaces (☎ 082 894 5216; www.joburgplaces.com) Die Innenstadtführungen von Gerald Garner sind besonders dazu geeignet, die Wahrnehmung des Stadtzentrums zu verändern. Eine Lieblingstour ist „Regenerated Inner City Walk" (sechs Stunden), auf der die Entwicklung des Stadtzentrums über die vergangenen Jahre erkundet wird. Weitere Stadtspaziergänge sind u. a. „Western Edge to Gandhi Sqare" (drei Stunden), „Inner City Swimming Pools" (sechs Stunden) und „Fashion District & Little Addis" (fünf Stunden).

Past Experiences (☎ 083 701 3046, 011-678 3905; www.pastexperiences.co.za) Unter der Leitung von Jo Buitendach und ihres kompetenten Teams bietet Past Experiences Stadtführungen anderer Art an. Der Fokus der faszinierenden Touren liegt auf Graffiti, Straßenkunst und Shoppen. Teilnehmer haben Gelegenheit, etwas über die Geschichte von Künstlern und die Graffiti-Kultur der Stadt zu lernen. Verschiedene Touren führen durch Braamfontein, Newtown und den Fashion District. Wärmstens zu empfehlen.

Mulaudzi Alexandra Tours (☎ 071 279 3654, 061 365 7695; www.alexandratours.co.za) Alexandra, eine der ältesten Townships Südafrikas, kann in der Begleitung des freundlichen Jeff Mulaudzi erkundet werden. Geboren und aufgewachsen in Alexandra, bietet der junge Unternehmer eine Fahrradtour von zwei bis vier Stunden an, auf der die Teilnehmer in das Herz der wenig bekannten Township vordringen – eine lehrreiche Erfahrung. Jeff Mulaudzi empfängt die Teilnehmer am Bahnhof Marlboro Gautrain, wo es auch geschützte Parkplätze gibt.

Dlala Nje (☎ 072 397 2269, 082 550 8615; www.dlalanje.org) Nickolaus Bauer und Mike Luptak führen dieses wegbereitende Unternehmen – es bietet einzigartige Touren durch drei Stadtgebiete, die von der größten Armut und den gröbsten Vorurteilen betroffen sind: Hillbrow, Berea und Yeoville mit seiner großen westafrikanischen Immigrantengemeinde. Hier finden Teilnehmer die Gelegenheit, irrtümliche Vorstellungen über diese Viertel zu überprüfen und mehr über die verschiedenartigen Gemeinschaften dieser Stadtteile zu lernen.

Die Touren starten beim ikonenhaften Ponte City, wo Dlala Nje ein Gemeindezentrum betreibt. Ein Besuch des Ponte City ist in der Hillbrow-Tour inbegriffen.

Cashan Tours (☎ 082 491 9370; www.cashanafrica.com) Der Wildtier- und Naturführer Chris Green ist in Johannesburg geboren, er bietet maßgeschneiderte Touren an, die von leidenschaftlichem Engagement und fundiertem Wissen erfüllt sind und ungezwungen begleitet werden – unbedingt zu empfehlen. Zum Angebot gehören auch Unterkünfte.

reichen Auswahl gehören Schlafsäle mit Bad, ein Schlafsaal für Frauen, Blockhütten und ein paar eigenwillig dekorierte Einzelzimmer. Außerdem gibt es ein Fernsehzimmer, einen Pool, Kochgelegenheiten, einen Waschsalon und ein Extra: Die Gäste werden vom Flughafen oder dem Bahnhof Park Station abgeholt.

Ein Abendessen (65 R) ist auf Wunsch zu bekommen. Kreditkarten werden akzeptiert, dabei wird aber eine Kommission von 5 % erhoben.

Backpackers Ritz BACKPACKER $
(Karte S. 358; ☎ 011-325 7125; www.backpackers-ritz.co.za; 1A North Rd, Dunkeld West; B/EZ/DZ ohne Bad 165/330/495 R; P 📶 🏊) Das Ritz ist eine langjährige Institution mit vielen Vorzügen: exzellente Gemeinschaftseinrichtungen, eine erstklassige Lage und schöne Ausblicke. Es wird von drei Brüdern geführt, die für eine familiäre Atmosphäre auf dem weitläufigen, grünen Anwesen sorgen. Die Schlafsäle für zwölf bis 14 Gäste sind geräumig; es ist geplant, die gemeinschaftlich genutzten Bäder zu renovieren. Eine Renovierung würde auch einigen der Einzelzimmer nicht schaden.

Joburg Backpackers BACKPACKER $
(Karte S. 358; ☎ 011-888 4742; www.joburgbackpackers.com; 14 Umgwezi Rd, Emmarentia; B 150 R, Zi. mit/ohne Bad 480/380 R; P 📶 🏊) Das unaufdringliche Hostel in einer der grünen Straßen von Emmarentia ist sauber, sicher und gut geführt. Es besitzt eine gute Auswahl gepflegter Zimmer und eine entspannte, ländliche Ausstrahlung. Die Zimmer mit eigenem Bad bieten viel fürs Geld und öffnen sich auf große Rasenflächen; die Schlafsäle für acht bzw. zehn Gäste sind geräumig und makellos. Mahlzeiten werden nicht angeboten, zum Ausgleich sind die Restaurants von Greenside nur einen Spaziergang von zehn Minuten entfernt.

★ **Oasis Signature Hotel** HOTEL $$
(Karte S. 358; ☎ 082 857 0707, 011-807 4351; www.oasisguesthouse.co.za; 29 Homestead Rd, Rivonia; inkl. Frühstück EZ 1100–1500 R, DZ 1400–1800 R; P ❄ 🏊) Ein schönes, entrückt liegendes Vorstadthaus unter der klugen Leitung eines Paares; für Geschäfts- und Urlaubsreisende wird mit gleicher Gemütsruhe gesorgt. Ein üppig grüner Garten umgibt einen nierenförmigen Pool und eine geräumige *lapa* (Gartenlaube mit Strohdach). Die 14 Zimmer unterscheiden sich in Größe und Preis, doch alle sind elegant und durchdacht möbliert. Ein besonderes Lob verdient das kalte Frühstücksbüfett.

Für hungrige Gäste, die nicht ausgehen möchten, gibt es ein Restaurant auf dem Hotelgelände, welches Montag bis Donnerstag geöffnet hat.

★ **Satyagraha House** PENSION $$
(Karte S. 358; ☎ 011-485 5928; www.satyagrahahouse.com; 15 Pine Rd, Orchards; DZ inkl. Frühstück ab 1800 R; P 📶) Ein wunderbar urbanes Refugium ist das Satyagraha, einstiges Wohnhaus Mohandas (Mahatma) Gandhis, der hier in den Jahren von 1907 bis 1908 lebte. Das denkmalgeschützte Gebäude wurde zwischenzeitlich restauriert und in eine innovative Pension mit Museum umgewandelt. Die sieben Zimmer sind nach Art eines *kraals* angeordnet; in Ausstellungen begegnet den Gästen die hier verbrachte Lebenszeit des großen Pazifisten auf überraschende und intime Weise. Die Mahlzeiten sind vegetarisch.

★ **Parkwood** BOUTIQUEHOTEL $$
(Karte S. 358; ☎ 011-880 1748; www.theparkwood.com; 72 Worcester Rd, Parkwood; DZ inkl. Frühstück 1700–2000 R; P ❄ @ 📶 🏊) Komfort, Charme und Atmosphäre – das alles besitzt dieses vorzügliche Hotel. Hier können Gäste sich in mehreren separaten kleinen, in sich geschlossenen Gebäuden zurückziehen – sie gewähren einen ungestörten Aufenthalt. Alle Zimmer haben Klasse – der Inhaber ist zugleich Innenarchitekt. Moderne Kunstwerke stehen Steinwänden gegenüber, Ruheliegen kontrastieren mit Springbrunnen, es gibt zwei Sportschwimmbecken, eine Bibliothek und ein Fitnessstudio. Auf Wunsch wird ein Abendessen serviert.

Das Hotel liegt in fußläufiger Entfernung zum Gautrain-Bahnhof.

44 on Livingston GUESTHOUSE $$
(Karte S. 358; ☎ 011-485 1156; www.44onlivingston.com; 5 Sandler Rd, Linksfield; EZ/DZ inkl. Frühstück ab 780/950 R; P @ 🏊) Diese liebenswürdige kleine Pension im Herzen von Jewish Johannesburg besitzt alle Kennzeichen eines hervorragenden Hauses: geschmackvolle, makellose Zimmer (insgesamt sieben) mit noblen Bädern, hochwertigen Betten und luxuriöser Leinenwäsche sowie einen großen Swimmingpool. Massagen werden im Haus angeboten, ein Abendessen kostet 140 R. Ein einziger Nachteil: die fehlende Klimaanlage. Erstklassig in dieser Preiskategorie.

Liz at Lancaster B&B $$
(Karte S. 358; ☎ 011-442 8083; www.lizatlancaster.co.za; 79 Lancaster Ave, Craighall Park; inkl. Frühstück EZ 800–1090 R, DZ 950–1310 R; P @ 📶 🏊) Es ist das pure Vergnügen, nach einem Tag voller Eindrücke in diese moderne Oase zurückzukehren. Die Bäder sind wunderschön gepflegt, die Zimmer sind gut ausgestattet und komfortabel, das Frühstücksangebot ist sehr großzügig und der Empfang aufmerksam und mehr als freundlich. Alle Wohnräume – zwei Zimmer, drei kleine Wohnun-

gen und zwei Ferienhäuser für Familien – haben eigene Eingänge und Innenhöfe. Eine verlässliche Wahl.

Melrose Place Guest Lodge HOTEL $$
(Karte S. 358; ☎ 083 457 4021, 011-442 5231; www.melroseplace.co.za; 12A North St, Melrose; EZ/DZ inkl. Frühstück 1375/1700 R; P 📶 🏊) In dieser Oase der Ruhe, zwischen Rosebank und Sandton gelegen, ist das Lebensgefühl entschleunigt. Das abgelegene, landhausartige Hotel birgt 30 Zimmer und ist perfekt für Gäste, die viel Platz lieben – der ausgedehnte Garten mit seinem stillen Charme ist ein schöner Ort für Spaziergänge. Entspannung verspricht auch ein großer Swimmingpool. Abendliche Mahlzeiten sind auf Wunsch zu bekommen.

Radisson Blu Gautrain Hotel HOTEL $$
(Karte S. 358; ☎ 011-245 8000; www.radissonblu.com; Ecke West St & Rivonia Rd, Sandton; DZ ab 2360 R; P ❄ 📶 🏊) Ein kurzer Fußweg liegt zwischen dem Bahnhof Gautrain in Sandton und diesem Mammuthotel; ein günstiger Standort für Gäste, die einen frühen Flug erreichen müssen. Die Zimmer sind intelligent aufgeteilt, die Duschbäder sind zum Schlafzimmer hin offen. Das Restaurant ist ausgezeichnet, der Swimmingpool vor dem Foyer ist hinreißend.

Ascot Hotel HOTEL $$
(Karte S. 358; ☎ 011-483 3371; www.ascothotel.co.za; 59 Grant Ave, Norwood; DZ inkl. Frühstück 980–1450 R; P @ 📶) Das Ascot ist ein elegantes Business-Hotel mit einem von roten Tauen begrenzten Foyer und einem benachbarten Day-Spa. Die Atmosphäre einer anspruchslosen Noblesse passt gut zur lässigen Attitüde des Vorortes. Die Zimmer sind eher klein, dafür aber gut ausgestattet und sehr komfortabel. Der überzeugendste Pluspunkt, vor allem für Nachtschwärmer, ist der Standort des Hotels in Hörweite der besten Bars und Restaurants des Viertels.

★ Residence BOUTIQUEHOTEL $$$
(Karte S. 358; ☎ 011-853 2480; www.theresidence.co.za; 17 4th Ave, Houghton; DZ inkl. Frühstück 2900–4500 R; P ❄ @ 📶 🏊) Wenn Charme einen Geruch hätte, wäre das Boutiquehotel, untergebracht in einer ehemaligen Botschaft, schon von Weitem am lieblichen Duft zu erkennen. Das ruhige, kleine Paradies mit 17 stattlichen, individuell gestalteten Zimmern und tadellosen Gesellschaftsräumen hüllt seine Gäste in eine kultivierte, besänftigende Atmosphäre. Nach einem vollen Tagesprogramm lösen sich alle Spannungen im Swimmingpool oder im Spa.

54 on Bath BOUTIQUEHOTEL $$$
(Karte S. 358; ☎ 011-344 8500; www.tsogosunhotels.com; 54 Bath Ave, Rosebank; DZ inkl. Frühstück ab 3700 R; P ❄ 📶 🏊) Am besten lässt sich dieses Haus als „urbane Eleganz“ beschreiben. Das attraktive Hotel ist einen kurzen Spaziergang von den Einkaufspassagen Rosebanks entfernt. Die 75 Zimmer sind geräumig und von zurückhaltender Eleganz, die beinahe übermäßig stilvolle Garten- und Swimmingpool-Terrasse in der vierten Etage ist ein schöner Ort zur Entspannung. Zum Hotel gehören einige Extras, z. B. ein erstklassiges Restaurant, zwei Bars und ein Fitness-Center.

Einen Ausblick über die Stadt bieten die zum Pool ausgerichteten Zimmer auf den oberen Etagen. Hotelgäste werden kostenlos vom/zum Bahnhof Gautrain gebracht.

Ten Bompas BOUTIQUEHOTEL $$$
(Karte S. 358; ☎ 011-341 0282; www.tenbompas.com; 10 Bompas Rd, Dunkeld West; Suite inkl. Frühstück 3500 R; P ❄ 📶 🏊) Dieses gute Hotel liegt – vorteilhafter als andere Spitzenhotels Johannesburgs – im noblen Stadtteil Dunkeld West. „Zehn Zimmer“ ist ein Pionier in der Boutiquehotelkategorie. Vor dunklem Holz und den Farben der Savanne hebt sich eine exquisite Privatsammlung afrikanischer Kunst wirkungsvoll ab. Das Restaurant ist für sich allein eine lohnende Adresse.

Peech Hotel BOUTIQUEHOTEL $$$
(Karte S. 358; ☎ 011-537 9797; www.thepeech.co.za; 61 North St, Melrose; DZ inkl. Frühstück 2400–2800 R; P ❄ 📶 🏊) Die vier umgebauten Maisonettwohnanlagen, die in einem wunderschön gestalteten Landschaftsgarten verstreut liegen, sind ihren Preis wert. Die 16 Zimmer sind großzügig bemessen und zeigen dezent moderne Designakzente, die größte Anziehungskraft geht jedoch von der Lage aus. Ein zusätzlicher Pluspunkt ist der Swimmingpool.

Saxon HOTEL $$$
(Karte S. 358; ☎ 011-292 6000; www.thesaxon.com; 36 Saxon Rd, Sandhurst; DZ inkl. Frühstück ab 7000 R; P ❄ @ 📶 🏊) Der Stolz von Sandhurst ist ein prachtvolles Suitenhotel. Nelson Mandela vollendete hier seine berühmten Memoiren. Wer von einem privaten Lift, persönlicher Betreuung und dem landesweit schönsten Day-Spa nicht überwältigt ist,

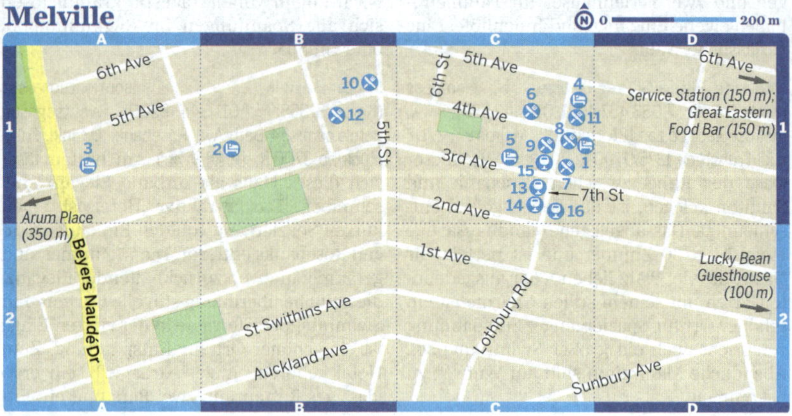

Melville

Schlafen

1	84 on 4th Guesthouse	C1
2	Ginnegaap Guest House	B1
3	Motel Mipichi	A1
4	Saffron Guesthouse & Johannesburg Suites	C1
5	Sleepy Gecko	C1

Essen

6	Bambanani	C1
7	Brauhaus	C1
8	Café de la Creme	C1
9	La Luna of Melville	C1
10	Leopard	B1
11	Lucky Bean	C1
12	Picobella	B1

Ausgehen & Nachtleben

13	Jo'Anna Melt Bar	C1
14	Liberation Cafe	C1
15	Ratz Bar	C1
16	Six Cocktail Bar & Restaurant	C1

wird es spätestens vom schicken Swimmingpool, dem erstklassigen Restaurant und den exklusiv gestalteten Suiten sein. Der pure Genuss für Gäste, die sich absolute Verwöhnung und Privatsphäre wünschen.

Südliche Vororte

Gold Reef City Theme Park Hotel HOTEL $$
(Karte S. 358; ☎ 011-248 5700; www.tsogosunhotels.com; 14 Shaft St, Ormonde; DZ inkl. Frühstück 1600 R; P ❄ ☎) Das kürzlich renovierte Hotel liegt strategisch günstig auf dem Gelände des Themenparks und ist mit dem Ambiente einer Goldgräberstadt der Jahrhundertwende ein netter Anblick. Es bietet viele Annehmlichkeiten, die 75 Zimmer sind geräumig und großzügig ausgestattet.

Southern Sun Gold Reef City Hotel HOTEL $$
(Karte S. 358; ☎ 011-248 5000; www.tsogosunhotels.com; Ecke Northern Parkway & Data Cres, Ormonde; EZ/DZ inkl. Frühstück ab 1750/1850 R; P ❄ ☎) Schlaflos in den südlichen Vororten? Die farbenprächtigen feudalen Zimmer des Hotels bieten das Niveau eines 4-Sterne-Hauses. Die Zimmer sind auf unaufwendige Art nobel möbliert und mit behaglichen Betten und angenehmen Bädern ausgestattet. Hotelgäste erhalten freien Eintritt zum Gold Reef City Theme Park. Der Nachteil: Es ist etwas laut. Das Hotel hat nur 38 Zimmer – am besten frühzeitig reservieren.

Flughafennähe

Africa Footprints PENSION $
(☎ 011-391 8448; www.airportaccommodation.co.za; 1 Crestwood Rd, Kempton Park; inkl. Frühstück EZ 540–650 R, DZ 650–750 R; P ❄ ☎ ≋) Eine gute Wahl für Gäste, die eine Unterkunft in Flughafennähe benötigen (die Pension liegt 7 km vom OR Tambo entfernt). Africa Footprints ist eine gelungene Mischung aus geschäftsmäßigen Einrichtungen und wohnlichem Komfort. Die 14 Zimmer sind keinesfalls außergewöhnlich, aber die Preise sind gut, und das Frühstück ist reichhaltig. Die preiswerteren Zimmer sind nicht klimatisiert. Die Gäste werden kostenlos vom Flughafen abgeholt.

Ein Abendessen ist auf Wunsch zu bekommen.

Essen

Johannesburg besitzt eine große Auswahl guter Restaurants, die jedem Geschmack und jedem Geldbeutel gerecht wird. In Melville, Greenside, Braamfontein, Maboneng und – zunehmend – in der Inner City gibt es zahlreiche lebhafte, quirlige Adressen für genussfreudige Gäste.

Inner City & Newtown

Kaldi's VEGETARISCH, CAFÉ $
(Karte S. 364; 083 757 0277; 30 Jeppe St, Newtown; Hauptgerichte 30–50 R; Mo–Fr 7.30–17, Sa bis 15.30 Uhr;) Gegenüber dem Museum Africa gelegen, serviert das angenehme kleine, vegane und vegetarische Café Gebäck (z. B. extrem beliebte Muffins und Zimtbrötchen) sowie verschiedene Sandwiches, Wraps und Salate. Die preiswerten, ganztägigen Frühstücksangebote locken laufend Gäste an. Außerdem gibt es erstklassigen Kaffee und Obstsäfte, die wahre Vitaminbomben sind.

Darkie Cafe CAFÉ $$
(Karte S. 364; 011-492 1556; Ecke Anderson St & Ferreira St, Marshalltown, Inner City; Hauptgerichte 60–130 R; Mo–Do & Sa 6–21, Fr bis 23 Uhr) Als beliebtestes Café in der Innenstadt wird das unbeschwerte Darkie Cafe ständig von einer anspruchsvollen Gästeschar belagert. Das ist vier überzeugenden Eigenschaften zu verdanken: seiner Lage im Herzen des Banken- und Geschäftsviertels, dem angenehmen Ambiente, der professionellen Raumgestaltung und natürlich der exzellenten Speisekarte, die für jeden Geschmack etwas Passendes bereithält.

City Perk Café CAFÉ $$
(Karte S. 364; 011-838 4993; www.cityperkcafe.co.za; 70 Fox St, Marshalltown, Inner City; Hauptgerichte 70–140 R; Mo–Fr 7.30–16.30 Uhr) In diesem extrem beliebten Café einen Sitzplatz zu finden ist ein Glücksfall. Hier werden hervorragende Frühstücksangebote, Sandwiches, Wraps, Grillgerichte und Salate zubereitet und ein recht guter Kaffee zu günstigen Preisen serviert. Unwiderstehlich: ein Mittagessen für weniger als 80 R! An warmen Tagen sind ausreichend Sitzplätze im Freien vorhanden.

Goldmine Cafe SÜDAFRIKANISCH $$
(Karte S. 364; 011-689 1000; 58 Anderson St, Marshalltown, Inner City; Hauptgerichte 45–110 R, Büfett 140–160 R; 6–22 Uhr) Dieses Lieblingscafé im Erdgeschoss des Reef Hotel besitzt eine entspannte Ausstrahlung und ein erfreulich schräges Industriedesign. Im offenen Küchenbereich herrscht Hochbetrieb; hier werden traditionelle Gerichte mit angenehmer Sachlichkeit zubereitet: kurz gebratenes Rindfleisch, Koteletts, Burger und Sandwiches.

Braamfontein

Post CAFÉ $
(Karte S. 364; 072 248 2078; 70 Juta St, Braamfontein; Hauptgerichte 35–60 R; Mo–Fr 6.30–16, Sa 8.30–14 Uhr;) Vor (oder nach) einem Bummel durch Braamfontein bietet sich das hervorragende kleine Café für eine Stärkung an. Die Gäste kommen gern zu einem köstlichen Frühstück, Gourmet-Sandwiches, Salaten von Palmwedelgröße und wechselnden Mittagsangeboten hierher. Die Speisekarte ist auf einer Schiefertafel verzeichnet und trägt zur ungezwungenen Atmosphäre in diesem Lokal bei. Zu alledem wird ein köstlicher Kaffee serviert.

Velo CAFETERIA $
(Karte S. 364; 011-403 0695; www.lovevelo.co.za; Grove Corner, Ecke Juta St & Melle St, Braamfontein; Hauptgerichte 35–70 R; Mo–Mi 7–16, Do & Fr bis 22, Sa 9–22, So bis 18 Uhr) Das niedliche kleine Café abseits der Straße hat sich dank der köstlichen Ciabattas, appetitlichen Sandwiches, kreativen Salate, exzellentem Kaffee und der freundlichen Bedienung eine treue Stammkundschaft erworben – nicht zu vergessen sind die hervorragenden Frühstücksvariationen.

Dahleahs CAFETERIA $
(Karte S. 364; 011-403 0243; 6 De Beer St, Braamfontein; Hauptgerichte 30–80 R; Di–Fr 8.30–17, Sa 9–17.30 Uhr;) Trotz einer wachsenden Zahl modischer Restaurants in Braamfontein gibt es einen Grund, dass das Dahleahs immer noch eine Lieblingsadresse anspruchsvoller Gäste ist. Die Speisekarte ist unkompliziert, aber gehaltvoll, und führt köstliche Gerichte auf, z. B. Pitabrot mit Halloumi-Käse, Prego-Rolls (Steak-Sandwiches) und Griechischen Salat. Etwas Süßes zum Nachtisch? Besonders lecker schmecken die Muffins oder Scones.

WAM Cafe CAFÉ $
(Karte S. 364; 011-717 1000; Ecke Jorissen St & Jan Smuts Ave, Braamfontein; Hauptgerichte 20–60 R; Mo–Fr 7–16, Sa 10–14 Uhr;) Am Standort einer ehemaligen Tankstelle befindet sich jetzt eines der beliebtesten Cafés

1

ANDY NIXON / GETTY IMAGES ©

2
RICHARD I'ANSON / GETTY IMAGES ©

3
DOELAN YANN / GETTY IMAGES ©

1. Sterkfontein Caves (S. 393)
Diese Höhlen zählen zu den bemerkenswertesten archäologischen Stätten der Welt.

2. Afrikanische Maske
Ein Kunstwerk mit raffinierter Perlenstickerei.

3. Orlando Towers (S. 390), Soweto
Die mit bunten Bildern geschmückten Türme sind inzwischen bei Bungee-Jumpern beliebt.

4. Blick zurück
Eine Installation zum Thema Migration im sehenswerten Apartheid Museum (S. 365) in Johannesburg.

4
DAVE HAMMAN / GETTY IMAGES ©

von Braamfontein – ein schickes, modernes, professionell aufgemachtes Restaurant mit großen Panoramafenstern, die eine Aussicht auf die Straße eröffnen. Hauptsächlich werden die Gäste jedoch vom Mittagsbüfett angezogen – mit 60 R ist es auch unwiderstehlich preiswert.

Smokehouse & Grill STEAK $$
(Karte S. 364; ☎ 011-403 1395; Ecke Juta St & De Beer St, Braamfontein; Hauptgerichte 70–170 R; ⏰ Mo–Do 12–21.30, Fr & Sa bis 22.30 Uhr) Junge Leute, Eltern und Kinder: Gäste aller Art strömen in das lebhafte Steakhaus, um Fleischgerichte zu bestellen. Zur Wahl stehen Rippenstücke aus dem Räucherofen, große Portionen saftiger Steaks und Burger oder kalorienärmere Gerichte wie leicht gewürzte Grillhähnchen oder großzügige Salatportionen. Dazu kommen gute Weine und Biere auf den Tisch.

86 Public PIZZA $$
(Karte S. 364; ☎ 011-403 1155; www.86public.co.za; Ecke Melle St & Juta St, Braamfontein; Hauptgerichte 55–95 R; ⏰ 11.30–22, Sa bis 24 Uhr; 📶) Direkt im Herzen von Braamfontein versorgt das 86 Public eine große Gästeschar von Studenten und Büroangestellten – immer ein Zeichen für günstige Preise. Hier werden keine Gourmetpizzas serviert, wer aber ein großes Pizzastück zum Mitnehmen will, ist an der richtigen Adresse. Eine große Vielfalt von Zutaten steht zur Auswahl.

Maboneng

★ Eat Your Heart Out FEINKOST $
(Karte S. 358; ☎ 082 485 9393; www.eatyourheartout.co.za; Ecke Kruger St & Fox St, Maboneng; Hauptgerichte 30–70 R; ⏰ Di–So 7.30–16 Uhr; 📶) Die beste Adresse in Maboneng, um in den Tag zu starten. Das israelische Frühstück – Omelett, geröstetes Pitabrot, Salat mit Käsewürfeln, Sauerkraut und Hüttenkäse – ist das Highlight, Gaumenfreuden sind auch die Bagels und Käsekuchen. Gesunde Obstsäfte, großartiger Kaffee und Süßigkeiten gehören außerdem zum Angebot, und es gibt Sitzplätze im Freien.

Sharp! Braai Corner SÜDAFRIKA $
(Karte S. 358; ☎ 072 810 3109; 20 Kruger St, Maboneng; Hauptgerichte 20–60 R; ⏰ 11.30–21 Uhr) An diesem äußerst lässigen kleinen Braai-Stand wird möglicherweise das preiswerteste Essen im schicken Szeneviertel Maboneng verkauft, es lockt nicht nur einheimische, sondern auch touristische Sparsame an. Ein großes Lob verdienen das fantastische Ambiente – ein umgebauter Frachtcontainer und wiederverwertete Bierkästen – und das exzellente *shisa nyama* („das Fleisch verbrennen" – Braai in der Sprache der Zulu). Viel Gegenwert für wenig Geld.

Blackanese Sushi SUSHI $$
(Karte S. 358; ☎ 011-024 9455; 20 Kruger St, Maboneng; Hauptgerichte 50–140 R; ⏰ Di–So 9–22 Uhr) Sushi mit afrikanischer Note? Im Blackanese ist das möglich. Als völlig neuartiges Konzept in Johannesburg werden hier afrikanische Aromen mit japanischer Kochkunst verbunden. Das Ergebnis ist sensationell. Nach den Klassikern (Sashimi, Nigiri) können verlockende California-Rolls mit Biltong (südafrikanischem Trockenfleisch) oder Sushi mit Erdbeeren und Frischkäse folgen. „Edles Industriedesign" ist eine treffende Umschreibung der Raumgestaltung.

Canteen INTERNATIONAL $$
(Karte S. 358; ☎ 011-334 5947; Arts on Main, 264 Fox St, Maboneng; Hauptgerichte 70–140 R; ⏰ Di & Mi 12–14.30 & 18–21, Do–So 9–21 Uhr) Einer der entspannendsten Orte im Viertel. Dieses lebhafte Restaurant im angesagten Kunstzentrum Arts on Main überzeugt mit einem reizvollen Ambiente, einem Innenhofgarten von festlicher Größe im kühlenden Schatten von Olivenbäumen und einer Bar auf einer Dachterrassen. In der Küche liegt die Betonung auf Burgern, Salaten, Pasta- und Fleischgerichten.

Little Addis Café ÄTHIOPISCH $$
(Karte S. 358; ☎ 082 683 8675; 280 Fox St, Maboneng; Hauptgerichte 60–85 R; ⏰ Di–Sa 12.30–21, So bis 18 Uhr) Neugierige können in diesem Restaurant geschmackliche Entdeckungen machen; hier dreht sich alles um würziges *doro wot* (Hühnerragout), *kitfo* (ein Hackfleischgericht) und *tibs* (ein Reisgericht mit Hackfleischklößchen und Tomaten), die Gerichte werden traditionell auf tellergroßen *injera*, Fladenbroten aus Sauerteig, serviert, die in Stücke gerissen und anstelle von Besteck zum Essen benutzt werden.

Pata Pata INTERNATIONAL $$
(Karte S. 358; ☎ 073 036 9031; 286 Fox St, Maboneng; Hauptgerichte 80–130 R; ⏰ 7–22.30 Uhr) Vielleicht etwas aus der Mode gekommen ist diese Institution von Maboneng; sie arbeitet noch immer nach dem bewährten Rezept aus ländlich-eleganter Einrichtung, wunderschön präsentierten Gerichten und standesbewusstem Personal. Die gemischte

Speisekarte präsentiert ein breit gefächertes Angebot von Pizzas und Burgern bis hin zu Grill- und Fischgerichten. In der warmen Jahreszeit dehnt sich das Restaurant mit seinen Tischen auf den Gehweg aus. An den meisten Abenden wird Livemusik gespielt.

Melville

In Melville findet man eine vielfältige Auswahl von Restaurants und Cafés, die meisten davon haben Sitzplätze im Freien.

★ Service Station BISTRO $

(Karte S. 358; ☎ 011-726 1701; Bamboo Centre, Ecke 9th St & Rustenburg Rd, Melville; Hauptgerichte 50–80 R; ⏰ Mo–Fr 7.30–17, Sa 8–17, So 8.30–15 Uhr) In einem fernen Winkel von Melville liegt dieser leicht zu verfehlende „Geheimtipp", auf den Einheimische gern hinweisen. Zu den reichhaltigen Frühstücksangeboten der Service Station gehören Pfannkuchen und Brioches. Ebenso verlockend ist die Vielfalt der frisch zubereiteten Mittagsgerichte, beispielsweise gegrillte Gemüse mit Käse, Gourmet-Burger und gegrilltes Rindfleisch mit karamellisierten Zwiebeln. Außerdem gibt es unwiderstehliche Eiscreme und einen hervorragenden Kaffee.

Picobella ITALIENISCH $

(Karte S. 372; ☎ 011-482 4309; 66 4th Ave; Hauptgerichte 30–100 R; ⏰ 8–22 Uhr) Picobella ist das beste italienische Restaurant im Viertel. Nichts ist übertrieben kunstvoll; es gibt einfach nur gute, authentische Holzofenpizza, köstliche Pasta – besonders gut ist *aglio e olio* mit Pecorino – und verlässliche Salate und Vorspeisen auf einer altrömisch aufgemachten Terrasse. Das Frühstück verdient ein ebenso großes Lob und ist sehr beliebt bei reisenden Paaren.

Café de la Creme CAFÉ $

(Karte S. 372; ☎ 011-726 7716; Ecke 7th St & 4th Ave, Melville; Hauptgerichte 50–80 R; ⏰ Mo 7–16.30, Di–Sa bis 18.30 Uhr) Diese Bäckerei mit Café erlebt in der Mittagszeit einen Ansturm von Gästen, die nach Sandwiches, Burgern und Kuchen verlangen; am verlockendsten ist jedoch der morgendliche Duft des Brotes, der betörend in die Nase steigt. Bei Kaffee und Zeitschriften lässt sich der emsige Betrieb der Außenwelt durch riesengroße offene Fenster am besten beobachten.

Great Eastern Food Bar ASIATISCH $$

(Karte S. 358; ☎ 011-482 2910; Bamboo Centre, Ecke 9th St & Rustenburg Rd, Melville; Hauptgerichte 60–160 R; ⏰ Di–Fr 12–23, Sa 13–23, So 13–20 Uhr) Wer glaubt, eine kreative asiatische Küche könne es in Johannesburg nicht geben, kann sich in diesem faszinierenden, preisgünstigen und unverschämt köstlichen Restaurant auf dem Dach des stilvollen Bamboo Centre vom Gegenteil überzeugen. Inhaber und Koch Nick Scott kreiert Gerichte aus den hochwertigsten Zutaten. Unbedingt probieren: Kimchi-Knödel, Sashimi-Tacos oder geräucherte Forelle.

Gäste sollten Tische – vor allem mit einen Ausblick auf das Naturschutzgebiet Melville Koppies – rechtzeitig reservieren.

★ Lucky Bean MODERN AFRIKANISCH $$

(Karte S. 372; ☎ 011-482 5572; www.luckybeantree.co.za; 16 7th St, Melville; Hauptgerichte 65–130 R; ⏰ Di–Do 11–21.30, Fr & Sa bis 23 Uhr; 📶) Gedämpftes Licht, dezente Hintergrundmusik, eine prunkvolle Cocktailbar und fleißige Kellner, die auf Treppenstufen flink auf und ab eilen – das Lucky Bean ist mit Abstand das stimmungsvollste Restaurant in Melville. Ebenso tadellos ist die Küche – leichte Gerichte sind jederzeit zu bekommen, dazu vegetarische Speisen, Schmorgerichte mit Wild, kreative Vorspeisen und köstliche Steaks (wie wäre es mit Straußenfilet nach Teriyaki-Art?).

Leopard INTERNATIONAL $$

(Karte S. 372; ☎ 011-482 9356; www.leopardfoodcompany.com; 63A 4th Ave, Melville; Hauptgerichte 50–140 R; ⏰ Mo–Do 6–22, Fr & Sa 11–23 Uhr) In diesem schmucklosen und dabei erstklassigen Restaurant bereitet Küchenchefin Andrea Burgener eine bunte Palette von ständig wechselnden Gerichten zu, beispielsweise Masala mit Taro-Blättern oder Wachteln mit einer Füllung aus Cashewnüssen und Koriander. Verarbeitet werden die besten Zutaten, die verfügbar sind. Dazu gibt es eine kleine, aber perfekt zusammengestellte Weinkarte, und die Desserts sind die reine Verwöhnung.

Brauhaus DEUTSCH $$

(Karte S. 372; ☎ 011-482 4219; www.brauhaus-melville.co.za; Ecke 7th St & 3rd Ave, Melville; Hauptgerichte 70–130 R; ⏰ Di–Sa 16–22, So 11–22 Uhr) Der zu Recht hervorragende Ruf des Brauhauses beruht auf gut zubereiteten deutschen Spezialitäten mit südafrikanischer Note – ein Ragout aus Gnufleisch mit hausgemachten Spätzle ist nirgendwo sonst zu bekommen! Zu den Klassikern gehören auch Würstchen und Rindergulasch.

Bambanani INTERNATIONAL $$
(Karte S. 372; ☎ 011-482 2900; www.bambanani.biz; 85 4th Ave, Melville; Hauptgerichte 50–110 R; ⏱ Di–Fr 9–20, Sa & So ab 8 Uhr; 📶 👶) Das Bambanani ist kein Allerweltsrestaurant – es folgt einem ausgeklügelten Konzept, das an Familien orientiert ist. Hinter dem Haus dehnt sich eine riesige Terrassen- und Gartenfläche aus, darauf eine solide gebaute Kinderspielhöhle mit mehreren Etagen. Die Speisekarte zeigt eine große Auswahl, u. a. Pizza, Pasta, Salate und verschiedenste Kleinigkeiten, die Kinder und Erwachsene glücklich machen.

La Luna of Melville ITALIENISCH $$$
(Karte S. 372; ☎ 011-482 7451; www.laluna-melville.co.za; 9 7th St, Melville; Hauptgerichte 80–195 R; ⏱ Mo 16–21.30, Di–Sa 11.30–21.30 Uhr) Wer dieses Restaurant betritt, wird auf behagliche Weise von einer eleganten Raumgestaltung, luftigen Räumen und einem vornehmen Ambiente empfangen. Auf fantastische Vorspeisen können Kürbisravioli, gegrillter Seeteufel und Calamaretti sowie wunderbare hausgemachte Pasta mit gegrillten Garnelen folgen. Nicht versäumen: ein köstliches Tiramisu zum Dessert.

Milpark

Salvation Cafe CAFÉ $$
(Karte S. 358; ☎ 011-482 7795; www.salvationcafe.co.za; 44 Stanley Ave, Milpark; Hauptgerichte 60–100 R; ⏱ Di–So 8–15 Uhr) Wunderbare Köstlichkeiten in Bioqualität können die Gäste dieses lässig-legeren Cafés erwarten (ein Extralob gebührt der überdachten Veranda und dem einladenden Innenhof). Von leckerem Gebäck und farbenprächtigen Salaten bis hin zu hausgemachten Burgern, köstlichen Wraps und einem appetitlichen Frühstück (serviert bis 11.45 Uhr) ist (beinahe) alles zu haben. Die einheimischen Feinschmecker sind geradezu verrückt nach den ausgezeichneten Eiern Benedict und dem leckeren Möhrenkuchen.

Il Giardino Degli Ulivi ITALIENISCH $$
(Karte S. 358; ☎ 011-482 4978; www.ilgiardino.co.za; 44 Stanley Ave, Milpark; Hauptgerichte 60–185 R; ⏱ Di–Sa 11.30–22, So bis 16 Uhr) In der schicken Passage der 44 Stanley Avenue wirkt das Il Giardino wie aus alter Zeit: eine Trattoria mit viel Charme. In einem begrünten Innenhof werden nahrhafte Gerichte zu vernünftigen Preisen serviert, zu den besten gehören Gorgonzola-Gnocchi, Carpaccio mit Rindfleisch und Parmesan sowie brutzelnd-heiße Pizza mit knusprigem Boden. Es gibt eine kleine, aber beachtenswerte Weinkarte mit gleichermaßen fairen Preisen.

Greenside

Nicht weit von Melville liegt der Vorort Greenside mit mehreren exzellenten Restaurants und schicken Bars, das Publikum ist im Vergleich zur jugendlichen Szene von Melville in einem gesetzteren Alter. Die Restaurants konzentrieren sich an der Gleneagles Road und Greenway, abseits der Barry Hertzog Avenue, und entlang der angrenzenden 4th Avenue.

Dukes Burgers BURGER $$
(Karte S. 358; ☎ 011-486 0824; www.dukesburgers.co.za; 14 Gleneagles Rd, Greenside; Hauptgerichte 70–110 R; ⏱ So–Do 11.30–21, Fr & Sa bis 22 Uhr) In diesem einladenden und warm beleuchteten Restaurant wird die Zubereitung von schlichten Burgern zur Kunst erhoben; es liegt an einem von Restaurants gesäumten Abschnitt der Gleneagles Road. Zahlreiche Variationen werden serviert; der vegetarische Burger ist – kombiniert mit Süßkartoffelspalten und einem gehaltvollen, sahnigen Milchshake – besonders gut. Hinter dem Haus liegt ein geschützter Innenhof.

Doppio Zero ITALIENISCH $$
(Karte S. 358; ☎ 011-646 8740; www.doppio.co.za; Ecke Barry Hertzog Ave & Gleneagles Rd, Greenside; Hauptgerichte 60–120 R; ⏱ So–Do 7–21, Fr & Sa bis 22 Uhr) Die zu Gauteng passende Ausgabe einer italienischen Franchise-Kaffeehauskette ist aus gutem Grund extrem beliebt. Die Eckterrasse ist an Wochenenden bis auf den letzten Platz mit Frühstücksgästen besetzt, die vom hausgemachten Gebäck begeistert sind. Ebenso exzellent schmecken die Pasta- und Pizzagerichte.

Orient ASIATISCH $$
(Karte S. 358; ☎ 011-684 1616; www.thai-africa.co.za; 4 High St, Melrose Arch; Hauptgerichte 50–170 R; ⏱ Mo–Do 12–14.30 & 18–21.30, Fr–So 12–22 Uhr) Das Orient ist das beste von mehreren asiatisch aufgemachten Restaurants, die alle vom selben cleveren Unternehmen auf dem Reißbrett entworfen wurden. Hier kommen Spitzenpromis – hingerissen von Fusion Food und frischen Sushi, aber auch von der futuristischen Raumgestaltung – gerne mal vorbei.

Parkview

Moyo's SÜDAFRIKANISCH **$$**

(Karte S. 358; ☎ 011-646 0058; www.moyo.co.za; Zoo Lake, Parkview; Hauptgerichte 60–160 R; ⌚ Mo–Do & So 8.30–22, Fr & Sa bis 23 Uhr) Die Eleganz dieser Filiale einer landesweit verbreiteten Restaurantkette wirkt etwas abgehalftert. Das Restaurant ist aber dank einer schönen Lage, der stimmungsvollen Einrichtung und umfangreichen Speisekarte bei Familien nach wie vor beliebt.

Norwood

Die Grant Avenue ist in weiten Abschnitten von Cafés und Restaurants gesäumt, die meisten davon sind täglich geöffnet – sie stellen einen Querschnitt durch die Restaurantszene dar.

Zahava's ORIENTALISCH **$**

(Karte S. 358; ☎ 011-728 6511; www.zahavas.co.za; 47A Grant Ave, Norwood; Hauptgerichte 50–80 R; ⌚ Mo–Fr 7.30–16, Sa & So 8.30–16.30 Uhr; 📶) Farbenfrohe Gemälde beleben die Wände, die Atmosphäre ist entspannt – das Zahava wirkt ansprechend. Berühmt ist es für frisch zubereitete orientalische Spezialitäten, z. B. *zivas* (jemenitisches Fladenbrot), *latkes* (jüdische Kartoffelpuffer) und eine leckere marokkanische *tajine* mit Lammfleisch. In einem schönen Innenhof können Gäste an warmen Tagen sitzen, Frühstücksvariationen sind außerdem zu bekommen.

Schwarma Co ORIENTALISCH **$$**

(Karte S. 358; ☎ 011-483 1776; www.schwarmacompany.co.za; 71 Grant Ave, Norwood; Hauptgerichte 50–150 R; ⌚ 11–22 Uhr) Diese Institution in Johannesburg wird für köstliches *schawarma* (gegrilltes Fleisch vom Drehspieß, mit Tomatenstücken in Pitabrot angerichtet), leckere Kebabs und großzügige Salate gerühmt. Zum Dessert sind ebenso köstliche wie kalorienreiche *baklavas* (Gebäck aus Blätterteig mit Honig und Nüssen) einen Versuch wert. An einem der Tische auf der luftigen Dachterrasse lässt sich die sanft-chaotische Betriebsamkeit auf der Grant Avenue besonders gut beobachten.

Vovo Telo CAFÉ, BÄCKEREI **$$**

(Karte S. 358; ☎ 011-483 1398; www.vovotelo.co.za; Ecke Grant Ave & Nellie Rd, Norwood; Hauptgerichte 50–90 R; ⌚ 7–20 Uhr; 📶) Das freche Café mit Bäckerei ist wegen seiner vollwertigen Gerichte eine lohnende Adresse. Eine kurze Pause können Gäste bei Gourmet-Sandwiches und frischen Säften machen oder frisch zubereitete Pastagerichte, Pizzas und Salate mit Muße genießen. Alles wird in einer behaglichen Atmosphäre serviert. An sonnigen Nachmittagen stehen einige Tische im Freien bereit.

Next Door JÜDISCH **$$**

(Karte S. 358; ☎ 011-728 2577; 80 Grant Ave; Hauptgerichte 90–170 R; ⌚ So–Do 11–22, Fr 11–14.30, Sa 7–23 Uhr; ❄) In diesem einladenden koscheren Restaurant kann man Rabbis und jüdischen Familien begegnen, an den meisten Abenden ist es schnell voller Gäste. Bagels und Pizzas aus dem Holzofen sind reine Gaumenfreuden.

Giovanni Pane Vino ITALIENISCH **$$**

(Karte S. 358; ☎ 011-483 1515; 66 Grant Ave, Norwood; Hauptgerichte 60–120 R; ⌚ Mo–Do & So 12–21, Sa bis 22 Uhr) Dieses klassische italienische Restaurant erfüllt alle Erwartungen: rot-weiß gewürfelte Tischdecken, Schüsseln mit Pasta, die eine ganze Fußballmannschaft sättigen können, und Pizzas, die so dick und üppig belegt sind, dass die Nase darin verschwindet.

Rosebank & Sandton

Die zahlreichen Restaurants dieser wohlhabenden Vorstädte sind besonders dicht in den riesigen Einkaufszentren vertreten – den gesellschaftlichen Treffpunkten der nördlichen Vororte.

Walnut Grove CAFÉ **$$**

(Karte S. 358; ☎ 011-783 6111; www.walnutgrove.co.za; Shop B38, Sandton City Mall, Ecke 5th St & Rivonia Rd, Sandton; Hauptgerichte 50–160 R; ⌚ 9–18 Uhr) In der Sandton City Mall findet man das Walnut Grove, eine praktische Adresse für preiswerte, unkomplizierte und schnelle Kleinigkeiten. Zur Auswahl stehen *tramezzini* (kleine Sandwiches mit Weiß- oder Vollkornbrot), Bagels, Kuchen, Gourmet-Sandwiches, Fleischgerichte und Salate – alles ist köstlich und preisgünstig. Dazu gibt es exzellente Kaffeegetränke.

★ **Grillhouse** STEAK **$$$**

(Karte S. 358; ☎ 011-880 3945; www.thegrillhouse.co.za; The Firs Shopping Centre, Ecke Oxford Rd & Bierman Ave, Rosebank; Hauptgerichte 100–300 R; ⌚ So–Fr 12–14.30 & 18.30–21.30, Sa 18.30–21.30 Uhr) Eine Institution im Stil eines echten New Yorker Steakhauses mitten in Johannesburg erwartet die Gäste im Einkaufszentrum The Firs. Fleischliebhaber jeder Couleur begegnen sich hier, um ein passendes Stück auszuwählen: Entrecôte- und T-Bone-Steak, Rippchen oder Filet. Kalbfleisch in dicken Scheiben, Straußenmedaillons und Fischgerichte stehen ebenfalls zur Wahl – dazu gibt es eine große Portion Charme und Stil dank der gewandten Bedienung und der behaglichen Einrichtung.

Zum Angebot gehören außerdem eine umfangreiche Auswahl von Single-Malt-Whiskys und fantastisch guten regionalen Weinen.

Bukhara INDISCH **$$$**

(Karte S. 358; ☎ 011-883 5555; www.bukhara.com; Einkaufspassage Nelson Mandela Square, Ecke West St & Maude St, Sandton; Hauptgerichte 130–210 R; ⏲ Mo–Sa 12–15 & 18–23, So bis 22 Uhr) Eines der besten indischen Restaurants der Stadt ist das Bukhara – es bewahrt eine stimmungsvolle Atmosphäre in der etwas sterilen Umgebung der Einkaufspassage Nelson Mandela Square. Hier werden authentische Gerichte mit reichen Aromen serviert: Tikka Masala, Korma, Currys und Tandooris. Mit seinem Marmorfußboden, den Teakholzmöbeln und ockerfarbenen Wänden hat der Innenraum etwas Nobles. Der Service ist selbstverständlich exzellent.

Parkmore

Delhi Dharbar INDISCH **$**

(Karte S. 358; ☎ 011-883 4407; 136A 11th St, Parkmore; Hauptgerichte 40–95 R; ⏲ 11–22.30 Uhr) Es ist nicht das edelste indische Restaurant in Johannesburg, aber das Ambiente ist behaglich, und die nordindische Küche wird in begeisterten Kritiken gelobt. Wer einmal keine Samosas (Teigtaschen) als Vorspeise möchte, sollte Tandoori-Pilze oder Zwiebeln auf *Bhaji*-Art (würzig gebraten) probieren. Zum Hauptgang besonders gut: Vindalho mit Lamm und Tikka Masala mit Huhn. Außerdem gibt es Gerichte zum Mitnehmen.

Eatery JHB BISTRO **$$**

(Karte S. 358; ☎ 011-783 1570; www.eateryjhb.co.za; Ecke 11th St & Victoria Ave, Parkmore; Hauptgerichte 60–120 R; ⏲ Mo–Fr 12–15 & 18–21, Sa 18–21 Uhr) Diese Adresse muss man genau kennen, um sie zu finden: Abseits der 11th Street taucht das leicht zu verfehlende Restaurant überraschend auf. Ein elegantes Ambiente verbindet freiliegende Balken mit Akzenten im Stil von Industriebauten, hervorragende Bistrogerichte werden in geselliger Atmosphäre serviert. Zubereitet werden nur wenige Vorspeisen, drei oder vier Hauptgerichte und eine Handvoll Desserts – keines davon ist eine Enttäuschung.

★ **Thomas Maxwell Bistro** BISTRO **$$$**

(Karte S. 358; ☎ 011-784 1575; www.thomasmaxwell.co.za; 140 11th St, Parkmore; Hauptgerichte 120–200 R; ⏲ Mo–Fr 12.30–14.30 & 18.30–21.30, Sa 18.30–21.30, So 12.30–14.30 Uhr) Im lebhaften Spitzenbistro von Parkmore herrscht kein Mangel an anspruchsvollen Gästen. Das ist drei überzeugenden Merkmalen zu verdanken: einer ländlich-eleganten Raumgestaltung, einer Atmosphäre, in der das aufstrebende Johannesburg mit New York City verschmilzt, und natürlich der hervorragenden Speisekarte, die ein großes Publikum erfreut. Zu den Highlights gehören Kaninchenrisotto, Steak tartare (Tatar) und Rinderfilet mit Wasabi.

Fordsburg

Zahlreiche indische Restaurants haben sich in Fordsburg angesiedelt. In den meisten Gaststätten werden keine alkoholischen Getränke ausgeschenkt, die Geschäfte sind freitags zu den Gebetszeiten geschlossen.

Bismillah INDISCH **$**

(Karte S. 358; ☎ 011-838 8050; www.bismillahrestaurant.co.za; 78 Mint Rd, Fordsburg; Hauptgerichte 30–110 R; ⏲ 8–22.30 Uhr) Im abgelegenen Fordsburg sind die besten indischen Restaurants von Johannesburg zu entdecken. Das Beste der nordindischen Küche findet man im Bismillah. Die Speisekarte ist klassisch – Tandooris, Tikkas, Biryanis und Masalas werden neben einigen Überraschungen vollständig aufgeführt, der Service ist erfreulich ernsthaft. Überzeugend sind auch die günstigen Preise.

Östliche Vororte

An der Derrick Avenue beim Bruma Lake, in Cyrildene und unweit der Observatory Road hat sich eine Chinatown mit vielen preiswerten Restaurants etabliert.

Troyeville Hotel PORTUGIESISCH **$$**

(Karte S. 358; ☎ 011-402 7709; www.troyevillehotel.co.za; 1403 Albert Sisulu St, Troyeville; Hauptgerichte 80–140 R; ⏲ 11–22 Uhr) In einem alten Teil der Stadt gelegen, ist das Troyeville ein denkwürdiger Ort für eine ausgedehnte Mahlzeit. Das charaktervolle Hotel wurde – lange bevor die Farbe abzublättern begann – von der portugiesischen Einwohnergemeinde frequentiert. Der iberische Einfluss findet sich in den köstlichen mosambikanischen Garnelen, der schmackhaften *feijoada* (Bohneneintopf) und dem kühlen Rotwein wieder. Das sonntägliche Braai ist zu Recht sehr beliebt.

Ausgehen & Nachtleben

Die abendliche Szene Johannesburgs ist ständig in Bewegung, von knorrigen, unkonventionellen Stammlokalen über schicke Cocktail-Lounges bis hin zu konservativen Weinlokalen ist alles vorhanden. In Maboneng und Braamfontein gibt es wunderbar lebhafte Szenebars, doch das Nachtleben spielt sich zum größten Teil in den nördlichen Vororten ab, vor allem rund um Melville, Greenside und Rosebank.

Inner City & Newtown

Guildhall PUB

(Karte S. 364; ☎ 011-833 1770; Ecke Albertina Sisulu Rd & Harrison St, Marshalltown; ⌚ Mo–Mi 9–19, Do & Fr bis 2, Sa bis 18 Uhr) Unzählige Glücksritter haben in der ältesten Bar Johannesburgs (gegründet 1888) ihr Vermögen vergeudet – heute ist sie einer der besten Treffpunkte im Stadtzentrum und dabei völlig anspruchslos. Wer einen Sitzplatz auf dem luftigen Balkon in der oberen Etage ergattert, hat einen guten Blick auf die Straßenszenen. DJs treten an den meisten Wochenenden auf; falls keine Musik aufgelegt wird, bleibt den Gästen nur übrig, beim Karaoke mitzusingen. Eine gute portugiesische Kneipenküche wird außerdem serviert.

Sophiatown Bar Lounge BAR

(Karte S. 364; ☎ 011-836 5999; www.sophiatownbarlounge.co.za; Ecke Jeppe St & Henry Nxumalo St, Newtown; ⌚ So–Do 8.30–22, Fr & Sa bis 24 Uhr) Sophiatown war früher das Zentrum des kulturellen afrikanischen Widerstands, und noch heute wird in dieser angenehmen Bar in Newtown der Geist der Township mit unscharfen Fotos, jazziger Hintergrundmusik (freitag- und samstagabends gibt es Livemusik) und herzhaften Speisen zelebriert.

Boundless CAFÉ

(Karte S. 364; www.boundlesscity.com; 1. Stock, Ecke Fox St & Von Brandis St, Inner City; ⌚ Mo–Do 9–19, Fr & Sa 9–2, So 10–22 Uhr; 📶) Dieses unkonventionelle Café besteht seit 2014, es wird von einem Amerikaner geführt und hat mit seiner Nähe zum Carlton Centre einen erstklassigen Standort. Frisch gepresste Obstsäfte, appetitliche Sandwiches und Snacks, hervorragender Kaffee, kostenloses WLAN, farbenprächtige Gemälde an den Wänden und entspannende Sitzgelegenheiten – ein großartiger Ort, um neue Kräfte zu tanken.

Cramers Coffee CAFÉ

(Karte S. 364; www.cramerscoffee.com; 17 Harrison St, Inner City; ⌚ Mo–Fr 6–17.30, Sa 7–13.30 Uhr; 📶) In diesem Café westlich vom Gandhi Square herrscht ständig Hochbetrieb. Ein ausgezeichneter Kaffee wird hier serviert – manche halten ihn für den besten der Stadt. Eine Auswahl süßer Verlockungen wird ebenfalls bereitgehalten, darunter Croissants und Muffins.

Braamfontein

Doubleshot Coffee & Tea CAFÉ

(Karte S. 364; www.doubleshot.co.za; Ecke Juta St & Melle St, Braamfontein; ⌚ Mo–Sa 8–18 Uhr) Kaffee, Tee und ein wenig Gebäck ist alles, was in dieser Kaffeerösterei zu bekommen ist, aber dieses Wenige ist richtig gut! Der Espresso ist dunkel und intensiv, er wird

SCHWULEN- & LESBENSZENE IN GAUTENG

Gauteng besitzt eine lebendige Schwulen- und Lesbenszene. Seit einer Verfassungsänderung von 1994 sind die beiden Metropolen Johannesburg und Pretoria zu Zentren für Schwule und Lesben aus ganz Afrika geworden. Sie sind gut organisiert und zunehmend akzeptiert – ein langer Weg von der puritanischen Prüderie vergangener Zeiten bis heute.

Der jährliche Gay Pride March findet am letzten Samstag im Oktober in Johannesburg statt und ist der Höhepunkt des Jahres, aber bei Weitem nicht die einzige organisierte Veranstaltung. Ein Highlight ist auch die **Queer Johannesburg Tour** (☎ 011-717 4239; www.gala.co.za; pro Pers. 200–350 R).

Verschiedene Websites informieren über die Schwulenszene der Provinz: www.gaysouthafrica.net und out.org.za sind umfassende und nützliche Informationsquellen. Lesenswert ist auch die monatlich erscheinende Zeitschrift *Gay Times*.

von kompetenten *bariste* gebraut und von zahlreichen jugendlich coolen Cafébesuchern und eingeweihten Büroangestellten andächtig geschlürft.

Kitchener's Carvery Bar PUB
(Karte S. 364; ☎ 011-403 3646; Ecke Juta St & De Beer St, Braamfontein; ⊙ 11–24, Fr & Sa bis 4 Uhr) Zu Kolonialzeiten war es ein Grandhotel, heute zieht es ein junges Publikum an und steht für eine neue Art der Großspurigkeit in Braamfontein. Bei Tag ist es ein beliebtes Pub, bekannt für umwerfende Burger, schmackhafte Fish 'n' Chips und eine riesige Getränkeauswahl, die in nostalgisch aufgemachtem Ambiente serviert wird, bei Nacht spinnen DJs Klanggewebe aus Soul, Funk und Electro. An Freitag- und Samstagabenden wird im Allgemeinen ein Gedeckpreis erhoben.

Anti-Est BAR
(Karte S. 364; De Beer St, Braamfontein; ⊙ Mi–Fr 11–24, Sa bis 2 Uhr) Das Anti-Est hat alles, worauf es ankommt: eine schöne Terrasse zum Leutebeobachten, eine ansprechende Raumgestaltung im nüchternen Industriestil und eine bewundernswerte Zusammenstellung handwerklich gebrauter Biere sowie Tequilas und Whiskys.

Great Dane BAR
(Karte S. 364; 5 De Beer St, Braamfontein; ⊙ Do–Sa 12–2 Uhr) Das fröhliche und freundliche Great Dane gehört zu den festen Größen in der wechselvollen Barszene von Braamfontein. Die abendliche Musik ist ein tanzbarer Mix aus 1980er-Jahre-Pop, Rock, Electro und Disco; die Barkeeper empfangen ihre Gäste wie alte Freunde. Bei Tag ist vor allem der anziehende Innenhof ein schöner Ort für einstimmende Getränke; gegen Mitternacht werden die Tische beiseite gerückt, und die Tanzenden beherrschen das Bild.

Maboneng

Uncle Merv's CAFÉ
(Karte S. 358; ☎ 073 211 5127; Ecke Fox St & Kruger St, Maboneng; ⊙ 7–16 Uhr) Das winzige Café ist berühmt für perfekt gebrühten Kaffee, dekadentes Bananenbrot, leckere Croissants und umwerfende Milchshakes. Besonders gut ist der Macci Porter – eine gehaltvolle Mischung aus Sesampaste (Tahina), Bananen, Sojamilch, Cashewnüssen und Datteln. Stapelbare Stühle und Bänke auf dem nahen Gehweg bieten ausreichend Sitzgelegenheiten. Ganz im Stil von Maboneng.

Zebra Inn BAR
(Karte S. 358; Ecke Albertina Sisulu Rd & Kruger St, Maboneng; ⊙ 12–1 Uhr) Diese unvergleichliche Institution von Maboneng beeindruckt ihre Gäste mit einer überwältigenden Einrichtung und einer Atmosphäre aus der Alten Welt. Der Raum wirkt wie die Werkstatt eines Tierpräparators mit Jagdtrophäen und afrikanischen Masken – ein visueller Ansturm vor hellgrünen Wänden. Hier werden außerdem Kneipengerichte serviert. Zum Eintritt bitte klingeln!

Lenin's Vodka Bar COCKTAILBAR
(Karte S. 358; www.lenins.co.za; 300 Commissioner St, Maboneng; ⊙ Mi–Sa 16–24, So 12–24 Uhr) Dieses Unikat in Maboneng ist nur für eines berühmt: Wodka. Unter mehr als 50 unterschiedlichen Wodkas ist für jeden Geschmack etwas zu finden. Auf der Karte gibt es aber auch eine gute Auswahl anderer Getränke. Gäste können im stimmungsvoll beleuchteten Innenraum oder auf der schattigen Terrasse sitzen. In den Pausen zwischen zwei Getränken bieten sich Salate und Sandwiches an.

Melville

Jo'Anna Melt Bar BAR
(Karte S. 372; 7th St, Melville; ⊙ 14–22, Sa 12–23 Uhr) Eine lebhafte Bar voller Gäste, deren heitere Stimmung durch eine große Vielfalt von Cocktails und Bieren aus Mikrobrauereien noch gehoben wird. Die Raumgestaltung – freiliegendes Mauerwerk und eine massive Bar in Rechteckform – ist sehr angenehm.

Six Cocktail Bar & Restaurant COCKTAILBAR
(Karte S. 372; ☎ 011-482 8306; 7th St, Melville; ⊙ 12–2 Uhr) Im Six wurde der Dresscode der 7th Street für ungültig erklärt – dank den überdurchschnittlich guten Cocktails und der überdurchschnittlich attraktiven Gästeschar. Es ist ein wunderbarer Ort für einen Drink. Fantastische Kunstwerke, eine Farbgestaltung in sanften Orange- und Rottönen, gedämpfte Klänge von Reggae, Soul und House, von denen die Konversation („Noch einen Cocktail?") nicht gestört wird.

Ratz Bar COCKTAILBAR
(Karte S. 372; www.ratzbar.co.za; 9 7th St, Melville; ⊙ 16–2 Uhr) Das Ratz ist eine winzige Cocktailbar, in der Rockmusik und kitschiger Pop der Eighties zu hören sind. Ein großes Publikum kommt wegen der preiswerten Cocktails hierher.

Liberation Cafe BAR
(Karte S. 372; 7 7th St, Melville; ⏲ Mi–So 16–2 Uhr) Das Liberation nimmt keinen großen Raum ein, bietet aber eine umfassende Cocktailkarte mit modernen und klassischen Getränken in einem farbenfrohen Ambiente.

Milpark

Stanley Beer Yard BIERGARTEN
(Karte S. 358; ☎ 011-481 5791; www.44stanley.co.za; 44 Stanley Ave, Milpark; ⏲ Di–So 12–23 Uhr) Kenner der Biergartenszene von Johannesburg füllen dieses attraktive Refugium in der Passage der 44 Stanley Avenue bis auf den letzten Platz. Hier werden einzigartige Biere aus Mikrobrauereien sowie köstliche Kneipengerichte serviert, Live-Bands spielen an Samstagen (ab 14 Uhr). Die sehenswerte Inneneinrichtung wird durch Lehnstühle und ein großes Kaminfeuer perfekt abgerundet; draußen stehen lange Holztische unter Olivenbäumen.

Greenside

Office BAR
(Karte S. 358; ☎ 011-023 9863; Gleneagles Rd, Greenside; ⏲ Di–Sa 16–1.30, So 14–22 Uhr) Diese schicke Bar spricht Gäste an, die Cocktails, Biere aus Mikrobrauereien, cooles Raumdesign und gute Musik mögen. Getränkekarte und Atmosphäre sind gleichermaßen exklusiv und ziemlich anspruchsvoll – eine Adresse für ein reiferes, aber nicht weniger bunt gemischtes Publikum und eine Alternative zu den eher kaschemmenartigen Studentenbars in Greenside.

Parkhurst

Jolly Roger Pub PUB
(Karte S. 358; ☎ 011-327 5883; Ecke 4th Ave & 6th St, Parkhurst; ⏲ Mo 16–2, Di–So 12–2 Uhr) Ein sehr gutes Pub in englischem Stil mit zwei Etagen befindet sich am Rand der boomenden 4th Avenue. Oben wird eine gute Kneipenküche serviert, dazu gibt es fantastische Ausblicke auf die lebhaften Straßenszenen. Unten befindet sich ein eher traditionelles Sports Pub, wo Bier ständig frisch gezapft wird. Auf der anderen Straßenseite liegt die neuere Sports Bar des Hauses.

☆ Unterhaltung

Das beste Veranstaltungsprogramm bietet die freitags erscheinende *Mail & Guardian*. Die Beilage „Tonight" der Tageszeitung *Star* ist ebenfalls gut. Wer eine Veranstaltung per Kreditkarte buchen möchte, kann dies über **Computicket** (☎ 011-915 8000; www.computicket.com) tun. Partys und andere Events findet man online unter www.jhblive.co.za oder www.joburg.org.za.

Livemusik

Johannesburg bietet zahlreiche Gelegenheiten, exzellente Livemusikveranstaltungen zu erleben, vor allem ist ein weites Spektrum von Jazz bis hin zu elektronischer Musik zu entdecken.

Zahlreiche Bars in Braamfontein, Melville, Greenside und Sandton bieten Live-Bands eine Bühne.

Bassline LIVEMUSIK
(Karte S. 364; ☎ 011-838 9145; www.bassline.co.za; 10 Henry Nxumalo St, Newtown; ⏲ unterschiedliche Öffnungszeiten) Die angesehenste Bühne für Livemusik in Jo'burg wurde Ende der 1990er-Jahre als Jazz-Location in Melville bekannt. Später wurde Weltmusik gespielt. Im Jahr 2004 fand dann der Umzug nach Newtown statt. Heute treten hier die Großen der internationalen Musikszene auf, aber auch Reggae, Rock und Hip-Hop stehen auf dem Programm.

Orbit JAZZ
(Karte S. 364; ☎ 011-339 6645; www.theorbit.co.za; 81 De Korte St, Braamfontein; ⏲ Di–So 11.30–2 Uhr) Dies ist der mit Abstand berühmteste von allen Jazzclubs der Stadt. Viel Freiraum wird jungen Produzenten und Künstlern gewährt, die heitere und gesellige Atmosphäre zieht zudem ein unterschiedliches Publikum von Jazzfans, Studenten und gut informierten Touristen an. In der unteren Etage lockt ein anspruchsvolles Bistro, im oberen Stockwerk findet man die äußerst eindrucksvolle Konzertbühne. Ein vollständiges monatliches Veranstaltungsprogramm ist auf der Website zu finden.

Katzy's JAZZ
(Karte S. 358; ☎ 011-880 3945; www.katzys.co.za; The Firs Shopping Centre, Ecke Oxford Rd & Bierman Ave, Rosebank; ⏲ Mo–Mi 12–24, Do–Fr 12–2, Sa 18.30–2 Uhr) Von einer liebenswürdigen Großspurigkeit ist diese Bar, sie ruft die Atmosphäre alter New Yorker Jazzclubs wach. An fünf Abenden in der Woche wird sanfter, voller Jazz live gespielt. Nebenan sorgt das Restaurant The Grillhouse mit köstlichen Fleischgerichten für die Gäste. Ein Gedeckpreis (ab 100 R) gilt Donnerstag-, Freitag- und Samstagabend.

Eine außergewöhnlich umfangreiche Getränkekarte führt Whiskys, Cognacs und Bourbons auf.

Sport

Johannesburg ist eine großartige Sportmetropole. Kricket-, Rugby- oder Fußballspiele (Soccer) sind in Stadien von Weltrang inmitten von begeisterten Fans zu sehen.

Bidvest Wanderers Stadium KRICKET
(Karte S. 358; ☎ 011-340 1500; www.wanderers.co.za; Corlett Dr, Illovo) Der wichtigste Austragungsort für Kricketspiele ist das imposante Wanderers Stadium am Freeway M1 nach Pretoria. Zuschauer finden auf den Tribünen oder auf Rasenflächen beim Western Pavilion Platz; man kann sich auch ein Steak grillen, während nebenan eine Regionalmannschaft (oder gar die südafrikanische Nationalmannschaft) spielt.

Ellis Park – Emirates Airline Park RUGBY
(Karte S. 358; www.lionsrugby.co.za; Doornfontein) Die geistige Heimat des Rugby im Osten von Jo'burgs Zentrum war Schauplatz eines äußerst bewegenden Moments in der Geschichte der neuen Nation: dem Sieg bei der Weltmeisterschaft 1995. Rugby-Fans sind fanatisch: Ein Samstagnachmittag beim Rugby kann fast schon zu einer religiösen Erfahrung werden. Im Januar 2015 wurde das Stadion zwar in „Emirates Airline Park" umbenannt, die Leute verwenden aber überwiegend den alten Namen.

Shoppen

Rosebank Sunday Market KUNSTHANDWERK
(Karte S. 358; www.rosebanksundaymarket.co.za; Cradock Ave, Rosebank; ⏲ So 9–16 Uhr) Eine der am günstigsten gelegenen Adressen, um traditionelle Schnitzereien, Perlenarbeiten, Schmuck, Bücher und Fruchtbarkeitspuppen zu kaufen. Der Markt wird auf dem Dach des Parkhauses der Rosebank Mall abgehalten.

Bryanston Organic Market MARKT
(Karte S. 358; www.bryanstonorganicmarket.co.za; Culross Rd, Bryanston; ⏲ Do & Sa 9–15 Uhr) Künstlerische und kunstgewerbliche Arbeiten werden auch verkauft, die größte Attraktion sind jedoch die hervorragenden Bioerzeugnisse.

KwaZulu Muti Museum of Man & Science TRADITIONELLE MEDIZIN
(Karte S. 364; ☎ 011-836 4470; 14 Diagonal St, Newtown; ⏲ Mo–Fr 7.30–17, Sa bis 13.30 Uhr) Dieses bizarre Unternehmen birgt interessante Fotomotive – Fotografen sollten vorher um Erlaubnis fragen – und ist von den Geschäften des Stadtzentrums, die mit *muti* (traditioneller Medizin) handeln, am leichtesten zugänglich. Mitten in einer Menge von Krimskrams werden verschiedene Gegenstände, darunter Wanderstöcke, Trommeln, Perlen, Teile von Tieren und Pflanzen zum Kauf angeboten.

Oriental Plaza SHOPPING-MALL
(Karte S. 358; www.orientalplaza.co.za; Bree St, Fordsburg; ⏲ Mo–Fr 9–17, Sa bis 15 Uhr) Eine wuselige Ansammlung von Geschäften in meist indischer Hand. Hier kann man von Gewürzen über billige Uhren bis hin zu Kochgeschirr so ziemlich alles kaufen. Wer sein Handy reparieren lassen will, ist hier ebenfalls goldrichtig. Auch hungrige Mäuler kommen auf ihre Kosten: An zahlreichen Ständen werden Samosas, Süßigkeiten und andere Leckereien angeboten.

Rosebank Mall SHOPPING-MALL
(Karte S. 358; www.themallofrosebank.co.za; Baker St, Rosebank; ⏲ Mo–Do 9–19, Fr bis 20, Sa bis 18, So bis 17 Uhr) Wer Ernüchterung statt blinden Kaufrausch sucht, sollte diese miteinander verbundenen Einkaufspassagen in Angriff nehmen. Ein zentraler Parkplatz befindet sich an der Ecke Cradock Avenue und Baker Street.

Nelson Mandela Square SHOPPING-MALL
(Karte S. 358; www.nelsonmandelasquare.co.za; Ecke West St & Maude St, Sandton; ⏲ Mo–Do 9–19, Fr bis 20, Sa & So bis 18 Uhr) Eine große Einkaufspassage in Nachbarschaft der Sandton City Mall und ähnlich aufgemacht im Stil einer italienischen Piazza mit zahlreichen Restaurants. Vor dem rund 6 m hohen Bronzestandbild Nelson Mandelas machen Besucher gern Fotos oder Selfies.

Kohinoor MUSIK
(Karte S. 364; ☎ 011-834 1361; 54 Market St, Newtown; ⏲ Mo–Sa 9–17 Uhr) Im Souterrain unter einem Möbelgeschäft befindet sich das Kohinoor, das als eine der besten Adressen für Ethno- und afrikanische Musik gilt – hier finden Interessierte alle Musikstile von Kwaito bis Jazz.

Praktische Informationen

GELD

In jedem Einkaufsviertel gibt es Banken mit Geldautomaten und Wechselstuben.

NICHT VERSÄUMEN

JOHANNESBURGS BESTE MÄRKTE

Shopping-Malls sind im Stadtbild Johannesburgs etabliert und gut besucht, daneben gibt es aber mehrere erfreulich stimmungsvolle Märkte.

Market on Main (Karte S. 358; www.marketonmain.co.za; Arts on Main, 264 Fox St, Maboneng; ⌚So 10–15, 1. Do im Monat 7–23 Uhr) Der viel geliebte Markt ist in einem umgebauten Industriegebäude untergebracht und gedrängt voll mit Lebensmittelständen, an denen frische Backwaren, Feinkost und andere Versuchungen feilgeboten werden. Außerdem sind hier Modedesignstudios und Künstlerateliers zu sehen.

Sheds@1Fox (Karte S. 364; www1fox.co.za; 1 Fox St, Newtown; ⌚Do–So 11–18 Uhr) Der Markt wurde Ende 2014 eröffnet und nimmt den Raum eines ehemaligen industriellen Lagerhauses am westlichen Rand des Stadtzentrums ein. Es ist heute ein florierender Markt und ein prächtiges Beispiel für die Sanierung und Bewahrung von Bauwerken. Es gibt Gourmetgeschäfte sowie mehrere Lebensmittelstände, Bars und Kunstgewerbeläden.

44 Stanley (Karte S. 358; www.44stanley.co.za; 44 Stanley Ave, Milpark) 44 Stanley ist der Gegenentwurf zum konsumorientierten Weg und ein Vorbild für zukünftige Shopping-Malls. In einem ehemals leerstehenden Gebäude mit schattigen Innenhöfen findet sich eine bunte Ansammlung regionaler Designer-, Spezialitätenboutiquen und interessanter Restaurants.

Neighbourgoods Market (Karte S. 364; www.neighbourgoodsmarket.co.za; Ecke Juta St & de Beer St, Braamfontein; ⌚Sa 9–15 Uhr) Der wunderbare Stadtteilmarkt von Kapstadt hat jetzt auch ein Gegenstück in Braamfontein, um „den öffentlichen Markt als städtische Institution" neu zu etablieren. Das Lagerhaus, ein zweigeschossiger Ziegelbau, ist gedrängt voll von handwerklich arbeitenden Händlern und ihrer genussfreudigen Kundschaft, die gesunde Brunch-Gerichte, handwerklich sorgsam gebrautes Bier und starken Kaffee zu schätzen wissen. In der oberen Etage können Besucher auf Bänken sitzen und die Reflexion der Sonnenstrahlen auf den Häusern der Stadt betrachten.

MEDIZINISCHE VERSORGUNG

Die medizinische Versorgung hat in Johannesburg ein hohes Niveau, aber meist auch einen hohen Preis, eine Reisekrankenversicherung ist daher unbedingt notwendig.

Charlotte Maxeke Johannesburg Hospital (☎011-488 4911; M1/Jubilee Rd, Parktown) Das größte allgemein zugängliche Krankenhaus in Johannesburg.

Netcare Rosebank Hospital (☎011-328 0500; 14 Sturdee Ave, Rosebank; ⌚7–22 Uhr) Eine Privatklinik in einem der nördlichen Vororte mit allgemeinärztlichen, Notfall- und Fachabteilungen.

NOTFÄLLE

Feuerwehr (☎10111)

Polizei (☎10111; Main Rd)

TOURISTENINFORMATION

Die sicherlich besten Informationsquellen für Touristen sind Pensionen oder Hostels sowie Touristenführer.

Johannesburg Tourism Company (Karte S. 358; ☎011-214 0700; www.joburgtourism.com; Erdgeschoss, Grosvenor Corner, 195 Jan Smuts Ave, Parktown North; ⌚Mo–Fr 8–17 Uhr) Ein Privatunternehmen mit Informationen zum gesamten Stadtgebiet.

ℹ An- & Weiterreise

AUTO

Alle größeren Mietwagenagenturen haben Schalter am OR Tambo und an verschiedenen Standorten in der Stadt, viele von ihnen bieten Verträge mit unbegrenzter Kilometerzahl an.

BUS

Mehrere Busverbindungen überqueren die Landesgrenzen Südafrikas; sie gehen vom Hauptbahnhof Park Station in Johannesburg aus und steuern Zielorte in Mosambik, Lesotho, Botsuana, Namibia, Swasiland und Simbabwe an.

Ankunfts- und Abfahrtsort der wichtigsten (nationalen und internationalen) Langstreckenbusverbindungen ist ebenfalls das Transitzentrum der Park Station, im nordwestlichen Bereich des Geländes, wo auch die Reservierungsschalter der jeweiligen Busunternehmen zu finden sind.

Die dem Krüger-Nationalpark am nächsten gelegene, größere Stadt ist Nelspruit. Phalaborwa ist eine gute Alternative für Parkbesucher, die in einem der nördlichen Camps des Krüger-

Nationalparks, wie z. B. Olifants, übernachten möchten.

Baz Bus (☎ 0861 229 287; www.bazbus.com) verbindet Johannesburg mit den beliebtesten Zielorten der Region (darunter Durban, Garden Route und Kapstadt) und holt Fahrgäste von ihren jeweiligen Hostels in Johannesburg und Pretoria ab, sodass sie sich nicht selbst in der Innenstadt um Fahrgelegenheiten kümmern müssen. Zu beachten ist, dass Baz Bus keine Busverbindungen mehr nach Swasiland anbietet. In allen Hostels sind aktuelle Fahrpläne und Preislisten zu bekommen. Ein Travel-Pass ist an sieben Tagen gültig und kostet 2180 R.

Citybug (☎ 0861 334 433; www.citybug.co.za) betreibt einen Shuttle-Service zwischen Johannesburg und Nelspruit mit Zwischenstopps in Pretoria und kleineren Orten entlang der Strecke.

City to City (☎ 0861 589 282; www.citytocity.co.za) Nationale und internationale Busverbindungen.

Greyhound (☎ 083 915 9000; www.greyhound.co.za) Nationale und internationale Busverbindungen.

Intercape (☎ 021-380 4400; www.intercape.co.za) Nationale und internationale Busverbindungen.

Lowveld Link (☎ 083 918 8075, 013-750 1174; www.lowveldlink.com) betreibt einen Shuttle-Service zwischen dem Flughafen und Nelspruit mit Halt in Pretoria.

Translux (☎ 0861 589 282; www.translux.co.za) Nationale und internationale Busverbindungen.

FLUGZEUG

Südafrikas wichtigster Flughafen für internationale und Inlandsflüge ist der **Internationale Flughafen OR Tambo** (ORTIA; ☎ 011-921 6262; www.johannesburg-airport.com).

Fluggäste, die von Fremden angesprochen werden, sollten sich vergewissern, ob sie es eindeutig mit Angehörigen des Flughafenpersonals zu tun haben. Ein höfliches „Nein, danke" sollte als Antwort genügen, um mögliche Schwarzhändler und Betrüger abzuweisen.

Wer nur wenig Zeit hat, sollte den einen oder anderen Inlandsflug in Betracht ziehen. Kleinere Billigfluggesellschaften wie **Kulula** (☎ 0861-585 852; www.kulula.com), **1time** (☎ 0861-878 278; www.1time.co.za) und **Mango** (☎ 086-100 1234; www.flymango.com) verbinden Johannesburg mit den wichtigsten Flugzielen.

Linienflüge zu nationalen oder regionalen Zielen bieten **South African Airways** (SAA; ☎ 0861 359 722; www.flysaa.com), **South African Airlink** (SAAirlink; ☎ 0861 606 606; www.flyairlink.com) und **South African Express** (☎ 0861 729 227; www.flyexpress.aero). Alle Flüge können aber auch über die SAA gebucht werden, die auch Büros in den Inlands- und internationalen Terminals des ORTIA hat.

GAUTRAIN

Der ganze Stolz Johannesburgs ist der Hochgeschwindigkeitszug Gautrain (S. 698), er stellt eine Direktverbindung zwischen dem Flughafen, Sandton, Rosebank, Park Station, Pretoria und Hatfield her. Die Züge fahren während der Stoßzeiten alle 12 Minuten ab (Montag bis Freitag 5.30 bis 8.30 und 15 bis 18 Uhr), außerhalb der Stoßzeiten alle 20 bis 30 Minuten. Eine einfache Fahrt zwischen Pretoria und Park Station kostet 64 R. Für Reisende, die in den Stoßzeiten unterwegs sind oder eine Unterkunft in der Nähe einer Haltestelle haben, ist es eine schnelle, zeitgemäße und preisgünstige Möglichkeit, die Stadt zu erreichen oder zu verlassen.

TRAMPEN

Die Devise muss lauten: Nicht trampen. Wer knapp bei Kasse ist, sollte sich nach einer Mitfahrgelegenheit umschauen. Diese werden in der Wochenzeitung *Junk Mail* (junkmail.co.za) inseriert. Die meisten Hostels haben außerdem ein Schwarzes Brett mit Infos über kostenlose bzw. zu bezahlende Mitfahrgelegenheiten.

ZUG

Fernzüge verbinden Jo'burg mit einer Reihe von Städten, u. a. Pretoria, Kapstadt, Bloemfontein, Kimberley, Port Elizabeth, Durban, Komatipoort und Nelspruit. Mehrere dieser Züge haben Schlafwagenabteile. Fahrkarten können über **Shosholoza Meyl** (☎ 011-774 4555, 0860 008 888; www.shosholozameyl.co.za) oder an der Park Station in Jo'burg reserviert werden.

ℹ Unterwegs vor Ort

BUS

Rea Vaya (☎ 0860 562 874; www.reavaya.org.za) Diese Busse wurden im Zuge der Vorbereitungen zur Fußballweltmeisterschaft 2010 eingeführt; der Mangel an sicheren, zuverlässigen Verkehrsmitteln zwischen Soweto (und anderen Townships) und der Innenstadt Johannesburgs sollte auf diese Weise behoben werden. Seitdem hat sich das Liniennetz rapide ausgedehnt, es umfasst Inner City, Newtown, Braamfontein und Auckland Park. Die Busflotte ist bunt und komfortabel, die Fahrpläne werden strenger eingehalten als die der Metro-Linien. Eine Rundfahrt durch die Innenstadt kostet 5,50 R, eine vollständige Fahrt von den Zubringerstrecken zur Inner City kostet 12,50 R.

Citysightseeing Joburg (Karte S. 364; ☎ 0861 733 287; www.citysightseeing.co.za; Park Station) Startpunkt ist der Bahnhof Park Station, Fahrgäste können an beliebigen Haltepunkten ein- und aussteigen. Die roten Busse passieren elf der wichtigsten touristischen Stätten im

Stadtzentrum Johannesburgs, u. a. Gandhi Square, Constitutional Hill und Carlton Centre sowie das Apartheid Museum, Gold Reef City, Newtown und Braamfontein. Die Busse sind zwischen 9 und 18 Uhr unterwegs. Eine Tageskarte kostet 170 R. Auf der Website kann man sich detailliert informieren.

VOM/ZUM FLUGHAFEN

Der OR Tambo International Airport (ORTIA) liegt rund 25 km östlich vom Stadtzentrum Johannesburgs entfernt in Kempton Park.

Der Hochgeschwindigkeitszug Gautrain bietet eine direkte Verbindung zwischen dem Flughafen und Johannesburg. Gautrain-Haltestellen befinden sich in Sandton, Rosebank und am Bahnhof Park Station. Eine einfache Fahrt zur Park Station kostet 145 R (nach Sandton 135 R).

Der **Airport Shuttle** (☎ 0861 397 488; www.airportshuttle.co.za) fährt zum Preis von 530 R die meisten Ziele in Johannesburg an und ist rund um die Uhr in Betrieb, dennoch ist es ratsam, möglichst einen Tag im Voraus zu reservieren. **Magic Bus** (☎ 011-394 6902; www.magicbus.co.za) bietet einen vergleichbaren Service an; Fahrten zu den meisten Zielen kosten 615 R.

Mit dem Auto ist der Flughafen leicht erreichbar (über die R24 und die N12) – wer aber an Werktagen während der Rushhour (17–19 Uhr) dorthin fahren muss, sollte eine zusätzliche Fahrtstunde einplanen.

Die Gäste der meisten Hostels werden kostenlos vom Flughafen abgeholt. Pensionen und Hotels arrangieren ebenfalls Fahrten für Gäste, sie kosten aber in der Regel so viel wie ein Taxi.

MINIBUS-TAXI

Die Linie R6 verkehrt in den innerstädtischen Vororten und in der Innenstadt, die R10 fährt beinahe überall hin.

Wer mit einem Minibus-Sammeltaxi in die Innenstadt von Jo'burg will, sollte unbedingt vor der Endstation aussteigen und auf keinen Fall zum Taxistand gehen – die Gegend ist für Überfälle bekannt. Ein Minibus-Taxi von der Stadt zurück nach Hause zu bekommen, ist nicht ganz so einfach.

Minibus-Taxis funktionieren nach einem ziemlich komplizierten System aus Hand- und Fingerzeichen, mit denen die Fahrgäste einem vorbeifahrenden Taxi genau mitteilen, wohin sie fahren möchten. Man tut also am besten so, als ob man genau weiß, wohin man will und hebt den Zeigefinger (die Fahrer halten an, wenn sie in die entsprechende Richtung fahren).

TAXI

Taxifahrten sind relativ teuer. Alle Taxis sind mit Taxametern ausgestattet, dennoch ist es hilfreich, die üblichen Preise zu kennen und vorab einen festen Preis mit dem Fahrer zu vereinbaren. **Maxi Taxi Cabs** (☎ 011-648 1212; www.maxitaxicabs.co.za) und **Rose Taxis** (☎ 011-403 9625; www.rosetaxis.com) sind zwei renommierte Unternehmen. Allerdings steigen viele Johannesburger inzwischen auf **Uber** (www.uber.com/cities/johannesburg) um.

RUND UM JOHANNESBURG

Der größte Anziehungspunkt in der Umgebung von Jo'burg ist die pulsierende Township Soweto. Wer mehr Zeit hat, entdeckt darüber hinaus eine Weltkulturerbestätte, die 3 Mio. Jahre Menschheitsgeschichte abdeckt.

Soweto

2,3 MIO. EW.

Die „South West Townships" (Soweto) haben sich aus einem Gebiet der Zwangssiedlung zu einem Herkunftsort des Stolzes und gesellschaftlichen Prestige gewandelt und sind zu einer eigenständigen touristischen Destination geworden.

Obwohl Soweto keinerlei aufsehenerregende Attraktionen besitzt, gewinnt es zunehmend an touristischer Popularität. Reisende kommen hierher, um am einladenden Leben der Township teilzunehmen und Stätten von immenser historischer Bedeutung aufzusuchen, darunter die einstigen Wohnsitze Desmond Tutus und Nelson Mandelas sowie das Hector Pieterson Museum. Ein Spaziergang durch die geruhsame Vilakazi Street öffnet den Blick für ein modernes afrikanisches Selbstempfinden, dagegen gewähren Soccer City und Soweto Bungee greifbare gesellschaftliche Erfahrungen an einem Ort großer politischer Distanziertheit. Galt es zehn Jahre zuvor noch als tollkühn, als Tourist allein in Soweto unterwegs zu sein, so ist es heute gefahrlos möglich, die wichtigsten Sehenswürdigkeiten selbstständig zu erkunden.

Wie in weiten Teilen Südafrikas lebt die aufstrebende Mittelschicht hier in Nachbarschaft von Hüttensiedlungen und der Masse der Arbeitslosen, sie alle sind dennoch im gleichen Maß getragen von der Geschichte Sowetos als Symbol des Freiheitskampfes. Viele, die den Kreislauf durchbrechen, entschließen sich, zu bleiben und erneut Wurzeln zu schlagen, die meisten sind ihrer Herkunft aus Soweto dankbar verbunden. Die

Townships sind das Herz der Nation, dessen Puls nirgendwo kraftvoller zu vernehmen ist als in Soweto.

Geschichte

Walter Sisulu, ein treuer Anhänger des ANC und langjähriger Bewohner Sowetos sagte einmal, dass die Geschichte Südafrikas ohne die Geschichte Sowetos kaum wirklich zu verstehen sei.

Jo'burgs City Council (JCC) nutzte den Ausbruch der Beulenpest 1904 als Vorwand, um 1358 Inder und 600 Afrikaner aus den Slums in Jo'burg nach Klipspruit, 18 Straßenkilometer vor dem Zentrum, umzusiedeln. Aber erst Ende der 1930er-Jahre, nach der Entstehung des Vororts Orlando, der vom JCC zynisch als „fast wie im Paradies" angepriesen wurde, wuchs die Bevölkerung in einem rasanten Tempo.

Gegen Ende des Zweiten Weltkriegs lebten mehr als 400 000 Menschen in Jo'burg, 1958 waren mehr als 20 neue Vororte rund um Orlando entstanden – alle mit reihenweise identischen Häusern.

In den 1950er-Jahren spielten Organisationen wie der ANC eine immer größere Rolle im Kampf gegen die Apartheid, und bald war Soweto (wie die Siedlung ab 1961 offiziell hieß) das Zentrum des Widerstands. Diese Rolle bestätigte 1955 der Congress of the People am Kliptown Square (heute: Freedom Square), an dem 3000 Delegierte aus dem ganzen Land teilnahmen. Das Ergebnis war die Freedom Charter – Grundstein der ANC-Philosophie und wesentlicher Bestandteil der neuen Verfassung.

Die Bewegung war gezwungen, im Jahr 1960 nach dem Sharpeville Massacre (S. 592) in den Untergrund zu gehen. Der Kampf ging – wenn auch weniger intensiv – weiter. Auch die Bevölkerungsstruktur der Townships änderte sich und mit dem Älterwerden der zweiten Generation der Bewohner entwickelte sich ein eigener Soweto-Stil. Neue Musikstile entstanden, und die Jugendlichen erschufen sich eine eigene urbane Kultur. Auch der Fußball bot einen Ausweg, und die ungeheure Unterstützung für Mannschaften wie die Moroka Swallows, die Orlando Pirates und die Kaizer Chiefs (nach ihrer Abspaltung von den Pirates) spiegelte die Entstehung einer städtischen, schwarzen Identität wider.

Die Geburt dieser neuen Identität verstärkte den Wunsch nach Gleichheit. Der Widerstand entlud sich schließlich am 16. Juni 1976, als ein Schülerprotest zum Wegbereiter des Aufstands in Soweto wurde.

Während der Kämpfe wandte sich die Weltöffentlichkeit unumkehrbar gegen das Apartheidregime, und Soweto wurde zum bedeutendsten Symbol des Widerstands gegen das rassistische Südafrika.

Bilder von brennenden Autos, Menschen mit brennenden Autoreifen um den Hals und Massenbestattungen beherrschten den Alltag in Soweto bis weit in die 1980er-Jahre hinein – und allmählich wurde der Todeskampf der Apartheid spürbar. Nelson Mandela wurde 1990 freigelassen und kehrte in sein kleines Haus in der Vilakazi St zurück, nur 200 m entfernt lebte Erzbischof Desmond Tutu.

Aber auch Mandelas Freilassung konnte keine Wunder bewirken. Von der Regierung angestachelt, brachten sich Anhänger der rivalisierenden politischen Parteien im Vorfeld der ersten freien Wahlen 1994 hundertfach gegenseitig um.

Erst seit Kurzem hat sich das Leben hier stabilisiert, seit 1994 dürfen die Einwohner von Soweto eigene Grundstücke und Häuser besitzen. Die relative Ruhe ist dank einiger Entwicklungsprojekte dauerhafter geworden. Auch die Fußball-WM 2010 sorgte für eine außerordentlich positive Presse, geblieben sind die glitzernde Soccer City, eine verbesserte Straßenbeleuchtung, Parks und Asphaltstraßen.

Heute ist Soweto in weiten Teilen sicherer und lockerer als die wohlhabenden, streng abgeschirmten nördlichen Vororte von Johannesburg.

Sehenswertes & Aktivitäten

Mandela House Museum MUSEUM

(☎ 011-936 7754; www.mandelahouse.com; Ecke Vilakazi St & Ngakane St, Orlando West; Erw./Kind 60/20 R; ⏲ 9–16.45 Uhr) Nelson Mandela lebte in diesem Vier-Zimmer-Haus nahe der Vilakazi Street mit seiner ersten Frau Evelyn und später mit seiner zweiten Frau, Winnie Mandela. Das Museum, das 2009 renoviert wurde, zeigt interaktive Exponate zur Geschichte des Hauses und interessante Familienfotografien. Am Ende der Vilakazi Street, beim Sakhumzi-Restaurant, befindet sich das **Wohnhaus von Erzbischof Desmond Tutu**.

Hector Pieterson Memorial DENKMAL

(Kumalo St, Orlando West) Im Norden der Vilakazi Street liegt der Hector Pieterson

Soweto

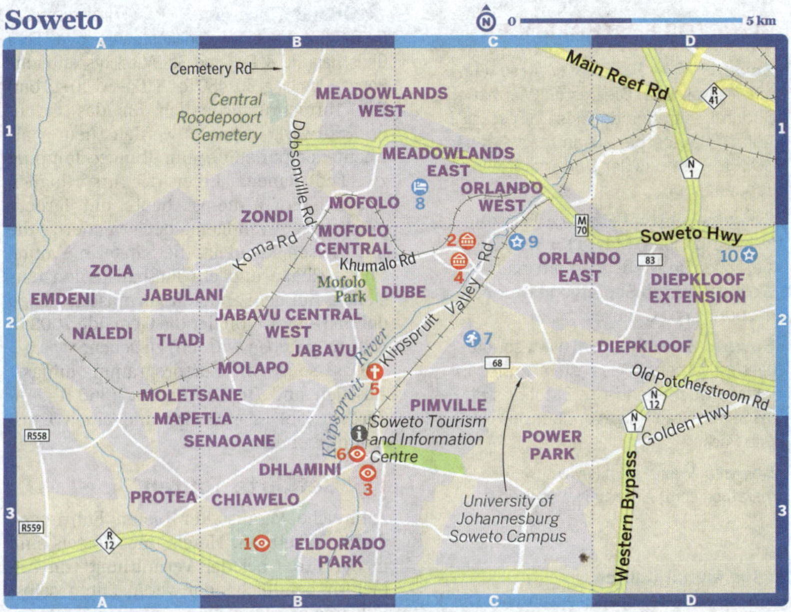

Soweto

Sehenswertes

1 Avalon Cemetery B3
Freedom Charter Monument .... (s. 6)
Hector Pieterson Memorial .... (s. 2)
2 Hector Pieterson Museum C2
Home of Archbishop Desmond Tutu .... (s. 4)
3 Kliptown B3
4 Mandela House Museum C2
5 Regina Mundi Church B2
6 Walter Sisulu Square of Dedication B3

Aktivitäten, Kurse & Touren

7 Orlando Towers C2

Schlafen

Dakalo B&B .... (s. 4)
8 Lebo's Soweto Backpackers C1
Nthateng's B&B .... (s. 4)
Soweto Hotel .... (s. 6)
Vhavenda Hills B&B .... (s. 4)

Essen

Nambitha .... (s. 2)
Restaurant Vilakazi .... (s. 2)
Sakhumzi Restaurant .... (s. 4)
Thrive Café .... (s. 4)

Unterhaltung

9 Orlando Stadium C2
10 Soccer City D2

Square. Der Platz ist nach dem 13-jährigen Jungen benannt, der beim Soweto-Aufstand von 1976 erschossen wurde. Ein Mahnmal erinnert eindringlich an das Geschehen.

Hector Pieterson Museum MUSEUM
(☎ 011-536 0611; Ecke Pela St & Kumalot St, Orlando West; Erw./Kind 30/10 R; ⏲ Mo–Sa 10–17, So bis 16.30 Uhr) Das hervorragende Museum beleuchtet die Rolle Sowetos und seiner Bewohner im Unabhängigkeitskampf. Beschrieben werden hier die tragischen Zwischenfälle des 16. Juni 1976, als ein friedlicher Schülerprotest gegen die Einführung von Afrikaans als Unterrichtssprache in den Schulen für Schwarze von der Polizei gewaltsam niedergeschlagen wurde. In dem dabei entstandenen Chaos eröffnete die Polizei das Feuer und erschoss einen 13-jährigen Jungen: Hector Pieterson.

In den folgenden Stunden und Tagen lieferten sich die Jugendlichen Gefechte mit den Sicherheitskräften. Bei diesen später als Aufstand von Soweto bekannt gewordenen Unruhen kamen allein am ersten Tag fast 200 jugendliche Demonstranten ums Leben.

SOWETOS FESTKALENDER

Soweto Wine Festival (www.sowetowinefestival.co.za) Die besten Weinbauern Südafrikas treffen bei diesem Festival Anfang September zusammen. Auf dem Soweto-Campus der Universität von Johannesburg.

Soweto Festival Expo (www.sowetofestivalexpo.co.za) Messe für Musik, Poesie, Essen und Lebensart am letzten Wochenende im September im Johannesburg Expo Centre.

Soweto Beer Festival (www.sowetobeerfestival.co.za) Das Festival findet am letzten Wochenende im Oktober statt. Im SHAP-Stadion gegenüber dem Mofolo Park.

Soweto Marathon (www.sowetomarathon.com) Anfang November.

Regina Mundi Church KIRCHE
(Mkize St, Rockville; Spende erwünscht) Die Kirche – das größte katholische Gotteshaus Südafrikas kann 5000 Menschen aufnehmen – war in der Zeit der Apartheid ein wichtiger Versammlungsort und spielte eine zentrale Rolle im Befreiungskampf. Beim Studentenaufstand vom 16. Juni 1976 suchten zahlreiche Studenten Schutz in der Kirche, doch die Polizei folgte ihnen ins Innere und eröffnete das Feuer. Spuren von Einschüssen und Schlägen von Gewehrkolben sind bis heute sichtbar.

Avalon Cemetery FRIEDHOF
(Tshabuse St; ⌚8–16 Uhr) Auf dem Friedhof befinden sich die Grabstätten des einstigen Anführers der kommunistischen Partei Südafrikas, Joe Slovo (Grab B35311), und von Hector Pieterson (Grab EC462).

Kliptown STADTVIERTEL
Kliptown südwestlich von Orlando West entstand 1904 und ist die älteste Siedlung in Jo'burg, die allen Rassen offenstand. Hier wurde am 26. Juni 1955 die Freedom Charter beschlossen. Am Ort der Beschlussfassung, einem ehemaligen Fußballfeld, entstand der **Walter Sisulu Square of Dedication** (Ecke Union Ave & Main Rd), mit einem Informationszentrum, einem Hotel, Banken, Kuriositätenläden und dem kegelförmigen Ziegelbau des Freedom Charter Monument.

★ **Orlando Towers** ABENTEUERSPORT
(☎071-674 4343; www.orlandotowers.co.za; Ecke Chris Hani Rd & Dynamo St; Aussichtsplattform/Bungee-Jumping 60/480 R; ⌚Do–So 10–18 Uhr) Die Türme, ursprünglich für das Orlando-Kraftwerk gebaut, werden heute als Abenteuersportstätte für Bungee-Jumping zweckentfremdet. Einer der ursprünglich grauweißen Türme ist heute mit farbenprächtigen Wandgemälden verziert, die u. a. Nelson Mandela, die Sängerin Yvonne Chaka Chaka und ein Fußballstadion darstellen. Auf dem anderen Turm ist das Logo der FNB-Bank (von der die Gemälde 2002 in Auftrag gegeben wurden) zu sehen.

Das sonstige Sportprogramm umfasst Abseilen und House-Running (360 R). Außerdem gibt es eine Bar und einen Erfrischungsbereich.

Geführte Touren

Zahlreiche Veranstalter bieten Führungen durch Soweto an. Hotels und Hostels sind in der Regel bei der Vermittlung von Anbietern behilflich oder veranstalten selbst Führungen.

Lebo's Soweto Bicycle Tours FAHRRADTOUR
(☎011-936 3444; www.sowetobicycletours.com; 2 Std./Tag 350/550 R) Die Lehmwege und grünen Nischen Sowetos sind ein fantastisches Terrain zum Radfahren. Zum Unternehmen gehört auch Lebo's Soweto Backpackers – die Übernachtungsgäste, die an der Radtour teilnehmen möchten, erhalten eine Ermäßigung von 50 R.

Africa My Beginning Tours KULTURRUNDFAHRT
(☎082 634 4841, 011-075 2201; www.sowetovisits.co.za) Veranstaltet verschiedene Touren durch Soweto, darunter Minibus-Taxifahrten (400 R, 4 Std.), Radtouren (500 R, 4 Std.) und ganztägige Touren durch Johannesburg und Soweto (700 R).

Taste of Africa TOUR
(☎082 565 2520, 011-482 8114; www.tasteofafrica.co.za) Bietet eine exzellente 24-stündige Tour (780 R pro Pers.), auf der die Teilnehmer von Bewohnern Sowetos begleitet und weit abseits der üblichen Wege geführt werden.

Vhupo Tours KULTURRUNDFAHRT
(☎076-601 3204; www.vhupo-tours.com) Der Veranstalter Bruce Luthanga ist ein Einwohner von Soweto; er bietet vielfältige Touren durch Soweto an, darunter einen Abend in einer Shebeen.

Schlafen

Es gibt zahlreiche B&Bs in der Township, die meisten davon in unmittelbarer Nähe zur Vilakazi Street.

Lebo's Soweto Backpackers BACKPACKER $
(☎ 084 851 8681, 011-936 3444; www.soweto backpackers.com; 10823A Pooe St, Orlando West; B/EZ/DZ ohne Bad 160/270/390 R; P 📶) Ein authentisches Erlebnis der Township gewährt dieses gut etablierte Hostel nahe einer wunderschönen Parklandschaft. Es ist ein ziemlich langer Fußweg zur lebhaften Vilakazi Street, doch die Gäste wissen den schattigen Biergarten, das Restaurant (Mahlzeiten ab 60 R) und den Billardtisch zu schätzen. Die Schlafsäle sind sauber und gepflegt, die Doppelzimmer sind exzellent und dazu preiswert. Das freundliche Personal ist offen für Fragen und Anregungen; außerdem werden Touren verschiedenster Art angeboten.

Kostenlose Fahrten mit Baz Bus nach Johannesburg können arrangiert werden.

Nthateng's B&B GUESTHOUSE $$
(☎ 082 335 7956, 011-051 9362; nthatengmd@gmail.com; 6991 Inhlwathi St, Orlando West; EZ/DZ inkl. Frühstück 535/695 R; P 📶) Dunkle Hölzer, hellbraune Leinenwäsche, sandfarbene Wände und ein paar kitschige Akzente verleihen dieser geräumigen Pension das lässige Flair der frühen 1980er-Jahre. Bei alledem ist Nthateng ein aufmerksamer Gastgeber, der viel Wert auf hochwertige individuelle Touren, köstliche Frühstückvariationen und ein gastliches, offenes Haus legt. Die Pension hat eine ideale Lage in der Nähe des Museums und der Restaurants.

Soweto Hotel HOTEL $$
(☎ 011-527 7300; www.sowetohotel.co.za; Walter Sisulu Sq of Dedication, Kliptown; EZ/DZ inkl. Frühstück ab 1200/1400 R; P @ 📶) Der äußere Eindruck täuscht; dieser massige Betonbau mit Blick auf einen Platz birgt behagliche, blitzsaubere Zimmer in Beige und Kastanienbraun, die Geschäftsleuten und Reisenden einen Rückzugsort bieten. Ein ausgefallenes Raumdesign setzt sich bis in das Restaurant und die Bar fort. An Wochenenden gilt ein ermäßigter Preis von 940 R.

Vhavenda Hills B&B GUESTHOUSE $$
(☎ 082 213 1630, 011-936 4275; www.sowetobnb.co.za; 11749 Mampuru St, Orlando West; EZ/DZ inkl. Frühstück 500/750 R; P 📶) Es ist das pure Vergnügen, nach einem langen erlebnisreichen Tag in die angenehm kühlen Innenräume von Vhavenda Hills einzutreten. Dazu kommt die Freude über die freundliche Begrüßung durch die Inhaberin Kate Luthaga, die in Soweto geboren und aufgewachsen ist, und ein behagliches Zimmer. Die Pension liegt fünf Minuten zu Fuß vom Mandela House Museum entfernt.

Dakalo B&B GUESTHOUSE $$
(☎ 082 723 0585, 011-936 9328; www.dakalo bedandbreakfast.co.za; 6963 Inhlwathi St, Orlando West; EZ/DZ inkl. Frühstück 450/800 R; P 📶) Praktisch in Sichtweite der Vilakazi Street (jedoch an einer ruhigen Seitenstraße) liegt das freundliche Wohnhaus voller ausgefallener Einrichtungsakzente – von Badezimmerfliesen mit psychedelischen blauen Punkten bis hin zu Rokokomöbeln und Vorhängen mit animalischen Mustern. Es gibt vier Zimmer; am schönsten ist das Zimmer mit Blick auf den von Blumen bedeckten Garten am Hinterhaus.

Essen

Es gibt buchstäblich unzählige Adressen in Soweto, um etwas zu essen oder zu trinken: schlichte Shebeens ebenso wie anspruchsvolle Bars und Restaurants. Die touristenfreundlichsten Restaurants findet man an der Vilakazi Street.

Restaurant Vilakazi SÜDAFRIKANISCH $$
(☎ 011-057 1290; www.restaurantvilakazi.co.za; Vilakazi St, Orlando West; Hauptgerichte 70–150 R; ⊙ 10–22 Uhr) Ein verlockendes Ambiente mit einer luftigen Terrasse ist die große Stärke des renommierten Restaurants am oberen Ende der Vilakazi Street. Der Küchenchef bereitet farbenfrohe Köstlichkeiten zu, z. B. Salate, Fischgerichte, Burger und Pasta, sowie Fleischgerichte auf landestypische Art, darunter Ochsenschwanz, *boerewors* (Würstchen) und *mogodu* (Kutteln).

Nambitha SÜDAFRIKANISCH $$
(☎ 011-936 9128; www.nambitharestaurant.co.za; Vilakazi St, Orlando West; Hauptgerichte 80–170 R; ⊙ 10–22 Uhr) Das eleganteste Restaurant an der Vilakazi Street ist dieses mit einem offenen Barbereich; es ist besonders beliebt bei den smarten Mittzwanzigern von Soweto. Eine gute Adresse, um afrikanische Klassiker zu probieren, z. B. *mogodu* (Kutteln) mit Spinat, außerdem gibt es eine große Auswahl weniger ungewohnter Gerichte. An manchen Tagen wird zum Abendessen Jazz live gespielt und die ohnehin noble Atmosphäre noch um eine Stufe feiner.

SOCCER CITY

Soccer City (Baragwanath Rd, Diepkloof) Einer der Hauptaustragungsorte der Fußballweltmeisterschaft von 2010, das Stadion Soccer City, ist der Form einer Kalebasse nachgebildet und der beherrschende Anblick des verlassenen Bergbaugeländes am Rand Sowetos. Es ist ein architektonisches Schmuckstück, entstanden nach einem Entwurf des südafrikanischen Architekten Bob van Bebber, und für Einheimische ein sichtbares Zeichen der Erinnerung an das berühmte Sportereignis. Wer sich auf einem Rundgang den vergangenen Glanz zurückrufen will, kann an einer exzellenten **geführten Tour** (☎ 011-247 5300; pro Pers. 80 R; ⏲ 9, 10.30, 12 & 15 Uhr) teilnehmen.

Thrive Café INTERNATIONAL **$$**
(☎ 011-536 1838; www.thrivecafe.co.za; 8038 Vilakazi St, Orlando West; Hauptgerichte 50–130 R; ⏲ Di & Mi 7–18, Do 10–22, Fr–So 10–23 Uhr; 📶) Ein überraschend schickes Restaurant mit einem glatten Raumdesign ist dieser kulinarische Außenposten, der 2013 eröffnet wurde. Es steht für ein sich wandelndes Selbstgefühl in der Township. Auf den Tisch kommen Snacks und leichte Mahlzeiten, knackige Salate und fleischlastige Hauptgerichte. Ein netter Ort, um bei einem Bier auf der Terrasse im oberen Stock zu sitzen und die Atmosphäre in sich aufzunehmen.

Sakhumzi Restaurant SÜDAFRIKANISCH **$$**
(☎ 011-536 1379; www.sakhumzi.co.za; 6980 Vilakazi St, Orlando West; Mittagsbüfett 140 R, Hauptgerichte 70–190 R; ⏲ tgl. 11–22 Uhr) Eine ausgelassene gute Stimmung herrscht im Sakhumzi, es hat einen festen Platz im Reiseprogramm vieler Touristen. Reisegruppen kommen regelmäßig zum exzellenten und preiswerten täglichen Mittagsbüfett vorbei. Gäste setzen sich gern an die Straßentische im Freien, sie mischen sich fröhlich unter die Vorübergehenden. Afrikanische Klassiker wie Hammeleintopf, *umleqwa* (auf traditionelle Art gedämpftes Huhn) und *mealie pap* sowie konventionelle Burger und Steaks sind hier zu erwarten.

☆ Unterhaltung

Soccer City, auch unter dem Namen FNB Stadium bekannt, ist die neue Heimat des südafrikanischen Fußballs. Der Besuch lohnt sich allein schon wegen der architektonischen Meisterleistung. Auch das **Orlando Stadium** (Mooki St & Valley Rd, Orlando East) ist sehenswert, vor allem wenn die Orlando Pirates auf ihre Erzrivalen, die Kaizer Chiefs, treffen.

ℹ Praktische Informationen

Es gibt Banken mit Geldautomaten am Walter Sisulu Square of Dedication. Geldumtausch ist im Soweto Hotel sowie auch am Square möglich.

Soweto Tourism and Information Centre (☎ 011-342 4316; www.joburgtourism.com; Walter Sisulu Sq of Dedication, Kliptown; ⏲ Mo–Fr 8–17 Uhr) Hält Informationsmaterial bereit und ist bei Touren behilflich.

ℹ An- & Weiterreise

Viele Touristen nehmen an einer halb- oder ganztägigen Tour mit Führung durch Soweto teil, es ist aber auch möglich, sich unabhängig – mit den sicheren Buslinien von Rea Vaya – auf den Weg zu machen. Auf recht unkomplizierte (und sichere) Art können Touristen mit einem eigenen Auto nach Soweto fahren.

Cradle of Humankind

Das Gebiet im Westen von Jo'burg ist eine der wichtigsten paläontologischen Fundstätten der Erde. Im Herzen der Region liegen die Felder der Hominidenfossilien von Sterkfontein. Das Gebiet ist ein Teil der 470 km² großen **Cradle of Humankind** (Wiege der Menschheit; www.cradleofhumankind.co.za), die als Unesco-Weltkulturerbe gilt. Die meisten Tourveranstalter in Jo'burg bieten ganz- und halbtägige Touren dorthin an, doch auch mit dem eigenen Wagen ist die Stätte gut zu erreichen.

Sehenswertes & Aktivitäten

Maropeng MUSEUM
(☎ 014-577 9000; www.maropeng.co.za; Rte 400, abseits Rte 563, Hekpoort Rd; Erw./Kind 160/90 R, mit Sterkfontein Caves 215/143 R; ⏲ 9–17 Uhr) Das Museum Maropeng ist unbedingt einen Besuch wert. Untergebracht in einem Gebäude, das auf einer Seite wie ein riesiger grasbewachsener Hügel aussieht und auf der anderen Seite eine glänzende, moderne Stahlkonstruktion zeigt, ist es zugleich Besucherattraktion, Informations- und Unterhaltungszentrum. Die Exponate zeigen die Evolution der Menschheit seit ihren frü-

hesten Anfängen. Es gibt Fossilienstätten, an denen noch Ausgrabungen stattfinden, Restaurants, einen Kuriositätenladen und eine Freilichtbühne mit 5000 Sitzplätzen für Open-Air-Veranstaltungen.

Eine faszinierende Bootsfahrt führt Besucher auf einer Reise in die Vergangenheit durch die Eiszeit und sogar in die Tiefen eines simulierten schwarzen Lochs. Noch besser sind die interaktiven Ausstellungen zur Evolution der Arten, die u. a. den Gebrauch des Feuers und die Entwicklung der Sprache veranschaulichen.

Sterkfontein Caves HÖHLE
(☎ 011-577 9000; www.maropeng.co.za; Sterkfontein Caves Rd; Erw./Kind 195/97 R, mit Maropeng 215/143 R; ⏲ 9–17 Uhr) 10 km von Maropeng entfernt liegt ein Besucherzentrum (es ist ausgeschildert) mit einer Dauerausstellung über die Vormenschen (Hominiden), ein Gehweg führt durch die Ausgrabungsstätte. Führungen ins Innere der Höhlen, die zu den bedeutendsten archäologischen Stätten der Erde zählen, beginnen alle 30 Minuten; die letzte Tour startet um 16 Uhr. Ermäßigte Eintrittskarten für die Höhlen und Maropeng müssen bis 13 Uhr gekauft werden.

Old Kromdraai Mine Museum MUSEUM
(☎ 082 259 2162, 073 147 8417; Ibis Ridge Farm, Rte 540, Kromdraai Rd; Erw./Kind 150/80 R; ⏲ Di–Fr nach Vereinbarung, Sa & So 9–17, letzte Tour 16 Uhr) Hier befand sich die erste Goldmine am Witwatersrand – der Betrieb wurde 1881 aufgenommen. Führungen beginnen jede volle Stunde beim umgebauten Minenschuppen.

Schlafen & Essen

Maropeng Hotel HOTEL $$$
(☎ 014-577 9000; www.maropeng.co.za; Rte 400, abseits Rte 563, Hekpoort Rd; EZ/DZ inkl. Frühstück 1500/2200 R; P ❄ @ ᯤ ≋) Auf dem Museumsgelände von Maropeng steht dieser niedrige Hotelbau mit 24 Zimmern, die fantasievoll dekoriert und mit atemberaubenden Ausblicken auf Witwatersberg und die Hügelkette von Magaliesberg gesegnet sind.

LeSel@The Cradle INTERNATIONAL $$
(☎ 011-659 1622; www.thecradle.co.za; Rte 540, Kromdraai Rd; Hauptgerichte 120–160 R, Menü 245 R; ⏲ Do 12–16, Fr 12–16 & 18–22, Sa 8–11, 12–16 & 18–22, So 8–11 & 12–16 Uhr) Mitten in einem weiten Schutzgebiet mit einer Fläche von 30 km² findet man das Restaurant, dessen erstklassiges und preiswertes Menü (nur sonntags) und leckere Hauptgerichte bereits viel Lob geerntet haben, die eigentliche Anziehungskraft geht aber von der Terrasse unter freiem Himmel mit einem Panoramablick auf die sanft geschwungenen Hügellandschaft aus.

ABSTECHER

NIROX FOUNDATION

Nirox Foundation (www.niroxarts.com; Rte 540, Kromdraai Rd) Im Herzen der Cradle of Humankind liegt der Skulpturenpark der Nirox Foundation. Es ist eine sich stetig weiterentwickelnde Förderung der Künste und ein hinreißendes Ausflugsziel. Führende südafrikanische und internationale Bildhauer, Maler und Konzeptkünstler ziehen sich in abgelegene Wohnhäuser zurück oder präsentieren ihre Arbeiten dem kritischen Blick der Öffentlichkeit auf dem 1500 m² großen Privatgelände. Das Ziel ist kein geringeres, als „Afrika in den zeitgenössischen Künsten der Welt einen gebührenden Platz zu geben".

Südliches Gauteng

Die geschichtsträchtige Region mit den Städten Vereeniging, Sebokeng und Vanderbijlpark wird vom Fluss Vaal durchschnitten. Der Vaal – *gij!garib* (gelbbraun) für die San, *lekoa* (launenhaft) für die Sotho und *vaal* (schmutzig) für die Afrikaaner – spielte eine bedeutende Rolle in der Geschichte Südafrikas, da er eine natürliche Grenze zwischen dem „Transvaal" und dem Süden bildete.

Unweit des Vaal wurde der Vertrag von Vereeniging geschlossen, der zum Ende des Burenkrieges 1899–1902 führte. In jüngerer Vergangenheit, genauer gesagt am 21. März 1960, protestierten schwarze Bürger in Sharpeville und Evaton gegen die Passgesetze, indem sie ihre Pässe öffentlich verbrannten. Die Polizei eröffnete das Feuer auf die Demonstranten in Sharpeville, wobei 69 Menschen getötet und etwa 180 verletzt wurden – die meisten von ihnen wurden von hinten getroffen. Der 21. März ist heute in Südafrika ein offizieller Feiertag, der Human Rights Day.

1984 reagierten die Sicherheitskräfte in Sebokeng mit einem Gewaltakt auf schwarze Proteste gegen die Miet- und Lohntarife. Etwa 95 Menschen kamen dabei ums Leben.

ABSTECHER

VAAL-STAUSEE

Mit einem Uferumfang von 600 km und einer 5 km langen Insel ist der größte Stausee Südafrikas bei Wassersportlern extrem populär. Es gibt neun Jachtclubs und sieben Marinas, die mehrere lohnende Wassersportveranstaltungen ausrichten, darunter das **Jachtrennen** „Round the Island" im April, die „Keelboat Week Regatta" im September und „Bayshore Marina Treasure Hunt" im Frühling.

Von Johannesburg ist es eine Autofahrt von etwa zwei Stunden. Vielfältige Möglichkeiten zum Übernachten und Essengehen findet man in Orten wie **Vaal Marina** in Gauteng sowie Deneysville, Villiers und Franfort auf der anderen Seite der Grenze in der Provinz Freistaat.

Durch diese Massaker wurde die schwarze Bevölkerung in ihrem Widerstand noch enger zusammengeschweißt, es beschleunigte schließlich das Ende des Apartheidregimes.

PRETORIA

1,65 MIO. EW.

Südafrikas Verwaltungshauptstadt ist eine schöne Stadt mit würdevollen, alten Häusern im Zentrum, weitläufigen Vororten und breiten Straßen, die im Oktober und November von purpurrot leuchtenden Jacarandas gesäumt sind.

Im Gegensatz zu Johannesburg ist Pretoria die Stadt der Afrikaaner und die Bars und Restaurants sind weniger weltoffen – das ruhige Pretoria war früher die Hochburg des Apartheidregimes und bis in den Namen hinein ein Symbol der Unterdrückung. Eine wachsende Zahl schwarzer Beamter und Angehöriger ausländischer Botschaften, die hier mittlerweise wohnen, erfüllen die Stadt mit einem neuen multikulturellen Flair.

Geschichte

Die fruchtbare Gegend rund um den Apies River, in der Pretoria liegt, war gut mit Wasser versorgt, sodass sich hier über Jahrhunderte große Bevölkerungsgruppen, zumeist Nguni sprechende Rinderzüchter, ernähren konnten.

Die Zerstörungen während der Zulu-Kriege führten aber zu massiven Vertreibungen. Ein Großteil der schwarzen Bevölkerung wurde abgeschlachtet, die meisten Überlebenden flüchteten nach Norden ins heutige Simbabwe. 1841 kamen die ersten Wagentrecks der Buren in dem weitgehend entvölkerten Gebiet an, das sie in Besitz nahmen, um dort ihre Hauptstadt zu errichten.

Als die Briten der Zuid-Afrikaansche Republiek (ZAR) Anfang der 1850er-Jahre die Unabhängigkeit schenkten, lebten schätzungsweise 15 000 Weiße und etwa 100 000 Schwarze zwischen dem Vaal River und dem Limpopo River. Die Weißen lebten weit verstreut. 1853 wurden zwei Farmen am Apies River gekauft, auf deren Land die Hauptstadt der Republik errichtet werden sollte.

Pretoria, das nach Andries Pretorius benannt wurde, war damals nicht viel mehr als ein winziges Grenzdorf mit einem stolzen Namen – aber trotzdem verfolgte das britische Empire die Entwicklung der Ortschaft mit wachsendem Missmut. Im Jahr 1877 schlugen die Briten zu und annektierten die Republik. Die Buren erklärten ihnen daraufhin den Krieg (Pretoria wurde Anfang 1881 belagert) und holten sich schließlich ihre Unabhängigkeit wieder zurück.

Die Entdeckung von Gold am Witwatersrand Ende der 1880er-Jahre änderte dann wieder alles – nach lediglich 20 Jahren Frieden führten Buren und Briten erneut einen Krieg gegeneinander .

Die Briten gaben sich versöhnlich und gestanden 1906 dem Transvaal die Selbstverwaltung zu und Pretoria wurde dank eines Kompromisses sogar Verwaltungshauptstadt. Die Union of South Africa wurde im Jahr 1910 gegründet, doch Pretoria erhielt seinen Status erst 1961 zurück, als die Republik Südafrika unter der Führung von Hendrik Verwoerd gegründet wurde.

Sehenswertes

Voortrekker Monument MONUMENT

(Karte S. 407; ☎ 012-326 6770; www.vtm.org.za; Eeufees Rd; Erw./Kind 55/30 R; ⏲ Sept.–April 8–18 Uhr, Mai–Aug. bis 17 Uhr) Das imposante Voortrekker Monument entstand zwischen 1938 und 1949 zum Gedenken an die Voortrekker, die über die Küstengebirge des Kaps ins Herz des afrikanischen Veld vordrangen. Das Denkmal befindet sich 3 km südlich der Stadt und ist ab dem Freeway N1 ausgeschildert. Es liegt in einem 340 ha großen Naturschutzgebiet.

Das Denkmal ist von einer Steinmauer umgeben, in der 64 Wagen wie in einem traditionellen Verteidigungsring (*laager*) eingemeißelt sind. Das Gebäude selbst ist ein riesiger Steinkubus, aus jeder Ecke blicken die Gesichter großer Afrikaaner herab. Eine Treppe und ein Lift führen zum Dach hinauf, von dem sich ein weiter Panoramablick über Pretoria bietet.

Church Square PLATZ

(Karte S. 396) Im Herzen Pretorias liegt der **Church Square**, der von imposanten öffentlichen Bauten umrahmt ist. Auf der nördlichen Seite erhebt sich der **Palace of Justice**, in dem Nelson Mandela im Rivonia-Prozess zu lebenslanger Haft verurteilt wurde. An der Südseite steht das **Gebäude des Ou Raadsaal (Old Government)**, an der nordwestlichen Ecke das **Old Capitol Theatre**, am nordöstlichen Rand die **First National Bank** und das **Gebäude der Old Nederlandsche Bank** (darin befindet sich das Touristeninformationszentrum) mit dem angrenzenden Café Riche, auf westlicher Seite das **Hauptpostamt**.

„Old Lion" (Paulus Krüger) nimmt einen Ehrenplatz in der Mitte ein und scheint sein kleines Königreich zu überblicken.

Melrose House HISTORISCHES BAUWERK

(Karte S. 396; ☎ 012-322 2805; 275 Jeff Masemola St (Jacob Maré St); Erw./Kind 20/5 R; ⊙ Di–So 10–17 Uhr) Das prachtvolle Herrenhaus wurde im Jahr 1886 errichtet und ist von großer historischer Bedeutung. Am 31. Mai 1902 wurde im Speisezimmer des Hauses der Vertrag von Vereeniging unterzeichnet, der das Ende des Burenkrieges (1899–1902) markierte. Zu den Highlights gehören ein herrschaftlicher Billardsaal mit einer Rauchernische, durch deren leuchtende Buntglasfenster das Tageslicht einfällt, und ein Wintergarten mit einer wunderbaren Sammlung politischer Karikaturen aus der Zeit des Burenkrieges.

Pretoria National Zoological Gardens ZOOLOGISCHE GÄRTEN

(Karte S. 396; ☎ 012-328 3265; www.nzg.ac.za; Ecke Paul Kruger St & Boom St; Erw./Kind 85/55 R, Seilbahn 10/8 R; ⊙ 8.30–16.30 Uhr) Auf dem Gelände des Zoologischen Gartens gibt es einen Reptilienpark, ein Aquarium, eine umfangreiche Sammlung exotischer Bäume und zahlreiche schöne Plätzchen für ein Picknick. Eine **Seilbahn** fährt zu einem hoch gelegenen Aussichtspunkt hinauf, der einen Blick über die Stadt bietet. Der Zoologische Garten liegt etwa 1 km außerhalb des Stadtzentrums.

Union Buildings BAUWERK

(Karte S. 400; Government Ave) GRATIS Die beeindruckenden Sandsteingebäude sind Sitz der Regierung und Amtssitz des Präsidenten. Die Gärten werden oft für öffentliche Feierlichkeiten benutzt, 1994 fand hier beispielsweise Nelson Mandelas Amtseinführung statt. Auf dem Gelände befinden sich Standbilder von früheren Premierministern, u. a. ein imposantes Reiterstandbild von General Louis Botha. Zwei weitere Denkmäler sind dem Ersten Weltkrieg sowie der südafrikanischen Polizei gewidmet.

Die Gebäude selbst sind für die Öffentlichkeit nicht zugänglich, aber die Gärten sind jeden Tag geöffnet.

Kruger Museum MUSEUM

(Karte S. 396; ☎ 012-000 0010; www.ditsong.org.za; 60 Church St; Erw./Kind 35/15 R; ⊙ 8.30–16.30 Uhr) Ein kurzer Fußweg westlich vom Church Square führt zum einstigen Wohnsitz Paulus Krügers, das heutige Paul Kruger House Museum. Das Haus (1884 erbaut) muss seinerzeit herrschaftlich gewirkt haben, heute steht es etwas verloren an einer viel befahrenen Straße. Es wird von zwei Steinlöwen bewacht, im Innern sind Stilmöbel und eine wahllose Sammlung persönlicher Gegenstände aus dem Besitz Krügers und seiner Frau zu sehen.

National Cultural History Museum MUSEUM

(Karte S. 396; ☎ 012-324 6082; www.ditsong.org.za; Ecke Visagie St & Schubert St; Erw./Kind 35/20 R; ⊙ 8–16 Uhr) Der Schwerpunkt des Museums ist die Kulturgeschichte Südafrikas. Ausstellungen zur Felskunst der San und eisenzeitliche Figuren aus der Limpopo-Region sind zu sehen, eine kleine Galerie zeigt u. a. zeitgenössische Werke aus Südafrika.

Pretoria Art Museum KUNSTGALERIE

(Karte S. 400; ☎ 021-358 6750; www.pretoriaartmuseum.co.za; Ecke Francis Baard & Wessels St, Arcadia Park; Erw./Kind 20/5 R; ⊙ Di–So 10–17 Uhr) Das Spezialgebiet dieses Kunstmuseums ist die Kunst Südafrikas aus verschiedenen geschichtlichen Epochen des Landes. Außerdem werden regelmäßig wechselnde Ausstellungen gezeigt.

Feste & Events

Oppikoppi Music Festival MUSIK

(www.oppikoppi.co.za) Ein wunderbares Festival im Stile des legendären Woodstock-Festivals mit regionalen und internationalen Rockbands, die im Namen von Frieden, Liebe und Musik zusammenkommen. Das Event findet im Allgemeinen im August statt; auf der Website sind aktuelle Informationen zu finden.

Pretoria Show MESSE
Diese ungeheuer populäre und gut besuchte Landwirtschaftsschau, einschließlich Flohmarkt, wird alljährlich in der dritten Woche im August im Tshwane Events Centre veranstaltet.

Pretoria Zentrum

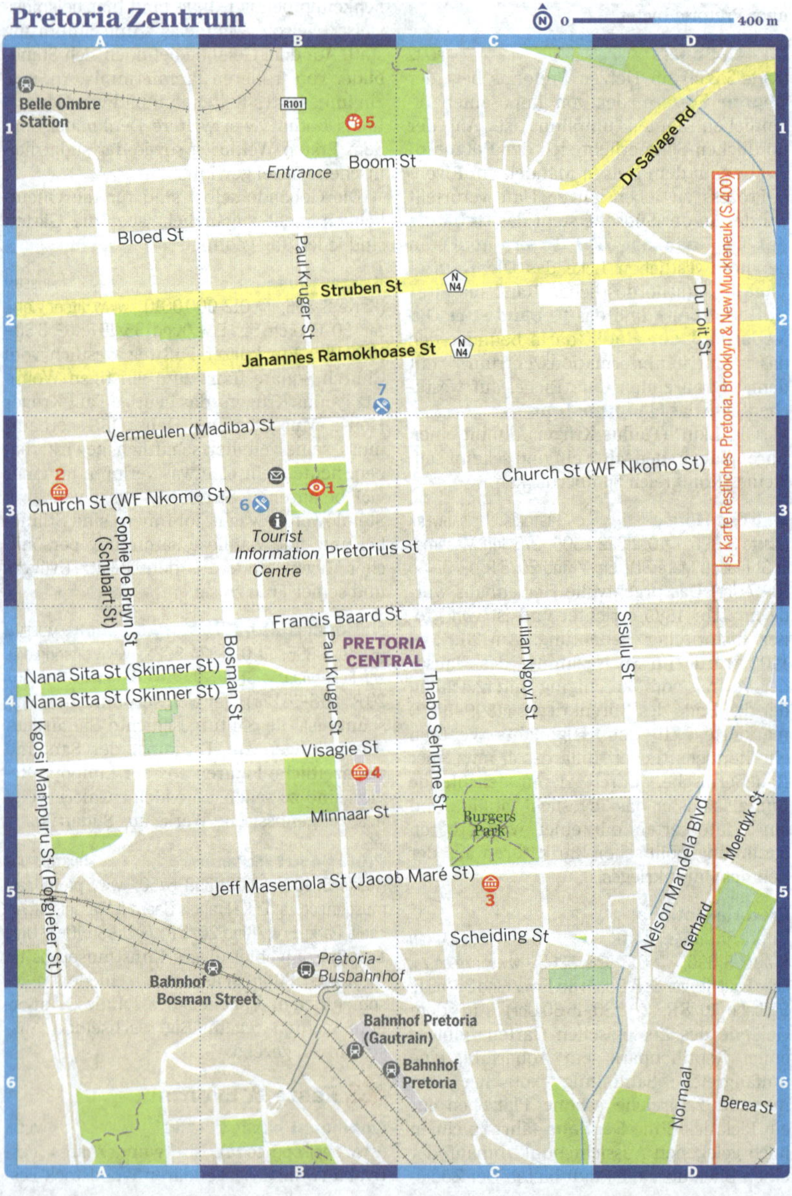

Schlafen

Arcadia & Hatfield

1322 Backpackers International BACKPACKER $
(Karte S. 407; ☎012-362 3905; www.1322backpackers.com; 1322 Arcadia St, Hatfield; B 150–170 R, ohne Bad & inkl. Frühstück EZ 250–300 R, DZ 350–380 R; P@) Das Hostel ist ein gastlicher Rückzugsort, wo Reisende an einem Swimmingpool hinter dem Haus lagern oder sich in einer geräuschvollen kleinen Vorzimmerbar treffen. Die Gäste übernachten in gepflegten Schlafsälen mit drei bis acht Betten oder in ziemlich kleinen Hütten aus Ziegelstein und Holz am hinteren Ende des Gartens (im Sommer wird es leider etwas stickig). Die Gemeinschaftsbadezimmer sind sauber, alle Gäste haben Zugang zur Küche. Nur Barzahlung.

Pumbas Backpackers BACKPACKER $
(Karte S. 400; ☎012-362 5343; www.pumbas.co.za; 1232 Arcadia St, Hatfield; inkl. Frühstück B 150 R, DZ ohne Bad 450 R; P) Dieses Hostel schont die Reisekasse, ist ansonsten anspruchslos und bietet eine Auswahl von sauberen und zweckmäßigen, abgeschlossenen Zimmern und Schlafsälen; die Lage in Hatfield – nur einen kurzen Fußweg vom Bahnhof Gauteng entfernt – ist optimal. Eine Küche und ein Pool von der Größe eines Fingerhutes stehen den Gästen zur Verfügung.

Bed & Breakfast in Hatfield PENSION $$
(Karte S. 400; ☎083 447 2066, 012-362 5392; www.bandbhatfield.co.za; 1265 Arcadia St, Hatfield; EZ/DZ inkl. Frühstück 680/840 R; P) Ein kleiner Spaziergang führt vom Bahnhof Hatfield Gauteng zu dieser Pension, die ihre Gäste mit minimalistischen Konturen, besänftigenden Farbakzenten und wohldurchdachten Einrichtungselementen in eine zurückhaltend raffinierte Behaglichkeit hüllt – der Inhaber, ein Architekt, hat hier Hand angelegt. Ein schönes Extra ist der Pool hinter dem Haus. Nur drei der Zimmer haben Klimaanlagen.

East View Guest House PENSION $$
(Karte S. 400; ☎082 451 6516, 012-343 7180; eastview1@mweb.co.za; 175 East Ave, Arcadia; EZ/DZ inkl. Frühstück 650/780 R; P) In einem ruhigen Refugium an einer kaum bekannten Seitenstraße macht Lynette Blignaut das perfekte B&B-Erlebnis mit sechs frischen Zimmern in Taupe- und Grautönen und modernen Bädern möglich. Die Zimmer liegen in einer imposanten Villa im Botschaftsviertel, nahe bei den Union Buildings. Das Frühstücksangebot ist reichhaltig (köstliche hausgemachte Muffins!), für abendliche Mahlzeiten kann gesorgt werden.

Village in Hatfield PENSION $$
(Karte S. 400; ☎012-362 5370; www.hatfieldvillage.co.za; 324 Glyn St, Hatfield; inkl. Frühstück EZ 400–680 R, DZ 600–890 R; P@) An der Ecke der Arcadia Street liegt dieses charmante Haus;

Pretoria Zentrum

Sehenswertes

1	Church Square	B3
2	Kruger Museum	A3
3	Melrose House	C5
4	National Cultural History Museum	B4
5	Pretoria National Zoological Gardens	B1

Essen

6	Café Riche	B3
7	Tribeca	B2

FREEDOM PARK: EINE GANZHEITLICHE ANNÄHERUNG AN DIE GESCHICHTE

Freedom Park (Karte S. 407; ☎012-336 4000; www.freedompark.co.za; Ecke Koch St & 7th Ave; Erw./Kind Park 45/25 R, Museum 60/45 R; ⏲8–16.30, Touren 9, 12 & 15 Uhr) Das erstaunliche Mahnmal folgt einer Annäherung an die Geschichte der Kriege und Freiheitskämpfe Südafrikas, die ein organisches Ganzes bilden soll. Es ist eine Stätte der architektonischen Vorstellungskraft und der kollektiven Heilung. Auf dem Bergrücken des Salvokop am Rand Pretorias entstand der Freedom Park zum Gedenken an alle Südafrikaner, die in den Kriegen und Konflikten der Welt ihr Leben verloren. Zu den Highlights zählen der Isivivane – Garden of Remembrance – eine spirituelle Ruhestätte, S'khumbuto, eine Mauer mit den Namen der Freiheitskämpfer, das Museum //hapo („Traum"), eine interpretierende Umkreisung der Geschichte Südafrikas, und Mveledzo, ein gewundener Fußpfad, der durch die natürliche Landschaft führt.

es bietet gut ausgestattete, abgeschlossene Zimmer und einen hilfreichen Service, einen Swimmingpool und einen schattigen Innenhof. Exzellent in dieser Preisklasse.

Courtyard Arcadia Hotel HOTEL $$
(Karte S. 400; ☎012-342 4940; www.clhg.com; Ecke Park St & Hill St, Arcadia; DZ 1400–1500 R; P❄📶≋) Am oberen Ende des Spektrums der Hotelkette City Lodge ist dieses Hotel einzuordnen, ein Herrenhaus in kapholländischem Baustil mitten im Botschaftsviertel. Die 69 Zimmer, die in mehreren Gebäudeteilen liegen, wirken in dieser vornehmen Umgebung etwas nüchtern, aber der Service ist verlässlich und die abendliche Happy Hour eine nette Zugabe. Bei Online-Buchungen gibt es lohnende Ermäßigungen.

Protea Hotel Hatfield HOTEL $$
(Karte S. 400; ☎012-364 0300; www.proteahotels.com; 1141 Burnett St, Hatfield; DZ 955–1130 R; P❄📶≋) Wer die Nähe der Läden und Bars von Hatfield sucht, ist hier am einzig richtigen Ort. Das wirklich gute Hotel ist ein großes, modernes Bauwerk mit glanzvollen 3-Sterne-Zimmern und Bädern von vernünftiger Größe. Wer hier wohnen möchte, sollte nach oben streben – die Aussicht wird in den oberen Etagen immer besser. Es lohnt sich, im Internet auf Ermäßigungen an Wochenenden zu achten.

Khayalethu Guest House PENSION $$
(Karte S. 407; ☎082 440 4325, 012-362 5403; www.ghk.co.za; 1322 Arcadia St, Hatfield; EZ/DZ inkl. Frühstück 500/700 R; P📶≋) Farbenfroh und eigenartig ist diese Pension, eine gute Wahl für Reisende mit kleinem Budget. Die Zimmer sind klein und einfach, aber gut gepflegt. Landestypische Kuriositäten und Kitsch zieren die Küchenwände, es gibt einen kleinen Swimmingpool.

🛏 Brooklyn, Lynnwood & Menlo Park

★ Foreigners Friend Guesthouse PENSION $$
(☎082 676 2585, 011-975 8524; www.foreignersfriend.co.za; 409A Om die Berg St, Lynnwood; inkl. Frühstück EZ 750–1000 R, DZ 1000–1250 R; P❄📶≋) Voller Charakter und Charme hält diese zauberhafte Pension die Waage zwischen Boutiquehotel und B&B; es ist eine wahre Oase der Stille in einem wunderbar ruhigen Viertel. Es gibt zehn geräumige, gut geschnittene Zimmer, einen gut möblierten Wohnbereich im Erdgeschoss, einen wild wuchernden Garten und einen schicken Swimmingpool. Ein ansprechend präsentiertes Frühstück wird auf einer luftigen Terrasse serviert.

Brooks Cottages PENSION $$
(Karte S. 400; ☎082 448 3902, 012-362 3150; www.brookscottages.co.za; 283 Brooks St, Brooklyn; EZ/DZ inkl. Frühstück 670/920 R; P📶≋) Der einzige Fehler dieser attraktiven Unterkunft ist der große Andrang von Gästen – frühzeitige Reservierungen sind daher unverzichtbar, um eines der hervorragenden, behaglichen und dabei preiswerten Zimmer mit glänzenden Bädern zu bekommen. Mit seinen Kassettendecken, Holzfußböden und einem auf nüchterne Art eleganten Wohnzimmer verströmt das liebevoll restaurierte Haus unendlich viel Charme. Auf Wunsch ist ein Abendessen erhältlich.

Richtershuyz PENSION $$
(Karte S. 407; ☎012-346 2025; www.richtershuyz.co.za; 375 Mackenzie St, Brooklyn; inkl. Frühstück EZ 770–800 R, DZ 990 R; P❄📶≋) In einem Wohnviertel liegt die Pension in einem niedrigen Gebäude – ein behagliches Nest. Es birgt sieben Zimmer mit eigenen Eingängen, attraktiven, gefliesten Bädern, exzellenten Betten mit kühler Bettwäsche und Gratis-Snacks. Der Swimmingpool im Garten ist ein kleines Juwel. Abendmahlzeiten sind (nur an Werktagen) zu bekommen.

Ambiance Guesthouse PENSION $$
(Karte S. 407; ☎083 280 0981; www.ambianceguesthouse.com; 28 3rd St, Menlo Park; EZ/DZ 640/890 R; P📶≋) Diese elegante Villa im grünen Vorort Menlo Park ist die richtige Adresse für Gäste, die sich in einem eleganten Haus in Pretoria wie zu Hause fühlen möchten. Die vier Zimmer unterscheiden sich in ihrer Raum- und Farbgestaltung und öffnen sich auf einen wunderschönen Garten mit einem hübschen Pool. Die beste Wahl ist das Zimmer „Petit Paris" – im Bad steht eine nostalgische Wanne mit Klauenfüßen. Ein Frühstück kostet 55 R.

314 on Clark PENSION $$
(Karte S. 400; ☎012-346 2760; www.314onclark.com; 314 Clark St, Brooklyn; inkl. Frühstück EZ 600–780 R, DZ 960 R; P❄📶) Ein Glücksfund für Ruhesuchende ist diese gut geführte Pension, die 13 makellose Zimmer in unterschiedlichen Größen und Formen birgt, darunter einige Ferienwohnungen. Ein Pluspunkt ist auch der penibel gepflegte Garten, in dem nur noch ein Pool fehlt.

Bwelani PENSION $$

(Karte S. 400; ☎ 083 200 5939, 012-362 1148; www.bwelani.co.za; 210 Roper St, Brooklyn; EZ inkl. Frühstück 470–770 R, DZ inkl. Frühstück 750–1100 R, Apt. EZ 900–1000 R, DZ 1400–1600 R; P ❄ ☎ ≋) In der Nähe der Universität hinter hohen Mauern verborgen, liegt die heitere, moderne Pension mit viel Charakter. Die sieben Zimmer, darunter zwei Ferienapartments, sind fantasievoll gestaltet und mit verschiedenen afrikanischen Kunstwerken bestückt, die der Inhaber über viele Jahre gesammelt hat. Besonders schön ist das originelle Apartment „Jozi" mit einem Schlafzimmer in Übergröße. Auf Wunsch wird auch ein Abendessen serviert.

Alpine Attitude BOUTIQUEHOTEL $$$

(☎ 082 579 1628, 012-348 6504; www.alpineattitude.co.za; 522 Atterbury Rd, Menlo Park; inkl. Frühstück EZ 1200–1500 R, DZ 1500–2200 R; P ❄ ☎ ≋) Wer an einem besonderen Ort übernachten will, ist in diesem einzigartigen Boutiquehotel genau richtig. Die sieben Zimmer wurden – jedes nach einem eigenen Thema – kreativ gestaltet. Im Zimmer „Transparent" ist alles, wie es der Name vermuten lässt, verwirrend durchsichtig (außer den Betten). Weiterhin gibt es ein Restaurant, eine Bar und einen Pool.

Außerdem werden fünf Ferienapartments angeboten. Das Hotel liegt an einer viel befahrenen Durchgangsstraße, die meisten Zimmer blicken aber auf einen ruhigen Garten am Hinterhaus.

Groenkloof

131 Herbert Baker BOUTIQUEHOTEL $$$

(Karte S. 407; ☎ 012-751 2070; www.131.co.za; 131 Herbert Baker St, Groenkloof; DZ inkl. Frühstück ab 7200 R; P ❄ ☎ ≋) Ein Hotel mit Klasse – hier gelingt eine perfekte Balance von Eleganz, Zurückgezogenheit und Ungestörtheit (es gibt nur acht Zimmer). Die Lage – an einem Berghang südlich des Stadtzentrums – ist eine der besten in Pretoria. Bedauerlich daher, dass nur die Zimmer 1, 2 und 3 einen Blick über die Stadt haben. Ein kleiner Kritikpunkt: Die Preise lassen einen größeren Swimmingpool erwarten.

Ein Hotelrestaurant ist vorhanden.

Essen

Es gibt viele gute Restaurants in Pretoria, die Preise liegen etwas unter denen von Johannesburg. Die besten Adressen findet man in Hatfield und Brooklyn.

ABSTECHER

MULDERSDRIFT

Kloofzicht Lodge & Spa (☎ 0861 148 866; www.kloofzicht.co.za; Rte 374, Muldersdrift; inkl. Frühstück EZ 1950–2245 R, DZ 2660–4500 R, Mittagsbüfett 165–175 R, Abendessen 225 R; ⌚ 12–14.30 Uhr) Das Kloofzicht liegt in einem kleinen Naturschutzgebiet, in dem Elenantilopen, Warzenschweine, Streifengnus, Rote Kuhantilopen, Oryxantilopen und Zebras leben. Außerdem gibt es eine Akademie für Fliegenfischerei, wo Gäste Angelruten leihen und auswerfen können. Jeden Sonntag wird ein fantastisches Mittagsbüfett inklusive des namengebenden Klippenblicks ausgerichtet; es ist jede Woche ausgebucht. Das Day-Spa ist gleichermaßen eindrucksvoll. Hier scheint das urbane Chaos Johannesburgs in weite Ferne gerückt.

Die Lodge liegt nördlich von Krugersdorp an der N14, im hübschen Dorf Muldersdrift. Besonders beliebt ist sie bei Hochzeitsgesellschaften und Wochenendgästen.

Stadtzentrum

Café Riche BISTRO $

(Karte S. 396; ☎ 012-328 3173; 2 Church St; Hauptgerichte 35–70 R; ⌚ 6–18 Uhr; ☎) Das historische europäische Bistro gab es bereits im frühen 20. Jh. Es befindet sich mitten auf dem Church Square und ist ein idealer Ort für ein Bier. Außerdem kann man hier ganz wunderbar das Leben in der südafrikanischen Hauptstadt beobachten. Die Tische auf der Straße werden oft von Büroangestellten und Politikern in Beschlag genommen. Der Innenraum ist mit einer stimmungsvollen Bar geschmückt, die nette Bedienung serviert Sandwiches, Pasteten, Salate und ein schlichtes Kneipenessen.

Tribeca CAFÉ $

(Karte S. 396; ☎ 012-321 8876; www.tribeca.co.za; 220 Madiba St (Vermeulen) St; Hauptgerichte 50–80 R; ⌚ Mo–Fr 7–17 Uhr) Zum Schluss ein Treffpunkt für Geschäftsleute im Stadtzentrum, das Behaglichkeit und Gastlichkeit ausstrahlt. In unmittelbarer Nähe zum Church Square gelegen, ist das Café (es gehört zu einer Kette) vor allem bei den Bediensteten und Anwälten der nahen High Court Chambers sehr beliebt. Die Salate und

Restliches Pretoria, Brooklyn & New Muckleneuk

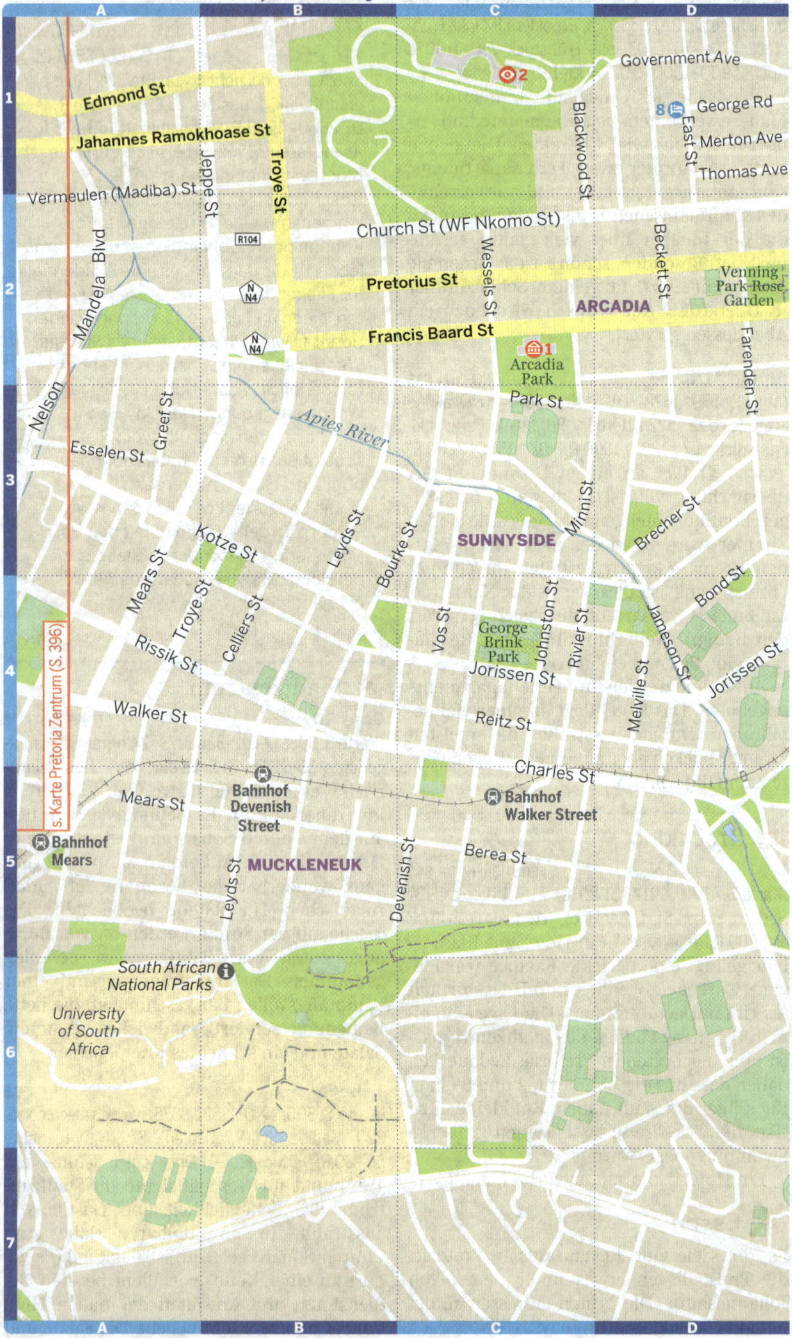

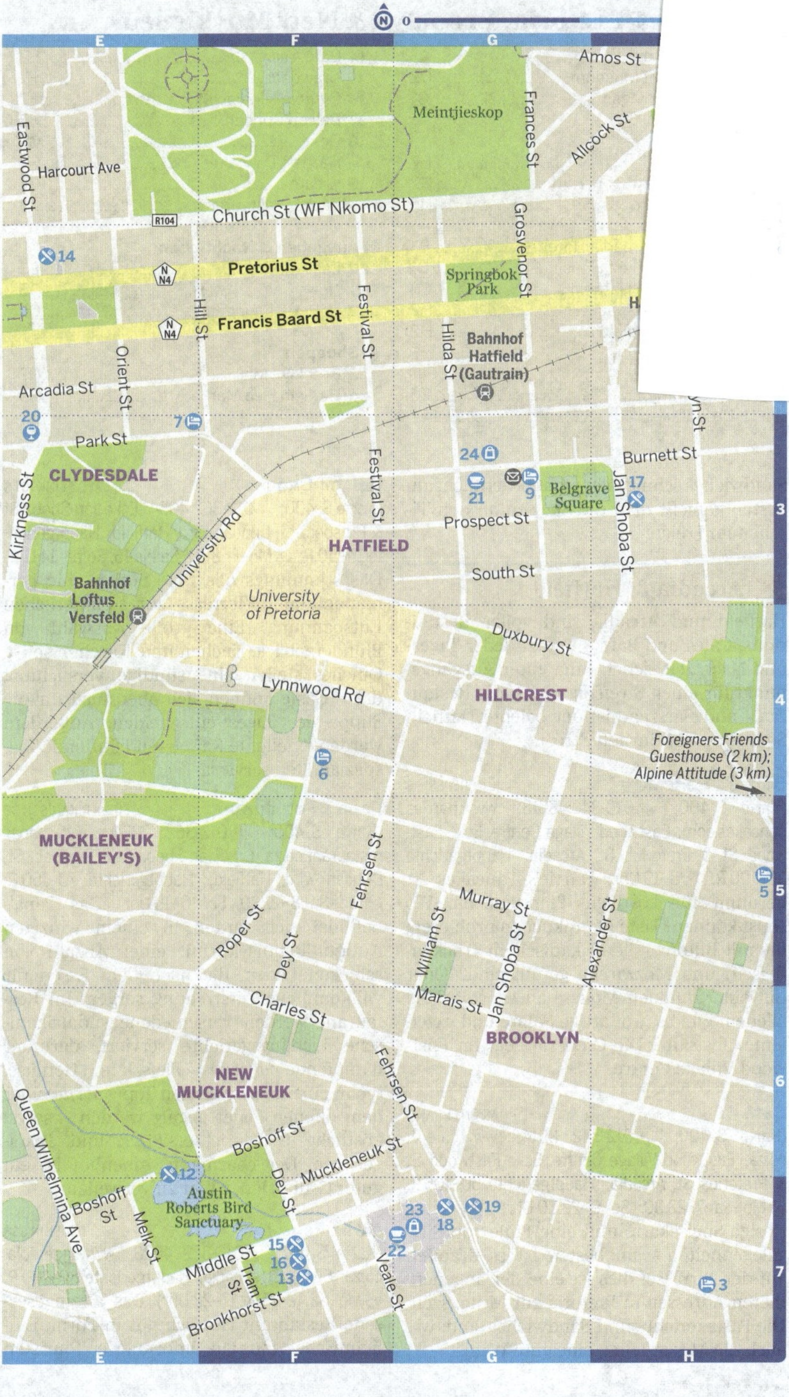
E
F
G
H
Amos St
Meintjieskop
Frances St
Allcock St
Eastwood St
Harcourt Ave
R104
Church St (WF Nkomo St)
Grosvenor St
14
N4
Pretorius St
Springbok Park
Hill St
Francis Baard St
Festival St
Hilda St
Bahnhof Hatfield (Gautrain)
Orient St
Arcadia St
20
7
Park St
24
Burnett St
CLYDESDALE
21
9
Belgrave Square
17
Jan Shoba St
3
Prospect St
Kirkness St
University Rd
HATFIELD
South St
Bahnhof Loftus Versfeld
University of Pretoria
Duxbury St
Lynnwood Rd
HILLCREST
4
Foreigners Friends Guesthouse (2 km); Alpine Attitude (3 km)
6
MUCKLENEUK (BAILEY'S)
Fehrsen St
5
Murray St
Roper St
Dey St
William St
Alexander St
Charles St
Marais St
BROOKLYN
NEW MUCKLENEUK
Queen Wilhelmina Ave
Boshoff St
Muckleneuk St
12
Austin Roberts Bird Sanctuary
23
19
18
22
15
16
13
Melk St
Middle St
Tram St
Veale St
Bronkhorst St
7

Restliches Pretoria, Brooklyn & New Muckleneuk

Sandwiches schmecken recht ordentlich, am besten genießt man die Speisen an den Tischen im Freien.

Arcadia & Hatfield

Hatfield und Arcadia sind voller Restaurants, Cafés und Bars – und zu jeder Tages- und Nachtzeit sicher. Eine guter Ausgangspunkt für einen Streifzug durch die Restaurant- und Barszene ist der belebte Hatfield Square an der Burnett Street.

Harrie's Pancakes CRÊPERIE $
(Karte S. 400; ☎012-342 3613; www.harriespancakes.com; Eastwood Village Centre, Ecke Eastwood St & Pretorius St, Arcadia; Hauptgerichte 30–100 R; ⏲8–19 Uhr) Harrie's Pancakes ist berühmt für köstliche Pfannkuchen. Wo sonst können Gäste Pfannkuchen probieren, die mit Biltong (südafrikanischem Trockenfleisch) und Mozzarella gefüllt sind? Oder mit einer dunklen Mousse au chocolat? Zu alledem gibt es großartige Salate und exzellente Obstsäfte. Die Crêperie liegt im Eastwood Village Centre.

Café 41 MEDITERRAN $
(Karte S. 400; ☎012-342 8914; www.cafe41.co.za; Eastwood Village Centre, Ecke Eastwood St & Pretorius St, Arcadia; Hauptgerichte 50–105 R; ⏲Mo–Sa 7–23.30, So 9–22.30 Uhr; 📶) Eine riesige Speisekarte und eine Fülle von Sitzgelegenheiten – am besten ist es draußen auf der Terrasse; dies ist eine der angenehmeren Adressen in Pretoria zur Mittagszeit. Die Pastagerichte und Sandwiches sind, wie auch die Mezze-Teller, eine gute Wahl.

Deli on Duncan CAFÉ, FEINKOST $
(Karte S. 400; ☎012-362 4054; Ecke Jan Shoba St & Prospect St, Duncan Yard, Hatfield; Hauptgerichte 15–50 R; ⏲Mo–Fr 8–17, Sa bis 15, So bis 14 Uhr) Das stimmungsvolle Café besitzt eine permanent kühle Terrasse zur sommerlichen Entspannung. Eine große Auswahl von Plundergebäck, Kuchen und Törtchen sowie Quiches stellen eine sündige Versuchung dar – Gäste können sich aber auch für die Suppe des Tages entscheiden. Außerdem werden exzellente Kaffee- und duftende Teespezialitäten serviert.

Papa's Restaurant SÜDAFRIKANISCH $$
(Karte S. 400; ☎012-362 2224; www.papasrestaurant.co.za; Ecke Jan Shoba St & Prospect St, Duncan Yard, Hatfield; Hauptgerichte 70–150 R; ⏲Mo–Sa 8–21.30, So 10–15 Uhr) Das Papa's befindet sich mitten in einem winzigen Antiquitätenmarkt mit einer Anzahl von schicken Läden, die nach dem Essen für willkommene Zerstreuung sorgen. Im Restaurant werden verschiedene südafrikanische Lieblingsgerichte serviert, darunter dampfende *potjiekos* – Fleisch und Gemüse, die in einem gusseisernen Topf *(potjie)* über dem offenen Feuer gegart werden – sowie köstliche Grillgerichte, Pizza und Pastagerichte. Der charmante Innenhof ist ein guter Grund, lange hier zu verweilen.

★ La Pentola FUSION $$$
(Karte S. 407; ☎012-329 4028; www.lapentola.co.za; 5 Well St, Arcadia; Hauptgerichte 80–190 R; ⏲Mo–Sa 12–15 & 17–22 Uhr) Das alteingesessene Restaurant ist noch gut in Form, Einheimische und gut informierte Touristen

erfreuen sich an der altmodischen Einrichtung und der exzellenten Speisekarte, die alle kulinarischen Grenzen überschreitet. Warzenschwein mit Honigsenf, Meeresfrüchtesalat nach Art der Cajun-Küche und Schnecken in Speckhülle sind nur einige Beispiele. Es gibt auch eine vegetarische Auswahl. Eine Warnung: Der Service kann manchmal quälend langsam sein.

Brooklyn & New Muckleneuk

In der Gegend rund um Middle Street und Fehrsen Street sind unter den Schnellrestaurants der Einkaufszentren auch anspruchsvolle Lokale zu finden.

Broodhuijs BÄCKEREI, CAFÉ $

(Karte S. 400; ☎ 012-346 5753; www.broodhuijs.com; Ecke Bronkhorst St & Dey St, Brooklyn; Hauptgerichte 20–40 R; ⏲ Mo–Fr 7–17, Sa 8–14 Uhr;) An einem friedlichen Abschnitt der Bronkhorst Street hält das Stadtteilcafé ein schönes Ambiente für Zusammenkünfte von Freunden oder – für Sologäste – eine leichte Mahlzeit bereit (Sandwiches, Pizzas, Salate). Gebäck (u. a. Croissants und Muffins) und ein Kaffee gehören auch zum Angebot.

★ **Boer'geoisie** SÜDAFRIKANISCH $$

(Karte S. 407; ☎ 012-460 0264; 13th St, Greenlyn Village, Menlo Park; Hauptgerichte 70–170 R; ⏲ Mo–Fr 11–15 & 18–21, Sa 10–22, So 10–15 Uhr) Das Restaurant hat eine verlockende Speisekarte, die alle Klassiker der traditionellen Küche Südafrikas aufzählt; sie werden in behaglichem Ambiente serviert, das sich aus Wellblech, Holzfußböden, Metallsäulen und südafrikanischen Dekoelementen zusammensetzt. Wer sich für *skilpadjie* (Lammleber im Fettnetz) nicht erwärmen kann, sollte andere Fleischgerichte probieren. *Souskluitjies* (Zimtklöße) runden ein Mahl ab.

Crawdaddy's BRASSERIE $$

(Karte S. 400; ☎ 012-460 0889; www.crawdaddys.co.za; Ecke Middle St & Dey St, Brooklyn Plaza, Brooklyn; Hauptgerichte 80–170 R; ⏲ Mo–Sa 11.30–23, So bis 21 Uhr) Eine alte Lieblingsadresse der Einheimischen ist diese Brasserie, die allen Wünschen einer treuen hungrigen Gästeschar entgegenkommt. Der Schlüssel ihres Erfolgs liegt in der Speisekarte, die von Currys und Pfannengerichten bis zu Grill- und Fischgerichten eine bunte Vielfalt bietet. Es gibt mehrere Speiseräume und eine Terrasse im Freien, die an einer viel befahrenen Kreuzung liegt (ziemlich laut!).

Geet INDISCH $$

(Karte S. 400; ☎ 012-460 3199; www.geetindianrestaurant.com; 541 Fehrsen St, Brooklyn; Hauptgerichte 50–100 R; ⏲ Mo–Sa 11–15 & 17–22, So 11–20 Uhr;) Die bescheidene Umgebung lässt nicht vermuten, dass Küchenchefin Gita Jivan erstklassige indische Gerichte zaubert, wobei sie indische Aromen mit einer europäischen Präsentation verbindet. Auf der umfangreichen Speisekarte liegt die Betonung vor allem auf nordindischen Gaumenfreuden, auch Vegetarier können hier schwelgen. In der Whisky-Lounge nehmen Gäste zum Essen – wie zu einem Festmahl – auf Kissen Platz .

Cynthia's Indigo Moon INTERNATIONAL $$

(Karte S. 400; ☎ 012-346 8926; www.cynthiasindigomoon.co.za; 283 Dey St, Brooklyn; Hauptgerichte 70–170 R; ⏲ Mo–Fr 11.30–22, Sa 6–23.30 Uhr;) In diesem Restaurant ist die Raumgestaltung – mit Anklängen an Paris und New York – beinahe genauso erfreulich wie das Essen. Ecktische stehen in dämmrigem Licht, zahlreiche Spiegel schmücken die Wände. Zu den Spezialitäten gehören norwegischer Lachs, Cynthias Filetsteak und Wild, beispielsweise Springbock, Kudu oder Strauß. Besonders gut schmeckt auch der Couscoussalat mit Hühnerfleisch.

Blue Crane SÜDAFRIKANISCH $$

(Karte S. 400; ☎ 012-460 7615; www.bluecranerestaurant.co.za; 156 Melk St, New Muckleneuk; Hauptgerichte 60–170 R; ⏲ Mo 7.30–15, Di–Fr 7.30–22, Sa 9–22 Uhr;) Das Blue Crane gehört zum Austin Roberts Bird Sanctuary. Das Vogelschutzgebiet ist bei Vogelkundlern in aller Welt berühmt (und bei allen anderen, die sich für eine Burg im Sonnenuntergang begeistern können). Die Speisekarte beginnt mit dem Frühstück und geht zu Steaks, Salaten, Burgern und Sandwiches über. Es gibt verschiedene Speiseräume, darunter eine stimmungsvolle *boma* (ein festungsartiger Raum) und eine prachtvolle Terrasse mit Blick auf einen Teich.

Kream INTERNATIONAL $$$

(Karte S. 400; ☎ 012-346 4642; www.kream.co.za; 570 Fehrsen St, Brooklyn Bridge; Hauptgerichte 120–200 R; ⏲ Mo–Sa 12–22, So bis 14.30 Uhr) Mit dem Kream wurde ein kühnes Konzept in einer konservativen Stadt umgesetzt; es ist auf manche Art ein Sahnehäubchen. Die Speisekarte ist beinahe schon übertrieben trendy und führt exotische Vorspeisen und die üblichen Verdächtigen unter den Grillgerichten zum Hauptgang auf. Ein schöner

Abschluss zum Abendessen: Käsekuchen mit Passionsfrucht, weißer Schokolade und einem Schuss von einer der Sorten, die auf der guten und umfangreichen Whisky-Karte verzeichnet sind.

Pacha's SÜDAFRIKANISCH $$$
(Karte S. 407; ☎ 012-460 3220; www.pachas.co.za; 27 Maroelana St; Hauptgerichte 90–200 R; ⏲ Mo–Fr 12–14.30 & 18–21.30, Sa 18–21.30, So 12–14.30 Uhr) Das ausgesprochen schicke Pacha's ist die Adresse der Wahl für Gäste, die nach Substanz mit Stil suchen. Ein angenehmes, modernes Restaurant mit großen Panoramafenstern, einem Aquarium und kostbaren Möbeln – die eigentliche Attraktion sind jedoch die Gerichte mit hochwertigem Fleisch, vor allem Wild. Wer so viel rotes Fleisch nicht mag, kann aus einem guten Angebot von Fischgerichten wählen.

Ausgehen & Nachtleben

Hatfield ist die beste Gegend zum Ausgehen, es gibt Bars, Restaurants und Clubs für jeden Geschmack. Hatfield Square ist nach Einbruch der Dunkelheit ein wahrer Magnet der Studenten.

News Café CAFÉ
(Karte S. 400; www.newscafe.co.za; Hatfield Sq, Burnett St, Hatfield; ⏲ 8–24 Uhr; 📶) Das beste unter den Kaffeehäusern an der Burnett Street ist dieses populäre, wenn auch ziemlich geräuschvolle Café (es gehört zu einer Kette); hier werden gleichbleibend gute Burger und Salate und eine große Auswahl von Cocktails serviert. Mehrere TV-Bildschirme, ein schnelles WLAN und eine lässige Atmosphäre ziehen vor allem ein studentisches Publikum an.

Tings an' Times BAR
(Karte S. 407; www.tings.co.za; Waterglen Shopping Centre, Ecke Garsfontein Rd & Jan Masilela Rd; ⏲ 12–1.30 Uhr) Die unkonventionelle Bar lockt eine gemischte Gästeschar an, die sich beim Hintergrundsound von Reggae entspannt, der gelegentlich auch live gespielt wird. An Wochenendnächten strömen unternehmungslustige Studenten in großen Scharen hierher und tanzen bis in die frühen Morgenstunden. Bei Hungerattacken empfiehlt sich die Spezialität des Hauses: geröstetes Pitabrot, das mit verschiedensten köstlichen Zutaten belegt oder gefüllt wird.

TriBeCa Lounge CAFÉ
(Karte S. 400; www.tribeca.co.za; Brooklyn Sq, Veale St, Brooklyn; ⏲ 7–22 Uhr) Entspannt und gleichzeitig elegant: Dieses Café ist der perfekte Ort, um bei einem Latte Macchiato zu entspannen und stundenlang in Zeitschriften zu blättern oder an den Abenden am Wochenende wie die Schönen und Reichen an exquisiten Cocktails zu nippen. Außerdem gibt es kleine Gerichte.

Eastwoods PUB
(Karte S. 400; ☎ 012-344 0243; www.eastwoods.co.za; 391 Eastwood St, Arcadia; ⏲ Mo–Fr 10–23, Sa 10–1, So 10–21 Uhr) Das extrem beliebte Pub ist häufig bis unters Dach voller Gäste, vor allem zur Mittagszeit und in den Feierabendstunden. Auf der großen Außenterrasse finden Gäste gepolsterte Sitzbänke, drinnen gibt es eine große Bar. Mehrfach wurde es schon als „bestes Pub in Pretoria" ausgezeichnet; tagsüber kommen durchgehend gute Mahlzeiten auf den Tisch, außerdem werden exzellente handwerklich gebraute Biere und eine große Auswahl von Cocktails und Spirituosen serviert.

Shoppen

Brooklyn Mall SHOPPING-MALL
(Karte S. 400; www.brooklynmall.co.za; Bronkhorst St, Brooklyn; ⏲ Mo–Fr 9–19, Sa & So bis 17 Uhr) Eine Mega-Mall, wo von Designermode über Kinderspielzeug, Haushaltswaren und Kleidung alles Erdenkliche zu kaufen ist.

Boeremark MARKT
(Karte S. 407; Pioneer Park, Silverton; ⏲ Sa 6–9 Uhr) Der Bauernmarkt wird vom Pioneer Park Museum in Silverton abgehalten, an der Fülle von Ständen werden Bioerzeugnisse aller Art – verschiedenste Sorten Käse und Kuchen bis hin zu Eingemachtem – verkauft. Unbedingt frühmorgens kommen: Denn gegen 9 Uhr ist so gut wie alles ausverkauft.

Hatfield Flea Market MARKT
(Karte S. 400; Parkplatz Hatfield Plaza, Burnett St, Hatfield; ⏲ So 9–17 Uhr) Auf diesem Flohmarkt wird der übliche Trödel verkauft, dazwischen ist auch handgefertigtes afrikanisches Kunstgewerbe zu entdecken.

Praktische Informationen

GELD

Banken mit Geldautomaten und Wechselschaltern findet man überall in der Stadt.

INTERNETZUGANG

Die meisten Hostels und Hotels bieten einen kostenlosen Internetzugang an.

MEDIZINISCHE VERSORGUNG

Hatfield Clinic (☎012-362 7180; www.hatmed.co.za; 454 Hilda St; ⊙Mo–Do 8–19, Fr bis 18, Sa bis 13, So bis 12 Uhr) Eine Vorortklinik mit gutem Ruf.

Tshwane District Hospital (☎012-354 5958; Dr Savage Rd) In Notfällen sollte man dieses Krankenhaus aufsuchen.

NOTFÄLLE

Feuerwehr (☎10111)

Polizei (☎10111)

POST

Postamt Hatfield (Karte S. 400; Hatfield Sq; ⊙Mo–Fr 8–16.30, Sa bis 12 Uhr) Eine zentrale Anlaufstelle.

Hauptpostamt (Karte S. 396; Church Sq; ⊙Mo–Fr 8.30–16.30, Sa 8–12 Uhr) In einem historischen Gebäude am Hauptplatz.

TOURISTENINFORMATIONEN

South African National Parks (SANParks; Karte S. 400; ☎012-428 9111; www.sanparks.org; 643 Leyds St, Muckleneuk; ⊙Büro Mo–Fr 7.30–15.45 Uhr, Callcenter Mo–Fr bis 17, Sa 8–13 Uhr) Die erste Adresse für alle Buchungen und Fragen rund um die Naturschutzgebiete.

Tourist Information Centre (Karte S. 396; ☎012-358 1430; www.tshwanetourism.com; Old Nederlandsche Bank Bldg, Church Sq; ⊙Mo–Fr 7.30–16 Uhr) Für die meisten Reisenden recht nutzlos; Auskünfte und Empfehlungen sind viel eher in den Unterkünften und von Einheimischen zu erhalten.

ℹ An- & Weiterreise

AUTO

Viele größere regionale und internationale Mietwagenagenturen sind in Pretoria vertreten.

BUS

Die meisten inländischen und internationalen Buslinien starten in Pretoria und führen entweder weiter über Johannesburg oder verlaufen in nördlicher Richtung. Die **Pretoria Bus Station** (Karte S. 396; Railway St) befindet sich neben dem Bahnhof von Pretoria. Dort findet man auch die Fahrkarten- und Informationsschalter der großen Busunternehmen sowie ein gutes Café und einen Geldautomaten.

Die meisten Busverbindungen von Translux (S. 386), City to City (S. 386), Intercape (S. 386) und Greyhound (S. 386), die von Johannesburg nach Durban, zur Südküste und nach Kapstadt fahren, starten in Pretoria. Busverbindungen, die auf der N1 nach Norden führen, halten ebenfalls in der Stadt.

Die Fahrpreise von Translux, Greyhound und Intercape ab Pretoria sind identisch mit denen ab Johannesburg – trotz der zeitlichen Differenz von einer Fahrtstunde. Eine einfache Fahrt von Pretoria nach Johannesburg kostet rund 90 R.

Die Busse von Baz Bus (S. 386) bringen Fahrgäste zu den Hostels in Pretoria bzw. holen sie dort wieder ab.

FLUGZEUG

Der OR Tambo International Airport (ORTIA, S. 386) ist das internationale Drehkreuz für den Flugverkehr Südafrikas, Flüge aus aller Welt steuern den Flughafen an.

GAUTRAIN

Der Gautrain (S. 698) bietet regelmäßige Zugverbindungen mit Hochgeschwindigkeitszügen nach Hatfield, Johannesburg (Park Station, Rosebank und Sandton) und zum Flughafen.

METRO

Wegen der hohen Kriminalitätsrate ist es ratsam, auf Fahrten mit Metro-Zügen zwischen Pretoria und Johannesburg zu verzichten.

ZUG

Der historische Bahnhof von Pretoria kann ein attraktiver Ausgangs- oder Zielpunkt einer Südafrikareise sein.

Fernzüge von Shosholoza Meyl (S. 386), die in Pretoria halten, sind der Trans Karoo (täglich von Pretoria nach Kapstadt) und der Komati (täglich von Johannesburg nach Komatipoort über Nelspruit). Der luxuriöse Blue Train, der Pretoria, Johannesburg und Kapstadt miteinander verbindet, fährt ebenfalls hier ab.

ℹ Unterwegs vor Ort

VOM/ZUM FLUGHAFEN

Die meisten Hostels und viele Hotels lassen ihre Gäste vom Flughafen abholen (vorher anrufen).

Get You There Transfers (☎011-791 6331; www.getyoutheretransfers.co.za) betreibt Shuttle-Busse zwischen dem Flughafen ORTIA und Pretoria. Eine Fahrt vom Flughafen nach Pretoria kostet rund 600 R (der gleiche Preis wie ein Taxi). Airport Shuttle (S. 387) bietet den gleichen Service für etwa 550 R an.

MINIBUS-TAXI

Minibus-Taxis steuern praktisch jedes gewünschte Ziel an, der Standardpreis liegt bei etwa 5 R, sie sind jedoch für Reisende, die lieber mit dem Taxi fahren, nicht sehr zweckmäßig.

TAXI

Für Reisende ohne eigenes Auto ist ein Taxi die einfachste und sicherste Art, unterwegs zu sein. Ein Taxi mit Taxameter ruft man bei **Rixi Taxis** (☎086 100 7494; www.rixitaxi.co.za; pro Kilometer etwa 10 R).

RUND UM PRETORIA

Mit Gauteng verbinden viele die Vorstellung von Metropolen, dabei gibt es – neben Museen und anderen Sehenswürdigkeiten – auch schöne Landschaften zu entdecken.

Smuts House Museum

Smuts House Museum MUSEUM

(Karte S. 407; ☎012-667 1176; www.smutshouse.co.za; Nellmapius Rd, Irene; Erw./Kind 20/10 R, Picknickgarten pro Auto 5 R; ⊙Mo–Fr 8–16, Sa & So 8.30–16.30 Uhr) Der einstige Wohnsitz Jan Christiaan Smuts', in dem er mehr als 40 Jahre verbrachte, ist heute ein Museum. Das Haus, von einer Veranda umrahmt und von Bäumen beschattet, vermittelt ein anschauliches Bild vom Leben Smuts'. Wenn man mit dem Auto auf dem Weg von oder nach Pretoria ist, lohnt sich ein Zwischenstopp. Das Haus ist ab dem Freeway N14 (Rte 28) und der Rte 21 ausgeschildert.

Gelehrter, Burengeneral, Politiker und Staatsmann von internationalem Rang: Jan Christiaan Smuts wirkte maßgeblich an der Entstehung der Südafrikanischen Union mit und war von 1919 bis 1924 und 1939 bis 1948 Premierminister seines Landes.

Fort Klapperkop Military Museum

Fort Klapperkop FESTUNG

(Karte S. 407; ☎012-346 7703; Johann Rissik Dr; Erw./Kind 20/5 R; ⊙Di–So 10–17 Uhr) Dieses Fort war eine von vier Festungen zur Verteidigung Pretorias, obwohl es letztlich nie diesem Zweck gedient hat. Es liegt 6 km südlich der Stadt und ist eines der besterhaltenen Forts in ganz Südafrika. Das **Museum** dokumentiert die Militärgeschichte des Landes von 1852 bis zum Ende des Burenkriegs 1899–1902. Vom Fort aus hat man einen Panoramablick über die Stadt.

National Botanical Garden

National Botanical Garden GÄRTEN

(Karte S. 407; ☎012-843 5071; 2 Cussonia Ave, Brummeria; Erw./Kind 26/12 R; ⊙6–18 Uhr) 9 km östlich vom Stadtzentrum liegt der Botanische Garten (77 ha). Einheimische Gewächse aus allen Teilen des Landes wurden hier gepflanzt. Rund 20 000 Pflanzenarten sind mit botanischen Namen versehen und nach ihren Ursprungsregionen angeordnet: ein Paradies für Botaniker. Von Mai bis September finden Picknickkonzerte im Garten statt.

Mit dem Auto fährt man 8 km auf der Church Street (Rte 104) nach Osten und biegt dann nach rechts in die Cussonia Road ab; der Garten liegt auf der linken Seite.

Sammy Marks Museum

Sammy Marks Museum MUSEUM

(☎012-755 9541; www.ditsong.org.za; R104, Old Bronkhorstspruit Rd; Erw./Kind 45/15 R; ⊙Di–So 10–16 Uhr) Das viktorianische Herrenhaus wurde 1884 für den englischen Industriellen, Minen- und Agrarmagnaten Sammy Marks erbaut. Täglich finden fünf Führungen statt, bei denen das Herrenhaus und seine Nebengebäude, ein viktorianischer Teegarten und Gartenanlagen gezeigt werden; hier können Gäste ein Picknick machen. Das Museum liegt 20 km östlich von Pretoria, es ist ab der Rte 104 ausgeschildert.

Cullinan Diamond Mine

Cullinan ist ein Dorf mit charmanten Gebäuden, die auf einen Entwurf des Architekten Sir Herbert Baker zurückgehen. Das Dorf liegt an einem Diamanten führenden Kimberlitvorkommen, das zu den ertragreichsten der Welt zählt. Drei der größten Diamanten, die je gefunden wurden, stammen aus dieser Mine. In den letzten Jahren hat die Zahl der Unterkünfte, Restaurants, Bistros, Antiquitätenläden und Kunstgalerien beträchtlich zugenommen. Weitere Informationen sind auf der Website www.cullinan24.co.za nachzulesen. Aus Pretoria kommend folgt man der N4 ostwärts und nimmt die Abfahrt Hans Strijdom, biegen dann links ab und folgen der Beschilderung.

Geführte Touren

Premier Diamond Tours TOUR

(☎012-734 2170; www.tourcullinan.co.za; Oak Ave; 1½-stündige Tour 120–150 R, 4-stündige Tour 500–550 R; ⊙8–14 Uhr, 1½-stündige Tour 11 & 13.30 Uhr, 4-stündige Tour Mo & Fr 10.30, Di–Do 9.30, Sa 8 Uhr) Der Veranstalter bietet Führungen durch die Mine an. Auf einer 1½-stündigen Tour sind das gewaltige Loch im Erdboden, das Schachtgerüst der Förderkörbe sowie auch die Aufbereitungsanlage und die riesige Abraumhalde zu sehen. Die „Underground Tour" dauert vier Stunden.

Pretoria und Umgebung

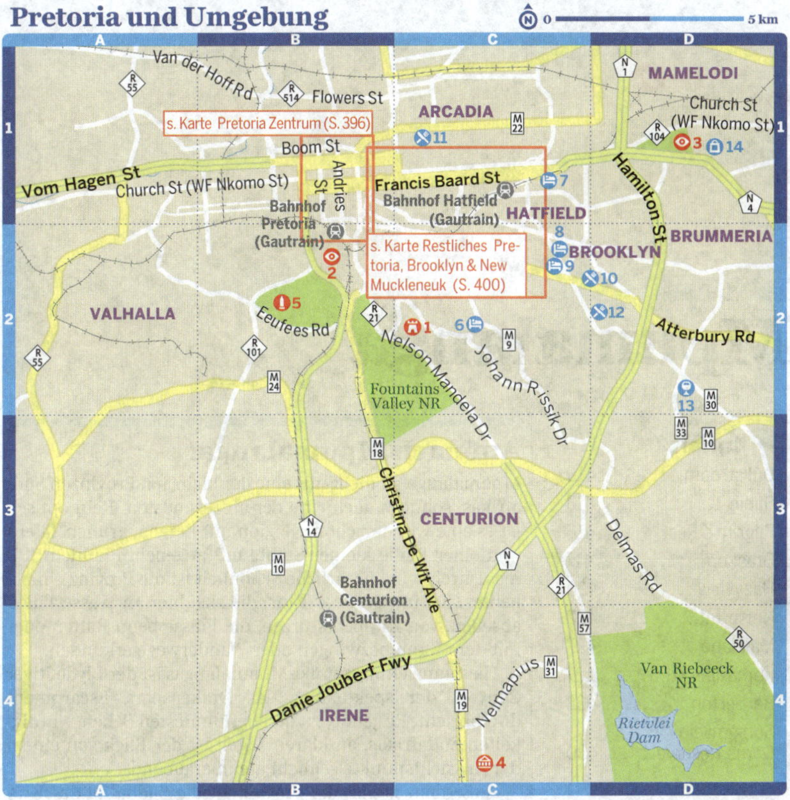

Pretoria und Umgebung

Sehenswertes

1 Fort Klapperkop C2
2 Freedom Park B2
3 National Botanical Garden D1
4 Smuts House Museum C4
5 Voortrekker Monument B2

Schlafen

6 131 Herbert Baker C2
7 1322 Backpackers International C1
8 Ambiance Guesthouse C2
Khayalethu Guest House .... (s. 7)
9 Richtershuyz C2

Essen

10 Boer'geoisie D2
11 La Pentola C1
12 Pacha's D2

Ausgehen & Nachtleben

13 Tings an' Times D2

Shoppen

14 Boeremark D1

Schlafen & Essen

Gastehys JanHarmsgat B&B $$

(☎074 322 5225; www.gastehys.co.za; 7 Hospital St; inkl. Frühstück EZ 680 R, DZ 760–980 R; P) Das B&B (vier Zimmer) in einem renovierten Bauernhaus besteht aus wiederverwertetem Gerümpel. Im Ganzen hat es etwas von einem Kunstwerk. Attraktiver Garten.

Cockpit Brewhouse KNEIPENKÜCHE $

(☎012-734 0656; www.thecockpitbrewhouse.co.za; 80 Oak Ave; Hauptgerichte 50–85 R; Do 12–21, Fr & Sa 11–21, So 11–16 Uhr;) Hier werden helle, stark gehopfte Biere (*Pale Ales*) und eine recht gute Kneipenküche serviert, darunter Burger aus Lamm- und Rindfleisch.

Harrie's Pancakes CRÊPERIE $$

(☎012-734 1054; www.harriespancakes.com; 112 Oak Lane; Hauptgerichte 20–100 R; 8–19 Uhr) Die Crêperie bietet eine riesige Auswahl von Gourmetcrêpes und gehaltvollen Salaten.

Mpumalanga

➡ Inhalt

Gut essen

- Wild Fig Tree (S. 415)
- Summerfields Kitchen (S. 421)
- Kruger's Gold (S. 418)
- Saffron (S. 425)
- Food Fundi (S. 425)

Schön übernachten

- Woodsman (S. 415)
- Royal Hotel (S. 417)
- Graskop Hotel (S. 418)
- Trees Too (S. 427)
- River House Lodge (S. 427)

Auf nach Mpumalanga!

Mpumalanga ist nicht nur eine der kleinsten Provinzen Südafrikas, sondern auch eine der aufregendsten. Rein optisch ist es eine wunderschöne Region mit Bergen, grünen Tälern und einer Reihe kleiner Städte mit angenehm kühlem Klima. Durch seine natürliche Schönheit ist die Provinz ein beliebtes Ziel für Outdoor-Fans, die sich hier an Wasserfällen abseilen, von Klippen stürzen, die Flüsse beim Raften oder mit dem Kanu bezwingen oder Wanderwege erkunden.

Hauptanziehungspunkt Mpumalangas ist der Blyde River Canyon, der spektakulär das Drakensberg Escarpment durchbricht. Er gehört zu den berühmtesten Sehenswürdigkeiten Südafrikas, an klaren Tagen ist der Blick von einem der Aussichtspunkte schlicht atemberaubend.

Außerdem grenzt die Provinz an die Südhälfte des Krüger-Nationalparks (S. 432) und bietet direkt an der Grenze zu diesem großartigen Schutzgebiet gute Unterkünfte und Outdooraktivitäten.

Reisezeit

Nelspruit

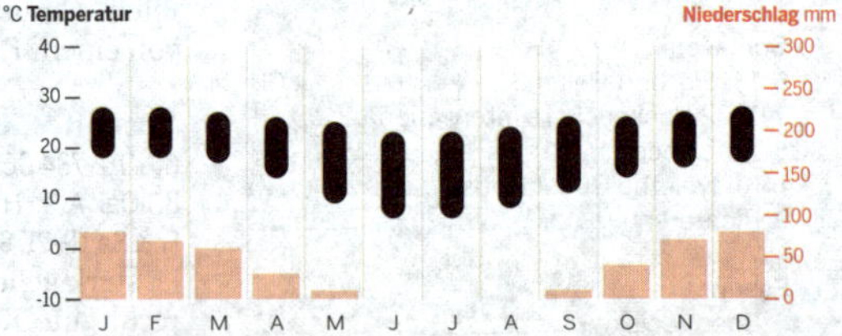

Jan.–März Im Sommer ist es im Gebirge deutlich angenehmer als im feucht-heißen Tiefland.

Juni–Aug. Beim InniBos-Festival sorgen Künstler und Theatergruppen in Nelspruit für viel Trubel.

Sept.–Dez. Mitte Dezember findet in Dullstroom ein lohnendes Kunst- & Kulturfestival statt.

Highlights

1 Forellenangeln in einem der Gewässer in der Umgebung der schönen Stadt **Dullstroom** (S. 410) mit ihrem herrlich kühlen Bergklima

2 Die Läden mit tollem afrikanischem Kunsthandwerk in **Graskop** (S. 417) und anschließend vor den Toren der Stadt der Sprung in die Schlucht: Big Swing bietet Nervenkitzel pur

3 Der grandiose Blick von den Three Rondavels am **Blyde River Canyon** (S. 419), der drittgrößten Schlucht weltweit

4 Die Radwege in der Umgebung von **Sabie** (S. 413) und die grandiosen Ausblicke auf die nebelverhangenen Berge

5 Ein gemütlicher Spaziergang durch das historische **Barberton** (S. 428), die schönste Stadt der Provinz Mpumalanga

Geschichte

Während der *difaqane* (Zwangsmigration) des frühen 19. Jhs. drangen Gruppen von Shangaan, Swasi und Ndebele in dieses Gebiet ein, um sich vor den unruhigen Zeiten in Zululand in Sicherheit zu bringen.

Die Voortrekkers erschienen erstmals Ende der 1830er-Jahre auf der Bildfläche und hatten innerhalb von zehn Jahren den Transvaal (so der frühere Name der Provinz) in eine Republik verwandelt. Der Transvaal war auch Schauplatz des Ersten Burenkriegs, in dem die Buren siegreich waren. Sie forderten ihr Territorium zurück und machten Paul Kruger zu ihrem ersten Präsidenten. Die Unabhängigkeit dauerte aber nur einige wenige Jahre bis zum Ende des Kriegs, als der Transvaal (und der Oranje-Freistaat) zurück an die Briten fielen.

Nationalparks & Schutzgebiete

Das Blyde River Canyon Nature Reserve ist das spektakulärste Naturschutzgebiet von allen. Mpumalanga ist aber auch die Heimat vieler Wildtiere aus dem südlichen Teil des Krüger-Nationalparks (S. 432) und vieler privater Tierreservate an seiner südwestlichen Grenze.

Sprache

Swati, Zulu und Ndebele sind die in Mpumalanga am weitesten verbreiteten Sprachen. Reisende kommen mit Englisch jedoch gut über die Runden. In der Gegend von Nelspruit hört man viel Afrikaans.

An- & Weiterreise

Der Mpumalanga Kruger International Airport (MKIA) liegt 28 km nördlich von Nelspruit neben der Route 40 und unterhält regelmäßige Flugverbindungen zu den wichtigen südafrikanischen Städten sowie eine Verbindung nach Livingstone in Sambia.

Die Straßen in Mpumalanga sind meist befestigt und in ordentlichem Zustand. Reisende kommen daher leicht von einer Stadt zur anderen. Vom Verkehrsknotenpunkt Nelspruit aus führen viele gute Bus- und Minibuslinien zu interessanten Zielen. Allerdings existiert abseits der Hauptrouten praktisch kein öffentlicher Personenverkehr. Reisende sind deshalb am besten beraten, wenn sie sich zum Erkunden der Region einen Leihwagen nehmen.

Darüber hinaus durchquert noch eine Bahnlinie die Provinz und verbindet Johannesburg (Jo'burg) mit Komatipoort – mit Halt in Nelspruit.

DRAKENSBERG ESCARPMENT

Im Drakensberg Escarpment, einem Teil der sogenannten Großen Randstufe, finden sich einige der beeindruckendsten Landschaften Südafrikas. Bis vor 200 Jahren war das Gebiet von Regenwald überzogen, in dem Elefanten, Büffel und sogar Löwen umherstreiften. Heute sind es einheimische Urlauber, die in Scharen über die Hochebenen wandern und die spektakuläre Landschaft genießen. Am Escarpment bricht das Highveld-Plateau über 1000 m steil in die Tiefe ab, bevor es in das Eastern Lowveld übergeht. Dadurch trifft man hier auf eine atemberaubende Mischung aus hoch aufragenden Steilwänden, Schluchten, weitläufigen Hängen und kühlen, mit Pinienwäldern überzogenen Tälern – eine passende Kulisse für die unzähligen sportlichen Aktivitäten, die hier angeboten werden.

Dullstroom

6000 EW. / 2053 M

In dieser kleinen Oase dreht sich alles um gutes Essen, traditionelle englische Pubs, Unterkünfte, frische Landluft und das Angeln in den kühlen Gewässern der Umgebung. Wer hier zum ersten Mal ankommt, wird das Gefühl haben, die falsche Abzweigung genommen zu haben und versehentlich in Kanada gelandet zu sein. Rund um Dullstroom wachsen unzählige Kiefern und entlang seiner Straßen reihen sich hübsche Schindelhäuser.

Dullstroom gehört zu den kältesten Städten des Landes und ist vor allem für eines bekannt, seine Forellen. Aber nicht nur Angler zieht es dorthin, auch Wanderer und Reiter finden dort viele reizvolle Möglichkeiten.

Sehenswertes & Aktivitäten

Dullstroom Bird of Prey & Rehabilitation Centre VOGELSCHUTZGEBIET
(☎ 079 502 1519; www.birdsofprey.co.za; Erw./Kind 50/20 R; ⏲ 9–16 Uhr, Flugshows 10.30 & 14.30 Uhr, Di geschl.) Dieses direkt vor der Stadt an der Route 540 gelegene Zentrum informiert seine Besucher über bedrohte Raubvögel.

Wer möchte, kann in einem Tageskurs sogar die Grundlagen der Falknerei erlernen. Bei den Flugshows sind Wanderfalken, Turmfalken, Bussarde und Adler hoch

Drakensberg Escarpment & Eastern Lowveld

in der Luft und auf den Armen der Falkner zu sehen.

Dullstroom Riding Centre REITEN
(☎082 442 9766; www.dullstroomhorseriding.co.za; zweistündiger Ausritt Erw. & Kind 250 R, Reiten in der Stadt 500 R) Hier sind kurze und längere Ausritte in die Umgebung für Anfänger wie erfahrene Reiter möglich. Wer sehr gut reiten kann, kann auch die Stadt hoch zu Ross erkunden - inklusive einer Tour durch die einheimischen Kneipen. Das Reitzentrum liegt bei der Owl & Oak Trading Post, 9 km von Dullstroom entfernt an der Route 540 nach Lydenburg.

Feste & Events

Dullstroom Arts & Cultural Festival KULTUR
Mitte Dezember bietet das Festival die Gelegenheit, lokale Talente zu erleben. Die Themenvielfalt ist groß: Fotografie, Kunst, Bildhauerei, Musik ... Auch gutes Essen fehlt natürlich nicht.

Schlafen & Essen

Old Transvaal Inn KNEIPE $
(☎013-254 0222; Naledi St; Zi. 200–350 R) Die Kneipe in einem wunderschönen alten Gebäude ist eine ganz ordentliche günstige Unterkunft. Die sehr einfachen Zimmer haben

niedrige Decken und winzige Badezimmer, sind aber sauber. Das Old Transvaal beherbergt außerdem den besten Süßwarenladen der Stadt. Gäste sollten unbedingt die selbst gemachten Karamellbonbons, Trüffel und andere Köstlichkeiten probieren.

Cherry Grove PENSION $$
(☎013-254 0421; www.cherry-grove.co.za; Cherry Grove Centre, Main Rd; EZ/DZ 600/1200 R; ❄) Diese luxuriösen, stilvollen mediterranen Villen aus Holz und Stein bieten in den Obergeschossen Balkone mit schönem Blick auf den Platz. Sie sind sehr intelligent gebaut und können daher das Tageslicht hervorragend einfangen. An kalten Abenden können die Gäste es sich vor den wärmenden Kaminen in ihren Zimmern gemütlich machen.

Critchley Hackle COTTAGES $$$
(☎0861 226 787; Teding van Berkhout St; EZ/DZ inkl. Frühstück ab 1400/2100 R; @≋) Die beste Unterkunft der Stadt. Übernachtet wird in Cottages aus Stein, die verstreut auf mit Blumen übersäten Grünflächen liegen. Die Zimmer haben Gewölbedecken, eine Sitzecke, einen offenen Kamin und eine Terrasse mit Blick auf einen kleinen See. Vom tollen Restaurant mit Glasfront überblickt man den Garten. Critchley Hackle liegt in der nordöstlichen Ecke der Stadt und ist von der Hauptstraße aus angeschrieben.

Duck & Trout KNEIPE $
(☎013-254 0047; www.duckandtrout.co.za; leichte Gerichte ab 30 R; ⊙So–Do 11–22, Fr & Sa 10–22 Uhr) Ein toller Ort für eine Holzofenpizza und das eine oder andere Bier mit den Einheimischen, während sich die Kleinen im Spielbereich vergnügen.

Im hinteren Teil werden einige sehr schön möblierte **Zimmer** (EZ/DZ 300/500 R) mit viel Platz vermietet. Das Beste aber ist die Veranda vor dem Haus mit Blick auf die Umgebung.

Legendz Cafe CAFÉ $
(☎013-254 0413; Cherry Grove Centre, Main Rd; Hauptgerichte 35–55 R; ⊙Frühstück & Mittagessen) Das Café serviert in seinem schönen Innenhof guten Kaffee zu einer großen Auswahl an wunderbar präsentierten Frühstücksvarianten. Zum Mittagessen gibt es lecker belegte Sandwiches und frische Salate.

Dullstroom ist zugegebenermaßen nicht Italien, aber die Atmosphäre hier an der „Piazza" erinnert doch ein klein wenig an einen mediterranen Platz.

Mayfly Restaurant INTERNATIONAL $$
(☎084 619 4946; www.mayfly.co.za; Naledi St; Hauptgerichte 60–100 R; ⊙ab 10 Uhr, Di geschl.) Das stilvolle Restaurant hat sich auf Pizza, Pasta, Steak und Meeresfrüchte spezialisiert und schenkt dazu eine große Auswahl an guten Weinen aus. Die köstlichen Muscheln in Weißwein-Knoblauch-Soße sind köstlich. Die Atmosphäre in diesem großen Lokal mit Holzofen und einfachem, geschmackvollem Mobiliar ist wirklich nett.

ℹ Praktische Informationen

First National Bank An der Hauptkreuzung, mit Geldautomat.

Video Shop & Internet Cafe (Dullstroom Centre; Std. 60 R; ⊙11–18.30 Uhr)

ℹ An- & Weiterreise

Reisende können Dullstroom mit Minibussen auf der Strecke von Belfast nach Lydenburg erreichen, viel einfacher und bequemer geht es aber mit einem Leihwagen.

Waterval Boven

2500 EW.

Felsenkletterer, Mountainbiker und andere Adrenalinsüchtige kommen in Scharen in diese kleine Stadt direkt neben der N4, ein Zentrum des Abenteuersports. Die Lage inmitten der Drakensberge ist aber auch einfach phänomenal!

Roc 'n' Rope Adventures KLETTERN
(☎013-257 0363; www.rocrope.com; 53 Third Ave) Die Felsen in der Umgebung von Waterval Boven zählen bei Kletterern zu den beliebtesten Zielen Südafrikas. Die Firma Roc 'n' Rope Adventures organisiert eine ganze Reihe von Touren zu attraktiven Hängen in der Region. Es gibt darüber hinaus auch einen zweitägigen Grundkurs „Introduction to Rockclimbing" (1600 R), einen halbtägigen Fortgeschrittenenkurs „Adventure Climb" (400–550 R) und Abseilen von einem 60 m hohen Wasserfall (etwa 430 R).

Blaaubosch Kraal Horse Trails REITEN
(☎013-256 9081; www.bbktrails.co.za) Das Unternehmen Blaaubosch Kraal Horse Trails bietet zweistündige Ausritte für 250 R an. Ein besonders schöner Start in den Tag ist jedoch der Ausritt in ein einsames Tal, wo ein Champagner-Frühstück (450 R) serviert wird. Es gibt auch halbtägige Ausritte.

Der Stall liegt auf der Straße nach Lydenburg 8 km außerhalb der Stadt.

Acra Retreat Mountain View Lodge LODGE $$
(☎ 013-257 7088; www.acra-retreat.com; 5th St; EZ/DZ ab 520/800 R) Diese freundliche und entspannte Lodge begeistert mit tollen Terrassen, von denen sich ein grandioser Blick auf die umliegenden grünen Hügel bietet. Die geräumigen Zimmer sind stilvoll mit afrikanischem Kunsthandwerk dekoriert. Nach dem Abendessen lädt der Terrassengarten zu einem kleinen Spaziergang ein. Viele Besucher sind begeistert vom Acra – sicherlich die Top-Adresse in Waterval Boven.

Shamrock Arms KNEIPE $$
(☎ 013-257 0888; www.shamrockarms.co.za; 68 Third Ave; EZ/DZ inkl. Frühstück 720/1070 R; 📶) Das heimelige Shamrock Arms serviert große Portionen englischer Landküche in einem gemütlichen Pub-Restaurant. Die Besitzer sind ausgesprochen gastfreundlich.

Das Shamrock vermietet außerdem sieben wunderschön eingerichtete Zimmer mit allen modernen Annehmlichkeiten.

ℹ Praktische Informationen

Touristeninformation (☎ 013-257 0444; www.linx.co.za/waterval-boven; ⏲ Mo–Fr 8.30–16, Sa 8.30–13 Uhr) Wer auf der N4 in die Stadt hineinfährt, findet die Touristeninformation am Ortseingang auf der linken Seite.

ℹ An- & Weiterreise

Die Fahrt im Minibus-Taxi nach Nelspruit (2 Std.) kostet 50 R. Sie stehen an der Third Avenue.

Lydenburg

25.000 EW.

Lydenburg präsentiert sich mit breiten Straßen und großzügigen Plätzen. Seine Straßen und markanten Gebäude schaffen eine wundervolle historische Atmosphäre. Die Stadt ist daher ein lohnender Zwischenstopp auf dem Weg nach Johannesburg oder zum Krüger-Nationalpark.

Lydenburg Museum MUSEUM
(Long Tom Pass Rd; ⏲ 8–16 Uhr) GRATIS An einem regnerischen Tag ist das Lydenburg Museum eine schöne Zuflucht. Es liegt etwa 3 km östlich der Stadt an der Route 37 am Eingang zum Gustav Klingbiel Nature Reserve.

Gustav Klingbiel Nature Reserve NATURSCHUTZGEBIET
(☎ 013-235 2213; Eintritt 10 R; ⏲ Mo–Fr 8–16, Sa & So 8– 7 Uhr) Das Gustav Klingbiel Nature Reserve bietet auf seinen 20 ha unvergleichliche Möglichkeiten, seltene Wildvögel zu beobachten. Wer sich weniger für Vögel interessiert, freut sich sicherlich über die hier umherstreifenden Zebras, Impala-Antilopen und Kudus. Das Reservat liegt 3 km östlich der Stadt an der Route 37.

ALL DIE KLEINEN BÄUME …

Die Baumplantagen in der Umgebung von Sabie bestehen aus Kiefer und Eukalyptus und bilden eines der größten von Menschen angelegten Waldgebiete. Nach einem verheerenden Feuer vor ungefähr acht Jahren mussten viele Bäume neu gepflanzt werde. Es wird über 20 Jahre dauern, bis sich die Wälder wieder vollständig erholt haben.

De Ark Guest House PENSION $$
(☎ 013-235 1125; www.dearkguesthouse.co.za; 37 Kantoor St; EZ/DZ ab 600/850 R, Deluxe EZ/DZ 680/950 R; ❄) Die Deluxe-Zimmer sind ihr Geld wirklich wert. Das De Ark ist eine 4-Sterne-Pension in einem der ältesten Gebäude der Stadt und fasziniert mit vielen architektonischen Details aus dem 19. Jh.

Lodge Laske Nakke LODGE $$
(☎ 013-235 2886; www.laskenakke.co.za; EZ/DZ ab 380/680 R, Budget-DZ 300 R) Das von Afrikaanern betriebene Hotel bietet eine ordentliche Auswahl an preiswerten Unterkünften, sogar Zimmer für Rucksacktouristen und Campingmöglichkeiten.

ℹ An- & Weiterreise

Die Minibus-Taxis halten im Stadtzentrum an der Ecke der Voortrekker Street und der Clerq Street. Es gibt jeden Tag Fahrten nach Sabie (40 R, 1 Std.) und Belfast (50 R, 1½ Std.).

Sabie

9200 EW. / 1100 M

Sabie ist ein nettes kleines Städtchen und eines der besten Standquartiere für die Erkundung der Provinz Mpumalanga. Hier findet der Besucher eine ganze Reihe ausgezeichneter Restaurants und eine gute Auswahl an Unterkünften - und das Ganze vor dem Hintergrund einer eindrucksvollen, üppig grünen Gebirgslandschaft.

Außerhalb der Stadt gibt es versteckt liegende Wasserfälle, rauschende Flüsse und attraktive Wanderwege.

Sabie

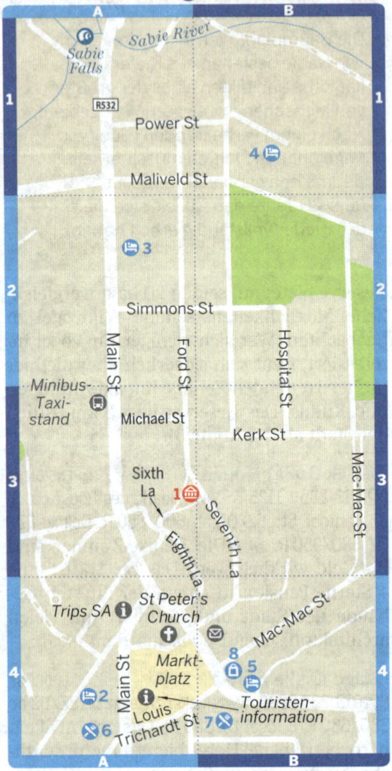

Sabie

Sehenswertes
1 Komatiland Forestry Museum A3

Aktivitäten, Kurse & Touren
Sabie Xtreme Adventures .... (s. 3)

Schlafen
2 Country Kitchen A4
3 Sabie Backpackers Lodge A2
4 Sabie Townhouse B1
5 Woodsman...B4

Essen
6 Petena's Pancakes A4
7 Wild Fig Tree...B4
Woodsman.................................. (s. 5)

Shoppen
Bookman's Corner....................... (s. 5)
8 Mphozeni Crafts B4

Bekannt und beliebt ist Sabie für anspruchsvolle Sportarten wie Rafting oder Canyoning (hier in Südafrika *kloofing* genannt).

Sehenswürdigkeiten & Aktivitäten

Wer Wasserfälle mag, wird begeistert sein, denn rund um Sabie stürzen unzählige **Wasserfälle** (Eintritt jeweils 5–10 R) zu Tale. Dazu gehören die unmittelbar nördlich der Stadt an der Route 532 nach Graskop gelegenen **Sabie Falls** und die 70 m hohen, nordwestlich von Sabie abseits der Old Lydenburg Road liegenden **Bridal Veil Falls**. Ebenfalls abseits der Old Lydenburg Road liegen die 68 m hohen **Lone Creek Falls** mit rollstuhlgerechtem Zugang (rechter Weg) sowie die nahen **Horseshoe Falls**, die sich etwa 5 km südwestlich der Lone Creek Falls befinden. Die beliebten **Mac-Mac Falls**, etwa 12 km nördlich von Sabie und abseits der Route 532 nach Graskop zu finden, verdanken ihren Namen den vielen Schotten, die hier im Bergbau gearbeitet haben.

Etwa 3 km südwestlich der Wasserfälle liegen die **Mac-Mac Pools**, in denen man schwimmen kann.

Komatiland Forestry Museum MUSEUM
(Ecke Ford St & Tenth Ave; Erw./Kind 5/2 R; Mo–Fr 8–16.30, Sa 8–12 Uhr) Das Museum beschäftigt sich mit den einheimischen Wäldern und der südafrikanischen Holzindustrie. Die Ausstellung informiert über die vielfältige Verwendung von Holz und die Anlage von Holzplantagen, um bedrohte Waldgebiete zu schützen. Im Obergeschoss finden sich Informationen über Wanderwege durch die umliegenden Wälder. Die Möglichkeiten reichen von Tageswanderungen bis hin zu mehrtägigen Trekkingtouren mit Übernachtung. Auch nicht selbstverständlich: Das Museum ist barrierefrei gebaut.

Sabie Xtreme Adventures ABENTEUERSPORT
(013-764 2118; www.sabiextreme.co.za; Main St) Wer Abenteuer in Südafrikas Natur erleben möchte, ist hier genau an der richtigen Adresse: Die Firma mit Sitz in der Sabie Backpackers Lodge organisiert *kloofing*, Höhlenexpeditionen bei Kerzenlicht, Rafting, Touren durch den Blyde River Canyon u. v. m.

Schlafen

Sabie Backpackers Lodge HOSTEL $
(013-764 2118; www.sabiextreme.co.za; Main St; Stellplatz 80 R, B 130 R, DZ ohne Bad 300 R, DZ

350 R; @ 🏊) Eine ziemlich rustikale Unterkunft für Rucksacktouristen, die praktisch in der Stadt liegt. Die Schlafräume sind klein und die Doppelzimmer eng, dafür aber gut ausgestattet und sauber. Regelmäßig werden Grillabende und Partys veranstaltet, dazu gibt es viele Möglichkeiten, einfach nur zu chillen. Die Firma Sabie Xtreme Adventures hat hier ihren Sitz. Die Besitzer holen Gäste gerne in Nelspruit ab.

Billy Bongo Backpackers HOSTEL $

(☎ 072 370 7219; Old Lydenburg Rd; Stellplatz 70 R, B/EZ/DZ 125/150/300 R) Das Hostel ist berüchtigt für seine Partys, Nächte voller Drinks, Bongotrommeln und Freudenfeuern. Das Haus liegt etwa 1 km die Old Lydenburg Road hinunter, neben der Main Street.

★ Woodsman KNEIPE $$

(☎ 013-764 2015; www.thewoodsman.co.za; 94 Main St; EZ/DZ inkl. Frühstück 485/700 R) Das berühmte Pub vermietet in einem langweiligen Backsteingebäude nebenan einige Zimmer. Sie sind nichts Besonderes, aber geräumig, haben außerdem gut funktionierende Duschen und oben auch kleine Balkone. Das Beste am Woodsman ist jedoch die geringe Entfernung zu Sabies besten Lokalitäten zum Essen und Trinken: das Pub selbst und das Restaurant Wild Fig Tree.

Sabie Townhouse B&B $$

(☎ 013-764 2292; www.sabietownhouse.co.za; Power St; EZ/DZ inkl. Frühstück 545/1000 R; @ 📶 🏊) Ein schönes Haus aus Flusssteinen mit Pool, Terrasse und einem fabelhaften Bergpanorama. Viele Gäste schwärmen von der Warmherzigkeit und Gastfreundschaft der Besitzerfamilie.

Die Zebra Suite markiert hier die Spitze des Luxus. Sie bietet ein Riesenbett, eine eigene Terrasse und einen Jacuzzi, am besten ist aber das im Preis inbegriffene Frühstück im Bett. Am anderen Ende der Preisskala kann man jedoch auch ein Familienzimmer und günstige Zimmer mieten.

Country Kitchen KNEIPE $$

(☎ 013-764 2091; Main St; EZ/DZ 500/700 R) An der Rückseite dieses Pub-Restaurants liegen einige ziemlich schicke Zimmer, allerdings etwas seelenlos um einen Konferenzraum gruppiert. Die geschmackvoll eingerichteten Zimmer stellen einen guten Gegenwert fürs Geld dar. Die Gäste können in den nahe gelegenen Restaurants Wild Fig Tree oder im Pub Woodsman essen gehen.

Artists' Café & Guest House PENSION $$

(☎ 078 876 9293; Zi. pro Pers. 340 R) Ein kurioses Gasthaus in Hendriksdal, rund 15 km südlich von Sabie an der Route 37. Die Gäste wohnen in alten, umgebauten Bahnhofsgebäuden, die sich viel von ihrem Charakter bewahrt haben. Besonders beliebt ist der ehemalige Warteraum für die 1. Klasse mit seinem großzügigen Bad und dem gemütlichen Sofa.

Lone Creek River Lodge LODGE $$$

(☎ 013-764 2611; www.lonecreek.co.za; Old Lydenburg Rd; EZ/DZ inkl. Frühstück 1075/1720 R, Suite EZ/DZ inkl. Frühstück 1380/2360 R; ❄ @ 📶 🏊) Das Lone Creek ermöglicht die Wahl zwischen luxuriösen Zimmern im Hauptgebäude und getrennten Suiten direkt am Fluss sowie Holzhäuschen für Selbstversorger. Entspannen können sich die Gäste in zwei Süßwasser-Pools. Die Zimmer mit Blick auf den Fluss sind besonders zu empfehlen.

Essen & Ausgehen

Petena's Pancakes PFANNKUCHEN $

(Main St; Pfannkuchen 50–70 R; ⏲ 9–17 Uhr) Im Petena's können die Gäste aus einer großen Karte mit deftigen und süßen Pfannkuchen wählen und sich anschließend ein unwiderstehlich gutes Eis mit Schokosauce und Nüssen (superlecker!) gönnen. Und das Ganze bei einem großartigen Blick. Das Pfannkuchenhaus liegt ein paar Hundert Meter die Main Street in südlicher Richtung hinunter.

★ Wild Fig Tree SÜDAFRIKANISCH $$

(☎ 013-764 2239; Ecke Main St & Louis Trichardt St; kleine Gerichte 40–60 R, Hauptgerichte 90–130 R; ⏲ Mo–Sa 8–21, So 8–20 Uhr)

Auf der Karte dominieren Fleischgerichte, Kerzen und afrikanischer Wandschmuck sorgen für eine schöne Atmosphäre. Zum Abendessen sind die südafrikanischen Vorspeisen ein guter Tipp, vor allem die Straußenmedaillons, das Warzenschwein-Carpaccio und die Krokodil-Kebabs. Zu Mittag werden gemischte Platten oder auch Forelle serviert. An den Tischen auf dem luftigen Balkon kann man einen wundervoll entspannten Nachmittag verbringen.

Woodsman GRIECHISCH $$

(☎ 013-764 2015; 94 Main St; Hauptgerichte 80–110 R; ⏲ 7 Uhr bis spätnachts) Halb Pub, halb Restaurant, serviert das Woodsman großartige griechische Gerichte wie Souvlaki, Tintenfisch vom Grill und Mezede. Aber auch einheimische Spezialitäten wie Forelle aus der Pfanne und Straußenfleisch in Rotwein und Oregano finden sich im Angebot. Die Gäste können an der lebhaften Bar einfach ein paar Bier trinken oder aber auf dem Balkon bei Kerzenlicht gepflegt dinieren.

Shoppen

Mphozeni Crafts KUNST & KUNSTHANDWERK
(☎013-764 2074; thewoodsman.co.za; 94 Main St; ⊙8.30–17.30 Uhr) Mphozeni bietet eine große Auswahl an afrikanischer Kunst und Kunsthandwerk sowie hochwertige Stoffe.

Bookman's Corner BÜCHER
(Ecke Main St & Mac-Mac St; ⊙Mo–Fr 9–16.30, Sa 8.30–16, So 8–16.30 Uhr) Hier können Reisende Secondhandbücher kaufen, den Plausch gibt es umsonst dazu.

Praktische Informationen

First National Bank (Market Sq) Mit Geldautomat.

Tourist Information Office (☎083 763 7353; Market Sq, Main St; ⊙Mo–Fr 9–16, 9–12, So 9–14 Uhr) Die Angestellten sind sehr hilfsbereit, geben Hotelempfehlungen und informieren umfassend und kompetent über die Region.

Trips SA (☎013-764 1177; www.sabie.co.za; Main St) Ein Informationszentrum und gleichzeitig eine Agentur für Touren und Unterkunft.

Sabie Internet Cafe (☎013-764 2875; Main St; 30 Min. 15 R ; ⊙Mo–Fr 8–18, Sa 9–16 Uhr) Sehr stabile Internetverbindung.

An- & Weiterreise

Von Johannesburg aus fahren jeden Tag Busse nach Nelspruit, von wo aus man mit Minibus-Taxis nach Sabie weiterfahren kann (40 R, 1 Std. von Nelspruit nach Sabie).

Minibus-Taxis verkehren ebenfalls regelmäßig zwischen Hazyview (40 R, 1 Std.) und Sabie und halten neben der Engen-Tankstelle.

Pilgrim's Rest

1730 EW.

Im winzigen Pilgrim's Rest scheint die Zeit stillzustehen. Holz- und Wellblechhäuser säumen die hübsche, gepflegte Hauptstraße des vollständig erhaltenen Goldgräberstädtchens. Touristen werden hier scharenweise hergekarrt, sodass der Ort zu manchen Tageszeiten überlaufen und künstlich wirkt. Wenn möglich, sollte man Pilgrim's Rest frühmorgens einen Besuch abstatten oder über Nacht bleiben – dann spürt man am ehesten die Vergangenheit.

Vorsicht vor den inoffiziellen Parkplatzwächtern, die mit aggressiven Methoden versuchen, vor ihren Konkurrenten die Autos auf Parkplätze am Straßenrand zu lotsen.

Sehenswertes & Aktivitäten

Das Informationszentrum verkauft Eintrittskarten (12 R) für die vier Museen der Stadt: Printing Museum, House Museum, Dresden Store und Central Garage Transport Museum. Die Eintrittskarte, die beim ersten Museum gelöst wird, gilt auch in den drei anderen Museen.

Printing Museum MUSEUM
(Eintritt für alle 4 Museen 12 R; ⊙9–12.45 & 13.45–16 Uhr) Das Printing Museum präsentiert die Geschichte der Druckkunst und besitzt eine ansehnliche Sammlung alter Druckpressen.

House Museum MUSEUM
(Eintritt für alle 4 Museen 12 R; ⊙9–12.45 & 13.45–16 Uhr) Das House Museum ist ein restauriertes viktorianisches Wohnhaus randvoll mit Schwarz-Weiß-Fotos, alten Puppen und Möbeln, darunter eine prachtvolle geschnitzte Kommode im Schlafzimmer.

Dresden Store MUSEUM
(Eintritt für alle 4 Museen12 R; ⊙9–12.45 & 13.45–16 Uhr) Der Dresden Store ist eine Nachbildung einer Gemischtwarenhandlung aus den 1930er-Jahren, komplett mit fliegenden Porzellanenten an der Wand.

Central Garage Transport Museum MUSEUM
(Eintritt für alle 4 Museen 12 R; ⊙9–12.45 & 13.45–16 Uhr) Das Museum illustriert die Geschichte des Verkehrs in der Stadt von den 1870er- bis in die 1950er-Jahren. Ein Muss für Oldtimerfans!

Alanglade MUSEUM
(☎013-768 1060; Eintritt 20 R; ⊙Führungen Mo–So 11 & 14 Uhr) Die frühere Residenz eines Minenverwalters am nördlichen Ortsrand wurde im Stil der 1920er-Jahre wunderschön mit echten Artefakten dieser Zeit hergerichtet. Führungen müssen 30 Minuten im Voraus gebucht werden.

Diggings Museum MUSEUM
(Führungen Erw./Kind 12/6 R; ⊙Führungen 10, 11, 12, 14 & 15 Uhr) Unmittelbar östlich des Ortes an der Straße nach Graskop liegt dieses Freilichtmuseum, in dem man sehen kann, wie früher Gold gewaschen wurde. Eine Besichtigung ist nur im Rahmen einer vom In-

formationszentrum organisierten Führung möglich.

Schlafen & Essen

Pilgrim's Rest Caravan Park WOHNWAGENPARK $

(☎072 820 4033, 013-768 1309; Stellplatz 70 R, Gasthaus Zi. pro Pers. 400 R;) Ein wunderschöner Platz zum Campen direkt am Blyde River, sehr großzügig angelegt und mit Einrichtungen zum Grillen. Als Alternative stehen Zimmer in der Pension zur Verfügung.

Royal Hotel HOTEL $$

(☎013-768 1044; www.royal-hotel.co.za; EZ/DZ inkl. Frühstück ab 600/900 R;) Es lohnt sich auf jeden Fall, eine Nacht in diesem eleganten, historischen Gebäude im Zentrum von Uptown zu verbringen. Die Zimmer sind mit Bädern im viktorianischen Stil ausgestattet und haben Messingbetten und andere Besonderheiten aus jener Zeit. Die meisten von ihnen liegen nicht im Hauptgebäude, sondern sind in Häusern entlang der Hauptstraße untergebracht, viele davon mit Verandas und einem tollen Ausblick.

Die benachbarte Church Bar ist eine gute Location für einen Drink.

Stables Deli & Cafe CAFÉ $

(Mahlzeiten 20–40 R; ⏲8.30–17 Uhr) Ein hübsches kleines Lokal in Uptown mit Wellblechdach und Holztischen und -bänken vor der Tür. Serviert werden kleine Gerichte, Sandwiches, Salate, deftige und süße Pfannkuchen und ganz gute offene Weine. Die Auswahl ist nicht groß, das Essen aber wirklich lecker.

Praktische Informationen

Visitor Information Centre (☎013-768 1060; Main St; ⏲9–12.45 & 13.15–16.30 Uhr) Diese sehr hilfreiche Touristeninformation verkauft auch die Eintrittskarte für die vier Museen.

An- & Weiterreise

Es fahren nur recht sporadisch Minibus-Taxis zwischen Pilgrim's Rest und Graskop. Reisende brauchen daher für diese nicht ganz einfachen Straßen einen Leihwagen.

Graskop

4000 EW. / 1450 M

Obwohl Graskop ein beliebter Stopp auf der Route vieler Touristenbusse ist, scheint das kleine Städtchen diese Massen mühelos zu schlucken, sodass im Ort immer noch genug Platz für alle ist. Der kleine Ort gehört zu den hübschesten der Umgebung, er ist von der Sonne verwöhnt, hat verschlafene Nebenstraßen, von denen aus man auf eine sanfte Hügellandschaft blickt.

Die touristische Infrastruktur ist mit schönen Guesthouses, Restaurants und Kunsthandwerksläden sehr gut. Im Sommer füllen sich nachmittags die Terrassen der Restaurants und es herrscht eine angenehme Geschäftigkeit. Graskop bietet sich auch als Standort für Ausflüge in den Blyde River Canyon an. Der Blick über den Rand des nahe gelegenen Drakensberg Escarpment ist atemberaubend.

Sehenswertes & Aktivitäten

Die Gegend ist ein Paradies für Mountainbiker und Wanderfreunde. Trips SA (S. 419) informiert über die verschiedenen Wanderwege. Leihfahrräder (Tag 300 R) gibt es im Hostel Graskop Valley View Backpackers.

Big Swing ABENTEUERSPORT

(☎013-737 8191; Einzel-/Tandemsprung 320/600 R, Seilrutsche 100 R) Big Swing ermöglicht einen der tiefsten Bungeesprünge in eine Schlucht, die weltweit überhaupt möglich sind. Im freien Fall springt man 68 m in die Graskop Gorge - das entspricht 19 Stockwerken in drei Sekunden! Anschließend schwingen die Springer wie ein Pendel über die gesamte Breite der Schlucht, ein unvergessliches Erlebnis, nicht zuletzt wegen des unglaublichen Blicks. Big Swing liegt 1 km außerhalb der Stadt an der Straße nach Hazyview.

Wer noch nicht ganz überzeugt ist, ob das wirklich das Richtige für einen ist, kann sich zunächst im Hotel nebenan ein wenig Mut antrinken. Als nicht weniger faszinierende Alternative neben dem Sprung gibt es die 135 m lange *foefie slide* (Seilrutsche).

Schlafen

★ **Graskop Valley View Backpackers** HOSTEL $

(☎013-767 1112; www.valley-view.co.za; 47 De Lange St; Stellplatz 90 R, B 130 R, DZ 280–360 R;) Das freundliche, von Holländern geführte Hostel bietet eine Reihe von Zimmern in hervorragendem Zustand sowie *rondavels* (Rundhütten) und ein Apartment für Selbstversorger. Das Hostel kann wärmstens empfohlen werden.

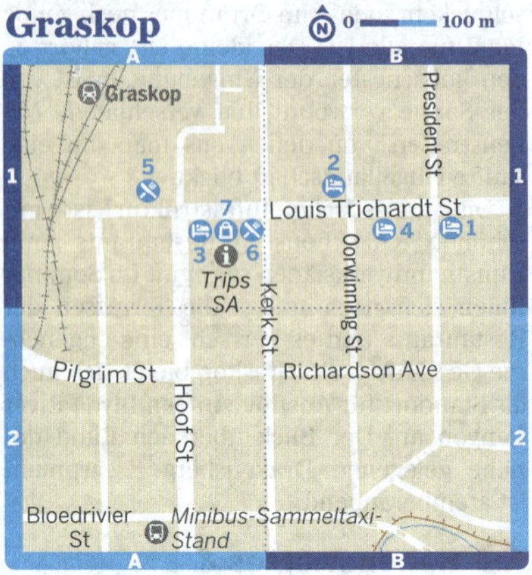

Graskop

Schlafen
1 Autumn Breath ... B1
2 Blyde Chalets ... B1
3 Graskop Hotel ... A1
4 Le Gallerie ... B1

Essen
5 Canimambo ... A1
6 Harrie's Pancakes ... A1

Shoppen
7 Delagoa ... A1

Die Besitzer organisieren auf Wunsch Abenteuertouren und vermieten Mountainbikes (Tag 200 R). Die Anfahrt: Von der Straße nach Sabie biegt man an der ersten Kreuzung nach links und dann erneut nach links in die De Lange Street ab.

Autumn Breath B&B $
(082 877 2811; Louis Trichardt St; Zi. pro Pers. inkl. Frühstück 250–275 R) Dieses kuriose Bed & Breakfast vermietet drei modern eingerichtete Zimmer. Zimmer 1 ist blau und riesig und die beste Wahl. Zimmer 2 mit seinem Balkon ist allerdings auch nicht schlecht.

★ **Graskop Hotel** HOTEL $$
(013-767 1244; www.graskophotel.co.za; Ecke Hoof St & Louis Trichardt St; EZ/DZ inkl. Frühstück 700/1000 R;) Das stilvolle Hotel gehört zu den beliebtesten Unterkünften der Provinz mit schicken und eleganten Zimmern. Jedes von ihnen ist individuell eingerichtet, die „Artist Rooms" sogar mit Kunstwerken zeitgenössischer südafrikanischer Künstler geschmückt.

Nach hinten hinaus gibt es kleine Cottages mit puppenhausähnlichem Mobiliar. Die Häuschen sind sehr komfortabel, durch Glastüren geht es in den üppig bepflanzten Garten. Eine Reservierung wird empfohlen.

Le Gallerie PENSION $$
(013-767 1093; www.legallerie.co.za; Ecke Louis Trichardt St & Oorwinning St; EZ/DZ inkl. Frühstück 520/920 R;) Eine Kunstgalerie mit drei luxuriösen Räumen, jeder exzellent möbliert und mit eigenem Eingang. Auch die Bäder sind sehr geräumig und gut ausgestattet. Selbst die Lage unmittelbar am Rand der Innenstadt lässt nichts zu wünschen übrig.

Blyde Chalets HÜTTEN $$
(013-767 1316; www.blydechalets.co.za; Louis Trichardt St; Cottages 700–900 R;) Einfache Cottages in zentraler Lage für Selbstversorger mit – natürlich – Küche, Salon und *braai* (Grill).

Essen

Harrie's Pancakes PFANNKUCHEN $
(Louis Trichardt St; Pfannkuchen 50–70 R; 8–19 Uhr) Die schicke weiße minimalistische Innenausstattung, die moderne Kunst und die ausgefallenen Dekorationen passen nicht ganz zu der einfachen Küche.

Auf der Karte stehen vor allem deftige und recht exotische Pfannkuchen sowie einige süße Alternativen. Der Ruf ist vielleicht ein bisschen besser als die dargebotene Qualität, aber Harrie's ist auf jeden Fall ein guter Tipp für ein Croissant und einen frisch aufgebrühten Kaffee zum Frühstück.

Kruger's Gold INTERNATIONAL $$
(071 361 0715; www.krugersgold.co.za; Eagle's View Eco Estate, Rte 533; Hauptgerichte 100–135 R; Mittag- & Abendessen) Endlich ist die Spitzenküche auch in Graskop angekommen! Dieses Restaurant auf einem Anwesen mit Blick auf das God's Window Escarpment direkt vor der Stadt zaubert wundervolle Gerichte mit Rind-, Schweine- und Lammfleisch und nicht zuletzt mit Meeresfrüchten. Eigentlich einfache Gerichte wie z. B. geschmortes Lammfleisch werden genial zubereitet. Es gibt hier sogar Pizza aus dem Holzofen.

Canimambo PORTUGIESISCH $$
(013-767 1868; Ecke Hoof St & Louis Trichardt St; Gerichte 80–140 R; Frühstück, Mittag- und Abendessen;) Das Canimambo ist ein portugiesisch-mosambikanisches Lokal mit scharfem Eintopf und Gegrilltem sowie her-

vorragenden Gerichten mit Meeresfrüchten. Empfehlenswert ist beispielsweise der Bohneneintopf mit Chorizo oder das gegrillte Hähnchenfleisch, aber auch die leckeren Garnelenkreationen sind traumhaft.

Shoppen

Es gibt mehrere gute Kunsthandwerksläden, die vor allem rund um die Louis Trichardt Street angesiedelt sind. Obwohl natürlich auch viel Schund dabei ist, stößt man doch hier und da auf hochwertige Stücke.

Delagoa KUNST & KUNSTHANDWERK
(☎013-767 1081; Louis Trichardt St; ⏲8–18 Uhr) Im Delagoa ist immer was los. Unter all dem Kunsthandwerk aus ganz Afrika sind vor allem die Webarbeiten aus dem Kongo sehr beeindruckend. Die Kinderkleidung ist nicht gerade günstig, dafür stimmt die Qualität und sie ist auf jeden Fall etwas ganz Besonderes.

Praktische Informationen

Daan's Internet Cafe (Ecke Monument St & Bloedrivier St; 30 Min. 15 R; ⏲8–18 Uhr)

First National Bank (Kerk St) Unmittelbar nördlich der Louis Trichardt Street steht ein Geldautomat.

Trips SA (☎013-767 1886; Louis Trichardt St; ⏲Mo–Sa 8–16.30 Uhr) Diese Agentur hat nur wenig Informationsmaterial, außerdem ist das Personal nicht sonderlich hilfsbereit. Nachdem die örtliche Touristeninformation geschlossen hat, gibt es in Graskop jedoch keine Alternative zu Trips SA.

An- & Weiterreise

Minibus-Taxistand (Hoof St) Der Stand für die Minibus-Taxis liegt am südlichen Stadtrand. Täglich fahren morgens Gemeinschaftstaxis nach Pilgrim's Rest (10 R, 30 Min.), Sabie (25 R, 40 Min.) und Hazyview (30 R, 1 Std.).

Blyde River Canyon

Der Blyde River Canyon ist der drittgrößte Canyon der Welt und eine der faszinierendsten Natursehenswürdigkeiten Südafrikas. Wen wundert es da, dass der Canyon sich auf fast jeder Reiseroute durch Südafrika befindet? Alleine durch seine schiere Größe und die unglaubliche Schönheit wird der Besuch ein unvergessliches Erlebnis, besonders wenn das Wetterglück mitspielt.

Ein großer Teil des Canyons grenzt unmittelbar an das 26 ha große **Blyde River Canyon Nature Reserve** (☎021-424 1037; www.mtpa.co.za; 30/10 R pro Pers./Auto). Dieses Schutzgebiet reicht bis nach Graskop, folgt dem Drakensberg Escarpment und trifft schließlich auf den sich zum Lowveld hinunter schlängelnden Blyde River. Die meisten Besucher fahren am Rand des Canyon entlang, wo viele Aussichtspunkte dazu einladen, anzuhalten und das Panorama zu bewundern. Wer genug Zeit hat, sollte die Gegend jedoch zu Fuß erkunden.

Aktivitäten

Das Forever Blyde Canyon Resort stellt Informationen zu sechs verschiedenen Wanderwegen in der Gegend zur Verfügung.

Belvedere Day Walk WANDERN
Dieser kurze, aber dennoch nicht ganz einfache Trail führt in einem Rundweg zum Wasserkraftwerk Belvedere an den Bourke's Luck Potholes. Die notwendige Reservierung kann bei den Potholes erledigt werden. Für den Rundwanderweg sind rund fünf Stunden zu veranschlagen. Es empfiehlt sich, nicht zum Fluss zu gehen, sondern stattdessen am Gasthaus links abzubiegen und einen Pfad zu einigen schönen Wasserfällen und Felsenteichen hinunterzuwandern.

Das Kraftwerk wurde 1911 errichtet und war früher eines der größten seiner Art auf der gesamten südlichen Halbkugel.

Schlafen

Von Graskop, Sabie oder Pilgrim's Rest aus kann der Canyon mit einem Auto leicht im Rahmen eines Tagesausflugs erkundet werden. Wer weiter nach Norden fährt, findet im Schutzgebiet und seiner Umgebung, aber auch in Hoedspruit gute Alternativen.

Forever Blyde Canyon RESORT $$
(☎0861 226 966; www.foreverblydecanyon.co.za; Stellplatz 280 R, Chalets ab 940 R; 📶🏊) Diese riesige Anlage bietet eine große Auswahl an Unterkünften. Die soliden Backsteinchalets sind gut ausgestattet, die teureren von ihnen größer und bieten einen schönen Blick. (Von den Chalets Nr. 89 bis 96 genießen die Gäste einen atemberaubenden Blick auf die Three Rondavels.)

Fast schon ein Problem sind die frechen Paviane. Es kommt schon einmal vor, dass sie durch die Fenster der Chalets einsteigen und Lebensmittel stehlen!

Thaba Tsweni Lodge LODGE $$
(☎013-767 1380; www.blyderivercanyonaccommodation.com; DZ ab 800 R, Frühstück 100 R) In hüb-

ABSTECHER

UNTERWEGS AM BLYDE RIVER CANYON

Wer von Norden aus Graskop kommt, sollte zuerst nach dem **Pinnacle** Ausschau halten, einer beeindruckenden Felsformation, die einem Wolkenkratzer ähnelt (das Auto sollte man hier unbedingt abschließen). Nördlich auf der Route 534 (eine von der Route 532 abzweigende Schleife) finden sich **God's Window** und **Wonder View** – zwei Aussichtspunkte mit einem faszinierenden Blick und einer noch faszinierenderen Anzahl an Verkaufsständen für Kunsthandwerk. Bei God's Window führt ein Pfad (300 Stufen) hinauf in den Regenwald. Mit ein wenig Glück können Besucher hier seltene Vögel sehen, vielleicht sogar den besonders scheuen Turako.

Auf dem Rückweg zur Route 532 lohnt ein kleiner Abstecher 2 km in südlicher Richtung zu den beeindruckenden **Lisbon Falls** (sei können auch nachmittags auf dem Rückweg nach Graskop besucht werden).

Der Blyde River Canyon beginnt nördlich der Wasserfälle bei den **Bourke's Luck Potholes**. Diese bizarren zylindrischen Löcher entstanden durch Wasserstrudel unweit des Zusammenflusses von Blyde und Treuer, die über die Jahrtausende den Fels aushöhlten. Dort befindet sich auch ein **Besucherzentrum**, in dem man den Eintritt für das Naturschutzgebiet zahlt. Es bietet außerdem einige Informationsmaterialien über die Geologie des Canyons und die hier heimische Flora und Fauna.

Bei der Weiterfahrt Richtung Norden geht's vorbei an den Bourke's Luck Potholes ins Zentrum des Naturschutzgebiets zu einem weiteren Aussichtspunkt mit Blick auf die **Three Rondavels**: Diese imposanten runden Felsen mit ihren mit Gras bewachsenen Spitzen erinnern an riesige Hütten, die scheinbar in den Canyonrand geschlagen wurden. Hier beginnen auch einige kurze Wanderwege zu weiteren Aussichtspunkten, von denen aus der Blydepoort Dam am Nordende des Schutzgebietes zu sehen ist.

Westlich von hier, aber schon außerhalb des Naturschutzgebiets und neben der Route 36, liegen die **Echo Caves** (☎ 013-238 0015; www.echocaves.co.za; Eintritt & Führung Erw./Kind 60/30 R), in denen Archäologen sogar Überreste aus der Steinzeit gefunden haben. Der Name der Höhlen rührt von Tropfsteinformationen her, die ein Echo erzeugen, wenn man gegen sie schlägt.

scher Lage, nur einen kurzen Spaziergang von den an der Panoramaroute gelegenen Berlin Falls entfernt, befinden sich mehrere Chalets für Selbstversorger. Die aus Stein gebauten Unterkünfte bieten Überdecken mit afrikanischen Drucken, eigene Küchen und Gartenbereiche mit Grillgelegenheiten, holzbefeuerte Öfen und einen wunderschönen Ausblick. Sie stehen unweit der Route 352 in Richtung der Berlin Falls.

Forever Resort Swadini RESORT **$$**
(☎ 015-795 5141; www.foreverswadini.co.za; Stellplatz 128 R, zusätzlich 67 R pro Pers., Chalets ab 1454 R; ❄ ≋) Das Besondere an diesen einfachen Chalets sind ihre gute Lage und der schöne Ausblick. Neben Wanderungen organisiert das Resort auch Rafting- und Abseiltouren und vieles mehr. Das Resort liegt am nördlichen Ende des Schutzgebietes am Blyde River und etwa 5 km vom Blydepoort Dam entfernt. Es gibt einen Supermarkt, eine Spirituosenhandlung und Möglichkeiten zum Waschen. In der Nebensaison ist alles deutlich preiswerter.

EASTERN LOWVELD

Das heiße und trockene Eastern Lowveld wird vor allem als Zwischenstopp auf dem Weg zum oder vom Krüger-Nationalpark besucht. Während Barberton ein richtiges Wohlfühl-Städtchen ist und an die glorreichen Zeiten des Goldrauschs erinnert, kann man in Nelspruit Großstadtluft schnuppern. Zudem gibt's hier zahlreiche schön gelegene Lodges, die Lust auf den Krüger-Nationalpark machen.

Hazyview

4300 EW.

Hazyview verläuft ohne ein richtiges Zentrum entlang der Route 40. Zur Stadt hat es sich nur dank seiner Nähe zum Krüger-Nationalpark entwickelt. Die Stadt hat gute Unterkünfte, ein paar ganz passable Restaurants und bietet sogar einige Aktivitäten, um Besucher, die hier ein paar Tage stranden, zu unterhalten.

Folgende Eingänge zum Nationalpark liegen in der Nähe: Phabeni (12 km), Numbi (15 km) und Paul Kruger (47 km).

Sehenswertes & Aktivitäten

Shangana Cultural Village
DORF

(☎ 013-737 5804; www.shangana.co.za; Touren 136 R; ⌚ 9–16 Uhr) Ungefähr 5 km nördlich der Stadt liegt an der Route 535 eine sehr touristisch angehauchte Nachbildung eines traditionellen Shangaan-Dorfes.

Zu unterschiedlichen Tageszeiten können Besucher hier lebhaftem Markttreiben, dem bäuerlichen Leben oder dem Bau eines Hauses zusehen. Darüber hinaus werden Uniformen und Waffen von *masocho* (Krieger) ausgestellt, ein *sangoma* (traditioneller Heiler) erzählt über Gebräuche und Geschichte, es wird gekocht, getanzt und *byala* (traditionelles Bier) getrunken. Der Marula Crafts Market liegt ebenfalls hier.

Ein Besuch zur Mittagszeit mit einem traditionellen Essen kostet ab 295 R, das Abendprogramm mit einem guten Abendessen 480 R.

Skyway Trails
ABENTEUERSPORT

(☎ 013-737 6747; www.skywaytrails.com; Perry's Bridge Trading Post; Seilrutschen 500 R, Tree Top Challenge 200 R) Skyway Trails ist Mpumalangas längste Seilrutsche. Mutige können hier an einem Seil gesichert durch den Urwald fliegen. Um die zehn Plattformen und die 70 bis 230 m langen Abschnitte (insgesamt 1,2 km) zurückzulegen, braucht man ungefähr 2½ Stunden. Die neueste Attraktion ist die Tree Top Challenge – ein familienfreundlicher Hochseilgarten, der übrigens der erste seiner Art in Südafrika ist: Es gibt 19 aufregende Stationen vom Balancierbaum über Seilbrücken und Spinnennetze bis hin zum krönenden Abschluss, einer 50 m langen Seilrutsche. Das verwendete Sicherheitssystem stammt aus der Schweiz.

Schlafen & Essen

Gecko Lodge & Backpackers
LODGE, HOSTEL **$$**

(☎ 071 292 5616, 013-590 1020; www.geckolodge.co.za; Stellplatz 70 R, B 110–160 R, EZ/DZ inkl. Frühstück 695/1100 R; ≋) Die Zimmer mit Bad in diesem großen, gut ausgestatteten Haus bieten Gewölbedecken, eiserne Bettgestelle und sehr komfortable Betten. Die Hostelgäste nächtigen in einem separaten Gebäude nebenan, das erst kürzlich renoviert wurde. Es gibt unterschiedlich große Schlafräume, die alle ihr Geld wert sind.

Die Anfahrt: Das Gecko liegt 3 km außerhalb von Hazyview direkt neben der Route 536 (Sabie Road). Das Hotel liegt inmitten eines großen Parks. Gäste können von hier aus durch den Wald zum Sabie River gehen.

Perry's Bridge Hollow Hotel
HOTEL **$$**

(☎ 013-737 7752; www.seasonsinafrica.com; Rte 40; EZ/DZ inkl. Frühstück 850/1100 R; ≋) Das Perry's ist allein schon deswegen sehr praktisch, weil es in einem Einkaufszentrum liegt. Außerdem ist es sehr elegant und verwöhnt seine Gäste mit geräumigen Zimmern in gedämpften Tönen, mit dunklem Holz und grauen Steinböden. Alle Räume haben Terrassen mit Blick auf den Garten oder den hübschen Poolbereich.

Idle & Wild
COTTAGES **$$**

(☎ 013-737 8173; www.idleandwild.com; EZ/DZ-Rondavels inkl. Frühstück 625/920 R; P) Diese ausgezeichneten *rondavels* liegen in einem wundervollen tropischen Garten, der einen zunächst einmal umhaut. Schon die normalen Rundhütten sind sehr geräumig und mit einer Küchenzeile ausgestattet. Das *honeymoon rondavel* (Aufpreis 100 R) zeichnet sich durch etwas schönere Wäsche und einen großen Whirlpool aus. Allen gemein sind der schöne Blick in den Garten sowie die Stühle und Tische draußen.

Summerfields Kitchen
FUSION **$$**

(☎ 013-737 6500; Hauptgerichte 125–160 R; ⌚ Mittag- & Abendessen) Wer es romantisch mag, liegt mit dem Besuch des Summerfields genau richtig. Das schön angerichtete Essen ist meist recht deftig, es gibt Fleisch mit Sahnesoßen, Forelle in Butter und sündhaft gute Desserts (besonders empfehlenswert ist die Vanille-Pannacotta). An einem heißen Nachmittag geht nichts über die kühle Brise auf der großen Terrasse. Das Lokal liegt 5 km außerhalb der Stadt an der Route 536.

Pioneer Restaurant
STEAKHOUSE **$$**

(☎ 013-737 7397; Rendezvous Tourism Centre, Rte 40; Hauptgerichte 90–160 R; ⌚ 12–15 & 18–21 Uhr) Denee Fick gehört zu Südafrikas bekanntesten Küchenchefs und stellt ihr kulinarisches Talent in diesem modernen Restaurant unter Beweis. Ihre Spezialität ist perfekt zubereitetes hochwertiges Rindfleisch. Besonders empfehlenswert ist das Sirloin Steak mit Champignonsoße. Aber es gibt auch gut zubereitete Meeresfrüchte und lokales Wild wie etwa Straußenfleisch.

Praktische Informationen

Big 5 Country Tourist Office (013-737 7414; Mo–Sa 8–17, So 9–13 Uhr) Diese sehr nützliche Touristeninformation findet man im Rendezvous Centre am südlichen Ortseingang.

PostNet (Blue Haze Mall, Ecke Rte 536 & Rte 40; 15 Min. 10 R) Der Internetempfang im größten Einkaufszentrum der Stadt ist erfreulich stabil.

An- & Weitereise

Die bekannten Minibus-Taxi fahren täglich nach Nelspruit (40 R, 1 Std.) und Sabie (40 R, 1 Std.).

White River

16.700 EW. / 950 M

White River (Witrivier) ist eine große, verwirrende Stadt aus der Zeit der Burenkriege, in der weniger Regen als in Nelspruit fällt. Der Ort ist ein alternativer Ausgangspunkt für einen Ausflug in den Krüger-Nationalpark. Es gibt zwei gute Einkaufszentren: In der ländlichen Casterbridge Farm finden sich Restaurants und Geschäfte, Kunstgalerien und ein Kino. Das Bagdad Centre präsentiert sich mit falscher kapholländischer, marokkanischer und sansibarischer Architektur und guten Restaurants. Die Einkaufszentren liegen sich - nur 2 km nördlich der Stadt an der Route 40 nach Hazyview - direkt gegenüber.

Gypsies Travellers Inn HOSTEL $

(079 6049 675; Plot 119, Jatinga Rd; pro Pers. 120 R, Cottages für Selbstversorger, bis zu 8 Pers. 1200 R;) Die freundliche, rustikale Unterkunft direkt außerhalb von White River bietet Betten in mehreren Schlafsälen sowie Zimmer in Hütten. Für Reisende, die vom Kruger Mpumalanga International Airport kommen, ist es die nächstgelegene Unterkunft.

Karula Hotel HOTEL $$

(013-751 2277; www.karulahotel.co.za; Old Plaston Rd; EZ/DZ inkl. Frühstück 690/1100 R, Luxus-EZ/DZ 800/1300 R;) Das Karula liegt nur 2 km außerhalb der Stadt in einer kleinen grünen Oase an der Route 538. Die Gäste des sehr ruhigen Hotels wohnen inmitten von Palisanderholzbäumen und Bougainvilleen. Die Standardzimmer sind inzwischen ein wenig in die Jahre gekommen, dafür lohnen die Luxus-Zimmer den verlangten Aufpreis auf alle Fälle: Sie sind deutlich größer und haben bequeme Sofas und einen schönen Blick ins Grüne. Im Preis ist das Abendessen inbegriffen.

Fez at Baghdad MITTLERER OSTEN $$

(013-750 1250; Bagdad Centre; Hauptgerichte ab 90 R; Sonntagabend & Mo geschl.) Kellner in weißen Roben und mit rotem Fes servieren eine Mischung aus nordafrikanischen und orientalischen Köstlichkeiten, darunter große Gemeinschaftsteller mit Mezze, *tajines* und Grillfleisch. Im Restaurant gibt es aber auch eine Sushi-Bar, die irgendwie etwas fehl am Platz wirkt.

Praktische Informationen

First National Bank (Tom Lawrence St) Bietet einen Geldautomaten.

Lowveld Tourism (013-755 1988; Casterbridge Centre, Rte 40; Mo–Sa 9–16, So 10–14 Uhr) Befindet sich skurrilerweise im Antiques & Artifacts Car Museum im Casterbridge Centre.

An- & Weiterreise

Minibus-Taxis fahren den ganzen Tag über nach/von Nelspruit (15 R, 20 Min.) und Hazyview (35 R, 1 Std.).

Nelspruit

58.700 EW.

Nelspruit (oder auch Mbombela) ist Mpumalangas größte Stadt und zugleich die Provinzhauptstadt. Die Stadt ist nicht übel, aber für Touristen eigentlich nur interessant, wenn sie hier etwas zu erledigen haben. Es gibt immerhin eine ganze Reihe guter Unterkünfte sowie ein paar wirklich exzellente Restaurants. Als Zwischenstopp eignet sich Nelspruit also durchaus.

Sehenswertes & Aktivitäten

Lowveld National Botanical Garden BOTANISCHER GARTEN

(013-752 5531; www.sanbi.org; Erw./Kind 25/14 R; 8–18 Uhr) Der vor den Toren der Stadt liegende 15 ha große Botanische Garten wurde 1969 gegründet und gibt einen Einblick in die Flora des afrikanischen Regenwalds. Ein Spaziergang inmitten der Blumen und Bäume ist ein schönes Erlebnis. Im Laufe der Jahre konnten hier über 240 Vogelarten identifiziert werden. Der Botanische Garten liegt an der Route 40 etwa 2 km nördlich der Kreuzung mit der N4.

Chimpanzee Eden ZOO
(☎013-737 8191; www.janegoodall.co.za; Rte 40; Erw./Kind 160/80 R) Diese Zuflucht für Schimpansen liegt etwa 12 km südlich von Nelspruit an der Route 40. Hier kümmert man sich um vor dem Tod und Misshandlung gerettete Schimpansen. Besucher können sie hier in einigermaßen natürlicher Umgebung beobachten und etwas über ihr Leben und ihre Bedrohung lernen. Der Eintrittspreis umfasst eine Führung (10, 12 & 14 Uhr).

Wandern

Die Region bietet eine Reihe schöner (aber auch anstrengender) Wanderungen. Ein guter und kompetenter Ansprechpartner ist Komatiland Forests Eco-Tourism (S. 426), über den man auch die Trails bucht.

Kaapschehoop Trail WANDERN
(Pro Nacht 105 R) In der Umgebung von Kaapschehoop gibt es in der historischen *Goldfields*-Gegend zwischen Nelspruit und Barberton vielfältige Möglichkeiten zum Wandern. Wanderer können dabei vor allem Vögel beobachten, aber auch Wildpferde, Vervet-Meerkatzen, Buschböcke, Schakale, Klippspringer, Berg-Riedböcke und sogar Leoparden. Die Wanderungen dauern zwei, drei oder vier Tage.

Uitsoek Trail WANDERN
(Nacht 105 R) Dieser Trail beginnt 80 km nordwestlich von Nelspruit. Mit ein wenig Glück sieht man unterwegs Kapottern, Rehantilopen, Berg-Riedböcke, Ducker, Buschböcke und eine Unzahl an Vogelarten. Diese Wanderungen dauern ein oder zwei Tage.

Geführte Touren

African Safari Adventures TOUREN, SAFARIS
(☎013-737 6218; www.tourist.co.za) Das sehr erfahrene Unternehmen bietet Touren mit oder ohne Übernachtung. Sie führen zumeist in den Krüger-Nationalpark oder zum Blyde River Canyon, darüber hinaus können Spezialsafaris, z. B. zur Vogelbeobachtung oder zum Rafting, gebucht werden. Sogar grenzüberschreitende Touren nach Swasiland und Mosambik sind möglich.

Funky Safaris (Discover Kruger) TOUREN, SAFARIS
(☎013-744 1310; www.discoverkruger.com) Dieser Anbieter hat sein Büro im Hostel Funky Monkey Backpackers und organisiert ein- bis dreitägige Safaris in den Krüger-Nationalpark. Es betreibt ein eigenes Camp im Klaserie Nature Reserve an der Grenze zum Krüger-Nationalpark.

Wer es lieber etwas kürzer mag, kann über den Anbieter Tagesausflüge zum Blyde River Canyon buchen.

Kruger and More TOUREN, SAFARIS
(☎013-744 0993; www.krugerandmore.co.za) Diese sehr gut organisierte Firma unternimmt mehrtägige Touren in den Krüger-Nationalpark, zum Blyde River Canyon und nach Mosambik.

Feste & Events

InniBos KULTUR, MUSIK
(www.innibos.co.za) Immer im Juni oder Juli findet Nelspruits größtes Festival statt. Dann treffen sich Künstler, Musiker, Theatergruppen und natürlich das Publikum zu fünf Tagen voller Spaß. Der Eintritt kostet etwa 50 R pro Tag.

Schlafen

Old Vic Travellers Inn HOSTEL $
(Crazy Kangaroo Backpackers; ☎013-744 0993; www.krugerandmore.co.za; 12 Impala St; B 145 R, DZ 520 R, DZ ohne Bad 400 R, Haus für Selbstversorger, bis zu 4 Pers. 800 R; @ 📶 ≋) Ein freundliches und etwas besseres Haus für alle, die aufs Geld schauen müssen. Die Gäste bekommen hier viele Informationen über die Gegend.

Die Doppelzimmer sind vielleicht ein wenig dunkel, dafür aber sauber und gut in Schuss. Dies gilt auch für die Gemeinschaftsbäder. Ein weitläufiger Garten führt bis zum Fluss hinunter. Das Old Vic liegt rund 3 km südlich des Stadtzentrums und ist gleichzeitig eine Haltestelle des Baz Bus.

Funky Monkey Backpackers HOSTEL $
(☎013-744 1310; www.funkymonkeys.co.za; 102 Van Wijk St; Stellplatz 90 R, B 150 R, EZ/DZ ohne Bad 250/400 R; @ ≋) Obwohl diese Unterkunft nicht nur gute Bewertungen erhält und ein wenig außerhalb liegt, handelt es sich um eine interessante günstige Unterkunft. Die Schlafsäle und Doppelzimmer des großen Hauses sind sauber, der große Garten ist eine weitere Attraktion. Die Gäste können im Hostel auch essen. Am Pool und im *Braai*-Bereich finden immer wieder einmal große Partys statt. Reisende erreichen das Funky Monkey über die Ferreira Street in östlicher Richtung, dann geht es rechts ab in die Van der Merwe Street, die schließlich in die Van Wijk Street abbiegt.

Nelspruit

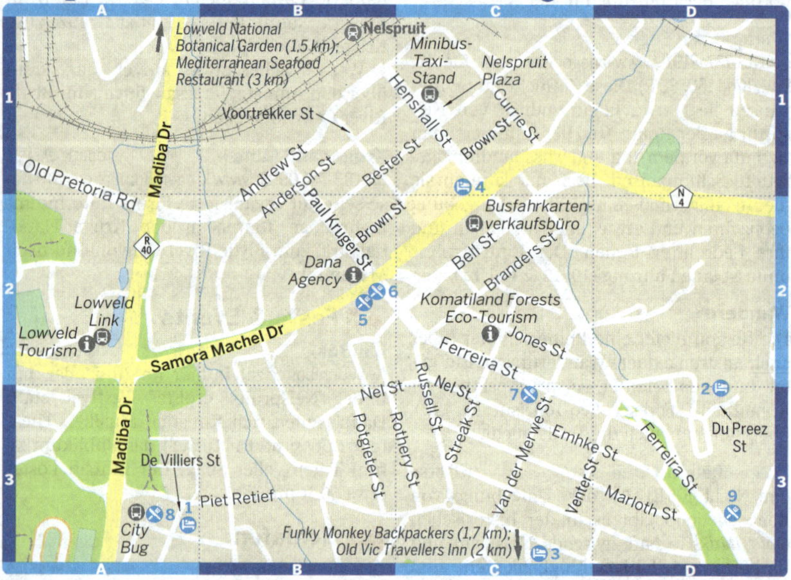

Nelspruit

Schlafen

1 Auberge Guest Lodge A3
2 Francolin Lodge & Boutique Hotel D3
3 Haden's B&B C3
4 Orion Promenade Hotel C1

Essen

5 Costa do Sol B2
6 Food Fundi B2
7 Jock Pub & Grill C3
Orange Restaurant .... (s. 2)
8 Puzzle A3
9 Saffron D3

★ **Utopia in Africa** PENSION $$
(☎ 013-745 7714; www.utopiainafrica.co.za; 6 Daleen St; EZ/DZ inkl. Frühstück ab750/1200 R; ❄📶🏊) Elegante Einfachheit und eine meisterliche Architektur, die nachmittags für eine angenehme Kühle sorgt, heben dieses Hotel aus der Masse heraus. Die Zimmer sind sehr schön möbliert, die Balkone blicken auf ein nahe gelegenes Naturschutzgebiet. Hier zu übernachten ist ein bisschen so, als ob man bei Freunden wohnen würde. Die Gastfreundschaft und die riesige Hilfsbereitschaft sind einzigartig. Die Anfahrt: Zunächst auf dem Madiba Drive in südlicher Richtung fahren, dann links auf den Dr. Enos Mabuza Drive und noch einmal links auf die Halssnoer Street (die später zur Augusta Street wird) abbiegen. Dann dem Straßenverlauf folgen, bis die ersten Hinweisschilder auf das Hotel erscheinen.

Haden's B&B PENSION $$
(☎ 013-752 3259; www.hadensrest.com; Ecke Van Wijk St & Mostert Rd; EZ/DZ inkl. Frühstück 550/750 R; ❄📶🏊) Die knallbunte afrikanische Kunst an den Wänden macht die Zimmer der freundlichen Pension sehr farbenfroh. Manche sind besser (d. h. größer) als andere, von daher lohnt es sich, sich einige anzuschauen (Zimmer 4 ist z. B. empfehlenswert). Das Haden's liegt nahe an der City. Die Anfahrt: Über die Ferreira Street in östlicher Richtung fahren, dann erst rechts in die Van der Merwe Street und schließlich in die Van Wijk Street abbiegen.

Auberge Guest Lodge B&B $$
(☎ 013-741 2866; www.aubergeguestlodge.com; 3 De Villiers St; EZ/DZ inkl. Frühstück 550/750 R; @📶🏊) Eine ruhige, gut gepflegte und sonnige Unterkunft mit einem begrünten Hof und einem Pool. Die Zimmer im Motelstil sind alle gut, in einigen sorgen Deckenventi-

latoren für Abkühlung. Die Lage hinter dem Sonpark Centre ist sehr praktisch, mit Cafés und Restaurants gleich auf der anderen Straßenseite.

Orion Promenade Hotel HOTEL $$

(☎ 011-718 6452; www.oriongroup.co.za; Ecke Samora Machel Dr & Henshall St; Zi. inkl. Frühstück 1600 R;) Dieses Hotel mitten im Stadtzentrum auf der anderen Straßenseite von den Busunternehmen ist ein Labyrinth aus Gängen. Einige Zimmer, z. B. Nr. 204, sind erst kürzlich renoviert worden und bieten jetzt eine schicke Einrichtung und bessere Betten. Andere haben die Renovierung noch vor sich, sind dafür jedoch sehr geräumig. Die Preise sind für alle Zimmer dieselben, an Wochenenden gibt es Spezialrabatte.

Francolin Lodge & Boutique Hotel PENSION $$$

(☎ 013-744 1251; www.francolinlodge.co.za; 4 Du Preez St; EZ/DZ inkl. Frühstück 1110/1700 R;) Eine der besten Lodges in Nelspruit. Die Zimmer haben extrem hohe Decken, eigene Terrassen und Eckbäder, aus denen Gäste einen tollen Blick genießen.

Zu finden ist es leicht: Wer von Osten auf der N 4 in die Stadt fährt, muss nur auf die Hinweisschilder achten.

Das ebenso schöne **Loerie's Call** (☎ 013-744 1251; www.francolinlodge.co.za; 2 Du Preez St; EZ/DZ 910/1300 R) nebenan gehört den gleichen Besitzern. Die vom Haupthaus getrennten tollen Zimmer sind auf überdachten Wegen erreichbar, jedes hat einen eigenen Eingang.

Essen

★ Food Fundi SANDWICHES $

(☎ 013-755 1091; ABSA Sq; Hauptgerichte 40–60 R; Mo–Fr 7–16, Sa 8–13 Uhr) Das ausgezeichnete Café verarbeitet vor allem Zutaten aus dem *lowveld* und ist ein guter Tipp zum Frühstücken oder Mittagessen. Auf der Karte finden sich Wraps, Sandwiches (besonders lecker ist das Sandwich mit über Rooibos geräuchertem Hühnchen, gerösteten Cashewnüssen, Ananas-Chutney und Feta), Salate, Burger und köstliche Süßspeisen. Ausgeschenkt werden Spezialbiere und Wein.

Puzzle CAFÉ $

(Sonpark Shopping Centre, Rte 40; Hauptgerichte30–60 R; Mo–Fr 7–16.30, Sa 7–13 Uhr) Hier in diesem hellen und zuverlässigen Café passt das Preis-Leistungs-Verhältnis. Auf der Karte stehen gute Frühstücks- und Mittagsgerichte, u. a. Sandwiches, Wraps und Quiche. Es geht hier sehr freundlich und nett zu, sicher einer der Gründe, warum auch die Einheimischen gerne vorbeischauen.

★ Saffron TAPAS $$

(☎ 013-744 0324; www.saffronnelspruit.co.za; 54/56 Ferreira St; Tapas 20–40 R; Di–Fr 12–14, Mo–Sa 18–21 Uhr) Das Saffron ist in Nelspruits lebhafter gastronomischer Szene der neueste Schrei. Serviert werden originelle Tapas, z. B. selbst geräucherte Schweinelende mit Honig-Senf-Sauce und Törtchen mit Zwiebelmarmelade und Ziegenkäse.

Egal, ob man in dem schönen intimen Speisesaal oder draußen auf der hübschen Terrasse essen möchte: Eine Reservierung wird empfohlen, da das Saffron bei den Einheimischen sehr beliebt ist.

Jock Pub & Grill KNEIPE $$

(☎ 013-755 4969; www.jockpubandgrill.co.za; Ferreira St; Hauptgerichte 80–140 R; Küche 8–21.30 Uhr) Inmitten grüner Rasenflächen liegt das große, nette Pub im „Outback-Stil". Das Essen ist eine Stufe besser als in den meisten anderen Pubs von Nelspruit: großartige Salate, Holzofenpizzas, Burger, Meeresfrüchtegerichte und eine anständige Auswahl an vegetarischen Gerichten. Der Spielplatz ist für Familien mit Kindern eine zusätzliche Attraktion. Vielleicht ist es auch daher so beliebt bei den Einheimischen.

Mediterranean Seafood Restaurant MEDITERRAN $$

(Hub, Riverside Mall, Rte 40; Hauptgerichte 90–150 R; 10.30–21.30 Uhr) Bequeme Korbstühle, ein großer Außenbereich, vom Boden bis zur Decke reichende Weinständer und nette Pastellfarben sind nur einige Vorzüge dieses Restaurants. Die Küche zaubert darüber hinaus mit Meeresfrüchten tolle Gerichte (auch Sushi). Der einzige Nachteil ist der Blick direkt auf einen Parkplatz. Alles in allem handelt es sich um eines der besten Restaurants der Stadt. Die Meeresfrüchte-Platten und die Currys sind die Highlights. Die Spezialitäten des Küchenchefs stehen auf der Rückseite der Karte, dienstags und donnerstags gibt es besondere Angebote.

Costa do Sol PORTUGIESISCH, ITALIENISCH $$

(☎ 013-752 6382; Paul Kruger St, ABSA Sq; Mahlzeiten 60–100 R; Mo–Fr 11–22, Sa 18.30–22 Uhr) Schon seit langer Zeit ein sehr beliebter Klassiker in Nelspruit. In dem etwas dunklen Speisesaal bekommen die Gäste portugiesische Küche serviert, u.a. Fisch, Pasta und Krabben. Eine gute Wahl im Stadtzentrum. Nicht zuletzt die Kühle im Speisesaal ist eine willkommene Erholung von dem Trubel draußen.

Orange Restaurant FUSION $$$
(013-744 9507; www.eatatorange.co.za; 4 Du Preez St; Hauptgerichte Mittagessen 60–100 R, Abendessen 80–160 R; Mittag- & Abendessen) Für das Essen hier sollte man seine besten Sachen anziehen und dann die großartige Küche des stilvollen Restaurants in der Francolin Lodge genießen, z. B. das fast schon künstlerisch angerichtete Straußen-Carpaccio. Der tolle Ausblick ist die Sahnehaube auf dem Kuchen.

Praktische Informationen

Das Konsulat von Mosambik kümmert sich um Visa.

GELD

First National Bank (Bester St) Geldwechsel möglich.

Nelspruit Crossing Mall (Ecke Samora Machel Dr & Madiba Dr) Betreibt einen Geldautomaten.

Standard Bank (Brown St) Betreibt einen Geldautomaten.

INTERNETZUGANG

PostNet (Nelspruit Crossing Mall; 15 Min. 10 R; Mo–Fr 8–17, Sa 9–13 Uhr) Zuverlässiger Internetzugang.

MEDIZINISCHE VERSORGUNG

Nelmed Forum (013-755 1541; www.nelmed.co.za; Ecke Nel St & Rothery St) 24-Stunden-Notdienst.

Nelspruit Mediclinic (013-759 0500; www.mediclinic.co.za; 1 Louise St) Eine Privatklinik, ebenfalls mit 24-Stunden-Notdienst.

NOTFALL

Polizei (013-759 1000; 15 Bester St) Gegenüber der Nelspruit Plaza.

TOURISTENINFORMATION

Dana Agency (013-753 3571; www.dana-agency.co.za; Shop 12, Nelspruit Crossing Mall; Mo–Fr 8–16.30, Sa 9–12 Uhr) Dieses alteingesessene Büro hilft bei der Buchung von Flugtickets und bietet sonstige Dienste rund um das Reisen an.

Lowveld Tourism(013-755 1988; www.lowveldtourism.com; Ecke Madiba Dr & Samora Machel Dr; Mo–Fr 7–18, Sa 8–13.30 Uhr) Ein Büro mit sehr hilfsbereiten Mitarbeitern in der Nelspruit Crossing Mall (hinter dem News Cafe). Sie nehmen Reservierungen für Touren in alle Nationalparks, auch den Krüger-Nationalpark, entgegen und sind bei der Buchung von Unterkünften und geführten Touren behilflich.

Komatiland Forests Eco-Tourism (013-754 2724; www.komatiecotourism.co.za; 10 Streak St) Informiert über die Region und nimmt Buchungen für anmeldepflichtige Wanderungen entgegen.

An- & Weiterreise

BUS

Alle größeren Busunternehmen verkehren täglich zwischen Johannesburg (und Pretoria) und Maputo (Mosambik).

Greyhound (013-753 2100; www.greyhound.co.za) Es gibt Verbindungen von Pretoria nach Nelspruit (315 R, 5 Std., 3-mal tgl.) und von Nelspruit nach Maputo (320 R, 4 Std., einmal tgl.).

Translux (0861-589 282; www.translux.co.za)

FLUGZEUG

Kruger Mpumalanga International Airport (MKIA; 013-753 7500; www.kmiairport.co.za) Der Mpumalanga Kruger International Airport ist von Nelspruit aus der am nächsten gelegene Passagierflughafen.

Airlink (013-750 2531, 0861-606 606; www.flyairlink.com) Airlink bietet täglich Flüge nach Johannesburg (1200–1400 R, 1 Std.), Kapstadt (2800–3200 R, 2 Std. 40 Min.) und Durban (2200–2700 R, 1½ Std.).

LEIHWAGEN

Avis (013-750 1015; www.avis.co.za) Betreibt einen Schalter am Flughafen.

Europcar (013-751 1855; www.europcar.co.za) Hat einen Schalter am Flughafen.

First (013-750 2538; www.firstcarrental.co.za) Schalter am Flughafen.

SAMMELTAXIS

Der Bahnhof für Busse und Minibus-Taxis befindet sich hinter der Nelspruit Plaza in der Nähe der Kreuzung Bester Street und Henshall Street. Minibus-Taxis fahren u. a. nach White River (15 R, 20 Min.), Barberton (30 R, 40 Min.), Hazyview (40 R, 1 Std.), Graskop (45 R, 1½ Std.) und Johannesburg (140 R, 5 Std.).

Busse von **City Bug** (086-133-4433; www.citybug.co.za) fahren zweimal pro Woche nach Durban (einfach 630 R pro Pers., 9 Std.), einmal täglich nach Pretoria (einfach 410 R, 3½–5 Std.) und mehrmals täglich zum OR Tambo International Airport (einfach 410 R pro Pers., 4–5½ Std., 4–5-mal tgl.). Alle Busse starten an der Sonpark-BP-Tankstelle.

Lowveld Link (013-750 1174; www.lowveld-link.com) bietet einen praktischen Pendelbus von Nelspruit nach Pretoria (einfach 390 R,

3½ Std.), zum OR Tambo International Airport (einfach 390 R, 4¼ Std.) und nach Sandton (einfach 390 R, 4¾ Std.) an. Der Pendelbus fährt am Büro von Lowveld Tourism ab.

ZUG

Shosholoza Meyl (☎ 0860-008 888; www.shosholozameyl.co.za) Das Unternehmen betreibt die Komati-Linie, die über Nelspruit zweimal wöchentlich nach Johannesburg (8 Std.) und Komatipoort (2½ Std.) fährt. In diesen Zügen gibt es ausschließlich Sitzplätze.

Malelane

3500 EW.

Malelane ist im Wesentlichen eine Zwischenstation und ein Dienstleistungszentrum für den Krüger-Nationalpark. Es gibt einige gute Lodges, von denen die meisten einen schönen Blick auf den Crocodile River bieten und nahe genug an der Wildnis dran sind, um Appetit auf mehr zu machen.

Malelane liegt an der N4, das Malelane Gate befindet sich 3 km nordöstlich des Ortes. Durch diesen Eingang kommt man in den südlichen Teil des Krüger-Nationalparks.

★ **River House Lodge** PENSION $$
(☎ 013-790 1333; www.riverhouse.co.za; 27 Visarend St; EZ/DZ 700/1400 R) Dieses tolle Hotel unmittelbar am Rand des Nationalparks ist der ideale Ort, um sich vor oder nach dem Besuch des Nationalparks zu entspannen. Alle Zimmer verfügen über einen eigenen Balkon mit schönem Blick direkt in den Park. Das Personal ist sehr freundlich, die Ausstattung hat einen netten historischen Touch.

Das Hotel liegt westlich der Stadt, von der Hauptstraße aus führen Hinweisschilder dorthin.

Masungulo River Camp LODGE $$
(☎ 013-744 1310; Halbpension pro Pers. 350 R;) Die Lodge wird von den Leuten des Funky Monkey Hostel in Nelspruit betrieben. Es liegt wunderschön in einem Wildtierreservat mit Blick auf den Crocodile River und ist ein ideales Basislager für Safaris im Krüger-Nationalpark. Die Gäste wohnen passenderweise schon hier in Safarizelten.

Das Camp liegt zwischen den Eingängen in Malelane und am Crocodile Bridge in den Krüger-Nationalpark und nur rund 25 km vom Grenzübergang nach Mosambik entfernt.

Serenity Lodge LODGE $$$
(☎ 013-790 2000; www.serenitylodge.co.za; EZ/DZ inkl. Frühstück 1800/2400 R, Abendessen 200 R;) Die mit Schilf gedeckten Suiten der Serenity Lodge - allesamt mit eigener Terrasse - verstecken sich hinter dem Wald und sind untereinander durch kleine Hängebrücken verbunden. Ein idealer Ort, um den Alltag inmitten von kleinen Wasserfällen und Bäumen voller Vögel, Schmetterlinge und Affen komplett zu vergessen.

Komatipoort

4700 EW.

Komatipoort liegt in den Lebombo Mountains unweit des Zusammenflusses von Komati River und Crocodile River und nur 10 km vom Crocodile Bridge Gate des Krüger-Nationalparks entfernt. Deshalb ist es auch ein guter Zwischenstopp auf der Reise von bzw. nach Mosambik oder Swasiland. Es gibt einen Spar-Supermarkt, eine Tankstelle und eine ABSA Bank, die Geld wechselt.

Wer sich zufällig Ende Juni in Komatipoort aufhält, sollte sich nach dem **Prawn Festival** erkundigen, bei der der Garnele große Huldigung zuteil wird.

Schlafen & Essen

Kruger View Backpackers HOSTEL $
(☎ 013-793 7373; www.krugerview.com; 61 Bosbok St; B/DZ 150/465 R; @) Hier handelt es sich um eine gehobene Unterkunft für Rucksacktouristen nur fünf Minuten vom Parkeingang Crocodile Bridge entfernt. Gäste können so schon vom Balkon aus Wildtiere sehen. Neben dem herrlichen Blick in den Nationalpark bietet das Hostel drei geräumige Schlafsäle und Zimmer für zwei bis fünf Personen.

★ **Trees Too** PENSION $$
(☎ 013-793 8262; www.treestoo.com; EZ/DZ 765/980 R;) Das Trees Too ist eine ganz ungewöhnliche Unterkunft. Die tollen Zimmer haben Ziegelsteinmauern und Strohdächer, es gibt eine „Honesty Bar" (eine Bar, die auf Vertrauensbasis funktionier), einen Pool und einen freundlichen Service. Die Angestellten sind sehr gut über den Krüger-Nationalpark informiert und servieren Frühstück und Abendessen. In den Zimmern hängen tierische Kunstwerke an den Wänden, die Einrichtung ist sehr hochwertig. Das Trees Too liegt in einer von Bäumen gesäumten Straße

etwa 500 m von der Rissik Street entfernt. Auf die Hinweisschilder achten.

Stoep Café B&B $$

(☎083 457 3909; www.stoepcafeguesthouse.co.za; 74 Rissik St; EZ/DZ inkl. Frühstück 400/700 R;) Das Stoep ist ein ausgesprochen schönes grün-weißes Haus im Kolonialstil mit einem kleinen Garten und Pool im Herzen der Stadt. Vermietet werden drei ordentliche Zimmer, jeweils mit kleiner Küchenzeile. Im hauseigenen Coffeeshop werden auf einer schattigen Veranda leckere Mahlzeiten, Snacks und Pfannkuchen serviert.

Restaurante Tambarina PORTUGIESISCH $$

(☎013-790 7057; Rissik St; Hauptgerichte 80–120 R; Mittag- & Abendessen, So geschl.) Zu den Top-Gerichten hier gehören die Meeresfrüchteplatten und die Paella. Fisch- und Meeresfrüchtegerichte wie das interessant zubereitete Krabben-Curry locken selbst Einheimische in Scharen an. Die Gäste können all dies im großen Speisesaal oder aber auf der Außenterrasse genießen.

Der Service ist allerdings nicht sonderlich zuverlässig, sodass sich die Gäste schon etwas einfallen lassen müssen, um Aufmerksamkeit zu erregen.

An- & Weiterreise

Minibus-Sammeltaxis halten an der Rissik Street nahe dem Score-Supermarkt und fahren regelmäßig zwischen Komatipoort und Maputo (Mosambik; 90 R, 1½–2 Std.).

Wer mit dem Auto unterwegs ist, passiert auf der N4 auf mosambikanischer Seite zwei Mautstellen. Die Ausreise geht mit Abwicklung der Formalitäten ziemlich flott.

Der *Komati*-Zug befährt täglich (außer Sa) die Strecke zwischen Johannesburg und Komatipoort (120 R, 11 Std.) und hält unterwegs in Malelane und Nelspruit.

Barberton

12.000 EW.

Barberton ist ein freundliches Städtchen, dessen ruhige, begrünte Straßen vor dem faszinierenden Panorama der grünen und purpurroten Berge. Die Atmosphäre ist großartig, nicht zuletzt wegen der wunderschön erhaltenen historischen Gebäude, der freundlichen Gelassenheit seiner Einwohner und des kompakten Stadtzentrums, das sich gut zu Fuß erkunden lässt. Als Standort für Fahrten ist Barberton eine exzellente Alternative zu Nelspruit.

Barberton entstand in der Zeit des Goldrauschs, erlebte seine Blütezeit im späten 19. Jh. und war die Heimat der ersten Börse Südafrikas.

Sehenswertes & Aktivitäten

In Barberton ist man stolz auf einige restaurierte Häuser, die Ende des 19. bzw. Anfang des 20. Jhs. erbaut wurden. Sie können alle besichtigt werden (nähere Auskünfte erteilt das Barberton Museum) und vermitteln einen schönen Einblick in die frühe Geschichte der Stadt. Dazu gehören das **Belhaven House** (Lee St; Erw./Kind 15/8 R; Führungen Mo–Fr 10–15 Uhr zur vollen Stunde) und das **Stopforth House** (Bowness St; Erw./Kind 12/6 R; Führungen Mo–Fr 10–15 Uhr zur vollen Stunde) im oberen Teil der Stadt. Es hat einen beeindruckenden Ausblick und eine traumhafte Terrasse vor dem Haus. Das **Fernlea House** (Lee St; Mo–Fr 9–16 Uhr) GRATIS wiederum liegt wunderschön im Wald.

Die Touristeninformation versorgt Besucher gerne mit einer Karte des **Heritage Walk**. Dieser Spaziergang führt an schön restaurierten Häusern und weiteren Attraktionen vorbei. Am südlichen Stadtrand findet sich eine 2002 aufgegebene Materialseilbahn. Mit ihren 20,3 km Länge war sie einst die längste industrielle Materialseilbahn der Welt. Sie transportierte Asbest aus einer Mine in Bulembu/Swasiland nach Barberton. In die Gegenrichtung, sozusagen als Gegengewicht, wurde Kohle für ein Kraftwerk transportiert.

Barberton Museum MUSEUM

(☎013-712 4208; 36 Pilgrim St; 10–16 Uhr) GRATIS Das Museum ist etwas in die Jahre gekommen. Die Ausstellung über die Lokalgeschichte und Geologie ist jedoch sehr interessant, vor allem die tolle Schwarz-Weiß-Foto-Serie über die Stadt im Wandel der Zeit.

Umjindi Gallery GALERIE

(☎013-712 5807; www.umjindijewellery.co.za; Pilgrim St; Mo–Fr 8–17 Uhr) GRATIS Die Galerie verkauft Kunsthandwerk und erlaubt Besuchern, den Künstlern bei der Arbeit in der Werkstatt zuzuschauen. Der Schmuck ist sehr beeindruckend, vor allem der aus Silber. Für nur 600 R bekommt man hier z. B. ein Set aus Ohrringen und Anhänger mit hübschen Tierschnitzereien. Die Galerie ist erst kürzlich grundlegend renoviert worden.

Barberton

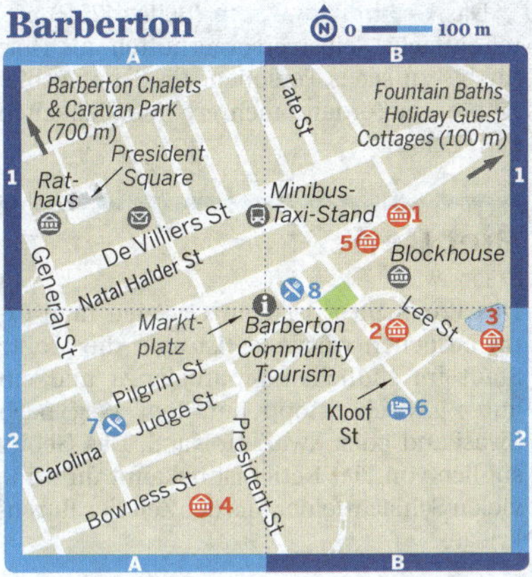

Barberton

Sehenswertes

1 Barberton Museum B1
2 Belhaven House B2
3 Fernlea House B2
4 Stopforth House A2
5 Umjindi Gallery B1

Schlafen

6 Kloof House B2

Essen

7 Papa's A2
8 Victorian Tea Garden & Restaurant B1

Lone Tree Hill PARAGLIDING

(Eintritt 20 R, Pfand zusätzlich 50 R) Unmittelbar südwestlich der Stadt liegt der Lone Tree Hill, ein idealer Ort zum Paragliden. Abenteuerlustige folgen von der Stadt aus zunächst der De Villiers Street in westlicher Richtung und biegen dann etwa 500 m hinter dem Gefängnis links ab. Die Schlüssel gibt **Hi Tech Security** (☎013-712 3256; McPherson St) neben der Kruger Street aus.

Schlafen

Bushwhacked LODGE $

(☎073 691 5646; Plot 370 Brommersplaas, Kruger St; EZ/DZ 130/250 R) Das Bushwacked ist eine willkommene Ergänzung zum bestehenden Angebot an bezahlbaren Unterkünften in Barberton. Das rustikale Haus für Selbstversorger bietet einfache, saubere und komfortable Zimmer und einen großartigen Ausblick. Tierfreunde sind hier besonders willkommen, aber natürlich auch alle anderen Gäste.

Radfahrer können sich Mountainbikes ausleihen.

Barberton Chalets & Caravan Park WOHNWAGENPARK $

(☎013-712 3323; www.barbertonchalets.co.za; General St; Stellplatz 70 R, Cottage EZ/DZ/3BZ 350/500/600 R;) Der schön grüne und schattige Caravanpark liegt unweit des Stadtzentrums. Die Chalets im Stil der 1970er-Jahre sind für vier Personen gedacht, wirklich bequem ist es in den winzigen, jedoch sauberen und ordentlichen Zimmern aber nur für zwei Personen.

Kloof House PENSION $$

(☎013-712 4268; www.kloofhuis.co.za; 1 Kloof St; EZ/DZ inkl. Frühstück 450/700 R; @) Das Kloof befindet sich in einem hübschen viktorianischen Haus an einem Hügel. Die Zimmer sind einfach, aber geräumig und gemütlich. Alle führen auf die das gesamte Haus umrahmende Veranda, von der aus sich den Gäste ein wunderbarer Blick bietet. Darüber hinaus wird noch ein Chalet für Selbstversorger vermietet.

Fountain Baths Holiday Guest Cottages PENSION $$

(☎013-712 2707; 48 Pilgrim St; Cottages pro Pers. 325 R) Diese blitzsauberen, ausreichend großen und gut ausgestatteten Cottages liegen in einer schönen historischen Gegend direkt am nordöstlichen Stadtrand. Der hübsche, friedliche Garten garantiert, dass die Gäste morgens von Vogelgezwitscher geweckt werden.

Essen & Ausgehen

Victorian Tea Garden & Restaurant CAFÉ $

(Crown St, Market Sq; leichte Mahlzeiten 30–40 R; Mo–Fr 8–17, Sa 8–13 Uhr;) Hier können Gäste gute Sandwiches, Kuchen und auch größere Gerichte genießen, während sie in einem offenen Pavillon sitzen und dem Treiben auf der Straße zusehen.

Das Lokal liegt zwischen der Pilgrim Street und der Crown Street, direkt neben der Touristeninformation. Es ist gleichzeitig ein WLAN-Hotspot.

Papa's MEDITERRAN $

(☎013-712 4645; 18 Judge St; Hauptgerichte 30–60 R; Frühstück, Mittag- & Abendessen;) Dieses pseudo-mediterrane Lokal ist mit seinem großen Innenhofgarten sehr familienfreundlich. Außerdem ist es der beste Tipp in der Stadt für ein warmes Mittagessen,

z. B. Pizza, Pasta, Burger oder sogar *shwarmas*. Nicht minder schön ist ein kühles Bier zur Zeitung am Nachmittag.

Praktische Informationen

Standard Bank (Crown St) Mit Geldautomat.

Barberton Community Tourism (013-712 2880; www.barberton.co.za; Crown St, Market Sq; Mo–Fr 7.30–16.30, Sa 9–15 Uhr) Das sehr hilfsbereite Personal der Touristeninformation im Stadtzentrum hilft gerne bei der Suche nach einer Unterkunft, beim Organisieren von Touren zu den historischen Stätten oder Wanderungen in der Region.

Umjindi Resource Centre (Barberton Library, Pilgrim St; Std. 20 R) In der Bibliothek finden sich Computer, Drucker und Faxgeräte.

An- & Weiterreise

Einige wenige Minibus-Taxis halten in der Nähe von Shoprite, aber Gäste müssen hier ewig warten. Es empfiehlt sich daher, zum Parkplatz der Minibus-Taxis in der Nähe von Emjindini (3 km außerhalb der Stadt auf der Straße nach Nelspruit) zu gehen. Der Fahrpreis nach Nelspruit liegt bei 30 R (40 Min.). Die meisten Minibus-Taxis fahren früh am Morgen.

Songimvelo Game Reserve

Songimvelo Game Reserve NATURSCHUTZGEBIET
(017-883 7943;Erw./Kind 30/15 R, Fahrt durch das Reservat 140 R; 5–18 Uhr) Dieses schöne, 560 km² große Schutzgebiet liegt im Lowveld südlich von Barberton, mit hohen Graslandschaften im Osten entlang der bergigen Grenze zu Swasiland. Hier gibt es zwar keine Löwen, dafür aber zahlreiche andere Wildtiere wie Elefanten, Zebras, Giraffen und verschiedene Antilopenarten.

Die Gegend ist auch sehr beliebt zum Spazierengehen und Reiten (Das Spazierengehen ist aber nur in ausgewiesenen Gebieten erlaubt, und ausschließlich in Begleitung eines Guides). In Songimvelo finden sich auch einige der ältesten Steine der Erde, die bis zu 4 Mrd. Jahre alt sind und interessante archäologische Fundstätten.

Das **Kromdraai Camp** (Hütten 425 R) bietet einfache Selbstversorgerhütten aus Holz für bis zu sechs Personen. Im Schutzgebiet gibt es außerdem mehrere Möglichkeiten zum Zelten.

Piet Retief

57.500 EW.

Das Provinznest ist kein Ort, den man extra besuchen würde, es ist aber die größte Stadt im südlichen Mpumalanga und ein guter Zwischenstopp auf dem Weg nach Swasiland oder KwaZulu-Natal. Das Gebiet südlich von Piet Retief ist bekannt für seine vielen Schlachtfelder aus der Zeit der Burenkriege.

Greendoor B&B $
(017-826 3208; www.thegreendoor.co.za; Market St; EZ/DZ inkl. Frühstück 395/560 R) Das B&B vermietet in der Stadtmitte einfache, preiswerte Zimmer mit Bad, einige mit afrikanischer Dekoration. Es gibt Grillmöglichkeiten, ebenso ein Abendessen. Die Besitzer betreiben in der Nähe ein Restaurant und einen Coffeeshop.

Holme Lea Manor PENSION $$
(017-826 2767; 10 Hansen St; EZ/DZ 550/800 R) Eine gute Wahl für eine Übernachtung in Piet Retief. Die Zimmer hier sind bequem und gemütlich, einige haben eigene Eingänge. Alle sind in einem Garten voller Palmen um einen zentralen Pool angeordnet. Das Angebot umfasst auch eine Einheit für Selbstversorger.

An- & Weiterreise

Greyhound-Busse der Pretoria-Durban-Linie halten in der Stadt. Der Fahrpreis von Piet Retief nach Pretoria liegt bei 300 R, für die Fahrt nach Durban werden 340 R verlangt.

Die Haltestelle für Minibus-Taxis befindet sich an der Rückseite des SuperMac. Die Fahrt zur Grenzstation von Swasiland in Mahamba kostet 30 R (30 Min.).

Kruger National Park

➡ Inhalt

Die schönsten Rest Camps

- Lower Sabie (S. 443)
- Olifants (S. 445)
- Skukuza (S. 443)
- Letaba (S. 446)
- Satara (S. 445)

Die schönsten Private Lodges

- Singita Boulders (S. 450)
- Londolozi Varty Camp (S. 451)
- Outpost (S. 442)
- Rhino Post Safari Lodge (S. 444)
- Singita Lebombo (S. 446)

Auf in den Kruger National Park!

Schon wegen der Vielfalt der Wildtiere ist der Kruger weltweit einer der großartigsten Nationalparks. Die Mannigfaltigkeit und Vielzahl der Tiere, die sich hier drängen, sucht ihresgleichen, alle Safaristars – Elefant, Löwe, Leopard, Gepard, Nashorn, Büffel, Giraffe, Flusspferd und Zebra – sind hier heimisch, hinzu kommen weitere 137 Säugetierarten und mehr als 500 Vogelarten.

Die Landschaft erstreckt sich über weitläufige 19 485 km² und beeindruckt ebenso wie die Tierwelt. Im Süden sprenkeln hübsche Granit-Kopjes (Granitfelsen) das Bushveld, im Osten erheben sich die Lebombo Mountains aus der Savanne und im fernen Norden prägen Tropenwälder das Land.

Das Besondere am Kruger ist allerdings, dass er leicht zugänglich ist und seinen Besuchern vielerlei Erlebnisse bietet. Das große Wegenetz erlaubt individuelle Erkundungen, überall kann man an geführten Touren teilnehmen. Die Unterkünfte sind nicht nur zahlreich, sondern auch günstig.

Reisezeit

Skukuza

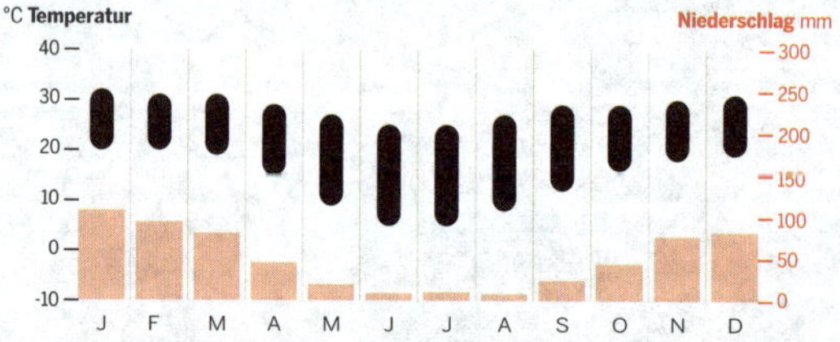

Juni–Sept. Der Winter ist die beste Zeit für die Tierbeobachtung. Der Park ist sehr trocken und die Tiere zieht es an die Wasserstellen.

Jan.–März Es ist heiß, dafür sind die Schulferien vorbei. Unterkünfte sind jetzt leicht zu kriegen.

März–Mai In der Brunftzeit sieht man Kämpfe zwischen den Tieren.

Geschichte

Das Gebiet des heutigen Kruger National Park (deutsch „Krüger-Nationalpark") wurde 1898 erstmals unter den Schutz der Regierung gestellt, nämlich als Paul Kruger, Präsident der Republik Transvaal, das Sabie Game Reserve zwischen dem Sabie River und dem Crocodile River gründete. Hier sollte nur kontrollierte Jagd möglich sein. Nach dem Zweiten Burenkrieg wurde James Stevenson Hamilton 1902 zum ersten Wildwart des Reservats ernannt. Als Erster erkannte Hamilton das touristische Potenzial der Wildtierbeobachtung und einer Unterschutzstellung. Im Jahr 1926 wurde das Sabie Game Reserve mit dem benachbarten Shingwedzi Game Reserve und mehreren privaten Farmen zum Kruger National Park zusammengelegt. Im Jahr 1927 öffnete der Kruger National Park schließlich seine Pforten für die Öffentlichkeit.

Im Jahr 2002 schloss sich der Kruger National Park mit dem simbabwischen Gonarezhou National Park und dem Limpopo National Park in Mosambik zum Great Limpopo Transfortier Park zusammen.

Noch immer sind bei großen Teilen des Parks die Landansprüche ungeklärt. Ein solcher führte Ende 2013 dazu, dass die Regierung für die angebliche Summe von 1 Milliarde Rand das MalaMala Game Reserve kaufte und es der N'wandlamharhi Community Property Association (CPA) überschrieb.

Sehenswertes

Der Kruger National Park – im Deutschen bekannter als „Krüger-Nationalpark" – umfasst zahlreiche unterschiedliche Landschaften und Ökosysteme, in denen sich jeweils ganz bestimmte Tierarten wohlfühlen. Elefanten, Impalas, Büffel, Steppenzebras, Gnus, Kudus, Wasserböcke, Paviane, Grüne Meerkatzen, Leoparden und kleinere Raubtiere kommen aber überall vor, auch die Vogelwelt ist zahlreich vertreten, besonders an Wasserstraßen. An den Flussläufen ist mächtig was los, die großen Flüsse, wie der Limpopo, Luvuvhu, Shingwedzi, Letaba, Olifants, Timbavati, Sand und der Sabie, fließen von Westen nach Osten. An ihren Ufern ziehen sich Feuchtwälder entlang, in denen häufig riesige Feigenbäume gedeihen und wo es zahlreiche Tiere gibt.

Die meisten von ihnen sichtet man in der Regel, während man mit dem Auto auf dem gut erschlossenen Straßennetz im Park unterwegs ist. Doch auch die vielen Aussichtspunkte bieten wunderbare Tierbeobachtungsmöglichkeiten oder auch einfach eine fantastische Aussicht über atemberaubende Landschaften.

KRUGER NATIONAL PARK

Was einen erwartet Eine erstaunliche Tierwelt, bequemer individueller Zugang und unglaubliche Safari-Erlebnisse. Der vielleicht am besten organisierte Nationalpark Afrikas.

Reisezeit Ganzjährig, Schulferien besser vermeiden.

Praktisches Der Eintritt kostet für Erwachsene 280 R, für Kinder 140 R. Die Öffnungs- und Schließzeiten der Gates (S. 448) und Camps sind strikt einzuhalten, ebenso die Geschwindigkeitsbegrenzungen: auf Asphaltstraßen 50 km/h, auf Pisten 40 km/h. Die Quittung, die man beim Zutritt erhält, braucht man auch bei der „Ausreise" – nicht verlieren! Die ausführlichen Parkkarten für 60 R sind Gold wert.

Spar-Tipps Wer seinen SANParks-Zeltplatz oder seine SANParks-Unterkunft online reserviert, spart 5 %. Touren sollte man bei Backpackers in Hazyview, Nelspruit oder Graskop buchen, für Unterkunft und Mietwagen lohnt es, sich zu einer Gruppe zusammenzuschließen. Der Kauf einer Wild Card (S. 644) zahlt sich aus.

Southern Kruger

Der südliche Teil des Krüger-Nationalparks ist vielleicht der landschaftlich schönste: Zahlreiche Granit-Kopjes ragen aus dem hügeligen Grasland mit seinen dichten Akazien-, Langfäden- (*Combretum*), Sykomoren- und den rotorange blühenden Korallenbaumwäldern empor.

Die Höhenunterschiede im Westen eröffnen sagenhafte Ausblicke über die Wildnis, die zuweilen wie endlos grüne Weite wirkt. Den Pflanzen kommt der höchste Niederschlagsanteil im ganzen Nationalpark zugute, hier fällt doppelt so viel Regen wie im Norden. Auch deshalb leben hier die meisten der im Park vorkommenden Tiere, vor allem Breitmaulnashörner, Büffel und Zebras fühlen sich heimisch. Im dichten Gras übersieht man allerdings schon mal

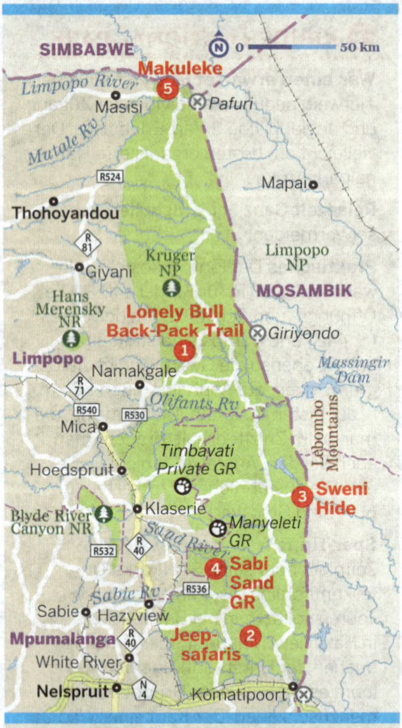

Highlights

1. Wildcampen auf dem **Lonely Bull Back-Pack Trail** (S. 438): Hier küsst einen morgens die Natur mit den ihr eigenen Geräuschen ganz sanft wach
2. Stau mal anders: Bei **Jeepsafaris** (S. 435) bleibt man eher hinter Elefanten, Nashörnern und Giraffen als hinter Autos stecken
3. Im **Sweni Hide** (S. 438) versteht man endlich, wovon Vogelfreunde immer so schwärmen
4. Im **Sabi Sand Game Reserve** (S. 450) in unglaublicher Natur den Spuren von Leoparden folgen
5. Im tropischen Norden des Krügerparks gibt es die „Fieberbaum"-Wälder (Gelbrindenakazien) und Schluchten von **Makuleke** (S. 442) zu entdecken

manch tierischen Bewohner. Löwen, Hyänen und Leoparden sind allerdings fast immer zu beobachten, seltener Wildhunde und Geparden.

Dieser Teil des Kruger National Parks ist der meistbesuchte.

Mathekenyane AUSSICHTSPUNKT
(Granokop; Karte S. 450) Vom Gipfel dieses Granit-Kopjes, der sich südlich von Skukuza erhebt, bietet sich ein unverstellter Panoramablick über die Wildnis (am schönsten zum Sonnenuntergang).

Steilberg Loop AUSSICHTSPUNKT
(Karte S. 436) Nahe Berg-en-dal eröffnet die steile Serpentinenstraße S120 eine atemberaubende Aussicht übers Bushveld der Malelane Mountains.

Sunset Dam AUSSICHTSPUNKT
(Karte S. 436) Das Wasserloch, an dem sich oft Vögel, Krokodile und Flusspferde versammeln, liegt quasi vor der Haustür des Lower Sabie Rest Camps.

Renosterpan AUSSICHTSPUNKT
(Karte S. 436) Diese Wasserstelle nördlich von Berg-en-dal macht ihrem Namen – *renoster* ist Afrikaans für ›Nashorn‹ – alle Ehre.

Transport Dam AUSSICHTSPUNKT
(Karte S. 436) An diesem großen Wasserloch spielt sich das berühmte YouTube-Video „Battle of Kruger" (Löwe gegen Büffel gegen Krokodil) ab.

Central Kruger

Mit Ausnahme der Lebombo Mountains, die im Osten die Grenze zu Mosambik flankieren, ist die Landschaft zwischen dem Sabie River und dem Olifants River nicht so vielfältig wie im Süden, vor allem westlich und südöstlich von Satara breitet sich über weite Strecken Savanne aus. Aus dem Büffel- und Kängurugras ragen Krokodil-, Leadwood- und Marulabäume auf.

Große Populationen von Impalas, Zebras, Gnus, Kudus, Giraffen und Elefanten fühlen sich in dieser Gegend wohl. Ihnen auf den Fersen sind Raubtiere, vor allem Löwen, häufig sieht man auch Leoparden. Auf der Straße zwischen Satara und Orpen treiben sich mit großer Wahrscheinlichkeit Geparden herum.

Orpen Dam AUSSICHTSPUNKT
(Karte S. 436) Der strohgedeckte Aussichtspavillon auf einer Anhöhe bietet einen super Blick auf den Wasserdamm.

Nkumbe AUSSICHTSPUNKT
(Karte S. 436) Nkumbe liegt auf einem der wenigen Hügel der Gegend und lässt den Blick über die endlos scheinende westliche Savanne schweifen.

Nsemani Dam AUSSICHTSPUNKT

(Karte S. 436) Ein Stopp bei Nsemani zwischen Satara und Orpen lohnt immer, denn oftmals sind hier Flusspferde, viele Vögel und Elefanten anzutreffen.

Bobbejaankrans AUSSICHTSPUNKT

Hier hat man eine Stelle des Timbavati River gut im Blick, an der oft Tiere ihren Durst stillen.

Northern Kruger

Nördlich des Olifants River dominiert mit dem Mopanebaum zunehmend die Leibspeise der Elefanten das hügelige Landschaftsbild. Insofern ist es kein Wunder, dass sich hier riesige Herden von Dickhäutern herumtreiben. Im Osten, zu den Lebombo Mountains hin, sind die Bäume durch den Tonboden der Basaltflächen so stark verkümmert, dass die Rücken der Elefanten über deren Wipfel hinausschauen. Das Mopaneveld zieht außerdem große Büffelherden und viele Leier-, Eland-, Pferde- und Rappenantilopen an. Leoparden, Löwen und Nashörner sind dagegen seltener zu entdecken.

Der Nordzipfel des Nationalparks um Punda Maria und Pafuri liegt komplett in den Tropen, weshalb hier ein größerer Pflanzenreichtum zu finden ist (auffällig sind vor allem die Affenbrotbäume), ebenso wie viele Wildtiere und eine außergewöhnliche Vielfalt an Vogelarten, die es weiter südlich nicht zu erleben gibt. Zwischen dem Luvuvhu River und dem Limpopo River erstreckt sich ein wunderschöner tropischer Feuchtwald aus Feigen- und Akazienbäumen sowie Ebenholzgewächsen. Elefantenherden wandern im Winter zum Grasen ganz in den Norden, auch Löwen und Leoparden sind zahlreich vertreten.

Red Rocks AUSSICHTSPUNKT

(Karte S. 436) Löwen, Giraffen, Nashörner und Elefanten lassen sich an dieser Stelle am Shingwedzi River oftmals beobachten. Abseits der H1-6 an der S52.

Crooks Corner AUSSICHTSPUNKT

(Karte S. 436) Am Rand eines schönen Akazienwaldes liegt Crooks Corner nicht nur am Zusammenfluss des Luvuvhu und des Limpopo River, sondern auch am historischen Dreiländereck Simbabwe, Mosambik und Südafrika – ein früherer Schmugglertreff, wie der Name andeutet (*crook* heißt im Englischen ›Gauner‹).

Engelhard Dam AUSSICHTSPUNKT

(Karte S. 436) Der Wasserdamm am Letaba River an der S62 ist einen Besuch wert: Wasserböcke und Löwen sind regelmäßig zu Gast, und auf dem Weg zum Wasserloch trifft man zuweilen auch auf Elefanten, Büffel und Steinböckchen.

Aktivitäten

Trotz seiner riesigen Ausdehnung ist die Infrastruktur des Krüger-Nationalparks hervorragend, es gibt zahlreiche Angebote, welche die Wildtierbeobachtung zu einem unvergesslichen Erlebnis machen.

Wildlife Drives

Den Park indviduell mit dem eigenen Auto zu „erfahren" macht großen Spaß, man sollte sich aber auch ab und an einer geführten Tour anschließen – so gelingt die Safari oft am besten. Zum einen finden die meisten der SANParks-Angebote dann statt, wenn man alleine nicht in den Park darf, zum Beispiel außerhalb der Öffnungszeiten der Camps, zum anderen wissen die erfahrenen Guides vieles über die Tiere und ihre Verhaltensweisen, was einem ortsfremden Besucher völlig neu sein wird. Da in privaten Konzessionsgebieten das Offroadfahren meist ebenfalls erlaubt ist, nehmen dort viele Guides die Gäste mit auf Pirschfahrten.

An fast allen Rest und Bushveld Camps sowie den Parktoren bietet SANParks dreistündige **Touren zum Sonnenauf- oder -untergang** für 260 bis 300 Rand an, je nachdem ob ein Fahrzeug mit zehn oder 20 Sitzplätzen zum Einsatz kommt (Crocodile Bridge: 380 Rand). Ebenfalls oft zu buchen sind zweistündige **Nachtfahrten** (200 R), bei denen vor allem nachtaktive Tiere wie Galagos, Flusspferde und Raubkatzen zu sehen sind. Man sollte im Voraus oder bei Ankunft buchen. Kinder unter sechs Jahren dürfen nicht teilnehmen.

Wildlife Walks

Wer sich aus dem Schutz des Fahrzeugs heraus- und seinen eigenen Füßen vertraut, erlebt den Busch hautnah. Fesselnd sind dabei oftmals eher die winzigen Geschöpfe, nicht die großen Raubtiere – egal ob Insekten, Reptilien oder Vögel: Sie erscheinen in einem neuen Licht und verdeutlichen einem den Kreislauf der Natur auf völlig neue Art und Weise.

Die meisten SANParks-Rest-Camps sowie alle Lodges in privaten Konzessionsgebieten bieten dreistündige **Morgenspaziergänge**

Kruger National Park

Kruger National Park

Sehenswertes

1	Afsaal Picnic Spot	C7
2	Crooks Corner	B1
3	Engelhard Dam	C4
4	Mlondozi Picnic Area	C6
5	Nkuklu Picnic Spot	C6
6	Nkumbe	C6
7	Nsemani Dam	C5
8	Orpen Dam	C6
9	Pafuri Picnic Area	B1
10	Red Rocks	B3
11	Renosterpan	C7
12	Steilberg Loop	C7
	Sunset Dam	(s. 31)
13	Transport Dam	C6

Aktivitäten, Kurse & Touren

14	EcoTraining	B1
	Lebombo Motorised Eco Trail	(s. 28)
	Lonely Bull Back-Pack Trail	(s. 39)
15	Mananga Adventure Trail	C5
16	Napi Wilderness Trail	B7
17	Nthandanyathi Hide	C7
	Olifants River Back-Pack Trail	(s. 34)
	Pioneer Hide	(s. 33)
	Shipandani Overnight Hide	(s. 33)
18	Sweni Hide	C5
19	Sweni Wilderness Trail	C5
20	Wolhuter Wilderness Trail	B7

Schlafen

21	Balule Satellite Camp	C4
22	Bateleur Bushveld Camp	B3
23	Berg-en-dal Rest Camp	C7
24	Biyamiti Bushveld Camp	C7
25	Boulders Bush Lodge	B4
26	Campismo Aguia Pesqueira	D4
27	Campismo Albufeira	D4
28	Crocodile Bridge Rest Camp	C7
29	Jock Safari Lodge	C7
30	Letaba Rest Camp	C4
31	Lower Sabie Rest Camp	C7
32	Lukimbi Safari Lodge	C7
33	Mopani Rest Camp	C3
34	Olifants Rest Camp	C4
35	Outpost	B1
36	Pretoriuskop Rest Camp	B7
37	Punda Maria Rest Camp	B2
38	Satara Rest Camp	C5
39	Shimuwini Bushveld Camp	B4
40	Shingwedzi Rest Camp	C3
41	Singita Lebombo Lodge	C5
42	Sirheni Bushveld Camp	B2
43	Tsendze Rustic Camping Site	C4

(450 R) durch den Busch an, die von bewaffneten und kundigen Guides geführt werden. Eine solche **Wildniswanderung am Nachmittag** (375 R) haben derzeit Berg-en-dal, Letaba, Olifants, Satara und Skukuza im Programm. Olifants legt noch **Spaziergänge am Flussufer** für 260 Rand drauf. Alle SANParks-Angebote kann man natürlich schon im Voraus oder bei Ankunft im jeweiligen Camp buchen.

Wer wahre, unberührte Wildnis erleben möchte, sollte schon vor der Reise einen der im Park angebotenen **Wilderness Trails** oder **Backpack Trails** buchen. Mittwochs und sonntags brechen die Gruppen auf eine viertägige geführte Wanderung auf, die unvergessliche Erfahrungen beschert. Bei den Wilderness Trails unternimmt man von einem abseits gelegenen Basislager aus, wo man in einfachen Hütten oder Safarizelten übernachtet, Tagesausflüge von bis zu 20 km, die nicht übermäßig anstrengend sind. Die Rucksackwanderungen sind schon etwas wilder, die Gruppe (Minimum vier Leute) campt jede Nacht woanders.

Alle Gruppen bestehen aus höchstens acht Teilnehmern, Kinder unter zwölf Jahren dürfen, u. a. aufgrund der körperlichen Belastung, nicht mit.

Wolhuter Wilderness Trail WILDTIERBEOBACHTUNG
(Karte S. 436; ☎ 012-428 9111; www.sanparks.org; 4 Tage inkl. Mahlzeiten 4300 R) Wolhuter ist eine legendäre Wildniswanderung, die durch eine Gegend im Südlichen Krüger-Nationalpark verläuft, wo Löwen und Breitmaulnashörner umherstreifen. Der geschichtsträchtige Weg führt über altes Land, wo sich viele stein- und eisenzeitliche Hinterlassenschaften finden. Vom Gipfel eines Granit-Kopjes lässt sich das am besten überblicken. Treffpunkt ist am Rest Camp Berg-en-dal.

Napi Wilderness Trail WILDTIERBEOBACHTUNG
(Karte S. 436; ☎ 012-428 9111; www.sanparks.org; 4 Tage inkl. Mahlzeiten 4300 R) Der Napi folgt

PICKNICKPLÄTZE

Es gibt fast ein Dutzend Picknickplätze, an denen man auf Pirschfahrten eine Pause einlegen kann. Man kann sich nicht nur kurz die Beine vertreten, auch Toiletten sind vorhanden; an manchen werden Snacks und Getränke verkauft. Skukuza und Letaba bieten Tagesbesuchern sogar einen Pool.

dem Lauf der Flüsse Mbyamithi und Napi zwischen Pretoriuskop und Skukuza, an den saisonal bestehenden Wasserstellen kann man Spitz- und Breitmaulnashörner beobachten. Das Camp besteht aus vier Safarizelten. Die Wanderung beginnt am Pretoriuskop Rest Camp.

Sweni Wilderness Trail WILDTIERBEOBACHTUNG
(Karte S. 436; ☎ 012-428 9111; www.sanparks.org; 4 Tage inkl. Mahlzeiten 4300 R) Die Mühe lohnt sich, ganze Gnu-, Zebra- und Büffelherden – sowie die Löwen auf ihren Fersen – gibt es zu sehen. Riesige Grasebenen sorgen für atmosphärische Stimmung. Der Sweni beginnt und endet am Satara Rest Camp.

Olifants River Back-Pack Trail WILDTIERBEOBACHTUNG
(Karte S. 436; ☎ 012-428 9111; www.sanparks.org; 4 Tage 2500 R; ⏲ April–Okt.) Der Trail verläuft am Fluss entlang, sodass sich viele Gelegenheiten ergeben, Elefanten, Flusspferden, Krokodilen und anderen Tieren näher zu kommen. Er ist zudem für die ansässige Vogelwelt bekannt, wie zum Beispiel den Schreiseeadler und die seltene Afrikanische Fischeule. Die eigene Camping- und Kochausrüstung muss mitgebracht werden, ebenso wie Essen und Trinken, Wasser kann man unterwegs besorgen. Los geht es im Olifants Rest Camp.

Lonely Bull Back-Pack Trail WILDTIERBEOBACHTUNG
(Karte S. 436; ☎ 012-428 9111; www.sanparks.org; 4 Tage 2500 R; ⏲ Feb.–Okt.) Der Trail folgt dem Letaba River und überquert mehrere ausgetrocknete Flussbetten. Man kann Büffel, Elefanten und sogar Leoparden erleben. Die Wanderung ist auf Selbstversorger, die ein eigenes Zelt, Kochgeschirr und Essen dabei haben, ausgerichtet. Aufbruch ist im Shimuwini Bushveld Camp.

Vogelbeobachtung

Im Krüger-Nationalpark kann man überall wunderbar Vögel beobachten, die Region ganz im Norden gehört für dieses Vorhaben aber zu den besten des ganzen Kontinents. An vielen hervorragenden Aussichtsplätzen gibt es Unterstände mit prima Aussicht.

Sweni Hide VOGELBEOBACHTUNG
(Karte S. 436) Dieses L-förmige Versteck an einer Flussschleife des Sweni River ist einer

WILDTIERBEOBACHTUNGEN

Manche bezeichnen es als reines Glücksspiel, aber die Tierbeobachtung ist eine besondere Fertigkeit, die Können und Erfahrung erfordert. Garantien gibt es keine, aber wer sich geschickt anstellt, erhöht seine Chancen auf unvergessliche Begegnungen. Egal, wann man den Kruger National Park besucht: Man hat immer gute Aussichten, faszinierende Wildtiere zu beobachten.

- Man sollte sich in einem Rest Camp eine Detailkarte (60 R) kaufen, auf der *pans* (Wasserlöcher), Dämme, Flüsse und andere wichtige Aussichtspunkte eingetragen sind.
- Ein Blick auf das „Tierbeobachtungsbrett" abends im Camp ist aufschlussreich: Einige der Tiere sind vielleicht noch in der Nähe.
- Viele Tiere sind morgens am aktivsten, vor allem die großen Raubkatzen (oft an Wasserlöchern zu finden): also früh aus den Federn und das Camp verlassen, sobald es öffnet. Vor Sonnenuntergang werden die Tiere dann wieder aktiver.
- Langsam fahren! Wer schneller als 25 km/h fährt, verpasst am Wegesrand womöglich Leoparden und Geparden.
- Geduld, häufige Stopps und den Motor auszumachen, zahlen sich aus: Man wird sich wundern, wie viele Tiere aus dem Busch auftauchen, während man sich selbst still verhält.
- Trifft man auf eine Herde von Pflanzenfressern, die alle in eine Richtung starren, sollte man ihrem Blick folgen.
- Große Raubkatzen genießen auf Felsanhöhen gerne die Brise, Leoparden ruhen sich oft hoch oben auf Baumästen aus.
- Auf einer geführten Safari lernt man viel über das Verhalten der Tiere, was einem auf der individuellen Pirschfahrt zugutekommt.

der besten Plätze, um Vögel zu beobachten. Der Blauwangenspint, die Bergammer und der Schwarzbrust-Schlangenadler sind hervorzuheben, man kann aber auch im Wasser spielende Elefanten bestaunen.

Pioneer Hide VOGELBEOBACHTUNG
(Karte S. 436) Gegenüber des Mopani Camps am Pioneer Dam gelegen, hat man hier gute Chancen Strichelracken, Silberreiher und Weißbrustkormorane zu erspähen.

Lake Panic Hide VOGELBEOBACHTUNG
(Karte S. 450) An einem Abschnitt am Sabie River liegt der Lake Panic. An diesem beschaulichen Platz lassen sich Zwergskönigsfischer, Nachtreiher, Kaprallen und Oryxweber beobachten.

Nthandanyathi Hide VOGELBEOBACHTUNG
(Karte S. 436) Ein schöner Ort mit Blick über einen breiten Abschnitt des Nhlowa River. Hier leben Grillkuckucks, Wollhalsstörche, Elsterwürger und Blaubülwürger.

Shipandani Overnight Hide VOGELBEOBACHTUNG
(Karte S. 436; ☎ 013-735 6535) Mit Blick über eine enge Stelle des Tsendze River, die häufig von Mangrovereihern, Tiputips, Goldkuckucks und Mohrenklaffschnäbeln aufgesucht wird – ebenso wie von Elefanten und Flusspferden.

Es gibt sechs Betten, die man exklusiv pro Nacht mieten kann (630 R für die ersten beiden Personen plus 290 R pro weitere Person). Mitzubringen sind Holz/Heizöl, Kochgeschirr, Essen und Wasser (es gibt eine *Braai*-(Grill-)Stelle und eine Toilette – Buchung im Mopani Rest Camp.

Sable Overnight Hide VOGELBEOBACHTUNG
(Karte S. 450; ☎ 013-735 6509) Am Rand des großen Sable Dams bietet dieser Unterstand eine gute Chance, des legendären Schreiseeadlers wie des Stelzenläufers und des Afrikanerkuckucks ansichtig zu werden.

Sable kann man exklusiv pro Nacht mieten (630 R für die ersten beiden Personen, 290 R für jede weitere Person). Es stehen neun ausklappbare Betten, eine Toilette und eine *Braai*-Stelle zur Verfügung. Den Rest muss man selbst mitbringen – zu buchen am Phalaborwa Gate.

Geländewagenstrecken

Wer über ein geländetaugliches Fahrzeug verfügt, kann auf diesen Trails einsame Plätze und deren Tiere auf wunderbare Art und Weise erleben.

Lebombo Motorised Eco Trail AUTOTOUR
(Karte S. 436; ☎ 012-426 5117, 012-428 9111; www.sanparks.org; pro Fahrzeug (max. 4 Pers.) 8600 R; ⏲ April–Okt.) 500 raue Kilometer lang ist der Lembobo Motorised Eco Trail – der beste Jeep-Trail im Krüger-Nationalpark –, für den man fünf Tage (Donnerstag bis Sonntag) braucht. Die Route beginnt in Crocodile Bridge und folgt dann dem Verlauf der östlichen Parkgrenze bis zum Pafuri-Picknickplatz (Karte S. 436) nahe Crooks Corner. Neben dem eigenen Jeep und Campingausstattung muss man Essen, Trinken und Kochausrüstung mitbringen.

Lediglich fünf Fahrzeuge dürfen den Trail gleichzeitig befahren (begleitet von einem erfahrenen Ranger im eigenen Fahrzeug). Man sollte lange im Voraus buchen.

Mananga Adventure Trail AUTOTOUR
(Karte S. 436; ☎ 013-735 6306; www.sanparks.org; pro Fahrzeug 460 R plus 100 R Kaution) Über 48 km (4 Std.) führt dieser Trail durch von Krokodils- und Elefantenbäumen bestandene Savanne, in der sich höchstwahrscheinlich Büffel-, Zebra- und Gnuherden herumtreiben. Man sollte nach Geparden Ausschau halten. Pro Tag sind nur vier Jeeps erlaubt. Ein GPS-Gerät ist sicherlich eine große Hilfe.

Mountainbiken

In Olifants (S. 445) bietet SANParks derzeit morgens (636 R, 4 Std.) und abends (353 R, 3 Std.) geführte Mountainbike-Touren an. Reservierung erforderlich.

Geführte Touren

Wer aufs Geld achten muss, dem seien für Touren durch den Kruger die Backpacker Lodges in Hazyview (S. 420), Nelspruit (S. 422) und Graskop (S. 417) empfohlen, von denen die meisten Touren ab rund 1750 R pro Tag, inklusive Zutrittsgebühren und Mahlzeiten organisieren. Auch einige Hotels in Hoedspruit (S. 478) und Phalaborwa (S. 476) bieten Touren in den zentralen und nördlichen Teil des Krügerparks an.

Sitzt das Geld etwas lockerer oder wenn man nicht so viel Zeit hat und direkt von Johannesburg (Jo'burg) oder Kapstadt anreist, gibt es einige gute Optionen:

Signature Tours (S. 699) hat individuelle oder aber geführte Wildtierbeobachtungen im Angebot.

Für 8800 R pro Person kann man bei **Wildlife Safaris** (☎ 011-791 4238; www.wildlifesaf.co.za) an einer viertägigen Panoramatour

JEAN-FRANOIS DUCASSE / GETTY IMAGES ©

MOODBOARD / GETTY IMAGES ©

FRANK SLACK / GETTY IMAGES ©

WAYNE PARSONS / GETTY IMAGES ©

1. Meerkatzen
Diese anpassungsfähigen Affen findet man überall im Krüger-Nationalpark.

2. Leoparden
Auf Safari sollte man auch in die Bäume schauen; Leoparden ruhen gern hoch oben auf Ästen.

3. Europäischer Bienenfresser
Im „Krüger" kann man zahlreiche Vogelarten bewundern.

4. Steppenzebras
Im südlichen Teil des Nationalparks leben besonders viele Büffel und Zebras.

ABSTECHER

MAKULEKE CONTRACT PARK

Das Herzstück des nördlichsten Teils des Krügerparks bildet der Makuleke Contract Park – ein schöner und geologisch einzigartiger Landstrich von 240 km² Fläche, der sich wie ein Keil zwischen den Limpopo River und den Luvuvhu River schiebt. 1969 vertrieb das südafrikanische Apartheidsregime die Makuleke aus dem Gebiet, um das traditionell in ihrem Besitz stehende Land in den Kruger National Park zu integrieren.

Ende der 1990er-Jahre wurde das Land den Makuleke zurückgegeben, die ihrerseits zusagten, es nicht wieder zu besiedeln, sondern dort Ökotourismus zu betreiben. So wurde ein „Vertragspark" geschaffen, dessen Gebiete unter Naturschutzaspekten vom Kruger National Park verwaltet und betreut werden. Die touristische Erschließung liegt aber in den Händen der Makuleke, die Konzessionen an einige ausgewählte Firmen vergeben haben.

In den Wintermonaten kommen zahlreiche Elefanten hierher, Büffel, Flusspferde, Löwen, Leoparden und Nyalas sind das ganze Jahr über zahlreich anzutreffen. Die Vogelwelt ist sehr vielfältig.

Outpost (Karte S. 436; ☎ 011-327 3920; www.theoutpostcamp.com; EZ/DZ all-inclusive ab 5100/10 200 R; ≋) Per Knopfdruck kann man entweder drinnen oder draußen schlafen: Die Außenwände der zwölf supermodernen „Lebensräume" dieses Camps am äußersten Nordzipfel des Kruger, hoch oben über dem Luvuvhu River, kann man per Fernbedienung hochfahren, sodass man in einem atemberaubenden Panorama aufwacht. Sehr zu empfehlen sind die Spaziergänge durch nahe Schluchten und Akazienwälder, ebenso die Pirschfahrten.

Die Lodge – in der beinahe nur Einheimische arbeiten – ist Teil eines Gemeinde-Partnerschafts-Programms, das vorsieht, dass ein Teil der Gewinne den Makuleke zufließt. Nach Ende des Pachtvertrags wird die Lodge komplett in den Besitz der lokalen Gemeinde übergehen.

EcoTraining (Karte S. 436; ☎ 013-752 2532; www.ecotraining.co.za) Hier werden verschiedene praktische Trainingskurse für angehende Profis und enthusiastische Amateure von einer Woche bis zu einem Monat angeboten. Der Wilderness-Trails-Skills-Kurs entführt in eine wahre Abenteuerwelt.

am Blyde River und durch der Krüger-Nationalpark teilnehmen.

Im oberen Marktsegment bewegt sich **Wilderness Safaris** (☎ 011-807 1800; www.wilderness-safaris.com), die nachhaltige Spitzensafaris und persönlich zugeschnittene Pakete anbieten.

Schlafen & Essen

Im Krüger-Nationalpark gibt es verschiedene Unterkunftsarten, angefangen bei den zahlreichen SANParks-Angeboten in Rest Camps, Bushveld Camps und Satellite Camps für kleine Geldbeutel und das mittlere Preissegment bis hin zu 5-Sterne-Luxuslodges in privaten Konzessionsgebieten. Letztere bieten exklusiven Zugang – über Straßen sowie querfeldein – zu Gebieten mit großem Tierreichtum. Egal, für welche Form der Unterkunft man sich auch immer entscheidet, in der Hochsaison (Okt.–Mitte Januar) und während der Schulferien empfiehlt sich unbedingt eine Reservierung.

Die meisten Besucher nächtigen in einem der zwölf großen Rest Camps, von denen die meisten über gewartete Wohnwagen- und Zeltplätze sowie eine Reihe komfortabler Unterkünfte verfügen. Am einfachsten sind die möblierten Safarizelte und Hütten, die aber auch mit Ventilatoren und Kühlschränken ausgestattet sind – wie auf den Zeltplätzen gibt es hier Gemeinschaftsduschen mit warmem Wasser und Kochgelegenheiten (Spüle, Herdplatten, *Braai*-Plätze). Die geräumigeren Bungalows und Cottages sind fast immer mit eigenem Bad, Ventilatoren oder Klimaanlage, Küche, Besteck, Pfannen und Geschirr ausgerüstet. In manchen muss man auf die Gemeinschaftsküchen, die aus Spüle, Herdplatten und *Braai*-Plätzen bestehen, zurückgreifen. Bettzeug und Handtücher werden für alle Gäste, die nicht mit eigenem Zelt anreisen, also auch in den

Safarizelten, gestellt. Alle Rest Camps sind eingezäunt und verfügen über Tankstellen, Waschküchen sowie verhältnismäßig gut bestückte Läden, zehn davon haben sogar ein Restaurant.

Wer es etwas ursprünglicher mag als in den Rest Camps, sollte sich für eine Übernachtung im Bushveld Camp entscheiden. Die Cottages sind auf Selbstversorger ausgelegt, allerdings gibt es vor Ort lediglich Eis und Feuerholz zu kaufen. Die Satellite Camps sind ähnlich gestaltet, die meisten verfügen jedoch nur über Gemeinschaftsküchen und -waschräume – sie liegen in der Regel aber nicht weiter als 3 km von einem Rest Camp entfernt.

Southern Kruger

★ Lower Sabie Rest Camp

BUNGALOWS, ZELTPLATZ $$

(Karte S. 436; ☎ 013-735 6056, Reservierung 012-428 9111; www.sanparks.org; Zeltstellplatz 285 R, Hütte für 2 Pers. ohne Bad 550 R, Safarizelt/Bungalow für 2 Pers. mit Küche 885 R/1215 R; ❄ ☒) Das beliebteste Rest Camp, Lower Sabie, liegt an einer schönen Biegung des Sabie River, wo sich gerne Elefanten, Flusspferde, Büffel und andere Tiere einfinden. Die Safarizelte (LST2U-Standard) und Bungalows (BD2U-/BD3U-Standard) haben Blick auf den Fluss. Im **Mugg & Bean** (www.themugg.com; Hauptgerichte 55–140 R) findet man den landschaftlich am schönsten gelegenen Essbereich im ganzen Park. Weniger ansprechend ist der Pool.

★ Skukuza Rest Camp

BUNGALOWS, ZELTPLATZ $$

(Karte S. 450; ☎ 013-735 4152, Reservierung 012-428 9111; www.sanparks.org; Zeltstellplatz 275 R, Safarizelt für 2/4 Pers. ohne Bad 550/850 R, Bungalow für 2 Pers. mit/ohne Küche 1220/1120 R; ❄ ☰ ☒) Mehr Stadt als Rest Camp, so präsentiert sich das Skukuza – dennoch recht unaufdringlich und in super Lage am Sabie River. Zur großen Auswahl an Unterkünften gehören Cottages für vier oder sechs Personen (ab 2150 R). Die schönen Poolbereiche verführen zum Bleiben. Außerdem gibt es eine Bank, einen Geldautomaten, eine Post, einen Arzt, eine Bibliothek, ein Museum und ein Infozentrum.

Das Restaurant **Cattle Baron** (www.cattlebaron.co.za; Hauptgerichte 60–190 R) liegt direkt am Fluss und bietet WLAN, super Essen (das Filetsteak ist göttlich) und eine schöne Atmosphäre. Der Mitnahmestand macht weniger Appetit. Ein zweites Lokal auf der gegenüberliegenden Seite des Camps soll in naher Zukunft wiedereröffnen.

Berg-en-dal Rest Camp

BUNGALOWS, ZELTPLATZ $$

(Karte S. 436; ☎ 013-735 6106, Reservierung 012-428 9111; www.sanparks.org; Zeltstellplatz 275 R, Bungalow für 2 Pers. mit Küche 1150 R; ❄ ☒) Das moderne, aus Ziegeln gebaute Camp 12 km vom Malelane Gate entfernt, lässt das typische Busch-Feeling vermissen, aber die Lage im Schatten der Malelane Mountains macht das wett. Vom Camp kann man den Berg-en-dal-Dam und seine Tierwelt überblicken. Es gibt hier Familien-Cottages für bis zu sechs Personen (ab 2150 R), außerdem ein Besucherzentrum und einen kleinen Spazierweg (Rhino Walking Trail) am Rand des Camps. An den Abenden werden Naturfilme gezeigt (außer Sonntag).

Das Restaurant-Café **Tindlovu** (Hauptgerichte 55–150 R) serviert Durchschnittskost.

Biyamiti Bushveld Camp

HÜTTEN $$

(Karte S. 436; ☎ 013-735 6171, Reservierung 012-428 9111; www.sanparks.org; Cottages für 4–5 Pers. ab 1275/2350 R) Die 15 Cottages (Hütten) dieses kleinen Selbstversorger-Camps reihen sich am Ufer des Biyamiti Rivers auf (Nrn.

DER KRUGER NATIONAL PARK MIT KINDERN

Der Kruger National Park ist familienfreundlich und eignet sich sehr gut für Safaris mit Kindern. Alle Rest Camps sind eingezäunt, fast alle haben Swimmingpools und die Restaurants bieten Kindergerichte an, manche verfügen sogar über Spielecken. In Berg-en-dal, Letaba, Skukuza, Satara und Shingwedzi werden abends Tier- und Naturfilme gezeigt, die für alle Altersgruppen geeignet sind. Letaba bietet ein interessantes Elefanten-Museum. In den Läden der Camps gibt es allerdings generell keine Windeln, Babynahrung und keinen Muttermilchersatz, diese Dinge muss man selbst mitbringen.

Kinder unter zwölf Jahren dürfen nicht an den SANParks-Wildnisspaziergängen teilnehmen, Unter-Sechsjährige auch nicht an den Pirschfahrten. In den privaten Lodges sind die Altersbestimmungen für den Aufenthalt und für Aktivitäten unterschiedlich.

1 bis 9 bieten die schönste Aussicht). Es gibt einen wunderbaren Unterstand, um Vögel zu beobachten. Der Laden verkauft Feuerholz und Eis, aber kein Essen. Schon die Anfahrt ist spektakulär.

Pretoriuskop Rest Camp BUNGALOWS, ZELTPLATZ $$

(Karte S. 436; ☎013-735 5128, Reservierung 012-428 9111; www.sanparks.org; Zeltstellplatz 275 R, Hütte für 2 Pers. ohne Bad 550 R, Bungalow für 2 Pers. mit/ohne Küche 1235/1085 R;) Das älteste und höchstgelegene (und somit kühlste) Camp befindet sich nahe des Numbi Gate. Das hübsche Camp mit Bougainvilleen, blühenden Bäumen und einem natürlichen Felsenpool liegt in einer wunderschönen Landschaft mit kleinen Granitfelsen, wo häufig Nashörner gesichtet werden. Es gibt eine große Auswahl an Unterkünften, sogar Gästehäuser mit bis zu neun Betten (ab 3750 R) sind zu haben. In Sachen Essen wird man nur in einer Wimpy-Filiale fündig (freies WLAN).

Crocodile Bridge Rest Camp BUNGALOWS, ZELTPLATZ $$

(Karte S. 436; ☎013-735 6012, Reservierung 012-428 9111; www.sanparks.org; Zeltstellplatz 275 R, Safarizelt/Bungalow für 2 Pers. mit Küche 550/1250 R;) In der Nähe diese kleinen Camps am Crocodile Bridge Gate gibt es Wasserlöcher, wo Krokodile und Flusspferde ihren Durst stillen. Obwohl auch Zebras, Büffel und Gnus die Gegend durchstreifen, wird das Wildnisambiente durch die Industrie vor den Parktoren getrübt. Der Laden verkauft Sandwiches und gefüllte Pasteten, außerdem gibt es einen Kaffeestand.

★ **Rhino Post Safari Lodge** LODGE $$$

(Karte S. 450; ☎035-474 1473; www.isibindi.co.za; EZ/DZ all-inclusive 5382/8280 R;) Rhino Post ist die authentischste private Busch-Lodge im südlichen Nationalpark, ihre acht Suiten sind mit Holz, Stoff, Glas und Gabionen gestaltet. Jede verströmt Safarigefühl pur und man wähnt sich in einem Baumhaus. Wenn man auf der Terrasse sitzt, kann man die Tiere zum Mutlumuvi-Flussbett pilgern sehen.

Die Lodge liegt im einzigen privaten Konzessionsgebiet, das zum Schutzgebiet erklärt wurde, daher gibt es hier keine Offroadtouren. Mit Erlaubnis von SANParks dürfen aber 130 km der Straßen nach Schließung des Krügers befahren werden. Die Flusspferdsafaris sind zu empfehlen.

★ **Lion Sands Narina Lodge** LODGE $$$

(Karte S. 450; ☎011-880 9992; www.lionsands.com; EZ/DZ all-inclusive ab 12 420/16 560 R;) Narinas neun helle Suiten liegen unter mehrstufigen Strohdächern hoch über dem Ufer des Sabie River in einem privaten Konzessionsgebiet. Genau wie die offenen Gemeinschaftsbereiche sind sie mit viel natürlichem Holz und modernen Möbeln, die Bäder mit warmen Steinböden und riesigen halb runden hellen Badewannen ausgestattet. Quasi überall bietet sich eine tolle Aussicht. Auf jeder Terrasse befinden sich ein Tauchbecken und eigene Duschen.

Exklusive Aktivitäten werden jedoch nicht nur im Konzessionsgebiet, sondern auch im berühmten Sabi Sand Game Reserve angeboten.

Lion Sands Tinga Lodge LODGE $$$

(Karte S. 450; ☎011-880 9992; www.lionsands.com; EZ/DZ all-inclusive ab 12 420/16 560 R;) Alle neun Luxussuiten der Tinga Lodge haben eine schöne Aussicht auf den Sabie River. Die Räume verströmen mit dunklen Holzböden und -möbeln, noblen Lederruhesesseln und riesigen Fenstern koloniales Flair und verfügen über Außenduschen und eigene Tauchbecken. Die weiträumigen offenen Gemeinschaftsbereiche sind modern gestaltet und fallen zu einer großen Terrasse, die sich um einen majestätischen Ebenholzbaum ausbreitet, am Flussufer hin ab.

Gäste können sowohl Aktivitäten im Konzessionsgebiet als auch im Sabi Sand Game Reserve wahrnehmen.

Lukimbi Safari Lodge LODGE $$$

(Karte S. 436; ☎011-792 6165; www.lukimbi.com; EZ/DZ all-inclusive ab 7900/11 700 R;) In Lukimbi, einem rund 150 km² umfassenden privaten Konzessionsgebiet, liegt diese attraktive Lodge mit ihren insgesamt 16 strohgedeckten Suiten am Ufer des Lwakhale. Die Zimmer und ebenso der Gemeinschaftsbereich sind alle auf die Terrassen zum Fluss hin ausgerichtet. Die großen Suiten sind offen, mit tieferliegenden Wohnzimmern und Außenduschen gestaltet. Gäste dürfen auch den renommierten Leopard Creek Golf Course nutzen.

Jock Safari Lodge LODGE $$$

(Karte S. 436; ☎041-509 3000; www.jocksafarilodge.com; s EZ/DZ all-inclusive ab 8175/10 900 R;) Jock – am Zusammenfluss des Biyamiti und des Mitomeni River in einem exklusiven 60 km² großen Schutzgebiet gelegen – war die erste private Lodge im Park. Die zwölf Zimmer (manche bilden Familieneinheiten) verfügen alle über Pools und überblicken den Fluss.

Central Kruger

Balule Satellite Camp HÜTTE, ZELTPLATZ **$**
(Karte S. 436; ☎012-428 9111; www.sanparks.org; Zeltstellplatz 275 R, Hütte für 3 Pers. ohne Bad ab 415 R) Das stimmungsvolle Camp aus nur sechs Hütten und mit Platz für 15 Zelte liegt etwas südlich vom Olifants Camp. Es gibt keine Elektrizität, in den Hütten sind aber Laternen vorhanden (eine Taschenlampe ist trotzdem hilfreich). Eine Kühltruhe und Herd stehen allen Gästen zur Verfügung. Pirschfahrten zum Sonnenuntergang und nachts werden auf Anfrage organisiert. Der Check-in ist in den Camps Olifants, Satara, Orpen oder Letaba möglich.

Maroela Satellite Camp ZELTPLATZ **$**
(Karte S. 450; ☎012-428 9111; www.sanparks.org; Zeltstellplatz 275 R) Lediglich ein paar Kilometer vom Orpen Rest Camp (wo man eincheckt) liegt dieser Zeltplatz in recht offenem Gelände, Büsche oder Privatsphäre sind Fehlanzeige. In der Gemeinschaftsküche gibt es *Braai*-Ständer, Kochplatten und Gefriertruhen.

★ **Olifants Rest Camp** BUNGALOWS, HÜTTEN **$$**
(Karte S. 436; ☎013-735 6606, Reservierung 012-428 9111; www.sanparks.org; Bungalow für 2 Pers. mit/ohne Kitchenette 1125/1045 R;) Das Camp liegt oben an einem Steilufer und eröffnet einen fantastischen Blick auf den Olifants River, an dem sich Elefanten, Flusspferde und viele andere Tiere einfinden. Die beste Aussicht hat man von den Bungalows Nr. 1 und 9 (beide BBD2V-Standard), ebenso von den Selbstversorger-Pensionen Nshawu und Lebombo (für bis zu 8 Pers., ab 4000 R). Außerdem gibt es einen neuen Pool.

Mugg & Bean (www.themugg.com; Hauptgerichte 55–140 R) bietet eine große Auswahl an Gerichten, guten Kaffee und eine hübsche Veranda unter einem knubbeligen Feigenbaum. Es empfiehlt sich, ein Fernglas mitzubringen, um die Fledermäuse abends beim Ausfliegen zu beobachten.

★ **Satara Rest Camp** BUNGALOWS, ZELTPLATZ **$$**
(Karte S. 436; ☎013-735 6306, Reservierung 012-428 9111; www.sanparks.org; Zeltstellplatz ab 245 R, Bungalow für 2 Pers. mit/ohne Küche 1255/1130 R;) Satara – nach dem Skukuza das zweitgrößte Camp – kann zwar nicht mit dem Flussblick anderer Camps punkten, dafür liegt es optimal mitten im Raubkatzen-Gebiet, im ebenen Gelände kann man diese zudem leicht erspähen. Außer Mugg & Bean (www.themugg.com; Hauptgerichte 55–140 R) gibt es eine eher deplatziert wirkende Filiale von Debonairs Pizza (www.debonairspizza.co.za; Pizzas 25–80 R).

Tamboti Satellite Tented Camp BUNGALOWS **$$**
(Karte S. 450; ☎012-428 9111; www.sanparks.org; Safarizelt für 2 Pers. ohne Bad 580 R, für 2 Pers. mit Küche 1345 R) Das Tomboti besteht aus rund 40 Safarizelten, die in einer Kurve des Timbavati River liegen; zehn von ihnen sind sehr gemütlich und bieten neben einer Küche auch ein eigenes Bad. Alle haben Kühlschränke, Ventilatoren und eine schöne Sicht, die dichte Vegetation sorgt zudem für viel Privatsphäre. Viele Tiere stromern hier umher, es gibt einen Unterstand und die Gäste dürfen den nahen Swimmingpool des Orpen Rest Camps nutzen.

Orpen Rest Camp BUNGALOWS, HÜTTEN **$$**
(Karte S. 450; ☎013-735 6355, Reservierung 012-428 9111; www.sanparks.org; Bungalow für 2 Pers. mit Küche 1175 R, Cottage für 6 Pers. ab 2150 R;) Das Camp liegt nahe am Orpen Gate und ist damit ideal für Spätankömmlinge. Es gibt zwar kein Restaurant, dafür aber einen kleinen Laden mit Kaffeebar. Alle Bungalows sind komplett für Selbstversorger eingerichtet.

SOCIAL MEDIA & NASHORN-WILDEREI

Ein stark zunehmendes Problem ist die Nashornjagd (S. 637). Posts, Tweets und Bilder auf Facebook, Instagram und Twitter sind verstärkt von Kriminellen dafür missbraucht worden, die genauen Aufenthaltsorte von Nashörnern in Afrika herauszufinden. Es wurden sogar Accounts gehackt, um den in der Bilddatei eingebetteten GPS-Koordinatencode zu knacken. Um das Problem anzugehen, sollte man die Lokalisierungsfunktion seines Telefons deaktivieren und in Posts niemals exakte Ortsangaben, wo man auf die Tiere getroffen ist, machen.

KRÜGER FÜR REISENDE MIT BEHINDERUNG

Alle Rest Camps außer Orpen sind inzwischen auf Reisende mit Behinderung eingestellt. Im Tamboti Satellite Camp, in der Nähe des Orpen, gibt es zwei barrierefreie Safarizelte. Die Website von SANParks (www.sanparks.org) bietet einen sehr guten Überblick über die behindertengerechte Ausstattung aller Camps. Man sollte darauf achten, dass alle barrierefreien Zimmer im Buchungssystem mit einem „Z" versehen sind und dass man erst einen Monat im Voraus buchen kann.

Talamati Bushveld Camp COTTAGES $$
(Karte S. 450; ☎ 012-428 9111; www.sanparks.org; Cottage für 4 oder 6 Pers. ab 1275/2350 R) Talamati befindet sich am Flussbett des N'waswitsontso in einer Gegend, die für ihren außergewöhnlichen Tierreichtum bekannt ist. Das Camp verfügt über 15 Selbstversorger-Cottages, zwei Unterstände zur Vogelbeobachtung und ein nahe gelegenes Wasserloch. Es gibt Feuerholz und Eis zu kaufen.

Roodewal Bush Lodge LODGE $$
(Karte S. 450; ☎ 012-428 9111; www.sanparks.org; bis zu 8 Pers. 6500 R, pro weiteren Erw. 640 R) Die Bush Lodge am Timbavati River ist groß genug für bis zu 18 Personen, kann aber nur exklusiv und im Voraus gebucht werden. Außer ausgestatteten Küchen, *Braai*-Stellen und Bettzeug wird nichts zur Verfügung gestellt. Die Solarenergie reicht fürs Licht und die Ventilatoren.

★ **Singita Lebombo Lodge** LODGE $$$
(Karte S. 436; ☎ 021-683 3424; www.singita.com; EZ/DZ all-inclusive 17 300/34 600 R; ❄ 📶 🏊) Diese ultraluxuriöse Lodge mit 15 Zimmern ist das Aushängeschild des privaten Konzessionsgebietes Singita in den Lebombo Mountains im Krügerpark. Sie ist (mit überdimensionalen Zweigen) wie ein gigantisches Vogelnest gestaltet, mit offenen Suiten zwischen den Bäumen hoch oben an einem Berghang. Alle bieten Blick auf den Sweni River im Tal (Nr. 4 und 5 sind die besten) und auf den zugehörigen Veranden kann man sogar sein Nachtlager aufschlagen.

Sowieso schon sehr umweltbewusst, nutzt das Lembombo (sowie die Bedienstetenunterkunft) jetzt Solarstrom. Große Löwenrudel durchstreifen das Gebiet.

★ **Imbali Safari Lodge** LODGE $$$
(Karte S. 450; ☎ 011-516 4367; www.extraordinary.co.za; DZ all-inclusive ab 4285 R; ❄ 🏊) Die größte Lodge im Mluwati-Konzessionsgebiet ist eingezäunt und steht zudem Kindern jeden Alters offen. Es gibt zwölf große Suiten (jede mit eigenem Tauchbecken oder Whirlpool), die sich in den Wald am Fluss schmiegen. Neun von ihnen verfügen über Blick auf das Flussbett des N'waswitsontso sowie dessen Tierwelt.

Hoyo Hoyo Safari Lodge LODGE $$$
(Karte S. 450; ☎ 011-516 4367; www.extraordinary.co.za; DZ all-inclusive 3290 R; ❄ 🏊) Die kleine Lodge im Mluwati-Konzessionsgebiet mit ihren sechs Suiten gehört zum Teil der lokalen Tsonga-Gemeinde und ist deren Kultur verpflichtet, weshalb Gäste in der Stammessprache („hoyo hoyo" heißt „willkommen") empfangen werden. Die orangefarbenen Bienenstock-Suiten ähneln den traditionellen Behausungen, sind aber luxuriös ausgestattet. Dennoch die preiswerteste Option in den exklusiven Privat-Konzessionen des Kruger National Park.

Hamiltons Tented Camp LODGE $$$
(Karte S. 450; ☎ 011-516 4367; www.extraordinary.co.za; DZ all-inclusive 4490 R; ❄ 🏊) Im 100 km² großen Mluwati-Konzessionsgebiet sind die sechs prächtigen Safarizelte des Hamiltons, die neben dem trockenen Flussbett des N'waswitsontso auf Pfeilern stehen, die edelste Unterkunft.

🛏 Northern Kruger

Neben den vielen Standardunterkünften von SANParks kann man in diesem Gebiet auch exklusiv die beiden Unterstände Shipandani (S. 439) und Sable (S. 439) zum Übernachten buchen.

Tsendze Rustic Camping Site ZELTPLATZ $
(Karte S. 436; ☎ 012-428 9111; www.sanparks.org; Zelt 275 R) Einfacher Zeltplatz, 8 km südlich von Mopani. Mit Gemeinschafts-Gaskochern und Kühlschränken. Kein Strom.

★ **Letaba Rest Camp** BUNGALOWS, ZELTPLATZ $$
(Karte S. 436; ☎ 013-735 6636, Reservierung 012-428 9111; www.sanparks.org; Zeltstellplatz 275 R, Hütte/Safarizelt für 2 Pers. ohne Bad 685/550 R, Bungalow für 3 Pers. mit/ohne Küche ab 1125/1045 R; ❄ 🏊) Eines der besten Rest Camps

im Krügerpark: Ein grüner Rückzugsort am Letaba River mit schattigen Wiesen, eigenen Buschböckchen, den schönsten Pools aller SANParks und einer Vielzahl an Unterkunftsmöglichkeiten. Wunderbaren Ausblick bieten verschiedene Bungalows (Nr. 32 ist der beste, BD3U-Standard), Gäste-Cottages für bis zu sechs Personen (Nr. 101, FG6-Standard, wurde gerade erst renoviert) und eine Filiale von **Mugg & Bean** (www.themugg.com; Hauptgerichte 55–140 R).

Auch wenn sich am Fluss regelmäßig Elefanten sehen lassen, ist das Elephant Hall Museum ein Muss. Jeden Abend (außer sonntags) werden Naturfilme gezeigt. Außerdem gibt es einen Geldautomaten.

★ Shimuwini Bushveld Camp HÜTTEN **$$**

(Karte S. 436; ☎ 013-735 6683, Reservierung 012-428 9111; www.sanparks.org; Cottages für 4/5/6 Pers. ab 1230/2040/2200 R) Dieses hübsche kleine Camp mit Unterstand für die Vogelbeobachtung liegt sehr schön am Fluss. Die 15 Cottages sind auf Selbstversorger ausgerichtet und reihen sich entlang des hier breiten Letaba River auf einer Wiese auf. Die komfortabelste und modernste ist Nr. 8 (GC5-Standard), da sie nach einer Überschwemmung renoviert werden musste.

Bateleur Bushveld Camp HÜTTEN **$$**

(Karte S. 436; ☎ 013-735 6843, Reservierung 012-428 9111; www.sanparks.org; Cottage für 6 Pers. ab 2040 R; ❄) Bateleur ist das älteste und kleinste Bushveld Camp und bringt als solches sehr viel Atmosphäre mit. Die sieben strohgedeckten Cottages für Selbstversorger mit ihren Stahlrahmenfenstern aus den 1930er-Jahren wirken rustikal. Sie liegen am Mashokwe River (Nrn. 1 oder 7, GA6-Standard, sind zu empfehlen). Der Unterstand verfügt über elektrischen Strom für nächtliche Tierbeobachtungen. Feuerholz und Eis gibt es zu kaufen.

Shingwedzi Rest Camp BUNGALOWS, ZELTPLATZ **$$**

(Karte S. 436; ☎ 013-735 6806, Reservierung 012-428 9111; www.sanparks.org; Zeltstellplatz ab 245 R, Hütte für 2 Pers. ohne Bad 535 R, Bungalow für 2 Pers. mit/ohne Küche 1045/950 R; ❄ ≋) Das entspannte Camp steht im Schatten von Mopanebäumen und Palmen. Es ist eine Mischung aus Bungalows im alten Stil im Bereich A und einigen großen, neuen und modernen Unterkünften im Bereich B (Nr. 32–35 und 69–79 sind BD2-Standard, Nr. 38–41 BG2-Standard). Obwohl am Shingwedzi River gelegen, bietet nur das Restaurant Tindlovu (Hauptgerichte 55–150 R) Blick auf den Fluss.

Punda Maria Rest Camp BUNGALOWS, ZELTPLATZ **$$**

(Karte S. 436; ☎ 013-735 6873, Reservierung 012-428 9111; www.sanparks.org; Zeltstellplatz ab 245 R, Bungalow für 2 Pers. mit/ohne Küche 1120/950 R, Safarizelte mit Küche 1070 R; ❄ ≋) In anheimelnder Lage an einem waldbestandenen Hang ganz im Norden des Krüger-Nationalparks versprüht das winzige Camp viel Charme der Alten Welt. Die pittoresken strohgedeckten Bungalows stammen noch aus den 1930er-Jahren und sind etwas beengt. Sieben neue „Luxus-Safarizelte" bieten hingegen mehr Platz und Komfort (Nr. 2 und 3 sind ST2-Standard und verfügen über die meiste Privatsphäre).

Sirheni Bushveld Camp HÜTTEN **$$**

(Karte S. 436; ☎ 013-735 6860, Reservierung 012-428 9111; www.sanparks.org; Cottages für 2 oder 6 Pers. ab 1230/2040 R) Bis auf eine (Nr. 13, CO4-Standard) genießen alle 15 Cottages dieses hübschen Camps in einem lichten, bewaldeten Gebiet Aussicht auf den Sirheni Dam. Ein exzellenter Platz, um Vögel zu beobachten, mit gutem Unterstand. Es gibt eine Tiefkühltruhe; Eis und Feuerholz kann man kaufen.

Mopani Rest Camp BUNGALOWS, HÜTTEN **$$**

(Karte S. 436; ☎ 013-735 6536, Reservierung 012-428 9111; www.sanparks.org; Bungalow für 4 Pers. mit Küche ab 1105 R, Cottage für 6 Pers. ab 2000 R; ❄ ≋) Das moderne Mopani wirkt etwas steril, sodass keine echte Buschatmosphäre aufkommen will wie in anderen Rest Camps. Auch wenn der Blick auf den Pioneer Dam wahrlich beeindruckend ist: Die Größe der Terrasse des Restaurants **Tindlovu** (Hauptgerichte 55–150 R) und der Memorable Waterhold Bar, von wo aus man diesen genießen kann, ist es leider nicht. Dafür entschädigen die Ruhe und der nette Pool.

Boulders Bush Lodge LODGE **$$$**

(Karte S. 436; ☎ 012-428 9111; www.sanparks.org; bis zu 4 Pers. 3240 R, pro weiterer Pers. 640 R) Weit oben zwischen großen Granitfelsblöcken liegen die fünf Bungalows dieser Lodge für Selbstversorger etwa 23 km südlich vom Mopani mit Blick auf die Ebene. Die Lodge kann nur komplett im Voraus gebucht werden. Der Solarstrom reicht nur fürs Licht und die Ventilatoren.

Praktische Informationen

GELD

Geldautomaten, die internationale Karten akzeptieren, gibt es nur in Skukuza und Letaba, allerdings kann man fast überall mit Karte zahlen. Die „Mini-Geldautomaten" in den Läden der Rest Camps nehmen auch einheimische Karten. Hier kann man bis zu 800 R abheben, manchmal auch weniger, je nachdem wie viel Bargeld in der Ladenkasse ist.

INTERNETZUGANG

WLAN gibt es lediglich in den Restaurants im Skukuza und dem Pretoriuskop Rest Camp. Im Mopani kommt man für 30 R à 30 Min. und im Konferenzzentrum des Skukuza für 50 R à 30 Min. ins Netz.

NOTFALL

Kruger National Park 24hr Emergency Call Centre (☎ 013-735 4325, 076 801 9679)

RESERVIERUNG

Die Unterkünfte und Aktivitäten von SANParks (S. 405) kann man online, per Telefon oder persönlich bis zu einem Jahr im Voraus buchen (behindertengerechte Angebote erst einen Monat vorher). Eine Reservierung empfiehlt sich, ist außer während der Schulferien und an Wochenenden aber nicht zwingend. Dennoch sollte man von Oktober bis Mitte Januar so früh wie möglich buchen. Auch die Filialen von Lowveld Tourism in Nelspruit (S. 426) sowie in Kapstadt nehmen Reservierungen an.

TELEFON

Air-time (bestimmte Minutenanzahl fürs Mobiltelefonieren) kann man in allen Läden des Parks kaufen. Handys dürfen nur an den Gates, in den Camps und in Notfällen benutzt werden.

ZUGANG

Der Eintritt in den Park kostet für internationale Tages- oder Übernachtungsbesucher 280 R für Erwachsene und 140 R für Kinder (hier gilt die SANParks Wild Card, S. 664). In den Schulferien darf man nur zehn Tage im Park und fünf Tage in einem Rest Camp bleiben (auf Zeltplätzen zehn Tage). Die Verwaltung lässt nur eine bestimmte Besucheranzahl pro Jahr in den Park, in der Hauptsaison sollte man daher früh anreisen, wenn man nicht reserviert hat. Fahrräder und Motorräder sind nicht gestattet.

Anfahrt & Unterwegs vor Ort

Auf südafrikanischem Boden gibt es neun Zugangstore, die alle abhängig von der Saison zur selben Zeit öffnen und schließen (geöffnet wird zwischen 5.30 und 6 Uhr, geschlossen zwischen 17.30 und 18 Uhr). Die Camps machen fast alle ebenfalls zu diesen Zeiten auf und zu; wer zu spät kommt, muss mit einer Strafe rechnen. Den Kruger National Park kann man auch von Mosambik aus über die Grenzübergänge Giriyondo und Pafuri betreten (S. 685).

AUTO & GELÄNDEWAGEN

Die südlichen Gates liegen alle innerhalb eines 475-km-Radius' (5 Std.) von Jo'burg; das Orpen Gate und das Phalaborwa Gate sind 525 km (6 Std.) entfernt, das Punda Mara Gate und das Pafuri Gates jeweils über 600 km (7 Std.).

Im Park findet man sich leicht zurecht, daher fahren die meisten Besucher selbst. Das Straßennetz ist hervorragend, neben asphaltierten Wegen gibt es viele unbefestigte Seitenstraßen, die gut in Schuss sind. Man sollte aber stets auf andere Fahrzeuge, die plötzlich anhalten oder deren Fahrer abgelenkt sind, oder plötzlich aus dem Busch auftauchende Tiere achten. Für die meisten kleineren Kieswege braucht man nicht unbedingt einen Jeep, nach heftigen Regenfällen sollte man sich aber besser bei den Rangern erkundigen, ob sie befahrbar sind. An allen Rest Camps gibt es Tankstellen.

Avis (☎ 013-735 5651; www.avis.co.za) betreibt im Skukuza Rest Camp eine Vermietstation und auch am MKIA (28 km von Nelspruit

KRUGER NATIONAL PARK: ÖFFNUNGSZEITEN (GATES & CAMPS)

MONAT	GATES/CAMPS ÖFFNEN UM	GATES & CAMPS SCHLIESSEN UM
Jan.	5.30/4.30 Uhr	18.30 Uhr
Feb.	5.30/5.30 Uhr	18.30 Uhr
März	5.30/5.30 Uhr	18 Uhr
April	6/6 Uhr	18 Uhr
Mai–Juli	6/6 Uhr	17.30 Uhr
Aug. & Sept.	6/6 Uhr	18 Uhr
Okt.	5.30/5.30 Uhr	18 Uhr
Nov. & Dez.	5.30/4.30 Uhr	18.30 Uhr

ABSEITS DER ÜBLICHEN PFADE

GREAT LIMPOPO TRANSFRONTIER PARK

Der Kruger National Park bildet zusammen mit dem mosambikanischen **Limpopo National Park** (Parque Nacional do Limpopo; ☎21-713000; www.limpopopn.gov.mz; Erw./Fahrzeug 400/400 MZN, bezahlt werden kann in Meticals oder südafrikanischen Rand) und dem Gonarezhou National Park in Simbabwe den Great Limpopo Transfrontier Park – eine riesige Fläche, die einmal 35 000 km² umfassen soll. Die Verbindungen mit dem Gonarezhou sind noch in Arbeit, Kruger und Limpopo sind aber bereits durch zwei Grenzstationen miteinander verbunden: **Giriyondo** and **Pafuri** (S. 685).

Wer ins Herz des Limpopo vordringen möchte, kann dieses nur über Giriyondo erreichen. Dorthin kommt man über die unbefestigte H15, die etwa 19 km nördlich von Letaba von der asphaltierten Straße abzweigt. Zwar wird man nicht auf solch riesige Tierpopulationen wie im Krügerpark stoßen, aber die Reise ist ein veritables Buschabenteuer, das Spaß macht.

Hat man an der Grenze die zig nötigen Dokumente für seinen Jeep (S. 686) ausgefüllt, passiert man den Einreisebereich, wo man die Visa für Mosambik bekommt. (884 R/2136 ZN/90 US$). Auch die Gebühren für den Limpopo-Nationalpark müssen entrichtet und eine Unterkunftsbuchung vorgezeigt werden. Es gibt drei Optionen für die Nacht: Zeltplätze und einfache Selbstversorger-Chalets im **Campismo Aguia Pesqueira** (Karte S. 436; Zeltplatz 20 MZN/80 R, Chalets für 2 Pers. 1500 MZN/550 R) nahe am Massingir-Damm, und im **Campismo Albufeira** (Karte S. 436; Zeltplatz 20 MZN/80 R), Chalets für 2 oder 4 Pers. 1200/1500 MZN; 450/550 R) in der Nähe des Massingir Gates, und das edlere **Machampane Wilderness Camp** (www.dolimpopo.com; EZ-/DZ-Zelt all-inclusive 2860/4400 R).

Im Machampane stehen fünf geräumige, gut ausgestattete Safarizelte in ruhiger Lage mit Blick auf den Machampane River, an dem man mit großer Wahrscheinlichkeit neben Flusspferden auch ein paar kleine Wildtiere sowie viele Vogelarten beobachten kann, zur Verfügung. Im Preis inbegriffen sind Morgen- und Abendspaziergänge durch den Busch. Das Camp liegt etwa 20 km von Giriyondo entfernt, man kann sich in Letaba (Abstellmöglichkeit fürs Auto) abholen lassen.

entfernt) gibt es zahlreiche Agenturen. Am Eastgate Airport (Hoedspruit) und am Kruger Gateway Airport (Phalaborwa) gibt es noch mehr Auswahl.

FLUGZEUG

SAAirlink (www.flyairlink.com) und **South African Airways** (www.flysaa.com) bieten in Kooperation einen täglichen Direktflug zum **Skukuza Airport** (Karte S. 450; www.skukuzaairport.com/) im Kruger National Park sowohl von Kapstadt (ab 3027 R, 2¼ Std.) als auch von Johannesburg (1720 R, 50 Min) an. Zahlreicher sind die Flugoptionen zum **Mpumalanga Kruger International Airport** (MKIA; Karte S. 436; www.kmiairport.co.za) nahe Nelspruit, den die Airlines von Jo'burg (ab 1240 R, 45 Min.), Durban (ab 2220 R, 1 Std.) und Kapstadt (ab 2520 R, 2¼ Std.) aus anfliegen. Auch von Jo'burg zum **Eastgate Airport** (Karte S. 450; ab 1506 R, 1 Std.) in Hoedspruit, von wo man das Orpen Gate gut erreicht, gibt es eine Verbindung, und zum **Kruger Park Gateway Airport** (Karte S. 450; ab 2036 R, 1 Std.) nahe des Phalaborwa Gates.

PRIVATE WILDSCHUTZGEBIETE

Westlich des Kruger National Park erstrecken sich über eine riesige Fläche einige private Wildschutzgebiete, in denen man mit die schönsten Safaris im südlichen Afrika erleben kann. Die hiesige Tierwelt – die Big Five und viele weitere Arten – unterscheidet sich im Grunde nicht von der im Park, denn es gibt keine Begrenzungen zwischen den großen Schutzreservaten – Sabi Sand, Manyeleti und Timbavati – und dem Kruger National Park.

Ganz ähnlich wie in den privaten Konzessionsgebieten im Krügerpark, besteht der Hauptunterschied bei der Wildtierbeobachtung darin, dass man durch Guides kundig angeleitet wird, querfeldein fahren kann und die angebotenen Wanderungen und Touren sehr exklusiv sind. Die hier lebenden Tiere sind nicht mit großen Menschengruppen oder Individualreisenden konfrontiert, sondern haben es stets mit erfahrenen

Private Wildschutzgebiete

Private Wildschutzgebiete

Guides zu tun, die respektvoll mit den Tieren umgehen. Auch deshalb lassen sie ihre Besucher nahe an sich heran, sodass man unglaubliche Tierbegegnungen erlebt.

Das hat natürlich seinen Preis, denn man muss sich in einer der exklusiven Lodges einmieten, um ins Schutzgebiet zu kommen. Wenn es das Budget erlaubt, sollte man sich nach dem Aufenthalt im Kruger aber unbedingt ein oder zwei Nächte gönnen.

Sabi Sand Game Reserve

Dieses große Reservat (Karte s. oben; www.sabisand.co.za; pro Fahrzeug 190 R, pro Passagier 50 R) wird vom Sabi River begrenzt und vom Sand River durchflossen. Hier kann man die schönsten Wildtierbeobachtungen Afrikas erleben. Es ist vor allem für seine Leoparden bekannt, wohlhabende Safarikenner kommen regelmäßig hierher. Sabi Sand setzt sich eigentlich aus mehreren kleineren privaten Schutzreservaten zusammen, die nicht durch Zäune voneinander getrennt sind. Für Pirschfahrten nutzt jedes seine eigenen Fahrzeuge, einige haben sich aber inzwischen darauf verständigt, auch die Gebiete der anderen befahren zu dürfen.

Schlafen & Essen

★ **Singita Boulders** LODGE $$$
(Karte s. oben; ☎ 021-683 3424; www.singita.com; EZ/DZ all-inclusive 17 300/34 600 R; ❄@≋) Die Singita-Lodges zählen bei exklusiven Reiseveranstaltern zu den besten in ganz Afrika. Den Lonely-Planet-Autoren gefällt die Boulders Lodge am Ufer des Sand River am besten: Essbereiche, Lounge, Bibliothek, Weinkeller und die gewölbeartigen Suites sind alle mit geschichteten dunklen Steinen

begrenzt, welche die Atmosphäre Alt-Simbabwes heraufbeschwören und wunderbar zur modernen Ausstattung und den afrikanischen Kunstwerken passen. Das Verwöhnprogramm und der Service sind tadellos.

★ Londolozi Varty Camp LODGE $$$
(Karte S. 450; ☎ 011-280 6655; www.londolozi.com; EZ/DZ all-inclusive ab 13 425/17 900 R; ❄📶🏊) Varty Camp wurde an der Stelle erbaut, an der 1920 das Sparta Hunting Camp der Familie Varty stand. Londolozis erste Fotosafari-Lodge hat sich inzwischen in ein zeitgemäßes Safarijuwel verwandelt. Hinter der modernen großen Lounge kann man noch die Originalhütten aus den 1920er-Jahren sehen. Von der Lounge, die einen hübschen Ebenholzbaum umrahmt, blickt man auf den Sand River. Hier geht es entspannter zu als in den anderen Häusern von Londolozi, auch sind Kinder über sechs Jahre willkommen (es gibt miteinander verbundene Zimmer). Die acht Chalets und zwei Suiten des Varty strahlen Luxus und Komfort aus. Die Guides sind spitze.

★ MalaMala Main Camp LODGE $$$
(Karte S. 450; ☎ 011-442 2267; www.malamala.com; EZ/DZ all-inclusive ab 1110/1480 US$; ❄📶🏊) Main Camp ist sehr komfortabel, Tauchbecken, perfekt arrangierte Dekokissen und schickes Innendesign sucht man hier allerdings vergeblich. Und das ist genau so gewollt, denn hier geht es in erster Linie darum, den Gästen die Natur und ihre Bewohner näherzubringen. Der Schlüssel dazu ist die innige Beziehung, die die Guides zu den Tieren über Jahrzehnte aufgebaut haben (MalaMala war das erste Reservat des Landes, das Fotosafaris anbot). Mit 135 km² Fläche verweist es zudem die anderen Reservate auf die Plätze. Die Gäste sind eingeladen, gemeinsam mit ihren Safariführern zu essen, so lernen sie noch mehr über die Umwelt, die hier lebenden Tiere und Südafrika – und die Aktivitäten bekommen eine persönlichere Note. Das Schutzgebiet gehört inzwischen der N'wandlamhari CPA, die ursprünglichen Besitzer von MalaMala haben das Land nun gepachtet.

★ Sabi Sabi Earth Lodge LODGE $$$
(Karte S. 450; ☎ 013-735 5261; www.sabisabi.com; EZ/DZ all-inclusive 12 700/25 400 R; ❄📶🏊) Earth Lodge ist ein unterirdisches Paradies und anders als jede andere Lodge in Afrika – wo sonst kann man durch ein Oberlicht einen Elefanten erspähen, der auf einen herabblickt? Die Lage am Hang wurde perfekt genutzt, sodass die modernen Zimmer, offenen Gemeinschaftsbereiche und privaten Tauchbecken sehr hell sind. Die dicken Wände und Zementböden sind mit Kunstwerken und natürlichen Materialien geschmückt.

★ Nottens Bush Camp LODGE $$$
(Karte S. 450; ☎ 013-735 5105; www.nottens.com; EZ/DZ all-inclusive 6292/8390 R) Das gemütliche, familiengeführte Camp mit seinen sechs Zimmern ist sehr preiswert. Der offen gestaltete Essbereich und die Zimmer Nr. 3 und 4 bieten Blick aufs Wasserloch, der schöne Pool leider nicht. Für Licht sorgen Kerzen und Petroleumlampen – romantisch, aber nicht jedermanns Sache. In den Zimmern gibt es Strom für Steckdosen und Ventilatoren, in den Gemeinschaftsräumen jedoch nicht. Es stehen zwei Familiensuiten (Kinder über sechs Jahre sind willkommen) zur Verfügung. Die üblichen Tiere treiben sich hier rum, Nashörner und Elefanten kommen regelmäßig vorbei (ein Löwe hat sogar seinen Pfotenabdruck im frischen Zementboden des Pools hinterlassen, als dieser renoviert wurde). Man kann Pirschfahrten ins Sabi Sabi unternehmen, tolle Tierbeobachtungen sind also garantiert.

Londolozi Tree Camp LODGE $$$
(Karte S. 450; ☎ 011-280 6655; www.londolozi.com; EZ/DZ all-inclusive 21 525/28 700 R; ❄📶🏊) Nach einer umfassenden Renovierung eröffnete Tree Camp, das atemberaubende Aushängeschild von Londolozi 2015 neu. Die hohen Strohdächer, das dunkle Holz, die weißen Wände, schokofarbenen Akzente und die einheimische Kunst im Gemeinschaftsbereich und den sechs Suiten sind eine tolle Kulisse für die Aussicht auf den Sand River. Alle Zimmer verfügen über eigene Veranden und Tauchbecken. Trotz seiner Größe ist es gemütlich. Keine Kinder unter 16 Jahren. Thematisch ist Tree Camp auf Leoparden, Laternen und Leadwood-Bäume ausgerichtet.

Kirkman's Camp LODGE $$$
(Karte S. 450; ☎ 011-809 4300; www.andbeyondafrica.com; EZ/DZ all-inclusive 9000/12 000 R; ❄📶🏊) Hier lebte die Krügerpark-Legende Harry Kirkman, an den im charmanten Camp, das den Geist der 1920er-Jahre atmet, viele Gedenkstücke erinnern. Die 18 Wellblechdach-Cottages sind sehr komfortabel und orientieren sich im Stil am ursprünglichen Haus. Kinder jeden Alters sind will-

kommen. Der Weg zum Lion Sands steht offen, sodass man Zugang zum Sand River und zum Sabie River hat.

Nkorho Bush Lodge LODGE $$$
(Karte S. 450; ☎ 013-735 5367; www.nkorho.com; EZ/DZ all-inclusive 4380/6740 R; ❄📶🏊) Die frühere Farm verfügt über sieben grün gestrichene Chalets aus Ziegelstein mit Strohdach, eine winzige Veranda und einen Infinitypool – von fast überall kann man Wiesen und die Tierwelt überblicken. Die Chalets Nr. 1 und 2 liegen direkt hinter dem Gemeinschaftsbereich und sind weniger zu empfehlen, gut ist Nr. 5. Im Norden von Sabi Sand gelegen, kommt man durch das Gowrie Gate zum Nkorho.

Sabi Sabi Bush Lodge LODGE $$$
(Karte S. 450; ☎ 013-735 5656; www.sabisabi.com; EZ/DZ all-inclusive 9700/19 400 R; ❄📶🏊) Die 25 Zimmer umfassende Busch-Lodge eignet sich hervorragend für Familien: Das Elefun Centre bietet Kindern jeden Alters Spaß ohne Ende. Der Gemeinschaftsbereich ist groß, mit Blick auf ein Wasserloch. Die Zimmer sind geräumig und verfügen über riesige Liegen.

Sabi Sabi Little Bush Lodge LODGE $$$
(Karte S. 450; ☎ 013-735 5080; www.sabisabi.com; EZ/DZ all-inclusive 9700/19 400 R; ❄📶🏊) Die Luxus-Lodge mit sechs Suiten bietet Blick auf den Msuthlu River und ist schön für Pärchen: Man kann am erleuchteten Flussufer dinieren, am Felsenpool entspannen und im eigenem Whirpool blubbern.

Anfahrt & Unterwegs vor Ort

Die meisten Besucher fliegen zum Skukuza Airport (S. 449) im Kruger National Park oder mit **Federal Airlines** (www.fedair.com) ins Sabi Sand. Die Airline bedient von Jo'burg und dem MKIA aus Londolozi, Mala Mala, Sabi Sabi und Singita.

Manyeleti Game Reserve

Während der Apartheid war das 230 km² große **Manyeleti** (www.manyeleti.com; Fahrzeug 50 R, pro Passagier 105 R, inkl. Gemeindegebühr 75 R) das einzige Wildschutzgebiet, zu dem Schwarze Zutritt hatten. Die Grenze zum Krüger-Nationalpark ist nicht bezäunt, sodass man hier viele Tiere, auch die Big Five, beobachten kann. Allerdings muss man länger auf die Pirsch gehen als in Sabi Sand. Der Vorteil: Die Preise sind hier viel niedriger. Zufahrt über die Orpen Gate Road.

Schlafen & Essen

★ **Honeyguide Mantobeni** LODGE $$$
(Karte S. 450; ☎ 021-424 3122; www.manyeleti.com; EZ/DZ all-inclusive 4725/8600 R; 📶🏊) Das kleine Camp ist auf Paare ausgerichtet, die zwölf Safarizelte im ostafrikanischen Stil stehen zwischen Bäumen. Die auf Plattformen aufgeschlagenen Zelte sind sehr komfortabel, die Bäder teils zum Busch hin offen.

Honeyguide Khoka Moya LODGE $$$
(Karte S. 450; ☎ 021-424 3122; www.honeyguidecamp.com; EZ/DZ all-inclusive 4725/8600 R; 🏊) 🍃 Die 15 Safarizelte des Khoka Moya stehen auf einem erhöhten Bohlenweg im Busch. Jedes verfügt über einen Sitzbereich, eine überdachte Veranda, polierte Zementböden und viel Platz für Kinderbetten.

Timbavati Private Game Reserve

Die Entdeckung weißer Löwen machte dieses **Reservat** (Karte S. 450; www.timbavati.co.za; Fahrzeug 150 R, pro Passagier 180 R) Mitte der 1970er-Jahre bekannt. Die als Leuzismus bezeichnete Genmutation tritt sehr selten auf und wird rezessiv vererbt, weshalb es im Schutzgebiet derzeit nur zwei der leuchtend hellen Tiere gibt.

★ **Shindzela** LODGE $$$
(Karte S. 450; ☎ 087 806 2068; www.shindzela.co.za; EZ/DZ all-inclusive 2440/3780 R) Shindzela ist eine gute Option für alle, die ins Timbavati möchten, ohne ihr Konto zu sprengen. Die acht kleinen Safarizelte verfügen alle über eine extra Toilette unter einem Strohdach.

Umlani Bushcamp LODGE $$$
(Karte S. 450; ☎ 021-785 5547; www.umlani.com; EZ/DZ all-inclusive 4578/6870 R; 📶🏊) Das Camp hat nichts von seinem Charme verloren. Strom steht nur eingeschränkt zur Verfügung, für Licht sorgen Kerzen, Laternen und Feuer, wodurch abends eine besondere Atmosphäre entsteht. Der Pool und die Lounge bieten Blick auf den Fluss.

Jaydee Bush Camp LODGE $$$
(Karte S. 450; ☎ 083 283 8237; www.jaydeecamp.co.za; Camp für 10 Pers. 10 000 R; 🏊) Diese Selbstversorger-Lodge mit fünf Suiten kann man exklusiv mieten, wunderbar für große Familien und Gruppen. Es gibt eine große *Braai*-Stelle und eine komplette Küche (wer mag: mit Privatkoch für 450 R pro Tag).

Limpopo

➡ Inhalt

Gut essen

- Red Plate (S. 473)
- Iron Crown (S. 473)
- Market Cafe (S. 475)
- Buffalo Pub & Grill (S. 478)
- Sleepers Railway Station Restaurant (S. 479)

Schön übernachten

- Plumtree Lodge (S. 457)
- 139 on Munnik (S. 465)
- Ilala Country Lodge (S. 466)
- Kings Walden (S. 475)
- Kaia Tani (S. 477)

Auf nach Limpopo!

Traditionsreiche Kultur und Geschichte, weite, offene Landschaften und eine artenreiche Tierwelt kennzeichnen die große Provinz Limpopo. Allein schon im Mapungubwe National Park spiegelt sich ihre Vielfalt wider. Besucher können hier die bedeutendste eisenzeitliche Fundstätte des Landes durchstreifen und die Tierwelt beobachten. Von hohen Felsen reicht der Blick über die atemberaubende Flusslandschaft des Dreiländerecks Südafrika, Botsuana und Simbabwe. Mit traditioneller Kultur und Kunst, Hügeln, Seen und Wäldern beeindruckt die rätselhafte Region Venda. Zur Höchstform läuft die Natur im Distrikt Waterberg auf, wo das gleichnamige Unesco-Biosphärenreservat liegt, das Südafrikas ganze Schönheit in sich vereint. Insbesondere der Marakele National Park lädt hier zu spannenden Safaris ein.

Viele Reisende durchqueren Limpopo nur, um zum Kruger National Park im Osten der Provinz oder über Musina nach Simbabwe zu gelangen. Doch Abstecher in die Region lohnen sich auf jeden Fall.

Reisezeit

Polokwane (Pietersburg)

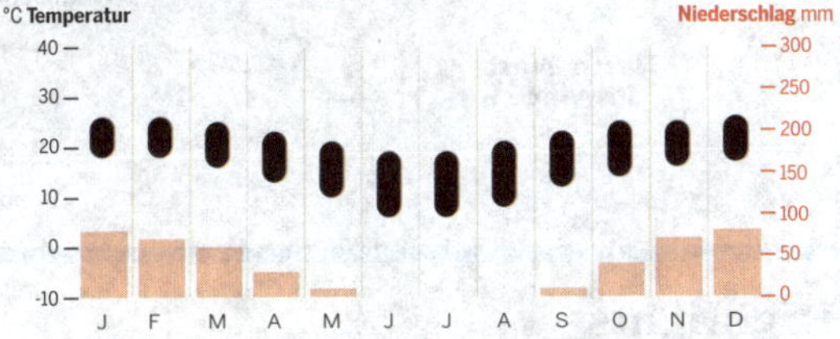

Juni–Aug. Ideal für den Besuch des Mapungubwe National Park, dann ist es nicht mehr so feuchtheiß.

Sept.–Dez. Unter den Vorsitz der Regenkönigin wird bei Modjadjiskloof die Ankunft des Regens gefeiert.

Jan.–März Im heißen, trockenen Sommer laden die kühleren Berge und das Berry Festival ein.

Highlights

1. Die Spuren einer prähistorischen Zivilisation und die wunderschönen Landschaften im **Mapungubwe National Park** (S. 467) erkunden

2. Eine Erkundungstour durch die einsamen Weiten der verschiedenen Naturschutzgebiete in der riesigen Wildnis des **Biosphärenreservats Waterberg** (S. 462)

3. Das traditionelle Kunsthandwerk der Region **Venda** (S. 468) oder die komplizierten, farbenfrohen Webarbeiten der Kooperative **Kaross** (S. 476) aufspüren

4 Vom Geier-Aussichtspunkt im **Marakele National Park** (S. 463) beobachten, wie die Sonne gegen Abend hinter blau schimmernden Felsen versinkt

5 Das kühle Klima, die diesigen Wälder und die entspannte Lebensweise in **Haenertsburg** (S. 472) und **Kings Walden** (S. 474) genießen

WARNUNG

Malaria (S. 704) und Bilharziose (S. 703) sind in Limpopo weit verbreitet, hauptsächlich im Nordosten nahe dem Kruger National Park und der Grenze zu Simbabwe.

Geschichte

In den Kalksteinhöhlen, den Makapan's Caves in der Nähe von Mokopane, kamen paläontologische Funde zum Vorschein, die bis in die Zeit des Frühmenschen zurückreichen, darunter 1 Mio. Jahre alte Werkzeuge. Auf dem Gebiet des heutigen Mapungubwe National Park stand einst die Wiege einer der am weitesten entwickelten Kulturen in Afrika, die über einen Landstrich von mehr als 30 000 km² herrschte. Ihre Blütezeit erlebte sie im 8. und 9. Jh. in einem sagenumwobenen Königreich.

Die Voortrekker zogen Mitte des 19. Jhs. hierher und machten das 1886 gegründete Pietersburg (heute Polokwane) zu ihrem Hauptstützpunkt. Immer wieder kam es dabei zu Konflikten mit den einheimischen Ndebele.

Nationalparks & Schutzgebiete

Das **Limpopo Tourism & Parks Board** (015-293 3600; Southern Gateway, N1; Mo–Fr 8–16.30 Uhr) in Polokwane hat Informationen zu den meisten Parks und Schutzgebieten der Provinz. Das Highlight ist der Mapungubwe National Park, gefolgt vom Marakele National Park. In Limpopo gibt es außerdem zahlreiche private Tierreservate – die besten sind diejenigen, die an den Kruger National Park angrenzen.

Sprache

Englisch ist weit verbreitet, doch in den meisten Gegenden steht Afrikaans nach wie vor an erster Stelle.

Anreise & Unterwegs vor Ort

In Nord-Süd-Richtung teilt die N1 Limpopo in zwei Hälften. Diese mautpflichtige Schnellstraße verläuft von Johannesburg (Jo'burg) über Pretoria bis nach Beitbridge an der Grenze zu Simbabwe. Viele der großen Städte Limpopos liegen an dieser Verkehrsader. Die meisten dieser Orte an der N1 sind durch die Busse von **Translux** (www.translux.co.za), zu denen auch die preisgünstigeren City-to-City-Busverbindungen zählen, mit Jo'burg und Pretoria verbunden.

Auf ihrer grenzüberschreitenden Route nach Harare und Bulawayo (in Simbabwe) legen die Busse von **Greyhound** (www.greyhound.co.za) mehrere Pausen ein, aber keinerlei Zwischenstopps zum Ein- oder Aussteigen (bei diesen Direktfahrten darf niemand vor der Grenze den Bus endgültig verlassen).

Translux bietet auch Busverbindungen zu an der Route 71 gelegenen Orten, darunter Tzaneen und Phalaborwa (zum Phalaborwa Gate des Kruger National Book). Manche Reiseziele sind ohne Auto mitunter nur schwierig zu erreichen, aber die Minibus-Sammeltaxis steuern fast alle Teile der Provinz an.

Mit einem Mietauto lässt sich Limpopo mit Abstand am besten entdecken (die meisten Straßen sind gut, viele werden allerdings gegenwärtig umfassend in Stand gesetzt). Wer Zeit sparen will, kann von Jo'burg nach Polokwane, Phalaborwa oder Hoedspruit (nordwestlich vom Orpen Gate des Kruger National Park) fliegen und dort ein Auto mieten.

CAPRICORN

Die Region Capricorn besteht eigentlich fast nur aus Polokwane (Pietersburg), der Provinzhauptstadt. Der südliche Wendekreis (Tropic of Capricorn = Wendekreis des Steinbocks) kreuzt die N1 auf halbem Weg zwischen Polokwane und Louis Trichardt (Makhado) und ist mit einem nicht sehr aufregenden Denkmal und ein paar Aloebäumen gekennzeichnet.

Polokwane (Pietersburg)

130 000 EW.

Polokwane ist die Provinzhauptstadt von Limpopo. Zu seiner Zeit bezeichnete Paul Kruger den Ort als „das Bollwerk des Nordens", das sich inzwischen jedoch ein wenig abgenutzt hat. Die an sich hübsche Stadt bildet heute ein Mixtur aus zwei Kontrasten: Einerseits herrscht ein lebendiges, halborganisiertes afrikanisches Chaos, vor allem zwischen dem Civic Square und dem Indian Centre. Andererseits prägen Sicherheitszäune in den geschniegelten und gestriegelten Vororten im Osten der Stadt das Bild. Die Zäune schützen Anwesen mit riesigen Gärten und kurz geschnittenem Rasen. Aufgrund seiner geografischen Lage ist Polokwane für Besucher eine bequeme Zwischenstation, die einiges bietet: zahlreiche ordentliche Pensionen, zwei gute Touristeninformationen und interessante Attraktionen in der Stadt und in ihrer Umgebung.

Sehenswertes & Aktivitäten

Polokwane Game Reserve WILDSCHUTZGEBIET
(☎015-290 2508; Erw./Kind/Fahrzeug 20/16/31 R; ⏲Mai–Sept. 7–17.30 Uhr, letzter Einlass 15.30 Uhr, Okt.–April 7–18.30 Uhr, letzter Einlass 16.30 Uhr) Nur knapp 5 km südlich von Polokwane lädt das 32,5 km² große Schutzgebiet zur Safari ein. Mit 21 markanten Tierarten, darunter Zebra, Giraffe und Breitmaulnashorn (auch Weißes Nashorn genannt), sowie einem guten Straßen- und Wanderwegenetz ist es einer der größten städtischen Wildparks des Landes.

Bakone Malapa Open-Air Museum MUSEUM
(☎015-290 2180; Erw./Kind 9/8,50 R; ⏲8–16 Uhr) Das Freilichtmuseum liegt etwa 9 km südlich von Polokwane an der Route 37 Richtung Chuniespoort. Es widmet sich den Sitten und Gebräuchen der Nördlichen Sotho, einer Volksgruppe, die vor rund 300 Jahren hier siedelte. Während der Führung durch das rekonstruierte Sotho-Dorf können Besucher u. a. beim Töpfern zusehen. In Vorführungen wird beispielsweise gezeigt, wie Marulawurzeln beim Feuermachen als „Streichhölzer" eingesetzt werden oder wie ein Antilopenhorn als Blasinstrument klingt.

Hugh Exton Photographic Museum MUSEUM
(☎015-290 2186; Civic Sq; ⏲Mo–Fr 9–15.30 Uhr) GRATIS Dieses Museum befindet sich in einer restaurierten Kirche aus dem 19. Jh. und bewahrt etwa 23 000 Dias aus dem Nachlass des erfolgreichen Fotografen Hugh Exton. In den Ausstellungen dokumentieren seine Bilder die ersten 50 Jahre von Polokwanes Stadtgeschichte und den Zweiten Burenkrieg (auch Südafrikanischer Krieg genannt).

Polokwane Art Museum MUSEUM
(☎015-290 2177; Ecke Grobler St & Hans van Ransburgh St, Library Gardens; ⏲Mo–Fr 9–16, Sa 10–12 Uhr) GRATIS Ein Besuch des Museums lohnt sich wegen seines modernen Ansatzes bei der Betrachtung des Kolonialismus, den zahlreichen Bildern von Nelson Mandela und der interessanten Ausstellung über Frauen in der Kunst Südafrikas. Gezeigt werden Werke von Künstlern aus Limpopo und dem ganzen restlichen Land.

Polokwane (Pietersburg)

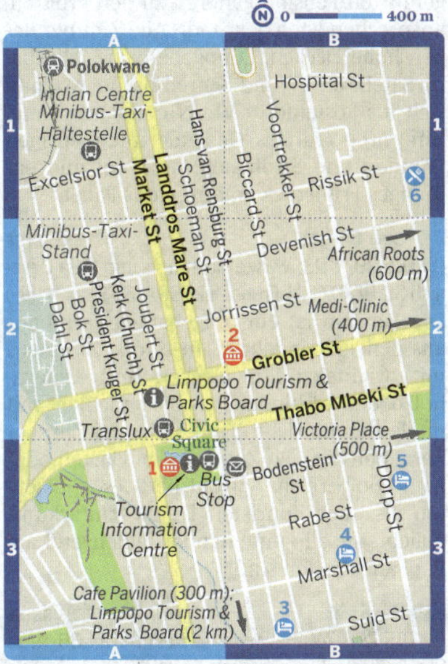

Polokwane (Pietersburg)

Sehenswertes
1 Hugh Exton Photographic Museum A3
2 Polokwane Art Museum B2

Schlafen
3 Cycad Guest House B3
4 Plumtree Lodge B3
5 Rustic Rest B3

Essen
6 Dish B1

Geführte Touren

Vuwa Safari & Tours GEFÜHRTE TOUREN
(☎015-291 1384; www.vuwasafaritours.co.za; 88 Grobler St) Organisiert Touren mit den Schwerpunkten Kultur, Geschichte und Tierwelt rund um Limpopo.

Schlafen

Wie in ganz Limpopo konzentrieren sich auch in Polokwane die Unterkünfte auf den Mittelklassebereich.

★ **Plumtree Lodge** PENSION $$
(☎015-295 6153; www.plumtree.co.za; 138 Marshall St; EZ/DZ. inkl. Frühstück 650/820 R; ❄📶🏊) Die

Bungalowzimmer in dieser von Deutschen geführten Pension gehören zu den größten, ansprechendsten der Stadt. Alle Zimmer haben hohe Decken, Loungebereiche, Minibars, Satelliten-TV und Schreibtische, wo man sich ins kostenlose WLAN einloggen kann. Eine *lapa* (rundes Gebäude mit niedrigen Wänden und Strohdach) am Pool und ein üppiges Frühstück ergänzen das Paket.

African Roots PENSION **$$**
(015-297 0113; www.africanroots.info; 58a Devenish St; EZ/DZ inkl. Frühstück 700/880 R;) Die Pension ist ein umgebautes Farmhaus aus den 1920er-Jahren. In seinen Zimmern mit originalen Stuckdecken und Kiefernholzböden verbindet sich Behaglichkeit mit modernen Einrichtungen. Jedes der Zimmer hat einen eigenen Zugang zum Garten oder zum Poolbereich. Sowohl bei Geschäftsleuten als auch Touristen ist die Unterkunft beliebt, die alle miteinander faulenzend am Pool anzutreffen sind.

Rustic Rest PENSION **$$**
(015-295 7402; www.rusticrest.co.za; 36 Rabe St; EZ/DZ inkl. Frühstück 660/950 R;) Die familiengeführte Unterkunft besteht aus einem Haus aus den 1940er-Jahren und einem Zweckbau. In den wunderschönen modernen Zimmern unterstreichen Teppiche, Vorhänge, Kissen und schicke Betten das luxuriöse Ambiente. Wer im Oktober hierherkommt, kann den riesigen Jacaranda (Palisanderholzbaum), der den Räumen Schatten spendet, in seiner vollen Blütenpracht erleben.

Victoria Place PENSION **$$**
(015-295 7599; www.victoriaplace.co.za; 32 Burger St; EZ/DZ inkl. Frühstück 650/850 R;) Das Victoria Place glänzt mit Eleganz und freundlichem Lächeln. Die großen Zimmer sind mit schöner Bettwäsche und einfachen Bädern ausgestattet. Die Gäste können auf der Veranda frühstücken, umgeben von Topfpflanzen. Es gibt auch Einheiten mit einer Kitchenette für Selbstversorger.

Cycad Guest House PENSION **$$**
(015-291 2181; www.cycadguesthouse.co.za; Ecke Suid St & Schoeman St; EZ/DZ 800/1000 R; @) Mit seinen schicken Zimmern und dem guten Service holt das motelähnliche Cycad das Beste aus seinem massigen Backsteinbau heraus. Auf einem wetterfesten Balkon können sich die Gäste am Abend bequem entspannen. Angeboten wird auch ein Wäscheservice.

Protea Hotel – Ranch Resort HOTEL **$$$**
(015-290 5000; www.theranch.co.za; Farm Hollandrift; Zi 1200–3400 R; @) Wer sich nach einem Hauch von Luxus sehnt und kein Problem damit hat, außerhalb der Stadt zu wohnen, findet im Ranch Resort 4-Sterne-Zimmer mit schön lackierten Möbeln und große Bäder mit Marmorwaschbecken. Es liegt 25 km südwestlich von Polokwane (an der N1).

Essen

In den Library Gardens und ihrer Umgebung finden sich die üblichen Schnellrestaurants und Imbissbuden. Wer aber eine richtige Mahlzeit in einem Speiselokal mit Bedienung einnehmen möchte, der hat im Savannah Centre (Route 71) die größte Auswahl an Restaurants.

Dish INTERNATIONAL **$$**
(079 553 3790; 96 Burger St; Hauptgerichte 60–110 R; Mo 9–17, Di–Fr 9–22, Sa & So 9–15 Uhr) Das Ambiente ist genauso erfreulich wie das Essen. In dem gemütlichen, freundlichen Restaurant können die Gäste drinnen oder draußen Platz nehmen. Seine Speisekarte umfasst beinahe alle gängigen Gerichte wie Lasagne, Fisch und Meeresfrüchte sowie Steaks und Hühnergerichte. Als Vorspeise sind die Schnecken mit Knoblauch, Feta und Pfeffer zu empfehlen.

Cafe Pavilion CAFÉ **$$**
(015-291 5359; Church St, Sterkloop Garden Pavilion; Hauptgerichte 60–120 R; Mo–Sa 8–17, So 8–14 Uhr) Dieses Café mit hübschem Blick auf ein Gartencenter und Wasserspielen im überdachten Außenbereich eignet sich bestens fürs ein Frühstück oder ein Mittagessen. Wie meistens liegt der Schwerpunkt der Speisekarte auf unterschiedlich zubereiteten Fleischgerichten, darunter beispielsweise Biltong (luftgetrocknetes Wildfleisch) und T-Bone-Steaks mit Avocado. Als Beilage wird eine stattliche Portion verschiedener Salate gereicht.

Cofi INTERNATIONAL **$$**
(015-296 2538; Grobler St, Savannah Centre; Hauptgerichte 60–120 R; 8 Uhr bis spätabends) Entspannt essen kann man in diesem freundlichen Bar-Restaurant mit einem riesigen runden Bartresen und einem postmodernen Speiseraum. Es zählt zu den trendigen und noblen Restaurants der Stadt. Auf der Speisekarte dominieren die Fleischgerichte. Das wohl interessanteste Gericht ist

der traditionelle afrikanische Maisbrei, der interessanterweise in einer Schüssel mit russischem Blumenmuster serviert wird.

Praktische Informationen

GELD

Im Stadtzentrum gibt es zahlreiche Banken.

ABSA (70 Hans van Rensburg St) Geldautomat und Möglichkeit zum Geldumtausch.

INTERNETZUGANG

Internetcafés finden sich im Savannah Centre (Route 71) und an der Mall of the North (N1).

PostNet (015-265 1341; Mall of the North; pro halbe Std. 20 R; Mo–Fr 8–16.30, Sa 8–13 Uhr) Bietet eine zuverlässige Internetverbindung.

MEDIZINISCHE VERSORGUNG

Medi-Clinic (015-290 3600, 24-Std.-Notdienst 015-290 3747; www.mediclinic.co.za; 53 Plein St) Private Klinik mit einer Notaufnahme, die rund um die Uhr geöffnet hat.

Polokwane Hospital (015-287 5000; Ecke Hospital St & Dorp St) Öffentliches Krankenhaus.

NOTFALL

Polizeistation (015-290 6000; Ecke Schoeman St & Bodenstein St)

POST

Hauptpost (Landdros Mare St; Mo–Fr 8–17.30, Sa 8–13 Uhr)

TOURISTENINFORMATION

Limpopo Tourism & Parks Board (015-293 3600; www.golimpopo.com; N1; Mo–Fr 8–16.30 Uhr) Bietet Informationen über die gesamte Provinz sowie die nützliche Karte *Limpopo Explorer* und den Reiseführer *Know Limpopo*. Liegt an der N1, die aus südlicher Richtung zur Stadt führt.

Tourism Information Centre (015-290 2010; Ecke Thabo Mbeki St & Church St, Civic Sq; Mo–Fr 8–17 Uhr) Die beste Quelle für Informationen über Polokwane; hat Broschüren und eine Unterkunftsliste.

An- & Weiterreise

BUS

Translux (0861 589 282; www.translux.co.za; Ecke Joubert St & Thabo Mbeki St) Die Translux-Busse fahren täglich um 10.30, 11.15 und 14.30 Uhr über Pretoria (210 R, 3½ Std.) nach Jo'burg (210 R, 4 Std.). Die gleiche Strecke bedienen auch zwei billigere City-to-City-Busse (170 R), die morgens starten.

FLUGZEUG

Der Flughafen von Polokwane liegt 5 km nördlich der Stadt. **Airlink** (015-288 0166; www.flyairlink.com), eine Tochtergesellschaft der South African Airways mit Büros am Flughafen, fliegt täglich nach/von Johannesburg (einfacher Flug ab 1500 R).

MIETWAGEN

Die führenden Autovermieter sind am Flughafen vertreten.

SAMMELTAXI

Vom Taxistand am Indian Centre an der Ecke Church und Excelsior Street fahren Minibus-Taxis u. a. nach Louis Trichardt (60 R, 1½ Std.) und Thohoyandou (70 R, 2½ Std.).

BUSHVELD

Der Hauptgrund, sich von Polokwane aus in südwestlicher Richtung auf den Weg zu machen, ist der Waterberg, der von der Unesco zum Biosphärenreservat erklärt wurde. Vier der saisonalen Flüsse Limpopos entspringen hier. Die Artenvielfalt spiegeln die Felsbilder der San wider. Diese Abbildungen auf den Sandsteinklippen der Waterberg-Region zeigen viele große Säugetiere. Auf dem Weg über die N1 geht es durch das Bushveld, die typischste Form der afrikanischen Savannen. Wer die Fahrt durch die flache, trockene Landschaft unterbrechen will, findet an der N1 eine ganze Reihe von Städten, die Erholungswert besitzen.

Mokopane (Potgietersrus)

30 000 EW.

Mokopane ist eine ziemlich große Stadt im Bushveld und eignet sich ausgezeichnet, um die Fahrt auf der N1 zu unterbrechen. Für Besucher sind die Makapan's Caves die Hauptattraktion.

Sehenswertes

Makapan's Caves HÖHLEN

(082 496 1800, 079 515 6491; Erw./Stud. 25/15 R) Aufgrund ihrer paläontologischen Bedeutung zählen die Höhlen heute zu den Unesco-Welterbestätten. Sie sind die Fundstätte des berühmten Taung-Schädels, der von einem etwa 3 Mio. Jahre alten *Australopithecus africanus* stammt – einer Art, die den Vormenschen zugeordnet wird. In der „Historic Cave" wurde Häuptling Makapan mit mehr als tausend seiner Anhänger

ABSTECHER

NATUR - EINEN STEINWURF VON DER N1 ENTFERNT

Nylsvley Nature Reserve (☎014-743 6925; www.nylsvley.co.za; Erw./Kind/Fahrzeug 15/10/25 R; ⏲tgl. 6–18 Uhr) Das 40 km² große Naturschutzgebiet in den Flussauen des Nyl River ist eines der besten Areale, um Vögel zu beobachten (380 dokumentierte Vogelarten). Es liegt 20 km südlich von Mookgophong und ist ab der Route 101 in Richtung Modimolle ausgeschildert.

Bundox Bush Camp (☎072 523 2796; www.bundox.co.za; Zelt/Hütte pro Pers. 400/450 R) Das Camp liegt 3 km nördlich von Mookgophong abseits der Route 101. Seine Unterkünfte bestehen aus ostafrikanischen Zelten und wunderschönen Hütten mit offenem Wohnbereich. Auf dem Gelände befinden sich auch eine strohgedeckte Bibliothek sowie eine Geparden-Schutzstation – und 129 dokumentierte Vogelarten.

1854 einen Monat lang von Paul Kruger und den Voortrekkern belagert. Wer die Höhlen, die 23 km nordöstlich der Stadt liegen, besichtigen will, muss vorher telefonisch eine Führung buchen. Der Höhlenführer spricht Englisch und Französisch.

In den Höhlen, die mit Fossilien und Knochen übersät sind, wurden auch Überreste von längst ausgestorbenen Tieren entdeckt, z. B. vom Sivatherium (Rindergiraffe), einem Huftier aus der Familie der Giraffenartigen.

Game Breeding Centre WILDSCHUTZRESERVAT
(☎015-491 4314; Thabo Mbeki Dr; Erw./Kind 20/10 R, Fütterungstour 40 R; ⏲Mo–Fr 8–16.30, Sa & So 8–18 Uhr) Das etwa 13 km² große Areal an der Route 101 ist ein Nachzuchtzentrum des National Zoo in Pretoria. Das Gelände beherbergt eine riesige Vielfalt an einheimischen und fremdländischen Tierarten, darunter Gibbons, Wildhunde, Giraffen und Löwen. Besucher können mit dem Auto durch das Reservat fahren, am besten am Morgen, wenn die meisten Tiere putzmunter und aktiv sind.

Arend Dieperink Museum MUSEUM
(97 Thabo Mbeki Dr; Erw. 22 R; ⏲Mo–Fr 8–16 Uhr) Das heimatkundliche Museum befindet sich auf der Rückseite der Mokopane Tourism Association. Sein Schwerpunkt liegt auf der Entwicklung der Stadt nach ihrer 1852 erfolgten Gründung durch die Voortrekker.

Schlafen & Essen

Game Breeding Centre PENSION $
(☎015-491 4314; Thabo Mbeki Dr; EZ/DZ 240/300 R, Camping 40 R; ❄) In der vielleicht originellsten Unterkunft in Mokopane unterscheiden sich die Zimmer alle ein wenig voneinander. Bei manchen liegen Küche und Bad im Innenraum, bei anderen im Freien. Doch alle Zimmer sind geräumig und haben einen schönen Ausblick aufs Reservat. Vom Fenster des Zimmers Nr. 1 kann man sogar Gibbons beim Spielen beobachten.

Thabaphaswa HÜTTEN $
(☎082 389 6631, 015-491 4882; www.thabaphaswa; Camping 90 R, Hütte pro Pers. 130–200 R; ≋) Für alle, die es auch mal ganz einfach mögen, bietet diese Unterkunft Hütten für Kletterer unter Felsvorsprüngen. Die Hütten haben Glaswände, Doppelstockbetten und Terrassen mit *Braai*-(Grill-)Stellen und Duschen im Freien. Auf dem Grundstück gibt es auch Fahrrad- und Wanderwege.

Man folgt der Percy Fyfe Road (von der Route 101 hinter der Überquerung der Brücke gleich nördlich von Mokopane ausgeschildert) 13 km weit und biegt dann am braunen Schild „Thabaphaswa Hiking and Mountain Bike Trail“ rechts ab. Bis zum Tor sind es noch 2 km und weitere 1,3 km geradeaus bis zur Anlage.

Platinum PENSION $$
(☎015-491 3510; theplatinum@connectit.co.za; 4 Totius St; EZ/DZ inkl. Frühstück 450/720 R; ❄@📶) Das Vorstadthaus lässt nicht ahnen, welcher Luxus sich darin verbirgt. Die wunderbar eingerichteten Zimmer bieten einen Hauch von Eleganz und viel Komfort. Der freundliche Besitzer zeigt gern mehrere Zimmer, sie unterscheiden sich im Grundriss und in der Größe, sind aber alle erstklassig. Die Unterkunft ist an der Rte 101 (von Modimolle kommend) ausgeschildert.

La Bamba Restaurant & Sports Bar PUB $
(☎083 368 6846; Hoog St; Hauptgerichte 40–80 R; ⏲Mo–Sa 11 Uhr bis spätabends) In dem schlichten Pub mit Fliesenboden beschränkt sich das Fernsehprogramm meistens auf Rugby oder Kricket. Doch sein Angebot an Burger, Schnitzeln und Steaks lädt ein, sich den Bauch vollzuschlagen. Auch eine Salatbar ist vorhanden.

Praktische Informationen

Mokopane Tourism Association (015-491 8458; www.mogalakwena.gov.za; 97 Thabo Mbeki Dr; Mo–Fr 8–16.30, Sa 9–12 Uhr) An der Route 101; bietet zahlreiche ortsbezogene Informationen.

PostNet (Thabo Mbeki Dr, Crossing Mall; pro Std. 40 R; Mo–Fr 8–17, Sa 8–13 Uhr) Internetzugang.

An- & Weiterreise

Translux- und City-to-City-Busse fahren täglich über Pretoria (150 R) nach Jo'burg (200 R, 3¾ Std.), außerdem über Tzaneen nach Phalaborwa (200 R, 3¾ Std.) sowie über Polokwane und Louis Trichardt (160 R) nach Sibasa (200 R, 4 Std.).

Minibus-Sammeltaxis starten vor dem Supermarkt Shoprite an der Dr Nelson Mandela Street; die Fahrt von Mokopane nach Polokwane kostet ungefähr 40 R.

Modimolle (Nylstroom)

12 500 EW.

Manche Städte besitzen einfach diesen gewissen Wohlfühlfaktor – Modimolle („Platz der Geister") gehört dazu. Möglicherweise macht ja ganz einfach nur die Hitze diese Ortschaft so träge und leichtlebig. Auf jeden Fall eignet sie sich bestens für einen Zwischenstopp auf dem Weg nach/von Vaalwater, dem Städtchen am Fuß des Bergmassivs Waterberg, oder auf der Fahrt Richtung Norden.

Boshoffstraat Gastehuis PENSION $

(014-717 4432; www.boshoffstguesthouse.co.za; 15 Boshoff (Gowan Mbeki) St; Zi pro Pers, inkl. Frühstück 320 R) Die Pension liegt auf einem großen Vorstadtanwesen an der Südseite der Stadt und ist auf der Route 101 ausgeschildert. Die Lage der Unterkunft ist hübsch und ihr Besitzer ausgesprochen freundlich. Die einfachen, aber sauberen Zimmer sind ziemlich großzügig geschnitten. Wenn man über das veraltete Bad hinwegsieht, ist das größte der Zimmer mit drei Einzelbetten, das beste von allen.

Lekkerbly B&B, HÜTTEN $$

(014-717 3702; lekkerblygh@telkomsa.net; 10 Rupert St; EZ/DZ 450/750 R; ❄) Gäste haben hier die Wahl zwischen beengten Hütten für Selbstversorger oder aber B&B-Zimmern. Auch eine Bar ist vorhanden. Auf dem Weg nach/von Vaalwater ist das Lekkerbly ausgeschildert.

Oudewerf CAFÉ $

(014-717 2104; Van Rhyneveldt St; Snacks 15–24 R; Mo–Fr 9–16, Sa 9–13 Uhr) In einem Gastraum voller Antiquitäten werden hier Kaffee, Tee und leichte Snacks serviert.

Bela-Bela (Warmbaths)

37 200 EW.

Bela-Bela ist eine chaotische, heiße und scheinbar ununterbrochen geschäftige Stadt, doch als Zwischenstopp ist sie gut, vor allem für Reisende, die „warme Bäder" lieben. Der Name stammt von den heißen Quellen der Stadt. Pro Stunde sprudeln rund 22 000 l des heißen Wassers aus der Erde, das Anfang des 19. Jhs. von den Tswana entdeckt wurde. Das schlaffördernd wirkende Bad in den Thermalbecken ist eine beliebte Behandlung für rheumatische Beschwerden.

Sehenswertes & Aktivitäten

Thaba Kwena Crocodile Farm KROKODILFARM

(014-736 5059; www.tkwena.co.za; Erw./Kind 35/17 R; tgl. 9–16 Uhr, Fütterung Sa 14 Uhr) Auf der Farm werden über 10 000 Krokodile gehalten, von denen jedes eine Länge bis zu 5,5 m erreicht. Man züchtet die Biester wegen ihrer Haut und ihres Fleisches, die weltweit exportiert werden. Die Krokodilfarm liegt gleich nördlich vom De Draai Gastehuis und 4 km von der Route 101 entfernt.

Hydro SPA

(014-736 8500; www.foreverwarmbaths.co.za; Chris Hani Dr; tagsüber/abends 100/120 R; tgl. 7–16 & 17–22 Uhr) Hydro ist ein Spa im Warmbaths Resort (ein Forever Resort) mit einer ganzen Reihe Thermalbecken, die von drinnen nach draußen übergehen. Für Kinder gibt es kühle Pools mit kurvenreichen Rutschen. Wer sich entspannen will, kann ein 38–42 °C warmes Bad nehmen oder sich einer der vielen anderen gesundheitsfördernden Wasseranwendungen hingeben.

Schlafen & Essen

Flamboyant Guesthouse B&B $

(014-736 3433; www.flamboyantguesthouse.com; 5 Flamboyant St; Zi. inkl. Frühstück 300 R pro Pers.; ❄) Unter den Jacaranda-Bäumen am Nordrand der Stadt liegt das Flamboyant mit vielen Höfen voller Blumen, einer leicht altmodisch wirkender Dekoration und einem sympathischen Besitzer. In den Zimmern und Wohnungen finden bis zu fünf Personen Platz und die Pension ist behindertengerecht.

Elephant Springs Hotel HOTEL $$
(☎014-736 2101; www.elephantsprings.co.za; 31 Sutter Rd; EZ/DZ 500/1200 R; ❄📶🏊) Vorwiegend, aber nicht ausschließlich wird das schöne altmodische Hotel mit geräumigen Zimmern für Konferenzen genutzt. Auch wenn sich hinter der hübschen Fassade einige Ecken und Kanten verbergen, ist es eine sehr freundliche Unterkunft mit bequemen Betten und eine recht gute Alternative zu den Pensionen.

Greenfields CAFÉ $
(Old Pretoria Rd, The Waterfront; Hauptgerichte 35–70 R; ⏱tgl. 7–22 Uhr) Die Holzhütte aus den 1970er-Jahren, in der sich das Café befindet, vermittelt eine gemütliche Atmosphäre. Vor allem aber schmeckt das Essen. Zum Frühstück gibt es selbst gebackene Croissants, Muffins und Pfannkuchen, während mittags verschiedene Gerichte, darunter Burger, Salate und Steaks, angeboten werden.

Praktische Informationen

Bela-Bela Community Tourism Association
(☎014-736 3694; www.belabelatourism.co.za; Old Pretoria Rd, Waterfront; ⏱Mo–Fr 8–17, Sa 9–13 Uhr) Befindet sich im Waterfront-Viertel, das vom Zentrum aus gesehen auf der anderen Seite der Brücke liegt.

An- & Weiterreise

Der Minibus-Taxistand liegt in der Ritchie Street zwischen dem Forever Resort und dem Elephant Springs Hotel. Von hier aus fahren die Sammeltaxis zu verschiedenen Zielen, darunter Polokwane (70 R, 2½ Std.) und Jo'burg (90 R, 2 Std.).

Waterberg

Paul Kruger verdammte lästige Politikaster mit dem Spruch: *„Give him a farm in the Waterberg."* („Gebt ihm eine Farm am Waterberg.") Heutige Besucher der Region können die Härte eines solchen Schicksals wohl kaum mehr nachempfinden. Der 150 km lange Gebirgszug, der sich von Thabazimbi im Rücken von Vaalwater in nordöstlicher Richtung erstreckt, beherbergt das 15 000 km² große Waterberg-Biosphärenreservat. Es schützt eine der beiden Savannenbiosphären Afrikas. Höhen bis zu 2100 m erreicht diese Berglandschaft, in der ein mildes Klima herrscht. In einigen Gebieten leben die *Big Five* (Löwe, Leopard, Büffel, Elefant und Nashorn). Flüsse winden sich durch den Landstrich, und charakteristische Bergzüge durchziehen Bushveld und *sourveld* (ein Graslandtyp).

Vaalwater & Umgebung

4000 EW.

Vaalwater („faalvater") zieht sich am Highway entlang und besteht aus einem Durcheinander an Einrichtungen für Touristen und Einheimische. Es eignet sich hervorragend als Ausgangspunkt, um die zahlreichen Attraktionen der Waterberg-Region zu erkunden. Zwischen Polokwane und der südwestlichen Grenze von Limpopo ist es die bei Weitem hübscheste Stadt.

Sehenswertes & Aktivitäten

St John's Church KIRCHE
Zu dieser Kirche, die etwa 10 km außerhalb von Vaalwater liegt, nimmt man die Melkrivier Road, biegt rechts in die Vierentwintigriviere Road ab und nach 8,7 km nach links in Richtung Naauwpoort, dort liegt sie dann auf der linken Seite. Die „Kirche" aus Stroh und Stein, „... whose quiet charm doth strike a lovely note" („... deren stiller Charme einen lieblichen Ton anschlägt", in den Worten des Gedichts neben der Tür), entstand 1914. Sie soll von Sir Herbert Baker entworfen worden sein, wird aber in Untersuchungen zur Arbeit des großen „Architekten von Südafrika" oft übersehen.

Horizon Horseback Adventures REITEN
(www.ridinginafrica.com) Von den Reitausflügen dieses Tourveranstalters nahe den Waterberg Cottages berichten ehemalige Teilnehmer voller Begeisterung. Geboten werden auch Abenteuertrips wie die Teilnahme an einem Viehtreiben oder eine achttägige Reitersafari mit Tierbeobachtungen in Botsuana.

Waterberg Welfare Society FREIWILLIGENARBEIT
(☎014-755 3594; www.waterbergwelfaresociety.org.za ; Timothy House, 208–209 Waterberg St; ⏱8.30–17 Uhr) Die Waterberg Welfare Society wurde gegründet, um HIV-/AIDS-Infizierte und ihre Angehörigen zu unterstützen. Im „Timothy House", dem öffentlich zugänglichen Besucherzentrum, haben Besucher die Möglichkeit, sich mit den Waisenkindern zu beschäftigen. Außerdem können sie sich

hier über die Hilfsprogramme der Gesellschaft und die Arbeit mit Menschen, die an HIV/AIDS leiden, informieren. Eine vorherige telefonische Anmeldung des Besuches ist erforderlich.

Schlafen & Essen

Zeederberg Cottage & Backpackers HOSTEL $

(☎082 332 7088; www.zeederbergs.co.za; Camping 65 R, B 170 R, Hütte EZ/DZ 380–550 R;) Das Zeederberg liegt hinter dem gleichnamigen Center und hat ein Stroh-Cottage, eine *rondavel* im Zulu-Stil sowie Schlafsäle und Doppelzimmer. Einziger Nachteil: Einige Betten sind nicht gerade die bequemsten. Auf dem Rasen stehen Jacaranda- und Tipuana-Bäume, und das Hauptgebäude ist perfekt eingerichtet für Backpacker, die einfach nur relaxen wollen.

Waterberg Cottages HÜTTEN $

(☎014-755 4425; www.waterbergcottages.co.za; Zi pro Pers. 260–460 R;) Das Angebot dieser Cottages reicht vom „Butterfly" und dem zweigeschossigen „Bushwillow" mit frei stehender Badewanne und moderner Küche bis zu schlichteren Behausungen. Die Möbel, die von den Vorfahren der Familie stammen, verleihen allen einen gewissen Charme. Mögliche Aktivitäten sind u. a. Astrologie mit dem hier wohnenden Hobbyastrologen, Tierbeobachtung und Farmtouren. Die Cottages liegen 33 km nördlich von Vaalwater nahe der Melkrivier Road.

La Fleur ITALIENISCH $$

(☎014-755 3975; Voortrekker St; Hauptgerichte 40–100 R; ⌚Mo–Sa 8–22 Uhr) Vaalvaters einziges Restaurant hat hübsche, stilvoll eingerichtete Innenräume und eine Terrasse mit Ausblick auf das bunte Treiben in der Stadt. La Fleur wagt sich an Pizza, Pasta, Salate, Pfannkuchen und Steaks, die das geschwätzige Küchenpersonal sehr gut zubereitet.

Shoppen

Im Zeederberg's Centre gibt es zwei Kunsthandswerkläden. Kamotsogo verkauft handgemachte Produkte, die an HIV/AIDS erkrankte Sotho-Frauen anfertigen, während Black Mamba Kunsthandwerk vom gesamten Kontinent anbietet.

Beadle KUNST & KUNSTHANDWERK

(☎014-755 4002; Sterkstroom Rd; ⌚Mo–Fr 7.30–17, Sa & So 7.30–13 Uhr) Beadle befindet sich auf dem Areal der Waterberg Cottages neben einer Manufaktur für ätherische Öle. Es ist ein kommunales Projekt, das reizvolle kunsthandwerkliche Arbeiten mit Perlenbesatz und aus Leder verkauft. Sie werden von Bewohnern der Stadt in der projekteigenen Werkstatt per Hand gefertigt.

WATERBERG MEANDER

Der **Waterberg Meander** (www.waterbergmeander.co.za) ist eine 350 km lange, ausgeschilderte Route, die Touristen zu 13 kommunalen Projekten und zahlreichen Attraktionen führt. An der Strecke liegen z. B. Stätten, die im Zweiten Burenkrieg eine bedeutende Rolle spielten, und Aussichtspunkte mit Blick auf atemberaubende Landschaften sowie etliche Kunsthandwerksläden. Für Besucher hält die Touristeninformation die ausgezeichnete Broschüre *Waterberg Meander* bereit.

An- & Weiterreise

Dank des neu ausgebauten Straßenabschnitts auf der Route 33 zwischen Modimolle und Vaalwater lässt sich Vaalwater schnell und einfach erreichen. Am besten ist man hier mit einem eigenen Fahrzeug unterwegs.

Marakele National Park

Der **Nationalpark** (☎014-777 6928; www.sanparks.co.za/parks/marakele) liegt in der Gebirgslandschaft am südwestlichen Ende des Waterberg Biosphere Reserve. Zu den Tieren, die unterhalb der roten Felsen grasen bzw. auf Beutejagd gehen, zählen Elefanten, Spitz- und Breitmaulnashörner sowie Giraffen, Zebras, Leoparden und Geparden. Einen atemberaubenden Panoramablick auf die Landschaft bietet der hoch gelegene Geier-Aussichtspunkt (Vorsicht, die Zufahrtsstraße ist extrem steil). Von hier aus lässt sich auch eine der weltweit größten Kolonien des gefährdeten Kapgeiers beobachten – sie umfasst ungefähr 800 Brutpaare.

Der Nationalpark ist in zwei Sektoren unterteilt, wobei der zweite eine wildere Landschaft und eine viel reichere Tierwelt aufweist – inklusive der „Big Five". (Tipp: Um das Tor zwischen den Sektoren zu öffnen, bitte den Türöffner drücken.) Allerdings befinden sich die Schotterstraßen im ersten Sektor in einem wesentlich besseren Zustand als im zweiten. Wenn es regnet,

MARAKELE NATIONAL PARK

Was einen erwartet In diesem Nationalpark sind fast alle der größeren afrikanischen Tierarten zu finden, inklusive Großkatzen. Außerdem beherbergt er eine der weltweit größten Kolonien des gefährdeten Kapgeiers. Darüber hinaus bietet das Waterberg-Massiv wirklich spektakuläre Ausblicke auf die Landschaft.

Reisezeit Ganzjährig, aber im Februar und März muss man mit starken Regenfällen rechnen.

Praktisches Der Eintritt pro Erwachsenem kostet 152 R. Tagesbesucher können sich zwischen 7 und 16 Uhr im Park aufhalten. Der Marakele 4x4 Eco Trail ist manchmal wegen Regenschäden gesperrt. Der Parkeingang mit dem Booking Office (Kasse und Rezeption) liegt an der Straße zwischen Thabazimbi und Alma, und zwar 3 km nordöstlich der Kreuzung mit der Straße die Matlabas mit Rooiberg verbindet.

Spar-Tipps Die Unterkünfte in der nur wenige Kilometer entfernten Gemeinde Thabazimbi sind deutlich billiger als die im Park, Campen ausgenommen.

sollten sich Besucher deshalb vielleicht besser auf den ersten Sektor beschränken.

Schlafen & Essen

Bontle Camping Site CAMPING $
(Zeltplatz pro 2 Pers. 205 R, zzgl. pro Erw./Kind 68/34 R) Der Bontle-Campingplatz liegt im Park und wird von der Parkverwaltung betrieben.

Tlopi Tent Camp CAMPING $$
(Zelt 1065 R) Das Camp liegt etwa 15 km von der Parkrezeption entfernt. Seine möblierten Zweibett-Zelte verfügen über ein eigenes Bad, eine Küche (inklusive Kühlschrank) im Freien und eine Grillstelle. Alle Unterkünfte haben Ausblick auf einen Damm, an den u. a. Antilopen und Gnus zum Trinken kommen. Wichtig: Nahrungsmittel muss jeder selbst mitbringen.

An- & Weiterreise

Von Vaalwater lässt sich der Park am leichtesten über die Route 510 Richtung Thabazimbi erreichen. Anstrengender, aber mit spektakulären Ausblicken verbunden, ist die Anfahrt über die unbefestigte Bakkerspas Road, die an den Bergen entlangführt. Für diese Strecke biegt man 6 km westlich von Vaalwater links ab, nach 60 km geht es an der T-Kreuzung rechts weiter. Von hier aus sind es noch weitere 45 km bis zum Parkeingang: Erst ein paar Kilometer zuvor beginnt der asphaltierte Straßenabschnitt.

SOUTPANSBERG

Die Soutpansberg-Region erstreckt sich im nördlichsten Teil Südafrikas und berührt den Süden Simbabwes. Die bewaldeten Hänge dieses Gebirgszuges bilden mit ihrem saftigen Grün einen krassen Gegensatz zu dem Lowveld im Norden, wo Affenbrotbäume in den trockenen Ebenen wachsen. Die Highlights sind hier die Berge, die Venda-Region und der Mapungubwe National Park, für den es sich lohnt, die 260 km von Polokwane aus Richtung Norden zu fahren.

Louis Trichardt (Makhado)

25 500 EW.

Louis Trichardt ist eine kleine Stadt mit viel Grün und einem sehr geschäftigen Zentrum, in dem die Läden von Einzelhandelsketten boomen und Scharen an Shoppern durch die Straßen bummeln. In den Randbezirken dagegen verleihen üppige Grünflächen, breite Straßen und Schatten spendende Jacaranda-Bäume dem Ort eine angenehme Atmosphäre. Großartige Aktivitäten gibt es hier nicht, aber in Limpopos Norden ist die Stadt ein schöner Ausgangspunkt für Ausflüge in die Umgebung.

In der Nähe erstreckt sich das spektakuläre Gebirge Soutpansberg mit einer außergewöhnlich großen Tier- und Pflanzenvielfalt. Hier lebt der Afrikanische Leopard in einer der höchsten Konzentrationen Afrikas und es gedeihen mehr Baumarten als in ganz Kanada.

Sehenswertes & Aktivitäten

Zwei wunderschöne Wanderwege führen durch den Gebirgszug Soutpansberg. Beide beginnen an der Soutpansberg Hut am Stadtrand. Während der eine Weg nur 2½ Stunden in Anspruch nimmt, dauert die Wanderung auf dem anderen, dem **Hanglip Trail**, zwei Tage. Dieser 20,5 km lange Wanderweg windet sich durch einen urwüchsigen Wald hinauf zu einem 1719 m hohen Gipfel mit Ausblick aufs Bushveld. Vorsorgemaßnahmen gegen Malaria (S. 704), Bilharziose (S. 703) und Zecken sind bei dieser Wanderung besonders wichtig. Übernachtet wird in Hütten (pro Pers. 105 R) mit Etagenbetten, Duschen und Grillplätzen. Detaillierte Auskünfte über die Tour und die Buchung der Unterkunft gibt Komatiland Forests Eco-Tourism (S. 426) in Nelspruit.

Schlafen & Essen

In Louis Trichardt gibt es etliche Unterkünfte, doch mehr Soutpansberg-Flair bieten die Unterkünfte in den Hügeln vor der Stadt.

Louis Trichardt Lodge MOTEL $

(☎015-516 2222; Hlanganani St; EZ/DZ 480/580 R) Kurz angebunden ist der Service in diesem roten Backsteinmotel an der Hauptstraße. Die einfachen Zimmer mit Küchenzeile sind recht brauchbar. Auch ein Grillbereich steht den Gästen zur Verfügung. Ein Frühstück kostet 60 R extra.

139 on Munnik PENSION $$

(☎083 407 0124; www.139onmunnik.co.za; 139 Munnik St; Zi inkl. Frühstück pro Pers. ab 650 R;) Wahrscheinlich ist das die luxuriöseste Unterkunft in Louis Trichardt. Moderne Armaturen, stylische Ausstattung, tolle Betten sowie Einrichtungen wie eine Bar und ein Coffee-Shop heben das Gästehaus in die Spitzenklasse. Laut Besitzer verfügt es sogar über das beste WLAN in der Stadt. Eine frühzeitige Reservierung ist ratsam, da die Unterkunft sehr beliebt ist.

Ultimate Guest House PENSION $$

(☎015-517 7005; www.ultimategh.co.za; EZ/DZ inkl. Frühstück 575/750 R;) Nach einem langen Tag auf der N1 hat diese skurrile, farbenfrohe, von Nebel verhangene Pension ihren Namen („allerletzte Pension") wirklich verdient. Von der Veranda des Restaurants mit Bar (Hauptgerichte 90 R), die ideal für einen abendlichen Gin Tonic ist, fällt der Blick auf ein grünes Tal. Die Pension liegt 10 km vom Zentrum entfernt; 100 m hinter dem Mountain Inn biegt man links ab und folgt der unbefestigten Straße für 1,6 km, dann kommt sie auf der rechten Seite.

Madi a Thavha LODGE $$

(☎015-516 0220; www.madiathavha.com; Camping 100 R, EZ/DZ inkl. Frühstück 700/1200 R;) Das erfrischende Refugium am Soutpansberg befindet sich auf einer ehemaligen Farm. Die holländischen Besitzer der Lodge engagieren sich sehr stark in der örtlichen Gemeinde. Zu den Unterkünften zählen kleine, farbenfrohe Cottages mit Küchenzeile, Tagesdecken und Kissenbezügen aus der Venda-Region und Teelichtern in wahren Mengen. Das Personal organisiert u. a. Touren zu örtlichen Kunsthandwerk-Ateliers, Wanderungen, Vogelbeobachtungstouren und Ausflüge zu Dörfern in der Umgebung. Die Lodge liegt rund 10 km westlich von Louis Trichardt abseits der Route 522.

> ABSEITS DER ÜBLICHEN PFADE
>
> ### LESHIBA WILDERNESS
>
> **Leshiba Wilderness** (☎015-593 0076; www.leshiba.co.za; 2-Pers.-Hütte 840 R, EZ/DZ inkl. Vollpension & Aktivitäten 1920/3200 R; @) Hoch oben im Gebirgsmassiv Soutpansberg, wo die Wolken zum Greifen nahe sind, liegt dieses Fairtrade-zertifizierte Resort. Seinen Mittelpunkt bildet ein traditionelles Venda-Dorf, das mit Hilfe der renommierten Venda-Künstlerin Noria Mabasa entstand. Es ist 36 km westlich von Louis Trichardt auf der Route 522 ausgeschildert.
>
> Dieses Refugium liegt inmitten einer Landschaft, in der mehr als 350 Baumarten wachsen und eine Vielfalt an Tieren lebt, darunter Leoparden und die seltene Schabrackenhyäne. Gästen bietet das Resort Unterkünfte in *rondavels* (runde Hütten mit kegelförmigem Dach) mit Selbstversorgung oder Vollpension. Einige davon verfügen über einen eigenen Swimmingpool und einen Ausblick bis hinüber nach Botsuana.

Purple Olive INTERNATIONAL $

(☎015-516 5946; 129 Krogh St; Hauptgerichte 60–90 R; ⊙Mo–Sa 8–17 Uhr) Dieses Restaurant, das Meeresfrüchtegerichte, Gegrilltes, unzählige Burger-Variationen, Salate und Pasta serviert, lohnt zu jeder Tageszeit einen Besuch. Die Atmosphäre ist eher formell, doch der Sitzbereich draußen, der auf einen Garten hinausgeht, ist zwangloser.

Praktische Informationen

ABSA (Ecke Krogh St & Songozwi Rd) Geldautomat und Möglichkeit zum Geldumtausch.

PC Worx (☎015-516 5988; Shop 34, Makhado Crossing, Ecke N1 & Sebasa St;

pro 30 Min. 15 R; ⌚ Mo–Fr 9–17, Sa 9–13 Uhr) Internetzugang.

Polizei (☎ 015-519 4300; Krogh St) Polizeistation.

Soutpansberg Tourist Office (☎ 015-516 3415; www.soutpansberg-tourism.co.za; Songozwi Rd; ⌚ Mo–Sa 8–16.30 Uhr) Hilfsbereite Touristeninformation, gibt Auskunft zu Touren in der gesamten Venda-Region.

An- & Weiterreise

Die meisten Busse auf der Route nach Jo'burg (260 R, 6 Std.) und Harare in Simbabwe (380 R, 11 Std.) halten in Louis Trichardt an der Caltex-Tankstelle Ecke N1 und Baobab Street.

Die Haltestelle der Minibus-Sammeltaxis befindet sich auf dem Parkplatz des Supermarktes Shoprite abseits der Burger Street. Zu ihren Fahrtzielen zählen u. a. Musina (50 R, 1½ Std.) und Polokwane (50 R, 1½ Std.).

Ben Lavin Nature Reserve

Ben Lavin Nature Reserve NATURSCHUTZGEBIET
(☎ 073 535 0466; Erw./Kind 30/10 R; ⌚ 6–21.30 Uhr) Ein Besuch dieses Naturschutzgebietes lohnt sich wegen seiner Wanderwege und Mountainbike-Routen. Darüber hinaus leben hier mehr 200 Vogelarten sowie Giraffen, Zebras und Schakale.

Der Weg: Von Louis Trichardt fährt man auf der N1 etwa 10 km in Richtung Süden und biegt an dem Wegweiser links ab und folgt der Ausschilderung. Nach ungefähr 3 km taucht das Eingangstor zum Nature Reserve auf der linken Seite auf.

Das Ben Lavin Nature Reserve bietet eine ganze Reihe an hervorragend renovierten Unterkünften (Camping pro Pers. 155 R, Hütte/Safari-Unterkunft 455/510 R), darunter Hütten mit einem großen Außenbereich und schönem Ausblick. Küchen sind keine vorhanden, dafür aber Kochplatten und ein Grillplatz. Die pfiffigen Safari-Unterkünfte sind halb Hütte, halb Safarizelt. Es gibt sogar Familienhütten mit separaten Bereichen für die Kinder.

Musina (Messina)

43 000 EW.

Musina liegt 18 km südlich vom Grenzübergang Beitbridge. In dem geschäftigen Städtchen mit typischem Grenzstadtcharakter herrscht Verkehrschaos, vor allem Fußgänger müssen höllisch aufpassen.

Manche Reisende durchqueren die Stadt nur auf dem Weg zu dem spektakulären Mapungubwe National Park. Die Fahrt zum Park führt über leere, von Baobabs (Affenbrotbäumen) gesäumte Straßen durch eine atemberaubend schöne Landschaft.

Sehenswertes

Riesige Affenbrotbäume *(Adansonia digitata)*, die aussehen, als würden sie mit den Wurzeln nach oben wachsen, prägen diese Region. Von Musina muss man gar nicht weit fahren, um einige eindrucksvolle Musterexemplare zu finden. Richtige Prachtexemplare, z. B. der „Big Tree" genannte Baum, der in der Nähe von Sagole im Nordosten Limpopos wächst, sollen angeblich sogar über 3000 Jahre alt sein.

Musina Nature Reserve NATURSCHUTZGEBIET
(☎ 015-534 3235; ⌚ 8–18.30 Uhr) GRATIS Das Naturschutzgebiet liegt 5 km südlich der Stadt abseits der N1. Es beherbergt den größten Baobab-Bestand Südafrikas sowie faszinierende Tierarten wie Impalas und das Blaue Streifengnu.

Schlafen & Essen

Backpackers Lodge HOSTEL $
(☎ 082 401 2939; 12 Harper Rd; B/Zi 70/200 R) Die ausgezeichnete Budgetunterkunft in einem Vorstadthaus abseits der Route 508 bietet vier Zimmer für jeweils zwei bis drei Personen. Die Betten sind stabil, alles ist sauber und in jedem Zimmer gibt es einen Fernseher. Die Kochgelegenheit für Gäste ist gut ausgestattet.

★ **Ilala Country Lodge** LODGE $$
(☎ 076 138 0699; www.ilalacountrylodge.co.za; Rte 572; EZ/DZ inkl. Frühstück 550/700 R; ≋) Der Ausblick von dieser alten Country-Lodge reicht weit über das Flusstal des Limpopo River bis hinüber nach Simbabwe – das ist schon was Besonderes. In Limpopo finden sich nur wenige schönere Orte für einen kühlen Drink am Abend. Hervorragend sind auch die Unterkünfte wie die Vierbett-Zimmer im Haupthaus und die Zimmer in den großen Chalets mit Loungebereich, Grillplatz und separater Küche. Die Lodge liegt 8 km nordwestlich von Musina auf dem Weg zum Mapungubwe National Park.

Old Mine Guest House PENSION $$
(☎ 0825 683 215; www.oldmineguesthouse.com; 1 Woodburn Ave; Zi 300–600 R; ❄ ≋) Der erste Verwalter der Kupfermine von Musina bau-

te diese Villa im Jahr 1919, und noch heute verströmt sie Klasse und einen altmodischen Charme (der so gar nicht zu Musina zu passen scheint!). Von der Veranda fällt der Blick ins Grüne. Es gibt stilvolle Zimmer und Einheiten für Selbstversorger mit privaten Terrassen.

Praktische Informationen

ABSA (6 National Rd) Geldumtausch und Geldautomat; liegt an der N1 (in dem Abschnitt der N1, der durch das Stadtzentrum verläuft).

Musina Tourism (015-534 3500; www.golimpopo.com; National Rd; Mo–Fr 7–16 Uhr) Befindet sich in einer strohgedeckten Hütte an der N1 (aus Richtung Polokwane kommend auf dem Weg in die Stadt); sehr hilfreiche Touristeninformation.

PostNet (National Rd; pro Std. 60 R; Mo–Fr 8.30–16.30, Sa 8–11 Uhr) Internetzugang.

An- & Weiterreise

Der Grenzübergang nach Simbabwe in Beitbridge, 15 km nördlich von Musina, ist rund um die Uhr geöffnet. Auf der südafrikanischen Seite befindet sich ein großer Taxistand; die Taxifahrt zwischen Grenze und Musina kostet 40 R (20 Min.). Wer mit einem Minibus-Sammeltaxi von der Grenze über Musina hinaus weiter südlich reisen möchte, sollte am besten diesen Taxistand nutzen; hier stehen wesentlich mehr Minibusse als in Musina.

Greyhound-Busse halten auf ihrer Route zwischen Johannesburg (7 Std.) und Harare (Simbabwe; 9 Std.) in Musina und überqueren dann die Grenze in Beitbridge an der Ultra-City-Tankstelle.

Mapungubwe National Park

In der faszinierenden kahlen, trockenen Felsenlandschaft des **Mapungubwe National Park** (015-534 7923; www.sanparks.org/parks/mapungubwe; Erw./Kind 152/76 R; 6–18.30 Uhr) verbergen sich ein kulturelles Erbe und eine artenreiche Tierwelt. In dem zur Unesco-Welterbestätte deklarierten Nationalpark befindet sich Südafrikas bedeutendste Stätte aus der Eisenzeit. Die Vielfalt der Tierarten reicht von Spitzmaul- und Breitmaulnashörnern über die seltene Binden-Fischeule bis hin zu Meerkatzen.

Sein volles Potenzial wird der Nationalpark erst entfalten, wenn die betroffenen Regierungen den Plan verwirklichen, ihn in ein grenzübergreifendes 28 000 km² großes Schutzgebiet einzugliedern, das sich bis nach Botsuana und Simbabwe erstrecken wird. Bis heute hat die Planung nur wenige Fortschritte gemacht.

Die Geschichte spielt im Park eine ebenso große Rolle wie die Tiere. Im Jahr 1933 gruben Archäologen am Mapungubwe Hill eine Grabstätte aus dem 13. Jh. aus, die Ziergegenstände, Schmuck, Schalen und Amulette enthielt, vieles davon mit Gold überzogen. Das aufsehenerregendste Stück war ein kleines vergoldetes Nashorn. Das Apartheidregime hielt diese Entdeckung jedoch unter Verschluss, da es versuchte, alle historischen Erkenntnisse zu unterdrücken, die die hochentwickelte Kultur der Ureinwohner bezeugen.

Sehenswertes & Aktivitäten

Der Nationalpark ist in einen östlichen und westlichen Sektor unterteilt, dazwischen liegt Privatland. Das Haupttor befindet sich an der Ostseite, ebenso wie das Interpretative Centre, der Mapungubwe Hill (ein Baumkronenweg) und Leokwe (das Hauptcamp) sowie ein großartiger Aussichtspunkt mit Ausblick über das Gebiet, in dem Südafrika, Botsuana und Simbabwe aneinandergrenzen. An den vier Aussichtsplattformen auf einem Felsen wuseln Klippschliefer umher (kleine Tierchen, die an Meerschweinchen erinnern) und der Ausblick reicht weit über die Landschaft sowie den Limpopo River und den Shashe River.

Interpretative Centre MUSEUM
(Erw./Kind 40/20 R) Das beeindruckende Zentrum zählt nicht nur zu den schönsten modernen Gebäuden des Landes, sondern seine Architektur fügt sich auch harmonisch in die Landschaft ein. In seinen modernen, klimatisierten Innenräumen sind geschmackvoll gestaltete Ausstellungen zu sehen. Sie bieten eine Fülle an Informationen über die Kulturlandschaft Mapungubwe, u. a. auch zu den Funden von archäologischen Ausgrabungen. Besonders schön sind die Perlenarbeiten und die Kopie des berühmten goldenen Nashorns.

Schlafen & Essen

Im Park befindet sich nur ein sehr einfaches Restaurant, jedoch weder eine Tankstelle noch eine Möglichkeit für Selbstversorger, um Lebensmittel einzukaufen. Man muss sich also vor dem Besuch des Parks mit allem Notwendigen eindecken.

MAPUNGUBWE NATIONAL PARK

Was einen erwartet Der Mapungubwe National Park zählt zu den besten Nationalparks in Südafrika. Allerdings wird er kaum besucht, da er als neuer Park noch nicht so bekannt und zudem weit abgelegen ist. Seine Vorzüge liegen in einer wundervollen Kombination aus Geschichte, Kultur, faszinierender Tierwelt und atemberaubend schönen Landschaften.

Reisezeit Ganzjährig aufgrund der Vielfalt an Attraktionen, doch von Juni bis Oktober ist Hochsaison und das beste Wetter für einen Besuch.

Praktisches Erreichbar ist der Park nur mit einem eigenen Fahrzeug. Ausgangspunkt ist in der Regel Musina, der Grenzort im Osten des Parks. Geöffnet ist der Park von September bis März zwischen 6 und 18.30 Uhr und von April bis August zwischen 6.30 und 18 Uhr. Die Straßen, die südlich durch das Waterberg-Massiv führen, sind in einem katastrophalen Zustand – mehr Schlaglöcher als Teer. Wer auf dieser Route zum Park fährt, sollte viel Zeit einplanen.

Spar-Tipps Besucher sollten ausreichend Proviant mitnehmen. Mit allem Nötigen eindecken können sie sich in einem Supermarkt in Musina.

Limpopo Forest Camp CAMPING **$$**
(Zeltplatz ab 250 R, Luxuszelt 1075 R) Das hübsche Waldcamp bietet gut eingerichtete Safarizelte, die einen Küchenbereich mit Kühlschrank und einen separaten Schlafbereich mit Doppelbetten und Ventilator haben.

Leokwe Camp CHALETS **$$**
(Chalet ab 1200 R; ❄ 🏊) Bessere Chalets gibt es wohl kaum in irgendeinem anderen südafrikanischen Nationalpark. Die im traditionellen *Rondavel*-Stil gebauten Chalets verfügen über einen sehr großen Wohnbereich, eine voll eingerichtete Küche sowie einen Grillplatz und Duschen im Freien.

Anreise & Unterwegs vor Ort

Mit einem normalen Auto mit Front- oder Hinterradantrieb kommen Reisende in der Gegend zurecht. Wer möglichst viel sehen will, ist mit einem Allradfahrzeug allerdings besser bedient. Die Straßen sind generell in einem sehr schlechten Zustand, der von den Pisten im westlichen Sektor des Nationalsparks noch übertroffen wird. Das heißt, dieser Teil des Parks lässt sich nur mit einem Geländewagen erkunden. Der Nationalpark liegt 60 km von Musina entfernt an der Route 572 Richtung Pont Drift.

Venda

Diese Region, in der die vielleicht mysteriöseste Atmosphäre in der Gegend rund um den Soutpansberg herrscht, ist das traditionelle Heimatland der Venda. Sie kamen zu Anfang des 18. Jhs. hierher. Schon ein kurzer Abstecher von der Fernstraße entführt Reisende in ein Afrika der nebelverhangenen Hügel, staubigen Straßen und Lehmhütten. In der Venda-Region spielen Mythen und Legenden im täglichen Leben nach wie vor eine große Rolle. Die Gegend ist mit Seen und Wäldern von großer spiritueller Bedeutung gespickt. Auch die charakteristische Venda-Kunst ist im ganzen Land berühmt.

Thohoyandou

70 000 EW.

Thohoyandou (Elefantenkopf) entstand zur Zeit der Apartheid als Hauptstadt des Homelands Venda. Es ist eine zusammengewürfelte, chaotische Stadt inmitten einer wunderschönen grünen Landschaft. Als Ausgangspunkt, um die Venda-Region zu erkunden, eignet sie sich ausgezeichnet. Nützlich ist sie auch als Übernachtungsstopp auf dem Weg zum/vom 60 km entfernten Punda Maria Gate des Kruger National Park. Die Nachbarstadt, **Sibasa** liegt 5 km nördlich von Thohoyandou.

Sehenswertes

In der grünen Umgebung der Stadt liegen Dutzende **Kunsthandwerksateliers**, die für Besucher geöffnet sind. Am bekanntesten ist die Region für ihre ursprünglichen Holzschnitzereien, für die beispielhaft die Venda-Nestorin Noria Mabasa steht. Einige ihrer Werke schmücken die Union Buildings in Pretoria. Einen Namen gemacht haben sich auch die regionalen Keramiken, die häufig silbern und kastanienbraun bemalt sind, wofür Graphit und Ocker verwendet werden. Und nicht zu vergessen: die farbenfrohen Batiken und gestreiften Textilien. Ein Besuch der Ateliers gewährt einen markanten Einblick in die regionale Kultur. Um die Ateliers leichter zu finden, lohnt es sich, einen Führer zu engagieren, da manche versteckt an staubigen Seitenwegen liegen. Eine Tagestour kostet ungefähr 1000 R. Zu den in Thohoyandou bzw. Sibasa ansässigen Fremdenführern zählt **Avhashoni Mainganye** (☎084 725 9613; a.mainganye@yahoo.com), ein Kenner des Kunsthandwerks der Region, der die Künstler in der Gegend kennt.

Die **Ribolla-Route** ist eine Autoroute, auf der Besucher im eigenen Tempo die künstlerischen Traditionen der Venda-Region und ihrer Menschen erkunden können. Informationen dazu bieten die Website www.openafrica.org/experiences/route/96-ribolla-open-africa-route sowie die Open-Africa-Broschüren und die Karten, die in der Touristeninformation erhältlich sind.

Thohoyandou Arts & Culture Centre KUNSTZENTRUM
(Punda Maria Rd, Thohoyandou; ⏲8–16 Uhr) Ein guter Startpunkt für eine kulturelle Entdeckungstour ist dieses Zentrum, das Kunsthandwerk jeder Art ausstellt, darunter holzgeschnitzte Tiere, Grafiken, regionale Keramiken und traditionelle Trommeln. Ein Gespräch mit den manchmal anwesenden Künstlern ist das reinste Vergnügen.

Schlafen

Muofhe Graceland Lodge HOTEL $$
(☎015-962 4926; www.muofhegraceland.co.za; Mphephu St; DZ inkl. Frühstück 900 R) Die Zimmer in dem weißen Hotelkomplex an der Hauptstraße von Thohoyandou sind ein wenig fade, aber sauber und sicher.

Avkhom Hotel HOTEL $$
(☎015-962 1929; www.avkhomhotel.co.za; Main St; EZ/DZ 490/690 R) Das Hotel mit einer Fülle an recht hübschen Zimmern liegt zentral und hat den freundlichsten Portier von Thohoyandou. Die Werbebroschüre des Hotels sagt: „Mit Teppich belegte Stufen führen in den ersten Stock. Beachten Sie den

VENDA & NDEBELE

Limpopo zeichnet sich durch eine große ethnische Vielfalt aus. Die Ursprünge der größten ethnischen Gruppe, der Venda, liegen im Dunkeln, man nimmt jedoch an, dass die Venda im frühen 18. Jh. über den Limpopo River kamen und das Gebiet um den Gebirgszug Soutpansberg besiedelten. Bei ihrer Ankunft nannten sie ihre neue Heimat „Venda", was „angenehmes Land" bedeutet.

Die Buren kamen am Ende des 18. Jhs. mit den Venda in Kontakt und bemerkten, wie geschickt sie Steine benutzten, um Mauern zu bauen. Die Venda waren gewandt bei der Verarbeitung von Leder und Perlen und fertigten sehr markante Gefäße für Getreide an, die auch als Kunstwerke an ihren Hütten hingen.

Traditionell erweisen die Venda den sehr Jungen und den sehr Alten viel Respekt – die Jungen waren noch vor Kurzem bei den Ahnen, und die Alten werden bald zu ihnen stoßen. Der *kgosi* (König) der Venda wird als lebender Ahne angesehen, dem sich die Angehörigen seines Volkes nur auf Händen und Knien nähern dürfen.

Frauen genießen bei den Venda einen hohen Status und können Eigentum vom Vater erben, wenn es keinen männlichen Erben gibt. Rituale können nur ausgeführt werden, wenn die älteste Tochter der Familie zugegen ist.

Die Lemba, eine Untergruppe, betrachten sich selbst als Adel der Venda. Die Lemba gaben den Wissenschaftlern lange Zeit Rätsel auf, da sie scheinbar Kontakt mit dem Islam hatten. Sie selbst beanspruchen, einer der „verlorenen Stämme Israels" zu sein, und DNA-Proben haben eine genetische Nähe zu Juden erwiesen. Sie leben traditionell koscher, tragen Kopfbedeckungen und halten den Sabbat ein.

Eine weitere ethnische Gruppe sind die Ndebele. Sie kamen mindesten 100 Jahre vor den Venda von KwaZulu-Natal in die Region. Ihre Herrschaftsstruktur ähnelte mit mehreren Regierungsebenen der der Zulu. Ein *ikozi* (Häuptling) stand jeder Gemeinde vor. Heute gibt es etwa 700 000 Ndebele. Sie sind für ihre Perlenarbeiten bekannt, aus denen kunstvolle Tapeten, Spielzeuge, Wandbehänge, Körbe und Kleidungsstücke angefertigt werden. Beispiele sind auf der Seite www.thebeadsite.com zu sehen. Die Frauen tragen traditionell Kupfer- und Bronzeringe um die Arme und den Hals, die die Treue zu ihrem Ehemann symbolisieren.

Während der Zeit der Apartheid wurden die Venda und die Ndebele gezwungen, in Homelands zu leben, denen nominell Selbstverwaltung zugestanden wurde.

Venda

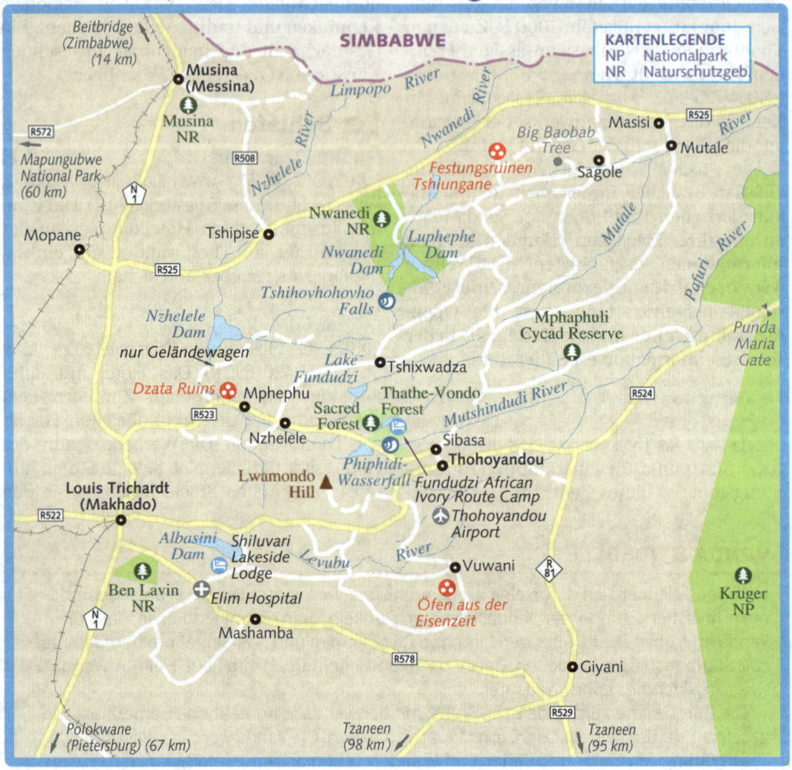

mannshohen Spiegel am Ende der Treppe – der berühmten Treppe ins Paradies."

An- & Weiterreise

Die Strecke nach Jo'burg (8 Std.) bedienen die Busse von Translux (250 R) und City to City (190 R); sie starten an der Shell-Tankstelle in Thohoyandou.

Die Haltestelle der Minibus-Sammeltaxis, die u.a. nach Louis Trichardt (40 R, 1½ Std.) fahren, liegt an der Venda Plaza in Thohoyandou.

Lake Fundudzi

Der Lake Fundudzi gilt als heilige Stätte. In eindrucksvolle, bewaldete Hügel eingebettet, wirkt er wie ein türkisfarbener Edelstein in einem Bett aus grünem Samt. Der Legende nach lebt in dem See der Python-Gott, der für die Riten der matriarchalischen Venda-Kultur eine große Bedeutung besitzt. Dieser Gott verhindert auch, dass das Wasser in der Hitze verdunstet. Dem Wasser wird eine heilende Wirkung zugeschrieben, und am Ufer des Sees werden diverse Riten vollzogen, mit denen die Venda den Ahnen ihre Verehrung zollen.

Der See liegt 35 km nordwestlich von Thohoyandou. Wer ihn besuchen möchte, benötigt eine Genehmigung von den Hütern des Sees – vom Volk der Netshiavha. Am einfachsten ist es, in Thohoyandou, Elim oder Louis Trichardt einen Führer zu engagieren, der die Formalitäten erledigt. Besucher sollten dem See bei der Ankunft ihren Respekt erweisen, und zwar mit dem traditionellen Gruß: Jeder dreht sich mit dem Rücken zum See, beugt sich nach vorne und blickt zwischen den Beinen hindurch aufs Wasser.

Zum See gelangt man nur mit einem Allradfahrzeug, während für Fahrten auf den Sandpisten der umliegenden Hügel ein normales Auto genügt. Dort gibt es einige Aussichtspunkte mit Panoramablick und den sogenannten Thathe-Vondo Forest. In einem als heilig geltenden Bereich des Waldes wächst ein urtümliches Gewirr aus Kletter- und Würgefeigen.

Fundudzi African Ivory Route Camp HÜTTEN $

(☎ 072 778 3252; www.africanivoryroute.co.za; pro Pers. 475 R) Das Camp liegt 25 km nordwestlich von Thohoyandou in 1400 m Höhe – mit Ausblick auf zwei Teeplantagen. Betrieben wird es von einem Gemeindenetzwerk, das einfache Unterkünfte in *rondavels* anbietet. Um ins Camp zu gelangen, ist ein Allradfahrzeug mit hoher Bodenfreiheit erforderlich. Nelson, der Manager des Camps, organisiert Ausflüge in die Umgebung.

Elim

Die kleine Township Elim, 25 km südöstlich von Louis Trichardt, eignet sich gut als Ausgangspunkt für eine Tour zu den Kunsthandwerksateliers der Venda und Tsonga (auch Shangaan genannt). Vielleicht entdecken Besucher dabei ein Notizbuch aus Zebradung oder erleben eine der Zeremonien, die in manchen Ateliers stattfinden. Es gibt auch einige lohnenswerte Kooperativen wie z. B. die **Twananani-Weber**.

Translux-Busse bedienen die Route nach Jo'burg (240 R, 7 Std.).

Shiluvari Lakeside Lodge LODGE $$

(☎ 015-556 3406; www.shiluvari.com; EZ/DZ inkl. Frühstück 600/1200 R; 📶) Die Lodge am üppig grünen Ufer des Albasini-Damms ist harmonisch in die Landschaft eingebettet und eng mit der regionalen Kultur verbunden. Skulpturen säumen die Wege zu den strohgedeckten Chalets, Standardzimmern und der Familiensuite. Alle sind mit kunsthandwerklichen Erzeugnissen aus der Region geschmückt, die man in dem Laden vor Ort auch kaufen kann. Ein ländliches Restaurant und ein Pub sind auf dem Gelände ebenfalls vorhanden.

Mukondeni Pottery KUNSTHANDWERK

(☎ 076 873 5771; Mukondeni, Hamulima) Hier produziert eine Gruppe von 15 Frauen Töpferwaren in traditionellem und modernem Design, wie beispielsweise Gefäße, Schüsseln und Perlen.

VALLEY OF THE OLIFANTS

Heute sind die Dickhäuter im Valley of the Olifants (niederländisch für Elefanten) selten geworden, trotzdem wirkt das subtropische Gebiet stellenweise sehr exotisch. Die Region ist die traditionelle Heimat der Tsonga (Shangaan) und Lobedu und hat ein reiches kulturelles Erbe aufzuweisen. Phalaborwa, ein beliebter Zugangsort zum Kruger National Park, ist der Ausgangspunkt des Weges „Kruger to Beach" („vom Kruger zum Strand"), der zu Mosambiks Küste führt.

DER LAKE FUNDUDZI BENÖTIGT SCHUTZ

‚Die Bedeutung des Lake Fundudzi, der 35 km nordwestlich von Thohoyandou liegt, ist kaum zu überschätzen. Die traditionellen Wächter des Sees, die Netshiavha (Volk des Teiches) betrachten ihn als einen heiligen Platz für die Beerdigung ihrer Toten.

Auch für Wissenschaftler ist der See als einer der wenigen natürlichen Süßwasserseen Südafrikas etwas Besonderes. Man vermutet, dass er vor 20 000 Jahren bei einem Bergsturz entstand, der den Weg eines Flusses versperrte, sodass sich dahinter der See anstaute.

In den vergangenen Jahrzehnten verschlechterte sich die Situation des Sees jedoch erheblich, so fielen Wald und Grasland in der Umgebung der Errichtung von Plantagen zum Opfer. Der Zugang zum See ist seit Langem ein Privileg, das von den Netshiavha verliehen wurde. Das änderte sich Mitte der 1990er-Jahre, als eine Straße bis zum Seeufer gebaut wurde, sodass der See nun frei zugänglich war.

In den letzten Jahren hat der Stammeshäuptling eine Kampagne gestartet, um den See zu schützen. Die Netshiavha und benachbarte Stämme erließen Gesetze, um die Nutzung des Landes rund um den See zu beschränken und die negativen Auswirkungen des Tourismus zu lindern. Das Mondi Wetlands Project, ein Gemeinschaftsprojekt des World Wide Fund for Nature (WWF) und einer weiteren Nichtregierungsorganisation, der Wildlife & Environmental Society of South Africa, arbeiten an Langzeitkonzepten für das Management des Sees.

NICHT VERSÄUMEN

TÖPFEREI MIT CHARME

Afrikania (015-781 1139; www.afrikania.co.za) ist eine kleine Basisinitiave mit einer Töpferei auf einem hübschen Anwesen 90 km südlich von Tzaneen. Es lohnt sich, auf dem Weg nach/von Tzaneen hier eine Kaffeepause einzulegen und sich die wundervollen, vor Ort gefertigten Keramiken anzuschauen. In den Töpferarbeiten spiegeln sich das traditionelle Design des Volkes der Tsonga und der Pedi wider.

Tzaneen, die größte Stadt, und das hübsche Dorf Haenertsburg sind eine angenehme Basis für Touren zu den landschaftlich reizvollen Gegenden Modjadji und Magoebaskloof.

Letaba Valley

Das Letaba Valley östlich von Polokwane ist subtropisch und fruchtbar, hier gibt es Teeplantagen und Obstfarmen, über denen sich bewaldete Hügel erheben. Bei Haenertsburg, das in der Gegend auch „The Mountain" genannt wird, klettert die Route 71 Richtung Nordosten über den steilen Magoebaskloof Pass. An der Straße sind viele Stellen ausgeschildert, an denen man halten und eine kurze Wanderung machen kann. Ein nicht ganz so schöner Streckenverlauf nach Tzaneen führt auf der Route 528 durch das sanftere George's Valley.

Haenertsburg

300 EW.

In Haenertsburg, einem kleinen Bergrefugium mit einer tollen Kneipe und ein paar gehobenen Restaurants, lohnt sich ein Stopp, um die frische, klare Bergluft zu genießen. Wenn der Nebel in den Kiefernplantagen in der Umgebung aufsteigt, kann man leicht vergessen, dass man in Afrika ist und fühlt sich eher wie in den schottischen Highlands. Als Basis für Erkundungen in dieser Gegend ist die Ortschaft eine ausgezeichnete Alternative zu Tzaneen.

Sehenswertes & Aktivitäten

In der Umgebung von Haenertsburg verlaufen sehr schöne Wanderwege, darunter der 11 km lange **Louis Changuion Trail**, der spektakuläre Ausblicke bietet.

Mit mehr als zehn Dämmen und vier Flüssen in der Nähe, in denen es vor Forellen wimmelt, eignet sich Haenertsburg bestens für Angler, die dem Fliegenfischen frönen. Um gute Tipps dazu erhalten, fragen Reisende am besten in der Ortschaft ein wenig herum oder sie wenden sich an das Personal von Pennefather (s. unten) oder an **Mountain Flyfishing** (083 255 7817; pirie@mweb.co.za).

War Memorial & Long Tom Monument GEDENKSTÄTTE
(Mare St) An dieser Stelle wurde während des Zweiten Burenkriegs die letzte Long Tom genannte Feldhaubitze zerstört. Dies wurde zum Symbol für die Niederlage der Buren.

Magoebaskloof Adventures ABENTEUERSPORT
(083 866 1546; http://magoebaskloofadventures.co.za) Der Tourveranstalter abseits der Route 71 organisiert Abenteuertrips in die Umgebung, dabei geht es u. a. um Kloofing (Klettern und Abseilen in Schluchten), Tubing (Verwendung eines großen Schlauchreifens als Floß, Rodel oder Wasserski), Fliegenfischen, Mountainbiken, Reiten und Baumkronentouren.

Schlafen

Bali Will Will CAMPING, PENSION $
(015-276 2212; Camping pro Pers. 70 R, EZ/DZ inkl. Frühstück 355/620 R) Bali Will Will ist eine Farm und liegt etwa 4 km außerhalb der Ortschaft abseits einer Schotterstraße. Auf einem schönen, malerischen Waldgelände bietet sie tolle Möglichkeiten zum Campen sowie B&B- und Selbstversorgerunterkünfte.

Black Forest Mountain Lodge LODGE $
(082 572 9781; www.wheretostay.co.za/blackforestlodge; Black Forest; Camping/Hütten 100/500 R) Eine Unterkunft mit viel Privatsphäre gefällig? Dann ist diese Lodge inmitten einer wunderschönen Waldlandschaft genau richtig. Sie liegt 4 km außerhalb der Ortschaft und ist über eine mehr oder weniger schlechte Schotterpiste zu erreichen, ist aber gut ausgeschildert.

Pennefather HÜTTEN $$
(015-276 4885; www.thepennefather.co.za; Rissik St; EZ/DZ 450/650 R) Diese etwas altmodische Bleibe gehört zu einem Komplex voller Antiquitäten und Trödel, einem Museum und Secondhandbüchern und wird von einer charmanten älteren Dame geführt. Die

Unterkunft ist ziemlich angesagt, besonders an den Wochenenden. Einer ihrer großen Vorzüge ist der kurze Fußweg zum Iron Crown und zum Red Plate. Die Cottages haben rote Dächer und sind drinnen komfortabel mit Feuerstelle und Küchenecke ausgestattet.

Essen & Ausgehen

Minki's CAFÉ $

(☎ 015-276 4781; Frühstück 35–55 R, Hauptgerichte 60 R; ⏲ Mo–Sa 8.30–16, So 8.30–15 Uhr; 📶) Dieser kleine Betrieb ist eine Mixtur aus altmodischem Souvenirladen, Schlemmerlokal und ausgezeichnetem Café. Zum Frühstück zu empfehlen sind die *tramezzini* (kleine italienische Sandwiches) und zum Mittagessen das Springbock-Carpaccio. Außerdem gibt es hier den sicherlich besten Kaffee in der Ortschaft.

Pot 'n Plow PUB $

(☎ 082 691 5790; Pizza 60–75 R; ⏲ 11 Uhr bis spätabends) Ein Besuch des Pubs lohnt sich. Es liegt in den Bergen und lockt so ziemlich jeden in der Gegend lebenden Ausländer und Exzentriker in die luftigen Höhen. Seine unwiderstehlichen Anreize für die Gäste sind Pizza, Billard und jede Menge anregender Gespräche. Auch ein Biergarten ist vorhanden und der Sonntagsbraten schmeckt unglaublich gut. Das Pub befindet sich ungefähr 10 km nordöstlich von Haenertsburg an der Route 71.

Red Plate INTERNATIONAL $

(☎ 083 305 2851; 161 Rissik St; Hauptgerichte 50–80 R; ⏲ Mi–Sa 9–21, So–Di 9–16 Uhr; 🖉) Frische Zutaten stehen in dem erstklassigen Lokal mitten im Dorf an erster Stelle. Geboten werden beispielsweise knackige Salate, verschiedene Wraps und Burger sowie ganze Forellenfilets. Auch Vegetarier kommen hier nicht zu kurz.

Iron Crown PUB $$

(☎ 015-276 4755; Rissik St; Hauptgerichte 70–85 R; ⏲ Di–Sa 10.30–21, So 10.30–16 Uhr) Ein neuer Biergarten hat die freundliche, ländliche Atmosphäre der Dorfkneipe noch ein klein wenig gesteigert. Auf dem Speiseplan stehen recht gute kleine Gerichte; empfehlenswert ist beispielsweise die Wildpastete. Auch ein Grillplatz fehlt nicht.

An- & Weiterreise

Ein eigenes Fahrzeug ist definitiv die beste Möglichkeit, um nach Haenertsburg zu gelangen und seine Umgebung zu erkunden. Sowohl die Attraktionen als auch die Unterkünfte liegen ziemlich weit verstreut.

Magoebaskloof Pass

Magoebaskloof ist ein Steilhang am Rand des Highveld. Von hier aus führt die Straße hinunter nach Tzaneen und ins Lowveld. Dabei windet sie sich durch Plantagen und dichte, ursprüngliche Wälder.

In der Gegend rauschen etliche Wasserfälle wie beispielsweise der beeindruckende **Debengeni Falls** (De Hoek State Forest; Erw. 20 R; ⏲ 8–17 Uhr), wo eine Hängebrücke die Fallbecken überspannt. Von Tzaneen führt der Hinweg über die Route 36 und dann über die Magoebaskloof Road Richtung Polokwane, auf der ein Schild auf den Wasserfall hinweist.

Zehn Wanderwege durchziehen das Gebiet, die sich für zwei- bis fünftägige Trekkingtouren anbieten. Empfehlenswert ist beispielsweise der etwa 40 km lange **Dokolewa Waterfall Trail**, der drei Übernachtungen erfordert. Zur Verfügung stehen sechs Hütten, davon einige oberhalb des Debengeni Fall; für die Buchungen ist Komatiland Forests Eco-Tourism (S. 426) in Nelspruit zuständig.

Abseits der Route 71, nahe der Kreuzung mit der Routete 36, liegt der **Pekoe View Tea Garden** (☎ 015-305 4999; ⏲ 10–17 Uhr) auf einer Plantage, auf der Magoebaskloof-Tee angebaut wird.

Tzaneen

26 000 EW.

Tzaneen ist eine wohlhabende Stadt mit chaotischem Straßennetz. Für Reisende auf dem Weg zum Kruger National Park oder hinunter zum Blyde River Canyon oder zu den Kunsthandwerkshochburgen weiter im Norden bildet sie einen angenehmen Zwischenstopp, durchaus auch für mehrere Tage. Die größte Stadt im Letaba Valley besitzt Persönlichkeit, obwohl das Stadtzentrum etwas heruntergekommen wirkt, vor allem wenn sich mitunter der Müll in den Straßen häuft. Allerdings locken einige Attraktionen, beispielsweise lohnt es sich, das kühle Bergrefugium Haenertsburg zu besuchen und dort vielleicht sogar zu übernachten. In Tzaneen ist es oft sehr heiß, doch plötzliche Regengüsse bringen zwischendrin Abkühlung.

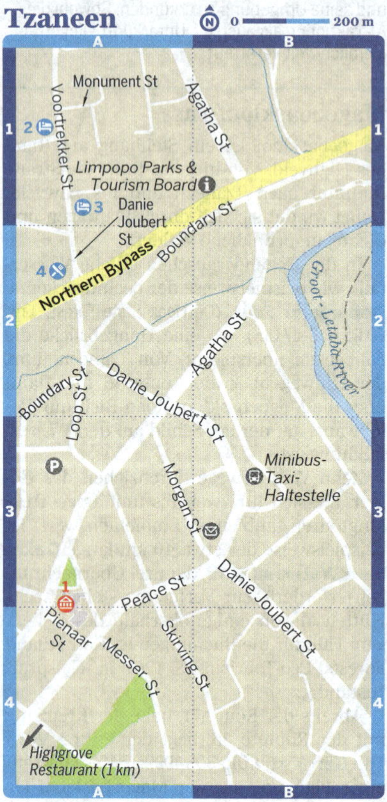

Tzaneen

Sehenswertes
1 Tzaneen Museum A3

Schlafen
2 Avispark Lodge A1
3 Silver Palms Lodge A1

Essen
4 Market Cafe A2

Sehenswertes & Aktivitäten

Tzaneen Museum MUSEUM
(Agatha St; Spende erwünscht; Mo–Fr 9–16, Sa bis 12 Uhr) Das Stadtmuseum hat eine beeindruckende Sammlung. Sie reicht beispielsweise von einem Totem der Regenkönigin, der als Hauswächter diente, bis zu einigen furchteinflößenden kongolesischen Masken. Besonders interessant ist es für Reisende, die auch Modjadji oder die Venda-Region besuchen möchten.

Kings Walden GARTEN
Wem das feuchtheiße Tzaneen zu viel wird, steigt hinauf zu diesem spektakulären, 3 ha großen Garten, der im Stil der englischen Landschaftsgärten angelegt ist. Umgeben von afrikanischem Busch liegt er auf 1050 m Höhe. Der Blick von der weiten Rasenfläche hinüber auf die Drakensberge wird nur von einem kahlen Baum unterbrochen, in den vor vielen Jahren der Blitz eingeschlagen hat. Von dem erfrischenden Swimmingpool schlängeln sich schattige Spazierwege tiefer in den Garten. Zu dem Garten geht es von der Stadt aus erst über die Joubert Street Richtung Süden und dann auf der rechts abzweigenden Claude Wheatley Street weiter. Der Zutritt zum Garten ist kostenlos, aber es gehört gewissermaßen zum guten Ton, in dem Restaurant vor Ort ein Getränk und vielleicht sogar ein Stück Kuchen zu kaufen.

Schlafen

Satvik Backpackers Village HOSTEL $
(015-307 3920; satvik@pixie.co.za; George's Valley Rd; Camping pro Pers. 60 R, B/DZ/Cottage 100/280/540 R) Die Cottages mit Küche, Grillplatz und Ausblick auf bewaldete Hügel liegen an einem Hang oberhalb eines Damms. Zu den Aktivitäten zählt das Angeln – allerdings mit Vorsicht, denn im Wasser tummeln sich auch Krokodile und Nilpferde. Erreichbar ist das Anwesen über die Agatha Street Richtung Süden; die Entfernung ab Stadtrand beträgt ungefähr 4 km.

Avispark Lodge PENSION $$
(015-307 5460; www.avisparklodge.co.za; 2 Aqua Ave; Zi inkl. Frühstück 450–700 R;) Die Lodge bietet zahlreiche Zimmer zu unterschiedlichen Preisen. Nach Möglichkeit sollten ankommende Gäste sich erst einmal mehrere Zimmer anschauen. Besonders empfehlenswert sind die Zimmer Nr. 1 und Nr. 2 im Haupthaus, Nr. 2 hat sogar einen Balkon. Die billigeren Zimmer sind ziemlich klein und düster. Mit ihrem freundlichen Service eignet sich die Unterkunft für die meisten Reisenden, vor allem auch für Familien. Auf der gegenüberliegenden Straßenseite befindet sich ein Supermarkt und ein Pub liegt in bequemer Nähe.

Silver Palms Lodge HOTEL $$
(015-307 9032; Monument St; Zi inkl. Frühstück ab 650 R;) Das Hotel bietet ein gutes

Preis-Leistungs-Verhältnis und adrette Zimmer mit angenehmen Details wie Duschgel auf Marula-Basis. Am Wochenende sind die Preise niedriger, schließen aber das Frühstück nicht ein. Die Luxury-Zimmer sind in einem besseren Zustand als die Standardzimmer. Das große Plus ist der herrliche abgesenkte Pool, der an eine Bar grenzt.

★ **Kings Walden** HOTEL $$$
(☎ 015-307 3262; www.kingswalden.co.za; Old Coach Rd, Agatha; EZ/DZ inkl. Frühstück 1000/1750 R;) Die geräumigen Zimmer mit Kamin und alten Drucken sind so traumhaft schön wie der Garten und der Ausblick auf die Berge. In den großen Badezimmern kann man sich fast verlaufen. Auf Wunsch packt das Personal Picknickkörbe für die Gäste. In dem zum Hotel gehörenden Restaurant kostet ein Abendessen mit vier Gängen pro Person 320 R.

Essen

★ **Marketcafé** CAFÉ $
(Tzaneen Lifestyle Centre; Hauptgerichte 35–60 R; ⏲ 8–18 Uhr) Das neue „Lifestyle-Zentrum" (ja, mit Ausblick auf einen Parkplatz!) wirkt ziemlich steril. Doch das kleine Marketcafé, das sich in einem größeren Lebensmittelmarkt befindet, ist einen Besuch wert. Es bietet gute Frühstücksvarianten, kleine Gericht (Salate und Wraps) sowie deftigere Gerichte wie Steaks und Pizza. Lecker schmeckt z. B. das Croissant mit Brie, Schinken und Cranberry-Sauce und der Kaffee ist ausgezeichnet.

Highgrove Restaurant INTERNATIONAL $$
(☎ 015-307 7242; Agatha St; Hauptgerichte 70–90 R; ⏲ 7–20.30 Uhr) Das Highgrove zählt zu Tzaneens solidesten Restaurants. Auf seiner Speisekarte stehen u. a. Steaks mit wahlweise acht verschiedenen Soßen, Pasta, Burger und herzhafte Frühstücksvarianten. Mit seinen Sitzplätzen in dem hübschen Poolbereich ist es der beste Ort in der Stadt für ein Abendessen.

Praktische Informationen

ABSA (Danie Joubert St) Geldautomat und Möglichkeit zum Geldumtausch.

Copy-it (Morgan St; pro 30 Min. 15 R; ⏲ Mo–Fr 8–17, Sa 8–12 Uhr) Internetzugang.

Limpopo Parks & Tourism Board (☎ 015-307 3582; www.tzaneeninfo.co.za; ⏲ Mo–Fr 7.30–16.30 Uhr) Befindet sich an der Route 71 Richtung Phalaborwa; ist eine der besten Touristeninformationen Limpopo.

Post (Lannie Lane) liegt hinter der Danie Joubert Street.

An- & Weiterreise

Translux-Busse fahren jeweils einmal am Tag nach Phalaborwa (150 R, 1 Std.), nach Jo'burg (260 R, 5½ Std.) und nach Polokwane (150 R, 1¾ Std.).

Die meisten Minibus-Sammeltaxis starten an dem Halteplatz hinter der Tzaneng Mall; sie fahren u. a. nach Polokwane (70 R, 2 Std.).

Modjadjiskloof (Duiwelskloof)

1850 EW.

Modjadjiskloof ist ein guter Ausgangspunkt für lohnenswerte Ausflüge. Den Namen Duiwelskloof (Teufelsschlucht) erhielt die Ortschaft von europäischen Siedlern, die sich einst in einer teuflisch harten Zeit mit ihren Planwagen bergauf und bergab durch die hiesige Gebirgslandschaft quälten.

Modjadji Nature Reserve NATURSCHUTZGEBIET
(Erw./Fahrzeug 10/20 R; ⏲ 7–16.30 Uhr) Das 30 000 m² große Gelände dient dem Schutz eines Bestandes des urzeitlichen Modjadji-Palmfarns. Im Sommer verleihen Dunstschleier der Landschaft des Naturreservats und den umliegenden Bolobedu Mountains eine ätherische Atmosphäre. Der Weg zum Reservat führt zunächst über die Route 36, von der ungefähr 10 km nördlich von Modjadjiskloof (Duiwelskloof) die Abfahrt nach Modjadji abzweigt. Dieser Straße folgen und nach 10 km an dem ersten Hinweisschild zum Schutzgebiet links abbiegen, 12 km weiterfahren und dann an dem zweiten Hinweisschild rechts abbiegen und weitere 5 km bis zum Eingang fahren.

Sunland Big Baobab GARTEN
(☎ 082 413 2228; www.bigbaobab.co.za; Sunland Nursery; Erw./Kind 15 R/frei; ⏲ 9–16 Uhr) Dieser 22 m hohe Baobab ist an der Straße nach Modjadji ausgeschildert. Sein Umfang beträgt 47 m und gemäß der Radiokarbondatierung soll er 6000 Jahre alt sein. In den beiden Baumhöhlen befindet sich eine Bar, in die sich bis zu 60 Zecher quetschen können.

Modjadji African Ivory Route Camp CAMPING $
(☎ 015-781 0690; www.africanivoryroute.co.za; Rondavel pro Pers. 460 R) Das Camp liegt im Modjadji Nature Reserve, 5 km vom Eingang entfernt. Sofern es nicht gerade gereg-

ABSEITS DER ÜBLICHEN PFADE

TRADITIONALE STICKEREI

Kaross (☎ 086 276 2964; www.kaross.co.za; ⏲ Mo–Fr 8–16 Uhr) Neben den geschäftigen Werkstätten gibt es einen Laden, der lebhaft gemusterte Wandbehänge, Kissenbezüge, Tuniken und Platzsets verkauft. Alle Artikel werden hier entworfen und von rund 1200 Shangaan-Frauen aus der Gegend bestickt. Die Qualität der Erzeugnisse ist sehr gut und die Designs sind kunstfertig ausgeführt und farbenfroh. Das hervorragende **Café** (Hauptgerichte 50 R; ⏲ Mo–Fr 8–16 Uhr) im Innenhof lockt mit geradezu dekadenten Desserts.

Um zu der Stickereikooperative Kaross zu gelangen, fährt man ungefähr 30 km östlich von Tzaneen links auf die Route 529 Richtung Giyani und folgt der Straße 9 km bis zum Eingang.

net hat, ist es mit dem Auto erreichbar. Es gehört zu einem regionalen Gemeindenetzwerk und bietet einfache *rondavels*. Rings um das Camp verlaufen Wanderwege, die an etwa 800 Jahre alten Palmfarnen vorbeiführen. Ein *rondavel* mit Vollpension und diversen Aktivitäten kostet 1080 R.

Ndzalama Private Wildlife Reserve

Ndzalama Private Wildlife Reserve NATURSCHUTZGEBIET
(☎ 083 627 8175; www.ndzalamalodge.co.za; Letsitele) Neben vielen anderen Tieren streifen in dem mehr als 80 km² großen Naturreservat vier der Big Five (nur der Büffel fehlt) und Klippspringer umher. Benannt ist das Ndzalama Wildlife Reserve nach einer Felsformation, die stark an einen Phallus erinnert. Tagesbesucher sind nicht gestattet (Mindestaufenthalt: ein Tag mit Übernachtung). Für die strohgedeckten, steinernen Selbstversorger-Chalets (pro Pers. 1500 R) ist eine Reservierung zu empfehlen. Auf Wunsch gibt es auch Mahlzeiten.

Von Tzaneen führt der Weg zum Ndzalama-Reservat zunächst etwa 35 km über Route 71, dann geht es links auf der asphaltierten Straße Richtung Eiland weiter. Nach 16 km biegt man rechts auf die Schotterstraße ab, die nach 4 km zum Eingang führt.

Phalaborwa

13 500 EW.

Phalaborwa ist ein idealer Ausgangspunkt für die Erkundung des mittleren und nördlichen Bereichs des Krüger-Nationalparks. Wer nur wenig Zeit hat, kann von Jo'burg nach Phalaborwa fliegen und am Flughafen (mit einem strohgedeckten Flughafengebäude) ein Auto mieten. Phalaborwa ist halb aufgeräumte Vorstadt und halb Stadt im Busch. Im Zentrum gibt es einen grünen Gürtel, und ab und zu grast schon mal ein Warzenschwein auf einem Rasen.

Die Stadt ist auch ein Tor nach Mosambik; mit einem Fahrzeug mit hoher Bodenfreiheit ist es möglich, über das Giriyondo Gate den Kruger National Park zu durchqueren und hinein nach Mosambik zu fahren.

Aktivitäten

Leka Gape GEFÜHRTE TOUR
(☎ 076 986 9281; www.lekagape.de; 650 R) Leka Gape, eine Nichtregierungsorganisation (NGO), bietet eine halbtägige Tour durch die ehemalige Township Lukani, etwa 13 km nordwestlich von Phalaborwa. Dazu gehört auch der Besuch eines Kunsthandwerksateliers. Zum Buchen anrufen und nach Danielle fragen. Falls sie einmal nicht selbst an dem gewünschten Tag die Tour begleiten kann, vermittelt sie einen anderen ortsansässigen Führer.

Hans Merensky Estate GOLF
(☎ 015-781 3931; www.hansmerensky.com; 3 Copper Rd; 9-/18-Loch-Runde 260/455 R) Gleich südlich von Phalaborwa liegt ein 18-Loch Championship-Golfplatz, der sich von anderen unterscheidet: Hier müssen Golfer hin und wieder im Schlag innehalten, weil wilde Tiere, darunter beispielsweise Elefanten, die Fairways kreuzen. Vorsicht: Diese Tiere sind wirklich wild!

Africa Unlimited GEFÜHRTE TOUREN
(☎ 015-781 7466; www.africaunltd.co.za) Bietet Aktivitäten wie beispielsweise Touren mit kulturellem Schwerpunkt, Flussfahrten, Buschwanderungen, Ausflüge zu Tierauffangstationen und Touren durch den Kruger National Park nach Mosambik.

Schlafen

Von den zahlreichen Unterkünften in Phalaborwa sind viele außerhalb der Stadt im Busch gelegen.

Elephant Walk HOSTEL $

(☎082 495 0575, 015-781 5860; elephant.walk@nix.co.za; 30 Anna Scheepers Ave; Camping 100 R, B/EZ/BZ ohne Bad 120/220/340 R, B&B EZ/DZ mit Bad 340/550 R; ❄) Eine ideale Unterkunft, um Streifzüge in den Kruger National Park zu planen – sie liegt so nahe am Park, dass ihre Gäste das Gebrüll der Löwen hören. Die Besitzer haben einige Hausregeln aufgestellt, wie z. B. „kein Lärm nach 22 Uhr". Darüber hinaus organisieren sie etliche ausgezeichnete preisgünstige Touren und Aktivitäten. Die Zimmer mit eigenem Bad haben mehr Gästehauscharakter als die mit Gemeinschaftsbädern.

Daan & Zena's APARTMENTS $

(☎015-781 6049; www.daanzena.co.za; 15 Birkenhead St; Zi/Apart. 450/900 R; ❄@≋) Die Räume wirken schon ein wenig abgewohnt, doch die vielen bunten Farben und die freundliche Atmosphäre gleichen das Manko aus. Auch das Preis-Leistungs-Verhältnis ist noch gut. Geräumig und gut eingerichtet sind die Zweizimmerapartmens in dem Gebäude, das dem Haupthaus gegenüber auf der anderen Straßenseite liegt. Von Apartment Nr. 1 führt eine Tür direkt in einen hübschen Außenbereich mit Rasen.

★ **Kaia Tani** PENSION $$

(☎015-781 1358; www.kaiatani.com (auch auf Deutsch); 29 Boekenhout St; Zi pro Pers. inkl. Frühstück 720 R; ❄📶≋) Eine Menge Stil fürs Geld liefert die (nach eigener Aussage) „exklusive Pension". Ihre sechs Zimmer sind in einem traditionellen afrikanischen Stil eingerichtet und warten mit Details auf, wie holzvertäfelte Wände. Das strohgedeckte Restaurant hat Ausblick auf den Pool mit Natursteinumrandung. Das Gästehaus liegt abseits der Essenhout Street.

Cajori Hotel HOTEL $$

(☎015-781 3156; http://cajori.wozaonline.co.za; 39 Palm Ave; Zi inkl. Frühstück 680 R; ❄📶≋) Mit seinen gemütlichen Zimmern macht das einzige Hotel der Stadt einen sehr guten Job. Es liegt zentral und die Zimmer sind geräumig, das Bad allerdings ist ziemlich klein. Besonders toll sind die riesigen Betten von der Kategorie „reinsinken und wohlfühlen".

Sefapane LODGE $$$

(☎015-780 6700; www.sefapane.co.za; Copper Rd; EZ/DZ in Standardrondavel ab 950/1500 R; ❄📶≋) Das Resort verströmt einen Hauch von Exklusivität. Es hat ein Restaurant, eine eingelassene Bar, eine lange Liste an Safaris für seine Gäste und pilzförmige *rondavels*.

MODJADJI, DIE REGENKÖNIGIN

In Afrika ist es eher ungewöhnlich, dass eine Frau an der Spitze eines Stammes steht, doch die Regenkönigin ist eine Ausnahme. Sie resididiert in der Stadt GaModjadji im Distrikt Bolobedu unweit von Modjadjiskloof (Duivelskloof). Jedes Jahr gegen November präsidiert die Regenkönigin traditionell über ein Fest, mit dem die Ankunft des Regens gefeiert wird. Die *indunas* (Stammesführer) wählen diejenigen aus, die tanzen, um Regen bitten und traditionelle Rituale ausführen, zu denen auch Initiationsrituale für Mädchen und Jungen gehören. Nach der Zeremonie beginnt es zu regnen. Wenn der Regen ausbleibt, wird dies meistens einem besonderen Ereignis, z. B. der Zerstörung einer heiligen Stätte, zugeschrieben – dann schafft nur ein weiteres Ritual Abhilfe.

Henry Rider Haggards Roman *Sie* basiert auf der Geschichte der ursprünglichen Modjadji, einer geflüchteten Prinzessin, die im 16. Jh. lebte. Die ihr nachfolgenden Königinnen lebten sehr zurückgezogen; sie waren auf den königlichen Kraal beschränkt und lebten getreu dem Brauch, nicht zu heiraten, aber die Kinder von Mitgliedern der Königsfamilie zur Welt zu bringen. Im neuen Jahrtausend begann für die matriarchalische Erbfolge jedoch eine krisengeschüttelte Zeit.

Im Juni 2001 starb die Regenkönigin Modjadji V. in Polokwane. Zu allem Unglück war die designierte Thronfolgerin, Prinzessin Makheala, drei Tage zuvor ebenfalls gestorben. Erst im April 2005 wurde die damals 25-jährige Prinzessin Mmakobo Modjadji zur Königin Modjadji VI. gekrönt. An dem Tag der Krönung regnete es, was alle als gutes Omen betrachteten. Leider verstarb Modjadji VI. bereits zwei Jahre später und hinterließ eine Tochter, Prinzessin Masalanabo, im Babyalter. Mit 16 Jahren könnte sie den Thron besteigen. Doch Traditionalisten äußern Bedenken, da ihr Vater kein Mitglied der königlichen Familie ist, wodurch der Clan sehr viel an Ansehen verloren hat.

Es gibt geräumige *safari houses* für Selbstversorger, und ein Teil der Einnahmen geht als Spende an Projekte für einheimische Kinder. Zahlreiche Übernachtungspakete von zwei bis sieben Nächten.

Essen

★ Buffalo Pub & Grill PUB $$
(☎ 015-781 0829; 1 Lekkerbreek St; Hauptgerichte 80–150 R; ⏲ 11 Uhr bis spätabends; ❄) Wer vom Kruger National Park mit Löwenhunger zurückkehrt, bekommt hier etwas zu beißen. Auf der Speisekarte überwiegen die Fleischgerichte – als Alternative zum Rindersteak sind die mageren Filets vom Strauß oder Impala einen Versuch wert. Der Service ist ausgezeichnet und die Gäste können auch auf der Terrasse an der frischen Luft speisen.

Villa Luso PORTUGIESISCH $$
(Molengraaf St; Hauptgerichte 65–100 R; ⏲ 8 Uhr bis spätabends; 📶) Auf der Speisekarte spiegelt sich der Einfluss des portugiesischen Besitzers wider. Fisch und Meeresfrüchte, Hühnerflügel, Surf and Turf (Gericht mit Meeresfrüchten und Fleisch) sowie Steak nach portugiesischer Art sind nur einige der angebotenen Gerichte. Eine Gartenbar (mit einer langen Cocktailkarte) rundet das angenehme Restaurant ab. Sogar ein Kinderplatz ist vorhanden.

Praktische Informationen

Bollanoto Tourism Centre (☎ 072 216 7802; www.phalaborwa.co.za; Ecke Hendrick van Eck St & Pres Steyn St; ⏲ Mo–Fr 7–17, Sa 7–13 Uhr) Hilfsbereite Touristeninformation.

Cyber World (Tambotie St, Tambotie Park; WLAN pro Std. 40 R, Internet pro Std. 50 R) Gute, zuverlässige Internetverbindung.

GUT VERNETZT

African Ivory Route (☎ 015-781 0690; www.africanivoryroute.co.za; Bollanoto Tourism Centre, Phalaborwa) ist ein provinzweites Tourismusnetzwerk. Die zehn beteiligten Gemeinden betreiben Camps mit Unterkünften in *rondavels* oder Safarizelten (2-Pers.-Unterkunft ab 125 R). Geboten werden auch Mahlzeiten, Aufführungen von Volkstänzen und diverse Aktivitäten. Die Buchung kann per Telefonanruf im gewünschten Camp (siehe Website) oder in der Hauptverwaltung erfolgen.

An- & Weiterreise

AUTO

Ein Mietwagen ist häufig die preisgünstigste Möglichkeit, den Kruger National Park zu besuchen. Die Preise beginnen bei 280 R pro Tag. Große Autovermieter betreiben eine Zweigstelle am Flughafen und haben generell montags bis freitags von 8 bis 17 Uhr geöffnet. Sie bieten auch die Bereitstellung eines Mietwagens bei Ankunft am Flughafen oder zur Abholung am Wochenende.

First Car Rental (☎ 015-781 1500; Phalaborwa Airport)

BUS

Sure Turn Key Travel (☎ 015-781 7760; Sealene St) vertritt vor Ort die Busunternehmen Translux und City to City. Ein Büro von Sure Turn Key befindet sich direkt hinter dem Supermarkt Shoprite und ein zweites am Flughafen (☎ 015-781 2498).

Translux-Busse fahren von Phalaborwa über Tzaneen (150 R, 1 Std.) nach Jo'burg (270 R, 7 Std.) sowie nach Polokwane (190 R, 2½ Std.) und Pretoria (270 R, 6 Std.). Die Busse von City to City fahren ebenfalls nach Jo'burg (220 R, 9½ Std.), aber auf der Strecke über Middelburg.

FLUGZEUG

Die Fluggesellschaft **Airlink** (☎ 015-781 5823; www.flyairlink.com) hat ein Büro am Flughafen und fliegt täglich nach Jo'burg (ab 2050 R). Der Flughafen liegt 2 km nördlich der Stadt.

Hoedspruit

3500 EW.

Hoedspruit liegt 70 km nordwestlich vom Orpen Gate des Kruger National Park und ist ein guter Ausgangspunkt für Ausflüge in den mittleren und südlichen Parkteil.

Schlafen & Essen

Loerie Guesthouse PENSION $
(☎ 015-793 3990; www.loerieguesthouse.com; 85 Jakkals St; EZ/DZ 370/550 R; @❄) Die herzliche Begrüßung ist das Markenzeichen der Pension. Die besten Zimmer liegen im Oberschoss des separaten Zimmertrakts im rückwärtigen Teil des Anwesens. Alle Zimmer sind geräumig und gut ausgestattet. Frühstück ist erhältlich (65 R).

Pangolin Bush Camp HÜTTEN $$
(☎ 073 049 7494; www.shikwari.co.za; Lydenburg Rd (Rte 36); Rondavel 600 R; ❄) Bestechend viel Charme besitzt diese Unterkunft für Selbstversorger: Auf einem wunderschönen Gelände im Busch stehen reizvolle *rondavels*

rund um einen Pool. Auch ein *boma* (festes Gebäude) mit Feuerstelle und Grilleinrichtungen ist vorhanden. Küche, Bad und Duschen im Freien werden von allen Gästen gemeinsam benutzt. Es ist eine herrliche Anlage, die sich auch für Familien eignet. Das Camp liegt 35 km von Hoedspruit entfernt auf dem Anwesen der Shikwari Bush Lodge.

Maruleng Lodge HOTEL **$$**
(015-793 0910; www.marulenglodge.co.za; EZ/DZ inkl. Frühstück 470/600 R;) Enorm groß sind die Zimmer der Maruleng Lodge – so groß, dass sich die Möbel darin verlieren. Wer viel Platz bevorzugt, wird sich hier wohlfühlen. Vieles spricht für das Hotel: Zum einem wurde es auf Vordermann gebracht und zum anderen liegt direkt es neben dem Kamagelo Centre mit Läden, Restaurants und Dienstleistungen aller Art.

Sleepers Railway Station Restaurant INTERNATIONAL **$$**
(015-793 1014; Rte 40, Train Station, Hoedspruit Crossings; Hauptgerichte 70–110 R; Mo–Sa, Frühstück, Mittag- und Abendessen) Das alte Bahnhofsgebäude, in dem sich das Restaurant befindet, bildet eine reizvolle Kulisse für das erstklassige Essen, das hier auf den Tisch kommt. Auf der umfangreichen Speisekarte stehen auch regionale Wildspezialitäten, wie z. B. Medaillons aus Bio-Straußenfleisch. Die Gäste können auch draußen im Schatten zweier riesiger Bäume speisen.

Cala la Pasta ITALIENISCH **$$**
(015-793 0452; Kamagelo Centre; Hauptgerichte 70–100 R; Mo & Di 8–16.30, Mi–Sa 8 Uhr bis spätabends) Was einen Verfechter der italienischen Küche nach Hoedspruit verschlagen hat, wissen nur die Götter. Auf jeden Fall machen die erstklassigen Gerichte in diesem Restaurant dem Mutterland alle Ehre.

An- & Weiterreise

SA Express (0861 729 227; www.flyexpress.aero) fliegt täglich vom **Hoedspruit Eastgate Airport** (Rte 40), der 7 km südlich der Stadt liegt, nach Jo'burg (ab 2100 R).

Die City-to-City-Busse fahren täglich nach Jo'burg (220 R, 8½ Std.).

Acornhoek

Am Rand der Township Acornhoek befindet sich die **Mapusha Weavers Cooperative** (072 469 7060; www.mapusha.org; Mo–Fr 10–16 Uhr). Besucher können die Werkstatt neben der Mission besichtigen und Teppiche und Wandteppiche kaufen.

Von Hoespruit geht es auf der Route 40 hinter dem Abzweig zum Mafunyani Cultural Village und zum Orpen Gate noch 5 km weiter südwärts, dann nach links in Richtung Acornhoek. Nach 4,3 km biegt man rechts auf eine Straße mit der Ausschilderung „Dingleydale“. Nach 1,8 km taucht rechter Hand die katholische Mission auf.

DER MÄCHTIGE MARULA

Die Silhouette des Marulabaums in der Abenddämmerung gehört zu den berührenden Eindrücken im afrikanischen Busch. Doch der messbare Wert des Baums, liegt in dem, was er hervorbringt.

Im Sommer biegen sich die Zweige der weiblichen Marulabäume unter der Last der hellgelben Früchte. Vielerorts lässt sich beobachten, wie Bärenpaviane (auch Tschakmas genannt) an der Straße sitzen und eifrig die goldfarbenen Delikatessen mampfen, die viermal mehr Vitamin C enthalten als eine Orange. Auch Elefanten sind Marula-Fans und verbringen viel Zeit damit, beharrlich die Baumstämme zu rammen, damit die Früchte zu Boden fallen. Das geradezu obsessive Verhalten der Dickhäuter hat dem Marulabaum den Spitznamen „Elefantenbaum“ eingetragen.

Die Einheimischen schätzen seit Langem die medizinischen Wirkungen der Marulafrüchte, insbesondere als Aphrodisiakum. Seit einiger Zeit wird aus den Früchten auch ein beliebter Sahnelikör hergestellt: 1998 feierte der Likör „Amarula Cream“ sein Debüt (Limpopos Antwort auf Baileys) – inzwischen ist er in 70 Ländern erhältlich.

Ganz hervorragend schmeckt „Amarula Cream“ gewiss vor Ort in der **Amarula Lapa** (015-781 7766; www.amarula.com; Rte 40; Mo–Fr 8–17, Sa 9–16 Uhr) GRATIS der Produktionsstätte, 10 km westlich von Phalaborwa. Während der Saison können Besuchergruppen von maximal fünf Personen an einer Führung durch den Betrieb teilnehmen. Außerhalb der Saison liefern Ausstellungen und eine siebenminütige DVD ausführliche Informationen.

North West Province

➡ Inhalt

Gut essen

- Cape Town Fish Market (S. 483)
- Deck (S. 483)
- Upper Deck (S. 493)

Schön übernachten

- Palace of the Lost City (S. 483)
- Mosetlha Bush Camp (S. 489)
- Tau Game Lodge (S. 489)
- Bakubung (S. 487)
- Kwa Maritane (S. 488)
- Masibambane (S. 482)
- Sparkling Waters Hotel & Spa (S. 493)

Auf nach North West Province!

Die Region zwischen Pretoria und der Kalahari ist vor allem für Sun City bekannt – die südafrikanische Antwort auf Las Vegas. Die Spielautomaten und Kitschgebäude sind zwar faszinierend, manch einer könnte aber im Pilanesberg National Park Wetten anderer Art abschließen wollen – darauf, was sich zuerst an dem Wasserloch zeigt, an dem man sich auf die Lauer gelegt hat: Löwen oder Nashörner. Sich auf eine Selbstfahrersafari zu begeben, ist ebenso spannend.

Einsatz und Chancen erhöht derjenige, der sich im Pilanesberg und Madikwe Game Reserve mit einem Ranger zu Fuß auf Raubtier-Pirsch begibt. Und was dieses einzigartige *Jenseits-von-Afrika*-Feeling angeht, ist eine Nacht im Busch in einer der exklusiven Lodges von Madikwe unschlagbar.

Zwischen einer Begegnung mit Großkatzen und einarmigen Banditen liegen von Johannesburg aus nur vier Autostunden. Bei den Magaliesbergen kann man Abstecher von der N4 bis nach Rustenburg unternehmen.

Reisezeit

Rustenburg

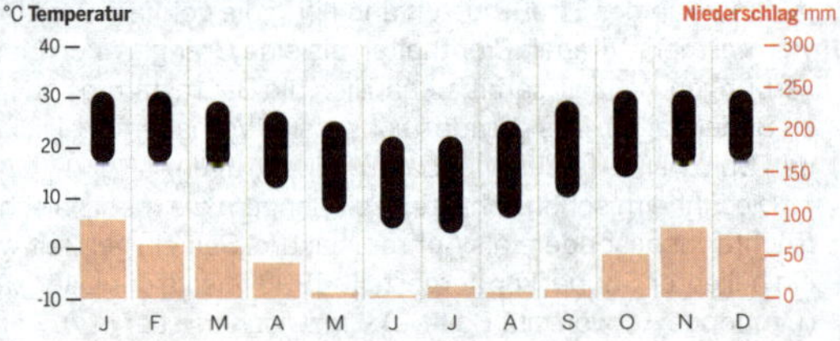

April Im Herbst sinken die Temperaturen; Tierbeobachtungen sind in dieser Jahreszeit optimal.

Mai–Juli Trockene Wintertage; wegen der Schulzeit ist weniger los (außer Mitte Juni bis Anfang Juli).

Dez.–Jan. Die Südafrikaner zieht es an die Küste; für ausländische Besucher gibt es mehr Platz.

Geschichte

Die Provinz North-West nimmt viel von dem Gebiet ein, in dem früher die sechs isolierten Enklaven des ehemaligen Homelands Bophuthatswana („Bop") lagen, wo Tausende „umgesiedelter" Tswana lebten. Das offiziell autonome Homeland wurde durch die Exzesse weißer Südafrikaner bekannt, die in den Kasinos und Vergnügungsparks dem Glücksspiel frönten oder sich mit schwarzen Prostituierten amüsierten, obwohl es in Südafrika verboten war.

In der Eisenzeit befand sich hier eine Siedlung mit einer komplexen Zivilisation um die „verlorene Stadt" Kaditshwene herum, etwa 30 km nördlich des heutigen Zeerust. Die Wirtschaft der dortigen Bewohner war hoch entwickelt, und mit ihren Kupferwaren und Schmuckstücken aus Eisen unterhielten sie sogar Handelsbeziehungen nach China. Als europäische Missionare die Stadt 1820 erstmals besuchten, war diese größer als Kapstadt. Die friedliebende Bevölkerung von Kaditshwene erwies sich letztlich als einfacher Gegner für die Sotho, die durch feindliche Übergriffe der Zulu in den Freistaat gedrängt worden waren. 40 000 Menschen fielen in die Stadt ein und und hinterließen nichts als Trümmer.

Anreise & Unterwegs vor Ort

Der **Lanseria International Airport** (☎ 011-367 0300; www.lanseria.co.za; bei Rte 512) ist ein guter Ausgangspunkt für Rustenburg und die Magaliesberge und liegt 30 km südlich vom Hartbeespoort-Stausee auf dem Weg nach Johannesburg. Kulula.com bietet täglich Flüge von Lanseria nach Kapstadt und Durban; **Mango** (www.flymango.com) fliegt täglich nach Kapstadt. Am Flughafen sind einige Mietwagenfirmen ansässig.

Mit einem Leihwagen ist die Provinz am besten zu erkunden. Sichere Parkplätze sind bequem an Unterkünften, Restaurants und Sehenswürdigkeiten zu finden.

Rustenburg

105 000 EW.

Am Rand der Magaliesberge liegt die große Provinzstadt Rustenburg mit ihrem authentischen, städtischen Flair und einem gut besuchten Hauptgeschäftsviertel. Zwischen hupenden Autos überqueren Fußgänger den Nelson Mandela Drive (die Hauptstraße im langen Innenstadtbereich). Auf den Gehwegen mit Imbissständen und Bestattungsunternehmen sind etliche Verkaufsstände mit Handytaschen und anderem Krimskrams aufgebaut.

Das Beste an Rustenburg ist jedoch seine Lage, 40 km südöstlich von Sun City und dem Pilanesberg-Nationalpark – eine gute Option für Reisende, die diese bekannten Attraktionen besuchen wollen, ohne viel Geld für die Unterkunft auszugeben.

Sehenswertes & Aktivitäten

Royal-Bafokeng-Stadion STADION

(bei der Rte 565) Dieses Stadion liegt 15 km nordwestlich der Stadt auf dem Weg nach Sun City. Hier wurden bei der Fußballweltmeisterschaft 2010 mehrere Gruppen- und eines der Achtelfinalspiele ausgetragen. Das im Jahr 1999 errichtete Stadion bietet Platz für über 40 000 Zuschauer und gehört größtenteils Stammesmitgliedern der Bafokeng.

Schlafen

Bushwillows B&B B&B $

(☎ 082 680 5890; wjmcgill@lantic.net; Zi. pro Pers. inkl. Frühstück 250 R;) Dieser ländliche Rückzugsort gehört dem regionalen Naturkünstler Bill McGill, dessen Gemälde den Frühstücksraum schmücken. Vogelbeobachtungstouren in Gebiete wie den Pilanesberg sind verfügbar. Von der Waterfall Mall kommend, ist nach 5 km ein weißes Schild auf der rechten Seite zu sehen. Von dort sind es noch 2 km den Hügel hinauf.

Die Zimmer sind schlicht, die Deko stammt aus einer anderen Zeit, doch dafür ist die Begrüßung überaus herzlich und die Terrasse bietet einen herrlichen Blick auf die Magaliesberge.

Hodge Podge Backpacker Lodge HOSTEL $

(☎ 084 698 0417; www.hodgepodgebackpackers.co.za; Plot 66, Kommiesdrift; Campingplatz/B 70/180 R, EZ/DZ ab 350/500 R;) Das Hodge Podge liegt unterhalb von eindrucksvollen Klippen an einem roten Felsweg. Hier kann man das ruhige Landleben genießen. Der Außenpool verschafft Abkühlung in der Hitze, und die Bar auf der Veranda eignet sich ideal für einen Drink bei Sonnenuntergang. Farbenfrohe Bettdecken und Buschgemälde schmücken die kleinen Hütten mit Bad. Flughafentransfers und Aktivitäten wie Touren nach Sun City und zum Pilanesberg sind möglich. Die Unterkunft ist ca. 10 km südlich der Waterfall Mall ausgeschildert.

★ **Masibambane** PENSION $$
(☎ 083 310 0583; www.masibambaneguesthouse.co.za; Kroondal; EZ/DZ inkl. Frühstück 540/820 R; 📶🏊) Diese reetgedeckte Unterkunft ist ein ruhiger, erholsamer Ort, dessen Blumenbeete, alte Bäume und Gewässer verschiedene Vogelarten – von Wiedehopfen bis Nektarvögel – anziehen. Unter der Woche kann ein dreigängiges Abendessen (135 R) organisiert werden. Die Pension ist 5 km südlich der Waterfall Mall ausgeschildert und liegt auf der rechten Seite am Ende der asphaltierten Seitenstraße, direkt hinter dem Schild „Private Road".

Sie verfügt über eine winzige Bar mit einer Terrasse mit Gartenblick. Am Pool befindet sich ein *lapa* (Rundbau mit niedrigen Mauern und Reetdach) zum Grillen.

Highlights

1. Auf einer Safari durch das **Madikwe Game Reserve** (S. 488) sich auf wenige Meter einem Löwenrudel nähern, das im Schatten eines Kameldornbaumes liegt
2. Beim Entspannen auf der Lodgeterrasse im Busch des **Pilanesberg-Nationalparks** (S. 485) nach den Big Five Ausschau halten
3. Bodysurfing im Valley of the Waves und **Sun City** (S. 484) erleben
4. Eine Fahrt mit der malerischen Luftseilbahn bis auf die Gipfel der **Magaliesberge** (S. 492)
5. Den **Hartbeespoort-Stausee** (S. 492) umrunden; Shoppen auf dem Welwitischia Country Market
6. Im **Mahikeng Museum** (S. 491) Exponate wie ein zerfetztes Wellblechdach entdecken, das von einer burischen Long-Tom-Feldhaubitze getroffen wurde

Essen

Die meisten Restaurants in Rustenburg liegen in der sterilen, aber sicheren und zuverlässigen Waterfall Mall (s. rechts). Die Auswahl reicht von unabhängigen, privatgeführten Lokalen bis zu Restaurantketten – Woolworths zur Selbstbedienung sowie Spur, Wimpy, Steers, Mugg & Bean und Debonairs Pizza. Am Wochenende wird es im Einkaufszentrum an den Abenden überraschend stimmungsvoll, denn dann gehen auch Paare und Familien mit Kindern aus der Region auswärts essen.

Steakout Grill STEAKHAUS $
(☎014-592 0766; Waterfall Mall; Hauptgerichte 75 R; ⏰10–22 Uhr) Dieses geschäftige Restaurant serviert eine kleine Auswahl an Meeresfrüchten, doch es sind die übergroßen Fleischgerichte, die an den meisten Abenden viele Besucher hierher locken. Zu den Gaumenfreuden zählen das *hunter's steak* (mit Hühnchenleber in *Piri-piri*-Soße) und das 1 kg schwere Eisbein. Verschiedene Platten und Spezialgerichte sind erhältlich.

★ **Deck** STEAKHAUS $$
(☎014-537 2042; Rte 24; Hauptgerichte 80 R; ⏰Mo–Sa 10–22, So 9–15 Uhr) Selbst für südafrikanische Standards sind die Speisen in diesem regional beliebten Restaurant ausgesprochen herzhaft. Es gibt jede Menge Kombigerichte, Körbe, Platten, Soßen, Beilagen und Spezialitäten wie Hähnchenbrust-Doppeldecker. Steaks sind in verschiedenen Arten und Größen erhältlich. Lasagne und Hamburger sind unter „leichte Mahlzeiten" verzeichnet. Das Deck liegt ein paar Kilometer südlich der Waterfall Mall.

Es bietet einen eleganten Speisesaal, doch das Herzstück ist die Terrasse mit Bänken und steinernen Tischen. Kinder können sich auf dem Klettergerüst vergnügen, es gibt jedoch keine Kinderteller.

Cape Town Fish Market MEERESFRÜCHTE, ASIATISCH $$
(☎083 400 2005; www.ctfm.co.za; Waterfall Mall; Hauptgerichte 85 R; ⏰11–23 Uhr) Das dunkle Interieur und die blaue Neonbeleuchtung des elegantesten Restaurants der Waterfall Mall sollen wahrscheinlich auf die Tiefen des Ozeans anspielen, erinnern jedoch vielmehr an die Atmosphäre eines Nachtclubs. Dafür ist das Lokal groß und der Service hervorragend. Zudem gibt es eine große Auswahl an Meeresfrüchten – von Lachs über Kingklip und Schwertfisch bis zu Flusskrebsen.

KÖNIGLICHER LUXUS

Der **Palace of the Lost City** (www.suninternational.com/sun-city/palace/Pages/default.aspx; Sun City Resort; Zi. inkl. Frühstück ab 4600 R;), steht mit seinen türkisfarbenen Kuppeln mit Blick auf das Valley of the Waves für absoluten Glamour im Bushveld. Er wurde von den Reisemedien häufig als eines der besten Hotels der Welt ausgezeichnet und übertrifft nicht selten die Luxusträume seiner Gäste.

Die über 300 Zimmer und Suiten bieten Annehmlichkeiten wie einen Butlerservice und Marmorbäder, doch es sind die eindrucksvollen öffentlichen Bereiche, die alle Aufmerksamkeit auf sich ziehen. Angesichts der Fresken, Mosaike und Deckengemälde in den prachtvollen Atrien, Hallen, Restaurants und Bars könnte man meinen, sich in dem majestätischen Domizil eines antiken Herrschers aufzuhalten. Zwischen dem dichten Laub des umliegenden Lustgartens glitzern Brunnen, Swimmingpools und Wasserfälle.

Shoppen

Waterfall Mall EINKAUFSZENTRUM
(Augrabies Av.) Das wahrscheinliah größte Einkaufszentrum von Rustenburg liegt direkt an der Route 24, etwa 3 km südlich des Zentrums. Die Waterfall Mall ist ein sicherer und ziemlich entspannender Platz für Shoppingfreunde.

Praktische Informationen

Touristeninformation (☎014-590 3321; www.tourismnorthwest.co.za; Main Rd; ⏰Mo–Fr 8–16:30, Sa 8–12 Uhr) Die gut ausgestattete Touristeninformation mit ihrem hilfreichen Personal liegt in den Büros der Stadtverwaltung, die sich zwischen dem Nelson Mandela Drive und der Fatima Bhayat Street westlich der Abzweigung auf der Route 24 befinden. Sie bietet verschiedene Broschüren und eine Karte der Region.

An- & Weiterreise

Rustenburg liegt direkt an der N4, etwa 120 km nordwestlich von Johannesburg und 110 km westlich von Pretoria. Die Anreise und die Erkundung der Region sind nur mit einem Leihwagen möglich.

NICHT VERSÄUMEN

LOST CITY

Das kitschige Herzstück von Sun City ist Lost City, eine Art riesiger Vergnügungspark mit viel Glanz und Glamour und Attraktionen wie einem Botanischen Garten und simulierten Vulkanausbrüchen. Er ist vom Entertainment Centre aus über die Bridge of Time mit ihren lebensgroßen Elefantenstatuen zu erreichen.

Viel Spaß und gute Laune bietet der Wasserpark **Valley of the Waves** (www.suninternational.com/sun-city/activities/valleyofwaves; Sun City; Erw./Kind ab 120/70 R, Hotelgäste kostenfrei; ⏲ Sept.–April 9–18 Uhr, Mai–Aug. 10–17 Uhr), hinter dem die Türme des Hotels **Palace of the Lost City** (S. 483) emporragen. Selbst für Sun Citys Verhältnisse ist dieser Wasserpark kitschig und skurril, doch Kinder lieben ihn. Seine Hauptattraktion ist der 6500 m² große Wellenpool **Roaring Lagoon** mit Palmenstrand. Rutschen und Wildwasserbahnen wie die 70 m lange **Temple of Courage** sorgen für den Adrenalinkick. Schlauchreiten auf dem **Lazy River** und Schwimmen im Pool **Royal Bath** gehören zu den ruhigeren Aktivitäten. Eine weitere Attraktion in Lost City ist das riesige Labyrinth **Maze** (www.suninternational.com/sun-city/activities/maze; Erw./Kind 100/60 R; ⏲ 9–22 Uhr) in Form einer archäologischen Stätte.

Sun City

Sun City (☎ 014-557 1544; www.suninternational.com/sun-city; Tagesbesucher 60 R, Hotelgäste frei; ⏲ 24 Std.), ist die legendäre Schöpfung des Unternehmers Sol Kerzer. Hier, in Afrikas Ausgabe von Las Vegas, treffen Disneyland und das alte Ägypten aufeinander. In dem Freizeitpark wimmelt es nur so von vergoldeten Löwen- und Affenstatuen, es gibt etliche Quadratkilometer künstlich angelegter Strände, 1200 Hotelzimmer, unzählige klingelnde Spielautomaten, und das Ganze dient nur einem einzigen Zweck: Entertainment. Auch wenn das Spielerparadies beinahe schon grotesk-protzig ist, kann man hier so richtig Spaß haben.

Sun City wurde im Jahr 1979 eröffnet und diente während der Apartheid wohlhabenden Weißen als exklusiver Rückzugsort. Heutzutage ist es vor allem für sein multikulturelles Treiben am Wochenende berühmt.

Der Komplex wird vom außergewöhnlich kitschigen Palace of the Lost City dominiert, der das afrikanische Erbe symbolisieren soll. In Wahrheit hat er noch weniger mit der afrikanischen Kultur gemein als Disneyland Paris mit der französischen, ist aber dennoch unterhaltsam.

Wer mit Kindern unterwegs ist oder mit seiner Reisekasse sparsam umgehen muss – Sun City ist ziemlich günstig. Im Eintrittspreis ist die Benutzung der wichtigsten Attraktionen enthalten. Reisende, denen das Geld locker in der Tasche sitzt, finden vor Ort selbstverständlich unzählige Möglichkeiten selbiges auszugeben – auch, um in einem der luxuriösesten Hotels der Welt abzusteigen, einem wahren Eldorado für alle Glitzer- und Goldliebhaber.

Wer angesichts all der Glücksspielautomaten eine Sinnkrise und ein schlechtes Gewissen verspürt, kann sich immerhin mit dieser Tatsache beruhigen: die Ferienanlage ist ein „grünes" Projekt. Denn trotz aller zur Schau gestellten Verschwendungssucht hat Sun City sich dem umweltgerechten Tourimus verschrieben und dafür auch bereits Auszeichnungen erhalten.

Sehenswertes & Aktivitäten

Im Welcome Center liegen Informationen über die unglaubliche Anzahl an Aktivitäten aus. Dazu gehören u. a. zwei Golfplätze, Jet-Ski, Parasailing, ein Krokodilpark und Seilrutschen.

Entertainment Centre CASINO

Neben Raucher- und Nichtrauchercasinos umfasst dieses zweistöckige Center auch Food-Courts, Geschäfte, Kinos und den Veranstaltungsort Superbowl. Sein Stil lässt sich wohl am ehesten mit „modernem Fred Feuerstein" in Kombination mit einem Dschungelthema beschreiben.

Mankwe Gametrackers TOUREN, OUTDOORAKTIVITÄTEN

(☎ 014-552 5020; www.mankwegametrackers.co.za; Welcome Centre, Entertainment Complex; ⏲ 5–19 Uhr) Von Sun City aus bietet dieser Touranbieter Aktivitäten im Freien wie tägliche **Safaris** (Erw./Kind 460/225 R) im Pilanesberg-Nationalpark an. Für gewöhnlich ist die Abfahrtszeit um 5.30 und um 17 Uhr (je nach Jahreszeit). Zudem können Personen ab 16 Jahren vierstündige **Tierbeobachtungen zu Fuß** (550 R pro Pers.) frühmorgens durch den Park buchen.

Das Unternehmen veranstaltet auch Fahrten mit dem **Heißluftballon** (3950 R pro Pers.) und verfügt über ein Outdoor-Abenteuercenter mit Quadfahren, Tontaubenschießen, Bogenschießen, Paintball und Djembétrommeln.

Schlafen & Essen

Das **Sun International** (☎ 011-780 7800; www.suninternational.com/sun-city/accommodation; Sun City) leitet die vier Hotels des Resorts. Über seine Buchungszentrale sind direkte Buchungen möglich. Die Preise können je nach Belegung sehr unterschiedlich ausfallen. In der Regel sind die besten Preise über Online-Buchungssysteme zu finden. Alle Hotels bieten eine Auswahl an Restaurants, und im Entertainment Centre gibt es zahlreiche Fastfood-Lokale.

Wer über ein eigenes Fahrzeug verfügt, könnte auch im Pilanesberg unterkommen und einen Tagesausflug nach Sun City unternehmen. Auch Rustenburg liegt nahe genug, um als Ausgangspunkt zu dienen.

Cascades LUXUSHOTEL $$$
(Zi. inkl. Frühstück ab 3300 R; ❄📶🏊) In diesem azurblauen, mediterran inspirierten Ambiente stürzen Wasserfälle in einen See, während man es sich bei Cocktails in der Strandbar gut gehen lassen kann. Es gibt mehrere Pools, auf einer Insel kann man im Santorini Restaurant zu Abend essen; in den Zimmern gibt es u. a. luxuriöse Ankleideräume.

Sun City Hotel CASINOHOTEL $$$
(Zi. inkl. Frühstück ab 2800 R; ❄📶🏊) Im bestbesuchten (und ersten) Hotel von Sun City befinden sich Kasinos, Spielautomaten, ein Unterhaltungscenter sowie verschiedene Restaurants und Bars. Mit seinem grünen, im Dschungelthema gehaltenen Foyer und den übergroßen Roulette-Chips, die sich vor dem indischen Restaurant Raj stapeln, ist es eine gute Wahl für alle, die sich beim Glücksspiel vergnügen wollen.

Sun City Cabanas RESORT $$$
(Zi. inkl. Frühstück ab 1800 R; ❄📶🏊👪) Das günstigste Hotel im Freizeitpark überzeugt durch eine entspannte Atmosphäre und einer mit Balkon versehenen Eingangshalle. Es ist vor allem für Familien geeignet, mit Einrichtungen und Aktivitäten für Kinder. Die modernen Zimmer sind mit allen Annehmlichkeiten ausgestattet. Zudem gibt es Familienzimmer mit einem ausklappbaren Sofa und bis zu acht Betten.

Praktische Informationen

Welcome Centre (☎ 014-557 1544; ⌚ Mo–Fr 8–19, Sa & So 8–22 Uhr) Das Begrüßungszentrum am Eingang des Entertainment Centre bietet Karten und alle möglichen Informationen. Hier gibt es auch Schließfächer und eine Hertz-Filiale.

An- & Weiterreise

Der öffentliche Parkplatz befindet sich am Eingang, ca. 2 km vom Entertainment Centre entfernt. Vom Parkplatz aus stehen Shuttlebusse und die Einschienenhochbahn Sky Train (mit schönem Blick auf den Komplex und den Pilanesberg) zum Entertainment Centre und dem Cascades zur Verfügung. Dabei kommt man am Sun City Cabanas und dem Sun City Hotel vorbei.

Sun City liegt knapp drei Fahrstunden nordwestlich von Johannesburg und wird ab der N4 ausgeschildert. Von Gauteng auf der N4 kommend, führt der direkteste Weg über die Autobahn an Rustenburg vorbei. Anschließend nimmt man die Route 565 in Richtung Phokeng und Boshoek.

Von Gauteng werden Kombitouren nach Sun City und zum Pilanesberg angeboten.

Pilanesberg National Park

Der 550 km² große **Pilanesberg-Nationalpark** (☎ 014-555 1600; www.parksnorthwest.co.za/pilanesberg; Erw./Kind 65/20 R, Fahrzeug 20 R, Karte 20 R ⌚ Nov.–Febr. 5:30–19 Uhr, März, April, Sept. & Okt. 6–18:30 Uhr, Mai–Aug. 6:30–18 Uhr) erstreckt sich um den 1687 m hohen, erloschenen Vulkan Pilanesberg nördlich von Sun City, in einer Übergangszone zwischen der Kalahari und dem Lowveld. An diesem wunderschönen, malerischen Ort bekommt man verschiedene südafrikanische Wildtiere zu sehen.

Ende der 1970er Jahre wurde der Pilanesberg für die Städter der Region als Wochenendausflugsziel in der Natur konzipiert. Auch heute noch ist er ein beliebtes Erholungsgebiet, in dem Tagesbesucher nach Löwen und Büffeln Ausschau halten. Obwohl der Park im Vergleich zur südafrikanischen Wildnis gut erschlossen wirkt, ist er keinesfals mit einem Zoologischen Garten

PILANESBERG-NATIONALPARK

Was einen erwartet Unter den südafrikanischen Big-Five-Reservaten ist der Pilanesberg National Park am einfachsten zu erreichen. Neben Wildhunden sind auch seltene Antilopen wie Pferde- und Rappenantilopen zu entdecken. Dieser malariafreie Park liegt knapp drei Stunden Fahrt von Johannesburg entfernt.

Reisezeit Am besten eignet sich die Trockenzeit (von Juni bis September), wenn das Gras noch niedrig ist und die Tiere sich an den Wasserstellen versammeln. Von Januar bis April ist der Busch sehr dicht bewachsen, sodass es schwieriger ist, Tiere in freier Wildbahn zu sehen.

Praktisches Die beiden Südtore liegen im Umkreis von 10 km von Sun City.

Spar-Tipps Ein eigenes Zelt und eigenes Essen mitbringen!

zu verwechseln. Die Tiere, die um den erloschenen Vulkankrater umherstreifen, leben völlig wild.

Im Jahr 1979 konnte die Operation Genesis dieses Gebiet der Landwirtschaft abringen und 6000 Tiere in dem neuen Park ansiedeln. Heutzutage leben hier die Big Five sowie Geparden, Karakale, Afrikanische Wildhunde, Schakale, Hyänen, Giraffen, Flusspferde, Zebras, verschiedene Antilopen (darunter Rappen-, Elen- und Schraubenantilopen) sowie über 300 Vogelarten.

Aktivitäten

Die meisten Lodges im Park bieten Safaris bei Sonnenauf- und Sonnenuntergang an. Allerdings wurde der Pilanesberg mit seinen beinahe 200 km an gut ausgebauten Schotterstraßen eher für private Safaris entworfen. Auf einer geführten Rangerfahrt bekommt man zwar eher Katzen zu sehen, doch es ist preiswerter, sich selbst hinters Steuer zu setzen. Wenn man dann tatsächlich ein Tier sieht, ist die Belohnung umso größer. Es ist ein unvergessliches Gefühl, zum ersten Mal für einen schwerfälligen Elefanten zu bremsen und eines dieser riesigen Tiere direkt vor sich zu sehen – ganz zu schweigen davon, wie unglaublich robust, schmutzig und faltig das Hinterteil eines solchen Dickhäuters aus der Nähe aussieht.

Wer auf eigene Faust durch den Park fährt, kann dies in seinem eigenen Tempo tun. Im Pilanesberg heißt das: ganz langsam. Man sollte mindestens ein paar Stunden dafür einplanen, mit einer Kühlbox voller Getränke und einem Fernglas ausgestattet an einem der vielen öffentlichen Beobachtungspunkte im Pilanesberg zu sitzen und auf ein bisschen Action zu warten. Bei diesen versteckten Beobachtungspunkten handelt es sich lediglich um große, erhöhte und abgedeckte Terrassen mit Stühlen, die getarnt wurden, damit man nicht von den Wildtieren bemerkt wird. Bevorzugt wurden sie an Wasserstellen, die durstige Tiere anziehen, gebaut.

Zu beachten ist, dass es sich beim Pilanesberg – unabhängig von der ausgesuchten Route im Park – um ein städtisches Erholungsgebiet handelt. Es ist ein sehr beliebtes Ausflugsziel. Aufgrund der Selbstfahrer und Touren herrscht für gewöhnlich viel Verkehr. Im Pilanesberg gelten strikte Regeln in Bezug auf das Fahren abseits der Straßen: Es ist verboten. Wer beim Stichwort „perfekte Safari" eher an abgeschiedene Buschlandschaften, wenige Straßen und noch weniger Autos denkt, sollte drei Stunden weiter nordwestlich fahren und ein bisschen mehr zahlen, um im Madikwe Game Reserve unterzukommen.

Mankwe Gametrackers SAFARIS
(☎ 014-556 2710; www.mankwegametrackers.co.za; Bakgatla; ⏲ 5–19 Uhr) Dieser Anbieter für Outdoorabenteuer veranstaltet mehrere organisierte Aktivitäten im Park. Die dreistündige **Safari** (Erw./Kind 395/195 R; ⏲ 5:30, 9:30 & 17 Uhr) bietet eine gute Einführung in die Wildbeobachtung. Wer mit einem kundigen Ranger unterwegs ist, hat bessere Chancen, Tiere zu sehen. Eine weitere Option ist eine vierstündige **Tierbeobachtung zu Fuß** (450 R pro Pers.), für deren Teilnahme ein Mindestalter von 16 Jahren erforderlich ist.

Angeboten werden auch Vogelbeobachtung, Grillen und Frühstücken im Busch sowie vierstündige **Safaris mit dem Heißluftballon** (3950 R inkl. 1 Std. Flugzeit, Frühstück, Sekt und Transfer). In Manyane befindet sich ein zweites **Büro** (☎ 014-555 5469; Manyane).

Schlafen & Essen

Es gibt acht Lodges im Park. Das Manyane, das Bakgatla, das Bakubung und das Kwa Maritane servieren Tagesbesuchern ein Mit-

Pilanesberg National Park

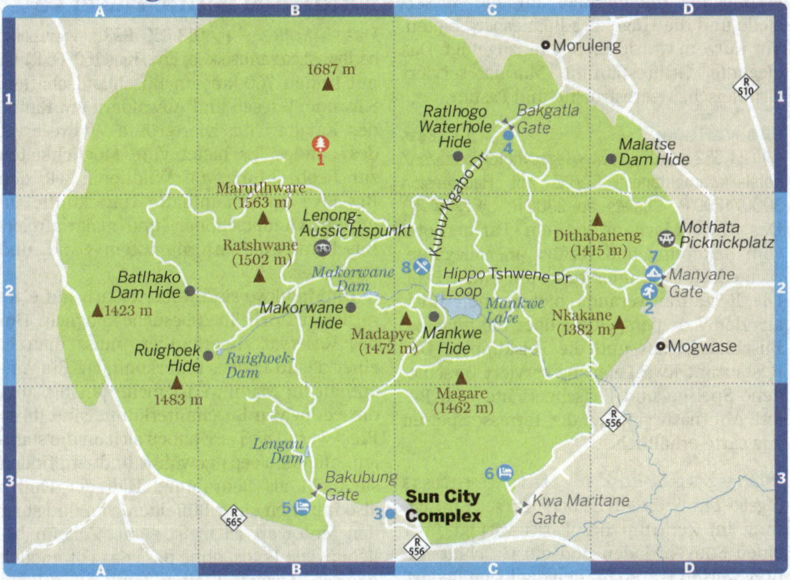

tagessen und bieten auch *bush braais* (Grillen im Busch) sowie Halb- und Vollpension. Zudem verfügen sie über Aktivitäten und Einrichtungen für Kinder, darunter Pools, Spielplätze und Minigolf. Ermäßigungen für Familien sind erhältlich. Westlich vom Kudu/Kgabo Drive sind exklusivere Lodges zu finden.

Manyane CAMPINGPLATZ, RESORT **$$**
(☎ 014-555 1000; www.goldenleopardresorts.co.za; Campingplatz 180 R, Safarizelt EZ/DZ inkl. Frühstück ab 980/1100 R, Chalet EZ/DZ inkl. Frühstück 1470/1590 R;) Die reetgedeckten afrikanischen Chalets des Manyane sind komfortabel, und die Safarizelte sind mit einem Kühlschrank und Teezubehör ausgestattet. An einem wunderschönen Swimmingpool bietet das Restaurant mehrere Tische auf einer Terrasse mit Strohdach. Paviane flitzen regelmäßig über den trockenen und staubigen Campingplatz.

Bakgatla CAMPINGPLATZ, RESORT **$$$**
(☎ 014-555 1000; www.goldenleopardresorts.co.za; Campingplatz 180 R, Safarizelt EZ/DZ/3BZ inkl. Frühstück ab 1715/1815/1915 R, Chalet EZ/DZ/3BZ inkl. Frühstück ab 2015/2115/2215 R;) Dieses Resort inmitten einer Hügellandschaft wartet als Herzstück mit einem riesigen, U-förmigen Pool auf. Während unseres

Pilanesberg National Park

Sehenswertes

1	Pilanesberg National Park	B1

Aktivitäten, Kurse & Touren

2	Mankwe Gametrackers	D2
3	Mankwe Gametrackers	B3
4	Mankwe Gametrackers	C1

Schlafen

	Bakgatla	(s. 4)
5	Bakubung	B3
6	Kwa Maritane	C3
7	Manyane	D2

Essen

8	Pilanesberg Centre	C2
	Zebra Crossing	(s. 8)

Aufenthalts wurde das Restaurant aufwendig renoviert. Im Kongresszentrum ist auch ein kleiner Supermarkt mit Waren für den täglichen Bedarf vorhanden. Die Chalets im Kolonialstil und die Executive Safarizelte verfügen über private Terrassen.

Bakubung LODGE **$$$**
(☎ 014-552 6314; www.legacyhotels.co.za/en/hotels/bakubung; EZ/DZ mit Halbpension 3140/4430 R, Chalets ab 1350 R;) Das Bakubung ist eine ziemlich große Anlage mit Ho-

telzimmern und über 60 Chalets zur Selbstverpflegung, die alle Blick auf eine Wasserstelle und die Hügel des Pilanesberg bieten. Vor Kurzem wurde ein Spa hinzugefügt. Das elegante Grillrestaurant Marula serviert Grillfleisch, Meeresfrüchte und Pasta.

Kwa Maritane LODGE **$$$**
(☎014-552 5100; www.legacyhotels.co.za/en/hotels/kwamaritane; EZ/DZ mit Halbpension 3000/4200 R, Chalets ab 2300 R;) Das Kwa Maritane ist ein Partnerhotel vom Bakubung und verfügt über elegante, reetgedeckte Zimmer rund um einen Pool. Die Restaurantveranda bietet einen Blick aus der Vogelperspektive über die hügelige Buschlandschaft und die Felsklippen. Das Restaurant Kwa Lefakeng serviert verschiedene Speisen und Fleischgerichte vom Büfett. Alternativ sind auf der Terrasse Speisen à la carte erhältlich.

Pilanesberg Centre SELBSTVERPFLEGUNG **$**
(Kgabo Dr; ⌚6:30–17:30 Uhr) Diese Einrichtung im Zentrum des Parks verfügt über einen Souvenirladen und ein Geschäft mit preiswerten Waren für den täglichen Bedarf.

Zebra Crossing CAFÉ **$**
(Hauptgerichte 40–90 R; ⌚Mo–Fr 7:30–16, Sa & So 7:30–16:30 Uhr) Dieses Café bietet eine große Terrasse mit schönem Blick auf die Umgebung. Es serviert Pizza, Hamburger, Wraps und Salate sowie eine Auswahl an Kindertellern.

An- & Weiterreise

Die Kombitouren ab Gauteng umfassen den Pilanesberg und Sun City. Das Bakubung und das Kwa Maritane Gate eignen sich gut für eine Anreise aus Sun City. Von Limpopo auf der Route 510 (zwischen Rustenburg und Thabazimbi) kommend, sind das Manyane und das Bakgatla Gate die nächstgelegenen Eingänge zum Nationalpark.

Unterwegs vor Ort

Der Kubu/Kgabo Drive, der vom Bakubung bis zum Bakgatla Gate durch den Park führt, ist eine asphaltierte Straße – ebenso wie der Tau Link und der Tshwene Drive, die den Kubu/Kgabo Drive und das Manyane Gate miteinander verbinden.

Im Park gilt eine Höchstgeschwindigkeit von 40 km/h. Auch auf den Straßen rund um den Pilanesberg ist schnelleres Fahren kaum möglich. Da Rinder und Esel auf der Straße laufen, winken einem die Anwohner manchmal zu, um vor einer Herde weiter vorne auf dem Weg zu warnen.

Madikwe Game Reserve

Das **Madikwe** (☎018-350 9931; www.parksnorthwest.co.za/madikwe; Erw./Kind 160/65 R) ist mit seinen 760 km² an Buschlandschaften, Savanne, Wiesen und Auwäldern am Rande der Kalahari das viertgrößte Wildreservat des Landes. Es bietet gute Möglichkeiten zur Beobachtung von Wildtieren wie den Big Five und traumhafte Unterkünfte inmitten wunderschöner (und malariafreier) Buschlandschaften mit rotem Sand und Sträuchern.

Im Madikwe sind weder Safaris auf eigene Faust noch Tagesbesuche möglich. Um das Reservat zu erkunden, muss man in einer der 16 Lodges unterkommen. Ein Aufenthalt im Madikwe ist nicht günstig, aber die exklusiven Buschunterkünfte sind ihren Preis wert. Die Tiere haben sich an die stabilen, offenen Jeeps gewöhnt und empfinden sie nicht als Bedrohung. Hält der Fahrer also inmitten einer Büffelherde an und stellt den Motor ab, ist meist genug Zeit für beliebig viele Fotos, ohne dass das Fotomodell panisch davonrast. Über Funkgeräte kommunizieren die Ranger außerdem mit den anderen Fahrern. Sollte irgendwo im Park eine Löwenfamilie unter einer Akazie ein Nickerchen halten oder ein brunftiger Elefantenbulle einem Weibchen nachstellen, erfährt jeder Fahrer davon. Es gibt nur wenige Einschränkungen zum Fahren außerhalb der Wege, und die Jeeps sind so robust, dass sie so gut wie jedes Hindernis überwinden und so nah wie möglich an die Tiere heranfahren können.

Madikwe entstand 1991 in der doppelten Absicht, ein Schutzgebiet für gefährdete Tierarten anzulegen und nachhaltige Tourismusinitiativen zu gründen, um dauerhaft Arbeitsplätze für die einheimische Bevölkerung zu schaffen, die bis dahin in völliger Abgeschiedenheit lebte und zu den ärmsten Einwohnern der Provinz zählte. In einer groß angelegten Umsiedlungsaktion namens „Operation Phoenix" wurden über 10 000 Tiere in das Gebiet gebracht. Die Tiere stammten ursprünglich aus der Region, waren aber durch Jagd und Landwirtschaft nahezu vollständig ausgerottet worden. Die Umsiedlungsaktion dauerte gut sieben Jahre – die Tiere (darunter ganze Elefantenherden) wurden aus anderen südafrikanischen Reservaten in den neuen Wildpark eingeflogen oder gefahren. Inzwischen ist das Schutzgebiet Madikwe als voller Erfolg

MADIKWE GAME RESERVE

Was einen erwartet Die Chancen, frei lebende Tiere zu sehen, sind in diesem Reservat größer als im Pilanesberg- oder sogar im Krüger-Nationalpark, da hier nur die ausgebildeten Ranger der Lodges Touren anbieten dürfen. Das Reservat ist für seinen großen Löwenbestand berühmt. Hier können auch Wildhunde gesichtet werden.

Reisezeit In dieses Reservat kann man das ganze Jahr über reisen. Die besten Bedingungen zur Beobachtung von Wildtieren bietet jedoch die Zeit von Mai bis September, da sich die Tiere dann an den Wasserstellen versammeln und die Vegetation nicht mehr so dicht bewachsen ist.

Praktisches Die Tore sind von 6 bis 18 Uhr geöffnet. Allerdings finden danach noch organisierte Nachtfahrten statt. Das Reservat liegt 3½ Stunden mit dem Auto von Johannesburg und Pretoria entfernt.

Spar-Tipps Die beste Jahreszeit für Ermäßigungen ist die Nebensaison, auch wenn das von Lodge zu Lodge unterschiedlich ist. Von Mai bis August ist es relativ ruhig. Bei einem Aufenthalt von mehreren Nächten verringert sich der Tagespreis. Auf den folgenden Webseiten sind Ermäßigungen und Berichte zu den Lodges zu finden:

- www.madikwegamereserve.net
- www.safarinow.com
- www.uyaphi.com
- madikwe.safari.co.za

zu bezeichnen. Bei dem gemeinsamen Unternehmen des Gremiums der North-West Parks, des Privatsektors und der lokalen Gemeinden entstanden einerseits die versprochenen Arbeitsplätze, andererseits eine neue Heimat für eine ausgeglichene Anzahl der Big Five, für eine wachsende Population der vom Aussterben bedrohten Afrikanischen Wildhunde und über 350 verschiedene Vogelarten.

Schlafen & Essen

In den meisten Lodges sind in der Vollverpflegung zwei Safaris inbegriffen. Eine Buchung im Voraus ist absolut notwendig, denn ohne Reservierung wird man an den Toren nicht eingelassen (der Wärter setzt sich telefonisch mit den Lodges in Verbindung, um die Buchung zu überprüfen). Ein Aufenthalt im Madikwe geht für gewöhnlich von mittags bis zum Vormittag des darauffolgenden Tages.

★ Mosetlha Bush Camp & Eco Lodge LODGE **$$$**
(☎ 011-444 9345; www.thebushcamp.com; Abjaterskop Gate; EZ/DZ inkl. Vollpension 2495/3990 R pro Pers.) Die zweitälteste Lodge vom Madikwe ist zugleich die einzige Unterkunft des Reservats, die nicht mit fünf Sternen ausgezeichnet ist. Allerdings sind die niedrigen Preise nicht der einzige Vorteil des Mosetlha. Seine neun nach vorne offenen Hütten sind rund um ein Lagerfeuer angeordnet. Die Lodge ist vom Versorgungsnetz abgekoppelt, sodass es weder Strom noch fließend Wasser gibt, und nachts streifen Tiere durch dieses nicht umzäunte Camp. Ein Aufenthalt hier erweist sich nicht unbedingt als hart, sondern eher als romantisch.

Die Ökolodge findet in *Authentic Ecolodges* von Hitesh Mehta, dem Experten auf diesem Gebiet, Erwähnung. Aufgrund ihrer mit Feuer erhitzten Boiler, der Eimerdusche und des VIP-WCs (Plumpsklo mit Belüftung) hat es die Lodge bis in Mehtas Kategorie über innovative Technologie geschafft. Hier werden Nachttischlampen gegen Petroleumleuchten und der Fernseher gegen Unterhaltungen eingetauscht. Die Speisen sind genauso einmalig wie die Luft im Bushveld.

Tau Game Lodge LODGE **$$$**
(☎ 011-466 8715; www.taugamelodge.com; Tau Gate; Chalet inkl. Vollpension 3600 R pro Pers.; ❄ 🏊 👨‍👩‍👧) Im Hinblick auf dasn Preis-Leistungs-Verhältnis ist die Tau Game Lodge sicher die beste Wahl. Große Klasse sind die riesigen Badewannen und die soliden Duschen im Freien, die ebenso zu jedem der 30 kuscheligen, strohgedeckten Chalets gehören, wie riesige Betten und private Verandas, von denen aus man die Action am Wasserloch verfolgen kann – die vor

ein paar Jahren noch ein wenig aufgepeppt wurde, indem man hier eine fünfköpfige Krokodilfamilie angesiedelt hat. Zur Lodge gehören ein Spa und ein Andenkenladen.

Die Tau Foundation setzt sich für die Menschen in der Gegend ein. Gäste können Schulen und kommunale Projekte besuchen.

Buffalo Ridge Safari Lodge LODGE **$$$**
(☎011-234 6500; www.buffaloridgesafari.com; Wonderboom Gate; Hütte pro Pers. mit Vollpension 4250 R;) Die todschicke Lodge ist das perfekte Beispiel für nachhaltigen lokalen Tourismus, wie Madikwes Gründer ihn sich erträumt hatten. Das Anwesen gehört dem nahe gelegenen Dorf Balete Ba Lekgophung und war das Erste seiner Art in Südafrika. Der bekannte einheimische Architekt Buffalo Ridge entwarf die acht luxuriösen, strohgedeckten Chaletsuiten, die absolute Privatsphäre versprechen und sich perfekt in die umliegende Buschlandschaft einfügen.

Die lichtdurchfluteten, geräumigen Unterkünfte sind clever konzipiert, in Erdfarben gehalten und mit einheimischen Skulpturen dekoriert. Durch gläserne Schiebetüren gelangen die Gäste auf die private Terrasse. Über die Schlucht führt eine Brücke von den Chalets zur Hauptlodge – ein sagenhafter Ort, um zu Abend zu essen.

Jaci's Lodges LODGE **$$$**
(☎083 700 2071; www.madikwe.com; Molatedi Gate; Zi. pro Pers. inkl. VP ab 2995 R;) In den beiden Jaci's Lodges – der Safari Lodge und der Tree Lodge – schwelgen die Gäste in entspanntem Luxusdesign. Die acht Unterkünfte der Safari Lodge strahlen Zeltatmosphäre im positiven Sinne aus: Die Seitenwände bestehen aus Stoff, die Außenduschen sind aus Naturstein errichtet. Vor dem handgearbeiteten Keramikkamin entspannen oder von der eigenen Terrasse auf die Wasserstelle blicken – das ist natürliche Eleganz par excellence. Für Kinder unter zwölf Jahren gibt es Ermäßigungen, und sollten die Eltern mal eine Pause brauchen, steht auch ein Babysitterservice zur Verfügung, oder die lieben Kleinen werden auf eine speziell auf Familien zugeschnittene Safaritour geschickt.

Noch exklusiver ist die Tree Lodge. Die Baumhäuser machen ihrem Namen alle Ehre: Sie wurden in den Bäumen errichtet und sind durch Wege in luftiger Höhe verbunden. Dabei wurde darauf geachtet, die Unterkünfte zwar luxuriös, aber so natürlich wie möglich zu gestalten, mit Palisanderholz, Stroh und Stapelholz. Meist ist es sehr angenehm, dass die Natur hier so ungehindert Zugang hat. Ab und zu kommen jedoch auch etwas unangenehmere Gäste, wie (ganz selten) Schlangen, zu Besuch.

ℹ An- & Weiterreise

Das Madikwe Game Reserve liegt in der Nähe des Grenzübergangs Kopontein Gate/Tlokwend Gate nach Botsuana, rund 400 km nordwestlich von Johannesburg und Pretoria. Die Anfahrt erfolgt über die N4 und die R47/R49 (die Straße wird mal mit der einen, mal mit der anderen Nummer bezeichnet, was etwas verwirrend ist).

Abjaterskop und Wonderboom sind die beiden Hauptzugänge des Schutzgebiets und befinden sich an der R47/R49, auf der westlichen Seite des Reservats; Tau und Deerdepoort liegen auf der nördlichen und Molatedi auf der östlichen Seite. Über die R47/R49 sind alle Lodges erreichbar. Bei Reservierung erhält man eine genaue Anfahrtsbeschreibung.

Einmal täglich gibt es eine Flugverbindung vom OR Tambo International Airport in Johannesburg zur Landebahn in Madikwe. Hin- und Rückflug kosten etwa 4000 R und können zusätzlich zur Unterkunft bei der Lodge gebucht werden.

Wer mit dem eigenen Fahrzeug vom Madikwe Game Reserve aus nach Sun City und Pilanesberg will, fragt am besten bei seiner Lodge nach dem Weg und hält sich an die Nebenstraßen. Man kommt schneller ans Ziel – und um 75 R Maut herum, die bei Swartruggens für die N4 fällig werden. In die entgegengesetzte Richtung (also nach Madikwe) empfiehlt es sich hingegen auf Schleichwege zu verzichten, da man sich bei dieser Variante relativ leicht verirren kann. Und wer will schon im Busch verloren gehen? Eben.

Wer keinen eigenen fahrbaren Untersatz hat, der lässt sich die Transfers am besten durch seine Lodge organisieren – oder nimmt einen Bus von Gaborone (Botsuana) und vereinbart mit der Lodge, dass man an der Bushaltestelle Grenzübergang Kopfontein abgeholt wird.

Mahikeng (Mafikeng)

16 000 EW.

Die Hauptstadt der North West Province bietet ein angenehmes Flair mit einer überwiegend schwarzen und mittelständischen Bevölkerung. Sie ist jedoch ziemlich heruntergekommen und daher nicht sonderlich attraktiv, weshalb sich ein Besuch nicht extra lohnt. Doch wer an der Stadt vorbeikommt, sollte dem interessanten Museum Mahikeng einen kurzen Besuch abstatten. Von einigen Einwohnern wird die Stadt immer noch „Mafikeng" genannt, wie die Ortschaft bis zum Jahr 2010 vor der offiziellen Namensänderung hieß.

Geschichte

Mafeking (wie die Europäer die Stadt nannten) war früher der Verwaltungssitz des britischen Protektorats von Bechuanaland (dem heutigen Botsuana). Die kleine Grenzstadt unter der Führung des britischen Colonels Lord Baden-Powell wurde von Oktober 1899 bis Mai 1900 von den Buren belagert. In gewisser Hinsicht ging diese Belagerung ungewöhnlich zivilisiert vonstatten – so kamen die Buren sonntags in die Stadt, um an der Messe teilzunehmen. Das Volk der Baralong und das der Mfengu, die in gleichem Maße Verluste im Dienste der Kolonisten erlitten, dürften jedoch weniger gute Erinnerungen an den Colonel haben. Immer wieder wurden sie von den Buren überfallen, die ihr Vieh stahlen und verzehrten. Während dieser Zeit gründete Baden-Powell ein Kadettencorps für die Jungen der Stadt, das zum Vorläufer seiner späteren Pfadfinderbewegung wurde.

Mahikeng und Mmabatho waren einst enge Nachbarn und lagen etwa 3 km voneinander entfernt. Mittlerweile sind sie miteinander verschmolzen, und Mmabatho gehört heute zu Mafikeng. Mmabatho wurde als Hauptstadt des „autonomen" Homelands Bophuthatswana erbaut und erlangte wegen seiner monumentalen und absurden Bauwerke Berühmtheit, die Lucas Mangope, der umstrittene Präsident von Bophuthatswana, dort errichten ließ.

Sehenswertes

Mahikeng Museum MUSEUM
(☎018-381 0773; Martin St, Ecke Carrington St; Spende als Eintritt; ⏲Mo–Fr 8–16, Sa 10–12:20 Uhr) Zu den Highlights dieses hervorragenden Regionalmuseums gehören eine Ausstellung über den Aufstieg der Pfadfinderbewegung und über die berühmte 217-tägige Belagerung mit ursprünglichen Fotografien und Dokumenten sowie Informationen über die Rolle der schwarzen Stadtbevölkerung. Es liegt im ehemaligen Rathaus, das im Jahr 1904 errichtet wurde.

Als wir das Museum besuchten, wurde es aufgrund von aufwendigen Renovierungsarbeiten geschlossen. Obwohl die Ausstellungsstücke wahrscheinlich unverändert sind, werden die Telefonnummer, die Öffnungszeiten und die Eintrittspreise voraussichtlich Änderungen unterliegen. Mehr Informationen sind im städtischen Informationszentrum erhältlich.

Schlafen & Essen

In den Straßen der Vorstadt östlich des Zentrums liegen viele Pensionen, die ab der Shippard Street ausgeschildert sind. In der **Crossing Mall** (Sekame Rd, Ecke Nelson Mandela Dr) sind Restaurantketten wie News Café, Ocean Basket und Spur zu finden.

Ferns Country House PENSION $$
(☎018-381 5971; 12 Cooke St; EZ/DZ ab 600/700 R; ❄🏊) Das Ferns liegt in dem Wohngebiet östlich der Innenstadt und bietet einen ruhigen Rückzugsort in der Stadt. Bevor man sich für ein Zimmer entscheidet, sollte man sich mehrere ansehen, da sich die Zimmer in Bezug auf den Einrichtungsstil und die Größe unterscheiden und manche über einen kleinen Wohnbereich verfügen. In der Unterkunft gibt es eine gute **Bar mit Restaurant** (Hauptgerichte 80 R), die sich für das Mittag- und Abendessen oder einen Drink anbietet, wenn man das Haus nicht mehr verlassen möchte.

Protea Hotel Mafikeng HOTEL $$
(☎018-381 0400; www.proteahotels.com/mahikeng; 80 Nelson Mandela Dr; EZ/DZ ab 835/1050 R; ❄@📶🏊) Das Protea ist eine stilvolle Unterkunft und eignet sich mit seinen Säulen und der Rezeption mit Vintage-Fotos vom historischen Mahikeng ideal zum Entspannen. Die Zimmer verfügen über weiße, flauschige Bettdecken mit vielen Kissen, schwere Vorhänge, eine stimmungsvolle Beleuchtung und internationale TV-Kanäle. Zu den Einrichtungen gehören eine Bar und ein Restaurant.

Purple Peppa Cafe CAFÉ $
(☎071 845 4204; 58 Proctor Ave; Hauptgerichte 50 R; ⏲8–18 Uhr) Dieses schlichte Café hieß früher Lewoni's und liegt umgeben von Kuriositätenläden und Nagelstudios in einem kleinen Vorstadtkomplex. Es bietet einen kleinen Innenhof und ist ein kühler Rückzugsort von den hektischen Straßen Mahikengs. Neben den Spezialitäten des Tages werden einfache Speisen wie die üblichen Omeletts, Toasts und Hamburger serviert.

Praktische Informationen

Parks in Nordwest & Tourismuszentrale
(☎018-397 1500; www.tourismnorthwest.co.za; Heritage House; ⏲Mo–Fr 7:30–

16:30 Uhr) Viele Broschüren liegen hier nicht gerade aus, doch von den hilfsbereiten und freundlichen Mitarbeiten sind Stadtpläne erhältlich. Wenn man auf dem Nelson Mandela Drive in Richtung Süden fährt, rechts auf die Molopo Street abbiegen (ein Block nach Shippard St), anschließend die Zweite links fahren und durch die Unterführung hindurch. Es befindet sich auf der linken Seite (neben Cooke's Lake).

An- & Abreise

Mahikeng liegt 25 km südöstlich von Ramatlabama auf der Grenze mit Botsuana. Am bequemsten gelangt man mit dem Auto dorthin. Von Pretoria oder Rustenburg nimmt man die N4 nach Zeerust und fährt anschließend auf der Route 27 nach Mahikeng weiter. Die Stadt liegt auch an der N18, die gen Süden in Richtung Nordkap und Freistaat verläuft.

Magaliesberge

Wer genug von den südafrikanischen Städten gesehen hat, darf sich auf einen ruhigen Tag – oder eine Nacht – in den Magaliesbergen freuen. Der 120 km lange Gebirgszug liegt zwar nur eine Stunde mit dem Auto von Pretoria und knapp zwei Stunden von Johannesburg entfernt, doch fühlt man sich hier beinahe wie in einer anderen Welt. Diese Berge sind ein beliebtes Ausflugsziel für die Bewohner von Gauteng und erstrecken sich in einem halbmondförmigen Bogen vom Hartbeespoort-Stausee im Osten bis nach Rustenburg im Westen. Diese Region mit ihren hügeligen Buschlandschaften, wilden Bächen, lichten Wäldern und einer herrlich frischen Luft lässt sich wunderbar auf den Nebenstraßen unweit der Route104 und der Route24 erkunden.

Der Hartbeespoort-Stausee ist knapp eine Stunde Fahrt von Johannesburg und Pretoria entfernt. Zahlreiche Geschäfte, die über den Stadtrand hinausreichen, prägen das Erscheinungsbild. Die 55 km lange Uferstraße wird von Werbetafeln und Bauprojekten gesäumt, und es herrscht schneller Durchgangsverkehr zur nahe gelegenen N4. Dennoch bietet sich die Gegend mit ihrer Hügellandschaft, ihren gewundenen Landstraßen und dem grünblauen Wasser des Stausees auf dem Weg nach Gauteng für einen Zwischenstopp zum Mittagessen und einen Einkaufsbummel an. Eine zusätzliche Attraktion ist die kürzlich wieder in Betrieb genommene Seilbahn, mit der Besucher auf die Gipfel der Magaliesberge fahren können.

Sehenswertes & Aktivitäten

Östlich der Kreuzung in Damdoryn führt die Straße durch ein Tor im Triumphbogen-Stil über den **Hartbeespoort-Stausee** und durch einen Tunnel. Kunstgalerien und gehobene gastronomische Einrichtungen säumen die Straße auf der Fahrt durch Schoemansville am Nordostufer des Stausees in Richtung N4 nach Pretoria.

Magaliesberg Canopy Tour OUTDOORAKTIVITÄTEN
(☎ 014-535 0150; www.magaliescanopytour.co.za; Sparkling Waters Hotel & Spa, Rietfontein Farm; Touren inkl. leichter Mahlzeit 495 R; ⏲ Sept.–April 6:30–16:30 Uhr, Mai–Aug. 7:30–15 Uhr) An einer insgesamt 140 m langen Seilrutsche aus Stahl bietet sich hier die Möglichkeit, auf 30 m Höhe über einen Bach und Baumwipfel hinwegzufliegen. Bei diesem brillanten, 2½-stündigen Ökoabenteuer rutscht man an den Klippen der Ysterhout Kloof hinunter. Auf der Strecke hält man an elf in die Klippenwand gebauten Plattformen mit schöner Aussicht an. Dort informiert ein Guide über die Ökologie der Region.

Es sind mindestens zwei Teilnehmer notwendig. Eine Buchung im Voraus ist zu empfehlen. Gäste des Sparkling Waters erhalten eine Ermäßigung von 20 %.

Aerial Cableway SEILBAHN
(☎ 072 241 2654; www.hartiescableway.co.za; bei der Rte 104; Erw./Kind 175/95 R; ⏲ Ticketschalter 8:30–16 Uhr) Östlich von Schoemansville befindet sich diese Seilbahn, die sich über zwei Jahrzehnte einer großen Beliebtheit erfreute, bevor sie 2005 geschlossen wurde. Nach aufwendigen Renovierungsarbeiten wurde sie im Jahr 2010 wiedereröffnet. Mit der Seilbahn kann man auf den Gipfel der Magaliesberge fahren. Oben angekommen bietet sich ein atemberaubender Blick auf die umliegende Region. An der Basisstation gibt es ein Restaurant. Auf dem Gipfel befinden sich ein Lokal, eine kleine Pizzeria und ein Kinderspielplatz.

Welwitschia Country Market MARKT
(☎ 083 302 8085; www.countrymarket.co.za; Damdoryn; ⏲ Di–So 9–17 Uhr) GRATIS Dieser Markt ist eine Fundgrube für Boks-T-Shirts, Biltong, Lederwaren und Drahtschmuck. Er liegt direkt westlich der Kreuzung in Damdoryn, nahe des nordwestlichen Zipfels des Hartbeespoort-Stausees und ist mit seinen mehreren Dutzend Ständen in Holzhütten

authentischer als die nahe gelegene Touristenanlage Chameleon Village. Es gibt einen kleinen Spielplatz und ein Vogelhaus für Kinder sowie drei Restaurants. Zudem stehen Kunsthandwerk und klassische südafrikanische Souvenirs zum Verkauf.

Schlafen & Essen

Sparkling Waters Hotel & Spa HOTEL **$$**

(☎ 014-535 0000; www.sparklingwaters.co.za; Reitfontein Farm; EZ/DZ inkl. Frühstück 780/1350 R; ❄📶🏊) Das große Anwesen dieses schlichten Hotels im Tudor-Stil umfasst mehrere Pools, eine Minigolfanlage, Tennisplätze, ein Gesundheits-Spa, ein Spielezimmer und einen Kinderspielplatz – etwas für die ganze Familie. Hinter weit ausladenden Wiesen beginnt die Buschlandschaft der Magaliesberge. Die Zimmer liegen auf dem schön angelegten Anwesen verteilt und verfügen über merkwürdig verputzte Außenbereiche und eine schlichte Einrichtung, sind allerdings gut erhalten. Manche Standardzimmer sind sehr groß.

Das Hotel liegt etwa 32 km südöstlich von Rustenburg und ist über die Route 104 nahe Buffelspoort oder – von der Oorsaak-Abzweigung in Rex – über die Route 24 zu erreichen.

Upper Deck PUB **$$**

(☎ 012-253 2586; www.theupperdeck.co.za; Welwitschia Country Market, Damdoryn; Hauptgerichte 80 R; ⌚ Mo 8:30–17, Di–Sa 8:30–22, So 8:30–20 Uhr) Der große Biergarten dieses Restaurants im Pub-Stil eignet sich ideal für eine Pause nach dem Stöbern auf dem Welwitschia Country Market. Auf der Speisekarte stehen neben einer Auswahl an Salaten und Kindertellern hauptsächlich Grillgerichte und Hamburger. Von freitag- bis sonntagabends wird Livemusik gespielt.

Northern Cape

Schön übernachten

- ➡ Kalahari Tented Camp (S. 512)
- ➡ 75 on Milner (S. 499)
- ➡ Kimberley Club (S. 500)
- ➡ Le Must River Residence (S. 507)
- ➡ Tatasberg Wilderness Camp (S. 520)

Abseits der üblichen Pfade

- ➡ Witsand Nature Reserve (S. 506)
- ➡ Wildebeest Kuil Rock Art Centre (S. 503)
- ➡ Tankwa Karoo National Park (S. 521)
- ➡ Wonderwerk Cave (S. 506)
- ➡ Kokerboom Food & Wine Route (S. 513)

Auf nach Northern Cape!

Die Provinz Northern Cape (1 Mio. Ew.) ist mit 373 000 km² Fläche Südafrikas letztes großes Grenzland. Die Städte sind Hunderte von Kilometern voneinander entfernt, verbunden durch einsame Straßen durch die Wildnis der Namaqua, der Kalahari und der Oberen Karoo. Unter der Sonne teilen sich Fahrzeuge die Straßen durch die Nationalparks mit Löwen, flitzen Sandboarder die Dünen hinab und sind die Kneipen von Kimberley genauso gut besucht wie zur Zeit des Diamantenrauschs im 19. Jh.

In der Landschaft ragen Kameldornbäume, Köcherbäume und die sogenannten „Halfmen" (*Pachypodium namaquanum*) empor. Der Gariep (Orange) River versorgt die trockene Region mit Wasser. Ihm verdankt die Kalahari ihre Weingüter und die Augrabies Falls. Nach der Regenzeit schimmern grüne Grasflächen auf dem roten Sand der Kalahari und im Frühjahr überziehen die Wildblumen der Namaqua Hügel und Ebenen.

Reisezeit

Kimberley

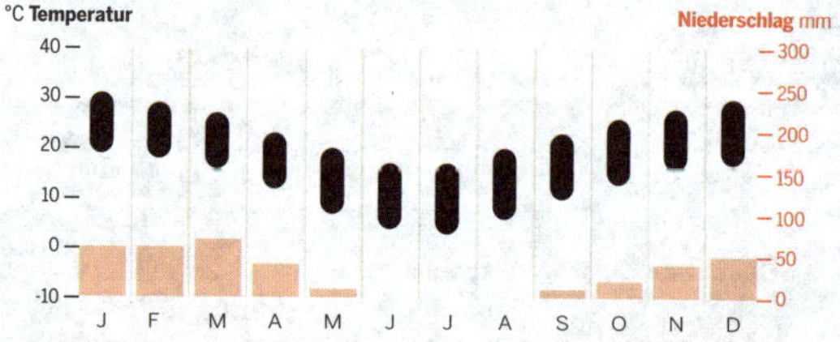

Jan.–März Sehr beeindruckend sind die Augrabies Falls und Tiere beobachten im Kgalagadi Park.

Mai–Juli Kühlere Temperaturen; wegen der Trockenheit sind viele Tiere an den Wasserlöchern.

Aug.–Sept. Die karge Landschaft des Namaqua National Park ist übersät mit bunten Frühlingsblumen.

Sprache & Bevölkerung

Englisch ist in Northern Cape weit verbreitet, doch die meistgesprochene Sprache ist Afrikaans, das rund 54 % der Provinzbevölkerung sprechen. Zwei weitere Hauptsprachen sind Tswana (33 %) und Xhosa (6 %). Die Bevölkerung setzt sich u. a. zusammen aus Afrikaaner, Tswana und den Khoe-San. Letztere sind die Nachkommen der regionalen Ureinwohner und sind heute noch in der gesamten Kalahari anzutreffen.

KIMBERLEY

97 000 EW.

Kimberley ist die Hauptstadt der Provinz und das Zentrum der als Diamond Fields bezeichneten Region. Die bis heute faszinierende Stadt mit Wild-West-Flair ist die Geburtsstätte des bekannten Unternehmens De Beers und dessen berühmten Slogans *A Diamond is Forever* (Ein Diamant ist unvergänglich).

Ob man in einem der rauen Saloons aus der Zeit des Diamantenrausches sitzt, das größte von Menschen gegrabene Loch der Welt begutachtet, an einer Geistertour teilnimmt oder viel über die ehemaligen Bewohner und Minenarbeiter von Kimberley erfahren möchte – die Stadt ist ein hervorragender Ort, um sich mit Südafrikas ereignisreicher Geschichte zu befassen.

Im Jahr 1914 endete der Diamantenbergbau im Big Hole, doch noch heute verbindet man die Hauptstadt von Northern Cape vorrangig mit Edelsteinen. Wer einen der stimmungsvollen alten Pubs mit dunklen, verkratzten Holztischen und Bierwerbung aus dem letzten Jahrhundert betritt, fühlt sich in die harte Zeit des Diamantenabbaus zurückversetzt. Beim Besuch des vollständig erhaltenen viktorianischen Dorfs der Minenarbeiter im Big Hole Complex bekommt man beinahe den Eindruck, Cecil Rhodes wäre noch am Leben und lenke sein Pferd Richtung Rhodesien.

In der einzigen echten Stadt von Northern Cape sind auch fantastische Museen, wunderbare Unterkünfte und Galeshewe, eine Township mit einer lebendigen Vergangenheit, vorhanden.

Sehenswertes

★ Big Hole MUSEUM

(☎ 053-830 4417; www.thebighole.co.za; West Circular Rd; Erw./Kind 90/50 R; ⏲ 8–17 Uhr; Führungen zu jeder vollen Stunde) 50 Millionen Rand hat es gekostet, das Big Hole – das größte von Menschenhand gegrabene Loch – in ein Weltklasse-Touristenziel zu verwandeln. Auch wenn sich über den Geldgeber, den Diamantenkonzern De Beers, streiten lässt, gibt der Big-Hole-Komplex einen realistischen Einblick in die wechselvolle Geschichte der Diamantenindustrie in Kimberley.

Die Führung beginnt mit einem 20-minütigen Film über den Diamantenabbau und die Arbeitsbedingungen in den Minen im Kimberley des 19. Jhs. Anschließend gehen die Besucher auf die Aussichtsplattform des Big Hole (ein sog. Tagebaurestloch). Unter der offenen Stahlkonstruktion gähnt der schwindelerregende Abgrund mit einem Umfang von 1,6 km und 215 m Tiefe. Bis auf die Höhe von 40 m ist das Big Hole mit türkisblauem Wasser gefüllt.

Ein Fahrstuhl bringt die Besucher in einen Stollen, in dem u. a. mit Hilfe von audiovisuellen Effekten vermittelt wird, wie hart das Leben der Minenarbeiter in den Anfängen des Diamantenabbaus war. In der Enge des Stollens schüren Geräusche von herabfallendem Bruchgestein und Explosionen die Platzangst.

ARCHITEKTUR

Dank seiner faszinierenden Geschichte hat Kimberley Architekturfans viel zu bieten. Das **Rudd House** (☎ 053-839 2722; 5 Loch Rd; Erw./Kind 25/12 R; ⏲ nach Vereinbarung) ist eine schönes Beispiel für die Architektur der Wohnhäuser reicher Bewohner von Kimberley im 19. Jh. **Dunluce** (☎ 053-839 2722; 10 Lodge Rd; Erw./Kind 25/12 R; ⏲ nach Vereinbarung) ist ein feudales, elegantes Wohnhaus im viktorianischen Stil.

Eine moderner Architektur hat das beeindruckende **Northern Cape Legislature Building** (☎ 053-839 8024; www.ncpleg.gov.za; abseits Green St, Galeshewe; ⏲ Mo–Do 8–4, Fr 8–12 Uhr) GRATIS in Galeshewe aufzuweisen. In der Architektur des Regierungsgebäudes spiegeln sich Kultur, Natur und Geschichte von Kimberley und Northern Cape wider. Vom Stadtzentrum aus ist das Gebäude ausgeschildert, am besten ist die Besichtigung im Rahmen einer Galeshewe-Tour.

Highlights

1 Unter einem Kameldornbaum dösende Kaplöwen im **Kgalagadi Transfrontier Park** (S. 509) inmitten der roten Sandwüste der Kalahari

2 Eine Frühlingswanderung durch ein Meer strahlend blauer, roter und goldfarbener Wildblumen im **Namaqua National Park** (S. 520)

3 Die diamantenträchtige Geschichte von **Kimberley** (S. 495) auf einer Geistertour durch die Stadt oder in deren historischen Pubs kennenlernen

4 Die über schwindelerregende Klippen tosenden Wasserfälle im **Augrabies Falls National Park** (S. 514)

5 Begegnung mit exzentrischen Einheimischen in **Calvinia** (S. 522) und ein Streifzug durch das Stadtmuseum

6 Eine Abenteuertour durch die surreale Bergwüste im extrem abgelegenen **|Ai-|Ais/Richtersveld Transfrontier Park** (S. 519)

7 Der Sternenhimmel, der in der ganzen Provinz zum Staunen bringt, aber ganz besonders in **Sutherland** (S. 521)

1 Kgalagadi Transfrontier Park
BOTSUANA
Nossob River
R375
Tshabong
McCarthy's Rest
R380
0 200 km
Kalahari
Mier Area
Twee Rivieren Gate
Molopo River
Kuruman River
North West Province
Vryburg
Andriesvale
Van Zylsrus
R31
Sonstraal
Hotazel
Kuruman
Taung
Hartswater
R360
Wonderwerk Cave
Olifantshoek
N12
Harts River
Danielskuil
Spitskop NR
Postmasburg
N14
N10
Upington
4 Augrabies Falls NP
Koegelbeen Caves
Vaal River
Barkly West
Witsand NR
Wildebeest Kuil Rock Art Centre
3 Kimberley
Keimos
Griekwastad (Griquatown)
R64
Senqu (Orange) River
Kakamas
Volop
Groblershoop
Douglas
Mokala NP
Modder River
Bloemfontein (160 km)
R27
R357
Kenhardt
Marydale
Orange
Prieska
Hopetown
Free State
Grootvloer
Strydenburg
Obere Karoo
R48
Philipstown
Bloemfontein (150 km)
Brandvlei
Vosburg
Britstown
De Aar
Doornkloof NR
Colesberg
R384
Carnarvon
Hanover
Sak
R63
Victoria West
Williston
Richmond
Loxton
Creek
Seacow Rv
Middelburg
Fish River
Riet River
Fraserburg
N9
Graaff-Reinet
Eastern Cape
Beaufort West
7 Sutherland
Komsberg Pass
Western Cape
N1

OFFROAD: GELÄNDEWAGENTOUREN

Wer die wilde Seele und die spektakulären Landschaften von Northern Cape erleben möchte, lässt die Asphaltpisten hinter sich und folgt einer der staubigen Geländerouten, die bis in einige der entferntesten Winkel Südafrikas führen. Mehr als 20 ausgewiesene Geländewagenstrecken liegen in Northern Cape, vor allem im Namaqua National Park, in der Kalahari und in den beiden grenzüberschreitenden Nationalparks. Für diese Routen sind generell eine Genehmigung sowie eine Vorausbuchung erforderlich. Die örtlichen Touristeninformationen geben Auskunft über die Gebühren und Bedingungen.

Nach der Minenführung lohnt sich ein Besuch des Ausstellungszentrums. Es widmet sich der Geschichte Südafrikas und der Diamanten im Allgemeinen sowie dem Einfluss des Diamantenabbaus auf die Stadtgeschichte von Kimberley. Hier befindet sich auch das Diamant Vault, ein streng bewachtes Gewölbe, in dem mehr als 3500 Diamanten zu sehen sind. Gezeigt werden auch Nachbildungen des Eureka und des 616. Das Original des 616 ist mit seinem Gewicht von 616 Karat der weltweit größte ungeschliffene achtseitige Diamant. Beide Diamanten wurden in dieser Region gefunden.

Auf dem Gelände des Big Hole befindet sich die teilweise rekonstruierte Siedlung der Minenarbeiter von Kimberley aus den 1880er-Jahren (Eintritt frei). Dafür wurden Originalgebäude an anderer Stelle abgebaut und hier wieder aufgebaut, darunter eine Kirche aus Wellblech, eine Leichenhalle, ein Süßwarenladen und eine Bank. Dazu gehört auch ein Pub mit Restaurant und ein Gästehaus – alle sind in Betrieb. Besucher können ihr Glück beim Diamantenschürfen versuchen oder probieren, auf der Bowlingbahn alle zehn Pins abzuräumen.

Wer sich nur das Big Hole ansehen möchte, zahlt weniger Eintritt, allerdings wird diese Möglichkeit nicht immer angeboten.

McGregor Museum MUSEUM
(☎053-839 2700; Atlas St; Erw./Kind 25/15 R; ⏲Mo–Sa 9–17, So 14–17 Uhr) Ein Gang durch dieses komplexe Museum kann durchaus einige Stunden dauern. Ausführlich widmet es sich dem Zweiten Burenkrieg und der Rolle Südafrikas im Ersten Weltkrieg. Eine unglaublich detaillierte Zeitachse liefert geradezu einen Kompaktunterricht in südafrikanischer Geschichte und zu den bahnbrechenden Ereignissen in Kimberleys Vergangenheit. Eine Ausstellung informiert über die Geschichte des Gebäudes, das De Beers 1897 als Sanatorium erbaut hat, und sie zeigt auch eine Attrappe des Raums, in dem Cecil Rhodes die Belagerung von Kimberley ausgesessen hat.

Duggan-Cronin Gallery GALERIE
(Edgerton Rd; Spenden erwünscht; ⏲Mo–Fr 9–17 Uhr) Die ethnografische Galerie zeigte eine fabelhafte Fotosammlung mit Bildern von südafrikanischen Volksstämmen. Aufgenommen wurden die Fotos in den 1920er- und 1930er-Jahren, als noch viele traditionelle Lebensweisen existierten, die später verloren gingen. Das Haus stammt aus dem 19 Jh., der Fotograf Alfred Duggan-Cronin lebte darin bis zu seinem Tod 1954. Eine Abteilung ist dem Musikethnologen Hugh Tracey gewidmet, der Mitte des 20. Jhs. Südafrika bereiste und traditionelle afrikanische Musik auf Tonband aufnahm. Besucher können sich viele seiner Tonaufnahmen anhören und einige Schnappschüsse von glücklichen Momenten der Reise ansehen.

William Humphreys Art Gallery GALERIE
(☎053-831 1724; www.whag.co.za; 1 Cullinan Cres, Civic Centre; Erw./Kind 5/2 R; ⏲Mo–Fr 8–16.45, Sa 10–16.45, So 9–12 Uhr) Eine der besten öffentlichen Galerien des Landes mit Wanderausstellungen zeitgenössischer südafrikanischer Kunst sowie einer überraschend guten Sammlung europäischer Meister.

Alexander McGregor Memorial Museum MUSEUM
(☎053-839 2700; Chapel St; Erw./Kind 25/15 R; ⏲Mo–Fr 9–17 Uhr) Im Mittelpunkt stehen hier die Informationen über die Anfänge der Stadt mit den ersten Siedlern und Zwangsumsiedlungen. Am besten ist die Sammlung mit Fotos von Kimberleys Stadtbild in vergangener Zeit. Es macht richtig Spaß, die historischen Bilder mit heutigen Fotografien zu vergleichen, denn viele der alten Gebäude existieren heute noch. Seit geraumer Zeit wird eine Umbenennung in Kimberley History Museum diskutiert.

Honoured Dead Memorial MONUMENT
(Ecke Dalham & Memorial Rd) Das Sandsteindenkmal ist den Soldaten gewidmet, die

ums Leben kamen, als sie während der 124 Tage andauernden Belagerung von Kimberley im Zweiten Burenkrieg (1899–1902) die Stadt, die in britischer Hand war, verteidigten. Die große Kanone ist die „Long Cecil", die die Long Toms der Buren zurückschlagen sollte.

Sol Plaatje Museum & Library MUSEUM
(32 Angel St; Spenden erwünscht; ⌚Mo–Fr 8–16 Uhr) In dem Haus lebte der Aktivist und Schriftsteller Sol Plaatje bis zu seinem Tod 1932. Ihm zu Ehren wurde es später in ein Museum umgewandelt. Plaatje war der erste Schwarzafrikaner, der einen Roman auf Englisch schrieb und Shakespeare ins Tswana übersetzte. Das Museum zeigt auch Ausstellungen über die Zwangsumsiedlungen und den Zweiten Burenkrieg.

Geführte Touren

★ Steve Lunderstedt GEFÜHRTE TOUREN
(☎083 732 3189; ab 180 R pro Pers.; ⌚6.30 Uhr) Als Diamentensucherstadt und historischer Brennpunkt von Konflikten zwischen Briten und Buren bildet Kimberley einen fruchtbaren Nährboden für Geistergeschichten. Seit 20 Jahren verfolgt der ortsansässige Historiker und Geschichtenerzähler Steve Lunderstedt die Spuren von Kimberleys Geistern, Gespenstern und Dämonen. Seine vierstündige Führung ist mehr eine historische Tour als eine Geisterjagd. Sie beginnt am Honoured Dead Memorial, umfasst sechs Stationen und muss im Voraus gebucht werden. Die Führung findet erst statt, wenn sich mindestens zehn Teilnehmer angemeldet haben.

Steve bietet auch eine dreistündige Big-Hole-Geistertour an. Eine dreistündige Geistertour mit vier Stationen bietet **Jaco Powell** (☎082 572 0065; pro Pers. 180 R).

Schlachtfelder des Zweiten Burenkriegs AUTOTOUR
In der Region wurden etliche Schlachten geschlagen, darunter in Magersfontein, am Modder River und in Graspan. Diese Schlachtfelder liegen alle südwestlich von Kimberley, abseits der N12. Die wichtigste Schlacht fand in **Magersfontein** (☎053-833 7115; Erw./Kind 15/8 R; ⌚8–17 Uhr) statt, wo sich burische Truppen verschanzt hatten und die berühmte Highland Brigade dezimierten. Vor Ort befindet sich ein Informationszentrum, in dem eine audiovisuelle Ausstellung das Leben in den Schützengräben zeigt. Empfehlenswert ist eine Führung über die Schlachtfelder mit Steve Lunderstedt, **Frank Higgo** (☎082 591 5327) oder **Veronica Bruce** (☎083 611 6497). Steve bietet in Magersfontein auch einen Geister-Themenabend an.

Township Galeshewe GEFÜHRTE TOUR
(☎078 069 5104; bphirisi@yahoo.com; halber Tag 340 R) Joy Phirisi begleitet geführte Touren durch diese freundliche Township, die während der Anti-Apartheid-Kämpfe eine wesentliche Rolle spielte. Zu den Anlaufpunkten zählen das Mayibuye Uprising Memorial, der Schauplatz der Anti-Apartheidsproteste von 1952; die Kanzlei von Robert Sobukwe, dem Begründer des Pan African Congress (PAC), die er eröffnete, als er in Kimberley unter Hausarrest stand, sowie das Northern Cape Legislature Building. Wer ein Privathaus oder das Atelier eines Künstlers besuchen möchte, muss vorher um Erlaubnis bitten.

Schlafen

Südwestlich vom Diamond Visitors Centre sowie in der Bishops Avenue und den angrenzenden Straßen gibt es eine gute Auswahl an Budget- und Mittelklasseunterkünften.

Gum Tree Lodge HOSTEL $
(☎053-832 8577; www.gumtreelodge.com; Hull St; B 150 R, Zi. ohne Bad 200 R, EZ/DZ 350/500 R; ❄🏊) Wenn Wände reden könnten, würden Rucksackreisende hier viel über Kimberleys Geschichte erfahren, denn das Hostel befindet sich in den umgebauten Räumen eines ehemaligen Gefängnisses. Es liegt 5 km östlich vom Stadtzentrum abseits der Route 54 auf einem parkähnlichen Gelände. Seine Zimmer sind nicht gerade reizvoll, aber die Umgebung ist schön und über die Wellblechdächer ranken sich grüne Pflanzen.

Heerengracht Guest House PENSION $
(☎053-831 1531; www.heerengracht.co.za; 42 Heerengracht Ave, Royldene; EZ ohne Bad 400 R, DZ ab 550 R; ❄📶🏊) Das kahle Backsteinhaus liegt in einer begrünten Vorstadtstraße. Neben normalen Zimmern sind auch geräumige Unterkünfte für Selbstversorger (850 R) vorhanden. Unter der Woche übernachten hier hauptsächlich Geschäftsreisende, daher sind die Preise am Wochenende günstiger. Das Frühstück kostet 75 R.

★ 75 on Milner PENSION $$
(☎082 686 5994; www.75onmilnerlodge.co.za; 75 Milner St; EZ/DZ ab 610/770 R; ❄📶🏊) Etliche

ehemalige Gäste loben diese ausgesprochen freundliche Pension in den höchsten Tönen. Zu der guten Ausstattung der geräumigen Zimmer zählen auch Kühlschrank, Mikrowelle und Kabelfernsehen. Die Zimmer liegen rund um einen Innenhof. Vorhanden ist auch ein relativ großer Swimmingpool. Mit kleinen Besonderheiten, darunter einem Willkommensdrink, Snacks auf dem Zimmer und hervorragenden Informationen über örtliche Attraktionen hebt sich die Pension von manch anderen in der näheren Umgebung ab.

★ **Kimberley Club** BOUTIQUEHOTEL **$$**
(☎053-832 4224; www.kimberleyclub.co.za; 72 Du Toitspan Rd; EZ/DZ ab 995/1230 R; ❄📶) Den Kimberley Club haben Rhodes und seine Diamantenkumpane als privaten Club gegründet. Nach einem Brand 1896 wurde das Clubhaus wieder aufgebaut. Das Haus – in dem es angeblich spukt – wurde 2004 in ein Hotel umgewandelt. Der elegante Stil desfrüheren Clubs prägt das Ambiente der 21 Zimmer, in den denen schon berühmte Gäste, z. B. Königin Elisabeth II., übernachtet haben. Die Möglichkeit, auf den (Pantoffel-)Spuren einer Königin oder anderer großer Persönlichkeiten zu wandeln, hat schon was. Der Hoteleingang befindet sich an der Currey Street. Das Frühstück kostet 110 R.

Edgerton House PENSION **$$**
(☎053-831 1150; www.halfwayhousehotel.co.za; 5 Edgerton Rd; Zi. 695 R; ❄🏊) In den hellen, modern ausgestatteten Zimmern hat nicht nur die Dusche riesige Ausmaße, sondern auch der Fernseher. In die Zimmer an der Vorderseite dringt mitunter der Lärm des nahe gelegenen Halfway House Pub. Etwas ruhiger sind die Zimmer an der Rückseite, deren Zugang an einem hübschen Innenhof liegt. Im Zimmer „Madiba" haben schon Würdenträger übernachtet, darunter Nelson Mandela. Die Rezeption befindet sich im Halfway House (s. rechts).

Australian Arms Guesthouse PENSION **$$**
(☎053-832 1526; www.australianarms.co.za; Big-Hole-Komplex; EZ/DZ inkl. Frühstück ab 800/880 R; ❄) Das Haus steht in der rekonstruierten Minenarbeitersiedlung am Big Hole. Der besondere Reiz dieser Unterkunft liegt in der Möglichkeit, am Abend durch die fast menschenleere Siedlung zu spazieren und sich vorzustellen, wie es früher einmal war. Damals als die Diamantenschürfer nach einem langen, harten Arbeitstag die Tavernen füllten und der Lärm auf die Straße drang. In den gemütlichen, aber schlichten Zimmern mit digitalem Satellitenfernsehen, Kühlschrank, frei stehender Badewanne und Dusche hängen hübsche Schwarz-Weiß-Fotos von Kimberley.

Das hauseigene Bar-Restaurant (Hauptgerichte 75 R) beschwört u. a. mit einem alten Piano und historischen Werbeplakaten für Castle Lager (eine der ältesten Biersorten Südafrikas) die vergangenen Zeiten herauf. Der Plasmafernseher ruiniert allerdings ein wenig den Effekt. Zu den angebotenen Gerichten zählen Steaks, Spareribs und Salate. Gäste des Australian Arms brauchen den Eintritt für die Big-Hole-Führung nicht zu bezahlen.

Protea Hotel Kimberley HOTEL **$$$**
(☎053-802 8200; www.proteahotels.com/kimberley; West Circular Rd; EZ/DZ ab 1340/1515 R; ❄📶🏊) Das elegante 4-Sterne-Hotel ist das einzige Hotel mit Ausblick auf das Big Hole – von der Aussichtsterrasse vor der Lobby. Prachtvolle Kronleuchter und historische Fotos von der Mine schmücken die Eingangshalle. Die 120 Zimmer sind mit nachgebauten Stilmöbeln vollgestopft. Doch in der Lobby und im Bar-Restaurant (auch für Nichtgäste zugänglich) zeigt sich die wahre Eleganz des viktorianischen Stils. In der Regel werden spezielle Wochenendarrangements angeboten. Das Frühstück kostet 175 R.

Essen & Ausgehen

In den historischen Pubs, die teilweise schon in der Blütezeit des Diamantenrausches existierten, herrscht die angenehmste Atmosphäre.

Lemon Tree CAFÉ **$**
(www.nclemontree.co.za; Angel St; Hauptgerichte 50–90 R; ⏲Mo–Fr 8–17, Sa 8–13.30 Uhr) Wer es in den historischen Pubs von Kimberley etwas zu arg übertrieben hat, kann sich hier bei einem Katerfrühstück erholen oder kleine Gerichte und eine ganze Reihe von Kuchen genießen.

★ **Halfway House** PUB **$$**
(☎053-831 6324; www.halfwayhousehotel.co.za; Du Toitspan Rd Ecke Carrington Rd; Hauptgerichte 60–140 R; ⏲11–23 Uhr; 📶) In der Kneipe von 1872 liegt Kimberleys Geschichte rund um seine Diamanten und Trinkgewohnheiten förmlich in der Luft. Wahrscheinlich ist sie

weltweit die einzige „Drive-in"-Bar, die allerdings als „Hineinreiten-erlaubt"-Pub begann, weil Rhodes seinerzeit darauf beharrte, hier sein Bier zu trinken, jedoch ohne von seinem Pferd zu steigen. Urige historische Details wie blecherne Spucknäpfe am Fuß der verschrammten hölzernen Theke, frühere Schnapsreklame und Milchglasfenster mit eingravierten Rhodes-Zitaten unterstreichen den historischen Charakter der Innenräume.

Es lohnt sich, das Personal nach Geschichten und Legenden aus der Vergangenheit des Pubs zu fragen. Heute kommen die Einheimischen ins Halfway House, um Billard zu spielen, der Livemusik im Innenhof zu lauschen und Pubgerichte wie Burger, Steaks und Pizza zu verspeisen. Eleganter ist das Ambiente in dem angrenzenden Restaurant Annabell, in dem montags bis samstags Abendessen serviert wird.

Überraschend modern sind die Hotelzimmer (DZ ab 400 R) im ersten Stockwerk des Hauses. Allerdings macht der Lärm des Pubs eine frühe Nachtruhe eher unwahrscheinlich.

Occidental Grill Bar PUB **$$**
(053-830 4418; Big-Hole-Komplex; Hauptgerichte 70–150 R; Mo–Do 9–19, Fr & Sa 9–23, So 9–17 Uhr;) Der witzige Saloon im Stil der viktorianischen Ära ist mit seiner langen Theke und den historischen Schwarz-Weiß-Fotos von Goldsuchern genau richtig für eine erfrischende Pause auf der Big-Hole-Tour. Zu den angebotenen Gerichten zählen Bunny Chow (ein ausgehöhlter Brotlaib gefüllt mit einem Currygericht), Koteletts, Spareribs und verschiedene deftige gemischte Salate. Gäste des Occidental brauchen den Eintritt für die Big-Hole-Führung nicht zu bezahlen.

Kimberley Club INTERNATIONAL **$$**
(72 Du Toitspan Rd; Hauptgerichte 50–130 R; Mittag- & Abendessen) Wer hier umgeben von Rhodes-Memorabilien speisen möchte, sollte zumindest geschlossene Schuhe und schicke Freizeitkleidung tragen. Der einstmals von Rhodes gegründete Herrenclub ist heute ein Boutiquehotel. In dem dazugehörigen Café Vitello, einem italienischen Restaurant, werden leichte Mittagessen auf der Terrasse serviert.

Butler's FUSION-KÜCHE **$$$**
(053-832 2668; www.theestate.co.za; 7 Lodge St; Hauptgerichte 90–195 R; Mo–Sa Abendessen) Kimberleys schickstes Speiselokal wartet mit einer ziemlich überschaubaren Speisekarte auf. Viel mehr als Hirschsteaks, Lammlende und ein beliebtes Gericht aus Schweinebauch hat sie nicht zu bieten. Als Dessert ist der gefrorene Erdnussbutter-Käsekuchen zu empfehlen. Das Restaurant befindet sich in dem Gästehaus „The Estate", dem ehemaligen Wohnhaus von Ernest Oppenheimer.

Star of the West PUB
(North Circular Rd) Historische Bierreklamen, abgenutzte Holzdielen und ramponierte Holztische lassen die vielen vergangenen wilden Nächte in dem alteingesessenen Wirtshaus von 1870 erahnen. Allerdings wäre jetzt die eine oder andere Renovierungsmaßnahme nicht die schlechtestes Idee. Auf der Speisekarte stehen die üblichen Pubgerichte (Hauptgerichte 50–110 R).

ℹ Praktisch Informationen

Diamond (Diamantveld) Visitors Centre (053-832 7298; www.northerncape.org.za; 121 Bultfontein Rd; Mo–Fr 8–17, Sa 8–12 Uhr) Hier gibt es den hilfreichen *Kimberley Meander*, eine Broschüre mit Informationen über Spaziergänge und Autotouren, die Besucher auf eigene Faust unternehmen können.

ℹ An- & Weiterreise & unterwegs vor Ort

BUS

Tickets 4 Africa (053-832 6040; tickets4africa@hotmail.com; 121 Bultfontein Rd, Diamond Visitors Centre) verkauft die Fahrkarten für die Busse von **Greyhound** (www.greyhound.co.za), **Intercape** (www.intercape.co.za) und **City to City** (www.citytocity.co.za). Es gibt eine direkte Busverbindung nach Kapstadt (550 R, 12 Std., tgl.) und nach Jo'burg (400 R, 6 Std., tgl.). Ein Bus von Intercape fährt sonntags nach Upington (420 R, 6 Std.). Donnerstags und samstags fahren Intercape-Busse nach Bloemfontein (430 R, 2 Std.) und fahren von dort freitags und sonntags wieder nach Kimberley zurück.

Die Fernbusse von **Translux** (www.translux.co.za) machen in Kimberley Halt.

FLUGZEUG

Der Flughafen liegt 6 km südlich vom Stadtzentrum; einzige Verkehrsbindung sind die Taxis.

Hamba Nathi (053-831 3982; www.hambanathi.co.za; 121 Bultfontein Rd, Diamond Visitors Centre) Verkauft Flugtickets.

SA Express (053-838 3337; www.flyexpress.aero) Bietet Flugverbindungen zwischen Kimberley und Johannesburg sowie Kapstadt.

Kimberley

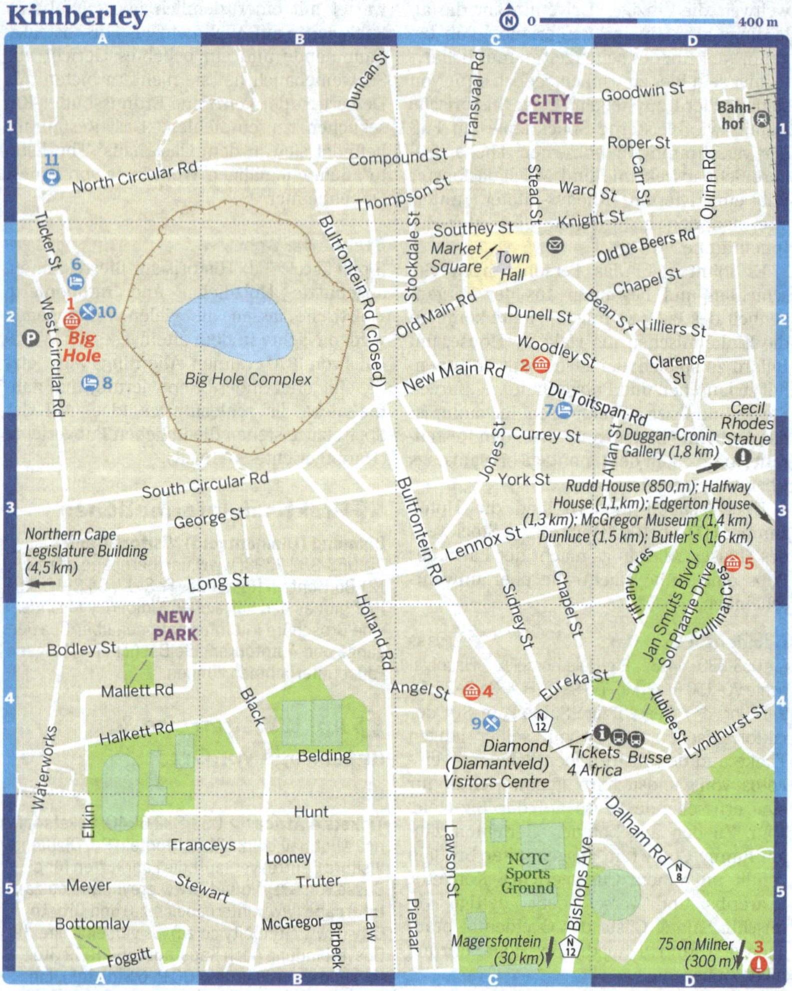

MIETWAGEN

International bekannte Mietwagenunternehmen wie Avis, Budget, Europcar, First, Hertz, Sixt und Tempest haben Filialen am Flughafen von Kimberley.

TAXI

Rikki's Taxis (☎ 053-842 1764)

ZUG

Blue Train (www.bluetrain.co.za) Hält auf der Strecke zwischen Pretoria und Kapstadt extra (und ausreichend lange) für eine Führung durch den Big-Hole-Komplex.

Shosholoza Meyl (www.shosholozameyl.co.za) Die Trans-Karoo-Züge halten auf der Strecke zwischen Jo'burg und Kapstadt in Kimberley.

OBERE KAROO

Südwestlich von Kimberley liegen die dünn besiedelten Ebenen der Oberen Karoo, eines Teilgebiets der Großen Karoo, die sich bis in die Provinzen Eastern Cape und Western Cape erstreckt. Endloser Himmel und Leere beherrschen die einsame Landschaft. Ihre Bewohner sind hauptsächlich Schafzüchter,

Kimberley

Highlights
1 Big Hole ... A2

Sehenswertes
2 Alexander McGregor Memorial Museum ... C2
3 Honoured Dead Memorial ... D5
4 Sol Plaatje Museum & Library ... C4
5 William Humphreys Art Gallery ... D3

Schlafen
6 Australian Arms Guesthouse ... A2
7 Kimberley Club ... C2
8 Protea Hotel Kimberley ... A2

Essen
Kimberley Club ... (s.7)
9 Lemon Tree ... C4
10 Occidental Grill Bar ... A2

Ausgehen & Nachtleben
11 Star of the West ... A1

die hier seit Generationen auf ihren riesigen kargen Ländereien leben. Die wenigen Städte der Region liegen weit auseinander und haben Reisenden außer einem spektakulären nächtlichen Sternenhimmeln und einer Kostprobe vom Karoo-Lamm kaum etwas zu bieten.

Mokala National Park

Mokala ist in der Sprache der Tswanadie Bezeichnung für den Kameldornbaum. Da dieses Gehölz in Südafrikas jüngstem Nationalpark dominiert, trägt er dessen Namen. Der **Mokala National Park** (☎053-204 8000; www.sanparks.org; Erw./Kind 128/64 R; ⏲Mitte März–April 6.30–18 Uhr, Mai–Juli 7–17.30 Uhr, Aug. & Sept. 6.30–18 Uhr, Okt.–Mitte März 6–19 Uhr) umfasst Grasebenen, die von felsigen Hügeln und den namensgebenden Bäumen geprägt werden. Die Wuchsformen des in Südafrika beheimateten Kameldornbaums reichen von kleinen, dornigen Sträuchern von knapp 2 m Höhe bis hin zu 16 m hohen Bäumen mit einer weit ausladenden Krone. Sowohl für die Menschen als auch für Tierwelt dieser kargen Region spielt das Gehölz eine lebenswichtige Rolle. Die Mitglieder der einheimischen Stämme nutzen sein Harz und seine Rinde, um Husten, Erkältungen und Nasenbluten zu behandelt. Manchen rösten sogar den Samen als Kaffeeersatz. In dem 20 km² großen Park leben zahlreiche große Säugetierarten, darunter Spitz- und Breitmaulnashörner, Pferdeantilopen, Afrikanische Büffel, Giraffen und Zebras.

Zu den organisierten Aktivitäten zählen beispielsweise Autotouren zur Tierbeobachtung bei Sonnenuntergang, Fliegenfischen und *braais* (Grillen) im Busch. Diese und alle anderen geführten Ausflüge müssen im Voraus gebucht werden.

Schlafen & Essen

Motswedi Campsite CAMPINGPLATZ $
(Camping ab 310 R) Auf dem ausgezeichneten Campinggelände gibt es nur sechs Stellen zum Campen. Alle haben Ausblick auf ein Wasserloch und verfügen über eine eigene Küche und eigene sanitäre Einrichtungen.

Stofdam Bird Hide HÜTTE $
(☎053-204 0158; 1–4 Pers. 440 R) Diese überaus begehrte und sehr rustikale Unterkunft kann nicht online gebucht werden. Außerdem ist nur eine Übernachtung möglich. Sämtliche Bett- und Kochutensilien muss man selber mitbringen.

Mosu Lodge LODGE $$
(Bungalows ab 600 R; ❄🗷) Die exklusivste Unterkunft im Mokala National Park bie-

ABSTECHER

WILDEBEEST KUIL ROCK ART CENTRE

Wildebeest Kuil Rock Art Centre
(☎053-833 7069; www.wildebeestkuil.itgo.com; Rte 31; Erw./Kind 25/15 R; ⏲Mo–Fr 9–16 Uhr, Sa & So nach Vereinbarung) Das Gelände, auf dem sich das Felsbildkunst-Zentrum befindet, gehört den !Xun und Khwe San, die 1990 von Nambia und Angola in diese Gegend umgesiedelt wurden. Zu bestaunen sind hier auf einem kleinen heiligen Hügel mehr als 400 Petroglyphen – in Stein geritzte oder geschabte Felsbilder aus prähistorischer Zeit. Jede Führung beginnt mit einem Video, das die sorgenschwere Geschichte der !Xun und Khwe veranschaulicht. Die anschließende Führung ist ausgezeichnet und sehr informativ.

Das Zentrum liegt 16 km nordwestlich der Stadt. Ein Minibus-Sammeltaxi kostet 35 R (einfache Strecke), ein Einzeltaxi 360 R (hin & zurück inklusive Wartezeit).

ABSTECHER

TRANSKAROO COUNTRY LODGE

Transkaroo Country Lodge (☎053-672 0027; www.transkaroocountrylodge.co.za; Zi. ohne Bad pro Pers. 250 R, EZ/DZ ab 590/690 R; ❄📶) Die originell möblierten Zimmer der Lodge eignen sich bestens für einen Zwischenstopp. Dasgute Restaurant (Hauptgerichte 60–110 R) macht jedoch den großen Unterschied zwischen Britstown und anderen unscheinbaren Karoo *dorps* (Dörfern). Karierte Tischdecken auf den Tischen in dem begrünten Innenhof vermitteln ein ländlich-französisches Flair. Das Essen ist Northern-Cape-Küche in Reinkultur und das Abendbüfett (160 R) mit Karoo-Lamm in allen erdenklichen Zubereitungsarten ist vom Allerfeinsten.

tet in ihren Luxussuiten für Selbstversorger verschiedene Annehmlichkeiten wie beispielsweise Heizdecken, Kamine und Satellitenfernsehen. Das schicke Bar-Restaurant am Swimmingpool ist den ganzen Tag über für die Gäste geöffnet. Sein Angebot an schmackhaften Gerichten reicht von der Gemüsepfanne bis zum Wildauflauf (Hauptgerichte 60–120 R).

Kameeldoorn Tree House HÜTTE $$
(☎053-204 0158; 2 Pers. 1100 R) Die reizvolle Unterkunft für Selbstversorger ist ein Baumhaus im Zentrum des Parks. Es sollte allerdings sehr frühzeitig im Voraus gebucht werden.

Haak-en-Steek Camp HÜTTE $$
(1–4 Pers. ab 895 R) Die rustikale Hütte mit vier Betten liegt weit abseits im Westen des Parks. Vorhanden sind eine gut ausgestattete Küche und ein Grillplatz, dafür aber weit und breit keine Spur von einem Restaurant, einer Bar oder einem Pool.

Lilydale Rest Camp HÜTTE $$
(Zi. ab 735 R; ❄📶) Das Camp liegt am Ufer des Riet River, der Anglern gute Möglichkeiten zum Fliegenfischen bietet. Seine Unterkünfte für Selbstversorger sind perfekt für Leute mit Zurück-zur-Natur-Sehnsucht, vor allem die strohgedeckten Hütten. Aber es gibt auch einen Swimmingpool und ein Restaurant, in dem Frühstück und Mittagessen angeboten werden.

ℹ An- & Weiterreise

Während der Regenzeit sind die Straßen und Schotterpisten mitunter nicht für Fahrzeuge mit Zweiradantrieb befahrbar. Parkbesucher müssen sich deshalb vor Antritt der Fahrt über die aktuellen Straßenverhältnisse informieren.

Von Kimberley aus führt die N12 in südwestlicher Richtung zum Park. Nach etwa 60 km biegt man an dem Schild „Mokala Mosu" rechts auf die Schotterpiste ab und folgt ihr 21 km bis zum Parkeingang. Es ist möglich, den Park zu durchqueren und am Lilydale Gate wieder zu verlassen. Von hier aus führt eine Schotterpiste nach 16 km auf die N12, die Kreuzung liegt rund 40 km südwestlich von Kimberley.

Victoria West

8300 EW.

Etwa auf halbem Weg zwischen Johannesburg und Kapstadt liegt Victoria West, eine charmant in die Jahre gekommene alte Eisenbahnerstadt. Reisenden bietet sie vor allem Überachtungsmöglichkeiten auf dem Weg durch die Karoo. Auf jeden Fall kann man hier die frische Landluft genießen und in das Leben einer ländlichen afrikanischen Kleinstadt hineinschnuppern. Auf gewisse Weise scheint hier die Zeit etwas stehen geblieben zu sein.

An der Church Street liegen das **Victoria West Regional Museum** (Church St; ⏲ Mo–Fr 7.45–13 & 14–16.45 Uhr) GRATIS, das sich der regionalen Natur- und Sozialgeschichte widmet, und die malerische, weiß getünchte **St John's Church** (1869) sowie das **Apollo Theatre** mit einer originalen Inneneinrichtung im Art-déco-Stil, die noch vollkommen intakt ist. Wer sich das Theater von innen ansehen möchte, kann im Museum darum bitten. Unübersehbar ist das Victoria West Hotel aus dem späten 19. Jh., denn es beherrscht das Straßenbild wie ein kolonialer Dinosaurier.

Schlafen & Essen

Kingwill's B&B PENSION $
(☎053-621 0453; 5 Victoria St; Zi. 500 R; ❄📶) Die Zimmer im Haupthaus sind genauso hübsch wie die im Garten gelegenen geräumigen Unterkünfte mit moderner Ausstattung, Flachbildfernseher, Mikrowelle und Kühlschrank. Auf Bestellung erhalten die Gäste Abendessen.

De Oude Scholen PENSION $
(☎053-621 1043; deoudescholen@telkomsa.net; 1 Auret St; EZ/DZ ab 450/550 R; ❄📶)

Das Haus war früher die städtische Grundschule. Beim Umbau zur Pension entstanden aus den alten Klassenzimmern schlichte, aber gut ausgestattete Gästezimmer mit hübschen Bettüberwürfen, Kühlschrank, Mikrowelle und großem Bad. Mittagessen und *braais* (Grillen; 120 R) am Abend sind möglich, müssen aber vorbestellt werden. Das Frühstück kostet 75 R.

Karoo Deli CAFÉ $

(Hauptgerichte R45–60; ⌚Mo–Fr 7–17, Sa 7–13 Uhr) Das Café liegt hinter dem Victoria West Hotel und bietet warmes Frühstück sowie ein Mittagsbüfett. Auf der Speisekarte stehen leichte Gerichte und traditionelle Kost wie z. B. *bobotie* (Curry mit Eierkruste) und Innereien.

Praktische Informationen

Im Victoria West Hotel gibt es Geldautomaten und Garagenplätze. Die Stadt liegt an der Kreuzung der N12 mit der Route 63, die in westlicher Richtung über die Städte Loxton, Carnarvon und Williston nach Calvinia führt.

DIE KALAHARI

Eine Reise in die Kalahari ist wie eine Reise in ein anderes Universum – ein surreal anmutendes Erlebnis wie in *Alice im Wunderland*, bei dem alles um einen herum in der glühenden Hitze der Wüste überlebensgroß erscheint. Dieses Gebiet, eine gewaltige Collage aus feurigen Sonnenuntergängen und purpurfarbenen Wanderdünen, aus saftigen grünen Feldern und schäumenden Wasserfällen, aus grandiosen Wildtierreservaten und ordentlichen Weingütern, hinterlässt einen nachhaltigen Eindruck. Wer sich gedanklich vor der Reise schon einstimmen möchte, liest Laurens Van der Posts Bücher zur Kalahari wie etwa *Die verlorene Welt der Kalahari* oder *Durchs große Durstland*.

Die Kalahari erstreckt sich nicht nur in Südafrika, sondern auch über große Teile Botsuanas und bis nach Namibia und Angola. Der südafrikanische Teil der Kalahari ist in zwei ganz verschiedenartige Regionen gegliedert: die trockenen Halbwüsten- und Wüstengebiete und die bewässerte, fruchtbare „Grüne Kalahari" entlang der Ufer des Gariep (Orange) River. In dieser von der Landwirtschaft geprägten Region findet man Obst und Weingüter statt Dünen, auf denen köstliche Sultana-Trauben gezüchtet und zahlreiche Tafelweine gekeltert werden. Doch auch die Grüne Kalahari ist ein Grenzland mit einem umwerfenden nächtlichen Sternenhimmel und einer enormen Weite.

Kuruman

13 000 EW.

Die kleine, raue Bergbaustadt liegt tief im Inneren einer wilden, kargen Region und lädt nicht gerade zum Verweilen ein. Ihre abgeschiedene Lage macht sie jedoch zu einem logischen Zwischenstopp bei Ausflügen durch die Kalahari.

In der hilfreichen **Touristeninformation** (☎053-712 8819; Main Rd; ⌚Mo–Fr 8–17 Uhr) sind Broschüren über die Kalahari sowie Karten erhältlich.

Sehenswertes

Moffat Mission RELIGIÖSE STÄTTE

(Erw./Kind 10/5 R; ⌚8–17 Uhr) Die Mission wurde 1816 von der London Missionary Society errichtet und nach den schottischen Missionaren Robert und Mary Moffat benannt. Das Ehepaar bekehrte die ortsansässigen Batlhaping zum Christentum, gründete eine Schule und übersetzte die Bibel in die Bantusprache Tswana. Die Mission wurde zu einem berühmten Zwischenstopp für Forscher und Missionare auf ihrem Weg ins Innere des Kontinents. In der Missionskirche, einem Gebäude aus Stein mit Strohdach und 800 Sitzplätzen, heiratete David Livingstone die Tochter der Moffats.

Heute ist die Mission ein ruhiger, stimmungsvoller Ort im Schatten großer Bäume, die einen perfekten Schutz vor der Hitze der Wüste bieten. Auch wenn sie ein wenig vernachlässigt wird, spürt man hier den Atem der Geschichte. Sie liegt 5 km nördlich von Kuruman an der Route 31 Richtung Hotazel und ist ab der Stadt ausgeschildert. Die Seitenpforte ist oft verschlossen, Besucher können aber den Eingang zum Konferenzzentrum benutzen. Falls sich niemand blicken lässt, wirft man das Eintrittsgeld einfach in den Spendenkasten.

Eye of Kuruman PARK

(Main Rd; Erw./Kind 10/5 R; ⌚7–18 Uhr) Die berühmte natürliche Quelle der Stadt liegt im Park zwischen Touristeninformation und Palmgate Centre. Die 1801 entdeckte ergiebige Quelle produziert pro Tag ca. 20 Mio. l Wasser – und das ohne Unterbrechung. Der Park ist hübsch genug für ein kleines Picknick – mit einem von Bäumen gesäumten

ABSEITS DER ÜBLICHEN PFADE

DIE WONDERWERK CAVE

Wonderwerk Cave (☎087 310 4356; Erw./Kind R25/15; ⌚8–17 Uhr) In dieser Höhle im Dolomitgestein hat man bedeutende archäologische Funde machen können, darunter Reste einer von Frühmenschen genutzten Feuerstelle. Keine andere bekannte Höhle ist so lange von Menschen bewohnt worden wie diese. In einem Info-Center erfahren Besucher mehr über die Jungsteinzeit. Die Führung vermittelt aber leider nur wenig an Hintergrundwissen; am besten besucht man vorher das McGregor Museum in Kimberley. Es liegt 45 km südlich von Kuruman an der Rte 31.

beschaulichen Teich, in dem ziemlich große Fische unter den breiten Seerosenblättern hindurchschießen.

Schlafen & Essen

Von montags bis donnerstags sind die Unterkünfte weitgehend von Mitarbeitern der örtlichen Minen belegt. Eine Vorausbuchung ist zu empfehlen.

Kuru-Kuru Guesthouse PENSION $$
(☎053-712 0319; www.kurukuru.co.za; Ecke Albutt St & Buckle St; EZ/DZ ab 500/640 R) Die einfachen Zimmer dieser freundlichen Pension haben alle eine kleine Terrasse, einige sind auch mit Gerätschaften für Selbstversorger ausgestattet. Ein Swimmingpool ist zwar nicht vorhanden, dafür aber eine Bar, eine Bibliothek und ein Billardtisch. Die Pension liegt etwa 2 km vom Stadtrand entfernt gleich abseits der Route 31. Das Frühstück kostet 50 R.

Palmgate Centre SUPERMARKT
(22 Main Rd) In dem Einkaufszentrum befindet sich sowohl ein Supermarkt als auch ein Bar-Restaurant, in dem es Pizza, Pasta, Burger und Steaks gibt.

Caffe Palermo INTERNATIONAL $$
(☎053-712 3951; 7 Main Rd; Hauptgerichte 65–135 R) Das Café befindet sich in einem kleinen Einkaufszentrum im Westen der Stadt. Mit seinen schattigen Sitzplätzen im Freien eignet es sich gut für eine erholsame Pause. Auf der langen Speisekarte stehen Burger, Quiches, Pasta, Salate und eine ganze Reihe deftigere Gerichte.

An- & Weiterreise

Die Busse von **Intercape** (www.intercape.co.za) halten täglich auf ihrer Route zwischen Jo'burg (620 R, 7½ Std.) und Upington (530 R, 3½ Std.) in Kuruman.

Witsand Nature Reserve

Das Naturschutzgebiet umfasst eine 9 mal 5 km große Dünenlandschaft aus weißem Sand mit bis zu 70 m hohen Dünen und bildet damit einen krassen Kontrast zum roten Sand der angrenzenden Kalahari. Als ob das nicht schon genug wäre, wartete das **Witsand Nature Reserve** (☎083 234 7573; www.witsandkalahari.co.za; Erw./Kind 50/30 R; ⌚8–18 Uhr) auch noch mit einer Geräuschkulisse auf. Bei heißem, trockenem Wetter singt der Sand! Dieses als „singender Sand" bekannte Phänomen entsteht durch Luftströme, die durch das dichte, harte Dünengras ziehen und dadurch einen tiefen orgelähnlichen Klang erzeugen. Selbst in dem 5 km entfernten Verwaltungsbüro des Naturschutzgebietes ist der Sound noch zu hören.

Zu den Aktivitäten vor Ort zählen Wandern, Sandboarding (Board pro Tag 120 R), Mountainbiken (Bike pro Tag 100 R) und Geländewagen-Fahrten auf einer 40 km langen Route durch die Dünen. Tierbeobachtern hat das Gebiet nicht sonderlich viel zu bieten, immerhin besteht die Chance verschiedene Antilopenarten und zahlreiche Vögel zu sehen. Organisierte Aktivitäten werden nicht geboten, jeder kann nach Lust und Laune umherstreifen.

Schlafen

Vor Ort gibt es strohgedeckte **Chalets** (Erw./Kind 480/240 R, mind. 3, max. 6 Pers.; ❄ 🏊) für Selbstversorger mit jeweils drei Räumen und Gemeinschaftsbad und einem gemeinsamen Swimmingpool. In der Nähe der Chalets befinden sich ein **Campingplatz** (Camping pro Erw./Kind 110/60 R) sowie **Bungalows** (Erw./Kind 200/100 R) für zwei und vier Personen. Genauer gesagt sind es Hütten mit Betten. Die sanitären Einrichtungen und die Küche im Freien nutzen die Gäste gemeinsam. Zwischen den Hütten und dem Campingplatz ist noch ein zweiter Swimmingpool.

An- & Weiterreise

Auf der N14 liegt die Abzweigung zum Witsand Nature Reserve rund 5 km südwestlich von Olifantshoek (105 km von Kuruman entfernt). Von hier führt eine Schotterstraße nach 75 km zum

Naturgeschutzgebiet. Auf der Route 62 befindet sich die Abzweigung etwa 60 km östlich von Groblershoop und 5 km östlich von Volop und die Fahrt auf der Schotterstraße beträgt 45 km. Ein Fahrzeug mit Allradantrieb ist meistens nicht nötig, aber auf jeden Fall sollten Besucher sich vor Antritt der Fahrt telefonisch über die Straßenverhältnisse informieren. Im Witsand Nature Reserve gibt es keine Tankstelle und der dortige Laden verkauft nur den allernötigsten Grundbedarf. Vor der Fahrt vollzutanken und ausreichend Proviant sowie Wasser mitzunehmen, ist daher absolut unerlässlich.

Upington

57 000 EW.

Upington ist eine wohlhabende, friedliche Stadt am Ufer des Gariep (Orange) River und der zentrale Verkehrsknotenpunkt der Grünen Kalahari. Mit ihren üppigen Gärten und Hunderten von Dattelpalmen eignet sich die Stadt bestens für eine Erholungspause nach einem langen Streifzug durch die Wüste. Allerdings wird im Sommer auch Upington nicht von der sengenden Hitze verschont. Wer gern die abgelegensten Gegenden der Provinz Northern Cape kennenlernen möchte, sich aber nicht auf eigene Faust loszufahren traut, kann hier eine geführte Tour buchen. Breite Boulevards mit vereinzelten Supermärkten und Filialen von Ladenketten durchziehen das Zentrum. Betritt man eine der Seitenstraßen am Fluss, kommt man in eine friedliche Welt mit erfrischenden Ausblicken auf den Fluss und ruhigen Reihen von Palmen.

Sehenswertes & Aktivitäten

Kalahari-Orange Museum MUSEUM
(4 Schröder St; Erw./Kind 10/2 R; ⏲ Mo–Fr 9–12.30 & 14–17 Uhr) Das Museum in der von Reverend Schröder 1875 gegründeten Missionsstation legt seinen Schwerpunkt auf lokale Gesellschaftsgeschichte. Ausgestellt sind Exponate aus dem häuslichen und dem landwirtschaftlichen Bereich. Ein Thema sind auch die sogenannten Upington 26, die während der Apartheid zu Unrecht ins Gefängnis gesteckt wurden.

Orange River Cellars WEINKELLEREI
(☎ 054-337 8800; www.orangeriverwines.com; 32 Industria St; Verkostung ab 10 R) Die Auswahl an preisgünstigen Weinen zum Verkosten ist groß, darunter sind auch Dessert- und Schaumweine. Kinder und Gäste, die alkoholfreie Getränke bevorzugen, können an einer Fruchtsaftverkostung teilnehmen. Die Weinkellerei liegt in einem Industriegebiet 6 km nördlich der Stadt – keine so reizvolle Gegend, aber ein neuer Verkostungsraum im Zentrum von Upington ist in Planung.

★ **Sakkie se Arkie** FLUSSFAHRT
(☎ 082 564 5447; www.arkie.co.za; Park St; Erw./Kind 90/50 R; ⏲ Fr–So 18 Uhr, während der Ferien tgl.) Oben an Deck von Sakkies Kahn kann man die letzten Strahlen der Kalahari-Sonne in sich aufnehmen, während man den Gariep (Orange) River hinabschippert. Die Dire Straits, kapafrikanischer Pop und ähnliche Klassiker halten die Passagiere auf der zweistündigen Fahrt bei Laune, wenn das Wasser silbrig wird und der Barkeeper kaltes Bier bereitstellt.

Geführte Touren

Upington ist der beste Ausgangspunkt für organisierte Kalahari-Abenteuertouren.

Kalahari Safaris ABENTEUERTOUREN
(☎ 054-332 5653; www.kalaharisafaris.co.za) Bietet geführte Touren in kleinen Gruppen (zwei bis fünf Personen), z. B. in den Kgalagadi Transfrontier Park, den Augrabies Falls National Park, das Witsand Nature Reserve und nach Namaqua. Die Ausflüge dauern einen bis sieben Tage und für jeden Geldbeutel ist etwas Passendes dabei.

Kalahari Tours & Travel ABENTEUERTOUREN
(☎ 054-338 0375; www.kalahari-tours.co.za) Organisiert Touren zu Zielen in der ganzen Provinz, darunter 3- bis 7-tägige Abenteuertouren im Geländewagen durch den Kgalagadi Transfrontier Park.

Sakkie's Adventures ABENTEUERTOUREN
(☎ 082 564 5447; www.arkie.co.za; Park St) Organisiert Raftingtouren auf dem Gariep (Orange) River, Kgalagadi-Touren im Geländewagen und Bus und Quad-bike- und Campingsafaris nach Riemvasmaak, in den|Ai-|Ais/Richtersveld Transfrontier Park und nach Namaqua.

Schlafen

Die Pensionen in der Budler Street und Murray Avenue haben Ausblick auf den Fluss; ihre Gärten reichen bis zum Wasser.

★ **Le Must River Residence** PENSION $$
(☎ 054-332 3971; www.lemustupington.com; 14 Budler St; EZ/DZ inkl. Frühstück ab 890/1180 R; ❄ 📶 🏊) Jedes der elf Zimmer dieser ele-

Upington

Upington

Sehenswertes

1 Kalahari-Orange Museum B3

Aktivitäten, Kurse & Touren

2 Sakkie se Arkie B2
Sakkie's Adventures .... (s. 2)

Schlafen

3 Affinity Guesthouse C2
4 Aqua Viva C2
5 Die Eiland Holiday Resort D2
6 Island View House C2
7 Le Must River Manor C2
8 Le Must River Residence D1
9 Protea Hotel Oasis C2

Essen

10 Dros C1
11 Irish Pub & Grill C2

ganten Oase am Fluss ist nach einem anderen afrikanischen Thema gestaltet und mit Antikmöbeln eingerichtet. Und die Leinenbettwäsche ist picobello gebügelt. Die Aufenthaltsräume und die Terrassen liegen an einem kunstvoll gestalteten Garten mit einem Pool im italienischen Stil. Demselben Eigentümer gehört das nahe gelegene **Le Must River Manor** (☎054-332 3971; www.lemustupington.com; 12 Murray Ave; EZ/DZ inkl. Frühstück ab 680/930 R; ❄≋). Vier Zimmer mit Balkon und Blick auf den Fluss.

Aqua Viva PENSION $$

(☎054-331 2524; www.aquaviva.co.za; 26A Schröder St; EZ/DZ 550/650 R; ❄) In der Pensiongleich hinter dem Protea Hotel herrscht eine geruhsame Atmosphäre. Ihre Zimmer sind spärlich, aber trotzdem schick eingerichtet. Während die Badezimmer schön groß sind, haben die Fernseher einen geradezu lächerlich kleinen Bildschirm. Eine Gemeinschaftsveranda führt zu einem Rasen mit Ausblick auf den Fluss.

Affinity Guesthouse PENSION $$

(☎054-331 2101; www.affinityguesthouse.co.za; 4 Budler St; EZ/DZ inkl. Frühstück ab 720/850 R; ❄📶≋) Die Gemeinschaftsbereiche erinnern ein wenig an spartanische Amtsstuben, doch das Personal ist hilfsbereit und die Zimmer sind schön. Zur Ausstattung zählen Kühlschrank, Flachbildfernseher und Gemeinschaftsbalkon. Es lohnt sich, nach einem Zimmer mit Flussblick zu fragen.

Die Eiland Holiday Resort CAMPING, CHALETS $$

(☎054-334 0287; resort@kharahais.gov.za; Camping ab 125 R, Hütte ohne Bad ab 300 R, Chalets ab 770 R; ≋) Eine mit Palmen gesäumte Allee führt zu der „Insel" in wunderschöner Naturlage am Südostufer des Flusses. Die einfachen Chalets für Selbstversorger haben eine Küchenzeile mit Herdplatte und Mikrowelle sowie ein kleines Bad mit Dusche.

Island View House B&B $$
(054-331 1328; www.islandviewhouse.co.za; 10 Murray Ave; EZ/DZ inkl. Frühstück 700/900 R;) Die gastfreundliche Familie Mocké bietet in ihrem B&B moderne Zimmer mit Dusche und Gemeinschaftsbereiche wie Lounge, Küche und Balkon.

Protea Hotel Oasis HOTEL $$$
(054-337 8500; www.proteahotels.com; 26 Schröder St; Zi. ab 1600 R;) Das Hotel ist eine der schicksten Unterkünfte in Upington. Swimmingpool und Restaurant befinden sich im Protea Upington auf der gegenüberliegenden Straßenseite. Das Frühstück kostet 165 R.

Essen & Ausgehen

Fastfood- und Restaurantketten sind in der Kalahari Mall östlich vom Stadtzentrum zu finden.

Choc-o-Latte CAFÉ $
(13 Du Toit St; Hauptgerichte 50–80 R; Mo–Fr 8–16, Sa 8.30–14 Uhr;) In dem Vorstadtcafé mit Terrasse und Innenräumen mit kunstgeschmückten Wänden gibt es einen ordentlichen Kaffee, Sandwiches, Salate und eine große Auswahl an Kuchen. In dem Haus ist auch ein B&B. Die Ausschilderung „Medi-Clinic" führt auch zum Choc-o-Latte.

Bi-Lo Bistro INTERNATIONAL, SUSHI $$
(www.bilobistro.co.za; 9 Green Point Rd; Hauptgerichte 60–120 R; Frühstück, Mittag- & Abendessen;) Vor der Tür dieses beliebten Bistros in der Vorstadt flattern Vögel zwischen Palmen umher und Kinder vergnügen sich auf Schaukeln. Auf der umfangreichen Speisekarte findet sich alles von Steaks bis hin zu überraschend guten Sushis.

Irish Pub & Grill PUB $$
(054-331 2005; 20 Schröder St; Hauptgerichte 70–150 R) Der Irish Pub verfügt über eine Terrasse mit Flussblick, die insbesondere für einen Dämmerschoppen oder ein frühes Abendessen unschlagbar ist. Auf der Speisekarte stehen Pizza, Salate und jede Menge Fleischgerichte.

Dros INTERNATIONAL $$
(054-331 3331; www.dros.co.za; Pick 'n' Pay Centre; Hauptgerichte 70–160 R) Das Bar-Restaurant gehört zu einer Restaurantkette. Sein Schwerpunkt sind Fleischgerichte, aber auch einige Salate, Gerichte aus Fisch und Meeresfrüchten sowie Pizza werden angeboten. Nach einer Autofahrt in der Hitze ist es ein angenehm kühler Ort.

Praktische Informationen

Tourism Green Kalahari (054-337 2800; abseits der Rte 360; Mo–Fr 7.30–16.30 Uhr) Die Öffnungszeiten werden nicht ganz so strikt eingehalten, deshalb lohnt es sich, vorher anzurufen.

Upington Tourist Office (054-338 7152; www.northerncape.org.za; Mutual St, Municipal Bldg; Mo–Fr 7.30–16.30 Uhr) Der Standort der Touristeninformation ist nur vorübergehend, sie soll wieder in die städtische Bibliothek verlegt werden, wo sie vorher war.

An- & Weiterreise

BUS

Busse von **Intercape** (0861 287 287; www.intercape.co.za; Lutz St) fahren nach Bloemfontein (390 R, 8 Std., Do & Sa), Kapstadt (600 R, 14 Std., So bis freitagabends); Jo'burg (700 R, 11 Std., tgl.) und Windhoek, Namibia (630 R, 12 Std., Di, Do, Fr & sonntagabends).

FLUGZEUG

South African Airways (www.flysaa.com) fliegt nach/von Jo'burg und Kapstadt.

MIETWAGEN

Avis, Europcar und andere Autoverleiher haben ein Büro im Flughafen von Upington. Die Büros von Budget und Tempest sind in der Stadt.

SAMMELTAXI

Zu den Fahrtzielen der Minibus-Sammeltaxis zählen Springbok (240 R, 4 Std.) und Windhoek, Namibia (650 R, 13 Std.).

Kgalagadi Transfrontier Park

Heiß brennt die Sonne auf die lange Straße, die von Upingtons purpurfarbenen Dünen zu Afrikas erstem grenzüberschreitendem **Park** (054-561 2000; www.sanparks.org; Erw./Kind 264/132 R) führt. Er umfasst eines der letzten großen unberührten Ökosysteme der Welt, das im Westen von Northern Cape an Namibia grenzt und im Osten bis hinein nach Botsuana reicht. Wer in diesen märchenhaft schönen Park hineinfährt, wird schnell merken, warum diese Reise alle Mühen wert ist.

KGALAGADI TRANSFRONTIER PARK

Was einen erwartet Hier warten: beste Möglichkeiten, Großkatzen zu beobachten, tolle Geländewagen-Routen, ein fotogener endlos erscheinender Himmel, mehr Südafrika-Feeling als in vielen anderen Parks des Landes.

Reisezeit Von Mai bis August ist das Wetter am kühlsten (nachts unter 0 °C), viele der Tiere ziehen über weitere Strecken an den ausgetrockneten Flussbetten entlang. Die extreme Hitze in den Monaten von Dezember bis Februar lockt zahlreiche Tiere an die Wasserlöcher, was die Beobachtung erleichtert.

Praktisches Die Parktore werden zwischen 5.30 und 7.30 Uhr geöffnet und zwischen 18 und 19.30 Uhr geschlossen. Die Öffnungszeiten ändern sich von Monat zu Monat, da sie sich nach dem Sonnenauf- und -untergang richten. Benzin und Diesel sind in den Camps erhältlich. Besucher müssen überall und zu jeder Zeit Trinkwasser mit sich führen. Die Kgalagadi-Touren können in Upington gebucht werden. Besucher dürfen ihr Fahrzeug nicht verlassen, außer an den sechs ausgewiesen Picknickplätzen und auf dem Gelände der Unterkünfte.

Spar-Tipps Wer erst am späten Nachmittag am Park ankommt, sollte in Betracht ziehen, zunächst außerhalb des Parks zu übernachten, um sich die Eintrittsgebühr für den Ankunftstag zu sparen.

Die Kalahari ist ein wildes Land krasser Gegensätze und regelmäßiger Dürren. Wandernder rot-weißer Sand umgibt Kameldornbäume und ausgetrocknete Flussbetten. Trotz dieser kargen Landschaft bietet der Park einer faszinierenden Tierwelt einen Lebensraum. Neben Rudeln von schwarzmähnigen Löwen bis hin zu heulenden Tüpfelhyänen leben hier mehr als 1770 Raubtiere. Der Kgalagadi Transfrontier Park ist eine der besten Adressen der Welt, um Großkatzen zu beobachten, vor allem Geparden. Dazu kommen die wie ein riesiger, orangefarben glühender Ball untergehende Sonne und der samtige schwarze Nachthimmel, der übersät ist mit unzähligen Sternen – kein Wunder, dass man sich hier wie in einem kitschigen Afrika-Roman fühlt.

Der Abschnitt zwischen Urikaruus und Mata-Mata eignet sich besonders gut, um Beutegreifer zu beobachten. Eine facettenreiche Landschaft und eine üppige Vogelwelt sehen Reisende auf der Ost-West-Route, die zwischen den beiden Flüssen, dem Nossob und Auob, verläuft. In der semiariden Landschaft leben auch große Populationen von Reptilien, Nagetieren, kleinen Säugetieren und Antilopen. Viele der Tiere fühlen sich bemerkenswert wenig durch Fahrzeuge gestört, sodass man außergewöhnlich nahe an sie herankommen kann.

Die Landschaft ist gespenstisch schön. Zwischen dem Nossob River und dem Auob River, die beide normalerweise ausgetrocknet sind, erheben sich die Kalahari-Dünen in ihrem charakteristischen Rot (aufgrund des im Sand enthaltenen Eisenoxids). In anderen Gebieten wechseln sich gelblich rosafarbener und grauer Sand ab. Nach den Regenfällen lassen erste grüne Grashalme das Land grünlich schimmern.

Aktivitäten

Die Ranger im Park organisieren **Tierbeobachtungstouren per Auto** (Erw./Kind ab 180/90 R), sowohl bei Sonnenauf- oder -untergang als auch nachts oder an einem ganzen Vormittag. Geboten werden auch dreistündige **Safaris zu Fuß** (Erw. ab 315 R, keine Teilnahme von Kindern unter 12 Jahren). Mögliche Startpunkte für alle Touren sind die Camps Twee Rivieren, Nossob und Mata-Mata sowie das Kalahari Tented Camp. Besucher sollten mindesten an einer geführten Tour teilnehmen. In Begleitung eines erfahrenen Rangers bestehen bessere Chancen, Beutegreifer zu sehen. Mindestteilnehmerzahl für alle Touren: zwei zahlende Personen.

Die Benutzung der ausgewiesenen Geländewagen-Strecken kostet eine Extragebühr (2500 R pro Fahrzeug).

Schlafen & Essen

Unterkünfte können auf der Website von **South African National Parks** (SANParks; ☎012-428 9111; www.sanparks.org/parks/kgalagadi) oder am Twee Rivieren Gate (!Xaus

Lodge ausgenommen) gebucht werden. Eine Vorausbuchung ist zu empfehlen.

Die Rest Camps (Lager) haben Läden, in denen einfache Lebensmittel, alkoholfreie Getränke und Alkohol verkauft werden. Sie haben von 7.30 Uhr bis 15 Minuten nach Schließung der Tore geöffnet (die Tore des Nossob und des Mata Mata schließen aber zwischen 12.30 und 13.30 Uhr).

Im Twee Rivieren Rest Camp gibt es das einzige **Restaurant** (Hauptgerichte ab 70 R; 7.30–10 & 18–21 Uhr) im Park.

Rest Camps im Park

Neben Campingbereichen bieten die Camps auch Chalets, Bungalows und Cottages mit voll eingerichteter Küche, Badezimmer, *braais*, Bettwäsche und Handtüchern. Im Camp Twee Rivieren gibt es rund um die Uhr Strom, in den anderen Camps wird er nachts abgestellt.

Twee Rivieren CHALET $$

(Camping ab 190 R, Cottage/Chalet ab 910/1220 R;) Das am Parkeingang gelegene Camp ist das größte und zugleich komfortabelste. Es hat deutlich mehr Einrichtungen als die anderen. In den Cottages stehen zwei bis vier Einzelbetten, in dem Chalet sind es sechs. Preisgünstiger sind die Unterkünfte im Campingbereich, der allerdings nicht über elektrischen Strom verfügt.

Mata-Mata CHALET $$

(Camping ab 220 R, 2-/4-Pers.-Chalet ab 720/1220 R;) Das Camp liegt drei Autostunden vom Twee Rivieren Gate entfernt inmitten der Kalahari-Dünen mit dornigem Pflanzenbewuchs. Mata-Mata ist ein guter Ausgangspunkt, vor allem um Giraffen zu beobachten. Die Chalets (ab 1310 R) am Flussufer sind den höheren Preis wert, denn es bestehen gute Chance von der Terrasse aus etliche Tiere in dem trockenen Flussbett zu beobachten.

Nossob CHALET $$

(Camping ab 220 R, Chalet/Cottage/Guesthouse ab 750/1325/1485 R;) Umgeben von lichter Baumsavanne liegt das Camp im trockenen Flussbett des Nossob River. Es ist ein guter Ausgangspunkt, um Beutegreifer zu beobachten. Die Chalets, Pensionen und Cottages unterscheiden sich in der Größe, sind aber alle ähnlich spartanisch eingerichtet. Das Camp liegt vier Autostunden vom Twee Rivieren Gate entfernt.

Kgalagadi Transfrontier Park

0 — 40 km

Kgalagadi Transfrontier Park

Sehenswertes

1 Kgalagadi Transfrontier Park A2

Schlafen

2 !Xaus Lodge A4
3 Bitterpan A3
4 Gharagab A1
5 Grootkolk A1
6 Kalahari Tented Camp A3
7 Kielekranke Wilderness Camp B4
8 Mata-Mata A3
9 Nossob B2
10 Twee Rivieren B4
11 Urikaruus A3

Essen

Twee Rivieren Rest Camp Restaurant .... (s. 10)

GRENZÜBERTRITT NACH NAMIBIA ODER BOTSUANA

Am Twee Rivieren Gate des Kgalagadi Transfrontier Park befinden sich die SANParks-Rezeption (Parkverwaltung), ein Büro der südafrikanischen Einreisebehörde (geöffnet 7.30–16 Uhr) und eine Station der Grenzpolizei.

Der in Botsuana gelegene Teil des Parks ist nur mit Allradfahrzeugen zugänglich. Außerdem müssen immer mindestens zwei Fahrzeuge im Konvoi fahren. Die Unterkünfte befinden sich in Camps und auf Campingplätzen. Keines der Gelände ist eingezäunt. Für die erforderliche Vorausbuchung ist die staatliche Einrichtung **Botswana Wildlife** (☎267 318 0774; www.mewt.gov.bw/DWNP; Gaborone) zuständig, die auch ein Büro am Twee Rivieren Gate hat. Wer den Park verlassen will, um offiziell nach Botsuana einzureisen, muss die Grenzformalitäten am Twee Rivieren erledigen und mindesten zwei Nächte im Park verbringen.

Am Mata-Mata Gate ist der Grenzübertritt nach Namibia möglich. Hierfür sind ebenfalls zwei Übernachtungen im Park erforderlich. Außerdem müssen Reisende ihren Pass zuvor am Twee Rivieren bei der südafrikanischen Einreisebehörde vorlegen und dann am Mata-Mata Gate im Büro der namibischen Einreisebehörde. Pro Fahrzeug ist an der namibischen Grenze eine Gebühr von 240 R zu entrichten.

Park Wilderness Camps

Um förmlich in die Natur einzutauchen, sind diese abgelegenen Camps sehr zu empfehlen. Da sie nicht eingezäunt sind, können auch Tiere auf dem Gelände umherstreifen. Ein diensthabender Ranger ist aber immer vor Ort. Vor Antritt der Fahrt müssen Besucher ausreichend Treibstoff, Proviant, Trinkwasser sowie Feuerholz oder Holzkohle in ihr Fahrzeug packen. Kinder unter zwölf Jahren sind im Kalahari Tented Camp leider nicht erlaubt.

★ Kalahari Tented Camp CAMPINGPLATZ **$$**
(2–4-Pers.-Zelt ab 1250 R;) Das ist das luxuriöseste Wildniscamps im Kgalagadi Transfrontier Park. Seine Unterkünfte – 14 rustikal eingerichtete Wüstenzelte – stehen auf erhöhten Plattformen. Alle Zelte haben Ausblick auf ein Wasserloch im trockenen Flussbett des Auob River. In dem Camp stellt sich das Gefühl „weit weg von allem, nur ich und die Natur" ein, obwohl es nur 3 km von den Bequemlichkeiten des Mata-Mata-Camps entfernt liegt (und mehr als drei Autostunden vom Twee Rivieren Gate).

Kielekrankie Wilderness Camp HÜTTEN **$$**
(Hütte ab 1270 R) Tolle Zelthütten mit Terrasse und Ausblick auf die Weiten der Wüste stehen hier auf einer Sanddüne – eine Oase mitten im Nirgendwo, und das nur 90 Autominuten vom Twee Rivieren Gate entfernt.

Bitterpan HÜTTEN **$$**
(Hütte ab 1140 R) Das Camp mit Hütten auf erhöhten Plattformen liegt in einem sehr abgeschiedenen Teil des Parks. Jede Hütte hat ein eigenes Bad, aber es gibt nur eine Gemeinschaftsküche. Bei Sonnenuntergang ist der Blick über die Bitterpan (eine Salzpfanne) atemberaubend schön. Der Weg hierher beginnt am Nossob-Camp und dauert drei Stunden. Er besteht aus einer holprigen, einbahnigen Piste, die nur mit Allradfahrzeugen befahrbar ist.

Gharagab HÜTTEN **$$**
(Hütte ab 1120 R) Umgeben von Grassavanne und Kameldornbäumen stehen hier Blockhütten auf erhöhten Plattformen. Jede Hütte hat eine Terrasse mit Blick auf rote Dünen und eine Wasserstelle, an der sich häufig Schabrackenhyänen tummeln. Vom Union's End führt eine einbahnige, nur mit Allradfahrzeugen befahrbare Piste hierher. Das Camp liegt mehr als drei Stunden vom Nossob-Camp entfernt.

Grootkolk HÜTTEN **$$**
(Hütte ab 1270 R) Das Camp liegt eingebettet zwischen roten Sanddünen an einer abgeschiedenen Stelle weit im Norden des Parks. Seine Wüstenhütten sind aus Sandsäcken und Zeltplanen gebaut. Wer an Sternenhimmel und Stille nicht genug hat, kann sich auf die Lauer legen, um Beutegreifer zu beobachten, die sich häufig an der nahen Wasserstelle einfinden.

Urikaruus HÜTTEN **$$**
(Hütte ab 1270 R) Nicht nur die vier Hütten dieses Camps am Ufer des Auob River stehen auf Pfählen, sondern auch der Holzsteg, der zwischen den Kameldornbäumen verläuft. Mit gut zwei Autostunden Entfernung

INSIDERWISSEN

OPEN AFRICA KOKERBOOM FOOD & WINE ROUTE

So heißt die Wein- und Genussroute, die zu den nachhaltigen Initiativen der gemeinnützigen Organisation Open Africa zählt. Sie verläuft durch das Gebiet zwischen Upington und Kakamas und hält einige außergewöhnliche kulinarische Genüsse bereit. Der Anteil dieses Gebietes an der Weinproduktion des Landes beträgt 10 %, was sich in den großen Weinanbauflächen widerspiegelt. An den einsamen Landstraßen tauchen immer wieder rustikale Stände auf, an denen Farmer Biltong (getrocknetes Wildfleisch), Trockenfrüchte und andere lokale Leckereien verkaufen. Die Kokerboom Food and Wine Route soll kleine örtliche Produzenten motivieren, sich zusammenzuschließen. Noch steckt das Projekt in den Anfängen, aber es gibt auf der Route einige etablierte Unternehmen, die einen Besuch wert sind.

Bezalel (☎054-491 1325; www.bezalel.co.za; Verkostung 60 R, Hauptgerichte im Restaurant 60 R; ⏱Mo–Fr 9–17, Sa 9–13 Uhr) Wenn es um Verkostung in Weinkellereien geht, hat Bezalel möglicherweise die variantenreichste Auswahl des Landes zu bieten. Das Verkostungssortiment reicht von zahlreichen Weinsorten, inklusive Port- und Branntwein, bis hin zu verschiedenen Cremelikören. Selbst *mampoer* (wörtlich: Mondschein) können Besucher probieren – und sich der Herausforderung stellen, diesen höllischen Schnaps hinunterzukippen, ohne Grimassen zu schneiden. In dem begrünten Innenhof lässt sich die eigene Getränkeauswahl bestens genießen. Vorhanden ist auch ein Restaurant. Die Weinkellerei liegt 25 km südwestlich von Upington an der N14.

Die Mas Van Kakamas (☎054-431 0245; www.diemasvankakamas.co.za; ⏱nach Vereinbarung) Hier experimentieren die Winzer mit einer größeren Vielfalt an Traubensorten als andere Weinkellereien der Region. Jedoch die Weine aus den Rebsorten *jerepigo* und *hanepoot*, für die das Weinbaugebiet am Sengu (Oranje) River bekannt ist, gelten immer noch als die besten. Neben Weinproben werden noch andere Aktivitäten geboten, z. B. Farmbesuche, Wanderungen, Fahrten im Eselskarren und Quadfahren. Auf dem Anwesen stehen auch Unterkünfte für Selbstversorger und ein Campingplatz zur Verfügung. Von Kakamas kommend ist das Weingut auf der N14 ausgeschildert.

Kalahari Gateway Hotel Bar-Restaurant (☎054-431 0838; www.kalaharigateway.co.za; Kakamas; Hauptgerichte 75 R, Sushi-Teller ab 150 R; ⏱7–22 Uhr) Die erste, aber inzwischen nicht mehr einzige Sushi-Bar in Northern Cape hat dem mundgerechten Gericht eine Kalahari-Variante hinzugefügt, z. B. Springbok-Sashimi. Der Fisch für die gewohnte Zubereitung wird alle zwei Tage von Kapstadt eingeflogen. Außerdem gibt es eine Speisekarte mit landestypischen Fleischgerichten und Kinderportionen. Neben Unterkünften bietet das Hotel auch Abenteueraktivitäten.

vom Twee Rivieren Gate ist es neben dem Kielikrankie das dem Eingang am zweitnächsten gelegene Camp (außer dem Camp am Tor natürlich).

!Xaus Lodge LODGE **$$$**
(☎021-701 7860; www.xauslodge.co.za; EZ/DZ Vollpension 4290/6600 R; ❄) Die wohl exklusivste Unterkunft im Kgalagadi Park wird von der örtlichen San-Gemeinde betrieben. Die Lodge hat Ausblick auf eine kreisförmige Salzpfanne. Architektonisch ist sie ein Traum in Ocker und so perfekt gebaut, dass es schon fast künstlich wirkt. Kulturelle Aktivitäten und ausgezeichnete Tierbeobachtungstouren per Auto runden ein tolles Programmpaket ab.

Außerhalb des Parks

An der Route 360 zwischen Upington und dem Twee Rivieren Gate liegen Dutzende Unterkünfte.

Kalahari Trails LODGE **$**
(☎054-511 0900; www.kalahari-trails.co.za; Rte 360; Camping 80 R, EZ/DZ 300/500 R) In dem privaten Schutzgebiet 35 km südlich vom Twee Rivieren Gate, können die Gäste der Lodge die Kalahari zu Fuß erkunden. Auf eigene Faust können sie über die Dünen spazieren oder an geführten Dünenwanderungen teilnehmen. Begleitete Erkundungsfahrten in die Umgebung sind sowohl tagsüber als auch nachts möglich. Die Lodge

bietet auch Safarizelte, ein Chalet für Selbstversorger und preisgünstigere Zimmer mit Gemeinschaftsbad.

Molopo Kalahari Lodge LODGE $$
(☎ 054-511 0008; www.ncfamouslodges.co.za; Rte 360; Camping pro Stellplatz 300 R, EZ/DZ inkl. Frühstück 550/700 R;) Molopo ist eine traditionelle Safarilodge und liegt ungefähr 60 km südlich vom Twee Rivieren Gate. Die *rondavels* (Hütten) sind passable Budgetunterkünfte für den Besuch im Kgalagadi Park. Schöner sind allerdings die Chalets (800 R) mit Kunstwerken der Khomani San. Im Restaurant (Hauptgerichte ab 90 R) werden fleischhaltige Gerichte und getoastete Sandwiches serviert. Zu den Schwesterbetrieben zählen die Vischgat Game Lodge und das Elandspoor Bush Camp, die beide 60 km weiter südlich liegen.

An- & Weiterreise

Das Twee Rivieren Gate liegt 270 km nordwestlich von Upington an der geteerten Route 360.

Bis auf die vorhergehend genannten Ausnahmen ist ein Allradfahrzeug im Park nützlich, aber nicht zwingend erforderlich. Die vier Hauptrouten sind Schotterstraßen oder Sandpisten und in einem relativ guten Zustand. Bei vorsichtiger Fahrweise reicht ein Fahrzeug mit Zweiradantrieb. Heimtückisch sind allerdings die Stellen mit tiefem Sand und losem Schotter, auf die muss man ganz besonders achten. Das Tempolimit liegt bei 50 km/h. Für die Fahrt zu den Camps müssen Besucher unbedingt genügend Zeit einplanen, weil im gesamten Park das Fahren nach Einbruch der Dunkelheit nicht erlaubt ist (Ranger ausgenommen).

Augrabies Falls National Park

Die Khoe-San nennen den Park zu Recht Aukoerbis (Ort des tosenden Lärms). Wenn der Wasserfall, nach dem der **Park** (☎ 054-452 9200; www.sanparks.org; Erw./Kind 152/76 R; 7–18.30 Uhr) benannt ist, in der Regenzeit anschwillt, ist sein donnerndes Brausen mehr als spektakulär. Eine gute Stunde lässt sich allein damit verbringen, von einem schwindelerregenden Aussichtspunkt zum anderen zu hüpfen, wobei als Begleiter flauschige Klippschliefer über die riesigen Felsbrocken klettern.

Der sechsthöchste Wasserfall der Welt wird gespeist vom Gariep (Orange) River, der in eine 18 km lange Schlucht mit bis zu 200 m hohen Klippen donnert. Der Hauptfall stürzt aus einer Höhe von 56 m in die Tiefe und die angrenzenden Bridal Veil Falls aus 75 m. Vom Besucherzentrum führt ein kurzer Weg zur Aussichtsplattform. Im Park herrschen harte Klimaverhältnisse, die durchschnittliche Niederschlagsmenge beträgt nur 107 mm pro Jahr und im Sommer erreichen die Tagestemperaturen bis 46 °C.

Die meisten Besucher sehen sich nur die Wasserfälle an und gehen vielleicht auch noch zu den anderen Aussichtspunkten der Schlucht. Allein das vermittelt schon imponierende Eindrücke. Wer jedoch etwas mehr Zeit mitbringt, dem bieten sich hier einige großartige – menschenleere – Möglichkeiten, Tiere zu beobachten. In dem 500 km² großen Park leben 52 Säugetierarten, darunter Giraffen, mehrere Antilopenarten, Kapotter und das gefährdete Hartmann-Bergzebra. Dazu gehören Beutegreifer wie Karakale, Schabrackenschakale, Falbkatzen und Leoparden, sie sind aber selten zu sehen.

Es lohnt sich, mindestens einen ganzen Tag im Park zu verbringen: Die beeindruckende Landschaft, ein ungestörtes Picknick an einem der Aussichtspunkte und tolle Schnappschüsse von Tieren sind Highlights für Naturgenießer.

Aktivitäten

Für die geteerte Zufahrtsstraße zum Camp und zum Hauptaussichtspunkt über den Wasserfällen reicht ein Fahrzeug mit Zweiradantrieb. Auch die Aussichtspunkte bei Ararat und Oranjekom sind damit leicht zu erreichen. Wer jedoch den Park genauer erkunden oder die 94 km lange Wilderness Road komplett befahren möchte, braucht einen Geländewagen. Auf jeden Fall ist es wichtig, sich vor Antritt der Fahrt nach den Straßenverhältnissen zu erkundigen, da starke Regenfälle Verwüstungen anrichten können. Das Besucherzentrum organisiert eine zweistündige geführte Nachtfahrt, für die eine Vorausbuchung ratsam ist.

Kalahari Outventures RAFTING, KANUFAHREN
(☎ 082 476 8213; www.kalahari-adventures.co.za; Augrabies; pro Pers. 350 R) Das Highlight des Tourveranstalters ist der sogenannte „Augrabies Rush": eine halbtägige Raftingtour auf einem etwa 9 km langen Abschnitt des Gariep (Orange) River mit Stromschnellen der Schwierigkeitsgrade II und III, die etwa 300 m oberhalb des Hauptwasserfalls endet. Geboten werden auch Flusstouren mit einer oder mehreren

Übernachtungen, z. B. eine fünftägige Tour, die Riemvasmaak und den Kgalagadi Transfrontier Park einschließt (7000 R).

Dassie Trail WANDERN
Generell lohnenswert, aber besonders ideal bei Zeitmangel ist eine Wanderung auf diesem 9 km langen Weg. Sie dauert ungefähr drei Stunden, führt durch eine landschaftlich faszinierende Gegend und schließt das Klettern über Felsen mit ein.

Klipspringer Trail WANDERN
(pro Pers. 470 R; ⏲ April–Mitte Okt.) Die dreitägige organisierte Wanderung führt 36 km auf dem Klipspringer Trail am Südufer des Gariep (Orange) River entlang. Übernachtet wird in rustikalen Hütten mit Etagenbetten, Toiletten, Feuerholz und rudimentären Kochutensilien. Weder elektrischer Strom noch Duschen sind vorhanden und Trinkwasser muss jeder selber mitbringen. Mindestteilnehmerzahl: zwei Personen. Vorausbuchung unbedingt erforderlich.

Schlafen & Essen

Augrabies Rest Camp CHALET, CAMPINGPLATZ $$
(www.sanparks.org; Camping 195 R, Chalet/Cottage ab 1050/1585 R; ❄ 🏊) Das Camp liegt innerhalb des Parks und so nahe an den Wasserfällen, dass nach Regenfällen ihr Rauschen im Camp zu hören ist. Geboten werden Chalets für Selbstversorger, Cottages mit zwei Schlafräumen und ein Campingplatz mit sanitären Einrichtungen. Vorhanden ist auch ein Restaurant (7 bis 20 Uhr geöffnet) mit einer recht guten Auswahl an Gerichten.

Augrabies Falls Lodge & Camp HOTEL $$
(☎ 054-451 7203; www.augfallslodge.co.za; Rte 359; Camping pro Stellplatz 225 R, EZ/DZ 420/620 R; ❄) An der Straße, die zum Park führt, liegen etliche Unterkünfte, darunter dieses 8,5 km vom Parkeingang entfernte Hotel in einem Gebäude aus den 1950er-Jahren. Seine modernisierten Innenräume sind mit afrikanischer Kunst geschmückt. Die geräumigen Zimmer sind hübsch eingerichtet und verfügen über einen Balkon mit freiem Ausblick auf die Landschaft. Es gibt auch ein Restaurant (Hauptgerichte 70 R, Frühstück 35 R) und eine Bar. Für Selbstversorger steht ein Zimmer für fünf Personen (750 R) zur Verfügung.

An- & Weiterreise

Der Augrabies Falls National Park liegt etwa 39 km nordwestlich von Kakamas. Von dort fährt man rund 8 km in westlicher Richtung auf der N14 und biegt dann nordwestwärts auf die Route 359 ab.

AUGRABIES FALLS NATIONAL PARK

Was einen erwartet Dort warten donnernde Wasserfälle, Wanderungen durch eine zerklüftete Landschaft mit einem Flair der außerweltlichen Art, Tierbeobachtungstouren per Geländewagen mit wenigen Teilnehmern, moderate Raftingtouren außerhalb des Parks.

Reisezeit Ideal sind die Monate März bis Mai (Herbst). Ab Januar sind die Wasserfälle am beeindruckendsten, aber die hohen Sommertemperaturen erschweren bis März das Wandern. Im Winter (Juni bis August) können die Nachttemperaturen unter den Gefrierpunkt fallen.

Praktisches Ein eigenes Fahrzeug ist am besten. Eine Alternative sind organisierte Parktouren mit Transfer ab Upington oder Kakamas. Die Parktore sind von 7 bis 18.30 Uhr geöffnet. Nach Absprache ist eine Spätankunft von Übernachtungsgästen möglich. Ein gut bestückter Laden verkauft Lebensmittel, alkoholische Getränke und Feuerholz.

Spar-Tipps Für die Highlights des Parks reicht ein Tag. Wer außerhalb des Parks übernachtet, kann die (pro Tag fällige) Eintrittsgebühr für einen zweiten Tag sparen.

NAMAQUA

Namaqua ist eine Region mit einer kahlen, zerklüfteten Landschaft und einem schier endlosen Horizont. In Südafrikas wahrem Wilden Westen scheinen die Straßen durch die unendlich weiten, leeren Gefilde niemals zu enden. Einem brütend heißen Tag folgt eine Nacht mit einer gespenstischen Stille und Sternen, die so groß und hell sind wie kaum an einem anderen Ort der Welt.

An der nebligen Diamantenküste rosten Schiffwracks vor sich hin und der abgeschiedene |Ai-|Ais/Richtersveld Transfrontier Park erscheint beinahe wie eine tote Marslandschaft. Wer mit dem Gelände-

ABSEITS DER ÜBLICHEN PFADE

RIEMVASMAAK

Wer Abenteuer abseits ausgetretener Pfade sucht, sollte einen Ausflug nach Riemvasmaak ins Auge fassen. Das abgeschiedene Dorf liegt in einem 74 km^2 großen Gebiet, das wie eine Mondlandschaft wirkt. In dieser bergigen Wüstenwildnis sind Eselskarren nach wie vor das Hauptbeförderungsmittel auf der rissigen, weitläufigen Fläche aus orangefarbenem Gestein und Sand.

1973 ließ die Apartheidsregierung die ortsansässigen Gemeinden der Xhosa und Nama nach Eastern Cape bzw. Namibia umsiedeln, um die Gegend als Truppenübungsplatz zu nutzen. Im Zuge des Übergangs in die Demokratie unternahm die Regierung 1994 große Anstrengungen, um die Umgesiedelten zur Rückkehr nach Riemvasmaak zu bewegen. 2002 wurden den zurückgekehrten ehemaligen Bewohnern des Areals Grundstücke übertragen.

Bis heute ist Riemvasmaak ein armes Dorf, das von der eigenen Landwirtschaft lebt. Die Arbeitslosenrate ist enorm hoch und die Einnahmen aus den von der Gemeinde betriebenen Tourismusprojekten sind sehr wichtig, auch wenn sie nur sporadisch fließen. Für abenteuerlustige Reisende hat die Region viel zu bieten: drei anspruchsvolle Geländewagenrouten (41 km, 49 km und 79 km) sowie Möglichkeiten zum Wandern, Mountainbiken und Beobachten von Vögeln. Das krönende Highlight in Riemvasmaak sind seine Thermalquellen. Gleich unterhalb des Dorfes liegt die felsige Schlucht des Molopo River.

Entlang der Wege gibt es ausgewiesene Campingplätze (pro zwei Personen 85 R) und in der Schlucht Chalets (ab 375 R) in der Nähe der Thermalquellen. Im **Riemvasmaak Community Centre** (☎ 083 873 7715) ist Clarissa Damara für die Buchung von Aktivitäten, Unterkünften oder Führern zuständig. Da alles im Voraus gebucht werden muss, sollten Besucher nicht spontan nach Riemvasmaak fahren.

Südlich von Riemvasmaak führen zwei Routen in das Dorf. Die westliche Route verläuft über die Straße zum Augrabies Falls National Park und ist bis dorthin weitgehend geteert. Nach dem Park wird der Zustand der Straße so schlecht, dass man ohne Geländewagen nicht weiterkommt. Wer nur ein Fahrzeug mit Zweiradantrieb zur Verfügung hat, zweigt besser 5 km östlich von Kakamas auf die Straße Richtung Riemvasmaak ab. Die ersten 3 km sind geteert, dann folgen 45 km Schotterstraße, die sich aber gut fahren lässt, ausgenommen bei starkem Regen. Die letzten 5 km vor dem Dorf sind wieder geteert – gewissermaßen als roter Teppich für den Empfang an diesem filmreifen Ort.

wagen von der Küste über den Park bis zum äußersten westlichen Ende von Namaqua unterwegs ist, der erkundet eine abgelegene Region voll stiller Schönheiten – und genau darin liegt ihr schlichter, aber überaus verblüffender Reiz.

In Namaqua scheint es auch einen erfahrenen Zauberer zu geben, der jedes Frühjahr mit seinem Lieblingstrick das Land verzaubert. Mit einem Schlag vertreibt er den Winter und überzieht die ausgedörrte Wüste mit einem spektakulären farbenprächtigen Meer aus Wildblüten.

Der Name der Region stammt von den Nama (auch bekannt als Namkwa oder Namaqua, was „Volk der Nama" bedeutet), einem Khoekhoen-Stamm aus dem Nordwesten Namaquas (früher auch Namaqualand genannt).

Springbok

12 800 EW.

Springbok schmiegt sich in ein Tal, das von schroffen, felsigen Hügeln umgeben ist, die alljährlich im Frühjahr mit regenbogenfarbenen Wildblumenteppichen überzogen sind. Außerhalb der Blütezeit kann man hier wenig unternehmen, obwohl die Abgeschiedenheit der Stadt, die karge Landschaft und mehr als 300 Sonnentage durchaus ihren Reiz haben. Springbok liegt rund 120 km südlich des Grenzübergangs Vioolsdrif nach Namibia. Von dort aus sind es weitere 800 km nach Windhoek (Namibia).

Springbok hat sich von einer zwielichtigen Grenzstadt in ein belebtes Servicezentrum für die Kupfer- und Diamantenminen von Namaqua entwickelt. Einmal in der Woche kommen die Farmer mit ihren *bakkies* (Pick-ups) aus den abgelegenen ländlichen Gegenden zum Einkaufen in die Hauptstraße. In Springbok kann man prima verschnaufen und Dinge erledigen, bevor man sich wieder in die Wildnis hinausbegibt.

Sehenswertes & Aktivitäten

An der Strecke über die N7 von Nababeep zum 16 km nordwestlich gelegenen Springbok liegen Gebiete, in denen im Frühjahr Wildblumen wahre Blütenteppiche bilden. In Nababeep lohnt sich ein Blicks ins **Nababeep Mining Museum** (Nababeep; Eintritt 10 R; ⌚Mo–Fr 9–13 Uhr). In der Touristeninformation in Springbok erhalten Besucher Broschüren über mehrtägige Touren auf der Geländewagen-Route in Namaqua. Für die Benutzung der Route ist eine Genehmigung erforderlich. Camping ist unterwegs möglich. Der Tourveranstalter Richtersveld Challenge verleiht Geländewagen und hat ein Büro im Hostel Cat Nap Accommodation.

Goegap Nature Reserve NATURSCHHUTZGEBIET
(☎027-718 9906; Eintritt R30; ⌚7.30–16 Uhr) Das 150 km² große Naturschutz umfasst Halbwüste und liegt etwa 15 km östlich von Springbok hinter dem Flughafen. Es beherbergt 600 einheimische Pflanzenarten, 45 Säugetierarten und 94 Vogelarten. Für das Bestaunen der Wildblumenblüte ist es eine der besten Stellen in der Gegend. Das Wegenetz kommt den Besuchern sehr entgegen: Durch das Gelände führen ein 4 km und ein 7 km langer Rundweg sowie eine 13 km lange, mit dem Auto befahrbare Piste und darüber hinaus auch Geländewagen-Routen. Unterkünfte in einfachen Vierbett-Hütten (160 R) und Campingplätze (90 R) sind vorhanden.

Namaqualand Museum MUSEUM
(☎027-718 8100; Monument St; ⌚Mo–Fr 8–13, Mo–Do 14–17, Fr 14–16 Uhr) GRATIS Springboks ehemalige Synagoge, 1929 erbaut, wurde in ein kleines Stadtmuseum umgewandelt. Bei einem Großteil der Exponate handelt es sich eher um Krimskrams. Beeindruckend ist jedoch das riesige aus Zündhölzern gebaute Modell der Kirche des staubigen *dorp* (Dorfes) Pella. Das Nachbargebäude ist die erste Niederländisch Reformierte Kirche der Stadt. Allerdings steht sie leer und Pläne sind im Gange, sie in eine Galerie umzuwandeln, in der Arbeiten hiesiger Künstler ausgestellt werden sollen.

Schlafen

Während der Blütezeit der Wildblumen sind die Unterkünfte in Springbok sehr voll und die Preise deutlich höher.

Cat Nap Accommodation HOSTEL $
(☎027-718 1905; richtersveld.challen@kingsley.co.za; 99 Voortrekker St; B 165 R, EZ 200–310 R, DZ 460 R; ❄) Naturfotos schmücken die Wände der Räume dieses geräumigen alten Hauses. Afrikanische Elemente machen die Zimmer sehr gemütlich. Für Selbstversorger gibt es eine Gemeinschaftsküche und Etagenbetten in der zum Schlafsaal umgebauten Scheune – in der es allerdings unglaublich eng und im Sommer sehr heiß ist.

DIE WILDBLUMEN VON NAMAQUA

Die meiste Zeit des Jahres zeigt sich Namaqua als unwirtliches Wüstenland, in dem lediglich die robustesten Sträucher überleben können. Doch die Regenfälle des Winters verwandeln die vorher noch trockene Landschaft in ein wahres Kaleidoskop an Farben. Gänseblümchen, Kräuter, Aloen, Lilien und eine Fülle anderer heimischer Blütenpflanzen bedecken den Boden. Mehr als 4000 Pflanzenarten wachsen in der Region und in jedem Frühjahr lockt das Blütenmeer Besucher aus aller Welt in diesen oft – zu Unrecht – vergessenen Winkel von Südafrika.

Ausprägung und Dauer der Blütenpracht und damit die Zeitspanne für einen Besuch hängt von der Niederschlagsmenge ab. Die Witterungsverhältnisse ändern sich Jahr für Jahr. Die besten Chancen, die Blumen zur schönsten Blütezeit zu sehen, bestehen zwischen Mitte August und Mitte September; manchmal beginnt die Blütezeit schon Anfang August, manchmal reicht sie bis Mitte Oktober. Auch die Gebiete, in denen die Pflanzen ein üppiges Blütenmeer entfalten, ändern sich von Jahr zu Jahr. Am besten bitten Besucher die Einheimischen um Auskunft, wo gerade die schönsten Stellen sind.

Auf keinen Fall dürfen Wildblumen gepflückt werden. Die meisten Arten stehen unter Naturschutz und bei Verstößen drohen hohe Geldstrafen.

★ Kliprand Guesthouse PENSION $$
(☎ 027-7122 604; www.kliprandguesthouse.co.za; 2 King St; EZ/DZ 400/700 R;) Sehr freundlich und ausgesprochen preisgünstig ist diese Pension mit Garten und großem Swimmingpool, Die hübschen Zimmer sind hervorragend ausgestattet. Das Frühstück kostet 80 R extra.

Annie's Cottage PENSION $$
(☎ 027-712 1451; www.springbokinfo.com; 4 King St; EZ/DZ inkl. Frühstück 900/1200 R;) In manchen Zimmern beherrscht eine beinahe schon kitschige Dekoration das Ambiente, was ziemlich fehl am Platz ist. Freude machen aber die Zimmer mit afrikanischem Touch oder die Hochzeitssuite, die keinen Zuschlag kostet. Im hübschen Garten befindet sich noch eine Unterkunft für Selbstversorger. Am Nachmittag werden Tee und Gebäck gereicht.

Old Mill Lodge PENSION $$
(☎ 027-718 1705; www.oldmilllodge.com; 69 Van Riebeeck St; EZ/DZ inkl. Frühstück 700/850 R; @) Umgeben von einem friedlichen Garten liegt das Haus in einer ruhigen Straße. Moderne Kunstwerke schmücken seine hübschen Zimmer mit großem Bad. Während der Wildblumenblüte werden Ausflüge ins „Blumenmeer" geboten.

Mountain View PENSION $$
(☎ 027-712 1438; www.mountview.co.za; 2 Overberg Ave; EZ/DZ inkl. Frühstück ab 800/900 R;) Das Haus liegt in einer ruhigen Lage am Hang eines Hügels. Von einigen der 4-Sterne-Zimmer gelangt man direkt in einen Garten und zu einem Swimmingpool mit herrlichem Ausblick.

Essen

Caffe Bella CAFÉ $
(50 Voortrekker St; Hauptgerichte 50 R; ⏲ Mo–Fr 8–17, Sa 8–13 Uhr) Während der Kaffee nur durchschnittlich schmeckt, verführt das Brunchbuffet mit kleinen Spezialitäten, beispielsweise Panini mit Brie und Rucola. Traditionelle Gerichte wie *vetkoek* (wörtlich: Fettkuchen, eine Art frittierter Hefeteigbrötchen) mit Hackfleischfüllung sind ebenfalls erhältlich. Das Café liegt nur 1 km südlich der Touristeninformation.

★ Tauren Steak Ranch STEAKHAUS $$
(☎ 027-712 2717; 2 Hospital St; Hauptgerichte 60–150 R; ⏲ Mo–Sa 11.30 bis spätnachts) Fleischliebhaber jubeln hier angesichts der bis zu kilogrammschweren Steaks mit einem ganzen Sortiment an leckeren Soßen. Auf der Speisekarte stehen auch Burger, einige vegetarische Gerichte sowie Pizzas mit köstlichem Belag, darunter Biltong (getrocknetes Wildfleisch und *boerewors* (Bauernwurst). Das Ambiente ist ländlich-idyllisch und wird untermalt von *boeremusiek* (Folkmusik; wörtlich: Bauernmusik) aus der Stereoanlage.

Melkboschkuil Plaaskombuis SÜDAFRIKANISCH $$
(☎ 083 242 4779; 75 Voortrekker St; Hauptgerichte 60–150 R; ⏲ Mo–Sa 8 bis spätnachts, So 8–3 Uhr) Deftige Kost wie Lammcurry, Spareribs und Kutteln kommt hier auf den Tisch. Auf der Terrasse mit Blick auf die Voortrekker macht es Spaß, mittags zu essen und die Passanten zu beobachten. Wer auf Nachtleben aus ist, kann hier freitags und samstags sein Vergnügen finden.

ℹ Praktische Informationen

Touristeninformation (☎ 027-712 8035; www.experiencenortherncape.com; Voortrekker St; ⏲ Mo–Do 7.30–16.15, Fr 7.30–15 Uhr) Hat einige Karten sowie Informationen über Namaqua und das südliche Namibia.

ℹ An- & Weiterreise

Intercape (www.intercape.co.za) und andere Busgesellschaft bedienen die Route nach Kapstadt sonntags bis freitags (500 R, 9½ Std.) sowie dienstags, donnerstags, freitags und sonntags nach Windhoek (Namibia; 570 R, 13 Std.).

Minibus-Sammeltaxis fahren nach Upington (270 R, 4 Std.), Port Nolloth (120 R, 2 Std.) und Kapstadt (450 R, 8½ Std.). Plätze können bei der **Namaqualand Taxi Association** (☎ 027-718 2840; Ecke Van der Stel St & Namaqua St) reserviert werden.

Port Nolloth

6100 EW.

Bereits die Fahrt nach Port Nolloth ist ein Grund, das abgelegene Küstenstädtchen zu besuchen. Am Anfang der Strecke scheint die Welt aus nicht anderem als aus rotem Kalaharisand zu bestehen. Dann taucht ein Hügel auf und schon auf seiner Kuppe eröffnet sich eine ganze andere Weite: die eisig blaue Weite des Atlantiks.

Der Küstenort liegt wirklich abseits aller ausgetretenen Pfade im nordwestlichsten Winkel von Südafrika. Den Gewalten der Natur ausgesetzt, verströmt die kleine Stadt im Niemandsland die raue Lebendigkeit eines Ortes an der letzten Grenze der Welt. Die erfrischende Luft riecht nach Fisch und Salz und eine kunterbunte multikulturelle Gruppe von Aussteigern, Urlaubern und Glückssuchenden tummelt sich zwischen den Einheimischen.

Port Nolloth wurde ursprünglich als Umschlaghafen für Kupfer aus der Region angelegt. Heute ist der kleine kommerzielle Pier von den Schiffen abhängig, mit denen man auf die Diamanten- und Hummersuche geht. Die Boote sind mit Pumpen ausgerüstet, die das diamanthaltige Gestein vom Meeresboden absaugen. Trotz des wachsamen Auges des De-Beers-Konzerns kommen hin und wieder glitzernde Fänge abhanden. Einen Diamanten auf dem Schwarzmarkt zu kaufen ist jedoch keineswegs empfehlenswert – wer Pech hat, wird übers Ohr gehauen und hat am Schluss einen *slenter* (falschen Diamanten aus Bleikristall) und eine Zivilstreife am Hals.

An der Beach Road gibt es Geldautomaten und eine Touristeninformation sowie ein kleines sehenswertes **Museum** (Beach Rd; Eintritt 10 R; ⏲10–16 Uhr), das über die Diamantenindustrie der Region informiert.

Schlafen & Essen

★ **Scotia Inn Hotel & Restaurant** HOTEL $$
(☎027-851 8353; www.scotiainnhotel.co.za; Beach Rd; EZ/DZ ab 350/650 R;) Die Standardzimmer liegen im Erdgeschoss. Die hellen, modernen Deluxe-Zimmer (EZ/DZ 450/800 R) befinden sich im ersten Stockwerk, einige davon haben einen Balkon mit Meerblick (sehr zu empfehlen, kosten nicht mehr). Zum Hotel gehört auch ein Bar-Restaurant.

Bedrock Lodge PENSION $$
(☎027-851 8865; www.bedrocklodge.co.za; Beach Rd; EZ/DZ inkl. Frühstück ab 580/850 R, Cottage 500–900 R; @) Das urige Haus mit Wellblechfassade ist vollgestopft mit allerlei exzentrischem Krimskrams und antikem Trödel. Es liegt direkt am Strand und seine Zimmer haben alle Ausblick aufs Meer. Sechs Cottages für Selbstversorger liegen in unmittelbarer Nähe und warten mit Nautik-Schick auf.

Anita's Tavern FISCH & MEERESFRÜCHTE $$
(☎027-851 7039; Beach Rd; Hauptgerichte 70–130 R; ⏲Abendessen) Die ziemlich baufällig wirkende Strandbude ist vollgestopft mit Anglertrödel. Auf der Speisekarte stehen Fisch und Meeresfrüchte im Mittelpunkt (na klar, was denn sonst). Absolut empfehlenswert sind die Austern.

Vespetti ITALIENISCH $$
(☎027-851 7843; 2099 Beach Rd; Hauptgerichte 60–120 R; ⏲Mittag- & Abendessen) In dem italienischen Restaurant, dessen Markise mit einer Angelschnur festgezurrt ist, gibt es Gerichte aus Fisch und Meeresfrüchten sowie Pizza und Pasta.

An- & Weiterreise

Minibus-Sammeltaxis von **Namaqualand Taxi Association** (☎027-718 2840) verkehren montags bis samstag zwischen Port Nolloth und Springbok (120 R, 2 Std.).

|Ai-|Ais/Richtersveld Transfrontier Park

Über Millionen von Jahre hinweg prägten mächtige Naturgewalten den abgelegensten **grenzübergreifenden Nationalpark** (☎027-831 1506; www.sanparks.org; Erw./Kind 180/90 R; ⏲Okt.–April 7–19 Uhr, Mai–Sept. bis 18 Uhr) Südafrikas – eine karge Wildnis aus Lavagestein, Bäumen mit Menschengestalt und sandigen Mondlandschaften, die von Halbedelsteinen schier übersät sind. Die 6000 km² große Gebirgswüste bildet das Bindeglied zwischen dem Richtersveld National Park in Südafrika und dem |Ai-|Ais Hot Springs Game Park in Namibia.

Das nur mit dem Geländewagen zugängliche Richtersveld ist das letzte wilde Grenzland Südafrikas. Der südafrikanische Teil des Parks nimmt eine Fläche von 1630 km² ein und zeigt sich im Frühling zur Wildblumenblüte von seiner schönsten Seite; dann verwandelt er sich, wie das übrige Namaqua auch, in ein Wunderland der Farben. Wanderungen gestalten sich hier generell anspruchsvoll, sind aber wirklich spektakulär; die Trails führen über zerklüftete Gipfel, durch tiefe Schluchten und Klammen und an bizarren Felsformationen vorbei.

Diese Landschaft ist jedenfalls etwas für Leute, die abseits ausgetretener Pfade ein besonderes Wandererlebnis suchen, oder auch für Aktivisten, denen der Sinn nach einem Tick Überlebenstraining steht. Einrichtungen sind so gut wie keine vorhanden, man muss also völlig autark sein und wirklich alles mitführen. Außerdem empfiehlt es sich auch sehr, im Konvoi unterwegs zu sein, denn selbst für erfahrene Geländewagen-

|AI-|AIS/RICHTERSVELD TRANSFRONTIER PARK

Was einen erwartet Kompliziertes Terrain für Geländewagen; entlegenes Abenteuer abseits der Touristenpfade; Wanderungen in der Wildnis; zerklüftete Wüstenlandschaften; abwechslungsreiche Vogelbeobachtungsmöglichkeiten für Hobbyornithologen; unendlich viele Gelegenheiten, großartige Fotos zu schießen.

Reisezeit August bis Oktober, wenn es kühler ist und die Blumen blühen; von November bis Februar ist es hier höllisch heiß.

Praktisches Anfahrt von Alexander Bay. An einfachen Einrichtungen gibt es eine Tankstelle (7.30–16 Uhr, kein bleifreies Benzin), einen kleinen Gemischtwarenladen (wochentags geöffnet) sowie ein öffentliches Telefon in Sendelingsdrift. Sämtliche Lebensmittel und Trinkwasservorräte sollte man mitbringen; möglichst nur im Konvoi fahren. Alle Touren und Unterkünfte sind im Voraus zu buchen.

Spar-Tipps Aufgrund seiner Abgelegenheit ist der Park für Budget-Reisende nicht gerade ideal. Die preiswerteste Lösung ist, einen Geländewagen zu mieten und zu zelten.

fahrer stellt das harsche Gelände eine echte Herausforderung dar. Da dieser Park sehr entlegen ist, bietet er sich für einfache Tagesausflüge nicht an; man braucht mindestens drei Tage, allerdings wäre eine knappe Woche natürlich besser.

Aktivitäten

Drei Wanderungen werden durch den südafrikanischen Teil des Parks angeboten, der von April bis September geöffnet ist. **Ventersval** (vier Tage & drei Nächte) führt durch die Wildnis im Südwesten, **Lelieshoek-Oemsberg** (drei Tage & zwei Nächte) zu einem riesigen Amphitheater und einem Wasserfall, und **Kodaspiek** (zwei Tage & eine Nacht) ermöglicht körperlich durchschnittlich trainierten Wanderern einen Einblick in die Bergwüstenlandschaft. Während der letzten Recherchen zu diesem Reiseführer standen im Park noch keine Guides zur Verfügung: Es war gestattet individuell zu wandern, aber man musste mit einem qualifizierten einheimischen Guide kommen. Organisieren lässt sich das alles mit Hilfe von Richtersveld Tours, Springbok Tourism oder Cat Nap Accommodation (S. 517) – einfach mal nachfragen.

Geführte Touren

Die simpelste Möglichkeit, den Park kennenzulernen, bietet natürlich eine organisierte Tour. Übernachtet wird in der Regel in Zelten; die Tourausrüstung wird zur Verfügung gestellt. Arrangieren lassen sich solche Touren in Port Nolloth, Springbok und Upington.

Richtersveld Challenge, ein gutes Unternehmen, das sich im Cat Nap Accommodation (S. 517) in Springbok etabliert hat, bietet auch Geländewagentouren für Gruppen an (pro Pers. etwa 1400 R am Tag).

Richtersveld Tours GEFÜHRTE TOUREN
(☎082 335 1399; www.richtersveldtours.com; pro Tag 1850 R) Bei diesen Geländewagentouren sind sämtliche Mahlzeiten und auch die Ausrüstung inbegriffen.

Schlafen & Essen

Auf der südafrikanischen Seite des Parks existieren gegenwärtig vier Campingplätze (1–2 Pers. 195 R); Potjiespram liegt in der Nähe vom Sendelingsdrift Gate. Duschen (allerdings nur kaltes Wasser) sind überall vorhanden, nur in Kokerboomkloof nicht – dort gibt es übehaupt kein Wasser.

★ **Tatasberg** HÜTTE $$
(Cabins ab 710 R) Die wunderschönen Hütten in diesem Camp verfügen alle über eine überdachte Veranda mit sagenhafter Aussicht auf den Gariep River. Diese bestehen aus Wellblech, Stroh und Segeltuch und geben sich betont rustikal, was perfekt zur umgebenden Parklandschaft passt. In jeder Hütte stehen zwei separate Betten, ein Kühlschrank und ein Gasherd; eine Dusche ist auch vorhanden.

Gannakouriep HÜTTE $$
(Cabins ab 710 R) Wer in diesen Hütten aus Stein und Segeltuch übernachtet, hat das Gefühl, komfortabel zu zelten. Keine Mühen wurden gescheut, um die sagenhafte Lage des Camps in einem felsigen Tal auch entsprechend zur Geltung zu bringen. Jede Hütte ist mit zwei Betten, einem Gasherd und einem Kühlschrank, der mit Sonnenenergie betrieben wird, ausgestattet.

ABSTECHER

SUTHERLAND

Das von den Roggeveld Mountains umgebene Sutherland (4000 Ew.) ist ein attraktives Karoo-*dorpie* (Städtchen) mit Sandsteingebäuden, einer Kirche aus dem 19. Jh. und Seitenstraßen, die nicht einmal asphaltiert sind. Das Städtchen befindet sich rund 1500 m über dem Meeresspiegel und gilt als der kälteste Ort Südafrikas; jedes Jahr liegt hier eine Schneedecke. Der glasklare Himmel und die kaum vorhandene Luftverschmutzung – sie ist Surtherlands abgelegener Lage geschuldet – bewirken, dass sich diese Gegend perfekt zum Sternegucken eignet. Experten sind sich jedenfalls einig: das Southern African Large Telescope (SALT) ist das größte optische Teleskop der südlichen Halbkugel; es befindet sich 14 km östlich der Ortschaft.

Vom Sternengucken einmal abgesehen, verlockt auch noch ein botanisch inspirierter Autoausflug von 145 km Länge, den man auf eigene Faust unternehmen kann; er umfasst das Roggeveld und die untere Tankwa-Karoo. Diese Gegend erfreut sich alljährlich der Wildblumenblüte – sie steht dem Blumenteppich im nahen Namaqua nicht nach. Eine Touristeninformation befindet sich im Wohnwagenpark, 1 km südlich der Ortschaft in der Matjiesfontein Road.

Öffentliche Verkehrsmittel nach Sutherland gibt es nicht; und die einzige asphaltierte Straße ist die R354 ab Matjiesfontein, 110 km südlich. Von Calvinia und Loxton (via Fraserburg) führen Schotterstraßen nach Sutherland. Man sollte sich in seiner Unterkunft unbedingt nach dem aktuellen Zustand dieser Schotterstraßen erkundigen; bei Regen sind sie oft sehr schlecht befahrbar. Die Tankstelle der Ortschaft hat nur kurze Öffnungszeiten; in jedem Fall sollte man vor der Abfahrt noch auftanken.

South African Astronomical Observatory (**☎ 023-571 2436; www.saao.ac.za; Rte 356; Führung bei Nacht Erw./Kind 80/40 R, Führung bei Tag pro Pers. 60 R; ⏲ Führung bei Nacht Mo, Mi, Fr, Sa, Führung bei Tag 10.30 & 14.30 Uhr**) Tagsüber kann man an einer Führung zu den riesigen Forschungsteleskopen teilnehmen, darunter auch das SALT; die eigentliche Attraktion sind jedoch die zweistündigen Führungen in der Nacht. Nach einem kurzen Video geht man nach draußen, um an einer Himmelssafari teilzunehmen, was dank der beiden 40-Zentimeter-Teleskope ein tolles Erlebnis ist. Die genauen Zeiten definieren sich durch die jeweilige Jahreszeit; und man sollte auch unbedingt rechtzeitig buchen, sogar in den Sommermonaten.

Tankwa Karoo National Park (**☎ 027-341 1927; www.sanparks.org; Erw./Kind 128/64 R; ⏲ 6.30–18 Uhr**) Mit einem entsprechend hochgelegten Auto lässt sich dieser 1430 km² große Park erkunden; er befindet sich im Übergangsbereich der Wüstenmondlandschaften von Tankwa zu den steilen Roggeveld-Klippen. Hier kann man super Vögel beobachten. Unterkünfte gibt es in Form von Campingplätzen oder Cottages für Selbstversorger.

Jurg Wagener (**☎ 023-571 1481; www.sutherlandinfo.co.za; 19 Piet Retief St; Sternegucken 90 R; ⏲ 20 Uhr**) Jeden Abend veranstaltet Jurg Treffs zum Sternegucken, bei denen er die Geheimnisse der Milchstraße und entfernterer Systeme mit Hilfe eines Laserpointers und von fünf starken Teleskopen erklärt – ein überaus empfehlenswertes Erlebnis. Einmal im Monat am Samstagabend beginnt „Stars to Midnight" (290 R) mit einem herzhaften *Boerekos-Abendessen*, einer Bauernmahlzeit; anschließend wird bis Mitternacht in den Himmel geguckt.

Kambro-Kind (**www.sutherlandinfo.co.za; Camping 90 R, EZ/DZ inkl. Frühstück 520/840 R**) Geboten sind vielerlei Pensionen, ein Wohnwagenpark sowie einige Unterkünfte für Selbstversorger – besonders empfehlenswert ist die „Flitterwochen-Suite" in einem Cottage am Ortsrand. Außerdem steht noch ein Farmcottage ohne elektrischen Strom und mit offenem Kaminfeuer zur Verfügung; es liegt 2 km von Sutherland entfernt.

Perlman House (**☎ 023-571 1445; Piet Retief St; Hauptgerichte 80–150 R; ⏲ Di–Sa Abendessen**) Dieses Restaurant existiert schon seit ewigen Zeiten. Es kommen hier überwiegend Fleischgerichte auf den Tisch. Besonders empfehlenswert sind die Lammkoteletts; die von den Schafen gefressenen Gräser und sonstigen Pflanzen des Roggeveld verleihen dem Fleisch sein charakteristisches Aroma.

Sendelingsdrift CAMPINGPLATZ, CHALET $$
(Camping ab 195 R, Chalets ab 715 R; ❄ ☒) Die Chalets für Selbstversorger sind mit zwei bis vier Betten ausgestattet und liegen am Eingang des Parks. Die Behausungen sind erstaunlich komfortabel; sie verfügen über eine Veranda, von der man einen herrlichen Blick auf den Fluss genießt.

An- & Weiterreise

Eine asphaltierte Straße führt von Port Nolloth etwa 82 km nach Alexander Bay; von dort sind es nur noch 90 km auf einer Schotterstraße bis zum Sendelingsdrift Gate. Diese Strecke lässt sich auch mit einem Pkw bewerkstelligen, im Park selbst benötigt man dann allerdings einen robusten Geländewagen – Limousinen sind nicht gestattet bzw. nicht ratsam. Richtersveld Challenge vermietet Geländewagen und verkauft auch Landkarten.

Bei Sendelingsdrift kann man den Gariep (Orange) River mit einem Pontonboot hinüber nach Namibia überqueren; es verkehrt von 8 bis 16.15 Uhr, sofern die Wetterverhältnisse es zulassen.

Namaqua National Park

Den größten Teil des Jahres ist der **Namaqua National Park** (☎027-672 1948; www.sanparks.org; Erw./Kind 64/32 R; ⏲8–17 Uhr) weitgehend vergessen, es finden sich kaum Besucher ein. Genauer gesagt bis zum Frühling, wenn die Hügel an der Küste des Parks den vom Atlantischen Ozean kommenden Niederschlag abbekommen, der das 1030 km² große Areal dann zuverlässig in ein Spektakel verwandelt, das jeder sehen und fotografieren will – die Rede ist von der Blütezeit der Wildblumen Es verlocken hier allerlei kurze Naturpfade sowie Autoausflüge mit Aussichtspunkten.

Die Unterkünfte bestehen größtenteils aus Campingplätzen am Meer (ab 115 R) ohne jegliche Einrichtungen – nicht einmal Sanitäranlagen sind vorhanden. Das **Skilpad Rest Camp** (Chalets ab 525 R) kann mit netten und gut ausgestatteten Chalets aufwarten, in denen bis zu drei Personen übernachten können. Jedes Jahr öffnet von Mitte August bis Mitte September das **Namaqua Flowers Beach Camp** (pro Pers. inkl. Frühstück, Mittagspicknick & Abendessen ab 2775 R) seine Pforten; geboten sind Kuppelzelte mit Einzelbetten, Strom und eigenem Bad. Man sollte lang im Voraus buchen.

Während der Blütezeit sind die Unterkünfte im Park schnell belegt. Dann kann man sich auch in den nahen Ortschaften **Kamieskroon** und **Garies** umsehen, trostlosen Käffern inmitten von Dorngestrüpp und Amarant – Vegetation, die für die Region Namaqua typisch ist. Der Park liegt etwa 22 km westlich von Kamieskroon an einer schlechten Schotterstraße. Eine längere, dafür aber bessere Route ist die 73 km lange Schotterstraße ab Garies. Einige Straßen im Park lassen sich mit einem normalen Pkw befahren; ein Geländewagen ist allerdings empfehlenswert und auch unerlässlich, um einige der Camps zu erreichen.

Intercape-Busse, die von und nach Springbok verkehren, 67 km nördlich an der N7, halten in Kamieskroon.

Calvinia

9700 EW.

Am Fuß der mit Dolorit (grobkörnigem Basaltgestein) bedeckten Hantam Mountains, Hunderte Kilometer im Nirgendwo gelegen, befindet sich dieses entlegene Städtchen mit seinem entspannten Charme in der unberührten Wildnis. Calvinia mit seinem gleißend hellen Licht am Tag, dem sternenklaren Himmel in der Nacht, den malerischen weißen Steinhäusern und von Bäumen gesäumten Straßen ist die wichtigste Ortschaft dieser Region, die von der Schafzucht lebt. Hier geht es fast das ganze Jahr über ruhig zu, doch wenn in der felsigen Landschaft im Frühling die Blumen blühen, stellen sich so ziemlich sämtliche Touristen eines Jahres gleichzeitig ein.

Sehenswertes

Calvinia Museum MUSEUM
(☎027-341 8500; 44 Kerk St; Erw./Kind 10/5 R; ⏲Mo–Fr 8–13 & 14–17 Uhr) Das Museum in einer ehemaligen Synagoge ist erstaunlich groß und ziemlich sehenswert für eine so kleine Stadt. Es konzentriert sich auf die Besiedelung durch die Weißen in dieser Region, wobei sich eine Abteilung der Schafzucht widmet. Geboten sind Exponate, die von viktorianischem Nippes bis hin zur Telefonschalttafel reichen, die im Ort noch bis 1991 in Betrieb war.

Junkyard Blues GALERIE
(☎027-341 1423; 37 Stigling St) Am besten legt man einen Zwischenstopp in diesem Reich der „rustikalen Kunst" ein, um die Sammlung von Fundsachen, nostalgischen Geräten und Krimskrams aller Art zu bestaunen,

die der Inhaber Dirk zusammengetragen hat. Straßenschilder, Schafschädel, Blechtassen, Gießkannen, Bettpfannen, alte Schuhe, Fahrräder und Gerätschaften, wie man sie auf Bauernhöfen findet, schmücken das Ambiente. Pfiffige Unterkünfte stehen auch zur Verfügung (300 R pro Pers.).

Flower Post Box MONUMENT
(Hoop St) Ein Wasserturm wurde in diesen gigantischen Briefkasten unfunktioniert. Karten und Briefe, die hier eingeworfen werden, erhalten einen Sonderstempel – eine Blume.

Akkerendam Nature Reserve NATURRESERVAT
(☎027-341 8500; ab Voortrekker St) Das 275 km² große Reservat nördlich von Calvinia bietet Wanderwege für Ein- und Zweitagestouren. Im Frühling, zur Blütezeit der Wildblumen, ist das bergige Terrain mit einem wahren Blumenteppich bedeckt. Eine Wandergenehmigung stellt das **Büro der Stadtverwaltung** (20 Hoop St) aus.

Aktivitäten

In der Umgebung von Calvinia verlocken einige tolle Geländewagentouren. Eine der schönsten führt über die unbefestigte R364, die in Richtung Südwesten nach Clanwilliam und zum Cederberg verläuft und dabei mehrere spannende Pässe überquert wie den Pakhuis Pass. Am besten erkundigt man sich in der Touristeninformation nach der Hantam Flower 4x4 Route; sie führt durch einen Steilabbruch nördlich der Ortschaft. Der Trail folgt einem ausgetrockneten Flussbett, in dem sich riesige Feigenbäume an die Felsklippen klammern.

Feste & Events

AfrikaBurn KULTUR
(www.afrikaburn.com) Das Happening der Subkultur-Überlebenskünstler findet rund 100 km südlich von Calvinia statt, nämlich an der R355 (nicht asphaltiert) nach Ceres, in der Nähe von Tweefontein und dem Tankwa Karoo National Park. Dieses Festival dauert eine Woche und wird meistens Ende April abgehalten.

Hantam Meat Festival ESSEN
(www.hantamvleisfees.co.za) Dem hiesigen Faible für Fleisch wird am letzten Augustwochenende gefrönt. Hier kann man alles probieren – von Lammkoteletts bis hin zu „Smileys", worunter man in diesem Fall Schafsköpfe versteht! Dazu gibt es Livemusik und jede Menge Bier.

Schlafen & Essen

Während der üppigen Wildblumenblüte sind die Hotels und Restaurants der Stadt oftmals ausgebucht.

Die Blou Nartjie PENSION $
(☎027-341 1263; www.nartjie.co.za; 35 Water St; EZ/DZ inkl. Frühstück 390/520 R; ❄🏊) Die Bungalowzimmer im Garten des Blue Orange mit Sofa, Dusche und heißen Getränken sind nach einer langen und anstrengenden Autofahrt die reinste Wohltat. Das Restaurant (Hauptgerichte 65–120 R, Mo–Sa Abendessen) serviert traditionelle Leibspeisen, beispielsweise *bobotie* und Karoo-Lammkoteletts.

African Dawn B&B $
(☎027-341 1482; www.calviniaretreat.co.za; 17 Strauss Ave; EZ/DZ inkl. Frühstück 500/580 R; ❄📶) In der grünen Umgebung einer Baumschule – sowie einer Webkooperative gleich nebenan – erfreuen sich die Besucher an den insgesamt drei geschmackvollen Zimmern, deren grauen Wände mit Blumengemälden verziert sind. Das Frühstück wird in einer sogenannten *lapa* (einer Art „afrikanischen Gartenlaube") aufgetischt.

Der Coffee Shop (Hauptgerichte 50–75 R; Mo–Fr 9–17 & Sa 9–14 Uhr) serviert verschiedene Snacks, beispielsweise getoastete Sandwiches, Burger und andere kleinere Mahlzeiten.

★ **Hantam Huis** PENSION $$
(☎027-341 1606; www.calvinia.co.za; 42 Hoop St; EZ/DZ inkl. Frühstück ab 495/790 R, Zi.. pro Pers. ab 300 R; ❄📶) Das Hantam Huis, das sich auf mehrere wunderschön restaurierte Stadthäuser verteilt, ist die ideale Unterkunft, um den beschaulich-ländlichen Charme der Alten Welt auf sich wirken zu lassen, den Calvinia noch immer verströmt. Das Dorphuis, ein Nationaldenkmal aus viktorianischen Zeiten, kann mit Luxuszimmern aufwarten, deren Einrichtung zahlreiche Antiquitäten aufweist. Im rückwärtigen Bereich der Stadthäuser finden sich in den ehemaligen Quartieren der Bediensteten gemütliche Standardzimmer sowie Zimmer, die einst Kirchenmitglieder nutzten, die hier zu Besuch weilten; die Knegtekamer ist besonders reizend.

Das Mittagessen (Hauptgerichte 70–140 R) und das Abendessen, bestehend aus drei Gängen (290 R), werden im Hantam Huis serviert; es stammt aus dem 19. Jh. und ist die älteste Pension von Calvinia.

An- & Weiterreise

Der schnellste und einfachste Weg von Kapstadt nach Calvinia führt über die N7 und die Rte 27. Diese verläuft über den reizvollen Vanrhyns Pass nach Calvinia und dann weiter Richtung Nordosten nach Keimos und Upington. Die Rte 63 führt von Calvinia in östlicher Richtung nach Victoria West. Unterwegs passiert man die sonderbaren Karoo-Städtchen Williston, Carnarvon und Loxton. Nach Calvinia fahren keine öffentlichen Verkehrsmittel.

Praktische Informationen

Das kleine Städtchen kann neben einem Geldautomaten, einer Post und einer Tankstelle auch mit einer **Touristeninformation** (027-341 8100; Stigling St; Mo–Fr 7.30–13 & 13.45–16.15 Uhr) aufwarten.

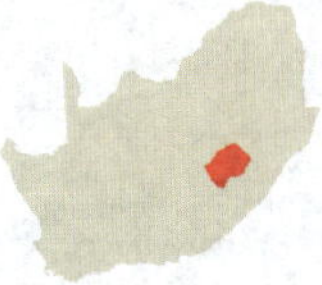

Lesotho

➡ Inhalt

Gut essen

- No.7 Restaurant (S. 533)
- Sky Restaurant (S. 542)
- Semonkong Lodge (S. 547)
- Maliba Mountain Lodge (S. 541)

Schön übernachten

- Malealea Lodge (S. 548)
- Maliba Mountain Lodge (S. 541)
- Semonkong Lodge (S. 547)
- Sani Mountain Lodge (S. 544)
- Ramabanta Trading Post (S. 537)
- Morija Guest Houses (S. 538)

Auf nach Lesotho!

Es ist schön, kulturell interessant, sicher, preisgünstig und von Durban und Johannesburg aus gut erreichbar – das bergige Lesotho ist ein unterschätztes Reiseziel. Der Kontrast zu Südafrika könnte nicht größer sein, sowohl in Bezug auf die typische Persönlichkeit der Basotho als auch auf die topografischen Extreme des hoch gelegenen Landes. Schon wenige Tage in den gastfreundlichen Lodges und Handelsposten vermitteln einen ganz neuen Blick auf das südliche Afrika.

Es handelt sich vorwiegend um ein Bergland, in dem Dorfbewohner mit bunten Mützen und Decken hoch zu Ross auf steilen Straßen um die Kurve biegen. Die Möglichkeiten zum Wandern und Trekking – oft auf einem der Basotho-Ponys – sind Weltklasse und die Infrastruktur der drei Nationalparks verbessert sich stetig. Das 1000 m hoch gelegene „Tiefland" bietet Sehenswürdigkeiten und schönes Kunsthandwerk, doch sollte eine Tour ins südliche, zentrale oder nordöstliche Hochland keinesfalls fehlen. Dort durchziehen Bäche die einstigen Spielwiesen der Dinosaurier.

Reisezeit

Maseru

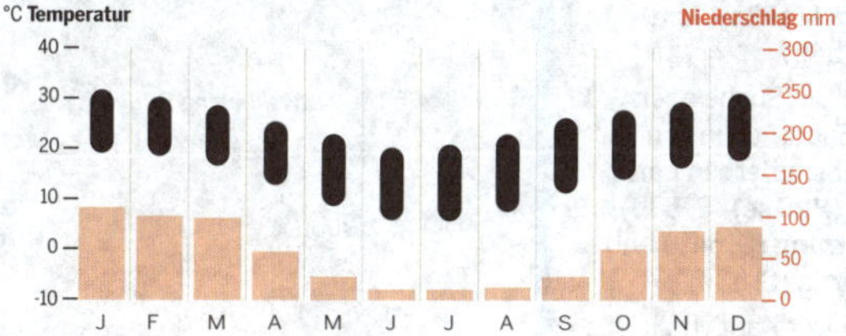

März–April Unzählige zartviolette Kosmeen zieren bei kühlen Herbsttemperaturen die Wiesen.

Juni–Aug. Schnee überzieht die Berggipfel und lockt Sportler ins Afriski Mountain Resort.

Sept. Das Morija Arts Festival feiert die Kultur der Sotho; Pfirsichblüten schmücken die Landschaft.

Highlights

1. Ein Aufenthalt in einem früheren Handelsposten wie der **Malealea Lodge** (S. 548) – herrliches Bergpanorama und dazu authentisches Dorfleben

2. Gemütliches **Ponytrekking** (S. 531) oder Wandern im Hochland, Unterkunft in traditionellen Basotho-Hütten

3. Ein Gläschen im höchstgelegenen Pub Südafrikas im Skigebiet **Sani Top** (S. 544) am Sani Pass

4. Einsamkeit in rauer Landschaft im **Sehlabathebe National Park** (S. 550)

5. Sich 200 m tief über die atemberaubenden **Maletsunyane Falls** (S. 547) von Semokong abseilen

6. Voll Bewunderung die Meisterwerke der Ingenieurskunst am **Katse Dam** (S. 545) sehen

7. Die Erkundung der rauen Schönheit des **Ts'ehlanyane National Park** (S. 540)

8. Der Blick ins Unendliche von mehr als 3000 m hohen Gebirgspässen wie dem **Mafika-Lisiu** (S. 545)

9. Die Suche nach Fußabdrücken von Dinosauriern in **Leribe (Hlotse)** (S. 539), **Quthing** (S. 549) und **Morija** (S. 537)

10. Der Kauf von Wandbehängen in der Kunsthandwerkshauptstadt **Teyateyaneng** (S. 538)

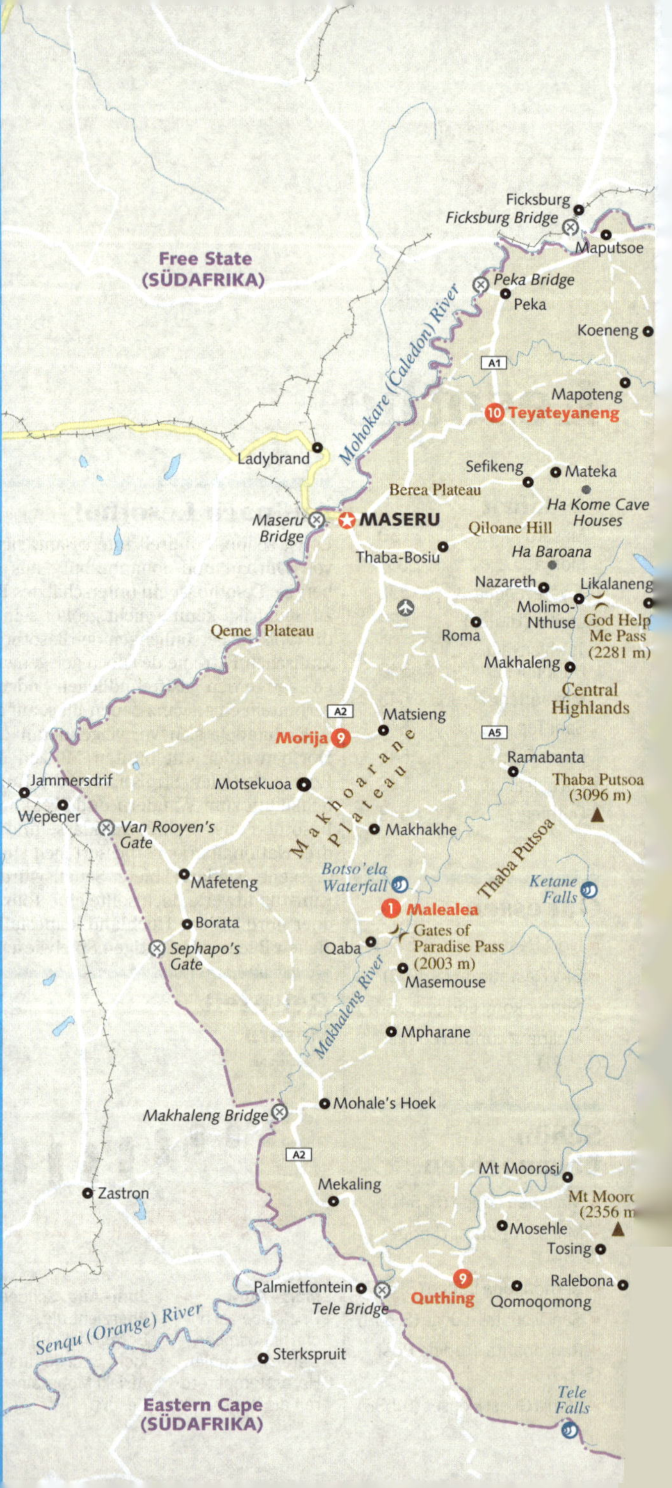

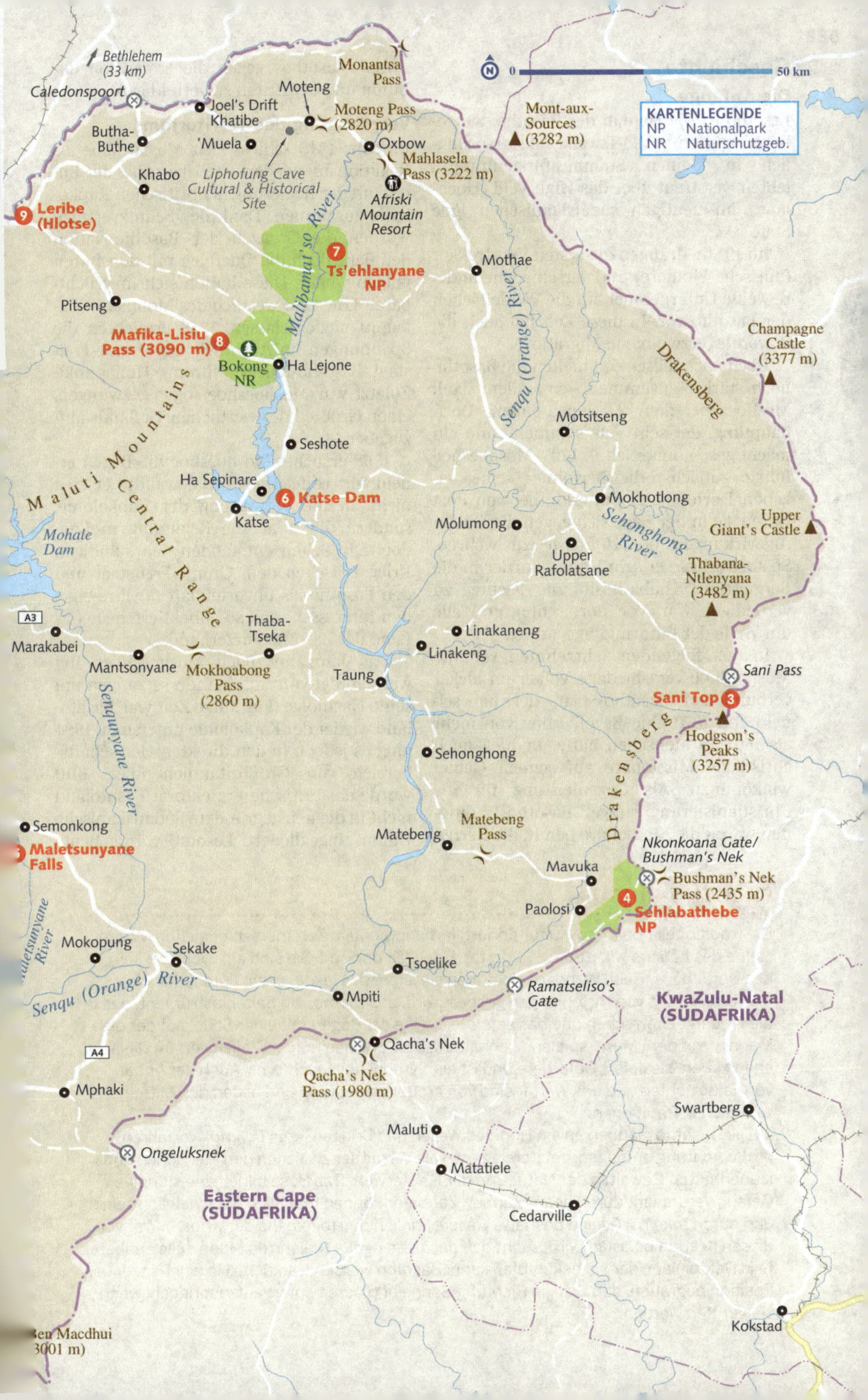
Bethlehem (33 km)
Caledonspoort
Moteng
Monantsa Pass
Joel's Drift
Khatibe
Moteng Pass (2820 m)
Butha-Buthe
'Muela
Oxbow
Mahlasela Pass (3222 m)
Khabo
Liphofung Cave Cultural & Historical Site
Afriski Mountain Resort
9 Leribe (Hlotse)
Malibamat'so River
7 Ts'ehlanyane NP
Mothae
Pitseng
8 Mafika-Lisiu Pass (3090 m)
Bokong NR
Ha Lejone
Seshote
Maluti Mountains
Central Range
Ha Sepinare
6 Katse Dam
Katse
Mohale Dam
A3
Marakabei
Mantsonyane
Mokhoabong Pass (2860 m)
Thaba-Tseka
Senqunyane River
Semonkong
Maletsunyane Falls
Maletsunyane River
Mokopung
Sekake
Senqu (Orange) River
A4
Mphaki
Ongeluksnek
0
50 km
Mont-aux-Sources (3282 m)
KARTENLEGENDE
NP Nationalpark
NR Naturschutzgeb.
Senqu (Orange) River
Drakensberg
Champagne Castle (3377 m)
Motsitseng
Mokhotlong
Sehonghong River
Molumong
Upper Rafolatsane
Upper Giant's Castle
Thabana-Ntlenyana (3482 m)
Linakaneng
Linakeng
Taung
Sani Pass
Sani Top 3
Hodgson's Peaks (3257 m)
Sehonghong
Drakensberg
Matebeng
Matebeng Pass
Nkonkoana Gate/ Bushman's Nek
Mavuka
Bushman's Nek Pass (2435 m)
Paolosi
4 Sehlabathebe NP
Tsoelike
Mpiti
Ramatseliso's Gate
KwaZulu-Natal (SÜDAFRIKA)
Qacha's Nek
Qacha's Nek Pass (1980 m)
Swartberg
Maluti
Matatiele
Cedarville
Eastern Cape (SÜDAFRIKA)
Kokstad
Ben Macdhui (3001 m)

Geschichte

Die Anfänge

Lesotho ist die Heimat der Basotho. Sie gehören zu den Sotho-Tswana, die ursprünglich in kleinen Stammesfürstentümern lebten, verstreut über das High Veld (Hochland) im heutigen südafrikanischen Free State.

Im 19. Jh. drangen die ersten Voortrekker (burische Pioniere) und verschiedene andere weiße Unternehmer auf die Weideflächen der Basotho vor. In diese Zeit fiel auch die *difaqane* (erzwungene Migration).

Doch nach dieser Zeit hielten die Basotho noch stärker zusammen – vor allem dank Moshoeshoe dem Großen, einem Dorfhäuptling, der sein Volk sammelte und ein mächtiges Königreich schuf. Moshoeshoe führte zunächst die Bewohner seines eigenen Dorfes nach Butha-Buthe; von dort waren sie in der Lage sich gegen die frühen Auswirkungen der *difaqane* zu wehren. Später verlegte er sein Hauptquartier in die Bergfestung Thaba-Bosiu, die leichter zu verteidigen war. Von dort schlug er Welle um Welle der Eindringlinge zurück.

In den folgenden Jahrzehnten vereinte Moshoeshoe verschiedene Völker im locker verbundenen Basotho-Staat, der bei seinem Tod 1870 eine Bevölkerung von mehr als 150 000 Menschen hatte. Er hieß auch christliche Missionare auf seinem Gebiet willkommen. Als Gegenleistung für die Christianisierung einiger Basotho-Traditionen waren die Missionare bereit, die Rechte „ihrer" Basothos gegen die Expansion der Buren und der Briten zu verteidigen.

Verteidigung des Territoriums

Im Jahr 1843 schloss sich Moshoeshoe als Reaktion auf wiederholte Übergriffe der Buren mit der Regierung der britischen Kapkolonie zusammen. Dank der Schutzverträge wurden die Grenzen der Basotho-Nation definiert, doch die Querelen mit den Buren gingen weiter. Diese hatten sich im fruchtbaren Low Veld westlich des Mohokare (Caledon) niedergelassen. 1858 erreichten die Spannungen im Ausbruch des Oranje-Freistaat–Basotho-Kriegs ihren Höhepunkt. Zuletzt war Moshoeshoe sogar gezwungen, einen Großteil des westlichen Tieflands aufzugeben.

1868 ersuchte Moshoeshoe die Briten erneut um Hilfe. Dieses Mal wandte er sich nicht an die Verwaltung der Kapkolonie, sondern direkt an die Regierung in London. Die Briten empfanden den ständigen Krieg zwischen dem Oranje-Freitstaat und den Basotho als unvorteilhaft für ihre eigenen Interessen, und so annektierten sie das Land der Basotho kurzerhand.

Das Jahrzehnt nach Moshoeshoes Tod war geprägt von Auseinandersetzungen um seine Nachfolge. Für kurze Zeit war Basutoland wieder der Kapkolonie unterstellt, 1884 ging es jedoch in den direkten Herrschaftsbereich von Großbritannien über. 1910 wurde das britische Protektorat Basutoland nicht in die neu gegründete Südafrikanische Union eingegliedert. Lesotho würde heute

BASOTHO-KULTUR

Die traditionelle Basotho-Kultur floriert, farbenprächtige Zeremonien begleiten Meilensteine des Lebens wie Geburt, Pubertät, Hochzeit und Tod. Sie sind ein wichtiger Teil des Dorflebens. Beim Wandern sieht man vielleicht das *lekolulo*, ein flötenähnliches Instrument, das von Hirtenjungen gespielt wird, das *thomo*, ein Saiteninstrument, das die Frauen beherrschen und das *setolotolo*, eine Art Bogen mit einer Saite, auf der die Männer mit dem Mund spielen. Viehhaltung besitzt einen hohen Stellenwert im täglichen Leben, sie liefert Opfertiere und ist ein Symbol des Reichtums. Auch der Anbau von Feldfrüchten und das Wetter sind von großer Bedeutung und bilden den Mittelpunkt zahlreicher Traditionen.

Die Basotho glauben an ein Höheres Wesen und bringen ihren *balimo* (Vorfahren) große Achtung entgegen. Letztere agieren als Vermittler zwischen den Menschen und launenhaften Gewalten der Natur und der Geisterwelt. Das Böse bildet eine ständige Gefahr, verursacht durch *boloi* (Zauber; Zauberer können männlich oder weiblich sein) und durch *thkolosi* (kleine boshafte Wesen, ähnlich den *tokoloshe* der Xhosa). Wer von diesen Kräften belästigt wird, sucht den nächsten *ngaka* (gelehrten Mann, teils Zauberer, teils Doktor) auf, der sie bekämpfen kann. Basotho werden traditionell in einer sitzenden Position begraben, den Blick in Richtung Sonne und bereit sofort aufzuspringen, wenn sie gerufen werden.

zu Südafrika gehören und wäre während der Apartheid zum Homeland erklärt worden, wenn es zum damaligen Zeitpunkt noch von der Kapkolonie kontrolliert worden wäre.

Unabhängigkeit

Im frühen 20. Jh. gingen immer mehr Arbeiter nach Südafrika. Die Basotho erhielten von der britischen Verwaltung mehr Selbstbestimmung. 1955 forderte der Rat innenpolitische Selbstbestimmung, außerdem Wahlen, um seine Mitglieder zu bestimmen. Zwischenzeitlich bildeten sich politische Parteien: die Basotholand Congress Party (BCP; ähnlich dem African National Congress in Südafrika) und die konservative Basotholand National Party (BNP), geleitet von Chief Leabua Jonathan.

Die BNP gewann die ersten allgemeinen Wahlen in Lesotho im Jahr 1965 und setzte die Unabhängigkeit von Großbritannien an die oberste Stelle ihrer Agenda. Im folgenden Jahr erlangte das Königreich Lesotho vollständige Unabhängigkeit; Chief Jonathan wurde Premierminister und König Moshoeshoe II. fungierte als Staatsoberhaupt.

Chief Jonathan war als Regierungschef nicht beliebt. 1970 gewann die oppositionelle BP die Wahlen. Jonathan setzte die Verfassung außer Kraft, nahm den König gefangen und schickte ihn ins Exil. Nach dem Verbot der Oppositionsparteien wurde Lesotho ein Einparteienstaat.

Jahrzehnte mit Staatsstreichen

1968 wurde Chief Jonathan durch einen Militärputsch ab- und Moshoeshoe II. wieder als Staatsoberhaupt eingesetzt. Durch die darauffolgenden Machtkämpfe zwischen dem König und dem Anführer des Militärputsches, Justin Lekhanya, wurde Moshoeshoe II. 1990 erneut abgesetzt und ins Exil geschickt. Sein Sohn, Letsie III., kam 1992 auf den Thron, allerdings nur für repräsentative Aufgaben.

Die 1990er-Jahre waren ein Jahrzehnt voller Unruhen. Wegen diverser Meinungsverschiedenheiten in der BCP gründete Premierminister Ntsu Mokhehle die Absplitterungspartei Lesotho Congress for Democracy (LCD); er regierte weiter, und die BCP war in der Opposition. Mokhehle starb im Jahr 1998 und Pakalitha Mosisili trat an die Spitze der LCD. Die Partei errang daraufhin einen Erdrutschsieg bei den folgenden Wahlen, die von internationalen Beobachtern für ziemlich rechtmäßig erklärt wurden, gegen die in Lesotho allerdings heftig protestiert wurde.

Im September 1998 bat die Regierung ihre Partner im Southern-African-Development-Community-Abkommen (SADC) – Botsuana, Südafrika und Simbabwe – um Hilfe bei der Wiederherstellung der Ordnung. Rebellen in der Armee von Lesotho leisteten Widerstand, es kam zu heftigen Kämpfen und verbreitet zu Plünderungen in Maseru. Die LCD gewann auch die Wahlen im Jahr 2002, doch die Oppositionsparteien errangen ebenfalls eine beträchtliche Anzahl an Sitzen.

2006 bildeten 17 Mitglieder der LCD, angeführt von Thomas Thabane, die Splitterpartei All Basotho Convention (ABC). Bei den umstrittenen Wahlen von 2007 behielt die LCD, ihre Mehrheit; es folgten landesweite Streiks gegen die Regierung. Eine zweiwöchige Ausgangssperre wurde verhängt, Thabane entkam einem Attentat und viele Menschen wurden gefangen gehalten und gefoltert. 2009 erfolgte ein Attentatsversuch auf Premierminister Mosisili.

Nach den heiß umkämpften Wahlen von 2012 folgte Thabane als Premierminister, nachdem die ABC eine Koalition mit anderen Parteien, darunter die LCD gebildet hatte. Lesotho entging 2014 knapp einem weiteren Umsturz, als Thabane nach Südafrika floh und das Militär eines Putschversuchs beschuldigte. Dank der Vermittlung der SADC fanden im Februar 2015 allgemeine Wahlen statt; Thabanes ABC verlor knapp. Eine Koalitionsregierung aus sieben Parteien entstand, geleitet von der neuen Partei Pakalitha Mosisilis, dem Democratic Congress. Mosisili ist wieder Premierminister, Mothetjoa Metsing von der LCD sein Stellvertreter.

MALOTI ODER RAND?

Der südafrikanische Rand wird allgemein in Lesotho akzeptiert, aber obwohl die beiden Währungen aneinander gekoppelt sind, werden Maloti in Südafrika nicht angenommen. Die meisten Geldautomaten spucken Maloti aus. Wer nur kurze Zeit hier verbringt, bevor er nach Südafrika zurückkehrt, sollte sich besser mit Rand eindecken, so entgeht man dem hektischen Versuch, alle Maloti vor dem Verlassen von Lesotho auszugeben.

Klima

Klare, kalte Winter mit Frost und Schnee im Hochland lassen es geraten erscheinen, auch warme Kleidung ins Reisegepäck einzupacken. Im Sommer (Ende November bis Anfang März) gibt es häufig dramatische Gewitter, außerdem dicke Wolken mit dichtem Dunst. Im Sommer können die Temperaturen in den Tälern auf über 30 °C steigen, in den Bergen ist es in der Regel wesentlich kühler, manchmal fallen die Temperaturen hier sogar unter den Gefrierpunkt. Nahezu der gesamte Regen Lesothos fällt im Zeitraum zwischen Oktober und April. Das ganze Jahr lang herrscht berüchtigt wechselhaftes Wetter.

Reisen innerhalb Lesothos sind zu jeder Zeit möglich; der Herbst (vor allem März und April) und der Frühling (insbesondere September) sind optimal.

Sprache

Die offiziellen Sprachen in Lesotho sind Südliches Sotho (Sesotho) und Englisch. Unter www.sesotho.web.za finden sich mehr Informationen zur Sesotho-Sprache und -Kultur.

Gefahren & Ärgernisse

Reisende sollten nirgends Wertsachen zur Schau stellen. Vorsicht ist vor allem in Maseru wichtig: keine nächtlichen Spaziergänge, da Überfälle stattgefunden haben. Tagsüber sind das Wegreißen von Handtaschen und Taschendiebstahl die Hauptrisiken. Gelegentliche politische Unruhen betreffen normalerweise nur die Hauptstadt; dann heißt es, nicht auf die Straße gehen und Menschenmengen vermeiden.

Wer ohne Führer wandert, kann damit rechnen, in entlegenen Gegenden von Hirten um Geld oder „Geschenke" angegangen zu werden; es besteht auch ein geringes Risiko für Überfälle. An entlegenen Straßen betteln Kinder gelegentlich und werfen Steine auf Autos, vor allem auf solche mit Allradantrieb.

Es gibt zahlreiche Polizeikontrollen auf den Straßen; am ersten Stoppschild anhalten und darauf warten, weitergewunken zu werden. Die meisten Polizisten checken nur kurz die Papiere oder winken Autos gleich weiter. Einige werden den Autofahrern ganz betont erzählen, wie durstig sie sind, wenn sie Getränke im Auto sehen.

Jedes Jahr sind einige Tote durch Blitzschlag zu beklagen; während Gewittern sollte man hoch gelegene Bereiche meiden; Camping im Freien ist nicht empfehlenswert. Wasserdichte Kleidung ist beim Wandern und beim Ponytrekking wichtig.

An- & Weiterreise

Airlink bedient einige Male pro Woche die Strecke von Johannesburg zum Moshoeshoe I International Airport, 21 km südlich von Maseru (über die R1810, eine Stunde). Der Flug zum Flughafen von Bloemfontein (130 km westlich von Maseru) ist preiswerter, ebenso das Mieten eines Autos in Südafrika, und so kommen die meisten Besucher per Auto nach Lesotho. Der Grenzübergang Maseru Bridge wird am häufigsten benützt; der Wochenendverkehr verursacht am Freitag- und am Sonntagabend mitunter Staus.

Heute lassen sich die meisten Straßen in Lesotho auch ohne Allradantrieb bewältigen, doch für eine komplette Rundfahrt ist immer noch ein Geländewagen nötig – wegen der Kiesstraßen im Osten zwischen Mokhotlong und Wacha's Nek. Busse und Sammeltaxis verkehren im ganzen Land; Taxis haben normalerweise keinen Fahrplan, sondern starten, wenn sie voll sind.

MASERU

430 000 EW. / 1600 M

Maseru ist verglichen mit anderen Hauptstädten der Welt eher bescheiden. Die Stadt erstreckt sich am tiefer gelegenen Westrand des Landes und wird von zwei Plateaus umsäumt, Berea und Qeme. Die Briten gründeten Maseru 1869 und nutzten die Stadt als Verwaltungssitz. In den letzten Jahrzehnten ist sie enorm gewachsen, aber der Verkehr hält sich in Grenzen. Dank eines groß angelegten Sanierungsprogramms sind viele Narben der politischen Unruhen von 1998 inzwischen „verheilt".

Maseru hat ein gemäßigtes Klima, hübsche Geschäfte und eine gute Auswahl an Restaurants und Unterkünften zu bieten. Sehenswürdigkeiten gibt es zwar kaum, aber dafür ist dies ein guter Ort, um erst einmal anzukommen, sich um die Reiselogistik zu kümmern und Vorräte einzukaufen, bevor man sich ins Hochland aufmacht.

Aktivitäten

Kick4Life FUSSBALL

(☎ 2832 0707; www.kick4life.org; Lesotho Football for Hope Centre, Nightingale Rd; pro Pers. 20 M; ⌚ Di & Do 18–20 Uhr) Bei dieser auf Fußball spezialisierten NGO kann man sich einem Fußballspiel (fünf Spieler pro Mannschaft) anschließen. Es handelt sich um den ersten Fußballverein, der ausschließlich den sozialen Wandel zum Ziel hat. Wer weniger sportlich ist, kann bei einem Glas Wein vom benachbarten No. 7 Restaurant aus zusehen. Das geplante Stadion wird das einzige Sportstadion der Welt sein, dessen Hauptzweck HIV/AIDS-Massentests sein werden.

Schlafen

In Maseru gibt es nur wenige B&Bs, doch es mangelt nicht an Unterkunftsmöglichkeiten. Die meisten Reisenden fahren weiter nach Roma oder Thaba-Bosiu, die beide nur eine kurze Fahrt von der Hauptstadt entfernt liegen und ein gutes Übernachtungsangebot bieten.

Foothills Guesthouse PENSION $
(☎ 5870 6566; melvin@xsinet.co.za; 121 Maluti Rd; EZ/DZ 400/500 M, Frühstück 40 M; P ᯤ) Diese bequeme, freundliche Pension im Vorort bietet für Maseru ein gutes Preis-Leistungs-Verhältnis. Die acht Zimmer zum Garten sind schlicht und ihre Badezimmer alt, aber zwei verfügen über eine Kitchenette, zusätzlich zur Küche für Selbstversorger und dem strohgedeckten *lapa* (halboffener Unterhaltungsbereich) mit *braai* (Grill).

Maseru Backpackers & Conference Centre BACKPACKER $
(☎ 2232 5166; www.lesothodurhamlink.org; Airport Rd; Camping/B/Zi. 70/140/400 M; P ❄ ᯤ) Angeschlossen an eine britische anglikanische NGO und von Einheimischen geführt, besitzt dieses Hostel karge, saubere Vier- bis Achtbettschlafsäle und einige private Zimmer. Eine *rondavel* (runde Hütte mit einem kegelförmigen Dach; M 500) für Selbstversorger im typischen Basotho-Stil mit zwei Doppelzimmern und einer Lounge liegt direkt am Maqalika-Stausee. Die ganze Anlage befindet sich 3 km vom Stadtzentrum entfernt – dem Schild „Lesotho Durham Link" folgen.

Der Hauptgrund für einen Aufenthalt hier sind die Outdoor-Aktivitäten, darunter Kanu- und Kajakfahren, Klettern, Abseilen und Bogenschießen. Mit einer Vorbestellung kann man hier auch essen.

★ Kick4Life Hotel & Conference Centre HOTEL $$
(☎ 2832 0707; www.kick4life.org; Lesotho Football for Hope Centre, Nightingale Rd; Zi. inkl. Frühstück 580–650 M; P ᯤ) Dieses schöne von Fußball bestimmte Hotel ist der NGO Kick4Life angeschlossen; seine Einnahmen kommen der Wohltätigkeitsarbeit zugute; das Personal besteht teilweise aus Schützlingen von Kick4Life. An der Rezeption hängt ein Bild von zwei glücklichen Kids aus Lesotho, die das englische Team treffen dürfen; die zwölf attraktiven Zimmer, die nach bekannten Fußballspielern benannt sind, zieren Fußballutensilien.

Der Blick von der Terrasse auf die Stadt wird höchstens von der Aussicht vom Lesotho Sun aus getoppt; man überblickt von hier auch einen der Fußballplätze.

Maseru Sun HOTEL $$
(☎ 2231 2434; www.suninternational.com; 12 Orpen Rd; EZ/DZ inkl- Frühstück 1280/1450 M; P ❄ ᯤ ≋) Dieses hübsche Hotel im Stadtzentrum, das zur Hotelkette Sun International gehört, bietet geräumige Zimmer und Suiten. Zu den Annehmlichkeiten zählen ein Restaurant, eine Bar, Kunsthandwerksläden, ein kleines Kasino, ein Geldautomat und ein einfaches Fitnesscenter. Wer nicht vorbestellt, sondern vor Ort sein Glück versucht, bekommt einen besseren Preis.

Lancer's Inn HOTEL $$
(☎ 2231 2114; www.lancersinn.co.ls; Ecke Kingsway & Pioneer Rd; EZ/DZ ab 825/925 M; P ❄ ᯤ ≋) Das beliebte Business-Hotel, das dem holländischen Botschafter gehört, verfügt über renovierte Zimmer mit Satelliten-TV und offenem Badezimmer. Gewundene Gartenwege führen zu hübschen steinernen *ronda-*

PONYTREKKING

Ponytrekking ist eine der Trumpfkarten Lesothos. Dabei werden die trittsicheren Basotho-Ponys eingesetzt, eine Kreuzung aus Javaponys und europäischen Reitpferden. Gute Orte, um Trekkingtouren zu organisieren sind: **Malealea Lodge** (S. 584), **Semonkong Lodge** (S. 547), **Ts'ehlanyane National Park** (S. 540) und **Bokong Nature Reserve** (S. 545).

Man sollte im Voraus buchen; Reitkenntnisse sind nicht nötig. Egal wie viel Erfahrung vorhanden ist, ein Tag im Sattel geht nicht spurlos vorüber. Für Trekkingtouren mit einer Übernachtung heißt es in der Regel, Lebensmittel (in Maseru Vorräte kaufen), einen Schlafsack, eine Taschenlampe, Tabletten zur Wasseraufbereitung und warme, wasserdichte Kleidung mitzubringen. Mehr zur nötigen Vorbereitung und Bevorratung findet sich auf der Website der Malealea Lodge.

Maseru

Maseru

Aktivitäten, Kurse & Touren
1 Kick4Life D4

Schlafen
2 Foothills Guesthouse C2
Kick4Life Hotel & Conference Centre ..... (s. 1)
3 Lancer's Inn D3
4 Lesotho Sun E4
5 Maseru Sun C3
6 Mohokare Guest House C4

Essen
7 LNDC Centre D3
No.7 Restaurant ..... (s. 1)
8 Ouh La La D3
9 Piri Piri C3
Regal Restaurant ..... (s. 10)
Renaissance Café ..... (s. 11)
Rendezvous ..... (s. 3)

Ausgehen & Nachtleben
Lancer's Inn ..... (s. 3)
Lesotho Sun ..... (s. 4)
Times Caffe ..... (s. 7)

Shoppen
10 Basotho Hat C3
Collectables ..... (s. 11)
11 Pioneer Mall C4

vels und Chalets für Selbstversorger. Das Restaurant **Rendezvous** (Mittag-/Abendessen 60/70 M), die zugehörige Bar and das benachbarte Reisebüro bilden ein gutes Ensemble.

Mohokare Guest House PENSION $$
(☎ 2231 4442; www.mohokare.co.ls; 260 Pioneer Rd; inkl. Frühstück EZ/DZ ab 515/685 M, Luxus-EZ/DZ/tw 685/800/1000 M; P ❄ 📶) Das an einer viel befahrenen Straße, in der Nähe der Pioneer Mall gelegen Mohokare besitzt bei

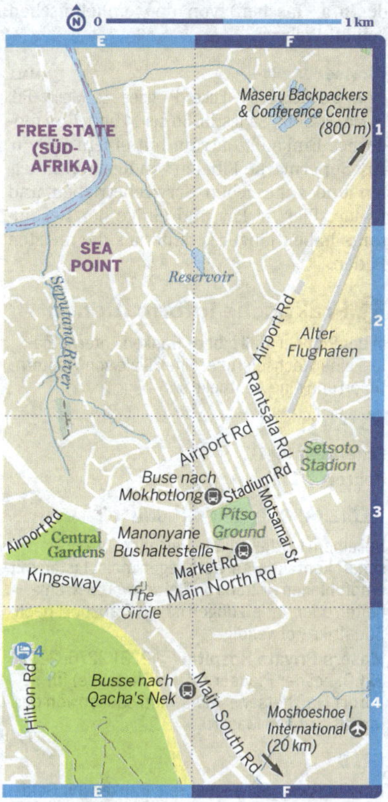

Einheimischen einen guten Ruf. Es verfügt über eine niedliche kleine Bar. Die **Chalets** für Selbstversorger (855 M, ohne Frühstück) sind sehr geräumig; Die Luxuszimmer unterscheiden sich durch eine Kitchenette und eine frei stehende Badewanne, obwohl sie nicht viel besser sind als die Standardzimmer. Transfer und Aktivitäten können organisiert werden.

Black Swan B&B PENSION $$
(☎2231 7700; www.blackswan.co.ls; 28 Manong Rd, New Europa; EZ/DZ inkl. Frühstück 490/900 M; P❄📶🏊) Mit Gartenlaube, *braai*, hauseigenem Hahn und Vogelteich ist das Black Swan eine ruhige vorstädtische Unterkunft. Die spartanischen, aber großen Zimmer sind mit Satelliten-TV und allerlei Annehmlichkeiten ausgestattet. Für einen kleinen Aufpreis gibt es ein Zimmer oder eine *rondavel* mit Kitchenette (EZ/DZ mit Frühstück ab 650/1000 M); am Wochenende liegen die Preise niedriger.

Lesotho Sun HOTEL $$$
(☎2224 3000; www.suninternational.com; Hilton Rd; EZ/2BZ/DZ inkl. Frühstück ab 1905/2060/2240 M; P❄@📶🏊) Seit 1979 blickt Maserus Tophotel von einem Hügel auf die Hauptstadt hinab. Es bietet eine Auswahl an Zimmern und Annehmlichkeiten, darunter zwei Restaurants, zwei Bars, ein Kasino, ein Reisebüro und Läden.

Essen

Die Restaurantszene von Maseru ist nicht gerade großartig, aber die meisten der folgenden Lokale bieten eine recht anständige Küche.

In der Pioneer Mall (S. 534) gibt es Filialen der Restaurantketten Spur, Wimpy und Ocean Basket, einen Supermarkt der Kette Pick 'n' Pay und das **Renaissance Café** (Hauptgerichte 70 M; ⌚Mo–Sa 7–21, So bis 18 Uhr). Im **LNDC Centre** (Ecke Kingsway & Pioneer Rd) befinden sich ein Shoprite-Supermarkt und Cafés.

Ouh La La CAFÉ $
(☎2832 3330; Ecke Kingsway & Pioneer Rd; Hauptgerichte 35 M; ⌚Mo–Fr 7.30–21, Sa 8–19, So 9.30–16 Uhr; 📶) Einheimische und Expats mischen sich in diesem Gartencafé an der Straße, das sein französisches Flair dem benachbarten Kulturzentrum der Alliance Française verdankt. Die Speisekarte beschränkt sich vorwiegend auf Sandwiches, Crêpes, Gebäck und Salat, doch der Kaffee ist gut und Wein wird glasweise ausgeschenkt.

★ **No. 7 Restaurant** INTERNATIONAL $$
(☎2832 0707; www.kick4life.org; Lesotho Football for Hope Centre, Nightingale Rd; Mittag-/Abendessen Hauptgerichte 50/95 M; ⌚Mo–Sa 7–22 Uhr; 🍷) No. 7 ist an die dem Fußball gewidmete NGO Kick4Life und ihr Hotel angeschlossen. Die Gewinne fließen in die Wohltätigkeitsprojekte von Kick4Life. Zum Team gehören junge Einheimische, die hier in der Gastronomie ausgebildet werden. Das Restaurant ist schick, mit Blick auf die Stadt und einer Speisekarte, die europäische Küche mit Basotho-Anklängen kombiniert; so gibt es etwa Lendensteaks und Bouillabaisse.

Auf dem Weg ins Restaurant kommen Gäste vielleicht an Teilnehmern des Kick4Life-Programms vorbei, die Fußball spielen.

Piri Piri INTERNATIONAL $$
(Orpen Rd; Hauptgerichte 100 M; ⌚Mo–Sa 9–21 Uhr) Dieses Restaurant in der Nähe des

Maseru Sun serviert portugiesische, mosambikanische und südafrikanische Küche, darunter Steaks, Meeresfrüchte, *feijoada* (einen traditionellen portugiesischen Eintopf) und Piri-Piri-Huhn. Gäste haben die Wahl zwischen romantischen, sanft beleuchteten Räumen und Lauben.

Regal Restaurant INDISCH $$
(☎2231 3930; beim Kingsway; Hauptgerichte 50–120 M;) In einem Gebäude im Stil traditioneller Basotho-Hütten liegt dieses Restaurant, ein Favorit von Geschäftsleuten und Politikern. Lesothos einziges indisches Restaurant serviert Klassiker wie *korma, madras, rogan josh* und Gemüse-Currys; aber es gibt auch Steaks und Nudelgerichte. Der Service ist professionell, die indische Musik unaufdringlich – man kann sich fast vorstellen in einem britischen Curry-Lokal zu sitzen.

Ausgehen

Lesotho Sun BAR
(www.suninternational.com; Hilton Rd;) Die Expats und die Einheimischen in Maseru klettern den Hügel hinauf, um einen Dämmerschoppen mit schönem Ausblick zu genießen. Cocktails an der Poolbar sind freitags ein beliebter Start ins Wochenende.

Lancer's Inn BAR
(www.lancersinn.co.ls; Ecke Kingsway & Pioneer Rd) Diese moderne Hotelbar ist ein gemütlicher Rückzugsort im Stadtzentrum.

Times Caffe BAR, CAFÉ
(Level 1, LNDC Centre, Ecke Kingsway & Pioneer Rd) Mit den schicken Ledersofas, der stylischen Beleuchtung, den Plastikstühlen, den farbenfrohen Hockern und gekachelten Flächen ist das Times bei der einheimischen Szene beliebt. Von einer Außenterrasse überblickt man das Zentrum.

Shoppen

Basotho Hat KUNSTHANDWERK
(www.golesotho.co.za/Other Pages/Maseru.html; Kingsway; ⏲Mo–Fr 8–17, Sa bis 16.30 Uhr) Teurer als andernorts, aber bequem und mit großer Auswahl – hier gibt es auf zwei Etagen hochwertiges Kunsthandwerk aus dem ganzen Land. Kreditkarten werden akzeptiert; Kunden werden nicht zum Kauf gedrängt.

Collectables KUNSTHANDWERK
(Pioneer Mall, Ecke Pioneer & Mpilo Rd; ⏲9–20 Uhr) Souvenirs, Sandalen und Gegenstände (u.a. Taschen) von den einheimischen Seihati-Webern.

Pioneer Mall MALL
(www.pioneer.co.ls; Ecke Pioneer & Mpilo Rd; ⏲Mo–Fr 9–18, Sa bis 16, So bis 14 Uhr) Ein modernes Einkaufszentrum mit einem Pick 'n' Pay-Supermarkt, Filialen von Restaurantketten und zahlreichen Servicebetrieben und Läden. Pick 'n' Pay und einige der Restaurants haben länger geöffnet als die meisten Läden.

Praktische Informationen

In der Pioneer Mall gibt es Banken, Internetcafés, eine Wechselstube, eine Filiale von Western Union und eine Apotheke.

NOTFÄLLE

Feuerwehr (☎112)
Polizei (☎112)

MEDIZINISCHE VERSORGUNG

Bei einem Notfall sollten Reisende ihre Botschaft kontaktieren; dort liegen meist Listen mit empfohlenen Ärzten vor. Bei schweren Krankheiten oder Verletzungen ist ein Transport nach Südafrika notwendig.

Maseru Private Hospital (☎2231 2276, 2231 3260; bei der Pioneer Rd, Ha Thetsane) Im Vorort Ha Thetsane, etwa 7 km südlich von der Innenstadt von Maseru.

GELD

Am Kingsway gibt es mehrere Banken mit Geldautomaten. In den teueren Hotels wird ebenfalls Geld gewechselt (allerdings zu einem schlechten Kurs).

TOURISTENINFORMATION

Kiosk der Touristeninformation (☎2833 2238; visitlesotho.travel; Pioneer Mall, Ecke Pioneer & Mpilo Rd; ⏲Mo–Fr 10–18, Sa bis 15, So bis 14 Uhr) In diesem hilfreichen Kiosk gibt es eine gute AA-Karte von Lesotho, Stadtpläne von Maseru und Broschüren. Das Personal berät auch zu öffentlichen Verkehrsmitteln und geführten Touren.

Touristeninformationen gibt es auch am Grenzposten Maseru Bridge (☎2231 2427; ⏲Mo–Fr 8–17, Sa & So 9–13 Uhr), am Moshoeshoe I International Airport (☎2835 0479; ⏲8–17 Uhr am) und in der Zentrale der Lesotho Tourism Development Corporation (LTDC; ☎2231 2238; Ecke Linare Rd & Parliament St; ⏲Mo–Fr 8–17 Uhr).

REISEBÜROS

Reisebüros gibt es in der Pioneer Mall, dem LNDC Centre und dem Hotel Lancer's Inn.

Leloli Travel Agency (☎ 5885 1513; Pioneer Mall, Ecke Pioneer & Mpilo Rd; ⏲ Mo–Fr 8–17, Sa 9–12 Uhr) Hier kann man sowohl Flüge buchen als auch einen Budget-Leihwagen anmieten.

Maseru Travel (☎ 2231 4536; gracem.maserutravel@galileosa.co.za; Maseru Book Centre, Kingsway; ⏲ Mo–Fr 8.30–17, Sa 9–11 Uhr) Vertretung von Budget-Leihwagen, Intercape-Bussen und Fluglinien, darunter South African Airways.

ℹ An- & Weiterreise

AUTO & MOTORRAD

Avis (☎ 2235 0328; www.avis.co.za; Lesotho Sun, Hilton Rd) Auch am Moshoeshoe I International Airport.

Basotho Car Rental (☎ 2232 4123; www.basothocarrental.com; Camara de Lobos Bldg., Maseru-Bridge-Grenzposten) Gute Preise und Transfer zum Flughafen.

BUS & SAMMELTAXI

Es gibt drei Haupthaltestellen nordöstlich vom wichtigsten Kreisverkehr.

Sefika-Taxistand (hinter der Sefika Mall) Ein großer Taxistand mit Fahrtangeboten ins ganze Land, u. a. nach Roma, Motsekuoa (nach Malealea) und Orten im Süden.

Motsamai-Street-Taxistand (hinter KFC an der Main North Rd, zwischen Pitso Ground und Setsoto-Stadion) Fahrten zu regionalen Zielen (darunter Motsekuoa) und Orten im Norden wie Maputsoe und Leribe (Hlotse).

Manonyane-Bushaltestelle (beim Pitso Ground) Sammeltaxis nach Thaba-Bosiu und Semonkong, Leribe und Orten im Norden. Auch Busse des Lesotho Freight Service zu Zielen wie Leribe und Thaba-Tseka.

Busse des Lesotho Freight Service nach Mokhotlong fahren in der Stadium Road hinter dem Pitso Ground ab, während jene nach Qacha's Nek bei der St James Primary and High School an der Main Road South starten.

Weitere Informationen, siehe S. 687.

ℹ Unterwegs vor Ort

Flughafen Der Moshoeshoe I International Airport liegt 21 km südlich der Stadt, abseits der Main South Rd auf dem Weg nach Morija. Sammeltaxis zum Flughafen starten am Sefika-Taxistand (hinter der Sefika Mall). Unterkünfte, Touristeninformationen und Reisebüros in Maseru können privaten Transfer für etwa 100 M organisieren.

Taxi Der Standardpreis für eine Sammeltaxifahrt in der Stadt liegt bei 6,50 M; ein „normales" Taxi kostet 50 M.

UMGEBUNG VON MASERU

In der Umgebung von Maseru gibt es mehrere Sehenswürdigkeiten, die man leicht in Tagesausflügen oder Zweitagestouren von der Hauptstadt aus besuchen kann.

BASOTHO-DECKEN

Die Basotho-Decke ist ein wichtiger Teil des öffentlichen, gesellschaftlichen und privaten Lebens, nicht nur als praktisches Kleidungsstück, sondern auch als ein Symbol für Reichtum. Als 1860 europäische Händler König Moshoeshoe I. eine Decke schenkten, fanden die Basotho sie so super, dass Decken die Tierhäute ersetzten. In den 1880er-Jahren überschütteten sie die Händler mit Nachfragen nach Decken, die aus qualitativ hochwertigem Stoff aus England hergestellt wurden.

Die heutigen Wolldecken bieten Schutz gegen Hitze und Kälte, sind feuersicher und stellen ein Statussymbol dar (jede kostet gewaltige 500 M). Ausschau halten sollte man nach einem Maiskolben (Symbol der Fruchtbarkeit), einer Krone oder militärischen Symbolen (ein Erbe des Britischen Empire) und einem Kohlblatt (steht für Reichtum). Junge verheiratete Frauen tragen eine Decke um die Hüften, bis sie ihr erstes Kind empfangen haben. Knaben bekommen eine Decke bei ihrer Beschneidung, der Männlichkeitsinitiation. Die festen Ränder der Decken sind senkrecht gewoben; die Basotho glauben, dass eine Decke, die waagerecht getragen wird, Wachstum, Reichtum und Entwicklung beeinträchtigt.

Weniger weit verbreitet, aber in ländlichen Gegenden immer noch in Gebrauch, ist der Basotho-Hut *(mokorotlo* oder *molianyeo)* mit seiner typischen konischen Form und seiner eigenartigen Dekoration obenauf. Der Hut soll der Form des Qiloane Hill bei Thaba-Bosiu nachgebildet sein.

ABSEITS DER ÜBLICHEN PFADE

MATSIENG

Royal Archives & Museum (☎2700 6984; www.royalarchives.org.ls; Eintritt 15 M; ⏲Mo–Fr 9–16.30, Sa bis 13 Uhr; P) Morijas unspektakuläres Nachbardorf Matsieng ist der unwahrscheinliche Ort einer königlichen Residenz. In den 1960er-Jahren wurde in Maseru ein neuer Palast gebaut, doch die königliche Familie verbringt das Wochenende immer noch in Matsieng. Das angeschlossene Archiv mit einem kleinem Museum zeigt Stücke aus der königlichen Sammlung, Dokumente und Informationen zur Monarchie.

Das Personal bietet eine **Führung** (40 M) durch den Ort an und weist dabei auf bemerkenswerte Punkte der Residenz hin.

Thaba-Bosiu

Ca. 25 km östlich von Maseru erhebt sich der berühmte Tafelberg Thaba-Bosiu (Berg bei Nacht). Dort errichtete König Moshoeshoe der Große 1824 seine Bergfestung. Dieser Ort gilt als Wiege der Basotho-Nation, und obwohl das Ganze nicht besonders spektakulär aussieht, ist es doch die wichtigste historische Stätte des Landes.

Der Ursprung des Namens Thaba-Bosiu ist unklar; es gibt verschiedene Erklärungen. Die interessanteste erzählt, dass zur Abschreckung von Feinden ein Seil mit magischen Kräutern bestückt und dann um den Berg gewunden wurde. Als Eindringlinge dann nachts dieses Seil überquerten, hatten sie im Drogenrausch die Vorstellung, dass Thaba-Bosiu wüchse und so zum unbezwinglichen Berg würde.

Am Fuß des Bergs liegt ein **Besucherzentrum** (☎2835 7207; ⏲Mo–Fr 8–17, Sa ab 9, So 9–13 Uhr); dort können Reisende für einen Spaziergang zum Gipfel einen Führer engagieren (40 M, 2 Std.). Auch Ausritte sind möglich (90 M; im Voraus buchen).

Vom Gipfel bieten sich schöne Ausblicke über die Umgebung, darunter auch zum **Qiloane Hill**, der vermutlich die Inspiration für den Basotho-Hut war. Faszinierend sind auch die Relikte der Befestigung, Moshoeshoes Grab und Teile seiner originalen Siedlung.

Zum **Cultural Village** (Eintritt 20 M; ⏲8 Uhr bis Sonnenuntergang am; P) neben der Besucherinformation gehören ein traditionelles Basotho-Dorf, ein Museum und ein Amphitheater.

Schlafen & Essen

Die Unterkünfte von Thaba-Bosiu liegen alle nicht weit voneinander entlang der Hauptstraße.

Mmelesi Lodge LODGE $
(☎5250 0006; www.mmelesilodge.co.ls; EZ/DZ 420/510 M, Frühstück 65 M; P) Mmelesi Lodge verfügt über Sandstein-Chalets in der Form strohgedeckter *mokhoros* (traditioneller Basotho-Hütten), die über blumenbestandene Wege erreicht werden. Sie füllt sich oft mit Regierungsangestellten; wenn Musiker in der Stadt sind, geht es in der Bar mit Restaurant richtig rund.

Nokaneng Backpacker HOSTEL $
(☎5896 2461; www.nokanengbackpacker.com; B/Zi. 140/300 M; P) Das Basotho-amerikanische Paar Kennedy und Rose bietet eine rustikale Unterkunft mit energiefreundlicher Solarenergie, einer Küche für Selbstversorger und Duschen.

Cultural Village RESORT $$
(☎6286 1361; www.thababosiuculvil.co.ls; Zi. inkl. Frühstück 900 M; P ❄ Wi-Fi) Der Touristenkomplex verfügt über komfortable Chalets und ein ansprechendes Restaurant (Hauptgerichte 90 M).

An- & Weiterreise

Sammeltaxis nach Thaba-Bosiu (18 M, 30 Min.) fahren vom Manonyane-Taxistand in Maseru ab. Wer selbst fährt, nimmt für etwa 13 km die Straße nach Mafeteng und biegt dann links nach Roma ab; nach etwa 6 km geht es über die ausgeschilderte Straße nach links. Ab hier ist Thaba-Bosiu noch 10 km entfernt.

Ha Baroana

Ha Baroana ist eine der wichtigeren und bekannteren Fundstellen von Felsbildern in Lesotho. Ein Besuch lohnt, wenn genug Zeit vorhanden ist, obwohl Vernachlässigung und Vandalismus hier sichtbar ihren Tribut gefordert haben.

Unmittelbar vor dem Dorf Nazareth führt eine beschilderte Kiesstraße zu den Bildern. Auf diesem Weg geht es 3 km bis zum Dorf Ha Khotso, am Fußballplatz wird nach rechts abgebogen, danach folgen weitere 2,5 km bis zum Gipfel eines Hügels, von dem man in eine Schlucht blickt. Ein Fußweg führt im Zickzack den Hang des Hügels hinab, zu dem überhängenden Felsen mit den Bildern.

Um nach Nazareth zu kommen, in Roma von der Straße nach Mafeteng abbiegen und 8 km bis zur Kreuzung von Thaba-Tseka fahren. Links abbiegen (in Richtung Thaba-Tseka), nach 12 km ist Nazareth erreicht. Sammeltaxis, die zwischen Maseru und Thaba-Tseka verkehren, lassen Fahrgäste an der Abzweigung nach Ha Baroana aussteigen.

Roma

35 km südöstlich von Maseru schmiegt sich Roma an Sandsteinfelsen. Es wurde in den 1860er-Jahren als Missionsstadt gegründet. Heute ist es Lesothos Bildungszentrum mit der einzigen Universität des Landes, mehreren Seminaren und höheren Schulen. Der schöne **Campus** der National University of Lesotho lohnt einen Besuch. Die südliche Ein-/Ausfahrt der Stadt führt durch eine atemberaubende Schlucht. Beste Zeit für die Fahrt sind der Morgen oder der späte Nachmittag, wenn die tief stehende Sonne die Felsen gut zur Geltung bringt.

Tagsüber verkehren Sammeltaxis zwischen Maseru und Roma (25 M, 45 Min.).

★ Roma Trading Post PENSION $
(☎ 2234 0202; www.tradingpost.co.za; EZ/DZ 250/500 M, ohne Bad 175/350 M, Camping 85 M, Frühstück/Abendessen 55/100 M; P 📶 🏊) Roma Trading Post ist ein charmanter Handelsposten, der schon in der vierten Generation (seit 1903) von der Familie Thorn betrieben wird. Die angeschlossene Pension inklusive der Gartenzimmer, *rondavels* und des ursprünglichen Wohnhauses mit Gemeinschaftsküche liegt in einem üppigen Garten. Das freundliche, hilfsbereite Personal kann Aktivitäten wie Ponytrekking, Wandern, Besuche der *minwane* (Dinosaurier-Fußabdrücke) und der Attraktionen in der Umgebung organisieren.

Am Nordrand der Stadt (Maseru) ist es gut ausgeschildert.

Kaycees FASTFOOD $
(Hauptgerichte 25 M) Kaycees, nicht weit von der Hauptstraße Romas gelegen, ist eine beliebte Kneipe, in der glückliche Studenten Fastfood essen und Maluti-Bier aus Dosen trinken.

Morija

Das winzige Morija war die erste europäische Mission in Lesotho. Es ist ein bedeutendes, hübsches Städtchen mit einem reichen kulturellen Erbe und eignet sich deshalb prima für einen Tagesausflug ab Maseru oder als Zwischenstopp. Das Morija Museum ist das inoffizielle Nationalmuseum. Sollte man Ende September oder Anfang Oktober in der Gegend sein, ist das Morija-Festival ein absolutes Muss.

Sehenswertes & Aktivitäten

Morija Museum & Archives MUSEUM
(☎ 2236 0308; www.morija.co.ls; Eintritt 10 M; ⏱ Mo–Sa 8–17, So ab 12 Uhr; P) Dieses kleine, sorgfältig zusammengestellte Museum enthält ethnografische Exponate, Archive aus der Frühzeit der Mission und wissenschaftliche Artefakte. Zum Verkauf steht eine ausgezeichnete Auswahl an Büchern, darunter auch einige des Kurators Stephen Gill. Das Museumspersonal bietet auch Führungen zu den **Dinosaurier-Fußabdrücken** (50 M pro Pers.) in den nahen Makhoarane Moun-

ABSTECHER

RAMABANTA TRADING POST

Ramabanta Trading Post
(☎ 2234 0202; EZ/DZ M300/600, Frühstück/Gerichte 75/150 M, Halbpension pro Pers. 525 M; P) Etwa 40 km südöstlich von Roma, abseits der geteerten Straße nach Semonkong und in den Süden liegt diese Schwesterpension des Roma Trading Post. Die hübschen und geräumigen *rondavels,* die auf einem gepflegten Grundstück mit Bergblick stehen, besitzen eine Lounge und ein Esszimmer, drei auch eine Kitchenette. Im Hauptgebäude gibt es eine Lounge, eine Bar und ein Restaurant.

Aktivitäten wie Ponytrekking, Wandern und Besuche im Dorf werden angeboten. Ein Aufenthalt hier bietet die Möglichkeit, Roma, Ramabanta, Semonkong und andere Orte in mehrtägigen Wanderungen und beim Ponytrekking zu besuchen. Sammeltaxis verbinden Maseru mit Ramabanta (50 M, 2 Std.) und fahren weiter nach Semonkong.

NICHT VERSÄUMEN

MORIJA ARTS FESTIVAL

Der Ruf des Highlights in Lesothos Kulturkalender wächst stetig; Jahr für Jahr kommen mehr Besucher aus Südafrika. Das fünf Tage dauernde Festival findet jedes Jahr Ende September, Anfang Oktober statt und zeigt die Vielfalt der Sotho-Kultur mit Tänzen, elektronischer und Jazzmusik, Dichtung und Theater. Zu den Höhepunkten in der Vergangenheit zählten Pferderennen, Wettkämpfe in *moraba-raba* (dem afrikanischen Pendant zu Schach) und Auftritte von Musikern wie Hugh Masekela aus Südafrika und Oliver Mtukudzi aus Simbabwe. Weitere Informationen unter www.morija.co.ls oder im Museum von Morija.

tains an; zu Fuß dauert es hin und zurück etwa 1½ Stunden.

Maeder House Crafts Centre KUNSTZENTRUM
(☎5991 1853; ⏲ nach Vereinbarung; P) Kunsthandwerkszentrum in einem Missionshaus nicht weit vom Museum.

Wer über Nacht bleibt, kann sich von den Damen im angeschlossenen Laden ein *shweshwe* (bunt bedruckter Baumwollstoff) Hemd für 350 M anfertigen lassen. Lesothos erste Druckerpresse steht in der benachbarten Druckerei.

Ponytrekking & Wandern

Ponytrekking (pro Pers. pro Std./halbem Tag/Tag 190/500/750 M) Die Morija Guest Houses organisieren geführte Wanderungen zu den Dinosaurier-Fußabdrücken und **Übernachtungen im Dorf** (inkl. Vollpension pro Wanderer/Reiter 370/890 M). Einen Tag im Voraus buchen. Ein Packpferd fürs Gepäck kostet zusätzlich 400 M.

Schlafen & Essen

★ **Morija Guest Houses** PENSION $
(☎6306 5093; www.morijaguesthouses.com; Zi. pro Pers. mit Bad 220–300 M, Camping 110 M, Frühstück/Mittagessen/Abendessen 66/110/134 M; P 📶) In diesem recht gediegenen Steinhaus mit strohgedecktem Dach hoch über dem Ort können die Gäste wählen: gemütliche Zimmer im Haupthaus oder in den Hütten unterhalb. Das Unterhaltungsangebot ist umfangreich: von Mountainbiken bis hin zu Aufführungen von traditionellem Chorgesang und Tänzen. So kann man hier die Gegend wirklich intensiv erleben. Rucksackreisende, die mit öffentlichen Verkehrsmitteln kommen, zahlen einen reduzierten Preis von 175 M pro Person.

Lindy's B&B PENSION $
(☎5885 5309; www.lindysbnb.co.ls; EZ/DZ 380/550 M, ohne Bad 280/460 M, Frühstück/Mittagessen 65/120 M; P 📶) Lindy bietet eine große moderne Maisonettewohnung mit zwei Zimmern und Bad sowie eine hundert Jahre alte Hütte mit zwei weiteren Zimmern – alles umgeben von den Makhoarane Mountains.

Morija Museum Tearoom CAFÉ $
(Hauptgerichte 40 M; ⏲ Mo–Sa 8–17, So ab 12 Uhr) Die kleine Teestube im Hof des Morija-Museums serviert Gerichte wie Pizza, Hähnchen und Pommes frites. Reges Leben herrscht hier am Wochenende und während des Morija Festivals.

An- & Weiterreise

Tagsüber verkehren Sammeltaxis von/nach Maseru (25 M, 45 Min.) und Matsieng (7 M, 10 Min.).

NORDWESTLICHES LESOTHO

Im Tiefland des nordwestlichen Lesotho liegen eine Reihe kleiner geschäftiger Handelsorte. Nur Teyateyaneng und Leribe (Hlotse), wo Kunsthandwerk hergestellt wird, ziehen Reisende an, außerdem der herrliche Ts'ehlanyane National Park. Die Gegend geht über ins majestätische Hochland des Nordostens; dort gibt es einige wichtige Grenzübergänge.

Teyateyaneng

Teyateyaneng (Ort des Treibsands; meist einfach als „TY" bekannt) ist das Kunsthandwerkszentrum von Lesotho; ein Stopp lohnt sich hier, um schöne Wandbehänge zu kaufen oder bei ihrer handwerklich interessanten Fertigung zuzusehen.

Schlafen & Essen

Blue Mountain Inn HOTEL $$
(☎2250 0362; www.bmilesotho.com; EZ/DZ inkl. Frühstück 700/800 M, Hauptgerichte 70 M; P ❄ 📶 🏊) Den eher langweiligen Motelstil

des Blue Mountain, der nur durch vereinzelte Gemälde aufgelockert wird, macht das Bar-Restaurant mit Garten und einem kleinen Pool wett. Im Restaurant gibt es Salate, Steaks, Burger, gute Pizzas, aber auch raffiniertere Gerichte wie Hähnchen mit Gemüsepaprika in Weißweinsoße.

Ka-Pitseng Guest House PENSION $$
(☎2250 1638; EZ/DZ inkl. Frühstück 500/650 M; P ❄ ☁) Ka-Pitseng liegt in einem Garten mit viel Gebüsch, direkt an der Hauptstraße am Südrand (Maseru) des Ortes. Die kühlen, bequemen Zimmer haben Satellitenfernsehen, Plastikblumen, lila Säulen und den Charme von Konferenzräumen. Es gibt auch ein Bar-Restaurant.

Shoppen

Lesotho Mountain Crafts KUNSTHANDWERK
(actionlesotho.ie; ⌚Mo–Fr 9–17, Sa & So bis 16 Uhr) In diesem Ausstellungsraum mit Werkstatt – an der Hauptstraße etwa 2 km vor Teyateyaneng (aus Richtung Maseru) – werden die Arbeiten von zehn örtlichen Kooperativen verkauft. Angeboten werden u. a. Schmuck, Schals, Schuhe, Wandteppiche, Taschen und *seshoeshoe* (Basotho-Kleid aus traditionellem Baumwolldruck), die aus Materialien wie Kuhhorn, Fell, rosafarbenem Leder, Schafhaut und Wolle hergestellt werden.

Setsoto Design KUNSTHANDWERK
(www.setsotodesign.com; ⌚8–17 Uhr) Neben der Grundschule beim Blue Mountain Inn lässt sich der mühsame Prozess des Teppichwebens im Setsoto Design beobachten. Ein Dutzend Frauen webt in dieser Werkstatt und der Laden verkauft eine schöne Auswahl an Teppichen (250–6500 M) und anderen Volkskunstobjekten. Kreditkarten werden akzeptiert.

Elelloang Basali Weavers KUNSTHANDWERK
(www.africancraft.com; ⌚Mo–Fr 8–17, Sa bis 14 Uhr) Elelloang Basali (Aufmerksame Frauen) fertigt handgesponnene Mohair-Teppiche mit geometrischen Mustern, außerdem Wandteppiche und weitere Objekte. Interessant ist auch das Gebäude, das aus recycelten Dosen gebaut ist; es befindet sich an der Hauptstraße im Norden (Maputsoe) des Ortes.

An- & Weiterreise

Tagsüber verkehren Sammeltaxis nach/von Maseru (25 M, 1 Std.) und Maputsoe (20 M, 1 Std.). Ein Taxi ab Maseru zu chartern kostet für die einfache Fahrt etwa 200 M (der Preis kann analog zu den jeweils aktuellen Benzinpreisen variieren).

Leribe (Hlotse)

Leribe (auch als Hlotse bekannt) ist der geschäftige Marktplatz der Region. Unter den Briten war es Verwaltungszentrum; davon zeugen noch einige alte Gebäude, die aber langsam in den grünen Straßen verfallen.

Sehenswertes

Major Bell's Tower WAHRZEICHEN
Leribes wichtigste Sehenswürdigkeit ist dieser baufällige Turm beim Markt. Er entstand 1879 und diente die meiste Zeit als Archiv für Regierungsakten. Der Turm ist für Besucher nicht zugänglich.

Subeng River Dinosaur Footprints HISTORISCHE STÄTTE
(⌚24hr) GRATIS Fußabdrücke von Dinosauriern gibt es in der Umgebung von Leribe in Hülle und Fülle. Etwa 7 km nördlich des Ortes (an der Straße nach Butha-Buthe) finden sich die Subeng River Footprints. Vom Wegweiser, unmittelbar bevor die Straße über den Fluss führt, geht es etwa 500 m bis zu einem Betondamm. Die etwas abgenutzten Fußabdrücke von wenigstens drei

ABSEITS DER ÜBLICHEN PFADE

HA KOME CAVE HOUSES

Ha Kome Cave Houses (www.golesotho.co.za/Other Pages/Kome caves.html; Eintritt 20 M; ⌚Mo–Fr 8–17, Sa ab 9, So 9–13 Uhr; P) Die Höhlenwohnungen von Ha Kome sind eine Besonderheit dieser Gegend. Sie liegen 21 km von Teyateyaneng und einige Kilometer vom Dorf Mateka entfernt. Diese außergewöhnlichen Erdbehausungen schmiegen sich unter einen überhängenden Felsen, verborgen in den rosa- und orangefarbenen Felsen. Es gibt ein Informationszentrum mit Toiletten und einigen einfachen Karten. Es sollte möglich sein, ohne Allradantrieb von TY, Maseru oder Thaba-Bosiu über Sefikeng zu den Höhlen zu kommen, aber es ist besser, sich nach dem Straßenzustand zu erkundigen. Sammeltaxis fahren ab TY oder Maseru. Ein Musik- und Bier-Fest (www.komecavesfestival.com) findet im November statt.

Dinosaurier-Arten sind etwa 15 m flussabwärts am rechten Ufer. Vermutlich bieten sich einheimische Kinder als Führer an.

Tsikoane Village Dinosaur Footprints HISTORISCHE STÄTTE
(⏲24 Std.) GRATIS Diese Gruppe von Fußabdrücken liegt einige Kilometer südlich von Leribe im Dorf Tsikoane. Direkt hinter der Tsikoane Primary School nimmt man die kleine Staubpiste nach rechts zu einigen einzelnen Felsen. Weiter geht es bis zur Kirche. Kinder bieten an, Besucher den Kilometer hangaufwärts bis zum *minwane,* in einer Serie von Höhlen, zu führen – und Führung kann hier wirklich nützlich sein. Die Fußabdrücke sind klar und deutlich an der Felsendecke zu erkennen.

Schlafen & Essen

Für alle, die weiter ins Hochland wollen, ist Leribe der letzte gute Ort, um die Vorräte aufzufüllen. Im Ort gibt es einen Shoprite-Supermarkt.

Mahlakapese Guest House PENSION $
(☎6207 8633; mahlakapese@gmail.com; EZ/DZ inkl. Frühstück ab 500/600 M; P) Im Mahlakapese hört man zwar immer noch ein bisschen was von der nahe gelegenen Moschee und der Hauptstraße, aber das Preis-Leistungs-Verhältnis ist vernünftig und die angebotenen Zimmer sind bequem und geräumig. Die Pension liegt an der Butha-Buthe-Seite des Ortes.

Mountain View Hotel HOTEL $$
(☎2240 0559; www.mvhlesotho.com; Main St; EZ/DZ inkl. Frühstück 650/750 M, Hauptgerichte 70 M; P ❄ 📶 ≋) Dieses zuverlässige Hotel liegt nah am Highway und am Zentrum von Leribe. Die Zimmer sind schlicht, aber geräumig und praktisch. Sie sind besser als die meisten im Ort; die im oberen Stockwerk besitzen eine Dusche, die im unteren ein Bad mit Dusche. Das Restaurant serviert Pizzas, Burger, Gerichte vom Grill und Sandwiches.

Shoppen

Leribe Craft Centre KUNSTHANDWERK, KLEIDUNG
(⏲Mo–Fr 8–16.30, Sa bis 13 Uhr) Im Angebot ist eine Auswahl an Mohairprodukten in guter Qualität von Ponchos bis zu Stolen, dazu Kunsthandwerk und Bücher über Lesotho – alles zu guten Preisen. Das Geschäft liegt an der Hauptstraße, den Hang hinunter vom Mountain View Hotel und gegenüber dem Krankenhaus.

An- & Weiterreise

Tagsüber verkehren Sammeltaxis zwischen Leribe und Maseru (50 M, 2 Std.), meist mit einem Fahrzeugwechsel in Maputsoe. Es gibt auch täglich Fahrzeuge von/nach Katse (100 M, 3 Std.) und Butha-Buthe (15 M, 40 Min.).

Butha-Buthe

Die zweitgrößte Stadt Lesothos, Butha-Buthe (Ort des Niederlegens), erhielt ihren Namen von König Moshoeshoe dem Großen, denn dies war der Ort, an den sich sein Volk während der chaotischen Zeit der *difaqane* zuerst zurückzog. Die für Grenzstädte typische, etwas raue Atmosphäre wird durch die schöne Lage am Ufer des Hlotse River ausgeglichen. Die Maluti-Berge sorgen für eine traumhafte Kulisse.

Hier gibt es Geldautomaten und Tankstellen. Wegweiser zeigen von der Hauptstraße aus zu Unterkünften an der Nordostseite (Oxbow) des Ortes.

Crocodile Inn HOTEL $$
(☎2246 0223; crocodileinn@yahoo.com; EZ/DZ/3BZ inkl. Frühstück 480/602/888 M, Rondavel EZ/DZ inkl. Frühstück 530/700 M; P ❄) Butha-Buthe wichtigstes Hotel ist teuer und altmodisch, mit einer geschäftigen Bar und einem Geruch nach Bleiche auf den Gängen, die zu den nach Schweiß riechenden Zimmern führen. Die Zimmer haben nur ein Bad (keine Dusche) und das kitschige Restaurant braucht 30 Minuten um ein Kotelett, eine Stunde um eine Pizza zu servieren. Nichtsdestotrotz ist es sicher, mit Fernseher, Tee und Kaffee in den Zimmern und *rondavels.*

An- & Weiterreise

Viele Sammeltaxis fahren von/nach Maseru via Maputsoe (25 M, 20 Min.), wo man in der Regel umsteigen muss. Sammeltaxis (110 M, 3 Std.) und Busse bedienen auch Mokhotlong. Butha-Buthe ist der letzte verlässliche Platz, um zu tanken, wenn man nach Mokhotlong fahren will.

Ts'ehlanyane National Park

Dieser **Nationalpark** (☎in Leribe 2246 0723; reception@datacom.co.ls; pro Pers./Fahrzeug 40/10 M; ⏲Tor 8–16.30 Uhr; P verwaltet durch die Lesotho Northern Parks) schützt ein herrliches 56 km² großes Gebiet rauer

Wildnis, darunter das einzige Stück Urwald in Lesotho, in der großen Höhe von 2000 bis 3000 m. Dieser unterbewertete und wenig besuchte Ort ist so entlegen wie nur möglich; ein perfektes Land für Wanderungen.

Außer Tagestouren gibt es eine 39 km lange Wanderung oder Ponytrekking-Tour von der/zur Bokong Nature Reserve, die über einen Teil des dramatischsten Geländes von Lesotho führt. Einfacher ist es von Bokong nach Ts'ehlanyane, den Bokong liegt höher; es ist auch günstiger die herausfordernde Strecke per Pony oder Pferd anzugehen. Wanderführer können am Tor von Ts'ehlanyane (30 M durch den Park, 410 M nach Bokong) oder von der Maliba Mountain Lodge organisiert werden.

Von der Gemeinde verwaltete **Ponytrekkingtouren** (1–3 Std./3–5 Std./Tag pro Pers. 320/420/470 M) und Ausritte können von Maliba oder am Parkeingang arrangiert werden. Mindestens 24 Stunden im Voraus buchen.

Maliba bietet auch von der Gemeinde verwaltete Touren (halber Tag mit dem Auto 160 M) durch die Dörfer, die um Ts'ehlanyane herum liegen.

Schlafen & Essen

Das ausgezeichnete **Restaurant** (Frühstück 150 M, Mittagessen Hauptgericht/3-Gänge-Menü 120/180 M, Abendessen Hauptgericht/3-Gänge-Menü 150/270 M; ⏲ 7–22 Uhr) der Maliba Mountain Lodge serviert im Park Gerichte wie Honig-Soja-Schweineschnitzel, Curry mit dreierlei Bohnen und Malvapudding. Man sollte reservieren.

★ **Maliba Mountain Lodge** LODGE **$$$**
(☎ 6351 5367, in Südafrika 031-702 8791; www.maliba-lodge.com; Chalet EZ/DZ inkl. Vollpension 2635/3518 M; P 📶) Maliba (Madiba) bietet eine Reihe von Unterkünften im Ts'ehlanyane National Park, doch das Wahrzeichen sind sechs aufwendige Chalets. Jedes ist mit einem Himmelbett, antiken Möbeln, einer Terrasse und einem Whirlpool mit Blick auf die Berge, beheizten Handtuchhaltern und Sherry ausgestattet. Am schönsten ist das ruhig gelegene Zimmer 6, *die* Wahl für Verliebte.

Fußwege führen zu Wasserfällen und zur schicken neuen Hauptlodge, die über ein Restaurant, eine Bar, einen VIP-Bereich, eine Veranda und Kamine verfügt – alles mit herausragendem Blick auf die Berge.

Zu den Unterkünften zählen auch gut ausgestattete **Cottages** (1530 M zuzügl. 100 M pro Pers.) für Selbstversorger, mit Terrassen mit Blick über den Fluss und in ein Gebirgstal, malerische **Hütten** (EZ/DZ inkl. Vollpension 1250/1960 M) aus Stein und mit Strohdach am Flussufer, nicht weit von Badestellen und Wanderwegen (Hütte 3 bietet Ungestörtheit für Liebespaare) und gemütliche **Zimmer** (EZ/DZ inkl. Frühstück 693/990 M) mit benachbarter Bar im Block oberhalb der Hauptlodge, die als Rückzugsort in den Bergen gilt.

ℹ An- & Weiterreise

Wer selbst fährt, biegt am Wegweiser etwa 6 km südwestlich von Butha-Buthe von der Hauptstraße ab. Von dort sind es noch 30 km auf einer befestigten Straße bis zum Parktor, nach Maliba sind es weitere 2 km.

Sammeltaxis ab Butha-Buthe, an denen „Ts'ehlanyane" steht, bedienen die Dörfer auf dem Weg zum Park. Wer vor der Abfahrt fragt, wird für etwa 30 M auch zum Tor oder nach Maliba gebracht. Am besten die Nummer des Fahrers notieren, um den Rücktransport zu organisieren.

NORDÖSTLICHES HOCHLAND

Östlich von Butha-Buthe windet sich die Straße spektakulär durch eine dramatische Gebirgslandschaft – einen Teil der Drakensberge – mit Felsklippen und welligen Hügeln. Südafrika vermarktet seinen Anteil an den Drakensbergen sehr geschickt, doch die raue Schönheit der Drakensberg-Landschaft in Lesotho ist kaum zu schlagen: beeindruckende Hochlandpanoramen, geringe Bevölkerungsdichte und Schnee im Winter.

Die ganzen Gebiete, die in diesem Abschnitt behandelt werden, eignen sich wunderbar für Wanderungen, aber man muss dafür gut ausgerüstet sein, mit einem winterfesten Schlafsack, wasserfester Kleidung, guten Wanderkarten und einem Kompass. Das Forellenfischen hat einen ausgezeichneten Ruf.

In diesem Gebiet liegen viele der schlechtesten Straßen des Landes. An manchen Stellen sind asphaltierte Straßen durch die Schlaglöcher fast noch schlimmer; eine Autofahrt ohne Allradantrieb ist abenteuerlich und langsam. Das große von China geförderte Straßenbauprogramm macht die Situation nicht besser, denn die Arbeiten verlangsamen den Verkehr.

Liphofung Cave Cultural & Historical Site

Direkt am Rand des Dorfes Muela ist die ausgeschilderte Abzweigung zu dieser kleinen, von den Lesotho Northern Parks verwalteten **Stätte** (☎ 6718 5155, 2246 0723; Erw./Kind 30/15 M; ⏲ Mo–Fr 8.30–16.30, Sa & So ab 9 Uhr; P), zu der eine Höhle mit einigen San-Malereien und Objekten aus der Steinzeit gehört. Es geht das Gerücht, dass König Moshoeshoe der Große auf seinen Reisen durch Lesotho hier einen Halt eingelegt hat.

Es gibt ein Kulturzentrum und einen kleinen Laden, der regionales Kunsthandwerk verkauft. Es besteht die Möglichkeit zu Tagestouren; mit Voranmeldung können geführte Wanderungen und Ponytrekking organisiert werden.

Als Unterkunft stehen schlichte, aber bequeme steinerne *rondavels* für vier Personen zur Verfügung, mit Küche und weitem Blick. Es ist auch möglich in der Höhle zu campieren – eine neue und romantische Erfahrung. In jedem Fall muss man selbst Lebensmittel mitbringen. Es ist besser, in Oxbow oder im Ts'ehlanyane National Park zu übernachten.

An- & Weiterreise

Um mit öffentlichen Verkehrsmitteln hierher zu gelangen, nimmt man ein Sammeltaxi von Butha-Buthe nach Moteng und steigt an der Abzweigung nach Mamohase oder Liphofung (18 M, 25 Min.) aus. Liphofung liegt dann noch einen bequemen 1,5 km langen Spaziergang auf einer geteerten Zugangsrampe entfernt. Tägliche (außer Sonntag) Busse nach Mokhotlong und Maseru fahren morgens (vor Ort die genaue Zeit erfragen) an der Abzweigung vorbei; Sammeltaxis nach Butha-Buthe kommen morgens, solche nach Mokhotlong den ganzen Tag über vorbei.

Oxbow

Nach Überqueren des spektakulären Moteng-Passes (2820 m) kommt man nach Oxbow – ein paar Hütten und Lodges umgeben von einer traumhaften Berglandschaft. Der Ort ist genau das Richtige, wenn man den hektischen Alltag hinter sich lassen, aber nicht völlig auf Annehmlichkeiten verzichten möchte. Wintersportler aufgepasst: In den kalten Monaten fällt regelmäßig Schnee, es gibt hier sogar ein Ski-Resort. Außerdem zieht es Forellenangler und Ornithologen aus Südafrika in die Gegend.

Aktivitäten

Afriski Mountain Resort SKIFAHREN, WANDERN
(☎ 086 123 747 54; www.afriski.net; Skipass für den halben/ganzen Tag 290/400 M, Gebühr für Ausrüstung für den halben/ganzen Tag 230/340 M; ⏲ Pisten Mai–Aug. 9–16 Uhr) Ski- und Snowboardfahrer sollten zum Afriski Mountain Resort kommen, das etwa 10 km von Oxbow entfernt liegt, über den Mahlasela Pass (3222 m), einen der höchsten Pässe im südlichen Afrika. Der Weltklasse-Skiort besitzt 3 km Pisten, Unterricht und Packages sind erhältlich. Zu den im Sommer angebotenen Aktivitäten zählen Wandern, Fliegenfischen, Mountainbiken und Abseilen.

Schlafen & Essen

New Oxbow Lodge LODGE $
(☎ in Südafrika 051-933 2247; www.oxbow.co.za; EZ/DZ 295/500 M, Frühstück 55–110 M, Hauptgerichte 20–98 M; P) Am Ufer des Malibamat'so River liegt dieses Chalet, das stark an Häuser in den Alpen erinnert. Im Winter füllt es sich mit südafrikanischen Skiläufern und Schneeliebhabern; den Rest des Jahres erinnern seine unheimliche Isolation und nicht ständig vorhandener Strom, verstärkt durch golfballgroße Hagelkörner, die auf die Spielhalle und die Bar prasseln, an Stephen Kings/Stanley Kubricks *Shining*.

Die altmodischen Zimmer und *rondavels* bieten Bad (keine Dusche), Tee und Kaffee, Gasfeuer und Kerzen am Bett für die dunklen Gebirgsnächte. Man kann im Restaurant oder in der Bar essen. Ein Zimmer plus Essen von der Karte kommt vermutlich billiger als Halbpension. Ein kleiner Laden bietet das Nötigste an.

Afriski Mountain Resort RESORT $$
(☎ 086 123 747 54; www.afriski.net; Zi. ab 1550 M, Backpacker B/Zi. ab 240/436 M, Chalets für Selbstversorger ab 4650 M) Das Skiresort bietet unzählige Unterkunftsmöglichkeiten, alle bequem und modern. Von Mai bis Juli, vor allem fürs Wochenende, unbedingt im Voraus buchen. Die Preise sind im Juli am höchsten und fallen deutlich außerhalb der von Mai bis August dauernden Skisaison.

★ **Sky Restaurant** PIZZA, INTERNATIONAL $$
(Hauptgerichte 90 M; ⏲ 70–21 Uhr; WLAN) Afrikas höchstgelegenes Restaurant (3010 m) überblickt die Pisten des Afriski Mountain Resort und spiegelt mit seiner Holzausstattung und dem großen roten Pizzaofen das internationale Flair des Resorts wider. Auf der Mittagskarte stehen u. a. Pizzas, Burger

und Steaks, die Abendkarte bietet u. a. Pastagerichte und Lesotho-Forelle.

Es gibt hier auch einen kleinen Laden und – im Winter – eine Café-Bar am Fuß des Skilifts.

An- & Weiterreise

Der tägliche (außer Sonntag) Bus zwischen Maseru und Mokhotlong, der in beide Richtungen morgens vorbeikommt, lässt Fahrgäste in Oxbow (120 M, 4½ Std.) aussteigen. Sammeltaxis nach Mokhotlong sind die bessere Wahl, da der Bus übervoll ist, bis er Oxbow erreicht. Taxis fahren morgens von Oxbow (65 M, 1½ Std.) und dem Afriski Mountain Resort (80 M, 2 Std.) nach Butha-Buthe und den ganzen Tag nach Mokhotlong. Die Straße führt in Haarnadelkurven über den Moteng und den Mahlasela Pass, sie kann bei Schnee und Eis gefährlich sein.

Mokhotlong

Von Oxbow führt eine Asphaltstraße in vielen Windungen über eine Reihe von mehr als 3200 m hohen Pässen und durch eine fantastische Hochgebirgslandschaft, bevor sie nach Mokhtlong (Ort des bösen Ibisses) hinuntergeht. Diese Route war die originale Strecke der **Roof of Africa Rally** (www.roofofafrica.org.ls).

Mokhotlong ist der wichtigste Ort im östlichen Lesotho, obwohl es sich nur um einen entlegenen Außenposten mit Wild-West-Flair handelt. Man kann dort nicht viel mehr tun, als das Leben vorbeiziehen zu lassen und die Einheimischen in ihren Basotho-Decken vorbeireiten zu sehen. Doch der Senqu (Orange) River – Lesothos wichtigste Wasserstraße – hat seine Quelle bei Mokhotlong und der Ort ist ein guter Ausgangspunkt für Spaziergänge. Es gibt auch Unterkünfte in der Bergwildnis auf dem Weg nach Thaba-Tseka und Oxbow.

Schlafen & Essen

Im Ort

Die Läden im Ort verkaufen Basisgüter und Grundnahrungsmittel.

Senqu Hotel HOTEL $
(☎6302 1645, 2292 0330; senquhotel@gmail.com; EZ/DZ inkl. Frühstück 420/480 M, Hauptgerichte 45 M) Am westlichen Stadtrand abseits der Hauptstraße bietet das Senqu in seinem neuen Flügel bequeme und geräumige Zimmer mit Balkon, von denen aus der Blick weit über das Dorf und die Berge schweift. Das Restaurant serviert Spaghetti bolognese, Eintopf nach Basotho-Art mit Rind- oder Lammfleisch, Steaks und Burger.

Grow HOSTEL $
(☎5989 8949; EZ/DZ ohne Bad 90/180 M; P) Diese NGO besitzt ein Büro bei der Hauptstraße nach Mokhotlong, auf der linken Seite etwa 2 km vom Senqu Hotel entfernt. Das Hostel bietet zwei saubere Doppelzimmer, eine Küche und eine Lounge im benachbarten Haus. Gelegentlich gibt es auch Strom. Man nimmt dort sehr gern Reisende auf, wenn die Zimmer nicht von Freiwilligen- oder Trainingsgruppen besetzt sind.

Außerhalb des Ortes

St James Lodge LODGE $
(☎in Südafrika 071 672 6801; www.stjameslodge.co.za; Zi./4BZ ab 300/400 M, Camping 70 M; P) Diese noch aktive Mission ist eine schlichte und doch stylische Übernachtungsmöglichkeit. Die Zimmer und *rondavels* bringen ein spezielles Erlebnis – ohne Strom und mit Selbstversorgung. Lebensmittel muss man mitbringen. Ponytrekking, malerische Spaziergänge und Schlauchboottouren auf dem Sehonghong River sind im Angebot, außerdem eine Führung durch Kirche, Mission, Dorf und das St-James-Projekt. Die Lodge liegt 12 km südwestlich von Mokhotlong an der Straße nach Thaba-Tseka.

Molumong Lodge & Pony Trekking Centre HOSTEL $
(☎in Südafrika 083 254 3323; molumong.wordpress.com; pro Pers. 170 M, Camping 80 M; P) Etwa 15 km südwestlich von Mokhotlong, bei der Straße nach Thaba-Tseka, liegt dieser ehemalige koloniale Handelsposten, der sehr einfache (ohne Strom) Zimmer und *rondavels* für Selbstversorger mit Gemeinschaftsküche und -bad anbietet. Was auch immer man an Lebensmitteln braucht, muss man aus Mokhotlong mitbringen. Im Angebot ist Ponytrekking; die Touren reichen von einigen Stunden bis zu zwei Tagen.

Chalets in the Sky LODGE $$
(Maloraneng Lodge; ☎6301 6982, 2832 6982; www.chaletsinthesky.co.ls; 1–4 Personen 960 M; P) Von der Hauptstraße aus, in der Nähe der Letseng Diamond Mine, ausgeschildert, liegt diese Unterkunft etwa auf halbem Weg zwischen Mokhotlong und Oxbow, im unberührten Khubelu Valley. Die sechs *rondavels* für Selbstversorger schmiegen sich am

Flussufer in eine grüne Landschaft; statt Elektrizität gibt es Gas, ein Funknetz für Handys besteht nicht. Die Lodge ist nur per Allradfahrzeug zugänglich.

Ponytrekking und andere Aktivitäten werden organisiert; im Sommer fallen die Preise auf 240 M pro Person.

An- & Weiterreise

Die Haltestelle der Sammeltaxis in Mokhotlong liegt oberhalb der Hauptstraße beim Pep-Laden. Täglich fahren einige Sammeltaxis von/nach Butha-Buthe (110 M, 3 Std.), gelegentlich besteht auch eine direkte Verbindung nach Maseru (150 M, 6 Std.). Ein Bus fährt täglich außer Sonntag von/nach Maseru (130 M); er startet in beide Richtungen um 6 Uhr. Sammeltaxis nach Linakaneng (40 M) lassen Fahrgäste an der St James Lodge oder der Molumong Lodge & Pony Trekking Centre aussteigen; in Linakaneng besteht die Möglichkeit nach Thaba-Tseka umzusteigen, obwohl es nur selten Verbindungen auf dieser holperigen und wenig befahrenen Straße gibt. Es fuhr auch täglich ein Sammeltaxi nach Sani Top (80 M, 2 Std.), das Mokhotlong früh am Morgen verließ, doch bei unserem Besuch verkehrte es wegen Bauarbeiten nicht.

In der Regel sind Benzin und Diesel in Mokhotlong erhältlich. Für die Fahrt nach Thaba-Tseka benötigt man unbedingt ein Fahrzeug mit Allradantrieb.

Zur Zeit unserer Recherche war die Straße von/nach Sani Top wegen Bauarbeiten in einem schlechten Zustand und konnte nicht befahren werden. Den aktuellen Zustand erfragen, da die Straße nach Abschluss der Arbeiten wieder frei sein wird.

Sani Top

Sani Top liegt auf der Höhe des steilen Sani Pass, der berühmten Passstraße durch die Drakensberge in KawZulu-Natal nach Lesotho. Südafrikas höchster Gebirgspass bietet an klaren Tagen wunderbare Ausblicke und unbegrenzte Wandermöglichkeiten.

Aktivitäten

Neben kurzen Wanderungen ist auch eine drei- bis viertägige Tour nach Süden in den Sehlabathebe National Park (S. 550) möglich. Die Route folgt einem abgelegenen Rand der Drakensberge und sollte nur von Reisenden unternommen werden, die gut vorbereitet und erfahren sind. Außerdem sollte sich aus Sicherheitsgründen immer eine Gruppe von wenigstens vier Personen auf den Weg machen.

Thabana-Ntlenyana WANDERN

Als Afrikas höchster Gipfel südlich des Kilimandscharo bietet der Thabana-Ntlenyana (3482 m) eine beliebte, aber lange und anstrengende Wanderung (12 km, 9 Std.). Es gibt einen Pfad, aber ein Führer (ab 350 M) ist nützlich. Am besten am Abend vor dem Aufbruch einen über die Sani Mountain Lodge organisieren. Der Aufstieg lässt sich auch zu Pferd unternehmen.

Hodgson's Peaks WANDERN

Hodgson's Peaks (3257 m) ist eine 6 km lange, fünf Stunden dauernde Tour ein Tal hinauf. Vom Gipfel bieten sich Blicke nach KwaZulu-Natal.

Schlafen & Essen

Es gibt auch gute Hostels auf der KawZulu-Natal-Seite (S. 319) des Passes.

★ **Sani Mountain Lodge** LODGE $$

(☎ in Südafrika 078 634 7496; www.sanitopchalet.co.za; EZ/DZ/3BZ/4BZ mit Halbpension 1250/1840/2100/2800 M, B/Camping 215/95 M, Hauptgerichte ab 55 M; P) Auf 2874 m, auf der Passhöhe des Sani Pass meldet die Lodge ihren Anspruch als höchstgelegene Kneipe Südafrikas an. Behagliche *rondavels* und ausgezeichnete Mahlzeiten belohnen all jene, die den steilen Aufstieg von KwaZulu-Natal aus auf sich nehmen. Rucksackreisende schlafen ein Stück die Straße hinunter in modernen Zimmern für zwei bis sechs Personen.

Im Winter liegt manchmal genug Schnee fürs Skifahren; mit Voranmeldung können Ponytrekking und Dorfbesuche arrangiert werden. Gästen wird ein Allrad-Shuttle (250 M) zum/von dem südafrikanischen Grenzposten angeboten.

An- & Weiterreise

Zur Zeit der Recherche für dieses Buch war die Straße nach/von Sani Top wegen Bauarbeiten in schlechtem Zustand und konnte nicht von Autos befahren werden. Wenn die Arbeiten abgeschlossen sind, wird die Straße wieder befahrbar sein; Informationen über den Straßenzustand einholen.

Es gab ein tägliches Sammeltaxi nach Sani Top (80 M, 2 Std.), das am frühen Morgen in Mokhotlong startete, doch es verkehrte zur Zeit unseres Besuchs aufgrund der Bauarbeiten nicht.

Touranbieter (S. 316) haben von KwaZulu-Natal aus Tagestouren und Expeditionen zum Pass im Angebot. Wer im Auto unterwegs ist, braucht Allradantrieb, um auf den Pass hinaufzukommen.

ZENTRALES HOCHLAND

Das raue Innere von Lesotho rühmt sich der beiden wichtigsten Sehenswürdigkeiten des Landes: der atemberaubenden Maletsunyane Falls (204 m), die fast doppelt so hoch sind wie die Victoriafälle, mit der längsten kommerziell betriebenen ununterbrochenen Abseilstrecke der Welt; und des von Menschen erschaffenen Katse Dam, eines wahren Meisterwerks der Ingenieurskunst mit einem glitzernden See, der von welligen Berghängen umgeben ist. Die Gegend bietet eine unglaubliche Mischung aus Landschaft, Aktivitäten und menschlichen Meisterwerken, die vom Tiefland aus über gewundene Straßen und faszinierende Pässe wie den God Help Me Pass (2281 m) erreicht werden.

Mit einem Fahrzeug mit Zweiradantrieb kommt man nicht vom Zentralen Hochland ins Nordöstliche Hochland; für die Straße von Mokhotlong nach Thaba-Tseka ist ein Allradfahrzeug unabdingbar. Auf dieser entlegenen Strecke kann man sich auch nicht darauf verlassen, ein Sammeltaxi zu bekommen. Deshalb muss man, um von Mokhotlong und Thaba-Tseka zu kommen, den weiten Umweg über Leribe (Hlotse) nehmen. Glücklicherweise ist dies aber eine ausgesprochen malerische Fahrt, eine der schönsten Strecken in Lesotho, die über den Mafika-Lisiu Pass (3090 m) führt.

Bokong Nature Reserve

Bokong (☎ 5950 2291; Erw./Kind 10/5 M, Camping 40 M, einfache Hütten für 4 Pers. 250 M; ⏲ 8–16 Uhr) bietet wohl die dramatischste Kulisse der drei Nationalparks im nördlichen Lesotho, mit atemberaubenden Ausblicken über das Lepaqoa Valley vom **Besucherzentrum** (☎ 5950 2291; Erw./Kind 10/5 M; ⏲ 8–16 Uhr) an der Straße aus, verschiedenen kurzen Spaziergängen und einer guten achtstündigen Wanderung zum Ts'ehlanyane National Park. Bartgeier, überhängende Felsen, Wasserfälle und Feuchtgebiete zählen zu den vielen Attraktionen hier.

Kundige **Wanderführer** (im Park 30 M, nach Ts'ehlanyane 410 M) stehen den Besuchern zur Verfügung; **Ponytrekking** (pro Tag 180 M) kann im Besucherzentrum im Voraus gebucht werden.

★ Aloes Guest House PENSION $
(☎ 2700 5626; B 180 M, EZ/DZ/FZ inkl. Frühstück 395/600/810 M, Camping 60 M, Hauptgerichte 65 M; P ❄ ≋) Vor einem alten aus Sandstein gebauten Handelsposten liegen die Bungalows mit hohem Strohdach, einfachen Fliesenböden, modernem Komfort und altmodischem Flair. Das Anwesen wirkt wie ein englischer Landhausgarten mit schönem Ausblick auf die Berge; hier können Reisende wunderbar und in aller Ruhe das Ansichtskartenschreiben erledigen. Zu den angebotenen Aktivitäten zählen Ausritte und geführte Wanderungen.

Das Restaurant serviert einfache Gerichte wie Schawarmas, Burger und Sandwiches, aber auch größere Essen wie Rindfleischeintopf, Hammelkoteletts sowie Hähnchen- oder Fischcurry. Aloes ist ab der Hauptstraße im Dorf Pitseng ausgeschildert; das liegt etwa 30 km von Bokong in Richtung Leribe (Hlotse).

Bokong Chalets CHALET $
(pro Pers. 250 M) Einfache Chalets für vier Personen mit einer Gemeinschaftsküche und Waschräumen. Buchungen erfolgen über die **Lesotho Northern Parks** (☎ in Butha-Buthe 2246 0723). Bei unserem Besuch wurden gerade neue Chalets gebaut und das Restaurant renoviert.

Das Naturschutzgebiet liegt auf 3000 m Höhe und die Nächte werden kalt – darauf muss man sich einstellen.

ℹ An- & Weiterreise

Bokong liegt etwa in der Mitte zwischen Leribe (Hlotse) und Katse. Sammeltaxis ab Leribe (50 M, 2 Std.) und Katse (65 M, 1½ Std.) setzen Fahrgäste am Besucherzentrum ab, etwa 2 km südlich vom Aussichtspunkt am herrlichen Mafika-Lisiu Pass (3090 m). Bei der Abfahrt kann es allerdings schon mal eine Weile dauern, bevor ein Taxi mit einem freien Platz vorbeikommt.

Katse Dam

Dieses Wunderwerk der Ingenieurskunst fasst 1950 m^3 Wasser für das durstige Gauteng, Südafrikas bevölkerungsreichste Provinz. Der hoch gelegene 35,8 km^2 große See liefert auch Strom für Lesotho.

Von grünen steilen Hügeln umgeben ist der Damm ein heiterer und doch ein wenig surrealer Platz. Auf den Wegweisern stehen verschiedene Basotho-Namen wie „Mohale Tunnel Outlet" und Ähnliches. Wer sich nicht für die Meisterleistung von Ingenieuren begeistert, kann hier trotzdem eine entspannende Pause verbringen.

Sehenswertes

Katse Dam Visitors Centre AUSSICHTSPUNKT, MUSEUM
(☎ 2291 0377; www.lhda.org.ls; ⏲ 8–17 Uhr; P) An der Hauptstraße liegt das Besucherzentrum des Katse Dam mit Informationen, Displays und einem Aussichtsdeck. Das hellblaue Dach des Zentrums ist vom einige Kilometer entfernten Dorf Katse deutlich zu erkennen. Führungen zur Staumauer (10 M, 1 Std.) starten um 9 und 14 Uhr (wochentags) sowie um 9 und 11 Uhr (am Wochenende).

Katse Botanical Garden GÄRTEN
(www.lhda.org.ls; Dorf Katse; Erw./Kind 5/3 M; ⏲ 9–17 Uhr; P) Der Katse Botanische Garten wurde ursprünglich eingerichtet, um die Aloen, die beim Bau des Stausees ihren Platz verloren haben, unterzubringen. Im Lauf der Zeit folgten Kieswege, die am Hügel hoch durch einen Steingarten verlaufen, dazu einheimische Blumen, Heilpflanzen und ein Aussichtspunkt mit Blick auf den Stausee.

Ein Pflanzenzuchtprojekt hat in einem Gewächshaus seinen Platz gefunden.

Schlafen & Essen

Man kann kostenlos beim Besucherzentrum des Katse Dam campen; es gibt dort Waschräume und Sicherheitseinrichtungen.

Orion Katse Lodge HOTEL $$
(☎ 2291 0202; www.katselodge.co.za; Dorf Katse; inkl. Halbpension EZ/DZ 989/1378 M, ohne Bad ab 839/1078 M; P 📶) In einem vorortähnlichen umfriedeten Dorf sieht dieses Orion-Anwesen ziemlich langweilig aus, doch das ändert sich, wenn man erst einmal den atemberaubenden Blick von der Terrasse aus sieht. Die Unterkünfte sind komfortabel, einschließlich der sogenannten „Schlafsäle" (Privatzimmer mit Gemeinschaftsbad; Alleinreisende ärgern sich vielleicht, wenn sie 839 M zahlen und sich dann ein Bad, das an eine Umkleidekabine erinnert, mit mehreren Gästen teilen müssen).

Für Paare ist es wahrscheinlich günstiger, ein Haus für Selbstversorger (für 4/6 Personen 996/1494 M) mit Mahlzeiten à la carte im Restaurant zu kombinieren. Das Restaurant serviert leichte Mittag- (Hauptgerichte 50 M) und Abendessen (Hauptgerichte 100 M), darunter Currys, Steaks, Forelle blau und eine köstliche Forelle mit Mandeln. Zu den Aktivitäten zählen Fahrten auf dem Stausee, Touren ins Dorf, geführte Wanderungen und Ponyreiten.

An- & Weiterreise

Die 122 Kilometer Straße zwischen Leribe (Hlotse) und Katse sind ausgezeichnet, aber steil und kurvig; bei Regen können sie glitschig sein. Zwei Stunden sollte man für die Fahrt einkalkulieren, mit öffentlichen Verkehrsmitteln noch mehr.

Sammeltaxis verkehren ganztägig nach Leribe (85 M, 3 Std.) und Thaba-Tseka (46 M, 2 Std.). Am schnellsten und einfachsten kommt man mit dem Taxi über Leribe und Maputsoe nach Maseru (insgesamt 130 M, 7 Std.).

Es gibt auch tägliche Busse nach/von Maseru (110 M, 9 Std.) über Thaba-Tseka (25 M, 2½ Std.), die in Katse um 5 Uhr und in Maseru um 9 Uhr abfahren. In Katse halten öffentliche Verkehrsmittel nahe der Kreuzung im Dorf.

Thaba-Tseka

Thaba-Tseka ist ein entlegener Ort am Ostrand der Central Range, vom Mohale Dam und dem Westen aus über den Mokhoabong Pass (2860 m) erreichbar. Der Ort wurde im Jahr 1980 als Zentrum für den Bergdistrikt errichtet; es handelt sich um eine provisorisch wirkende Siedlung, die vor allem als Umsteigeplatz in den Norden nach Katse oder den Westen nach Maseru dient.

Motherland Guest House PENSION $$
(☎ 2890 0404; motherlandguesthouse@gmail.com; EZ/DZ inkl. Frühstück ab 500/700 M, Hauptgerichte 50–70 M; P 📶) Das Motherland Guest House ist eine ausgezeichnete Unterkunft im Zentrum des Ortes mit Blick auf die Berge und direkt am geschäftigen Dorfleben. Die modernen Zimmer sind mit Fotos des Katse Dam und blumigen Bettdecken geschmückt; es gibt viele Annehmlichkeiten. Das Bar-Restaurant serviert Currys, Steaks und leichtere Gerichte. Es ist sehr gut ausgeschildert.

An- & Weiterreise

Der tägliche Bus von/nach Maseru (90 M, 6 Std.) verlässt Thaba-Tseka um 8.30 Uhr und Maseru um 9 Uhr; Sammeltaxis (110 M, 4 ½ Std.) starten etwa ab 7.30 Uhr. Mehrmals täglich fahren auch Taxis nach Katse (46 M, 2 Std.). Mokhotlong ist schwieriger zu erreichen: Man muss in Linakaneng umsteigen; die öffentlichen Verkehrsmittel fahren nur unregelmäßig auf dieser rauen und wenig befahrenen Strecke.

Wer mit dem Auto unterwegs ist, nimmt die asphaltierte Straße ab Maseru oder die Kiesstraße ab Katse, die in gutem Zustand ist und für die man kein Allradfahrzeug braucht.

Mohale Dam

Dieser beeindruckende 145 m hohe, mit Steinen gefüllte Damm, der über den Senqunyane River führt, stellt nach dem Katse Dam die zweite Phase des Lesotho Highlands Water Project dar. Man hat einen faszinierenden Blick auf den See und die Berge dahinter. Das Wasser kann zwischen hier und Katse 32 km weit durch den Mohale Tunnel fließen.

Das **Besucherzentrum** (☎2293 6217; ⏲Mo–Fr 8–17.30, Sa & So 10–16 Uhr; Ⓟ) liegt 15 km abseits der Hauptstraße, es ist westlich des Dorfs Mohale ausgeschildert. Es bietet den Blick auf den Damm, eine Führung (10 M) und Schifffahrten (pro Pers. ab 100 M; im Voraus buchen).

Orion Mohale Lodge HOTEL $$
(☎2293 6134; www.mohalelodge.co.za; EZ/DZ inkl. Frühstück 829/1039 M, Hauptgerichte 75 M; Ⓟ❄📶) Die hübsche Einrichtung der Orion Mohale Lodge entschädigt dafür, dass der Damm nur in der Ferne zu sehen ist. Die bequemen Zimmer sind mit modernen Möbeln und afrikanischer Dekoration ausgestattet. Das Restaurant ist ein angenehmer Ort, um eine Reise zu unterbrechen.

Molimo-Nthuse INTERNATIONAL $
(☎6224 7365; Hauptgerichte 65 M; ⏲7–23 Uhr; 📶) Dieses nette Restaurant an der Straße, 62 km östlich von Maseru am Fuß des God Help Me Pass (2281 m) bietet den Blick auf die Berge und das Tal. Zu den Gerichten zählt ein Steak nach New Yorker Art, mariniertes Hähnchen nach Art von Jamaika, Forellenfilet und Tagesgerichte. Als wir dort waren, wurden gerade Mittelklassezimmer und ein Campingplatz eröffnet.

Semonkong

Semonkong (Platz des Rauchs), ein wenig aufregender Ort in den zerklüfteten Thaba-Putsoa-Bergen, trägt seinen Namen wegen der nahe gelegenen **Maletsunyane Falls** (204 m), die im Sommer am lautesten sind. Der Ort ist Ausgangspunkt für viele schöne Wander- und Ponytrekking-Strecken, darunter der zweitägige Ritt über die Gipfel von Thaba Putsoa zu den **Ketane Falls** (122 m).

★ **Semonkong Lodge** LODGE $$
(☎2700 6037; www.placeofsmoke.co.ls; B/EZ/DZ ab 160/435/730 M, Rondavel EZ/DZ 465/720 M, Camping 90 M) 🍃 Beim Maletsunyane River liegt dieses Muster für gemeindebasierten Tourismus – ein großartiger Platz für alle, von Familien bis zu Abenteuersuchern. Wenn nicht schon diese einladende Unterkunft, einschließlich bequemer *rondavels* mit Kamin, dazu führt, dass Besucher ihren Aufenthalt in den Bergen verlängern, sorgen Festmähler am Kamin in der zugehörigen **Duck & Donkey Tavern** (Mittag-/Abendessen Hauptgerichte 75/100 M) bestimmt dafür.

Für Selbstversorger gibt es auch eine Küche. Das Personal kann die verschiedensten Touren und Wanderungen organisieren – u. a. extreme Angelexpeditionen, Ponytrekking und sogar Pubtouren per Esel –, Einheimische führen durch Dörfer und über steile Wege. Außerdem gibt es die längste kommerziell betriebene Abseilstrecke (204 m) die Maletsunyane Falls hinunter. Die Lodge ist ab dem Ortszentrum ausgeschildert; es geht 2 km über eine Kiesstraße.

ℹ An- & Weiterreise

Semonkong liegt etwa 130 km südöstlich von Maseru an der asphaltierten Straße nach Qacha's Nek; für beide Strecken braucht man rund drei Stunden. Sammeltaxis verkehren den ganzen Tag von/nach Maseru (70 M). Zur Zeit unserer Recherche gab es keine regelmäßigen Sammeltaxis von/nach Qacha's Nek, doch sollen bald entsprechende Fahrten einsetzen, für etwa 70 M. Wer allein ein Taxi von/nach Qacha's Nek nimmt, zahlt etwa 250 M.

Bei unserem Besuch wurde gerade ein Shuttle-Service zwischen Coffee Bay an der Wild Coast und Qacha's Nek eingerichtet, mit einer möglichen Verbindung weiter nach Semonkong. Aktuelle Informationen in der Semonkong Lodge oder dem Ocean View Hotel in Coffee Bay erfragen.

SÜDLICHES LESOTHO

Die Region südlich von Morija bis hinüber zum Sehlabathebe National Park im Südosten ist weniger erschlossen als der Nordwesten, doch sie bleibt allen in Erinnerung, die hier durchkommen. Die Bergketten ragen in den Himmel, wo ein sanftes orangerotes Licht sich über die Felsengipfel und tiefen Täler ergießt. Wer sich für Wandern und Ponytrekking in der Einsamkeit begeistert, fährt in den Süden.

Die Straße von Quthing nach Qacha's Nek ist eine der hinreißendsten Fahrten in Lesotho, die durch die gewundene Schlucht des

Senqu (Orange) River und atemberaubende Canyon-Landschaft führt, bevor es hinauf in die Berge geht. Eine andere faszinierende Strecke zieht sich von Semonkong nach Qacha's Nek hinunter. Egal, was in den Karten eingetragen ist, beide Straßen sind den ganzen Weg bis Qachas Nek asphaltiert.

Malealea

Dieses recht entlegene Dorf hält für Reisende drei Trumpfkarten bereit: seine atemberaubende Bergkulisse, seine aus einem Handelsposten entstandene Lodge und seinen erfolgreichen von der Gemeinde organisierten Tourismus.

Viele Besucher Lesothos kommen direkt hierher, um das traditionelle Leben der Basotho zu erleben oder, wie ein Schild am Ortsrand sagt, um „eine Pause einzulegen und einen Blick auf das Tor zum Paradies zu werfen". Das Gebiet ist bereits seit Jahrhunderten bewohnt, wie die zahlreichen **Felszeichnungen der San** in der näheren Umgebung beweisen.

Sehenswertes & Aktivitäten

Verschiedene Aktivitäten organisiert die Malealea Lodge.

Ponytrekking

Das Angebot reicht von leichten **zweistündigen Ritten** (1/2/3 Personen 370/520/720 M) zu den Felszeichnungen der San oder zu einem Aussichtspunkt auf eine Schlucht bis zu **mehrtägigen Expeditionen** (pro Tag 700/950/1275 M) mit Unterkunft in **Hütten von Basotho-Dörfern** (pro Hütte für 1–3 Personen 100 M). Die mehrtägigen Touren gehen etwa zum Ribaneng Waterfall (zwei Tage, eine Nacht), Ribaneng und Ketane Waterfalls (vier Tage, drei Nächte) sowie Ribaneng, Ketane und Semonkong (sechs Tage, fünf Nächte).

Wandern

Wanderungen führen zu Orten wie der **Pitseng Gorge** (drei oder sechs Stunden mit Rückweg) mit den rauen Felsen und Badeseen, und zum **Botsoela Waterfall** (vier Stunden, fünf mit Besichtigung der Felszeichnungen der San). Es wird empfohlen, einen **Führer** (pro Stunde 15 M) zu engagieren. Geführte **Wanderungen mit Übernachtung** (mit/ohne Packpferd pro Tag 510/150 M) gibt es auch, übernachtet wird in Hütten.

Dorfbesuche

Dorfbesuche bieten einen anregenden Einblick ins Leben der Einheimischen und ihre Gepflogenheiten. Von der Malealea Lodge den Hang hinunter liegen das winzige Museum und ein Kunsthandwerksladen, untergebracht in traditionellen Basotho-Hütten. Von hier aus kann man durch das Dorf spazieren – allein oder mit einem Führer. **Bezahlte Besuche** (pro Stunde 15 M) sind möglich beim *sangoma* (traditioneller Medizinmann; nur für ernsthaft Interessierte), in der Dorfschule und im *donga* (erodierte Schlucht mit Ackerbau in kleinem Rahmen) des verstorbenen Mr. Musi.

Mountainbiken & landschaftlich schöne Fahrten

Das sechstägige, mehr als 300 km lange Rennen **Lesotho Sky** (lesothosky.com; ⏲ Ende Sept.) führt durch diese raue Gegend, während das **Malealea Monster Weekend** (lesothosky.com/monster; ⏲ Ende Mai) über bis zu 80 km lange Trails führt.

Das ganze Jahr über werden hier auch **Fahrräder** vermietet (halber/ganzer Tag inkl. Führer pro Pers. 150/300 M). In der Malealea Lodge gibt es auch Empfehlungen für landschaftlich schöne Fahrten mit Allradfahrzeugen und mit hohen Fahrzeugen mit Zweiradantrieb.

Schlafen & Essen

★ **Malealea Lodge** LODGE $

(☎ in Südafrika 082 552 4215; www.malealea.co.ls; EZ/DZ ab 435/580 M, ohne Bad ab 262,50/350 M, Camping 100 M; P) Malealea, das Lesotho im Kleinen zu zeigen scheint, ist ein perfektes Vorzeigeprojekt für das Bergkönigreich. Jeden Abend bei Sonnenuntergang musizieren Dorfchöre und -bands in der Lodge am Berg; die Aktivitäten werden von der Gemeinde initiiert und ein Teil der Einnahmen aus dem Tourismus sowie Spenden unterstützen örtliche Projekte. Das Bergpanorama ist atemberaubend.

Von Stellplätzen für Zelte und „Wald"hütten für Rucksackreisende in einer hübschen bewaldeten Umgebung ein Stück von der Lodge entfernt bis zu schlichten, gemütlichen Zimmern mit Bad und *rondavels* reicht die Auswahl an Unterkunftsmöglichkeiten. Ein Hauch von Geschichte umgibt den Ort, der 1905 von dem Lehrer, Diamantensucher und Soldaten Mervyn Smith als Handelsposten ins Leben gerufen wurde. Ab 1986 führte die Familie Jones den Laden, bevor sie ihn in Unterkünfte umwandelte und in die umgebende Gemeinde integrierte.

Malealea bietet auch eine Bar, herzhafte **Mahlzeiten** (Frühstück/Mittag-/Abendessen 80/100/135 M), Einrichtungen für Selbstversorger und einen Laden mit Basisgütern. Es gibt jetzt zeitweise WLAN und ein Mobilfunknetz in der Lodge. September bis Dezember sind die geschäftigsten Monate.

An- & Weiterreise

Am frühen Morgen verbinden Sammeltaxis Maseru und Malealea (50 M, 2 ½ Std.). Später am Tag verkehrt ein Sammeltaxi zum Verkehrsknotenpunkt Motsekuoa (30 M, 1 ½ Std.), von wo es Verbindungen nach Malealea (22 M, 1 Std.) gibt. Auch öffentliche Verkehrsmittel aus Mafeteng und dem Süden halten in Motsekuoa.

Wer selbst fährt, nimmt von Maseru aus die Straße Richtung Mafeteng (Main Rd South) nach Süden, 60 km weit bis Motsekuoa. Gegenüber dem Taxistand biegt man linker Hand (nach Osten) ab – dem Schild nach Matelile, Qaba und Malealea Lodge folgend. An der Gabelung nach 10 km die rechte Abzweigung nehmen und weitere 15 km fahren. Am entsprechenden Schild nach Malealea abbiegen und sieben Kilometer auf einer unbefestigten Straße den Gates of Paradise Pass (2003 m) überqueren, bis zum Dorf und zu der Lodge.

Man erreicht Malealea vom Süden aus über Mpharane und Masemouse, doch diese Kiesstraße ist holperig und nur für Allradfahrzeuge geeignet.

Mafeteng

An der malerischen Hauptstraße südlich von Motsekuoa (der Abzweigung nach Malealea) liegt Mafeteng, ein heruntergekommener Ort an der viel befahrenen Hauptstraße. Eigentlich lohnt sich ein Stopp hier nicht, aber es ist der beste Ort um vor der Weiterfahrt nach Süden, die Vorräte aufzufüllen. Auch gibt es einige Plätze, wo man, wenn nötig, schlafen und essen kann. Sammeltaxis, Sprinter (Mercedes-Minibusse; schneller und teuerer als die Sammeltaxis) und Busse halten auf der Fahrt von Maseru nach Quthing in Mafeteng (beim Grenzübergang Van Rooyen's Gate).

Mafeteng Hotel HOTEL $

(☎ 2270 0236; www.hotelmafeteng.co.ls; EZ/DZ ab 380/500 M, Frühstück/Hauptgerichte 58/70 M; P) Im Grünen am Rand der Stadt liegt das Mafeteng Hotel mit abgewohnten Zimmern in einem pfirsichfarbenen sechseckigen Bau, der ausschaut wie ein verirrter Flughafentower. Es gibt eine Bar und ein Restaurant, das vorwiegend Fleischgerichte serviert. Von der Hauptstraße folgt man dem Schild zur National AIDS and HIV Commission, zwischen dem Kreisverkehr und der FNB Bank im Südteil des Ortes (Richtung Mohale's Hoek).

Mohale's Hoek

Genau wie Mafeteng hat auch dieser heruntergekommene Ort außer einer Übernachtungsmöglichkeit nur wenig zu bieten. Sammeltaxis, Sprinter und Busse, die zwischen Maseru und Quthing verkehren, halten in Mohale's Hoek (nahe dem Grenzübergang Makhaleng Bridge).

Hotel Mount Maluti HOTEL $$

(☎ 2278 5224; www.hmmlesotho.com; EZ/DZ inkl. Frühstück 650/750 M, Hauptgerichte 70 M; P) Bietet altmodische Zimmer in abweisenden Blocks, die auf hübsche Gärten hinausgehen. Das Restaurant ist ein vernünftiger Platz für ein Mittagessen, wo Sandwiches, Burger, Pizzas und Pasta serviert werden. Das Ganze ist von der Hauptstraße aus ausgeschildert.

Quthing

Quthing, die südlichste wichtige Stadt in Lesotho, kennt man auch als Moyeni (Platz des Windes). Es wurde 1877 gegründet, während des Gun War wurde der Ort 1880 verlassen und am aktuellen Ort wiederaufgebaut. Zentren der Aktivität sind im neuen Teil der Stadt, Lower Quthing, vor allem die Hauptstraße ist sehr geschäftig.

Sehenswertes & Aktivitäten

Upper Quthing GEBIET

Auf dem Hügel oberhalb von Lower Quthing, mit Blick über die Schlucht des Senqu (Orange) River, liegt dieses frühere koloniale Verwaltungszentrum mit schönem Panorama und leicht baufälligen Gebäuden. Wer dem Getriebe von Lower Quthing entkommen und einen ruhigen Bummel unternehmen möchte, läuft oder nimmt ein Sammeltaxi.

Masitise Cave House Museum MUSEUM

(☎ 2700 3259; Erw./Kind 10/3 M; Mo–Fr 8.30–17, Sa & So bis 14 Uhr; P) 5 km westlich von Quthing befindet sich dieser faszinierende

Teil einer alten Mission, die direkt in eine alte Felsenzuflucht der San gebaut wurde, 1866 von Reverend David-Frédéric Ellenberger, einem Schweizer Missionar, der zu den ersten in Lesotho gehörte. Es gibt einen Dinosaurier-Fußabdruck in der Decke, ein Museum mit Exponaten zur örtlichen Kultur und Geschichte sowie Zeichnungen der San in der Nähe.

Um hierher zu kommen, biegt man bei der Masitise Primary School auf die ausgeschilderte Straße ab und folgt ihr etwa einen Kilometer vorbei an der kleinen roten Kirche. Im benachbarten Haus kann man beim Pastor nach dem Schlüssel fragen. Von hier sind es zum Museum nur noch fünf Minuten zu Fuß.

Dinosaur Footprints ARCHÄOLOGISCHE STÄTTE
(Eintritt 10 M; ⏲ 8–17 Uhr; P) Eine der Hauptattraktionen von Quthing sind die vielen Dinosaurier-Fußabdrücke in der Umgebung. Die am leichtesten zugänglichen sind auf der linken Seite ausgeschildert, wenn man die Stadt nach Nordosten in Richtung Qacha's Nek verlässt. In diesem Gebäude gibt es Fußabdrücke, die 230 Millionen Jahre alt sind, und einen Kunstgewerbeladen. Kinder bieten hier gegen ein kleines Trinkgeld Führungen zu entfernteren Dinosaurier-Fußabdrücken an.

Schlafen & Essen

Fuleng Guest House PENSION $
(☎ 2275 0260; info.fulengguesthouse@gmail.com; EZ/DZ ab 399/513 M, Frühstück/Gerichte 50/70 M; P) Diese Pension am Abhang des Hügels bietet *rondavels* mit schönem Blick, einem Restaurant, verschmitzten Gartenzwergen, einer Felsformation und einer freundlichen Atmosphäre. An der Hauptstraße auf dem Weg nach Upper Quthing.

An- & Weiterreise

Der Taxistand befindet sich in Lower Quthing. Sammeltaxis bedienen die Strecke nach Maseru (70 M, 2 ½ Std.) und nach Qacha's Nek (80 M, 2 ½ Std.), ebenso schnellere teuerere Sprinter und langsamere preiswertere Busse. Fahrten zur/von der Hauptstadt sind häufiger. Sammeltaxis verkehren zum/vom Grenzposten an der Tele Bridge, den Sammeltaxis mit Sterkspruit (Südafrika) verbinden, wo es weitere öffentliche Verkehrsmittel gibt. Die Kiesstraße zwischen Tele Bridge und der Hauptstraße Quthing–Mohale's Hoek kann mit einem Fahrzeug ohne Allradantrieb befahren werden.

Qacha's Nek

Qacha's Nek wurde 1888 als Missionsstation gegründet; es liegt beim gleichnamigen Pass (1980 m). Die verschlafene Grenzstadt besitzt eine schöne Kirche und eine Vielzahl an Sandsteingebäuden aus der Kolonialzeit; in der Nähe erheben sich einige kalifornische Mammutbäume, manche mehr als 25 m hoch. Es gibt eine **Touristeninformation** (☎ 5886 0452; ⏲ Mo–Fr 8–12.30 & 14–16 Uhr) neben dem New Central Hotel.

Letloepe Guesthouse PENSION $
(☎ 2295 0383; EZ/DZ 300/500 M, Frühstück 50 M; P 📶) Am Stadtrand gegenüber von der Hauptpolizeistation gelegen, bietet das Letloepe rustikale *rondavels* und Bungalows mit Bergblick für Selbstversorger. Es sind auch preiswertere Zimmer mit Gemeinschaftsbad im Angebot.

New Central Hotel BUSINESS-HOTEL $
(☎ 2295 0482; Zi. inkl. Frühstück ab 500 M; P ❄) Die Zimmer in diesem Hotel am nördlichen Stadtrand sind gut ausgestattet, u. a. mit Bergen von Kissen. Das Mittag- und Abendessen (zwei Gänge 90 M) sollten vorbestellt werden.

An- & Weiterreise

Der tägliche Bus nach Maseru (120 M, 6½ Std.) fährt um 8.30 Uhr ab, während das Sammeltaxi (140 M, 5 Std.) um 11 Uhr startet. Ein schnellerer Mercedes-Minibus (140 M, 4 Std.) fährt um 7 Uhr. Die meisten Fahrten gehen über Quthing, aber einige auch über Semonkong; Sammeltaxis nehmen in der Regel letztere Route.

Kleine Sammeltaxis verbinden den Hauptaxistand mit der Grenze (5,50 M), von dort verkehren *bakkies* (Pick-ups) und Kleinlaster nach Matatiele (Südafrika), von wo es weiterführende Verbindungen gibt.

Sehlabathebe National Park

Lesothos zu Unrecht am wenigsten besuchter **Nationalpark** (pro Pers./Fahrzeug 40/10 M; ⏲ Tor 8–16.30 Uhr) ist entlegen, rau und wunderschön. Hügeliges Grasland, Wildblumen und Stille bieten die abgeschiedene Kulisse für eine vielfältige Vogelwelt (darunter der Bartgeier) und die Rehantilope. Wandern (oder Reiten ab Sani Top oder den Drakensbergen) ist die beste Art, um die Wasserfälle und ihre Umgebung zu erkunden. In den

Stauseen und Flüssen des Parks besteht die Möglichkeit zu angeln.

Besucher sollten sich sorgfältig auf die Wechselfälle des Wetters vorbereiten: Im Sommer regnet es sehr viel und dichter Nebel, für Wanderer eine potenzielle Gefahr, tritt häufig auf. Im Winter herrscht klares Wetter, doch die Nächte werden kalt und manchmal schneit es leicht.

Der Sehlabathebe National Park fällt unter die Zuständigkeit des **Ministeriums für Tourismus, Umwelt und Kultur** (☎ in Maseru 2231 6574, im Park 6253 7565; Post Office Bldg., 7th fl, Kingsway, Maseru).

Schlafen & Essen

Camping ist im Park erlaubt, aber es gibt keine Annehmlichkeiten außer reichlich Wasser. Camper müssen sich ihr gesamtes Essen mitbringen.

Thamathu Rural Homestay HOMESTAY **$**
(☎ 2231 1767, 2232 6075; pro Pers. inkl. Frühstück M100; Ⓟ) Der Bus kommt um 19 Uhr ins Dorf Mavuka, unweit des Tors zum Sehlabathebe Park. Das bedeutet, wer mit öffentlichen Verkehrsmitteln unterwegs ist, muss im Dorf übernachten. In einem Programm, das vom Ministerium für Tourismus, Umwelt und Kultur unterstützt wird, werden einheimische Hausbesitzer darauf vorbereitet, Parkbesucher aufzunehmen und zu führen. **Mabotle Lodge** ist eine beliebte Übernachtungsmöglichkeit, mit einfachen *rondavels*.

Sehlabathebe National Park Lodge LODGE **$$**
(☎ 6347 2851; Zi. 990–2400 M, Camping 80 M; Ⓟ) In dieser privat geführten Lodge gibt es eine Küche für Selbstversorger, ein Esszimmer, eine Lounge mit einem zentralen Kamin und mehrere Schlafzimmer mit prächtigen Doppelbetten. Frühstück und Abendessen werden serviert, sollten aber vor der Ankunft gebucht werden – ebenso die Unterkunft. Bis zum Park sind es 12 km; für die Fahrt braucht man ein Allradfahrzeug.

Die originale Jonathans Lodge aus den 1970-Jahren, die für den forellenliebenden Premierminister dieses Namens gebaut wurde, soll in verbesserter Form 2015 wiedereröffnen.

An- & Weiterreise

Täglich verbindet ein Bus das Dorf Mavuka, nicht weit vom Parkeingang, mit Qacha's Nek (100 M, 5 Std.); er fährt etwa um 5 Uhr in Mavuka ab und kommt um 14 Uhr zurück.

Die Kiesstraße ab Qacha's Nek ist nur mit Allradfahrzeugen zu empfehlen; man sollte sich vor Ort über ihren Zustand informieren. Die Straße aus dem Norden ist extrem rau und selbst für Allradfahrzeuge eine Herausforderung; für die 150 km lange Strecke ab Thaba-Tseka muss man mehrere Stunden rechnen. Beide Straßen können von Stürmen und Erdrutschen betroffen sein, deshalb besser vor dem Losfahren bei Einheimischen Informationen einholen. Es ist möglich, das Auto während des Parkbesuchs an der Polizeistation im Dorf Paolosi, etwa 3 km südlich von Mavuka zu lassen. Die nächstgelegenen Tankstellen sind in Qacha's Nek und Thaba-Tseka.

Zu Fuß ist der einfachste Weg in den Sehlabathebe-Park eine 10 km lange Wanderung bergauf von KwaZulu-Natal. Packpferde kann die Sehlabathebe National Park Lodge organisieren. Von der Grenzstation Bushman's Nek über den Pass zum Nkonkoana-Eingang dauert es sechs Stunden. Wer den Pass zu Pferd bewältigen will, findet bei **Khotso Trails** (☎ in Südafrika 033 701 1502; www.khotsotrails.co.za) eine zwei- oder dreitägige Tour ab Underberg (Südliche Drakensberge).

Wer mit einem Charterflug anreist, kann auf dem Flugfeld von Paolosi landen.

Swasiland

➔ **Inhalt**

Gut essen

- Ramblas Restaurant (S. 557)
- Sambane Coffee Shoppe (S. 566)
- Malandela's Restaurant (S. 566)
- Lihawu Restaurant (S. 562)

Schön übernachten

- Stone Camp (S. 574)
- Sondzela Backpackers (S. 565)
- Brackenhill Lodge (S. 556)
- Lidwala Backpacker Lodge (S. 561)
- Phophonyane Falls Ecolodge & Nature Reserve (S. 570)

Auf nach Swasiland!

Das Königreich Swasiland ist zwar winzig, hat seinen Besuchern aber viel zu bieten. Man kann Tiere in freier Wildbahn beobachten, sich bei Outdoor-Aktivitäten einen Adrenalinschub holen und die lebensfrohe einheimische Kultur erleben. Es gibt tolle Wanderwege, atemberaubende Berglandschaften und Flachlandpanoramen, diverse Unterkünfte sowie hochwertiges Kunsthandwerk. Im Gegensatz zu Südafrika ist es Swasiland gelungen, sich sein typisch afrikanisches Flair zu bewahren – ein Grund, weshalb das Land immer beliebter wird. Alles ist klein und persönlich, und es herrscht eine erstaunlich entspannte Atmosphäre. Anstatt hier nur eine kurze Stippvisite auf dem Weg zum Krüger-Nationalpark, zur südafrikanischen Provinz KwaZulu-Natal oder nach Mosambik einzulegen, sollte man mindestens eine Woche einplanen, um diesem Land gerecht zu werden. Wer einen Besuch in den Wintermonaten plant, sollte ihn so legen, dass gerade das Umhlanga-Festival stattfindet, eines der größten Kulturevents in ganz Afrika.

Reisezeit

Mbabane

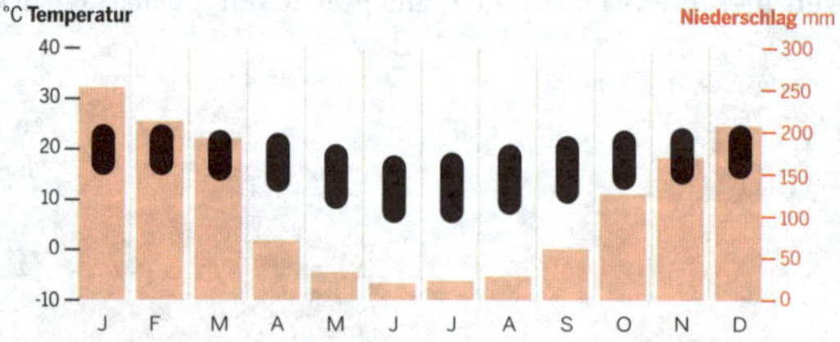

Dez.–April Reißende Flüsse und wilde Vegetation bilden die Kulisse für Fotofreuden und Abenteuer.

Feb.–März *Buganu*-Saison – im ländlichen Swasiland gibt es jetzt selbst gemachten Marula-Wein.

Mai–Sept. Die kühleren Tage bieten sich bestens zur Tierbeobachtung im Lowveld an.

Highlights

1 Tiere beobachten (Spitzmaulnashörner) im ursprünglichen, wunderschönen **Mkhaya Game Reserve** (S. 573)

2 Im **Malolotja Nature Reserve** (S. 569) durch die zauberhafte Wildnis wandern

3 Auf dem **Great Usutu River (Lusutfu River)** (S. 559) auf den reißenden Stromschnellen raften.

4 Im **Ezulwini Valley** (S. 559) und im **Malkerns Valley** (S. 559) nach Kunsthandwerk stöbern

5 Im **Mlilwane Wildlife Sanctuary** (S. 563) herumwandern oder biken und sich in den Lodges entspannen

6 Den **Sibebe Rock** (S. 563) erklimmenund die Aussicht auf sich wirken lassen

7 Sich im **Hlane Royal National Park** (S. 571) Auge um Auge einem Rudel Löwen gegenübersehen

8 Sich in der **Mahamba Gorge Lodge** (S. 575), im **Phophonyane Falls Ecolodge & Nature Reserve** (S. 570) oder im **Shewula Mountain Camp** (S. 572) eine Auszeit gönnen

Geschichte

Die Anfänge einer Nation

Das Gebiet des heutigen Swasiland ist seit Jahrtausenden besiedelt. Menschliche Überreste wurden in den Lubombo Mountains im Osten des Landes gefunden und sind vermutlich bis zu 100 000 Jahre alt. Die Swasi hingegen verfolgen die Wurzeln ihrer Ahnen bis zu einem erheblich jüngeren Datum zurück. Um das Jahr 500 kamen nämlich im Rahmen der großen Bantu-Migration verschiedene Nguni-Stämme in die Region. Einer dieser Stämme ließ sich in der Umgebung des heutigen Maputo (Mosambik) nieder und gründete die Dlamini-Dynastie. Mitte des 18. Jhs. führte der Dlamini-König Ngwane III. wegen des zunehmenden Drucks von anderen Clans in dieser Gegend sein Volk in Richtung Südwesten an den Pongola River, heute im südlichen Swasiland und im nördlichen KwaZulu-Natal. Die Region am Fluss wurde fortan zum Kernland der Swasi.

Ngwanes Nachfolger Sobhuza I. errichtete schließlich im Ezulwini Valley einen Stützpunkt, der bis heute die Heimat der Königsfamilie ist und auch das Zentrum des Brauchtums darstellt. Nach Sobhuza I. kam der berühmte König Mswazi (auch Mswati) auf den Thron, nach dem die Swasi benannt sind. Trotz des Drucks von den benachbarten Zulu gelang es Mswazi, das Königreich zu einen.

Seit Mitte des 19. Jhs. lockte Swasiland immer mehr Bauern aus Europa an, die Weideland für ihr Vieh benötigten. Auch Jäger, Kaufleute und Missionare wurden von dem kleinen Königreich angezogen. In den folgenden Dekaden sahen die Swasi ihr Territorium stetig schwinden, denn die Briten und die Buren kämpften um die Macht in der Region. 1902, nach dem Zweiten Burenkrieg, zogen sich die Buren zurück, und die Briten übernahmen die Kontrolle in Form eines Protektorats.

Kampf um die Unabhängigkeit

Anfang des 20. Jhs. drehte sich in der Geschichte der Swasi alles um den Unabhängigkeitskampf. Unter der Führung von König Sobhuza II. (und seiner umsichtigen Mutter, die während seiner Kindheit die Regentschaft innehatte) gelang es den Swasi, den Großteil ihres ursprünglichen Territoriums wiederzuerlangen. Das war zum einen durch Rückkäufe möglich, zum anderen aber auch durch einen Erlass der britischen Regierung. Diese Entwicklung war von großer Bedeutung, denn Swasi-Könige verwalten das Reich als Treuhänder für ihre Bürger, und somit ist Landbesitz hier weit mehr als eine rein wirtschaftliche oder politische Frage.

Am 6. September 1968 war die Unabhängigkeit schließlich als Höhepunkt eines langen und erstaunlich gewaltlosen Weges erreicht, 66 Jahre nach Beginn des britischen Protektorats.

Die erste Swasi-Verfassung war größtenteils ein Machwerk der Briten und wurde 1973 vom König mit der Begründung außer Kraft gesetzt, dass sie nicht der Swasi-Kultur entspräche. Vier Jahre später trat das Parlament unter einer neuen Verfassung zusammen, die ganz unzeitgemäß dem König die uneingeschränkte Macht verlieh.

Sobhuza II., der seinerzeit am längsten regierende König der Welt, starb im Jahr 1982. 1986 bestieg der junge Mswati III. den Thron. Auch er hält am traditionellen Leben fest. Damit das auch klappt, regiert er als absoluter Monarch.

Inzwischen lässt sich aber eine unterschwellige politische Meinungsverschiebung im Land nicht leugnen. Auch unter der neuen Verfassung ist es politischen Parteien allerdings nicht möglich, an Wahlen teilzunehmen.

Aktuelle Entwicklungen

König Mswati III. steht wegen seines autokratischen Status und wegen seines aufwendigen und polygamen Lebensstils zunehmend in der Kritik, vor allem in der ausländischen Presse. Kritiker werfen ihm vor, dass dies die wirtschaftliche Entwicklung beeinträchtige und den Kampf gegen HIV/Aids behindere, wovon schätzungsweise 26 % der Bevölkerung betroffen sind. Doch selbst seine entschiedensten Kritiker unter den Swasi wollen kein Ende der Monarchie, sondern fordern eine konstitutionelle anstelle der absoluten Monarchie.

Im Dezember 2014 wurde Swasiland von der Liste der Länder gestrichen, die vom Freihandelsabkommen AGOA (African Growth and Opportunity Act) der USA profitieren, da das Land einige wesentliche Kriterien nicht erfüllte – es missachtete, genauer gesagt, die Rechte der Arbeiter und die Vereinigungsfreiheit. Die meisten Vorteile aus diesem Abkommen zogen Jobs im Niedriglohnsektor in der Textilbranche; der Verlust von Arbeitsplätzen ist in einem Land mit einer Arbeitslosenrate, die sich um die

ZEREMONIEN & FESTIVALS

Incwala

Incwala (auch *Ncwala* genannt) ist die heiligste Zeremonie der Swasi. Sie wird zu Ehren der „ersten Früchte" abgehalten; dann erteilt der König seinem Volk die Erlaubnis, die ersten Feldfrüchte des neuen Jahres zu verzehren. Die Zeremonie findet jährlich um den 21. Dezember statt und dauert eine Woche. Die Vorbereitungen der Feierlichkeiten beginnen bereits einige Wochen vorher und richten sich nach den Mondphasen.

Umhlanga-Tanz

Der *umhlanga* (Schilf)-Tanz ist das bekannteste Kulturereignis in Swasiland. So heilig wie die *Incwala*-Zeremonie ist der Tanz nicht, er dient jedoch einer ähnlichen Funktion: Er soll die Nation zusammenhalten und die Menschen an ihre Beziehung zum König erinnern. Das Ereignis ist so eine Art einwöchiger Debütantinnenball für Swasi-Frauen im heiratsfähigen Alter; sie reisen aus dem ganzen Königreich an, um mitzuhelfen, das Haus der Königinmutter in Lobamba instand zu setzen. Der *Umhangla*-Tanz findet Ende August oder Anfang September statt.

Buganu-Festival

Auch dies ist ein Festival der „ersten Früchte", das im Februar stattfindet, es ehrt jedoch die Marula-Frucht. Die Frauen sammeln die Früchte und brauen daraus ein fermentiertes Getränk, das *buganu* heißt und ganz schön reinhaut. Die Einheimischen – überwiegend Männer – kommen dann zusammen, um zu trinken und zu feiern. Das Fest entwickelt sich immer mehr zur beliebtesten traditionellen Zeremonie des Landes und wird sogar von König Mswati III. und anderen Mitgliedern des Königshauses besucht.

MTN Bushfire-Festival

Dieses zunehmend beliebte Festival findet alljährlich drei Tage lang am letzten Wochenende im Mai statt – mit Musik, Dichtung sowie Theater- und anderen Vorstellungen. Begangen wird es im House on Fire in Malkerns. Weitere Informationen zum Programm verrät die Website (www.bush-fire.com).

50 % bewegt, natürlich problematisch. Es wird erwartet, dass das Wirtschaftswachstum ab dem Jahr 2015 von 2,5 % auf 1 % zurückgeht.

Klima

Im größten Teil Swasilands herrscht das gleiche Klima wie im östlichen Lowveld in Südafrika. Es zeichnet sich durch regenreiche Sommer mit hoher Luftfeuchtigkeit und angenehm kühle Winter aus. Zwischen Dezember und Februar können die Temperaturen auch mal über 40 °C steigen, und wolkenbruchartige Gewitter sind keine Seltenheit. In den höher gelegenen Gebieten im Westen sind die Nächte im Winter kühl und klar, und es kann sogar Frost geben.

Sprache

Die offiziellen Landessprachen sind Swati und Englisch; die schriftliche Amtssprache ist Englisch.

ℹ Gefahren & Ärgernisse

Bagatelldelikte wie Taschendiebstahl sowie Handy- und Handtaschenraub kommen in urbanen Gegenden vor. Man sollte deshalb immer seinen gesunden Menschenverstand walten lassen, die entsprechenden Vorsichtsmaßnahmen treffen und auf seine Sachen stets ein wachsames Auge haben. Nachts sollte man nie ohne Begleitung unterwegs sein und seine Wertgegenstände auch nie zur Schau stellen.

In Swasiland treten Schistosomiasis (Bilharziose) und Malaria auf; das Land ergreift nachhaltige Maßnahmen, um als erstes Land Afrikas südlich der Sahara den Status als malariafreies Gebiet zu erlangen.

ℹ Anreise & Unterwegs vor Ort

Von Johannesburg (Jo'burg) werden Flüge nach Swasiland (King Mswati III International Airport) angeboten.

Die meisten Reisenden reisen jedoch auf dem Landweg nach Swasiland ein. Mietwagen sind bei **Avis** (☎ 2518 6226, 2518 6222; www.

avis.co.za; Airport; ⌚ Mo–Do 7–17.30, Sa & So 10.30–17.30 Uhr) und **Europcar** (☎ 2518 4393; www.europcar.com/car-swaziland.html; Airport; ⌚ Mo–Fr 8–17, Sa & So 10–17 Uhr) erhältlich; es kommt in der Regel jedoch billiger, in Südafrika einen Leihwagen zu nehmen.

Swasiland verfügt über ein gutes Netz von Minibus-Sammeltaxis, die das ganze Land abdecken.

MBABANE

Die Hauptattraktion von Mbabane? Das ist ganz eindeutig die tolle Lage der Stadt in den zerklüfteten Dlangeni Hills. Die Hauptstadt von Swasiland und zweitgrößte Stadt des Landes liegt im kühlen Highveld auf einer Höhe von etwa 1200 m – ein entspannter und praktischer Ort, um alles Mögliche zu erledigen.

Es gibt hier eine Handvoll gute Restaurants und Übernachtungsmöglichkeiten, doch das nahe Ezulwini Valley und das Malkerns Valley bieten Reisenden dann doch die meisten Sehenswürdigkeiten und auch eine bessere Auswahl an Unterkünften.

Während der Kolonialzeit hatten die Briten ihre Militärbasis zuerst in Manzini; sie verlegten sie im Jahr 1902 dann nach Mbabane, um vom kühleren Klima in den Bergen zu profitieren.

Sehenswertes & Aktivitäten

Sibebe Rock — WAHRZEICHEN

(Pine Valley; Eintritt 30 E) Rund 8 km nordöstlich von Mbabane ragt der Sibebe Rock über der Landschaft auf, ein massiver Granitkegel. Ein Großteil des Felsens ist vollig kahl, ein Sturz ist somit gefährlich. Aber wer halbwegs fit ist und seinen Spaß daran hat, von den steilen Felsplatten nach unten zu schauen, kriegt mit Sicherheit einen anständigen Adrenalinstoß. Die beste Methode ist wohl, sich mit Swazi Trails (S. 559) im Ezulwini Valley in Verbindung zu setzen. Das Unternehmen veranstaltet Besteigungen des Felsens; eine Kletterausrüstung ist dazu nicht erforderlich (780 E pro Pers., inklusive Transport).

Schlafen

Bombaso's Backpackers — HOSTEL $

(☎ 7681 9191, 2404 5465; www.swazilandhappenings.co.za/photos_bombasos.htm; Lukhalo St; Camping 80 E, B 145 E, DZ ohne Bad 300 E; P 📶 🏊) Das Bombaso bietet eine quirlige Atmosphäre und kann mit einer Fülle von Unterkunftsmöglichkeiten aufwarten – von Campingplätzen (auf dem Rasen) und Schlafsälen mit sieben Betten bis hin zu sauberen Gästezimmern; außerdem gibt es hier einen Pool, eine Bar, ein Fernsehzimmer und Gärten zum Entspannen. Mahlzeiten werden nicht serviert, aber dafür sind prima Kücheneinrichtungen vorhanden. Jason und Lwazi, die das Hostel führen, sind eine gute Informationsquelle; sie wissen viel über Swasiland zu erzählen.

Das Bombaso befindet sich rund 2 km nördlich vom Stadtzentrum und lässt sich mit öffentlichen Verkehrsmitteln problemlos erreichen.

★ Brackenhill Lodge — PENSION $$

(☎ 2404 2887; www.brackenhillswazi.com; Mountain Dr; EZ/DZ inkl. Frühstück ab 640/870 E; P 📶 🏊) Die kleine Pension mit herrlich entspannter Atmosphäre in bukolischer Lage, 4,5 km nördlich von Mbabane, erobert die Herzen ihrer Gäste im Sturm. Geboten sind acht komfortable, gut ausgestattete und auch luftige Zimmer; durch das 162 ha große Grundstück verlaufen diverse Wanderwege, die Vogelwelt ist sagenhaft und das Panorama fantastisch. An Einrichtungen warten ein Fitnesscenter, eine Sauna und ein Pool, und sogar Tennisplätze sind vorhanden. Die Besitzer sind reizend; das Abendessen wird auf Wunsch zubereitet.

Bei Barzahlung gibt es eine Ermäßigung von 10 %.

The Place — BUNGALOW $$

(☎ 7828 6040, 7828 5090; www.theplaceswaziland.com; Mantsholo St; EZ/DZ inkl. Frühstück 700/1000 E; P ❄ 📶 🏊) Die recht neue Anlage gegenüber vom Golfplatz bietet moderne, funktionale Einrichtungen. Hier fühlen sich Gäste wohl, die auf tadellose, gut ausgestattete Zimmer mit spiegelnden Bädern wert legen. Die frei stehenden Wohneinheiten gehen auf einen gepflegten Garten hinaus und einen Pool. Nebenan befindet sich ein renommiertes Restaurant. Eine wunderbare Entdeckung.

Mountain Inn — GASTHOF $$

(☎ 2404 2781; www.mountaininn.sz; Sihawu Cres, Highland View; inkl. Frühstück EZ 880–950 E, DZ 1040–1220 E; P ❄ 📶 🏊) Der weitläufige Gasthof wirkt ein bisschen dröge, und das Dekor hat seine besten Tage wohl schon gesehen, aber insgesamt ist das Mountain Inn ein nettes, absolut nicht hochgestochenes Quartier und ein sicherer Tipp. Es besteht aus drei Trakten, die durch einen überdachten Fußweg miteinander verbunden sind. Man sollte unbedingt um ein Zimmer im Südflügel bitten, denn sie bieten einen fantastischen Blick über das Tal. Ein Pool, eine Bibliothek und ein angesehenes Restaurant sind auch noch vorhanden.

Das Mountain Inn liegt etwa 4 km südlich vom Stadtzentrum in einem beschaulichen Viertel.

Essen

Supermärkte, Restaurantketten und Fastfood-Lokale finden sich im Swazi Plaza, der wichtigsten Shoppingmall im Stadtzentrum.

Indingilizi Gallery & Restaurant CAFÉ $
(☎2404 6213; www.africanoriginal.com; 112 Dzeliwe St; Hauptgerichte 40–70 E; ⌚Mo–Fr 8–17, Sa 8.30–13 Uhr) Einheimische empfehlen immer gern das Indingilizi – ein „Geheimtipp", der sich leicht übersehen lässt. Das kleine Café im Freien befindet sich hinten in einer Kunstgalerie. Serviert werden Frühstück, Snacks und kleinere Mittagsgerichte. Mitnehmen kann man die Speisen auch.

Riverside Café CAFETERIA $
(☎2404 9547; Swazi Plaza, Plaza Mall Dr; Hauptgerichte 20–100 E; ⌚Mo–Fr 8–16.30, Sa bis 15 Uhr) Diese fröhliche Cafeteria ist nicht der richtige Ort, um den Menschenmassen zu entkommen, aber das Essen ist lecker und bietet wirklich viel fürs Geld. Die meisten kommen wegen des Gebäcks her; es verlockt eine verführerische Auswahl an selbst gebackenen Köstlichkeiten wie Muffins und Scones. Das Riverside Café bietet sich auch an, um eine Kleinigkeit zu Mittag zu essen.

★ **Ramblas Restaurant** INTERNATIONAL $$
(☎2404 4147; www.ramblasswaziland.webs.com; Mantsholo St; Hauptgerichte 80–160 E; ⌚Mo–Fr 8–22, Sa 8.30–22.30 Uhr; 📶) Die beste Adresse in Mbabane für gute Küche und ein quirliges Ambiente liegt nur einen Steinwurf vom Golfplatz entfernt. Das Restaurant mit seiner abwechslungsreichen Speisekarte ist den Anmarsch wirklich wert; es verlocken sagenhafte Salate, Fleischgerichte, Burger und Desserts, bei denen einem das Wasser im Mund nur so zusammenläuft. Das Ramblas befindet sich in einer kleinen Villa mit einer netten Terrasse; farbenfrohe Gemälde sowie Grau und Rot in allen Schattierungen schaffen ein schickes Ambiente.

Mbabane

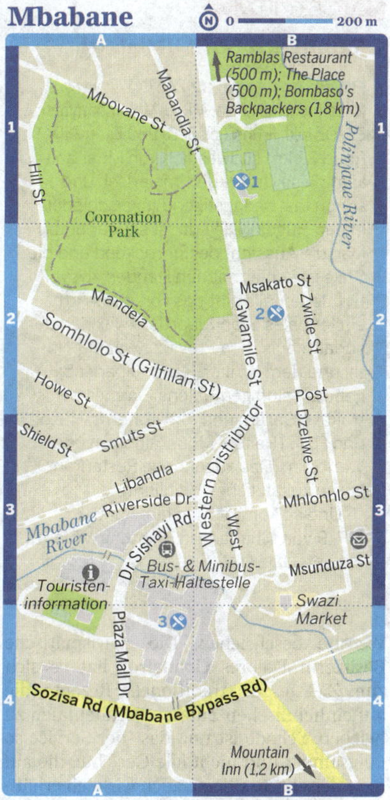

Mbabane

Essen

1 Albert Millin B1
2 Indingilizi Gallery & Restaurant B2
3 Riverside Café A4

eDladleni FUSIONSKÜCHE $$
(☎7841 4110, 2402 5743; http://edladleni.100webspace.net/index.html; Manzini/Mbabane Hwy, Mvubu Falls; Hauptgerichte 50–110 E; ⌚Di–So 12–15 & Di–So 18–22 Uhr; 🅥) Köstliches Essen, ein heiteres Ambiente und eine tolle Aussicht – wenn sich jemand ein authentisches Speiseerlebnis in Swasiland wünscht, dann ist das eDladleni ziemlich unschlagbar. Hier werden Spezialitäten serviert, die anderswo nur selten auf den Tisch kommen; auch die Auswahl an vegetarischen Gerichten ist super. Das Restaurant liegt rund 6 km von Mbabane entfernt an der Haupt-Schnellstraße (dem Wegweiser zu den Mvubu Falls folgen); die genaue Anfahrt steht auf der

ABSTECHER

FRIEDLICH SCHLUMMERN

Foresters Arms (☎ 2467 4177; www.forestersarms.co.za; MR19, Mhlambanyatsi; EZ/DZ inkl. Frühstück 620/960 E; P 📶 🏊) Rund 27 km südwestlich von Mbabane liegt diese Unterkunft malerisch und schon fast beängstigend abgeschieden in den Hügeln. Die Luft ist sauber und klar, die Aussicht beeindruckend und die Stille ist schier mit den Händen zu greifen. Jedenfalls gibt das Foresters Arms ein feudales Standquartier zwischen der südafrikanischen Provinz KwaZulu-Natal und dem Krüger-Nationalpark ab; geboten sind gemütliche Zimmer, attraktive Gärten und Aktivitäten in Hülle und Fülle (Reiten, Mountainbiken und Wandern). Das zugehörige Restaurant ist ein zusätzliches Highlight.

Und so kommt man hin: Auf der MR19 von Mbabane in Richtung Mhlambanyatsi fahren.

Website beschrieben. Die charismatische Besitzerin Dolores Goddefroy hat es sich zum Ziel gesetzt, traditionelle Rezepte, die auf einheimischen Zutaten beruhen, neu zu beleben. Schade ist nur, dass der Service so langsam ist und nicht alle Gerichte, die auf der Speisekarte stehen, auch wirklich erhältlich sind. Die Öffnungszeiten sind unzuverlässig – wer schlau ist, ruft vor dem geplanten Besuch mal kurz dort an.

Albert Millin CAFETERIA, PUB **$$**
(☎ 2404 9942; Gwamile St; Hauptgerichte 50–120 E; ⏲ Di & Mi 10–22, Do–Sa bis 24 Uhr; 📶) Diese Kneipe mit Speiselokal befindet sich im Gelände des Mbabane Clubs. Sie steht bei Expats hoch im Kurs und hat ein modernes Flair. Die Speisekarte ist so vielseitig, dass sie Gaumenfreuden für jeden Geschmack bietet – auf den Tisch kommen Pizza, Salate, Burger und gute Grillgerichte. Das Lokal mit seiner coolen Atmosphäre kann man aber auch einfach mit einem kühlen Bier in der Hand genießen.

ℹ Praktische Informationen

GELD

An Banken mit Geldautomaten sind die First National Bank, die Nedbank und die Standard Bank vertreten; sie befinden sich alle im Swazi Plaza.

MEDIZINISCHE VERSORGUNG

Mbabane Clinic (☎ 2404 2423; www.theclinicgroup.com; Mkhonubovu St; ⏲ 24 Std.) In Notfällen wendet man sich an diese gut ausgestattete Klinik im Südwesten der Stadt, gleich bei der Umgehungsstraße.

NOTFALL

Polizei (☎ 999, 2404 2221)

TOURISTENINFORMATION

Touristeninformation (☎ 2404 2531; www.thekingdomofswaziland.com; Swazi Mall, Dr Sishayi Rd; ⏲ Mo–Fr 8–17, Sa 9–17 Uhr) Sie befindet sich in der Swazi Mall und hält Stadtpläne, Landkarten und allerlei Broschüren bereit.

ℹ Anreise & Unterwegs vor Ort

Die Haupthaltestelle für Busse und Sammeltaxis befindet sich gleich hinter der Shoppingmall Swazi Plaza. Minibus-Sammeltaxis verkehren ganztägig nach Johannesburg (210 E, 4 Std.); man kann aber auch eines von Manzini nehmen.

Mehrere Sammeltaxis fahren täglich zu den Grenzposten Ngwenya und Oshoek (15 E, 50 Min.) sowie zum Malkerns Valley (15 E, 45 Min.). Alle Fahrzeuge, die Manzini (15 E, 35 Min.) und Destinationen weiter im Osten ansteuern, kommen durch das Ezulwini Valley; die meisten nehmen allerdings die Schnellstraße, die um das Tal selbst herumführt.

Privattaxis stehen direkt vor der Haupthaltestelle hinter dem Swazi Plaza. Privattaxis ins Ezulwini Valley kosten ab 120 E, zum weiter entfernten Ende des Tals ab 200 E. Zum King Mswati III. International Airport schlägt ein Taxi mit 150 E zu Buche.

TransMagnific (☎ 2404 9977; www.goswaziland.co.sz) und **Sky World** (☎ 7664 0001, 2404 9921; www.skyworld.co.sz) bieten täglich einen Luxus-Shuttleservice von und nach Johannesburg (oder auch zum Tambo International Airport und nach Sandton) sowie nach Mbabane für 500 R an.

LANDESMITTE

Der touristische Dreh- und Angelpunkt von Swasiland ist die Landesmitte mit einer interessanten Mischung aus Kultur, Natur und anderen Freuden. Hier ist so viel geboten, dass man locker ein paar Tage lang beschäftigt ist. Es warten Tierreservate, die erkundet, Museen, die besichtigt, und tolle Restaurants, die ausprobiert werden wollen sowie hochwertige Handwerkskunst, die ein schönes Andenken für zu Hause abgibt.

WILDWASSER-RAFTEN & CAVING

Eines der Highlights in Swasiland sind Raftingtouren auf dem Great Usutu River (Lusutfu River). Der Fluss ist extrem vielfältig – von total abschüssigen Passagen bis hin zu trägen Abschnitten ist alles geboten; in der Umgebung des Mkhaya Game Reserve tost er durch eine Schlucht, in der das ganze Jahr über eine wahnwitzige Mischung von Stromschnellen auftritt.

Swazi Trails ist die beste Adresse, um eine Raftingtour zu buchen. Zur Auswahl stehen Ganz- und Halbtagsausflüge (1200/950 E pro Pers., inkl. Mittagessen & Transport, ab 2 Pers.). Für einen weiteren Adrenalinstoß sorgen Abseilen und Klippenspringen in den Wintermonaten.

Wer die ungewöhnliche Herausforderung sucht, kommt bei den abenteuerlichen Caving-Touren des Unternehmens auf seine Kosten; sie bieten einen seltenen Einblick in die einzigartige Welt der Höhlenforschung. Die weitläufige, nur ein paar Kilometer von Mbabane entfernte Gobholo Cave ist noch zu 98 % unerforscht. Die Teilnehmer haben die Wahl zwischen einer Tour, die um 8.30 Uhr (700 E) beginnt und einer um 16.30 mit Abendessen (850 E; inkl. Bad in einer heißen Quelle, Pizza und Bier).

Ezulwini Valley

Welch einen Unterschied ein paar Kilometer doch ausmachen können! Das touristische Zentrum von Swasiland, das Ezulwini Valley, beginnt gleich vor den Toren Mbabanes, vermittelt jedoch das Gefühl, ewig weit vom Tamtam der Hauptstadt entfernt zu sein. Mit seinen hervorragenden Unterkünften und tollen Möglichkeiten, Kunsthandwerk einzukaufen, gibt das Tal ein angenehmes Standquartier für viele Reisende ab.

Sehenswertes & Aktivitäten

Mantenga Cultural Village & Nature Reserve NATURRESERVAT

(☎ 2416 1151; www.sntc.org.sz/reserves/mantenga.asp; Ezulwini Valley; Eintritt 100 E; ⏲ 8–18 Uhr) Die Eintrittsgebühr in dieses beschauliche, dicht bewaldete Reservat beinhaltet eine geführte Tour durch das Swazi Cultural Village, ein lebendiges Kulturdorf mit authentischen Bienenkorbhütten und kulturellen Ausstellungen, plus eine *sibhaca*-Tanzvorführung (tgl. um 11.15 und 15.15 Uhr) sowie den Besuch der beeindruckenden Mantenga Falls. Das Reservat ist auch toll zum Wandern; die Wanderer bezahlen pro Tag nur 50 E. Das Reservat ist zwar nicht groß, bietet jedoch Gelegenheit, Grüne Meerkatzen und Paviane, zwei Affenarten, zu sehen, außerdem Nyalas und Duikers, zwei Antilopenarten; und auch Warzenschweine leben hier.

Vögel sind im Reservat ebenfalls reich vertreten, beispielsweise der vom Aussterben bedrohte Kahlkopfrapp. Das Reservat befindet sich nur 1 km von der Mantenga Lodge entfernt und ist an der MR103 sehr gut ausgeschildert.

Swazi Trails ABENTEUERSPORTARTEN

(☎ 7602 0261, 2416 2180; www.swazitrails.co.sz; Mantenga Craft Centre, Ezulwini Valley; ⏲ 8–17 Uhr) Das Unternehmen im Mantenga Craft Centre im Ezulwini Valley zählt zu den renommiertesten Anbietern von Aktivitäten in Swasiland und gilt als die Topadresse schlechthin, wenn jemand Höhlen erforschen, raften, wandern oder auch Kultur- und Besichtigungstouren unternehmen möchte.

Hier befindet sich auch die Touristeninformation für das Ezulwini Valley.

Cuddle Puddle THERMALQUELLEN

(☎ 2416 1164; MR103, Ezulwini Valley; Erw./Kind 30/15 E; ⏲ Do–Di 7–23, Mi bis 20 Uhr) Wer sich einmal so richtig verwöhnen lassen möchte, sollte den heißen Thermalquellen im Royal Valley einen Besuch abstatten. Das magnesiumreiche Wasser weist eine konstante Temperatur von angenehmen 32 °C auf. Es gibt auch ein Spa mit Sauna, Fitnesscenter und Massagen.

Geführte Touren

All Out Africa ABENTEUERTOUR

(☎ 2416 2260; www.alloutafrica.com; MR103, Ezulwini Valley; ⏲ 8–17 Uhr) Das Unternehmen bietet Abenteuertouren und Aktivitäten in ganz Swasiland sowie Exkursionen zum Kruger National Park an. Wirklich sehr empfehlens-

Ezulwini & Malkerns Valleys

Ezulwini & Malkerns Valleys

Sehenswertes
1 Eludzidzini Royal Residence ... B2
King Sobhuza II Memorial Park ... (s. 4)
2 Mantenga Cultural Village & Nature Reserve ... A2
3 Mlilwane Wildlife Sanctuary ... A2
4 National Museum ... B2
5 Parlament ... B2
6 Somhlolo National Stadium ... B2

Aktivitäten, Kurse & Touren
7 Chubeka Trails ... B3
8 Cuddle Puddle ... A1
9 Swazi Trails ... B2

Schlafen
Legends Backpackers Lodge ... (s. 13)
10 Lidwala Backpacker Lodge ... B2
11 Lugogo Sun Hotel ... A1
12 Malandela's B&B ... B3
Mantenga Cultural Village & Nature Reserve ... (s. 2)
13 Mantenga Lodge & Restaurant ... A2
14 Mlilwane Wildlife Sanctuary Main Camp ... B3
15 Rainbird Chalets ... C3
16 Reilly's Rock Hilltop Lodge ... A2
17 Royal Swazi Spa ... A1
18 Sondzela Backpackers ... B3
19 Umdoni ... B3
20 Victory Guesthouse ... B2

Essen
21 Boma Restaurant ... A1
22 Calabash ... A1
23 Lihawu Restaurant ... B1
Malandela's Restaurant ... (s. 12)
Mantenga Restaurant ... (s. 13)
24 Sambane Coffee Shoppe ... C3

Unterhaltung
House on Fire ... (s. 12)

Shoppen
Baobab Batik ... (s. 26)
25 Ezulwini Craft Market ... B1
Gone Rural ... (s. 12)
Mantenga Craft Centre ... (s. 13)
26 Swazi Candles ... C3
Yebo Art & Design ... (s. 13)

wert ist die kulturelle Halbtagstour durch Lobamba (345 R pro Pers.; ab 2 Pers.). Das Unternehmen ist in der Lidwala Backpacker Lodge stationiert.

Mandla Masuku/Ekhaya Cultural Tours KULTUREXKURSION
(☎7644 3257; www.ekhayatours.com; Firmenfahrzeug/eigenes Auto pro Pers. 1200/

600 R, ab 2 Pers.; ⊙tgl. nach Reservierung) Wer einen Eindruck vom ländlichen Swasiland gewinnen möchte – inklusive des Besuchs von Lobamba, einer Schule und einer Familie – ist bei dem Einheimischen Mandla Masuku von Ekhaya Cultural Tours gut aufgehoben. Er spricht auch Französisch.

Schlafen

★ Lidwala Backpacker Lodge HOSTEL $
(☎7690 5865, 2550 4951; www.lidwala.co.sz; MR103, Ezulwini Valley; Camping pro Zelt 120 R, B & Safarizelte pro Pers. 160 E, DZ 380–440 E; P) Welch eine zauberhafte Lage! Diese gemütliche, gut geführte Lodge liegt in einem herrlichen Garten mit einem Pool zwischen großen Felsbrocken und einem plätschernden Bach. Die Zimmer sind typische Backpacker-Schlafsäle mit netter, entspannter Atmosphäre. Die separaten Safarizelte sind als Unterkunft beliebt; die Gästezimmer fallen recht klein aus, sind aber ordentlich.

An Einrichtungen warten im Hostel eine Küche und eine Waschküche; Mahlzeiten sind erhältlich. Lust auf eine Wanderung? Lidwala kann mit einem eigenen Trail aufwarten, der hinter der Lodge beginnt und auf einen Berggipfel führt, von dem sich ein herrlicher Ausblick über das Ezulwini Valley bietet. Lidwala wird von All Out Africa geführt, das auch Exkursionen und Aktivitäten organisiert.

Legends Backpackers Lodge HOSTEL $
(☎7602 0261, 2416 1870; www.legends.co.sz; Mantenga Falls Rd, Ezulwini Valley; Camping 80 E, B 150 E, DZ ohne Bad 400 E; P) Irgendwie protzig ist diese Lodge nun sicher nicht, sondern vielmehr eine beschauliche Bleibe und die genau richtige Wahl, wenn es um die Finanzen eher schlecht bestellt ist. Geboten sind Schlafsäle mit zehn bis zwölf Betten, eine Küche für Selbstversorger, eine Lounge zum Relaxen mit TV und ein kleiner Pool im Garten. Wer auf mehr Privatsphäre Wert legt, kann sich für ein ruhiges Gästezimmer in einem separaten Gebäude entscheiden. Das Frühstück kostet 45 E.

Swazi Trails, das Schwesterunternehmen der Lodge, befindet sich gleich gegenüber; hier stehen allerlei Abenteuersportarten auf dem Programm. Der nächste Supermarkt lässt sich zu Fuß in zehn Minuten erreichen.

Victory Guesthouse PENSION $
(☎2416 3309; Mantenga Estate, Ezulwini Valley; DZ inkl. Frühstück 450 E; P) Die Pension in einem ruhigen Viertel unweit der Hauptstraße ist ein Familienbetrieb und ein akzeptabler Plan B. Die acht Zimmer machen nicht viel her, erfüllen aber den Zweck.

Mantenga Cultural Village & Nature Reserve BUNGALOW $$
(☎2416 1151, 2416 1178; www.sntc.org.sz; Ezulwini Valley; DZ inkl. Frühstück 720 E; P) Diese Unterkünfte im Mantenga Nature Reserve haben dann doch einmal etwas anderes zu bieten. Ein Schwung peppige Bungalows steht im üppigen Buschland, viele davon am Fluss. „Ich Tarzan, du Jane" fasst das Flair wohl am besten zusammen. Die Holzmöbel und modernen Annehmlichkeiten (aber keine Klimaanlage) ergeben ein ausgewogenes Gleichgewicht aus Komfort, rustikalem Charme und Abgeschiedenheit. Wer hier logiert, bezahlt keinen Eintritt mehr ins Naturreservat.

Ein angenehmes Restaurant im wild wuchernden Regenwald befindet sich gleich in der Nähe.

Mantenga Lodge & Restaurant HOTEL $$
(☎2416 1049; www.mantengalodge.com; Mantenga Falls Rd, Ezulwini Valley; inkl. Frühstück EZ 530–730 E, DZ 710–910 E; P) Diese Lodge ist wirklich eine herrliche Oase der Ruhe. Die 38 Zimmer unterschiedlichen Standards (und mit unterschiedlichen Preisen) fallen nicht übermäßig aus dem Rahmen, liegen jedoch in einem üppig bewaldeten Gelände, in dem die Gäste herumhängen können. Der Pool ist die wahre Wonne, wenn es brütend heiß ist. Ein weiteres Plus ist das zugehörige Restaurant.

Lugogo Sun Hotel HOTEL $$
(☎2416 4500; www.suninternational.com; MR103, Ezulwini Valley; EZ/DZ inkl. Frühstück ab 1000/1200 E; P) Den Zimmern in diesem nichtssagenden Gebäude im Stil eines Motels mangelt es an jeglichem Flair, aber als Übernachtungsmöglichkeit erfüllen sie ihren Zweck, und zwar vor allem, wenn man ein Zimmer mit Aussicht auf den Pool erwischt – von den anderen schaut man auf den Parkplatz. Das Hotel ist bei Reisegruppen beliebt.

Royal Swazi Spa HOTEL $$$
(☎2416 5000; www.suninternational.com; MR103, Ezulwini Valley; inkl. Frühstück EZ 2400–2800 E, DZ 2600–2900 E; P) Für den Preis macht das Hotel nicht viel her; jedenfalls ist das Royal Swazi Spa nicht das tolle 5-Sterne-Hotel, für das es sich hält. Die Zimmer weisen den üblichen Komfort auf, und eine

Fülle von Einrichtungen und Annehmlichkeiten ist auch geboten, darunter zwei Restaurants, drei Bars, ein großer Pool, ein Spa, ein Kasino und ein Golfplatz.

Essen & Ausgehen

★ Lihawu Restaurant FUSIONSKÜCHE **$$**
(☎2416 7035; www.lihawu.co.sz; Royal Villas, Ezulwini Valley; Hauptgerichte 85–180 E; ⏲12–14 & 18–22.30 Uhr) Das eleganteste Restaurant Swasilands mit einem geschmackvollen Speiseraum sowie Tischen im Freien am Pool befindet sich im schicken Royal Villas Resort. Die Speisekarte bietet afrikanische Fusionsküche mit vielen traditionellen Fleischgerichten wie Lamm-Eintopf und Rinderfilet, aber auch für Vegetarier stehen einige Gerichte zur Auswahl. Es erübrigt sich eigentlich zu erwähnen, dass die Weinkarte vom Feinsten ist.

Mantenga Restaurant INTERNATIONAL **$$**
(☎2416 1049; Mantenga Lodge & Restaurant, Mantenga Falls Rd, Ezulwini Valley; Hauptgerichte 70–140 E; ⏲6.30–21.30 Uhr) Das Restaurant in der Mantenga Lodge (das selbstverständlich auch Nicht-Gästen offensteht) hat eine erhöht gelegene Veranda mit sagenhaftem Blick über die Bäume. Die Pasta-Gerichte und das Fleisch vom Grill bieten viel fürs Geld – was jedoch auch für die leckeren Sandwiches gilt.

Boma Restaurant INTERNATIONAL **$$**
(☎2416 2632; ab MR103, Ezulwini Valley; Hauptgerichte 70–150 E; ⏲11–22.30 Uhr) Das stimmungsvolle Restaurant in einer sogenannten *Boma* – also einer großen, offenen Hütte mit Reetdach – bietet eine wirklich riesige Speisekarte, auf der fast sämtliche allgemein beliebten Gerichte stehen – von Grillspezialitäten bis hin zu Pasta. Das Restaurant befindet sich im Gelände der Timbali Lodge. Hier kann man eigentlich gar nichts falsch machen – alles schmeckt gut. Besonders empfehlenswert ist jedoch die Pizza aus dem Holzofen.

Calabash DEUTSCH, FRANZÖSISCH **$$$**
(ab MR103, Ezulwini Valley; Hauptgerichte 90–220 E; ⏲12.30–14.30 & 18–22 Uhr) Gegrilltes Eisbein (Schweinshaxe) und *escargots bourguignons* (Schnecken in Burgundersoße) in Swasiland? Ja, auch das gibt es. In diesem alteingesessenen, altmodischen, aber dennoch schicken Restaurant ist die deutsche und französische Cuisine das eigentlich unpassende Highlight. Das Restaurant befindet sich am oberen Ende des Ezulwini Valley. Es verfügt auch über einen imposanten Weinkeller.

Shoppen

Im Ezulwini Valley und im nahen Malkerns Valley bestehen so ziemlich die besten Möglichkeiten, Kunsthandwerk aus der Region zu kaufen; die Auswahl ist breit, die Qualität gut, und die Preise sind auch akzeptabel.

Yebo Art & Design KUNST & KUNSTHANDWERK
(☎2416 2984; www.yeboswaziland.com; Mantenga Falls Rd, Ezulwini Valley; ⏲Mi–Sa 9–17, So 10–15 Uhr) Diese moderne Kunstgalerie veranstaltet regelmäßig Ausstellungen, die das Werk von etablierten, jedoch auch aufstrebenden Künstlern, Kunsthandwerkern und Designern aus ganz Swasiland präsentieren. Das Geschäft in der Galerie bietet eine gute Auswahl an handgefertigten Andenken und Textilien.

Ezulwini Craft Market KUNST & KUNSTHANDWERK
(MR103, Ezulwini Valley; ⏲8–17 Uhr) Diesen gut sortierten Markt gegenüber der Zeemans Tankstelle an der Ecke der MR103 und der Mpumalanga Loop Road sollte man sich wirklich nicht entgehen lassen. Einfach nach den blauen Wellblechdächern Ausschau halten. Die Stände bieten eine Fülle von Schnitzereien, Webwaren und Kunsthandwerk feil.

Mantenga Craft Centre KUNST & KUNSTHANDWERK
(☎2416 1136; Mantenga Falls Rd, Ezulwini Valley; ⏲8–17 Uhr) Dieses farbenfrohe, kompakte Kunsthandwerkszentrum besteht aus zig Geschäften, in denen von Webarbeiten und Wandbehängen bis zu Kerzen, Schnitzereien und T-Shirts alles erhältlich ist.

Praktische Informationen

Im Gables Shopping Centre befinden sich Geldautomaten.

Big Game Parks (☎2528 3943/4; www.biggameparks.org; Malkerns; ⏲Mo–Fr 8–17 Uhr) Das zentrale Reservierungsbüro ist über das Mlilwane Wildlife Sanctuary zugänglich. Hier kann man Unterkünfte im Mlilwane Wildlife Sanctuary, im Mkhaya Game Reserve sowie im Hlane Royal National Park buchen, was allerdings auch direkt in den jeweiligen Reservaten möglich ist.

Touristeninformation Ezulwini (☎7602 0261, 2416 2180; www.swazitrails.co.sz; Mantenga Craft Centre, Ezulwini Valley; ⏲8–17 Uhr) Die Touristeninformation im Swazi Trails bietet Informationen und einen Buchungsservice für alle Reservate, kommunalen touristischen Tourenveranstalter, Aktivitäten und auch Unterkünfte.

An- & Weiterreise

Ein Privattaxi ab Mbabane kostet 120 bis 200 E, je nachdem, wie weit man ins Tal hineinfahren möchte.

Tagsüber besteht die Möglichkeit, einen Minibus zu nehmen, der in Richtung Manzini fährt; man muss dem Fahrer aber unbedingt sagen, dass man im Tal aussteigen möchte – viele Fahrer haben nämlich keine Lust, eigens anzuhalten.

Lobamba

Willkommen im spirituellen, kulturellen und politischen Herz von Swasiland! Nur ein Stück östlich vom Ezulwini Valley liegt Lobamba, eine Ortschaft, in der schon seit 200 Jahren die Monarchen von Swasiland zu Hause sind. Hier befinden sich einige der sehenswertesten Gebäude des Landes. Seiner Bedeutung zum Trotz gibt sich Lobamba erstaunlich gemächlich – nur während der faszinierenden *incwala-* und *umhlanga*-Zeremonien nicht; dann versammelt sich die Nation mehrere Tage lang in den umliegenden Ebenen, um ausgelassen zu feiern.

Sehenswertes

Eludzidzini Royal Residence SEHENSWERTES GEBÄUDE
Am Ende eines von prächtigen Palmen gesäumten Boulevards südlich von Lobamba befindet sich Eludzidzini, die Residenz der Königinmutter. Sie ist im Allgemeinen nicht öffentlich zugänglich, öffnet jedoch zu Festivitäten, und zwar vor allem zur Incwala-Zeremonie und zum *umhlanga*-(Schilf)-Tanz ihre Tore.

National Museum MUSEUM
(☎ 2416 1179; Lobamba; Erw./Kind 80/30 E; ⌚ Mo–Fr 8 –16.30, Sa & So 10–16 Uhr) Dieses Museum präsentiert interessante Exponate zur Swasi-Kultur, jedoch auch ein traditionelles Dorf mit Bienenkorbhütten und Viehkoppeln sowie einige der Autos von König Sobhuza I. aus den 1940er-Jahren.

King Sobhuza II. Memorial Park GEDÄCHTNISPARK
(☎ 2416 2131; Lobamba; Erw./Kind 80/30 E; ⌚ Mo–Fr 8–16.30, Sa & So 10–16 Uhr) Der Park, direkt neben dem Parlament gelegen, wurde zu Ehren von König Sobhuza II. ins Leben gerufen, der Swasiland im Jahr 1968 von der Herrschaft der Briten befreite und in die Unabhängigkeit führte. Die Hauptattraktion ist eine 3 m hohe Statue des verstorbenen, hochverehrten Königs. Ein kleines Museum präsentiert verschiedene Bilder und Dokumente zu seinem Leben. Das Mausoleum des Königs befindet sich ebenfalls in diesem Park.

Parliament SEHENSWERTES GEBÄUDE
(Lobamba) Das Parlament, ein Geschenk der scheidenden Briten, nachdem Swasiland 1968 die Unabhängigkeit erlangt hatte, ist ein sechseckiges Gebäude mit Messingkuppel – das bedeutendste Wahrzeichen von Lobamba. Es steht manchmal zur Besichtigung offen; wer es sich anschauen möchte, sollte ordentlich gekleidet sein; zum Betreten ist der Seiteneingang zu benutzen.

Somhlolo National Stadium SEHENSWERTES GEBÄUDE
(Lobamba) Das anlässlich der Unabhängigkeit Swasilands 1968 errichtete Stadion fasst 20 000 Personen; hier finden bedeutende nationale Ereignisse statt wie Krönungen (beispielsweise die von König Mswati III. am 25. April 1986), aber auch Fußballspiele. Das Stadion ist nach Swasilands König Sobhuza I. benannt, der auch unter dem Namen Somhlolo bekannt ist, dem Gründervater der Nation.

Mlilwane Wildlife Sanctuary

So spannend und weitläufig wie die größeren Parks in Südafrika ist das friedliche **Mlilwane Wildlife Sanctuary** (☎ 2528 3943; www.biggameparks.org/mlilwane/; Eintritt 40 E; ⌚ 6–18 Uhr) in der Nähe von Lobamba zwar nicht, aber dennoch lohnt sich ein Besuch wirklich sehr: Der Wildpark ist wunderschön, beschaulich und zudem leicht zugänglich. Die Landschaft ist ein weiteres Highlight; das ganze Areal wird vom Nyonyane Mountain dominiert, dessen kahler Granitgipfel den Namen Execution Rock (1110 m) trägt. Kein Wunder, dass das Reservat ein Paradies für Outdoor-Freaks ist – die Auswahl an Aktivitäten ist breit.

Der Park liegt in der Übergangszone vom Highveld zum Middleveld; hier lebt eine enorme Vielfalt von Tieren – überwiegend große Pflanzenfresser und Vögel. Aber auch die Flora ist beachtlich. Wegen gefährlicher Wildtiere muss man sich in diesem Reservat keine Sorgen machen – von ein paar

MLILWANE WILDLIFE SANCTUARY

Was einen erwartet Der Zugang von Mbabane und vom Ezulwini Valley ist problemlos; ganzjährig warten tolle Safarifahrten und Vogelbeobachtung; zu sehen gibt es Zebras, Warzenschweine, Gnus, zahlreiche Antilopenarten (auch den seltenen Blaubock), Krokodile, Flusspferde sowie seltene Vogelarten; eine Fülle von Aktivitäten wird angeboten; gefährliche Tiere leben hier kaum; die Auswahl an Unterkünften ist hervorragend.

Reisezeit Ganzjährig.

Praktisches Von Mbabane oder dem Ezulwini Valley nimmt man die MR103 in Richtung Süden und fährt an Lobamba vorbei; der Abzweig zum Reservat befindet sich auf der rechten Seite und ist gut ausgeschildert. Nach dem Erst-Check-in am Hauptgate Sangweni haben die Besucher insgesamt 24 Stunden Zutritt zum Park.

Spar-Tipps Die Bienenkorbhütten sind billig und angenehm, aber es gibt hier auch ein Backpacker-Hostel vom Feinsten.

Flusspferden einmal abgesehen. Ein Tipp: Die schönsten Gebiete, um Wildtiere und Vögel zu beobachten, sind das Wasserloch am Hauptcamp sowie der Hauptdamm im Norden. Das eingezäunte Areal am Reilly's Rock stellt einige seltene Antilopenarten unter Schutz und ist nur im Rahmen einer Safarifahrt mit Führer zugänglich.

Das Privatreservat war das erste Schutzgebiet Swasilands; es wurde in den 1950er-Jahren von dem Naturschützer Ted Reilly auf seiner Farm ins Leben gerufen. Mlilwane umfasst mittlerweile eine Fläche von 4560 ha und erstreckt sich von 680 m auf eine Höhe von 1474 m über dem Meeresspiegel.

Aktivitäten

Alle Aktivitäten lassen sich über die Rezeption im Hauptcamp des Mlilwane Wildlife Sanctuary (S. 563) buchen.

Reiten

Sich beim Reiten Flora und Fauna anzuschauen, stellt eine tolle Möglichkeit dar, Gegenden zu erkunden, die ansonsten nicht zugänglich sind; man kommt dabei auch nah an Tierarten heran, die eigentlich eher scheu sind.

Chubeka Trails REITEN
(☎ 2528 3943; www.biggameparks.org/chubeka/; Mlilwane Wildlife Sanctuary; pro Std. 180 E; ⏲ tgl. nach Reservierung) Dieses gut geführte Unternehmen hat verschiedene Ausritte für alle Leistungsstufen im Programm. Auf einer einstündigen Tour hoch zu Ross lernt man die reizvollen Ebenen kennen, die das Hauptcamp umgeben. Die ultimative Tour trägt den Namen „Rock of Execution Challenge" und führt auf den Gipfel des Nyonyane hinauf (ca. 4 Std.; 650 E). Alle Exkursionen beginnen am Hauptcamp des Mlilwane Wildlife Sanctuary.

Mountainbiken

Das Mlilwane Wildlife Sanctuary mit seinem hervorragenden Netz aus Straßen und Trails gilt als Topdestination für Mountainbiker. Leihräder sind im Hauptcamp (135 E pro Std.) erhältlich.

Wandern

Das Sanctuary bietet die seltene Gelegenheit, ohne Führer in der unberührten Natur des afrikanischen Bushveld zu wandern und auf eigene Faust die vielen Trails und Straßen zu erkunden, die sich durch das Reservat ziehen. Als Toptour gilt die Wanderung auf den Nyonyane Mountain. Eine Landkarte ist an der Rezeption erhältlich. Keine Sorge: Raubtiere gibt es in hier nicht.

Im Hauptcamp lassen sich auch Spaziergänge zur Vogelbeobachtung mit einem Führer (190 E) arrangieren.

Safarifahrten

Die Wildbeobachtungsfahrten mit einem Guide sind wirklich empfehlenswert. Sie dauern 1½ Stunden und kosten 235 E (ab 2 Pers.). Safarifahrten bei Sonnenauf- oder Sonnenuntergang stehen ebenfalls auf dem Programm (2 Std., 295 E).

Geführte Touren

Eine Pause von den Wildtieren gefällig? Dann macht vielleicht eine Kulturexkursion (2 Std.; 105 E pro Pers.) Spaß, bei der das Domizil eines einheimischen Häuptlings besucht wird – während der Recherchen zu diesem Reiseführer war es gerade eine Frau; die Tour vermittelt einen Einblick in die ländliche Swasi-Kultur. Buchungen (ab 2 Pers.) nimmt das Hauptcamp entgegen.

Schlafen & Essen

Sämtliche Unterkünfte im Mlilwane Wildlife Sanctuary lassen sich leicht im Voraus telefonisch oder per E-Mail bei **Big Game Parks** (☎2528 3943/4; www.biggameparks.org) buchen.

★ Sondzela Backpackers HOSTEL $
(☎2528 3117; www.biggameparks.org/sondzela; Mlilwane Wildlife Sanctuary; Camping 80 E, B 105 E, EZ/DZ mit/ohne Bad 210/300 E, Rondavel EZ/DZ ohne Bad 210/330 E; P) Das Hostel im südlichen Teil des Mlilwane Wildlife Sanctuary ist eine gute Wahl für Sparfüchse. Das Sondzela punktet mit schönen, luftigen Schlafsälen, sauberen Doppelzimmern und einem Schwung reizender *rondavels* mit herrlichem Panoramablick in alle Himmelsrichtungen. Und das ist noch längst nicht alles. Die herrlichen Gärten, eine Küche, ein Pool und ein Aussichtsstand machen das Hostel zu einer der besten Backpacker-Bleiben im ganzen südlichen Afrika.

Das Frühstück und das herzhafte traditionelle Abendessen (das draußen auf dem Grill gebrutzelt wird) sind spottbillig.

Wer mit dem Auto unterwegs ist, muss den Haupteingang zum Mlilwane Wildlife Sanctuary nehmen, dort die Eintrittsgebühr entrichten und dann durch den Park fahren, um zum Sondzela zu gelangen. Eine andere Möglichkeit ist, den eigenen Shuttlebus des Hostels zu benutzen, der um 8 Uhr und 17 Uhr an der Lodge abfährt und 30 Minuten später am Malandela's B&B im Malkerns Valley vorbeikommt.

Mlilwane Wildlife Sanctuary Main Camp CAMPINGPLATZ, HÜTTE $$
(☎2528 3943/4; www.biggameparks.org/mlilwane; Mlilwane Wildlife Sanctuary; Camping 95 E, Hütte EZ/DZ 520/780 E, Rondavel EZ/DZ 550/830 E; P) Das anheimelnde Camp liegt malerisch im Wald, rund 3,5 km vom Eingangstor entfernt; es bietet gut ausgestattete *rondavels* und einfache Hütten – darunter auch traditionelle Bienenkorbhütten – und Warzenschweine, die hier gelegentlich herumschnüffeln. Das Hippo Haunt Restaurant serviert hervorragendes Fleisch vom Grill und liegt an einem Wasserloch. Abends finden oft Tanzvorführungen statt. Ein weiteres Plus ist der Pool.

Reilly's Rock Hilltop Lodge LODGE $$$
(☎2528 3943/4; www.biggameparks.org/reilly; Mlilwane Wildlife Sanctuary; mit Halbpension EZ 1160–1245 E, DZ 1780–1910 E; P) Diese Lodge verspricht laut Werbung eine „Kolonialidylle", und wirklich erwartet die Gäste hier ein wunderbar friedlicher, nostalgischer, unkomplizierter Luxusaufenthalt vom Feinsten. Allein schon die Lage der Lodge ist fantastisch – im Royal Botanic Garden mit Aloen, Brotpalmfarnen und einem riesigen Jacaranda-Baum. Im Haupthaus befinden sich vier Zimmer mit grandiosem Blick übers Tal und auf die Mdzimba Mountains. Der Eintritt ins Reservat ist im Preis bereits enthalten.

Das üppige Abendessen wird im Speisesaal serviert, das nicht minder reichhaltige Frühstück auf der Veranda – mit Blick auf exotische Vögel und sogar eine kleine Antilope.

Malkerns Valley

Rund 7 km südlich vom Lobamba und dem Ezulwini Valley befindet sich an der MR103 der Abzweig zum fruchtbaren Malkerns Valley; das Tal ist für seine Geschäfte mit Kunst und Kunsthandwerk bekannt und bietet sich zusammen mit dem Ezulwini Valley für einen malerischen, vergnüglichen Autoausflug an.

Schlafen & Essen

Malandela's B&B B&B $$
(☎2528 3339, 2528 3448; www.malandelas.com; MR27, Malkerns Valley; EZ/DZ inkl. Frühstück 500/700 E; P@) Das B&B mit sechs geschmackvollen Zimmern, einem Pool und einem tollen Skulpturengarten bietet Entspannung pur. Jedes Zimmer weist ein anderes Motto auf und ist dementsprechend individuell gestaltet; am schönsten ist wohl das riesengroße Purple. Wer zu faul ist, zum Essen noch groß irgendwohin zu fahren, kann sich über das hervorragende Restaurant freuen. WLAN gibt es gegen Gebühr. Es macht Sinn, frühzeitig zu reservieren. Das Malandela's liegt an der MR27, rund 1 km von der Kreuzung mit der MR103 entfernt.

Umdoni B&B $$
(☎7602 0791, 2528 3009; www.umdoni.com; Malkerns Valley; EZ/DZ inkl. Frühstück 615/970 E; P) Das B&B bietet ein feudales Urlaubserlebnis im Herzen des Malkerns Valley. Der tipptopp gepflegte Garten – nicht ein einziges Blatt tanzt aus der Reihe – lässt schon ahnen, was hier zu erwarten ist: schicke, moderne Zimmer in zwei Cottages im Kolonialstil. Die weiße Bettwäsche ist frisch

ABSTECHER

KULTURERLEBNIS MIT ÜBERNACHTUNG

Woza Nawe Tours (☎ 7642 6780; www.swaziculturaltours.com) Das Unternehmen unter der Leitung des Einheimischen Myxo Mdluli veranstaltet überaus empfehlenswerte Exkursionen in Dörfer (Tagestour 1250 R) sowie zweitägige Exkursionen mit Übernachtung (Erw./Kind 1450/725 E) in Kaphunga, 55 km südöstlich von Manzini. Im Preis inbegriffen sind der Transport, sämtliche Mahlzeiten und ein Guide. Die Gäste können an allen Aktivitäten teilnehmen, die gerade im Dorf stattfinden – also beispielsweise kochen, etwas anpflanzen oder auch ernten.

gestärkt, digitales Satelliten-TV ist vorhanden, und das Frühstück wird im Patio mit Blick über die Blumenbeete serviert. Die wirklich außergewöhnlich netten Mitarbeiter sind ein weiteres Plus. Das Umdoni liegt an der MR18.

Rainbird Chalets CHALET $$
(☎ 7603 7273; www.rainbird.com; Malkerns Valley; EZ/DZ inkl. Frühstück 700/1200 E; P ❄ 📶 🏊) Die Hauptattraktion des Rainbird ist seine bukolische Lage. Acht Chalets – drei Blockhütten und fünf Spitzhütten – stehen in einem hervorragend gepflegten Privatgarten nicht weit vom Haus des Eigentümers entfernt mit einer schönen Aussicht auf einen kleinen Stausee. Alle Chalets sind voll ausgestattet und verfügen über ein schickes Bad. Das Frühstück wird auf der Veranda serviert mit einem schon herzergreifend schönen Blick auf die Berge in der Umgebung.

★ **Sambane Coffee Shoppe** CAFÉ $
(☎ 7604 2035; Swazi Candles Craft Centre, Malkerns Valley; Hauptgerichte 40–80 E; ⏲ 8.15–17 Uhr) Wer nach einer Einkaufstour in den Geschäften mit Kunsthandwerk gleich nebenan wieder Energie auftanken und sich stärken muss, wird keinen besseren Flecken finden als dieses reizende Café. Die Auswahl an Gebäck, Sandwiches, Burgern und Salaten ist gut – und alles ist selbst gemacht. Wirklich lecker ist der warme Schoko-Brownie mit Eis.

Ein Tipp noch: Möglichst frühzeitig kommen, denn im Allgemeinen ist das Café zur Mittagszeit brechend voll mit Touristen, denen der Magen knurrt.

Malandela's Restaurant INTERNATIONAL $$$
(☎ 2528 3115; www.malandelas.com; MR27, Malkerns Valley; Hauptgerichte 80–140 E; ⏲ 9–11, 12–15 & 18–21.30 Uhr; 📶) Das zuverlässig gute Restaurant gehört zum Malandela's Komplex. Auf der abwechslungsreichen Speisekarte stehen verschiedene Grillspezialitäten, Gerichte mit Meeresfrüchten, frische Salate mit Pep und üppige Desserts des Hauses – unbedingt den Schokoladenkuchen probieren. Die Gäste können angenehm an Tischen im Freien sitzen. Wenn es kühl ist, verlockt die Gaststube mit einem flackernden Kaminfeuer zur gemütlichen Einkehr. Abends erstahlt dann alles romantisch im Kerzenschein.

☆ Unterhaltung

House on Fire LIVEMUSIK
(☎ 2528 2001; www.house-on-fire.com; MR27, Malkerns Valley) Viele Besucher kommen extra hierher, weil in diesem Kulturzentrum ständig alles im Wandel ist – es bietet eine lebendige Galerie und eine sehenswerte Experimentierbühne. Das House on Fire gehört mit zum Malandela's Komplex. Die bekannte Location veranstaltet so ziemlich alles – von afrikanischem Theater, Musik und Filmen bis hin zu Raves und anderen Formen der Unterhaltung. Seit 2007 findet hier auch jedes Jahr das MTN Bushfire Festival (S. 555) statt.

Shoppen

Es bieten sich einige hervorragende Einkaufsmöglichkeiten auf der Rundfahrt durchs Malkerns Valley; die Geschäfte sind in den Landkarten für Touristen eingezeichnet und auch gut ausgeschildert.

★ **Swazi Candles** KUNSTHANDWERK
(☎ 2528 3219; www.swazicandles.com; Malkerns Valley; ⏲ 8–17 Uhr) Dieses Geschäft ist für jeden Andenkenjäger ein Muss. Swazi Candles zählt zu den bekanntesten Läden mit Kunsthandwerk im gesamten südlichen Afrika. Hier gerät man angesichts der kreativen Kerzen mit Farbpigmenten nur so ins Schwärmen – sie sind in der Gestalt und Farbe eines jeden Tieres Afrikas erhältlich. Es macht Spaß, den Arbeitern zuzuschauen, wie sie in Handarbeit die verschiedenen Designs formen. Das Geschäft befindet sich 7 km südlich an der MR103 am Abzweig zum Malkerns Valley.

Gone Rural KUNST & KUNSTHANDWERK
(☎2550 4936; www.goneruralswazi.com; Malkerns Valley; ⌚Mo–Sa 8–17, So 9–17 Uhr) Das Gone Rural ist die richtige Adresse für den Einkauf von hochwertigen Waren – Körbe, Matten und traditionelle Tontöpfe; sie werden von einer Gruppe einheimischer Frauen gefertigt. Das Geschäft befindet sich im Malandela's B&B.

Baobab Batik KUNSTHANDWERK
(☎2528 3242; www.baobab-batik.com; Malkerns Valley; ⌚8–17 Uhr) Dieser Laden ist die richtige Anlaufstelle, wenn jemand unbedingt einen Wandbehang oder einen Kissenbezug erstehen möchte.

ℹ Praktische Informationen

Malandela's Tourist Information & Internet Café (MR17, Malkerns Valley; pro Std. 45 E; ⌚8–17 Uhr) Diese Touristeninformation bietet Internetzugang.

ℹ An- & Weiterreise

Minibus-Sammeltaxis verkehren auf der Strecke Malkerns Valley–Ezulwini Valley (ca. 5 E).

Da die Geschäfte mit Kunsthandwerk und die Unterkünfte weit voneinander entfernt liegen, benötigt man ein eigenes Auto, um herumzukommen.

Manzini

Die größte Stadt Swasilands, Manzini, ist ein chaotisches Handels- und Industriezentrum; das kleine Zentrum wird von Bürogebäuden und ein paar Shoppingmalls geprägt, die sich an den beiden Hauptstraßen entlangziehen. Vom Markt einmal abgesehen, hat Manzini für Touristen eigentlich kaum einen Reiz. Allerdings ist es der wichtigste Verkehrsknotenpunkt des Landes; wer mit öffentlichen Verkehrsmitteln unterwegs ist, kommt somit aller Wahrscheinlichkeit nach hier durch.

Das Angebot an Unterkünften ist begrenzt; am besten fährt man weiter ins nur 12 km entfernte Malkerns Valley oder auch ins Ezulwini Valley.

Manzini

Sehenswertes
1 Markt ... A2

Schlafen
2 George Hotel ... C1

Essen
3 Baker's Delight ... B2
4 Gil Vincente Restaurant ... C1

Manzini

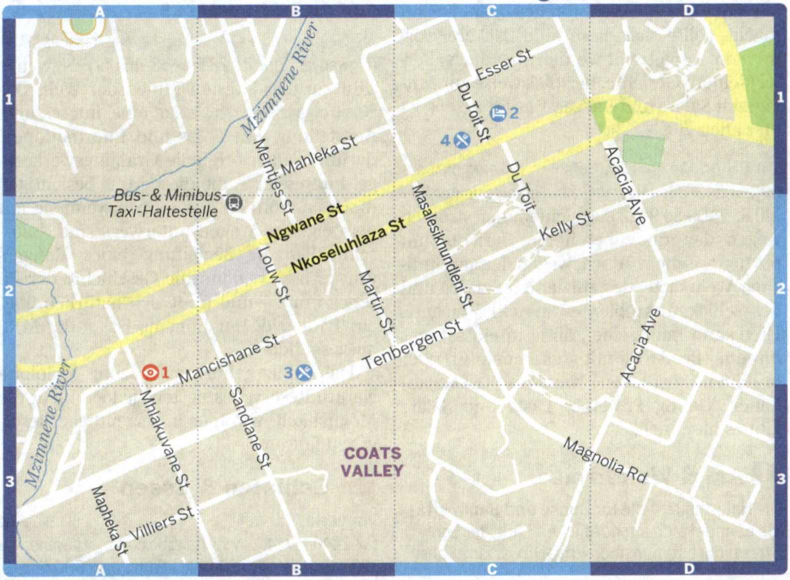

Sehenswertes

Market MARKT
(Ecke Mhlakuvane & Mancishane Sts; ⊙Mo–Sa 7–17 Uhr) Die Hauptattraktion von Manzini ist der bunte Markt; der obere Abschnitt strotzt nur so vor Kunsthandwerk aus Swasiland und anderen Ländern Afrikas. Am Donnerstag in der Früh kann man schön beobachten, wie Händler vom Land und Verkäufer aus Mosambik Kunsthandwerk und Textilien an Einzelhändler verhökern.

Schlafen & Essen

George Hotel BUSINESSHOTEL **$$**
(☎2505 2260; www.tgh.co.sz; Ecke Ngwane & Du Toit Sts; inkl. Frühstück EZ 665–870 E, DZ 940–1100 E; P ❄ 🛜 ≋) Vom unscheinbaren Äußeren des George Hotel und seiner unspektakulären Lage in der Hauptstadt sollte sich niemand abschrecken lassen. Im feudalsten Hotel, das Manzini zu bieten hat, herrscht eine internationale Atmosphäre, und es gibt hier auch eine respektable Ansammlung an komfortablen Zimmern unterschiedlicher Größe (Tipp: um ein Zimmer zum Pool hinaus bitten), zwei schicke Restaurants, einen hübschen Garten mit Pool, ein kleines Wellnesscenter sowie Konferenzeinrichtungen.

Baker's Delight BÄCKEREI **$**
(☎2505 9181; Ecke Tenbergen & Louw Sts; Snacks 20–75 E; ⊙Mo–Fr 7–16.30, Sa bis 14 Uhr) Wer meint, dass das Leben ohne ein Schoko-Eclair oder ein Rosinenbrötchen keinen Sinn macht, sollte sich diese tolle Bäckerei vormerken. Aufgetischt werden aber auch allerlei kleinere Gerichte, beispielsweise zur Mittagszeit Salate und Burger. Das Frühstück ist hier auch gut.

Gil Vincente Restaurant INTERNATIONAL **$$$**
(☎2505 3874; Ngwane St; Hauptgerichte 80–140 R; ⊙Di–So 9–22 Uhr) Schlemmer strömen wegen der gut zubereiteten Gerichte mit portugiesischem Touch, wegen der ansehnlichen Weinkarte, des effizienten Service und des schicken Ambientes ins Gil Vincente. Hier kann man seine Zähne in ein saftiges *bitoque* (Beefsteak mit gebratenem Ei) oder in einen köstlichen *bacalhau* (Kabeljau) hauen. Genug Proteine? Pasta und Salate gibt es hier auch.

An- & Weiterreise

Die Haupthaltestelle für **Busse und Sammeltaxis** befindet sich am nördlichen Ende der Louw Street; dort stehen auch Privattaxis. Eine Fahrt mit einem Minibus-Sammeltaxi durchs Ezulwini Valley nach Mbabane kostet 15 E (35 Min.). Sammeltaxis nach Mosambik (90 E) fahren ebenfalls dort ab.

DER NORDWESTEN

Hügel mit üppiger Vegetation, die sich in sanften Wellen bis zum Horizont erstrecken, grüne Berge, die sich in zarte Wolken hüllen, majestätische Plantagen, Waldgebiete, Bäche und Wasserfälle, aber auch steil abfallende Schluchten charakterisieren den wunderschönen Nordwesten von Swasiland. Diese Region rühmt sich nicht nur der herrlichsten Landschaft, sondern bietet auch noch hervorragende Wandermöglichkeiten und Unterkünfte.

Ngwenya

Das winzige Ngwenya, das 5 km östlich der Grenze zur südafrikanischen Provinz Mpumalanga liegt, ist die erste Ortschaft, die man erreicht, wenn man über Oshoek nach Swasiland einreist. Wer es nicht mehr abwarten kann, ins Ezulwini Valley zum Shoppen zu gelangen, findet auch hier mehrere hervorragende Geschäfte mit Kunsthandwerk. Für echte Geschichtsfreaks lohnt die Ngwenya-Eisenerzmine einen Abstecher.

Sehenswertes

Ngwenya Iron Ore Mine HISTORISCHE STÄTTE
(Ngwenya; Eintritt 28 E; ⊙8–16 Uhr) Ngwenya zählt zu den ältesten Minen der Welt. Das **Besucherzentrum** zeigt eine interessante Ausstellung von Fotos und Informationen, darunter auch originale Grabungswerkzeuge. Interessierte, die diese Mine besichtigen möchten, können dies – auch wenn sie mit dem eigenen Wagen unterwegs sind – ausschließlich in Begleitung eines Rangers tun; er erklärt dann die Geschichte der Eisenerzmine – und freut sich natürlich über ein Trinkgeld. Der Eingang ist an der MR3 ausgeschildert.

Die Mine gehört zwar zum Malolotja Nature Reserve, es besteht jedoch nicht die Möglichkeit, von hier ins eigentliche Reservat zu fahren.

Schlafen & Essen

Hawane Resort RESORT **$$**
(☎2444 1744; www.hawane.co.sz; Hawane; B 120 E, Chalet EZ/DZ inkl. Frühstück 600/890 E;

(P, WLAN, Pool) Die Chalets sind eine irgendwie kuriose Mischung aus traditionellen Swasi-Materialien (einfaches Flechtwerk und Gras) und Glas plus einer Innenausstattung im afrikanischen Ethnostil; sie werden malerisch eingerahmt von den Malolotja-Gipfeln. Rucksackreisende kommen in einem umfunktionierten Schuppen unter.

Das Resort-Restaurant serviert afrikanische Cuisine (Abendbüfett 155 E). Jedenfalls ist das Hawane Resort ein günstiges Standquartier für den Besuch des Malolotja Nature Reserve; manche Gäste behaupten allerdings, dass die Preise leider überteuert sind und auch der Service leider zu wünschen übrig lässt.

Im Resortgelände werden als Aktivitäten Ausritte und Mountainbiken angeboten. Das Resort liegt von der Kreuzung der MR1 mit der MR3 rund 5 km die Piggs Peak Road hinauf und ist 1,5 km von der Hauptstraße entfernt.

Shoppen

Der Ngwenya Glass Complex besteht aus zahlreichen Boutiquen, die allerlei hochwertige Kunst und Kunsthandwerk verkaufen. Er ist von der MR3 gut ausgeschildert und befindet sich an der Straße, die zur Ngwenya-Eisenerzmine führt.

★ Ngwenya Glass KUNST & KUNSTHANDWERK
(☎2442 4142; www.ngwenyaglass.co.sz; Ngwenya Glass Complex, Ngwenya; ⏲8–16 Uhr) Diese exquisite Glasbläserei-Fabrik zählt zu den bedeutendsten Touristenattraktionen Swasilands. In der zugehörigen Boutique ist eine sagenhafte Auswahl an Tierfiguren, Vasen, dekorativer Glaskunst sowie Tischschmuck aus recyceltem Glas ausgestellt. Wochentags kann man den Glasbläsern von einer Empore aus bei der Arbeit zuschauen. Einfach zauberhaft!

Quazi Design Process KUNST & KUNSTHANDWERKS
(☎2422 0193; www.quazidesign.com; Ngwenya Glass Complex, Ngwenya; ⏲8–16 Uhr) Das Geschäft wird von einer Gruppe Frauen geführt. Erhältlich sind moderne Accessoires mit topschickem Design aus recyceltem Papier.

Rosecraft KUNST & KUNSTHANDWERK
(☎2442 4047; www.rosecraft.net; Ngwenya Glass Complex, Ngwenya; ⏲8–16 Uhr) Diese reizende Boutique verkauft hochwertige handgewebte Schals, Kissenbezüge, Taschen, Decken und andere farbenfrohe Artikel.

Malolotja Nature Reserve

Das wunderschöne **Malolotja Nature Reserve** (☎2442 3048, 7660 6755; www.sntc.org.sz/reserves/malolotja.asp; Erw./Kind 30/15 E; ⏲6–18 Uhr) ist eine der lohnendsten Naturattraktionen Swasilands. Es handelt sich dabei um eine zerklüftete, größtenteils unberührte Wildnis. Das Terrain reicht von Bergen und hoch gelegenem Grasland bis hin zu Wäldern und Bushveld in niedriger Lage. Das Reservat ist von Bächen durchsetzt und von Flüssen durchzogen, beispielsweise dem Komati River; er fließt in Richtung Osten mit Stromschnellen und Wasserfällen durch eine Schlucht, bis er das Lowveld erreicht. Somit ist es kein Wunder, dass dieses spektakuläre Areal ein sagenhafter Tummelplatz für Naturliebhaber ist, aber auch ein Paradies für Ornithologen – es sind hier mehr als 280 Vogelarten heimisch.

Doch auch Pflanzenfreunde kommen auf ihre Kosten: Die Wildblumen und seltenen Pflanzen zählen zu den weiteren Attraktionen in diesem Gebiet; einige – genau gesagt Woolly-, Barberton- und Kaapschehoop-Brotpalmfarne – gedeihen ausschließlich in dieser Region Afrikas. Und als ob das nicht schon genug wäre, ist im Malolotja Nature Reserve auch noch die einzige Baumwipfeltour des Landes stationiert.

MALOLOTJA NATURE RESERVE

Was einen erwartet Geboten sind ein atemberaubendes Bergpanorama, ein tolles Revier für Wanderfreunde und Mountainbiker, eine reiche Vogelwelt und eine abwechslungsreiche Flora; gefährliche Tiere leben hier nicht; es wartet die einzige Baumkronentour im ganzen Land.

Reisezeit Ganzjährig; von Oktober bis März ist mit starkem Dunst zu rechnen.

Praktisches Das Eingangs-Gate zu diesem Reservat befindet sich rund 35 km nordwestlich von Mbabane an der Piggs Peak Road (MR1); es ist gut ausgeschildert. Einige Straßenabschnitte sind bereits erodiert; bei starkem Regen ist dann ein Wagen mit Vierradantrieb erforderlich.

Spar-Tipps Im Reservat gibt es Einrichtungen zum Zelten.

ABSTECHER

WEITAB VOM SCHUSS

Phophonyane Falls Ecolodge & Nature Reserve (☎2431 3429; www.phophonyane.co.sz; inkl. Frühstück B Safarizelt/Bienenkorbhütte/Cottage ab 1360/2040/1780 E;) In diesem Stück vom Paradies, rund 14 km nördlich von Piggs Peak, geht für Gäste ein Traum in Erfüllung, die wirklich Ruhe und Erholung abseits der Touristenpfade suchen. Die Lodge liegt an einem Fluss im eigenen Naturreservat mit wild wucherndem ursprünglichem Wald. Untergebracht sind die Gäste in komfortablen Cottages, schicken Bienenkorbhütten oder auch Luxus-Safarizelten mit Aussicht auf die Wasserfälle.

Um den Fluss und die Wasserfälle erstreckt sich ein Netz von Wanderwegen. Im schicken Speisebereich werden hervorragende Mahlzeiten serviert. Gäste, die das Reservat im Rahmen eines Tagesausflugs besuchen, bezahlen 40/30 E pro Erw./Kind.

Und so kommt man hin: Beim Wegweiser zu den Phophonyane Falls abbiegen; dann sind es noch 4,5 km auf einer sehr staubigen Straße.

Mit vielen großen Säugetieren ist in diesem Reservat allerdings nicht zu rechnen. Die eigentliche Attraktion ist die Landschaft, nicht die Tierwelt. Ein paar Antilopenarten und Zebras sowie Gnus in kleinen Gruppen sieht man dann aber doch ab und an.

Aktivitäten

Das Malolotja Nature Reserve bietet die inspirierendsten **Wandertrails** in ganz Swasiland; man sollte sich also unbedingt festes Schuhwerk einpacken. Das Angebot reicht von kurzen Spaziergängen bis zu Mehrtagestouren. Zu den bekanntesten und beliebtesten Touren zählen die Wanderung zu den Malolotja-Wasserfällen mit herrlicher Aussicht über das Malolotja Valley sowie der Komati River Trail.

An der Rezeption im Park sind kostenlose Wanderkarten mit den Routen erhältlich. Informativ ist auch die gut konzipierte SNTC-Website (www.sntc.org.sz/tourism/malolotjawalks.asp) mit Beschreibungen der verschiedenen Wanderungen und Trails.

Malolotja Canopy Tour OUTDOOR
(☎7660 6755; www.malolotjacanopytour.com; Malolotja Nature Reserve; pro Pers. 595 R; ⏲8–14 Uhr) Für Leute, die das Reservat einmal aus einer ganz anderen Perspektive kennenlernen möchten, ist diese Tour eindeutig ein Muss. Hier bahnt man sich seinen Weg über die wild wuchernden Baumkronen des Malolotja Nature Reserve an zehn Seilrutschen (mit elf Holzplattformen) sowie über eine 50 m lange Hängebrücke. Das alles ist wirklich sehr sicher, und Erfahrung braucht man dazu auch keine.

Vom Restaurant im Park wird man zu einer Basisstation gefahren; von dort sind es dann noch 15 Minuten zu Fuß zum Ausgangspunkt der Canopy Tour; die Touren beginnen im 30-Minutentakt.

Schlafen & Essen

Malolotja Camping CAMPINGPLATZ $
(Malolotja Nature Reserve; Camping im Hauptcamp/an Trails 70/50 E) Zelten kann man auf dem gut ausgestatteten Hauptcampingplatz mit sanitären Einrichtungen (heiße Duschen) und einem *Braai*-Bereich, aber auch an den Trails, die speziell zum Übernachten ausgewiesen sind (ohne Einrichtungen).

Malolotja Cabins HOLZHÜTTEN $
(☎2444 3048; www.sntc.org.sz/tourism/malolotja.asp; Malolotja Nature Reserve; pro Erw./Kind 250/125 E; P) In diesen gemütlichen, voll ausgestatteten Holzhütten für Selbstversorger können bis zu fünf Personen übernachten. Sie befinden sich nicht weit von der Rezeption entfernt und bieten einen schönen Bergblick. Wer keine Lust hat, den Kochlöffel zu schwingen, besucht das Restaurant in der Nähe der Rezeption. WLAN ist in der Rezeption vorhanden und kostet pro Stunde 25 E.

Komati Valley

Östlich vom Malolotja Nature Reserve erstreckt sich das wunderschöne Komati River Valley mit seiner majestätischen Berglandschaft, seiner ländlichen Atmosphäre und dem beeindruckenden Maguga Dam, einem Stausee. Es ist kaum zu glauben, dass Mbabane bloß ein kurzes Stück mit dem Auto entfernt ist.

Maguga Dam WAHRZEICHEN
Dieser überaus malerische Stausee wurde am Komati River erbaut, um die Wasser- und Stromversorgung der örtlichen Gemeinden zu gewährleisten. Das schillernde

Wasser, umgeben von den wuchtigen Bergen des Highveld, ist die reinste Postkartenidylle und einen Besuch wert.

Nsangwini Rock Art Shelter ARCHÄOLOGISCHE STÄTTE
(Erw./Kind 30/20 E; ⌚8–16 Uhr) Kulturfreaks sind immer begeistert von dieser archäologischen Stätte unter Kommunalverwaltung. Die gut erhaltenen Malereien befinden sich unter einem kleinen, aber beeindruckenden Felsüberhang oberhalb vom Komati River; von dort bietet sich ein grandioser Blick über die Bergwelt. Die Höhle soll von den Nsangwini Bushmen stammen und lässt die einzigen bekannten Malereien sehen, die Menschen mit Flügeln zeigen. Nsangwini ist an der Hauptstraße nach Piggs Peak und an der Ringstraße um den Maguga Dam ausgeschildert. Es geht dann noch 7,5 km über eine Staubstraße.

Ein Hinweis: Nach Regenfällen sind die Straßenverhältnisse oft recht schlecht. Ein Guide führt einen über den etwas steilen, felsigen Weg (15 Min. bergab; 20 Min. bergauf); er erklärt auch mit ein paar Worten die Stätte.

Maguga Dam Lodge LODGE $$
(☎2437 3975; www.magugalodge.com; Maguga Dam; Camping pro Erw./Kind 135/70 E, EZ/DZ inkl. Frühstück 650/980 E; P ❄ 📶 ≋) Die malerisch am Südufer des Maguga Dam gelegene Lodge ist ein Hort der Ruhe und mit herrlichen Ausblicken auf den Stausee und die umliegenden Berge gesegnet. Sie besteht aus zwei gut ausgestatteten Campingplätzen, einem Schwung geräumigen, von Licht durchfluteten *rondavels* sowie einem hervorragenden Restaurant mit Terrasse am Stausee. Es werden verschiedene Aktivitäten angeboten, beispielsweise Angeln, Kulturexkursionen, Wanderungen und Bootssausflüge.

DER NORDOSTEN

Der Nordosten von Swasiland mit dem Lowveld liegt im Schatten der Lubombo Mountains und lässt sich von der Grenze nach Mosambik problemlos mit dem Auto erreichen. Diese entlegene Ecke des Landes gilt als Topdestination, um Wildtiere zu beobachten. Hier verlocken gleich zwei tolle Wildparks – der Hlane Royal National Park und das Mkhaya Game Reserve. Aber es gibt auch noch ein paar weniger bekannte Naturreservate, die erkundet sein wollen. Wer sich gern in Outdoor-Abenteuer stürzt, kann sich an den sagenhaften Stromschnellen des Great Usutu River (Lusutfu River) so richtig austoben.

Hlane Royal National Park

Der **Hlane Royal National Park** (☎2528 3943; www.biggameparks.org/hlane; Eintritt 40 E; ⌚6–18 Uhr) gehört zu den renommiertesten Wildparks, die Swasiland zu bieten hat. Weshalb das so ist, liegt auf der Hand: Hier können die Besucher die Top-Tiere einer jeden Safari bewundern – bloß keine Büffel. Das größte Naturschutzgebiet des Landes ist ein gut organisiertes Reservat, in dem Elefanten, Löwen, Leoparden, Breitmaulnashörner und viele Antilopenarten leben. Die Tier- und Vogelwelt lässt sich in herrlicher Beschaulichkeit betrachten. Und ganz mühelos gestaltet sich das Vergnügen auch noch: Flusspferde und Elefanten lassen sich rund um das Ndlovu Camp sehen, bloß ein paar Meter vom Cottage entfernt, in dem man wohnt. Die Tage vergehen wie im Flug mit Buschwanderungen, Safarifahrten, Mountainbiken und Kulturexkursionen.

Das Straßennetz des Reservats ist gut und lässt sich mit einem normalen Pkw bewerkstelligen. Wer das Löwengehege erkunden möchte, muss allerdings eine Safarifahrt mit einem Guide buchen.

HLANE ROYAL NATIONAL PARK

Was einen erwartet Hier leben vier der Big Five; dies ist das einzige Reservat in Swasiland, in dem man Löwen sieht; angeboten werden engagierte Safarifahrten zum Sichten von Nashörnern; die Unterkünfte sind hervorragend; die Vogelbeobachtung ist prima; und es stehen verschiedene Aktivitäten zur Auswahl.

Reisezeit Ganzjährig.

Praktisches Das Zugangs-Gate befindet sich rund 7 km südlich von Simunye (ausgeschildert). Im Park selbst lässt sich fast alles mit einem Pkw erkunden – nur das fantastische Löwengehege nicht; dazu muss man an einer Safarifahrt teilnehmen.

Spar-Tipps Das Ndlovu Camp verfügt über Einrichtungen zum Zelten.

ABSTECHER

EINBLICK INS LÄNDLICHE SWASILAND

Shewula Mountain Camp (☎7621 8058, 7603 1931; www.shewulacamp.org; Shewula; Camping pro Pers. 70 E, Zi. 350 E) Das reizende kleine Bergcamp liegt 37 km nordöstlich von Simunye in den Lubombo Mountains (21 km auf asphaltierter Straße plus 16 km auf einer Staubstraße; beim Wegweiser nach Shewula abbiegen). Es ist ein sagenhaftes Refugium fern der Zivilisation. Die Unterkunft ist recht einfach: Man kann hier campen oder eines der Stein-*rondavels* mit Reetdach nehmen (ohne Strom; drei haben ein eigenes Bad); die Sanitäranlagen benutzen alle gemeinsam.

Jedenfalls ist es eine tolle Erfahrung, die grandiose Aussicht zu genießen und zugleich einen Einblick ins ländliche Swasiland zu bekommen. An Aktivitäten stehen geführte Kulturwanderungen in die Dörfer in der Umgebung auf dem Programm. Auf Wunsch kann man sich auch etwas Landestypisches zum Essen kochen lassen.

Aktivitäten

Alle Aktivitäten können im Ndlovu Camp (s. rechts) gebucht werden.

Mountainbiken

Mountainbiken ist eine wirklich umweltfreundliche und zudem sportliche Aktivität, um das Bushveld zu erkunden. Geführte Mountainbiketouren mit einem kundigen Ranger kosten 230 E; man ist zwei Stunden unterwegs. Die Touren beginnen am Ndlovu Camp.

Buschwanderungen

Angeboten werden geführte Wanderungen und **Exkursionen mit Vogelbeobachtung** (190 E pro Pers.), bei denen man sogar auch Elefanten und Nashörner zu sehen bekommt.

Eingefleischte Wanderer und Buschfanatiker können die **Ehlatsini Bush Trails** (ab 1280 E) buchen – mit ein oder zwei Übernachtungen und sämtlichen Mahlzeiten. Man kommt dabei auch in weniger bekannte Gebiete des Parks. Einfach an der Rezeption des Ndlovu Camps anfragen.

Safarifahrten

Die Hauptattraktion des Hlane Royal National Park sind die Großsäugetiere und Raubtiere, die man am einfachsten im Rahmen einer Safarifahrt im offenen Fahrzeug zu sehen bekommt. Die 2½-stündigen **Fahrten bei Sonnenaufgang oder Sonnenuntergang** (325 E pro Pers.) bieten sich für Gäste an, die im Ndlovu Camp übernachten. Auf diesen Touren bekommt man die Wildtiere am schönsten zu sehen – und auch die Fotoausbeute ist am besten. Das Löwengehege gehört mit zum Programm, und somit stehen die Chancen gut, dass man die Großkatzen auch wirklich zu Gesicht bekommt. Auf der engagierten, 1½-stündigen **Breitmaulnashorn-Safari** (235 E) lassen sich diese Kolosse aus nächster Nähe bestaunen.

Geführte Touren

Langsam genug von Antilopen, Nashörnern und Löwen? Dann sollte man sich die zweistündige **Umphakatsi Experience Cultural Tour** (105 E pro Pers., ab 4 Pers.) des Ndlovu Camps vormerken. Die Teilnehmer lernen das Dorf eines der Häuptlinge kennen und erfahren viel über die traditionelle Swasi-Kultur.

Schlafen & Essen

Ndlovu Camp CAMPINGPLATZ, COTTAGE **$$**
(☎2528 3943; www.biggameparks.org/hlane; Hlane Royal National Park; Camping 95 E, Rondavel EZ/DZ ab 520/940 E, Cottage EZ/DZ ab 550/830 E; Ⓟ) Das Ndlovu Camp ist ein wunderschön beschaulicher Flecken Erde mit einem weitläufigen Grundstück und einem malerischen Restaurant, in dem wirklich exquisites Essen serviert wird. Die Gäste wohnen in *rondavels* und Cottages für Selbstversorger ohne Strom (Paraffin-Lampen vorhanden). Man darf aber auch auf einer Rasenfläche sein Zelt aufschlagen. Das Ndlovu Camp liegt innerhalb des Hauptgates und in der Nähe eines Wasserlochs, in dem sich Flusspferde und Nashörner sehen lassen.

Abends sollte man die Volkstanzvorführung am Lagerfeuer nicht versäumen.

Bhubesi Camp BUNGALOW **$$**
(☎2528 3943; www.biggameparks/hlane; Hlane Royal National Park; EZ/DZ 530/800 E; Ⓟ) Das Bhubesi Camp befindet sich in unberührter Landschaft rund 14 km vom Ndlovu Camp entfernt. Geboten sind geschmackvolle Steinbungalows für vier Personen mit Selbstversorgung; sie liegen an einem Fluss

samt grünen Rasenflächen inmitten von wild wuchernder Vegetation. Strom ist vorhanden, allerdings kein Restaurant.

Mlawula Nature Reserve

Das ruhige **Mlawula Nature Reserve** (☎ 2383 8885; www.sntc.org.sz/reserves/mlawula.asp; Erw./Kind 25/12 E; ⏲ 6–18 Uhr) liegt am Schnittpunkt der ebenen Lowvelds mit den Lubombo Mountains. Hier leben u. a. allerlei Antilopenarten und ein paar Tüpfelhyänen; es bieten sich gute Gelegenheiten, Vögel zu beobachten. Man sollte allerdings keine allzu hohen Erwartungen hegen. Die Wildtiere lassen sich hier weniger häufig sehen als in den anderen Reservaten des Landes, und auch die touristische Infrastruktur ist relativ begrenzt. Das eigentliche Highlight des Parks ist das Netz von Wanderwegen inmitten herrlich malerischer Landschaften. Zur Auswahl stehen insgesamt zehn Touren, die man auf eigene Faust unternehmen kann – vom einstündigen Spaziergang bis hin zu einer Ganztagestour. Am Eingang kann man sich das nützliche Faltblatt *Trails and Day Walks* mitnehmen.

Und so kommt man hin: Der Abzweig zum Eingang des Reservats befindet sich rund 10 km nördlich von Simunye; von der Hauptstraße sind es dann noch 4 km.

Schlafen & Essen

Das Reservat verfügt über einen Campingplatz, auf dem man sein Zelt aufschlagen kann, zudem ist ein Cottage für Selbstversorger vorhanden; beide sind vom Standard her nicht sonderlich gut.

Magadzavane Lodge CHALET $$
(☎ 2383 8885; magadzavane@sntc.org.sz; Mlawula Nature Reseve; EZ/DZ inkl. Frühstück 470/800 E; P) Es warten 20 zauberhafte Chalets im Südteil des Reservats am Rand der Lubombo-Schlucht mit sagenhafter Aussicht über das Tal. Geboten sind ein Restaurant und eine kleinere Poollandschaft. Vom Nord-Gate führt eine Schotterstraße (17 km) hin; die letzten Kilometer sind sehr steil, bei Trockenheit aber dennoch mit einem normalen Pkw zu bewerkstelligen.

Man kann auch das Süd-Gate nutzen.

Mbuluzi Game Reserve

Das kleine **Mbuluzi Game Reserve** (☎ 2383 8861; mbulizireception@gmail.com; Eintritt 35 E; ⏲ 6–18 Uhr) ist in Privatbesitz. Es rühmt sich einer ganzen Reihe von Tieren, beispielsweise Giraffen, Zebras, Warzenschweinen, diverse Antilopenarten und Gnus. Vogelfreunde kommen hier voll auf ihre Kosten: Mehr als 300 Vogelarten wurden hier verzeichnet, darunter einige seltene, ungewöhnliche Spezies. Das Reservat wird durch eine öffentliche Straße in zwei Areale geteilt. Im südlichen Areal ist die Wildtierpopulation dichter, im nördlichen Areal bietet sich ein herrlicher Blick auf die Bergwelt. Die meisten Gegenden lassen sich auf den guten Schotterstraßen mit einem normalen Pkw erkunden; einen Guide benötigt man nicht. Außerdem verlockt hier noch ein gutes Netz an bestens markierten Wanderwegen, die zu begehen wirklich Spaß macht.

Der Abzweig zum Mbuluzi Game Reserve ist derselbe wie zum Mlawula Nature Reserve; der Eingang zu diesem Reservat befindet sich rund 300 m von besagter Abzweigung entfernt auf der linken Seite.

Mbuluzi Camping CAMPINGPLATZ $
(☎ 2383 8861; mbulizireception@gmail.com; Mbuluzi Game Reserve; Camping 100 E) Stellplätze zum Campen finden sich in der Nähe vom Mbuluzi River auf der Nordseite des Reservats. An Einrichtungen gibt es einen Block mit sanitären Einrichtungen, zu dem auch heiße Duschen gehören.

★ **Mbuluzi Lodges** LODGE $$
(☎ 2383 8861; mbulizireception@gmail.com; EZ 520–550 E, DZ 800–1100 E; P) Welch eine angenehme Überraschung! Das Reservat bietet diverse wunderschön möblierte, voll ausgestattete Lodges für fünf bis acht Personen mit Selbstversorgung sowie Camps mit Luxuszelten. Jede Wohneinheit weist ein ganz individuelles Design und Flair auf. Zu den meisten gehören eine geräumige Veranda und eine Aussichtsterrasse aus Holz. Die Quartiere liegen malerisch am Mlawula River im Südteil des Reservats.

Mkhaya Game Reserve

Das erstklassige, grandiose **Mkhaya Game Reserve** (☎ 2528 3943; www.mkhaya.org) ist die Krönung aller Reservate von Swasiland. Es ist berühmt für seine Breit- und Spitzmaulnashörner – und behauptet, dass die Besucher hier die besten Chancen in ganz Afrika haben, diese Tiere auch wirklich zu sehen – was auch wahrhaftig zu stimmen scheint. An weiteren Tieren leben hier Pfer-

MKHAYA GAME RESERVE

Was einen erwartet Die exklusivste Safaridestination Swasilands bietet ein authentisches Buscherlebnis; man bekommt Nashörner *wirklich* aus nächster Nähe zu sehen; angeboten werden Unterkünfte mit Flair, hervorragende Safarifahrten und sagenhafte Buschwanderungen mit Guides, die sich gut auskennen.

Reisezeit Ganzjährig.

Praktisches Das Reservat liegt in der Nähe des Weilers Phuzumoya an der Straße von Manzini nach Big Bend (an der MR8 ausgeschildert). Man kann das Schutzgebiet allerdings nicht ohne vorherige Reservierung besuchen, und auch dann besteht nicht die Möglichkeit, allein mit dem Auto herumzufahren; man wird in Phuzumoya zur vereinbarten Zeit abgeholt – um 10 Uhr oder um 16 Uhr – und dann zur Ranger-Station gebracht, wo man sein Fahrzeug abstellen muss.

Spar-Tipps Es lassen sich Tagestouren organisieren; schöner (und insgesamt preiswerter) ist es jedoch, mindestens einmal hier zu übernachten.

de-, Rappen- und Leierantilopen (Tsessebe), Giraffen, Büffel, Elefanten sowie eine Fülle von Vogelarten. Mit etwas Glück kann man sogar eine so seltene Spezies wie den scheuen Narinatrogon bestaunen.

Aktivitäten

Safarifahrten

Erlebnisreiche Safarifahrten im offenen Fahrzeug sind im Übernachtungspreis des Stone Camp bereits inbegriffen. Für Gäste, die hier wohnen, werden sie am frühen Morgen und am Spätnachmittag durchgeführt, für Tagesausflügler um 10 Uhr; sie dauern zwei Stunden.

Buschwanderungen

Die schönste und wichtigste Aktivität im Mkhaya Game Reserve sind geführte Buschwanderungen – die ideale Art, sich den Wildtieren zu nähern, vor allem den Breitmaulnashörnern. Die Teilnehmer können immer wieder aus den offenen Safarifahrzeugen aussteigen, um die Nashörner unter der Anleitung eines erfahrenen Rangers zu Fuß aufzuspüren. Sie erfahren dabei viel über das Verhalten dieser Tiere. Ein unvergessliches Erlebnis!

Die Buschwanderungen finden um 11 Uhr statt. Ein Hinweis: Sie werden ausschließlich für Gäste angeboten, die im Stone Camp übernachten.

Schlafen & Essen

★ Stone Camp LODGE $$$
(☎2528 3943; www.mkhaya.org; Mkhaya Game Reserve; EZ/DZ mit Vollpension & Aktivitäten ab 2295/3350 E) Im Stone Camp geht für Naturfreunde ein vielleicht lange gehegter Traum in Erfüllung. Es besteht aus mehreren rustikalen, aber dennoch luxuriösen, halb offenen Stein- und Reet-Cottages (samt einer eigenen anständigen Toilette mit Aussicht!), die im abgelegenen Busch liegen. Im Preis inbegriffen sind Safarifahrten, Safariwanderungen und alle Mahlzeiten; im Vergleich zu vielen anderen Privatreservaten im südlichen Afrika ist hier das Preis-Leistungs-Verhältnis hervorragend. Einfach mal herkommen, dieses wundervolle Ambiente auf sich wirken lassen und staunen.

Es gibt hier keinen Strom, dafür aber Paraffin-Lampen.

DER SÜDEN

Der Süden von Swasiland wird von den meisten Touristen, die in die südafrikanischen Provinz KwaZulu-Natal unterwegs sind (oder von dort kommen) im Allgemeinen nur kurz besichtigt, was eigentlich sehr schade ist. Es verlocken hier nämlich reizende Ecken, die erkundet werden wollen, beispielsweise die malerischen Lubombo Mountains und die Mahamba Gorge, eine dramatische Schlucht. Klar, der Tourismus steckt hier noch in den Kinderschuhen, aber dafür kann man in dieser wenig besuchten Region Swasiland aus einer ganz anderen Perspektive kennenlernen.

Nsoko

Nsoko liegt auf halbem Weg zwischen Big Bend und dem Grenzposten Lavumisa im Herzen des Zuckerrohranbaugebiets vor der Kulisse der Lubombo Mountains. Die zerklüfteten Vulkanberge ragen abrupt 600 m hoch im Llowveld auf und bilden die malerische Grenze zwischen Swasiland und Mosambik.

Nisela Safaris TIERRESERVAT
(☎2303 0318; www.niselasafaris.com; Nsoko; Aktivitäten ab 130 E) Nisela ist ein kleines Privatreservat am Fuß der Lubombo Mountains. Überall im Reservat sind Gnus, Giraffen, Zebras, Warzenschweine und zig Antilopenarten weit verbreitet, jedoch keine Big Five. Das Reservat ist auch für seine reiche Vogelwelt bekannt, vor allem für Raubvögel. Es lassen sich hier allerlei Aktivitäten arrangieren, beispielsweise Safarifahrten (150–180 E), geführte Wanderungen (150 E) und Ausritte (130 E). Wer das Reservat auf eigene Faust erkunden möchte, ist mit einem Geländewagen auf der sicheren Seite.

Nisela Safaris CAMPINGPLATZ, LODGE **$$**
(☎2303 0318; www.niselasafaris.com; MR8, Nsoko; Camping 110 E, inkl. Frühstück Bienenkorbhütte EZ/DZ 140/280 E, Gästehaus EZ/DZ 430/780 E, Rondavel EZ/DZ 540/880 E; P) Das praktisch an der MR8 gelegene Reservat unter privater Leitung bietet eine breite Auswahl an Unterkunftsmöglichkeiten, darunter einen Campingplatz, voll ausgestattete *rondavels* in einem schattigen Areal tief im Reservat gelegen sowie einfache Bienenkorbhütten im Stil eines Dorfs, das sich gleich hinter der Rezeption befindet. Die Pension liegt ein paar Kilometer entfernt an der Hauptstraße. Mit dazu gehört ein traditionelles Restaurant samt Holzveranda, das auf ein Wasserloch hinausgeht.

Die Anlage eignet sich perfekt für einen Zwischenstopp auf dem Weg zum Krüger-Nationalpark in Südafrika oder auf der Weiterfahrt nach Mosambik.

Nhlangano & Umgebung

Nhlangano ist die Ortschaft, die dem Grenzposten Mahamba am nächsten liegt; sie ist sehr nützlich, wenn man hier festsitzt.

Mahamba Gorge Lodge LODGE **$**
(☎2237 0100, 7617 9880; www.mahambagorgelodge.com; Mahamba; Camping 60 E, DZ inkl. Frühstück 580 E; P) Eine Unterkunft in herrlich malerischer Lage gefällig, die ein echt rustikales Urlaubserlebnis verspricht? Dann nichts wie hin zu dieser Lodge in Mahamba hoch oben am Rand einer Schlucht, rund 25 km westlich von Nhlangano; sie wird von der Gemeinde verwaltet. In drei hübschen Stein-Chalets befinden sich einfache, aber saubere und gemütliche Zimmer mit heißen Duschen; alle verfügen über eine Veranda, von der sich ein wunderschöner Blick über den Mkhondvo River bietet.

Strom ist rund um die Uhr vorhanden. Die Chalets sind für Selbstversorger gedacht; wer keine Lust hat zu kochen, kann sich auf Wunsch eine Mahlzeit zubereiten lassen. In der Schlucht bieten sich Wandermöglichkeiten zuhauf; es besteht die Möglichkeit, einen einheimischen Führer für etwa 50 E am Tag anzuheuern.

Und so kommt man hin: Vom Grenzposten Mahamba fährt man unmittelbar hinter der Grenzstation auf eine Staubstraße (dem Wegweiser zur „Mahamba High School“ folgen); dann geht es an die 2,5 km zur Kirche von Mahamba. Bis zur Lodge sind es dann noch 3 km. Wenn es trocken ist, lässt sich die Strecke mit einem normalen Pkw bewerkstelligen.

Phumula Farm Guest House PENSION **$$**
(☎2207 9099; www.phumulaguesthouse.co.za; Nhlangano; EZ 440 E, DZ 715–825 E; P) Die Pension in einem malerischen, abgeschiedenen Grundstück inmitten von Gummibaum-Plantagen ist eine gute Wahl. Es gibt viele nette Zimmer in allen Größen und Varianten, die sich um die tipptopp gepflegten Rasenflächen und Gärten samt Pool und *Braai*-Bereich gruppieren. Das Frühstück kostet ab 70 E; Mittag- und Abendessen werden auch aufgetischt. Das Gästehaus liegt 3 km vom Ort entfernt (und ca. 10 km von der Grenze); von der MR9 führt ein Forstweg (1 km) hin.

An- & Weiterreise

Mehrere Minibus-Sammeltaxis verkehren täglich auf der Strecke Nhlangano–Manzini (60 E, 1½ Std.). Es besteht auch häufig Verbindung zum Grenzposten Mahamba (10 E), wo man nach Piet Retief in Südafrika (30 E, 1 Std.) umsteigt.

Südafrika, Lesotho & Swaziland verstehen

Südafrika, Lesotho & Swasiland aktuell

Mehr als zwei Jahrzehnte sind vergangen, seit der inzwischen verstorbene Nelson Mandela zum Präsidenten gewählt wurde, doch die soziale Ungleichheit ist bis heute nicht aus dem Land verschwunden. Die Viertel an Kapstadts Tafelberg oder am Strand unterscheiden sich fundamental von den Townships in den Cape Flats, die man entlang der N2 als Ansammlung schäbiger Hütten und Toilettenhäuschen wahrnimmt. Wer zum ersten Mal nach Südafrika kommt, empfindet das Nebeneinander von europäischem Wohlstand und afrikanischer Armut als Schock. Die Südafrikaner selbst akzeptieren jedoch, dass die Möglichkeiten des Einzelnen stark davon abhängen, welcher Bevölkerungsgruppe er entstammt.

Die besten Bücher

Schwarze Tochter (Barbara Mutch) Die Geschichte aus der Zeit der Apartheid spielt in der Karoo.

Cobra (Deon Meyer) Captain Benny Griessel im jüngsten Kapstadtkrimi des bekannten Meisters.

Reports Before Daybreak (Brent Meersman) Der bewegende Roman spielt im Kapstadt der 1980er-Jahre.

50 People Who Stuffed Up South Africa (Alexander Parker) Ein spannender Blick auf die großen Schurken der Geschichte.

Zoo City (Lauren Beukes) Ein Thriller aus der Unterwelt von Johannesburg.

Khayelitsha (Steven Otter) Ein weißer Journalist, der in Kapstadt lebt.

Die besten Filme

Invictus – Unbezwungen (Clint Eastwood) Über den Rugby World Cup von 1995; unter den Darstellern sind Morgan Freeman und Matt Damon.

District 9 (Neill Blomkamp) Ein Film über riesige Alien-Krabben, die in Johannesburg einfallen.

Mandela – Der lange Weg zur Freiheit (Justin Chadwick) Ein unterhaltsames Porträt, das „Mandibas" Weg zur Präsidentschaft nachzeichnet.

Chappie (Neill Blomkamp) Um die Kriminalität in Johannesburg zu bekämpfen, greift die Polizei in diesem Science-Fiction-Film auf autonome Roboter zurück.

Das Verhältnis zwischen den Völkern

Das Erfreuliche an Südafrika ist der Umstand, dass die Schranken zwischen den Ethnien allmählich an Bedeutung verlieren. Heute kümmert die Politik sich besonders um die Bewohner der Townships und der einstigen Homelands, und man bemüht sich darum, die mit Arbeitslosigkeit (25 %) abzubauen. Die Suche nach einem gemeinsamen Nenner erweist sich als schwierig, doch immerhin sind die Beziehungen zwischen den Völkern von jenem Wunder geprägt, das Mandela und seine Mitstreiter vollbracht haben. Angesichts der langen Rassentrennung sind die Verhältnisse natürlich nicht über Nacht unkompliziert geworden. Der südafrikanischen Gesellschaft fehlt noch immer jener Zusammenhalt, der für viele europäsche Länder selbstverständlich ist. Angehörige unterschiedlicher ethnischer Gruppen haben sich miteinander arrangiert, achten aber trotzdem auf Distanz, und Eheschließungen über diese Grenzen hinweg sind selten. In der Politik und in den Medien flackert der Konflikt zwischen Schwarzen und Weißen immer wieder auf, und der regierende African National Congress (ANC) neigt dazu, Probleme der Gegenwart auf die Zeiten der Apartheid zurückzuführen, womit man natürlich auch von eigenen Schwächen ablenkt.

Die Beziehungen zwischen den diversen Gruppen der Schwarzen sind nicht weniger kompliziert als die zwischen Schwarzen und Weißen – das betrifft die Xhosa und Zulu ebenso wie viele Immigranten. Wirtschaftsflüchtlinge aus Nachbarländern strömen in die Townships und verschärfen die Lage am Arbeitsmarkt.

Aids & Genderfragen

In Südafrika gibt es so viele Aids-Kranke wie in keinem anderen Land der Welt (über 6 Mio.). Den höchsten Bevölkerungsanteil an Aids-Kranken findet man in Swasiland, den zweithöchsten in Lesotho. Versuche zur

Aufklärung enden dort, wo alte Tabus noch mächtig sind. *Sangomas* (traditionelle Heiler) verbreiten ihren Aberglauben, und Tag für Tag werden vermeintliche „Tuberkuloseopfer“ zu Grabe getragen.

Südafrikas Aktenlage zu Gleichstellungsfragen zeigt einmal mehr die Widersprüchlichkeit des Landes. Seine 1996 verabschiedete Verfassung gilt als die fortschrittlichste ihrer Art und unterstützt u. a. die Rechte von Frauen und Homosexuellen. Und dennoch sieht die Realität anders aus, z. B. mit einer der höchsten Vergewaltigungsraten der Welt.

Die Welt der Politik

Als Nelson Mandela 2013 starb, war das Land auf eine Weise vereint, wie man sie seit der Fußballweltmeisterschaft von 2010 nicht mehr erlebt hatte. Gleichzeitig hat der Tod von „Madiba“ aber auch vor Augen geführt, dass der ANC seinen Nimbus als Anti-Apartheid-Kämpfer weitgehend verloren hat, da er heute über ein Land regiert, in dem Verbrechen, Korruption zunehmen. Viele mit den Wahlen von 1994 geweckten Hoffnungen sind längst verflogen, Millionen leben bis heute in Slums und suchen verzweifelt nach Arbeit. Der Schulbuchskandal in Limpopo von 2012 wirkt symptomatisch: Trotz eines Haushalts von 22 Mrd. Rand (1,4 Mrd. €) konnte das Kultusministerium der nördlichen Provinz keine Schulbücher bereitstellen.

Bei den Kommunalwahlen von 2016 und bei den Parlamentswahlen im Jahr 2019 wird der ANC erneut gegen die oppositionellen Parteien der Demokratischen Allianz (DA) antreten, die bereits in Western Cape regiert, und gegen die Economic Freedom Fighters (EFF) unter Julius Malema. Mit ihrem Ziel einer Landreform und Verstaatlichung zielt die EFF auf die Masse der verarmten schwarzen Wähler.

Lesotho & Swasiland

Im August 2014 erschütterte ein unblutiger Staatsstreich Lesotho. Premierminister Thomas Thabane flüchtete aus dem Land und warf dem Militär vor, ihn stürzen zu wollen. Schließlich kam es im Februar 2015 zu friedlichen Neuwahlen. Thabanes All Basotho Convention verlor die Wahl um Haaresbreite, und sieben andere Parteien einigten sich auf eine Koalitionsregierung. Das vor allem von Basotho geprägte Agrarland hatte immerhin nicht unter der Apartheid zu leiden und soziale Ungleichheit und Kriminalität liegen auf einem niedrigeren Niveau als in Südafrika. Das Königreich steht dennoch vor einigen ernsten Problemen, u. a. die Arbeitslosigkeit, Nahrungsmittelknappheit und die hohe HIV-Infektionsrate (23 %).

In Swasiland sind demokratische Freiheiten ein großes Thema, denn König Mswati III. wird vorgeworfen, Oppositionelle mundtot zu machen. Doch trotz des Rufes nach weitergehenden Freiheiten ist man stolz auf die Monarchie. Das ländliche Swasiland steht vor großen Herausforderungen, darunter die Armut und die Aids-Rate von 26,5 %.

EINWOHNER:
SÜDAFRIKA: 54 MIO.; LESOTHO: 1,9 MIO.; SWASILAND: 1,4 MIO.

FLÄCHE:
SÜDAFRIKA: 1 219 912 KM²; LESOTHO: 30 355 KM²; SWASILAND: 17 363 KM²

Wenn es 100 Südafrikaner gäbe, wären …

79 Schwarze
9 Weiße
9 Farbige
3 indisch/asiatisch

Religion

(% der Bevölkerung)

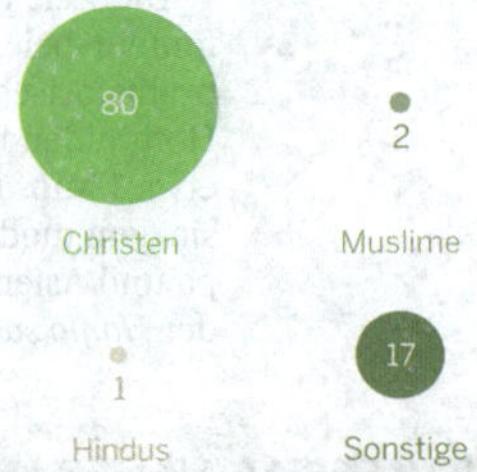

Einwohner pro km²

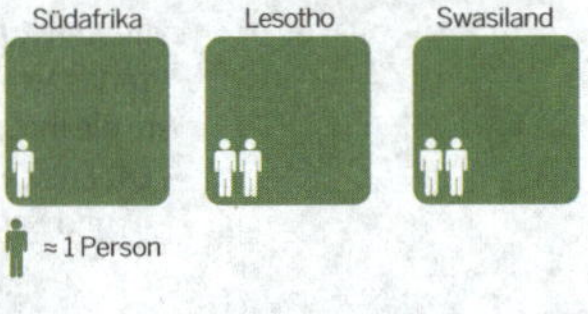

Geschichte

Wer in Südafrika unterwegs ist, trifft überall auf Spuren der Vergangenheit. Das menschliche Drama des Landes spiegelt sich in den Gesichtern und der Körpersprache von Millionen seiner Einwohner wider. Man sieht es auch daran, wo und wie die Menschen leben. Geschichte wird in vorzeitlichen Felszeichnungen sichtbar, in modernen Graffitis, auf abgelegenen Schlachtfeldern und an nüchternen Denkmälern der Apartheidära. Jeder Ort ist geprägt von vergangenem Leid und Unrecht, aber auch von Hoffnung. Während Südafrika weiter darum kämpft, eine echte Regenbogennation zu werden (wie sie die neue bunte Staatsflagge darstellt), manifestiert sich die Last der Vergangenheit tagtäglich überall im Land – in staubigen, abgelegenen *dorps* (Dörfern) und in den überfüllten *shebeens* (Bars ohne Schanklizenz) der Townships, in den konservativen, abgesicherten Wohngebieten der Mittelklasse und in den Räumen des Parlaments. Wer hierher reist, sollte bereits so viel wie möglich über das Land gelesen haben und versuchen, in Gesprächen die unterschiedlichen Auffassungen und Sichtweisen der Menschen kennenzulernen. Erst dann beginnt man langsam, die ungewöhnlich leidvolle, aber auch ermutigende Geschichte dieses Landes zu begreifen.

Die Anfänge

Die Ursprünge menschlicher Zivilisation an der Südspitze Afrikas reichen weit zurück. Bemerkenswerte Felsmalereien belegen, dass bereits vor rund 25 000 Jahren, möglicherweise sogar 40 000 Jahren, Jäger und Sammler der San durch Südafrika zogen. Auch heute leben noch kleinere Gruppen dieses Volkes dort; somit zählen die San zu den ältesten Kulturen der Welt.

Die Zeit davor liegt im Dunkeln. Die Fülle fossiler Funde in Sterkfontein bei Johannesburg belegt, dass die Provinz Gauteng schon in prähistorischer Zeit ein Siedlungszentrum war und Vormenschen oder Hominiden bereits vor etwa 3 Mio. Jahren über das Highveld zogen. Vor etwa 1 Mio. Jahren hatten sich diese Lebewesen so weit entwickelt, dass sie dem modernen Menschen ähnelten. Sie breiteten sich bis nach Europa und Asien aus. Irgendwann, vor etwa 100 000 Jahren, trat schließlich der *Homo sapiens* (der moderne Mensch) auf den Plan. Wissenschaftlich

ZEITACHSE

40 000–25 000 v. Chr.

Die San – die ersten Bewohner des südlichen Afrikas und eine der ältesten Kulturen – hinterlassen Felsmalereien, die ihre nomadische Lebensweise als Jäger und Sammler dokumentieren.

500 n. Chr.

Eine jahrhundertelange Migrationswelle aus dem Nigerdelta findet ein Ende, als bantu-sprechende Stämme KwaZulu-Natal erreichen. Es sind die Vorfahren der meisten modernen Südafrikaner.

1200–1270

Das Handelszentrum Mapungubwe (in der Provinz Limpopo) wird zum Zentrum des größten afrikanischen Königreichs jenseits der Sahara; es pflegt wirtschaftliche Beziehungen mit Ägypten, Indien und China.

ist zwar vieles noch ungeklärt, aber Fossilienfunde an der Mündung des Kasies River in der Provinz Eastern Cape weisen darauf hin, dass die Vorfahren des *Homo sapiens* schon vor rund 90 000 Jahren durch das südliche Afrika zogen.

Vor rund 2500 Jahren nahm die Entwicklung des modernen Südafrika eine entscheidende Wendung, nämlich, als die Nachfahren der Jäger- und Sammler der San begannen, Vieh zu halten. Dadurch entstanden neue Strukturen und landwirtschaftliche Tätigkeiten wie Viehbesitz und Weidewirtschaft, die sich zur Ausbildung stärker differenzierter Gemeinschaften unter der Führung von Häuptlingen entwickelten. Mit ihren Herden wanderten diese Gruppen – die sich selbst als Khoikhoi („Menschen-Menschen", d. h. „richtige Menschen") bezeichneten – nach und nach südwärts in Richtung Küste, während die kleineren Gruppen derjenigen, die weiterhin als Jäger und Sammler lebten, im Landesinnern verblieben.

Eine ziemlich knappe, aber gut lesbare Übersicht über die Geschichte Südafrikas (auf Englisch) ist im Internet unter www.southafrica.info/about/history/history.htm zu finden. Ein ähnliches Angebot auf Deutsch gibt es unter der Adresse www.suedafrika.net/suedafrika/geschichte.html.

Neuankömmlinge

Um 500 n. Chr. kamen neue Völker nach Südafrika: Die bantu-sprechenden Stämme stammten ursprünglich aus der Gegend des westafrikanischen Nigerdeltas. Ihre Ankunft markiert das Ende einer Wanderungsbewegung, die um 1000 v. Chr. begann und ihren Höhepunkt erreichte, als die ersten Gruppen Richtung KwaZulu-Natal einwanderten.

Die Gegensätze zwischen den „neuen" Völkern und den als Jäger und Sammler lebenden San hätten nicht größer sein können. Die Bantu lebten nicht als Nomaden, sondern in Dörfern. Sie waren geschickte Schmiede und Bauern, die Mais und Getreide anbauten.

Das Hirtenvolk der Khoikhoi war aus den San hervorgegangen, die als Jäger und Sammler lebten. Im Lauf der Jahrhunderte vermischten sich beide Gruppen und waren in den meisten Regionen schließlich nicht mehr zu unterscheiden – daher die heute verbreitete Bezeichnung „Khoi-San".

Es ist belegt, dass Angehörige der bantu-sprechenden Stämme und der Khoi-San miteinander Kontakt hatten, aber welcher Art diese Kontakte waren, weiß man nicht. Felszeichnungen zeigen, dass beide Gruppen zusammentrafen, mehrere Bantu-Sprachen (vor allem Xhosa und Zulu) haben Klick- oder Schnalzlaute der Khoi-San übernommen. Zudem wurden in frühen Bantu-Siedlungen Artefakte der Khoi-San gefunden.

Nach kurzer Zeit hatten die bantu-sprechenden Völker, von denen die meisten heutigen Südafrikaner abstammen, im südlichen Afrika Fuß gefasst. Einige Völker, die Vorfahren der heutigen Nguni (Zulu, Xhosa, Swasi und Ndebele), siedelten sich in Küstennähe an. Andere wiederum, heute als Sotho-Tswana (Tswana, Pedi, Basotho) bezeichnet, siedelten im Highveld, während die Venda, Lemba und die Shangaan-Tsonga sich im heutigen Nordosten Südafrikas niederließen.

Frühe Königreiche

Die Hügel und Savannen in der Nordostecke Südafrikas sind mit Ruinen und Artefakten übersät, die auf eine Reihe straff organisierter König-

1487

Der portugiesische Entdecker Bartolomeu Dias umschifft erfolgreich das Kap der Guten Hoffnung. Seine Reise markiert den Beginn einer langen Geschichte der europäischen Einflussnahme in Südafrika.

1497

Natal (portugiesisch für „Geburt") erhält von Vasco da Gama seinen Namen: Als dieser an Weihnachten 1497 die Küste erblickt, benennt er das Land nach dem Geburtstag von Jesus Christus.

1647

Die schiffbrüchige Mannschaft eines niederländischen Schiffs erbaut notgedrungen ein Fort im Bereich des späteren Areals von Kapstadt; bis zur Rettung der Männer vergeht allerdings noch ein ganzes Jahr.

1652

Die Niederländische Ostindien-Kompanie, die eine sichere Station für ihre Schiffe auf dem Weg nach Osten braucht, errichtet unter Jan van Riebeeck eine dauerhafte europäische Siedlung in der Tafelbucht: Kapstadt.

Das Institut zur Erforschung der Felskunst (Rock Art Research Institute) der Witwatersrand-Universität in Johannesburg präsentiert im Internet einen Überblick über die Geschichte der Felsbilder im südlichen Afrika und anderen Teilen des Kontinents mit wenigen, aber interessanten Fotobeispielen – unter der Adresse www.wits.ac.za/academic/science/geography/research/5616/rock_art_research_institute.html (auf Englisch).

reiche zurückgehen, die in der Zeit von 1200 n. Chr. bis zur Mitte des 17. Jhs. in voller Blüte standen.

Das erste bedeutende dieser Königreiche, Mapungubwe, befand sich in der heutigen Provinz Limpopo, am Zusammenfluss des Limpopo und des Shashe River am Dreiländereck Botsuana, Simbabwe und Südafrika. Obwohl seine Einwohner – die Vorfahren der heutigen Shona – Bauern waren, war der Handel mit Gold und anderen Gütern die Quelle der Macht jenes Königreichs. Die aufgefundenen Tonscherben, Perlen, Muscheln und weitere Artefakte zeigen, dass Mapungubwe zwischen 1220 und 1300 zu den wichtigsten Binnenhandelszentren im südafrikanischen Raum zählte. Das Handelsnetzwerk erstreckte sich bis an die Küste im Osten und von dort in so ferne Gefilde wie Ägypten, Indien und China. Eine Besonderheit Mapungubwes war, dass seine Bewohner an eine mystische Verbindung zwischen ihrem Herrscher und dem Land glaubten, ähnlich den Traditionen der Shona und Venda. Im 14. Jh. begann der Niedergang Mapungubwes, dessen Ursache bis heute ungeklärt ist – die Theorien reichen vom Klimawandel bis zu neuen Handelsrouten.

Der Niedergang Mapungubwes fiel mit dem Aufstieg eines ähnlich strukturierten, wenn auch größeren Königreichs der Shona zusammen, das als Groß-Simbabwe (heute Simbabwe) bekannt war und die Vermutung nahelegt, dass sich das Handelszentrum nach Norden verlagerte.

Mit dem Niedergang Groß-Simbabwes in der Mitte des 15. Jhs. zogen viele der frühen Shona-Stämme wieder südwärts in das Gebiet um den Limpopo River, im Norden des heutigen Kruger National Park. Dort gründeten sie mehrere Siedlungen in der Region Pafuri. Dazu gehörte auch das ummauerte Königreich Thulamela, das letzte der großen Königreiche, das ungefähr von der Mitte des 16. bis zur Mitte des 17. Jhs. erblühte. Wie Mapungubwe und Groß-Simbabwe verdankte auch Thulamela – der Name bedeutet in der Sprache der Venda „Ort der Geburt" – seine Vorherrschaft einem weit reichenden Handelsnetz für Gold und andere Waren. Muscheln, Glasperlen und chinesische Porzellanscherben, die an der Stätte gefunden wurden, beweisen, dass Thulamela über dieses Handelsnetzwerk Verbindungen zur Küste und darüber hinaus hatte.

Thulamela ist auch deshalb so bedeutend, weil einige Artefakte zeigen – z. B. ein Eisengong, der einem in Ghana gefundenen ähnelt –, dass sich seine Handelsverbindungen bis nach Westafrika erstreckten.

Die ersten Europäer

Einmal abgesehen davon, dass der portugiesische Entdecker Bartolomeu Dias 1487 dem Cabo da Boa Esperança (Kap der Guten Hoffnung) seinen Namen gab, zeigten die Portugiesen nur wenig Interesse an Südafrika – die Küste Mosambiks war da schon eher nach ihrem Geschmack.

1657

Die Niederländische Ostindien-Kompanie wählt einige Mitglieder aus, die Farmen gründen und die Siedler mit Nahrungsmitteln versorgen sollen. Die Bauern breiten sich bald auf das Land der Khoikhoi aus.

1658

Die Holländer bringen Sklaven aus Madagaskar und Indonesien ins Land – es sind die ersten Sklaven überhaupt, die nach Südafrika eingeführt werden.

1660

Jan van Riebeeck pflanzt eine Bittermandelhecke, die die Niederländer von den benachbarten Khoikhoi trennt – im Nachhinein betrachtet ist dies ein früher Schritt in Richtung Apartheid.

1786

Moshoeshoe, Gründer der Basotho-Nation (das spätere Lesotho), wird geboren; Shaka, der zukünftige König der Zulu, erblickt nur ein Jahr später das Licht der Welt.

Gegen Ende des 16. Jhs. bekamen die Portugiesen auf ihren Handelsrouten die verstärkte Konkurrenz der Engländer und Niederländer immer mehr zu spüren.

Im Jahr 1647 wurde ein niederländisches Schiff in der heutigen Tafelbucht vor Kapstadt zerstört. Die schiffbrüchige Mannschaft baute ein Fort und harrte ein ganzes Jahr aus, bevor sie gerettet wurde. Es waren die ersten Europäer, die versuchten, sich in dieser Gegend anzusiedeln. Kurze Zeit später beschloss die Niederländische Ostindien-Kompanie (*Vereenigde Oostindische Compagnie*; VOC) – eines der größten europäischen Handelshäuser, das die Streckenführung der berühmten Gewürzroute gen Osten verlegte – dort eine dauerhafte Siedlung zu errichten. Die kleine VOC-Expedition unter dem Kommando von Jan van Riebeeck erreichte die Tafelbucht im April des Jahres 1652.

Die Niederländer hatten ihre Schiffe kaum verlassen, als sie sich inmitten der fest angesiedelten Khoikhoi-Stämme wiederfanden. Auch wenn die neuen Siedler notgedrungen mit den benachbarten Khoikhoi Handel trieben, versuchten sie bewusst, den Kontakt zu begrenzen. Um einem Mangel an Arbeitskräften entgegenzuwirken, stellte die VOC eine kleine Gruppe niederländischer Angestellter frei, die eigene Farmen gründen und die VOC-Siedlungen beliefern sollte, was sich als äußerst erfolgreich erweisen sollte.

Auch wenn die Mehrheit dieser „freien Bürger" (wie diese Bauern genannt wurden) niederländischer Abstammung war und der calvinisti-

Stephen Gills Buch *A Short History of Lesotho. From the Late Stone Age to the 1993 Elections* ist eine kurze, gut lesbare Darstellung der Geschichte des unabhängigen Königreichs in den südafrikanischen Bergen.

EIN AUSERWÄHLTES VOLK

Lebensweise und Kultur der calvinistischen Afrikaaner haben die Geschichte Südafrikas nachhaltig geprägt – sowohl als Idealvorstellung wie in ihrer tatsächlichen Erscheinungsform. Während die Mitglieder der ersten Expeditionen der niederländischen Vereenigde Oostindische Compagnie (VOC) noch meist davon ausgingen, dass sie nach Europa zurückkehren würden, verstanden sich die als Siedler ins Hinterland gezogenen „Buren" bald als eigenständige Gemeinschaft, die auf Dauer im südlichen Afrika beheimatet war.

Gemäß ihrer Glaubenslehre sahen die Afrikaaner sich selbst als von Gott erwähltes Volk, zu dessen Aufgaben die Bekehrung der schwarzen Nachbarn zum Christentum, ihre Zivilisierung und damit die Rettung ihrer Seelen gehörte. Auch die Vorstellung der eigenen rassischen Überlegenheit haben einige Religionswissenschaftler auf Elemente des Calvinismus zurückgeführt, insbesondere auf dessen Prädestinationslehre, der zufolge das Schicksal aller Menschen von Gott unwiderruflich vorherbestimmt ist. Trennung und hierarchische Ordnung der Rassen wären demnach das Ergebnis göttlicher Fügung und jedes Gesetz zur Erhaltung der „Reinheit der weißen Rasse" sowie ihrer Vorherrschaft vom Schöpfer legitimiert.

1814

Die Briten, die unbedingt die Franzosen ausmanövrieren wollen, erlangen, als die niederländische Handelsmacht schwindet, schließlich die Vorherrschaft am Kap.

1816

Shaka wird Häuptling der Zulu und löst den Aufstieg eines Militärstaates sowie die *difaqane* (Vertreibung) aus – eine Welle der Unruhe und des Schreckens, die durch ganz Südafrika schwappt.

1820

Die Briten siedeln 5000 Einwanderer an. Die neuen Siedler stärken die britische Präsenz und fördern den Einfluss der englischen Sprache.

1828

Shaka wird von seinen Halbbrüdern getötet; als die *difaqane* weitere zehn Jahre andauert, versucht Dingaan, Beziehungen zu den britischen Händlern aufzubauen.

schen niederländisch-reformierten Kirche angehörte, waren unter ihnen auch zahlreiche Deutsche. Im Jahr 1688 schlossen sich ihnen außerdem französische Hugenotten an, die vor der religiösen Verfolgung unter Ludwig XIV. geflohen waren.

Europäer prägen das Land

Die VOC begann außerdem, Sklaven in großer Zahl einzuführen, und zwar vorwiegend aus Madagaskar und Indonesien. Durch diese zusätzlichen Arbeitskräfte wurde Südafrikas Bevölkerung nicht nur zu einer immer bunteren Mischung, die von der VOC besetzten Gebiete dehnten sich auch weiter Richtung Norden und Osten aus, sodass Konflikte mit den Khoikhoi unvermeidbar waren. Die bedrängten Khoikhoi wurden aus ihren traditionellen Siedlungsgebieten vertrieben, durch neue, eingeführte Krankheiten dezimiert und mit Hilfe überlegener Waffen getötet, wenn sie sich zur Wehr setzten – was sie auch bis ins 19. Jh. hinein in mehreren großen „Kriegen" und ihrem Freiheitskampf taten. Den meisten Überlebenden blieb nichts anderes übrig, als für die Europäer zu arbeiten – unter Bedingungen, die sich kaum von der Sklaverei unterschieden. Mit der Zeit vermischten sich Khoikhoi, europäische Aufseher und ins Land gebrachte Sklaven. Von deren Nachkommen stammt die heutige, sogenannte farbige Bevölkerung Südafrikas ab.

Als die „freien Bürger" weiter ins raue Hinterland im Norden und Osten vordrangen, nahmen viele dabei auch ein halbnomadisches Hirtenleben auf, das dem der Khoikhoi nicht unähnlich war. Zusätzlich zu den Herden besaßen die Familien meist einen Karren, ein Zelt, eine Bibel und einige Schusswaffen. Wenn sie doch sesshaft wurden, bauten sie eine Hütte mit Lehmwänden – häufig ganz bewusst mehrere anstrengende Tagesreisen von den nächsten Europäern entfernt. Diese Menschen waren die ersten „Trekboer" (umherziehende Viehbauern, später zu „Boer" bzw. „Buren" verkürzt) – frei von jeglicher staatlicher Aufsicht, autark und isoliert. Ihr rauer Lebenswandel brachte mutige Individualisten hervor, aber auch rückständige Menschen mit sehr engem Sichtfeld, die ihre gesamte Bildung oft ausschließlich aus der Bibel bezogen.

Briten am Kap

Gegen Ende des 18. Jhs. schwand die Macht der Niederländer, und die Briten füllten das entstandene Vakuum. Sie besetzten das Kap, um es nicht in die Hände ihrer französischen Rivalen fallen zu lassen, und überließen es vorübergehend den Niederländern, bevor sie sich 1814 erneut die Hoheitsgewalt über das Gebiet sicherten. Am Kap erwartete die Briten eine Kolonie mit 25 000 Sklaven, 20 000 weißen Kolonisten, 15 000 Khoi-San und 1000 ehemaligen Sklaven. Die Macht war der weißen Elite von Kapstadt vorbehalten, und eine Trennung nach Rassen war

1838

Tausende Zulu werden in der Schlacht am Blood River getötet. Bis 1994, als er in „Tag der Versöhnung" umbenannt wurde, feierten Weiße diesen Jahrestag als „Tag des Schwurs".

1843

Die Hoffnungen der Buren auf eine Republik Natal werden zerstört, als die Briten das Gebiet annektieren und im heutigen Durban eine Kolonie gründen.

1852

Die Burenrepublik Transvaal entsteht. Zum ersten Präsidenten wird 1857 Marthinus Wessel Pretorius gewählt, Sohn von Andries Pretorius – dem berühmten Anführer der *Voortrekker*.

1860

Die *MS Truro* erreicht Durban mit über 300 Indern, die als Bedienstete arbeiten sollen. Dies ist der Beginn eines massiven Zustroms von Indern nach Südafrika.

MAHATMA GANDHI

1893 brach ein junger und damals noch vollkommen unbekannter indischer Anwalt namens Mohandas Gandhi nach Durban, Südafrika, auf, um eine einjährige Anstellung anzutreten. Auch wenn er es damals selbst noch nicht wusste, so sollten seine Erfahrungen in diesem Land sein Leben für immer verändern.

Bei Gandhis Ankunft befand sich die anti-indische Stimmung in Natal auf dem Höhepunkt, und er wurde aufgrund seiner Herkunft in Pietermaritzburg aus einem Waggon der 1. Klasse verbannt. Dieser Vorfall übte, gemeinsam mit weiteren Diskriminierungen, die er nach seiner Ankunft erlebte, großen Einfluss auf Gandhi aus. Er begann, sich über Methoden des gewaltlosen Widerstands zu informieren, engagierte sich immer stärker in der lokalen indischen Gemeinde und unterstützte sie dabei, ihre Rechte zu schützen. Innerhalb kürzester Zeit entwickelte sich Gandhi nicht nur zu einem erfolgreichen Anwalt, sondern auch zum wichtigsten Verfechter der Rechte der Inder in Südafrika.

1896 und 1901 kehrte Gandhi jeweils für kurze Zeit nach Indien zurück, wo er sich intensiv darum bemühte, die Not der Inder Südafrikas ins Licht der öffentlichen Aufmerksamkeit zu rücken. Zurück in Südafrika, gab Gandhi die Annehmlichkeiten eines Lebens als erfolgreicher Anwalt auf, begann, seine Kleidung selbst zu waschen, verschrieb sich einem Leben der Keuschheit und der Besitzlosigkeit und stellte sich voll und ganz in den Dienst der Sache. Darüber hinaus entwickelte er seine Philosophie: *satyagraha* (was sich, sehr frei, mit „Wahrheit durch Gewaltlosigkeit" übersetzen lässt).

Im Jahr 1907 verabschiedete die Regierung Transvaals den Asiatic Registration Act. Das Gesetz zwang alle Inder, sich bei der Behörde für asiatische Angelegenheiten registrieren zu lassen und stets eine Registrierungsbescheinigung mit sich zu führen. Gandhi rief die Mitglieder der indischen Gemeinde auf, sich dem zu widersetzen, jedoch keinerlei Widerstand zu leisten, falls sie verhaftet werden sollten. In den folgenden sieben Jahren kam es zu weiteren diskriminierenden Vorfällen, darunter ein Gerichtsurteil, das sämtliche hinduistische und muslimische Ehen für null und nichtig erklärte. Gandhi und seine Anhänger widersetzten sich auch diesem Gesetz auf friedliche Art und Weise. Dies hatte aber zur Folge, dass Gandhi – wie Tausende weiterer Inder, die sich seinem Kampf der *satyagraha* angeschlossen hatten – wiederholt verhaftet wurden. Er errang allerdings auch zahlreiche Siege, die ihn von der Wichtigkeit und Wirksamkeit des gewaltlosen Widerstands überzeugten.

Gandhi kehrte 1914 nach Indien zurück, wo ein neues Kapitel seines Lebens begann.

bereits in der Gesellschaft verwurzelt. Außerhalb von Kapstadt lebten isolierte schwarze und weiße Viehhirten.

Wie die Niederländer interessierte auch die Briten die Kapkolonie zunächst nur als strategisch wichtiger Hafen. Zu den Herausforderungen der neuen Herren gehörte die Schlichtung eines lästigen Grenzstreits zwischen den Buren und den Xhosa an der östlichen Grenze der Kolo-

1869

Die ersten Diamanten werden in der Nähe von Kimberley in den Mauern eines Hauses gefunden. Weiterer Ärger für die Buren: Die Briten annektieren kurzerhand auch dieses Gebiet.

1879

Die Zulu fügen der britischen Armee in der Schlacht bei Isandlwana eine ihrer peinlichsten Niederlangen zu, aber Zululand endet schließlich unter britischer Herrschaft.

1881

Der Erste Burenkrieg endet mit dem entscheidenden Sieg der Buren in der Schlacht am Majuba Hill; Transvaal wird zur Südafrikanischen Republik.

1886

Im Witwatersrand wird Gold gefunden, was zu einem rapiden Bevölkerungsanstieg und einer raschen Entwicklung Johannesburgs führt. Der Höhenzug Witwatersrand verfügt über die weltweit größten Goldvorkommen.

nie. Im Jahr 1820 ließen sich etwa 5000 Briten, die meisten von ihnen Händler und Geschäftsleute, dazu überreden, England zu verlassen und sich im Gebiet zwischen den Gegnern anzusiedeln. Diese sogenannten „Siedler von 1820" (s. S. 216) sollten eine Art Pufferzone bilden, doch der Plan war erfolglos. Bereits 1823 hatte sich die Hälfte der Siedler in die Städte zurückgezogen, vor allem nach Grahamstown und Port Elizabeth, um dort Handel zu treiben.

Jener Zustrom von Siedlern führte zwar nicht zur Beilegung der Grenzstreitigkeiten, aber er sorgte für eine wesentlich stärkere Präsenz der Briten und brachte zusätzliche Spannungen ins Land. Waren die Buren und ihre religiös begründete Vorstellungswelt früher unangefochten, so gab es jetzt zwei Sprachgruppen und zwei Kulturen. Bald zeichnete sich ein Muster ab, nach dem die Englisch sprechenden Menschen vor allem in Städten lebten und Politik, Handel, Finanzwesen, Bergbau und Industrie beherrschten, während den oft ungebildeten Buren lediglich ihre Farmen blieben.

Die Kluft zwischen den britischen Siedlern und den Buren vertiefte sich 1833 mit der Abschaffung der Sklaverei, einem Akt, den die meisten Buren als Verstoß gegen die gottgegebene Rangordnung der Rassen sahen.

Währenddessen stieg die Zahl der Briten in Kapstadt rasant, ebenso im Bereich östlich der Kapkolonie (heute Eastern Cape), in Natal (heute KwaZulu-Natal) und, nach der Entdeckung von Gold und Diamanten, in Teilen von Transvaal (vor allem im heutigen Gauteng).

Die *difaqane* (Völkerverschiebung) im frühen 19. Jh. bedeutete für die betroffenen Völker unsagbares Leid, führte aber auch zur Entstehung organisierter Staatswesen, vor allem bei Sotho (das heutige Lesotho) und Swazi (das heutige Swasiland).

Difaqane

In der ersten Hälfte des 19. Jhs. kündigte sich ein gewaltiger Umbruch an: Den afrikanischen Völkern dieser Region stand eine Zeit unermesslichen Leides bevor. Für jene Zeit haben die Bantusprachen eigene Bezeichnungen: *difaqane* (Vertreibung) und *mfeqane* (Zerstörung).

Uneinigkeit herrscht in Bezug auf die Auslöser der *difaqane*. Zu den wichtigsten gehört aber sicher der Aufstieg des mächtigen Zulureichs. Zu Beginn des 19. Jhs. schlossen sich nämlich die bis dahin nur locker verbundenen Stämme der Nguni aus KwaZulu-Natal zu einem zentralisierten, militärisch straff organisierten Reich unter Shaka Zulu, dem Häuptlingssohn des kleinen Zulu-Clans, zusammen. Shaka baute eine gewaltige Armee auf, eroberte weite Gebiete und verbreitete dabei große Angst und Schrecken: Wer sich ihm entgegenstellte, wurde versklavt oder aber beseitigt.

Die umliegenden Stämme flohen vor Shakas Armee und griffen ihrerseits ihre Nachbarn an. Diese Welle des Terrors erfasste ganz Südafrika und hinterließ Tod und Zerstörung.

Im Jahr 1828 starb Shaka durch die Hände seiner Halbbrüder Dingaan und Umhlanga. Dingaan, schwächer und weniger gewieft, wurde sein

1893
Mahatma Gandhi kommt nach Südafrika. Bereits seine ersten Tage im Land begründen den Beginn seiner Doktrin des gewaltlosen Widerstands und beeinflussen die Arbeit seines ganzen Lebens.

1897
Enoch Mankayi Sontonga, ein Chorleiter aus Eastern Cape, komponiert „Nkosi Sikelel' i Afrika". Das Stück wird 1923 erstmals aufgenommen und 1994 zur Nationalhymne erkoren.

1902
Die Brutalität des Zweiten Burenkriegs ist ein Schock und kostet ungefähr 26 000 Zivilisten (zumeist Buren) das Leben.

1902
Mit dem Friedensvertrag von Vereeniging endet der Zweite Burenkrieg. Da beide Seiten weiter gegeneinander arbeiten, bleibt der Friede jedoch zerbrechlich.

Nachfolger und bemühte sich um Kontakte zu den britischen Händlern an der Küste von Natal – doch da neigte sich die Zeit des unabhängigen Zulureiches schon ihrem Ende zu.

Großer Treck & Schlacht am Blood River

Die Buren wurden unterdessen immer unzufriedener mit der britischen Herrschaft. Besonders die von den Briten propagierte Rassengleichheit war ihnen ein Dorn im Auge. Ab dem Jahr 1836 wanderten Gruppen von Buren sowie zahlreiche Khoikhoi und ihre schwarzen Diener ins Binnenland ab, um unabhängiger zu leben. Im Norden und Osten des Senqu-(Oranje)-Flusses (der die Grenze der Kapkolonie bildete) fanden diese *voortrekker* (Pioniere) weites, unbewohntes Weideland. Sie hatten scheinbar ihr Gelobtes Land gefunden, in dem das Vieh reichlich Platz zum Grasen hatte. Sie ahnten nicht, dass die Einsamkeit das Ergebnis der *difaqane* war.

Abgesehen von den relativ mächtigen Ndebele trafen die *voortrekker* bei den verstreuten Völkern auf wenig Widerstand. Die *difaqane* hatte sie auseinandergetrieben, und sie besaßen weder Pferde noch Schusswaffen. Der desolate Zustand der Einheimischen bestärkte die Buren in ihrem Glauben, die europäische Besatzung würde endlich Zivilisation in ein wildes Land tragen.

Die Berge (in denen König Moshoeshoe I. das Reich der Basotho formte, das spätere Lesotho) und die bewaldeten Täler von Zululand bereiteten allerdings größere Schwierigkeiten. Dort trafen die Buren auf heftigen Widerstand, und es kam während der nächsten 50 Jahre trotz zunehmender Vorherrschaft der Weißen immer wieder zu kleineren Scharmützeln und Zwischenfällen.

Der Große Trek hielt zunächst bei Thaba 'Nchu, in der Nähe des heutigen Bloemfontein, wo man eine Republik gründete. Nach Unstimmigkeiten zwischen den Anführern sonderten sich mehrere Gruppen der *voortrekker* ab, von denen die meisten über die Drakensberge nach Natal zogen und dort eine weitere Republik gründeten. Da dieses Gebiet den Zulu gehörte, suchte Piet Retief, der Anführer der *voortrekker*, König Dingaan auf und wurde prompt von den misstrauischen Zulu getötet. Dieser Mord zog weitere nach sich, ebenso natürlich einen Racheakt der Buren. Die Ereignisse erreichten am 16. Dezember 1838 ihren Höhepunkt, als am Fluss Ncome in Natal etliche Buren verletzt und mehrere Tausend Zulu getötet wurden.

Nach diesem Sieg, der durch überlegene Waffen errungen wurde, und der als „Schlacht am Blood River" in die Geschichtsbücher einging, glaubten die Buren ihre Annahme bestätigt, ihre Expansionspolitik finde göttliche Zustimmung. Die Hoffnungen, in Natal eine Republik etablieren zu können, zerschlugen sich jedoch bald. Die Briten annektierten

1910

Die Südafrikanische Union wird gegründet. Englisch und Niederländisch werden Amtssprachen, Schwarze haben kein Wahlrecht. Lesotho und Swasiland bleiben unter britischer Schutzherrschaft.

1912

Pixley ka Isaka Seme, ein Anwalt, der an der Columbia University studiert hat, beruft eine Konferenz der Häuptlinge ein. Eine Vereinigung aller Stämme wird vorgeschlagen – ein Bündnis, aus dem der ANC entsteht.

1914

Nach Demonstrationen und Streiks wird der Indian Relief Act verabschiedet. Nun werden hinduistische und muslimische Ehen wieder anerkannt – Gandhi gewinnt mit der Macht des gewaltlosen Widerstands.

1925

Afrikaans wird Amtssprache, als sich der Afrikaaner-Nationalismus ausbreitet. Der Vorschlag, es als Unterrichtssprache in den Schulen der Townships einzuführen, ist 1976 ein Auslöser für Aufstände in Soweto.

die Gegend 1843 und gründeten auf dem Gebiet des heutigen Durban ihre neue Kolonie. Die meisten Buren zogen empört weiter gen Norden.

Die Briten legten in Natal ausgedehnte Zuckerrohrplantagen an und bezogen Arbeitskräfte aus ihrer Kolonie in Indien. Zwischen 1860 und dem frühen 20. Jh. erreichten mehr als 150 000 arbeitsverpflichtete sowie zahlreiche „freie" Inder das Land.

Diamanten & Burenkriege

Unterdessen trieben die Buren ihre Suche nach Land und Freiheit voran und ließen sich schließlich in Transvaal (das Teile der heutigen Provinzen Gauteng, Limpopo, North-West und Mpumalanga umfasst) sowie im Oranje-Freistaat nieder. 1869 wurde die Welt der Buren mit der Entdeckung von Diamanten in der Nähe von Kimberley auf den Kopf gestellt. Das Land, auf dem die Diamanten gefunden wurden, gehörte eigentlich den Griqua, doch sowohl Transvaal als auch der Oranje-Freistaat erhoben Anspruch darauf. Die Griqua zählten zu den bekanntesten Khoikhoi-Stämmen. Ursprünglich lebten sie an der Westküste zwischen der St Helena Bay und den Zederbergen. Ende des 18. Jhs. gelangten sie in den Besitz von Waffen und Pferden und zogen Richtung Nordwesten. Unterwegs schlossen sich ihnen weitere Stämme der Khoi-San, Farbige und weiße Abenteurer an, und sie erlangten schnell den Ruf einer gefürchteten militärischen Streitkraft.

Großbritannien entschloss sich zu einem raschen Eingreifen – und löste die Frage, wer ein Recht auf die Diamanten habe, indem es das Gebiet kurzerhand selbst annektierte.

Die Diamantminen bei Kimberley lockten eine große Zahl von Europäern und schwarzen Arbeitern in die Gegend. Städte schossen wie Pilze aus dem Boden, ohne dass auf die „gebührliche" Trennung von Schwarz und Weiß geachtet worden wäre. Außerdem waren die Buren empört, weil ihre verarmten Republiken nicht an den riesigen Gewinnen der Diamantminen beteiligt wurden.

Der lang schwelende Unmut der Buren löste in Transvaal einen regelrechten Aufstand aus, und 1880 brach schließlich der Erste Burenkrieg zwischen Buren und Briten aus. (Die Afrikaners/Afrikaaner, wie die Nachfahren der ersten Buren sich nannten, bezeichneten ihn als Unabhängigkeitskrieg.) Er endete rasch in einem überwältigenden Sieg der Buren in der Schlacht am Majuba Hill Anfang 1881. Die *Zuid-Afrikaansche Republiek* (ZAR) erlangte wieder ihre Unabhängigkeit. Paul Kruger, einer der Anführer des Aufstands, wurde 1883 ihr Präsident. Trotz dieser Rückschläge strebten die Briten weiterhin das Ziel an, die südafrikanischen Kolonien und Republiken zu einen.

1879 brachten sie Zululand unter ihre Herrschaft. Goldfunde am Höhenzug Witwatersrand (nahe Johannesburg) im Jahr 1886 beschleunig-

1927

Der Kruger National Park öffnet seine Tore für die Öffentlichkeit. Während der Apartheid wird seine stolze Geschichte getrübt, als die Regierung einige Stämme von ihrem Land vertreibt, um den Park zu erweitern.

1932

Die weltberühmte Sängerin Miriam Makeba („Mama Africa") wird in Johannesburg geboren – wegen ihrer Kritik an der Apartheid-Regierung verbringt sie 30 Jahre außerhalb Südafrikas im Exil.

1948

Die Finsternis bricht herein: Die National Party unter D. F. Malan kommt nach dem Wahlkampf mit dem Thema Rassentrennungspolitik an die Macht, und die Apartheid wird institutionalisiert.

1955

Auf einem Kongress in Kliptown bei Johannesburg unterzeichnen mehrere Organisationen, z. B. der Indian Congress und der ANC, eine Freiheitscharta, die noch heute Kern der ANC-Vision für Südafrika ist.

ten den Einigungsprozess und versetzten den Buren einen Schlag. Bis Mitte der 1890er-Jahre schnellte die Bevölkerungszahl in Johannesburg auf 100 000 hoch, und in der ZAR lebten plötzlich Tausende von schwarzen und weißen *uitlandern* (Ausländer), während die Buren an den Rand gedrängt wurden. Besonders missfiel den Buren der Zustrom schwarzer Arbeiter; vielen ging es wirtschaftlich nicht gut, und sie ärgerten sich darüber, dass Schwarze für ihre Arbeit überhaupt Lohn erhielten.

Die Lage spitzte sich 1899 zu, als die Briten für die 60 000 weißen Ausländer am Witwatersrand das Wahlrecht forderten (bis dahin hatte Krugers Regierung alle Ausländer von der Wahl ausgeschlossen). Kruger weigerte sich und forderte seinerseits, die Briten sollten sich von den Grenzen der ZAR zurückziehen. Als die Briten sich widersetzten, erklärte Kruger ihnen den Krieg. Der zweite Burenkrieg zog sich länger hin, und die Briten waren besser vorbereitet als bei Majuba Hill. Mitte 1900 kapitulierte mit Pretoria die letzte der großen Burenstädte. Die *bittereinder* – Buren, die bis zum bitteren Ende kämpften – führten jedoch noch zwei Jahre lang einen guerillaähnlichen Krieg, den die Briten mit der Taktik der verbrannten Erde beantworteten. Im Mai 1902 brachte der Vertrag von Vereeniging formal den Frieden. Darin erkannten die Burenrepubliken die britische Oberherrschaft an.

Ein brüchiger Friede

In den Nachkriegsjahren konzentrierten sich die Briten darauf, das Land – und besonders die Bergwerke – wiederaufzubauen. 1907 lieferten die Minen am Witwatersrand beinahe ein Drittel des weltweit gewonnenen Goldes. Doch der durch den Vertrag erzielte Friede war brüchig und wurde von allen Seiten infrage gestellt. Die Afrikaaner fanden sich als arme Farmer in einem Land wieder, in dem der Bergbau und das ausländische Kapital ihnen jegliches Gewicht nahmen. Besonders wütend waren sie über die (erfolglosen) Versuche der Briten, sie zu anglisieren und ihnen Englisch als offizielle Sprache in der Schule und bei der Arbeit aufzuzwingen. Auch als Gegenreaktion darauf entwickelte sich das Afrikaans, ein modifiziertes Niederländisch, zur *volkstaal* (Volkssprache) und zu einem Zeichen der nationalen Identität der Afrikaaner; gleichzeitig entstanden mehrere nationalistische Organisationen.

Damit waren praktisch alle Voraussetzungen für den Apartheid-Staat geschaffen, wie er sich Mitte des 20. Jhs. entwickelte. Schwarze (also die Angehörigen der bantu-sprechenden Völker) und Farbige wurden marginalisiert. Die Steuern stiegen stark an, die Löhne sanken, und die britische Verwaltung unterstützte die Immigration von mehreren Tausend Chinesen, sodass den Betroffenen ein Arbeitskampf aussichtslos erschien. 1906 entlud sich der Protest gegen die Steuerlast in der Bambatha-Rebellion, bei der 4000 Zulu ums Leben kamen.

Die Lebensläufe berühmter Gestalten der Geschichte Südafrikas werden im Internet unter der Adresse www.sahistory.org.za ausführlich vorgestellt (in englischer Sprache). Das Verzeichnis enthält Hunderte von Namen, aber viele Artikel sind (noch) ohne Inhalt.

1960

ANC und Pan African Congress (PAC) werden verboten; Miriam Makeba wird die Einreise nach Südafrika verwehrt, als sie zur Beerdigung ihrer Mutter zurückkehren will.

1961

Kurz nach dem Sharpeville-Massaker kündigt Premierminister Hendrik Verwoerd, der „Architekt der Apartheid", ein Referendum an: Im Mai tritt Südafrika aus dem Commonwealth aus und wird Republik.

1961

Am 16. Dezember führt Umkhonto we Sizwe, der militärische Arm des ANC, seinen ersten Angriff aus: Es ist der Beginn des bewaffneten Widerstands gegen die Apartheid.

1963

Miriam Makeba wird die Staatsbürgerschaft entzogen, nachdem sie sich vor der UN gegen die Apartheid ausgesprochen hat.

Die Briten strebten weiterhin eine Einigung des Landes an. Nach mehreren Jahren der Verhandlung wurde 1910 der Unionsvertrag unterzeichnet, der die Kapkolonie, Natal, Transvaal und den Oranje-Freistaat zur Südafrikanischen Union vereinte. Dem Vertrag zufolge blieb die Union britisches Gebiet, das die Afrikaaner jedoch selbst verwalteten. Die britischen Hochkommissariate Basutoland (heute Lesotho), Betschuanaland (heute Botsuana), Swasiland und Rhodesien (heute Simbabwe) unterstanden jedoch weiterhin der britischen Regierung.

Englisch und Afrikaans wurden zu Amtssprachen. Einer Kampagne der Schwarzen und Farbigen zum Trotz wurde das alte Wahlrecht beibehalten: Nur Weiße konnten ins Parlament gewählt werden.

Die erste Regierung der neuen Union unterstand General Louis Botha und seinem Stellvertreter General Jan Smuts. Ihre South African National Party (später South African Party oder SAP) verfolgte im Wesentlichen eine pro-britische Linie der weißen Einheit. Radikalere Buren splitteten sich unter General Barry Hertzog ab und gründeten 1914 die National Party (NP). Die NP setzte sich für die Interessen der Afrikaaner ein und befürwortete neben einer getrennten Entwicklung der beiden weißen Gruppen die Unabhängigkeit von Großbritannien.

In der Gruppe „The Elders“ (www.theelders.org) versammelten Desmond Tutu und Graça Machel im Auftrag Nelson Mandelas ehemalige Führungspersönlichkeiten aus verschiedenen Ländern, die ihre Weisheit und Integrität in die Diskussion über global bedeutsame Themen einbringen sollen. Sie wird heute von Kofi Annan und Gro Harlem Brundtland geleitet.

Rassismus & die Gründung des ANC

In der neuen Union gab es keinen Platz für Schwarze – und das, obwohl sie über 75 % der Bevölkerung ausmachten. Der Unionsvertrag verweigerte ihnen in Transvaal und im Oranje-Freistaat das Wahlrecht, und in der Kapkolonie durften sie nur wählen, wenn sie ein gewisses Eigentum nachweisen konnten. Nach der Kriegspropaganda der Briten, die Freiheit von der „Sklaverei der Buren“ versprochen hatte, sahen die Schwarzen die Verweigerung des Wahlrechts nun als himmelschreienden Verrat an. Bald darauf wurde eine Flut von repressiven Gesetzen erlassen, nach denen schwarze Arbeiter nicht streiken durften, qualifizierte Arbeit Weißen vorbehalten war, Schwarze keinen Militärdienst leisten durften und einer restriktiven Residenzpflicht mit strengen Passgesetzen unterlagen. Der Natives Land Act von 1913 gestand den Schwarzen ganze 8 % der Fläche von Südafrika zu. Die Weißen, die gerade einmal 20 % der Bevölkerung stellten, sicherten sich dagegen über 90 % des Landes. Schwarze Afrikaner durften außerhalb der ihnen zugewiesenen Gebiete weder Wohnraum kaufen noch mieten noch als Farmpächter arbeiten. Tausende wurden von Farmen vertrieben und in zunehmend überfüllte und verarmte Reservate oder in die Städte gedrängt. Und wer blieb, galt nur noch als mittelloser Arbeiter.

Angesichts dieser Verhältnisse fanden die schwarze und die farbige Opposition den Weg zur Zusammenarbeit, und Anführer wie John Jabavu, Walter Rubusana und Abdullah Abdurahman schufen die Vorausset-

1964
Nelson Mandela wird zu lebenslanger Haft verurteilt – sie wird 27 Jahre dauern, darunter 18 Jahre im berüchtigten Gefängnis auf Robben Island.

1966
Mit dem Wind der Unabhängigkeit, der nach dem Zweiten Weltkrieg durch Afrika weht, wird auch Lesotho von Großbritannien unabhängig; Swasiland erreicht dies zwei Jahre später.

1966
Verwoerd wird von Dimitri Tsafendas erstochen, einem schizophrenen Parlamentsangestellten, der tiefen Groll hegt, weil er – obgleich als „Weißer“ klassifiziert – aufgrund seiner dunklen Haut gemieden wird.

1976
Am 16. Juni beginnen die Aufstände in Soweto, die eine Kettenreaktion der Gewalt im ganzen Land auslösen und die erste große Herausforderung für die Apartheid-Regierung im eigenen Land bedeuten.

zungen für politische Vereinigungen von Schwarzen über die Stammesgrenzen hinweg. Pixley ka Isaka Seme, ein Anwalt mit einem Abschluss der Columbia University, führte die Repräsentanten der afrikanischen Stämme zusammen, um eine vereinte, landesweite Organisation zu gründen. Diese sollte die Interessen der Schwarzen vertreten und ihnen in der neuen Union Gehör verschaffen. Das war die Geburtsstunde des South African Native National Congress, nach 1923 bekannt als African National Congress (ANC).

Beinahe zur gleichen Zeit kämpfte Mohandas (Mahatma) Gandhi mit der indischen Bevölkerung von Natal und dem Transvaal gegen die zunehmende Beschneidung ihrer Rechte.

Mamphela Rampheles Autobiografie *Across Boundaries. The Journey of a South African Woman Leader* schildert das Leben einer außergewöhnlichen Frau, die 1977 für sieben Jahre in die abgelegene Kleinstadt Tzaneen „verbannt“ wurde und später zur Managerin der Weltbank und stellvertretenden Kanzlerin der Universität Kapstadt aufstieg. Eine frühere Version ihrer Erinnerungen erschien unter dem Titel *Meiner Freiheit keine Grenzen* auch auf Deutsch.

Aufstieg des Afrikaaner-Nationalismus

1924 kam die NP unter Hertzog in einer Koalitionsregierung an die Macht, und der Afrikaaner-Nationalismus breitete sich weiter aus. Niederländisch wurde durch Afrikaans (das bislang nur als niederländischer Dialekt der Unterschicht galt) als Amtssprache der Union abgelöst, und die sogenannte *swart gevaar* (schwarze Gefahr) wurde bei der Wahl 1929 zum dominierenden Thema. Mitte der 1930er-Jahre schloss Hertzog sich für kurze Zeit in einer Koalition mit dem gemäßigteren Jan Smuts zusammen, wobei Smuts die Zügel übernahm. Alle Hoffnungen, das Blatt in Sachen Afrikaaner-Nationalismus noch zu wenden, wurden jedoch zerschlagen, als Daniel François (D. F.) Malan eine radikale Splittergruppe, die „Gereinigte Nationale Partei“, ins Zentrum des politischen Lebens der Afrikaaner führte. Der „Afrikaner Broederbond“, ein Geheimbund, der 1918 zum Schutz der Afrikaaner-Kultur gegründet worden war, entwickelte sich schon bald zu einer außerordentlich einflussreichen Macht, die sowohl hinter der NP als auch hinter anderen Organisationen stand, die das *volk* („Menschen“, die Afrikaaner) voranbringen wollten.

Aufgrund der florierenden Kriegswirtschaft wurden schwarze Arbeitskräfte für die Bergbau- und Fertigungsindustrie immer wichtiger, und die schwarze Bevölkerung in den Städten verdoppelte sich beinahe. Riesige illegale Lager wuchsen am Stadtrand von Johannesburg und, in geringerem Ausmaß, auch vor den Toren anderer Großstädte. Die Bedingungen in den Townships waren erschreckend, doch die Armut beschränkte sich nicht auf die schwarze Bevölkerung: Umfragen zu Kriegszeiten ergaben, dass auch 40 % der weißen Schulkinder unter Mangelernährung litten.

Die Mauern der Apartheid wachsen

In den Monaten vor der Wahl 1948 war die Rassentrennung oder „Apartheid“ (ein Afrikaans-Begriff für den Zustand des Getrenntseins) das zentrale Thema der NP-Kampagne. Die Partei wurde ins Parlament gewählt und bildete unter D. F. Malan eine Koalition mit der Afrikanerparty (AP).

1977	1978–1988	1982	1987
Steve Biko wird ermordet. Die Nachricht von seinem Tod richtet die internationale Aufmerksamkeit immer stärker auf die Brutalität des Apartheid-Regimes.	Die South African Defence Force (SADF; heute South African National Defence Force, SANDF) startet mehrere Angriffe in Angola, Mosambik, Simbabwe, Botsuana und Lesotho.	In Südafrika wird der erste HIV-/Aids-Todesfall registriert; die Seuche breitet sich daraufhin stetig und mit verheerenden Auswirkungen über die Gemeinden im ganzen Land aus.	Mandela bittet vom Gefängnis aus Präsident Botha um Verhandlungen, um die Eskalation der Gewalt im Land zu stoppen. Bereits seit 1985 führt er Geheimgespräche mit verschiedenen Regierungsvertretern.

DIE HOMELANDS

1962 entstand das Transkei. Es war das erste von zehn sogenannten „Bantustans" oder „Homelands", die allen schwarzen Südafrikanern eine Heimat bieten sollten. Auf diesem Land – so jedenfalls die weiße Propaganda Südafrikas – würden die Schwarzen als selbstregierte und selbstbestimmte Staatsbürger zusammen mit anderen Angehörigen ihrer ethnischen Gruppe leben.

Die Realität jedoch sah ganz anders aus. Die Homeland-Gebiete boten keinerlei Infrastruktur oder Industrie und waren nicht in der Lage, ausreichend Nahrung für die wachsende schwarze Bevölkerung zu produzieren. Die Homelands nahmen nur 14 % der Landfläche Südafrikas ein, während die Schwarzen annähernd 80 % der Bevölkerung ausmachten. Stämme wurden willkürlich getrennt, und sobald eine Person einem bestimmten Homeland zugewiesen worden war, konnte sie dieses ohne Pass oder Genehmigung nicht wieder verlassen. Daraus entstand tiefes, weit reichendes Leid.

Nach der Entstehung der Homelands strömten die Schwarzen auf der Suche nach Arbeit in die Städte: Denn auch wenn das Leben in den illegalen städtischen Lagern schlecht war – in den Homelands war es noch viel schlimmer. Die Regierung reagierte, indem sie Schwarzen etwa die Arbeit als Verkäufer, am Empfang, als Sekretärin oder als Schreibkraft verbot. Der Bau von Unterkünften in den Schlafstädten für schwarze Arbeiter wurde ausgesetzt. Stattdessen wurden riesige, nach Geschlechtern getrennte Hostels errichtet.

Auch wenn das Konzept der Homelands mit dem Untergang der Apartheid ein Ende fand, schmerzt ihr Erbe – einschließlich der vollkommen unzureichenden Infrastruktur und der immensen Bevölkerungsdichte in den Homeland-Gebieten – noch immer.

Damit wurde die Apartheid, die ohnehin längst zur Realität des Alltags gehörte, institutionalisiert. Innerhalb kürzester Zeit wurden Gesetze verabschiedet, die gemischte Ehen verboten, Sex zwischen Mitgliedern verschiedener Rassen illegal machten, alle Einwohner nach Rassen klassifizierten und einen Klassifizierungsausschuss einsetzten, der in strittigen Fällen entschied. Ab 1950 waren begehrte städtische Wohngebiete durch den Group Areas Act allein den Weißen vorbehalten, während das Gesetz Nicht-Weiße in die Townships verbannte. Mit Inkrafttreten des Separate Amenities Act wurden separate Strände, Busse, Krankenhäuser, Schulen und sogar Parkbänke geschaffen.

Die bereits bestehenden Passgesetze wurden weiter verschärft: Schwarze und Farbige wurden gezwungen, ständig Ausweispapiere mit sich zu führen, und es war ihnen verboten, sich ohne Erlaubnis in Städten aufzuhalten.

1960 spitzte sich die Lage zu: Am 21. März brachte ein Aufruf des Pan Africanist Congress (PAC), einer erst wenige Monate alten radikalen

1989
Nach einem Schlaganfall wird Präsident Botha durch Frederik Willem de Klerk abgelöst, der Anfang 1990 das Verbot des ANC aufhebt.

1990
Ein wichtiger Moment in der Geschichte Südafrikas: Nelson Mandela wird nach 27 Jahren aus dem Gefängnis entlassen, predigt jedoch nicht Hass, sondern Vergebung und Versöhnung.

1993
Nelson Mandela und F. W. de Klerk – die beiden Männer, die durch harte Verhandlungen die Zukunft Südafrikas formen – werden mit dem Friedensnobelpreis ausgezeichnet.

1994
In einem Triumph für die Demokratie und Mandelas Weg zur Versöhnung und Freiheit finden die ersten demokratischen Wahlen statt; Nelson Mandela wird zum Präsidenten gewählt.

Abspaltung des ANC, mehrere Tausend Demonstranten auf die Straße. Unter der Leitung des PAC-Chefs Robert Sobukwe protestierten sie vor Polizeiwachen in Transvaal und der Kapprovinz gegen die allgegenwärtige Diskriminierung. In Sharpeville, einer schwarzen Siedlung *(township)* bei Vereeniging, eröffneten die Ordnungshüter das Feuer auf die Menschen, die das Gebäude umringten. Die meisten der mindestens 67 Toten und 186 Verwundeten wurden in den Rücken getroffen, befanden sich also bereits auf dem Rückzug. Als Massaker von Sharpeville erlangte das Ereignis traurige Berühmtheit.

Schon bald darauf strengte Premierminister Hendrik Verwoerd, dem der inoffizielle Titel „Architekt der Apartheid" verliehen wurde, ein Referendum zu der Frage an, ob das Land zur Republik werden solle. Dem Wandel wurde mit einer geringen Mehrheit zugestimmt. Verwoerd kündigte Südafrikas Mitgliedschaft im Commonwealth, und im Mai 1961 wurde die Republik Südafrika geboren.

Unter der Adresse www.anc.org.za präsentiert Südafrikas Regierungspartei, der African National Congress, die offizielle Sicht seiner Geschichte und Gegenwart sowie zahlreiche Dokumente und berichtet detailliert über Versammlungen und Feiern.

Der ANC macht sich auf einen langen Weg

Die Verfestigung der Apartheid schreckte den bis dahin relativ konservativen ANC auf. Im Jahr 1949 entwickelte er eine Agenda, die sich zum ersten Mal für offenen Widerstand in Form von Streiks, Akten öffentlichen Ungehorsams und Protestmärschen aussprach. Der Widerstand setzte sich auch in den 1950er-Jahren fort und führte auch immer wieder zu gewalttätigen Zusammenstößen. 1959 spaltete sich eine Gruppe desillusionierter ANC-Mitglieder ab, deren Ziel es war, sämtliche Verbindungen zur weißen Regierung zu kappen, und gründete den deutlich militanteren Pan African Congress (PAC).

Für zahlreiche Beobachter hatte die Auseinandersetzung in Sharpeville eine entscheidende Grenze überschritten, und auch die allerletzten Zweifel über die wahre Natur des weißen Regimes waren beseitigt. Als Reaktion auf das Massaker wurden umfangreiche Arbeitsniederlegungen organisiert, und auch die Demonstrationen gingen weiter. Premierminister Verwoerd rief den Notstand aus und gab seinen Sicherheitskräften das Recht, Personen ohne vorherigen Prozess festzuhalten. Mehr als 18 000 Demonstranten wurden verhaftet, darunter auch der Großteil der Führungsriege des ANC und PAC. Beide Organisationen wurden kurzerhand verboten.

Nun verlegten sich die bewaffneten Flügel des ANC und des PAC, Umkhonto we Sizwe („Speer der Nation", MK) und Poqo („echt" oder „allein"), auf Sabotageakte. Im Juli 1963 wurden 17 Mitglieder der ANC-Untergrundbewegung verhaftet und im berühmten Rivonia-Prozess wegen Hochverrats angeklagt. Zu ihnen gehörte auch Nelson Mandela, Vorsitzender des ANC und Gründer von Umkhonto we Sizwe, der bereits wegen anderer Anschuldigungen im Gefängnis gesessen hatte. Im Juni

Der Jurist Albie Sachs gehört zu den führenden Gestalten in der Geschichte des ANC und verlor bei einem Bombenattentat des früheren südafrikanischen Geheimdienstes ein Arm und ein Auge. Seine bewegenden Erinnerungen erschienen in Deutschland unter dem Titel *Sanfte Rache. Der Überlebensbericht des südafrikanischen Bürgerrechtlers*.

1995

Die Wahrheits- und Versöhnungskommission, die eine wichtige Rolle für den Heilungsprozess des Landes spielen soll, wird unter dem Vorsitz von Erzbischof Desmond Tutu einberufen.

1996

Nach ausführlichen Verhandlungen verabschiedet das südafrikanische Parlament eine überarbeitete Version der Verfassung von 1993, die die Struktur der neuen demokratischen Regierung festlegt.

1997

Nelson Mandela zieht sich vom Amt des ANC-Präsidenten zurück – ein Schritt, der bei afrikanischen Staatsoberhäuptern praktisch unbekannt ist; ihm folgt Thabo Mbeki nach.

1999

Der ANC erringt bei den zweiten demokratischen Wahlen in Südafrika einen Erdrutschsieg und erreicht fast die für eine Änderung der Verfassung nötige Zweidrittelmehrheit.

IM PORTRÄT: NELSON MANDELA

Nelson Rolihlahla Mandela, eine der größten Führungspersönlichkeiten des 20. Jahrhunderts, wurde einst von Südafrikas regierender weißer Klasse diffamiert und zu einer lebenslangen Haftstrafe verurteilt. 27 Jahre später wurde er aus dem Gefängnis entlassen – und rief zu Versöhnung und Vergebung auf.

Mandela, Sohn eines Xhosa-Häuptlings, wurde am 18. Juli 1918 im Dorf Mveso am Ufer des Flusses Mbashe geboren. Nachdem er die Universität von Fort Hare besucht hatte, zog Mandela nach Johannesburg, wo er sich schon bald politisch engagierte. Er schloss sein Jurastudium ab und eröffnete gemeinsam mit Oliver Tambo Südafrikas erste schwarze Anwaltskanzlei. 1944 hatte Mandela außerdem mit Tambo und Walter Sisulu den Jugendverband des African National Congress (ANC) gegründet. Während der 1950er-Jahre war Mandela einer der Hauptinitiatoren der ANC-Kampagne für zivilen Ungehorsam, wofür er 1952 verhaftet, angeklagt und freigesprochen wurde. Nachdem der ANC infolge des Sharpeville-Massakers verboten wurde, war Mandela federführend bei der Gründung des militärischen Untergrundarms des ANC, Umkhonto we Sizwe. 1964 wurde Mandela in dem von großem Medienrummel begleiteten Rivonia-Prozess der Sabotage und der Aufhetzung zur Revolution angeklagt. Nachdem er selbst seine Verteidigung in brillanter Weise geführt hatte, wurde er zu lebenslanger Haft verurteilt und verbrachte die folgenden 18 Jahre im berüchtigten Gefängnis auf Robben Island, bevor er auf das Festland verlegt wurde.

Während seiner gesamten Gefangenschaft weigerte Mandela sich immer wieder, seine politischen Überzeugungen zu verraten, um in die Freiheit entlassen zu werden. Nur freie Menschen könnten verhandeln, war seine Begründung.

1964 wurden Mandela und sieben weitere Angeklagte zu lebenslanger Haft verurteilt. Oliver Tambo, der ebenfalls der Führung des ANC angehörte, gelang die Flucht und er führte den ANC aus dem Exil weiter. Während der Gerichtsverhandlung am 20. April 1964 erklärte Nelson Mandela: „Ich habe gegen weiße Vorherrschaft gekämpft und ich habe gegen schwarze Vorherrschaft gekämpft. Ich halte an dem Ideal einer demokratischen und freien Gesellschaft fest, in der alle Menschen die gleichen Chancen haben und in Eintracht miteinander leben. Für dieses Ideal lebe ich, und ich hoffe, ich werde es erreichen. Aber sollte es nötig sein, ist es auch ein Ideal, für das ich bereit bin zu sterben."

Jahrzehnte der Dunkelheit

Nachdem der ANC verboten und Mandela sowie der Großteil seiner Führungsriege ins Gefängnis gesteckt bzw. verbannt worden waren, brach für Südafrika eine dunkle Zeit an. Die Gesetze der Apartheid wurden im-

2004
Mbeki führt den ANC bei den Wahlen 2004 zu einem entscheidenden Sieg. Gemäß seiner Vision von einer „afrikanischen Renaissance" engagiert sich Südafrika wieder stärker regional.

2003
Der Schriftsteller John Maxwell Coetzee erhält den Nobelpreis für Literatur.

2005
Präsident Thabo Mbeki entlässt seinen durch Korruptionsvorwürfe belasteten Stellvertreter Jacob Zuma. Der darauf folgende Machtkampf der beiden Politiker kostet Mbeki Ende 2008 das Amt.

2006
Über 5 Mio. Menschen in Südafrika leben mit HIV/Aids; die verheerende Auswirkung der Seuche ist vor allem das Resultat vieler Jahre der Nachlässigkeit seitens der Regierung.

Im Februar 1990 war Mandela endlich wieder frei, und 1991 wurde er zum Präsidenten des ANC gewählt. Im Jahr 1993 teilte Nelson Mandela sich den Friedensnobelpreis mit F. W. de Klerk, und bei den ersten freien Wahlen im folgenden Jahr wurde er erwartungsgemäß zum Präsidenten Südafrikas gewählt. In seiner viel zitierten Rede „Endlich frei!", die er nach dem Gewinn der Wahl 1994 hielt, richtete er den Blick der Nation streng auf die schwierige Zukunft und erklärte: „Es ist an der Zeit, die alten Wunden zu heilen und ein neues Südafrika aufzubauen."

„Madiba" (so Mandelas traditioneller Ehrenname im Volk der Xhosa) blieb nur für eine Amtszeit von fünf Jahren an der Spitze des Staates, und schon 1997 trat er als Vorsitzender des ANC zurück. Dennoch blieb er bis zu seinem Tod als *elder statesman* die am meisten verehrte Persönlichkeit der südafrikanischen Politik. Als er am 5. Dezember 2013 im hohen Alter von 95 Jahren an einer Lungenentzündung starb, trauerten Südafrikaner aller Klassen und ethnischen Gruppen um diesen Mann, der so viel für sein Land erreicht hatte. Präsident Jacob Zuma sagte: „Unsere Heimat hat ihren größten Sohn verloren. Das Gefühl eines schweren und schmerzlichen Verlusts lässt sich durch nichts erleichtern." Als Vorbildfigur, die zahlreiche Menschen durch ihre moralische Autorität inspiriert hat, wurde Mandela natürlich auch im Ausland gewürdigt. Zu den Trauerfeierlichkeiten versammelte sich eine selten gesehene Vielzahl von Staatsleuten und Persönlichkeiten und aus aller Welt.

Mandela hinterließ ein Vermächtnis, das er mit fester Überzeugung, großherzig und ohne den Wunsch nach Vergeltung verfolgt hatte. Sein tatkräftiger Einsatz für Frieden und Versöhnung in einem von Rassentrennung und Diskriminierung gespaltenen Land ist das größte Geschenk, das er Südafrika machen konnte, und beeindruckt die Menschen weit über seine Heimat hinaus.

mer vehementer umgesetzt und die Grenzen zwischen den Rassen stetig verschärft. Am abscheulichsten war die Einrichtung von „Homelands".

Während der 1970er-Jahre nahm die Widerstandsbewegung erneut an Fahrt auf – anfangs in Gewerkschaften und durch Streiks, später bildete die Südafrikanische Studentenvertretung unter ihrem charismatischen Führer Steve Biko die Speerspitze. Biko, ein Medizinstudent, war die treibende Kraft hinter dem aufblühenden Black Consciousness Movement Südafrikas, das sich vor allem für eine psychologische Befreiung, „Black Pride" und gewaltlosen Widerstand gegen die Apartheid einsetzte.

1976 spitzte die Situation sich zu, als Sowetos Studentenvertretung Proteste gegen die Unterrichtssprache Afrikaans (die als Sprache der Unterdrücker angesehen wurde) in schwarzen Schulen organisierte. Am 16. Juni eröffnete die Polizei das Feuer auf einen Marsch, der von Tsietsi Mashinini angeführt wurde – der zentralen Figur in dem Buch *A Burning Hunger: One Family's Struggle Against Apartheid.* Inzwischen wurde ihm mit einem Denkmal in Soweto Unsterblichkeit verliehen. In

2007
Die HIV-/Aids-Tragödie trifft die Verwundbarsten des Landes. Laut UNAIDS leben etwa 280 000 Kinder in Südafrika mit HIV/Aids, hinzu kommen 1,4 Mio. HIV-/Aids-Waisen.

2007
Im Dezember wird Thabo Mbeki durch Jacob Zuma als Vorsitzender des ANC abgelöst. Zuma wird erneut der Korruption bezichtigt, nachdem 2006 bereits eine Anklage fallen gelassen wurde.

2008
Die Unzufriedenheit entlädt sich in fremdenfeindlichen Aufständen, die viele Townships zerstören, mehr als 60 Menschenleben fordern und Arbeiter aus Nachbarländern zur Heimkehr zwingen.

2008
Die Shikota-Bewegung unter der Führung des ehemaligen Premiers von Gauteng, Mbhazima Shilowa, sowie Mosiuoa Lekota spaltet sich vom ANC ab und bildet eine neue Partei: Congress of the People (COPE).

IM PORTRÄT: MIRIAM MAKEBA

Die Sängerin Miriam Makeba (bekannt geworden als „Mama Africa"), die 2008 im Alter von 76 Jahren starb, war über Jahrzehnte ein Star auf den Konzertbühnen der Welt. Ihr Engagement im Kampf gegen die Rassentrennung begann 1960 mit einem Auftritt in dem Anti-Apartheid-Dokumentarfilm *Come back, Africa* und führte sie unter anderem 1963 vor die Vollversammlung der UN. Die südafrikanische Regierung quittierte ihre kritische Haltung mit der Annullierung ihres Passes und dem Entzug der Staatsbürgerschaft. Erst nach über 30 Jahren im Exil kehrte sie 1990 auf Wunsch Nelson Mandelas in die Heimat zurück. 2005 kommentierte sie die Entwicklung ihres Landes mit den Worten: „Wir leben erst seit elf Jahren in einer Demokratie, aber wir bewegen uns, wir bewegen uns schneller vorwärts als viele Länder, die schon viel, viel länger unabhängig sind. Wir müssen es alle gemeinsam tun, wir alle ... ob schwarz oder weiß oder sonst wie."

den folgenden zwölf Monaten folgten etliche Demonstrationen, Streiks, Massenverhaftungen, Aufstände und Gewalt, die mehr als 1000 Menschenleben forderten.

Im September 1977 wurde Steve Biko von der Sicherheitspolizei ermordet, und Südafrika sollte nie wieder so sein wie zuvor. Eine ganze Generation junger Schwarzer widmete sich nun dem revolutionären Kampf gegen die Apartheid („Liberation before Education" war ihr Schlachtruf), und die schwarzen Gemeinden wurden politisiert.

Südafrika im „Belagerungszustand"

In der Autobiografie *The Wild Almond Line* erinnert sich Larry Schwartz an seine Jugend in einem von Gesetzen gespaltenen Land und den Kriegsdienst in der Armee der Apartheidära.

Als die internationale Meinung sich deutlich gegen das weiße Apartheidsregime wandte, betrachteten die Regierung und der Großteil der weißen Bevölkerung das Land mehr und mehr als eine von Kommunisten, Atheisten und schwarzen Anarchisten bedrängte Bastion. Man verwandte große Mühen darauf, internationale Sanktionen zu umgehen, und die Regierung entwickelte sogar Atomwaffen (die inzwischen vernichtet worden sind).

Verhandlungen über eine Mehrheitsregierung mit dem ANC schienen (zumindest öffentlich) nicht als erstrebenswerte Option gesehen zu werden, und die südafrikanische Regierung griff auf militärische Macht zurück. Unter den meisten weißen Bürgern breitete sich zudem eine Art Belagerungsmentalität aus, und auch wenn sich sehr viele von ihnen darüber im Klaren waren, dass sie einen Bürgerkrieg gegen die schwarze Mehrheit niemals würden gewinnen können, zogen sie dies dennoch der Alternative vor – nämlich aufzugeben und politische Reformen umzusetzen. Ihnen erschien die allgegenwärtige brutale Polizei- und Militärgewalt als absolut gerechtfertigt.

2009
Der ANC gewinnt zum vierten Mal die Wahlen, büßt aber erstmals Stimmen ein. Schwere strafrechtliche Vorwürfe gegen den designierten Präsidenten Jacob Zuma wurden erst kurz vor den Wahlen fallen gelassen.

2010
Die Fußball-WM wird in Südafrika ausgetragen. Trotz der Angst, die Besucher könnten Opfer von Verbrechen werden, läuft alles glatt.

2011
Die Provinz Limpopo, von deren Konten zwei Milliarden Rand „verschwunden" sind, wird von der nationalen Schatzkammer für bankrott erklärt und der direkten Kontrolle der ANC-Bundesregierung unterstellt.

2011
Südafrika wird Teil der BRICS-Gruppe (Brasilien, Russland, Indien, China, Südafrika), eines losen Verbundes der wirtschaftlich stärksten Schwellenländer der Erde.

IM PORTRÄT: STEVE BIKO

Steve Biko, 1946 in Eastern Cape geboren, war einer der berühmtesten und einflussreichsten Anti-Apartheid-Aktivisten. Seine Black Consciousness Movement mobilisierte die Jugend in den Städten und entwickelte sich zu einer der treibenden Kräfte hinter den Aufständen in Soweto von 1976. Aufgrund seiner Aktivitäten stand Biko auf der Schwarzen Liste des Apartheid-Regimes ganz weit oben. 1973 durfte er seinen Geburtsort King William's Town nicht mehr verlassen und keine öffentlichen Reden mehr halten. Doch diese Einschränkungen minderten seinen Aktivismus keineswegs. Er engagierte sich in der Gemeindearbeit und rief beispielsweise Bildungsprogramme und eine Klinik ins Leben.

Am 18. August 1977 wurde Biko auf der Grundlage des Terrorism Act verhaftet. Weniger als einen Monat später war er tot – laut Polizei aufgrund eines Hungerstreiks. 1997 berichtete die Wahrheits- und Versöhnungskommission jedoch von fünf ehemaligen Mitgliedern der südafrikanischen Sicherheitskräfte, die zugegeben hatten, Biko ermordet zu haben. Sie wurden nie strafrechtlich verfolgt. Sie hatten Biko so lange verprügelt, bis er ins Koma gefallen war. Er war daraufhin drei Tage lang nicht medizinisch behandelt worden und schließlich in Pretoria gestorben. Bei der anschließenden Untersuchung kam der Richter zum Schluss, dass niemand daran schuld sei. Die Medizinische Vereinigung Südafrikas klagte jedoch die Ärzte an, die sich geweigert hatten, ihn zu behandeln.

Bikos Tod führte zu einem immensen öffentlichen Aufschrei und rückte die Brutalität des Apartheid-Systems auch ins Licht der internationalen Öffentlichkeit. Den Gottesdienst zu Bikos Beerdigung, der von Pfarrer Desmond Tutu gehalten wurde, besuchten Tausende Menschen, darunter auch Vertreter vieler westlicher Länder. Tausende Menschen wurden von Sicherheitskräften von der Teilnahme abgehalten. Bikos Geschichte war auch das Herzstück des Films *Schrei nach Freiheit* (1987).

Zwischen 1978 und 1988 drang die Armee des Landes, die South African Defence Force (SADF, 1994 umbenannt in South African National Defence Force, abgekürzt SANDF), wiederholt in die benachbarten Länder Angola, Mosambik, Simbabwe, Botsuana und Lesotho ein, um Kämpfer des ANC auszuschalten, aber auch um die betroffenen Staaten zu destabilisieren.

Alle männlichen Weißen konnten zum Wehrdienst eingezogen werden, und so gingen Tausende ins Exil, um nicht an diesen Feldzügen teilnehmen zu müssen. Weit höher ist jedoch die Zahl derjenigen, die mit körperlichen Verletzungen und seelischen Traumata aus den Einsätzen in die Heimat zurückkehrten.

Die internationalen Sanktionen, die die Weißen vom Rest der Welt abschnitten, ermöglichten den schwarzen Führern hingegen die Entwicklung großer politischer Fähigkeiten: Denn jene, die sich im Exil befanden, konnten Verbindungen zu Politikern in aller Welt aufbauen.

2012

Bei wilden Streiks werden 34 Bergleute erschossen und 12 000 entlassen. Die Arbeitskämpfe erfassen das ganze Land und lenken die Aufmerksamkeit auf die harten Arbeitsbedingungen in den Bergwerken.

2012

Am Ort seiner Gründung, in Bloemfontein, begeht der ANC mit riesigen Feierlichkeiten sein hundertjähriges Bestehen, die sich das gesamte Jahr über im ganzen Land fortsetzen.

2012

Drei Jahre nachdem der Korruptionsvorwurf gegen Präsident Jacob Zuma fallengelassen wurde, lässt der Oberste Gerichtshof des Landes durch sein Urteil eine Revision dieser Entscheidung zu.

2013

Nelson Mandela stirbt an einer Lungenentzündung. Menschen im In- und Ausland beklagen den Verlust eines großen Vorbilds, und Staatsgäste aus aller Welt nehmen an den Trauerfeierlichkeiten teil.

IM PORTRÄT: MAX DU PREEZ & DAS VRYE WEEKBLAD

1988 gründete der rebellische Afrikaaner und Journalist Max du Preez mit einer Handvoll weiterer weißer Anti-Apartheid-Aktivisten das *Vrye Weekblad*, Südafrikas erste Anti-Apartheid-Zeitung auf Afrikaans. Von Beginn an zog die Zeitung den Zorn des Staates auf sich. Auf ihre Büros wurden Bombenattentate verübt, du Preez erhielt zahlreiche Drohungen, und die Zeitung wurde vom damaligen Präsidenten P. W. Botha wegen Verleumdung verklagt. Dennoch erwies sie sich während ihres kurzen Daseins als bahnbrechend in ihrem Engagement für Meinungsfreiheit, ihrem unermüdlichen Kampf gegen die Unterdrückung und ihren Enthüllungen zu Korruption und Brutalität auf allen Seiten des politischen Spektrums. 1994, kurz vor den Wahlen und nach nur etwas mehr als fünf Jahren des wegbereitenden, investigativen Journalismus, war das *Vrye Weekblad* gezwungen, die Arbeit einzustellen. Du Preez arbeitete später als Produzent für die South African Broadcasting Corporation (SABC) bei der TV-Übertragung der Anhörungen der Wahrheits- und Versöhnungskommission und ist heute noch immer als Journalist tätig.

Näheres zur Geschichte der Zeitung bietet du Preez' Buch *Oranje Blanje Blues*.

Zeiten des Wandels

In den frühen 1980er-Jahren wehte schließlich ein frischer Wind durch Südafrika. Die Weißen stellten lediglich noch 16 % der Gesamtbevölkerung – rund 50 Jahre zuvor waren es noch 20 % gewesen –, und ihre Zahl nahm weiterhin ab. Präsident P. W. Botha erkannte, dass ein Wandel unumgänglich war, und erklärte den weißen Südafrikanern, sie müssten „sich anpassen oder sterben“.

Nelson Mandelas Erinnerungsband *Der lange Weg zur Freiheit* gehört zu den wichtigsten Werken zur Geschichte Südafrikas und berichtet eindrucksvoll über den Beginn des Widerstands gegen das Apartheidregime und die Jahre danach.

Zahlreiche Reformen wurden auf den Weg gebracht, darunter die Aufhebung der Passgesetze. Aber Botha wagte sich nicht an grundlegende Reformen, und viele Schwarze hielten (wie die internationale Gemeinschaft) die Veränderungen für rein kosmetische Art. Der Widerstand blieb weiterhin ungebrochen, immer tiefere Risse spalteten Südafrika. Gleichzeitig entstand eine weiße Gegenbewegung mit paramilitärischen, rechtsextremen Gruppen wie der „Afrikaaner Weerstandsbeweging“ (AWB) unter Eugène Terre'Blanche. Doch auch die politisch entgegengesetzte United Democratic Front (UDF) wurde gegründet. Ihre zahlreichen Mitglieder riefen unter Erzbischof Desmond Tutu und Reverend Allan Boesak die Regierung wiederholt dazu auf, die Apartheid und die Homelands abzuschaffen.

Auch der internationale Druck stieg, da die wirtschaftlichen Sanktionen allmählich spürbar wurden. Der Kurs der Landeswährung Rand brach ein. Im Jahr 1985 rief die Regierung den Notstand aus. Die Medien wurden zensiert, und bis 1988 wurden Schätzungen des ANC zufolge 30 000 Menschen ohne Prozess verhaftet und Tausende gefoltert.

2013

Die nationale Ombudsfrau, eingesetzt zur Bekämpfung von Korruption und Amtsmissbrauch, kritisiert Präsident Jacob Zuma wegen der kostspieligen Renovierung seines Privathauses auf Staatskosten.

2014

Wegen des Ausbaus von Präsident Zumas Privatresidenz in Nkandla wirft die Opposition dem Staatschef den Missbrauch öffentlicher Gelder vor. Die Staatsanwaltschaft ermittelt, erhebt jedoch keine Anklage.

2014

Bei den fünften Parlamentswahlen nach dem Ende der Apartheid siegt erneut der ANC, der trotz weiterer Stimmenverluste ein Ergebnis von 62,1 % erzielt. Präsident Zuma tritt seine zweite Amtszeit an.

2014

Die Economic Freedom Fighters gewinnen bei der Parlamentswahl 6,4 % der Wählerstimmen. Parteichef ist der ehemalige Führer der ANC-Jugend Julius Malema, der von der Regierungspartei ausgeschlossen wurde.

Mandela in Freiheit

Im Jahr 1986 verkündete Präsident Botha dem Parlament, Südafrika sei über die Apartheid „hinausgewachsen". Die Regierung vollzog kleinere Reformen, kontrollierte aber dennoch eisern Medien und Anti-Apartheid-Demonstrationen.

Ende 1989 wurde der körperlich geschwächte Botha durch F. W. de Klerk abgelöst. In seiner Antrittsrede vor dem Parlament verkündete de Klerk im Februar 1990, er wolle alle diskriminierenden Gesetze abschaffen und den ANC, den PAC und die kommunistische Partei legalisieren. Die Zensur der Medien wurde aufgehoben, und de Klerk entließ politische Gefangene, die nicht gegen Strafgesetze verstoßen hatten.

Am 11. Februar 1990, 27 Jahre nach seiner Inhaftierung, verließ schließlich auch Nelson Mandela das Gelände des Victor-Verster-Gefängnisses als freier Mann.

In den Jahren 1990 und 1991 wurden die Rechtsgrundlagen der Apartheid beseitigt. Ein Referendum – die letzte Wahl in Südafrika, an der nur Weiße teilnehmen durften – verlieh der Regierung mit überwältigender Mehrheit die Befugnis, mit dem ANC und anderen Gruppen eine neue Verfassung auszuarbeiten.

Mark Gevissers preisgekrönte Biografie *Thabo Mbeki. The Dream Deferred* beschreibt nicht nur den Politiker, der mehr als zehn Jahre lang die Geschicke Südafrikas mitgestaltete, sondern liefert auch Hintergrundinformationen über das Land.

Wahlen & Verfassung

Im Dezember 1991 begann die „Convention for a Democratic South Africa" (Codesa) mit ihren Verhandlungen über die Bildung einer gemischtrassigen Übergangsregierung und der Entwicklung einer neuen südafrikanischen Verfassung, die allen ethnischen Gruppen der Gesellschaft die gleichen politische Rechte garantierte.

Im Jahr 1993 wurde eine vorläufige Verfassung veröffentlicht, die Meinungs- und Religionsfreiheit, den Zugang zu angemessenen Unterkünften und zahlreiche weitere Rechte garantierte sowie explizit eine Benachteiligung aus fast allen Gründen verbot.

Vom 26. auf 27. April 1994 wurde um Mitternacht schließlich die alte Nationalhymne „Die Stem" (Der Ruf) gesungen und die alte Flagge eingeholt, woraufhin im Anschluss die neue Regenbogenflagge gehisst und gleichzeitig auch die neue Hymne „Nkosi Sikelel i Afrika" (Gott segne Afrika) gesungen wurde. Die späteren Wahlen gingen friedlich vonstatten, und im ganzen Land herrschte ein nahezu greifbares Gefühl des guten Willens.

Der ANC erlangte 62,7 % der Wählerstimmen, also weniger als jene 66,7 %, die es ihm ermöglicht hätten, die Verfassung umzuschreiben. Neben der Besetzung der Staatsregierung entschieden die Wahlen aber auch über die Provinzregierungen, und der ANC siegte bis auf zwei in allen Provinzen. Die NP hingegen konnte den Großteil der Wählerstimmen der Weißen und anderen Minderheiten auf sich vereinen und wurde zur offiziellen Oppositionspartei.

Nach langen Debatten und Verhandlungen verabschiedete eine verfassunggebende Versammlung am 9. Mai 1996 eine überarbeitete Version der Übergangsverfassung aus dem Jahr 1993, die die neuen demokratischen Strukturen des Landes auf eine feste Basis stellte. Seit dem 3. Februar 1997 ist diese neue Verfassung gültig (zuvor musste sie noch vom südafrikanischen Verfassungsgericht anerkannt und anschließend von Präsident Nelson Mandela unterschrieben werden).

Die wichtigsten Staatsorgane sind heute die aus 400 Abgeordneten zusammengesetzte Nationalversammlung, der (in etwa mit dem deutschen Bundesrat vergleichbare) Nationale Rat der Provinzen mit seinen 90 Mitgliedern sowie der von der Nationalversammlung gewählte Präsident, der wie sein Kollege in den USA gleichzeitig Chef der Regierung und des Staates ist.

Angesichts seiner Machtfülle und des Rückhalts im Parlament ist der südafrikanische Präsident allerdings eher mit einem britischen, kanadischen oder australischen Premierminister vergleichbar als mit dem US-Präsidenten, der sich oftmals mit einer gegnerischen Mehrheit im Kongress arrangieren muss. Dagegen erinnert der umfangreiche Grundrechtekatalog in Südafrikas Verfassung wiederum an das Grundgesetz der Bundesrepublik Deutschland.

Andrew Feinstein saß als Abgeordneter des ANC von 1997 bis 2001 im südafrikanischen Parlament. In seinem Buch *After the Party. Corruption, the ANC and South Africa's Uncertain Future* gewährt er einen detaillierten und überaus kritischen Blick hinter die Fassade der Regierungspartei in den Jahren nach Mandelas Rücktritt.

Im Jahr 1999 fanden in Südafrika die zweiten demokratischen Wahlen statt. Zwei Jahre zuvor hatte Mandela die Führung des ANC an seinen Stellvertreter Thabo Mbeki übergeben. Der Stimmenanteil des ANC wuchs indessen erneut, und die Partei war nur noch einen Sitz von der Zweidrittelmehrheit entfernt, die es ihr erlaubt hätte, auch die Verfassung zu ändern.

Die Democratic Party (DP) – traditionell ein Bollwerk der liberalen Weißen – errang mit neuer Unterstützung desillusionierter Konservativer der NP sowie einiger Schwarzer aus der Mittelschicht den offiziellen Oppositionsstatus.

Mbeki trat als neuer Präsident in jeder Hinsicht in mächtige Fußstapfen, auch wenn die Frage, wie gut er diese Aufgabe meisterte, noch immer Kern einer scharf geführten Debatte ist. Seine Jahre im Amt können eigentlich nur als Achterbahnfahrt bezeichnet werden. In den frühen Tagen seiner Präsidentschaft erntete Mbeki mit seiner Leugnung der HIV-/Aids-Krise weltweit Kritik. Und als er sich nicht offen gegen die gewaltsame Enteignung der Farmen weißer Besitzer im benachbarten Simbabwe und seinen langjährigen Mitstreiter Robert Mugabe, den Präsidenten Simbabwes, aussprach, brachte er damit südafrikanische Landbesitzer und ausländische Investoren gegen sich auf.

Wahrheit & Versöhnung

Nach den ersten Wahlen richtete sich der Fokus auf die Wahrheits- und Versöhnungskommission (1994–1999), die es sich zur Aufgabe gemacht hatte, die Verbrechen der Apartheid-Ära aufzudecken. Die Maxime ihres Vorsitzenden, Erzbischof Desmond Tutu, lautete: „Ohne Vergebung gibt es keine Zukunft, aber ohne Schuldbekenntnis gibt es auch keine Vergebung." Die Kommission hörte sich zahlreiche Geschichten über entsetzliche Brutalität und Ungerechtigkeit an und bot den Menschen und Gemeinden, die an jener Vergangenheit zerbrochen waren, eine Form der Katharsis.

In Südafrika sind mehr Menschen mit HIV infiziert und an Aids erkrankt als in jedem anderen Land der Welt. Wie es dazu kam und was heute dagegen getan wird, ist (auf Englisch) im Internet nachzulesen – unter der Adresse www.avert.org/aidssouthafrica.htm.

Die Kommission ermöglichte es den Opfern, ihr Schicksal zu erzählen – und den Tätern, ihre Schuld anzuerkennen, wobei jenen Straffreiheit eingeräumt wurde, die alles eingestanden. Diejenigen, die sich entschieden, nicht vor der Kommission zu erscheinen, wurden, falls sich ihre Schuld nachweisen ließ, strafrechtlich verfolgt. Auch wenn einige Soldaten, Polizisten und „gewöhnliche" Bürger ihre Verbrechen gestanden, zeigten sich viele Menschenrechtsverbrecher, die die Befehle erteilt und die Politik bestimmt hatten, nie vor der Kommission (P. W. Botha ist einer der bekanntesten Verweigerer).

Die Gegenwart

Im Jahr 2005 entließ Mbeki seinen Vize-Präsidenten Jacob Zuma, der wegen Korruption angeklagt worden war, und löste so einen schonungslosen Machtkampf innerhalb des ANC aus, den Zuma für sich entscheiden konnte. Im September 2008 wurde Mbeki aufgefordert, als Präsident zurückzutreten – ein Ereignis, dass es in der Geschichte der Partei noch nie zuvor gegeben hatte.

Die Korruptionsvorwürfe gegen Zuma wurden fallengelassen, und der ANC gewann, wie allgemein erwartet, auch die Wahlen im Jahr 2009, nach denen Jacob Zuma zum Präsidenten ernannt wurde. Seit seinem

IM PROFIL: DESMOND TUTU

Nur wenige Persönlichkeiten im Kampf gegen die Apartheid in Südafrika sind so unverkennbar wie Desmond Mpilo Tutu, der emeritierte anglikanische Erzbischof von Kapstadt. Tutu, 1931 in Klerksdorp, Transvaal (heute North-West Province), geboren, stieg aus bescheidenen Verhältnissen zum international anerkannten Aktivisten auf. Während der Apartheid-Ära setzte sich Tutu massiv für Wirtschaftsboykotts und internationale Sanktionen gegen Südafrika ein. Nach dem Sturz der Apartheid-Regierung führte er die Wahrheits- und Versöhnungskommission in Südafrika an, in der er Erfahrungen sammelte, die er auch in seinem Buch *Keine Zukunft ohne Versöhnung* beschreibt.

Auch heute ist Tutu nach wie vor ein unermüdlicher Verfechter der Moral. Er äußerte sich kritisch über die ANC-Regierung, spricht immer wieder Themen wie Korruption und HIV/Aids öffentlich an und stellt die Regierung für ihr Versagen bei der Armutsbekämpfung zur Rede. Tutu ist Träger des Friedensnobelpreises, des Gandhi-Friedenspreises und zahlreicher weiterer Auszeichnungen. Ihm wird außerdem weitgehend der Begriff der „Regenbogennation" zugeschrieben, der das Südafrika nach der Ära des Apartheid-Regimes beschreibt.

Amtsantritt ist es Zuma dank seiner zugänglichen Persönlichkeit und seiner großen Beliebtheit in der Bevölkerung gelungen, die beträchtliche Kritik aus dem In- und Ausland zu überstehen. Viele sind jedoch der Ansicht, dass er sich bis weit über seine Anfangszeit als Präsident hinaus als schwacher Führer erwiesen und es versäumt hat, seine Versprechen hinsichtlich der Schaffung neuer Arbeitsplätze und der Bekämpfung der Armut zu erfüllen. Und seitens der Opposition wird Zuma immer wieder mit Korruptionsvorwürfen in Verbindung gebracht.

In seinem Buch Desmond Tutu. Die Biographie schildert John Allen so interessant wie inspirierend das Leben eines der einflussreichsten Männer der neueren Geschichte Südafrikas.

Im Vorfeld der Wahlen von 2014 spekulierten die Medien des Landes aufgeregt über einen möglichen Wahlsieg der Democratic Alliance (DA) – der führenden, aus dem Zusammenschluss der Democratic Party mit einigen kleineren Gruppierungen entstandenen Oppositionspartei. Die zahlreichen Korruptionsvorwürfe gegen Regierungsmitglieder, die stark gestiegene, verbreitete Kriminalität und die großen Verzögerungen bei der Umsetzung sozialer Fortschritte für benachteiligte Bevölkerungsgruppen und Gemeinden sorgten für eine spürbare Wechselstimmung. Trotzdem gewann der ANC mit 62,1 % der Wählerstimmen (nach 65,9 % im Jahr 2009) erneut eine komfortable Mehrheit, während die Democratic Alliance lediglich 22,2 % erzielte – ein deutliches Zeichen, wie schwer es werden dürfte, dem ANC in absehbarer Zeit die Macht tatsächlich streitig zu machen.

Für die vielleicht größte Überraschung bei diesen Wahlen sorgten die Economic Freedom Fighters (EFF), eine Neugründung des früheren Chefs der ANC-Jugend Julius Malema, den die Regierungspartei wegen Betrugsvorwürfen und parteischädigenden Verhaltens ausgeschlossen hatte. Mit seinen Aufrufen zum Kampf gegen Armut und wirtschaftliche Ungleichheit erntete er in der einfachen schwarzen Bevölkerung große Zustimmung, doch seine radikalen Äußerungen über ein „weißes Machtmonopol" und die Forderung nach einer beschleunigten Umverteilung des Landbesitzes haben zahlreiche Beobachter verstört. Früher einer der glühendsten Verehrer Jacob Zumas, gehört er heute zu den schärfsten Kritikern seines einstigen Mentors und der korrupten Praktiken, die er dem ANC vorwirft.

Wie gut Südafrikas Demokratie tatsächlich funktioniert, wird sich erst in den nächsten Jahren daran zeigen, ob es der Opposition gelingt, die Regierung zu einem aktiven Vorgehen gegen die gravierendsten Probleme des Landes zu bewegen. Denn Korruption, Kriminalität, HIV/AIDS und die unübersehbare wirtschaftliche und soziale Ungleichheit bleiben die größten Herausforderungen. Besonders die beiden ersten Punkte liefern den Einheimischen stets reichlichen Gesprächsstoff.

Dass die Meinungen über die Zukunft der „Regenbogennation" dabei weit auseinandergehen, ist angesichts der turbulenten Entwicklungen in den letzten Jahrzehnten nur natürlich. Die meisten Südafrikaner sind sich jedoch darüber einig, dass ihre Heimat trotz aller noch ungelösten Schwierigkeiten ein wesentlich optimistischeres und entspannteres Land ist als 1990.

Musik

Die Musik hat ihren Beitrag zum Widerstand gegen die Apartheid geleistet und ist auch heute noch ein wichtiges Ausdrucksmittel, um Freiheit und Gerechtigkeit einzufordern. Musik ist in Südafrika allgegenwärtig. Überraschenderweise gibt es keine „typische" südafrikanische Musik: Vermutlich kein anderes afrikanisches Land hat ein so breit gefächertes Musikspektrum wie Südafrika – selbst andere vergleichbar große Länder auf der Welt können da nicht mithalten.

Es ist eine Nation von Schallplattensammlern, die auf Rock, Jazz, Klassik, Gospel, Rap, Reggae, Afro House, Maskanda, Mbaqanga, Kwaito und vieles mehr steht. Jahrhundertealte Traditionen konkurrieren mit neuen Genres und westliche Stilrichtungen bekommen ihre ganz eigentümliche Prägung. Die riesige Tonträgerindustrie des Landes (mit ihrer kleinen Anzahl an resoluten Independent-Labels, die Schwarzen gehören) ist wachsam und ständig auf der Lauer. Kein einzelner Sound wird je für ganz Südafrika stehen, was aber nur positiv sein kann – die jährlichen South African Music Awards sind eine vielschichtige Veranstaltung mit vielen Kategorien, die daher auch sehr lange dauert.

Zwei Jahrzehnte der Freiheit haben bewiesen, dass ein sich erholendes Land hervorragende Talente von internationalem Rang hervorbringen kann. Also mitsingen, die Hüften schwingen und eintauchen.

Die ersten Musiker Südafrikas waren das Volk der San vor etwa 4000 Jahren. Sie sangen in einer einzigartig afrikanischen Klicksprache und machten mit Rasseln, Trommeln, einfachen Flöten und sogar mit dem Jagdbogen Musik.

Musikalische Geschichte

Die Völker der Zulu, Xhosa und Sotho singen und tanzen traditionell seit Jahrtausenden (ihre Musik hat 1988 Paul Simon zu seinem Meisterwerk *Graceland* inspiriert), die Venda (und die Basotho in Lesotho) spielen schon seit ewigen Zeiten auf ihren *mbiras* (Daumenklavieren) und Rohrflöten. In Südafrika gibt es acht unterschiedliche „Stammes"-Traditionen – seit Beginn der Demokratie ist traditionelle Musik wieder stark im Kommen. Von der Kolonialzeit bis heute hat sich die südafrikanische Musik dank der Vermischung von älteren lokalen und importierten Stilen immer wieder selbst neu erfunden. Die meisten populären Musikstile beruhen entweder auf einem A-cappella-Gesang (der Zulu) oder einem harmonischen Mbaqanga-Vokalgesang. So bleibt der Klang unabhängig vom Begleitinstrument (Banjo, Geige, Konzertina oder Elektrogitarre) immer ein typisch afrikanischer.

Europäischer Einfluss

Der Grund, warum die Akkordfolgen vieler Songs aus Südafrika so vertraut klingen, liegt in ihrem religiösen Ursprung. Die protestantischen Missionare schufen im 19. Jh. eine Gesangstradition, die südafrikanische Komponisten später mit traditionellen Harmoniefolgen verbanden: Die Hymne *Nkosi sikelel iAfrika* (Gott segne Afrika), die Enoch Sontonga 1897 schrieb, ist heute Teil der Nationalhymne Südafrikas.

Die langlebigste Zulu-Musikgruppe ist Ladysmith Black Mambazo, deren Stil wegen ihrer zahlreichen Alben und internationalen Konzerttourneen im Westen irrtümlicherweise für „typisch" südafrikanisch gehalten wird. Ihre Musik ist ein Beispiel für die gelungene Vermischung einheimischer Harmonien mit dem Sound europäischer und afrikanischer Kirchenchöre zu einem Gesangsstil, der *mbube* genannt wird. Wie viele Bereiche der modernen Kunst und Kultur Südafrikas hat die *Isicathamiya*-Musik von Ladysmith ihren Ursprung in den Zeiten der Unterdrückung: Der Chorgesang ohne instrumentale Begleitung entstand in den 1930er-Jahren in den Wanderarbeiter-Wohnheimen der Provinz Natal, in denen sich die Männer größte Mühe gaben, ihre Bosse bloß nicht aufzuwecken. Auch heute noch treten die *Isicathamiya*-Chöre in Johannesburg und Durban einmal pro Woche gegeneinander in Wettbewerben an. Häufig singen solche Chöre auch als Straßenmusiker.

Klänge der Apartheid

Wie die meisten modernen südafrikanischen Stilrichtungen kam Kwela aus den Townships. In Zulu bedeutet *kwela* „steh auf", in der Sprache der Townships war es sowohl eine Aufforderung zum Tanz als auch die Warnung vor herannahenden Polizeiautos (die *kwela-kwela*). In den ehemals verrufenen Gegenden und Vierteln wie Soweto, Sharpeville, District Six und Sophiatown entstanden städtische, stammesübergreifende Musikrichtungen, die vor allem durch amerikanischen Jazz, Swing, Jive und Soul inspiriert wurden. Schwarze Südafrikaner fügten dem Ganzen eine weitere Nuance hinzu: Aus Kwela mit seiner Zinnflöte (einem Instrument, das auf die Rohrflöten von Hirtenjungen zurückgeht) und dem einsaitigen Bass wurde Saxophon-Jive bzw. *mbaqanga*. Marabi-Soul feierte in den 1970er-Jahren Erfolge, Bubblegum-Pop dominierte die 1980er-Jahre.

Musik aus Amerika und Europa war Vorbild für weiße südafrikanische Künstler. Four Jacks and a Jill aus den 1960er-Jahren spielten typischen Pop aus dem Westen. In den 1970er-Jahren inspirierten britische Punk Bands aus der Arbeiterklasse wie etwa Wild Youth. In den 1980er-Jahren ließen sich schwarze und weiße Musiker auf einen Cross-over ein: Johnny Clegg und seine Band Juluka spielten eine Mischung aus weißer

MUSIK IM FILM

- *Searching for Sugar Man* (2012) ist eine hervorragende Dokumentation über Rodriguez, den Dylan-ähnlichen Liedermacher aus Detroit, der in Südafrika bekannter war als Elvis – was er aber erst 30 Jahre später erfuhr. Der Film, der einen Oscar erhielt, zeigt wie seine Kompositionen der frühen 1970er-Jahre (etwa „Sugar Man") für liberale weiße Südafrikaner während der Apartheid quasi Hymnen war.
- Mit Musik von und Interviews mit Abdullah Ibrahim, Hugh Masekela, Miriam Makeba und anderen erkundet Lee Hirschs *Amandla! A Revolution in Four-Part Harmony* (2003) die Rolle von Musik im Kampf gegen Apartheid. Dieser bewegende Film wurde bereits vor über zehn Jahren gedreht.
- Pascale Lamches *Sophiatown* (2003) porträtiert Johannesburgs lebhaftes Viertel Sophiatown, das Harlem Südafrikas. Einst das Zuhause vieler Künstler und Musiker wurde es in den 1950er-Jahren abgerissen, um Neubauten Platz zu machen. Das Archivmaterial und die Interviews im Film sind packend anzusehen.
- Die Filmmusik zum Township Drama *Tsotsi*, das 2005 einen Oscar erhielt, schrieb Kwaitostar Zola (der auch Fela, den Chef einer örtlichen Gang, spielt). Liedermacher Vusi Mahlasela steuerte eindringliche Balladen bei.
- *Fokofpolisiekar: Forgive Them for They Know Not What They Do* (2009), eine Doku über die afrikaanse Rockband Fokofpolisiekar (Englisch: Fuckoffpolicecar), bietet einen faszinierenden Einblick in das Afrikanertum von heute. Diese einflussreiche Band verlieh der Frustration junger Afrikaaner Ausdruck, die den Konservatismus und die christliche Ausrichtung der afrikaansen Gesellschaft leid waren, und verärgerte das Establishment.

Rock- und Popmusik und traditioneller Zulu-Musik, um gegen rassistische Restriktionen zu protestieren und andere Bands dazu zu animieren, es ihnen gleich zu tun.

Die Gegenwart

Kwaito, Südafrikas eigener Hip-Hop, explodierte in den 1990er-Jahren geradezu und ist neben Gospel, Rap und einer aufblühenden R&B Szene weiterhin das populärste Genre des Landes. Grunge beeinflusste Bands wie Scooters Union, die Springbok Nude Girls und andere Gitarrenbands der 1990er, während Musiker wie Seether, Prime Circle und der ehemalige Frontmann von Springbok, Arno Carstens, sicherstellen, dass auch Rockmusik weiterhin blüht und gedeiht. Afrikaanse Rockmusik baut immer noch auf dem Erbe der Voëlvry Bewegung und Fokofpolisiekar auf, die das Genre und seine Anhängerschaft ab den 1980er-Jahren prägten.

Musik-Acts wie Die Heuwels Fantasties (es lohnt, sich ihren Song „Noorderlig" auf YouTube anzusehen), Van Coke Cartel, Chris Chameleon und aKING unterhalten ein alternatives Publikum, während die Musicals von Liedermacher David Kramerhave Kritikerlob erhalten haben. Und dann gibt es noch die riesige, topaktuelle Tanzszene: House, Techno, Acid Jazz, R&B, Dancehall und alles, was es sonst so gibt, häufig mit Livemusik dazwischen. Die südafrikanische Trance-Szene wird nur noch von Israel übertroffen, und in der Nähe von Kapstadt steigen regelmäßig Partys. Batik-Liebhaber strömen alljährlich zum AfrikaBurn Festival (www.afrikaburn.com), das jedes Jahr im April bzw. Mai in der Tankwa Karoo stattfindet.

Die Auswirkungen der Apartheid auf Leben und Kultur sitzen immer noch tief. Musiker wie die Jazzlegende Hugh Masekela, der ins Exil gehen musste, betonen, dass Sensibilität weiterhin nötig ist. Der prämierte Protestsänger Vusi „the Voice" Mahlasela, der 1994 bei Mandelas Amtseinführung auftrat, verbreitet weiterhin Mandelas Botschaft als offizieller Botschafter für 46664, Mandelas HIV/Aids-Initiative.

Die Etablierung einer Musikindustrie und eines Vertriebsnetzes in schwarzem Besitz und unter schwarzer Leitung ist Resultat eines langen Kampfes (und der Widerstand durch die Mogule der weißen Musikindustrie alter Schule war heftig). Jedoch wird die südafrikanische Musik zunehmend afrikanisiert, und eine gesunde Mischung aus westlichem Indie-Rock und elektronischer Musik-Acts, die auf Afrikaans und Englisch singen, kommt dazu. Die emotionsgeladene Musik der Anti-Apartheid-Bewegung ihrerseits hat ihr Feuer bewahrt, in dem sich der Fokus gewandelt hat und inzwischen andere Übel beschrieben und besungen werden, etwa HIV/Aids, Armut oder die Misshandlung von Frauen und Kindern. Viele dieser Themen, vor allem die HIV/Aids-Erkrankungen, sind immer noch Tabuthemen, obwohl sie auf Townships verheerende Auswirkungen haben. Die Musik ist ein guter Weg, um die Menschen dazu zu bringen, zuzuhören und sich über diese Themen auszutauschen.

Im jetzigen Klima kulturellen und künstlerischen Ausdrucks sind die Möglichkeiten enorm. Abgrenzungen sind verschwunden und Stile befruchten sich gegenseitig. Manche Genres, vor allem Jazz und Afro House, blühen total auf und viele Veranstaltungsorte folgen diesem Trend. Die jetzige Demokratie, die so leidvoll errungen wurde, hat sich noch nie so gut angehört.

Musik im Internet

South African Music (www.music.org.za): grundlegende Informationsquelle zu südafrikanischen Musikern.

One World (www.oneworld.co.za): Indie Cyberstore, der südafrikanische CDs und DVDs vertreibt.

Südafrikanische Musikstile

Marabi

Zu Beginn des 20. Jhs. beeindruckten afro-amerikanische Minstrel-Shows, Vaudeville-Acts, Ragtime-Klavierspieler und Gospel-Gruppen das einheimische Publikum in den schnell wachsenden Städten Kapstadt und Johannesburg. Die zunehmende Verstädterung löste einen Schneeballeffekt bei den Musikstilen aus: Die Auftritte von amerikanischen Jazzmusikern und Platten von Größen wie Louis Armstrong und Duke Ellington legten den Grundstein für das, was sich später zur südafrikanischen Jazz-Szene entwickeln sollte. In den 1920er- und 1930er-Jahren sangen und swingten die Menschen in den städtischen Ghettos zu einem eigenen „gefährlichen" Sound (in Sotho bedeutet das Wort „Gangster"): *Marabi.*

Marabi, der auf billigen Fußorgeln und Keyboards und begleitet von Percussion (auf mit Kieselsteinen gefüllten Dosen) gespielt wird, breitete sich schnell in den illegalen *shebeens* und Tanzschuppen der Townships aus. Die Musik brachte die Leute zum Tanzen und Trinken, verschaffte den unterdrückten Menschen in den Arbeitervierteln allerdings auch eine gewisse Würde und Trost.

Die tranceartigen Rhythmen und die zyklischen Harmonien des Marabi und des amerikanischen Dixieland und Ragtime haben einiges gemeinsam. Später fügten Musiker dem Sound noch Blechflöten, Schlagzeug, Banjo, Big-Band-Swing und sogar Bebop hinzu.

Marabi wurde von den Jazz-Dance-Bands begierig aufgenommen. Ihnen gehörte die erste Generation schwarzer Profi-Musiker an: Jazz Maniacs, Merry Blackbirds und Jazz Revellers. Oft der Einfachheit halber (und nicht immer zutreffend) als „African Jazz" oder „Jive" bezeichnet, brachte der Marabi zahlreiche andere Stile wie z. B. den Kwela hervor.

Die Voëlvry-Bewegung (wörtlich: vogelfrei) vereinte afrikaanse Musiker in den 1980er-Jahren, die die Apartheid ablehnten, und gipfelte in einer landesweiten Tour. Für einheimische Musiker war es ein Wendepunkt vergleichbar mit der kulturellen Revolution, die in den 1960ern den Westen eroberte.

Kwela

Kwela war der erste populäre südafrikanische Stil, der die Aufmerksamkeit der internationalen Musikwelt auf sich ziehen konnte. Ursprünglich wurde Kwela auf einer Akustikgitarre, einem Banjo, einem einsaitigen Bass und vor allem auf der Tin Whistle (Blechflöte) gespielt. Dann wurde er von Kindern und Jugendlichen nachgeahmt, die weder Blechblasinstrumente noch Klaviere hatten, aber trotzdem ihre eigene Version des amerikanischen Swing spielen wollten. Tin-Whistle--Bands spielten an Straßenecken in Gebieten, die Weißen vorbehalten waren. Die Gefahr, verhaftet zu werden, erhöhte dabei den Reiz der Musik noch, von der sich rebellische Weiße, die als *ducktails* (Entenschwänze) bezeichnet wurden, magisch angezogen fühlten. Viele der Gruppen standen gleichzeitig auch Schmiere für die Betreiber von *shebeens*.

Kwela-Combos erspielten sich mit ihren Liveauftritten zwar eine große Fangemeinde, nahmen aber bis 1954 nur wenige Platten auf. 1954 entwickelten sich Spokes Mashinyanes Ace Blues zum afrikanischen Überraschungserfolg des Jahres, worauf sich weiße Produzenten rasch auf die Suche nach vielversprechenden schwarzen Bands begaben. Künstler wie Sparks Nyembe und Jerry Mlotshwa wurden populär. Der Hit *Tom Lark* von Elias Lerole and His Zig-Zag Flutes war sogar in Großbritannien zu hören, wo er sich 14 Wochen in den Charts halten konnte.

Anfang der 1960er-Jahre führte Mashinyane mit seinem Song *Big Joe Special* das Saxophon im Kwela ein, womit er gleichzeitig das Ende des Tin-Whistle-Booms einläutete und den Sax-Jive begründete. Sax-Jive entwickelte sich schon bald weiter zu Mbaqanga.

Mbaqanga

Das Saxophon rückte in den Mittelpunkt der südafrikanischen Jazzmusik, die zum Leidwesen der weißen Kwela-Fans nur in den Townships gespielt werden durfte. Die Entstehung von Mbaqanga („tägliches Brot") geht auf mehrere Musiker zurück: Joseph Makwela und Marks Mankwane, gefeierte Session-Musiker aus der Makhona Tshole Band, fügten den kaskadenartigen Rhythmen elektrische Gitarren (vor allem einen dröhnenden Funk-Bass) hinzu, während der Saxophonist und Produzent

West Nkosi das Tempo vorgab. Dieser ungeheuer populäre Sound lieferte den musikalischen Background für Sänger, deren Gesangsstil später (nach einem Tanzstil) Mqashiyo getauft wurde, obwohl er sich im Grunde nicht von Mbaqanga unterschied.

Mbaqangas unverkennbarer Gesang knüpfte an Gruppen aus den 1950er-Jahren wie die Manhattan Brothers und Miriam Makebas Skylarks an, die afroamerikanischen Doo-wop imitierten, aber nicht vierstimmige, sondern afrikanisierte fünfstimmige Harmonien verwendeten. In den 1960ern kam der stöhnende Gesang von Aaron „Jack" Lerole (bekannt durch Elias and His Zig Zag Jive Flutes) dazu, aber es war der brummende Bass von Simon „Mahlathini" Nkabinde und seine stimmlich bezaubernde Mahotella Queens (mit der Makhona Tshole Band als Begleitband), der eine ganze Generation inspirieren sollte, darunter auch Izintombi Zeze Manje Manje und die Boyoyo Boys. In jüngerer Zeit gründete Lerole die Band Mango Groove und ging mit der amerikanischen Dave Matthews Band vor seinem Tod 2003 auf Tour. Die Mahotella Queens sind immer noch gut dabei, wenn auch ohne Mahlathini, und der britische Musikproduzent Malcolm McLaren sampelte die Boyoyo Boys auf „Double Dutch", seinem britischen Hit von 1983.

Mbaqanga bleibt weiterhin ein wichtiger Impuls für die südafrikanische Musik; sein Einfluss ist überall zu erkennen, sei es im Soul und Reggae, R&B, Kwaito und natürlich im Jazz.

Die verstorbene Jazzikone Miriam Makeba singt ihr berühmtes Lied „Qongqothwane" (bzw. „Das Klicklied") in der Sprache der Xhosa.

Jazz

Der südafrikanische Jazz mit seinen Eigenarten hinsichtlich Aufbau, Harmonie und Melodie war zunächst eine Underground-Bewegung, die sich zum Ausdrucksmittel von Protest und Identität entwickelte. Im Exil lebende Stars wie die Sängerin Miriam „Mama Africa" Makeba, der Pianist Abdullah Ibrahim (alias Dollar Brand) und der Trompeter Hugh Masekela machten mit ihren Songs das Leiden eines Volkes publik. Die legendären Blue Notes unter der Leitung von Chris McGregor und dem Saxophonisten Dudu Pukwana waren nach ihrem Umzug ins ferne Großbritannien entscheidend an den Umwälzungen in der europäischen Jazz-Szene beteiligt. Im Land verbliebene Jazzmusiker kreierten neue Sounds und eroberten mit Jazz-Rock-Fusions, Latin-Mixes und Crossover aus Jazz und malaiischer Musik neue Fans.

Weltbekannte Musiker, die nach dem Ende des Anti-Apartheid-Kulturboycotts aus dem Exil wiederkamen, mussten sich anstrengen, um ihr südafrikanisches Publikum wieder für sich zu gewinnen. Die meisten haben jetzt eine ordentliche Fangemeinde in einer Mainstream-Musikszene. Makeba starb 2008 im Alter von 76 Jahren, was Masekela zum beständigsten musikalischen Botschafter seines Landes machte. Häufige

UNBEDINGT ANHÖREN!

Marabi – *von Marabi bis Disco*, verschiedene Künstler

Kwela – *King Kwela*, Spokes Mashiyane

Mbaqanga – *Kuze Kuse*, Soul Brothers

Jazz – *African Marketplace*, Abdullah Ibrahim

Gospel – *Tales of Gospel SA*

Neotraditionelle Musik – *Amakhansela*, Phuzekhemisi

Soul, Reggae und R&B – *Respect*, Lucky Dube

Bubblegum und Kwaito – *New Construction*, Bongo Maffin

Zef und neue Richtungen – *Father Creeper*, Spoek Mathambo

TOP 10: SÜDAFRIKANISCHE ALBEN

- *The Indestructible Beat of Soweto* – verschiedene Künstler
- *Jazz in Africa, Volume 1* – Jazz Epistles
- *Her Essential Recordings* – Miriam Makeba
- *Hope* – Hugh Masekela
- *The Best of Mahlathini and the Mahotella Queens*
- *Shaka Zulu* – Ladysmith Black Mambazo
- *Ibokwe* – Thandiswa Mazwai
- *Acceptance Speech* – Hip Hop Pantsula
- *Naledi Ya Tsela (Guiding Star)* – Vusi Mahlasela
- *The One Love Movement on Banto Biko Street* – Simphiwe Dana

Festivals, bei denen oftmals bekannte internationale Künstler auftreten (beispielsweise Erykah Badu und Level 42 beim 15th Cape Town International Jazz Festival 2014), bieten Bühnen, und die südafrikanischen Medien unterstützen das Ganze.

Bekannte einheimische Jazzer entwickeln ihre Musik weiter und arbeiten mit DJs, Künstlern, Dichtern und Tanzkompanien zusammen. Der verstorbene Saxophonist Zim Ngqawana, der im Coltrane-Stil spielte und bei der Amtseinführung von Nelson Mandela eine Gruppe von rund 100 Trommlern, Sängern und Tänzern anführte, nahm seine Inspiration aus einheimischen und ländlichen Traditionen so wie aus indischer, avantgardistischer und klassischer Musik. Vor seinem Tod 2011 gründete er das Zimology Institute auf einer Farm außerhalb Johannesburgs, um junge Jazzmusiker unter seine Fittiche zu nehmen und eine Alternative zur traditionellen Musikerausbildung zu bieten.

Ngqawanas ehemaliger Mitstreiter, der Pianist Andile Yenana, verbindet Traditionelles und Experimentelles mit dem Flair eines Thelonious Monk. Der bekannte Gitarrist Jimmy Dludlu, eine Art afrikanischer George Benson, nimmt sich die Zeit, um mit Musikschulabsolventen zu arbeiten. Aus Lesotho stammt Tsopo Tshola, der für seine frühe Zusammenarbeit mit der Maseru Band Sankomota und in jüngerer Zeit für Soloalben wie *The Village Pope* bekannt ist. Zu den prominenten Sängerinnen Südafrikas gehören Afro-Jazz Königin Pinise Saul, Sibongile Khumalo, Judith Sephumo sowie Xhosa-Sängerin Simphiwe Dana. Letztere wird aufgrund ihrer Verschmelzung von Jazz, Afro-Soul, Rap und traditioneller Musik die „neue Miriam Makeba" genannt. Viele Sängerinnen erfreuen sich auch großer Erfolge in einem anderen Genre, das seine Wurzeln mit dem Jazz teilt – dem Gospel.

Gospel

Der südafrikanische Gospel hat den größten Anteil am heimischen Musikmarkt – nicht zuletzt, weil 80 % der schwarzen Bevölkerung Christen sind. Er ist eine Mischung aus europäischer Chormusik, amerikanischen Einflüssen, A-cappella-Gesang der Zulu und anderen afrikanischen Traditionen, die Einzug in die Kirchengemeinden (Zionisten, Äthiopische Evangelische Kirche, Pfingstgemeinde und Neuapostolische Kirche) gefunden haben. Voller Lebensfreude, farbenfroh und ausgelassen, mit viel Rhythmus und Leidenschaft treten Gospel-Chöre in ganz Südafrika auf und bringen dabei sowohl große Bühnen als auch kleine Gemeindezentren zum Kochen. Wie bei vielen großen Chören gehört zum Soweto Gospel Choir eine etwa 30 Mitglieder umfassende Gruppe mit Trommlern und Tänzern. Der Chor feierte auch international große Erfolg und gewann 2007 und 2008 Grammys für die Alben *Blessed* und *African Spirit*.

Dieses riesige Genre teilt sich in traditionellen Gospel, wie ihn der International Pentecostal Church Choir (IPCC), Solly Moholo, Hlengiwe Mhlaba und Jabu Hlongwane verkörpern, und zeitgenössischen Gospel. Zu den Ikonen dieser Stilrichtung gehört die Gospellegende Rebecca „Ribs" Malope, die auch als Fernsehmoderatorin auftritt, die Zulu-Diva Deborah Fraser, die bereits mehrfach Platin erhalten hat, Reverend Benjamin Dube (auch „the Gospel Maestro" genannt) sowie der Pfarrer und ehemalige Straßenjunge aus Durban Andile Ka Majola. Bethusile Mcinga, deren „Uzundithwale" bei den Crown Gospel Music Awards 2014 als bestes Gospellied prämiert wurde, ist ein Name, den man sich merken sollte. Beliebte Swasi-Künstler sind u. a. France Dlamini, der „Vater des Swasi Gospel", Shongwe & Khuphuka und die Ncandweni Christ Ambassadors mit Frontmann Timothy Myeni, einem ehemaligen Parlamentsabgeordneten.

Zu den Vertretern der Gospelmusik gehört auch die Gruppe Ladysmith Black Mambazo, die 2009 einen Grammy für ihr Album *Ilembe: Honoring Shaka Zulu* gewonnen hat. Ihre Zulu-*isicathamiya*-Musik ist ein hervorragendes Beispiel dafür, wie sich ein einzigartiger Musikstil aus der Verschmelzung von traditioneller südafrikanischer und westlicher Musik entwickeln kann. Gloria Bosman, Sibongile Khumalo, Pinise Saul und andere schwarze Topkünstler aus Südafrika, die heute in einer Vielzahl von Stilrichtungen (Gospel, Jazz, Klassik, Oper) arbeiten, haben zuerst in Chören von Missionsschulen oder in der Kirche mit dem Singen begonnen. Andere wie Rebecca Malope kamen aus der Glitzerwelt des Pop zum Gospel.

Paul Simons *Graceland*-Album hat sich weltweit über 14 Millionen Mal verkauft. Trotz der Kontroverse darüber, dass er den Boykott Südafrikas durch internationale Musiker während der Apartheid gebrochen hatte, war dieses Album doch essenziell, um die Welt auf südafrikanische Musik aufmerksam zu machen.

Neo-traditionelle Musik

Außerhalb des städtischen Lebens in den Townships und abseits der Aufnahmestudios in den großen Städten haben traditionelle Musiker aus den Regionen Sotho, Zulu, Pedi und Tsonga eine dynamische soziale Musik entwickelt. Seit den 1930er-Jahren kombinieren sie den Ruf-und-Antwort-Gesang mit dem verträumten Sound der Zehn-Tasten-Konzertina, einem Instrument, manchmal auch als Handharmonika bezeichnet, das später im Zulu-Pop sein Comeback feiern konnte.

Maskanda (der *Maskandi*) ist eine rhythmische, sich wiederholende Form des Gitarrezupfens, die durch die Erfahrungen der Zulu als Wanderarbeiter entstand. Viele Migranten fertigten sich ein *igogogo,* ein Instrument, das aus Ölfässern hergestellt wird, an; der verstorbene *Maskanda*-Anhänger Shiyani Ngcobo benutzte ein *igogogo* in seinen Liveauftritten. Andere bekannte *Maskanda*-Künstler sind der Gitarrenvirtuose Phuzekhemisi, bei dessen Shows oftmals Dutzende Sänger, Tänzer und Instrumentalisten auf der Bühne stehen, das populäre Duo Shwi No Mtkehala und der poetische Bhekumuzi Luthuli, der 2010 verstarb.

Die fröhliche und leicht nach Latin klingende Tsonga-Musik hat normalerweise einen männlichen Leadsänger, der von einem Frauenchor, Gitarren, Synthesizern oder Percussion in einem selbstbewussten Diskobeat begleitet wird. Die bekanntesten Vertreter sind Doctor Sithole, George Maluleke, Conny Chauke und Fanie Rhingani.

Mit ihrem Crossover aus Traditional und Urban ist die junge Xhosa-Künstlerin Lungiswa eine der wenigen Musikerinnen aus Südafrika, die die *mbira* spielen. Die verstorbene Vorreiterin des Zulugesangs Busi Mhlongo vermischte traditionelle Zuluklänge mit Hip-Hop und Kwaito.

In Lesotho spielt Sotho Sound, eine Gruppe von Schäfern, auf Instrumenten, die aus Abfall hergestellt wurden: Geigen mit einer Saite *(qwadinyana),* Gitarren *(katara),* Trommeln aus alten Ölfässern, Autoreifen, Zweigen und einem Spülbecken. Beim Womad Festival in Großbritannien waren sie ein Hit, leben aber noch immer in Malealea, wo sie weiterhin komponieren und proben (und auch noch für die Gäste der Malealea Lodge aufspielen).

Aber wieder einmal ist es in Südafrika, wo ursprüngliche Musik mit allen nur vorstellbaren Stilrichtungen von Country, Blues, Rap (man beachte Hip Hop Pantsula und Molemi) und House (siehe DJs Black Coffee, Mbuso und Vinny da Vinci) bis zu Rock, Afro House, Reggae und Soul vermischt werden.

Soul, Reggae & R&B

Die amerikanisch geprägte Soulmusik der 1960er-Jahre hatte einen großen Einfluss auf die Teenager in den Townships. Die lokale Musikindustrie versuchte sich mit verschiedenen billigen Imitationen; die wenigen südafrikanischen „Soulgruppen“, die Erfolg hatten, schafften das mit einer Mischung aus Soul und *marabi*, wie die Movers, oder Soul- und E-Bass-Mbaqanga, wie die Soul Brothers, einer Band, die Dutzende von Nachahmern hervorgebracht hat. Zeitgenössischer südafrikanischer Soul wird oft als Mbaqanga eingeordnet: das Genre, in dem der Reggaestar Lucky Dube – der bei einem Carjacking 2007 in Johannesburg erschossen wurde – den Status eines afrikanischen Bob Marley erlangt hatte. In 25 Jahren nahm er 24 Alben in Zulu, Englisch and Afrikaans auf; in afrikanischen Geschäften und Märkten südlich der Sahara erhalten seine CDs immer noch einen Ehrenplatz.

Abgesehen vom Vermächtnis Dubes wird Reggae in Südafrika oft anderen Stilrichtungen wie Ragga und Kwaito zugeordnet; Bongo Maffin bringt Kwaito, House, Reggae, Ragga, Gospel und Hip Hop zusammen. Inzwischen ist der einheimische R&B mit großen Stars wie Loyiso Bala stark geworden. Die wunderbare Thandiswa Mazwai (Bongo Maffins ehemalige Frontfrau) tendiert mit ihrem zweiten Soloalbum *Ibokhwe* auch zum R&B. Der gefühlvolle Sound von Unathi Nkayi, DJane, Sängerin und Radiomoderatorin, scheint allgegenwärtig zu sein, während in Kapstadt die einheimischen Bands Goldfish and Freshlyground populär sind. Ihr lebhafter Kapstadtsound ist irgendwo zwischen Soul, Pop and Electro angesiedelt.

Bubblegum & Kwaito

Die Diskomusik aus den 1970er-Jahren hatte in den 1980er-Jahren als Bubblegum ein Comeback – clever, poppig und afrikanisiert. Mit Gesang im Vordergrund und direkt an die Jugend gerichtet, hatte dieser elektronische Tanzstil seine Wurzeln in Mbaqanga ebenso wie in Amerika. Was mit den Soul Brothers begann, verfeinerten Superstars wie die verstorbene Brenda Fassie, Sello „Chicco“ Twala und Yvonne „Princess of Africa“ Chaka Chaka. Chaka Chakas Lied „Umqombothi“, das nach einem Bier der Xhosa benannt ist, war der Soundtrack zum Film *Hotel Rwanda* (2005). Die Beliebtheit von Bubblegum flaute in den 1990ern ab und an seiner Stelle explodierte Kwaito – was in Isicamtho, dem Slang des Gauteng Township, „cool“ bedeutet, eine Verfälschung des afrikaanse Wort *kwaai (*streng oder wütend).

Kwaito – die Musik des jungen, schwarzen urbanen Südafrika – ist ein aufregender Stil-Mix aus Bubblegum, Hip-Hop, R & B, Ragga, Mbaqanga, traditioneller Musik, Jazz sowie britischer und amerikanischer House Music. Außerdem hat sie eine Modebewegung, eine Geisteshaltung und einen Lebensstil begründet. In einem Sprachmix aus Englisch, Zulu, Sesotho und Isicamtho wird meist über programmierte Beats und Backing-Tapes gerappt oder gesungen. Das Spektrum der Kwaito-Texte reicht von belanglos bis sozialkritisch. Durch seine einzigartige Verbindung hat Kwaito die Aufmerksamkeit des neuen Südafrikas auf sich gezogen, und die Musikrichtung scheint noch ganz lebendig zu sein, auch wenn immer wieder die Frage aufgeworfen wird, ob Kwaito nicht eigentlich schon am Ende sei. Künstler wie Zola, Boom Shaka, Mapaputsi, Spikiri und Trompies waren die Wegbereiter; die heutigen Vertreter sind Mandoza, Thokozani „L'vovo Derrango" Ndlovu, Big Nuz und Howza.

Zef & Neue Trends

Zwei Künstler, die ihre eigenen Stilrichtungen entwickelt haben und dabei auch internationalen Erfolg hatten, sind Die Antwoord und Spoek Mathambo. Beide haben sich dabei als geschickt erwiesen, Südafrikas einzigartige und wenig bekannte Subkultur einer internationalen Hörerschaft zugänglich zu machen. Die Antwoord („die Antwort"auf Afrikaans) mit Ninja (Watkin Tudor Jones) und Cyberpunk Elfe Yolandi Visser (Anri du Toit) haben unter dem Banner von Zef einen rauen, futuristischen Sound mit passendem Image erschaffen. Der Begriff Zef wurde lange verwendet, um die Kultur der weißen Südafrikaner mit geringem Einkommen zu beschreiben (allerdings ohne die negativen Konnotationen von „bogan" in Australien oder „chav" im Vereinigten Königreich). Die Antwoord machten sich das Wort für ihren frenetischen Rap-Rave und ironischen *white-trash* Look zu eigen. Ein weiterer Zef-Künster ist der Rapper Jack Parow, quasi eine afrikaanse Version der britischen Gruppe The Streets. Selbst beschreibt er sich als „der Pirat des Campingplatzes" und besingt das Leben in den Vorstädten Kapstadts. Die Antwoord aber spielen derzeit in Südafrika in einer eigenen Liga. Sie sind international mit Größen wie Aphex Twin auf Tour gegangen und erschaffen in ihren Musikvideos verstörende Visionen. „Enter the Ninja", „I Fink U Freeky" und „Ugly Boy" sind auf YouTube zu finden.

Bei den Kirstenbosch Summer Sunset Concerts treten Künstler wie Hugh Masekela im zauberhaften Ambiente des Botanischen Gartens von Kapstadt auf.

Spoek Mathambo nennt seinen Sound, der elektronische Beats, Lo-Fi-Gitarren und afrikanische Einflüsse verbindet, „township tech". Sein zweites Album, *Father Creeper* (2012 beim US-amerikanischen Label Sub Pop erschienen), verkörpert das sprachliche Gemisch in den Townships, denn er wechselt zwischen schwarzafrikanischen Sprachen, Englisch, Afrikaans, westlichen Anspielungen und südafrikanischen Themen hin und her. Im Ausland hat er ein gewisses Maß an Erfolg erzielt, u. a. als er das Lied „She's Lost Control" der britischen Post-Punkband Joy Division gecovert hat und bei Damon Albarns Africa Express Tour 2012 aufgetreten ist.

In Südafrika ist das Recht aller– seien es schwarze Jugendliche oder weiße Rocker der Mittelklasse – auf Ausdrucksfreiheit nicht mehr der Luxus wie es noch zur Zeit der Apartheid gewesen war. Diese Freiheit fand zuerst in der Musikszene ihren Ausdruck – einer Musikszene, die immer noch wächst und gedeiht und sich ständig in vielfältigen und spannenden Weisen neu erfindet.

Lesotho & Swasiland

In Swasiland, wo Tausende barbusige Jungfrauen vor dem polygamen Absolutherrscher König Mswati III. an der uralten, aber umstrittenen *umhlanga* (Reet) Tanzzeremonie mitwirken, geht es nicht so liberal zu wie in Südafrika. Nichtsdestotrotz pulsiert auch hier die Musikszene. Der König ist schon seit Langem Gastgeber für Benefizkonzerte mit internationalen Stars (wie etwa Eric Clapton) und einheimischen Künstlern. Musik, wie er sagt, „is a healing weapon for a depressed soul as well as an expression of joy" (wörtlich: eine heilende Waffe für eine schwermütige Seele sowie ein Ausdruck der Freude).

Die traditionelle Musik Swasilands wird anlässlich von Ernten, Hochzeiten, Geburten und anderen Anlässen gespielt. Aber die Klänge Südafrikas beeinflussen unausweichlich auch die kleineren Nachbarländer. Daher gibt es in Swasiland natürlich auch einheimische Chöre, Jazz, Afropop, Rock, eine Hip-Hop Szene und vor allem Gospel. Beachtenswerte Swasi-Künstler reichen von African House DJ Simza und Rapperin Pashu – alias Princess Sikhanyiso, König Mswatis älteste Tochter – bis hin zu den französisch-swasi-stämmigen Jazzern Lilanga, der schönstimmigen Soulsängerin Bholoja und der Gospeltruppe The Ncandweni Christ Ambassadors.

Oben in Lesotho erklingt überall Musik. Chöre sind sehr beliebt, ebenso Reggae und *famo* (Gesang, oft mit Ululationen (langer, hoher und heulender Klang mit schnell schwankender Tonhöhe), begleitet von Akkordeon, Trommel und manchmal auch einem Bass), außerdem Afropop, Jazz und Kwaito. Das Volk der Basotho liebt seine Lieder und Instrumente: Die Kinder in den Dörfern singen sich in Chören die Seele aus dem Leib, Hirtenjungen spielen auf ihren *lekolulo* Flöten und singen in reinen, tonsicheren Stimmen, Frauen spielen das Saiteninstrument *thomo* und Männer die *setolo-tolo*, eine Art verlängerte Maultrommel.

Essen & Trinken

Man nehme einen Schuss schwarze Magie, eine Prise holländischer Deftigkeit, einige indische Gewürze und ein paar malaiische Geheimnisse, und heraus kommt ein bunter, kultureller Mix, der in einem *potjie* (Topf) voller kulinarischer Einflüsse vor sich hinköchelt – und fertig ist die südafrikanische Küche.

Die Ureinwohner ernährten sich von Tieren, die sie jagten, von Meeresfrüchten, die sie an den Stränden sammelten und aus dem Meer fischten, sowie von unzähligen Gemüsesorten und Knollengewächsen. Als die Holländer für die Besatzungen der am Kap vorbeifahrenden Schiffe frisches Obst und Gemüse brauchten, ließen sie sich am Kap nieder und legten ihre berühmten Gemüsegärten an (heute bilden sie den Company's Garden von Kapstadt). Ihre herzhafte Küche wurde u. a. mit Muskat, Zimt, Kassie und Reis aus ihren asiatischen Kolonien ergänzt. Malaiische Sklaven aus Madagaskar, Java und Indonesien brachten aus ihrer Heimat Würze und Schärfe mit und peppten die zunächst eher fad schmeckende Küche auf.

Etwas *padkos* („Straßenessen") gefällig? Die klassische südafrikanische Auswahl wäre: ein oder zwei Kartons mit Natursäften zusammen mit *biltong, droëwors* (getrocknete Würstchen), einem oder zwei hartgekochten Eiern und getrockneter Guave.

Das Kap war der Geburtsort der südafrikanischen Küche, aber ebenso wichtig war KwaZulu-Natal: Dort siedelten sich Schwarze aus anderen, weiter nördlich liegenden afrikanischen Regionen an, außerdem britische Siedler und Bewohner von der Insel Mauritius, die ihre exotischen Pflanzen in Südafrika kultivierten und die würzigen Tomatensoßen einführten. Hinzu kamen Mitte des 19. Jhs. die indischen Gastarbeiter mit den typischen Gewürzen ihrer Landesküche.

Während Chefköche sich mit neuem Elan auf ihre kulinarischen Traditionen zurückbesinnen, gibt es auch eine „Zurück-zu-den-Wurzeln"-Bewegung. Die innovativsten Köche wie etwa Shaun Schoeman vom Fyndraai Restaurant (S. 121) des Solms-Delta-Weinguts in Franschhoek werden zunehmend auch Gärtner. Sie pflanzen Gemüse und Kräuter selbst an, um direkten Zugang zu tadellosen Produkten zu haben, die ihre Gerichte verfeinern. Und es sind nicht nur die Köche – auch die Allgemeinheit kauft zunehmend gerne mit Blick auf ökologische Belange und Nachhaltigkeit Lebensmittel von örtlichen Produzenten auf Wochenmärkten, von lokalen Brauereien oder kleinen Käsereien.

Daraus ergibt sich eine unvergleichliche Kombination: Die Köche von heute und ihre Kundschaft wertschätzen die verführerischen Lebensmittel, für die Südafrika bekannt ist, und freuen sich, wenn aus den Zutaten überraschende, bunte und unwiderstehlich leckere, moderne Gerichte zubereitet werden.

Feste rund ums Essen

- *Olive Festival / Olivenfest, Riebeek Kasteel (Mai)*
- *Oyster Festival / Austernfest, Knysna (Juli)*
- *Meat Festival / Fleischfest, Calvinia (August)*
- *Cherry Festival / Kirschfest, Ficksburg (November)*
- *Crayfish Festival / Langustenfest Paternoster (November)*

Typisches & Spezialitäten

Forelle aus Mpumalanga, *mealies* (Maiskolben) aus Gauteng, *umngqusho* (ein Mais- und Bohneneintopf) aus der Provinz Eastern Cape, Wild und Kirschen aus der Provinz Free State, Mais- oder Hirsebrei aus Swasiland und Lesotho, Currygerichte aus Durban, Langusten von der Westküste und saftiger Lammbraten aus der Karoo – die Vielfalt an Gerichten ist beeindruckend.

LEBENSMITTELMÄRKTE

Südafrikas Vorliebe für Lebensmittel direkt vom Erzeuger zeigt sich ganz deutlich in den Wochenmärkten, die es im ganzen Land gibt. Im Angebot sind hier Biogemüse, frisches Brot, handgemachter Käse und eine riesige Auswahl an Soßen, Marmeladen und Mariniertem zum Mit-nach-Hause-Nehmen. Aber auf den Märkten geht es nicht nur darum, für Zuhause einzukaufen, sondern auch um das Essen selbst. Die Händler verkaufen alles von Kichererbsenpfannkuchen bis zu Paella, von delikaten Dim Sum bis hin zu herzhaften Sandwiches mit Biofleisch. Alkohol aus kleinen Brennereien oder Brauereien ist überall zu haben, und manchmal gibt es kleine Extras wie Livemusik, Kunsthandwerk oder eine Kinderspielecke. Die meisten Märkte finden am Wochenende statt und sind in Kapstadt und den Winelands zu finden, aber eigentlich kann man überall über einen Markt stolpern, sei es in den kleinen Orten entlang der Garden Route oder in den größeren Städten wie Bloemfontein und natürlich Johannesburg.

Die Karoo ist für ihr außergewöhnlich gutes Lammfleisch berühmt, und vielfach wird Fleisch fälschlicherweise als Karoofleisch etikettiert. Ein neuer Herkunftsnachweis ist entwickelt worden, um sicherzustellen, dass das Lammfleisch aus der Karoo strikten Standards entspricht. Mehr Infos unter www.karoomeatoforigin.com.

Weit zurück bis in die Zeit der Burentreks reicht die Tradition des haltbaren Reiseproviants – sei es in Form von *biltong* (getrocknete Streifen Pökelfleisch, das in Swasiland *umncweba* genannt wird), *rusks* (Zwieback zum Eintunken), getrocknetem Obst und *boerewors* (Bauernwürste), die durch Gewürze und Essig konserviert und teilweise auch luftgetrocknet werden.

In der Küche am Kap treffen malaiische Einflüsse auf niederländische Klassiker. Das Ergebnis sind Gerichte wie *bobotie* (süß-saures Hackfleisch mit Reis), Geflügelpastete (*chicken pie*) und *bredies* (Lamm- und Gemüseeintopf). Zum Nachtisch kommen Malva-Pudding (Rührteigkuchen mit süßer Soße) oder *melktert* (eine Art Puddingtörtchen) auf den Tisch, meist mit Zimt bestäubt.

Die schwarze Küche basiert weitgehend auf den Grundnahrungsmitteln Mais, Hirse und Bohnen, angereichert durch *morogo* (ein Blattgemüse) oder *imfino* (aus Maismehl und Gemüse) und gekocht mit Zwiebeln, Erdnüssen und Chili.

Die von indischen Auswanderern geprägte südafrikanische Küche besticht mit köstlichen Currygerichten und *breyanis* (ähnlich den *biryanis* mit gebratenem Reis und Fleisch), teilweise kommt es aber auch zu geglückten Vermischungen mit der sogenannten Kapmalaiischen Küche: So schmecken die Currygerichte in Durban heute deutlich schärfer als die Currys in Kapstadt.

Was jedoch alle Südafrikaner miteinander verbindet, ist die Liebe zum *braaing*, zum Grillen. Gegrillt wird meist Fleisch und Gemüse – seien es nun Lammkoteletts, *sosaties* (scharf gewürzte Fleischspieße), *boerewors*, Maiskolben oder Süßkartoffeln. Überall im Land wird gebrutzelt – in den Townships, auf dem Land und in den Städten.

Kochbücher sind in Südafrika ein gutes Geschäft, auch die südafrikanischen Starköche Pete Goffe-Wood, Justin Bonello, Reuben Riffel und Jenny Morris sind unter die Autoren gegangen.

Nationalgerichte

Mealie pap (Maisbrei) ist das am häufigsten in Südafrika, Lesotho und Swasiland gegessene Gericht. Je nachdem, wo man es bekommt, ist es dünn- oder dickflüssiger und schmeckt für europäische Zungen ziemlich fad. Allerdings macht es satt und ist in Verbindung mit einer guten Sauce oder einem Eintopf durchaus lecker. *Samp* – getrocknete und zerstampfte Maiskörner – erfüllt in Verbindung mit Bohnen die gleiche Rolle und wird mit Gemüse oder einem Fleischeintopf gegessen.

Fast überall bekommt man Reis und Kartoffeln, auf den Tellern der Restaurants wird oft beides zusammen serviert. Seien es *roosterkoek* (Brot, das traditionell im *braai* gebacken wurde) oder Panini – Brot schmeckt in Südafrika gut und wird in einer großen Vielfalt angeboten.

Fleisch

In bestimmten Regionen Südafrikas gilt Fleisch als fester Bestandteil der Mahlzeiten. Afrikaaner verspeisen *boerewors* (Würstchen) oder Rinderhack bereits zum Frühstück, und oftmals hört man Leute scherzen, dass Hühnchen eigentlich ein Gemüse und kein Fleisch sei. Zusätzlich zum traditionelleren Rind- und Lammfleisch ist auch Wild im Angebot, beispielsweise Strauß, Springbock und Kudu. Steaks sind ganz besonders zu empfehlen.

Meeresfrüchte

Angesichts der Tatsache, dass Südafrika von zwei Ozeanen umgeben wird, ist es erstaunlich, dass das Land unter Liebhabern von Fisch- und Meeresfrüchtegerichten nur einen bescheidenen Ruf als kulinarische Destination genießt. Dennoch kann man in Kapstadt, in der Provinz West Coast und entlang der Garden Route durchaus köstliche Fischgerichte bestellen. Zu den Highlights zählen gut gewürzte Fischeintöpfe, *snoekbraai*, Muscheln, Austern und sogar Hummer. Sehr beliebt in der Kap-Küche ist eingelegter Fisch, in Swasiland gibt es oft Garnelen, die allerdings aus dem benachbarten Mosambik stammen. An der Westküste sollte man vor allem nach *bokkoms* Ausschau halten, in Salz eingelegten, sonnengedörrten Meerbarben.

Reisende sollten in Lesotho nach *motoho* (einem gegorenen-Sorghumbrei) Ausschau halten; in Swasiland gibt es die Varianten *sishwala* (Brei aus Mais und Bohnen, wird meist mit Fleisch oder Gemüse gegessen) und *incwancwa* (leicht gegorener Maisbrei).

Getränke

Wasser

Leitungswasser ist in südafrikanischen Städten in der Regel trinkbar. In ländlichen Gebieten (oder überall, wo die örtlichen Gegebenheiten darauf schließen lassen, dass das Wasser kontaminiert sein könnte) sowie in ganz Swasiland und Lesotho, ist es besser, das Wasser zu entkeimen oder Flaschenwasser zu verwenden.

SÜDAFRIKANISCHE INITIATIVE FÜR NACHHALTIGE FISCHEREI

Seitdem mehr und mehr Menschen Fisch als gesunden Proteinlieferanten vorziehen, wird befürchtet, dass die Fischvorkommen rund um die südafrikanische Küste (und darüber hinaus) nicht nachhaltig Bestand haben werden. Überfischung und die Verwendung unangebrachter Fischereimethoden beeinträchtigen viele Fischpopulationen.

Mit innovativer Weitsicht hat der südafrikanische Zweig des World Wide Fund for Nature (WWF) 2004 die Southern African Sustainable Seafood Initiative (SASSI) gegründet, um den Menschen zu vermitteln, welche Fische nicht gefährdet sind (Grüne Liste), welche nur bedingt verzehrt werden sollten (Orangefarbene Liste) und welche bereits so bedroht sind, dass es illegal ist, sie zu fangen (Rote Liste).

Die gute Nachricht ist, dass die meisten Fischarten, die in südafrikanischen Restaurants serviert werden, auf der Grünen Liste stehen: Snoek, Cape yellowtail (Stachelmakrele), Thunfisch, Dorade, Angelfish (Brachsenmakrele) und Hake (Seehecht). Meerestiere, die intensive Fischerei nicht überstehen könnten und daher auf der Orangefarbenen Liste stehen, sind Westküstenlanguste, Perlemoen (Midasohr), Haarder (Meeräsche), Krabben, die Meerbrassenarten Red roman und White stumpnose, Geelbek (Kaplachs), Kingklip, Kob (Umberfisch) und Schwertfisch. Zwar dürfen sie in Restaurants verkauft werden, man sollte sich als Gast aber vielleicht zurückhalten. Absolut verboten sind Galjoen (Galeonenbarsch), White musselcracker (Muschelknacker), die Meerbrassenarten Steenbras und Stumpnose sowie Blauflossen-Thunfisch.

Glücklicherweise muss man sich nicht jede Fischart merken, um sich im Restaurant umweltfreundlich entscheiden zu können. Wer eine SMS mit dem Namen der Fischsorte an ☎079 499 8795 schickt, erhält sofort die Rückmeldung, ob die Wahl gut ist oder nicht. Mehr Infos befinden sich unter www.wwfsassi.co.za.

Bier

Die besten Mikrobrauereien

Devil's Peak

Cape Brewing Company

Standeaven

Brauhaus am Damm

Copperlake

Bier ist hier Nationalgetränk. Der zweitgrößte Brauereikonzern der Welt, SAB Miller, stammt aus Südafrika und betreibt in jeder der größeren Städte riesige Brauereien. Helles Bier steht hier schon lange hoch im Kurs: Castle und Black Label sind die Bestseller, und Castle Lite ein neuer Favorit. In den letzten Jahren hat aber auch obergäriges Bier mehr Anhänger gefunden. Und eine „Craft-Bier"-Revolution hat das ganze Land erfasst. Inzwischen führt jede Provinzbar im Northern Cape das Bier von etwa 150 Brauereien im Angebot. Größere Marken wie Boston Breweries, Cape Brewing Company, Darling Brew, Jack Black und Mitchell's sind überall anzutreffen, während die Mikrobrauereien in der Regel nur so viel produzieren, um ihr eigenes Dorf oder ihre Stadt zu versorgen. Zu finden sind auch ungewöhnliche Biere, bei deren Herstellung Pflanzen der Region wie Rooibos oder *buchu* (ein Medizinkraut mit starkem pfefferminzartigem Geschmack) verwendet werden, um einzigartige südafrikanische Geschmacksnuancen zu erzeugen.

Apfelwein aus kleinen Mostereien ist ebenfalls schwer im Kommen, vor allem im Elgin Valley am Western Cape. Besonders zu empfehlen: Windermere und Everson's.

Bier gibt es in Flaschen (oder Dosen) ab 20 R, ein Bier vom Fass kostet in Kneipen ab 25 R. Craft-Biere sind etwas teurer.

Wein

Jährlich erscheint der *John Platter Wine Guide*, der angesehene Weinführer für südafrikanische Weine. Siehe außerdem www.wineonaplatter.com, wo es eine Menge Informationen über Weinstraßen am Kap gibt.

Südafrikanische Weine werden seit 1659 gekeltert, mittlerweile haben die Winzer einen hohen Grad an Perfektion erreicht: Ihr Wein ist qualitativ sehr gut und dennoch bezahlbar. Besonders zu empfehlen sind die trockenen Weißweine – etwa Sauvignon Blanc, Riesling, Colombard und Chenin Blanc. Zu den empfehlenswerten Rotweinen zählen Cabernet Sauvignon, Pinotage (eine Mischung aus Pinot und Cinsault, bekannt unter dem Namen Hermitage), Shiraz und Pinot Noir. Alle Weine sind zertifiziert und dürfen nur mit dem Namen des Weinguts, der Kellerei und der Herkunft verkauft werden.

Wie in der ganzen Welt darf auch in Südafrika kein Champagner unter diesem Namen verkauft werden, aber eine Reihe von Winzern keltern aus den Sorten Chardonnay und Pinot einen Schaumwein nach der *méthode champenoise.*

Eine Flasche Wein kostet im Weinhandel ab 60 R, im Restaurant das Doppelte. Das Glas Wein ist oft ab 35 R zu haben.

Spirituosen

Wer ein Getränk aus destillierten Weintrauben vorzieht, hat in den Weingütern des Kaps mehrere Branntweine von Spitzenqualität zur Auswahl,

A LEKKER BRAAI

Das *braai* (Grillen) wird landesweit zelebriert und ist das wichtigste gesellschaftliche Ereignis rund ums Essen. Sogar der offizielle Feiertag Heritage Day (24. September) wird inzwischen Braai Day genannt.

Zu einem *braai* bringen Gäste üblicherweise eine Flasche ihres Lieblingsgetränks mit. Manchmal sorgt der Gastgeber für das Grillfleisch, aber oftmals bringen auch die Gäste Fleisch, Beilagen oder Nachtisch mit. Bei einem *braai* geht es ziemlich entspannt zu und Freizeitbekleidung ist an der Tagesordnung. Meistens kümmern sich die Männer um das Grillen, während die Frauen die Salate machen.

Jan Scannell, besser bekannt als Jan Braai, ist das Aushängeschild dieses Nationalvergnügens und die treibende Kraft hinter dem Braai Day. Sein Buch *Fireworks* ist ein guter Einstieg, um die hohe Kunst des Grillens über dem Kohlefeuer zu erlernen.

KOCHKURSE

Das Gourmetparadies Kapstadt ist ideal, um an einem Kochkurs teilzunehmen.

Andulela (☎021-418 3020; www.andulela.com) Im Paket enthalten sind ein halbtägiger Cape Malay Kochkurs im Bo-Kaap (795 R), Brotbacken in den Winelands (1395 R) und eine afrikanische Kochstunde (795 R) in einem Zuhause in der Township Guguletu, wo es um die Zubereitung traditioneller Xhosa Gerichte geht.

Bo-Kaap Cooking Tour (☎074 1308 124; www.bokaapcookingtour.co.za; pro Person 600 R) Nach einem geführten Spaziergang durch das Bo-Kaap sowie einem kurzen und entspannten Gewürzeshopping gibt Zainie in ihrer Küche eine praktische Kochstunde zu den Cape-Malay-Gerichten.

etwa KWV oder Van Ryn's. Brandy mit Cola ist in weiten Teilen des Landes ein besonders beliebtes Getränk.

Mampoer (selbst gebrannter Obstlikör) und *witblits* (auf Traubenbasis, vergleichbar mit Grappa) sind in ganz Südafrika zu finden, aber bei einem Alkoholgehalt von über 50 % sollte man dieses hochprozentige Getränk doch mit etwas Vorsicht genießen.

Besser sind da per Hand hergestellte Spirituosen aus den Boutique-Brennereien, die es zunehmend gibt. Zu empfehlen sind beispielsweise Jorgensen's und Inveroche im Western Cape – Letztere veredeln ihr Ginsortiment mit *Fynbos*-Pflanzen.

Wohin zum Essen?

Wer in umwerfendem Ambiente sehr gut speisen möchte, ist in den Winelands genau richtig. Entlang der Küste des Western Cape servieren gastronomische Betriebe am Strand mehrgängige Fisch-*braais* – und alle Gerichte werden vor den Augen der Gästen zubereitet. Ein Highlight des Besuchs in einer Township ist es, in einem B&B traditionelle Hausmannskost zu probieren. Zusätzlich zu spezialisierten Restaurants hat jede größere Stadt auch mehrere Lokale im Angebot, die westliche Einheitsküche zu Einheitspreisen (ab 75 R) anbieten. Viele Restaurants haben eine Alkohollizenz, aber meistens können Gäste auch den eigenen Wein mitbringen. Nur wird dann meist eine Korkgebühr fällig.

In größeren Städten existieren natürlich auch Cafés, in denen neben Cappuccino und Sandwiches einige kleine Speisen bestellt werden können. In ländlichen Gegenden findet man *kaffies* (Cafés) – kleine Eckläden, die Softdrinks, Pommes, Grundnahrungsmittel und Holzkohle zum Grillen verkaufen. Die meisten sind von 8 bis 17 Uhr geöffnet.

In größeren Städten gibt es zahlreiche Pubs und gehobene Cocktail-Lounges, jede Kleinstadt hat zumindest ein Hotel mit einer Bar. In den Townships trifft man sich am liebsten in den *shebeens*: Diese einst illegalen Kneipen besitzen auch heute oft noch keine Schankerlaubnis. Überall in Südafrika und in größeren Städten in Lesotho und Swasiland werden alkoholische Getränke in sogenannten *bottle stores* und Supermärkten (außer sonntags) verkauft; mittlerweile findet man sogar vereinzelt Läden, die am Sonntag Alkohol zum Kauf feilbieten.

In Lesotho zeigen bunte Fahnen in den Dörfern an, dass hier selbst gebrautes Bier oder selbst zubereitetes Essen verkauft wird – weiß steht für Sorghumbier, gelb für Ingwersorghumbier, grün für Gemüse und rot für Fleisch.

Vegetarier & Veganer

Südafrika ist ein Land der Fleischliebhaber, trotzdem bieten die meisten Restaurants mindestens ein vegetarisches Gericht auf ihrer Karte an. In größeren Städten findet man aber auch vegetarische Restaurants. Viele Cafés kochen auf Bestellung auch vegetarisch für ihre Gäste, Gleiches gilt für indische und italienische Restaurants, wobei allerdings viele Pastasaucen Tierfette enthalten.

In größeren Städten verkaufen Bioläden Tofu, Sojamilch und ähnliche Produkte, die Angestellten kennen auch die Adressen von vegetarierfreundlichen Restaurants.

Vegan essen zu gehen ist dagegen schon etwas schwieriger: Die meisten fleischlosen Gerichte enthalten Käse, außerdem sind auch Eier und Milch häufige Zutaten. Reformhäuser sind da noch die beste Lösung, allerdings sind die meisten abends und sonntags geschlossen. Größere Supermärkte haben Sojaprodukte im Angebot. Nüsse und Obst sind überall erhältlich, und im ganzen Land bieten Straßenverkäufer Obst und Gemüse der Saison an.

In Lesotho und Swasiland bestehen zahlreiche Gerichte aus Bohnen, Erdnüssen und anderen Hülsenfrüchten und werden meist mit anderem Gemüse serviert.

Ukutya Kwasekhaya: Tastes from Nelson Mandela's Kitchen, von Xoliswa Ndoyiya, beinhaltet die traditionellen Rezepte, die Madiba mochte. Xoliswa, Mandelas Leibköchin, hat im Buch afrikanische Rezepte wie *umqusho* (Mais und Bohnen) und *umsila wenkomo* (Ochsenschwanzgulasch) sowie internationale Gerichte aufgenommen.

Sprachführer Essen

Wer sich in der landesüblichen Küche auskennen und *potjie* von *umphokoqo* und *skilpadjies* von *sosaties* unterscheiden möchte, sollte sich sprachlich schlaumachen.

Was steht auf der Karte?

Zwar werden die folgenden Gerichte nicht alle auf derselben Karte zu finden sein, aber sie gewähren doch einen Einblick in die große Vielfalt der südafrikanischen Küche.

Essen

Fleischgerichte

bobotie – Überbackener Curry- und Hackfleischauflauf mit einer Ei-Milch-Kruste. In der Regel wird er auf einer Schicht Reis mit etwas Chutney serviert

boerewors – Die würzige Wurst wird traditionell aus Rind- und Schweinefleisch mit Gewürzen und viel Fett hergestellt. Sie ist wichtiger Bestandteil eines *braai* und wird oft von Straßenverkäufern als Hotdog angeboten

bredie – Herzhafter Eintopf der Buren, traditionelle Zutaten sind Lammfleisch und Gemüse

breyani – Das hinduistisch und malaiisch beeinflusste scharfe Gericht ist ein Reis-Linsenauflauf mit Fleisch und ähnelt dem indischen Biryani

eisbein – Eisbein

frikkadel – Frikadelle

mashonzha – Der Venda-Name für *Mopane*-Raupen. Die Venda essen die Raupen mit *dhofi* (Erdnusssauce)

mopane worms – Die Raupen finden sich auf Mopane-Bäumen. Zunächst werden die Beine abgetrennt, dann wird der Rumpf getrocknet und knusprig gebraten serviert (s. auch *mashonzha)*

potjiekos – Fleisch und Gemüse wird stundenlang in einem dreibeinigen Kochtopf über einem Feuer gegart. Dazu isst man *potjiebrood*, dessen Teig in einem anderen Topf angerührt und dann über dem Feuer gebacken wird

skilpadjies – Wörtlich: „kleine Schildkröten"; Lammleber wird in die Häute von Tiereingeweiden gewickelt und dann gebraten

smileys – Slang-Ausdruck für gekochten und gebratenen Schafskopf, der oft in ländlichen Gegenden verkauft wird

sosatie – In Knoblauch, Tamarindensoße und Currygewürzen marinierte Lammfleischstücke, die anschließend mit Zwiebeln und Aprikosen auf einem Spieß gegrillt werden. Das ursprünglich malaiische Gericht findet man auch in der Variation mit Hühnchenfleisch

venison – Wild bedeutet in Südafrika häufig Antilopenfleisch (meist Springbock), es kann aber auch Kudu, Elenantilope, Blessbock oder ein anderes afrikanisches Wildtier serviert werden

vienna – Eine herzhaft gebratene rote Wurst, die in der Regel aus Schweinefleisch gemacht wird

Was für den schnellen Hunger gefällig? Wie wäre es mit gegrilltem *mealie* (Maiskolben) oder Durbans sättigenden *bunny chow* (Curry-to-go: ein ausgehöhlter halber Brotlaib mit Curryfüllung).

waterblommetjie bredie – Kapmalaiischer Eintopf mit Lamm, den Blüten des Cape Pondweed (*Aponogeton distchyos*, Afrikanische Wasserähre), Zitronensaft und Sauerampfer

Curryarten, Aromen & Gewürze

atchar – Kapmalaiisches Gericht mit eingelegten Früchten und Gemüse, abgeschmeckt mit Knoblauch, Zwiebeln und Curry
chakalaka sauce – Würzige Sauce auf Tomatenbasis, abgeschmeckt mit Zwiebeln, *piri-piri*, grünen Paprikaschoten und Curry, wird oft zu Pap u. a. gegessen
curry – Das Curry ist genau so gut wie in Indien. Wer es scharf mag, sollte nach Durban fahren – in Kapstadt wird es etwas milder gekocht
peri-peri/piri piri – Scharfer Pfeffer
samoosa – Scharfes indisches Gebäck, gefüllt mit Kartoffeln und Bohnen, manchmal auch mit Hackfleisch oder Hähnchen

Brot & Süßspeisen

koeksister – Ein zu einem Zopf geflochtener Doughnut, der in Sirup getaucht wird (ziemlich klebrig und figurerweiternd); die Vkapmalaiische Version ist leichter, dafür stärker gewürzt und mit Kokosnuss bestreut
konfyt – Obstmarmelade
malva pudding – Leckerer weicher Kuchen; wird manchmal auch Essigpudding genannt, da er traditionell mit Essig und Aprikosenmarmelade hergestellt wird
melktert – Eine mächtige Milchtarte aus Milch, Eiern, Mehl und Zimt
roosterkoek – Brot, das traditionell auf dem *braai* zubereitet wird
rusk – Doppelt gebackener und besonders harter Keks, ideal zum Tunken
vetkoek – Ein frittierter Teigballen, manchmal mit Hackfleischfülling; heißt auf Xhosa *amagwinya*

Körner, Hülsenfrüchte & Gemüse

amadumbe – Die jamsähnliche Kartoffel ist ein Grundnahrungsmittel in KwaZulu-Natal
imbasha – Die Delikatesse der Swasi wird aus geröstetem Mais und Nüssen hergestellt
imifino – Xhosa-Gericht aus Maismehl und Gemüse
mealie – Gegrillter Maiskolben, beliebt als Snack zwischendurch
mealie meal – Fein gemahlener Mais
mealie pap – Maisbrei, schmeckt am besten mit einer Soße oder Eintopf
morogo – Grüne Blätter, gekocht und gewürzt und mit Pap angerichtet. Das Gericht wird von den Xhosa auch *imifino* genannt
pap and sous – Maisbrei, wird mit Tomaten- und Zwiebel- oder Bratensoße gegessen
phutu – Zulu-Gericht aus krümeligem Maisbrei, der oft mit gesäuerter Milch gegessen wird. Die Xhosa nennen es *umphokoqo*
samp – Mischung aus Mais und Bohnen (s. *umngqusho*)
tincheki – Gekochte Kürbiswürfel mit Zucker, sehr beliebt in Swasiland
ting – Hirsebrei, beliebt bei den Tswana
umngqusho – Gekochte Maisgrütze (getrocknete und dann zerkleinerte Maiskörner), wird anschließend mit Bohnen, Salz und Öl gemischt und geköchelt – eine Xhosa-Delikatesse, die in Lesotho *nyekoe* genannt wird
umvubo – Gericht aus Sauermilch und Maismehl

Fisch

kingklip – auszeichneter Fisch mit festem Fleisch, wird meist in der Pfanne gebraten; der Lieblingsfisch der Südafrikaner
linefish – frischer Fisch, der mit einer Angel gefangen wurde
snoek – ein Wanderfisch mit festem Fleisch, der sich im Juni und Juli am Kap blicken lässt; wird geräuchert, gepökelt oder als Currygericht serviert, auch gut für den *braai*

Rooibos (*Aspalathus linearis*) wächst nur in der Cederberg-Region des Western Cape und ist als Tee verwendet worden, seit die San diese Region bevölkerten. Dieses ausschließlich südafrikanische Getränk erfreut sich inzwischen großer Beliebtheit, vor allem aufgrund seiner gesundheitlichen Vorzüge. In Clanwilliam gibt es sogar eine Rooibos-Route.

Getränke

mampoer – Selbst gebrannter aus nahezu jeder Sorte Obst, aber häufig aus Pfirsichen, Zitrusfrüchten oder Aprikosen
rooibos – Wörtlich „roter Busch" (Afrikaans); ein Kräutertee mit Heilwirkung. Mal probieren: „red cappuccino", ein koffeinfreier Cappuccino mit Rooibos statt Kaffee.
springbok – Cocktail mit Pfefferminzlikör und einem Schuss Amarula-Cream-Likör
steen – Chenin blanc; häufigste Weißweinsorte
sundowner – Jede Art Getränk, aber vor allem etwas Alkoholisches, das bei Sonnenuntergang getrunken wird
umqombothi – Sorghumbier, ein leicht säuerliches, traditionelles Bier mit niedrigem Alkoholgehalt, rosafarben und trüb
witblits – Wörtlich „Weißer Blitz"; ein alkoholisches Getränk aus Trauben, wird hauptsächlich am Western Cape produziert

Menschen & Kultur

Von Erzbischof Desmond Tutu noch als „Regenbogennation" bezeichnet, ist Südafrika in den zwei Jahrzehnten seit den ersten demokratischen Wahlen viel einheitlicher geworden. Es ist immer noch ein sehr langer Weg, und es wird vielleicht noch ein oder zwei Generationen dauern. Aber bereits heute leben und arbeiten die Menschen schon wesentlich harmonischer zusammen. Lesotho und Swasiland hatten jüngst große politische und wirtschaftliche Probleme, aber die wohl größte Herausforderung ist es die höchste HIV/Aids-Infektionsrate der Welt zu reduzieren.

Zu den zahlreichen Faktoren, die Rassenunruhen schüren und das internationale Vertrauen zu Südafrika erschüttern, gehören Korruption in der Regierung und den Behörden, das Ungleichgewicht zwischen Arm und Reich, Landreformen und Raubüberfälle auf Farmen; das umstrittene Black Economic Empowerment und positive Diskriminierung sowie Hetzparolen von Personen wie dem Anführer der Economic Freedom Fighters (EFF) Julius Malema. All das hat zu einer Schwäche des Rand geführt, dessen Wert im Vergleich zum US-Dollar zwischen 2011 und 2015 von 7:1 auf 13:1 gefallen ist.

Der schlechte Ruf des Landes, vor allem die Kriminalität betreffend, wirkt sich natürlich negativ auf den Fremdenverkehr aus. Es ist aber wichtig, die Perspektive zu wahren, um sich nicht drei inspirierende und hoffnungsvolle Länder an der Südspitze Afrikas entgehen zu lassen. Ein Besuch Südafrikas bietet die seltene Möglichkeit, eine Nation zu erleben, die sich nach tiefgreifenden Änderungen selbst neu definiert und aufbaut. Die Kulisse all dieser Veränderung bilden eine beeindruckende Landschaft und die bemerkenswert tiefe Verbundenheit, die viele Südafrikaner zu ihrem Land empfinden und die vielleicht am deutlichsten in der Literatur Ausdruck findet.

Unterhalb der Armutsgrenze

Südafrika: 31 %

Lesotho: 49 %

Swasiland: 69 %

Einwohner & Wirtschaft

Südafrika, Lesotho und Swasiland bilden zusammen einen wunderschönen und vielseitigen Flickenteppich aus verschiedenen Kulturen und ethnischen Gruppen. Zusätzlich zu ihren kulturellen Wurzeln verfügen die drei Länder auch über faszinierend komplexe und verflochtene sozialwirtschaftliche Strukturen.

Südafrika

Die südafrikanische Provinz Gauteng, die auch Johannesburg und Pretoria einschließt, ist der wirtschaftliche Motor des Landes. Hier wird über ein Drittel des BIP Südafrikas und 10 % des BIP von ganz Afrika generiert. Außerdem ist Gauteng die am dichtesten besiedelte und am stärksten städtisch geprägte Provinz. Das andere Ende der Skala bildet das ländliche und unterentwickelte Eastern Cape, wo ca. 25 % der Erwachsenen Analphabeten sind.

Arbeitslosigkeit

Südafrika: 25 %

Lesotho: 25 %

Swasiland: 40 %

Millionen von Immigranten aus dem ganzen Kontinent machen sich auf den Weg nach Südafrika, um von der florierenden Wirtschaft des Landes zu profitieren. Während einige legal einreisen, leben viele illegal in den Townships von Johannesburg und anderen Städten, was viele

Einheimischen sehr verärgert, die den Auswärtigen vorwerfen, ihnen die Jobs wegzunehmen, Verbrechen zu begehen und die sozialen Versorgungssysteme stark zu belasten.

Über das Wirtschaftliche hinaus sind die Beziehungen zwischen den unterschiedlichen ethnischen Gruppen ziemlich kompliziert. Während das Hauptaugenmerk in Südafrika zumeist auf dem Verhältnis zwischen Schwarzen und Weißen lag, gibt es auch Spannungen und Misstrauen zwischen Schwarzen, Farbigen und Südafrikanern indischer Abstammung. Trotzdem sind die Einheimischen oft überraschend offen, wenn sie über die Vorurteile und Stereotypen reden, die über die ethnischen Grenzen hinweg existieren. Beziehungen innerhalb der ethnischen Gruppen sind ebenfalls kompliziert. Einfach mal Zulus fragen, was sie über Xhosas denken, oder englischsprachige Weiße zu ihrer persönlichen Meinung über Afrikaaner.

Wanderarbeiter aus den Nachbarländern Südafrikas und darüber hinaus finden landesweit in allen Bereichen des Tourismus und des Gastgewerbes Beschäftigung. Besucher des Landes treffen wahrscheinlich auf Kellner, Hotelportiers und Parkplatzwächter aus Ländern wie Simbabwe, Mosambik, Malawi und der Demokratischen Republik Kongo.

Lesotho

Während des 20. Jhs. war die Minenindustrie von Südafrika ein wahrer Magnet für viele Menschen aus Lesotho, die zum Arbeiten hierher kamen – ungefähr 60 % der Männer waren im südafrikanischen Bergbauwesen beschäftigt. In den frühen 1990ern schufteten mindestens 120 000 Männer aus Lesotho in den südafrikanischen Minen, und bis zu einem Drittel der Familieneinkünfte im Königreich beruhte auf den Gehältern dieser Minenarbeiter. Nachdem die Minenindustrie umstrukturiert worden war, halbierte sich die schließlich Anzahl der Minenarbeiter und viele sind nach Hause zurückgekehrt, um sich in die Masse der Arbeitslosen einzureihen.

Nachfolgend wurden chinesische Textilfabriken der Hauptarbeitgeber und -exporteur des Landes. In den letzten Jahren haben die Stagnation der US-Wirtschaft sowie die große Konkurrenz aus Billiglohnländern wie Bangladesch und Vietnam ihre Spuren hinterlassen.

Swasiland

Die sozio-ökonomische Landschaft von Swasiland ist beinahe vollständig vom „großen Bruder" Südafrika abhängig. Rund zwei Drittel aller Swasi-Exporte gehen ins Nachbarland und mehr als 90 % aller Waren und Dienstleistungen werden importiert. Etwa 70 % aller Swasi leben in ländlichen Gegenden und betreiben Subsistenzwirtschaft (sie bauen Lebensmittel für den eigenen Bedarf an).

Die Swasi haben eine reiche Kultur, die sich recht stark von der südafrikanischen unterscheidet. Die Monarchie nimmt Einfluss auf viele Aspekte des alltäglichen Lebens, angefangen bei kulturellen Zeremonien bis zur Politik. Ein Teil der Bevölkerung ist stolz auf die monarchischen Traditionen und beobachtet jene, die mehr Demokratie fordern, mit Argwohn. Gleichzeitig nimmt die Zahl der Menschenrechtler und Oppositionellen zu, die der Meinung sind, dass der König seine Macht an das Volk abtreten sollte.

Südafrikas Gesellschaft ist einzigartig multikulturell, aber es existiert auch ein ausgeprägtes Bewusstsein für ethnische Herkunft. Die Menschen bezeichnen sich und andere problemlos als Schwarze, Farbige oder Weiße. Auf Besucher aus Ländern, in denen das als politisch inkorrekt betrachtet würde, ist das erst einmal gewöhnungsbedürftig.

Ethnische Gruppen

Schwarze

In Südafrika machen die schwarzen Afrikaner die größte Bevölkerungsgruppe aus: rund 80 %. Zwar gibt es Dutzende kleinerer Untergruppen, doch zuletzt gehen sie alle auf die bantu-sprechenden Stämme zurück, die sich zu Beginn des 1. Jahrtausends in Südafrika ansiedelten. Das Zusammengehörigkeitsgefühl ist in Südafrika tendenziell geringer ausgeprägt als in anderen Teilen des afrikanischen Kontinents. Die Ursachen dafür sind in der chaotischen und kriegerischen Zeit der *difaqane* (erzwungene Migration) im 19. Jh. und in den Zwangsumsiedelungen und Drangsalierungen während der Apartheid zu suchen.

Aktuelle Diskurse konzentrieren sich im Allgemeinen auf ethno-linguistische Gruppierungen. Seitdem laut Verfassung elf Sprachen als offizielle Amtssprachen gelten, hat die Frage nach der ethno-linguistischen Zugehörigkeit einen neuen Status. Die größte ethno-liguistische Gruppe sind die Nguni. Sie umfasst Zulu, Swasi, Xhosa und Ndebele sowie die Sotho-Tswana, die Tsonga-Shangaan und die Venda.

Die Ethnie mit der stärksten Präsenz sind die Zulu; die Muttersprache von 23 % aller Südafrikaner ist Zulu – das beispielsweise auch von Präsident Zuma gesprochen wird. An zweiter Stelle kommen die Xhosa. Sie haben einen ganz großen Einfluss auf die Politik des Landes genommen. Nelson Mandela war ein Xhosa und auch viele andere Protagonisten im Widerstand gegen die Apartheid gehörten dieser Gruppe an. Außerdem stammen die meisten schwarzen Berufstätigen seit jeher aus den Reihen der Xhosa. Xhosa ist die erste Sprache von rund 16 % der südafrikanischen Bevölkerung.

Andere wichtige Gruppen sind die Basotho (leben hauptsächlich in und um Lesotho und dem südafrikanischen Freistaat), die Swasi (vornehmlich in Swasiland) und die Tswana (leben vor allem in der North West Province und im Northern Cape sowie dem benachbarten Botsuana). Die Ndebele und Venda sind hauptsächlich in Mpumalanga bzw. Limpopo zu finden. Sie sind zwar zahlenmäßig geringer, haben sich aber eine sehr individuelle Kultur bewahrt.

Internetnutzer

Südafrika: 48,9 %

Lesotho: 5 %

Swasiland: 24,7 %

Coloureds (Farbige)

Während der Apartheid wurden unter dem Begriff „coloured" all jene zusammengefasst, die keiner anderen Rassenkategorie zugeordnet werden konnten. Und trotzdem hat diese Gruppe über die Jahre eine spezielle kulturelle Identität entwickelt, was zum Teil darin begründet ist, dass sich die Weißen weigerten, Farbige als ihresgleichen anzuerkennen, und die Farbigen wiederum nicht bereit waren, mit den Schwarzen auf eine Stufe gestellt zu werden.

Zu den Vorfahren der heutigen farbigen Bevölkerung zählen Buren und Europäer, westafrikanische Sklaven, politische Gefangene und Exilanten aus den niederländischen Kolonien in Ostindien sowie ein paar Khoi-San-Völker, die südafrikanischen Ureinwohner. Eine der größten Untergruppen sind die Griqua.

Eine andere, aber bedeutende Untergruppe sind die sogenannten Cape Muslims, auch Cape Malays genannt, deren Wurzeln aus so weit entfernt gelegenen Ländern wie Indien, Indonesien und Teilen Ostafrikas stammen. Sie haben sich ihre asiatisch geprägte Kultur und Küche erhalten, was bei einem Spaziergang durch das Bo-Kaap-Viertel in Kapstadt erlebt werden kann.

Heutzutage leben die meisten Farbigen im Western und Northern Cape; ein bedeutender Anteil aber auch im Eastern Cape. Für 20 % ist Englisch die Muttersprache, die restlichen 80 % sprechen Afrikaans. Eines der ältesten Dokumente in Afrikaans ist ein Koran, der aus dem Arabischen übersetzt wurde. Die ca. 4,5 Millionen Farbigen in Südafrika entsprechen 8,9 % an der Gesamtenbevölkerung.

Einen Einblick in Gesellschaft und Geschichte Farbiger liefern Chris van Wyks unterhaltsame Kindheitserinnerungen über das Aufwachsen in einem farbigen Vorort von Johannesburg, *Shirley, Goodness and Mercy* und *Eggs to Lay, Chickens to Hatch*.

Weiße

Ein Großteil der ca. 4,6 Mio. Weißen in Südafrika (das sind etwa 9 % der Gesamtbevölkerung) sind entweder Afrikaans sprechende Nachkommen der ersten holländischen bzw. europäischen Siedler oder sie sind englischsprachig. Die eigentlichen Buren machen gerade mal 5 % der Gesamtbevölkerung aus, dennoch hatten sie überproportional viel Einfluss auf die Geschichte Südafrikas. Die ländlichen Regionen mit Ausnahme von Eastern Cape, KwaZulu-Natal und den früheren Homelands werden nach wie vor von ihnen dominiert. Was sie eint, ist zum einen die Spra-

SCHMELZTIEGEL SÜDAFRIKA

Es gibt nur wenige Länder, in denen Rassen- und ethnische Konflikte ähnlich gravierend waren wie in Südafrika. In den Adern der Nation fließt gemischtes Blut unterschiedlichster Gruppen, z. B. der alten San, der holländischen Siedler des 17. Jhs., der britischen Händler des 19. Jhs., der bantu-sprechenden afrikanischen Völker, der Inder, Indonesier, Chinesen, Juden und Portugiesen. Erst seit 1994 herrscht so etwas wie Frieden zwischen den Gruppen und eine gewisse Bereitschaft zur Zusammenarbeit.

Während der Apartheid versuchte die Regierung alle Bewohner in eine der vier Hauptgruppen einzuteilen. Die Klassifizierungen – schwarz (z. T. auch afrikanisch, „eingeboren" oder „Bantu"), farbig, asiatisch oder weiß – waren oft willkürlich und höchst umstritten. Sie wurden dazu verwendet, um zu bestimmen, wo und wie Menschen leben und arbeiten durften, und bildeten die Grundlage für institutionalisierte Ungleichheit und Intoleranz. Einen Eindruck hiervon vermittelt das Apartheid Museum in Johannesburg, das Besucher durch die beklemmenden Rassenklassifikationstore betreten.

Heute scheint die Rassendiskriminierung durch eine Diskriminierung auf Basis der sozialen Klasse abgelöst zu werden. Die während des Apartheidregimes geprägten Begriffe werden weiterhin genutzt und auch die Autoren dieses Buchs haben sie verwendet, sie sind aber nur begrenzt gültig. Jede der vier Hauptkategorien umfasst Dutzende Untergruppen, die noch subjektiver geprägt und unklarer definiert sind.

In Lesotho und Swasiland auf der anderen Seite gab es nie eine Kategorisierung nach ethnischer Zugehörigkeit. In beiden Staaten gibt es jeweils einen dominierenden Volksstamm (die Basotho in Lesotho und die Swasi in Swasiland), sodass die in Südafrika allgegenwärtige Rassenproblematik in Lesotho und Swasiland kaum eine Rolle spielt.

che, zum anderen die Zugehörigkeit zur Niederländisch-Reformierten Kirche, dem Dreh- und Angelpunkt des sozialen Lebens in den Städten und Dörfern auf dem Land.

Obwohl einige wenige Afrikaaner noch von einem *volkstaat* (einem unabhängigen, ethnisch reinen Burenstaat) träumen, ist die städtische Mittelklasse wesentlich moderater geworden. Umso größer der zeitliche Abstand zwischen Apartheid und dem neuen Südafrika wird, umso mehr Raum gibt es für alle Afrikaaner, auf ihr gemeinsames Erbe stolz zu sein. Zwei Hinweise hierfür sind die wachsende Beliebtheit des Absa Klein Karoo National Arts Festival in Oudtshoorn und die blühende Afrikaans Indie-Musikszene.

Etwa zwei Drittel der weißen englischsprechenden Südafrikaner können ihre Wurzeln zu den britischen Einwanderern zurückverfolgen, die ab den 1820er-Jahren in Südafrika anlandeten. Zu den weiteren weißen Südafrikanern gehören etwa 70 000 Juden, eine griechische Gemeinde von über 50 000 Mitgliedern und eine etwa gleich große Zahl an Menschen portugiesischer Herkunft.

Genealogisch betrachtet ist ein typischer Afrikaaner zu etwa einem Drittel niederländischer und zu kleineren Anteilen französischer (hauptsächlich hugenottischer), deutscher, farbiger und britischer Abstammung.

Asiaten

Die Mehrheit der beinahe 1,3 Mio. Asiaten, die in Südafrika leben, sind Inder. Viele stammen von den Arbeitsverpflichteten ab, die im 19. Jh. nach KwaZulu-Natal gebracht wurden, andere von den freien „reisenden Indern", die in derselben Zeit wie Händler und Geschäftsleute auf Passagierschiffen nach Südafrika kamen. Während der Apartheid wurden die Inder von den Weißen diskriminiert, dagegen aber von vielen Schwarzen als Kollaborateure der Weißen betrachtet.

Heute sind die meisten südafrikanischen Inder Hindus, etwa 20 % Muslime, einige wenige von ihnen sind Christen. Beinahe 90 % leben in Durban und anderen städtischen Gebieten von KwaZulu-Natal. Die meisten sprechen Englisch als Muttersprache. Daneben werden auch Tamil, Hindi und Afrikaans gesprochen.

Großmutter heißt auf Zulu *gogo*. Die *gogo* spielt in vielen Familien eine äußerst wichtige Rolle. Ihre monatliche Rente ist oftmals das einzige regelmäßige Einkommen der gesamten Familie.

Es gibt über 300 000 Chinesen in Südafrika, die sich hauptsächlich in Johannesburg konzentrieren, aber im ganzen Land Geschäfte betreiben, sowie eine kleine Anzahl anderer Ostasiaten.

Frauen

Südafrika

Frauen haben in der turbulenten Geschichte Südafrikas eine einmalig hervorgehobene Rolle gespielt: Sie standen im Mittelpunkt der Demonstrationen gegen die Passgesetze und der Busboykotte in den 1950er-Jahren und protestierten unter dem Slogan „Schlägst du eine Frau, dann schlägst du den Fels". Frauen sind auch im derzeitigen Parlament gut vertreten; die Verfassung garantiert die Rechte der Frauen, und die regierende ANC Partei hat ein 50 % Quotensystem für Frauen.

Gleichwohl ist die tägliche Realität für viele Frauen in Südafrika ganz anders, da Armut, sexuelle Gewalt und HIV/Aids die Erfolge in anderen Bereichen überschatten. Mit jährlich über 65 000 polizeilich gemeldeten Fällen hat Südafrika eine der höchsten Vergewaltigungsraten der Welt. In einer Studie haben etwa 25 % der Männer zugegeben, schon einmal eine Frau vergewaltigt zu haben. Alle vier Minuten wird eine Frau in Südafrika vergewaltigt, und Gruppenvergewaltigungen sind nahezu alltäglich. Die brutale Gruppenvergewaltigung und Verstümmelung des Teenagers Anene Boysen in Bredasdorp, einer Stadt in Overberg, im Jahr 2013 war ein „Delhi-Wachruf" für Südafrika. Die dadurch ausgelösten Proteste gegen diese schrecklichen Gewaltverbrechen waren wie ein Widerhall der Proteste in Indien im Jahr zuvor.

Frauen werden statistisch gesehen häufiger mit Aids infiziert als Männer. Viele infizieren sich bereits in jungen Jahren. In diesem Zusammenhang spielt auch die Problematik der sexuellen Gewalt eine signifikante Rolle: Wenn die Männer kein Kondom benutzen, sind ihnen die jungen Frauen in doppelter Hinsicht schutzlos ausgeliefert.

Lesotho

Während ihre Ehemänner und männlichen Verwandten in den Minen Südafrikas arbeiteten, trugen die Frauen der Basotho einen großen Teil der wirtschaftlichen, sozialen und familiären Verantwortung. Als die Minenjobs verschwanden, wurde die Textilindustrie ein wichtiger Bestandteil der Wirtschaft von Lesotho, und ungefähr 90 % der neuen Stellen gingen an Frauen.

Im Gegensatz zum Trend in der restlichen Region sind die Frauen in Lesotho oftmals besser ausgebildet als die Männer, weil in den ländlichen Gebieten viele Jungen das Vieh hüten müssen (oder nach Südafrika aufbrechen, um dort Arbeit zu suchen), anstatt Zeit in einem Klassenzimmer zu verbringen. Leider gibt es in Lesotho, teilweise aus festverwurzelten Überzeugungen zu männlichen sexuellen Anrechten, eine hohe Vergewaltigungsrate.

Swasiland

In der letzten Zeit haben sich die Frauenrechte in Swasiland dramatisch verbessert. Die Verfassung von 2005 garantiert Frauen gleiche politische, wirtschaftliche und soziale Rechte und reserviert ein Drittel der Sitze im Parlament für Frauen, auch wenn diese nicht immer durchgesetzt werden und diskriminierende Praktiken bestehen bleiben. Traditionelle gesellschaftliche Strukturen benachteiligen Frauen, und eine Umfrage im Auftrag von Unicef ergab, dass ein Drittel der Frauen sexuelle Gewalt erfahren hat, bevor sie 18 Jahre alt waren. Andererseits wird geschätzt, dass über 70 % der kleinen Geschäfte in Swasiland von Frauen geführt werden, die dazu neigen, unternehmerischer zu sein als die Männer.

Basali: Stories by and about Women in Lesotho, hrsg. von K. Limakatso Kendall, bietet gute Einblicke in das ländliche Leben in Lesotho aus dem Blickwinkel der einheimischen Frauen.

Frauen im Parlament

Südafrika: 41,5 % (11. Platz weltweit)

Lesotho: 26,7 % (43. Platz)

Swasiland: 6,2 % (134. Platz)

Auf der Rangliste der Pressefreiheit von Reporter ohne Grenzen stieg Südafrika 2014 auf Platz 42 (die USA waren auf Platz 46). Lesotho verbesserte sich auf Platz 74, während Swasiland auf Platz 156 (von 180) zurückfiel.

Medien

Nachdem sie während der Apartheid jahrzehntelang Repressionen erleiden mussten, können sich Südafrikas Medien inzwischen gut entfalten, obwohl die Pressefreiheit durch einen Gesetzesvorschlag, den der ANC plant, dem Protection of State Information (oder Secrecy) Bill, erneut gefährdet zu sein scheint.

Der nationale Sender SABC ist eine wichtige Nachrichtenquelle für die Südafrikaner und stellt sich auf seine Rolle als unabhängige Stimme ein. SABC betreibt zurzeit 20 Radio- und fünf Fernsehprogramme; private Sender sind e.tv und M-Net.

Zu den beliebtesten englischsprachigen Tageszeitungen Südafrikas gehören *Daily Sun* (www.dailysun.co.za), *Star* (www.iol.co.za/the-star) und *Sowetan* (www.sowetanlive.co.za). Alle drei wenden sich vor allem an Englisch sprechende schwarze Leser; der *Sowetan* hatte seine Anfänge als eine Anti-Apartheid Zeitung und hat eine eher linksgerichtete Ausrichtung. *Sunday Times* (www.timeslive.co.za) und *City Press* (www.citypress.co.za) sind die beliebtesten Sonntagszeitungen des Landes; *Mail & Guardian* (mg.co.za), die freitags erscheint, wird von der Mittelschicht favorisiert. Zu den beliebtesten anderssprachigen Zeitungen gehören die Sonntagszeitung *Rapport* in Afrikaans und die Boulevardtageszeitung *Isolezwe* in Zulu.

Lesothos Medien befinden sich in einem ordentlichen Zustand, obwohl die Regierung noch erhebliche Macht ausübt. *Lesotho Times* (lestimes.com), *Sunday Express* (sundayexpress.co.ls) und *Public Eye* sind englischsprachige Wochenzeitungen. Das Fernsehen wird, genau wie die einzige landesweite Radiostation Radio Lesotho, vom Staat betrieben, aber es gibt in Maseru vier private Sender.
Die Medienlandschaft in Swasiland wird zum Großteil von der Regierung kontrolliert, dazu gehören die Tageszeitungen *Swazi Observer* (www.observer.org.sz) und *Times of Swaziland* , die sich in Privatbesitz befindet (www.times.co.sz). Die TV Sender sind Swazi TV (www.swazitv.co.sz), der von der Swaziland Television Authority betrieben wird, und der private Channel S. Swaziland Broadcasting and Information Services senden jeden Tag 18 Stunden Radioprogramme in Englisch.

The Forgotten Kingdom (2014), der erste Sotho-Kinofilm, erzählt von der Rückkehr eines Mannes aus Basotho in seine Heimat Lesotho. *Wah-Wah* (2006) beschreibt die Kindheit von Regisseur Richard E. Grant in Swasiland.

Religion

Die Religion spielt eine zentrale Rolle im Alltag der meisten Südafrikaner, Basotho und Swasi. Die Kirchen sind in der Regel gut besucht. In allen drei Ländern dominiert das Christentum. Beinahe 80 % der Südafrikaner, ähnliche viele Basotho und mehr als 60 % der Swasi bezeichnen sich als Christen. Zu den großen Glaubensgemeinschaften in Südafrika gehören die Niederländisch-Reformierte Kirche mit mehr als 1 Mio. Gläubigen und über 1000 Gotteshäusern im ganzen Land und die um einiges auffälligere Zion Christian Church (ZCC) mit knapp 6 Mio. Mitgliedern in Südafrika und weiteren in den Nachbarländern, darunter auch Swasiland.

Etwa 15 % der Südafrikaner sind Atheisten und Agnostiker, Muslime, Hindus und Juden machen zusammen weniger als 5 % der Bevölkerung aus. Bis zu zwei Drittel der südafrikanischen Inder halten am hinduistischen Glauben fest. Der Islam hat eine kleine, aber wachsende Gefolgschaft, vor allem in der Kapregion. Die jüdische Gemeinde zählt etwa 70 000 Mitglieder, die sich vor allem in Johannesburg und am Kap niedergelassen haben.

Die Anhänger afrikanischer Naturreligionen spielen in Südafrika eine untergeordnete Rolle und machen lediglich etwa 1 % der Bevölkerung aus, verglichen mit 20 % in Lesotho. Trotzdem haben ihre Traditionen und Riten einen wesentlichen Anteil am kulturellen Leben der Region.

Den *sangoma* (Medizinmann) aufzusuchen, um einige *muti* (traditionelle Heilmittel) zu bekommen, ist allerdings auch eine unter den Christen weitverbreitete Praxis.

Kunst & Kultur

Film

Das südafrikanische Kino hat seit 1994 eine großartige Wende erlebt, die Filmindustrie strotzt nur so vor neuen Talenten. Der erste große Kinofilm eines schwarzen südafrikanischen Regisseurs war *Fools* (1997) von Ramadan Suleman, der später auch bei *Zulu Love Letter* (2004) Regie führte. Andere beachtenswerte Regisseure und Filme sind Zola Maseko *(Drum)*, Zulfah Otto-Sallies *(Raya)*, Teboho Mahlatsi, Simon Wood *(Forerunners)*, Timothy Green *(Skeem)*, Khalo Matabane *(State of Violence)*, Gavin Hood *(Tsotsi)*, Oliver Hermanus *(Skoonheid)* und Sara Blecher *(Otelo Burning)*.

Der international anerkanntest südafrikanische Filmemacher ist der Regisseur von *Elysium* (2013), Neill Blomkamp, der in *District 9* (2009) und *Chappie* (2015), eine Schreckensvision von Johannesburg zeichnet; die Hauptrolle spielt in beiden Filmen der südafrikanische Schauspieler Sharlto Copley. Von Forbes als eine der einflussreichsten Persönlichkeiten Afrikas bezeichnet, wurde Blomkamp verpflichtet, nach *Chappie* mit Sigourney Weaver auch *Alien 5* (ebenfalls mit S. Weaver) zu drehen.

Die afrikaanse Dichterin Ingrid Jonker wird oft mit Sylvia Plath verglichen. Bei seiner Amtseinführung 1994 las Nelson Mandela Jonkers Gedicht *The Child Who Was Shot Dead by Soldiers at Nyanga* vor, das von Protesten gegen die Passgesetze inspiriert wurde.

Literatur

Südafrika

Südafrika besitzt eine außergewöhnlich reiche literarische Geschichte, und es gibt keinen besseren Weg, ein Gefühl für dieses Land zu bekommen, als in seine Literatur einzutauchen. Viele der ersten schwarzen Schriftsteller Südafrikas wurden wie Sol Plaatje von Missionaren unterwiesen. Seine monumentale Romanze *Mhudi* (1930) war eines der ersten Bücher, das von einem schwarzen Südafrikaner in Englisch veröffentlicht wurde. Der erste südafrikanische Roman, der weltweit erschien, war Olive Schreiners Roman *Story of an African Farm* (1883), der das koloniale Leben in der Karoo beschreibt.

Im Jahr 1948 beeindruckte Südafrika die internationale Literaturszene mit Alan Patons weltweitem Bestseller *Cry, the Beloved Country*. Bis heute ist diese wunderschön geschriebene Geschichte einer der bekanntesten Romane des Landes.

Obwohl er die südafrikanische Gesellschaft oft negativ darstellt, schreibt J. M. Coetzee sehr filigran und veranschaulicht die Gewalt und Isolation während der Apartheid. Zu seinen Werken gehören *Disgrace* und *Age of Iron*.

SPORT – FAST SCHON EINE RELIGION

Südafrikaner sind Sportfanatiker, und der Vereinssport hat leidenschaftliche Anhänger. Fußball steht in der Zuschauergunst am höchsten, gefolgt von Rugby und Kricket. In der Vergangenheit war die Mehrheit der Fußballfans schwarz, während Kricket und Rugby eine mehrheitlich weiße Gefolgschaft hatten, aber das ändert sich gegenwärtig.

Die Austragung der Fußballweltmeisterschaft im Jahr 2010 war für Südafrika ein historisches Ereignis. Die Spiele fanden an zehn Orten von Kapstadt bis Polokwane (Pietersburg) statt; das Land gab mehr als 1 Milliarde US-Dollar für Neubauten und die Renovierung bereits bestehender Stadien aus.

Südafrikanisches Rugby, die zweitbeliebteste Sportart, hat von Förderprogrammen, die die ethnischen Grenzen überwinden, profitiert. Die Springboks (oder „Boks"), die heißgeliebte Nationalmannschaft, ist eine der besten Rugbymannschaften der Welt. Die Weltmeisterschaft gewannen sie 2007 und im historisch bedeutsamen Jahr 1995. Südafrikas Kricketteam, das die Proteas genannt wird, ist ebenfalls eines der besten der Welt, und die Kricketfans genießen die freundschaftliche Rivalität mit anderen Kricketteams aus dem Commonwealth.

Nadine Gordimers gefeierter Roman *Der Ehrengast* erschien 1970. Gordimer war auch die erste Nobelpreisträgerin des Landes (1991). Ihr berühmtestes Buch, *July's Leute* (1981), beschreibt den Zusammenbruch des Apartheidregimes.

In den 1960er und 1970er-Jahren erlangten afrikanische Autoren als eine mächtige Stimme der Opposition Berühmtheit. Der Dichter und Schriftsteller Breyten Breytenbach wurde für sein Engagement in der Freiheitsbewegung inhaftiert, und André Brinks Roman *Looking on Darkness* war das erste Buch in Afrikaans, das von der Apartheidsregierung verboten wurde. Seine Autobiografie *A Fork in the Road* (2009) ist eine faszinierende Beschreibung der Anti-Apartheid-Aktivitäten der Afrikaaner.

Der Spitzname der südafrikanischen Fußballnationalmannschaft ist Bafana Bafana (Zulu für „die Jungs"). Die Damennationalmannschaft heißt Banyana Banyana („die Mädchen").

In den 1970er-Jahren machten sich auch ein paar einflussreiche schwarze Dichter einen Namen, beispielsweise Mongane Wally Serote, ein Veteran der Widerstandsbewegung. Seine Werke gewähren Einblicke in die harte Realität der schwarzen Südafrikaner in den schwersten Jahren der Unterdrückung.

J. M. Coetzee wurde mit *Schande* (1999) international bekannt. Der Roman brachte ihm seinen zweiten Booker Prize ein. Im Jahr 2003 erhielt er den Literaturnobelpreis.

Einer der prominentesten zeitgenössischen Autoren ist Zakes Mda. Mit der Veröffentlichung von *Ways of Dying* (1995) wurde Mda ein gefeierter Schriftsteller. Seine Memoiren *Sometimes There is a Void* (2011) sind ein eindrucksvoller Bericht über sein Exil in Lesotho und seine spätere Rückkehr nach Südafrika.

Lesotho & Swasiland

Es gibt nur wenig Literatur aus Lesotho auf Englisch. Gleichwohl wurden Thomas Mofolos *Chaka* (1925), einer der besten afrikanischen Romane des 20. Jhs., und *Traveller to the East* (1907), der erste Roman in Sesotho, ins Englische übersetzt. Zu anderen erwähnenswerten Autoren gehört Mpho 'M'atsepo Nthunya, die im autobiografischen *Singing Away the Hunger* (1996) über Erfahrungen von Frauen schreibt.

Die meisten Bücher über Swasiland wurden in der Kolonialzeit von britischen Autoren verfasst. Zu den bekannten einheimischen Schriftstellern zählt James Shadrack Mkhulunyelwa Matsebula, der als Erster auf Siswati schrieb. Stanley Musa N. Matsebulas Bücher, darunter *Siyisike Yinye Nje* („Wir sitzen in demselben Boot") von 1989, waren der Auftakt für die Debatte über die Gleichberechtigung zwischen Mann und Frau in Swasiland.

Werke bedeutender südafrikanischer Künstler des 20. und 21. Jhs, u. a. von Irma Stern, Pierneef, William Kentridge und Tretchikoff, haben bei Auktionen Erlöse von über 1 Mio. US$ erzielt.

Architektur

Zu den Highlights der indigenen südafrikanischen Architektur gehören die „Bienenkorbhütten", die über die gesamte Region verstreut sind, auch in Swasiland und ländlichen Gegenden von KwaZulu-Natal. Eine typische Siedlung oder *umuzi*, so das Zulu-Wort, besteht aus einer Gruppe dieser Behausungen, die rund um einen Vieh-*kraal* (Gehege) angeordnet sind. Das Ganze wird von einem Zaun aus Steinen oder Gestrüpp eingefasst. Traditionell wurden die Hütten an einem Hang mit Blick in östliche Richtung errichtet, die Behausung des Häuptlings befand sich am höchsten Punkt.

In den Xhosa-Gebieten des ländlichen Eastern Cape liegen versprenkelt auf den Hügeln strohgedeckte, runde Hütten mit geraden Wänden, oft in Türkis oder Pink gestrichen.

Aufwendig bemalte Ndebele Häuser – eine relative neue Tradition – sind ein weiteres Highlight. Ihre Außenwände zieren bunte geometrische Motive und Kunstwerke, die Autos, Straßenlampen, Flugzeuge und andere Symbole des modernen Lebens zeigen.

Auch die Unterkünfte der Basotho warten oft mit geometrischen Mustern und manchmal mit höchst symbolträchtigen Wandbildern auf, die *litema* genannt werden. Während der Anti-Apartheid-Bewegung nutzten Basotho-Frauen *litema* für politische Statements und bemalten ihre Häuser in den Farben des ANC (Gold, Schwarz und Grün). Heute werden *litema* zu speziellen Feierlichkeiten und zu Feiertagen angefertigt, z. B. zu Geburten, Hochzeiten oder religiösen Festen.

Die Kolonialzeit hat, was die Architektur betrifft, deutliche Spuren hinterlassen. Besonders schön anzusehen sind die eleganten kapholländischen Gebäude mit ihren Giebeldächern. Sie sind typisch für die Provinz West Cape. Auch Pretoria trumpft mit einer beeindruckenden Ansammlung konservativer und stattlicher Kolonialbauten auf, darunter die berühmten Union Buildings, die von dem britischen Architekten Sir Herbert Baker gestaltet wurden.

Jo'burg wuchs nach den Goldfunden 1886 schnell und die reichen Bergbaumagnaten waren erpicht darauf, ihren Wohlstand in Wohnpalästen und prächtigen Bürogebäuden offen zur Schau zu stellen. In Durban ist die Architektur mehr von Jugendstilelementen geprägt; das verleiht der Stadt einen ganz eigenen Stil. Der Bauboom der 1930er-Jahre hat auch in Kapstadt jede Menge beeindruckender Jugendstilhäuser hinterlassen, vor allem rund um den Greenmarket Square. Besonders sehenswert sind die bunten Gebäude in Bo-Kaap.

Bemerkenswerteste Beispiele für die neue südafrikanische Architektur sind der Constitutional Court in Johannesburg und das neue Northern Cape Legislature Building in Kimberley, das ohne Säulen und mit einem Minimum an rechten Winkeln und lotrechten Linien auskommt. Ein inspirierendes Monument ist Freedom Park in Pretoria. Es ist den Menschen gewidmet, die im Namen des Friedens starben. Demgegenüber steht das massive, 41 m hohe Voortrekker Monument, ein Symbol der südafrikanischen Buren.

Das Market Theatre, das 1975 eröffnet wurde, war das erste Theater ohne ethnische Beschränkungen. Die heruntergekommenen Gebäude des alten „indischen" Obstmarkts in Johannesburg wurden umgebaut. Dort widersetzten sich Künstler und Theaterbesucher dem berüchtigten Group Areas Act (wörtlich: Gruppen-Gebiete-Gesetz) der Apartheidsregierung.

Bildende Künste

Die ersten südafrikanischen Künstler stammten aus den Reihen der San, die ihre unverkennbaren Malereien auf Fels- und Höhlenwänden in der gesamten Region hinterlassen haben. Die ersten europäischen Künstler malten häufig Afrikadarstellungen für Befürworter der Kolonialpolitik in ihren Heimatländern. Mit der Zeit rückte Südafrika selbst jedoch mehr und mehr in den Mittelpunkt.

Schwarze Künstler wurden viele Jahrzehnte lang ausgegrenzt. Gerard Sekoto war einer der ersten, der die Schranken des Rassismus durchbrach und eine Hauptfigur der modernen Kunst Südafrikas wurde. Während der Apartheid waren Rassismus, Unterdrückung und Gewalt häufige Themen. Zahlreiche schwarze Künstler, die sich die Materialien nicht leisten konnten, mussten auf günstigere Alternativen wie Linoleumdrucke ausweichen.

Da seit einiger Zeit kaum noch öffentliche Gelder für den Kunstsektor bereitgestellt wurden, ist die Szene mehr von Großsammlern und der Tourismusbranche abhängig. Unter dem Begriff „moderne Kunst" werden Kunsthandwerk in der Venda-Region, aber auch die Waren an Straßenständen in den Städten und touristischen Gegenden sowie hochpreisige Gemälde, die in Galerien ausgestellt sind, zusammengefasst. Erfinderische Künstler aus den Townships verwenden „Fundsachen" wie Telefondraht, Sicherheitsnadeln, Perlen, Plastiktüten oder Blechdosen. Die einheimische Bildhauerei ist ebenso vielseitig; zu den Künstlern, die mit verschiedenen Materialien arbeiten, gehören die Holzschnitzer aus Venda und Dylan Lewis, der Bronzeskulpturen herstellt.

Auf www.artthrob.co.za finden sich Nachrichten, Berichte und Verzeichnisse zur zeitgenössischen bildenden Kunst Südafrikas.

Lesotho ist eher für sein Kunsthandwerk als für seine bildenden Künste bekannt. Die bunten Basotho-Decken und kegelförmigen Strohhüte sind ganz landestypisch, und Kunsthandwerkszentren in Maseru und Nordlesotho verkaufen Arbeiten, die von Teppichen bis hin zu Fliegenwedeln aus Pferdehaar reichen.

Auch Swasiland hat den Wert des örtlichen Kunstgewerbes für den Tourismus erkannt, und Galerien im ganzen Land verkaufen Arbeiten – von Schnitzereien und Kunstobjekten bis hin zu handgemachten Kerzen und Glaswaren.

Theater und Tanz

Nach der Kolonialzeit traten einheimische Dramatiker, Schauspieler und Regisseure langsam in den Vordergrund. Der Schriftsteller und Regisseur Athol Fugard hatte in den 1960er-Jahren einen bedeutenden Anteil an der Förderung schwarzer Talente und hat kürzlich *Tsotsi* geschrieben. Ebenfalls sehr bekannt ist der Dramatiker und Schauspieler John Kani, wie Fugard ein Veteran von Johannesburgs Market Theatre. Der Besuch einer Aufführung im Market Theater oder im Fugard Theatre, Baxter Theatre Centre oder Artscape in Kapstadt lohnt sich immer.

Johannesburgs Dance Umbrella (www.danceforumsouthafrica.co.za), ein Festival für zeitgenössischen Tanz und Choreografie, das im Februar und März stattfindet, bringt einheimische und internationale Künstler zusammen und bietet neuen Arbeiten eine Bühne.

In Lesotho und Swasiland hat das Tanzen traditionell eine große Bedeutung, wofür der bekannte *umhlanga* (Schilf) Tanz in Swasiland, der von traditionell gekleideten jungen Frauen aufgeführt wird, ein gutes Beispiel ist. In Swasiland gibt es auch den eindeutig männlicheren *sibhaca* – einen Tanz, bei dem kraftvoll mit den Füßen gestampft wird –, der von Männern aufgeführt wird und der manchmal auch ein Wettbewerb ist. Beim Morija Festival in Lesotho (Ende September, Anfang Oktober) dreht sich alles um traditionelle Tänze und Musik; die Malealea Lodge bietet jeden Abend Auftritte von Bands und Chören aus der Region.

Natur & Umwelt

Südafrika beeindruckt mit seiner unglaublichen Biodiversität und ist gleichzeitig ein für Afrika überaus urbanisiertes Land. Lesotho gibt sich dagegen erheblich ländlicher, und Swasiland liegt zwischen diesen beiden Gegensätzen. Mit der Tierwelt in dieser Region präsentiert sich Afrika von seiner schönsten Seite: Südafrika rühmt sich der am einfachsten zugänglichen Wildbeobachtung auf dem gesamten Kontinent. Jedenfalls stehen in diesem Land die Chancen am besten, die Big Five zu sehen – Elefant, Nashorn, Büffel, Löwe und Leopard.

Land & Meer

Wunderschöne, windumtoste Küsten – mal wild und stürmisch, mal ruhig und sanft, doch immer grandios: So präsentiert sich Südafrika. Das Land wird von zwei Ozeanen umrahmt: im Westen vom Atlantischen Ozean, im Osten vom wärmeren Indischen Ozean. Insgesamt besitzt das Land eine mehr als 2500 km lange Küste. Zwei bedeutende Meeresströmungen zeichnen für das Klima Südafrikas verantwortlich und sorgen für eine reiche Meeresfauna. Der kühle Benguelastrom verläuft von der Antarktis an der Atlantikküste entlang und ist reich an Plankton. Der Mosambik-/Agulhasstrom mit Nord-Süd-Ausrichtung bedingt, dass das Wasser an der Ostküste wärmer ist.

Damit ist aber nur ein Bruchteil des geografischen Reichtums der Region beschrieben. Im Landesinneren können Wanderlustige vom Lowveld (Tiefebene) im Osten über das Drakensberg Escarpment, den spektakulären Steilabfall der Drakensberge, das Highveld (Hochebene) erklimmen. Das weite Plateau bildet das Herz des Landes. Es befindet sich in durchschnittlich 1500 m Höhe und fällt Richtung Nordwesten zum Kalaharibecken hin ab.

Die Kette der Drakensberge nimmt in der kleinräumigen Enklave Lesotho eine sehr zerfurchte Gestalt an. Das Land mit seinen 30 355 km^2 Fläche liegt auf einem Hochplateau, das von hohen Berggipfeln durchzogen wird und vollständig von Südafrika umschlossen ist. Der niedrigste Punkt befindet sich auf 1380 m im Flusstal Senqu im Süden des Landes. Lesotho besitzt damit den weltweit höchstgelegenen tiefsten Punkt eines Landes.

Swasiland ist mit nur 17 363 km^2 das kleinste Mitglied des südafrikanischen Trios, dennoch besitzt es eine außergewöhnlich abwechslungsreiche Landschaft. Es gibt viele verschiedene Klima- und Ökozonen – von der niedrig gelegenen Buschsavanne im Osten über die geschwungenen Hügel im Zentrum bis zum Regenwald und den stets nebelverhangenen Berggipfeln im Nordwesten, die schließlich in die südafrikanischen Drakensberge überleiten.

Führer für Safaris & Vogelbeobachtung

- *Field Guide to Mammals of Southern Africa* von Chris und Tilde Stuart
- *A Field Guide to the Tracks and Signs of Southern and East African Wildlife* von Chris und Tilde Stuart
- *The Safari Companion: A Guide to Watching African Mammals* von Richard Estes
- *Birds of Southern Africa* von Ber van Perlo
- *Newman's Birds of Southern Africa* von Kenneth Newman
- *Birds of Southern Africa* von Ian Sinclair und anderen

Tierwelt

Südafrika

In Südafrika sind die drei größten Landsäugetiere der Erde heimisch (der Afrikanische Elefant, das Breitmaulnashorn und das Flusspferd),

DER GROSSE STREIT UMS ELFENBEIN

Im Jahr 1990 verbot nach einer riesigen Kampagne verschiedener Naturschutzorganisationen die UN-Konvention zum Internationalen Handel mit gefährdeten Tierarten (CITES; auch: Washingtoner Artenschutzabkommen) den Elfenbeinhandel – ein Versuch, die damals rückläufigen Elefanten-Populationen Afrikas zu schützen. Diese Maßnahme bewirkte, dass die Elefanten-Populationen in Gegenden, in denen die Tiere zuvor erbarmungslos getötet worden waren, wieder stark anstiegen. Für Südafrika ergab sich daraus allerdings ein anderes Problem: Da Elefanten hier schon lange unter Schutz standen, nahm ihre Population in solchem Ausmaß zu, dass eine weitläufige Landschaftszerstörung die Folge war.

Um das Problem der Elefanten-Überbevölkerung zu lösen, wurden u. a. grenzübergreifende Parks gegründet, die es den Tieren ermöglichten, in größeren Arealen herumzuziehen; es wurden Dickhäuter umgesiedelt, auch Präparate zur Empfängnisverhütung wurden im kleinen Rahmen verabreicht und – was am umstrittensten war – es wurden Elefanten gezielt geschossen.

Im Jahr 2002 lockerte CITES auf entsprechenden Druck dann das weltweite Handelsverbot mit Elfenbein; die Stoßzähne von legal gekeulten Elefanten durften verkauft werden. Diese Entscheidung wurde von verschiedenen Regierungen stark kritisiert, denn es stand zu befürchten, dass der wiederaufgenommene Handel die Nachfrage nach Elfenbein erhöhen würde, was wiederum verstärkte Wilderei zur Folge hätte. Der Gedanke, der hinter dieser Maßnahme stand, war, dass die Einnahmen dem Schutz der Elefanten und auch den Gemeinden in der Umgebung von Elefanten-Populationen zugutekommen sollten. CITES versprach zu überwachen, ob die Wilderei nach der Lockerung des Verbots zunehmen würde.

Der letzte große und von CITES auch abgesegnete Elfenbeinhandel fand Mitte 2008 statt; damals wurden insgesamt 108 t Elfenbein aus den Ländern Südafrika (51 t), Namibia, Botsuana und Simbabwe nach China exportiert. Nach einem derartigen Deal schreibt CITES eine Pause von neun Jahren vor, in der diese Länder keinerlei weitere Elfenbeinverkäufe tätigen dürfen. In China – seit Langem einer der Hauptmärkte für illegalen Elfenbeinhandel – wird Elfenbein für so ziemlich alles verwendet, von Schmuck und Kunst bis hin zur Verzierung von Handys.

außerdem die größten (Giraffen), die schnellsten (Geparden) sowie die kleinsten Vierbeiner (Zwergspitzmäuse).

Zu den mehr als 800 Vogelarten des Landes gehören der größte Vogel der Welt, der Strauß, und der schwerste flugfähige Vogel, die Riesentrappe, sowie der kleinste Raubvogel, der Halsband-Zwergfalke.

In den Meeresgewässern vor der langen Küste findet sich eine enorme Vielfalt an Meerestieren – etwa 11 000 Arten wurden verzeichnet. In den Gewässern vor Südafrika leben acht Walarten, darunter das größte Säugetier der Welt, der Blauwal. Der Weiße Hai sorgt zwar am häufigsten für Schlagzeilen, doch auch Schildkröten, Seevögel und Pinguine werden hier oftmals gesichtet.

Südafrika weist eine Fläche von rund 1 219 090 km² auf und ist damit 3,5 Mal so groß wie Deutschland. Es ist das neuntgrößte Land Afrikas mit der fünftgrößten Bevölkerung.

Zu den vom Aussterben bedrohten Tierarten gehören die Spitzmaulnashörner (die sich manchmal im uMkhuze Game Reserve und im Hluhluwe-iMfolozi Park blicken lassen), die Buschmannshasen (die ausschließlich in Flussnähe in der zentralen Karoo vorkommen), die Wildhunde (im Hluhluwe-iMfolozi Park und Kruger National Park heimisch) sowie die Pferdeantilopen.

Zu den vom Aussterben bedrohten Vogelarten zählen der Klunkerkranich, der eine Standhöhe von 165 bis 175 cm erreicht, und die Stahlschwalbe. Der Brillenpinguin und der Kapgeier sind ebenfalls gefährdete Spezies.

Lesotho

Auf Grund der Hochlage ist Lesothos Tierwelt nicht so vielfältig wie in den meisten anderen Gebieten der Region. Relativ häufig trifft man auf Rehantilopen, Schakale, Mangusten, Erdmännchen, Elenantilopen und Klippschliefer. Außerdem leben in Lesothos bergigen Regionen seltene kleinere Tierarten – viele gibt es nur in den Drakensbergen, z. B. die äußerst bedrohte Barbenart Maluti Minnow *(Pseudobarbus quathlambae)*, ein Kleinfisch, ferner die Afrikanische Eisratte, zahlreiche Eidechsen- und Geckoarten sowie der Flussfrosch.

Etwa 300 Vogelarten wurden in Lesotho registriert, dazu zählen der Bartgeier und der Glattnackenibis.

Unter Lesothos ersten Wildbewohnern tummelten sich einstmals auch Dinosaurier: Der kleine, blitzschnelle Lesothosaurus wurde nach dem Land benannt, in dem er auf zwei Beinen umherlief.

Sasol eBirds of Southern Africa enthält Bilder, Verbreitungskarten und Beschreibungen der verschiedenen Vögel. Diese tolle App ist die digitale Version des Sasol Field Guidebook. Man kann damit die verschiedenen Vögel vergleichen, eine Liste mit Sichtungen anlegen und die jeweilige Art bestimmen, indem man sie einer der 630 Vogelstimmen zuordnet.

Swasiland

In Swasiland leben etwa 120 Säugetierarten und damit ein Drittel aller Landsäugetierarten des südlichen Afrikas. Zahlreiche Tiere, beispielsweise Elefanten, Nashörner und Löwen, mussten erst wieder neu angesiedelt werden. Auf Großwild trifft man ausschließlich in Naturreservaten und auf privaten Wildfarmen. Mangusten und Großfleck-Ginsterkatzen kommen dagegen viel häufiger vor. Hyänen und Schakale sind in den Reservaten anzutreffen. Leoparden lassen sich dagegen nur sehr selten blicken.

Dank der unterschiedlichen Ökosysteme besitzt Swasiland auch eine vielfältige Vogelwelt: Hier leben z. B. Paradieskraniche, Erdspechte und Ohrengeier. In dem kleinen Königreich wurden bereits mehr Arten gesichtet als im deutlich größeren Kruger National Park.

Tierbeobachtung

Die einfachste und günstigste Art, die Nationalparks zu erkunden, ist eine Fahrt im Mietwagen – vor allem wenn man in einer Gruppe reist. In den meisten Parks kommt man in einem normalen Pkw gut zurecht. Im Winter ist jedoch ein höher gelegter Geländewagen sinnvoller, weil zu dieser Jahreszeit das Gras sehr hoch steht. Die meisten Reiseveranstalter bieten darüber hinaus organisierte Safaris an, die speziell auf Rucksackreisende zugeschnitten sind.

EIN VERGNÜGEN: SÜDAFRIKAS MEERESTIERE

Es gibt vielerlei Möglichkeiten, an Südafrikas einzigartigen, vielfältigen Meerestieren seine Freude zu haben. Eine Weile auf dem Wasser zu verbringen – oder auch unter Wasser – ist oft der Höhepunkt einer Reise in dieses Land. In der Provinz Western Cape gilt Hermanus als die beste Destination der Welt, um vom Land aus Wale zu beobachten: Von Juni bis Dezember ziehen hier Südliche Glattwale (auch: Südkaper) vorbei.

Eine einmalige Gelegenheit, sich Auge in Auge einem Weißen Hai gegenüberzusehen, bietet sich in KwaZulu-Natal und am Western Cape. Allem Hickhack zum Trotz ist das Haitauchen im Käfig noch immer ein beliebter Abenteuersport. Und an der Küste von KwaZulu-Natal ist Scuba-Tauchen der neueste Trend, wobei das Aliwal Shoal als eines der besten Tauchreviere der Welt lockt. Hier kann man bunte Korallen, Schildkröten, Rochen und allerlei Haiarten bestaunen.

Als eines der sagenhaftesten Spektakel der Welt macht die Sardinenmigration von Mai bis Juli von sich reden, wenn an der Küste des Eastern Cape und von KwaZulu-Natal Sardinen in Massen auftauchen – mehr als 15 km weit. Beutegreifer wie Haie, Delfine und Seevögel kommen dann aus nah und fern, um sich so richtig vollzufressen – ein unvergessliches Erlebnis für jeden Schnorchler und Taucher am Riff.

DIE SCHÖNSTEN PARKS & SCHUTZGEBIETE

Lage	Park/Reservat	Charakteristik	Aktivitäten	Beste Zeit
Cape Peninsula	Table Mountain National Park	felsige Landzungen, Meereslandschaften, Brillenpinguine, Elenantilopen, Wasservögel, Buntböcke	Wandern, Mountainbiken	ganzjährig
Western Cape	Cederberg Wilderness Area	gebirgig und zerklüftet; San-Felsmalereien, Sandsteinformationen, Pflanzenwelt	Wandern	ganzjährig
Mpumalanga/ Limpopo	Kruger National Park	Savanne, Waldgebiete, Dornensteppe; die Big Five	Auto-Safaris, Wanderungen mit Tierbeobachtung	ganzjährig
	Blyde River Canyon Nature Reserve	Schlucht, Höhlen, Fluss; sagenhafte Ausblicke	Wandern, Kloofing (Canyoning)	ganzjährig
Northern Cape	Augrabies Falls National Park	Wüste, Fluss, Wasserfälle; Klippspringer, Klippschliefer; herrliches Panorama	Wandern, Kanufahren, Raften	April–Sept.
	|Ai-|Ais/ Richtersveld Transfrontier Park	Bergwüste; von ergreifender Schönheit; Klippspringer, Schakale, Zebras, Pflanzen, Vögel	Wandern	April–Sept.
Eastern Cape	Addo Elephant National Park	dichter Busch, Grassavannen, bewaldete Schluchten; Elefanten, Spitzmaulnashörner, Büffel	Auto-Safaris, Wanderwege, Ausritte	ganzjährig
	Tsitsikamma National Park	Küste, Klippen, Flüsse, Schluchten, Wälder; Kapottern, Paviane, Affen, Vogelwelt	Wandern	ganzjährig

Viele größere Parks (z. B. Kruger, Hluhluwe-iMfolozi und Pilanesberg) veranstalten geführte Wildniswanderungen zu Fuß und in Begleitung bewaffneter Ranger. Diese Art der Erkundungstour ist äußerst empfehlenswert, weil sie einen viel intensiveren Eindruck hinterlässt als eine Fahrt im abgeschotteten Auto. Die Wanderung sollte aber unbedingt im Voraus gebucht werden (bei der entsprechenden Parkverwaltung). In mehreren Wildparks sind auch kürzere Wanderungen am Morgen und am Nachmittag möglich; oftmals können sie noch am selben Tag gebucht werden.

Alle südafrikanischen Nationalparks haben eine sehr gute Infrastruktur. Ein Guide ist nicht unbedingt notwendig, unter seiner sachkundigen Führung sieht und lernt man aber meistens mehr. In allen Parks gibt

Lage	Park/Reservat	Charakteristik	Aktivitäten	Beste Zeit
KwaZulu-Natal	Hluhluwe-iMfolozi Park	üppige, sutropische Vegetation, Savanne; Nashörner, Giraffen, Löwen, Elefanten, Vögel	Wildniswanderungen, Tierbeobachtung	Mai–Okt.
	iSimangaliso Wetland Park	Feuchtgebiete, Küstengrassavanne; Elefanten, Vögel, Flusspferde	Wildniswanderungen, Auto-/Boot-Safaris	März–Nov.
	uMkhuze Game Reserve	Savanne, Wälder, Sumpf; Nashörner und fast alle sonstigen Tiere; Hunderte Vogelarten	Geführte Wanderungen, Wanderungen mit Vogelbeobachtung, Autosafaris	ganzjährig
	uKhahlamba-Drakensberg Park	majestätisches Drakensberg Escarpment; sagenhafte Landschaft und Wildnisgebiete	Wandern	ganzjährig
Free State	Golden Gate Highlands National Park	spektakuläre Sandsteinklippen und -felsen; Zebras, Schakale, Rehantilopen, Elenantilopen, Vögel	Wandern	ganzjährig
Lesotho	Sehlabathebe National Park	Bergwildnis; herrliche Einsamkeit; Rehantilopen, Paviane; Bartgeier	Wandern	März–Nov.
Swasiland	Malolotja Nature Reserve	Berge, Bäche, Wasserfälle, Savannen, Wälder; reiche Vogel- und Pflanzenwelt, Impalas, Klippspringer	Wandern	ganzjährig

es sogenannte Rest Camps, die preiswerte Übernachtungsmöglichkeiten anbieten. Die Palette reicht vom Zeltplatz bis zum Haus für Selbstversorger. Meist gehören auch Restaurants, Geschäfte und Tankstellen zum Camp. Während der Ferienzeit in Südafrika muss unbedingt im Voraus gebucht werden; zu anderen Zeiten sind solche Unterkünfte auch noch kurzfristig verfügbar.

Sicherheit auf Safari

Zu den Hauptattraktionen Südafrikas gehören auch die Safaris, auf denen man den wilden Tieren ganz nahe kommen kann. Man sollte jedoch nicht vergessen, dass diese Tiere wild und nicht gezähmt sind und dass ihr Verhalten oftmals unberechenbar ist.

DAS FLORENREICH AM KAP

Das Kapländische Florenreich ist das kleinste der weltweit sechs existierenden Florenreiche, besitzt aber im Verhältnis zur Fläche die größte Artenvielfalt – auf je 10 000 km² gedeihen 1300 verschiedene Arten. Das sind rund 900 Arten mehr als im südamerikanischen Regenwald. Ein Teil des Florenreiches wird mittlerweile als Unesco-Weltnaturerbe geschützt. Die Hauptvegetation bildet der *fynbos* („feiner Busch"), dessen typische Merkmale die kleinen, schmalen Blätter und Stämme sind. Die Gruppe der Fynbos-Gewächse umfasst etwa 9000 Blütenpflanzenarten. Zu den wichtigsten Vertretern der Gewächse im Fynbos gehören die Heidekraut-, Proteen- und Riedgrasarten, die auch an anderen Orten angesiedelt wurden und recht weit verbreitet sind, während die anderen Arten nur ein äußerst begrenztes Verbreitungsgebiet haben.

Das Kapländische Florenreich, die Kapensis, erstreckt sich vom Cape Point Richtung Osten fast bis nach Grahamstown, in nördlicher Richtung bis zum Olifants River. Auf dem Gebiet befindet sich der Kogelberg, außerdem umfasst es Abschnitte mehrerer Biosphärenreservate. Die wenigen Überreste einheimischer Vegetation existieren heute nur noch in geschützten Gebieten, z. B. auf dem Tafelberg und der Kaphalbinsel.

Hier ein paar Sicherheitstipps:

- Niemals zwischen ein Muttertier und sein Junges geraten.
- Niemals zwischen ein Nilpferd und das Wasser geraten.
- Bei Spitzmaulnashörnern besonders aufpassen (auch wenn sie selten sind) – sie greifen praktisch alles an.
- In der Nähe von Büffelherden ist Vorsicht geboten – sie greifen ohne Vorwarnung an, und die komplette Herde stürmt geschlossen los.
- Auch wenn Elefanten meist gutmütig wirken, sollte man dies nicht als Selbstverständlichkeit voraussetzen; besondere Vorsicht sollte man bei Muttertieren mit Jungen und aufgeregten jungen Männchen walten lassen.
- Man sollte daran denken, dass Drohgebärden von Elefanten oft der Auftakt zu einem realen Angriff sind.

Die Wildlife & Environmental Society of South Africa (www.wessa.org.za) ist eine führende Organisation zum Schutz der Umwelt, die eine ausgeklügelte Nashorn-Initiative betreibt, um dem illegalen Handel mit dem Horn der Tiere ein Ende zu setzen.

Die beste Zeit für Tierbeobachtung

Wilde Tiere können eigentlich zu jeder Jahreszeit beobachtet werden; in den kühleren, trockenen Wintermonaten (Juni–Sept.) ist es tendenziell etwas einfacher, weil einerseits das Laubwerk nicht so dicht ist und die Tiere sich andererseits um die Wasserstellen scharen. In den Sommermonaten (Ende Nov.–März) ist es regnerisch, wärmer und landschaftlich reizvoller, weil mehr Grün zu sehen ist. Dafür halten sich die Tiere nicht so nah beieinander auf und sind aus diesem Grund nicht so einfach anzutreffen bzw. zu sehen.

Vögel können das ganze Jahr über beobachtet werden, die beste Zeit dafür ist aber im Frühling (Sept.–Nov.) und Sommer.

Pflanzen

Über 20 000 Pflanzenarten sind in Südafrika heimisch. Sie machen damit 10 % der weltweit vorkommenden Arten aus, konzentrieren sich aber auf nur 1 % der Erdoberfläche. Dutzende von Blütenpflanzen, die in anderen Teilen der Welt gezüchtet werden, wachsen hier wild, darunter Gladiolen, Proteen, Strelitzien und Schmucklilien. Südafrika ist außerdem das einzige Land mit einem eigenen Florenreich innerhalb der Staatsgrenzen, von denen es insgesamt nur sechs auf der Welt gibt. Im trockeneren Nordwesten gedeihen Sukkulenten (vor allem Euphorbien und Aloen) und einjährige Pflanzen, die nach dem Frühlingsregen in leuchtenden Farben erblühen.

Es existieren nur wenige natürliche Waldgebiete in der Republik Südafrika. Sie waren nie besonders ausgedehnt – und heute existieren nur noch kleine, lichte Wäldchen bzw. Haine. Immergrüne Regenwälder säumen den südlichen Küstenstreifen zwischen George und Humansdorp, weitere Waldgebiete befinden sich in KwaZulu-Natal sowie in den Drakensbergen und in Mpumalanga. Nordöstlich von Port Elizabeth, im Hinterland der Wild Coast, und in KwaZulu-Natal gibt es außerdem subtropische Wälder.

Den Norden prägen ausgedehnte Savannen mit eingestreuten Akazien und Gruppen von Dornenbäumen.

Lesotho ist für seine Hochlandflora bekannt. Zu ihren Vertretern gehören die alpinen Kapblumen und die Spiralaloe *(Aloe polyphylla)*. Diese Aloe-Art ist endemisch, d. h. sie kommt ausschließlich hier vor, und wurde aus diesem Grund zu Lesothos Nationalpflanze erklärt. Sie wächst an den Hängen der Maluti Mountains.

In den Grasländern, Waldgebieten, Savannen und Feuchtgebieten von Swasiland gedeihen rund 3500 Pflanzenarten und damit etwa 14 % der im südlichen Afrika vorkommenden Gattungen.

NASHORN-WILDEREI IN SÜDAFRIKA

In einigen Ländern Asiens ist das Horn des Nashorns schon seit ewigen Zeiten ein begehrtes Gut. Es ist ein Statussymbol, außerdem werden ihm Heilkräfte zugeschrieben. Ein einziges Horn dieses Tieres bringt auf dem Schwarzmarkt in Ländern wie Vietnam und China enorm viel Geld.

Und genau dieser Markt sorgt natürlich auch für jede Menge Motivation, mit dem Horn illegalen Handel zu betreiben. Von den ausgehenden 1970er-Jahren bis Mitte der 1990er-Jahre wurde die Nashorn-Population in Afrika durch Wilderei in regelmäßigen Abständen dezimiert.

In den letzten Jahren ist die Nashorn-Wilderei wieder eklatant angestiegen. Im Jahr 2003 wurden 22 Nashörner in Südafrika gewildert; 2012 vergrößerte sich die Anzahl auf 668 Tiere, und am Ende des Jahres 2014 war die unglaubliche Zahl von 1020 Nashörnern der Wilderei zum Opfer gefallen. Annähernd 700 dieser Tiere wurden allein im Kruger National Park abgeschlachtet, einem Areal, in dem bis zu 60 % der verbliebenen Nashorn-Population der Welt zu Hause ist.

Der Kruger National Park gehört offiziell mit zum Great Limpopo Transfrontier Park, der den Kruger Park und den Limpopo Park in Mosambik umfasst. Viele Wilderer kommen von Mosambik über die lange, durchlässige Grenze, die zwischen diesen beiden Parks verläuft. In Mosambik bekämpft die personell unterbesetzte und mit unzureichenden Finanzmitteln ausgestattete Anti-Wilderei-Einheit von Limpopo die Wilderei-Syndikate, denen schier unbegrenzte Gelder zur Verfügung stehen.

Überfordert von der Herausforderung, die ewig lange und größtenteils unkontrollierte Grenze mit Mosambik zu überwachen, entschloss sich die südafrikanische Regierung schließlich zu einem umfassenden Umsiedelungsprogramm. Sie kennzeichnete dazu mindestens 500 Nashörner für den Transport in sicherere Gebiete im Kruger Park sowie in andere Parks in Südafrika und in die Nachbarländer; ein Großteil der Nashörner wurde im Jahr 2015 umgesiedelt.

Unterdessen kamen innovative Methoden, die Wilderer aufzuspüren, zum Einsatz, beispielsweise sog. „Shotspotter" – eine Technik, wie sie auch in Großstädten in den USA mit hoher Kriminalitätsrate verwendet wird. Wenn ein Schuss abgefeuert wird, zeichnen versteckte Mikrofone im Busch das Geräusch auf, ermitteln den Standort durch Trilateration und geben diese Information an Ranger und Polizisten weiter, die dann sehr schnell reagieren können.

Weitere Informationen zum fortwährenden Kampf, das afrikanische Nashorn vor dem Aussterben zu bewahren, finden sich auf den Websites www.savetherhino.org und www.stoprhinopoaching.com.

Nationalparks & Naturschutzgebiete

Südafrika

Südafrika besitzt an die 600 Nationalparks und Reservate, in denen es meist wilde Tiere zu sehen gibt. Die übrigen sind überwiegend unter Naturschutz stehende Wildnis sowie Wandergebiete. Alle Nationalparks erheben pro Tag eine Naturschutzgebühr.

Neben seinen Nationalparks ist Südafrika auch an mehreren grenzübergreifenden Naturschutzgebieten beteiligt. Dazu gehören die noch in der Entwicklung befindliche Greater Mapungubwe Transfrontier Conservation Area, die Südafrika, Simbabwe und Botsuana verbindet; der Kgalagadi Transfrontier Park, der Gebiete des ehemaligen Kalahari Gemsbok National Park in Northern Cape mit dem Gemsbok National Park in Botsuana vereint; der Maloti-Drakensberg Peace Park, der den Sehlabathebe National Park sowie weitere Gebiete der Drakensberge in Lesotho mit ihren südafrikanischen Gegenübern im uKhahlamba-Drakensberg umfasst; und der Great Limpopo Transfrontier Park, der sich über die Grenzen von Südafrika, Mosambik und Simbabwe erstreckt. Darüber hinaus existieren zahlreiche private Schutzgebiete.

Insgesamt stehen knapp 3 % Südafrikas unter Naturschutz, dazu kommen weitere 4 bis 5 %, die einen ähnlichen Schutzstatus besitzen. Die Regierung verhandelt derzeit mit Eigentümern von Privatreservaten darüber, diese ebenfalls unter staatliche Aufsicht zu stellen, um den Gesamtanteil der Schutzgebiete auf mindestens 10 % zu erhöhen.

Zudem verfügt Südafrika über 21 Meeresschutzgebiete (Marine Protected Areas oder MPAs); sie wurden eingerichtet, um Fische und andere Meerestiere vor Überfischung, Verschmutzung, unkontrolliertem Tourismus und Meeresbodenbergbau zu schützen und den Bestand zu stabilisieren. Das siebtgrößte Meeresschutzgebiet der Welt wurde 2013 ausgewiesen; es liegt 2000 km südlich der Festlandküste in der Nähe der Prince-Edward- und Marion-Inseln. Zu den Meerestieren, die unter den Schutz dieser neuen MPAs fallen, gehören Albatrosse, Pinguine, Pelzrobben, Killerwale und Schwarze Seehechte.

> Nashörner sind nach der Form ihrer Lippen benannt. Das Breitmaulnashorn (englisch: White Rhino) leitet sich vom burischen *wijde* (weit/breit) ab und hat mit der Farbe Weiß nichts zu tun.

CapeNature (☎021-483 0190; www.capenature.org.za) Setzt sich für den Naturschutz am Western Cape ein und ist verantwortlich für die Erteilung von Wandergenehmigungen sowie für die Buchung von Reservaten am Western Cape.

Ezemvelo KZN Wildlife (☎033-845 1000; www.kznwildlife.com) Dieser Organisation unterstehen die Wildparks in KwaZulu-Natal.

Komatiland Forests Eco-Tourism (☎013-754 2724; www.komatieco tourism.co.za) Beaufsichtigt Waldgebiete, fördert den Ökotourismus und managt die Wandertrails rund um Mpumalanga.

South African National Parks (SANParks; ☎012-426 5000; www.sanparks.org) Die beste Anlaufstelle für eine Safari.

Lesotho

Lesotho besitzt den geringsten Anteil an Schutzgebieten auf dem gesamten afrikanischen Kontinent – nur 1 % der Landesfläche steht unter Naturschutz. Einer der Gründe ist das Landnutzungsrecht: In Lesotho hat jeder Staatsbürger freien Zugang zu den Rohstoffquellen des Landes. Zu den Naturschutzgebieten zählt der Sehlabathebe National Park, der für seine ursprüngliche Wildnis bekannt ist. Weitere Schutzgebiete sind der Ts'ehlanyane National Park und das Bokong Nature Reserve.

Swasiland

Rund 4 % der Fläche Swasilands stehen unter Naturschutz. Da die Schutzgebiete nicht so bekannt sind, liegen die Besucherzahlen unter denen der benachbarten südafrikanischen Parks, und der Eintritt ist deutlich günstiger. Empfehlenswerte Parks sind das Mlilwane Wildlife

Sanctuary das Wanderparadies Malolotja Nature Reserve und der Hlane Royal National Park. Mlilwane, Mkhaya und Hlane sind Kooperationspartner des Programms Wild Card (www.sanparks.org/wild).

Umweltprobleme

Südafrika

Südafrika ist das Land mit der drittgrößten Biodiversität der Welt. Außerdem ist es auch eines der urbanisiertesten Länder Afrikas; über 50 % der Bevölkerung lebt in Klein- und Großstädten. Eine der größten Herausforderungen, mit der sich die Regierung konfrontiert sieht, ist, die zunehmende Verstädterung in den Griff zu bekommen und zugleich die Umwelt zu schützen.

Eines der gravierendsten Probleme des Landes stellt die Bodenverschlechterung dar; etwa ein Viertel von Südafrikas Boden gilt als ernstlich geschädigt. In den Gebieten des ehemaligen Homeland haben jahrelange Überweidung und Raubbau zu einer massiven Bodendegradation geführt, die den Anbau von Feldfrüchten nicht mehr möglich macht. Diese beiden Tatsachen sowie die generell schlechten Bedingungen treiben die Menschen in die Städte, was wiederum dort noch mehr Probleme zur Folge hat. Diese verzerrten Siedlungsstrukturen von Stadt und Land sind ein Erbe der Apartheid-Zeit; eine riesige Bevölkerung lebt bis heute in Townships auf engstem Raum, wobei es generell an Infrastruktur und angemessenen Einrichtungen mangelt.

In Südafrika fallen im Durchschnitt lediglich 500 mm Niederschlag im Jahr; es treten häufig Dürreperioden auf. Um den Wasserbedarf zu decken, wurden alle größeren Flüsse in Südafrika aufgestaut oder modifiziert. Diese Maßnahmen führten zwar in vielen Gebieten zu einer Verbesserung der Wasserversorgung, haben allerdings die örtlichen Ökosysteme durcheinandergebracht und eine verstärkte Versandung bewirkt.

Südafrika stand unter den afrikanischen Ländern lange an vorderster Front in Sachen Tierschutz. Der finanzielle Spielraum ist jedoch sehr eng und wird auch bleiben, solange die Südafrikaner keinen Zugang zur Grundversorgung haben. Die landesweite Wilderei von Nashörnern – besonders im Kruger National Park – wird durch die zu geringe finanzielle Unterstützung verschlimmert. Hilfe beim Naturschutz verspricht die Kooperation von öffentlicher Hand und privaten Investoren; hinzu kommen Zuschüsse von internationalen Organisationen wie dem World Wide Fund for Nature (WWF).

Schätzungen zufolge liegen die potenziellen Schiefergasablagerungen in Südafrika bei rund 14 Billionen m³. Dies hat reges Interesse bei Erdölkonzernen hervorgerufen. Laut Econometrix (in einem von Shell in Auftrag gegebenen Bericht) könnte die Schiefergasindustrie das BIP alljährlich um 200 Mrd. Rand steigern und 700 000 Arbeitsplätze schaffen. In vielen Ländern, auch in Südafrika, ist das hydraulische Aufbrechen, oder „Hydrofracking", zur Gewinnung des Gases inzwischen verboten oder zumindest ausgesetzt. Die Technologie, die beim Fracking eingesetzt wird, hat ernste Bedenken hinsichtlich der Sicherheit für die Umwelt hervorgerufen: Große Mengen sauberen Wassers werden mit Sand und einem „Chemiecocktail" vermischt, um die Felsen im Untergrund aufzubrechen und das Schiefergas freizusetzen. Die Fracking-Debatte wird in Südafrikas Provinz Northern Cape (in der Karoo) mit unverminderter Vehemenz geführt, da die ernsthaften Umweltbedenken starken wirtschaftlichen Interessen gegenüberstehen – besonders seitens der großen Erdölkonzerne. Ende 2014 hatte es den Anschein, als wäre die Regierung Südafrikas entschlossen, mit der umstrittenen Fördertechnik fortzufahren; neue Verordnungen für Förderlizenzen wurden auf den Weg gebracht, die bald bewilligt werden sollten.

Scorched: South Africa's Changing Climate von Leonie Joubert ist ein Reisebericht durch Südafrika, der nachdenklich stimmt. Der Klimawandel und andere Umweltthemen verwandeln sich in diesem Buch von trockenen Fakten in ernüchternde, lebensnahe Realität.

Auf Ökokurs

Mehr als 90 % der Elektrizität Südafrikas wird aus der Kohle gewonnen – d. h. doppelt so viel wie im internationalen Durchschnitt. Dennoch finden sich auf lokaler Ebene diverse anerkennenswerte Projekte, die vom langsamen, aber sicheren Fortschritt des Landes in Richtung einer „grünen" Politik zeugen.

Lynedoch EcoVillage (Karte S. 116; www.sustainabilityinstitute.net) Südafrikas erste ökologisch konzipierte und sozial gemischte Gemeinde nimmt allmählich Gestalt an. Es werden energieeffiziente private und öffentliche Gebäude entworfen; das Hauptaugenmerk liegt auf der Schaffung einer autarken Gemeinde.

Monwabisi Park Eco-Cottages Project Unter der Schirmherrschaft der Shaster Foundation wird die Hausbesetzersiedlung Khayelitsha im Monwabisi Park allmählich zu einem Ökodorf umgestaltet. Hütten im Eigenbau werden durch Öko-Cottages ersetzt, die von der Gemeinde errichtet werden.

The Kuyasa Project Mehr als 2000 Häuser für Einkommensschwache in der Kapstädter Township Khayelitsha wurden mit Technik zur Nutzung erneuerbarer Energien ausgestattet, beispielsweise mit durch Sonnenenergie betriebenen Boilern, Energiesparlampen und isolierten Dächern. Es wird auf diese Weise nicht nur Energie gespart (im Schnitt etwa 40 % pro Haushalt), sondern es entstanden durch das Projekt auch neue Arbeitsplätze sowie andere durch die Modernisierung bedingte, nachhaltige Vorteile.

SAN Parks (S. 638) Die Einrichtungen der Parks des SANPark-Netzes werden derzeit durch die Installation von mit Sonnenenergie betriebenen Boilern und anderen energiesparenden Geräten aufgewertet, um eine bessere Energieeffizienz zu gewährleisten.

Baumpflanzungen Mehr als 200 000 einheimische Bäume wurden im Rahmen des Greening Soweto Project angepflanzt; Ziel war, die riesige Township als Vermächtnis der Fußball-WM 2010 auf Dauer mit etwas Grün zu verschönern. Mit zu diesem Projekt gehören fortlaufende Programme zur Förderung des Umweltbewusstseins.

Windfarmen Derzeit werden in der Nähe von Kapstadt zwei Windfarm-Projekte auf den Weg gebracht; die Darling Wind Farm – ein nationales Vorzeigeprojekt – wurde bereits an das südafrikanische Stromnetz angeschlossen.

Lesotho

In Lesotho konzentriert sich die Umweltdiskussion auf das umstrittene Highlands Water Project. Zu den größten Kritikpunkten zählen die Zerstörung traditioneller Gemeinden, die Überflutung von Ackerland und die möglicherweise negativen ökologischen Auswirkungen für den Senqu (Orange) River.

Weitere Probleme sind die hohe Tierpopulation (mit Überweidung als Folgeerscheinung) und die Bodenerosion. Es gehen rund 40 Mio. t Muttererde alljährlich verloren. Die ernüchternde und beängstigende Prognose lautet, dass bis zum Jahr 2040 womöglich kein kultivierbarer Boden mehr vorhanden sein wird.

Eine wesentlich erfreulichere Nachricht ist, dass Lesotho gemeinsam mit Südafrika im Rahmen des Naturschutz- und Entwicklungsprojekts Maluti-Drakensberg Transfrontier zusammenarbeiten, um diese beiden Gebirgsregionen zu schützen.

Swasiland

Drei der wichtigsten Wasserstraßen Swasilands – die Flüsse Komati, Lomati und Usutu – entspringen in Südafrika, womit Swasiland eng in die südafrikanischen Bemühungen zur Flussregulierung einbezogen ist. In den östlichen Lowveld-Gebieten ist Dürre ein regelmäßig auftretendes Problem. Weitere Schwierigkeiten sind die mangelnde Beteiligung der Gemeinden am Naturschutz, das wenig ausgeprägte Umweltbewusstsein und die fehlende Unterstützung von Seiten der Regierung.

Verantwortungsbewusstes Reisen

Der Tourismus spielt im südlichen Afrika eine wirtschaftlich bedeutende Rolle. Umso wichtiger ist es, in Sachen Umwelt und Kultur das entsprechende Fingerspitzengefühl an den Tag zu legen. Nachfolgend nun also einige Faustregeln für Reisende:

- Reisen beinhaltet Verantwortung den einheimischen Kulturen und Menschen gegenüber – man sollte in Betracht ziehen, die Gemeinden vor Ort durch eine Spende an eine angesehene NGO, die Feldarbeit leistet, zu unterstützen oder auch einen Teil seiner Reisezeit für Freiwilligenarbeit zur Verfügung zu stellen.
- Immer um Erlaubnis bitten, bevor man jemanden fotografiert.
- Nicht unüberlegt Geschenke verteilen. Spenden an anerkannte Projekte sind nachhaltiger, zerstören die einheimischen kulturellen Werte nicht, und die Aussichten, dass damit wirklich Bedürftige erreicht werden, stehen somit um einiges besser.
- Einheimische Unternehmen fördern, indem man nach Möglichkeit vor Ort einkauft und Andenken direkt bei den Leuten erwirbt, die sie auch herstellen.
- Unternehmen wählen, die nachhaltigen, gemeindeorientierten Tourismus fördern. Die Liste auf der Website von Fair Trade in Tourism South Africa (www.fairtrade.travel) ist dafür ein guter Anfang.
- Möglichst keine Waren aus Elfenbein, Leder, Muscheln usw. kaufen.
- Wer gern in Fisch- und Meeresfrüchterestaurants isst, sollte sich die Sassi Wallet Card (herunterzuladen unter www.wwfsassi.co.za) einstecken.
- Bei kulturellen Sehenswürdigkeiten die Eintrittsgebühr möglichst direkt bei den zuständigen Einheimischen bezahlen und nicht beim Guide einer Reiseagentur oder anderen Mittelsmännern.
- Die einheimische Kultur und Sitten respektieren.
- Keinen Müll herumliegen lassen. Bei Trekkingtouren, in Parks oder beim Zelten den gesamten Abfall mitnehmen (in den meisten Parks erhält man dafür einen Müllbeutel) und die Trails, Parks und Campingplätze mindestens so sauber verlassen, wie man sie vorgefunden hat.
- So viel Zeit wie nur möglich mit den Einheimischen verbringen, indem man bei der Auswahl der Routen darauf achtet, dass sie auch durch die Gemeinden der bereisten Region führen.

Tiere & Lebensräume

Südafrika zählt zu den Ländern Afrikas mit der größten landschaftlichen Vielfalt: Man findet grüne Wälder, felsige Wüsten und hoch aufragende Berge, üppiges Buschland und die klassische Savanne vor. Das Land ist der Lebensraum von Pinguinen und Flamingos, Karakalen und Zobeln, Hyänenhunden, Zwergmangusten und Afrikanischen Elefanten. Die Anzahl und Vielfalt der Arten ist faszinierend – Wildlifewatching ist ein Highlight einer Südafrikareise. Die Tiere leben in über 700 öffentlichen Schutzgebieten (19 Nationalparks) und rund 200 privaten Schutzgebieten, darunter der weltberühmte Kruger National Park und der Kgalagadi Transfrontier Park, die größten Parks des Landes.

Zebras (S. 650)

Großkatzen

Die drei Großkatzen sind der Höhepunkt so mancher Safari in Südafrika. Allein schon die Annahme, dass diese faszinierenden Raubtiere in der Nähe sein könnten, genügt, um die Savanne in Hochspannung zu versetzen.

Leopard

1 Gewicht 30–60 kg (weiblich), 40–90 kg (männlich); Größe 170–300 cm. Leoparden sind Meister der Tarnung. Doch nachts verrät sie ihr charakteristisches Geheul: Es klingt wie Holz, dass von einer Säge mit hoher Drehzahl zersägt wird.

Löwe

2 Gewicht 120–150 kg (weiblich), 150–225 kg (männlich); Größe 210–275 cm (weiblich), 240–350 cm (männlich). Die sich meist im Schatten der Bäume räkelnden Löwen sind mit einem Gebiss ausgestattet, das Knochen und Sehnen zerfetzt. Sie schaffen es sogar, einen mächtigen Giraffenbullen niederzureißen. Die Weibchen sind für das Jagen zuständig, während die Männchen vor allem die erlegte Beute fressen oder um die Rangordnung im Rudel kämpfen.

Karakal

3 Gewicht 8–19 kg; Größe 80–120 cm. Der Karakal ist eine gelbbraune Katze mit langen, zugespitzten und gepinselten Ohren. Er kann bis zu 3 m senkrecht nach oben springen und Vögel aus der Luft schnappen.

Falbkatze

4 Gewicht 3–6,5 kg; Größe 65–100 cm. Wenn man ein geflecktes Tier an Feldern oder an Waldrändern entlangschleichen sieht, dann ist es eine Falbkatze, ein direkter Vorfahre der domestizierten Hauskatze.

Gepard

5 Gewicht 40–60 kg; Größe 200–220 cm. Geparde erreichen eine Höchstgeschwindigkeit von bis zu 112 km/h. Allerdings geht ihnen nach etwa 300 m die Puste aus, nach spätesten einer halben Stunde Verschnaufpause können sie dann weiterjagen.

1

4

2

KARL LEHMANN/GETTY IMAGES ©

3

DAVID WALL/GETTY IMAGES ©

Primaten

Während Ostafrika die Wiege der Evolution der Primaten ist, ist Südafrika in der Evolutionsgeschichte eher ein Nachzügler: Im Land leben nur fünf Affen- und Halbaffenarten (die primitiven Vorfahren moderner Primaten). Manche sind jedoch so weit verbreitet, dass die Chancen gut stehen, viele von ihnen zu sichten.

Grüne Meerkatze

1 Gewicht 4–8 kg; Länge 90–140 cm. Wenn eine Affenart typisch für Südafrika ist, dann ist es die anpassungsfähige Grüne Meerkatze. Wer meint, sie sähe eher unscheinbar aus, sollte sich die Genitalien der Männchen anschauen, wenn die Tiere erregt sind: Sie färben sich blau und scharlachrot.

Riesengalago

2 Gewicht bis zu 1,5 kg; Größe 80 cm einschließlich des 45 cm langen Schwanzes. Die wegen ihres klagenden Rufes sogenannten Buschbabys sind nachtaktive Primaten. Sie haben kleine Köpfe, große abgerundete Ohren, dicke, buschige Schwänze, dunkelbraunes Fell und riesige Augen.

Bärenpavian

3 Gewicht 12–30 kg (weiblich), 25–45 kg (männlich); Länge 100–200 cm. Bärenpaviane sind wegen ihres ausgeprägten Sozialverhaltens interessant zu beobachten. Die Tiere zeigen Freundschaften, Ablehnung und Verhandlungen innerhalb der Gruppe.

Diademmeerkatze

4 Gewicht 3,5–5,5 kg (weiblich), 5,5–12 kg (männlich); Länge 100–160 cm. Diademmeerkatzen gehören zu einer großen Gruppe afrikanischer Primaten. Sie leben ausschließlich in Wäldern.

Großohr-Riesengalago

5 Gewicht 550–2000 g; Größe 55–100 cm. Die nachtaktiven Tiere mit hundeähnlichem Gesicht gehören zu einer Gruppe von Halbaffen, die sich über die letzten 60 Mio. Jahre hinweg kaum verändert hat.

1

3

KELLEY MILLER/GETTY IMAGES ©

2

MITCH REARDON/GETTY IMAGES ©

1

3

CHRIS DU PLESSIS/GETTY IMAGES ©

ECOPIC/GETTY IMAGES ©

Wiederkäuer

Am berühmtesten ist Afrika für seine erstaunliche Paarhufervielfalt von Büffeln über Nashörner bis hin zu Giraffen. Die Untergruppe der wiederkäuenden Paarhufer, die Hörner haben, sind Horntiere. In dieser Familie kommen besonders Antilopen in großer Zahl vor. Sie sind mit über 20 Arten in Südafrika vertreten.

Gnu

1 Gewicht 140–290 kg; Länge 230–340 cm. In Südafrika leben das schwarzschultrige Streifengnu (Blue Wildebeest) und das endemische Weißschwanzgnu (Black Wildebeest).

Rappenantilope

2 Gewicht 200–270 kg; Länge 230–330 cm. Rappenantilopen (auch: Zobel) sehen wie bunte Pferde mit riesigen, elegant geschwungenen Hörnern aus. Sie zählen zu den optisch beeindruckendsten Säugetieren Afrikas. .

Impala

3 Gewicht 40–80 kg; Länge 150–200 cm. Die gesellige Antilope vermehrt sich sehr zahlreich und kann entsprechend stark vertreten sein.

Springbock

4 Gewicht 20–40 kg (weiblich), 30–60 kg (männlich); Länge 135–175 cm. Weil in Südafrika die weiten Grassavannen fehlen, die man aus Ostafrika kennt, ist in Südafrika nur eine einzige gazellenartige Antilope heimisch: der geschmeidige kleine Springbock.

Spießbock

5 Gewicht 180–240 kg; Länge 230 cm. Die elegante Wüstenantilope mit hoch aufragenden, bis zu 1 m langen Hörnern und einem auffällig gemusterten Kopf kann monatelang von dem wenigen Wasser leben, das sie mit gefressenen Pflanzen aufnimmt.

Huftiere

Eine ganze Reihe der berühmtesten Säugetiere Afrikas zählt zu den Huftieren. Mit Ausnahme der Giraffen sind sie keine Wiederkäuer. In Afrika sind sie schon seit Jahrmillionen zu Hause und zählen zu den überlebensfähigsten Arten des Kontinents.

Bergzebra

1 Gewicht 230–380 kg; Länge 260–300 cm. Das in Südafrika endemische Bergzebra unterscheidet sich von seinen Verwandten in der Savanne durch seinen nicht gestreiften Unterleib und seine rostfarbene Schnauze.

Giraffe

2 Gewicht 450–1200 kg (weiblich), 1800–2000 kg (männlich); Höhe 3,5–5,2 m. Auch wenn sie sich meist gemächlich durch die Savanne bewegen, können Giraffen den meisten Raubtieren davonlaufen.

Afrikanischer Elefant

3 Gewicht 2200–3500 kg (weiblich), 4000–6300 kg (männlich); Länge 2,4–3,4 m (weiblich), 3–4 m (männlich). Die Herden dieser mächtigen Dickhäuter, die im Durchschnitt zehn Kühe plus ihren Nachwuchs umfassen, werden meist von einer älteren Leitkuh geführt.

Flusspferd

4 Gewicht 510–3200 kg; Länge 320–400 cm. Flusspferde sehen aus wie schwimmende Sitzsäcke mit winzigen Beinen. Die 3000 kg schweren Tiere leben im oder am Wasser und fressen fast ununterbrochen Wasserpflanzen.

Breitmaulnashorn

5 Gewicht 1400–2000 kg (weiblich), 2000–3600 kg (männlich); Länge 440–520 cm. Anfang der 1990er-Jahre stand das Breitmaulnashorn kurz vor dem Aussterben. Das majestätische Tier konnte größtenteils dank der Bemühungen südafrikanischer Wildtierschützer davor bewahrt werden. Heute ist die Wilderei wieder ein großes Problem, vor allem im Kruger National Park.

EDWIN REMSBERG/GETTY IMAGES ©

URGEN & CHRISTINE SOHNS/GETTY IMAGES ©

Weitere Fleischfresser

Neben sieben Raubkatzenarten streifen 25 weitere Fleischfresser, von Mangusten bis zu Jagdhunden mit ausgeprägtem Sozialverhalten, durch Südafrika. Ihr gemeinsames Merkmal sind Fangzähne. Besonders faszinierend für Besucher ist es, ihre Fähigkeiten bei der Jagd zu beobachten.

Honigdachs

1 Gewicht 7–16 kg; Länge 75–100 cm. Die Afrikaner sagen, sie würden lieber einem Löwen Auge in Auge gegenüberstehen als einem Honigdachs; sogar Löwen lassen von ihrer erlegten Beute ab, wenn ein Honigdachs auftaucht. Das auch als Ratel bezeichnete Raubtier spürt sein Lieblingsfressen auf, indem es dem Honiganzeiger (Vogel) zu Bienenstöcken folgt.

Tüpfelhyäne

2 Gewicht 40– 90 kg; Länge 125–215 cm. Tüpfelhyänen leben in Rudeln, die von Weibchen angeführt werden; sie benutzen ihre mächtigen Kiefer, um ihre Beute auf der Flucht auszuweiden.

Erdwolf

3 Gewicht 8–12 kg; Länge 75–110 cm. Dieser kleinste Vertreter der Hyänen ist nachtaktiv und ernährt sich vorwiegend von Termiten.

Afrikanischer Wildhund

4 Gewicht 20–35 kg; Länge 100–150 cm. Die einzigartig gemusterten Hyänenhunde jagen unbarmherzig in Rudeln von 20 bis 60 Tieren Antilopen und andere Tiere. Sie sind in komplexen Hierarchien organisiert und haben ein stark ausgeprägtes Sozialverhalten. Die Tiere sind extrem gute Jäger.

Erdmännchen

5 Gewicht 0,5–1 kg; Länge 50 cm. Das Erdmännchen gehört zu der Familie der Mangusten. Die geselligen Tiere verbringen arbeitsteilig den Tag. Während die einen mit der Nahrungssuche beschäftigt sind, halten die anderen Ausschau nach Feinden.

1

3

ANGELIKA STERN/GETTY IMAGES ©

2

ARNO MEINTJES WILDLIFE/GETTY IMAGES ©

1

WINFRIED WISNIEWSKI/ MINDEN PICTURES/GETTY IMAGES ©

Sekretär

4

NIGEL DENNIS/GETTY IMAGES ©

NICO SMIT/GETTY IMAGES ©

ROBERT MUCKLEY/GETTY IMAGES ©

Greifvögel

Südafrika ist die Heimat von etwa 60 Falkenarten, Adlern, Geiern und Eulen. Fast überall kann man Raubvögel sehen – auf Bäumen hockend, am Himmel ihre Kreise ziehend oder rund um einen Tierkadaver versammelt. Ein erstes Anzeichen, dass sie in der Nähe sind, ist meist das laute Gezeter kleinerer Vögel, die die gefürchteten Jäger beschimpfen.

Schreiseeadler

1 Länge 75 cm. Der Schreiseeadler jagt Fische im Wasser. Er ist vor allem bekannt für seine laut gellenden Schreie, die oft als die „Stimme Afrikas" bezeichnet werden.

Gaukler

2 Länge 60 cm. Der Gaukler ist ein hübscher Schlangenjäger. Zu erkennen ist er im Flug an seinen weißen Schwingen und am Fehlen von Schwanzfedern. Wer ihn aus der Nähe beobachtet, bemerkt seine bunte Musterung und sein scharlachrotes Gesicht.

Sekretär

3 Länge 100 cm. In einem Land voller einzigartiger Vögel ragt der langbeinige Sekretär noch heraus. Er hat den Körper eines Adlers und die Beine eines Kranichs. Den eigenartigen Raubvogel mit dem grauen Körper sieht man oft durch die Savanne schreiten.

Ohrengeier

4 Länge 115 cm. Sieben der acht südafrikanischen Geier sieht man gemeinsam mit Löwen, Hyänen und Schakalen um Tierkadaver streiten. Dabei sind die Geier allein schon durch ihre schiere Anzahl im Kampf um ein paar Fetzen Fleisch erfolgreich. Der gewaltige Ohrengeier, ein Riese unter den Geiern, sichert sich seinen Teil schon, bevor die anderen Geier zum Zug kommen.

Bartgeier

5 Länge 110 cm. Mit etwas Glück bekommt man in den hoch aufragenden Felsen der Drakensberge einen der meistgesuchten Raubvögel der Welt zu sehen – den Bartgeier, auch Lämmergeier genannt.

umzustolzieren. Hat er etwas gefunden, tötet er es mit Hieben seines kräftigen Schnabels

NIGEL DENNIS/GETTY IMAGES ©

2

MITCH REARDON/GETTY IMAGES ©

Weitere Vögel

Wer nach Afrika kommt, trifft dort auf eine erstaunliche Vielfalt von Vogelarten in allen Größen und Farben. Wer nicht sowieso nach jedem Vogel Ausschau hält, empfindet sie nach einigen Tagen mit Impalas und schnarchenden Löwen als erfreuliche Abwechslung.

Zwergflamingo

1 Länge 100 cm. Die tiefrosafarbenen Flamingos versammeln sich zu Tausenden an Salzseen und bieten eines der dramatischsten Naturschauspiele in Afrika, vor allem wenn sie sich gemeinsam in die Lüfte erheben oder im Gleichtakt beginnen, ihre Balztänze aufzuführen.

Hornrabe

2 Länge 90 cm. Der Hornrabe erinnert an einen Truthahn und verbringt seinen Tag damit, auf der Jagd nach Insekten, Fröschen, Reptilien und kleinen Säugetieren herumzustolzieren. Hat er Beute gefunden, tötet er es mit seinem kräftigen Schnabel.

Gabelracke

3 Länge 40 cm. Fast jeder Safari-Teilnehmer wird prächtig bunt gefiederte Gabelracken zu sehen bekommen. Sie sind mit den Eisvögeln verwandt. Im Flug drehen sie sich von einer Seite zur anderen, wobei sie ihr schillerndes blaues, purpurfarbenes und grünes Gefieder zeigen.

Strauß

4 Länge 200–270 cm. Wer glaubt, diese Laufvögel sähen prähistorisch aus, liegt nicht ganz falsch. Sie können bis zu 130 kg wiegen und entkommen ihren natürlichen Feinden durch Weglaufen – mit bis zu 70 km/h! Alternative Strategie ist das Ducken am Boden.

Brillenpinguin

5 Länge 60 cm. Zugegeben: Sie schauen weltfremd drein, und beim Balzen stoßen die männlichen Tiere eselähnliche Laute aus. Zumeist leben sie an der Küste und auf den vorgelagerten Inseln. Die Pinguine einiger Kolonien, u.a. an der False Bay, sind überraschenderweise zahm.

Lebensräume

Fast alle südafrikanischen Tierarten bewohnen einen der typischen afrikanischen Lebensräume. Um die südafrikanische Tierwelt noch intensiver zu erleben, lohnt es sich, die jeweiligen Habitate der Tiere zu kennen und zu wissen, welche Tierart wo zu Hause ist.

Halbwüste

1 In weiten Teilen im westlichen Südafrika regnet es nur sehr selten, hier wachsen deshalb vor allem Gestrüpp und harte Gräser. Die Halbwüstenlandschaft Karoo umfasst beinahe ein Drittel der Fläche der Republik Südafrika und erstreckt sich bis nach Namibia. Auf der Suche nach dem lebensnotwendigen Wasser versammeln sich Tiere wie Zebras und Antilopen vor allem in den trockenen Monaten an Wasserlöchern. Nach den seltenen Niederschlägen blüht das Leben auf. Während der Trockenzeit verlieren viele Pflanzen ihre Blätter, um Wasser zu sparen.

Fynbos

2 Diese Buschlandschaft, die man rund um Kapstadt findet, ist so einzigartig, dass sie als eigenes Florenreich ausgewiesen wurde. Die Kapflora ist zwar das kleinste der sechs kontinentalen Florenreiche der Welt, aber das im Verhältnis zur Fläche artenreichste. Bisher hat man hier etwa 9000 Blütenpflanzenarten gefunden, von denen rund 70 % endemisch sind, also nur hier vorkommen. Viele von ihnen sind für grasende Tiere unbekömmlich, dafür ziehen sie eine große Zahl von Insekten und Vogelarten an.

Grassavanne

3 Als die typisch afrikanische Landschaft schlechthin gilt die weite, leicht hügelige Grassavanne, in der vereinzelte Akazien stehen. In Südafrika wird sie als Bushveld bezeichnet. Diese offene Landschaft ist die Heimat großer Zebra- und Antilopenherden, aber auch von so schnellen Raubtieren wie Geparden. Im Bushveld gibt es nur wenige Gehölze. Auf dem Zentralplateau wird diese Landschaft als Highveld bezeichnet.

1

2

Rechts
1. Kleine Karoo **2.** Fynbos, Table Mountain National Park (S. 70)

Praktische Informationen

Allgemeine Informationen

Aktivitäten

Dank der Vielfalt der südafrikanischen Landschaften und des günstigen Klimas ist fast alles möglich – vom Abseilen bis zum Ziplining. Wegen der guten Möglichkeiten, Ausrüstung und Anleitung sind die meisten Aktivitäten für jeden zugänglich, egal wie erfahren der Einzelne ist.

Angeln

Hochseeangeln ist beliebt, denn es gibt in den warmen und kalten Strömungen vor der Ost- und Westküste eine ganze Reihe von Fischarten.

In Parks angeln viele auch gerne in Flüssen, besonders wegen der eingeführten Forelle. Einige Hochlandflüsse in den Drakensbergen, wie etwa in der Gegend von Rhodes, sind besonders gut geeignet.

Erlaubnisscheine sind für einige Rand in den Parkbüros erhältlich; einige Geschäfte und Unterkünfte verleihen Ausrüstungen.

Lesotho ist ein Insider-Tipp unter Forellenanglern. Wie in Südafrika läuft die Saison von September bis Mai. Es fällt eine kleine Gebühr von 5 M für die Angelerlaubnis an, und man darf nur 12 Forellen über 25 cm Länge pro Erlaubnisschein angeln. Es dürfen nur Rute, Schnur und künstliche, drallfreie Fliegen benutzt werden.

Das am nächsten bei Maseru gelegene Angelgebiet ist der Makhaleng River, 2 km vom Restaurant Molimo-Nthuse stromabwärts, rund 60 km östlich von Maseru am Fuße des God Help Me Pass. Man kann den Fluss auch von Ramabanta und Malealea aus erreichen.

Bass Fishing South Africa (BFSA; www.bassfishing.co.za) Forum und Informationen zu Angelgründen.

Sealine (www.sealine.co.za) Angel- und Bootsverein.

Southern African Trout and Flyfishing Directory (www.flyfisher.co.za) Vorschläge und Anregungen für eine Fliegenfischer-Safari.

Wild Trout Association (www.wildtrout.co.za) In Rhodes ansässige Organisation, die Infos und Geschichten rund ums Angeln veröffentlicht.

Birdwatching

Südafrika ist mit seiner enormen Vielfalt an Lebensräumen ein wahres Paradies für Vogelkundler. Im ganzen Lande gibt es Birdwatching-Clubs, und die meisten Parks und Reservate halten Vogellisten mit einigen Infos von SANParks (www.sanparks.org) bereit. Viele Parks, Reservate und Unterkünfte halten auch praktische Anleitungen bereit, aber es ist immer gut, man bringt auch seine eigenen Informationen mit.

BirdLife South Africa (www.birdlife.org.za) Nützliche Informationen und Links. Bringt den Vogeltourismus (Ökotourismus für Vogelkundler) voran.

Birding Africa (www.birdingafrica.com) Tagesausflüge ab Kapstadt und Touren, die weiter hinaus zu den Vögeln und Blumen führen.

Bird-Watch Cape (www.birdwatch.co.za) Kleiner, in Kapstadt ansässiger Veranstalter für manische Vogelbeobachter, der landesweit Pakete mit Touren über 17 und 27 Tage anbietet.

Cape Birding Route (www.capebirdingroute.org) Informationen über den westlichen Teil Südafrikas, von Cape Point bis zur Kalahari.

Greater Limpopo Birding Routes (www.limpopobirding.com) Führt Tourenleiter und vier Routen auf, darunter eine ins Soutpansberg-Gebirge und das Limpopo River Valley.

Indicator Birding (www.birding.co.za) Informationen, Artikel und Touren. In Gauteng ansässig.

Southern African Birding (www.sabirding.co.za) Multi-Media-Ratgeber und Informationen auch über Lesotho und Swasiland.

Zululand Birding Route (www.zbr.co.za) Projekt des Vogeltourismus in einem Gebiet im nördlichen KwaZulu-Natal mit über 600 Vogelarten.

Fliegen

Ganzjährig geeignetes Wetter und viele hochgelegene Startplätze machen Südafrika zum Superziel für Flugbegeisterte. In den Himmel geht es relativ günstig; eine erste nützliche Anlaufstelle ist der **Aero Club of South Africa** (☎011-082 1100; www.aeroclub.org.za).

Gleitschirmfliegen Südafrika ist einer der weltweit besten Orte zum Gleitschirmfliegen . Besonders empfehlenswert sind Lion's Head und der Tafelberg in Kapstadt. Weitere Möglichkeiten bieten sich am gesamten Western Cape, aber auch im gesamten Land. Die Thermik ist von November bis April am besten. Für erfahrene Gleitschirmflieger gibt es nur minimale Luftraumbeschränkungen, und man kann sehr lange Überlandflüge machen. Die **South African Hang Gliding & Paragliding Association** (SAHPA; ☎074 152 2505; www.sahpa.co.za) stellt hilfreiche Informationen bereit zu Startplätzen, Schulen und Clubs.

Ultraleichtfliegen Eine gute, informative Quelle mit Foren und einer Liste von Flugplätzen ist microlighters.co.za.

Kanu- & Kajakfahren, Rafting & Tubing

In Südafrika gibt es nur wenige größere Flüsse, aber die, die ganzjährig Wasser führen, bieten tolle Möglichkeiten zum Raften und Kanufahren. Raften ist stark vom Niederschlag abhängig; die besten Monate sind in den meisten Gegenden Dezember/Januar bis April.

Felix Unite (www.felixunite.com) Bietet Ausflüge auf dem Breede, Cunene und Senqu (Orange) River.

Induna Adventures (indunaadventures.wozaonline.co.za) Wildwasser-Raften und Tubing („Geckoing") auf dem Sabie River.

Intrapid (www.raftsa.co.za) Rafting-Touren auf Flüssen wie dem Senqu (Orange), Doring und Palmiet.

PaddleYak (www.seakayak.co.za) Veranstalter von Kajakfahrten auf dem Meer, aktuelle Infos und Touren.

Swazi Trails (www.swazitrails.co.sz) Touren auf dem Great Usutu River und in ganz Swasiland.

Klettern

Climb ZA (www.climbing.co.za) Aktuelles, Artikel, Adressenliste und Foren.

Mountain Club of South Africa (www.mcsa.org.za) Informationen und Links zu regionalen Clubs.

SA Climbing Info Network (www.saclimb.co.za) Verzeichnis und Fotos von Kletter- und Boulderstrecken.

Kloofing (Canyoning)

Kloofing (im Allgemeinen auch unter dem Begriff Canyoning genannt) ist eine Mischung aus Klettern, Wandern, Schwimmen und auch Springen in teilweise große Tiefen und hat eine kleine, aber rasch wachsende Fangemeinde in Südafrika.

Dieser Sport birgt einige Gefahren in sich, von daher sollte man bei der Suche nach Veranstaltern vorher sorgfältig deren Qualifikationen prüfen, bevor man sich irgendwo anmeldet.

Mountainbiken

Fast überall in Südafrika, von der Garden Route bis in die Kalahari, gibt es Trails. Kapstadt ist das heimliche Zentrum für diesen Sport.

Linx Africa (www.linx.co.za/trails/lists/bikelist.html) Übersicht über die Trails, nach Provinzen sortiert.

Mountain Bike South Africa (www.mtbsa.co.za) Infos zum Mountainbiken, zur Community und E-Zine.

Ride (www.ride.co.za) Südafrikanische Mountainbike-Zeitschrift.

Reiten & Ponytrekken

➡ In Südafrika, Lesotho und Swasiland lassen sich leicht Ausritte (mehrstündig bis mehrtägig) für alle Erfahrungsstufen buchen.

➡ Reittouren werden in mehreren südafrikanischen Nationalparks angeboten.

➡ In Lesothos Hochland sind Erkundungstreks mit zähen Basotho-Ponys sehr beliebt.

VERANSTALTER

Equus Horse Safaris (www.equus.co.za) Im Waterberg-Massiv, Limpopo.

Fynbos Trails (www.fynbostrails.com) In Western Cape.

Haven Horse Safaris (www.havenhotel.co.za) Einer von zahlreichen Veranstaltern, die Ausritte an den Stränden der Wild Coast und von Eastern Cape anbieten.

Horizon Horseback Adventures (www.ridinginafrica.com) Im Waterberg-Massiv, Limpopo.

Khotso Trails (www.khotsotrails.co.za) In den südlichen Drakensbergen, inklusive Lesotho.

Nyanza Farm (www.nyanza.co.sz) In Swasiland.

Surfen

Die beste Zeit des Jahres zum Surfen vor der Süd- und Ostküste Südafrikas ist der Herbst und beginnende Winter (von etwa April bis Juli). Boards und Ausrüstung können in den meisten großen Küstenstädten gekauft werden. Neue Boards kosten in der Regel um die 3500 R.

Wavescape (www.wavescape.co.za) Website für Surfwetter und Lifestyle.

Zig Zag (www.zigzag.co.za) Das wichtigste Surfermagazin in Südafrika.

Tauchen

Ab in die Tiefen des Indischen und Atlantischen Ozeans vor der Südspitze Afrikas! Starke Strömungen und viel Wind sind Herausforderungen für fortgeschrittene Taucher entlang der gesamten Küste. Sodwana Bay an der Elefantenküste von KwaZulu-Natal ist eine gute Allround-Möglichkeit für Anfänger, aber Aliwal Shoal und Port Elizabeth sind ebenfalls beliebt.

Ausrüstung In den Küstenstädten, in denen das Tauchen möglich ist, gibt es meist auch

Tauchbasen. Außer in Sodwana Bay während der warmen Monate (dann genügt ein 3 mm dicker Taucheranzug), braucht man an vielen Spots einen Taucheranzug, der mindestens 5 mm dick ist, und an manchen Stellen Richtung Süden und Westen einen Drysuit.

Bedingungen Sie variieren stark. Die beste Zeit zum Tauchen vor der Küste von KwaZulu-Natal ist von Mai bis September, weil dann das Wasser am klarsten ist. Im Westen an der Atlantikküste ist das Wasser ganzjährig ziemlich kalt. Zum Tauchen ist es zwischen November und Januar/Februar am besten, weil dann die Sicht ideal ist.

Kosten Die Preise sind in Südafrika im Allgemeinen niedriger als anderswo in der Region. Für einen drei- oder viertägigen Kurs mit der Erlangung des Open-Water-Certification muss man wenigstens 3000 R rechnen sowie 300 R und mehr für einen Tauchgang.

Walbeobachtung

- Weltweit gilt Südafrika als einer der besten Orte für Walbeobachtung von Land aus.
- Südkaper und Buckelwale tauchen regelmäßig vor der Küste auf (Juni/Juli–Nov.). Mitunter lassen sich auch Bryde- und Schwertwale blicken.
- Zwischen False Bay und iSimangaliso Wetland Park säumen Walbeobachtungspunkte die Süd- und Ostküste.
- Inoffizielle Whalewatching-Landeshauptstadt ist Hermanus, wo die Südkaperihre Jungen gebären.

Wandern

SÜDAFRIKA

Südafrika eignet sich hervorragend zum Wandern , denn die Wege sind gut markiert, und es ist für jeden etwas dabei.

Geführte Wanderungen Sind in vielen Nationalparks unter der Leitung bewaffneter Ranger möglich. Man legt zwar keine großen Entfernungen zurück, bekommt aber die Möglichkeit, die Wildnis hautnah zu erleben. Die Parks, darunter auch der Krüger-Nationalpark, bieten Wanderungen über zwei bis drei Stunden durch den Busch an, aber auch mehrtägige Wanderungen durch die Wildnis. Viele Veranstalter bieten auch geführte Wanderungen in solchen Gegenden wie der Wild Coast und den Drakensbergen an – eine wunderbare Möglichkeit, abseits der ausgetretenen Pfade unterwegs zu sein und das afrikanische Dorfleben zu erleben.

Querfeldeinwanderungen Sind in manchen eigens dafür vorgesehenen Gegenden möglich, besonders in der Wildnis. Es werden dabei Routen vorgeschlagen, aber im Grunde ist man auf sich allein gestellt.

Regeln Auf zahlreichen Wegen gilt eine Begrenzung, wie viele Wanderer zur gleichen Zeit dort unterwegs sein dürfen. Deshalb immer im Voraus buchen! Auf den meisten längeren Strecken oder in der Wildnis muss man in Gruppen von wenigstens drei oder vier wandern, wobei Einzelpersonen möglicherweise einer Gruppe zugewiesen werden können.

Sicherheit Ist auf den meisten Wegen nicht das Hauptproblem, allerdings sind auf den längeren Wegen schon Überfälle und in den Unterkünften Einbrüche vorgekommen. Raub und Überfälle kommen auf den Wegen auf dem Tafelberg, dem benachten Lion's Head, Signal Hill und besonders auf dem Devil's Peak vor. Zu dieser Problematik kann man sich beim Wanderclub vor Ort oder bei der Parkverwaltung informieren. Auf längeren und einsamen Wegen sollte man in der Gruppe wandern und möglichst wenige Wertsachen bei sich tragen. In Kapstadt niemals alleine gehen und den frühen Morgen, die Abende oder andere ruhige Zeiten meiden. Auf dem Hochplateau des Tafelberges ist es in der Regel sicher.

Unterkunft Manche Wege sind mit einer Unterkunft verbunden, ob es nun Campingplätze oder einfache Hütten mit Strom und fließendem Wasser oder gar Hotels sind, die bei Wanderungen mit Gepäcktransport in Eastern Cape oder anderswo angesteuert werden. Immer frühzeitig im Voraus buchen.

SICHER TAUCHEN

In beliebten Tauchgegenden, wie etwa der Sodwana Bay, gibt es viele Tauchbasen – darunter aber auch unzuverlässige Anbieter. Bei der Suche nach einem geeigneten Veranstalter sollte immer Qualität vor den Kosten stehen. Faktoren, die es zu berücksichtigen gilt, sind die Erfahrung und Qualifikationen, das Wissen und die Ernsthaftigkeit des Personals, die Frage, ob die Base nur eine Eintagsfliege oder ein lange etabliertes Geschäft mit gutem Ruf ist sowie Art und Zustand der Ausrüstung und die zeitlichen Abstände der Wartung. Ist die gesamte Einstellung professionell, wie sind die Sicherheitsbedingungen – Funkgeräte, Sauerstoff, Evakuierung im Notfall, Zuverlässigkeit der Boote und Ersatzmotoren, medizinische Notfallausrüstung, Leuchtsignale und Rettungswesten? Gibt es bei längeren Tauchgängen eine stärkende Mahlzeit oder nur Tee und Kekse?

Wer sich an Veranstalter wendet, die von der **Professional Association of Diving Instructors** (PADI; www.padi.com) zertifizierte Tauchkurse anbieten, hat den Vorteil, dass er überall sonst in der Welt in anderen PADI-Tauchzentren tauchen kann, weil das Zertifikat dort auch anerkannt wird.

Wandersaison Wandern ist ganzjährig möglich, aber im Sommer muss man mit extremer Hitze und Nässe rechnen. Ideal ist die Zeit von März bis Oktober.

INFORMATIONSQUELLEN

Empfehlenswerte Bücher:

- *Best Walks of the Drakensberg* von David Bristow.
- *Easy Walks in the Cape Peninsula* von Mike Lundy.
- *Hiking Trails of South Africa* von Willie und Sandra Olivier.

Online-Quellen:

CapeNature (www.capenature.co.za) Unterhält zahlreiche Wanderwege in Western Cape.

Ezemvelo KZN Wildlife (www.kznwildlife.com) Unterhält verschiedene Wanderwege in den Drakensbergen von KwaZulu-Natal und an der Elefantenküste.

Hiking Organisation of Southern Africa (HOSA; www.hosavosa.co.za) Informationen, Foren und Links zu Wanderclubs.

SANParks (www.sanparks.org) Die meisten Wege werden von SANParks und verschiedenen Forstbehörden verwaltet. Auf ihren Websites gibt es viele Infos.

LESOTHO

- Das ganze Land ist abseits der großen Ortschaften ein gutes Wandergebiet. Das östliche Hochland und die Drakensberge sind besonders attraktiv für Wanderer.
- Es gibt einige markierte Wanderwege (meist sind es nach europäischen Maßstäben eher Pfade). Doch mit Kompass und einer entsprechenden topografischen Karte ist Wandern im Prinzip überall möglich.
- In allen Gebieten, vor allem im entlegenen östlichen Hochland, kann das Wandern für Unerfahrene und schlecht Ausgerüstete schnell gefährlich werden: Die Temperaturen fallen selbst im Sommer gelegentlich auf den Gefrierpunkt, es gibt häufig Gewitter und dichten Nebel.
- Wasserfeste Ausrüstung und warme Kleidung dürfen deshalb in keinem Gepäck fehlen.
- Die Flüsse sind ein weiteres Problem: Sie treten im Sommer über die Ufer, auch Furten können dann sehr gefährlich werden. Manchmal ist es nötig, die Route zu ändern oder zu warten, bis das Hochwasser zurückgegangen ist.
- Am Ende der Trockenzeit herrscht häufig Wasserknappheit, vor allem in höher gelegenen Gebieten.

SWASILAND

- Einige Naturschutzgebiete sind besonders gute Wanderreviere.
- In den meisten ländlichen Regionen kann man Pfaden folgen, die die Gegend schon seit vielen Jahrzehnten durchziehen.
- Im Sommer müssen Wanderer dennoch mit Hagelschauern und sintflutartigen Wolkenbrüchen rechnen.

Tierbeobachtung

Die afrikanische Tierwelt ist eine der größten Attraktionen des Landes. Im Vergleich zu den Nachbarländern (z. B. Botsuana und Sambia) lassen sich die Tiere hier relativ einfach beobachten, dazu kommen gute Straßen und Unterkünfte in allen Kategorien.

Swasiland bietet ebenfalls hervorragende Möglichkeiten zur Naturbeobachtung.

Botschaften & Konsulate

Botschaften & Konsulate in Südafrika

Die meisten Länder unterhalten eine Botschaft in Pretoria. Hinzu kommt oft ein Konsulat oder Vertretungsbüro in Kapstadt (fungiert während der dortigen Parlamentssitzungen eventuell als Botschaft).

Diplomatische Vertretungen widmen sich Visums- und Konsularangelegenheiten meist werktags zwischen 9 und 12 Uhr. Weitere Botschaftsverzeichnisse gibt's unter www.dfa.gov.za/foreign/forrep/index.htm.

Deutsche Botschaft (☎012-427 8900; www.southafrica.diplo.de; 180 Blackwood St, Arcadia, Pretoria). Deutschland unterhält auch ein Konsulat in Kapstadt (☎021-405 3052; 19. Stock, Triangle House, 22 Riebeeck St, City Bowl).

Österreichische Botschaft (☎012-4529 155; www.bmeia.gv.at/pretoria.html; 454 A Fehrsen St (Eingang William St), Brooklyn, Pretoria). Österreich unterhält auch ein Honorargeneralkonsulat in Kapstadt (☎021-912 1351; F2 The Courtyard, Central Park auf der Esplanade, Century City, Kapstadt) und in Jo'burg und Durban.

Schweizer Botschaft (☎012-452 0660; www.eda.admin.ch/pretoria; 225 Veale St, Parc Nouveau, New Muckleneuk, Pretoria). Die Schweiz unterhält auch ein Generalkonsulat in Kapstadt (☎021-400 7500; 1 Thibault Sq, 26. Stock – Corner Long St und Strijdom Ave, Long St, City Centre, Kapstadt) und ein Konsulat in Durban.

Lesothan High Commission (☎012-460 7648; www.foreign.gov.ls; 391 Anderson St, Menlo Park, Pretoria)

Swazi High Commission (☎012-344 1910; www.swazihighcom.co.za; 715 Government Ave, Arcadia, Pretoria) Hat auch ein Büro in Jo'burg.

US-amerikanische Botschaft (☎012-431 4000; southafrica.usembassy.gov; 877 Pretorius St, Arcadia, Pretoria) Die USA haben ein Konsulat in Kapstadt (☎021-702 7300; http://southafrica.usembassy.gov/; 2 Reddam Ave, Westlake), Durban und Jo'burg.

Botschaften & Konsulate in Lesotho

Die Botschaften und Konsulate befinden sich in Maseru.

Niederlassungen in Südafrika sind in der Regel auch für Lesotho zuständig. Weitere Vertretungen unter www.foreign.gov.ls.

Deutscher Generalkonsul (☎0266 2233 2292 oder 0266 2233 2983; www.southafrica.diplo.de)

Österreich Österreich unterhält keine Vertretungen in Lesotho. Zuständig ist die Botschaft in Pretoria (Südafrika).

Schweiz Die Schweiz unterhält keine Vertretungen in Lesotho. Zuständig ist die Botschaft in Pretoria (Südafrika).

South African High Commission (☎2222 5800; www.dfa.gov.za; Ecke Kingsway & Old School Rd.)

US-amerikanische Botschaft (☎2231 2666; maseru.usembassy.gov; 254 Kingsway)

Botschaften & Konsulate in Swasiland

Die Botschaften und Konsulate befinden sich in Mbabane. Niederlassungen in Südafrika sind in der Regel auch für Swasiland zuständig. Weitere Vertretungen unter www.gov.sz.

German Liaison Office (☎2404 3174; www.southafrica.diplo.de; 3. Stock, Lilunga House, Samhlolo St)

South African High Commission (☎2404 4651; www.dfa.gov.za; 2. Stock, New Mall, Dr Sishayi Rd.)

US-amerikanische Botschaft (☎2404 6441; swaziland.usembassy.gov; 7. Stock, Central Bank Bldg., Mahlokohla St)

Ermäßigungen

- Mit gültigem Studentenausweis gibt es Ermäßigungen in Bussen, Museen und so weiter.
- **UR Card** (www.urcard.co.za) werden online und in Hostels und Touristengeschäften verkauft und gewähren Vergünstigungen bei Unterkünften, öffentlichen Verkehrsmitteln, Touren und sonstigen Aktivitäten.
- Wer sich mehr als acht Tage in Nationalparks aufhalten möchte, sollte ernsthaft über eine **Wild Card** (www.sanparks.org/wild) nachdenken. Eine Jahreskarte kostet für Ausländer 1770 R (2770 R für Paare, 3310 R für Familien). Mit dieser hat man zu mehr als 80 Parks und Reservaten, die von SANParks, Ezemvelo KZN Wildlife, Cape Nature, Msinsi und swasiländischen Organisationen unterhalten werden Zutritt.
- Der **Fair Trade Travel Pass** (www.fairtradetravelpass.com) ermöglicht für 14 bis 35 Tage Übernachtungen in von Fair Trade anerkannten Unterkünften, die Teilnahme an Touren und Aktivitäten in Regionen wie etwa der Wild Coast.

Essen

Siehe das Kapitel über Essen (S. 613).

Feiertage & Ferien

Südafrika

Neujahr 1. Januar

Tag der Menschenrechte 21. März

Karfreitag März/April

Tag der Familie März/April

Tag der Freiheit 27. April

Tag der Arbeit 1. Mai

Tag der Jugend 16. Juni

Nationaler Frauentag 9. August

Tag des Kulturerbes 24. September

Tag der Versöhnung 16. Dezember

Weihnachten 25. Dezember

Tag des Wohlwollens 26. Dezember

Lesotho

Neujahr 1. Januar

Todestag Moshoeshoes I. 11. März

Karfreitag März/April

Ostermontag März/April

Tag der Arbeit 1. Mai

Africa/Heroes' Day 25. Mai

Christi Himmelfahrt Mai/Juni

Geburtstag des Königs 17. Juli

Unabhängigkeitstag 4. Oktober

1. Weihnachtsfeiertag 25. Dezember

2. Weihnachtsfeiertag 26. Dezember

Swasiland

Neujahr 1. Januar

Karfreitag März/April

Ostermontag März/April

Geburtstag König Mswatis III. 19. April

Tag der Nationalflagge 25. April

Tag der Arbeit 1. Mai

Christi Himmelfahrt Mai/Juni

Geburtstag König Sobhuzas II. 22. Juli

Tag der Schilftanz-Zeremonie (Umhlanga) August/September

Tag der Unabhängigkeit (Somhlolo) 6. September

1. Weihnachtsfeiertag 25. Dezember

2. Weihnachtsfeiertag 26. Dezember

Tag der Incwala-Zeremonie Dezember/Januar

ESSENSPREISE

Die folgenden Preise beziehen sich auf ein normales Hauptgericht.

$ unter 75 R

$$ 75 bis 150 R

$$$ über 150 R

Schulferien

- Ende März bis Mitte April (je nachdem, wann Ostern ist), Ende Juni bis Mitte Juli, Ende September bis Anfang Oktober und Anfang Dezember bis Mitte Januar.
- Die genauen Daten finden sich im Kalender auf www.saschools.co.za.
- Die Hauptferienzeiten liegen in Lesotho and Swasiland parallel zu denen in Südafrika.

Fotografieren

- In Südafrika sind Kameras, Speicherkarten und anderes Zubehör in großen Städten erhältlich.
- In Lesotho und Swasiland ist die Auswahl an Kameras und Zubehör begrenzter. Eine bescheidene Auswahl gibt es in Maseru und Mbabane.
- In allen drei Ländern sollte man niemals Soldaten, Polizisten, Flughäfen, Verteidigungsanlagen, Grenzposten und Regierungsgebäude fotografieren oder filmen.
- Man sollte immer um Erlaubnis fragen, wenn man jemanden fotografieren möchte. Das gilt insbesondere in Dörfern der einheimischen Stämme.
- In Kapstadt ist der Laden **Orms** (www.ormsdirect.co.za) für Kameras und Zubehör zu empfehlen.
- Tipps und Ideen in *Travel Photography* von Lonely Planet.

Frauen unterwegs

Verhalten gegenüber Frauen

Unter den südafrikanischen Männern, egal welcher Hautfarbe, sind noch immer altmodische bzw. traditionelle Verhaltensweisen gegenüber Frauen verbreitet. Man sollte allerdings auf keinen Fall sexistisches Verhalten dulden.

Es gibt in Südafrika ein hohes Maß an sexuellen Übergriffen und anderen Gewalttaten gegenüber Frauen: Die meisten dieser Straftaten kommen in den Townships und auf dem Land vor. Angesichts der Ausbreitung von Aids wird das Problem durch diese Art der Ansteckung noch verschlimmert. Vergewaltigungsopfer sind der Infektion oft dadurch entronnen, weil sie den Angreifer von der Benutzung eines Kondoms überzeugen konnten.

Die meisten weiblichen Besucher sehen sich dagegen eher den patriarchalischen Einstellungen und dem leicht anrüchigen Verhalten ausgesetzt. Es hat jedoch auch schon Fälle von Vergewaltigung gegeben, sodass Frauen grundsätzlich immer vorsichtig sein sollten.

Unbehelligt bleiben

- Weibliche Alleinreisende haben allgemein einen gewissen Seltenheitswert. Das macht frau auffällig, kann aber auch zur großzügig angebotenen Hilfe und Gastfreundschaft führen. Trotz des bestehenden Risikos für sexuelle Übergriffe erkunden viele weibliche Traveller das Land allein.
- Das Risiko hängt von Gegend und jeweiliger Aktivität ab. Wandern ohne Begleitung oder Trampen bzw. Mitnehmen von Trampern sind höchst gefährlich und daher grundsätzlich zu unterlassen.
- Das Risiko lässt sich reduzieren, indem Frauen mindestens zu zweit unterwegs sind. Idealerweise reisen sie zusammen mit einem männlichen Begleiter oder als Teil einer gemischtgeschlechtlichen Gruppe.
- Im Landesinneren und in traditionell geprägten Schwarzengemeinden gibt frau sich am besten konservativ. An der Küste ist zwanglosere Kleidung die Norm; anderswo gilt: Wer möglichst wenig Aufmerksamkeit erregen will, zieht sich unauffällig an (lange und nicht zu enge Klamotten).
- Vor allem bei Dunkelheit heißt es immer angemessene Vorsicht und den gesunden Menschenverstand walten lassen!
- Dazu gehört auch, abends nie alleine herumzulaufen, sondern immer ein Taxi zu nehmen – am besten zusammen mit anderen.
- Selbst tagsüber sollten einsame Gegenden, Strände und Straßenränder stets tabu sein.
- Falls frau selbst und ohne Begleitung fährt, gehört grundsätzlich ein Handy mit an Bord.
- An gefährlicheren Orten wie Johannesburg ist es zudem ratsam, Selbstverteidigungsmittel wie Pfefferspray oder Tränengas griffbereit in der Handtasche mitzuführen.

Freiwilligenarbeit

Sich freiwillig zu engagieren, wird immer beliebter, sodass auch in Südafrika, Lesotho und Swasiland immer neue Einsatzmöglichkeiten eingerichtet werden. Es gibt jedoch auch Abzocke, besonders im Bereich von Tierschutzprojekten. Man sollte eher bei einheimischen als bei ausländischen Organisationen buchen, die Berichte von früheren Freiwilligen lesen und prüfen, ob der Großteil des bezahlten Geldes den entsprechenden Projekten und nicht irgendwelchen Mittelsmännern zugutekommt.

Wer unbezahlt und für kurze Zeit auf freiwilliger Basis im Lande arbeiten möchte, benötigt nur eine Besuchserlaubnis oder ein Visum. Wer aber längerfristig eine Stelle übernehmen will (in Südafrika sind das beispielsweise mehr als die 90 Tage, die durch eine Besuchererlaubnis gewährt werden), sollte die Organisation, die die Stelle vermittelt, um Hilfe bei der Beschaffung des richtigen Visums bitten.

Kürzere Einsätze als Freiwillige können auch durch Unterkünfte und Touristenbüros vermittelt werden, die oft ein oder mehrere Hilfsprogramme vor Ort unterstützen. Dabei gilt es jedoch zu bedenken, dass Kurzeinsätze vielleicht für den Besucher selbst interessant sind, dem Projekt jedoch nur wenig nützen (außer vielleicht in der Form des Geldes, das man für den Einsatz bezahlt). Einige bedeutende Freiwilligenorganisationen haben sogar kundgetan, dass Kurzeinsätze eher schaden als nützen.

African Conservation Experience (www.conservationafrica.net; GB) Naturschutzprogramme und Kurse in Südafrika.

African Impact (www.africanimpact.com; Kapstadt) Möglichkeiten zur Freiwilligenarbeit und Praktika im Bereich Gesundheitspflege und Naturschutz.

Backpacking South Africa (www.backpackingsouthafrica.co.za; Kapstadt) Liste von Einsatzmöglichkeiten nach Provinzen sortiert.

Eco-Access (www.eco-access.org; Jo'burg) Gemeinnütziges Engagement für Menschen mit Behinderungen für einen behindertengerechten Zugang in die Natur.

GoAbroad.com (www.volunteerabroad.com; USA) Liste von Einsatzmöglichkeiten in Südafrika, Lesotho und Swasiland.

Greater Good SA (www.myggsa.co.za; Kapstadt) Hat Informationen zu vielen einheimischen Hilfs- und Entwicklungsprojekten.

Grow (www.facebook.com/GROWMokhotlong/timeline; Mokhotlong) Diese gemeinnützige Organisation bietetEinsatzmöglichkeiten bei der Umsetzung von Gemeindeentwicklungsprojekten im östlichen Teil Lesothos.

How 2 Help (www.h2h.info; Kapstadt) Veröffentlicht einen Führer zu kleineren Basisentwicklungsprojekten.

i-to-i (www.i-to-i.com; UK) Naturschutzprojekte in Südafrika, Swasiland und darüber hinaus, darunter Projekte zur Überwachung Weißer Haie.

Kick4Life (www.kick4life.org; Maseru) Einsatzmöglichkeiten in Lesotho, darunter die jährlich stattfindende Fußballtour, bei der es um die Verbindung einer HIV-Aufklärungskampagne mitFußballturnieren geht.

Life Skills (www.lifeskillsinsa.com; The Crags) Aufforstungs- und andere Umweltprojekte an der Garden Route.

One World 365 (www.oneworld365.org; GB) Einsatzmöglichkeiten in Bereichen der Menschenrechte, des Naturschutzes, Englischunterrichts und der Gesundheitspflege.

Streetfootballworld (www.streetfootballworld.org; Deutschland) Ein Anknüpfungspunkt für fußballbegeisterte Freiwillige.

Uthando South Africa (www.uthandosa.org/projects; Kapstadt) Ein Touristikunternehmen, das verschiedene Wohlfahrtsprojekte unterstützt.

VolunTourism (www.voluntourism.org; USA) Allgemeine Infos und Tipps.

Wilderness Foundation (www.wildernessfoundation.org; Port Elizabeth) Gemeinnützige Naturschutzprojekte in ganz Südafrika.

World Wide Opportunities on Organic Farms (WWOOF; www.wwoofsa.co.za; Durban) Wohn- und Arbeitsmöglichkeiten auf Biohöfen in ganz Südafrika; eine besondere Empfehlung gilt für das **Fynbos Estate** (www.fynbosestate.co.za) bei Kapstadt.

Geld

Unter www.southafrica.info/travel/advice/currency.htm finden sich weitere Infos zu Fragen rund ums Geld in Südafrika .

Karten Weil Südafrika berühmt und berüchtigt ist für Betrug, blockieren viele ausländische Banken automatisch jegliche Transaktionen im Lande. Insbesondere, wenn man eine Kreditkarte in Südafrika benutzen möchte, sollte man die eigene Bank vor der Abfahrt in den Urlaub über die Reisepläne informieren.

Ausländische Währungen Die beste Währung, die man dabei haben sollte, ist der US-Dollar, Euro oder das britische Pfund. Eine Debit- oder Kreditkarte ist jedoch nützlicher, weil zahlreiche Geschäfte nur den Rand akzeptieren.

Größere Banken Die größten Banken Südafrikas sind die Absa (gehört zu Barclays), FNB (First National Bank), Nedbank und Standard Bank.

Südafrika Die Währung in Südafrika ist der Rand (R); er ist in 100 Cents unterteilt. Scheine gibt es zu 10, 20, 50, 100 und 200 R; Münzen zu 1, 2 und 5 R, sowie 5, 10, 20 und 50 Cents. Bei Käufen wird oft um einige Cents nach oben oder unten gerundet. Der Rand ist gegenüber den westlichen Währungen eher schwach, sodass das Reisen in Südafrika weniger kostspielig ist als innerhalb Europas oder in Nordamerika.

Swasiland und Lesotho (Landeswährungen) Swasiland hat den Lilangeni (Plural Emalangeni, Abkürzung „E"; 1 E = 100 Cent), Lesotho den Loti (Plural Maloti, Abkürzung „M"; 1 M = 100 Lisente). Der Festwert beider Währungen entspricht dem des Rand. Auch dieser wird in Swasiland und Lesotho überall akzeptiert. Wechselgeld bekommt man jedoch grundsätzlich in Emalangeni bzw. Maloti.

Geldautomaten

- Geldautomaten sind in Südafrika sowohl in Städten als auch darüber hinaus weit verbreitet.
- Man sollte etwas Bargeld horten, wenn man in ländliche Gegenden, wie den Krüger-Nationalpark, reist.
- In Lesotho gibt es nur in Maseru und den wichtigsten

Städten des Tieflandes internationale Geldautomaten.

- In Swasiland gibt es internationale Geldautomaten in Mbabane, im Ezulwini Valley und an einigen wenigen anderen Orten des Landes.

Karten

- MasterCard und Visa werden in Südafrika weitgehend akzeptiert; Diners Club und American Express werden nicht sehr gerne genommen.
- An vielen Geldautomaten können Kredit- und Debitkarten zur Bargeldabholung benutzt werden.
- Trotz der Gebühren, die beim Abheben von Geld mit einer ausländischen Karte anfallen, rechnet sich das Ganze in der Regel dennoch, weil der Rand eben so schwach ist.
- In Lesotho und Swasiland werden Kreditkarten nur in größeren touristischen Einrichtungen genommen.
- Sollte eine Transaktion nicht funktionieren oder sonst etwas Außergewöhnliches beim Zahlungsvorgang mit einer Kredit- oder Debitkarte passieren, sollte man die Karte möglichst schnell wieder an sich nehmen und den Vorgang nicht noch einmal wiederholen.

Geldwechsel

SÜDAFRIKA

- In größeren Städten kann Bargeld in Banken und Wechselstuben sofort gewechselt werden.
- Reiseschecks von Thomas Cook und American Express, die in einer gängigen Währung ausgestellt sind, können in Banken, Wechselstuben und einigen Hotels eingelöst werden, allerdings zu unterschiedlichen Gebühren.
- Schecks in einer stärkeren Währung wie etwa dem US-amerikanischen Dollar zu kaufen, lohnt sich eher als sie in Rand zu kaufen.
- Wer Rand oder Schecks in Rand kaufen will, sollte den Markt beobachten, weil diese Währung für Schwankungen sehr anfällig ist; wer das nicht getan hat, sollte sie kurz vor Antritt der Reise kaufen, um die Auswirkungen eines Wertverfalls möglichst gering zu halten.
- In größeren Städten gibt es Wechselstuben von **American Express** (www.americanexpressforex.co.za).
- Man sollte zumindest einige der Wechselbelege aufbewahren, weil man diese braucht, um die restlichen Rand beim Verlassen des Landes wieder zurückzutauschen.

LESOTHO

- Maseru ist der einzige Ort, an dem man ausländisches Bargeld und Reiseschecks verlässlich tauschen kann.
- Auf Anfrage gibt es in der Regel Rand-Scheine.

SWASILAND

- FNB und Nedbank wechseln Bargeld und lösen Reiseschecks ein – ihre Kurse sind ähnlich, aber die Gebühren sind unterschiedlich hoch.
- Die meisten Banken wollen beim Einlösen von Reiseschecks den Kaufbeleg sehen.
- Nedbank, FNB und Standard Bank haben in Mbabane, Manzini, Matsapha und anderswo im Land ihre Filialen.

Steuern & Rückerstattungen

SÜDAFRIKA

- Die Mehrwertsteuer (VAT) beträgt in Südafrika 14 %, aber ausländische Besucher können bei der Ausreise einen Großteil der Steuer zurückfordern, die sie für Gegenstände bezahlt haben, um diese mit nach Hause zu nehmen.
- Um eine solche Rückerstattung zu bekommen, müssen die Waren bei einem Händler gekauft worden sein, der überhaupt mehrwertsteuerpflichtig ist. Zudem muss der Preis mindestens über 250 R liegen; außerdem benötigt man für jeden gekauften Artikel eine Rechnung mit ausgewiesener Mehrwertsteuer.
- In der Regel steht auf dem Bon, dem man beim Einkauf bekommt, die Mehrwertsteuer extra drauf. Sie muss mit den folgenden Worten gekennzeichnet sein: „tax invoice“; zusätzlich muss der Name des Verkäufers und seine 10-stellige Mehrwertsteuerregistriernummer (beginnend mit einer vier) aufgeführt sein; dann noch die Bezeichnung der gekauften Waren, der Preis in Rand, die erhobene Mehrwertsteuer oder ein Hinweis, dass die Mehrwertsteuer in der Gesamtsumme enthalten ist,

TRINKGELD

Generell wird ein Trinkgeld erwartet. In ländlichen Regionen Lesothos und Swasilands wird einfach aufrundet.

Service	Trinkgeld
Restaurant	10 bis 15 %
Café	10 %
Autowächter	2 R (5 R wenn's länger ist)
Tankwart	5 R
Taxi	Fahrpreis aufrunden
Gepäckträger im Hotel	10 R
Führer/Fährtenleser in privaten Wildreservaten	200/100 R pro Gruppe pro Tag

eine Rechnungsnummer, das Datum des Kaufs und für Einkäufe über 5000 R der Name und die Adresse des Käufers sowie die Menge oder der Umfang der Waren.

➡ Alle Rechnungen müssen im Original vorhanden sein – Fotokopien reichen nicht.

➡ Eine Bearbeitungsgebühr von 1,3 % der Rückforderung wird für den Service erhoben (Minimum 10 R, Maximum 250 R).

➡ Bei der Abreise füllt man ein oder zwei Formblätter aus und zeigt die gekauften Waren bei einem Zollbeamten vor.

➡ Am Flughafen muss man darauf achten, dass die Einkäufe, wenn sie zu groß fürs Handgepäck sind, vor dem Einchecken des Gepäcks bei einem Kontrolleur vorgezeigt wurden.

➡ Den Erstattungsantrag macht man nach dem Verlassen der Einreisebehörde geltend und bekommt dann auch die Auszahlung, entweder in Form eines Schecks, der in Rand ausgestellt ist (und dann an den Flughäfen Kapstadt und Jo'burg OR Tambo International Airports bei einer Bank eingelöst werden kann) oder das Geld wird direkt auf einer Master- oder Visacard in der jeweiligen Landeswährung des Reisenden oder auch einer anderen Währung verbucht; das Geld wird dann in wenigen Tagen verfügbar sein.

➡ Sollte die Rückforderung mehr als 3000 R betragen, wird der Betrag nicht sofort erstattet, sondern auf eine Karte geladen, die man erhält oder er wird bis zu sechs Wochen später in Form eines Schecks postalisch zugestellt.

➡ Die Rückerstattungen kann man am internationalen Flughafen von Jo'burg, Kapstadt und Durban, aber auch an kleineren Flughäfen wie Lanseria (Jo'burg), Bloemfontein, Polokwane (Pietersburg), Nelspruit, Pilanesberg, Port Elizabeth und Upington geltend machen.

➡ Auch an den größeren Häfen und an manchen Grenzposten an der Grenze nach Botsuana, Mosambik, Namibia, Swasiland und Simbabwe sind Rückerstattungen möglich.

➡ Es ist auch möglich, die Rückerstattung innerhalb von drei Monaten nach Verlassen des Landes per Post zu beantragen, aber es ist viel einfacher das persönlich zu tun.

➡ Unter www.taxrefunds.co.za finden sich weitere Infos zu diesem Thema.

LESOTHO & SWASILAND

➡ In Lesotho und Swasiland beträgt die MwSt. ebenfalls 14 %, aber es gibt bis jetzt noch keine Möglichkeiten, die Steuer zurückzufordern.

➡ In beiden Ländern sind die Hotelpreise oft ohne Mehrwertsteuer ausgewiesen.

Internetzugang

➡ Internetzugang ist in Südafrika weitgehend möglich.

➡ Die Verbindungen sind unter Umständen langsamer als man es vom Heimatland gewohnt ist.

➡ In den Unterkünften gibt es in der Regel WLAN oder, weniger häufig, einen Gästecomputer mit Internetzugang.

➡ In diesem Reiseführer sind Unterkünfte oder Einrichtungen mit einem 📶 gekennzeichnet, wenn sie WLAN haben.

➡ Das Symbol @ wird in Beschreibungen von Unterkünften eingesetzt, wenn es einen Gästecomputer mit Internetzugang gibt.

➡ Viele Einkaufszentren, Cafés, Bars und Restaurants (auch Ketten) bieten oftmals freies WLAN. Alternativ gibt es auch Provider wie **Skyrove** (www.skyrove.com) oder **Red Button** (www.redbutton.co.za), für die man per Kreditkarte online oder direkt beim Hotspoteigentümer ein Guthaben kauft.

➡ Wer einige Zeit im Lande bleibt, für den könnte sich auch ein USB-Modem oder ein Datenpaket fürs Smartphone lohnen, da das WLAN nicht immer funktioniert.

➡ Die einheimischen Mobilfunkbetreiber, wie etwa **MTN** (www.mtn.co.za), verkaufen solche USB-Modems und Datenpakete.

➡ In größeren Städten und manchmal auch in kleineren Ortschaften gibt es Internet-Cafés. Die Preise belaufen sich auf etwa 30 R pro Stunde.

➡ In Lesotho kommt man in Maseru und in einigen Unterkünften außerhalb über WLAN ins Internet.

➡ In Swasiland können sich Reisende in Orten wie Mbabane, Manzini und dem Malkerns Valley einloggen.

Öffnungszeiten

➡ **Banken** Montag bis Freitag 9 bis 15.30 Uhr, Samstag bis 11 Uhr.

➡ **Postämter** Montag bis Freitag 8.30 bis 16.30 Uhr, Samstag bis 12 Uhr.

➡ **Behörden** Montag bis Freitag 8 bis 15 Uhr, Samstag bis 12 Uhr (Lesotho Montag bis Freitag 8 bis 12.45 Uhr und 14 bis 16.30 Uhr; Swasiland Montag bis Freitag 8 bis 16 Uhr).

➡ **Cafés** 7 bis 17 Uhr.

➡ **Restaurants** 11.30 bis 15 Uhr und 19 bis 22 Uhr (letzte Bestellung); viele haben zusätzlich von 15 bis 19 Uhr geöffnet.

➡ **Bars** 16 bis 2 Uhr.

➡ **Geschäfte** Montag bis Freitag 8.30 bis 17 Uhr, Samstag bis 13 Uhr; viele Supermärkte haben auch Sonntag von 9 bis 12 Uhr geöffnet; größere Einkaufszentren tgl. bis 21 Uhr.

Post

- In Südafrika und Swasiland ist die Beförderung sowohl der Inlands- als auch der Auslandspost in der Regel verlässlich, aber zeitweise recht langsam.
- In Lesotho ist die Auslieferung langsam und wenig verlässlich.
- In Südafrika gibt es immer mal wieder Poststreiks, die zu Verzögerungen bei der Postauslieferung führen.
- Wer etwas Wertvolles oder Wichtiges versenden möchte, sollte lieber private Postdienste, wie **PostNet** (www.postnet.co.za), in Anspruch nehmen.
- Man sollte sich nichts Wertvolles aus dem Ausland schicken lassen, da Pakete oft vom Zoll beschlagnahmt werden.

Rechtsfragen

- Hier spielen vor allem Verkehrsdelikte (Geschwindigkeitsübertretung, Alkohol oder Drogen am Steuer), Drogenkonsum und -besitz eine Rolle.
- Obwohl Südafrika eine relativ offene Drogenkultur hat, sind Konsum und Besitz streng verboten: Erwischte Sünder müssen mit strengen Strafen rechnen!
- Manche Südafrikaner beschweren sich über korrupte Polizisten und haben angeblich schon Beamte bestochen. Das Anbieten von Schmiergeld ist aber keinesfalls empfehlenswert und kann ganz leicht nach hinten losgehen!
- Wer in Südafrika verhaftet wird, darf die Aussage verweigern und kann Entlassung gegen Kaution bzw. unter Auflagen verlangen, wenn kein schwerwiegender Haftgrund vorliegt. Man hat das Recht auf einen Anwalt, ausreichend Essen und menschenwürdige Haftbedingungen.

PRAKTISCH & KONKRET

- In allen drei Ländern gilt das metrische System für Maße und Gewichte .
- *Mail & Guardian* (www.mg.co.za) ist eine überregionale Wochenzeitung .
- *The Sowetan* (www.sowetanlive.co.za) ist eine überregionale Tageszeitung.
- Andere überregionale Zeitungen sind *Sunday Independent* (www.iol.co.za/sundayindependent), die *Sunday Times* (www.timeslive.co.za) und *Business Day* (www.businessday.co.za).
- *News24* (www.news24.com) unterhält ein Media-24-Portal mit Nachrichten und anderen Berichten.
- *Times of Swaziland* (www.times.co.sz) und *Swazi Observer* (www.observer.org.sz) bringt Nachrichten aus Swasiland.
- Der *Sunday Express* (sundayexpress.co.ls) und die *Lesotho Times* (www.lestimes.com) berichten aus Lesotho.
- *Getaway* (www.getaway.co.za), *Go!* (Weg!; www.gomag.co.za) und *Country Life* (www.countrylife.co.za) sind südafrikanische Reisemagazine.
- SABC (www.sabc.co.za) sendet regionale Fernsehprogramme von Seifenopern bis hin zu Nachrichten.
- M-Net (mnet.dstv.com) bietet US-amerikanische Filme und Serien.
- e.tv (www.etv.co.za) bietet regionale Programme und internationale Lieblingsfilme.
- SAfm (www.sabc.co.za) sendet Nachrichten und chattet online auf 104-107 FM.

Reisen mit Behinderung

- Südafrika ist eins de r besten Reiseziele des Kontinents für Reisende mit Behinderungen. Die Hilfestellungen für Menschen mit eingeschränkter Beweglichkeit oder Sicht werden ständig ausgebaut.
- Einrichtungen und Reiseziele mit Hilfestellungen und Zugangsmöglichkeiten für Reisende mit Behinderungen sind in diesem Reiseführer aufgeführt.
- Etliche Nationalparks und Naturreservate haben Beschreibungen in Braille-Schrift.
- In vielen Parks und Attraktionen finden sich Rampen für Rollstuhlfahrer; manche organisieren auch extra Aktivitäten für Reisende mit Behinderungen.
- Bei den größeren Autoverleihfirmen können Autos geliehen werden, die komplett mit den Händen bedient werden.

Informationsquellen

Accessible Cape Town (www.accessiblecapetown.com) Touren, Verkehrsmittel, Unterkünfte, Sehenswürdigkeiten, Einkaufsmöglichkeiten und mehr; alles für Kapstadt.

Access-Able Travel Source (www.access-able.com) Führt Tourenveranstalter,

Unterkünfte, Sehenswürdigkeiten und Aktivitäten auf.

Disabled Travel (www.disabledtravel.co.za) Landesweite Empfehlungen für Unterkünfte, Restaurants und professionelle Therapeuten.

Epic-Enabled (www.epic-enabled.com) Bietet Unterkünfte und Touren, darunter auch in den Krüger-Nationalpark.

Flamingo Tours (www.flamingotours.co.za) Touren in der Umgebung von Kapstadt, an der Garden Route und anderswo.

Linx Africa (www.linx.co.za/trails/lists/disalist.html) Führt behindertengerechte Nature-Trails auf.

QuadPara Association of South Africa (QASA; www.qasa.co.za) Hat Rollstühle, die für den Strand in Durban und die Südküste von KwaZulu-Natal geeignet sind.

Rolling SA (www.rollingsa.co.za) Touren, darunter eine neuntägige Safari durch den Krüger-Nationalpark.

SANParks (www.sanparks.org/groups/disabilities/general.php) Gibt einen detaillierten und ideenreichen Überblick über Unterkünfte und Zugangsmöglichkeiten für Blinde, Taube und bewegungseingeschränkte Reisende in ihre Parks, darunter auch den Krüger-Nationalpark.

SouthAfrica.info (http://www.southafrica.info/travel/advice/disabled.htm) Gibt einen Überblick über Ausstattungen und Links zu Tourenveranstaltern und einheimischen Organisationen.

Sponge Project (thespongeproject.yolasite.com) SMS-Informationsservice für Menschen mit Behinderungen.

Schwule & Lesben

Die südafrikanische Verfassung ist eine der wenigen in der Welt, die die Diskriminierung wegen der geschlechtlichen Ausrichtung einer Person ausdrücklich verbietet. Beziehungen unter Schwulen sind legal und die Ehe zwischen Schwulen wird anerkannt. Es gibt aktive Schwulen- und Lesben-Communities und -Szenen in Kapstadt und Johannesburg, sowie etwas weniger aktive in Pretoria und Durban. Kapstadt ist das Zentrum und ist die schwulenfreundlichste Stadt des Kontinents.

Die Texte in den Kästen über Schwule und Lesben in Kapstadt (S. 96) und Gauteng (S. 381) geben weitere Informationen.

Einstellungen Trotz der Toleranz in der neuen Verfassung wird es noch eine Weile dauern, bis die konservativeren Kreise der Gesellschaft diese anerkennen werden. Insbesondere in ländlichen Gegenden, sowohl in schwarzen als auch weißen Gemeinden, hat man Vorbehalte gegenüber Homosexuellen oder das Thema ist tabu.

Lesotho Homosexuelle Beziehungen unter Männern sind illegal, allerdings sind noch keine rechtlichen Verfolgungen deswegen bekannt geworden. Die Gesetze des Landes schützen nicht vor Diskriminierung wegen sexueller Neigung oder Geschlechtsidentität. Schwule Beziehungen sind tabu und offene Bekundungen von Zuneigung werden nicht gerne gesehen.

Swasiland Ist eins der konservativsten Länder im südlichen Afrika. Homosexuelle Praktiken unter Männern sind gesetzlich verboten; schwule Beziehungen sind kulturell bedingt tabu. Homosexuelle werden diskriminiert und schikaniert.

Informationsquellen

Informationen in Buchladenketten wie etwa CNA; auf Schwulenveranstaltungen gibt es Zeitungen und Zeitschriften.

Behind the Mask (@BehindTheMask99) In Jo'burg ansässige Medien- und Aktivistenorganisation, die Informationen verteilt und eine Plattform für aktuelle Fragen zur Schwulen- und Lesbenszene in Afrika unterhält.

Exit (www.exit.co.za) Monatlich erscheinende Schwulen- und Lesbenzeitung.

Gay Johannesburg (gayjohannesburg.blogspot.com) Aktuelles und Links.

Gay Pages (www.gaypagessa.co.za) Zweimonatlich erscheinende Illustrierte, die landesweit erhältlich ist.

South African Tourism (www.southafrica.net) Informationen über Schwule in Jo'burg, Kapstadt, Durban und darüber hinaus.

Triangle Project (the triangleproject.org) Die in Kapstadt ansässige Organisation setzt sich für die Rechte von Schwulen, Lesben, Bi- und Transsexuellen ein und unterstützt die Community mit verschiedenen Aktionen und Programmen.

Events

Jo'burg Pride (johannesburgpride.co.za) Seit 1990 findet Afrikas erste Pride Parade jedes Jahr im September/Oktober statt.

Mother City Queer Project (www.mcqp.co.za) Eines der wichtigsten Events in Kapstadt für Schwule. Dieses fantastische Kostümfest findet jedes Jahr im Dezember statt.

Out in Africa (www.oia.co.za) Filmfestival für Schwule und Lesben, das in Jo'burg und Kapstadt im November stattfindet.

Sprachkurse

Es gibt zahlreiche Sprachschulen für Xhosa, Zulu, Afrikaans und Englisch. Man hat auch die Möglichkeit sich hier zum Lehrer für „Teaching English as a Foreign Language" (TEFL) ausbilden zu lassen.

Inlingua (www.inlingua.co.za; Green Point, Kapstadt) Afrikaans, Englisch.

Interlink (www.interlink.co.za; Sea Point, Kapstadt) Englisch.

International English School (www.english.za.net; Somerset West, Western Cape) Englisch.

Jeffrey's Bay Language School (www.learnenglishlanguage.co.za; Jeffrey's Bay,

Eastern Cape) Eine von vielen Englischschulen in der Surferstadt.

Language Teaching Centre (www.languageteachingcentre.co.za; Foreshore, Kapstadt) Hier kann man Xhosa, Zulu, Afrikaans, Englisch erlernen.

Phaphama Initiatives (www.phaphama.org; Soweto, Gauteng) Hier werden die meisten afrikanischen Sprachen gelehrt. Umfassende Führungen. Die Unterbringung befindet sich in den Townships von Gauteng oder in den Dörfern auf dem Land. Diese Alternativen machen es möglich, dass auch außerhalb des Klassenraums gelernt werden kann.

Ubuntu Bridge (www.learnxhosa.co.za; Newlands, Kapstadt) Xhosa.

Wits Language School (www.witslanguageschool.com; Braamfontein, Johannesburg) Zulu, Sesotho, Tswana, Afrikaans, Englisch werden angeboten. Die Schule gehört zur University of the Witwatersrand.

Strom

Der elektrische Strom fällt landesweit häufig aus.

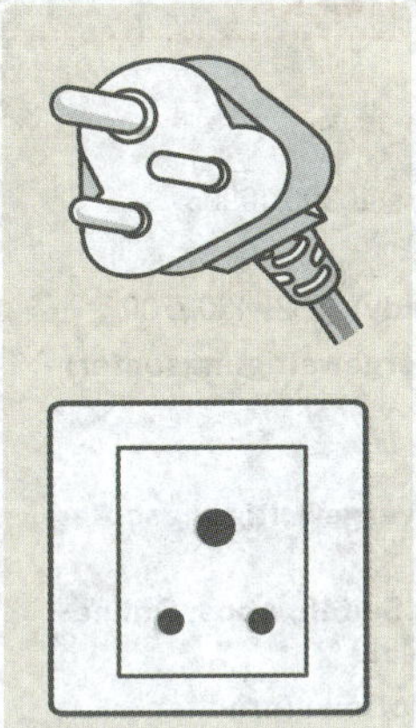

220-230V/50Hz

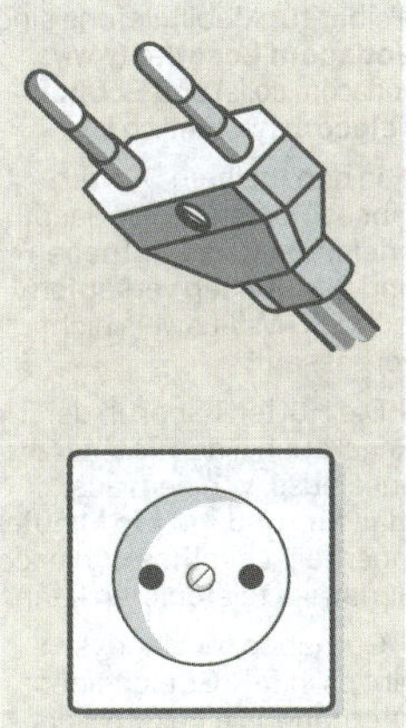

220-230V/50Hz

Telefon

Südafrika

- Südafrika bietet gute Möglichkeiten zum Telefonieren. Sie werden von der **Telkom** (www.telkom.co.za) bereitgestellt.
- Prepaid-Karten sind zu 10 bis 200 R von Telkom WorldCall verbreitet erhältlich.
- Die Gebühren sind vergleichbar mit einem Anruf vom Festnetz, aber mit diesen Karten kann man auf eigene Kosten Anrufe vom Telefon anderer Leute machen.
- Die Gebühren bei WorldCall sind für Ortsgespräche vom Festnetz 0,77 R pro Minute, 0,46 R für Ferngespräche und 1,30 R für Anrufe auf ein Handy.
- Die Preise bei International WorldCall sind beispielsweise aus dem Festnetz nach Deutschland 0,58 R, nach Österreich 1,00 R und in die Schweiz 0,71 R.
- Montag bis Freitag zwischen 19 und 7 Uhr morgens sowie am Wochenende sind die Telefongebühren etwas niedriger.
- Internationale Anrufe sind Montag bis Freitag von 20 bis 8 Uhr morgens und am Wochenende billiger.
- Öffentliche Münzfernsprecher sind blau, öffentliche Kartentelefone sind grün.
- Eine gute Möglichkeit, um bei Telefonaten in die Heimat Geld zu sparen oder R-Gespräche zu vermeiden, ist es, eine „Home Direct" Nummer zu wählen, die den Anrufer zu einer Vermittlung im eigenen Land durchstellt. Die Telkom hat ein 24-Stunden-Call-Center, bei dem man die Nummer für das jeweilige Heimatland erfragen kann.
- Weitere Informationen zum Telefonieren in Südafrika auf der Seite www.southafrica.info/travel/advice/telecoms.htm.

VORWAHLEN

Inklusive Ortsvorwahl (stets mitzuwählen) haben südafrikanische Telefonnummern zehn Stellen.

Landesweit gelten diverse vierstellige Spezialvorwahlen, auf die jeweils sechsstellige Anschlussnummern folgen. Beispiele:

- ☎0800 (auch ☎080; gebührenfreie Servicenummern)
- ☎0860 (Verbindungen zum Ortstarif)
- ☎0861 (Verbindungen zum Pauschaltarif)

MOBILTELEFONE

- Digitale Mobilfunknetze (GSM und 3 G) decken den Großteil Südafrikas ab. Die meisten Leute haben Handys.
- GSM-Roaming von bzw. nach Europa sollte problemlos funktionieren. Günstiger ist es aber, eine südafrikanische SIM-Karte ins eigene Gerät einzusetzen. Es muss dann entsprechend entsperrt und roamingtauglich sein.
- GSM-Handys müssten in Südafrika funktionieren (Roaming).

WICHTIGE TELEFONNUMMERN

Südafrika

Auskunft ☎1023

Internationales Call-Center ☎10900, 10903

Kapstadt Notfälle ☎107

Kapstadt Notfälle (vom Handy) ☎021-480 7700

Kapstadt Rape Crisis (für Vergewaltigungsopfer) ☎021-447 9762

Krankenwagen ☎10177

Lifeline Johannesburg (für Vergewaltigungsopfer) ☎011-728 1347

Mobile Yellow Pages (Gelbe Seiten, Apps, Online-Funktionen fürs Handy) ☎34310

Netcare 911 medizinische Notfälle (privater Service) ☎082 911

Notfälle (vom Handy) ☎112

Polizei ☎10111

R-Gespräche ☎0900

Talking Yellow Pages (Gelbe Seiten mit telefonischer Beratung) ☎10118

Lesotho

Feuer ☎112

Krankenwagen ☎2231 3260, 2231 2276, 112

Polizei ☎2231 2934, 2232 2099, 112

Swasiland

Feuer ☎933

Krankenwagen ☎2404 2423, 977

Polizei ☎2404 2221, 999

- Hier sind die wichtigsten Mobiltelefonbetreiber aufgelistet: **Cell C** (www.cellc.co.za), **MTN** (www.mtn.co.za), **Virgin Mobile** (www.virginmobile.co.za) und der zu Vodafon gehörende **Vodacom** (www.vodacom.co.za).
- Die Handynummern sind in Südafrika 10-stellig und beginnen entweder mit 06, 07 oder 08.
- Bei den Mietwagenfirmen kann man auch Mobiltelefone leihen.
- Preiswerter ist es, eine südafrikanische Prepaid SIM-Karte ins eigene Handy zu stecken, vorausgesetzt es ist entsperrt, sodass Roaming möglich ist.
- SIM-Karten und Guthaben gibt es fast überall in Geschäften und Einkaufszentren in Großstädten und größeren Städten.
- Eine neue SIM-Karte kostet rund 20 R; am Flughafen sind sie tendenziell etwas teurer.
- Um eine SIM-Karte kaufen und registrieren („RICA") zu können, benötigt man irgendeine Form von Identitätsnachweis und eine nachweisbare Adresse in Südafrika.
- Der Nachweis zur Adresse kann einfach eine Bestätigung des Gastgebers oder der Unterkunft sein, in der man sich gerade aufhält. Es reicht auch ein Zahlungsbeleg für die Unterkunft.
- Es gibt ganz verschiedene Prepaid- oder Datenpakete zu kaufen.
- Mit Anytime Per Second von Vodacom kosten Anrufe beispielsweise 1,20 R pro Minute, eine SMS 0,50 R und eine internationale SMS 1,74 R.

Lesotho

- Im Tiefland von Lesotho funktioniert das Telefonsystem ziemlich gut, aber in den Highlands haben selbst Festnetzanschlüsse Probleme.
- Es gibt keine Städte- oder Gebietsvorwahlnummern.
- Die achtstelligen Festnetz- und Mobiltelefonnummern in Lesotho beginnen mit 2 und 5 oder 6.
- Internationale Gespräche sind teuer.
- Für internationale R-Gespräche wählt man die Nummer ☎109.
- In den Highlands hat man nur selten Handy-Empfang, meist nur an einigen Bergpässen.
- Die wichtigsten Netzbetreiber für Mobiltelefone sind **Vodacom Lesotho** (www.vodacom.co.ls) und **Econet Telecom** (www.etl.co.ls).
- In den meisten Dörfern gibt es Hütten von Vodacom oder Econet, die Guthaben und SIM-Karten verkaufen (rund 30 M; Ausweis nicht vergessen!).
- Die Hütten haben in der Regel auch einen Festnetzanschluss, von dem aus man für rund 7 M pro Minute innerhalb Lesothos und nach Südafrika telefonieren kann.
- Guthaben für Handys gibt es in 5-R-Gutscheinen; internationale Pakete sind ebenfalls erhältlich.
- Südafrikanische SIM-Karten funktionieren auch (Roaming).

Swasiland

- Swasiland verfügt über ein ganz gutes Telefonnetz, das von **SwaziTelecom** (www.sptc.co.sz/swazitelecom) betrieben wird.
- Es gibt keine Vorwahlnummern.
- Die achtstelligen Festnetz- und Mobiltelefonnummern beginnen in Swasiland mit 2 und 7.
- Man wählt ☎94, um ein R-Gespräch führen zu können.
- Internationale Anrufe macht man am besten mit MTN-Telefonkarten.
- Außerhalb der größeren Städte wählt man ☎94, um ein internationals Gespräch anzumelden.
- **MTN Swaziland** (www.mtn.co.sz) ist der Mobilnetzbetreiber.
- SIM-Karten kosten nur wenig, und südafrikanische SIM-Karten funktionieren auch (Roaming).

Toiletten

- In Südafrika findet sich normalerweise leicht eine saubere Sitztoilette:
- Öffentliche Örtchen sind zwar rar, aber in den meisten Einkaufszentren vorhanden.
- Touristeninformationen und Restaurants haben normal nichts dagegen, wenn man ihre Toiletten benutzt.

Touristeninformation

Südafrika

Touristeninformationen gibt es in fast allen Städten und Ortschaften des Landes.

Dabei handelt es sich oft um private Einrichtungen, die nur registrierte Mitglieder bzw. Mitgliedsorganisationen empfehlen und sich ihren Buchungsservice z. T. per Provision bezahlen lassen. Ein Besuch kann sich lohnen; allerdings muss man eventuell kräftig nachhaken, um alle Optionen zu ermitteln.

Das Personal staatlicher Touristeninformationen wirkt häufig lustlos und wenig sachkundig – Tipps von der eigenen Unterkunft können da hilfreicher sein. Die Website von **South African Tourism** (www.southafrica.net/sat/content/de/de/germany-home) liefert viele Anregungen und Infos.

TOURISTIKVERBÄNDE IN DEN PROVINZEN

Eastern Cape Parks & Tourism Agency (www.ectourism.co.za)

Free State Tourism Authority (www.freestatetourism.org)

Gauteng Tourism Authority (www.gauteng.net)

Limpopo Tourism Agency (www.golimpopo.com)

Mpumalanga Tourism & Parks Agency (www.mpumalanga.com)

North West Parks & Tourism Board (www.tourismnorthwest.co.za)

Northern Cape Tourism (www.northerncape.org.za)

Tourism KwaZulu-Natal (www.zulu.org.za)

Western Cape Tourism (www.thewesterncape.co.za)

TOURISTENBÜROS IM AUSLAND

Auf der Seite www.southafrica.net finden sich Infos zu den südafrikanischen Touristenbüros sowie Call Center in Amsterdam, Frankfurt, London, Mailand, Mumbai, New York, Paris, Peking, Tokio und Sydney.

Lesotho & Swasiland

Touristenbüros gibt es nur in Maseru, Mbabane und im Ezulwini und Malkerns Valley; andernorts sind sie nur dünn gesät.

- **Lesotho Tourism Development Corporation** (visitlesotho.travel)
- **See Lesotho** (www.seelesotho.com)
- **Swaziland National Trust Commission** (www.sntc.org.sz)
- **Swaziland Tourism** (www.thekingdomofswaziland.com)
- **Swazi.travel** (www.swazi.travel)

Unterkunft

In Südafrika gibt es viele gute und preisgünstige Unterkünfte. Im Allgemeinen haben sie einen hohen Standard, oft nur für etwas weniger Geld als in Europa oder Nordamerika.

Saison In den Sommerferien steigen die Preise rasant an (Mitte Dezember bis Anfang Januar). Gleiches gilt für die Osterferien (Ende März bis Mitte April). Manchmal verdoppeln sich die Zimmerpreise sogar und es wird eine Minimumaufenthaltsdauer gefordert; dann ist es besonders wichtig, im Voraus gebucht zu haben. Die anderen Schulferien (Ende Juni bis Mitte Juli und Ende September bis Anfang Oktober) gelten als Hoch- oder Zwischensaison. Im Winter und in der Nebensaison gibt es hervorragende Angebote, und es ist die ideale Zeit zur Beobachtung der Tiere.

Preisnachlässe Preisnachlässe sind für die Wochenmitte und mehrere Nächte in Folge recht üblich. Man sollte diese Dinge vorher abklären. Gelegentlich sind die Preise in Orten, die eher von Geschäftsreisenden als von Touristen angesteuert werden, darunter beispielsweise die Zentren des Bergbaus, während der Woche höher als am Wochenende. Für Kinder gelten oft ermäßigte Preise.

Preiswerte Unterkünfte Zu den preiswerten Unterkünften zählen hauptsächlich Campingplätze, Hostels, Ferienhäuser und Privatunterkünfte, darunter auch Aufenthalte in Privathäusern mit Familienanschluss. Campingplätze gibt es fast überall, aber die anderen preiswerten Optionen sind außerhalb von Touristengegenden eher rar.

Mittelteuer In diese Kategorie fallen Guesthouses, B&Bs und

UNTERKÜNFTE ONLINE BUCHEN

Weitere Unterkunftsempfehlungen von Lonely Planet Autoren finden sich unter http://lonelyplanet.com/hotels/. Hier stehen sowohl sachdienliche Beschreibungen als auch Hinweise auf geeignete Übernachtungsmöglichkeiten. Und das Beste daran: Man kann gleich online buchen.

viele Angebote für Selbstversorger in den Nationalparks. Sie sind in der Regel mit Blick auf ihr Preis-Leistungs-Verhältnis besonders gut

Teuer In Südafrika gibt es einige der besten Wild-Lodges in ganz Afrika, aber auch hervorragende Pensionen und Hotels, darunter historische Gebäude und Unterkünfte auf Weingütern. Die Preise sind ähnlich oder etwas geringer als in Europa oder Nordamerika. Es gibt einige nicht so gute Hotels und Pensionen, die zu einer teuren Enttäuschung werden können. Daher sollte man gut wählen.

Townships In Soweto, Khayelitsha und vielen anderen Gegenden kann man in B&Bs, Hostels und Privathäusern der Townships unterkommen; eine wunderbare Gelegenheit, um das Leben in solchen Townships kennenzulernen. Viele Eigentümer bieten Führungen durch die Townships an und sind Beispiele der unvergleichlichen afrikanischen Gastfreundschaft.

Lesotho Die Preise sind hier ähnlich wie in Südafrika. In Touristenlodges bekommt man in der Regel viel fürs Geld. Der Standard und das Preis-Leistungs-Verhältnis ist in Business-Hotels und staatlichen Hotels in Maseru und den Städten des Tieflandes definitiv schlechter, sodass man die Reise so planen sollte, dass man in gute Unterkünfte einkehren kann. Spitzenklasseunterkünfte sind eher rar – Ausnahme sind einige Hotels in Maseru und Wild-Lodges, besonders die Maliba Mountain Lodge. Außerhalb der größeren Städte gibt es viele Campingmöglichkeiten.

Swasiland Die Preise sind recht ähnlich wie in Südafrika. Es gibt eine Handvoll Hostels. Camping ist oftmals auch auf dem Gelände vieler Unterkünfte möglich.

Online buchen

Unten finden sich einige der zentralen Online-Buchungsagenturen Südafrikas. Weil die meisten Buchungsdienste Gebühren für die Aufnahme in ihre Listen nehmen, sind die billigsten Häuser manchmal gar nicht dabei. In vielen Regionen gibt es auch Organisationen und Touristeninformationen, die Buchungen vornehmen; hier findet man dann oft auch die wahren Schatzkästchen eines Ortes, wie z. B. Ferien auf dem Bauernhof.

www.bedandbreakfast.co.za B&Bs in allen Provinzen.

www.fairtrade.travel Unterkünfte, Touren und Reiserouten, die den Anforderungen von Fair Trade gerecht werden. Hier gibt es Dauerreisekarten für 14 bis 35 Tage; siehe www.fairtradetravelpass.com.

www.farmstay.co.za Ferien auf dem Bauernhof und Aktivitäten auf dem Lande.

www.hostelworld.com Hostels, Pensionen, Lodges und Hotels in ganz Afrika.

www.portfoliocollection.com Gehobene Pensionen, Boutiquehotels, Lodges und Ferienhäuser/-wohnungen von Kapstadt bis Lesotho und Swasiland.

www.roomsforafrica.com Übernachtungen in B&Bs sowie Ferienhäusern/-wohnungen im ganzen Land; dazu noch Reisetipps.

www.safarinow.com Tausende Häuser im ganzen Land, von Zeltcamps bis zu kapholländischen Villen.

www.seastay.yolasite.com Ferien auf dem Bauernhof an der Küste.

www.wheretostay.co.za Deckt eine ganze Bandbreite an Unterkünften, Aktivitäten und Restaurants in Südafrika, Swasiland und den benachbarten Ländern ab.

B&Bs & Pensionen

B&Bs und Pensionen zählen zu Südafrikas attraktivsten Unterkünften; von der Großstadt bis hin zum Dorf sind sie landesweit zu finden. Im ländlichen Raum kann man auch auf Farmen übernachten. Standard und Preis-Leistungs-Verhältnis der Zimmer sind allgemein recht gut.

Preise Einzelzimmer/Doppelzimmer mit Frühstück und eigenem Bad gibt es ab ca. 400/800 R. Bis auf seltene Ausnahmen sind die Starttarife in Kapstadt, Johannesburg und entlang der Garden Route stets höher.

Standard In einigen Ländern sind viele B&B-Bleiben nur normale, motelartige Gästezimmer. Nicht so in Südafrika: Hier wohnt man meist in individuell gestalteten, oft luxuriösen Quartieren mit Antikmöbeln, eigenem Bad und Privatveranda. Große Gärten und Pools sind an der Tagesordnung. In malerischen Ecken wie den Cape Vineyards kommt noch eine herrliche Umgebung hinzu. Das Frühstück ist normalerweise üppig und lecker.

Camping

Zahlreiche südafrikanische Familien bevorzugen seit Langem Campingplätze und Wohnwagenparks. So sind Gelände in beliebten Regionen während der Schulferien oft ausgebucht. Achtung: Vom wilden Camping in Südafrika sollte man tunlichst absehen! Immerhin darf man mitunter sein Zelt auf dem Gelände von Herbergen für Rucksackreisende aufschlagen (für ca. 60 R).

Kommunale Campingplätze Die meisten Gemeinden betreiben günstige Zelt- und Wohnmobilplätze (von angenehm bis hässlich), die in der Nähe größerer Städte oft nicht sonderlich sicher sind.

Platzordnung Um die Grasnarbe zu schützen, verbieten manche Wohnwagenparks die Verwendung luftundurchlässiger Bodenplanen (fester Bestandteil der meisten Kleinzelte). Wer nur ein- oder zweimal übernachtet, kann aber meist den Platzverwalter von der „Ungefährlichkeit" der eigenen Behausung überzeugen. Falls das Zelten ganz verboten sein sollte, gibt es manchmal trotzdem einen Stellplatz, wenn man sich als Ausländer ohne Wohnwagen zu erkennen gibt.

Preise Die Preise beziehen sich entweder auf die Person (ab ca. 100 R) oder den Zeltplatz (ab ca. 150 R). Wenn nicht anders angegeben, gelten sie hier pro Person.

Private Campingplätze Campingplätze in Privatbesitz oder Nationalparks sind generell besser und stets reizvoller. Die ausnahmslos gute Ausstattung umfasst z. B. sanitäre Anlagen, Kochgelegenheiten, Strom- und Wasseranschlüsse. In Touristengebieten gibt es oft schicke Resorts mit Pool, Restaurant und Mini-Supermarkt.

Lesotho & Swasiland Offizielle Campingplätze konzentrieren sich hier zumeist auf Nationalparks. Naturschutzgebiete und Lodges. Ansonsten darf normalerweise wild gecampt werden. Dann aber stets vorab die Ältesten des nächstgelegenen Dorfs um Erlaubnis bitten – einerseits aus Respekt vor den Einheimischen, andererseits zur Senkung des Sicherheitsrisikos! Eventuell werden auch Hütten angeboten (ca. 20 R pro Nacht).

Hostels

In Südafrika sind Rucksackreisende sehr willkommen. Es gibt viele Hostels in den beliebten Gegenden wie Kapstadt und der Garden Route. Weitere Infos auf der Homepage von **Backpacking South Africa** (www.backpackingsouthafrica.co.za)

Unterkunft Zusätzlich zu Schlafsaalbetten (ab ca. 120 R pro Nacht) bieten die Hostels oft auch einzelne Zimmer (EZ/DZ ab ca. 200/400 R). Viele erlauben auch das Aufschlagen eines Zeltes auf ihrem Grundstück.

Ausstattung Hostels haben oft einen hohen Standard mit WLAN, Selbstversorgungsmöglichkeiten, einer Bar und einem Schwarzen Brett für Reisende. In einigen gibt es auch etwas zu essen. Das Personal kann Infos über die Gegend und die öffentlichen Verkehrsmittel geben oder auch Abholungen organisieren, wenn das Hostel nicht an einer Baz-Bus-Strecke liegt.

Internationales Jugendherbergswerk In Südafrika gibt es überall Hostels, die **HI** (Hostelling International, Internationales Jugendherbergswerk; www.hihostels.com) angeschlossen sind. Somit lohnt sich ein Internationaler Jugendherbergsausweis.

Lesotho und Swasiland Hostels finden sich in Lesotho in folgenden Städten und Regionen: Malealea, Semonkong, Morija, Roma, Ramabanta und Sani Top; in Swasiland in Mbabane und dem Ezulwini Valley. Preise und Ausstattung sind ähnlich wie in Südafrika.

ÜBERNACHTUNGSPREISE

Die hier angegebenen Übernachtungspreise gelten, wenn nicht anders angegeben, für ein Doppelzimmer mit Bad in der Hochsaison (November bis März). Hotelbesprechungen sind nach Preisen und innerhalb derer nach Vorliebe sortiert.

$ unter 600 R

$$ 600 bis 1500 R

$$$ über 1500 R

In Kapstadt, Johannesburg und der Garden Route sind die Preisspannen größer:

$ unter 800 R

$$ 800 bis 2500 R

$$$ über 2500 R

Hotels

Hier gibt es das ganze Spektrum, von spartanischen Unterkünften bis zu exklusiven Boutiquehotels.

Preiswert Die meisten billigen Hotels sind heruntergekommen und nicht akzeptabel. Es gibt einige ganz gute Landhotels im alten Stil, wo es ein Einzel- oder Doppelzimmer ab rund 300/500 R gibt, man essen und im Pub dem Klatsch und Tratsch folgen kann.

Mittelteuer Auf diese Häuser ist mehr Verlass. Sie bieten was fürs Geld und das dazu noch in stimmungsvoller Umgebung.

Teuer Für einheimische Verhältnisse sind sie teuer, liegen aber in der Regel auf der Linie mit internationalen Preisen. Zu den ansprechenden Häusern zählen Boutique- und Designerhotels sowie historische Gebäude.

HOTELKETTEN

Hotelketten sind in Städten und Touristengegenden durchaus üblich.

City Lodge (Karte S. 262; ☎0861 563 437, 011-557 2600; www.citylodge.co.za) Ganz anständig fürs Geld; hat Road Lodges (etwas höherer Luxus als bei der rivalisierenden Kette SUN1, ca. 550 R für ein Zimmer für ein bis fünf Personen); Town Lodges (rund 850/1000 R für ein EZ/DZ); City Lodges (rund 1200/1400 R für ein EZ /DZ); und Courtyard Hotels (ab etwa 770/1450 R pro Zi/Apt). Bei Online-Buchungen sind die Preise etwas geringer.

InterContinental Hotels Group (IHG; ☎0861 444 435; www.ichotelsgroup.com) Bietet in ihren Holiday Inn, Holiday Inn Express, Crowne Plaza und InterContinental Hotels in den größeren Städten eine ganze Bandbreite an Übernachtungsmöglichkeiten an.

Protea (☎0861 119 000, 021-430 5300; www.proteahotels.com) Ein in ganz Südafrika verbreitetes Netzwerk von 3- bis 5-Sterne-Hotels. Der Prokard-Treueclub von Protea bietet Ermäßigungen von bis zu 10 % sowie Privilegien für VIPs an. Gehört zu Marriott International.

Sun International (☎011-780 7810; www.suninternational.com) Betreibt Spitzenhotels im Stil von Resorts in den ehemaligen Homelands sowie in Lesotho und Swasiland; meist ist auch ein Kasino angeschlossen. Der Standard ist in der Regel hoch, und es gibt Angebote in der Form von Reisepaketen.

Tsogo Sun (☎0861 447 744, 011-461 9744; www.tsogosunhotels.com) Betreibt diverse Ketten und Häuser in Südafrika, darunter die Southern Sun Hotels, die Mittelklasse-Marke Garden Court sowie SUN1. SUN1 war früher unter Formule1 bekannt und bietet die preiswertesten Hotelketten Südafrikas mit zweckmäßig eingerichteten, aber kleinen Zimmern für ein bis drei Personen ab etwa 400 R.

Lodges

In den Nationalparks und deren Umgebung kann man sich mitten im Busch bequem entspannen. In einer Wild-Lodge unterzukommen, ist ein unvergessliches Erlebnis. In manchen Parks, wie dem Madikwe Game Reserve (North West Province), muss man sogar in einer solchen Lodge übernachten, um überhaupt in den Park hineinzukommen.

Ausstattung Die Unterbringung erfolgt in der Regel in einer luxuriösen Lodge oder einem Safarizelt. Hier darf man auf viele Annehmlichkeiten hoffen, die man auch in einem Spitzenklassehotel findet – darunter Zimmer mit Bad und fließend warmes und kaltes Wasser, eine exquisite Küche und in den ganz teuren sogar einen Pool. Viele Lodges haben jedoch keine Festnetzanschlüsse, WLAN, Fernseher oder in rustikaleren Unterkünften nicht einmal Strom. Die meisten Luxus-Lodges bieten All-inclusive-Preise mit Wildsafaris und Mahlzeiten.

Reservierungen Es ist absolute wichtig, im Vorfeld anzurufen, wenn man einen Aufenthalt in einer Lodge oder in einer Unterkunft mit Selbstversorgung in der Wildnis vorhat. Wenn man unangekündigt auf gut Glück auftaucht, ist vielleicht gerade niemand anwesend oder der Weg dorthin funktioniert nicht ohne Wegebeschreibung oder das Personal muss die Gäste unter Umständen irgendwo abholen, wenn deren Fahrzeuge nicht geländetauglich sind.

Lesotho Die Lodges in den Bergen des Landes, wie etwa im Ts'ehlanyane National Park, in Semonkong und Malealea sind die besten Unterkunftsmöglichkeiten überhaupt.

Unterkünfte für Selbstversorger

Hier kann man hervorragende Häuser für gutes Geld bekommen. Ein Cottage für zwei Personen – auch *chalet, cabin, hut* und *rondavel* (runde Hütten mit konisch zulaufenden Dächern) genannt - kostet etwa 400 R. Die Angebote reichen von Farm-Cottages und Campingplätzen bis zu gemeindeeigenen Camps und Urlaubsresorts.

Ausstattung Abgesehen von ein paar schäbigen Ausnahmen warten die meisten Selbstversorgerhütten mit Bettwäsche, Handtüchern und voll ausgerüsteter Küche auf. Dennoch ist es stets ratsam, den Standard vorab zu erfragen. In einigen Farmhütten gibt es weder Strom noch (elektrisches) Licht.

Lage Die Touristeninformationen in kleinen Städten und deren Websites sind ideal, um solche Übernachtungsmöglichkeiten für Selbstversorger zu finden. Chalets liegen oft auf Campingplätzen und Wohnmobilparks und sind in touristischen Gegenden wie der Küste und in der Nähe von Nationalparks und Reservaten verbreitet. Viele liegen in malerischer, aber entlegener Umgebung und sind eher auf Reisende mit Auto zugeschnitten. Allerdings finden sich Cottages auch in Städten und Dörfern.

Parks und Reservate Die South African National (SAN) Parks bieten gut gepflegte und voll eingerichtete Häuser, angefangen von Bungalows und

FACHJARGON BEI UNTERKÜNFTEN

Wenn ein Hotel mit seinen Zimmerpreisen wirbt, muss man immer damit rechnen, dass der Preis nur pro Person gilt und nicht pro Zimmer. So bedeutet der Preis 300 R oft 300 R *pro Person* in einem Zweibett- oder Doppelzimmer. Darüber hinaus bezieht sich der Preis oft nur auf eine Person, wenn sie zu zweit in einem Zimmer übernachtet. Alleinreisende zahlen meist einen Aufschlag. So kann es sein, dass ein Einzelreisender in diesem Beispiel 450 R zahlen muss oder gar so viel wie zwei Personen zusammen.

Halbpension bedeutet Frühstück und eine weitere Mahlzeit (meist das Abendessen); Vollpension bedeutet, alle Mahlzeiten sind inklusive. All-inclusive-Preise finden sich auch in Wild-Lodges. Hier sind alle Mahlzeiten, Wildsafaris und manchmal auch der Eintritt in den Park inbegriffen; in Urlaubsresorts an der Küste sind alle Mahlzeiten, alle Einrichtungen des Resorts und einige Aktivitäten mit inbegriffen.

Cottages bis zu Safarizelten und *rondavels*. Man zahlt gutes Geld für das großartige Privileg, in einem Nationalpark oder Reservat übernachten zu dürfen, aber dafür ist die Unterbringung in der Regel sehr ansprechend und für Familien auch sehr geräumig. In manchen Nationalparks und Reservaten gibt es auch einfachere Hütten mit gemeinschaftlich genutztem Bad.

Reservierungen Vorabbuchungen sind ganz wichtig. In der Regel zahlt man 50 % (gelegentlich auch mal 100 %) im Voraus durch Bankeinzug oder Überweisung. In einer kleinen Community hat man oft das Glück, dass man abgeholt wird, wenn man kein eigenes Auto dabei hat.

Versicherung

- Eine gute Reiseversicherung mit Deckung von Diebstahl, Verlust und medizinischen Behandlungskosten ist in Südafrika ein absolutes Muss.
- Vor dem Abschluss heißt es stets sorgsam recherchieren: Denn wenn eine Police eigentlich lediglich für kurze Pauschaltrips durch Europa gedacht ist, eignet sich diese eventuell nicht für Südafrikas Buschland.
- Bitte das Kleingedruckte immer ganz genau durchlesen: Manche Verträge schließen „gefährliche Aktivitäten" (u. a. Sporttauchen, Motorradfahren, Bungeespringen) ausdrücklich aus.
- In einigen Policen ist verankert, dass man im Schadensfall eine Niederlassung im eigenen Heimatland anruft (R-Gespräch), sodass eine direkte Prüfung des Problems erfolgen kann.
- Eine weltweit geltende Reiseversicherung kann unter www.lonelyplanet.com/travel-insurance abgeschlossen werden. Man kann diese selbst dann noch abschließen, verlängern oder gewisse Leistungen beantragen, wenn man bereits unterwegs ist.

Visa

Wer sich kurz vor der Reise ins südliche Afrika in einer Region mit Gelbfieber aufgehalten hat oder sich vor mehr als zwölf Stunden auf der Durchreise nach Südafrika in so ein Gebiet begeben hat, muss eine Impfung nachweisen können, um nach Südafrika, Lesotho und Swasiland einreisen zu dürfen.

Südafrika

- Urlauber aus den meisten Ländern des Commonwealth (darunter Australien, Neuseeland, Kanada und dem Vereinigten Königreich), den meisten westeuropäischen Ländern, Japan und den USA bekommen bei der Einreise eine kostenlose 90 Tage gültige Aufenthaltserlaubnis ausgestellt.
- Der Ausweis oder Pass sollte noch mindestens 30 Tage nach der Rückkehr ins Heimatland gültig sein und mindestens noch zwei leere Seiten beinhalten.
- Seit dem 1. Juni 2015 gibt es **neue Einreisebestimmungen** (S. 39), wonach alle Kinder unter 18 eine internationale Geburtsurkunde und in manchen Fällen noch zusätzliche Papiere bei sich führen müssen. Die jeweilige Fluglinie wird ihre Fluggäste unter Umständen schon bei der Buchung auf diese neuen Einreisebestimmungen aufmerksam machen.
- Obwohl die Einreisebehörden selten danach fragen, sollte man zumindest darauf vorbereitet sein, auch ein Rückflugticket oder Ticket zur Weiterreise vorlegen zu müssen. Wer einen Weiterflug gebucht hat, sollte sich eine Kopie seines Tickets ausdrucken oder die Fluglinie beim Verlassen des ersten Flughafens darum bitten, dieses zu tun.
- Wer nicht zu einer Besuchererlaubnis berechtigt ist, muss sich im Heimatland oder in einem Nachbarland bei der südafrikanischen diplomatischen Vertretung ein Visum ausstellen lassen.
- Visa werden nicht an der Grenze ausgestellt.
- Wer ein Visum benötigt, sollte sich eines mit mehrfacher Einreisemöglichkeit ausstellen lassen, wenn man auch Lesotho, Swasiland oder ein anderes benachbartes Land besuchen möchte. Dadurch vermeidet man den Umstand, sich erneut ein weiteres Visum für Südafrika ausstellen lassen zu müssen.
- Egal wie man nun einreist – ob mit oder ohne Visum – es müssen immer mindestens zwei komplett leere Seiten im Pass sein.
- Weitere Infos auf der Website des **Department of Home Affairs** (www.dha.gov.za) und von **Brand South Africa** (http://www.southafrica.info/travel/advice/disabled.htm).

VISUMSVERLÄNGERUNG

- Es ist möglich, seine Besuchererlaubnis weitere 90 Tage verlängern zu lassen.
- Dieses beantragt man schon bald nach der Ankunft bei **VFS Global** (www.vfsglobal.com/dha/southafrica/index.html).
- VFS Global kümmert sich auch um die Anträge auf zeitweilige Aufenthaltsgenehmigungen, die meist bis zu zwei Jahren gültig sind. Sie haben Niederlassungen in elf Städten, darunter Kapstadt, Durban, Jo'burg und Port Elizabeth.
- Zu den Einreiseberatungsstellen gehört auch **TIES** (www.english.za.net; Somerset West, Western Cape).
- Verlängerungsanträge kosten 1775 R und dauern in ihrer Bearbeitung zwei bis acht Wochen. Sie müssen persönlich abgegeben werden; zu den erforderlichen Dokumenten zählen u. a. ein Flugticket für die Weiterreise, Kontoauszüge der letzten

drei Monate und der Nachweis über eine Adresse in Südafrika.

➡ Die Änderungen der Einreisesbestimmungen aus dem Jahre 2014 schließen so etwas wie den „Visa Run“ aus. Wer Südafrika mit einem noch gültigen Visum erneut bereist, bekommt kein neues, es sei denn er kommt wiederum aus seinem eigenen Heimatland; Sollte das Visum abgelaufen sein, bekommt man ein neues, das jedoch nur sieben Tage gilt, es sei denn man war zwischendurch in seinem Heimatland. In dem Fall bekommt man ein vollgültiges neues Visum.

Lesotho

➡ Bürger der meisten westeuropäischen Länder, der USA und der meisten Commonwealth-Länder bekommen eine kostenlose Besuchererlaubnis an der Grenze oder am Flughafen.

➡ Normalerweise gilt diese Erlaubnis 30 Tage.

➡ Wer noch weitere 14 Tage bleiben möchte, wendet sich ans **Ministry of Home Affairs immigration department** (www.gov.ls; Maseru).

➡ Wer schon an der Grenze (oder beim Ministerium) nach einer länger geltenden Erlaubnis fragt, kann manchmal Glück haben und sie direkt bekommen.

➡ Eine weitere Möglichkeit, wenn das Visum abgelaufen ist, ist ein „Visa Run“ nach Südafrika mit anschließender erneuter Einreise nach Lesotho.

➡ Reisende, die ein Visum benötigen, können dies an den diplomatischen Vertretungen in Pretoria und anderswo bekommen.

➡ Wer am Grenzübergang Maseru Bridge ohne Visum einreisen will, kann mit etwas Glück eine zeitlich begrenzte Einreisegenehmigung bekommen, die zur Weiterreise nach Maseru berechtigt. Dort muss man dann ein Visum beim Ministry of Home Affairs beantragen. Darauf sollte man jedoch nicht von Vornherein setzen, weil dies von der Laune der Grenzbeamten abhängt.

Swasiland

➡ Besucher aus westlichen Ländern brauchen für den Aufenthalt von bis zu 30 Tagen kein Visum für die Einreise in Swasiland.

➡ Wer länger als 30 Tage bleiben möchte, sollte sich an das **Ministry of Home Affairs immigration department** (www.gov.sz; Mbabane) wenden.

➡ Besucher, die ein Einreisevisum benötigen, können dieses bei den diplomatischen Vertretungen in Pretoria und anderswo bekommen.

➡ Zu den Visa-Anträgen müssen noch weitere Dokumente darunter ein Einladungsschreiben, eingereicht werden.

➡ Visa kosten 80 E für die einmalige Einreise und ab 300 E für die mehrfache Einreise.

Zeit

➡ Die Uhrzeit in Südaftrika richtet sich standardmäßig nach der SAST (South Africa Standard Time). Diese liegt eine Stunde vor der MEZ bzw. entspricht exakt der Mitteleuropäischen Sommerzeit (MESZ).

➡ Sie gilt gleichermaßen für Südafrika, Lesotho und Swasiland. Denn im Gegensatz zu den europäischen Ländern nehmen Südafrika, Lesotho und Swasiland nicht an der Zeitumstellung teil.

➡ Die Region ist eigentlich viel zu groß für nur eine einzige Zeitzone: In Durban geht die Sonne beispielsweise eine Stunde früher auf (und unter) als in Kapstadt.

➡ Die meisten Fahrpläne, Geschäfte und Einrichtungen verwenden die 24-Stunden-Skala.

Zoll

➡ Man darf 2 l Wein, 1 l Spirituosen und andere alkoholische Getränke, 200 Zigaretten und Waren im Wert von bis zu 5000 R zollfrei nach Südafrika einführen.

➡ Produkte geschützter Tiere müssen sowohl bei der Einreise als auch bei der Ausreise angegeben werden.

➡ Unter www.southafrica.info/travel/advice/redtape.htm findet man weitere Informationen.

ZEITUNTERSCHIEDE

LAND	HAUPTSTADT	ZEITUNTERSCHIED ZU SÜDAFRIKA
Australien	Canberra	+8 Std.
Kanada	Ottawa	–7 Std.
Frankreich	Paris	–1 Std.
Deutschland	Berlin	–1 Std.
Großbritannien	London	–2 Std
Japan	Tokio	+7 Std.
Niederlande	Amsterdam	–1 Std.
Neuseeland	Wellington	+10 Std.
Österreich	Wien	–1 Std.
Schweiz	Bern	–1 Std.
Spanien	Madrid	–1 Std.
USA	Washington, DC	–7 Std

Sicher reisen

KRIMINALITÄT

Aufgrund der Armut und der sozialen Ungleichheit ist die Kriminalitätsrate in Südafrika sehr hoch.

Außer mit Autounfällen hat man als Besucher meist mit Diebstahlsdelikten zu tun. Man sollte jedoch dennoch die Kirche im Dorf lassen: Trotz der Statistiken und Schlagzeilen haben die meisten Reisenden überhaupt keine Probleme.

In Johannesburg, gefolgt von einigen Townships und anderen Städten, ist das Risiko am höchsten.

Man kann die Gefahr jedoch verringern, wenn man sich an einige einfache Sicherheitsvorkehrungen, wie die Folgenden, hält:

- Reisedokumente und Wertsachen sollte man im Zimmer, in einem Safe oder zumindest außer Sichtweite verstauen.
- Sollte das Zimmer nicht sicher sein oder keinen Safe haben, gibt es vielleicht einen an der Rezeption.
- Wertgegenstände, wie Kameras, Uhren und Schmuck, niemals sichtbar am Körper tragen.
- Besser man sieht auch von der restlichen Kleidung her erst gar nicht wie jemand aus, der Wertgegenstände bei sich haben könnte. Also keine teuren Sachen tragen!
- Geldbeutel nicht sichtbar bei sich haben.
- Bargeld auf verschiedene Verstecke verteilen und nur ganz wenig Geld in einer Ersatzbörse haben, die man im Falle eines Überfalls bereitwillig aushändigt.
- Beim Einkaufen immer eine kleine Summe Bargeld parat haben, die getrennt vom restlichen Geld aufbewahrt wird, sodass man niemals eine große Menge Geld beim Bezahlen hervorholen muss.
- Geld niemals in der Gesäßtasche aufbewahren.
- Gruppen mit jungen Männern aus dem Weg gehen; vertrauenswürdiger sind gemischte Gruppen mit älteren Leuten.
- Auf Ratschläge der Einheimischen hören, wenn es um die Frage nach gefährlichen Gegenden geht.
- Weder tagsüber noch nachts in einsame Gegenden gehen; dies gilt auch für einsame Strände und Teile der Berge von Kapstadt.
- Innenstadt- und Geschäftsviertel (CBD) größerer Städte sollte man nachts und an Wochenenden meiden.
- Besuche in einer Township sollte man nur im Rahmen einer Führung unternehmen.
- Versuchen, nicht ängstlich zu wirken oder so, als habe man sich verirrt.

REISEHINWEISE DER REGIERUNGEN

Die aktuellen Informationen finden sich auf folgenden Websites:

www.auswaertiges-amt.de Auswärtiges Amt der Bundesrepublik Deutschland

www.gov.uk/government/organisations/foreign-commonwealth-office Britisches Außenministerium

www.minbuza.nl Ministerium für auswärtige Angelegenheiten der Niederlande

www.bmeia.gv.at Bundesministerium Europa Integration Äußeres der Republik Österreich

www.eda.admin.ch Eidgenössisches Departement für auswärtige Angelegenheiten der Schweizerischen Eidgenossenschaft

www.travel.state.gov US Department of State's Bureau of Consular Affairs

GAUNER AM GELDAUTOMATEN

Diebe bedienen sich Dutzender Tricks, um Touristen am Geldautomaten das Bargeld, die Karte und die PIN-Nummer abzuluchsen. Das kann einem in Stellenbosch genauso passieren wie in Downtown Johannesburg. Bei den Gaunern handelt es sich fast immer um gut gekleidete Männer mit guten Manieren.

Die beliebteste Tour läuft wie folgt ab: Der Dieb präpariert den Automaten, sodass die Karte im Gerät stecken bleibt. Der Karteninhaber merkt das erst, wenn er bereits die PIN-Nummer eingegeben hat. Der Dieb schaut in aller Ruhe zu. Sobald das ahnungslose Opfer in die Bank geht, um die geschluckte Karte zu melden, greift er zu, nimmt sich die Karte und hebt auch gleich noch ein paar Tausend Rand ab. Eine clevere Variante, die nicht ganz so häufig vorkommt, funktioniert sogar mit einem gefälschten Tastenfeld; die eingegebene PIN wird aufgezeichnet und per Funk an den Gauner übermittelt. – Am besten hält man sich an folgende Regeln:

➡ Nie nachts oder an entlegenen Ecken Geldautomaten benutzen! Am sichersten sind meist Reihen von Automaten in Einkaufszentren.

➡ Die meisten Geldautomaten werden von Sicherheitspersonal überwacht. Wenn niemand da ist, muss der Bankkunde selbst hinter sich schauen oder jemand anderen beobachten lassen, was hinter seinem Rücken vorgeht.

➡ Sorgfältig beobachten, wer vorher den Geldautomaten benutzt hat! Wenn jemand verdächtig aussieht, ist es sinnvoll, zu einem anderen Automaten zu gehen.

➡ Geldautomaten während der Öffnungszeiten der Banken benutzen und wenn möglich nicht allein hingehen! So kann, falls die Karte eingezogen wird, einer beim Automaten bleiben und der andere in der Bank um Hilfe bitten.

➡ Keinen Geldautomaten benutzen, der verdächtig nach einer Manipulation aussieht.

➡ Nach dem Einführen der Karte zunächst sofort auf „Cancel" drücken! Wenn die Karte zurückgegeben wird, ist der Automat nicht manipuliert und sollte ohne Probleme verwendet werden können.

➡ Keinesfalls Hilfe bei der Benutzung eines Geldautomaten in Anspruch nehmen oder auf Bitten eingehen, anderen bei der Benutzung des Geldautomaten zu helfen!

➡ Wenn jemand Hilfe anbietet, die Aktion sofort beenden und zu einem anderen Automaten gehen!

➡ Die Telefonnummer zur Sperrung der Karte immer dabei haben und bei Kartenverlust sofort anrufen!

➡ Automaten meiden, die gleich zu Beginn darauf hinweisen, dass es hier keine Quittungen gibt!

➡ Falls einem irgendetwas komisch vorkommt oder der Abhebevorgang abgebrochen wird, sollte man keinen neuen Versuch starten.

➡ Anrufe oder SMS von einheimischen Telefonnummern können leicht kostenpflichtige Betrügereien sein.

Unterwegs

➡ Während des Fluges sollte man alle Wertsachen im Handgepäck aufbewahren.

➡ Wer am OR Tambo International Airport (Johannesburg) ankommt oder umsteigt, sollte sein Gepäck einschweißen lassen, denn manchmal werden Sachen aus den Koffern geklaut, bevor sie das Gepäckband erreichen.

➡ Nach Einbruch der Dunkelheit sollte man sich in Städten am besten mit dem Taxi fortbewegen. Wenn das Ziel nicht weit ist, sollte man zusammen mit anderen gehen oder fahren.

➡ Als allgemeine Regel gilt: Niemals bei Nacht alleine gehen oder fahren.

➡ Das Auto sollte immer abgeschlossen und die Fenster hochgekurbelt sein.

➡ Besonders, wenn man alleine fahren muss, sollte das eigene Handy im Lande funktionieren; man könnte auch eine einheimische SIM-Karte oder ein entsprechendes Handy leihen.

➡ Nachts sollte man nur sichere Parkplätze ansteuern und tagsüber niemals in abgeschiedenen Gegenden parken.

- Nie Wertsachen im Auto lassen oder den Eindruck erwecken, als sei man mit Gepäck im Kofferraum unterwegs..
- Der größte Wandel, der sich beim Straßenraub oder Carjacking (besonders in Johannesburg verbreitet) vollzogen hat, ist, dass die Angreifer einfach annehmen, man sei bewaffnet und wolle sie umbringen. Immer ruhig bleiben, auf keinen Fall Widerstand leisten oder den Angreifern das Gefühl geben, man wolle sich mit ihnen anlegen!

Lesotho & Swasiland

Die Kriminalitätsrate ist nirgendwo so hoch wie in Südafrika. Solange man die grundlegenden Sicherheitsvorkehrungen trifft, müsste aber alles gut gehen.

- In Maseru, Lesotho, haben bewaffnete Überfälle, Einbrüche und Carjacking gegenüber dauerhaft hier wohnenden Ausländern zugenommen (kommen aber im Vergleich zu Südafrika immer noch eher selten vor).
- Die Straßenkriminalität nimmt vor allem in Mbabane und Manzini, Swasiland, stark zu.
- Andernorts in Lesotho und Swasiland ist die Kriminalität kaum der Rede wert.

DROGEN

- Das Rechtssystem macht keinen Unterschied zwischen weichen und harten Drogen.
- *Dagga* oder *zol* (Marihuana) ist zwar illegal, wird aber viel genommen.
- Die Leute nehmen Marihuana oft ganz öffentlich. Das sieht man häufig in manchen Hostels und Bars. Es ist jedoch überhaupt nicht zu empfehlen, denn die Strafen für Besitz und Konsum sind hart.
- Ecstasy ist ebenfalls ein Teil der Clubkultur und der Raverszene Südafrikas; ist aber auch anderswo verbreitet.
- Südafrika ist ein wichtiger Markt für das Betäubungsmittel Mandrax (vor Ort als *buttons* bekannt), das jedoch wegen der verheerenden Auswirkungen sowohl hier als auch in vielen anderen Ländern verboten ist.
- An Drogen wie Kokain und Heroin ist leicht heranzukommen; das erklärt auch die vielen Straftaten.
- Heimische Drogen, wie *tik* (Crystal Meth) in Kapstadt, verschlimmern die sozialen Probleme in den Townships, denn wer das genommen hat, handelt irrational und aggressiv.

EINZELREISENDE

- Alleine in Südafrika, Lesotho und Swasiland unterwegs zu sein, ist in der Regel völlig unkompliziert.
- In ländlichen Gegenden erregt man einige Aufmerksamkeit – und dies gilt besonders auch für alleinreisende Frauen. An den meisten Orten wird jedoch vermutlich niemand auch nur eine Augenbraue hochziehen.
- Nachts und auf Wanderwegen sollte man sich jedoch auf jeden Fall einer Führung oder Gruppe anschließen.
- Besonders Frauen sollten niemals alleine auf Wanderwegen unterwegs sein. Aus Sicherheitsgründen wird immer empfohlen, wenigstens zu dritt auf solchen Wegen zu wandern – es hat hier und da schon Zwischenfälle gegeben.
- Alleinreisende Frauen sollten besonders in Städten und nachts äußerst vorsichtig sein sowie einsame Gegenden meiden.

Verkehrsmittel & -wege

AN- & WEITERREISE

Ankunft in Südafrika, Lesotho & Swasiland

Pässe

Alle, die die Auflagen von Visum oder Besuchererlaubnis erfüllt haben, können unabhängig von ihrer Nationalität in Südafrika, Lesotho oder Swasiland einreisen.

Südafrika

- Nach Südafrika einzureisen, ist unkompliziert und ohne Probleme möglich, allerdings überprüfen die Zollbeamten gerne das Gepäck auf der Suche nach teuren Geschenken und anderen Gegenständen aus Übersee.
- Die Einreisebehörden fragen nur selten nach einem Ticket für die Weiterreise, aber man sollte so ein Ticket, vorzugsweise ein Flugticket, zumindest bei sich haben. Ein Überland-Ticket ist auch akzeptabel.
- Gleiches gilt für den Nachweis, dass man genügend Geld für den Aufenthalt hat. Es zahlt sich immer aus, wenn man sauber, gepflegt und höflich auftritt.
- Die Einreisebestimmungen für die **Einreise mit Kindern** (S. 39) haben sich in letzter Zeit geändert. So wird seit dem 1. Juni 2015 für Kinder unter 18 Jahren unter anderem eine internationale Geburtsurkunde verlangt. Man sollte daher vor dem Urlaub die neuesten Bestimmungen abrufen.
- Weitere Infos gibt es unter www.southafrica.info.

Lesotho

- An den Landesgrenzen zu Lesotho sowie am Moshoeshoe I International Airport von Maseru ist es ziemlich einfach, eine Einreiseerlaubnis zu bekommen.
- Wer aus einem Land kommt, für das ein Visum erforderlich ist, sollte sich um dieses vor Antritt der Reise kümmern.

Swasiland

- Die Einreise über die Landesgrenze zu Swasiland oder den King Mswati III International Airport von Manzini ist in der Regel völlig problemlos.
- Leute, die ein Visum benötigen, können dieses in den swasiländischen diplomatischen Vertretungen in Johannesburg, Pretoria oder sonst wo bekommen.

Flugzeug

Flughäfen & Fluglinien

South African Airways (☎0860 003 146; www.flysaa.com) ist Südafrikas staatliche Fluglinie und hat ein hervorragendes Verkehrsnetz und eine ebenso hervorragende Sicherheitsbilanz. Zusätzlich zu den Langstreckenflügen bietet sie zusammen mit ihren Partnern **Airlink** (☎0861 606 606; www.flyairlink.com) und **SA Express** (☎0861 729 227; www.flyexpress.aero) auch Regional- und Inlandsflüge.

Der **OR Tambo International Airport** (JIA | JNB | ORTIA; ☎011-921 6262; www.airports.co.za) östlich von Jo'burg ist der Hauptverkehrsknotenpunkt für das südliche Afrika.

Weitere wichtige internationale Flughäfen sind:

Cape Town International Airport (CPT; ☎021-937 1200; www.airports.co.za)

ABFLUGSTEUER

Südafrika Die Abflugsteuer ist im Ticketpreis inbegriffen.

Lesotho Die Abflugsteuer beträgt 20 M.

Swasiland Die Abflugsteuer beträgt 20 E.

King Shaka International Airport (DUR; ☎032-436 6585; kingshakainternational.co.za) Durban.

Moshoeshoe I International Airport (MSU) Maseru, Lesotho.

King Mswati III International Airport (SHO; Karte S. 560; ☎2518 4390; www.swacaa.co.sz) Manzini, Swasiland.

INTERNATIONALE FLUGLINIEN

Südafrika Zahlreiche Fluglinien aus aller Welt fliegen Südafrika, besonders Jo'burg, an.

Lesotho Airlink verbindet Moshoeshoe I und OR Tambo.

Swasiland Airlinks Tochterunternehmen **Swaziland Airlink** (☎2335 0100; www.flyswaziland.com) verbindet King Mswati III und OR Tambo.

Tickets

Die Flugpreise aus Europa bzw. aus Übersee nach Südafrika sind in der Regel im Dezember und Januar und von Juli bis September am höchsten. Im April und Mai (mit Ausnahme der Osterferien) sind die Preise für Flugtickets im Allgemeinen am niedrigsten. In den restlichen Monaten ist Neben- bzw. Zwischensaison.

Im Gegensatz zu einem Direktflug, ist es normalerweise etwas günstiger mit einem Zwischenstopp in Johannesburg nach Kapstadt zu fliegen. Wenn eine Fluglinie beide Ziele anfliegt, gibt es unter Umständen einen Gabelflug, mit dem man auf dem Hinflug in die eine und auf dem Rückflug aus der anderen Stadt abreisen kann. Häufiger ist es jedoch so, dass man nach Johannesburg und von Kapstadt zurück wieder über Johannesburg (oder umgekehrt) fliegt.

London ist ein bedeutender Verkehrsknotenpunkt für Billigfluglinien.

INTERCONTINENTAL TICKETS (TICKETS RUND UM DIE WELT)

So manche Flüge rund um die Welt haben auch Südafrika auf der Route.

Es ist möglich, sowohl Jo'burg als auch Kapstadt mit im Programm zu haben, indem man in die eine Stadt fliegt und aus der anderen wieder herausfliegt. Der Weg dazwischen wird dann auf eigene Faust zurückgelegt.

Die einfachste und billigste Möglichkeit, ist vermutlich ein Ticket rund um die Welt, mit dem sowohl der Ankunfts- als auch der Abflugsort Jo'burg ist und für weitere Reisen in Südafrika separate Buchungen vorgenommen werden.

Von Afrika aus

Von den meisten afrikanischen Städten aus gibt es gute Verbindungen nach Johannesburg.

South African Airways, Airlink, SA Express, die

KLIMAWANDEL & REISEN

Der Klimawandel stellt eine ernste Bedrohung für unsere Ökosysteme dar. Zu diesem Problem tragen Flugreisen immer stärker bei. Lonely Planet sieht im Reisen grundsätzlich einen Gewinn, ist sich aber der Tatsache bewusst, dass jeder seinen Teil dazu beitragen muss, um die globale Erwärmung zu verringern.

Fliegen & Klimawandel

Fast jede Art der motorisierten Fortbewegung erzeugt CO_2 (die Hauptursache für die globale Erwärmung), doch Flugzeuge sind mit Abstand die schlimmsten Klimakiller – nicht nur wegen der großen Entfernungen und der entsprechend großen CO_2-Mengen, sondern auch, weil sie diese Treibhausgase direkt in hohen Schichten der Atmosphäre freisetzen. Die Zahlen sind erschreckend: Zwei Personen, die von Europa in die USA und wieder zurück fliegen, erhöhen den Treibhauseffekt in demselben Maße wie ein durchschnittlicher Haushalt in einem ganzen Jahr.

Emissionsausgleich

Die englische Website www.climatecare.org und die deutsche Internetseite www.atmosfair.de bieten sogenannte CO_2-Rechner. Damit kann jeder ermitteln, wie viel Treibhausgase seine Reise produziert. Das Programm errechnet den zum Ausgleich erforderlichen Betrag, mit dem Reisende nachhaltige Projekte zur Reduzierung der globalen Erwärmung unterstützen können, beispielsweise Projekte in Indien, Honduras, Kasachstan und Uganda.

Lonely Planet unterstützt gemeinsam mit Rough Guides und anderen Partnern aus der Reisebranche das CO_2-Ausgleichs-Programm von climatecare.org.

Alle Reisen von Mitarbeitern und Autoren von Lonely Planet werden ausgeglichen. Weitere Informationen gibt es auf www.lonelyplanet.com.

staatlichen Fluglinien der anderen Länder sowie auch **British Airways** (☎011-441 8600; www.britishairways.com) bieten gute Möglichkeiten von anderen afrikanischen Ländern aus nach Südafrika zu gelangen.

Die meisten Transkontinentalflüge haben feste Preise mit wenig Preisunterschieden zwischen den rivalisierenden Fluglinien. Das ist hier ganz anders als in anderen Teilen der Erde. Ein Flug über Europa oder den Mittleren Osten könnte oft sogar preiswerter sein.

SÜDAFRIKA

Johannesburg ist gut an weniger große Flughäfen im südlichen Afrika angebunden. So bietet zum Beispiel **Air Botswana** (☎011-390 3070; www.airbotswana.co.bw) Direktflüge von Jo'burg nach Francistown, Kasane und Maun sowie in die Hauptstadt Botsuanas, Gaborone, an.

Vier südafrikanische Billigfluglinien fliegen andere Ziele in der Region an:

Kulula (☎0861 585 852; www.kulula.com) Bietet online Rabatte auf Tickets z. B. bei Flügen von British Airways von Jo'burg nach Harare (Simbabwe), Victoria Falls (Simbabwe), Livingstone (Sambia), Mauritius und Windhoek (Namibia) sowie bei Flügen von Kenya Airways von Jo'burg nach Nairobi (Kenia).

Mango (☎0861 001 234; www.flymango.com) Von Jo'burg nach Sansibar (Tansania).

Fastjet (☎011 289 8090; www.fastjet.com) Von Jo'burg nach Daressalaam (Tansania), plus Weiterflüge von dort.

Flyafrica.com (☎010 100 3540; www.flyafrica.com) Von Jo'burg nach Harare, zu den Victoriafällen, nach Bulawayo (alle Simbabwe), Lusaka (Sambia) und Windhoek (Namibia) sowie von Kapstadt nach Windhoek.

Von Asien aus

Die meisten Hauptverkehrsknotenpunkte haben direkte Fluganbindung nach Johannesburg.

South African Airways (www.fly-saa.com) Von Bangkok, Hongkong, Peking (mit Air China), Singapur und vielen indischen Flughäfen (über Abu Dhabi).

Cathay Pacific (www.cathaypacific.com) Von Hongkong nach Kapstadt, Port Elizabeth und Durban.

Singapore Airlines (www.singaporeair.com) Von Singapur nach Kapstadt und Durban.

Air Mauritius (www.airmauritius.com) Hongkong, Peking, Shanghai, Kuala Lumpur, Singapur, Delhi, Mumbai, Bangalore und Chennai über Mauritius nach Jo'burg, Kapstadt und Durban.

Von Europa aus

- Von den meisten europäischen Hauptstädten gehen Flüge nach Südafrika.
- Paris, Amsterdam, Frankfurt, München und Zürich sind Verkehrsknotenpunkte, von denen man leicht in etwa neun bis 13 Stunden in Johannesburg ist.
- Mehrere Fluglinien bieten Direktflüge an, sowohl nach Johannesburg als auch nach Kapstadt, beispielsweise die KLM ab Amsterdam und die South African Airways ab München.
- South African Airways fliegen auch direkt von Frankfurt und Zürich nach Jo'burg.
- Es kann über den Mittleren Osten sogar etwas preiswerter werden.
- Turkish Airlines bieten vergleichbare Preise nach Jo'burg und Kapstadt über Istanbul an.
- Von Wien aus gehen die Flüge nach Kapstadt meist über Frankfurt, Dubai, London, Paris, Amsterdam oder Istanbul.

Auf dem Landweg

Grenzübergänge

BOTSUANA

Es gibt 15 offizielle Grenzübergänge zwischen Südafrika und Botsuana , sie sind mindestens von 8 bis 15 Uhr geöffnet.

Einige der entlegeneren Grenzübergänge sind nur mit Allradfahrzeugen befahrbar und können bei Hochwasser auch gesperrt sein. Ansonsten ist das Passieren der Grenze jedoch problemlos möglich.

Die Bürger der meisten westlichen Nationen benötigen bei der Einreise nach Botsuana kein Visum. Reisende, die doch ein Visum benötigen, sollten dieses vor Antritt der Reise bei einer diplomatischen Vertretung Botsuanas beantragen (oder bei der britischen Botschaft, wenn es im Land keine Vertretung Botsuanas gibt).

Grobler's Bridge/Martin's Drift (⌚8–18 Uhr) Nordwestlich von Polokwane (Pietersburg).

Kopfontein Gate/Tlokweng Gate (⌚6–24 Uhr) Unweit des Madikwe Game Reserve; ein großer Grenzübergang.

Pont Drift (⌚8–16 Uhr) Günstig zum Mapungubwe National Park (Limpopo) und Tuli Block (Botsuana) gelegen.

Ramatlabama (⌚6–22 Uhr) Nördlich von Mahikeng; ein wichtiger Grenzübergang.

Skilpadshek/Pioneer Gate (⌚6–24 Uhr) Nordwestlich von Zeerust; ein wichtiger Grenzübergang.

Swartkopfontein Gate/Ramotswa (⌚6–22 Uhr) Nordwestlich von Zeerust.

Twee Rivieren (⌚7.30–16 Uhr) Am südafrikanischen Eingang zum Kgalagadi Transfrontier Park.

LESOTHO

Lesotho ist eine Enklave in der Republik Südafrika, daher sind alle Grenzen zu Südafrika problemlos zu überqueren.

Der Hauptübergang ist an der Maseru Bridge östlich von Bloemfontein. Die Wartezeiten bei der Einreise nach Lesotho sind hier manchmal recht lang, besonders an den Abenden des Wochenendes. Wenn möglich, dann sollte man besser andere Grenzübergänge nehmen.

MOSAMBIK

Bürger westlicher Länder sollten sich im Vorfeld bei einer Vertretung Mosambiks um ein Touristenvisum bemühen. An der Grenze selbst werden Visa nur ausgestellt, wenn man aus einem Land kommt, in dem es keine diplomatische Vertretung Mosambiks gibt. Allerdings sollten solche Reisende immer vorher Kontakt mit dem Hochkommissariat Mosambiks in Pretoria (oder Mbabane) aufnehmen.

Hier die Grenzübergänge Mosambik–Südafrika.

Giriyondo (⌚8 Okt.–März 8–16 Uhr, April–Sept. 8–15 Uhr) Zwischen dem Phalaborwa Gate des Krüger-Nationalparks und Massingir (Mosambik).

Kosi Bay/Ponta d'Ouro (⌚8–16 Uhr) An der Küste, deutlich nördlich von Durban.

Lebombo/Ressano Garcia (⌚6–24 Uhr) Der Hauptgrenzübergang östlich von Nelspruit; auch unter dem Namen Komatipoort bekannt.

Pafuri (⌚8–16 Uhr) In der nordöstlichen Ecke des Krüger-Nationalparks.

NAMIBIA

Bürger der meisten westlichen Nationen benötigen für einen bis zu dreimonatigen Aufenthalt in Namibia kein Visum. Reisende, die dennoch ein Visum brauchen, sollten dieses im Voraus bei einer diplomatischen Vertretung Namibias beantragen.

Die wichtigsten Grenzübergänge zwischen Südafrika und Namibia sind:

Alexander Bay/Oranjemund (⌚6–22 Uhr) An der Atlantikküste; Zugang nur mit einer Fähre.

Nakop/Ariamsvlei (⌚24 Stunden) Westlich von Upington.

Rietfontein/Aroab (⌚8–16.30 Uhr) Direkt nördlich des Kgalagadi Transfrontier Park.

Vioolsdrif/Noordoewer (⌚24 Stunden) Nördlich von Springbok an der Straße nach bzw. von Kapstadt.

SWASILAND

Swasiland unterhält elf Grenzübergänge zu Südafrika (alle leicht passierbar) und zwei zu Mosambik. Achtung: Die kleineren Grenzposten schließen bereits um 16 Uhr!

Goba/Mhlumeni (⌚ 24 Std.) Nebenübergang zu Mosambik.

Golela/Lavumisa (⌚7–22 Uhr) Zwischen Durban und dem Ezulwini-Tal (Swasiland).

Josefdal/Bulembu (⌚8–16 Uhr) Zwischen Piggs Peak und Barberton (Mpumalanga); bei Regen schwierig.

Lomahasha/Namaacha (⌚7–20 Uhr) Hauptübergang zu Mosambik im äußersten Nordosten Swasilands.

Mahamba (⌚8–20 Uhr) Der beste Grenzübergang von Piet Retief in Mpumalanga aus. Die nahe gelegenen Kasinos ziehen die Menschen, vor allem an Wochenenden, an – ideal, um sich nach Mitfahrgelegenheiten in das Land oder aus dem Land heraus umzusehen.

Mananga (⌚8–18 Uhr) Südwestlich von Komatipoort.

Matsamo/Jeppe's Reef (⌚8–20 Uhr) Südwestlich von Malelane und mögliche Strecke zum Krüger-Nationalpark. Nahe gelegene Kasinos locken Menschen, vor allem an Wochenenden – ideal, um sich nach Mitfahrgelegenheiten in das Land oder aus dem Land heraus umzusehen.

Onverwacht/Salitje (⌚8–18 Uhr) Nördlich von Pongola in KwaZulu-Natal.

Oshoek/Ngwenya (⌚7–22 Uhr) Der am meisten frequentierte Grenzübergang (ideal, um nach Mitfahrgelegenheiten zu suchen). Liegt rund 360 km südöstlich von Pretoria.

SIMBABWE

➡ Die Bürger der meisten westlichen Länder benötigen ein Visum für die Einreise nach Simbabwe, das an der Grenze erworben werden kann.

➡ **Beitbridge** (⌚24 Stunden) am Limpopo River ist der

GRENZÜBERGÄNGE LESOTHO–SÜDAFRIKA

GRENZÜBERGANG	ÖFFNUNGSZEITEN	NÄCHSTE STADT IN LESOTHO/SÜDAFRIKA
Caledonspoort	6–22 Uhr	Butha-Buthe/Fouriesburg
Makhaleng Bridge	8–18 Uhr	Mohale's Hoek/Zastron
Maputsoe Bridge	24 Std.	Maputsoe/Ficksburg
Maseru Bridge	24 Std.	Maseru/Ladybrand
Nkonkoana Gate	8–16 Uhr	Sehlabathebe NP/Bushman's Nek
Ongeluksnek	7–19 Uhr	Mphaki/Matatiele
Peka Bridge	6–16 Uhr	Peka/Clocolan
Qacha's Nek	8–22 Uhr	Qacha's Nek/Matatiele
Ramatseliso's Gate	8–18 Uhr	Tsoelike/Matatiele
Sani Pass	8–16 Uhr	Mokhotlong/Himeville
Sephapo's Gate	8–16 Uhr	Mafeteng/Boesmanskop
Tele Bridge	8–22 Uhr	Quthing/Sterkspruit
Van Rooyen's Gate	8–22 Uhr	Mafeteng/Wepener

einzige Grenzübergang zwischen Simbabwe und Südafrika.

- Da es viel Schmuggel gibt, werden Reisende gründlich durchsucht. Dadurch entstehen oft lange Wartezeiten.
- Die der Grenze am nächsten gelegene Stadt in Südafrika ist Musina (15 km südlich). Dort ist Geldwechseln möglich.
- Die Betrüger sowie Schlepper auf der simbabwischen Seite sollte man einfach ignorieren. Sie geben vor, den Reisenden durch die Einreise- und Zollformalitäten begleiten zu wollen. Die Formblätter der Einreisebehörde sind kostenlos.

Auto & Motorrad

- Wer in Südafrika ein Auto mietet und damit über eine Staatsgrenze fahren möchte, muss ein Erlaubnisschreiben der Verleihfirma mit sich führen.
- Die meisten Mietwagenfirmen haben kein Problem damit, wenn man mit dem Leihwagen in ein Nachbarland, darunter Lesotho und Swasiland, einreist; manche Firmen reagieren jedoch bei Mosambik eher etwas zögerlich.
- Wichtig ist, dass auf dem Erlaubnisschreiben die richtigen Details stehen; die Verleihfirmen machen hier häufig Fehler.
- Die Mietwagenfirmen in Südafrika stellen die folgenden Grenzübergangsgebühren und das Erlaubnisschreiben in Rechnung: Botsuana 1500 R, Lesotho 500 R, Mosambik 2000 R, Namibia 1500 R, Swasiland 300 R, Simbabwe 1500 R.
- Mit dem Mietwagen in ein Nachbarland zu fahren, erhöht natürlich auch die Kosten für die Versicherung.

MIT DEM EIGENEN AUTO

- Man benötigt die Fahrzeugpapiere, den Versicherungsnachweis sowie den Führerschein.
- Außerdem braucht man ein *carnet de passage en douane*, den internationalen Zollbegleitschein, der die zeitweilige Einfuhr eines Motorfahrzeugs erlaubt.
- Das Carnet kann bei einem Automobilclub, z. B. ADAC, beantragt werden.
- Fahrer von Fahrzeugen, die außerhalb Afrikas zugelassen sind, müssen in der Regel eine Sicherheitskaution von 25 % des Fahrzeugwerts bezahlen, wovon die Hälfte am Ende zurückgezahlt wird.
- Autos, die in Südafrika, Lesotho, Swasiland, Botsuana und Namibia zugelassen sind und von Bürgern dieser Länder oder von dauerhaft in diesen Ländern lebenden Bürgern gefahren werden, brauchen kein Carnet, um in eins dieser Länder einreisen zu dürfen.

BOTSUANA

Die folgenden Grenzübergänge sind auch ohne Allradfahrzeug passierbar:

- Grobler's Bridge/Martin's Drift
- Kopfontein Gate/Tlokweng Gate
- Ramatlabama
- Skilpadshek/Pioneer Gate

LESOTHO

Bei der Einreise nach Lesotho fällt eine Straßenbenutzungsgebühr von 30 M (oder 30 R) an. Die besten Grenzübergänge für Autos und Motorräder sind die an der nördlichen und westlichen Grenzen des Landes.

Die meisten Grenzübergänge im Süden und Osten sind nämlich unbefestigt, sind aber je nach Wetterlage dennoch ohne Allradantrieb befahrbar. Eine befestigte Straße verläuft im Uhrzeigersinn von Qacha's Nek nach Mokhotlong um das Land herum.

Es ist finanziell günstiger, ein Auto in Südafrika als in Lesotho zu mieten. Im Wagen müssen für den Ernstfall zwei Warndreiecke mitgeführt werden.

MOSAMBIK

Im Wagen müssen für den Ernstfall zwei Warndreiecke mitgeführt werden

Kosi Bay/Ponta d'Ouro Um über diesen Grenzübergang nach oder von Mosambik zu fahren, braucht man ein eigenes Allradfahrzeug. Die Unterkünfte in Ponta d'Ouro (Mosambik) bieten Transfers an.

Lebombo/Ressano Garcia (Komatipoort) Der Highway N4 verbindet Pretoria mit diesem Grenzübergang. Auch der N12 von Jo'burg führt hierher. In südöstlicher Richtung geht dann der Highway EN4 weiter nach Maputo. Auf beiden Seiten der Grenze wird eine Mautgebühr erhoben.

Namaacha/Lomahasha Die Straßen, die zu diesem Übergang an der Grenze zu Swasiland führen, sind befestigt und für Fahrzeuge ohne Allradantrieb vertretbar.

Giriyondo Dieser Grenzübergang liegt 95 km vom Eingang Phalaborwa zum Krüger-Nationalpark entfernt. Die nächstgrößere Stadt in Mosambik ist Massingir und liegt etwa 75 km entfernt. Hier benötigt man ein Allradfahrzeug und den Nachweis für eine Übernachtungsbuchung für den jeweiligen Park.

Pafuri Liegt nur 29 km vom Eingang Pafuri in den Krüger-Nationalpark. Auf der Seite von Mosambik erfolgt dann jedoch bei Mapai (in der Regenzeit notdürftige Fähre) eine Durchfahrt durch den Limpopo River und danach ein holpriger Buschweg über Mabote und Mapinhane nach Vilankulo (Allradfahrzeug erforderlich). Für diese Reise sollten zwei volle Tage eingeplant werden. Ein Unterkunftsnachweis für den Krüger- oder Limpopo-Nationalpark ist nötig.

NAMIBIA

Fahrzeuge ohne Allradantrieb Highways führen zum Grenzübergang Vioolsdrif/Noordoewer und Nakop/Ariamsvlei.

Fahrzeuge mit Allradantrieb
Mit einem Geländewagen hat man bessere Möglichkeiten, die Grenze überqueren zu können, darunter beispielsweise durch den Kgalagadi und den |Ai-|Ais/Richtersveld Transfrontier Park.

SWASILAND

- Die Grenze zu Swasiland kann ohne Allradwagen überquert werden.
- Bei der Einreise sind 50 E für die Straßenbenutzung zu zahlen.
- Es ist preisgünstiger, sich ein Auto in Südafrika als in Swasiland zu mieten.

SIMBABWE

Bei der Einreise nach oder beim Verlassen von Südafrika muss man an der Grenze eine Mautgebühr für die Benutzung der Limpopo Bridge bezahlen.

Zug

The Man in Seat Sixty-One (www.seat61.com) gibt Tipps für Zugreisen durchs südliche Afrika.

MOSAMBIK

Caminhos de Ferro de Moçambique (CFM; www.cfm.co.mz) Täglich verkehrt ein Zug zwischen Maputo und dem Grenzübergang Lebombo/Ressano Garcia (Komatipoort) (1 US$, 3¾ Stunden). Der Zug fährt bis zur Grenze, die man dann zu Fuß überqueren muss. Auf der anderen Seite geht es dann mit dem Bus oder Sammeltaxi weiter.

NAMIBIA

TransNamib StarLine (www.transnamib.com.na) Verbindet Walvis Bay, Swakopmund und Windhoek mit Keetmanshoop und Karasburg in Südnamibia. Von Karasburg fährt dann ein Intercape-Bus über die Grenze nach Upington (Northern Cape).

Bus

- Zwischen der Republik Südafrika und ihren Nachbarländern verkehren zahlreiche Buslinien.
- Busse sind außer dem eigenen Auto das effizienteste Verkehrsmittel, um über Land zu fahren.
- Einziges Ärgernis sind in der Regel die manchmal langen Schlangen.
- An der Grenze müssen Reisende aussteigen, um die Visumsformalitäten zu erledigen. Danach kann man wieder weiterfahren.
- Der Preis für das Visum ist nicht im Fahrpreis enthalten.

SAMMELTAXI

- Man kann nach/von Südafrika mit einem Sammeltaxi fahren.
- Einige Strecken sind Direktverbindungen.
- Normalerweise verlässt man das Taxi an der Grenze und nimmt auf der anderen Seite das nächste.
- Wenn es sich um eine längere Strecke handelt, fahren die Taxis bereits früh am Morgen los.

BOTSUANA

Intercape (☎021-380 4400; www.intercape.co.za) verkehrt täglich via Pretoria zwischen Gaborone (Botsuana) und Johannesburg (210 bis 310 R, 7 Std.).

Weniger sicher und bequem als Busse sind Sammeltaxis, die von Jo'burg nach Gaborone (6½ Std.) und Lobatse (Botsuana) mit Umsteigen in Mahikeng (North West Province) fahren. Eine weitere Route ab Jo'burg verläuft über Grobler's Bridge/Martin's Drift nach Palapye (Botsuana; 8 Std.).

LESOTHO

Zwischen Jo'burg und Maseru fahren Sammeltaxis.

Schneller ist es, einen Bus nach Bloemfontein zu nehmen und ab dort mit dem Sammeltaxi nach Maseru weiterzufahren (3 Std.).

Südafrikanische Buslinien wie Intercape verbinden Bloemfontein auch mit Ladybrand (2½ Std.), ein paar Kilometer vom Grenzübergang Maseru Bridge entfernt.

In Maseru fahren Ferntaxis vom Taxistand an der Maseru Bridge ab.

Andere mögliche Strecken der Sammeltaxis:

- Von Butha-Buthe nach Fouriesburg (Free State) und umgekehrt.
- Von Leribe (Hlotse) nach Ficksburg (Free State) und umgekehrt.
- Von Quthing nach Sterkspruit (Eastern Cape) und umgekehrt.
- Von Qacha's Nek nach Matatiele (Eastern Cape) und umgekehrt.

MOSAMBIK

Busgesellschaften wie **Greyhound** (☎011-611 8000; www.greyhound.co.za), **Intercape** (☎021-380 4400; www.intercape.co.za) und **Translux** (☎0861 589 282; www.translux.co.za) lassen täglich ihre „Luxusreisebusse" zwischen Jo'burg/Pretoria und Maputo (Mosambik) über Nelspruit und Ressano Garcia (Komatipoort; 350 R, 8 Std.) verkehren. Die Fahrgäste müssen beim Einstieg ein gültiges Visum für Mosambik haben.

Die oben beschriebene Route kann auch mit einem Sammeltaxi angegangen werden.

Cheetah Express (☎in South Africa 013-755-1988; Lowveld Tourism, Nelspruit Crossing Mall, Ecke Madiba & Samora Machel Dr., Nelspruit) in Mosambik betreibt Shuttlebusse zwischen Nelspruit und Maputo.

Zwischen Maputo und dem Grenzübergang Namaacha/Lomahasha an der Grenze zu Swasiland verkehren Taxis (1¾ Std.); manche fahren bis Manzini (3¼ Std.).

NAMIBIA

Intercape (☎021-380 4400; www.intercape.co.za) betreibt montags, mittwochs, freitags und sonntags Busse von Windhoek (Namibia) nach Kapstadt (680 bis 950 R,

21½ Std.), die jeweils dienstags, donnerstags, freitags und sonntags zurückfahren.

SWASILAND

Täglich verkehren Shuttlebusse zwischen Jo'burg und Mbabane.

Sammeltaxis fahren auf folgenden Strecken:

- Von Jo'burg nach Mbabane und umgekehrt (4 Std.); manche fahren nach Manzini weiter.
- Von Durban nach Manzini und umgekehrt(8 Std).
- Von Manzini nach Maputo und umgekehrt (3¼ Std.).

SIMBABWE

Greyhound (☎011-611 8000; www.greyhound.co.za) und **Intercape** (☎021-380 4400; www.intercape.co.za) betreiben täglich Busse zwischen Jo'burg und Harare (Simbabwe; 500 R, 17 Std.) und zwischen Jo'burg und Bulawayo (Simbabwe; 475, 14 Std.); beide über Pretoria.

Sammeltaxis fahren südlich von Beitbridge nach Musina und noch weiter.

Fahrrad

Es gibt keinerlei Beschränkungen, wenn man das eigene Fahrrad mit nach Südafrika, Lesotho oder Swasiland mitbringen möchte. Informationen gibt es bei:

Cycling South Africa (www.cyclingsa.com)

International Bicycle Fund (www.ibike.org)

Übers Meer

Auf internationalen Schifffahrtsrouten ist Südafrika eine wichtige Zwischenstation. Viele Kreuzfahrtschiffe machen in Kapstadt oder auch in Durban fest. Beide Städte eignen sich prima, um auf Privatjachten anzuheuern, die Afrikas Ostküste hinaufsegeln.

Diverse Kreuzfahrt- und Frachtergesellschaften verbinden Südafrika mit Mosambik, Madagaskar oder Mauritius. Viele Frachtschiffe besitzen komfortable Passagierkabinen.

Doch selbst per Frachter ist die spannende Fahrt zu Afrikas Spitze auf dem Seeweg alles andere als günstig. Die Schiffstarife ab Südafrika sind zumeist niedriger als in Gegenrichtung.

Gute Kontaktadressen:

Cruise People (www.cruise-people.co.uk) In London ansässig.

Cruiser Log (www.cruiserlog.com) Foren und Angebote für Crew-Stellen.

Cunard (www.cunard.co.uk) Luxuskreuzfahrten nach Kapstadt; Liste mit Kreuzfahrtveranstaltern der ganzen Welt.

LBH Africa (www.tallships.co.za) Südafrika.

Maris Freighter Cruises (www.freightercruises.com) USA.

Perpetual Travel (http://perpetualtravel.com/rtw/rtwfreighters.html) Gibt Buchempfehlungen und weitere Links.

Royal Mail Ship St Helena (www.rms-st-helena.com) Von Kapstadt nach St. Helena und zur Himmelfahrtsinsel.

Safmarine (www.safmarine.com) Dänemark. Frachtschiffe.

Pauschalreisen

Dutzende Touren- und Safariveranstalter bieten Pauschaltouren nach Südafrika, Lesotho, Swasiland und in die benachbarten Länder an.

Wer etwas mehr Unabhängigkeit beim Reisen liebt, sollte die Flüge und die Unterkunft für die ersten Nächte buchen und sich den Touren dann erst vor Ort anschließen.

Die typische Reiseroute führt durch den Krüger-Nationalpark, Kapstadt und die Halbinsel.

Spezielle Angebote, wie Birdwatching und Botanik, sind ebenfalls möglich. Aktuelle Informationen erhält man im eigenen Land bei Reisebüros und im Internet.

UNTERWEGS VOR ORT

Auto & Motorrad

- Südafrika gehört zu den Ländern der Erde, die für Autoreisen besonders gut geeignet sind.
- Abseits der Hauptbus- und -zugstrecken ist ein Auto einfach das beste Verkehrsmittel.
- Wer als Gruppe unterwegs ist, sollte auf jeden Fall ein Auto mieten, weil das die preiswerteste Option ist.
- Straßenkarten sind eine gute Investition und sind in Südafrika leicht zu bekommen.

Automobilclubs

Die **Automobile Association of South Africa** (AASA; ☎011-799 1001, Notfälle 0861 000 234; www.aasa.co.za) bietet einen Pannenservice, der sehr hilfreich sein kann, wenn man in den entsprechenden Gebieten unterwegs ist, die der Service abdeckt.

Die verschiedenen Notfalldienste arbeiten rund um Johannesburg, Pretoria, Durban, Kapstadt, Pietermaritzburg, Port Elizabeth, Nelspruit, Polokwane (Pietersburg), Bloemfontein, Rustenburg, Somerset West, Stellenbosch und East London mit weiteren, von der AA geprüften Pannendiensten in anderen Gegenden des Landes zusammen. Die Mitgliedschaft kostet monatlich 42 R.

Wenn der eigene Automobilclub in der Heimat der **Fédération Internationale de l'Automobile** (FIA; www.fia.com) angehört, kann man AASA-Dienstleistungen drei Monate lang gratis in Anspruch nehmen (z. B. Pannenhilfe in Johannesburg, Pretoria, Cape Town, Durban und Port Elizabeth).

In Lesotho und Swasiland muss man sich auf die dortigen Großstadtwerkstätten verlassen.

Benzin & Ersatzteile

- In Südafrika, Lesotho und Swasiland kostet 1 l bleifreies Benzin etwa 12 R.
- Die Tankwarte füllen den Spritvorrat auf, säubern die Scheiben und erwarten ein Trinkgeld (2 R). Dieses sollte etwas höher ausfallen (5 R), wenn Reifendruck, Öl- oder Kühlwasserstand überprüft werden.
- Die vielen Tankstellen entlang von Südafrikas und Swasilands Hauptstraßen sind oft rund um die Uhr geöffnet.
- Auch in allen größeren südafrikanischen Siedlungen sind Tankstellen vorhanden.
- Im ländlichen Raum und in ganz Lesotho gilt es jede Möglichkeit zum Volltanken zu nutzen.
- Lesothos größte Tankstellen befinden sich in Maseru. Andere Großstädte sind vergleichsweise weniger gut versorgt.
- Da Benzin in entlegenen Ecken Lesothos nicht jederzeit zu bekommen ist, empfiehlt sich zumindest dort ein voller Reservekanister.

Führerschein

- Vor Ort kann der eigene nationale Führerschein verwendet werden, sofern er Angaben auf Englisch enthält oder eine beglaubigte Übersetzung vorliegt.
- In Südafrika müssen Führerscheine auch mit einem Lichtbild versehen sein.
- Falls diese Voraussetzungen nicht allesamt erfüllt sind, ist unbedingt eine internationale Fahrerlaubnis (International Driving Permit; IDP) erforderlich. Diese lassen sich z. B. beim eigenen Automobilclub in der Heimat beschaffen.
- Da örtliche Polizisten generell nach dem Reisepass ausländischer Fahrer fragen, gehört immer eine Fotokopie davon mit an Bord.

LESOTHO

- Die meisten Tankstellen befinden sich in Maseru.
- Andere größere Städte haben nur wenige und unzuverlässige Tankmöglichkeiten.
- Man sollte immer einen Kanister mit Treibstoff dabei haben, weil es in abgelegenen Gegenden nur selten Nachschub gibt.

SWASILAND

- In Mbabane und Manzini gibt es die besten Tank- und Reparaturmöglichkeiten.
- Manzini ist der beste Ort für die Beschaffung von Ersatzteilen.

Autoverleih

- Im Vergleich zu Europa und Nordamerika ist es in Südafrika preiswert, sich ein Auto zu leihen. Meist beginnt die Preisspanne weit unter 200 R pro Tag.
- Viele Mietwagenfirmen erheben einen Aufpreis für Fahrer unter 21 Jahren (23 Jahre in Swasiland).
- Die meisten Firmen verlangen eine Kreditkarte und akzeptieren keine Debit-Karte. Die meisten verwenden zudem ein Einlesegerät, in das man die Pin-Nummer eingeben muss.
- Preiswerter wird es, wenn man den Wagen schon Monate im Voraus online bestellt.
- Die meisten Firmen setzen ein Kilometerlimit pro Tag fest und nehmen entsprechend mehr Geld, wenn man diese Grenze überschreitet. Das kann für diejenigen nachteilig sein, die lange Autofahrten vorhaben. 400 km pro Tag sollten jedoch in der Regel genügen. Wer auf dieser Strecke noch ein- oder zweitägige Zwischenstopps einplant, sollte mit 200 km pro Tag auskommen.
- Einige regionale Firmen bieten Mietwagen ohne Kilometerbegrenzung an. Gleiches kann auch für internationale Firmen gelten, wenn man noch zu Hause bucht. Das kostet dann auch nicht noch extra. Anders ist das in der Hochsaison wie beispielsweise von Dezember bis Januar.
- Man sollte immer prüfen, ob die 14 % Mehrwertsteuer (VAT) inbegriffen sind.
- Der Preis für ein Auto, das man an einem vom Ausleihort abweichenden

PARKEN & PARKPLATZWÄCHTER

In ganz Südafrika, Lesotho und Swasiland warten Sehenswürdigkeiten, Restaurants und Unterkünfte mit genügend Parkmöglichkeiten auf. Vor allem in Orten mit hoher Kriminalitätsrate (z. B. Johannesburg) sind oft bewachte Parkplätze eingerichtet. In diesem Buch sind Unterkünfte und Attraktionen mit eigenen Parkplätzen durch das Symbol P gekennzeichnet.

Wer sein Auto in größeren südafrikanischen Städten oder Ortschaften an der Straße abstellt, wird oft sofort von „Parkwächtern" angesprochen (selbst in Parkhäusern keine Seltenheit). Diese behalten das Vehikel gegen einen Obolus im Auge (kurzzeitig 2 R, länger 5–10 R) und waschen es mitunter auch (zzgl. 20 R). Achtung: Parkwächter erst direkt bei Abfahrt bezahlen! Und falls die Dienste nicht gleich bei Ankunft angeboten worden sind, gibt es gar kein Geld. Letzteres sollte zudem immer an die richtige Person gehen: Offiziell zugelassene Parkwächter tragen oft Warnwesten (z. B. in Kapstadt).

Ort wieder abgeben möchte, richtet sich nach der Entfernung dieser beiden Orte voneinander.

- Wer kleine Autos überlädt, kann in den Bergen Probleme bekommen. Selbst auf größeren Highways, besonders an der Wild Coast, können extreme Steigungen vorkommen.
- Steile Berge bzw. Steigungen sind schwierig für Automatikwagen.
- Verleihfirmen gibt es in größeren Städten und an Flughäfen.
- In der Regel sind die Autos in Verkehrsknotenpunkten, wie Jo'burg oder Kapstadt, am preiswertesten.

LESOTHO & SWASILAND

- In der Regel ist es am preiswertesten, in Südafrika ein Auto zu leihen und es dann über die Grenze zu fahren (allerdings wird dafür ein Erlaubnisschreiben der Verleihfirma benötigt; das kostet rund 500 R für Lesotho und 300 R für Swasiland).
- In Lesotho gibt es Verleihfirmen in Maseru und am Moshoeshoe I International Airport.
- In Swasiland sind die Verleihfirmen in Mbabane und am King Mswati III International Airport ansässig.

VERLEIHFIRMEN

Auch Hostels und Reisebüros haben ganz gute Angebote. Einheimische Firmen sind meist günstiger, wobei diese jedoch nicht lange existieren; zudem sind die Autos dort auch schon älter.

Abba (www.abbacarrentals.co.za) Deckt Südafrika ab.

Argus (www.arguscarhire.co.za) Online-Spediteur für Südafrika, Lesotho und Swasiland.

Around About Cars (www.aroundaboutcars.com) Dieser Billiganbieter verleiht für Südafrika und Swasiland und sorgt auch bei anderen Verleihfirmen, wie Budget, Tempest and First für niedrigere Preise. Eine der wenigen Firmen, die Mietwagen ohne Kilometerbegrenzung anbieten.

Avis (www.avis.co.za) In Südafrika, Lesotho and Swasiland.

Budget (www.budget.co.za) In Südafrika und Lesotho.

Europcar (www.europcar.co.za) Deckt Südafrika, Lesotho und Swasiland ab.

First (www.firstcarrental.co.za) Nur in Südafrika.

Hertz (www.hertz.co.za) Deckt Südafrika ab.

Sixt (www.sixt.com) Nur in Südafrika.

Tempest (www.tempestcarhire.co.za) Deckt Südafrika ab.

Thrifty (www.thrifty.co.za) Deckt Südafrika ab.

WOHNMOBILE, ALLRADFAHRZEUGE & MOTORRÄDER

- Manche Verleiher von Wohnmobilen verleihen auch die gesamte Campingausrüstung.
- Ausleih- und Rückgabeort müssen meist identisch sein.
- „Bakkie"-Wohnmobile, bei denen zwei Personen auf der überdachten Ladefläche eines Pick-up schlafen, sind preiswerter.
- Mopeds und Motorroller kann man in Kapstadt und anderen Touristengegenden mieten.
- Für Lesotho und Provinzen, wie Northern und Eastern Cape, mit vielen Schotterstraßen ist ein Allradfahrzeug zu empfehlen.
- Außer den gängigen Autoverleihfirmen sind noch folgende empfehlenswert: **African Leisure Travel** (www.africanleisure.co.za) Jo'burg, Geländewagen und Wohnmobile; **Britz 4x4 Rentals** (www.britz.co.za) Kapstadt und Jo'burg, Geländewagen; **Drive South Africa** (www.drivesouthafrica.co.za) Kapstadt, Geländewagen und Wohnmobile; **Maui** (www.maui.co.za) Kapstadt und Jo'burg, Wohnmobile; **Motozulu** (www.motozu.lu.ms) Port Shepstone (KwaZulu-Natal), Motorräder.

Autokauf

Südafrika ist der ideale Ort, um ein Auto für Reisen durch die südafrikanische oder die größere Region der Subsahara zu kaufen. Wer über drei Monate lang im Lande bleibt, sollte ohnehin einen Autokauf erwägen.

In Jo'burg sind die Preise oft niedriger, und die Autos sind weniger rostig als in Kapstadt und den Küstenstädten. Kapstadt ist der beste Ort, um das Auto wieder zu verkaufen; der Markt ist hier kleiner und die zu erzielenden Preise höher.

In Jo'burg finden sich viele Gebrauchtwagenhändler an der Great North Road in Benoni; in Kapstadt an der Voortrekker Road zwischen den U-Bahnstationen Maitland und Bellville.

Ein Auto von einer Privatperson zu kaufen, bedeutet eine erhebliche Geldersparnis, jedoch fehlt dann die Garantie eines Händlers, und es dauert länger, einen geeigneten Wagen in der Umgebung zu finden. Händler geben auch Tipps zum mühsamen Prozedere des Anmeldens und haben sogar das ein oder andere nötige Formblatt zur Hand. Vielleicht findet man sogar einen Händler, der das Auto hinterher wieder zurückkauft, aber das wird wahrscheinlich ein Geschäft, das am Ende zugunsten des Händlers ausgeht.

Die Kaufpreise sind ziemlich hoch. Leser und Autoren von Lonely Planet berichten von 124 000 R bei einem Autohändler in Benoni für einen vier Jahre alten Nissan 2.4 mit Allradantrieb, überdachter Ladefläche und 135 000 gefahrenen Kilometern sowie 70 000 R bei einem Privatanbieter in Kapstadt für einen sieben Jahre alten Toyota Corolla mit 95 000 km auf dem Tacho.

PAPIERE

Man sollte sichergehen, dass das Auto genau mit den Angaben in den Fahrzeugpapieren des Eigentümers (Zulassungsschein) übereinstimmt, dass eine gültige Zulassungsplakette an der Windschutzscheibe klebt und dass das Serviceheft aktuell ist. Den Namen des Eigentümers sollte man sich per Ausweise bestätigen lassen und die Motor- und Fahrgestellnummer ebenfalls überprüfen.

Privat angebotene Autos haben normalerweise keine aktuelle TÜV-Zulassung – die man jedoch braucht, wenn man das Formblatt für den Eigentümerwechsel vorlegt und die Steuer für die Zulassungsplakette bezahlt. TÜV-Zentren stellen für ein paar Hundert Rand Prüfbescheinigungen aus und sehen in der Regel über kleinere Mängel hinweg. In Kapstadt gibt es viele Prüfstellen in der Nähe des Civic Centre an der Oswald Pirow Street (auch als Christiaan Barnard Street bekannt).

ANMELDUNG

Ein Auto anzumelden, ist ein bürokratischer Aufwand sondergleichen und kann Wochen dauern. Die Behörden erzählen Reisenden oft, dass diese nur dann ein Auto anmelden können, wenn sie die südafrikanische Staatsbürgerschaft haben, aber das stimmt nicht.

Die nötigen Formulare gibt es an den Kfz-Zulassungsstellen, bei Autohändlern oder auf Websites:

- ANR8 (Antrag und Bekanntgabe in Sachen Anmeldung eines Fahrzeugs)
- RLV/NCO5 (Bekanntgabe eines Besitzerwechsels bei Motorfahrzeugen)

Das ANR8 möglichst bald einreichen, weil damit das Auto überhaupt erst auf südafrikanischen Straßen gefahren werden darf. Ohne diese Formulare kann man ein Fahrzeug nicht auf den eigenen Namen anmelden; zudem dauert die Bearbeitung einige Wochen.

Um das RLV/NCO5 vorlegen zu können, spricht man persönlich bei einer KFZ-Zulassungsstelle vor und hat folgende Dokumente dabei:

- Ausweis und dessen Kopie
- Kopie des Ausweises des Verkäufers
- Zulassungsbescheinigung (des Verkäufers)
- TÜV-Bescheinigung
- Kaufnachweis
- Adressnachweis (eine Bescheinigung der Unterkunft dürfte reichen)
- eine gültige Fahrerlaubnis
- die Gebühr (in bar).

Der Verkäufer sollte mitkommen und sich ausweisen können.

Die Gebühren für Anmeldung und Zulassung eines Autos steigen jährlich und beginnen bei rund 400 R.

Wenn die Zulassung abgelaufen ist, zahlt man eine Strafgebühr.

KONTAKTADRESSEN & INFORMATIONSQUELLEN

Auto Trader (www.autotrader.co.za) Landesweite Autoangebote.

Cape Ads (www.capeads.com) Autoangebote in Kapstadt.

Capetown.gov.za (http://tinyurl.com/72c42nw) Infos über die Zulassungsbehörden in Stadt und Umgebung.

eNaTIS (www.enatis.com) Formblätter und Infos zur Zulassung von Fahrzeugen.

Gumtree South Africa (www.gumtree.co.za) Landesweite Autoangebote.

Mahindra Benoni (www.msmdealer.co.za) Händler in Jo'burg, der Autos und „Bakkies" zum An- und Verkauf anbietet; hat Erfahrung im Verkauf an Ausländer und hilft bei der Anmeldung des Fahrzeugs.

South African Government Services (www.gov.za/services/services-foreigners/driving) Informationen zu Anträgen auf Zulassungsnummern und Führerscheine.

South African Forums (southafricanforum.co.za) Eins der diskutierten Themen ist der Kauf von Fahrzeugen.

Suedafrika-forum.net (suedafrika-forum.net) Ein Forum auf Deutsch.

Western Cape Government (www.westerncape.gov.za/service/vehicle-registration) Formulare und Tipps zur Anmeldung von Fahrzeugen in Western Cape.

Beschilderung

Die Beschilderung ist in Südafrika gut. Wie in den meisten westlichen Ländern ist die Beschilderung auf Nebenstraßen spärlicher, oft nur die Straßennummer und Schilder, die zum nächsten Ort, aber nicht zur nächsten größeren Stadt weisen.

Die Straßen sind in der Regel nummeriert (z. B. R44, in diesem Buch meist als Rte 44 bezeichnet). Wer nach dem Weg fragt, wird oft auf diese Nummern verwiesen.

In Lesotho sind die Hauptstrecken nummeriert. Die Zählung beginnt mit A1 (Main North Rd.). Nebenstraßen, die von diesen Hauptstraßen abzweigen, werden mit einer sogenannten „B"-Nummer gekennzeichnet.

Gefahren im Straßenverkehr

- Die Straßen in Südafrika sind sehr gefährlich. Die Unfallrate ist mit jährlich über 10 000 Toten verheerend.
- Für ihre Gefährlichkeit sind folgende Highway-Abschnitte bekannt: die N1 zwischen Kapstadt und Beaufort West und zwischen Polokwane (Pietersburg) und Louis Trichardt (Makhado); die N2 zwischen Kapstadt und Caledon, an der Garden Route, zwischen East London und Kokstad und Durban und Tongaat; die N12 zwischen Springs und Witbank; die N4 zwischen Middelburg und Belfast.
- Die Hauptgefahr geht von anderen Autofahrern aus.

CARJACKING

In Johannesburg ist Carjacking (Autodiebstahl durch einen Raubüberfall) ein Problem – in geringerem Maß auch in den anderen Großstädten und Regionen der nordöstlichen Provinzen. Fahrer schicker Schlitten sind eher gefährdet als die Chauffeure normaler Mietwagen. So sollte man kein allzu auffälliges Vehikel wählen, immer auf der Hut sein und bei Dunkelheit nicht durch Stadtgebiete fahren. Falls sich ein nächtlicher Citytrip nicht vermeiden lässt, heißt es die Fenster ganz hochkurbeln und die Türen verschließen. Wer an einer roten Ampel steht und etwas Verdächtiges bemerkt, sollte wie die Einheimischen kurz prüfen, ob die Straße frei ist – und dann bei Rot losfahren. Überfallene leisten am besten keinerlei Widerstand und händigen die Schlüssel sofort aus: Carjacker sind fast immer bewaffnet; einige Menschen wurden bereits wegen ihrer Autos ermordet.

Sie fahren fahrlässig und aggressiv, egal aus welcher Bevölkerungsschicht sie auch stammen. Besondere Vorsicht gilt bei den Minibus-Taxis, die unter großem Zeitdruck fahren. Die Fahrer sind zudem oftmals übernächtigt und in schrottreifen Vehikeln unterwegs.

- Gefährliche Überholmanöver sind immer und überall üblich.
- Auf Hauptstraßen wird man oft von nachfolgenden Autos, die überholen wollen, auf den Seitenstreifen abgedrängt, egal ob eine Kurve naht oder wie die Beschaffenheit des Banketts ist. Solche Autofahrer fahren oft so lange dicht auf, bis sie mit ihrem Abdrängmanöver Erfolg haben.
- Herannahende Fahrzeuge blenden oft auf, damit man ihnen den Weg zum Überholen frei macht, auch wenn man dadurch auf den Seitenstreifen fahren muss.
- Auf kleineren Straßen und Wegen auf dem Land fahren viele Fahrer mit überhöhter Geschwindigkeit, weil sie annehmen, es gebe keine anderen Verkehrsteilnehmer hier.
- Große Vorsicht gilt besonders gegenüber entgegenkommenden Fahrzeugen an unübersichtlichen Kurven auf Nebenstraßen.
- Trotz Kontrollen und Alkoholtests ist es in Südafrika und Swasiland besonders in städtischen Regionen durchaus verbreitet, unter Alkoholeinfluss zu fahren.
- Durch dieses entspannte Verhalten der Einheimischen sollte man sich jedoch nicht beeinflussen lassen. Mit Alkohol am Steuer kann man auch leicht in einer Gefängniszelle landen.
- Farmtieren, wilden Tieren (besonders Pavianen) und Fußgängern begegnet man besonders in ländlichen Gegenden oft auf den Straßen. Wer ein Tier in einer unsicheren Gegend anfährt, sollte zur nächsten Polizeistation weiterfahren, um den Unfall zu melden.
- Auf den Straßen, die durch Townships führen (wie etwa die N2 vom International Airport Kapstadt in die Innenstadt) liegen oft gezielt irgendwelche Gegenstände auf der Fahrbahn. Autofahrer werden ausgeraubt, wenn sie dann am Seitenrand anhalten, nachdem sie den Gegenstand überrollt haben. Einfach zu einer Werkstatt und zur Polizei weiterfahren und den Vorfall melden!
- In der Regenzeit kann auch dichter Nebel, besonders in den höher gelegenen Regionen von KwaZulu-Natal zu Verzögerungen führen.
- Im Highveld und Lowveld können die Hagelschauer im Sommer das Auto erheblich beschädigen.
- Das bergige Terrain und die schlechten Straßenverhältnisse sind die Hauptgefahren für Autofahrer in Lesotho.
- Manchmal betteln Kinder an den Autos oder werfen Steine, besonders auf Allradfahrzeuge auf entlegenen Straßen in Lesotho.
- In Swasiland gilt besondere Vorsicht wegen Vieh und schnellen Minibussen, vor allem auf Schotterstraßen.

Maut

Auf einigen südafrikanischen Highways wird eine Maut je nach zurückgelegter Entfernung erhoben. Gezahlt wird bar oder mit Karte.

Ein mautpflichtiger Streckenabschnitt wird durch viele Warnschilder angekündigt (ein schwarzes „T" in einem gelben Kreis). Meist wird auf eine alternative Strecke hingewiesen (schwarzes „A" in gelbem Kreis).

Unter **Drive South Africa** (www.drivesouthafrica.co.za) können Autofahrer die zu erwartenden Mautgebühren der eigenen Reiseroute berechnen lassen.

Straßenzustand

SÜDAFRIKA

- Das Land wird von einem guten Highway-Netz durchzogen.
- Hauptstraßen sind in der Regel in einem guten Zustand.
- Außerhalb größerer Städte finden sich oft Schotterstraßen, von denen die meisten relativ eben sind.

- Immer vor Ort prüfen, in welchem Zustand sich die Neben- und Schotterstraßen befinden, denn bei Regenfällen kann sich der Fahrbahnbelag verschlechtern.
- In den ehemaligen Homelands drohen Gefahren wie Schlaglöcher, ausgewaschene Straßen sowie nicht angezeigte Haarnadelkurven. Zudem muss mit Nutztieren, Kindern und Hunden auf der Fahrbahn gerechnet werden.
- Der Highway N2 durch die Region Wild Coast ist in einem ziemlich schlechten Zustand.

LESOTHO

- In Lesotho kann das Autofahren eine echte Herausforderung sein: steile Straßen, Haarnadelkurven und widrige Wetterverhältnisse.
- Es werden immer neue Straßen gebaut oder ältere Wege ausgebaut. Diese Arbeiten werden oftmals von chinesischen Bergbaugesellschaften und dem Highlands Water Project finanziert.
- Während der Bauarbeiten werden bis dahin noch passierbare Schotter- und Teerstraßen für Fahrzeuge ohne Allradantrieb unpassierbar.
- Während der Recherchearbeiten zu diesem Reiseführer gab es baubedingte Verzögerungen in den nordöstlichen Highlands.
- Von Qacha's Nek führt eine geteerte Straße, die mit Fahrzeugen ohne Allradantrieb befahrbar ist, im Uhrzeigersinn nach Mokhotlong mit einer Abzweigemöglichkeit nach Sani Top.
- Teilweise geteert oder gut geschottert ist die Straße nach Semonkong (sowohl von Norden als auch von Süden kommend), nach Thaba-Tseka (von Norden und Westen aus) und zum Ts'ehlanyane National Park. Hier ist nirgendwo Allradantrieb nötig.
- Unabhängig von den Straßenarbeiten sind die befestigten Straßen in den Highlands in der Regel gut, aber teilweise sehr steil.
- Bei Regen sollte man die Geschwindigkeit reduzieren, besondere Vorsicht ist im Winter bei Eis und Schnee geboten.
- Mit einem Automatikwagen ist man bei starkem Gefälle extrem auf die Bremsen des Fahrzeugs angewiesen.
- Abseits der Hauptstraßen gibt es Stellen, wo selbst ein Allradfahrzeug Probleme bekommt, so beispielsweise auf der Straße, die nördlich vom Sehlabathebe National Park verläuft.
- Schlechte und in den Sommermonaten nach Gewittern stark überflutete Straßen sind häufig das größte Verkehrsproblem.
- Menschen und Tiere auf der Fahrbahn stellen ebenfalls eine Gefahr dar.
- Manchmal gibt es auch Straßensperrungen durch die Polizei oder das Militär.

SWASILAND

- Die meisten Hauptstrecken des guten Straßennetzes sind geteert.
- Als bedeutender Highway durchquert die MR3 das Land etwa von Westen nach Osten und verläuft ostwärts bis Manzini.
- Gute Asphaltstraßen verbinden die anderen größeren Städte miteinander.
- Ansonsten gibt es fast nur unbefestigte Pisten in einigermaßen gutem Zustand (außer nach starken Regenfällen).
- Ein paar holperige Nebenstrecken verlaufen durch den Busch.
- Die Route am Malagwane Hill führt von Mbabane aus ins Ezulwini Valley hinein und stand einst als gefährlichste Straße der Welt im *Guinness-Buch der Rekorde*.
- Wer bei starkem Verkehr und schlechtem Wetter ins Ezulwini Valley hinunterfährt, geht ein gewisses Risiko ein.
- Abseits der Siedlungsgebiete und Grenzübergangszonen ist das Verkehrsaufkommen als gering zu bezeichnen.

Verkehrsregeln

- In Südafrika, Lesotho und Swasiland herrscht Linksverkehr.
- Für Fahrer und Beifahrer besteht Anschnallpflicht in allen drei Ländern.
- Am eigenartigsten ist die lokale Verkehrsregel für *four-way stops* (Kreuzungen), die sogar auf Hauptstraßen gilt: Alle Fahrzeuge müssen zunächst anhalten. Doch wer zuerst angekommen ist, startet auch zuerst – selbst wenn er sich auf einer untergeordneten Querstraße befindet.
- Wer mit einem in Südafrika Mietwagen in Lesotho oder Swasiland angehalten wird, muss wahrscheinlich das Schreiben vorzeigen, mit dem die Verleihfirma die Erlaubnis zum Grenzübertritt gegeben hat.
- In Lesotho gibt es viele Verkehrskontrollen. Immer am ersten Stoppschild anhalten und warten, dass man herangewinkt wird. Die meisten Polizisten prüfen nur kurz die Papiere oder winken einen einfach durch.
- In Swasiland muss man unbedingt an den Straßenrand fahren und anhalten, wenn eine offizielle oder königliche Wagenkolonne herannaht.

GESCHWINDIGKEITSBEGRENZUNGEN

Immer an die Geschwindigkeitsbegrenzungen halten, denn Radarfallen (Kameras oder Radarpistolen) gibt es in Südafrika immer häufiger. Einheimische kümmert das oft nur wenig.

Südafrika 100 km/h auf offenen Strecken; 120 km/h auf den

BAZ BUS

Baz Bus (☎0861 229 287; www.bazbus.com) ist eine willkommene Alternative zu den normalen Buslinien und nimmt fast ausschließlich Rucksackreisende, aber auch andere Urlauber mit. Es gibt Hop-on-Hop-off-Möglichkeiten und einen Von-Tür-zu-Tür-Service zwischen Kapstadt und Jo'burg über die Garden Route, Port Elizabeth, Mthatha, Durban und die nördlichen Drakensberge.

Baz Bus holt die Fahrgäste an Hostels ab und lässt sie an Hostels wieder heraus und hat Vereinbarungen mit solchen, die abseits ihrer Route in Gegenden wie etwa der Wild Coast liegen. Man kann direkt bei Baz Bus oder in den Hostels buchen.

Von Haustür zu Haustür ist es natürlich teurer als auf den Hauptbusstrecken, aber es kann sich dennoch finanziell lohnen, das Hop-on-Hop-off-Angebot zu nutzen.

Hier beispielhaft die einfache Fahrt mit Hop-on-Hop-off-Service ab Kapstadt: Jo'burg 4500 R, Durban 3750 R, Port Elizabeth 1940 R.

Ein Ein-Wochen-/Zwei-Wochen-/Drei-Wochenticket kostet 2100/3400/4200 R.

meisten größeren Highways; 60 km/h in bebauten Bereichen und 40 km/h in Wildparks und Reservaten.

Lesotho 80 km/h auf Hauptstraßen; 50 km/h in Dörfern.

Swaziland 80 km/h auf offenen Strecken; 120 km/h auf den meisten größeren Highways und 60 km/h in Städten.

Versicherung

Eine Vollkasko-Versicherung einschließlich Schutz gegen Diebstahl wird dringend empfohlen, auch wenn eine solche Versicherung für private Autobesitzer gesetzlich nicht verpflichtend ist.

Im Allgemeinen gilt diese nur für ein Jahr.

Die im Allgemeinen angebotene Versicherung sollte zumindest einen Selbstbehalt und gegen Aufpreis einen Verzicht auf oder eine Reduzierung des Selbstbehalts einschließen

Es ist sinnvoll, zu prüfen, ob die Versicherung für den Leihwagen auch Hagelschaden einschließt, denn in den Sommermonaten kann das in der Region des Highveld und Lowveldt sonst ziemlich teuer werden.

Bekannte Versicherungen sind:

Automobile Association of South Africa (AASA; ☎011-799 1001, Notfälle 0861 000 234; www.aasa.co.za)

Old Mutual iWyze (www.oldmutual.co.za/personal/insurance/car-insurance.aspx)

Outsurance (www.outsurance.co.za)

Sansure (www.sansure.co.za)

Bus

Südafrika

Ein gutes Netzwerk von unterschiedlich verlässlichen und komfortablen Buslinien verbindet die größten Städte miteinander.

Ermäßigungen Die größten Busunternehmen offerieren neben Sonderangeboten auch Ermäßigungen für Studenten, Backpacker und Senioren (Details s. Websites). Wer gleich mehrere Bustrips unternehmen möchte, sollte nach Rabattpässen fragen.

Fahrpreise Sie richten sich grob nach der Entfernung, wobei kurze Fahrten unverhältnismäßig teuer sind. Der Fahrpreis ist unter Umständen auch von der Gesamtstrecke des Busses abhängig (so kostet die Fahrt von Jo'burg nach Bloemfontein genauso viel wie von Pretoria). Die Preise werden in den Schulferien angehoben.

Klassen Obwohl Bordklassen hier nicht existieren, bieten große Busfirmen meist einen „Luxusservice" mit Extras wie Klimaanlage, Bordtoilette und -videos an.

Sicherheit Busfahren ist in der Regel sicher. Allerdings fahren viele Fernbusse nachts. Auf solchen Nachtfahrten sollten Reisende besonders auf ihre Wertgegenstände achtgeben, und Frauen sollten sich am besten in den vorderen Bereich des Busses setzen.

Ticketkauf Tickets für die Hauptstrecken sollten wenigstens 24 Stunden im Voraus gekauft werden. In den Stoßzeiten so früh wie eben möglich. Tickets bekommt man in den Büros der Busgesellschaften, bei **Computicket** (☎0861 915 8000; www.computicket.co.za) und in den Supermärkten Shoprite/Checkers.

BUSLINIEN

Greyhound und Translux sind die wichtigsten Busgesellschaften.

City to City (☎0861 589 282; www.citytocity.co.za) Arbeitet mit Translux zusammen und befährt die Strecken, auf denen die Menschen einst in der Zeit der Apartheid zwischen den Homelands und den Städten hin- und hergefahren wurden. Die billige Buslinie ist weniger teuer als die anderen und steuert auch viele abgelegenen Ziele, darunter Townships und Bergbaustädte an. Zu den Zielen gehören neben Mthatha (Nähe Wild Coast), Nelspruit (Nähe Krüger-Nationalpark), Beitbridge (Richtung Simbabwe) auch Kapstadt und Durban.

Greyhound (☎011-611 8000; www.greyhound.co.za) Ein ausgedehntes, landesweit operierendes Netzwerk komfortabler Reisebusse, darunter auch die Strecke Jo'burg nach Durban über Richards Bay. Betreibt auch andere Linien, darunter die preiswerteren Citiliner-Busse.

Intercape (☎021-380 4400; www.intercape.co.za) Ein ausgedehntes Netzwerk, das sich von Kapstadt nach Limpopo und darüber hinaus erstreckt. Für längere Reisen (darunter von Kapstadt nach Windhoek in Namibia und Mossel Bay nach Jo'burg) lohnt sich ein Aufpreis für einen Liegesitz in einem nachts fahrenden Sleepliner-Bus.

Translux (☎0861 589 282; www.translux.co.za) Der wichtigste Anbieter von Fernbusfahrten. Zu den angesteuerten Zielen gehört Kapstadt, Durban, Bloemfontein, Port Elizabeth, East London, Mthatha, Nelspruit und die Garden Route.

Lesotho

Abfahrten Meist fahren die Busse morgens ab (in der Regel gilt, je länger die Fahrtzeit desto früher ist die Abfahrt).

Busse und Sammeltaxis Ein gutes Netz an Bussen, Minibustaxis (vor Ort nur als „Taxi" bekannt), Sprintern und Einzel-oder Sammeltaxis bindet die meisten Teile des Landes gut an. Minibustaxis steuern die größeren Städte und viele kleinere Orte an. Busse (preiswerter und dafür langsamer) und Sprinter (schneller und dafür teurer) versorgen die größeren Städte. Es gibt keine Reiseklassen, und die Ausstattung ist definitiv eher schlicht.

Nördliches Lesotho Wer mit einem Sammeltaxi von Maseru Richtung Nordosten aufbricht, muss in der Regel in Maputsoe umsteigen. Dieser Fahrzeugwechsel findet manchmal auf der Straße vor Maputsoe statt, wenn gerade ein anderes Taxi vorbeikommt.

Tickets In größeren Regionalbussen ist es oftmals empfehlenswert, ein Ticket nur bis in die nächste größere Stadt zu lösen. Die meisten Fahrgäste werden hier wahrscheinlich aussteigen. Bei einem durchgehenden Ticket müsste man dann so lange warten, bis sich der Bus wieder gefüllt hat. In der Zeit fahren andere Busse oder Sammeltaxis bereits weiter. Die Tickets häppchenweise zu kaufen, ist zwar etwas teurer als ein durchgehendes, spart aber Zeit. Es ist nicht erforderlich (oder möglich), einen Platz zu reservieren.

Swasiland

- Öffentliche Verkehrsmittel sind in der Regel Sammeltaxis.
- Sie fahren fast überall und halten unterwegs oft.
- Sammeltaxis fahren erst dann los, wenn sie voll sind; Reservierungen sind nicht nötig.
- Nur wenige Regionalbusse.
- Die meisten starten und enden an der Hauptbushaltestelle im Zentrum von Mbabane.
- Busse sind etwas preiswerter als Minibusse (Sammeltaxis).

Fahrrad

Südafrika

Solange man fit genug ist, die vielen Hügel zu bezwingen, ist Südafrika ein recht lohnendes Ziel für Radler. Die Landschaft ist abwechslungsreich und malerisch schön, es gibt genügend Campingplätze und zahlreiche ruhige Nebenstraßen. Das Haupthindernis sind die unberechenbaren, aggressiven Autofahrer, mit denen man sich leider die Fahrbahn teilen muss.

Geeignete Gegenden Die Straßen auf der Kaphalbinsel und in den Winelands sind recht beliebt, allerdings auch viel befahren; die Wild Coast ist wunderschön, aber eine Herausforderung; das nördliche Lowveld besteht aus weiten Ebenen.

Öffentliche Verkehrsmittel Fahrräder können in Zügen mitgenommen werden, aber die meisten Buslinien nehmen keine Räder mit. Sammeltaxis transportieren kein Gepäck auf dem Dach. Die Züge von Cape Metro Rail in Kapstadt und die MyCiTi-Busse erlauben die Mitnahme von Fahrrädern.

Fahrradkauf In den größeren südafrikanischen Städten, besonders in Kapstadt gibt es ein großes Angebot an Mountainbikes. Johannesburg und Kapstadt sind ideal für den Kauf von Tourenrädern. Um das Fahrrad am Ende des Urlaubs wieder verkaufen zu können, sollte man die Aushänge in Hostels, Fahrradgeschäften und Clubs, aber auch das Internet unter www.gumtree.co.za. nutzen.

Fahrradverleih Einige Hostels verleihen Mountainbikes für Tagestouren. In den Städten bieten manchmal auch Fahrradgeschäfte einen Fahrradverleih an, wo jedoch in der Regel die Kreditkarte mit einer Kaution belastet wird.

Ersatzteile Mountainbikes und MTB-Ersatzteile sind in den großen Städten erhältlich. Vor allem außerhalb Johannesburgs und Kapstadts lassen sich spezielle Teile für Tourenräder jedoch oft nur schwer auftreiben. Vor dem Start in Richtung Veld ist es ratsam, mit einem guten Fahrradladen in einer Großstadt zu vereinbaren, dass Benötigtes bei Bedarf per Kurier zugestellt wird.

Sicherheit Größere Siedlungen liegen häufig sehr weit auseinander. Doch außer in abgeschiedenen Regionen wie der Karoo ist es meist nicht weit bis zu einem Gehöft oder Dorf. Zahlreiche Straßen haben keine befestigten Seitenstreifen; falls doch, werden diese von vielen Kraftfahrern gesetzeswidrig als Verzögerungsspur genutzt. Auf den Highways ist Radfahren verboten. Stark befahrene Straßen in Stadtnähe sind viel zu gefährlich. Vor dem Start heißt es immer aktuelle Routeninformationen bei anderen Bikern und örtlichen Fahrradläden oder -clubs einholen. Um die überall bestehende Diebstahlgefahr zu senken, sollte man unbedingt ein gutes, festes Schloss dabeihaben, den Drahtesel mit in die Unterkunft (idealerweise mit auf das Zimmer) nehmen und dort sicher an einem stabilen bzw. massiven Gegenstand anketten.

Wetter Der Großteil des Landes (außer der Westküste und der

Provinz Western Cape) verzeichnet die stärksten Niederschläge im Sommer (Ende Nov.–März) – oftmals in Form von heftigen Gewitterstürmen. Vor allem im schwülen Lowveld können regenfreie Sommertage unangenehm heiß sein.

Lesotho & Swasiland

Beide Länder eignen sich hervorragend zum Radfahren, allerdings benötigen die Radler hier ein Mountainbike. Mit Ersatzteilen sollte man sich in Südafrika eindecken. Sommergewitter und Überschwemmungen sind hier ein Thema. Fahrräder in öffentlichen Verkehrsmitteln zu transportieren, ist eher unüblich, aber oftmals ist irgendein Arrangement mit dem Fahrer möglich.

Lesotho Die bergigen Regionen von Lesotho sind nur etwas für die körperlich Fitten. Fahrräder lassen sich in Unterkünften, wie etwa der **Malealea Lodge** (www.malealea.co.ls), leihen, wo zwei Mal im Jahr Mountainbike-Events stattfinden. Es gibt zahllose Strecken, aber für den erfahrenen Radler ist der Sani Pass die klassische Mountainbikestrecke in Lesotho. Manchmal ist es möglich, sich ein Fahrrad in den Lodges auf der südafrikanischen Seite des Passes zu leihen. Vorsicht: Im Winter können die Straßen vereist sein!

Swasiland Hier sollte man die wichtigsten Städte und das viel befahrene Ezulwini Valley meiden. Kurze Radtouren gibt es auf den Mountainbike-Trails im Hlane Royal National Park und im Mlilwane Wildlife Sanctuary, die jeweils auch geführte Radtouren und Fahrradverleih anbieten.

Flugzeug

Fluglinien in Südafrika, Lesotho & Swasiland

Inlandsflüge sind je nach Strecke recht erschwinglich. Ein Billigflug von Johannesburg nach Kapstadt, eine beliebte Route, die von zahlreichen Fluglinien geflogen wird, ist schon ab 500 R zu haben. Von Kapstadt nach East London zahlt man dagegen ab 1800 R.

Man kann Geld sparen oder mehr Komfort haben, wenn man den Inlandsflug mit einem internationalen Ticket kombiniert. So könnte man mit South African Airways von London nach Jo'burg und dann weiter nach Kapstadt fliegen.

Computicket Travel (☎0861 915 4000; www.computickettravel.com) ist eine gute erste Anlaufstelle, weil sie mehrere Fluglinien abdeckt, darunter auch die Website von South African Airways, die neben ihren eigenen Flügen auch Airlink-, SA Express- und Mango-Flüge aufführt.

Wer Monate vor Reiseantritt online bucht, kann die Kosten niedrig halten.

Airlink (☎0861 606 606; www.flyairlink.com) Dieser Partner von South African Airways hat ein gutes Verkehrsnetz und fliegt auch kleinere Zielflughäfen wie Upington, Mthatha und Maseru an.

Comair (☎0860 435 922; www.comair.co.za) Betreibt Flüge von British Airways in Südafrika und bietet Verbindungen von Jo'burg nach Durban, Kapstadt, Port Elizabeth und ins restliche südliche Afrika.

SA Express (☎0861 729 227; www.flyexpress.aero) Dieser Partner von South African Airways verfügt über ein gutes Verkehrsnetz, darunter Direktflüge zwischen Kapstadt und Hoedspruit (Nähe Krüger-Nationalpark).

South African Airways (☎0860 003 146; www.flysaa.com) Die staatliche Fluglinie mit einem ausgedehnten Netz für Inlands- und Regionalflüge.

Swaziland Airlink (☎in Südafrika 0861 606 606, in Swasiland 2335 0100; www.flyswaziland.com) Fliegt zwischen Jo'burg und Manzini.

BILLIGFLUGLINIEN

Die Billigfluglinien in Südafrika vermitteln auch Hotelbuchungen, Autoverleih und Pauschalreisen.

FlySafair (☎0871 351 351; www.flysafair.co.za) Eine neue Fluglinie, die absolut niedrige Preise für Flüge zwischen Johannesburg, Kapstadt, Port Elizabeth und George anbietet.

Kulula (☎0861 585 852; www.kulula.com) Die Billigfluglinie von Comair verbindet Jo'burg, Kapstadt, Durban, George und East London. Sie bietet auch Preisnachlässe für Flüge von British Airways.

Mango (☎0861 001 234; www.flymango.com) Die Tochtergesellschaft von South African Airways fliegt zwischen Jo'burg, Kapstadt, Durban, Port Elizabeth, George und Bloemfontein.

Skywise.co.za (☎0861 989 895; www.skywise.co.za) Eine neue Fluglinie, die Jo'burg und Kapstadt ab 500 R verbindet; Durban soll auch mit in dieses Netz aufgenommen werden.

Öffentlicher Nahverkehr

Auf S. 700 gibt es Infos zu Metro-Pendelzügen.

Bus

- In vielen Städten wie Kapstadt, Durban, Pretoria und Johannesburg fahren Stadtbusse.
- Die Fahrkarten sind preiswert.
- Das Streckennetz ist weitläufig und gut beschildert.
- Am frühen Abend werden die Fahrten oft eingestellt, und an Wochenenden fahren nur wenige Busse.
- Was Sicherheit und Komfort angeht, sind nur die MyCiTi-Busse in Kapstadt und der Durban People Mover empfehlenswert.

Sammeltaxi

Sammeltaxis (Minibusse) fahren fast überall – innerhalb von Städten, in die Vororte und die Nachbarstädte.

- Sie fahren dann, wenn sie voll sind.

- „Voll" bedeutet in Südafrika weniger bepackt als in vielen anderen afrikanischen Ländern.
- Die meisten nehmen 14 bis 16 Personen mit.
- Die etwas größeren „Sprinter" fassen rund 20 Personen.
- Wo keine Züge oder Busse fahren, sind die Sammeltaxis oft das einzig verfügbare Verkehrsmittel.
- In ihnen erfährt man oft etwas über das Leben der Einheimischen.
- An Wochenenden fahren sie nur eingeschränkt oder gar nicht.
- Autotaxis sind manchmal auch Sammeltaxis, wie etwa in Lesotho.
- In einigen Städten oder auf längeren Strecken ist ein Sammeltaxi unter Umständen das einzig verfügbare Verkehrsmittel.
- Autos, die als Sammeltaxi laufen, sind oft teuerer als Minibus-Taxis, dafür aber genauso unsicher.

SICHERHEIT

Bei Sammeltaxifahrten sollten Sicherheitserwägungen wichtiger sein als die Geldersparnis.

- Insgesamt gesehen, ist es nicht empfehlenswert, ein Sammeltaxi zu nehmen.
- Die Fahrkünste der Fahrer und der Zustand der Autos sind eher desolat.
- Unfälle sind oft an der Tagesordnung.
- Oft gibt es wie in einem schlechten Gangsterfilm Zusammenstöße zwischen rivalisierenden Firmen.
- Die Stände der Sammeltaxis liegen oft in unsicheren Gegenden.
- Raubüberfälle, Taschendiebstahl, sexuelle Belästigungen und andere Vorkommnisse sind durchaus üblich.
- Man sollte niemals nachts mit einem Sammeltaxi fahren. Zeitungen oder Einheimische geben oft Tipps, welche Linien und Gegenden zu meiden sind.
- In einigen Gegenden sind Sammeltaxis zumindest tagsüber recht sicher. Dies gilt auf jeden Fall für die Innenstadt von Kapstadt, wo Einheimische mit ganz verschiedener sozialer und ethnischer Herkunft diese Sammeltaxis nutzen.
- Nie mit Gepäck reisen, zum einen weil die meisten Sammeltaxis kein Gepäck auf dem Dach transportieren, und zum andern kann das Verstauen von Rucksäcken zu Unannehmlichkeiten führen.

LESOTHO & SWASILAND

Die Sammeltaxis (Minibusse) haben hier keine lobenswerten Sicherheitsrekorde aufzuweisen, sind aber viel sicherer und gewaltfreier als in Südafrika. Sie sind weit verbreitet und werden oft für kurze und lange Strecken genutzt. Siehe auch S. 687.

Einzeltaxis

- In den größeren Städten aller drei Länder gibt es neben den Sammeltaxis auch Einzeltaxidienste.
- Ihre Taxistände befinden sich in beliebten Gegenden.
- Ein Taxi telefonisch anzufordern, ist oft sicherer. Zwar muss man dann warten, aber die Fahrzeuge sind höchstwahrscheinlich in einem besseren Zustand als die an den Ständen.
- Die Fahrpreise sind von Stadt zu Stadt verschieden: In Kapstadt liegen sie durchschnittlich bei 10 R pro Kilometer, und oftmals gilt ein Mindestfahrpreis von 20 R oder mehr.
- In Lesotho können Taxis (als „four by ones" bekannt) für lange Strecken in andere Teile des Landes gechartert oder mit anderen Fahrgästen geteilt werden.
- Im Bereich Einzel- oder Sammeltaxis gibt es regionale Unterschiede. So findet man in Durban beispielsweise zahlreiche Rikschas.

VERHALTEN IN SAMMELTAXIS

- Fahrgäste mit viel Gepäck sollten sich in die erste Reihe hinter den Fahrer setzen.
- Immer erst die Fensterplätze besetzen, damit andere Fahrgäste besser ihren Sitzplatz einnehmen können.
- Den Fahrpreis mit Münzen, nicht mit Scheinen bezahlen.
- Das Geld (das eigene und das der Leute ringsherum) von hinten nach vorne durchgeben, wenn das Taxi voll ist. Das Geld nicht dem Fahrer, sondern einem Fahrgast in der ersten Reihe geben. Wer vorne sitzt, muss unter Umständen das Geld einsammeln und das Wechselgeld aus dem Vorrat des Fahrers an die Fahrgäste ausgeben.
- Wer auf dem Notsitz vor der Tür sitzt, muss die Tür öffnen und schließen, wenn ein Fahrgast aussteigen will. Dabei muss man selbst immer wieder aussteigen.
- In einigen Sammeltaxis, wie etwa in Kapstadt, fährt eine Art Schaffner mit, der Fahrgäste durch Zuruf dazu bringt, die Tür des Minibusses zu betätigen.
- Man sollte, wenn man aussteigen will, „Thank you, driver!" sagen und nicht nur „Stopp!"

ZUGFAHREN

Zusätzlich zu den Strecken, die Shosholoza Meyl unterhält, gibt es noch einige Speziallinien. Die Reiseagentur **New Fusion** (☎021-557 7047; www.newfusion.co.za) bietet Buchungen für den Blue Train, Premier Classe und Rovos Rail.

Blue Train

(www.bluetrain.co.za) ist Südafrikas berühmter Zug und verkehrt zwischen Pretoria und Kapstadt mit Zwischenstopp in Matjiesfontein oder Kimberley. In der Hochsaison (September bis Mitte November) kosten 27 Stunden Luxus für die einfache Fahrt in einer *Deluxe/Luxury Suite* (pro Person bei Vollbelegung der Suite) 17 030/19 245 R, einschließlich aller Mahlzeiten, Getränke, Exkursionen außerhalb des Zuges und eigenem Bad. Die Preise fallen in der Nebensaison um rund 3500 R. Man kann direkt oder durch ein afrikanisches oder ausländisches Reisebüro buchen. Es gibt auch Pauschalangebote inklusive Übernachtung und einfachem Flug zwischen Pretoria/Jo'burg und Kapstadt. Der Zug fährt gelegentlich auch von Pretoria nach Durban.

Premier Classe

(www.premierclasse.co.za) Dieses luxuriöse Angebot von Shosholoza Meyl ist eine erschwingliche Alternative zum Blue Train und zu anderen Zügen. Die Züge fahren dienstags von Kapstadt nach Johannesburg und kehren am Donnerstag zurück. Im Fahrpreis (2840 R pro Person) sind natürlich auch die Mahlzeiten im klimatisierten Luxus-Speisewagen inbegriffen; Einzelreisende sind in Coupés mit zwei Liegeplätzen, Ehepaare in Abteilen mit vier Liegeplätzen untergebracht. Es existiert eine Lounge Bar, Badezimmer stehen zur gemeinschaftlichen Nutzung zur Verfügung und auch Fahrzeuge können transportiert werden.

Rovos Rail

(www.rovos.co.za) Rovos steht in direkter Konkurrenz zum Blue Train als Afrikas luxuriöseste und teuerste Art des Reisens. Regelmäßige Zugreisen, beispielsweise Pretoria–Kapstadt (2 Nächte/3 Tage) mit Zwischenstopp in Kimberley und Matjiesfontein; Pretoria–Durban (3 Tage); Pretoria–Swakopmund (Namibia) (9 Tage) mit Etosha National Park und anderen Highlights in Namibia; sowie Pretoria–Victoriafälle (Simbabwe) (4 Tage).

Shongololo Express

(www.shongololo.com) Shongololo ist nicht so luxuriös wie die anderen Speziallinien und bietet vier verschiedene Zugreisen an, darunter zwischen Johannesburg/Pretoria und den Victoriafällen und eine 13-tägige Reise mit zwölf Übernachtungen zwischen Johannesburg/Pretoria und Kapstadt über Swasiland und Durban. Man fährt nachts und hält sich tagsüber außerhalb des Zuges auf.

JB Train Tours

(www.jbtours.co.za) Zugreisen, die meist in Johannesburg starten und unter anderem nach Kapstadt, zum Krüger-Nationalpark, zur Garden Route, nach Namaqua und Mosambik führen.

Umgeni Steam Railway

(www.umgenisteamrailway.co.za) Diese Eisenbahngesellschaft bietet Fahrten mit der Dampfeisenbahn in KwaZulu-Natal.

Atlantic Rail

(www.atlanticrail.co.za) Ausflüge mit der Dampfeisenbahn führen von Kapstadt nach Simon's Town und in die Winelands.

Schiff

Es gibt nur wenige Möglichkeiten, sich per Schiff oder Boot fortzubewegen . Am wahrscheinlichsten ist das zwischen Kapstadt, Port Elizabeth und Durban.

Einheimische Jachtclubs sind schon einmal eine gute erste Anlaufstelle

Trampen

Trampen oder Tramper mitzunehmen ist in keinem der drei Länder zu empfehlen. Dies gilt insbesondere für Südafrika.

Wer knapp bei Kasse ist, könnte nach Mitfahrgelegenheiten suchen. Am Schwarzen Brett der Hostels stehen oftmals solche Mitfahrangebote. Lohnend ist auch ein Blick unter **Junk Mail** (junkmail.co.za).

Geführte Touren

Das Angebot der vielen örtlichen Tourveranstalter reicht von Allrad-Abenteuern, exklusiven Luxussafaris und günstigen Überlandreisen per Truck bis hin zum halbtägigen Sightseeing.

Landesweit sind Backpackerhostels prima Infoquellen zu geführten Trips, die auf Budgetreisende abzielen. Viele Hostels gehören zu Billigtouranbietern und haben entsprechende Schalter und Schwarze Bretter.

Tagesausflüge oder Touren mit Übernachtung sollten in größtmöglicher Nähe zum gewünschten Ziel gebucht werden. Wer z. B. in Durban weilt und ein Naturschutzgebiet im Norden von KwaZulu-Natal besuchen möchte, wählt am besten ein Hostel in Schutzgebietsnähe und unternimmt von dort aus eine geführte Tagesexkursion. Dies ist in der Regel günstiger als ein langer Direkttrip ab Durban und bringt meist auch mehr Erkundungszeit vor Ort.

Acacia Africa (www.acacia-africa.com) Abenteuertouren, z. B. von Kapstadt in den Kgalagadi Transfrontier Park. Auch Überlandreisen und Freiwilligenprogramme.

Ashworth Africa (www.ashworthafrica.com) Luxuriöse, maßgeschneiderte Touren und Safaris in Südafrika und der ganzen Region.

Bok Bus (www.bokbus.com) Preiswerte Touren auf der Garden Route und Umgebung.

Cape Gourmet Adventure Tours (gourmet.cape-town.info) Touren in Kapstadt und Western Cape, die einem das Wasser im Mund zusammenlaufen lassen. Da gibt es beispielsweise Touren, bei denen man seine Meeresfrüchte selbst fangen muss oder auch eine Schatzsuche für Genießer und vieles mehr.

Drifters (www.drifters.co.za) Abenteuer im südlichen Afrika und Übernachtungen an der Wild Coast.

Go 2 Africa (www.go2africa.com) Afrikanischer Safarispezialist, der Abenteuer von reinem Strandurlaub bis zu luxuriösen Zugreisen anbietet.

Malealea Lodge (www.malealea.co.ls) Ponytrekking und Wandern in den Highlands von Lesotho.

Oasis Overland (www.oasisoverland.co.uk) In Großbritannien ansässiger Spezialist für Überlandreisen, der Südafrika und die Region abdeckt.

Signature Tours (www.signaturetours.co.za) Touren mit allgemein interessanten Schwerpunkten, wie Natur und Tierreich; individuell zugeschnittene Selbstfahrer- und geführte Rucksackreisen möglich.

Springbok-Atlas (www.springbokatlas.com) Bustouren und Safaris im ganzen Land und in der Region.

Swazi Trails (www.swazitrails.co.sz) Ausflüge auf dem Great Usutu River in Swasiland und weiten Teilen des Landes.

Thaba Tours (www.thabatours.co.za) Mountainbike-, Geländewagen-, Reit-, Wander- und Birdwatching-Touren in Lesotho und den Drakensbergen

Thompsons Africa (www.thompsonsafrica.com) Pauschaltouren und Safaris der mittleren und oberen Preisklasse.

Ukholo (www.ukholotravelandtours.co.za) Reiseziele in Western Cape, von Städtetouren durch Kapstadt bis hin zu Touren zur Garden Route.

Wilderness Safaris (www.wilderness-safaris.com) Gehobener Anbieter mit Schwerpunkt auf Naturschutz, der exklusive Safaris und Ausflüge für spezielle Interessen anbietet und zusätzlich noch mehrere luxuriöse Buschcamps unterhält.

Wilderness Travel (www.wildernesstravel.com) Verschiedene Touren für kleine Gruppen im südlichen Afrika. Deckt Orte wie Kapstadt oder die Drakensberge ab und konzentriert sich besonders auf die Tierwelt und Wanderungen.

Wildlife Safaris (www.wildlifesaf.co.za) Mittelklassige Safaris für Einzelreisende und kleine Gruppen von Jo'burg in den Krüger-Nationalpark und den Pilanesberg National Park, das Madikwe Game Reserve und den Blyde River Canyon.

Zug

Shosholoza Meyl (☎011-774 4555, 0860 008 888; www.shosholozameyl.co.za) bietet in Südafrika regelmäßige Zugverbindungen zwischen den größeren Städten an.

Einen Überblick über die Verbindungen, eine Beschreibung der Züge und weitere wertvolle Tipps finden sich auf The Man in Seat Sixty-One (www.seat61.com).

Klassen

Beide der folgenden Klassen sind erschwingliche Optionen. Anders als bei Fernbussen sind die Fahrpreise für kurze Entfernungen nicht unverhältnismäßig hoch.

Touristenklasse So lautet die Empfehlung: malerisch, authentisch, aber sicher und komfortabler als Busse, wenn auch manchmal weniger schnell. Die Nachtfahrt von Johannesburg nach Kapstadt eignet sich wunderbar, um ein Gefühl für die endlose Weite des Landes zu bekommen. Man kommt mit Beginn der Nacht in die Karoo und genießt ein feierliches Mittagessen, wenn der Zug durch die Winelands saust (siehe die Beschreibung unter http://tinyurl.com/6v2rs93). Es gibt einen Speisesaal und auch Duschen. Im Fahrpreis ist die Unterbringung in Schlafwagenabteilen mit zwei oder vier Liegeplätzen inbegriffen. Je nach Verfügbarkeit werden Ehepaare in privaten Coupés untergebracht und Einzelreisende und Gruppen in Abteilen. Wer alleine reist und dennoch ein eigenes Coupé möchte, kann einfach zwei Tickets kaufen. 40 R werden extra genommen, wenn man Bettzeug leihen möchte.

Auf der Strecke Johannesburg–Kapstadt und Johannesburg–Durban können auch Autos mitgenommen werden.

Economy-Klasse Hat keine Schlafwagen und ist nicht gerade komfortabel oder sicher auf Nachtfahrten.

Metrozüge

Cape Metro Rail (☎0800 656 463; www.capemetrorail.co.za) Die Linien von Kapstadt entweder nach Simon's Town oder in die Winelands gelten tagsüber zu den Stoßzeiten als ziemlich sicher.

Gautrain (☎0800 428 87246; www.gautrain.co.za) Die Schnellbahn Gautrain ist eine sichere und clevere Verbindung zwischen OR Tambo International Airport, Sandton, Rosebank, Park Station (Zentrum von Johannesburg), Pretoria und Hatfield. Die Züge fahren in den Stoßzeiten alle 12 Minuten (Montag bis Freitag 5.30 bis 8.30 Uhr und 15 bis 18 Uhr) und sonst alle 20 bis 30 Minuten. Eine einfache Fahrt zwischen Pretoria und Park Station kostet 64 R.

Wer zu Stoßzeiten fährt oder nahe an einer Station wohnt, für den ist es eine schnelle, hochmoderne und zudem noch preisgünstige Art und Weise, aus Johannesburg hinaus- oder in die Stadt hineinzukommen.

Fahrkarten & -preise

- Vor Drucklegung dieses Reiseführers kostete die Fahrt von Jo'burg nach Kapstadt in der Touristen-/Economy-Klasse 630/400 R.
- Da Shosholoza Meyl die Fahrkarten nicht online anbietet (online funktionieren nur die Buchungen), ist es am einfachsten, sich eine Fahrkarte durch die Reiseagentur **African Sun Travel** (☎0878 026 674; africansuntravel.com) zu besorgen.
- African Sun nimmt eine Bearbeitungsgebühr (rund 90 R für pro Karte Kapstadt–Johannesburg Gburu und 60 R für die Strecke Johannesburg–Durban).
- Fahrkarten können bis zu drei Monate im Voraus und mindestens 48 Stunden vor der Abfahrt erworben werden.
- Schlafwagen in der Touristenklasse können, besonders auf den beliebten Strecken, wie Johannesburg–Kapstadt, bereits ein bis zwei Monate vor der Abreise ausgebucht sein.
- Buchungen können an Bahnhöfen, telefonisch oder auf der Website von Shosholoza Meyl getätigt werden.
- Dann müssen die Karteninnerhalb von zwei Tagen an einem Bahnhof abgeholt und bezahlt werden.
- Etwas komplizierter und langwieriger ist die Zahlung auf das Bankkonto von Shosholoza Meyl mit anschließender Übersendung eines Zahlungsbelegs. Es kann dann aber etwa vier Tage dauern, bis das Geld bei der Bank verbucht ist.

Strecken

Jo'burg–Kapstadt Über Kimberley und Beaufort West; 27 Stunden; Touristen- (Dienstag bis Freitag und Sonntag) und Economy-Klasse (Mittwoch, Freitag und Sonntag).

Jo'burg–Durban Über Ladysmith und Pietermaritzburg; 13 Stunden; Touristen- und Economyklasse (Freitag und Sonntag).

Jo'burg–East London Über Bloemfontein; 21 Stunden; Touristen- und Economy-Klasse (Mittwoch, Freitag und Sonntag).

Jo'burg–Port Elizabeth Über Bloemfontein; 20 Stunden; Touristen- und Economy-Klasse (Freitag und Sonntag).

Queenstown–Kapstadt Über Worcester und Beaufort West; 24 Stunden; Economy-Klasse (Donnerstag und Freitag).

Gesundheit

Solange alle Impfungen aufgefrischt und grundlegende Vorbeugungsmaßnahmen getroffen sind, ist eine Reise ins südliche Afrika relativ gefahrlos.

In Südafrika, Lesotho und Swasiland kommen beeindruckend viele verschiedene tropische Krankheiten vor, aber dennoch ist es wahrscheinlicher, dass Reisende an Durchfall oder einer Erkältung erkranken als sich ein exotisches Leiden zuziehen.

Wichtigste Ausnahme bildet Malaria, die in den tiefer liegenden Regionen von Swasiland und im Nordosten Südafrikas ein ernsthaftes Risiko darstellt.

VOR REISEANTRITT

- Mindestens vier Wochen vor Reiseantritt sollte man einen Arzt oder eine Klinik für Reisemedizin aufsuchen und alle nötigen Impfungen vornehmen lassen; einige Impfungen bieten erst nach zwei Wochen einen ausreichenden Schutz.
- Wer regelmäßig auf Medikamente angewiesen ist oder an einer chronischen Krankheit leidet, sollte vor der Reise noch zum Gesundheitscheck gehen.
- Immer eine medizinische Notfallausrüstung bzw. ein Erste-Hilfe-Set mitnehmen, besonders, wenn man wandern oder sich in Parks und Reservaten aufhalten will.
- Es ist auch ratsam, Mitglied in der **International Association for Medical Assistance to Travellers** (IAMAT; www.iamat.org) zu werden, die beispielsweise eine Liste vertrauenswürdiger Englisch sprechender Ärzte herausgibt.
- Wer sich lange in entlegenen ländlichen Gegenden aufhalten will, wie etwa in Teilen Lesothos oder in Eastern Cape, sollte unter Umständen einen Erste-Hilfe-Kurs beim **Deutschen Roten Kreuz** (www.drk.de), **Österreichischen Roten Kreuz** (www.roteskreuz.at) oder **Schweizerischen Roten Kreuz** (www.redchross.ch) machen bzw. einen bestehenden Kurs auffrischen.
- Medikamente in der Originalverpackung mit deutlich lesbarer Aufschrift mitnehmen.
- Ein unterzeichneter und datierter Brief des Arztes mit einer Beschreibung des Gesundheitszustandes und der Medikamente einschließlich ihrer generischen Namen kann nützlich sein.
- Wer Spritzen oder Nadeln mitnimmt, sollte einen Brief des Arztes haben, der deren Notwendigkeit bestätigt.
- Vor einer langen Reise zum Zahnarzt gehen.

Versicherung

- Reisende sollten unbedingt vor der Reise klären, ob ihre Versicherung direkt an die Leistungserbringer zahlt oder das Geld für medizinische Ausgaben auf Reisen erst im Nachhinein zurückerstattet wird.
- Wer zunächst die Behandlung selbst zahlen muss und seine Ansprüche erst später bei der Versicherung geltend machen kann, muss alle Unterlagen aufbewahren.
- Man sollte unbedingt eine Versicherung wählen, die im Notfall den erforderlichen Transport in eine größere Stadt oder mit dem Flugzeug – und wenn nötig mit medizinischer Begleitung – ins Heimatland übernimmt.
- Wer nach Lesotho und Swasiland reisen will, sollte klären, ob der Notfalltransport auch für diese beiden Länder gilt.

Empfohlene Impfungen

Die **Centers for Disease Control and Prevention** (CDC; www.cdc.gov/travel; USA) in Amerika schlagen routinemäßig folgende Impfungen für Erwachsene vor:

- Diphtherie
- Grippe
- Masern

- Mumps
- Keuchhusten
- Polio
- Röteln
- Tetanus
- Windpocken

Das CDC empfiehlt für Südafrika, Lesotho und Swasiland zusätzlich noch:

- Hepatitis A
- Typhus

Das CDC schlägt manchen Reisenden je nach Region, die bereist werden soll, weiterhin folgende Impfungen vor:

- Hepatitis B
- Malaria
- Tollwut

Der Arzt wird, falls noch nicht vorhanden, ein International Certificate of Vaccination oder Prophylaxis (ICVP oder „gelbe Karte") ausstellen, in dem alle Impfungen, die ein Patient bekommen hat, aufgeführt sind.

Reiseapotheke

- Antibakterielle Salben für Schnitt- und Schürfwunden
- Antibiotika (bei Reisen abseits der ausgetretenen Pfade)
- Antihistaminika (bei Heuschnupfen und Allergien)
- Antimalariamittel (bei Aufenthalt in Gebieten, in denen Infektionsgefahr herrscht)
- DEET-haltiges Insektenschutzmittel

Empfehlenswert für die Reiseapotheke:

- Entzündungshemmende Mittel (z. B. Ibuprofen)
- Fieberthermometer
- Granulat gegen Dehydration
- Insektenspray für Bekleidung, Zelte und Moskitonetze
- Jodtabletten oder andere Wasserreinigungstabletten
- Medikamente gegen Durchfallerkrankungen
- Paracetamol oder Aspirin
- Schere, Sicherheitsnadeln, Pinzette, Taschenmesser
- Sonnenschutzmittel
- Sterile Nadeln und Spritzen (bei Reisen in abgelegene Gegenden)
- Verbandsmaterial, Mull

Infos im Internet

Zusätzlich zu den Informationen auf ihrer Website geben die World Health Organization (WHO) und das CDC jährlich Handbücher heraus.

Centers for Disease Control and Prevention (CDC; www.cdc.gov/travel; USA)

Health Canada (www.hc-sc.gc.ca; Kanada)

Immunization Action Coalition (IAC; www.immunize.org; USA)

International Association for Medical Assistance to Travellers (IAMAT; www.iamat.org)

Lonely Planet (www.lonelyplanet.com)

MD Travel Health (www.mdtravelhealth.com; USA)

National Health Service (NHS; www.fitfortravel.nhs.uk; GB)

Netdoctor (www.netdoctor.co.uk/travel; GB)

Smarttraveller (www.smarttraveller.gov.au; Australien)

World Health Organization (WHO; www.who.int/ith)

Weitere Lektürehinweise

Zusätzlich zu den folgenden Büchern geben die WHO und das CDC jährlich weitere Handbücher heraus.

- *The Essential Guide to Travel Health* von Jane Wilson-Howarth
- *Travel Health Guide* von Mark Wise
- *Travels with Baby* von Shelly Rivoli
- *Traveller's Good Health Guide* von Ted Lankester
- *Travellers' Health* von Dr. Richard Dawood
- *Wilderness and Travel Medicine* von Eric Weiss

IN SÜDAFRIKA, LESOTHO & SWASILAND

Medizinische Versorgung & Kosten

- In allen großen Städten ist die medizinische Versorgung sehr gut.
- Private Krankenhäuser bieten hervorragende Behandlungsstandards.
- Öffentliche Krankenhäuser sind oft überfüllt und unterfinanziert.
- In entlegenen Gebieten wie den früheren Homelands, Lesotho und Swasiland sind zuverlässige medizinische Einrichtungen dünn gesät.
- Das Personal der Unterkunft sollte in der Lage sein, die am nächsten gelegene medizinische Einrichtung zu empfehlen.
- Die Websites der westlichen Botschaften führen oft Ärzte und Kliniken auf; zudem hilft vielleicht die Reiseversicherung weiter.
- Im Notfall sollte man die eigene Botschaft oder das Konsulat kontaktieren.
- Die meisten Ärzte verlangen ihr Honorar sofort nach der Behandlung.
- Die Medikamente für chronische Krankheiten sollte man von zu Hause aus mitnehmen.
- Blut, das für Bluttransfusionen eingesetzt wird, ist auf Hepatitis B und C, Syphilis und HIV

getestet, aber es bleibt ein kleines Restrisiko, sich durch infizierte Blutkonserven mit HIV anzustecken.

➡ Die **Blood Care Foundation** (www.bloodcare.org.uk; GB) liefert sicheres, untersuchtes Blut in alle Teile der Erde; es empfiehlt sich, dort Mitglied zu werden, bevor man die Hilfe in Anspruch nehmen muss.

Ansteckende Krankheiten

Bilharziose

Übertragung Kleine Würmer, die in der Regel auf einer Süßwasserschneckenart sitzen und von dieser in langsam fließendes oder stehendes Wasser abgegeben werden, verursachen Bilharziose (Schistosomiasis). Die Parasiten dringen beim Schwimmen durch die menschliche Haut ein und bewegen sich in die Blase oder in den Darm. Über Kot oder Urin werden sie ausgeschieden und könnten erneut ins Süßwasser gelangen, sodass der Zyklus von Neuem beginnt. Bilharziose kommt im Nordosten Südafrikas und Swasilands vor; das Ausbreitungsgebiet erstreckt sich im Süden bis zur Wild Coast und (in Einzelfällen) im Westen bis zum Abschnitt des Senqu River, der in Northern Cape liegt.

Symptome & Folgen Anfangssymptome können Fieber, Appetitlosigkeit, Gewichtsverlust, Bauchschmerzen, Schwäche, Kopfschmerzen, Gelenk- und Muskelschmerzen, Durchfall, Übelkeit und Husten sein; die meisten Infektionen sind jedoch zunächst symptomlos. Unbehandelt kann Bilharziose zu gesundheitlichen Problemen führen, darunter Nierenversagen und Darmschäden.

Vorbeugung & Behandlung Möglichst nicht in stehenden oder langsam fließenden Gewässern schwimmen, wie etwa in einem Stausee, See oder Fluss. Bade- und Duschwasser richtig heiß werden lassen und sich nach dem Schwimmen kräftig abtrocknen. Der Parasit ist im Blut nachweisbar, und die Behandlung erfolgt durch die Einnahme von Praziquantel (Biltricide).

Cholera

Übertragung durch verunreinigtes Trinkwasser. Das Risiko ist eher gering und meist auf gelegentliche Ausbrüche in den ländlichen Gebieten von Limpopo, Mpumalanga, KwaZulu-Natal, Eastern Cape und Swasiland begrenzt.

Symptome & Folgen Starke, wässrige Durchfälle, die zu völliger Schwächung führen, wenn die Elektrolyte nicht schnell und ausreichend wieder ersetzt werden.

Vorbeugung & Behandlung In ländlichen Gebieten im Osten Südafrikas sollte man in Sachen Trinkwasser sehr aufmerksam sein (Achtung: kein Leitungswasser trinken!) und potenziell verseuchtes Essen wie ungeschältes oder rohes Obst und Gemüse vermeiden. Die Behandlung besteht im Flüssigkeitsersatz durch Trinken oder durch Infusion; manchmal müssen Antibiotika eingesetzt werden. Eine Selbstbehandlung ist nicht ratsam.

Denguefieber

Übertragung Moskitostiche sind hier der Übertragungsweg; gefährdet ist man im Norden der Elephant Coast in KwaZulu-Natal und im Osten Swasilands sowie von dort bis hinauf zur nordöstlichen Grenze Südafrikas und bis zur Spitze des Kruger National Park.

Symptome & Folgen Krankheitsgefühl mit hohem Fieber, gepaart mit Kopf- und Muskelschmerzen, die denen einer langen schweren Grippe ähneln. Es kann auch zu einem Ausschlag kommen.

Vorbeugung & Behandlung Moskitostiche vermeiden! Selbstbehandlung mit Paracetamol (nicht mit Aspirin oder nichtsteroidalen entzündungshemmenden Medikamenten wie Ibuprofen) ist möglich; der Flüssigkeitsverlust muss unbedingt ausgeglichen werden. Das hämorrhagische Denguefieber ist eine ernsthaftere Erkrankung, die meist Kinder befällt und ärztliche Behandlung erfordert.

Hepatitis A

Übertragung durch verunreinigtes Essen (insbesondere Meeresfrüchte) und Wasser. Sehr selten auch durch einen engen Körperkontakt mit einer infizierten Person.

Symptome & Folgen Gelbsucht, dunkler Urin, gelbe Färbung des sonst weißen Teils der Augen, Fieber und Bauchschmerzen. Obwohl Hepatitis A selten zum Tode führt, fühlt sich der Patient lange müde und schlapp – die Genesung ist oft sehr langwierig.

Vorbeugung & Behandlung Impfung (z. B. Avaxim, Vaqta, Havrix oder Epaxal) als Injektion mit einer Auffrischungsmöglichkeit, um den Schutz zu verlängern. Kann auch als Kombi-Impfung mit Hepatitis B (Twinrix) oder Typhus (Hepatyrix oder Viatim) in einer einzigen Dosis gegeben werden. Wer die Krankheit durchgemacht hat, sollte bis zu sechs Monaten danach keinen Alkohol zu sich nehmen.

Hepatitis B

Übertragung Durch infiziertes Blut, verunreinigte Nadeln und Sex.

Symptome & Folgen Gelbsucht und Leberbeschwerden (gelegentlich Leberversagen).

Vorbeugung Wer für längere Zeit in Gebiete mit hohem Hepatitis-B-Risiko reist oder aus beruflichen oder sozialen Gründen gefährdet ist, sollte sich impfen lassen. Auch wer häufig ins südliche Afrika reist, sollte eine Hepatitis-B-Impfung in Erwägung ziehen.

HIV/Aids

Übertragung Man infiziert sich über infiziertes Blut und Blutprodukte, sexuellen Kontakt mit infizierten Personen, Blut-zu-Blut-Kontakte, etwa durch infizierte Instrumente und Nadeln beim Arzt, Zahnarzt, bei Akupunktur etc. sowie bei gemeinsamer Benutzung von Spritzennadeln. HIV bzw. Aids ist in Südafrika, Lesotho und Swasiland weit verbreitet.

MASSNAHMEN GEGEN MALARIA

Sich der Gefahr bewusst sein. Kein vorbeugendes Medikament wirkt zu 100 %, aber ein Schutz von über 90 % ist mit den meisten Mitteln erreichbar, solange auch andere Maßnahmen ergriffen werden.

Stiche sollten auf jeden Fall vermieden werden. In einem abgedunkelten Raum schlafen, Moskitosprays oder Coils benutzen und unter einem mit Permethrin imprägnierten Netz schlafen. Als Kleidung zur Nacht empfiehlt sich eine helle Hose und ein langärmeliges Oberteil – beides sollte idealerweise auch mit Permethrin behandelt werden. Abends Insektenschutz auf alle freien Hautpartien auftragen (vorzugsweise auf DEET-Basis).

Chemischer Schutz (d. h. Medikamente gegen Malaria) ist in der Regel in Malariagebieten notwendig. Dabei immer ärztlichen Rat einholen, weil die Resistenzmuster sich verändern können und immer neue Medikamente entwickelt werden. Nicht alle vorbeugenden Mittel sind für jeden geeignet. Die Einnahme muss meist wenigstens eine Woche vor Reiseantritt begonnen werden und sollte noch vier Wochen nach dem letzten möglichen Kontakt mit der Krankheit weitergenommen werden.

Diagnose: Wer innerhalb eines Jahres nach dem Aufenthalt in einem Malariagebiet Fieber oder grippe-ähnliche Symptome bekommt, könnte sich Malaria eingefangen haben und sollte sich sofort in ärztliche Behandlung begeben.

Symptome & Folgen Ein fortschreitendes Versagen des Immunsystems, das zum Tod führt.

Vorbeugung & Behandlung Bei Beziehungen mit Einheimischen, ungeachtet ihrer Hautfarbe, empfiehlt sich Vorsicht und Zurückhaltung; auf einmalige sexuelle Kontakte sollte man verzichten. Reisende und Hilfsarbeiter wurden schon von Einheimischen infiziert. Wer denkt, er könnte infiziert sein, muss einen Bluttest machen. Dies ist jedoch erst drei Monate nach der Ansteckung sinnvoll, da erst dann Antikörper im Blut nachweisbar sind. Es gibt keine Heilung, die Krankheit kann jedoch mit Medikamenten kontrolliert werden.

Lymphatische Filariose (Elefantiasis)

Übertragung Beim Stich eines infizierten Moskitos werden Larven auf der Haut abgelegt, die in die Lymphgefäße wandern, wo sie sich zu Würmern entwickeln.

Symptome & Folgen Örtliches Jucken und abnormale Vergrößerung von Körperteilen, häufig der Beine und/oder Genitalien, die zu Schmerzen und Behinderung führt. In schweren Fällen erleiden die Nieren, das lymphatische System und das Immunsystem Schäden.

Vorbeugung & Behandlung Moskitobisse vermeiden! Wer infiziert ist, sollte sich behandeln lassen, möglichst von einem Spezialisten für Infektionskrankheiten oder Tropenmedizin. Diethylcarbamazin (DEC) wird häufig zur Behandlung von Urlaubern eingesetzt.

Malaria

Übertragung Malaria wird von einem Parasiten im Blut verursacht, der durch den Biss einer weiblichen Anophelesmücke verbreitet wird. Das Auftreten von Malaria ist hauptsächlich auf den Nordosten Südafrikas (nördliches KwaZulu-Natal, Mpumalanga, Limpopo und Kruger National Park) sowie Swasiland begrenzt.

Symptome & Folgen Die in Südafrika vorherrschende Malariaform ist die Malaria tropica, der gefährlichste Malariatyp, der durch den Erreger Falciparum malaria ausgelöst wird. Zu den Anfangssymptomen, die denen eines grippalen Infekts ähneln, gehören Kopfschmerzen, Fieber, Schmerzen und Krankheitsgefühl. Auch Bauchweh, Durchfall und Husten können auftreten. Wenn jetzt keine Behandlung erfolgt, kann sich innerhalb von 24 Stunden (besonders wenn der Erreger Falciparum malaria ist) das zweite Stadium ausbilden: Gelbsucht, gefolgt von Bewusstseinstrübungen und Koma (auch als zerebrale Malaria bekannt), bis hin zum Tod. Malaria während der Schwangerschaft führt häufig zu Fehlgeburten oder Frühwehen; das Risiko für Mutter und Kind ist beträchtlich.

Vorbeugung Die Infektionsrate variiert je nach Jahreszeit und Klima, daher sollte man sich vor der Reise über die derzeitige Lage informieren. Bei Reisen während der Sommermonate ist eine Malariaprophylaxe unverzichtbar. Es gibt verschiedene Medikamente, und die aktuelle Beratung durch ein reisemedizinisches Zentrum oder einen für Reisemedizin qualifizierten Arzt ist unabdingbar, da einige Medikamente für bestimmte Personen mehr oder weniger geeignet sind (so sollten Menschen, die an Epilepsie leiden, Mefloquin meiden, und schwangere Frauen sowie Kinder unter 12 Jahren sollten kein Doxicyclin nehmen). Es gibt keine überzeugenden Beweise für die Wirksamkeit von homöopathischer Malariaprophylaxe, und auch viele Homöopathen empfehlen ihre Anwendung nicht. Die verbreitete Annahme, dass Malaria eine unkomplizierte Krankheit ist und dass die Einnahme von Antimalariamitteln stärkere Auswirkungen hat als die eigentliche Malaria, ist ein gefährlicher Irrtum. Die Immununität, die durch das Überleben eines Malariaanfalls ausgebildet wird, lässt nach 18 Monaten bereits wieder nach; selbst wer Malaria hatte oder in einem Gebiet lebt, in dem Malaria vorkommt, ist dann möglicherweise nicht mehr immun. Wer sich gegen eine Antimalariaprophylaxe entscheidet, muss sich des Risikos bewusst sein und sein Möglichstes tun, um sich vor Moskitobissen zu schützen.

Behandlung Wer in einem Malariagebiet Fieber bekommt, sollte von einer Malariainfektion ausgehen, bis ein Bluttest das Gegenteil bewiesen hat – auch bei einer Einnahme von Prophylaxemedikamenten. Jedes Fieber und alle Symptome, die für eine Infektion typisch sind, müssen so schnell wie möglich einem Arzt vorgestellt werden. Die Behandlung im Krankenhaus ist unerlässlich; selbst bei den besten Einrichtungen für Intensivpflege ist ein tödlicher Ausgang schlimmstenfalls nicht ausgeschlossen.

Tollwut

Ansteckung durch Bisse oder Lecken an Hautverletzungen durch infizierte Tiere. Bisher sind nur wenige Fälle in Südafrika bekannt. Auf dem Lande ist das Ansteckungsrisiko etwas höher.

Symptome und Folgen Die Anfangssymptome sind Schmerz oder Juckreiz an der Bissstelle mit Fieber, Appetitlosigkeit und Kopfschmerzen. Die „rasende" Tollwut ist durch wachsende Angst, Schreckhaftigkeit, Desorientierung, Nackensteife, manchmal Krampfanfälle oder Zuckungen, Abneigung gegenüber Wasser gekennzeichnet. Die „stille" Tollwut (weniger häufig) befällt das Rückenmark mit Muskellähmungen, die zu Herz- und Lungenversagen führen. Unbehandelt führen beide Formen zum Tode.

Vorbeugung & Behandlung Reisende, die in entlegene Gebiete reisen, wo ein Tollwutimpfstoff nach einer möglichen Infektion nicht innerhalb von 24 Stunden zur Verfügung steht, sollten sich impfen lassen. Jeder Biss, Kratzer oder Speichelkontakt mit offenen Wunden eines warmblütigen Tieres mit Fell sollte sofort gründlich gereinigt werden. Wer gebissen wird und nicht geimpft ist, benötigt so schnell wie möglich nach der Infektion mehrere Impfungen. Tollwutschutzimpfungen verschaffen keine Immunität, sondern sorgen nur für mehr Zeit, um medizinische Hilfe zu suchen.

LEITUNGSWASSER

Außer in ländlichen Gegenden ist die Wasserqualität in Südafrika gut und man kann bedenkenlos aus dem Wasserhahn trinken.

In Lesotho and Swasiland sollte man allerdings eher Wasser in Flaschen kaufen und Flusswasser vor dem Trinken erst gründlich reinigen.

Tuberkulose

Übertragung durch die Luft bei engem Kontakt und gelegentlich durch infizierte nicht pasteurisierte Milch oder Milchprodukte. In Südafrika, Lesotho und Swasiland ist Tuberkulose hoch ansteckend. Am stärksten gefährdet sind Menschen, die engen physischen Kontakt mit der einheimischen Bevölkerung haben, z. B. Lehrer oder Mitarbeiter im Gesundheitswesen, und Reisende, die sehr lange im Land bleiben.

Symptome & Folgen Infektionen können asymptomatisch verlaufen, es können aber auch – selbst Monate oder Jahre nach der Ansteckung – Symptome wie Husten, Appetit- oder Gewichtsverlust, Müdigkeit, Fieber oder nächtliches Schwitzen auftreten. Tuberkulose kann am besten mittels einer Röntgenaufnahme diagnostiziert werden.

Vorbeugung & Behandlung Überfüllte und unbelüftete Räume, in denen TB-Erreger vorkommen könnten, wie etwa Krankenhäuser und Obdachlosenheime, meiden. Eine Impfung mit dem Bacillus Calmette–Guérin (BCG) wird für diejenigen empfohlen, die viel mit Einheimischen zu tun haben; da es sich um einen Lebendimpfstoff handelt, sollte er weder bei Schwangeren noch bei Menschen mit unterdrücktem Immunsystem angewendet werden. Risikogruppen sollten vor der Heimreise und nach der Rückkehr in ihr Heimatland einen Hauttest machen lassen. Die Behandlung besteht aus der sechs- bis neunmonatigen Einnahme verschiedener Medikamente.

Typhus

Ansteckung durch Essen oder Wasser, das durch infizierte menschliche Fäkalien verunreinigt wurde.

Symptome und Folgen Anfangs Fieber, ein rosa Hautausschlag auf dem Bauch, Appetit- und Lustlosigkeit. Möglich ist auch eine Blutvergiftung.

Vorbeugung Impfung durch Injektion. In manchen Ländern wird der Impfstoff auch oral verabreicht. Zur Behandlung werden in der Regel Antibiotika eingesetzt.

Gesundheitsrisiken

Beeinträchtigungen durch Hitze

Ursachen Starkes Schwitzen und übermäßiger Flüssigkeitsverlust ohne entsprechende Kompensation durch die Aufnahme von Flüssigkeit und Salz. Tritt in heißem Klima bei ungewohnter Anstrengung häufig auf, wenn noch keine vollständige Akklimatisierung stattgefunden hat.

Symptome & Folgen Kopfschmerzen, Benommenheit und Müdigkeit.

Vorbeugung Unter Wassermangel leidet man schon, wenn man merkt, dass man Durst hat – daher sollte man viel trinken, sodass der Urin hell und wässrig ist. Die afrikanische Sonne kann mörderisch brennen, darum gehört ein Sonnenhut ins Reisegepäck.

Behandlung Ersatz der fehlenden Flüssigkeit durch Wasser und/oder Saft und Kühlung durch kaltes Wasser und Ventilatoren. Den Salzverlust kann man durch salzhaltige Flüssigkeiten wie Suppe und Brühe oder durch etwas stärkeres Salzen des Essens ausgleichen.

Hitzschlag

Ursachen Extreme Hitze, hohe Luftfeuchtigkeit, körperliche Anstrengung oder der Konsum von Drogen oder Alkohol in der Sonne sowie Dehydration. Zum Hitzschlag kommt es, wenn die Wärmeregulierung des Körpers zusammenbricht.

Symptome & Folgen Starker Anstieg der Körpertemperatur bei nachlassender Schweißbildung, irrationales oder hyperaktives Verhalten und schließlich Bewusstlosigkeit und Tod.

Behandlung Rasche Abkühlung durch Bespritzen des Körpers mit Wasser und Luftzufächeln oder einen Ventilator. Meistens ist auch eine sofortige Infusion erforderlich, um den Verlust von Flüssigkeit und Elektrolyten auszugleichen.

Insektenbisse und -stiche

Ursachen Moskitos, Skorpione (in trockenen Gegenden), Zecken (besonders außerhalb von Städten), Bienen und Wespen.

Symptome und Folgen Stiche können Hautreizungen hervorrufen und sich entzünden. Der schmerzhafte Biss eines Skorpions kann sogar lebensbedrohend sein. Im Falle eines Stichs, kann man ein Schmerzmittel nehmen und medizinische Hilfe aufsuchen, falls sich der Zustand verschlimmert. Zeckenfieber (Rickettsia) ist eine bakterielle Infektion, die von Zecken übertragen werden kann, malaria-ähnliche Symptome verursacht und besonders im Lowveld, auch von Swasiland, vorkommt.

Vorbeugung & Behandlung Es sollten die gleichen Vorsichtsmaßnahmen wie zur Vermeidung von Malaria angewandt werden. Wer eine Zecke hat, drückt am besten mit einer Pinzette die Haut um den Zeckenkopf herunter, fasst den Kopf und zieht ihn vorsichtig nach oben. Man sollte auf keinen Fall am hinteren Teil der Zecke zu ziehen, denn dabei könnte der Darminhalt durch die Darmmündung in den eigenen Körper gedrückt werden oder der Kopf könnte stecken bleiben: Beides erhöht die Infektions- und Krankheitsgefahr. Das Einreiben der Zecke mit chemischen Mitteln führt nicht dazu, dass diese loslässt und ist nicht empfehlenswert. Bekommt man nach einem Zeckenbiss Fieber, sollte man den Arzt aufsuchen; behandelt wird man in der Regel mit starken Antiobiotika.

Schlangenbisse

Ursachen Zu den giftigen Schlangen Südarikas gehören die schwarze Mamba, die Puffotter und die Kapkobra. Schlangen sonnen sich gerne auf Felsen und im Sand, ziehen sich aber in der Hitze des Tages zurück.

Vorbeugung Nicht barfuss laufen oder mit der Hand in Löcher oder Spalten fassen.

Behandlung Im Falle eines Schlangenbisses nicht in Panik geraten! Die Hälfte derer, die von giftigen Schlangen gebissen werden, werden gar nicht mit dem Gift infiziert (vergiftet). Das gebissene Körperteil mit einer Schiene (z.B. einem Stock) stilllegen und mit einer Bandage ähnlich wie bei einer Verstauchung fixieren. Nicht abbinden oder aufschneiden und aussaugen! Man sollte sich das Aussehen der Schlange merken, um sie später bestimmen lassen zu können. Rasch medizinische Hilfe holen, sodass so schnell wie möglich das Antiserum verabreicht werden kann.

Traditionelle Medizin

Einige Einheimische empfehlen kranken Reisenden vielleicht, einen *sangoma* (traditioneller Heiler, meistens eine Frau) oder *inyanga* (traditioneller Heiler und Kräuterkundiger, meistens ein Mann) aufzusuchen. Diese Ärzte werden in vielen Gemeinden sehr verehrt und sind oft interessante Menschen. Wenn man krank ist, ist es jedoch klüger, der geprüften und erprobten westlichen Medizin zu vertrauen. Auch bei traditionellen medizinischen Produkten, die auf lokalen Märkten zu finden sind, empfiehlt sich ein gewisses Misstrauen.

Sprache

In Südafrika gibt es elf offizielle Sprachen – Englisch, Afrikaans und neun indigene Sprachen (Ndebele, Nord-Sotho, Sesotho, Siswati, Tsonga, Tswana, Venda, Xhosa und Zulu). Formulare, Broschüren und Fahrpläne sind meistens zweisprachig in Englisch und Afrikaans, doch bei Straßenschildern wechselt die Sprache. Die meisten Sprecher von Afrikaans sprechen auch Englisch, Bewohner ländlicher Kleinstädte und ältere Personen allerdings nicht immer. In und um Kapstadt dominieren drei Sprachen: Afrikaans, Englisch und Xhosa.

Die Amtssprachen von Lesotho sind Sesotho und Englisch. In Swasiland sind Siswati und Englisch Amtssprachen.

AFRIKAANS

Afrikaans entwickelte sich aus dem Dialekt, der seit dem 17. Jh. von niederländischen Siedlern in Südafrika gesprochen wurde. Bis ins späte 19. Jh. wurde es als niederländischer Dialekt angesehen und war als „Cape Dutch“ bekannt. 1925 wurde es eine der Amtssprachen Südafrikas, und heute sprechen etwa 6 Mio. Menschen Afrikaans.

Wer die farbigen Ausspracheversionen liest, als wären sie Deutsch, der sollte verstanden werden. Die betonten Silben sind kursiv gesetzt. Hinweise zur Aussprache: Das ch wird kehlig wie in „Loch“ gesprochen, das zh als weiches „sch“, und das r wird gerollt.

NOCH MEHR AFRIKAANS?

Wer sich ausführlicher mit den Sprachen des Landes beschäftigen möchte, besorgt sich am besten das *Africa Phrasebook* von Lonely Planet. Man bekommt es unter **shop.lonelyplanet.com** oder als iPhone-Phrasebook im Apple App Store.

Grundbegriffe

Hallo.	*Hallo.*	ha·*loo*
Auf Wiedersehen.	*Totsiens.*	tot·*siens*
Ja.	*Ja*	jaa
Nein.	*Nee*	nej
Bitte.	*Asseblief.*	a·se·*blief*
Danke.	*Dankie.*	*dan*·kie
Entschuldigung.	*Jammer.*	*ja*·mer

Wie geht's?
Hoe gaan dit? hu chaan dit

Danke, gut, und Ihnen?
Goed dankie, en jy? chut *dan*·ki en jej

Wie heißen Sie?
Wat's jou naam? wats jo naam

Ich heiße ...
My naam is ... mej naam is ...

Sprechen Sie Englisch?
Praat jy Engels? praat jej *eng*·els

Ich verstehe nicht.
Ek verstaan nie. ek ver·*staan* nie

Essen & Trinken

Können Sie ein/e ... empfehlen ?	*Kan jy 'n ... aanbeveel?*	kan jej e ... *aan*·be·fiel
Bar	*kroeg*	kruch
Gericht	*gereg*	che·*rech*
Restaurant	*eetplek*	*iet*·plek

Ich hätte gern ..., bitte.	*Ek wil asseblief ... hê.*	ek wil a·se·*blief* ... he
einen Tisch für zwei	*tafel vir twee*	i *taa*·fel fer twie
dieses Gericht	*daardie gereg*	daar·die che·*rech*

SÜDAFRIKANISCHES ENGLISCH

Die englische Sprache (s. auch S. 713) hat während ihrer Verwendung in Südafrika einige Veränderungen erlebt. Etliche Wörter haben ihre Bedeutung verändert, neue Wörter gingen in den Sprachgebrauch ein, und dank dem Einfluss von Afrikaans hat sich ein ganz eigener Akzent entwickelt. Das Vokabular stammt eher aus dem britischen als aus dem US-amerikanischen Englisch, so heißt der Fahrstuhl „lift" und nicht „elevator", und das Benzin wird „petrol" und nicht „gas" genannt. Das trifft auch auf die Grammatik und die Rechtschreibung zu, außerdem beeinflussen andere indigene Sprachen wie Zulu und Xhosa das Englische. Es ist weit verbreitet, etwas zu wiederholen, um die Bedeutung zu verstärken: Etwas, das brennt, ist „hot hot", Felder sind nach dem Regen „green green", ein überfüllter Minibus ist „full full" usw. Hier ist nur eine kleine Auswahl der lokalen Sprache, die Reisende sicher hören werden.

babalaas (aus dem Zulu) – Riesenkater

bakkie – Pick-up-Truck/Utility-Fahrzeug

bonnet – Motorhaube

boot – Kofferraum

cool drink – Softdrink

Howzit? – Hallo, Begrüßung (How are you?)

Izzit? – Wirklich? (Is that so?)

just now – bald

lekker – hübsch, köstlich

naartjie – Mandarine

robot – Verkehrsampel

rubbish – Abfall

(Og) Shame! – Ach, wie süß! (als Reaktion z. B. auf ein Baby oder einen Welpen); Wirklich? Nein, so etwas! (in mitfühlendem Ton)

soda – Selterswasser, Sodawasser

sweeties – Süßigkeiten

tekkies – Läufer, Jogger

die Rechnung	*die rekening*	die *rej*·ke·ning
die Speisekarte	*die spyskaart*	die *spejs*·kaart

Notfall

Hilfe!	*Help!*	help
Rufen Sie einen Arzt!	*Kry 'n dokter!*	krej e *dok*·ter
Rufen Sie die Polizei!	*Kry die polisie!*	krej die po·*li*·sie

Ich habe mich verirrt.
Ek is verdwaal. — ek is fer·*dwaal*

Wo sind die Toiletten?
Waar is die toilette? — waar is die toj·*lä*·te

Ich brauche einen Arzt.
Ek het 'n dokter nodig. — ek het e *dok*·ter *no*·dich

Shoppen & Service

Ich suche ...
Ek soek na ... — ek suk naa ...

Wie viel kostet das?
Hoeveel kos dit? — *hu*·fiel kos dit

Was ist Ihr bester Preis?
Wat is jou laagste prys? — wat is joo *laach*·ste prejs

Ich möchte eine Telefonkarte kaufen.
Ek wil asseblief 'n foonkaart koop. — ek wil a·se·*blief* e *foon*·kaart koop

Ich möchte Geld wechseln.
Ek wil asseblief geld ruil. — ek wil a·se·*blief* chelt röl

I möchte das Internet benutzen.
Ek wil asseblief die Internet gebruik. — ek wil a·se·*blief* *in*·ter·net che·*brök*

Transport & Wegbeschreibungen

Ein … Ticket, bitte.	*Een … kaartjie, asseblief.*	ien … *kaar*·kie a·se·*blief*
einfach	*eenrigting*	*ien*·rich·ting
mit Rückfahrt	*retoer*	re·*tur*

Wie viel kostet es nach …?
Hoeveel kos dit na …? — *hu*·fiel kos dit naa …

Bitte bringen Sie mich nach/zu (dieser Adresse).
Neem my asseblief na (hierdie adres). — niem mej a·se·*blief* naa (*hier*·die a·*dress*)

Wo ist die/der/das nächste …?
Waar's die (naaste) …? — waars die (*naas*·te) …

Können Sie mir (das auf der Karte) zeigen?
Kan jy my (op die kaart) wys? — kan jej mej (op die kaart) wejs

Wie ist die Adresse?
Wat is die adres? — Wat is die a·*dress*

Unterkunft

Wo ist ein(e) …?	*Waar's 'n …?*	waars e …
Campingplatz	*kampeerplek*	kam·*pier*·plek
Pension	*gastehuis*	*chas*·te·hös
Hotel	*hotel*	ho·*tel*

Haben Sie ein Einzel-/Doppelzimmer?
Het jy 'n enkel/ dubbel kamer? — het jej e *en*·kel/ dü·bel *kaa*·mer

Wie viel kostet es pro Nacht/Person?
Hoeveel kos dit per nag/ persoon? — hö·fiel kos dit per nach/ per·*soon*

Zahlen

1	*een*	ejn
2	*twee*	twej
3	*drie*	drie
4	*vier*	fihr
5	*vyf*	fejf
6	*ses*	sess
7	*sewe*	*sie*·we
8	*agt*	acht
9	*nege*	*nej*·che
10	*tien*	tin

NDEBELE

Ndebele wird nur noch von einer kleinen Gruppe in den nördlichen Provinzen Südafrikas als erste Sprache verwendet.

Hallo.	*Lotsha.*
Auf Wiedersehen.	*Khamaba kuhle/ Sala kuhle.*
Ja.	*I-ye.*
Nein.	*Awa.*
Bitte.	*Ngibawa.*
Danke.	*Ngiyathokaza.*
Wie heißen Sie?	*Ungubani ibizo lakho?*
Ich heiße …	*Ibizo lami ngu …*
Ich komme aus …	*Ngibuya e…*

NORD-SOTHO

Die meisten Menschen mit Nord-Sotho (auch bekannt als Sepedi) als Muttersprache leben in Nordostsüdafrika, meist in Limpopo.

Hallo.	*Thobela.*
Auf Wiedersehen.	*Sala gabotse.*
Ja.	*Ee.*
Nein.	*Aowa.*
Bitte.	*Ke kgopela.*
Danke.	*Ke ya leboga.*
Wie heißen Sie?	*Ke mang lebitso la gago?*
Ich heiße …	*Lebitso laka k e…*
Ich komme aus …	*Ke bowa kwa …*

SESOTHO

Sesotho ist neben Englisch die Amtssprache von Lesotho. Auch das Volk der Basotho im Free State, in der North-West Province und in Gauteng spricht Sesotho. Einige Sätze können beim Aufenthalt in Lesotho hilfreich sein.

Hallo.	*Dumela.*
Ich grüße dich, Vater.	*Lumela ntate.*
Friede mit dir, Vater.	*Khotso ntate.*
Ich grüße dich, Mutter.	*Lumela 'me.*
Friede mit dir, Mutter.	*Khotso 'me.*
Ich grüße dich, Bruder.	*Lumela abuti.*
Friede mit dir, Bruder.	*Khotso abuti.*
Ich grüße dich, Schwester.	*Lumela ausi.*
Friede mit dir, Schwester.	*Khotso ausi.*

Es gibt drei gebräuchliche Möglichkeiten, um „Wie geht's?" zu fragen, die jeweils eine typische Antwort haben.

Wie geht's?	*O kae?* (Sg.)
	Le kae? (Pl.)
Ich bin hier.	*Ke teng.*
Wir sind hier.	*Re teng.*
Wie leben Sie?	*O phela joang?* (Sg.)
	Le phela joang? (Pl.)
Ich lebe gut.	*Ke phela hantle.*
Wir leben gut.	*Re phela hantle.*
Wie sind Sie aufgestanden?	*O tsohele joang?* (Sg.) *Le tsohele joang?* (Pl.)
Ich bin gut aufgestanden.	*Ke tsohile hantle.*
Wir sind gut aufgestanden.	*Re tsohile hantle.*

Beim Trekken fragen die Leute immer *Lea kae?* (Wo gehen Sie hin?) und *O tsoa kae?* oder im Plural *Le tsoa kae?* (Wo kommen sie her?). Zum Abschied sagt man:

Bleib gesund.	*Sala hantle.* (Sg.)
	Salang hantle. (Pl.)
Mach' gut.	*Tsamaea hantle.* (Sg.)
	Tsamaeang hantle. (Pl.)

Der Ausdruck für „Danke" ist *kea leboha* (ke·ja le·bo·a). Hirtenjungen fragen vielleicht nach *chelete* (Geld) oder *lipompong* (Süßigkeiten): die pomp pong. Wer antworten möchte „Ich habe keine", sagt *ha dio* (ha die·o).

SISWATI

Siswati ist neben Englisch die zweite Amtssprache in Swasiland. Auch in der südafrikanischen Provinz Mpumalanga ist es die Muttersprache vieler Einwohner. Es ähnelt dem Zulu, und Sprecher der beiden Sprachen können sich gegenseitig verstehen.

Hallo. (zu einer Person)	*Sawubona.*
Hallo. (zu mehreren Personen)	*Sanibonani.*
Wie geht's?	*Kunjani?*
Mir geht's gut.	*Kulungile.*
Uns geht's sehr gut.	*Natsi sikhona.*
Auf Wiedersehen. (sagt der, der geht)	*Salakahle.*
Auf Wiedersehen. (sagt der, der bleibt)	*Hambakahle.*
Ja. (auch als Gruß bei allen Gelegenheiten verbreitet)	*Yebo.*
Nein. (klingt wie ein Klicken)	*Cha.*
Bitte.	*Ngicela.*
Ich danke.	*Ngiyabonga.*
Wir danken.	*Siyabonga.*
Entschuldigung.	*Lucolo.*
Wie heißen Sie?	*Ngubani libito lakho?*
Ich heiße ...	*Libitolami ngingu ...*
Ich komme aus ...	*Ngingewekubuya e ...*
Haben Sie ...?	*Une yini ...?*
Wie viel?	*Malini?*
Fährt ein Bus nach ...?	*Kukhona ibhasi yini leya ...?*
Wann fährt er ab?	*Isuka nini?*
Wo ist die Touristeninformation?	*Likuphi lihovisi leti vakashi?*
Morgen	*ekuseni*
Nachmittag	*entsambaba*
Abend	*kusihlwa*
Nacht	*ebusuku*
gestern	*itolo*
heute	*lamuhla*
morgen	*kusasa*

TSONGA

Tsonga wird im Norden Südafrikas als Muttersprache gesprochen, besonders in den Provinzen Limpopo und Gauteng, und in geringerem Maß in Mpumalanga und der North-West Province.

Hallo. (morgens)	*Avusheni.*
Hallo. (nachmittags)	*Inhelekani.*
Hallo. (abends)	*Riperile.*
Auf Wiedersehen.	*Salani kahle.*
Ja.	*Hi swona.*
Nein.	*A hi swona.*
Bitte.	*Nakombela.*
Danke.	*I nkomu.*
Wie heißen Sie?	*U mani vito ra wena?*
Ich heiße ...	*Vito ra mina i ...*
Ich komme aus ...	*Ndzihuma e ...*

TSWANA

Tswana wird vor allem in in Gauteng und der North-West Province gesprochen, aber auch im Osten von Northern Cape und im Westen des Free State verwendet.

Hallo.	*Dumela.*
Auf Wiedersehen.	*Sala sentle.*
Ja.	*Ee.*
Nein.	*Nnya.*
Bitte.	*Ke a kopa.*
Danke.	*Ke a leboga.*

Zahlen – Xhosa

Englische Zahlen werden häufig benutzt.

1	*wani*	*waa*·ni
2	*thu*	tu
3	*thri*	tri
4	*fo*	faw
5	*fayifu*	*faa*·ji·fu
6	*siksi*	*sik'*·si
7	*seveni*	se·ve·ni
8	*eyithi*	e·*ji*·ti
9	*nayini*	*naa*·ji·ni
10	*teni*	*t'e*·ni

Wie heißen Sie?	*Leina la gago ke mang?*
Ich heiße ...	*Leina la me ke ...*
Ich komme aus ...	*Ke tswa ...*

VENDA

Venda wird in der nordöstlichen Grenzregion der Provinz Limpopo gesprochen.

Hallo. (morgens)	*Ndi matseloni.*
Hallo. (nachmittags)	*Ndi masiari.*
Hallo. (abends)	*Ndi madekwana.*
Auf Wiedersehen.	*Kha vha sale zwavhudi.*
Ja.	*Ndi zwone.*
Nein.	*A si zwone.*
Bitte.	*Ndikho u humbela.*
Danke.	*Ndo livhuwa.*
Wie heißen Sie?	*Zina lavho ndi nnyi?*
Ich heiße ...	*Zina langa ndi ...*
Ich komme aus ...	*Ndi bva ...*

Zahlen – Zulu

Englische Zahlen werden häufig benutzt.

1	*uwani*	u·*waa*·ni
2	*uthu*	u·*tu*
3	*uthri*	u·*thri*
4	*ufo*	u·*fo*
5	*ufayifi*	u·*faa*·ji·fi
6	*usiksi*	u·*sik*·si
7	*usevene*	u·se·ve·ni
8	*u-eyithi*	u·e·*jit i*
9	*unayini*	u·*naa*·ji·ni
10	*utheni*	u·*the*·ni

XHOSA

Xhosa gehört ebenso wie Zulu, Siswati und Ndebele zur Familie der Bantusprachen. Es ist die am weitesten verbreitete indigene Sprache in Südafrika und wird auch in der Gegend von Kapstadt gesprochen.

In den Aussprachehinweisen sind die Symbole b', ch', k', p', t' und ts' Laute, die „ausgespuckt" werden (nur beim b' wird Luft eingesaugt), die Aussprache ähnelt etwas der des mittleren Lauts beim „Oh-oh". Das Xhosa hat auch verschiedene „klickende" Laute, die in diesem Kapitel nicht ausgewiesen werden.

Hallo.	*Molo.*	*mo*·lo
Auf Wiedersehen.	*Usale ngoxolo.*	u·*saa*·le ngo·*ko*·lo
Ja.	*Ewe.*	e·*we*
Nein.	*Hayi.*	haa·*ji*
Bitte.	*Cela.*	*ke*·laa
Danke.	*Enkosi.*	e·*nk'o*·si
Entschuldigung.	*Uxolo.*	u·o·lo
Wie geht's?	*Kunjani?*	k'u·*njaa*·ni

Gut, und Ihnen?
Ndiyaphila, unjani wena? — ndi·jaa·*pi*·laa u·*njaa*·ni *we*·naa

Wie heißen Sie?
Ngubani igama lakho? — ngu·*b'aa*·ni i·*gaa*·maa laa·*oko*

Ich heiße ...
I gama lam ngu ... — i·*gaa*·maa laam ngu ...

Sprechen Sie Englisch?
Uyasithetha isingesi? — u·jaa·si·*te*·taa i·si·*nge*·si

Ich verstehe nicht.
Andiqondi. — aa·ndi·*ko*·ndi

ZULU

Zulu ist eine Sprache der Bantu-Sprachgruppe, die eng mit den anderen Bantu-Sprachen in Südafrika verwandt ist, besonders mit Xhosa. Etwa 10 Mio. Afrikaner sprechen Zulu als Muttersprache, die große Mehrheit von ihnen (über 95 %) lebt in Südafrika. Auch in Lesotho und Swasiland wird Zulu gesprochen.

In den Ausspracheanleitungen sind die Symbole b', ch', k', p', t' und ts' Laute, die behaucht werden (nur beim b' wird Luft eingesaugt), die Aussprache ähnelt ebenfalls ein wenig der des mittleren Lauts beim „Oh-oh".

Zulu hat auch verschiedene Klicklaute, die in diesem Kapitel nicht extra ausgewiesen werden.

Hallo.
Sawubona. (Sg.) — saa·wu·*b'o*·naa
Sanibonani. (Pl.) — saa·ni·b'o·*naa*·ni

Auf Wiedersehen. (der, der geht)
Sala kahle. (Sg.) — saa·laa *gaa*·hle
Salani kahle. (Pl.) — saa·laa·ni *gaa*·hle

Auf Wiedersehen. (der, der bleibt)
Hamba kahle. (Sg.) — haa·mbaa *gaa*·hle
Hambani kahle. (Pl.) — haa·mbaa·ni *gaa*·hle

Ja.
Yebo. — je·b'o

Nein.
Cha. — kaa

Danke.
Ngiyabonga. — ngi·jaa·*b'o*·ngaa

Entschuldigung.
Uxolo. — u·*ko*·lo

Wie geht's?
Unjani?/Ninjani? (Sg./Pl.) — u·njaa·ni/ni·njaa·ni

Gut, und Ihnen?
Sikhona. — si·*ko*·naa
Nawe?/Nani? (Sg./Pl.) — naa·we/naa·ni

Wie heißen Sie?
Ngubani igama lakho? — ngu·b'aa·ni i·gaa·maa laa·ko

Ich heiße ...
Igama lami ngu-... — i·gaa·maa *laa*·mi ngu-...

Sprechen Sie Englisch?
Uyasikhuluma isiNgisi? — u·jaa·si·ku·lu·maa i·si·ngi·si

Ich verstehe nicht.
Angizwa. — aa·*ngi*·zwaa

ENGLISCH

Briten, Amerikaner und Neuseeländer, deutsche Geschäftsleute und norwegische Wissenschaftler, der indische Verwaltungsbeamte und die Hausfrau in Kapstadt – fast jeder scheint Englisch zu sprechen. Und wirklich: Englisch ist die am weitesten verbreitete Sprache der Welt (wenn's auch nur den zweiten Platz für die am meisten gesprochene Muttersprache gibt – Chinesisch ist die Nr. 1).

Und selbst die, die nie Englisch gelernt haben, kennen durch englische Musik oder Anglizismen in Technik und Werbung immer ein paar Wörter. Ein paar Brocken mehr zu lernen, um beim Smalltalk zu glänzen, ist nicht schwer. Hier sind die wichtigsten Wörter und Wendungen für die fast perfekte Konversation in fast allen Lebenslagen aufgelistet:

Konversation & Nützliches

Wer einen Fremden nach etwas fragt, sollte die Frage oder Bitte mit einer höflichen Entschuldigung einleiten („Excuse me, ...").

Hallo. — *Hello.*

Guten ... — *Good ...*
Tag — *day*
Tag (nachmittags) — *afternoon*
Morgen — *morning*
Abend — *evening*

Auf Wiedersehen. — *Goodbye.*
Bis später. — *See you later.*
Tschüss. — *Bye.*
Wie geht es Ihnen/dir? — *How are you?*
Danke, gut. — *Fine. And you?*
Und Ihnen/dir? — *... and you?*

Wie ist Ihr Name?/ Wie heißt du? — *What's your name?*
Mein Name ist ... — *My name is ...*
Wo kommen Sie her?/ Wo kommst du her? — *Where do you come from?*
Ich komme aus ... — *I'm from ...*
Wie lange bleiben Sie/ bleibst du hier? — *How long do you stay here?*

Ja. — *Yes.*
Nein. — *No.*
Bitte. — *Please.*
Danke/Vielen Dank. — *Thank you (very much).*
Bitte (sehr). — *You're welcome.*
Entschuldigen Sie, ... — *Excuse me, ...*
Entschuldigung. — *Sorry.*
Es tut mir leid. — *I'm sorry.*
Verstehen Sie (mich)? — *Do you understand (me)?*
Ich verstehe (nicht). — *I (don't) understand.*
Könnten Sie ...? — *Could you please ...?*
bitte langsamer sprechen — *speak more slowly*
das bitte wiederholen — *repeat that*
das bitte aufschreiben — *write it down*

Fragewörter

Wer? — *Who?*
Was? — *What?*
Wo? — *Where?*
Wann? — *When?*
Wie? — *How?*
Warum? — *Why?*
Welcher? — *Which?*
Wie viel/viele? — *How much/many?*

Gesundheit

Wo ist der/die/das nächste ...?
Where's the nearest ...?

Apotheke	*chemist*
Arzt	*doctor*
Krankenhaus	*hospital*
Zahnarzt	*dentist*

Ich brauche einen Arzt.
I need a doctor.

Gibt es in der Nähe eine (Nacht-)Apotheke?
Is there a (night) chemist nearby?

Ich bin krank.	*I'm sick.*
Es tut hier weh.	*It hurts here.*
Ich habe mich übergeben.	*I've been vomiting.*
Ich habe ...	*I have ...*
Durchfall	*diarrhoea*
Fieber	*fever*
Kopfschmerzen	*headache*
(Ich glaube,) Ich bin schwanger.	*(I think) I'm pregnant.*
Ich bin allergisch gegen	*I'm allergic to ...*
Antibiotika	*antibiotics*
Aspirin	*aspirin*
Penizillin	*penicillin*

Mit Kindern reisen

Ich brauche ...	*I need a/an ...*
Gibt es ...?	*Is there a/an ...?*
einen Babysitter	*babysitter*
eine Kinderkarte	*children's menu*
einen Kindersitz	*booster seat*
einen Kinderstuhl	*highchair*
einen Kinderwagen	*stroller*
einen Wickelraum	*baby change room*
ein Töpfchen	*potty*
(Einweg-)Windeln	*(disposable) nappies*

Stört es Sie, wenn ich mein Baby hier stille?
Do you mind if I breastfeed here?

Sind Kinder zugelassen?
Are children allowed?

Notfall

Hilfe!	*Help!*
Es ist ein Notfall!	*It's an emergency!*
Rufen Sie die Polizei!	*Call the police!*
Rufen Sie einen Arzt!	*Call a doctor!*
Rufen Sie einen Krankenwagen!	*Call an ambulance!*
Lassen Sie mich in Ruhe!	*Leave me alone!*
Gehen Sie weg!	*Go away!*

Papierkram

Name	*name*
Staatsangehörigkeit	*nationality*
Geburtsdatum	*date of birth*
Geburtsort	*place of birth*
Geschlecht	*sex/gender*
(Reise-)Pass	*passport*
Visum	*visa*

Schilder

Danger	*Gefahr*
No Entry	*Einfahrt verboten*
One-way	*Einbahnstraße*
Entrance	*Einfahrt*
Exit	*Ausfahrt*
Keep Clear	*Ausfahrt freihalten*
No Parking	*Parkverbot*
No Stopping	*Halteverbot*
Toll	*Mautstelle*
Cycle Path	*Radweg*
Detour	*Umleitung*
No Overtaking	*Überholverbot*
Police	*Polizei*
Entrance	*Eingang*
Exit	*Ausgang*
Open	*Offen*
Closed	*Geschlossen*
No Entry	*Kein Zutritt*
No Smoking	*Rauchen verboten*
Prohibited	*Verboten*
Toilets	*Toiletten*
Men	*Herren*
Women	*Damen*

Shoppen & Service

Ich suche ...
I'm looking for ...

Wo ist der/die/das (nächste) ...?
Where's the (nearest) ...?

Wo kann ich ... kaufen?
Where can I buy ...?

Ich möchte ... kaufen.
I'd like to buy ...

Wie viel (kostet das)?
How much (is this)?

Das ist zu viel/zu teuer.
That's too much/too expensive.

Können Sie mit dem Preis heruntergehen?
Can you lower the price?

Ich schaue mich nur um.
I'm just looking.

Haben Sie noch andere?
Do you have any others?

Können Sie ihn/sie/es mir zeigen?
Can I look at it?

mehr	*more*
weniger	*less*
kleiner	*smaller*
größer	*bigger*

Nehmen Sie ...?	*Do you accept ...?*
Kreditkarten	*credit cards*
Reiseschecks	*traveller's cheques*
Ich möchte ...	*I'd like to ...*
Geld umtauschen	*change money*
einen Scheck einlösen	*cash a cheque*
Reiseschecks einlösen	*change traveller's cheques*

Ich suche ...	*I'm looking for ...*
einen Arzt	*a doctor*
eine Bank	*a bank*
die ... Botschaft	*the ... embassy*
einen Geldautomaten	*an ATM*
das Krankenhaus	*the hospital*
den Markt	*the market*
ein öffentliches Telefon	*a public phone*
eine öffentliche Toilette	*a public toilet*
die Polizei	*the police*
das Postamt	*the post office*
die Touristen-information	*the tourist information*
eine Wechsel-stube	*an exchange office*

Wann macht er/sie/es auf/zu?
What time does it open/close?

Ich möchte eine Telefonkarte kaufen.
I want to buy a phone card.

Wo ist hier ein Internetcafé?
Where's the local Internet cafe?

Ich möchte ...	*I'd like to ...*
ins Internet	*get Internet access*
meine E-Mails checken	*check my email*

Uhrzeit & Datum

Wie spät ist es?	*What time is it?*
Es ist (ein) Uhr.	*It's (one) o'clock.*
Zwanzig nach eins	*Twenty past one*
Halb zwei	*Half past one*
Viertel vor eins	*Quarter to one*
morgens/vormittags	*am*
nachmittags/abends	*pm*

jetzt	*now*
heute	*today*
heute Abend	*tonight*
morgen	*tomorrow*
gestern	*yesterday*
Morgen	*morning*
Nachmittag	*afternoon*
Abend	*evening*
Montag	*Monday*
Dienstag	*Tuesday*
Mittwoch	*Wednesday*
Donnerstag	*Thursday*
Freitag	*Friday*
Samstag	*Saturday*
Sonntag	*Sunday*

Januar	*January*
Februar	*February*
März	*March*
April	*April*
Mai	*May*
Juni	*June*
Juli	*July*
August	*August*
September	*September*
Oktober	*October*
November	*November*
Dezember	*December*

Unterkunft

Wo ist ...?	*Where's a ...?*
eine Pension	*bed and breakfast guesthouse*
ein Campingplatz	*camping ground*
ein Hotel/Gasthof	*hotel*
ein Privatzimmer	*room in a private home*
eine Jugend-herberge	*youth hostel*

Wie ist die Adresse?
What's the address?

Ich möchte bitte ein Zimmer reservieren.
I'd like to book a room, please.

Für (drei) Nächte/Wochen.
For (three) nights/weeks.

Haben Sie ein ...?	*Do you have a ... room?*
Einzelzimmer	*single*
Doppelzimmer	*double*
Zweibettzimmer	*twin*

Wie viel kostet es pro Nacht/Person?
How much is it per night/person?

Kann ich es sehen?
May I see it?

Kann ich ein anderes Zimmer bekommen?
Can I get another room?

Es ist gut, ich nehme es.
It's fine. I'll take it.

Ich reise jetzt ab.
I'm leaving now.

Verkehrsmittel & -Wege

Wann fährt ... ab?
What time does the ... leave?

das Boot/Schiff	*boat/ship*
die Fähre	*ferry*
der Bus	*bus*
der Zug	*train*

Wann fährt der ... Bus?
What time's the ... bus?

erste	*first*
letzte	*last*
nächste	*next*

Wo ist der nächste U-Bahnhof?
Where's the nearest metro station?

Welcher Bus fährt nach ...?
Which bus goes to ...?

Straßenbahn	*tram*
Straßenbahnhaltestelle	*tram stop*
S-Bahn	*suburban (train) line*
U-Bahn	*metro*
(U-)Bahnhof	*(metro) station*

Eine ... nach (Kapstadt).
A ... to (Kapstadt).

einfache Fahrkarte	*one-way ticket*
Rückfahrkarte	*return ticket*
Fahrkarte 1. Klasse	*1st-class ticket*
Fahrkarte 2. Klasse	*2nd-class ticket*

Der Zug wurde gestrichen.
The train is cancelled.

Der Zug hat Verspätung.
The train is delayed.

Ist dieser Platz frei?
Is this seat free?

Muss ich umsteigen?
Do I need to change trains?

Sind Sie frei?
Are you free?

Was kostet es bis ...?
How much is it to ...?

Bitte bringen Sie mich zu (dieser Adresse).
Please take me to (this address).

Wo kann ich ein ... mieten?
Where can I hire a/an ...?

Ich möchte ein ... mieten.
I'd like to hire a/an ...

Auto	*car*
Fahrrad	*bicycle*
Fahrzeug mit Automatik	*automatic*
Fahrzeug mit Schaltung	*manual*
Geländewagen	*4WD*
Motorrad	*motorbike*

Wie viel kostet es pro Tag/Woche?
How much is it per day/week?

Wo ist eine Tankstelle?
Where's a petrol station?

Benzin	*petrol*
Diesel	*diesel*
Bleifreies Benzin	*unleaded*

Führt diese Straße nach ...?
Does this road go to ...?

Wo muss ich bezahlen?
Where do I pay?

Ich brauche einen Mechaniker.
I need a mechanic.

Das Auto hat eine Panne.
The car has broken down.

Ich habe einen Platten.
I have a flat tyre.

Das Auto/Motorrad springt nicht an.
The car/motorbike won't start.

Ich habe kein Benzin mehr.
I've run out of petrol.

Wegweiser

Können Sie mir bitte helfen?
Could you help me, please?

Ich habe mich verirrt.
I'm lost.

Wo ist (eine Bank)?
Where's (a bank)?

In welcher Richtung ist (eine öffentliche Toilette)?
Which way's (a public toilet)?

Wie kann ich da hinkommen?
How can I get there?

Wie weit ist es?
How far is it?

Können Sie es mir (auf der Karte) zeigen?
Can you show me (on the map)?

links	*left*
rechts	*right*
nahe	*near*
weit weg	*far away*
hier	*here*
dort	*there*
an der Ecke	*on the corner*
geradeaus	*straight ahead*
gegenüber ...	*opposite ...*
neben ...	*next to ...*
hinter ...	*behind ...*
vor ...	*in front of ...*
Norden	*north*
Süden	*south*
Osten	*east*
Westen	*west*
Biegen Sie ... ab.	*Turn ...*
links/rechts	*left/right*
an der nächsten Ecke	*at the next corner*
bei der Ampel	*at the traffic lights*

Zahlen

0	*zero*
1	*one*
2	*two*
3	*three*
4	*four*
5	*five*
6	*six*
7	*seven*
8	*eight*
9	*nine*
10	*ten*
11	*eleven*
12	*twelve*
13	*thirteen*
14	*fourteen*
15	*fifteen*
16	*sixteen*
17	*seventeen*
18	*eighteen*
19	*nineteen*
20	*twenty*
21	*twentyone*
22	*twentytwo*
23	*twentythree*
24	*twentyfour*
25	*twentyfive*
30	*thirty*
40	*fourty*
50	*fifty*
60	*sixty*
70	*seventy*
80	*eigthy*
90	*ninety*
100	*hundred*
1000	*thousand*
2000	*two thousand*
100 000	*hundred thousand*

GLOSSAR

Weitere Ausdrücke findet man im Glossar für Essen & Trinken (S. 618).

Afrikaans – die von den Afrikaanern (europäischstämmigen weißen Einwohnern Südafrikas) gesprochene Sprache, die sich vom Cape Dutch ableitet

Afrikaner – weiße Person, die Afrikaans spricht; deutsch Afrikaaner

amahiya – traditionelles Gewand der Swasi

ANC – Afrikanischer Nationalkongress, nationaldemokratische Organisation, die 1912 gegründet wurde, um die Schwarzen zu repräsentieren

AWB – Afrikaner Weerstandsbeweging, Widerstandsbewegung der Afrikaaner; eine rechtsextremistische Gruppe der Afrikaaner

bakkie – Pick-up-Truck

balimo – Ahnen (Sotho)

Bantu – wörtlich „Menschen", wurde während der Apartheid abschätzig für Schwarze verwendet; heute wird der Begriff nur noch in linguistischem Kontext benutzt, z. B. Bantu-Sprache, Bantu-Sprecher

Bantustans – s. *Homelands*

BCP – Basotholand Congress Party

Big Five (die) – Löwe, Leopard, Elefant, Büffel und Spitzmaulnashorn

bilharzia – Bilharziose, eine Krankheit, die durch Egel verursacht und von Süßwasserschnecken übertragen wird

biltong – getrocknetes Fleisch

bittereinders – „bitter enders" auf Afrikaans; Widerstandskämpfer der Buren, die im Zweiten Burenkrieg (1899–1902) bis zum „bitteren Ende" kämpften

BNP – Basotholand National Party

bobotie – gewürztes Hackfleisch, das mit einer pikanten Eiercreme bedeckt wird

Boers – s. *Trekboers*

braai – kurz für *braaivleis*, eine Grillvariante, bei der Fleisch über einem offenen Feuer gegart wird

Broederbond – Geheimbund, der nur protestantische Afrikaaner aufnimmt; war während der Regierung der National Party sehr einflussreich

bubblegum – eine Form der Township-Musik, die von westlicher Popmusik beeinflusst ist

byala – traditionelles Bier

coloureds – „Farbige"; Begriff aus der Ära der Apartheid für Menschen mit gemischtrassiger Abstammung

dagga – Marihuana, auch als *zol* bekannt

Democratic Alliance – die offizielle Oppositionspartei des ANC

diamantveld – Diamantenfelder

difaqane – „erzwungene Migration" vieler südafrikanischer Nguni; auf Zulu *mfecane* genannt

dorp – kleines Dorf oder ländliche Siedlung

drostdy – Wohnsitz eines Landdrosten

free-camp – freies Campen an einem selbst gewählten Ort, abseits offizieller Campingplätze; vorher sollte aber eine Erlaubnis eingeholt und Geld angeboten werden

fynbos – wörtlich „feinblättriger Busch", in erster Linie Zuckerbüsche und Heidekräuter

gogo – Großmutter

highveld – hoch gelegene Graslandregion

homelands – während der Apartheid für Schwarze eingerichtete Gebiete, die von Südafrika (aber niemals von den Vereinten Nationen) als unabhängige Länder betrachtet wurden; sie wurden nach 1994 wieder in Südafrika eingegliedert

IFP – Inkatha Freedom Party; politische Bewegung der Schwarzen, die um 1975 gegründet wurde, ihr Führer war Chief Mangosouthu Buthelezi

igogogo – Musikinstrument, das aus einem Ölkanister hergestellt wird

igqirha – spiritueller Heiler der Xhosa

impi – Zulu-Krieger; auch jede Gruppe von Soldaten

indunas – Stammesführer

inyanga – traditioneller Medizinmann und Kräuterheiler, der auch aus dem Muster hingeworfener Knochen die Zukunft herausliest

isicathamiya –Stil der Vokalmusik aus KwaZulu-Natal mit einer Art Stepptanz

ixhwele – Kräuterheiler der Xhosa

jol – Party, fröhliche Geselligkeit

karamat – Grab eines muslimischen Heiligen

Khoekhoen – Vieh haltende San

Khoe-San – Sammelbegriff für die eng miteinander verwandten Stämme der San und Khoekhoen

kloof – Schlucht

kloofing – Canyoning

knobkerry – traditionelle afrikanische Waffe; ein Stock mit einem runden Knauf am Ende, wird als Keule oder Wurfgeschoss benutzt

kommando – Militäreinheit der Buren

kopje – kleiner Hügel

kraal – Hüttendorf, oft mit einem Gehege für Vieh; auch ein befestigtes Dorf der Zulu

kroeg – Bar

kwaito – eine Variante der Township-Musik; eine Mischung aus *mbaqanga*, Jive, Hip-Hop, House, Ragga und anderen Tanzstilen

kwela – Township-Interpretation des amerikanischen Swing

landdrost – Beamter, der als lokaler Verwalter, Steuereinzieher und Friedensrichter tätig ist

lapa – rundes Gebäude mit niedrigen Wänden und Strohdach; wird zum Kochen und für Feste etc. genutzt

LCD – Lesotho Congress for Democracy

lekgotla – Versammlungsplatz

lekker – sehr gut, erfreulich oder geschmackvoll (lecker)

lekolulo – flötenähnliches Instrument, das von Hirtenjungen gespielt wird

lesokoana – Holzstock oder Holzlöffel, mit dem traditionell *mealie pap* umgerührt wird

liqhaga – „Flaschen", die so dicht geflochten sind, dass sie zum Transport von Wasser genutzt werden

lowveld – niedrig gelegenes Gebiet mit Buschvegetation

maskanda – Zulu-Form des Gitarrenspielens

matjieshuis – Afrikaans, Bezeichnung für die traditionellen geflochtenen „Mattenhütten" der Nama

mbaqanga – eine Form der Township-Musik; auf Zulu wörtlich „Kloß", kombiniert Kirchenchöre, Doo-Wop-Gesang und Sax-Jive

mdube – Vokalstil, der europäischen und afrikanischen Kirchenchorgesang vermischt

mfeqane – s. *difaqane*

minwane – Fußabdrücke von Dinosauriern

Mkhulumnchanti – Swasi-Gottheit

mokorotlo – konischer Hut, der von den Basotho getragen wird

molianyeoe – s. *mokorotlo*

moraba-raba – beliebtes Brettspiel für zwei Spieler, das mit Holzperlen gespielt wird und anderswo in Afrika auch als *mancala* oder *bao* bekannt ist

moroka-pula – Regenmacher

mqashiyo – Gesangsstil, der dem *mbaqanga* ähnelt

muti – traditionelle Medizin

Ncwala – Swasi-Zeremonie der „ersten Früchte"

ndlovukazi – Elefantin, traditioneller Titel der Swasi-Königin

ngaca – (auch *ngaka*) gelehrter Mann

ngwenyama – Löwe, traditioneller Titel des Swasi-Königs

PAC – Pan African Congress; politische Organisation der Schwarzen, die 1959 gegründet wurde, um für die Mehrheitsregierung und gleiche Rechte zu kämpfen

peri peri – scharfer Pfeffer

Pinotage –Weinart, eine Kreuzung zwischen Pinot Noir und Hermitage oder Shiraz

pont – Flussfähre

Poqo – bewaffneter Flügel der PAC

Rikki – kleiner, offener Transporter, der in Kapstadt als öffentliches Verkehrsmittel dient

robot – Verkehrsampel

rondavel – runde Hütte mit konischem Dach

San – nomadisch lebende Jäger und Sammler, die die ersten Bewohner Afrikas waren

sangoma – traditioneller Heiler

sandveld – trockener, sandiger Landstreifen

setolo-tolo – Saiteninstrument, das von Männern mit dem Mund gespielt wird

shebeen – Bar in schwarzen Townships; früher waren sie illegal, heute haben sie lediglich keine Schanklizenz

slaghuis – Fleischerei

slenter – gefälschter Diamant

snoek – Wanderfisch mit festem Fleisch, der im Juni und Juli vor dem Kap auftaucht; er wird geräuchert, gesalzen oder als Curry serviert

sourveld – bestimmter Graslandtyp

swart gevaar – „schwarze Bedrohung"; von Afrikaaner-Nationalisten während der 1920er-Jahre geprägter Begriff

Telkom – staatliches Telekommunikationsunternehmen

thkolosi – kleine, boshafte verspielte Wesen

thomo – Saiteninstrument, das von Frauen gespielt wird

thornveld – ein Vegetationsgürtel, der von Dornengewächsen, besonders Akazien und verwandten Arten geprägt wird

tokoloshe – bösartiger Geist oder kleines, menschenartiges Tier, ähnlich den *thkolosi* der Sotho

Township – speziell errichtete Wohngebiete für Schwarze und Farbige, Erbe der Apartheid

Trekboers – deutsch Trekburen; die ersten Niederländer, die ins Landesinneres des heutigen Western Cape zogen; später abgekürzt zu Boers (deutsch Buren)

trokkie – Fernfahrer-Rastplatz

tronk – Gefängnis

tuk-tuk – motorisiertes Dreirad

uitlanders – „Ausländer"; der ursprüngliche Name der Afrikaaner für die Immigranten, die nach der Entdeckung von Gold in den Transvaal strömten

Umkhonto we Sizwe – der bewaffnete Flügel des ANC während der Jahre des Kampfes, besteht heute nicht mehr

veld – hoch gelegenes offenes Grasland (ausgesprochen „felt")

velskoene – handgemachte Lederschuhe

VOC – Vereenigde Oost-Indische Compagnie (Niederländische Ostindien-Kompanie)

volk – Afrikaans-Sammelbegriff für Afrikaaner

volkstaal – Volkssprache

volkstaat – unabhängiger, radikaler reiner Burenstaat

Voortrekkers – die ursprünglichen Afrikaaner-Siedler im Oranje-Freistaat und in Transvaal, die in den 1830er-Jahren auf der Suche nach Unabhängigkeit aus der Kapkolonie kamen

Hinter den Kulissen

WIR FREUEN UNS ÜBER EIN FEEDBACK

Post von Reisenden zu bekommen ist für uns ungemein hilfreich – Kritik und Anregungen halten uns auf dem Laufenden und helfen, unsere Bücher zu verbessern. Unser reiseerfahrenes Team liest alle Zuschriften genau durch, um zu erfahren, was an unseren Reiseführern gut und was schlecht ist. Wir können solche Post zwar nicht individuell beantworten, aber jedes Feedback wird garantiert schnurstracks an die jeweiligen Autoren weitergeleitet, rechtzeitig vor der nächsten Nachauflage.

Wer Ideen, Erfahrungen und Korrekturhinweise zum Reiseführer mitteilen möchte, hat die Möglichkeit dazu auf **www.lonelyplanet.com/contact/guidebook_feedback/new**. Unter **www.lonelyplanet.de/kontakt** erreichen uns Anmerkungen speziell zur deutschen Ausgabe.

Hinweis: Da wir Beiträge möglicherweise in Lonely Planet-Produkten (Reiseführer, Websites, digitale Medien) veröffentlichen, ggf. auch in gekürzter Form, bitten wir um Mitteilung, falls ein Kommentar nicht veröffentlicht oder ein Name nicht genannt werden soll. Wer Näheres über unsere Datenschutzpolitik wissen will, erfährt das unter www.lonelyplanet.com/privacy

DANK VON LONELY PLANET

Vielen Dank an alle Reisenden, die mit der letzten Ausgabe unterwegs waren und uns nützliche Hinweise, gute Ratschläge und interessante Begebenheiten übermittelt haben: Adam Asghar, Melanie Beschler, David Espinosa, Gary Millar, Tristan Mostert, Joe Neustadt, Geoffrey Oddie, Stuart Rison, Diane Trillwood, Bertaud Vincent, Michael Walti, Andrew Welch, Eloise Whitaker, Wilda Wong

DANK DER AUTOREN

James Bainbridge

Danke, *thanks, dankie, enkosi* und *cheers* an die vielen netten Leute in Eastern Cape und Lesotho, die mir bereitwillig bei meinen Recherchen und meinen Problemen mit dem Auto geholfen haben. All die Menschen, die mich unterstützt, mit mir geredet oder einfach gute Laune und ein kühles Bier mitgebracht haben, kann ich unmöglich aufzählen – auch wenn Brad aus Dijembe für seinen Ritt auf dem Pferd eine Erwähnung verdient. Auf meiner Reise von Orten an der Wild Coast wie Buccs bis zu Handelsposten in den Bergen wie Malealea wurde ich ständig daran erinnert, dass Südafrikaner zu den warmherzigsten und freundlichsten Menschen der Welt zählen.

Jean-Bernard Carillet

Ein riesiges Dankeschön an die Redakteure und Kartografen bei Lonely Planet für Ihre tolle Arbeit! Auch Hauptautor James Bainsbridge verdient ein *grand merci* für seine Unterstützung, ebenso DE Matt für seine verständnisvolle Hilfe, als ich in Südafrika krank wurde. In Swasiland danke ich ganz besonders Darron. In Südafrika bin ich Mbeki, Jo, Jeff, Nicolas und Gerald zu besonderem Dank verpflichtet. In Pretoria geht ein großes Dankeschön an meinen Freund André und seine Familie, die mich so freundlich empfangen haben. Und schließlich wie immer ein *gros bisou* an Christine und Eva.

Lucy Corne

Ein Dank geht an Matt und James für all ihre Hilfe und Unterstützung. Für Tipps und Hilfe unterwegs danke ich Terri-Lee Adendorff, Cathy Marston, Aliwiya Mac Minn, Laura Freeman, Steve Lunderstedt und Jurg Wagener, außerdem den Mitarbeitern der Touristeninformationen, besonders in Stellenbosch, Hermanus, Tulbagh, Montagu, Mossel Bay, Knysna, Oudtshoorn und Springbok. Dankbar bin ich auch Elisah, die sich um Kai gekümmert hat, und natürlich Shawn, der als Vater wunderbar zurechtgekommen ist, während ich unterwegs auf Reisen war!

Alan Murphy
Die Arbeit an diesem Buch widme ich meinem verstorbenen Vater Alan Edward Murphy. Bei den Recherchen haben mir unzählige Leute geholfen, die ich unterwegs getroffen habe – ihnen allen ein großes Dankeschön. Ein ganz besonderer Dank geht an Smitzy, den ausgezeichneten Reisegefährten. Und natürlich danke ich meiner Frau Alison, die zu Hause die Stellung gehalten hat.

Matt Phillips
Sehr dankbar bin ich meiner lieben Reisegefährtin (und Vogelkundlerin) Kat, die mich auf dem zweiten Teil der Reise begleitet hat, und natürlich meiner Familie in Großbritannien und daheim in Kanada. Danke auch an David Carroll und Nóirín Hegarty, die mir erneut die Chance zur Südafrika-Reise gegeben haben – und an die vielen Tiere, die mich wieder sehr beeindruckt haben.

Simon Richmond
Dankbar bin ich all den Menschen, die mir den Aufenthalt in Kapstadt zu einem so lehrreichen Vergnügen gemacht haben, darunter meine Mitautoren Lucy und Shawn, Brent Meersman, Iain Harris, Lee Harris, Toni Shina, Nicole Biondi, Alison Foat, Sally Grierson, Patrick Craig, Cathy Marston, Tony Elvin, Rashiq Fataar, Zayd Minty, Daniel Sullivan, Sheryl Ozinsky, Bulelwa Makalima-Ngewana, Juma Mkwela, Gamidah Jacobs, Cindy Taylor, Iain Manley, Marco Morgan und Caroline Jordan.

Quellennachweis

Die Daten in der Klimatabelle stammen von Peel MC, Finlayson BL & McMahon TA (2007), Aktualisierte Weltkarte der Köppen-Geiger-Klimaklassifikation, *Hydrology and Earth System Sciences*, 11, 1633-44.
Abbildung auf dem Umschlag: Löwenpaar im Timbavati Private Game Reserve, Kruger National Park, Thomas Retterath / Getty Images ©.

ÜBER DIESES BUCH

Dies ist die 4. deutsche Auflage von *Südafrika, Lesotho & Swasiland*, basierend auf der mittlerweile 10. englischen Auflage. Autoren dieses Buches sind James Bainbridge, Jean-Bernard Carillet, Lucy Corne, Alan Murphy, Matt Phillips und Simon Richmond. Die vorhergehende Auflage stammte von James Bainbridge, Kate Armstrong, Lucy Corne, Michael Grosberg, Alan Murphy, Helen Ranger, Simon Richmond und Tom Spurling. Der aktuelle Band wurde betreut von:

Redaktionsleitung Matt Phillips
Projektredaktion Elizabeth Jones, Luna Soo, Amanda Williamson
Leitung der Kartografie Corey Hutchison
Layout Virginia Moreno
Redaktionsassistenz Sarah Bailey, Imogen Bannister, Katie O'Connell, Kirsten Rawlings, Kathryn Rowan
Asisstenz der Kartografie Diana von Holdt
Bildredaktion für den Umschlag Campbell McKenzie
Dank an Sasha Baskett, Brendan Dempsey, Ryan Evans, Victoria Harrison, Kate James, Kate Mathews, Claire Naylor, Karyn Noble, Martine Power, Wibowo Rusli, Diana Saengkham, Maureen Wheeler, Tracy Whitmey

Register

Kartenseiten **000**
Abbildungen **000**

Kartenseiten **000**
Abbildungen **000**

Kartenseiten **000**
Abbildungen **000**

Kartenseiten **000**
Abbildungen **000**

Kartenlegende

Sehenswertes
- Strand
- Vogelschutzgebiet
- Buddhistisch
- Burg/Schloss/Palast
- Christlich
- Konfuzianisch
- Hinduistisch
- Islamisch
- Jainistisch
- Jüdisch
- Denkmal
- Museum/Galerie/Hist. Gebäude
- Ruine
- Shintoistisch
- Sikh-Religion
- Taoistisch
- Weingut/Weinberg
- Zoo/Naturschutzgebiet
- andere Sehenswürdigkeit

Aktivitäten, Kurse & Touren
- Bodysurfen
- Tauchen
- Kanu/Kajak
- Kurse/Touren
- Sento-Bad/Onsen
- Skifahren
- Schnorcheln
- Surfen
- Schwimmbad/Pool
- Wandern
- Windsurfen
- andere Aktivität

Schlafen
- Schlafen
- Camping

Essen
- Essen

Ausgehen & Nachtleben
- Ausgehen & Nachtleben
- Café

Unterhaltung
- Unterhaltung

Shoppen
- Shoppen

Praktisches
- Bank
- Botschaft/Konsulat
- Krankenhaus/Arzt
- Internet
- Polizei
- Post
- Telefon
- Toilette
- Touristeninformation
- andere Information

Landschaft
- Strand
- Hütte
- Leuchtturm
- Aussichtspunkt
- Berg/Vulkan
- Oase
- Park
- Pass
- Picknickplatz
- Wasserfall

Bevölkerung
- Hauptstadt (National)
- Hauptstadtl (Staat/Provinz)
- Stadt/Großstadt
- Ort/Dorf

Verkehrsmittel
- Flughafen
- Grenzübergang
- Bus
- Cable Car/Seilbahn
- Radfahren
- Fähre
- Metrohaltestelle/-station
- Monorail
- Parkplatz
- Tankstelle
- S-Bahn-Haltestelle
- Taxi
- Bahnhof/Zugstrecke
- Tram/Straßenbahn
- U-Bahn-Station
- anderes Verkehrsmittel

Hinweis: Nicht alle hier aufgeführten Symbole sind auf den Karten dieses Buches zu finden

Verkehrswege
- Mautstraße
- Autobahn
- Hauptstraße
- Landstraße
- Nebenstraße
- Weg
- Piste/unbefestigter Weg
- Straße in Bau
- Platz/Fußgängerzone/Mall
- Treppe
- Tunnel
- Fußgängerbrücke
- Wanderung/Wanderweg
- Wanderung mit Abstecher
- Wanderpfad

Grenzen
- Internationale Grenze
- Bundesstaat/Provinz
- umstrittene Grenze
- Regional/Vorort
- Gewässergrenze
- Klippen
- Mauer

Gewässer
- Fluß, Bach
- periodischer Fluss
- Kanal
- Wasserfläche
- Trocken-/Salz-/period. See
- Riff

Fläche
- Flughafen/Flugpiste
- Strand/Wüste
- Friedhof (christlich)
- Friedhof (andere Religion)
- Gletscher
- Watt
- Park/Wald
- Sehenswertes (Gebäude)
- Sportanlage/-platz
- Sumpf/Mangroven

DIE AUTOREN

James Bainbridge

Hauptautor, Reiseplanung, Eastern Cape, Lesotho, Südafrika, Lesotho & Swasiland aktuell, Musik, Menschen & Kultur, Praktische Informationen James ist ein britischer Reisejournalist und Reiseführer, der inmitten der Berge und Weingärten von Western Cape zusammen mit Frau und Sohn in einer ländlichen Kleinstadt lebt. Privat und beruflich ist er häufig in Südafrika unterwegs; seine Beiträge erscheinen in zahlreichen britischen Zeitschriften und Zeitungen. Hauptautor für diesen Band ist er schon zum dritten Mal. Sehr gern wandert er durch die wunderschönen Landschaften, er fotografiert und genießt den örtlichen Wein. Mitarbeiter bei Lonely Planet ist er schon seit rund zehn Jahren; geschrieben hat er beispielsweise auch über die Türkei und Marokko. Unter jamesbainbridge.net findet man seine Artikel über Südafrika.

Mehr über James unter:
auth.lonelyplanet.com/profiles/james_bains

Jean-Bernard Carillet

Johannesburg & Gauteng, Swasiland Der in Paris wohnende Journalist und Fotograf reist schon seit zwei Jahrzehnten durch Afrika. Swasiland, Johannesburg und Pretoria kennt er noch aus den frühen 1990er-Jahren. Dieses Mal war er besonders beeindruckt von Nashörnern und Löwen, den boomenden Vierteln seiner neuen Lieblingsstadt Johannesburg und den B&Bs in Pretoria. Jean-Bernard hat schon sämtliche Kontinente bereist und darüber unzählige Artikel und mehr als 50 Reiseführer veröffentlicht.

Lucy Corne

Western Cape, Northern Cape, Essen & Trinken Lucy hat sich 2002 in Südafrika verliebt und ist schließlich 2010 nach Kapstadt gezogen. In Western Cape ist sie ständig unterwegs, nun war sie begeistert davon, wieder einmal Northern Cape bereisen zu können. Besonders aufregend war dieses Mal, dass sie beim Reifenwechsel im Karoo National Park einem Löwen entkommen konnte, außerdem haben sie der Blick auf den Saturn durch ein Teleskop in Sutherland und ein Sandsturm im Witsand Nature Reserve fasziniert. Unter www.brewmistress.co.za betreibt Lucy einen Blog über das Bierangebot des Landes.

Mehr über Lucy unter:
http://www.lonelyplanet.com/members/lucycorne

Alan Murphy
Kwazulu-Natal, Free State, Mpumalanga, Limpopo, North West Province, Geschichte, Natur & Umwelt, Tiere & Lebensräume Alan reist häufig durchs südliche Afrika; für Lonely Planet war er in den letzten 15 Jahren immer wieder dort. Ganz besonders liebt er das Reisen durch Südafrika. Die Tierwelt ist seine große Leidenschaft, und er hatte das Glück, vom Experten Algy Vaisutis persönlich allerhand zu lernen. Alan glaubt daran, dass Reisende den örtlichen Gemeinschaften durchaus helfen können.

Matt Phillips
Kruger National Park Matt kam im Jahr 2001 zum ersten Mal nach Südafrika – auf einer einjährigen Reise nach Marokko, die er allein unternommen hatte. Die Reise hat sein Leben verändert – aus dem Geologen wurde ein Lonely Planet Reisebuchautor. Seither hat er rund 26 afrikanische Völker besucht und darüber geschrieben, u.a. für die Zeitschrift *Travel Africa*, deren Mitarbeiter er sieben Jahre lang war. Für Lonely Planet ist er für das südliche Afrika zuständig. Gern hat er dieses Mal einen seinen Lieblingsort besucht – den Krüger-Nationalpark.

Simon Richmond
Kapstadt Simon ist begeistert von Kapstadt, seit er 2001 zum ersten Mal für dieses Buch dorthin reisen durfte. Seither ist er für jede Auflage dorthin zurückgekehrt und kennt den Ort und die Umgebung mittlerweile wie seine Westentasche. Wie es sich für einen Reisebuchautor gehört, trifft er dort immer interessante Leute, und er kostet von den Früchten des Landes, vor allem vom edlen Wein! Der preisgekrönte Journalist und Fotograf hat etliche Bücher für Lonely Planet und andere Verlage verfasst, aber auch Beiträge für Zeitschriften und Zeitungen überall auf der Welt. Unter www. simonrichmond .com folgt man ihm oder auch auf Twitter sowie Instagram.

DIE LONELY PLANET STORY

Ein uraltes Auto, ein paar Dollar in den Hosentaschen und Abenteuerlust, mehr brauchten Tony und Maureen Wheeler nicht, als sie 1972 zu der Reise ihres Lebens aufbrachen. Diese führte sie quer durch Europa und Asien bis nach Australien. Nach mehreren Monaten kehrten sie zurück – pleite, aber glücklich –, setzten sich an ihren Küchentisch und verfassten ihren ersten Reiseführer *Across Asia on the Cheap*. Binnen einer Woche verkauften sie 1500 Bücher und Lonely Planet war geboren. Heute unterhält der Verlag Büros in Melbourne (Australien), London und Oakland (USA) mit über 600 Mitarbeitern und Autoren. Sie alle teilen Tonys Überzeugung, dass ein guter Reiseführer drei Dinge tun sollte: informieren, bilden und unterhalten.

Lonely Planet Publications,
Locked Bag 1, Footscray,
Melbourne, Victoria 3011,
Australia

Verlag der deutschen Ausgabe:
MAIRDUMONT, Marco-Polo-Str. 1, 73760 Ostfildern,
www.lonelyplanet.de, www.mairdumont.com
info@lonelyplanet.de
Chefredakteurin deutsche Ausgabe: Birgit Borowski
Übersetzung:
Dr. Birgit Beile-Meister, Petra Dubilski, Beatrix Gehlhoff, Dr. Martin Goch, Christiane Gsänger, Dr. Annegret Pago, Dr. Thomas Pago, Christiane Radünz, Doreen Reeck, Jutta Ressel M.A., Cristoforo Schweeger, Svenja Tengs, Beatrix Thunich, Renate Weinberger
An früheren Auflagen haben außerdem mitgewirkt:
Julie Bacher, Anne Cappel, Berna Ercan, Tobias Ewert, Derek Frey, Karen Gerwig, Laura Leibold, Britt Maaß, Marion Matthäus, Dr. Christian Rochow, Katja Weber; Matthias Eickhoff, Mayela Gerhardt, Marion Gieseke, Daniela Grapatin, Dr. Ulrike Jamin, Claudia Keilig, Eva Kemper, Christel Klink, Sigrid Krafft, Raphaela Moczynski, Gunter Mühl, Uli Nickel, Kristiana Ruhl, Daniela Schetar, Jürgen Scheunemann, Christina Schmidt, Dr. Heinz Vestner
Redaktion und technischer Support: CLP Carlo Lauer & Partner, Riemerling

Südafrika, Lesotho & Swasiland
4. deutsche Auflage März 2016, übersetzt von *South Africa, Lesotho & Swaziland 10th edition*, November 2015 Lonely Planet Publications Pty

Printed in Poland